TCP/IP

Architecture, protocoles, applications

Douglas Comer

Traduit de l'américain par
Jean-Alain Hernandez, Bruno Joachim et René Joly

4e édition

01 INFORMATIQUE
DUNOD

À Chris

La version originale de cet ouvrage a été publiée aux États-Unis par Prentice Hall, Inc., Upper Saddle River, N.J., sous le titre *Internetworking With TCP/IP, Volume 1 : Principles, Protocols, and Architecture, Fourth Edition.*

Contribution à la traduction : Pascal Tilche

ISBN 2 10 008181 0

Préface

Voici la nouvelle édition d'un des ouvrages les plus marquants de l'histoire de l'informatique, puisqu'il a annoncé l'ère de l'Internet. Si le développement des protocoles Internet a commencé dès 1974 et si ces protocoles ont été utilisés, de façon très limitée, dès le début des années 1980, il n'y avait encore, en 1987, aucun ouvrage digne de ce nom qui les analyse et en fasse comprendre tout l'intérêt. On pouvait, bien sûr, trouver la collection complète des standards TCP ou IP mais il fallait savoir tellement de choses pour s'en servir efficacement qu'ils n'étaient vraiment utiles qu'à une poignée d'initiés. Pour que cette nouvelle façon de penser les réseaux puisse conquérir le Monde, il fallait écrire un livre expliquant simplement, clairement, mais aussi complètement, TCP/IP.

Et c'est Doug qui a écrit ce livre.

Nous en avons longtemps rêvé. Nous avions imaginé que le nombre de livres parus sur un sujet donné pouvait être un bon indicateur de la maturité du domaine concerné, et j'avais été regarder combien d'ouvrages on pouvait trouver, par exemple sur « construire un compilateur » (un domaine qui a encore bien évolué depuis — on pourrait recommencer l'expérience). Cela nous amusait de voir qu'on trouvait même des ouvrages sur « construire une base de données » mais rien sur « construire TCP/IP ». Et puis il y a eu ce livre.

Savoir que tel ouvrage a été une étape marquante de l'histoire d'un domaine ne conduit pas forcément à l'acheter, à moins qu'on ne soit un collectionneur et qu'on en recherche la première édition. Internet a beaucoup évolué en douze ans, et nous en sommes à la quatrième édition. Nous avons tous beaucoup appris, le domaine s'est considérablement élargi, de nouveaux protocoles sont apparus, et Doug a récrit trois fois son ouvrage. Ces réécritures sont tout à la fois le signe de l'évolution du domaine mais aussi de la volonté de Doug d'avoir un ouvrage constamment à jour.

Oui, beaucoup de choses ont changé depuis 1987. Internet a grandi et les pionniers de l'époque ont doucement vieilli, certains mêmes ont disparu. L'avant-propos de la toute première édition avait été écrit par Jon Postel, un des rares véritables pionniers d'Internet, disparu à l'automne 1998. C'est en son hommage, et pour mesurer le chemin parcouru, que nous reproduisons ci-après cet avant-propos. Beaucoup de choses ont changé depuis lors, mais beaucoup d'autres restent valables : cet ouvrage est toujours une très bonne introduction aux protocoles de communication et il détaille d'une manière très pédagogique la pile TCP/IP. En 1987, Jon Postel écrivait : « Les systèmes de communication informatiques et les réseaux sont actuellement séparés et fragmentés. Pouvoir unifier ces systèmes et ces réseaux est l'un des objectifs fondamentaux de TCP/IP. » Il y a douze ans, en effet, les réseaux étaient fragmentés ; aujourd'hui, Internet unifie le Monde. C'est TCP/IP qui, au cœur d'Internet, permet cette unification. Et ce livre est encore celui qu'il faut lire pour comprendre et maîtriser TCP/IP.

David Clark
Massachussets Institute of Technology
Décembre 1999

Préface à la première édition

Avec cet ouvrage, Douglas Comer nous offre tout à la fois un large tour d'horizon et une introduction à TCP/IP. Nombreux sont ceux qui m'ont demandé « le » livre à lire pour comprendre les protocoles TCP/IP : les voilà satisfaits. Il est très difficile d'écrire un livre sur ce sujet qui soit destiné à un public de non-spécialistes. En mêlant astucieusement principes généraux de la communication entre ordinateurs et exemples spécifiques pris dans la famille TCP/IP, Douglas Comer a réalisé un livre facile à lire.

Bien sûr, c'est un ouvrage sur TCP/IP mais c'est aussi un excellent ouvrage pour comprendre tous les principes de la communication entre ordinateurs. Les principes de l'architecture en couches, du multiplexage, de l'encapsulation, de l'adressage, du routage ou du nommage sont en effet les mêmes dans la plupart des suites de protocoles, même si, dans les implémentations, tel ou tel détail peut être caractéristique d'un protocole donné (voir les chapitres 3, 10, 17 et 18)[1]. Mais les protocoles de communication n'ont pas d'action en eux-mêmes : tout comme les systèmes d'exploitation, ils sont au service des processus applicatifs, seuls éléments actifs qui demandent des communications et émetteurs et récepteurs ultimes des données transmises. Les différentes couches des protocoles sont analogues à celles d'un système d'exploitation et comprendre l'architecture des protocoles c'est un peu comme comprendre l'architecture des systèmes. Doug Comer a choisi, pour écrire cet ouvrage, d'avoir une approche ascendante : il part des réseaux dans ce qu'ils ont de plus concret pour aller vers les applications dans ce qu'elles ont de plus abstrait.

Les applications étant les éléments actifs qui utilisent les protocoles de communication, on peut considérer TCP/IP comme un mécanisme de communication interprocessus (IPC : *Interprocess Communication*). S'il y a aujourd'hui des expérimentations de systèmes d'exploitation à transferts de messages et appels de procédures d'IPC basés sur IP, ce livre traite plutôt des applications plus traditionnelles qui utilisent les datagrammes UDP ou les connexions logiques TCP (voir les chapitres 11, 12, 17, 18 et 19).

1. Les numéros des chapitres ont pu changer depuis la première édition (NdE).

Un des points clés de TCP/IP, et qui figure dans le titre de cet ouvrage, c'est la notion d'internet. La puissance d'un système de communication est directement liée au nombre d'entités qu'il comporte. Si le téléphone nous est indispensable, c'est qu'il relie (presque) tous ses usagers en un réseau qui nous paraît unique. Les systèmes de communication informatiques et les réseaux sont actuellement séparés et fragmentés. Pouvoir unifier ces systèmes et ces réseaux est l'un des objectifs fondamentaux de TCP/IP, et cela passe par un nouvel adressage (voir les chapitres 4, 5 et 6) et un protocole universel — le protocole IP (voir les chapitres 7, 8 et 9).

Pour former un interréseau à partir de réseaux individuels, il est nécessaire de disposer d'entités que nous appellerons des passerelles. Leur rôle est de faire passer les données d'un réseau à un autre. Certes, les données sont sous forme de datagrammes IP dans lesquels la destination est spécifiée par une adresse IP, mais la passerelle doit prendre une décision de routage à partir de cette adresse IP et de ce qu'elle sait sur l'état des réseaux qui composent Internet. Les procédures qui entrent en jeu dans cette prise de décision s'appellent des algorithmes de routage et ce sont des sujets actuellement étudiés avec beaucoup de soin (voir les chapitres 13, 14, 15 et 16).

La suite de protocoles TCP/IP n'est pas figée, tout comme les systèmes de communication d'ailleurs : de nouveaux besoins, de nouvelles contraintes en exigent une constante évolution. Ce livre doit donc être considéré comme un instantané de ce qu'est TCP/IP en 1987. Et, comme l'indique Doug Comer, de nombreuses voies restent ouvertes (voir le chapitre 20).

La plupart des chapitres se terminent par une section « Pour en savoir plus » qui contient très souvent des références à des RFC. Ceci traduit bien l'esprit dans lequel sont développés les standards de la famille TCP/IP : l'ensemble des livres blancs, des propositions, des critiques aux propositions, des synthèses et des résolutions finales est disponible sous forme de notes provenant de chercheurs du monde entier. C'est cette disponibilité, ainsi que celle de versions préliminaires des logiciels, qui a permis une diffusion aussi rapide de TCP/IP dans le monde entier. Cet engagement de rendre publique toute la documentation technique est très rare dans le milieu de la recherche et il a un impact très important sur le développement des réseaux d'ordinateurs (voir l'annexe C).

Ce livre synthétise et rend accessible toute l'information disponible sur l'architecture de la pile TCP/IP et sur les protocoles qui la composent. À ce titre, sa publication est un événement majeur dans l'histoire des réseaux d'ordinateurs.

Jon Postel
Concepteur du protocole IP
Architecte d'Internet
Décembre 1987

Table des matières

Avant-propos à l'édition française xxix

Avant-propos xxx

Chapitre 1 – Introduction et présentation générale 1
1.1 Plaidoyer pour l'interconnexion des systèmes 1
1.2 Internet et TCP/IP 2
1.3 Les services d'un internet 3
1.3.1 Services de niveau application d'Internet 4
1.3.2 Services de niveau réseau d'un internet 6
1.4 Historique et perspectives d'Internet 8
1.5 L'IAB, comité chargé de la coordination d'Internet 11
1.6 La nouvelle structure de L'IAB 12
1.7 L'ISOC 14
1.8 Les RFC 14
1.9 Standardisation des protocoles TCP/IP 15
1.10 Évolutions et techniques futures 15
1.11 Organisation de l'ouvrage 16
1.12 Résumé 17
1.13 Pour en savoir plus 18
1.14 Exercices 18

Chapitre 2 – Principaux réseaux englobés dans un internet 19
2.1 Introduction 19
2.2 Concepts fonctionnels de base des réseaux de transmission de données . . . 20
2.3 Les grands réseaux (WAN) et les réseaux locaux (LAN) 22
2.3.1 L'adressage physique des réseaux 23
2.4 Le réseau Ethernet 24
2.4.1 Réseau Ethernet à câble fin (Thin Ethernet) 27

2.4.2 Réseau Ethernet à paires torsadées (Twisted pair Ethernet) 28
2.4.3 La capacité de transmission d'Ethernet 29
2.4.4 Ethernet rapide (Fast Ethernet) 29
2.4.5 Ethernet 10/100 30
2.4.6 Ethernet Gigabit 30
2.4.7 Propriétés d'un réseau Ethernet 31
2.4.8 Détection de collision et reprise 31
2.4.9 Les adresses Ethernet 32
2.4.10 Format d'une trame Ethernet 34
2.4.11 Extension d'un réseau Ethernet avec des répéteurs 35
2.4.12 Extension d'un réseau Ethernet avec des ponts 36
2.5 Le réseau FDDI 37
2.5.1 Propriétés d'un réseau FDDI 38
2.5.2 Double boucle contrarotative 38
2.5.3 Format d'une trame FDDI 40
2.6 Technique ATM 41
2.6.1 Taille d'une cellule ATM 42
2.6.2 ATM : services réseaux en mode connecté 42
2.7 Technologies WAN : le réseau ARPANET 43
2.7.1 L'adressage ARPANET 47
2.8 L'action réseau de la NSF 47
2.8.1 Le réseau NSFNET fédérateur initial 47
2.8.2 Le second réseau NSFNET fédérateur (1988-1989) 49
2.8.3 Le réseau NSFNET fédérateur de 1989 à 1990 50
2.9 Le réseau ANSNET 51
2.10 Vers un grand réseau fédérateur (vBNS) 52
2.10.1 Réseaux fédérateurs commerciaux dans Internet 52
2.11 Autres réseaux susceptibles d'offrir un support à TCP/IP 52
2.11.1 Le réseau X25NET 52
2.11.2 Réseaux point à point 54
2.11.3 Le réseau téléphonique et le protocole dial-up IP 55
2.11.4 Les réseaux IBM Token Ring et proNET 56
2.11.5 Les technologies de réseaux sans fil 56
2.12 Résumé 57
2.13 Pour en savoir plus 58
2.14 Exercices 58

Chapitre 3 – Concepts de base et modèle d'un internet 61
3.1 Introduction 61
3.2 Interconnexion de niveau application 61
3.3 Interconnexion de niveau réseau 62
3.4 Propriétés d'un internet 64

3.5 Architecture d'un internet 64
3.6 Interconnexion au moyen de routeurs 65
3.7 Le point de vue de l'utilisateur 66
3.8 Tous les réseaux sont équivalents 68
3.9 Les questions sans réponse 68
3.10 Résumé 69
3.11 Pour en savoir plus 69
3.12 Exercices 70

Chapitre 4 – Les classes d'adresses Internet 71
4.1 Introduction 71
4.2 Identificateurs universels 71
4.3 Le principe d'adressage d'origine 72
4.4 Adresses et points d'accès aux réseaux 74
4.5 Adresse réseau et adresse de diffusion dirigée 74
4.6 Adresse de diffusion limitée 75
4.7 Identificateur « 0 » signifiant « cet objet » 76
4.8 Sous-adressage et sur-adressage 76
4.9 Adresses IP de multidistribution 77
4.10 Faiblesses de l'adressage Internet 77
4.11 Notation décimale pointée 79
4.12 Adresse de rebouclage 80
4.13 Résumé des adresses particulières 80
4.14 Autorité gérant l'adressage Internet 81
4.15 Préfixes d'adresses réservés 81
4.16 Un exemple 82
4.17 L'ordonnancement des données sur Internet 84
4.18 Résumé 85
4.19 Pour en savoir plus 86
4.20 Exercices 86

Chapitre 5 – Mappage des adresses IP et des adresses physiques (ARP) 87
5.1 Introduction 87
5.2 La résolution des adresses 87
5.3 Les types d'adresses physiques 88
5.4 Résolution d'adresses par mappage direct 89
5.5 Résolution d'adresses par mise en relation dynamique (ARP) 90

5.6 Cache de résolution d'adresses (Cache ARP) 91
5.7 Délai d'expiration du cache ARP 91
5.8 Les améliorations du protocole ARP 93
5.9 ARP et les autres protocoles 93
5.10 Implémentation du logiciel ARP 94
5.11 Encapsulation et identification des datagrammes ARP 96
5.12 Format des datagrammes ARP 96
5.13 Résumé 98
5.14 Pour en savoir plus 99
5.15 Exercices 99

Chapitre 6 – Détermination d'une adresse IP au démarrage (RARP) 101
6.1 Introduction 101
6.2 Le protocole de résolution inverse d'adresse (RARP) 103
6.3 Déroulement des transactions RARP 104
6.4 Fonctions des serveurs RARP 105
6.5 Résumé 106
6.6 Pour en savoir plus 106
6.7 Exercices 106

Chapitre 7 – Protocole IP : la remise des datagrammes en mode non connecté . 109
7.1 Introduction 109
7.2 Internet : un réseau virtuel 109
7.3 Architecture et philosophie d'un internet 110
7.4 Organisation conceptuelle des services d'un internet 110
7.5 La remise des datagrammes en mode non connecté 111
7.6 À propos du protocole IP 111
7.7 Le datagramme IP 112
7.7.1 Format d'un datagramme 113
7.7.2 Type de service et services différenciés d'un datagramme 114
7.7.3 Encapsulation du datagramme 117
7.7.4 Taille du datagramme, MTU réseau et fragmentation 118
7.7.5 Réassemblage des fragments 120
7.7.6 Contrôle de la fragmentation 121
7.7.7 Durée de vie d'un datagramme (TTL) 123
7.7.8 Les champs complémentaires de l'en-tête du datagramme 123
7.8 Options d'un datagramme IP 124
7.8.1 Option enregistrement de route 126
7.8.2 Option routage défini par la source 127

7.8.3 *Option horodatage* . . . 129
7.8.4 *Traitement des options lors de la fragmentation* . . . 130
7.9 Résumé . . . 130
7.10 Pour en savoir plus . . . 131
7.11 Exercices . . . 132

Chapitre 8 – Protocole IP : le routage des datagrammes . . . 133
8.1 Introduction . . . 133
8.2 Routage des datagrammes dans un internet . . . 133
8.3 Remise directe et indirecte . . . 135
8.3.1 *Remise directe des datagrammes* . . . 135
8.3.2 *Remise indirecte des datagrammes* . . . 136
8.4 Routage géré par des tables de routage . . . 137
8.5 Routage par sauts successifs . . . 138
8.6 Routage par défaut . . . 140
8.7 Routage d'ordinateur à ordinateur . . . 140
8.8 Algorithme de routage IP . . . 141
8.9 Routage par les adresses IP . . . 142
8.10 Gestion des datagrammes entrant . . . 143
8.11 Élaboration des tables de routage . . . 145
8.12 Résumé . . . 145
8.13 Pour en savoir plus . . . 146
8.14 Exercices . . . 146

Chapitre 9 – Protocole IP : les messages d'erreur et de supervision (ICMP) . . . 149
9.1 Introduction . . . 149
9.2 Protocole ICMP . . . 149
9.3 Compte rendu d'erreur *vs* correction d'erreur . . . 151
9.4 Remise des messages ICMP . . . 152
9.5 Format des messages ICMP . . . 153
9.6 Test d'accessibilité et d'état (*ping*) . . . 153
9.7 Messages de demande et de réponse d'écho . . . 154
9.8 Compte rendu de destination inaccessible . . . 155
9.9 Congestion et contrôle du flux des datagrammes . . . 156
9.10 Format d'une demande de limitation de production de la source . . . 157
9.11 Demande de modification de route par les routeurs . . . 158
9.12 Détection de routes circulaires ou excessivement longues . . . 160
9.13 Compte rendu de problème de paramètre . . . 161

9.14 Synchronisation des horloges et estimation du temps de transit 162
9.15 Demande d'information et réponse 163
9.16 Obtention d'un masque de sous-réseau 163
9.17 Découverte d'un routeur 164
9.18 Sollicitation d'un routeur 166
9.19 Résumé 167
9.20 Pour en savoir plus 167
9.21 Exercices 168

Chapitre 10 – L'agrégation d'adresses (CIDR) et le sous-adressage 171
10.1 Introduction 171
10.2 Rappel de quelques faits 171
10.3 Réduire le nombre de réseaux 172
10.4 Les routeurs transparents 173
10.5 Les Proxy ARP 175
10.6 Le sous-adressage 176
10.7 Souplesse du sous-adressage 179
10.8 Le sous-adressage variable 180
10.9 Implémentation du sous-adressage avec des masques 181
10.10 Représentation des masques de sous-réseaux 182
10.11 Le routage en présence de sous-réseaux 183
10.12 L'algorithme de routage à sous-réseaux 184
10.13 Un algorithme de routage unifié 185
10.14 La gestion des masques de sous-réseaux 186
10.15 La diffusion sur les sous-réseaux 187
10.16 Réseaux anonymes ou non numérotés 188
10.17 Adressage agrégé ou sur-adressage 190
10.18 Effet du sur-adressage sur le routage 191
10.19 Blocs d'adresses CIDR et bits de masques 191
10.20 Blocs d'adresses et notation CIDR 192
10.21 Exemple d'adressage CIDR 193
10.22 Algorithmes de recherche de route en adressage CIDR 194
10.22.1 Le hachage en adressage traditionnel 195
10.22.2 Recherche de route par identification de préfixe en adressage CIDR 195
10.22.3 Structure d'arbre binaire 196
10.23 Routage par correspondance de route 197
10.23.1 Arbre Patricia et arbre à compression de niveaux 198
10.24 Blocs CIDR réservés pour les réseaux privés 199

10.25 Résumé 200
10.26 Pour en savoir plus 200
10.27 Exercices 201

Chapitre 11 – Structuration en couches de protocoles 205
11.1 Introduction 205
11.2 Nécessité d'avoir plusieurs protocoles 205
11.3 Les couches conceptuelles de logiciels de communication 207
11.4 Fonctionnalités des couches 209
11.4.1 Le modèle de référence à sept couches de l'ISO 209
11.5 X.25 et modèle OSI 210
11.5.1 Le modèle TCP/IP de structuration en couches 212
11.6 Différences entre structurations X.25 et TCP/IP 214
11.6.1 Fiabilité de la couche liaison vs fiabilité de bout en bout 214
11.6.2 Localisation de l'intelligence et des prises de décision 215
11.7 Les principes de la structuration en couches 216
11.7.1 Structuration en couches dans un environnement TCP/IP 216
11.8 Structuration en couches en présence de sous-réseaux 218
11.9 Deux frontières importantes du modèle TCP/IP 220
11.9.1 La limitation d'adressage de haut niveau 220
11.9.2 Limites du système d'exploitation 221
11.10 Les inconvénients de la structuration en couches 221
11.11 Le principe de base du multiplexage et du démultiplexage 222
11.12 Résumé 223
11.13 Pour en savoir plus 224
11.14 Exercices 224

Chapitre 12 – Protocole de datagramme utilisateur (UDP) 227
12.1 Introduction 227
12.2 Identifier la destination finale 227
12.3 Le protocole de datagramme utilisateur (UDP) 228
12.4 Format des messages UDP 229
12.5 Pseudo-en-tête UDP 230
12.6 Encapsulation UDP et couches de protocoles 231
12.7 La structuration en couches et le calcul du total de contrôle UDP 233
12.8 Multiplexage, démultiplexage et ports UDP 234
12.9 Numéros de port réservés et non réservés 235
12.10 Résumé 237
12.11 Pour en savoir plus 237
12.12 Exercices 237

Chapitre 13 – Transport fiable en mode connecté (TCP) 239
13.1 Introduction 239
13.2 Nécessité d'un service de remise fiable en mode connecté 239
13.3 Propriétés des services de remise fiable 240
13.4 Assurer la fiabilité 242
13.5 Le concept de fenêtre glissante 244
13.6 Le protocole de contrôle de transmission (TCP) 246
13.7 Ports, connexions et extrémités de connexions 247
13.8 Ouvertures actives et passives 249
13.9 Segments, flots et numéros de séquence 250
13.10 Taille de fenêtre variable et contrôle de flux 251
13.11 Format des segments TCP 252
13.12 Les données hors bande 254
13.13 Option de taille maximale de segment 255
13.14 Calcul du total de contrôle TCP 256
13.15 Accusés de réception et retransmissions 257
13.16 Temporisation et retransmission 258
13.17 Mesure du temps d'aller-retour RTT 260
13.18 Algorithme de KARN et augmentation des temporisations 262
13.19 Adaptation à de grandes variations de délai 263
13.20 Gérer la congestion 266
13.21 Congestion et élimination des datagrammes 268
13.22 Prévention de congestion par l'algorithme RED 270
13.23 Établissement d'une connexion TCP 273
13.24 Numéros de séquence initiaux 274
13.25 Libération d'une connexion TCP 275
13.26 Réinitialisation d'une connexion tcp 276
13.27 Automate à nombre d'états fini de TCP 276
13.28 Remise forcée de données 278
13.29 Numéros de port TCP réservés 278
13.30 Performances de TCP 280
13.31 Syndrome de la fenêtre stupide et petits paquets 280
13.32 Éviter le syndrome de la fenêtre stupide 281
13.32.1 Éviter le syndrome du côté récepteur 282
13.32.2 Accusés de réception retardés 282
13.32.3 Éviter le syndrome côté émetteur 283
13.33 Résumé 285
13.34 Pour en savoir plus 285
13.35 Exercices 286

Chapitre 14 – Routage : système central, pairs et algorithmes 289
14.1 Introduction 289
14.2 L'origine des tables de routage 290
14.3 Routage à partir d'informations partielles 291
14.4 Architecture initiale et système central d'Internet 293
14.5 Les routeurs du système central 294
14.6 De l'architecture du système central aux réseaux fédérateurs pairs 297
14.7 Propagation automatique des informations de routage 299
14.8 Routage à vecteur de distance (Bellman-Ford) 300
14.9 Le protocole de passerelle à passerelle (GGP) 302
14.10 Factorisation des distances 303
14.11 Fiabilité des protocoles de routage 303
14.12 Le routage à état de lien (SPF) 304
14.13 Résumé 306
14.14 Pour en savoir plus 306
14.15 Exercices 307

Chapitre 15 – Routage : protocole de routage externe (BGP) et systèmes autonomes 309
15.1 Introduction 309
15.2 Limitations de l'architecture à routeurs centraux 309
15.3 Taille limite d'un groupe 310
15.4 Le problème des sauts supplémentaires 312
15.5 Le concept de réseau caché 313
15.6 Le concept de système autonome 314
15.7 Du système central au système autonome indépendant 315
15.8 BGP : le protocole de routage externe 316
15.9 Caractéristiques du protocole BGP 317
15.10 Fonctions de base et messages types de BGP 319
15.11 En-tête des messages BGP 319
15.12 Message BGP d'ouverture 320
15.13 Message BGP de mise à jour 321
15.14 Représentation condensée : adresse-masque des pairs 322
15.15 Les attributs de parcours 323
15.16 Message BGP de test d'activité 325
15.17 Information de routage du point de vue du récepteur 325
15.18 Principales restrictions des protocoles de routage externe 326

15.19 Système d'arbitrage de route d'un internet 328
15.20 Message BGP de notification 330
15.21 Décentralisation de l'architecture internet 330
15.22 Résumé 331
15.23 Pour en savoir plus 332
15.24 Exercices 332

Chapitre 16 – Routage dans un système autonome (RIP, OSPF, HELLO) . . . 335
16.1 Introduction 335
16.2 Routes intérieures statiques et dynamiques 335
16.3 Le protocole d'informations de routage (RIP) 338
16.3.1 Historique de RIP 338
16.3.2 Fonctionnement de RIP 339
16.3.3 Résolution du problème de la convergence lente 342
16.3.4 Format des messages RIP1 344
16.3.5 Les conventions d'adressage RIP1 345
16.3.6 Interprétation et agrégation de route RIP1 346
16.3.7 Extension de RIP2 347
16.3.8 Format du message RIP2 347
16.3.9 La transmission des messages RIP1 348
16.3.10 Inconvénients du nombre de sauts dans RIP 348
16.4 Le protocole Hello 349
16.5 Métrique de délai et oscillations 350
16.6 Combinaison de RIP, Hello et BGP 352
16.7 Routage intersystèmes autonomes 353
16.8 Communication intersystèmes autonomes : gated 354
16.9 Le protocole SPF ouvert (OSPF) 354
16.9.1 Format des messages OSPF 356
16.9.2 Format des messages Hello d'OSPF 357
16.9.3 Format des messages OSPF de description de base de données 358
16.9.4 Format des messages OSPF de demande d'état de lien 359
16.9.5 Messages OSPF de mise à jour d'état de lien 359
16.10 Routage à partir d'informations partielles 361
16.11 Résumé 362
16.12 Pour en savoir plus 362
16.13 Exercices 363

Chapitre 17 – Diffusion sélective (multicast) 365
17.1 Introduction 365
17.2 Diffusion au niveau physique 365

17.3 Origines physiques du multicast 366
17.4 Multicast Ethernet 367
17.5 La diffusion sélective au niveau IP 367
17.6 Composants conceptuels 368
17.7 Les adresses IP de multicast 369
17.8 Sémantique des adresses de multicast 370
17.9 Mise en correspondance des adresses de multicast IP et d'Ethernet 372
17.10 Hôtes et remise multicast 372
17.11 Portée de la diffusion sélective 373
17.12 Extension du logiciel des hôtes pour supporter la diffusion sélective 374
17.13 Le protocole de gestion de groupes de l'internet 375
17.14 Mise en œuvre d'IGMP 376
17.15 Transitions d'état d'appartenance aux groupes 377
17.16 Structure des messages IGMP 378
17.17 Acheminement en diffusion sélective et informations de routage multicast . 380
17.17.1 Nécessité d'un routage dynamique 380
17.17.2 Insuffisances du routage selon la destination 381
17.17.3 Émetteurs quelconques 381
17.18 Modèles de routage multicast de base 381
17.19 Conséquences de l'acheminement tronqué selon les chemins inverses . . . 383
17.20 Arbres de multicast 384
17.21 Nature du routage multicast 386
17.22 L'acheminement selon les chemins inverses 386
17.23 Protocole de routage multicast à vecteur de distance 388
17.24 Le programme mrouted 388
17.25 Protocoles alternatifs 391
17.26 Core Based Tree (CBT) 392
17.27 Multicast indépendant des protocoles (PIM) 393
17.27.1 PIM en mode dense 393
17.27.2 Indépendance vis-à-vis des protocoles 394
17.27.3 PIM en mode peu dense 394
17.27.4 Passer des arbres communs aux arbres des plus courts chemins 395
17.28 Extensions d'OSPF pour la diffusion sélective 396
17.29 Multicast fiable et explosion des accusés de réception 397
17.30 Résumé 399
17.31 Pour en savoir plus 400
17.32 Exercices 400

Chapitre 18 – TCP/IP et réseaux ATM 403
18.1 Introduction 403
18.2 Le matériel ATM 404
18.3 Les grands réseaux ATM 404
18.4 Vue logique d'un réseau ATM 405
18.5 Les deux modèles de connexion ATM 406
18.5.1 Circuits virtuels permanents (CVP) 406
18.5.2 Circuits virtuels commutés (CVC) 407
18.6 Chemins, circuits et identificateurs 407
18.7 La cellule ATM 408
18.8 Couches d'adaptation ATM (*AAL*) 408
18.9 AAL5 (ATM Adaptation Layer 5) 410
18.10 Convergence, segmentation et réassemblage avec l'AAL5 411
18.11 Encapsulation de datagrammes et taille MTU IP 412
18.12 Type de paquet et multiplexage 413
18.13 Mise en relation d'adresses IP dans un réseau ATM 414
18.14 Concept de sous-réseau logique IP 415
18.15 Gestion de la connexion 416
18.16 Mise en relation des adresses dans un LIS 417
18.17 Format d'un paquet ATMARP 417
18.17.1 Format des champs de longueur d'adresse ATM 418
18.17.2 Codes opération utilisés avec le protocole ATMARP 420
18.18 Utilisation de paquets ATMARP pour trouver une adresse 420
18.18.1 Circuits virtuels permanents 420
18.18.2 Circuits virtuels commutés 421
18.19 Gestion de la base de données du serveur 422
18.20 Expiration des informations ATMARP dans un serveur 422
18.21 Expiration des informations dans un ordinateur ou un routeur 423
18.22 Les technologies de commutation IP 423
18.23 Fonctionnement d'IP commuté 424
18.24 Optimisation de la réexpédition IP 424
18.25 Classification, flux et commutation à haut niveau 425
18.26 Applications de la commutation 426
18.27 Résumé 426
18.28 Pour en savoir plus 427
18.29 Exercices 428

Chapitre 19 – IP et la mobilité . . . 431
19.1 Introduction . . . 431
19.2 Mobilité, routage et adressage . . . 431
19.3 Prise en compte de la mobilité par le protocole IP . . . 432
19.3.1 La transparence . . . 432
19.3.2 L'interopérabilité avec IPv4 . . . 432
19.3.3 L'extensibilité . . . 432
19.3.4 La sécurité . . . 433
19.3.5 La macro-mobilité . . . 433
19.4 Principe de fonctionnement de l'IP mobile . . . 433
19.5 L'adressage du mobile . . . 434
19.6 Découverte de l'agent extérieur . . . 435
19.7 Procédure d'enregistrement d'un mobile . . . 437
19.8 Format du message d'enregistrement . . . 437
19.9 Communication avec un agent extérieur . . . 439
19.10 Transmission et réception des datagrammes au mobile . . . 439
19.11 Le problème du chassé-croisé . . . 440
19.12 Communication avec les ordinateurs du réseau de domiciliation . . . 442
19.13 Résumé . . . 443
19.14 Pour en savoir plus . . . 444
19.15 Exercices . . . 444

Chapitre 20 – Réseaux privés virtuels (VPN) . . . 447
20.1 Introduction . . . 447
20.2 Réseau privé et réseau hybride . . . 447
20.3 Un réseau privé virtuel (VPN) . . . 449
20.4 Adressage et routage dans un VPN . . . 450
20.5 Un VPN avec adressage privé . . . 451
20.6 La translation d'adresses réseau (NAT) . . . 453
20.7 Création de la table de translation d'adresses . . . 454
20.8 NAT à multi-adresses . . . 456
20.9 NAT à mappage de port (NAPT) . . . 456
20.10 Interaction entre NAT et ICMP . . . 458
20.11 Interaction entre NAT et les applications . . . 458
20.12 Domaines d'adresses conceptuels . . . 459
20.13 SLIRP et Masquerade . . . 460
20.14 Résumé . . . 460
20.15 Pour en savoir plus . . . 461
20.16 Exercices . . . 462

Chapitre 21 – Le modèle d'interaction client-serveur 465
21.1 Introduction 465
21.2 Le modèle client-serveur 465
21.3 Exemple simple : le serveur d'écho UDP 466
21.4 Le service d'horodate 468
21.4.1 Représentation des date et heure 468
21.4.2 Dates locale et universelle 469
21.5 Complexité des serveurs 469
21.6 Serveur RARP 471
21.7 Les alternatives au modèle client-serveur 471
21.8 Résumé 473
21.9 Pour en savoir plus 473
21.10 Exercices 474

Chapitre 22 – L'interface des sockets 475
22.1 Introduction 475
22.2 Le paradigme des entrées/sorties et des accès réseau d'Unix 476
22.3 Enrichir Unix avec des E/S réseau 476
22.4 Le concept de socket 477
22.5 Création d'un socket 478
22.6 Héritage et terminaison des sockets 479
22.7 Spécification des adresses locales 480
22.8 Connexion des sockets avec l'adresse de destination 481
22.9 Émission d'informations sur un socket 482
22.10 Réception d'informations sur un socket 484
22.11 Allocation des adresses de socket local et distant 486
22.12 Demander et définir des options de socket 486
22.13 Définition de la taille de la file d'attente associée à un serveur 487
22.14 Comment un serveur accepte une connexion 488
22.15 Serveurs gérant plusieurs services 489
22.16 Demander et définir les noms des ordinateurs 490
22.17 Demander et définir le nom de domaine interne d'un ordinateur 491
22.18 Appels à la bibliothèque de sockets 491
22.19 Procédures de conversion en représentation réseau standard 493
22.20 Procédures de manipulation d'adresses 494
22.21 Accéder au système de noms de domaine 495
22.22 Obtenir des informations relatives aux ordinateurs 497

22.23 Obtenir des informations relatives aux réseaux 498
22.24 Obtenir des informations relatives aux protocoles 499
22.25 Obtenir des informations relatives aux services réseau 499
22.26 Un exemple de client 500
22.27 Un exemple de serveur 502
22.28 Résumé 505
22.29 Pour en savoir plus 506
22.30 Exercices 506

Chapitre 23 – Amorçage et autoconfiguration (BOOTP, DHCP) 509
23.1 Introduction 509
23.2 Nécessité d'une alternative à RARP 510
23.3 Utiliser IP pour déterminer une adresse IP 511
23.4 La stratégie de retransmission de BOOTP 512
23.5 Format des messages BOOTP 512
23.6 La procédure de démarrage en deux temps 514
23.7 La zone réservée aux constructeurs 515
23.8 Nécessité d'une configuration dynamique 516
23.9 Configuration dynamique 516
23.10 Affectation dynamique d'adresses IP 517
23.11 Obtenir plusieurs adresses 518
23.12 États d'acquisition des adresses 519
23.13 Résiliation anticipée 520
23.14 Renouvellement de bail 521
23.15 Format des messages DHCP 522
23.16 Options DHCP et types de messages 523
23.17 Surcharge d'option 524
23.18 DHCP et les noms de domaine 524
23.19 Résumé 525
23.20 Pour en savoir plus 526
23.21 Exercices 526

Chapitre 24 – Le système de noms de domaine (DNS) 529
24.1 Introduction 529
24.2 Des noms de machines 529
24.3 Un espace de noms « à plat » 530
24.4 Les noms hiérarchiques 531

24.5 Délégation d'autorité pour le choix des noms 532
24.6 Responsabilité d'un sous-domaine 533
24.7 Noms de domaine des internets TCP/IP 534
24.8 Noms de domaines officiels et officieux d'Internet 535
24.9 Éléments nommés et syntaxe des noms 538
24.10 Résolution des noms en adresses 539
24.11 Résolution des noms de domaine 541
24.12 Traduction efficace 542
24.13 Utilisation de caches : la clé de l'efficacité 542
24.14 Format des messages du serveur de noms de domaine 544
24.15 Structure des noms condensés 547
24.16 Abréviation des noms de domaine 547
24.17 Résolution inverse 549
24.18 Demandes de références 549
24.19 Types d'objets et enregistrements de ressources 550
24.20 Obtenir la responsabilité d'un sous-domaine 551
24.21 Résumé 552
24.22 Pour en savoir plus 552
24.23 Exercices 553

Chapitre 25 – Applications : la connexion à distance (TELNET, rlogin) 555
25.1 Introduction 555
25.2 Traitement informatique à distance 555
25.3 Le protocole Telnet 557
25.4 Prendre en compte l'hétérogénéité 559
25.5 Transmission des fonctions de contrôle au site distant 561
25.6 Obliger un serveur à lire une fonction de contrôle 563
25.7 Les options de TELNET 563
25.8 Négociation des options de TELNET 565
25.9 rlogin (Unix BSD) 565
25.10 Résumé 567
25.11 Pour en savoir plus 567
25.12 Exercices 567

Chapitre 26 – Applications : accès et transfert de fichiers (FTP, TFTP, NFS) . 569
26.1 Introduction 569
26.2 Accès et transfert de fichiers 569

26.3 Accès partagé en ligne . . . 570
26.4 Le partage par transfert de fichiers . . . 571
26.5 FTP : principal protocole de transfert de fichiers de TCP/IP . . . 572
26.6 Caractéristiques du protocole FTP . . . 572
26.7 Modèle de traitement de FTP . . . 573
26.8 Allocation des numéros de port TCP . . . 574
26.9 FTP du point de vue de l'utilisateur . . . 575
26.10 Un exemple de session FTP anonyme . . . 577
26.11 TFTP : protocole simplet de transfert de fichiers . . . 578
26.12 NFS : système de fichiers en réseau . . . 581
26.13 Mise en œuvre de NFS . . . 581
26.14 Appel de procédure distante (RPC) et représentation de données (XDR) . 581
26.15 Résumé . . . 583
26.16 Pour en savoir plus . . . 584
26.17 Exercices . . . 584

Chapitre 27 – Applications : le courrier électronique (SMTP, POP, IMAP, MIME) . . . 587
27.1 Introduction . . . 587
27.2 Le courrier électronique . . . 587
27.3 Noms de boîtes aux lettres et alias . . . 589
27.4 Expansion des alias et réexpédition du courrier . . . 589
27.5 Relations entre l'interconnexion des réseaux et le courrier . . . 591
27.6 Les standards du service de courrier électronique de TCP/IP . . . 593
27.7 Adresses électroniques . . . 594
27.8 Adresses de pseudo-domaines . . . 595
27.9 SMTP : protocole simple de transfert de messages . . . 596
27.10 Protocoles de récupération de courrier . . . 598
27.10.1 Post Office Protocol (POP3) . . . 599
27.10.2 Internet Message Access Protocol (IMAP4) . . . 599
27.11 MIME : Extension au courrier électronique pour les données non ASCII . . 600
27.12 Messages MIME multiples . . . 601
27.13 Résumé . . . 602
27.14 Pour en savoir plus . . . 603
27.15 Exercices . . . 603

Chapitre 28 – Applications : le Web (HTTP) 605
28.1 Introduction 605
28.2 L'importance du Web 605
28.3 Les composants de l'architecture 606
28.4 Localisateur universel de ressource (URL) 606
28.5 Un exemple de document 607
28.6 Le protocole de transfert hypertexte (HTTP) 608
28.7 La requête HTTP GET 609
28.8 Les messages d'erreur 609
28.9 Connexions permanentes et tailles 610
28.10 Longueur des données et données de sortie 611
28.11 Encodage de la taille et en-têtes 611
28.12 Négociations 613
28.13 Les requêtes conditionnelles 614
28.14 Gestion des serveurs proxy 614
28.15 La mise en cache 615
28.16 Résumé 616
28.17 Pour en savoir plus 616
28.18 Exercices 617

Chapitre 29 – Applications : voix et vidéo sur IP 619
29.1 Introduction 619
29.2 Clips audios et standards de codage 619
29.3 Transmission et reproduction des signaux audios et vidéos 621
29.4 Gigue et retard à la reproduction 622
29.5 Protocole de transport RTP 623
29.6 Flux, mixage et multicast 624
29.7 Encapsulation RTP 625
29.8 RTCP, protocole de commande de RTP 626
29.9 Utilisation de RTCP 626
29.10 Téléphonie IP et signalisation 628
29.10.1 Les standards H.323 628
29.10.2 Protocole d'établissement de session (SIP) 629
29.11 Réservation des ressources et QoS 630
29.12 QoS, exploitation et capacité réseau 631
29.13 RSVP 631
29.14 COPS 633

29.15 Résumé 633
29.16 Pour en savoir plus 634
29.17 Exercices 634

Chapitre 30 – Applications : administration d'un internet (SNMP) 635
30.1 Introduction 635
30.2 Niveau d'action des protocoles d'administration de réseaux 635
30.3 Modèle architectural 637
30.4 Cadre architectural des protocoles d'administration 638
30.4.1 Protocole standard d'administration de réseaux 638
30.4.2 Définition standard des informations d'administration 639
30.5 Exemples de variables MIB 640
30.6 Structure des informations d'administration de réseaux 641
30.7 Définitions formelles utilisant ASN.1 641
30.8 Structure et représentation des noms d'objets MIB 642
30.9 Protocole simple d'administration de réseaux (SNMP) 647
30.9.1 Recherche par nom dans les tables 649
30.10 Format des messages SNMP 650
30.11 Exemple de message SNMP sous forme codée 652
30.12 Spécificités du protocole SNMPv3 655
30.13 Résumé 656
30.14 Pour en savoir plus 657
30.15 Exercices 657

Chapitre 31 – Synthèse des dépendances entre protocoles 659
31.1 Introduction 659
31.2 Dépendances entre protocoles 659
31.3 Le modèle du sablier 661
31.4 Accès des programmes d'application 662
31.5 Résumé 663
31.6 Pour en savoir plus 663
31.7 Exercices 663

Chapitre 32 – Sécurité d'un internet et conception de gardes-barrières 665
32.1 Introduction 665
32.2 La protection des ressources 666
32.3 Nécessité d'une politique de l'information 667
32.4 Mécanismes de sécurité dans Internet 667

32.5 Sécurité IP (IPsec) 668
32.6 L'en-tête d'authentification IPsec 668
32.7 L'association de sécurité 670
32.8 Encapsulation des informations de sécurité IPsec 670
32.9 En-têtes d'authentification et en-têtes mouvants 671
32.10 Tunnels IPsec 672
32.11 Algorithmes de sécurité exigés 672
32.12 Sockets sûrs 673
32.13 Garde-barrière et accès à un internet 673
32.14 Connexions multiples et maillons les plus faibles 673
32.15 Implémentation d'un garde-barrière et matériel haute vitesse 674
32.16 Filtres au niveau paquet 674
32.17 Sécurité et spécification de filtrage de paquets 676
32.18 Conséquences de la restriction des accès pour les clients 677
32.19 Accéder à des services à travers un garde-barrière 677
32.20 Les détails d'une architecture de garde-barrière 678
32.21 Réseau souche 679
32.22 Autre implémentation d'un garde-barrière 680
32.23 Monitorage et connexions 681
32.24 Résumé 682
32.25 Pour en savoir plus 682
32.26 Exercices 683

Chapitre 33 – L'évolution de TCP/IP (IPv6) 685
33.1 Introduction 685
33.2 Pourquoi modifier TCP/IP et Internet ? 686
33.3 Nouvelles politiques 686
33.4 Les raisons de changer IPv4 686
33.5 Vers une nouvelle version d'IP 687
33.6 Nom du futur IP 688
33.7 Caractéristiques d'IPv6 688
33.8 Forme générale d'un datagramme IPv6 689
33.9 Format de l'en-tête de base IPv6 690
33.10 En-têtes d'extension 692
33.11 Analyse d'un datagramme IPv6 692
33.12 Fragmentation et réassemblage IPv6 693
33.13 Conséquence de la fragmentation de bout en bout 694

33.14 Routage de la source IPv6 695
33.15 Options d'IPv6 695
33.16 Taille de l'espace d'adressage d'IPv6 697
33.17 Notation hexadécimale pointée IPv6 697
33.18 Trois types d'adresses IPv6 de base 698
33.19 Diffusion *vs* multipoint 699
33.20 Choix d'implémentation et diffusion simulée 700
33.21 Affectation de l'espace d'adressage IPv6 700
33.22 Codage des adresses IPv4 et transition 701
33.23 Adresse non spécifiée et adresse de rebouclage 702
33.24 Hiérarchie des adresses point à point 703
33.25 Structure d'adresse point à point globale agrégeable 704
33.26 Identificateurs d'interface 705
33.27 Hiérarchie supplémentaire 706
33.28 Adresses locales 706
33.29 Autoconfiguration et renumérotation 707
33.30 Résumé 707
33.31 Pour en savoir plus 708
33.32 Exercices 708

A – Guide thématique des RFC 711
A.1 Introduction 711
A.2 Importance des RFC caractéristiques des hôtes et des passerelles 712
A.3 Des RFC et des chiffres 713
A.4 Comment obtenir un RFC par Internet ? 713
A.5 Naviguer parmi les RFC 714
A.6 Classement des RFC par thèmes 714

B – Glossaire des termes et abréviations 775
B.1 Terminologie TCP/IP 775
B.2 Glossaire des termes et abréviations par ordre alphabétique 776

Bibliographie 813

Index 823

Avant-propos à l'édition française

C'est avec grand plaisir que nous proposons aux lecteurs francophones cette nouvelle version de l'ouvrage *TCP/IP* de Douglas Comer. Ce dernier, professeur à l'université Purdue[1], est doué d'un talent rare : celui de nous rendre étonnamment facile d'accès un monde pourtant si complexe.

Nous avons, pour notre part, tout fait pour conserver cette clarté. C'est ce qui explique, par exemple, que nous ayons fait le choix de mettre en français un certain nombre de termes, même si les techniciens utilisent souvent le terme anglais. C'est ce qui explique aussi que nous ayons adapté certains exercices au contexte européen.

De nombreux collègues nous ont fourni encouragements et conseils. Si nous ne pouvons tous les citer, nous voudrions remercier particulièrement Ralph Ankri, Benjamine Adrot, Frédéric Bouy, Patrick Fleming, François Leveugle, Madeleine Ripoll et Éric Rosier.

Merci également à tous les élèves du mastère Management des systèmes d'information répartis (ENST-ESSEC) qui nous ont servis de cobayes avec beaucoup d'enthousiasme.

Internet, et à travers lui TCP/IP, concerne aujourd'hui chacun de nous. Douglas Comer nous permet d'en comprendre non seulement le fonctionnement mais aussi les enjeux. À ce titre, son ouvrage, nous en sommes sûrs, accompagnera jour après jour notre entrée dans la société de l'information.

Les traducteurs
Jean-Alain Hernandez et René Joly
hernandezenst.fr et jolyenst.fr

1. Sa page personnelle peut être consultée à l'adresse *http ://www.cs.purdue.edu/people/comer*

Avant-propos

Le développement vertigineux d'Internet se poursuit. Il y a cinq ans, lors de l'édition précédente de cet ouvrage, Internet reliait 4,8 millions d'ordinateurs (contre seulement 5 000 lors de la toute première édition, en 1987). Aujourd'hui, on estime à plus de 56 millions le nombre d'ordinateurs connectés, ce qui veut dire qu'en 1995 Internet n'avait que 8 % de sa taille actuelle. Au début des années 1990, ceux d'entre nous qui travaillaient sur Internet s'émerveillaient déjà de ce qu'un obscur projet de recherche avait pu devenir ; aujourd'hui, il a un impact sur toute la société.

TCP/IP s'est bien accommodé de ces changements. Pendant vingt ans, la technologie de base a survécu à une croissance quasi exponentielle, les protocoles ont continué à fonctionner sur des réseaux à très haut débit et on a pu concevoir des applications inimaginables il y a quelques années encore. Bien sûr, la suite des protocoles n'est pas restée figée : de nouveaux protocoles sont apparus et certaines techniques ont permis d'adapter d'anciens protocoles aux nouvelles technologies des réseaux.

Cette édition comporte tout à la fois une mise à jour des informations tout au long des chapitres mais aussi la description précise d'un certain nombre de modifications. C'est ainsi que, puisque l'adressage sans classe est devenu courant, la description de la réexpédition IP prend en compte son impact. De plus, les chapitres sur IP décrivent DiffServ aussi bien que la découverte de MTU ou les réseaux anonymes. Le chapitre sur TCP prend en compte RDE et celui sur le routage externe s'appuie essentiellement sur BGP. La description des protocoles RIP, IGMP, SNMP et IPv6 a été modifiée pour tenir compte de leur évolution ; enfin, le chapitre sur la sécurité présente IPsec.

Quatre chapitres entièrement nouveaux sont consacrés à des développements très importants. Le chapitre 19 présente IP mobile — une technologie qui permet à un ordinateur de passer d'un réseau à un autre sans changer d'adresse IP. Le chapitre 20 analyse deux technologies largement utilisées pour relier des réseaux privés à Internet : les réseaux privés virtuels (VPN) et la traduction d'adresse réseau (NAT). Le chapitre 28 couvre les protocoles HTML et HTTP, bases d'une des applications les plus importantes du monde Internet : la Toile (Web). Quant au chapitre 29, il est consacré à un nouveau domaine tout à fait passionnant : celui de l'acheminement de données temps réel du type voix ou vidéo. On y analyse le protocole RTP aussi bien que RSVP et COPS (pour la réservation de ressources) ou encore H.323 (téléphonie sur IP).

La présente édition est organisée comme la précédente : l'accent est mis sur la notion d'internet en général et sur TCP/IP en particulier. L'internet est une abstraction bien pratique pour gérer la complexité induite par toutes les techniques d'interconnexion sous-jacentes : elle permet de s'abstraire des détails de l'architecture matérielle pour se consacrer à la communication proprement dite. Cet ouvrage présente à la fois l'architecture des interconnexions de réseaux et les protocoles qui permettent de faire en sorte que ces réseaux interconnectés se comportent comme un unique système de communication.

Après l'avoir lu, vous comprendrez comment on relie un grand nombre de réseaux distincts en un unique système de communication, comment les protocoles fonctionnent dans cet environnement et comment les applications utilisent cet internet. À titre d'exemple, nous analyserons Internet dans le détail, la façon dont on y fait le routage et les protocoles applicatifs qu'il utilise. De plus, vous comprendrez certaines limites de cette approche.

Cet ouvrage, destiné tout à la fois aux étudiants et aux professionnels, ne remplace pas l'étude des standards. C'est plutôt un point de départ puisqu'il donne une vue homogène de l'ensemble du domaine ; mais il permet aussi d'avoir une mise en perspective très difficile à obtenir à partir des documents bruts.

Ce livre comporte quatre grandes parties. Les chapitres 1 et 2 sont une introduction qui fait un large tour d'horizon du domaine et analyse les technologies de réseau existantes. Le chapitre 2, en particulier, est consacré aux aspects matériels des réseaux. Il s'agit ici plus de donner l'intuition de ce qui est possible que d'en fournir tous les détails, au demeurant probablement inutiles. Les chapitres 3 à 13 décrivent Internet et TCP/IP du point de vue d'un ordinateur hôte : ils expliquent les protocoles dont dispose un ordinateur hôte et la façon dont ils fonctionnent. On y voit aussi bien les bases de l'adressage ou du routage dans Internet que la notion de protocoles en couches. Les chapitres 14 à 20 et 32 concernent l'architecture d'un internet pris globalement. Ils présentent l'architecture du routage et les protocoles que les routeurs utilisent pour échanger de l'information. Les chapitres 21 à 31, eux, sont consacrés aux services disponibles dans Internet. Ils présentent le modèle client-serveur et donnent plusieurs exemples de logiciels clients et serveurs.

L'organisation générale est une organisation ascendante : on commence par une présentation des aspects matériels puis on passe aux fonctionnalités qui exploitent ce matériel. Le concept d'architectures en couches apparaît au chapitre 11. Ce chapitre met l'accent sur la différence qu'il peut y avoir entre les couches conceptuelles correspondant à une fonctionnalité et un logiciel de protocole en couches dans lequel plusieurs objets sont présents dans chaque couche.

Il n'est pas nécessaire d'avoir beaucoup de connaissances pour tirer le meilleur parti de cet ouvrage. Le lecteur est cependant supposé avoir quelques connaissances en informatique, et être familier avec les structures de données comme les piles, les listes et les arbres. Il est également bon d'avoir quelques idées sur la façon dont sont faits les systèmes d'exploitation permettant la programmation parallèle et les programmes d'application que les utilisateurs appellent. En revanche, nul besoin d'avoir un haut niveau en mathématiques ni de connaître la théorie de la communication : dans ce livre, le réseau physique est une boîte noire autour de laquelle se construit l'internet.

Merci à tous ceux qui ont contribué aux différentes versions de cet ouvrage ; merci également à Chris, ma femme mais aussi ma partenaire, qui en a fait une édition particulièrement soignée.

Douglas Comer
Janvier 2000

1

Introduction et présentation générale

1.1 PLAIDOYER POUR L'INTERCONNEXION DES SYSTÈMES

La communication par Internet est devenue banale. Le *World Wide Web* (la Toile), se propose nous informer sur des sujets aussi divers que la météo, la production céréalière, les cours de la bourse ou les horaires d'avions. Des personnes partageant des intérêts communs établissent des listes de diffusion électronique afin d'échanger des informations. Des passionnés d'informatique échangent des programmes et des familles dispersées s'envoient des courriers électroniques.

Malheureusement, la plupart des réseaux sont des environnements de communication indépendants, destinés à satisfaire les besoins spécifiques des entreprises ou du grand public (transmission de données, téléphonie, etc.) dont le choix ira vers le réseau qui répondra au mieux à leur besoin de communication. Toutefois, les besoins étant divers — de même que l'offre de réseaux —, il est impensable de trouver sur le marché un réseau unique et universel satisfaisant à tous les besoins. Certains utilisateurs vont disposer de réseaux à haut débit pour interconnecter leurs ordinateurs tout en sachant que ces réseaux ne pourront couvrir que des espaces géographiques limités. D'autres, pour relier des ordinateurs éloignés de milliers de kilomètres, n'auront à disposition que des réseaux étendus couvrant de grandes distances mais offrant de faibles débits. Comment faire coopérer ces multiples réseaux pour satisfaire à un besoin de communication global ?

Ces vingt dernières années ont vu émerger de nouvelles techniques rendant possible l'interconnexion d'un grand nombre de réseaux différents en les faisant apparaître à l'utilisateur comme un unique environnement de communication homogène. Ces techniques modernes appelées *techniques d'interconnexion de réseaux* (*internetworking*) ou techniques internet prennent en compte la diversité et la multiplicité des environnements matériels et logiciels des réseaux en leur fournissant un ensemble de moyens et de mécanismes de communication pour s'affranchir de l'hétérogénéité. En fait, la technique internet masque les détails physiques des réseaux et permet aux ordinateurs de communiquer entre eux indépendamment de leur environnement matériel.

La technique internet décrite dans ce livre est un exemple (voire un modèle) parmi plusieurs traitant de l'*interconnexion des systèmes ouverts*. Un système est dit ouvert, contrairement aux systèmes de communications spécifiques diffusés par les fabricants d'ordinateurs (appelés *systèmes propriétaires*), si ses spécifications sont publiques et disponibles. Ainsi, un utilisateur averti peut développer le logiciel dont il a besoin pour communiquer sur un internet pourvu qu'il respecte ses règles fonctionnelles. Plus important encore, la technique internet a été conçue pour faciliter les communications entre ordinateurs d'architectures différentes, en utilisant au mieux les divers équipements des réseaux de transmission de données et en tenant compte de la diversité des systèmes d'exploitation.

Pour apprécier l'intérêt d'un internet, pensez à la façon dont il peut agrémenter les relations entre divers groupes professionnels. Imaginez un instant les effets qui résulteraient de l'interconnexion de tous les ordinateurs utilisés par les scientifiques. Chacun d'eux pourrait échanger ses résultats d'expérimentation avec tous les autres. Des centres de données nationaux pourraient collecter des informations relatives aux phénomènes naturels pour les mettre à la disposition de tous les scientifiques. Les services et programmes informatiques disponibles sur n'importe quel ordinateur, pourraient être accessibles à tous les scientifiques. En conséquence, la recherche scientifique progresserait sans aucun doute beaucoup plus vite. Bref, les effets seraient considérables.

1.2 INTERNET ET TCP/IP

Les agences gouvernementales américaines ont, depuis des années, compris l'importance et le potentiel de la technique internet. À tel point qu'elles ont subventionné des travaux de recherche qui ont conduit à la réalisation d'un internet mondial. Ce livre traite des principes et des concepts associés à la technique internet qui résultent des travaux de recherche subventionnés par l'ARPA (*Advanced Research Projects Agency*)[1], l'agence américaine des projets de recherche avancée. La technique internet de l'ARPA définit un ensemble de standards qui spécifient

1. Au cours des années 1980, l'ARPA a été très souvent dénommée DARPA (*Defense Advanced Research Projects Agency*).

les détails des communications entre ordinateurs ainsi qu'un ensemble de conventions pour l'interconnexion des réseaux et le routage des informations au sein des réseaux. Officiellement baptisée *Suite des protocoles d'interconnexion TCP/IP* (*Transmission Control Protocol* et *Internet Protocol*) et couramment nommé *technique TCP/IP*, *environnement TCP/IP*, *protocoles TCP/IP* ou simplement *TCP/IP* (du nom des deux principaux standards), il s'agit d'un ensemble de protocoles permettant d'établir des communications entre divers types de réseaux interconnectés. Certaines entreprises, par exemple, utilisent TCP/IP pour interconnecter tous leurs réseaux, même si ces derniers ne sont pas reliés au monde extérieur. D'autres utilisent TCP/IP pour les communications à grande distance, entre sites géographiquement dispersés.

La technique TCP/IP tire son intérêt de sa viabilité prouvée à grande échelle. Elle constitue la technique de base du système internet mondial qui relie aujourd'hui plusieurs centaines de millions de personnes dans des organismes de recherche, des universités, des écoles, des entreprises, nombre de laboratoires gouvernementaux et d'habitations dans pratiquement tous les pays. Le CNRS, l'INRIA, les universités, etc., utilisent TCP/IP pour relier leurs centres de recherche. Ces institutions ont contribué à l'élaboration du système internet mondial, *l'ARPA/NSF Internet* (*National Science Foundation*), plus connu sous les dénominations *Réseau d'interconnexion TCP/IP*, *réseau Internet* ou simplement *Internet*[1]. Internet permet aux individus qui y sont connectés de partager des informations avec d'autres où qu'ils soient dans le monde aussi facilement qu'avec leurs collègues des bureaux voisins. Le succès éclatant d'Internet prouve la maturité de la technique TCP/IP et montre qu'elle s'adapte à une grande variété de réseaux.

L'essentiel du contenu de ce livre s'applique à tout type de réseau utilisant TCP/IP. Certains chapitres font explicitement référence au réseau Internet. Les lecteurs intéressés par la seule technique d'interconnexion de réseaux devront veiller à faire la distinction entre l'architecture spécifique du réseau Internet et celle des réseaux TCP/IP en général. Ignorer les sections qui décrivent le réseau Internet de façon détaillée constituerait néanmoins une erreur. La complexité de nombreux réseaux d'entreprise dépasse souvent celle du réseau Internet d'il y a une dizaine d'années. Un grand nombre des problèmes de communication que ces entreprises doivent résoudre l'ont déjà été dans le cadre d'Internet.

1.3 LES SERVICES D'UN INTERNET

Il n'est pas possible d'apprécier les détails sous-jacents à l'environnement TCP/IP sans comprendre les services qu'il fournit. Ce chapitre passe brièvement en revue

1. Nous suivrons la convention commune de désigner par Internet (avec une majuscule) le réseau mondial, tandis qu'un internet (ou intranet) désigne plutôt un réseau privé utilisant la technologie TCP/IP.

les services offerts par un internet et met en évidence ceux qui sont les plus utilisés. Vous verrez plus tard comment les ordinateurs se connectent à un internet et comment sont implémentées ses fonctions.

L'essentiel de nos propos sur les services offerts par un internet sont relatifs aux standards appelés *protocoles de communication*. Ces protocoles, tels que TCP et IP, définissent les règles de communication utilisées pour échanger les messages dans l'internet. Ils décrivent en détail la structure des messages, comment un ordinateur doit se comporter lorsqu'un message lui arrive et comment gérer les diverses erreurs qui peuvent apparaître. L'étude des protocoles permet de traiter globalement les communications entre ordinateurs, indépendamment des produits de tel ou tel constructeur. Dans un sens, les protocoles sont aux communications ce que les algorithmes sont aux traitements informatiques. Un algorithme permet de spécifier ou de comprendre un traitement, sans avoir à connaître le détail du jeu d'instructions du processeur utilisé. De façon analogue, un protocole de communication permet de spécifier ou de comprendre les mécanismes d'échanges de données, indépendamment du matériel de tel ou tel fabricant.

Le fait de masquer les détails de la réalisation de la communication permet d'améliorer la productivité, d'abord parce que les programmeurs travaillent avec des abstractions de plus haut niveau et n'ont donc pas à se soucier de telle ou telle particularité des machines, ensuite parce que les programmes ainsi fabriqués sont plus portables d'une machine à l'autre voire d'un réseau à l'autre. Ajoutons que, puisque les programmes d'application utilisent des protocoles de haut niveau, ils peuvent dialoguer directement avec leur homologue de l'autre côté du réseau, sans que les programmeurs aient à se soucier de créer une version logicielle particulière pour chaque type d'ordinateur ou de réseau.

Nous verrons que tous les services réseau — services d'interconnexion et de communication — sont décrits par des protocoles. On peut distinguer dans les services réseau ceux utilisés pour définir des services de niveau application et ceux utilisés pour définir des services de niveau réseau (spécifiques aux infrastructures des réseaux). C'est ce que vous allez découvrir ci-dessous. Les chapitres suivant expliquent en détail chacun des protocoles définis.

1.3.1 Services de niveau application d'Internet

Du point de vue de l'utilisateur, Internet se présente comme un ensemble de programmes d'application qui utilisent le réseau comme un moyen pour effectuer des tâches de communication. Nous utilisons le terme *interopérabilité* pour évoquer la capacité qu'ont les systèmes informatiques de coopérer à la réalisation d'activités communes. Les programmes d'application employés sur Internet font preuve d'un haut niveau d'interopérabilité. C'est ainsi que la plupart des utilisateurs accédant au réseau Internet le font en exécutant des programmes d'application, sans avoir besoin de connaître la technique TCP/IP, l'organisation de l'internet sous-jacent, ni même le chemin emprunté par les données pour atteindre leur destination. Ils se reposent sur leurs programmes d'application pour cela. Seuls les programmeurs qui écrivent les programmes d'application voient l'internet TCP/IP comme un réseau et doivent en comprendre les détails techniques.

Les services de niveau application d'Internet les plus répandus sont :

- *Le Web* (la Toile). Il permet de visualiser des documents contenant du texte et des images reliés par des liens hypermédias. C'est aujourd'hui l'application qui représente la part de trafic la plus importante dans Internet puisque certains fournisseurs d'accès considèrent qu'elle correspond à 80 % de leur trafic.
- *Le courrier électronique*. C'est un service qui permet à un utilisateur de composer des notes et de les envoyer sous forme de messages à des individus ou à des groupes d'individus. Ce service permet également aux utilisateurs de lire les messages reçus. Une extension récente au système originel permet de joindre des annexes (« attachements ») à un courrier. Le courrier électronique connaît un tel succès que nombre d'utilisateurs en dépendent complètement pour leur correspondance professionnelle. Bien qu'il existe de nombreux systèmes de courrier électronique, il est important de comprendre que l'utilisation de TCP/IP rend fiable la remise du courrier. Au lieu de s'appuyer sur des équipements intermédiaires pour relayer les messages jusqu'à leur destination, le système de courrier électronique de TCP/IP fonctionne en mettant l'ordinateur de l'émetteur en relation directe avec celui du destinataire. L'émetteur d'un message est assuré que, lorsque son message quitte l'ordinateur local, il sera correctement reçu par l'ordinateur destinataire.
- *Le transfert de fichiers*. Si certains utilisateurs transfèrent parfois des fichiers à l'aide du système de courrier électronique, ce dernier est principalement destiné aux messages textuels courts. Les protocoles TCP/IP incluent un programme d'application propre au transfert de fichiers qui permet aux utilisateurs d'émettre ou de recevoir des fichiers de taille quelconque. Ainsi, en utilisant le programme de transfert de fichiers, il est possible de copier d'un ordinateur à un autre de grandes bases de données contenant par exemple des images satellites, des programmes écrits en Java ou en C++ ou un dictionnaire de français. Le système fournit les moyens de contrôler l'identité des utilisateurs autorisés à accéder au fichier, voire même d'en interdire totalement l'accès. Comme le courrier électronique, le transfert de fichiers au sein d'un internet TCP/IP est fiable parce que les deux machines impliquées dialoguent directement, sans que des machines intermédiaires, tout au long du chemin, aient à stocker de copie du fichier.
- *La connexion à distance*. La connexion à distance permet à un utilisateur assis devant un terminal ou un ordinateur de se connecter à un ordinateur distant et d'établir avec lui une session informatique. L'ordinateur distant donne l'illusion qu'il est directement relié à l'utilisateur. Ainsi, chaque caractère

frappé au clavier par l'utilisateur est acheminé vers l'ordinateur distant et chaque caractère émis par l'ordinateur distant est affiché sur l'écran de l'utilisateur. Lorsque la session se termine, l'application de connexion à distance rend la main au système local.

Nous examinerons dans le détail les applications ci-dessus et bien d'autres encore, dans les derniers chapitres de cet ouvrage. Nous verrons précisément comment elles utilisent les protocoles TCP/IP et pourquoi l'utilisation de protocoles d'application standard a contribué à leur assurer une grande diffusion.

1.3.2 Services de niveau réseau d'un internet

Un programmeur qui écrit un programme d'application utilisant les protocoles TCP/IP a une vision totalement différente de celle qu'a l'utilisateur se contentant simplement des applications comme le courrier électronique. Au niveau réseau (ce qui est spécifique à l'infrastructure des réseaux), un internet assure deux grands types de services qui sont utilisés par toutes les applications ; nous n'avons pas besoin à ce stade d'en comprendre tous les détails, mais ils ne peuvent être omis d'une présentation générale de TCP/IP :

- *Service de remise en mode non connecté.* Ce service, expliqué en détail dans la suite de l'ouvrage, constitue la base de tous les autres services d'un internet. La *remise en mode non connecté* est un service proposé par nombre de réseaux de transmission de données — la transmission se fait par échange de blocs de données entre un expéditeur et un destinataire sans que ceux-ci ne se soient concertés avant l'échange ; selon le réseau utilisé pour la transmission, les blocs sont des *paquets*, des *datagrammes* ou des *trames*. Cela signifie qu'un internet TCP/IP « route » (achemine) les blocs de données d'un ordinateur à un autre, en utilisant les adresses qui y sont contenues. Le service de remise en mode non connecté route les blocs de données indépendamment les uns des autres, il ne garantit ni leur remise fiable, ni leur remise en séquence. Comme il effectue une correspondance directe avec le matériel sous-jacent, le service de remise en mode non connecté est extrêmement efficace. Sachant que ce service est la base de la quasi totalité des services d'un internet cela rend les protocoles TCP/IP utilisables sur une large gamme d'équipements réseau.

- *Service de transport fiable.* La plupart des applications demandent plus que la simple remise des blocs de données. Elles exigent des logiciels de communication une reprise automatique en cas d'erreur de transmission, de perte de blocs ou de panne d'un élément sur la route reliant l'émetteur au destinataire. Le service de transport fiable gère de tels problèmes. Il permet à une application d'un ordinateur local d'établir une connexion (une mise en relation) avec une application d'un ordinateur distant, puis d'envoyer des données sans restriction de volume sur cette connexion temporaire, comme s'il s'agissait d'une connexion permanente et directe. Bien sûr, les protocoles de communication supervisent les échanges et décomposent le flot des données en blocs de petite taille (selon les réseaux) émis les uns à la suite des autres, un par un, en attendant leur acquittement par le destinataire.

De nombreux réseaux assurent des services de base identiques à ceux présentés ci-dessus et l'on peut se demander ce qui distingue les services TCP/IP des autres. Les différences essentielles sont :

- *Indépendance technique vis-à-vis des réseaux.* Bien que l'environnement TCP/IP soit basé sur une technique classique de transmission de données par blocs, il est indépendant du matériel. Le réseau Internet inclut une grande diversité technique de réseaux, des réseaux locaux au sein d'un immeuble à ceux couvrant de grands espaces géographiques. Le bloc (ou unité) de données élémentaire manipulé par les protocoles TCP/IP est appelé *datagramme*. TCP/IP spécifie la façon de transmettre ces datagrammes sur un réseau quelconque ; dans la littérature technique on utilise très souvent, par abus de langage, le terme *paquet* en lieu et place de datagramme.

- *Une interconnexion universelle.* Un internet TCP/IP permet à tout couple d'ordinateurs qu'il relie de communiquer. Chaque ordinateur se voit assigner une *adresse* unique et reconnue au sein de l'internet. Chaque datagramme émis contient les adresses source (celle de l'émetteur) et destination (celle du récepteur). Des ordinateurs intermédiaires spécialisés — que l'on appelle souvent commutateurs ou routeurs — sont chargés de l'acheminement des datagrammes sur l'internet. Ils utilisent les adresses source et destination pour prendre leurs décisions de routage (technique d'acheminement).

- *Accusé de réception de bout en bout.* Les protocoles TCP/IP offrent un accusé de réception (ou acquittement) aux divers datagrammes échangés entre l'ordinateur source et l'ordinateur destinataire — plutôt qu'entre ordinateurs intermédiaires successifs tout au long du chemin de communication. Et ce, même lorsque les ordinateurs source et destination ne sont pas raccordés à un même réseau.

- *Protocoles d'application standard.* En plus des services de transport d'informations (tels que le service de transport fiable), les protocoles TCP/IP comportent de nombreux protocoles d'application comme le courrier électronique, le transfert de fichiers et la connexion à distance. Ainsi, les concepteurs de programmes d'application utilisant TCP/IP apprécient d'avoir des logiciels de base assurant les services dont ils ont besoin.

Les chapitres suivants traitent en détail les services offerts aux programmeurs ainsi que les nombreux protocoles d'application standard.

1.4 HISTORIQUE ET PERSPECTIVES D'INTERNET

La réputation de TCP/IP tient surtout à son adoption quasi universelle, mais également à la dimension et au rythme de croissance du réseau Internet. Les travaux de l'ARPA sur l'interconnexion de réseaux commencèrent vers le milieu des années 1970. Les protocoles prirent leur forme actuelle vers les années 1977-1979. À cette époque, l'ARPA était considérée, aux États-Unis, comme le premier organisme américain de subvention de travaux de recherche en matière de réseaux à commutation par paquets. Elle explora, avec son célèbre réseau *ARPANET*, de nombreuses idées relatives à la commutation par paquets. ARPANET utilisait des liaisons classiques à base de liaisons spécialisées point à point. À part cela, l'ARPA subventionnait également la recherche en matière de commutation par paquets sur des canaux de communication radio ou satellite. En fait, l'augmentation de la diversité des techniques réseau a amené l'ARPA à lancer des études sur l'interconnexion de réseaux, ce qui a fait fortement progresser cette technique.

Les subventions en faveur de la recherche proposées par l'ARPA ont attiré l'attention et stimulé l'imagination de plusieurs groupes de recherche, particulièrement celle des chercheurs disposant de l'expérience antérieure de l'utilisation de la commutation par paquets sur le réseau ARPANET. L'ARPA organisait des réunions informelles pour permettre aux chercheurs d'échanger des idées et de discuter de résultats d'expériences. En 1979 une telle quantité de chercheurs participait à l'effort TCP/IP que l'ARPA a constitué un comité informel, l'*ICCB*, comité de contrôle et de configuration d'Internet (*Internet Control and Configuration Board*), pour coordonner et orienter la conception des protocoles et l'évolution de l'architecture d'Internet. L'ICCB se réunit régulièrement jusqu'en 1983 avant d'être restructuré.

Le réseau Internet tel qu'on le connaît aujourd'hui apparut vers 1980, lorsque l'ARPA commença à faire évoluer les ordinateurs reliés à ses réseaux de recherche vers les nouveaux protocoles TCP/IP. Le réseau ARPANET, déjà opérationnel, devint rapidement le fédérateur du nouveau réseau Internet et servit de support aux premières expériences d'utilisation de TCP/IP. La migration vers la technique internet fut achevée en janvier 1983. Au même moment, la *DCA*, agence de communication de la Défense (*Defense Communication Agency*) divisait ARPANET en deux réseaux : l'un pour servir la recherche, l'autre pour les communications militaires. La partie réservée à la recherche conserva le nom ARPANET ; la partie militaire, légèrement plus importante, prit le nom de MILNET (*MILitary NETwork*).

L'ARPA, pour encourager les chercheurs à adopter et à utiliser les nouveaux protocoles, en réalisa une version peu coûteuse. À cette époque, la plupart des départements informatiques des universités utilisaient la version du système d'exploitation Unix diffusée par l'université de Berkeley appelé couramment *Unix Berkeley* ou *Unix BSD* (*Berkeley Software Distribution*). L'ARPA créa la société

Bolt, Beranek et Newman Inc. (BBN) pour implémenter les protocoles TCP/IP au noyau du système d'exploitation Unix 4.2BSD et subventionna l'université de Berkeley pour qu'elle distribue la version de son système d'exploitation Unix 4.2BSD intégrant les protocoles TCP/IP. Elle toucha ainsi 90 % des départements informatiques des universités américaines. Ce nouvel environnement logiciel arriva à point car la plupart des départements commençaient à s'équiper d'un second, voire d'un troisième ordinateur qu'ils interconnectaient ensemble avec des réseaux locaux. Les protocoles de communication TCP/IP intégrés au système d'exploitation furent alors les biens venus ; d'autant qu'à l'époque il n'existait pas grand-chose d'autre de disponible.

Unix BSD devint très courant parce qu'il proposait, outre les protocoles TCP/IP de base, un ensemble d'utilitaires pour les services réseau analogues à ceux offerts par Unix à tout ordinateur. L'avantage principal des utilitaires de services réseau d'Unix Berkeley est leur similitude avec les services Unix classiques. Ainsi, les utilisateurs Unix expérimentés peuvent rapidement apprendre comment utiliser l'outil de copie de fichiers distants (*rcp : remote copy*) parce que celui-ci se comporte exactement comme l'utilitaire de copie d'Unix, à ceci près qu'il permet aux utilisateurs de copier des fichiers vers ou depuis des machines distantes.

En plus d'un ensemble de programmes utilitaires, Unix Berkeley utilise un nouveau concept abstrait du système d'exploitation, connu sous le nom de *socket*, qui permet aux programmeurs d'écrire sans peine des applications accédant aux protocoles de communication. Le socket est un mécanisme de généralisation des entrées/sorties d'Unix. Il dispose de plusieurs options permettant d'utiliser d'autres types de protocoles réseau que TCP/IP. Les spécifications des sockets ont été l'objet de nombreuses discussions depuis leur apparition. Des chercheurs en système d'exploitation ont proposé des alternatives. Indépendamment de son bien fondé, le socket est un concept très important car il permet au programmeur d'utiliser les protocoles TCP/IP à moindre effort. Cela a encouragé les chercheurs à expérimenter TCP/IP.

Le succès de TCP/IP et d'Internet autorisant des communications aisées entre les chercheurs informaticiens de part le monde, il a fortement contribué à l'élargissement de leur adoption par d'autres communautés d'utilisateurs. Comprenant que les communications deviendraient bientôt une partie vitale de la recherche scientifique, la NSF, aux États-Unis, joua un rôle actif pour l'extension d'Internet. Au début de 1985, elle démarra un programme pour constituer des réseaux d'accès s'articulant autour de six centres de grande puissance de calcul. En 1986, elle étendit ses efforts en matière de réseaux en subventionnant un important réseau fédérateur à grande distance appelé NSFNET[1] qui relia tous les

1. Le terme NSFNET est parfois utilisé au sens large pour désigner toutes les activités réseau subventionnées par la NSF, mais nous l'utiliserons pour désigner le réseau fédérateur. Le chapitre suivant donne des détails supplémentaires sur ce réseau.

centres de grande puissance de calcul entre eux. Ce réseau fut également connecté au réseau ARPANET. C'est également en 1986 que la NSF subventionna la création de plusieurs réseaux régionaux qui permirent le raccordement de la plupart des centres de recherche scientifique dans chacune des régions concernées. Tous les réseaux subventionnés par la NSF utilisent les protocoles TCP/IP et font partie intégrante du réseau Internet.

Moins de sept ans après sa création, le réseau Internet s'était développé au point de comporter des centaines de réseaux individuels situés partout aux États-Unis et en Europe. Il interconnectait presque 20 000 ordinateurs de laboratoires de recherche gouvernementaux, d'universités et d'entreprises. La taille et l'utilisation d'Internet continuèrent d'augmenter au-delà des prévisions. Depuis 1987, sa croissance est estimée à près de 15 % par mois. En 2001, Internet reliait plus de 50 millions d'ordinateurs répartis dans 209 pays.

L'adoption des protocoles TCP/IP et la croissance d'Internet ne se limitent pas aux projets subventionnés par le gouvernement américain. Les entreprises européennes des grands secteurs d'activité sont toutes connectées à Internet. De plus, de nombreuses sociétés utilisent les protocoles TCP/IP sur leurs réseaux privés, même lorsqu'elles n'ont pas choisi d'être reliées à Internet.

L'expansion rapide d'Internet a posé des problèmes d'échelle inimaginables lors de sa conception initiale et motivé les chercheurs pour imaginer de nouvelles techniques de gestion de grandes quantités de ressources informatiques et de réseaux. Dans la conception initiale, par exemple, les noms et les adresses de tous les ordinateurs raccordés à Internet étaient conservés dans un fichier unique, édité manuellement, puis distribué à chaque site d'Internet. Vers le milieu des années 1980, il est devenu évident qu'une base de données centrale ne suffisait plus. Premièrement, les demandes de mise à jour excéderaient bientôt la capacité des personnes qui étaient responsables de leur traitement. Deuxièmement, même si un fichier central correct existait, la capacité du réseau était insuffisante pour distribuer fréquemment ce fichier à tous les sites ou pour leur permettre d'y accéder en ligne.

De nouveaux protocoles ont donc été développés et un système de nommage fut mis en place au sein d'Internet pour permettre à tout utilisateur de trouver automatiquement le nom d'un ordinateur. Ce système, appelé DNS (*Domain Name System*), système de noms de domaine, utilise des ordinateurs appelés *serveurs de noms* pour répondre à des questions relatives aux noms. Aucun ordinateur ne connaît l'ensemble de la base de données des noms de domaine : les données sont distribuées au sein d'un ensemble d'ordinateurs qui utilisent les protocoles TCP/IP pour communiquer entre eux lorsqu'ils répondent à une sollicitation.

1.5 L'IAB, COMITÉ CHARGÉ DE LA COORDINATION D'INTERNET

Comme la suite des protocoles TCP/IP n'est pas le produit d'un constructeur ni d'une société professionnelle reconnue, on peut se demander qui donne les orientations techniques et décide quand les protocoles deviennent des standards. La réponse est : « un comité nommé IAB (*Internet Architecture Board*)[1] ». L'IAB est le comité chargé de la coordination pour l'architecture, les orientations, la gestion et le fonctionnement d'Internet et de la plus grande partie de la recherche et des développements relatifs aux protocoles TCP/IP. L'IAB oriente l'évolution d'Internet, décide quels protocoles font partie de la famille des protocoles TCP/IP et définit les stratégies officielles.

Créée en 1983 lorsque l'ARPA réorganisa l'ICCB, l'IAB hérita de la charte élaborée par les pionniers d'Internet. Ses objectifs initiaux consistèrent à encourager les échanges entre les principales parties impliquées dans la recherche sur TCP/IP et Internet et à maintenir les chercheurs concentrés sur des objectifs communs. Jusqu'en 1989, l'IAB évolua d'un groupe de recherche spécifique de l'ARPA vers une organisation plus autonome. Pendant ces six années, chaque membre de l'IAB présida un *groupe de travail Internet* (*Internettask force*) spécialement chargé de traiter ou de chercher des solutions aux problèmes d'une certaine importance. L'IAB comportait environ une dizaine de groupes de travail dont les missions s'étendaient de l'évaluation de l'influence du trafic généré par certaines applications, à la résolution de problèmes d'ingénierie à court terme. L'IAB réunissait chaque groupe de travail, plusieurs fois par an, pour prendre connaissance de son compte rendu d'activité, revoir et réviser ses orientations techniques, discuter les stratégies et échanger des informations avec d'autres organismes ou comités tels que l'ARPA ou la NSF, qui subventionnaient la recherche et le fonctionnement d'Internet.

Le président de l'IAB avait le titre d'*architecte Internet*. Il était responsable des suggestions techniques et de la coordination des activités des différents groupes de travail Internet. Il pouvait constituer de nouveaux groupes de travail sur les conseils de l'IAB, qu'il représentait également auprès des autres organismes.

Les nouveaux venus dans le monde TCP/IP étaient toujours surpris d'apprendre que l'IAB ne gérait pas un budget important ; malgré ses prérogatives, il ne subventionnait pas une grosse part de la recherche et des développements qu'il encadrait. Des volontaires assuraient bénévolement l'essentiel du travail. Chaque membre de l'IAB avait la responsabilité de recruter des bénévoles pour les besoins de son groupe de travail Internet, entre autres pour participer à l'organisation des réunions des groupes de travail et pour présenter le compte rendu des

1. À l'origine, IAB signifiait *Internet Activities Board*.

recherches auprès de l'IAB. Ces bénévoles provenaient habituellement de la communauté de la recherche ou d'entreprises commerciales qui produisaient ou utilisaient TCP/IP. Les chercheurs actifs participaient aux groupes de travail Internet pour deux raisons. D'une part, c'était pour eux l'occasion d'acquérir des connaissances relatives à de nouveaux problèmes de recherche. D'autre part, comme les idées et les solutions nouvelles conçues et testées par les groupes de travail finissaient souvent par faire partie de la technique TCP/IP, ils pouvaient constater l'influence directe et positive de leurs travaux.

1.6 LA NOUVELLE STRUCTURE DE L'IAB

Dès l'été 1989, la technique TCP/IP et Internet s'étaient développés au-delà des prévisions initiales pour devenir une source de services dont dépendaient des milliers de personnes pour leur travail quotidien. Il n'était plus possible de mettre en œuvre de nouvelles idées en modifiant quelques installations la nuit. Dans une large mesure, les centaines d'entreprises commerciales qui proposaient des produits TCP/IP déterminaient si les produits interopéraient, car c'étaient elles qui décidaient du moment où elles appliqueraient des modifications à leurs logiciels. Les chercheurs qui élaboraient les projets de standards et testaient les idées nouvelles dans les laboratoires ne pouvaient plus espérer une acceptation immédiate de leurs idées. Les chercheurs qui ont conçu et développé TCP/IP se sont vus, ironie du sort, dépassés par le succès commercial du fruit de leurs réflexions. En un mot, TCP/IP était devenu une technique industrielle mature et le marché commençait à orienter son évolution.

Pour s'adapter aux réalités politiques et commerciales de TCP/IP et d'Internet, l'IAB fut restructurée pendant l'été 1989. Son président changea. Certains chercheurs furent déplacés de l'IAB vers un groupe auxiliaire et un nouveau comité IAB fut constitué, comportant des représentants d'une plus large communauté.

La nouvelle organisation de l'IAB et les noms de ses différentes parties s'expliquent mieux à l'aide de la figure 1.1.

Comme le montre la figure 1.1, en complément du comité lui-même, l'IAB comporte deux branches principales : l'IRTF (*Internet Research Task Force*), les groupes de travail Internet pour la recherche et l'IETF (*Internet Engineering Task Force*), les groupes de travail Internet pour le développement.

L'IETF se concentre sur les problèmes techniques à court et moyen termes. L'IETF existait à l'origine de l'IAB, elle fut très active et procura une forte motivation à la réorganisation de l'IAB. Contrairement à la plupart des groupes de travail Internet, qui comprenaient quelques individus s'intéressant à un problème spécifique, l'IETF se développa jusqu'à représenter plusieurs dizaines de

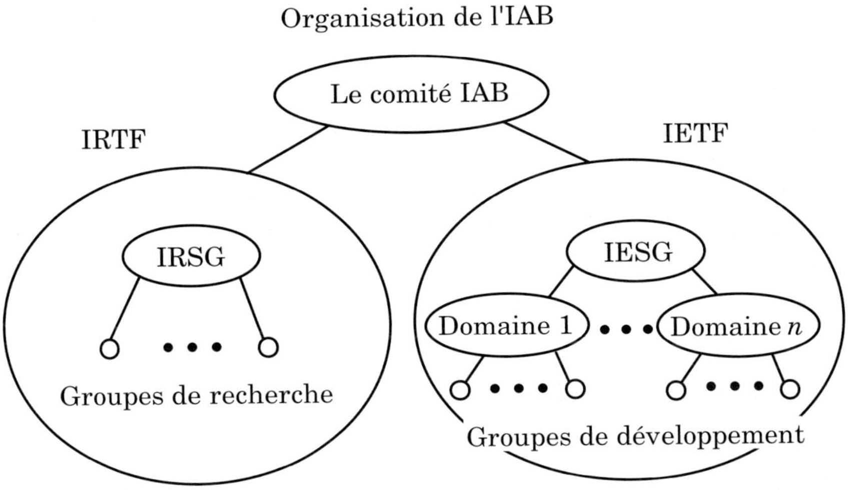

Figure 1.1 — Organisation de l'IAB après la restructuration de 1989.

membres actifs qui travaillaient simultanément à la résolution de plusieurs problèmes. Avant la restructuration, l'IETF se décomposait en plus de 20 groupes de travail chargés chacun de la résolution d'un problème particulier. Les groupes organisaient des réunions internes afin de poser et résoudre les problèmes. En complément, l'ensemble de l'IETF se réunissait régulièrement pour la présentation du compte rendu d'activité des groupes de travail et pour discuter les modifications ou enrichissements de TCP/IP proposés. Les réunions plénières de l'IETF avaient généralement lieu trois fois par an. Elles attiraient des centaines de participants et d'auditeurs. L'IETF était devenue trop grande pour pouvoir être gérée par un président.

Comme l'IETF était largement reconnue dans la communauté Internet, principalement par ses réunions plénières qui étaient très attendues, l'IAB restructurée conserva l'IETF, mais la divisa en une douzaine de domaines dotés chacun d'un responsable. Le président de l'IETF et les responsables de domaine IETF constituent l'IESG (*Internet Engineering Steering Group*), groupe de pilotage technique d'Internet. Ce dernier assure la coordination de tous les efforts des groupes de travail de l'IETF. À présent l'IETF englobe la totalité de la structure incluant le président, les présidents de domaine et tous les membres des groupes de travail.

Créée à l'occasion de la restructuration, l'IRTF s'est vue attribuer un nom qui reflète sa contribution aux travaux de recherche qui se font au sein de l'IETF. L'IRTF coordonne les activités de recherche relatives aux protocoles TCP/IP, à l'architecture d'Internet ou à l'interconnexion en général. De même que l'IETF, l'IRTF possède une petite structure appelée IRSG (*Internet Research Steering Group*), comité de pilotage de la recherche Internet qui définit les priorités et coordonne les activités de recherche. L'IRTF est actuellement une organisation plus modeste et moins active que l'IETF.

1.7 L'ISOC

En 1992, alors que le réseau Internet commençait à s'étendre hors des États-Unis, une association s'est constituée pour encourager la participation à la communauté Internet. Elle s'intéresse à la vie actuelle et future d'Internet. Appelée ISOC (*The Internet Society*), l'association est une organisation internationale qui s'est fortement inspirée de la *National Geographic Society*. Associée à l'IAB, l'ISOC contribue à aider les individus qui souhaitent adhérer à la communauté et utiliser Internet. Un chapitre français de l'ISOC a été créé en 1996.

1.8 LES RFC

Aucun constructeur, corps de métier ou organisme de normalisation, nous l'avons dit, ne peut s'approprier la technique TCP/IP. La documentation relative aux protocoles, normes et stratégies ne peut donc être obtenue auprès d'un quelconque marchand : elle est disponible gratuitement en ligne, sur Internet.

Les documents relatifs aux travaux sur Internet, les nouvelles propositions de définitions et les modifications de protocoles ainsi que les standards TCP/IP sont édités en rapports techniques : les RFC (*Request For Comments*), *appels à commentaires*. (Les versions provisoires des RFC sont les *propositions de standard Internet* (*Draft Internet*)). Les RFC peuvent être courts ou longs, concerner des concepts généraux ou des détails, être des standards ou simplement des propositions de nouveaux protocoles. Pendant des années, l'éditeur des RFC a été Jon Postel[1], mais aujourd'hui ce sont les responsables de l'IETF ; l'IESG, quant à elle, doit approuver les nouveaux RFC.

Un certain nombre de rapports relatifs à Internet ont été publiés dans une série d'articles antérieurs appelés IEN (*Internet Engineering Notes*), notes techniques Internet. Si la série des IEN n'est plus utilisée, tous les rapports IEN ne sont pas repris dans des RFC. Vous trouverez des références aux RFC (et à quelques IEN) tout au long de ce livre.

Les séries de rapports RFC sont numérotées séquentiellement dans l'ordre chronologique de leur rédaction. Un nouveau numéro est affecté à chaque RFC nouveau ou modifié. Ainsi les lecteurs doivent prendre soin de vérifier qu'ils obtiennent bien la version la plus récente d'un document. Un index est disponible qui permet d'identifier les versions correctes.

Afin d'obtenir les documents RFC le plus rapidement possible, plusieurs sites dans le monde conservent des copies des RFC et les offrent en accès libre à la communauté. Vous pouvez obtenir les RFC par courrier postal, courrier électronique

1. Décédé à l'automne 1998, Jon a été un des pionniers les plus marquants d'Internet. Ceux d'entre nous qui ont eu la chance de le connaître ne se consolent pas de sa disparition.

ou directement sur Internet, à l'aide d'un programme de transfert de fichiers. De plus, certains organismes diffusent des versions préliminaires des RFC, les *Drafts Internet*. Demandez à un expert réseau comment recevoir les RFC sur votre site ou reportez-vous à l'annexe 1 pour les instructions supplémentaires qui vous permettront de les obtenir.

1.9 STANDARDISATION DES PROTOCOLES TCP/IP

Les lecteurs familiers des réseaux de communication savent qu'il existe de nombreux protocoles de communication. Nombre d'entre eux sont antérieurs à ceux d'Internet. Pourquoi donc les concepteurs d'Internet inventèrent-ils de nouveaux protocoles alors qu'il en existait déjà un grand nombre faisant référence au niveau international ? La réponse à cette question est complexe, mais respecte une maxime simple :

> Utilisez les protocoles normalisés chaque fois que c'est possible ; n'inventez de nouveaux protocoles que lorsque les normes ou standards existants sont insuffisants, mais restez prêt à migrer vers les normes internationales dès qu'elles sont disponibles et qu'elles assurent des fonctionnalités équivalentes.

Ainsi, contrairement aux apparences, les protocoles de la famille TCP/IP n'ont pas été conçus pour ignorer ou éviter l'utilisation des normes internationales. Ils sont simplement apparus parce qu'aucun protocole existant ne permettait de satisfaire les besoins d'un système d'interconnexion de réseaux offrant un haut degré d'interopérabilité.

1.10 ÉVOLUTIONS ET TECHNIQUES FUTURES

La technique TCP/IP et Internet sont en évolution continue. De nouveaux protocoles sont proposés ; les anciens sont améliorés. La NSF a augmenté considérablement la complexité du système en introduisant un réseau fédérateur, plusieurs réseaux régionaux et des centaines de réseaux locaux de campus. D'autres groupes de par le monde continuent à se raccorder au réseau Internet. Ces nouveaux venus génèrent de nouvelles applications et introduisent une charge significative supplémentaire dès qu'ils commencent à utiliser le réseau. Lorsque les physiciens, les chimistes, les biologistes utilisent Internet, c'est pour échanger des fichiers d'informations collectées sur leurs sites d'expérimentation. Ces fichiers sont bien plus volumineux que les messages du courrier électronique. Internet devenant de plus en plus populaire, les utilisateurs accédant de plus en plus nombreux aux nouveaux services d'accès aux informations tel que *leWorld Wide Web*, on observe une augmentation importante du trafic du réseau.

Pour prendre en compte cette augmentation de trafic, la capacité de transmission du réseau fédérateur NSFNET a déjà été augmentée trois fois, ce qui porte la capacité actuelle à environ 840 fois la capacité d'origine ; depuis 1995, les fournisseurs d'accès à Internet ont eux aussi construit leurs propres réseaux fédérateurs, certains d'entre eux ayant d'ailleurs des performances supérieures à celles des anciens réseaux gouvernementaux. Actuellement, on ne prévoit pas l'arrêt ou le ralentissement de la demande de capacité supplémentaire.

La croissance de la demande d'utilisation des réseaux ne doit pas surprendre. L'industrie informatique a dû faire face à une demande soutenue d'augmentation de puissance de traitement des processeurs et de la capacité de stockage des disques pendant de nombreuses années. Les utilisateurs commencent seulement à comprendre l'intérêt qu'il y a à utiliser les réseaux de communication. Nous pouvons prévoir une poursuite de la croissance du besoin de communications. Des systèmes de communication à hautes performances (à haut débit) seront donc nécessaires pour prendre en compte cette tendance.

La figure 1.2 résume l'évolution d'Internet dont elle met en évidence une composante importante : les évolutions de la complexité survenues du fait de la participation de nombreux groupes autonomes à une gestion partielle de l'environnement du réseau Internet, alors qu'initialement la gestion des nombreux sous-systèmes réseau reposait sur une gestion centralisée. D'importants efforts seront nécessaires pour élargir cette conception afin de supporter une gestion décentralisée.

	Nombre de réseaux	Nombre d'ordinateurs	Nombre d'utilisateurs	Nombre de gestionnaires
1980	10	10^2	10^2	1
1990	10^3	10^5	10^6	10
2000	10^5	10^7	10^8	10^2

Figure 1.2 — La croissance d'Internet. Internet doit, compte tenu de l'augmentation de sa taille, faire face à l'accroissement du trafic. En outre, Internet doit affronter la complexité résultant de la décentralisation de la gestion de ses développements et de son fonctionnement.

1.11 ORGANISATION DE L'OUVRAGE

Ce livre présente de façon détaillée la technique TCP/IP, les applications utilisées et l'architecture d'Internet. Il traite des protocoles fondamentaux tels que TCP et

IP et montre comment ils se complètent dans une interconnexion de réseaux ou un internet. Non content de donner des détails, il met en évidence les principes généraux sous-jacents dans les protocoles de communication et explique pourquoi les protocoles TCP/IP s'adaptent aussi facilement aux nombreux réseaux existant.

Jusqu'à maintenant, nous avons parlé de TCP/IP et d'Internet en termes généraux, en résumant les services assurés et l'histoire de leur développement. Le chapitre suivant propose un bref résumé des divers types de réseaux utilisés dans Internet. Son objet n'est pas de mettre en valeur les subtilités du matériel de tel ou tel constructeur, mais de se concentrer sur les techniques réseaux les plus importantes pour les architectes de réseaux. Les autres chapitres abordent l'étude des protocoles en remplissant trois objectifs : ils analysent les concepts généraux du modèle architectural d'Internet, ils étudient en détail les protocoles TCP/IP et les protocoles d'application des services de haut niveau tels que le courrier électronique ou le transfert de fichiers. Les chapitres 3 à 14 passent en revue les principes de base et décrivent les logiciels réseau présents dans tout ordinateur qui utilise TCP/IP. Les chapitres suivants présentent des services qui concernent de nombreux ordinateurs : la diffusion des informations de routage, la résolution des noms et diverses applications comme le courrier électronique.

Deux annexes suivent les chapitres. La première contient un guide des RFC qui complète la description faite dans ce premier chapitre et donne des exemples de ce que l'on peut trouver dans les RFC. Elle explique comment et où se procurer des RFC. Enfin, comme l'index officiel présente les RFC dans l'ordre chronologique inverse, cette annexe fournit une liste des RFC présentée par sujet, afin d'aider les débutants à trouver les RFC qui traitent d'un thème donné.

La seconde annexe est un glossaire des termes et abréviations utilisés dans la littérature et dans ce livre. Elle a pour but de donner de courtes définitions des principaux termes utilisés dans Internet. Ce n'est surtout pas un guide pour débutant. Toutefois, après avoir parcouru l'ensemble de l'ouvrage, les débutants tireront un maximum de profit de ce glossaire.

1.12 RÉSUMÉ

Un internet est constitué d'un ensemble de réseaux interconnectés qui se comportent comme un tout coordonné. L'intérêt majeur d'un internet est d'assurer une connectivité universelle tout en permettant aux différents groupes d'utiliser le type de réseau le mieux adapté à leurs besoins. Nous examinerons les principes qui régissent les communications du réseau Internet en général et les détails d'une suite de protocoles d'interconnexion en particulier. Nous traiterons également de la façon d'utiliser les protocoles dans un internet. Notre exemple de technique, appelé TCP/IP, du nom de ses deux protocoles principaux, a été développé par l'agence pour les projets de recherche avancée du ministère américain de la Défense (ARPA). Elle fournit les bases de la réalisation du réseau Internet, un immense internet opérationnel qui relie les centres de recherche les plus importants parmi les universités, les entreprises et les laboratoires gouvernementaux dans le monde. Internet est en expansion constante et rapide.

1.13 POUR EN SAVOIR PLUS

L'histoire d'ARPANET de Vinton Cerf (1989) et l'histoire du comité des activités Internet (IAB) [RFC 1120] constituent une lecture passionnante et orientent l'utilisateur vers de nombreux articles des débuts de la recherche sur TCP/IP et Internet. Denning (nov.-déc. 1989) présente une perspective différente de l'histoire d'ARPANET. Jennings *et al.* (1986) traite de l'importance du traitement distribué pour les scientifiques. Denning (sept.-oct. 1989) souligne également l'importance de l'interconnexion de réseaux et indique un scénario possible pour un internet à l'échelle mondiale. Dans [FCCSET], la commission fédérale américaine de coordination pour la science, la recherche et la technologie (*Federal Committee for Science, Engineering and Technology*) suggère que les réseaux soient une priorité nationale.

L'IETF (*ietf.org*) publie les comptes rendus de ses réunions régulières ; l'ISOC (*www.isoc.org*) produits régulièrement des lettres d'information qui analyse la pénétration d'Internet dans le monde. Le World Wide Web Consortium (W3C) produit des protocoles et des standards pour le Web. TCP/IP évoluant constamment, le lecteur trouvera de récentes informations dans les RFC et dans des comptes rendus de conférences telles que la conférence annuelle ACM SIGCOMM ou les diverses manifestations comme NETWORLD+INTEROP.

1.14 EXERCICES

1.1 Déterminez les programmes d'application de votre site qui utilisent TCP/IP.

1.2 Tracez la courbe de croissance des technologies Internet dans votre organisation. Combien y a-t-il d'ordinateurs, d'utilisateurs, de réseaux reliés à Internet chaque année ?

1.3 Les produits TCP/IP représentent plus d'un milliard d'euros de chiffre d'affaires annuel. Lisez les revues professionnelles pour trouver une liste des fournisseurs de ces produits.

2

Principaux réseaux englobés dans un internet

2.1 INTRODUCTION

Il est important de comprendre qu'un internet n'est pas un nouveau type de réseau. Au contraire, il faut le voir à la fois comme un concept d'interconnexion de réseaux et un ensemble de conventions d'utilisation des réseaux qui permet aux ordinateurs qu'il raccorde d'interopérer. Bien que l'environnement matériel des réseaux ne joue qu'un rôle mineur dans la réalisation d'ensemble, la bonne compréhension d'un internet implique de faire la distinction entre les mécanismes de bas niveau assurés par le matériel réseau et les services de haut niveau fournis par les protocoles TCP/IP. Il est également important de comprendre comment les services offerts par les divers réseaux d'un internet influent sur le choix de services à haut niveau d'abstraction.

Ce chapitre présente les concepts techniques de base des réseaux puis passe en revue la plupart de ceux que l'on trouve dans un internet. Les autres chapitres décrivent comment ces réseaux sont interconnectés et comment les protocoles TCP/IP prennent en compte la diversité importante des matériels. L'ensemble des réseaux présentés ci-dessous n'est pas exhaustif, il prouve simplement leur variété et montre comment TCP/IP s'en affranchit. Le lecteur peut sans difficultés passer la plupart des détails techniques, ce qui compte c'est qu'il ait les idées claires sur ce que sont les réseaux de transmission de données. Il peut aussi imaginer comment construire un système de communication homogène au-dessus d'un nombre important de matériels hétérogènes. Plus important encore, il doit porter une attention toute particulière aux différents schémas d'adressage physique mis en œuvre par les réseaux ; les derniers chapitres traitent de manière détaillée la façon dont les protocoles de haut niveau utilisent les adresses physiques.

2.2 CONCEPTS FONCTIONNELS DE BASE DES RÉSEAUX DE TRANSMISSION DE DONNÉES

Qu'ils assurent des connexions interordinateurs ou entre ordinateurs et terminaux, les réseaux de transmission de données peuvent être classés en deux familles de base selon que la transmission des données est directe entre les correspondants (sans ordinateur intermédiaire) ou indirecte (avec des ordinateurs spécialisés intermédiaires).

Les réseaux de transmission de données sans intermédiaire utilisent des liaisons directes point à point, multipoints ou en boucle, pour desservir les ordinateurs qu'ils raccordent ; c'est le cas de la plupart des réseaux locaux LAN (comme vous le verrez ci-dessous) ou des liaisons spécialisées des grands réseaux WAN.

Les réseaux de transmission de données avec intermédiaires utilisent des ordinateurs spécialisés — des commutateurs ou routeurs — qui assurent, grâce à leur présence, l'acheminement des données tout au long du chemin de communication dans le réseau. Ces réseaux, fonctionnant selon des techniques de commutation, sont appelés *réseaux à commutation* ou *réseaux commutés*. On distingue les réseaux opérant en *mode connecté* (parfois appelés *à commutation de circuit*) et les réseaux opérant en mode *non connecté* (appelés aussi réseaux *à commutation par paquets*)[1].

Les réseaux en mode connecté nécessitent l'établissement d'une connexion (ou mise en relation) temporaire — appelée un *circuit* — avant toute transmission d'informations entre deux points du réseau. Le système téléphonique numérisé actuel utilise, comme son prédécesseur analogique, une technique à commutation de circuit. Un appel téléphonique établit un circuit entre le poste téléphonique de l'appelant et celui de l'appelé, par l'intermédiaire d'un commutateur local, de lignes de communication et de commutateurs distants. Lorsque le circuit est établi, chaque poste téléphonique échantillonne périodiquement les signaux électriques analogiques fournis par son microphone, code numériquement les échantillons obtenus et transmet les données correspondantes sur le circuit, jusqu'au poste téléphonique destinataire qui les remet sous une forme analogique avant de les fournir à l'écouteur. L'émetteur a la garantie que les échantillons transmis seront délivrés et que le signal sonore sera reconstitué parce que le circuit téléphonique numérique offre un lien de données garanti à 64 kbit/s, débit nécessaire à la transmission de la voix sur une liaison téléphonique numérisée. L'intérêt de la commutation de circuit tient à ce que la capacité de transmission, exprimée en bit/s, est garantie : une fois le circuit établi, aucune autre activité du réseau ne viendra diminuer la *capacité de transmission* du circuit — appelée souvent *débit de transmission* ou plus simplement *débit*. L'inconvénient majeur d'un réseau à

1. En fait, les réseaux combinent souvent les deux technologies. Ce qui nous importe ici ce sont les différences fonctionnelles entre les deux.

commutation de circuit est son coût : le coût d'un circuit est fixe, indépendant du trafic et du débit. Ainsi, une communication téléphonique a un coût fixe, même lorsque les deux correspondants ne parlent pas.

Les réseaux à commutation par paquets, spécialement conçus et utilisés pour relier des ordinateurs, adoptent une approche fondamentalement différente. Dans un réseau à commutation par paquets, les données émises sur le réseau sont tronçonnées en petits blocs appelés *paquets* qui sont ensuite multiplexés (mêlés à d'autres sur une liaison partagée) sur des liaisons à haut débit entre les commutateurs internes au réseau. Un paquet ne comprend généralement que quelques centaines d'octets. Certaines informations contenues dans le paquet permettent aux commutateurs du réseau d'identifier le destinataire du paquet et de lui envoyer. Ainsi, un fichier qui doit être transmis entre deux ordinateurs est découpé en plusieurs paquets qui sont émis, un par un, sur le réseau. Le réseau remet les paquets au destinataire. Le logiciel réseau de l'ordinateur destinataire réassemble les paquets reçus pour reconstituer le fichier. L'avantage majeur de la commutation par paquets est que plusieurs communications peuvent avoir lieu simultanément sur une même liaison de communication entre divers ordinateurs. L'inconvénient, bien sûr, est que deux ordinateurs qui communiquent entre eux ne peuvent disposer d'un débit garanti : ils partagent les ressources du réseau avec les autres.

Dans un réseau à commutation par paquets fonctionnant en mode connecté, il est nécessaire d'établir une connexion (une route ou un chemin) avant toute communication, tout comme en commutation de circuit — c'est d'ailleurs un peu pour cela que l'on appelle cette route, par analogie, un *circuit virtuel*. Dans ces réseaux, tous les paquets transmis suivent le même chemin et sont remis au destinataire dans l'ordre où ils ont été émis.

Dans un réseau à commutation par paquets fonctionnant en mode non connecté, il n'est pas nécessaire d'établir de connexion avant une communication. Les paquets que l'on appelle datagrammes, pour les distinguer de ceux des réseaux à commutation par paquets en mode connecté, sont transmis dans le réseau sur des routes non balisées, de proche en proche, selon la charge de travail des commutateurs intermédiaires et des lignes de communications. C'est ainsi que, sur ces réseaux, tous les datagrammes transmis n'ont pas la garantie de suivre le même chemin, ni même d'être remis au destinataire dans l'ordre où ils ont été émis — tout dépend du chemin parcouru par les datagrammes. Rappelons que le délai d'acheminement et le débit de transmission des datagrammes ne sont pas non plus garantis. Ils peuvent en effet varier selon le trafic dans le réseau et les routes empruntées.

Malgré quelques inconvénients, les réseaux à commutation par paquets sont devenus extrêmement courants. Leur coût, leur performance et leur qualité de transmission ont motivé leur adoption. Plusieurs ordinateurs pouvant partager un même réseau, les lignes de communications nécessaires sont moins nombreuses et de fait, les coûts correspondants sont diminués. C'est ce qui explique que dans cet ouvrage, chaque fois que nous utiliserons le terme *réseau*, ce sera pour parler d'un réseau à commutation par paquet.

2.3 LES GRANDS RÉSEAUX (WAN) ET LES RÉSEAUX LOCAUX (LAN)

Les réseaux de données qui couvrent de grands espaces géographiques (par exemple, toute l'Europe) sont fondamentalement différents de ceux qui ne couvrent que de faibles espaces (une seule pièce, par exemple). Pour aider à comparer les réseaux en termes de performances et d'utilisation, on les classe couramment en deux catégories : les *grands réseaux WAN (Wide Area Network)* et les *réseaux locaux LAN (Local Area Network)*. Ces catégories n'ont pas de définition formelle et pourtant elles sont fréquemment utilisées dans la littérature et par les vendeurs pour donner à leurs clients des informations techniques relatives aux produits qu'ils distribuent.

Les réseaux WAN, appelés également *réseaux étendus* ou *réseaux à grande distance* (*long haul network*), offrent des moyens de communication entre des ordinateurs très éloignés, raccordant par exemple un ordinateur à Paris avec un autre à Sydney. Un réseau WAN peut traverser un ou plusieurs continents, les océans ou l'espace (au moyen des satellites). Habituellement, les réseaux WAN offrent des débits de transmission de données inférieurs à ceux des réseaux LAN et présentent des délais d'acheminement ou de propagation des données plus importants. Les débits des réseaux WAN s'échelonnent d'environ 1,5 Mbit/s à environ 155 Mbit/s (millions de bits par seconde). Les délais de propagation peuvent varier de quelques millisecondes à plusieurs dizaines de secondes.

Les réseaux LAN fournissent les débits les plus élevés, mais sur de courtes distances. Les LAN s'étalent sur de faibles espaces géographiques, un immeuble ou un campus, par exemple, et leurs débits varient de 4 Mbit/s à 2 Gbit/s. Comme les réseaux LAN ne couvrent que de faibles espaces, ils offrent des délais de propagation plus faibles que ceux des réseaux WAN. Ceux-ci varient de quelques dixièmes de millisecondes à quelque dix millisecondes.

Nous avons déjà évoqué la relation existant entre la distance et le délai : les réseaux qui offrent les communications les plus rapides fonctionnent sur les distances les plus courtes. Il existe d'autres différences entre les réseaux. Sur un LAN, chaque ordinateur comporte une interface d'accès au réseau qui relie directement l'ordinateur au support physique de communication (un câble coaxial par exemple). Souvent, le réseau lui-même est passif (la transmission des données est sans intermédiaire). Il se résume à un simple support de transmission et ne dépend que des équipements électroniques qui y sont connectés, ceux-ci gérant les signaux électriques nécessaires à l'acheminement des données. Un WAN comporte un ensemble complexe d'ordinateurs intermédiaires appelés *commutateurs* ou *routeurs* reliés entre eux par des lignes de communication et incluant éventuellement des modems. La dimension (ou couverture) d'un réseau WAN peut être augmentée en ajoutant, par exemple, un commutateur et une ligne de communication. Raccorder un ordinateur à un réseau WAN signifie le raccorder à un commutateur. Chaque commutateur, tout au long d'une route dans un WAN, introduit un délai « parasite » qui lui est propre lorsqu'il reçoit un paquet ou un datagramme, qu'il l'analyse et qu'il le transmet au commutateur suivant. Ainsi, plus la taille d'un réseau WAN en nombre de commutateurs est importante, plus il lui faut de temps pour écouler le trafic qui le traverse.

L'essentiel de ce livre traite des logiciels — plus précisément des protocoles de communication — qui masquent les différences techniques de communication entre réseaux et rendent ainsi leur interconnexion indépendante des matériels impliqués. Les sections suivantes présentent des exemples de réseaux largement utilisés dans les internets et dans Internet en particulier. Ils donnent des éléments de spécification technique qui les caractérisent. Les autres chapitres montrent comment les protocoles TCP/IP s'affranchissent des différences entre les réseaux en rendant les systèmes de communication indépendants des matériels utilisés.

2.3.1 L'adressage physique des réseaux

Chaque réseau défini un *mécanisme d'adressage* qui lui est propre et que doit utiliser un ordinateur pour spécifier l'adresse de destination des blocs de données qu'il envoie. Tout ordinateur raccordé à un réseau dispose d'une adresse propre et unique, le plus souvent représentée par un nombre entier. Un bloc de données transmis sur un réseau comprend — à un endroit précis du bloc — un *champ adresse de destination* qui contient l'adresse de l'ordinateur destinataire. Cette adresse de destination permet aux équipements internes au réseau (dans le cas d'un réseau à commutation par paquets) d'assurer l'acheminement des paquets. Lors de l'envoi d'un paquet sur le réseau, il est nécessaire d'y inscrire l'adresse de destination. L'ordinateur émetteur doit donc obligatoirement connaître l'adresse de l'ordinateur destinataire.

Tout réseau spécifie comment représenter les adresses ; il s'agit d'un *adressage physique* (propre au matériel), qui indique par exemple le nombre de bits du champ adresse de destination et la localisation de ce champ dans le bloc de données. Certains réseaux utilisent des schémas d'adressage compatibles, mais ce n'est pas toujours le cas. D'où les difficultés ! Vous verrez dans ce chapitre quelques exemples de schémas d'adressage physique ; les autres chapitres expliquent comment TCP/IP s'accommode de la diversité des schémas d'adressage.

2.4 LE RÉSEAU ETHERNET

Ethernet est le nom donné à une technique de réseau LAN inventée au centre de recherches PARC de Xerox, au début des années 1970. Les compagnies Xerox, Intel et Digital Equipment ont standardisé Ethernet en 1978 ; l'IEEE[1] a proposé une version compatible de ce standard sous la référence IEEE 802.3. Ethernet est devenu une technique LAN très commune ; c'est ainsi que la quasi totalité des entreprises l'utilise. La large diffusion d'Ethernet a contribué à l'apparition sur le marché de nombreuses variantes. Nous analysons ci-dessous la version originale d'Ethernet puis la plupart de ses variantes.

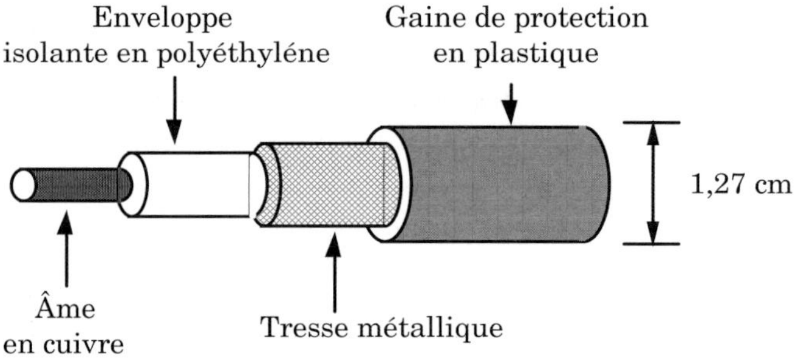

Figure 2.1 — Un câble coaxial tel que celui utilisé à l'origine par le réseau Ethernet.

Le support de transmission d'un réseau Ethernet (on dit souvent *câble Ethernet* ou *10base5*) est constitué d'un câble coaxial d'environ 1,27 centimètre de diamètre et d'une longueur de 500 mètres au plus. Une résistance de charge est ajoutée, à chaque extrémité du câble, entre l'âme, conducteur central du câble, et le conducteur externe tressé, afin d'empêcher la réflexion des signaux électriques. La figure 2.1 montre un schéma du câble Ethernet d'origine. Le câble est entièrement passif. Tous les composants électroniques actifs qui font fonctionner le réseau sont associés aux ordinateurs qui sont raccordés directement au câble Ethernet.

La connexion d'un ordinateur à un câble Ethernet nécessite un boîtier de raccordement spécifique : un *boîtier d'accès* appelé *transceiver*. Comme le montre la figure 2.2, le raccordement mécanique au câble est réalisé au moyen d'une prise particulière, une *prise vampire* (*tap*). Au niveau de chaque prise, un petit trou percé dans les couches externes du câble permet à de fines pointes d'entrer en contact avec l'âme centrale du câble et avec le conducteur périphérique. Certains fournisseurs exigent que le câble soit coupé et qu'un *raccord en T* soit utilisé.

1. L'IEEE (*Institute of Electrical and Electronics Engineers*) est une société savante internationale de droit américain qui élabore, entre autres, des standards largement utilisés en informatique, en électronique et en télécommunications.

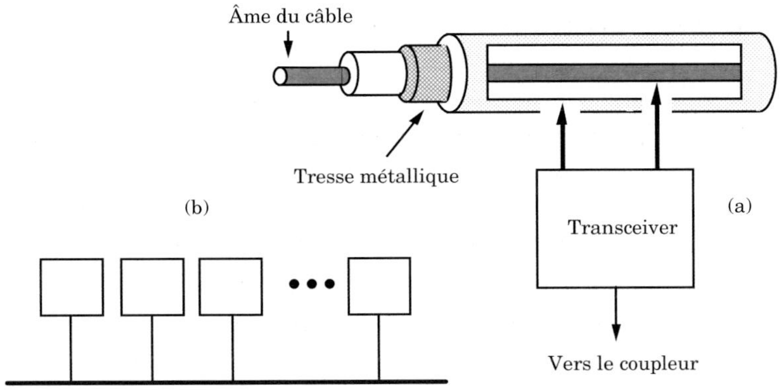

Figure 2.2 — (a) Une vue du câble en coupe qui présente les détails des deux connexions entre le câble et le transceiver, au niveau d'un branchement, (b) le schéma de principe d'un câble Ethernet comportant plusieurs connexions.

Chaque connexion à un réseau Ethernet comporte deux composants électroniques majeurs. Un *transceiver* qui assure la connexion avec l'âme centrale et le conducteur périphérique du câble. Il contient les circuits électroniques qui permettent de détecter la présence de signaux et d'émettre ou de recevoir des signaux sur le câble. Un *coupleur* ou *adaptateur Ethernet* associé à l'ordinateur (généralement une carte raccordée sur son bus interne) est relié au transceiver.

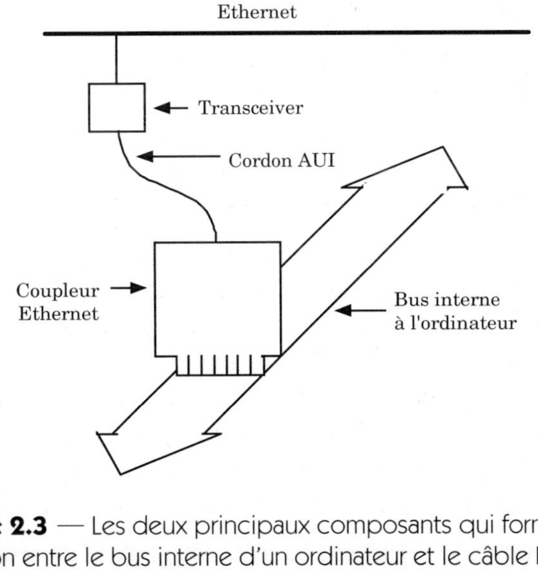

Figure 2.3 — Les deux principaux composants qui forment une connexion entre le bus interne d'un ordinateur et le câble Ethernet. Le cordon AUI raccorde le coupleur au transceiver, il lui fournit tout un ensemble de signaux (alimentation, commandes) et assure la transmission des données émises ou reçues sur le réseau.

Le transceiver est un petit boîtier situé habituellement à proximité du câble Ethernet. En plus des composants électroniques analogiques qui détectent les signaux sur le câble, un transceiver contient des composants numériques qui permettent de communiquer avec l'ordinateur. Le transceiver détecte si des signaux électriques analogiques sont présents sur le câble. Il est capable de convertir ces signaux analogiques en signaux numériques et inversement. Un cordon de raccordement appelé *cordon AUI* (*Attachment Unit Interface*) relie le transceiver au coupleur Ethernet de l'ordinateur. Parfois nommé *câble* transceiver, le cordon AUI assure l'alimentation électrique du transceiver, lui fournit les signaux de commandes et transmet les blocs de données — appelés *trames Ethernet*, voire paquets, dans la terminologie Ethernet — en provenance ou à destination du réseau Ethernet. La figure 2.3 illustre la façon dont tous ces éléments constituent une connexion entre le bus interne d'un ordinateur et le câble Ethernet.

Chaque coupleur Ethernet contrôle le fonctionnement d'un transceiver conformément aux instructions qu'il reçoit du logiciel de l'ordinateur. Du point de vue du système d'exploitation, le coupleur Ethernet apparaît comme un périphérique d'entrées/sorties qui réalise les instructions de transfert de données demandées par le processeur interne à l'ordinateur. Le coupleur pilote le transceiver pendant la transmission des données et interrompt le processeur lorsque le transfert est terminé. Le coupleur fournit au processeur, en retour, une information d'état sur le transfert. Si le transceiver est un équipement relativement simple, le coupleur Ethernet est souvent complexe (il peut, par exemple, comporter un microprocesseur spécialement utilisé pour gérer les transferts de données entre la mémoire principale de l'ordinateur et le câble Ethernet).

En pratique, les entreprises qui installent un réseau Ethernet dans un environnement de bureaux, font passer le câble Ethernet dans les plafonds et fixent un ou plusieurs points de connexion au réseau dans chaque bureau comme le montre la figure 2.4.

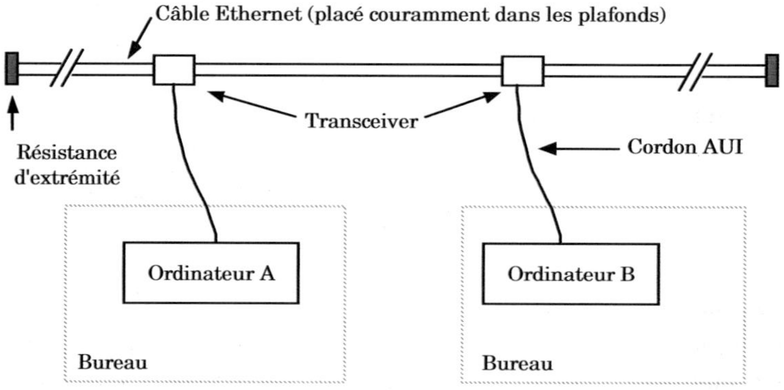

Figure 2.4 — Principe du raccordement de deux ordinateurs à un réseau Ethernet utilisant le schéma de câblage d'origine. Habituellement, le câble est placé dans le plafond ; dans chaque bureau, il y a un ou plusieurs points de raccordement au réseau.

2.4.1 Réseau Ethernet à câble fin (Thin Ethernet)

Plusieurs éléments du réseau Ethernet d'origine ont des caractéristiques gênantes. C'est le cas du transceiver dont le coût est plutôt élevé ; cela est dû principalement aux composants électroniques qu'il contient. Qui plus est, comme il doit être installé directement sur le câble Ethernet, il est assez difficile d'accès, notamment pour des opérations de maintenance ou de remplacement. Le câble coaxial qui constitue le support de transmission est lui aussi d'une installation peu aisée. En particulier, pour qu'il offre un maximum de protection envers les perturbations électromagnétiques provoquées par divers appareillages électriques (un moteur électrique par exemple), le câble comporte une tresse métallique de blindage au maillage serré, lui conférant une certaine rigidité, ce qui le rend difficile à manipuler. Enfin, le cordon de raccordement AUI est tout aussi rigide et difficile à manipuler.

Afin de réduire les coûts d'investissement dans des environnements comme les bureaux, peu perturbés électromagnétiquement, les concepteurs ont développé une structure plus souple du réseau Ethernet. Appelée 10Base2 ou Ethernet *à câble fin* (*thin wire Ethernet* ou *thinnet*[1]), cette structure utilise un câble coaxial plus fin, plus flexible et moins cher que le câble d'origine. Ce câble Ethernet fin ne présente pas que des avantages. Par exemple, il n'offre pas la même protection que le câble d'origine vis-à-vis des perturbations électromagnétiques. Il est donc quasi impossible de le faire circuler dans des environnements forts perturbés comme les ateliers de production. D'autre part, comme ses caractéristiques électriques sont moins bonnes que celles du câble d'origine, un câble Ethernet fin couvre des distances plus faibles et permet de raccorder un nombre plus faible de stations par segment Ethernet qu'un câble Ethernet épais.

Afin de réduire fortement le coût d'un réseau Ethernet, les concepteurs ont remplacé l'élément le plus coûteux, le transceiver, par des circuits intégrés spéciaux à hautes performances et réalisé un raccordement direct de l'ordinateur au câble sans intermédiaires (transceiver et cordon AUI). Ainsi, dans un réseau Ethernet à câble fin, une station contient sur une même carte le coupleur Ethernet et les circuits électroniques de raccordement au câble. La plupart des constructeurs de micro-ordinateurs ou de stations de travail ont trouvé le réseau Ethernet à câble fin si intéressant qu'ils ont intégré directement dans leurs machines tous ses composants. Ainsi, en sortie de ces machines on trouve des connecteurs spécifiques de raccordement direct à un câble Ethernet fin. Il est alors plus simple et plus facile de construire un réseau Ethernet. Le câble Ethernet passe directement d'un ordinateur à l'autre sans précautions particulières. L'ajout d'un

1. Pour le différencier du réseau à câblage fin, le réseau Ethernet d'origine est appelé *Ethernet à câble épais* (*thick wire Ethernet* ou *thicknet*).

nouvel ordinateur à un réseau Ethernet est alors très facile ; il suffit de le raccorder en chaîne avec les autres. La figure 2.5 montre une réalisation d'un réseau Ethernet à câble fin.

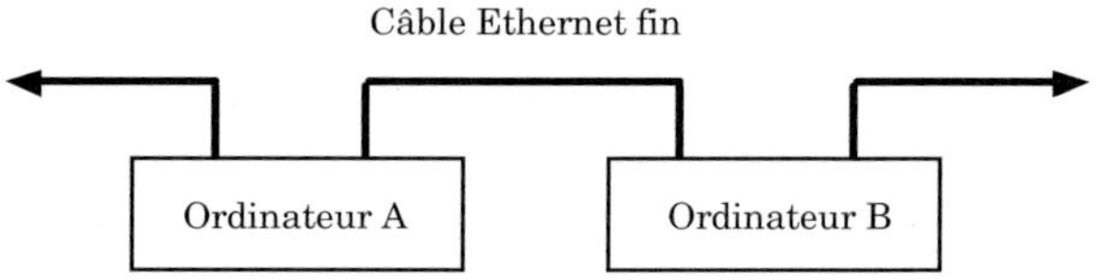

Figure 2.5 — Raccordement de deux ordinateurs à un réseau Ethernet à câble fin (*thinnet*). Le câble passe directement d'un ordinateur à l'autre sans qu'il soit nécessaire d'utiliser de transceiver ni de cordon AUI.

Le réseau Ethernet à câble fin a été conçu pour offrir aux stations du réseau une connexion/déconnexion aisée. Pour cela, il utilise de simples connecteurs BNC qui ne nécessitent aucun outillage particulier pour raccorder un ordinateur au câble. Un utilisateur peut ainsi aisément raccorder son ordinateur au réseau sans recourir à un technicien spécialisé. Cela n'offre pas que des avantages. En effet, un utilisateur peut débrancher accidentellement le réseau sur sa station et ainsi, sans le savoir, rompre la liaison entre les autres stations et leur interdire de communiquer. De telles situations, assez peu fréquentes, ne diminuent pas les avantages du réseau Ethernet à câble fin.

2.4.2 Réseau Ethernet à paires torsadées (Twisted pair Ethernet)

L'évolution technologique des câbles et des composants électroniques a permis de construire des réseaux Ethernet qui n'utilisaient plus de câbles coaxiaux, spéciaux ou non, mais des câbles électriques non blindés, torsadés par paires (câble UTP : *Unshielded Twisted Pair*) appelés *câbles Ethernet torsadés* (*twisted pair Ethernet*). L'utilisation de ces câbles torsadés offre un certain nombre d'avantages comme une réduction accrue des coûts du réseau, de même qu'une meilleure protection envers les autres ordinateurs lors d'une déconnexion, intempestive ou non, de l'un d'entre eux du réseau. Dans certains cas, il est possible de construire un réseau Ethernet à câbles torsadés en utilisant le câblage téléphonique existant sans avoir besoin d'ajouter de nouveaux câbles.

Plus connu sous l'appellation *10 Base-T*, le réseau Ethernet à câbles torsadés est organisé autour d'un élément central, le *hub Ethernet*, comme le montre la figure 2.6. Le *hub* est un équipement électronique qui simule les signaux du câble Ethernet et la connectique associée (transceiver et cordon AUI) à l'ordinateur qu'il raccorde. Un hub se présente comme un boîtier autonome, voire un élément d'une baie de câblage. Pour des raisons électriques, la liaison point à point (liaison directe et non partagée entre deux équipements) entre un ordinateur et le hub ne peut excéder 100 m de longueur. Le hub doit être alimenté en énergie électrique ; il offre un certain nombre de facilités de contrôle aux personnes chargées de la

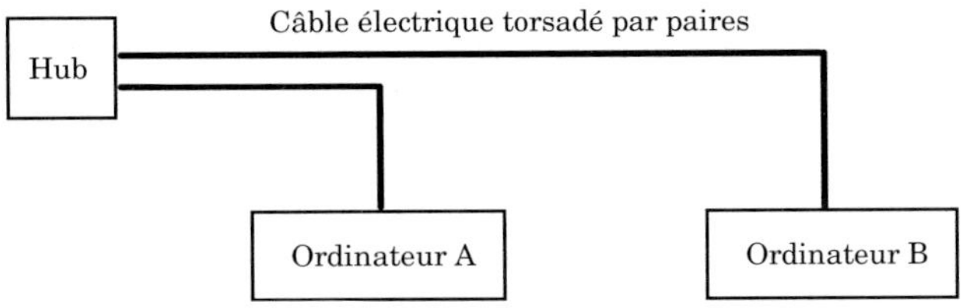

Figure 2.6 — Illustration d'un réseau Ethernet utilisant des câbles torsadés. Chaque ordinateur du réseau est raccordé à un hub par une liaison point à point classique en câble torsadé.

gestion du réseau. Du point de vue du coupleur Ethernet interne d'une station du réseau, le hub apparaît comme fonctionnellement équivalent à un transceiver.

En résumé un hub Ethernet offre les mêmes facilités qu'un réseau Ethernet à câbles fin ou épais. Il constitue une autre alternative au câblage d'un réseau Ethernet.

2.4.3 La capacité de transmission d'Ethernet

Si le câblage est passé du câble épais au câble fin puis aux paires torsadées, les principes même d'Ethernet n'ont pas changé. En particulier, les paires torsadées permettaient, lors de leurs premières utilisations, de communiquer au même débit qu'avec du gros câble, c'est-à-dire 10 Mbit/s. Bien que de nombreuses stations actuelles soient capables de générer des données à une telle cadence, le débit nominal du réseau ne doit pas être considéré comme celui auquel les stations s'échangent réellement des données. Il doit être en fait, considéré comme la limite maximale de la capacité de transmission du réseau. Comparez le réseau à une autoroute qui relie plusieurs villes, les trames seraient équivalentes aux voitures sur l'autoroute. La vitesse élevée rend possible l'écoulement d'un trafic important tandis qu'une vitesse faible signifie que l'autoroute ne peut écouler beaucoup de trafic. Ainsi, un réseau Ethernet à 10 Mbit/s peut supporter quelques stations générant beaucoup de trafic ou un grand nombre de stations ne générant que peu de trafic.

À la fin des années 1970, lors de la normalisation d'Ethernet, 10 Mbit/s paraissaient bien suffisants compte tenu de la puissance des machines utilisées à l'époque. Mais au milieu des années 1990 ce n'était plus le cas. Ethernet risquait alors de devenir le goulot d'étranglement des communications dans l'entreprise.

2.4.4 Ethernet rapide (Fast Ethernet)

Pour résoudre ce problème, les chercheurs ont imaginé une nouvelle version d'Ethernet fonctionnant 10 fois plus vite et qu'on appelle souvent *100Base-T* ou encore *Fast Ethernet* (Ethernet rapide). Comme le suggère son nom, cette version utilise de la paire torsadée de catégorie 5 identique à celle de 10Base-T. Une utilisation ingénieuse de ce support fait qu'on peut émettre et recevoir des données à 100 Mbit/s.

Pour bien comprendre l'importance de cette augmentation de capacité, il faut considérer deux choses. D'abord, les ordinateurs devenant plus puissants, certains sont maintenant capables d'émettre à 100 Mbit/s. Ensuite, rien d'autre n'a changé par rapport à la norme Ethernet et donc la taille des paquets est toujours la même. Du coup, Fast Ethernet n'est pas optimal pour faire communiquer deux gros ordinateurs ; en revanche, on peut dire qu'il permet d'avoir plus de stations et ainsi plus de trafic.

2.4.5 Ethernet 10/100

Peu après l'invention de Fast Ethernet, on commença à trouver sur le marché des équipements acceptant indifféremment un raccordement à 10 ou à 100 Mbit/s. Cette technologie, qu'on appelle *Ethernet double vitesse* (*dual speed*) est disponible aussi bien pour les interfaces d'ordinateurs que pour les hubs. Tous les matériels 100Base-T injectent des signaux supplémentaires, ce qui permet à l'entité située de l'autre côté de savoir à quel matériel elle est reliée. Le câblage et la connectique 10Base-T sont donc pleinement compatibles avec le 100Base-T.

Certes, les équipements 10/100 sont un peu plus chers que leurs homologues 10Base-T, mais ils n'en sont pas moins extrêmement répandus. Ils sont, en particulier, indispensables lors des phases de migration du 10 au 100Base-T : un ordinateur doté d'un tel équipement reconnaîtra automatiquement qu'une station qui était équipée en 10Base-T est maintenant équipée en 100Base-T. Il décidera alors d'émettre à 100 Mbit/s sans qu'on ait besoin d'une quelconque reconfiguration matérielle ou logicielle.

2.4.6 Ethernet Gigabit

À la fin des années 1990, alors même que le marché du Fast Ethernet se développait, il devint clair qu'il y avait une demande, certes limitée, pour des communications à débit encore plus élevé. C'est pour cette raison que fut mise au point la technologie *1000Base-T*, à 1 Gbit/s. À ce débit, on peut observer quelques problèmes d'interférences électriques qui expliquent que certains câblages qui se comportent très bien en 10 ou 100Base-T ne conviennent pas au 1000Base-T.

Tout comme Fast Ethernet, Ethernet Gigabit a été conçu pour optimiser le débit total. On a donc conservé la taille des paquets et leur format ce qui facilite l'interfonctionnement des réseaux 10, 100 et 1000Base-T. On peut ainsi prendre le trafic provenant de 10 réseaux 100Base-T pour le faire passer sur un 1000Base-T.

2.4.7 Propriétés d'un réseau Ethernet

Ethernet est un réseau local organisé autour d'un bus à *diffusion* (*broadcast*) à gestion répartie. Les informations sont transmises sur le réseau sans garantie de remise — selon un mécanisme appelé *remise au mieux*[1] (*best-effort delivery*). Toutes les *stations* du réseau partagent le même moyen de communication, le *bus Ethernet* ; leurs transceivers reçoivent tous l'ensemble des signaux d'information qui circulent sur le bus (c'est le principe de la *diffusion*). Nous présentons la technique d'échange des trames Ethernet entre deux ou plusieurs stations sur le réseau plus loin dans cette section. Pour le moment, il suffit de savoir que les transceivers ne font pas de distinction entre les informations reçues : ils dirigent toutes les trames qu'ils voient passer sur le câble vers le contrôleur de la station. Celui-ci choisit les trames qui lui sont destinées et élimine les autres. Le fonctionnement d'Ethernet est dit *sans garantie de remise* parce que l'émetteur d'une information n'est pas prévenu par le réseau si l'information a été remise ou non au destinataire. Par exemple, si la station destinataire tombe en panne, les trames transmises seront perdues et la station émetteur n'en sera pas avisée. Nous verrons plus tard comment les protocoles TCP/IP s'adaptent aux réseaux pratiquant la transmission sans garantie de remise.

La *gestion d'accès* au réseau Ethernet est dite *répartie* parce que, contrairement à ce qui se passe pour d'autres réseaux, il n'y a pas d'autorité centrale responsable de l'allocation d'accès au moyen de communication (le câble Ethernet). La technique d'accès utilisée est appelée *accès multiple avec détection de porteuse et de collision* ou CSMA/CD (*Carrier Sense Multiple Access with Collision Detect*). La technique est dite CSMA parce que plusieurs stations peuvent tenter d'accéder simultanément au câble Ethernet alors qu'une seule à la fois a la possibilité de le faire ; ainsi chaque station doit s'assurer, avant d'émettre, que le câble est disponible en y détectant la présence ou non d'un signal appelé *onde porteuse* ou *porteuse*. Lorsqu'un coupleur a une trame à transmettre, il « écoute » le câble, pour savoir s'il est disponible (c'est la détection de porteuse). En l'absence de porteuse, le coupleur commence à transmettre (par l'intermédiaire du transceiver). Chaque transmission a une durée limitée (car une trame a une taille maximale). De plus, le coupleur doit respecter un temps d'attente minimal entre deux transmissions consécutives ; cela signifie que deux stations qui communiquent ne peuvent monopoliser le câble sans permettre à d'autres stations d'avoir une opportunité d'accès.

2.4.8 Détection de collision et reprise

Lorsqu'un transceiver commence à émettre, le signal qu'il diffuse sur le câble n'atteint pas simultanément les extrémités du câble. Il se propage à environ 70 % de

1. Ce mécanisme signifie que l'émetteur fait tout ce qu'il faut pour qu'une information soit transmise de la meilleure façon possible vers sa destination.

la vitesse de la lumière. Il est donc possible que deux transceivers décidant au même instant que le câble Ethernet est libre, commencent à émettre simultanément. Lorsque les deux signaux électriques émis viennent à se mélanger, ils se brouillent — produisant une interférence —, ce qui fait qu'aucun d'entre eux n'est compréhensible. Un tel événement ou incident est appelé *collision*.

Ethernet gère les collisions de façon astucieuse. Chaque transceiver qui émet, surveille le câble pendant qu'il transmet afin de déceler si un signal étranger n'interfère pas avec son propre signal. Cette technique de surveillance est appelée *détection de collision* (CD : *Collision Detect*), ce qui fait d'Ethernet un réseau CSMA/CD. Lorsqu'une collision est détectée par le transceiver, le coupleur est prévenu, il interrompt sa transmission et attend que l'activité cesse sur le câble avant de renouveler une tentative de transmission. Il faut prendre garde que le réseau ne soit pas paralysé par des transceivers qui tentent tous de transmettre activement ; chaque tentative de retransmission provoquant une collision. Pour éviter ce genre de situation, Ethernet utilise une stratégie de retransmission différée dans laquelle un émetteur effectue le tirage d'un délai d'attente aléatoire variant entre 0 et une certaine durée, puis attend l'expiration du délai avant de tenter de retransmettre ; il tire un délai aléatoire entre 0 et une durée double si la deuxième tentative provoque une collision, puis entre 0 et une durée quadruple s'il y a encore collision et ainsi de suite. Le principe sous-jacent de cette stratégie de retransmission différée est que, au cas très peu probable où plusieurs stations tenteraient d'émettre simultanément, une perturbation sérieuse pourrait se produire. Dans une telle situation, il y a de grandes chances que deux stations adoptent des délais aléatoires voisins. La probabilité d'occurrence d'une autre collision est donc élevée. En doublant, à chaque nouvelle collision, la taille de l'intervalle dans lequel le délai aléatoire est tiré, la stratégie de retransmission différée garantit que les tentatives de retransmission s'étaleront sur une durée raisonnablement longue, ce qui diminuera d'autant la probabilité de collisions ultérieures.

2.4.9 Les adresses Ethernet

Le réseau Ethernet définit des adresses sur 48 bits (6 octets). Chaque station raccordée à un réseau Ethernet dispose d'une adresse unique — un nombre codé sur 48 bits —, appelée *adresse Ethernet*. Les constructeurs de matériel Ethernet réservent des listes d'adresses Ethernet[1] et les affectent séquentiellement au fur et à mesure qu'ils produisent des coupleurs Ethernet. De ce fait, deux coupleurs ne peuvent pas, en principe, avoir la même adresse Ethernet.

L'adresse Ethernet est habituellement enregistrée sur le coupleur sous une forme lisible par la station d'accueil. Comme les adresses Ethernet sont celles

1. C'est l'IEEE qui gère l'espace des adresses Ethernet. Elle affecte les adresses au fur et à mesure des besoins.

d'équipements matériels, elles sont parfois appelées *adresses matérielles* ou *adresses physiques*. Notez la propriété importante suivante des adresses Ethernet :

> Les adresses physiques sont associées aux coupleurs Ethernet ; déplacer un coupleur d'un ordinateur à une autre ou remplacer un coupleur qui est tombé en panne signifie changer l'adresse physique de la station.

Savoir que les adresses physiques Ethernet sont susceptibles de changer expliquera clairement pourquoi les protocoles de niveau supérieur sont conçus pour prendre en compte de telles modifications.

Le coupleur examine toutes les trames qu'il reçoit et détermine celles qu'il devra faire suivre jusqu'au processeur de sa station. Souvenez-vous que chaque coupleur reçoit une copie de toutes les trames qui circulent sur le réseau, même lorsqu'elles sont destinées à d'autres stations. Le coupleur filtre les trames : il ignore celles qui sont destinées à d'autres stations et transmet au processeur de sa station celles qui lui sont destinées. Les mécanismes d'adressage et de filtrage réalisés par le coupleur permettent d'éviter qu'une station soit submergée de trames entrantes — bien que le processeur de la station puisse lui même effectuer ces contrôles. Cette façon de faire, permet de réduire la sollicitation du processeur sans perturber le fonctionnement du réseau.

Une adresse physique Ethernet est de l'un des trois types suivants :

- adresse physique d'un coupleur ou monodestinataire (*unicast address*) ;
- adresse de diffusion générale (*broadcast address*) ;
- adresse de diffusion multidestinataire ou multipoint (*multicast address*).

Par convention, l'*adresse de diffusion générale* (tous les bits à 1) est réservée à l'émission vers toutes les stations du réseau. La *diffusion multidestinataire* ou *multipoint* constitue une forme limitée de diffusion générale dans laquelle quelques stations conviennent de répondre à une adresse de diffusion multidestinataire. Ce mécanisme permet d'atteindre simultanément toutes les stations d'un groupe sans affecter celles n'y appartenant pas. Pour faire partie d'un groupe, une station doit informer son coupleur d'accepter toutes les trames associées à la diffusion multidestinataire vers ce groupe.

Pour prendre en compte la diffusion générale et la diffusion multidestinataire, le coupleur Ethernet doit reconnaître plus que sa propre adresse physique. Un coupleur doit, au moins, accepter deux types de trames : celles qui sont destinées à son adresse physique et celles qui sont destinées à l'adresse de diffusion générale. Certains coupleurs sont programmés pour accepter des trames destinées à une ou plusieurs adresses de diffusion de groupe, voire même à plusieurs adresses physiques. Au démarrage de la station, le système d'exploitation initialise le coupleur Ethernet en lui donnant la liste des adresses à reconnaître. Le coupleur surveille alors l'adresse de destination des trames qu'il reçoit et ne transmet à la station que celles dont l'adresse figure dans sa liste d'adresses.

2.4.10 Format d'une trame Ethernet

Le réseau Ethernet doit être vu comme une connexion logique — on dit aussi une *liaison logique* en référence à la couche Liaison de données du modèle de référence OSI pour l'interconnexion des systèmes ouverts (voir à ce sujet le chapitre 11). Il est donc cohérent — au regard du modèle OSI —, de définir les données transmises par le réseau Ethernet comme des *trames*[1] (*frames*). Les trames Ethernet sont de longueur variable, aucune trame ne peut avoir une taille inférieure à 64 octets, ni supérieure à 1 518 octets (y compris l'en-tête, les données et le CRC ; voir définition plus bas). Comme dans tout paquet d'un réseau à commutation par paquets, chaque trame Ethernet doit contenir un champ adresse précisant l'adresse de destination. La figure 2.7 indique le format d'une trame qui comprend les adresses physiques source (celle de l'émetteur) et destination.

Préambule	Adresse de destination	Adresse source	Type de trame	Données	CRC
8 octets	2 ou 6 octets	2 ou 6 octets	2 octets	46 à 1 500 octets	4 octets

Figure 2.7 — Format d'une trame Ethernet. Les champs ne sont pas représentés à l'échelle.

En plus des champs adresse source et adresse de destination, chaque trame transmise sur le réseau Ethernet contient les champs : préambule, type de trame et contrôle d'erreur ou CRC (*Cyclic Redundancy Check*). Le *préambule* est constitué d'une suite de 64 bits alternés à 1 et 0. Il permet aux récepteurs de se synchroniser et annonce le début d'une trame. Le champ *CRC*, sur 32 bits, permet au coupleur de détecter des erreurs de transmission. L'émetteur calcule le CRC sur les données contenues dans la trame et place le résultat du calcul dans le champ CRC. Le récepteur effectue la même opération sur les données reçues et compare son résultat de calcul avec ce qui se trouve dans le champ CRC. En cas de différence, une erreur de transmission est déclarée.

Le champ *type de trame* contient un entier sur 16 bits qui identifie le type des données transportées dans la trame. Du point de vue de l'interconnexion de réseau en général, le type de trame est essentiel : il signifie que les trames Ethernet

1. Le terme *trame* provient des techniques de communication en série où l'émetteur mettait les données en trames sur la liaison série en les centrant entre deux caractères spéciaux, l'un au début, l'autre à la fin de la transmission. Un peu comme la trame TV qui permet de centrer l'image sur l'écran du téléviseur.

s'auto-identifient. Le système d'exploitation d'un ordinateur qui reçoit une trame examine le type de trame pour déterminer quel protocole de communication utiliser pour traiter les données contenues dans la trame. Le principal intérêt de l'auto-identification est de permettre l'utilisation simultanée de plusieurs protocoles sur un même ordinateur et sur le même réseau, sans interférences. Il est ainsi possible d'utiliser un programme d'application qui emploie les protocoles TCP/IP tandis qu'un autre utilisera un protocole expérimental local. En examinant leur type, le système d'exploitation sait comment traiter les trames qu'il reçoit. Nous verrons que les protocoles TCP/IP utilisent l'auto-identification des trames pour faire la distinction entre plusieurs protocoles.

2.4.11 Extension d'un réseau Ethernet avec des répéteurs

Bien qu'un câble Ethernet ne puisse excéder une longueur maximale (de l'ordre de 500 m), le réseau peut être étendu d'au moins deux façons : au moyen de *répéteurs* ou au moyen de *ponts*. Le répéteur peut être utilisé pour régénérer et relayer les signaux électriques d'un câble sur un autre. Deux répéteurs au plus peuvent se trouver sur une liaison entre deux stations, ce qui limite la longueur maximale d'un réseau Ethernet simple à 1 500 m (trois segments de 500 m). La figure 2.8 montre une organisation typique d'un ensemble de réseaux avec répéteurs dans un immeuble de bureaux. Un câble fédérateur implanté verticalement est relié par un répéteur à chaque câble d'étage. Les ordinateurs sont raccordés au câble de leur étage.

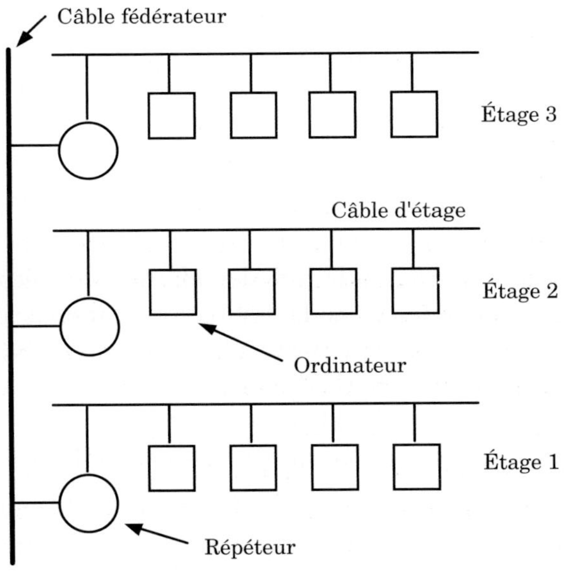

Figure 2.8 — Organisation de câbles Ethernet et de répéteurs pour relier les ordinateurs d'un immeuble de bureaux. Deux répéteurs au plus peuvent être interposés entre deux ordinateurs.

2.4.12 Extension d'un réseau Ethernet avec des ponts

Les ponts sont plus efficaces que les répéteurs car ils ne reproduisent pas les bruits ou les erreurs ni même les trames mal formées ; avant de faire passer une trame au segment suivant, le pont doit recevoir la trame complète et intègre. De plus, les ponts respectent les règles de CSMA/CD ; ainsi, les collisions et le délai de propagation d'un segment demeurent indépendants de ceux de l'autre segment. En conséquence, on peut relier par l'intermédiaire de ponts un nombre quasi arbitraire de réseaux Ethernet. Il est important de noter que :

> Les ponts masquent les détails des interconnexions : un ensemble de segments reliés par des ponts se comporte comme un réseau Ethernet unique.

On dit souvent que les réseaux pontés sont *transparents* car une station ne sait pas combien de ponts interconnectent les différents segments. Une station utilise exactement le même matériel, le même format de trame et le même protocole pour communiquer avec une autre station à travers un pont que ceux qu'elle utilise pour communiquer sur son propre segment.

La plupart des ponts font plus que simplement reproduire les trames d'un segment à un autre : ils prennent des décisions intelligentes relatives aux trames à acheminer. De tels ponts sont dits *ponts filtrants* ou *ponts auto-adaptatifs* (*learning bridges*). Un pont auto-adaptatif est un ordinateur doté de deux coupleurs Ethernet. Son logiciel gère deux listes d'adresses, une par coupleur et donc par réseau. Lorsqu'une trame arrive du réseau Ethernet E_1, le pont ajoute l'adresse source qu'elle contient à la liste des adresses associées à E_1. De façon analogue, lorsqu'une trame arrive du réseau Ethernet E_2, le pont ajoute l'adresse source à la liste des adresses associées à E_2. Le pont auto-adaptatif apprend donc, au cours du temps, quelles stations sont sur E_1 et quelles stations sont sur E_2.

Après avoir enregistré l'adresse source de la trame, le pont auto-adaptatif utilise l'adresse de destination de la trame pour déterminer s'il faut ou non la faire suivre sur l'autre réseau. Si la liste des adresses associées au réseau sur lequel la trame a été reçue indique que la destination se trouve sur ce même segment, le pont ne retransmet pas cette trame à l'autre segment. Si l'adresse de destination n'apparaît pas dans la liste (la destination correspond à une adresse de diffusion générale, à une adresse de diffusion de groupe ou à une adresse de destination encore inconnue), le pont retransmet la trame sur l'autre segment.

L'intérêt des ponts auto-adaptatifs est évident. Comme les ponts utilisent les adresses présentes dans les trames, ce processus est entièrement automatique. Il n'est pas nécessaire d'intervenir manuellement pour programmer le pont avec des adresses spécifiques. Comme le pont isole le trafic lorsque la retransmission n'est pas nécessaire, il peut être utilisé pour améliorer les performances d'un réseau surchargé. Un pont fonctionne particulièrement bien lorsqu'un réseau peut être séparé en deux segments dont chacun contient un ensemble de stations de travail qui communiquent fréquemment entre elles (par exemple, chaque segment comprend un ensemble de stations et un serveur de fichiers, où la majeure partie du trafic généré est dirigée vers le serveur). Pour résumer :

Un pont Ethernet auto-adaptatif relie deux segments Ethernet et retransmet les trames de l'un à l'autre. Il utilise les adresses source pour savoir à quel segment appartiennent les stations et combine les informations acquises avec les adresses de destination pour supprimer la retransmission lorsqu'elle est inutile.

Du point de vue de TCP/IP, les réseaux Ethernet reliés par des ponts sont perçus comme une autre forme de réseau. L'essentiel est que :

Comme l'extension de réseaux Ethernet au moyen de ponts et/ou de répéteurs est transparente pour les stations qui utilisent le réseau, nous considérerons que plusieurs segments Ethernet reliés par des ponts et/ou des répéteurs ne forment qu'un seul et unique réseau Ethernet.

La plupart des ponts du commerce sont plus sophistiqués et fiables que notre description ne l'indique. Lorsqu'ils sont mis sous tension, ils recherchent la présence d'autres ponts et apprennent la topologie du réseau. Ils utilisent l'*algorithme de l'arbre recouvrant* (*spanning tree algorithm*) pour décider de la façon d'acheminer les trames avec un maximum d'efficacité. En particulier, les ponts choisissent la façon de propager les trames de diffusion de telle sorte qu'une seule trame soit remise à chaque segment. Sans algorithme de ce type, des réseaux Ethernet et des ponts interconnectés en boucle pour améliorer, par exemple, la fiabilité du réseau global, conduiraient à des effets catastrophiques car des trames de diffusion générale seraient transmises dans deux directions simultanément.

2.5 LE RÉSEAU FDDI

Le réseau FDDI (*Fiber Distributed Data Interconnect*) est un réseau LAN qui présente des performances analogues à celles du Fast Ethernet. Contrairement à Ethernet et à d'autres LAN, le réseau FDDI n'utilise pas de câbles électriques mais des fibres optiques[1] comme support de transmission. C'est ainsi que les signaux électriques sortant des ordinateurs doivent être convertis en signaux lumineux

1. Il existe une technique, appelée CDDI (*Copper Distributed Data Interface*) qui est fonctionnellement semblable à la technique FDDI mais qui est basée sur des câbles électriques plutôt que des fibres optiques.

avant d'être transmis sur la fibre optique. La fibre optique présente deux avantages majeurs sur le câble électrique. Premièrement, les perturbations électromagnétiques n'affectent en rien les signaux lumineux circulant sur la fibre et celle-ci peut alors passer à proximité de sources électriques perturbatrices comme des moteurs. Deuxièmement, comme les fibres optiques véhiculent des signaux lumineux de fréquences très élevées, la quantité d'information pouvant être transmise par unité de temps est largement supérieure à celle des câbles électriques.

On dit souvent que les fibres optiques sont plus délicates à installer que les câbles électriques car elles sont fragiles et peuvent se casser lorsqu'on les plie. Et pourtant, les *câbles optiques* — c'est ainsi que l'on nomme les câbles constitués de fibres optiques — sont étonnamment flexibles. La fibre optique est constituée d'une fibre de verre de très faible diamètre (de 10 à 100 microns) recouverte d'une gaine en plastique opaque pour la protéger de la lumière ambiante et des cassures. Une telle fibre peut être courbée mais pas pliée à angle droit. Le rayon de courbure d'un câble optique peut être de quelques centimètres. Donc son installation n'est pas aussi difficile qu'on pourrait le croire.

2.5.1 Propriétés d'un réseau FDDI

Un réseau FDDI offre un débit de 100 Mbit/s. Il applique une technique d'*anneau à jeton* (*token ring*) doté d'une capacité d'auto-dépannage. Le réseau FDDI forme une chaîne fermée — un anneau — qui part d'un ordinateur, passe au travers tous les autres ordinateurs du réseau et revient à la source. Le contrôle de la transmission est assuré par un jeton qui circule sur le réseau — celui-ci est un anneau à jeton. Lorsque le réseau FDDI est à l'état de repos, le jeton tourne en permanence sur l'anneau en passant d'une station à une autre. Lorsqu'une station a une trame à transmettre, elle attend de recevoir le jeton, qui l'autorise à émettre. Puis, elle transmet sa trame et lorsqu'elle a terminé elle passe le jeton à la station suivante. La technique du jeton donne une garantie d'équité : elle assure à chaque station la possibilité d'émettre avant qu'une autre station n'envoie une seconde trame.

La propriété la plus intéressante du réseau FDDI est probablement sa facilité de détection et de correction de pannes de transmission. Il s'accommode en effet des défaillances en mettant en œuvre une technique d'*auto-dépannage* (*self healing*).

2.5.2 Double boucle contrarotative

Pour offrir un mécanisme d'auto-dépannage, le réseau FDDI utilise deux anneaux optiques indépendants — un anneau opérationnel est un anneau de secours — chacun d'eux reliant toutes les stations du réseau. La figure 2.9 montre cette organisation. C'est ainsi que le réseau FDDI est dit *contrarotatif* ; les informations circulent en sens opposé sur chacun des anneaux. La raison d'utiliser un tel mécanisme s'éclaircit lorsque l'on sait comment le réseau FDDI gère les pannes de transmission.

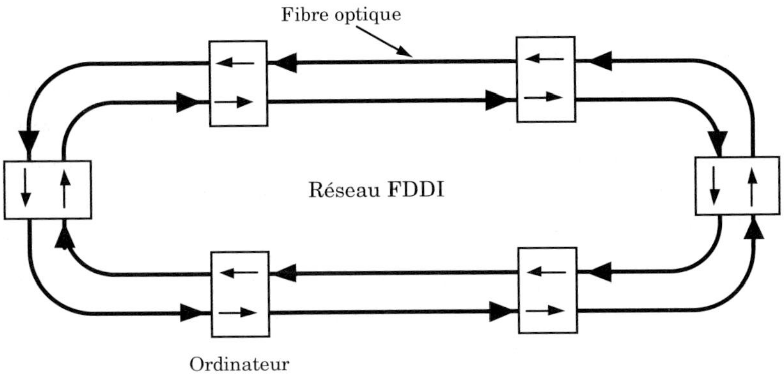

Figure 2.9 — Un réseau FDDI et ses deux anneaux en fibre optique interconnectant six ordinateurs. Les flèches indiquent le sens de transmission des signaux sur les fibres et dans les interfaces d'accès des ordinateurs.

À moins qu'une panne ne survienne, il n'est pas utile de disposer de deux anneaux. En fait, un coupleur FDDI se comporte comme celui de n'importe quel autre réseau en anneau à jeton jusqu'à ce qu'une panne de transmission apparaisse. Le coupleur FDDI analyse chaque trame qui circule sur le réseau et vérifie si l'adresse de destination correspond à celle de sa station. Le coupleur prend une copie de toute trame destinée à sa station avant de la faire suivre sur l'anneau.

Lorsqu'une station souhaite transmettre une trame, elle attend de recevoir le jeton, le bloque temporairement, puis transmet sa trame. Lorsque cette trame est émise, la station fait recirculer le jeton en le passant à la station suivante puis se met dans une situation d'écoute et fait suivre les informations qui circulent sur l'anneau. Si une station a plus d'une trame à transmettre lorsqu'elle reçoit le jeton, elle ne peut en transmettre qu'une seule avant de faire suivre le jeton. Cela garantit aux autres stations la possibilité de transmission d'une trame en cas de besoin.

L'architecture du réseau FDDI offre un intérêt certain en cas de panne de transmission. Lorsque le coupleur FDDI d'une station détecte qu'il ne peut pas communiquer avec celui de la station suivante, il entreprend alors un mécanisme de bouclage local sur l'anneau de secours pour contourner la défaillance. La figure 2.10 montre, par exemple, un réseau FDDI sur lequel une station est tombée en panne. Cela a entraîné un rebouclage local sur l'anneau de secours de la part des deux stations adjacentes à celle défaillante ; cette action a permis d'éliminer automatiquement du réseau la station en panne et de maintenir l'état fonctionnel du réseau.

L'objet de l'anneau de secours et la raison du sens de circulation opposé des informations sur les anneaux paraissent tout à fait clairs à présent. Une panne peut par exemple provenir d'une cassure ou du débranchement accidentel d'une fibre sur un coupleur FDDI. Si les deux fibres d'un réseau suivent le même chemin

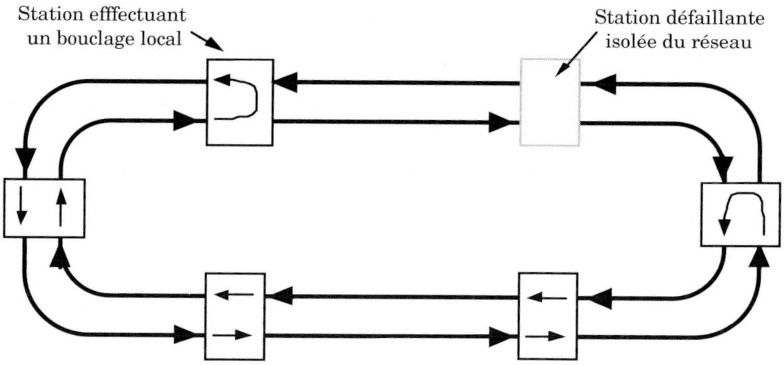

Figure 2.10 — Un réseau FDDI suite à la défaillance d'une station. Lorsque le coupleur FDDI d'une station détecte une panne de transmission, il entreprend un mécanisme de bouclage local sur l'anneau de secours pour permettre au réseau de continuer à fonctionner.

entre deux stations il y a de fortes chances qu'elles subissent le même sort en cas d'accident. Il est donc fortement conseillé de leur faire suivre des chemins différents pour minimiser les risques.

Le coupleur FDDI réalise automatiquement le mécanisme de contrarotation pour ne former, après coup, qu'un seul anneau unidirectionnel. Cela permet au réseau FDDI de continuer à fonctionner malgré la panne ; et ainsi de garantir aux stations actives la continuité des communications.

Lorsqu'un coupleur FDDI détecte une panne sur le réseau, il fait suivre automatiquement les informations en transit sur l'anneau de secours, ce qui permet aux stations restantes de continuer à communiquer.

2.5.3 Format d'une trame FDDI

Le standard FDDI définit le format des trames circulant sur le réseau. Le tableau de la figure 2.11 liste les champs d'une trame FDDI et leurs caractéristiques. Comme dans les autres LAN, chaque station raccordée à un réseau FDDI reçoit une adresse propre et chaque trame contient une adresse de destination. Toutefois, pour rendre le réseau FDDI plus souple et offrir une façon standard d'interconnecter deux réseaux FDDI entre eux, ses concepteurs l'ont doté d'une structure de trame à format multiple. Par exemple, le champ adresse de destination peut avoir une longueur de 4 ou 12 symboles — un symbole FDDI correspond à une unité de 4 bits. La trame inclut également un champ spécifique, *RI*, destiné au routage. Par exemple, l'émetteur d'une trame peut utiliser le champ RI pour spécifier que la trame doit être transmise vers un point de raccordement particulier puis vers une certaine destination sur un autre réseau en anneau attaché à ce point de raccordement.

Champ	Longueur du champ en symboles de 4 bits	Signification du champ
PA	4 ou plus	Préambule
SD	2	Délimiteur de début de trame
FC	2	Commande de la trame
DA	4 ou 12	Adresse de destination
SA	4 ou 12	Adresse source
RI	0 à 60	Information de routage
Données	0 ou plus	Données
FCS	8	Contrôle d'erreur
ED	1	Délimiteur de fin de trame
FS	3 ou plus	État de la trame

Figure 2.11 — Format d'une trame FDDI. Chaque champ est mesuré dans une unité de 4 bits appelée *symbole*. La longueur maximale d'une trame est de 9 000 symboles.

L'un des avantages du réseau FDDI découle de la taille importante des trames qu'il manipule. Une trame peut en effet contenir jusqu'à 9 000 symboles, ce qui correspond à environ 4 500 octets. Comme l'en-tête de la trame comprend quelques centaines d'octets, une trame FDDI peut donc contenir environ 4 Ko de données utiles. Dans le cas d'applications manipulant d'importants volumes de données (comme par exemple le transfert de fichiers) cela permet d'obtenir de bonnes performances de transmission.

2.6 TECHNIQUE ATM

ATM (*Asynchronous Transfer Mode*) est le nom d'une technique de réseau à haut débit offrant des services en mode connecté qui peut être mise en œuvre aussi bien sous forme de réseau LAN que de réseau WAN. Les réseaux ATM sont prévus pour travailler jusque dans la plage des gigabits par seconde[1] (Gbit/s). Cela suppose des équipements spéciaux et complexes adaptés pour fonctionner à ces hautes vitesses de traitement. Les équipements ATM sont aujourd'hui plus coûteux que ceux des autres réseaux.

1. La quasi-totalité des ordinateurs actuels ne peuvent pas générer ou absorber de tels débits. Les réseaux ATM sont là pour écouler les trafics simultanés de nombreux ordinateurs.

Pour offrir des transferts de données à très haut débit, les réseaux ATM utilisent des matériels et des logiciels spécifiques. Un réseau ATM comprend un ou plusieurs commutateurs ATM dont chacun raccorde des ordinateurs et/ou d'autres commutateurs ATM. Le réseau ATM utilise des fibres optiques comme support de transmission aussi bien pour les lignes de communication entre commutateurs que pour celles des raccordements aux ordinateurs. Comme nous l'avons dit plus haut, les fibres optiques offrent des capacités de transmission bien plus élevées que les câbles électriques ; typiquement, une communication entre un ordinateur et un commutateur ATM s'effectue à 155 Mbit/s. Enfin, au niveau physique, le réseau ATM manipule des trames de taille fixe appelées *cellules ATM*. Comme toutes les cellules sont de même taille, les commutateurs ATM peuvent les traiter très rapidement.

2.6.1 Taille d'une cellule ATM

Il est surprenant d'apprendre que la taille d'une cellule ATM est de 53 octets. Chaque cellule contient 5 octets d'en-tête et 48 octets de données. Vous verrez aux chapitres suivants pourquoi, lorsque l'on transmet des datagrammes IP sur un réseau ATM, les 53 octets d'une cellule apparaissent comme insuffisants — il faut savoir toutefois qu'un réseau ATM peut manipuler des paquets bien plus grands.

2.6.2 ATM : services réseaux en mode connecté

Les réseaux ATM font partie des réseaux à commutation par paquets offrant des services en *mode connecté*, ce qui n'est pas le cas du réseau Internet. Avant qu'un ordinateur raccordé à un commutateur ATM puisse transmettre une cellule, il doit s'adresser au commutateur avec lequel il est en relation pour lui spécifier l'adresse de destination de la cellule. Ce procesus est analogue à celui d'une communication téléphonique[1]. L'ordinateur émetteur (ou ordinateur source) définit l'adresse de l'ordinateur destinataire et attend que le commutateur ATM ait contacté ce dernier et délimité un chemin pour l'atteindre (établissement d'une connexion). Si l'ordinateur distant rejette la demande de connexion ou ne répond pas à la demande, ou si le commutateur ATM ne peut pas atteindre momentanément l'ordinateur destinataire, la demande de connexion (ou de mise en relation) est rejetée.

Lorsqu'une demande de connexion est satisfaite, le commutateur ATM local (celui avec lequel l'ordinateur source est raccordé) choisit un identificateur pour cette connexion et fournit cet identificateur à l'ordinateur source. Cela confirme

1. Étant donné que la technique ATM a été conçue pour permettre la transmission de la voix et des données, il y a de fortes similitudes fonctionnelles (au niveau des services) entre un réseau ATM et un réseau téléphonique.

le succès de la demande de connexion. L'identificateur est utilisé pour l'émission et la réception des cellules sur la connexion établie.

En fin de communication, l'ordinateur source doit s'adresser à nouveau au commutateur ATM local pour lui demander d'interrompre la connexion établie. Le commutateur déconnecte alors logiquement les deux ordinateurs concernés. Cette déconnexion est analogue au raccroché du téléphone à la fin d'une communication téléphonique. Suite à cette déconnexion, le commutateur ATM peut réutiliser à sa guise l'identificateur qui était associé à la connexion qu'il vient de rompre.

2.7 TECHNOLOGIES WAN : LE RÉSEAU ARPANET

Les technologies WAN ont eu un impact considérable sur l'adressage et le routage dans un internet. Celles que nous avons choisi d'analyser dans le reste de ce chapitre ont eu une influence majeure dans l'histoire d'Internet.

L'un des plus anciens réseaux WAN à commutation par paquets en mode non connecté, ARPANET[1], a été construit par l'ARPA, l'agence des projets de recherche avancée du ministère américain de la Défense. L'ARPA a adjugé le contrat du développement du logiciel ARPANET à Bolt, Beranek et Newman (BBN Inc.) de Cambridge, Massachusetts, à la fin de 1968. En septembre 1969, les premiers éléments d'ARPANET étaient en place.

ARPANET a servi de plate-forme expérimentale à la majeure partie des recherches sur la commutation par paquets. Les chercheurs de plusieurs universités, bases militaires et laboratoires gouvernementaux ont également utilisé ce réseau pour échanger des fichiers et des courriers électroniques ou assurer la connexion à distance entre leurs sites. En 1975, la gestion du réseau fut transférée de l'ARPA à l'agence américaine de communication du ministère de la Défense (DCA). La DCA a intégré ARPANET dans le réseau de données de la Défense (DDN : *Defense Data Network*), un programme qui fournit de nombreux réseaux comme partie constituante d'un système de communication mondial du ministère américain de la Défense.

En 1983, le ministère américain de la Défense a divisé ARPANET en deux réseaux interconnectés, laissant le réseau ARPANET pour la recherche, et créant le réseau MILNET, utilisé par les militaires mais réservé aux données non confidentielles en raison de son manque de sécurité. Aussi, en temps normal, ARPANET et MILNET se sont mis d'accord pour échanger du trafic. Des procédures ont été mises en place pour permettre leur isolement mutuel par déconnexion logique

1. Nous avons donné un résumé d'ARPANET et l'explication des principaux sigles rencontrés dans cette section au chapitre 1, section 1.2.

en cas de besoin[1]. Comme les réseaux ARPANET et MILNET utilisent les mêmes techniques, notre description s'applique aux deux réseaux, même si nous faisons plus souvent référence à ARPANET. En fait ces techniques sont disponibles sur le marché et elles ont été utilisées par plusieurs entreprises pour constituer des réseaux privés à commutation par paquets.

Comme ARPANET était utilisé quotidiennement par une bonne partie des chercheurs qui ont développé l'architecture d'Internet, il eut une influence énorme sur leurs travaux. Ils en arrivèrent à voir ARPANET comme un réseau fédérateur à grande distance autour duquel le réseau Internet pouvait être construit. L'influence d'un réseau à grande distance, central et unique, se fait encore douloureusement sentir dans certains protocoles Internet qui sont étudiés plus loin dans l'ouvrage. Elle empêcha Internet de prendre en compte harmonieusement de nouveaux réseaux fédérateurs.

Physiquement, ARPANET comportait environ 50 mini-ordinateurs BBN de type C30 et C300 appelés *nœuds de commutation par paquets* ou PSN[2] (*Packet Switching Nodes*) répartis sur les États-Unis et l'Europe de l'Ouest. (Le réseau MILNET comportait alors environ 160 PSN dont 34 en Europe et 18 dans le Pacifique et en Extrême-Orient.) Un PSN se trouvait au niveau de chaque site prenant part au réseau et était spécialement affecté à la commutation par paquets ; il ne pouvait être utilisé pour les travaux informatiques ordinaires. Les PSN étaient d'ailleurs considérés comme faisant partie intégrante d'ARPANET ; ils appartenaient et étaient gérés par le *centre d'exploitation de réseaux* ou NOC (*Network Operations Center*) de la société BBN Inc., à Cambridge, Massachusetts.

Des lignes ou liaisons spécialisées point à point, louées auprès d'*opérateurs réseau à grande distance* (*carriers*) raccordaient les PSN entre eux pour former un réseau. Des lignes spécialisées connectaient, par exemple, le PSN ARPANET de l'université de Purdue à celui de Carnegie Mellon et à celui de l'université du Wisconsin. Initialement, la plupart des lignes spécialisées utilisées par ARPANET fonctionnaient à 56 kbit/s, débit considéré comme extrêmement élevé en 1968. Nous faisons référence au débit, ci-dessus, comme la mesure de capacité de transmission plutôt que comme la mesure du temps nécessaire à la distribution des datagrammes. Le nombre de nouveaux ordinateurs utilisant ARPANET augmentant sans cesse, sa capacité de transmission fut augmentée, pour s'adapter au mieux à l'évolution du trafic. Pendant la dernière année d'existence d'ARPANET, de nombreuses liaisons spécialisées interurbaines fonctionnaient à plus d'un mégabit par seconde.

1. L'exemple le plus connu d'isolement de ces réseaux est peut-être celui de novembre 1988 où un *ver informatique* (*worm*) a attaqué le réseau Internet et s'est reproduit lui-même à très grande vitesse.

2. À l'origine, les PSN étaient appelés IMP (*Interface Message Processor*) ; de nombreuses publications continuent à utiliser IMP comme acronyme de commutateur par paquets.

L'idée qui consistait à éviter d'avoir un point faible unique dans un système était courante dans les applications militaires. Il était important que les applications soient fiables. Lors de la construction du réseau ARPANET, l'ARPA décida de se conformer aux prescriptions militaires en matière de fiabilité. Elle exigea que chaque PSN ait au moins deux lignes de communication vers d'autres PSN et que son logiciel s'adapte automatiquement aux pannes de lignes en redirigeant le trafic sur celle de secours. En conséquence, ARPANET continuait de fonctionner même si l'une de ses liaisons de données tombait en panne.

En plus des connexions vers des lignes spécialisées, les PSN ARPANET comportaient jusqu'à 22 *ports* (ou point d'entrée/sortie) qui étaient reliés à des ordinateurs appelés *hôtes*. À l'origine, tout ordinateur qui avait besoin d'accéder à ARPANET était raccordé directement à l'un des ports d'un PSN. Normalement, un raccordement direct était réalisé au moyen d'un coupleur spécialisé connecté au bus d'E/S de l'ordinateur et relié à un port de PSN. Le coupleur permettait à l'ordinateur d'entrer en contact avec le PSN et d'émettre ou de recevoir des datagrammes.

Un port de PSN utilisait, initialement, un protocole complexe pour transférer les données sur ARPANET. Baptisé *1822*, du nom du rapport technique qui le décrivait, ce protocole permettait à un hôte d'envoyer un datagramme, à travers ARPANET, vers un PSN particulier et vers un port spécifique à ce PSN. La réalisation d'un transfert de paquets était complexe parce que le protocole 1822 assurait un service de remise fiable avec contrôle de flux. Pour empêcher qu'un ordinateur sature le réseau, 1822 limitait le nombre maximum de datagrammes en transit. Pour garantir que chaque datagramme arrive à destination, 1822 obligeait l'émetteur à attendre le signal *prêt pour le datagramme suivant*, RFNM (*Ready For Next Message*) du PSN, avant de transmettre chaque datagramme. Le RFNM joue le rôle d'un accusé de réception. Ce protocole comportait un mécanisme de réservation de tampon mémoire, au niveau du PSN destination. L'émetteur devait réserver un tampon avant d'émettre un datagramme.

Bien que de nombreux points de 1822 ne soient pas traités ici, on peut retenir l'idée fondamentale qu'ARPANET est simplement un mécanisme de transfert. Lorsqu'un ordinateur relié à un port émet un datagramme destiné à un autre port, les données remises sont identiques à celles qui ont été émises. Comme ARPANET ne propose pas d'en-tête réseau spécifique, les datagrammes qui le traverse n'ont pas de champ propre pour définir le type du datagramme. Contrairement à certains autres réseaux, ARPANET ne délivre donc pas de datagrammes s'auto-identifiant.

En résumé :

Un réseau comme ARPANET, voire un réseau ATM, ignore le type de blocs de données qui le traverse car il n'implémente pas la technique d'auto-identification. Les ordinateurs reliés à ARPANET doivent donc s'entendre sur le format et le contenu des blocs de données émis ou reçus sur un port spécifique.

Malheureusement, 1822 n'est jamais devenu un standard industriel. Comme les constructeurs fabriquant des coupleurs aux spécifications du protocole 1822 étaient peu nombreux il devint difficile de raccorder de nouveaux ordinateurs à ARPANET. Pour résoudre le problème, l'ARPA développa de nouveaux coupleurs PSN qui utilisaient un protocole normalisé, le *protocole X.25*. (Le nom de ce protocole a été choisi par l'organisme de normalisation international qui l'a développé, le CCITT[1].) La première version des PSN X.25 n'utilisait que la partie transfert de données de la norme X.25 (connue sous le nom d'HDLC/LAPB), mais les versions suivantes ont permis l'utilisation de l'intégralité d'X.25 lors de la connexion à un PSN (c'est ainsi qu'ARPANET commença à s'apparenter à un réseau X.25). De nombreux ports MILNET utilisent actuellement X.25.

En interne, bien entendu, ARPANET utilise ses propres ensembles de protocoles. Ces derniers sont invisibles des utilisateurs. Ainsi, un protocole spécifique permet à un PSN de demander l'état d'un autre PSN, un protocole différent est utilisé par les PSN pour s'échanger des datagrammes et un autre encore leur permet d'échanger des informations relatives à l'état des liens et aux routes optimales.

Comme ARPANET a été conçu à l'origine comme un réseau indépendant et unique destiné à la recherche, ses protocoles et sa structure ont été élaborés sans trop penser à ses perspectives d'évolution. Vers les années 1975, il devint évident qu'un seul type de réseau ne résoudrait pas tous les problèmes et l'ARPA commença à explorer d'autres techniques comme les réseaux satellites et les réseaux radio. Cette expérience d'un nombre important de techniques réseau variées conduisit aisément au concept d'internet et au réseau Internet.

Aujourd'hui, ARPANET a disparu et a été remplacé par de nouvelles techniques. MILNET, lui, constitue le côté militaire du réseau Internet.

1. Le CCITT (*Comité consultatif international téléphonique et télégraphique*) était la branche spécialisée de l'*Union internationale des télécommunications* (UIT) qui traitait des problèmes techniques des télécommunications, en particulier des problèmes de normalisation. Depuis mars 1993, le CCITT n'existe plus. Il est maintenant remplacé pour l'essentiel par l'UIT-T (*UIT Telecommunication standards*).

2.7.1 L'adressage ARPANET

Si les détails de l'adressage ARPANET ne sont pas importants, son principe montre comment la plupart des grands réseaux élaborent les adresses physiques. Contrairement aux réseaux LAN comme Ethernet, les réseaux WAN combinent souvent des informations de routage aux adresses. Ceci améliore l'efficacité du routage des paquets vers leur destination. Dans ARPANET, chaque commutateur PSN est identifié par un entier P unique et chaque port d'un PSN est numéroté séquentiellement de 0 à $N - 1$. Du point de vue conceptuel, une adresse destination est constituée d'une paire d'entiers (P, N). En réalité, le matériel utilise des adresses entières beaucoup plus grandes où certains bits de l'adresse sont utilisés pour représenter N, les autres représentant P.

2.8 L'ACTION RÉSEAU DE LA NSF

La NSF (*National Science Foundation*), comprenant que les communications de données deviendraient cruciales pour la recherche scientifique, créa en 1987 une division recherche et infrastructure des réseaux et des communications pour aider à garantir que les réseaux de communication nécessaires soient mis à la disposition des ingénieurs et des scientifiques américains. Bien que cette division subventionne la recherche en matière de réseaux, l'accent a été mis jusqu'ici sur les subventions destinées à l'extension du réseau Internet.

Les extensions NSF pour le réseau Internet constituent une hiérarchie à trois niveaux : un réseau fédérateur inter-États, un ensemble de réseaux intermédiaires ou régionaux qui desservent chacun une petite zone géographique et un ensemble de réseaux de campus (ou réseaux d'accès). Dans le *modèle hiérarchique NSF*, appelé NSFNET, les réseaux NSFNET régionaux sont reliés au réseau NSFNET fédérateur et les réseaux NSFNET de campus sont reliés aux réseaux NSFNET régionaux. Les chercheurs disposent d'une connexion, depuis leur ordinateur, au réseau du campus local. Ils peuvent utiliser ce réseau local pour communiquer avec les ordinateurs de chercheurs travaillant sur le campus mais aussi avec ceux d'autres chercheurs plus éloignés car leurs ordinateurs routent le trafic vers le réseau local, le réseau régional et le réseau fédérateur, selon les besoins.

2.8.1 Le réseau NSFNET fédérateur initial

De tous les réseaux subventionnés par la NSF, le réseau NSFNET fédérateur a l'histoire et la technique les plus intéressantes. Jusqu'ici, le réseau NSFNET fédérateur a évolué en quatre grandes étapes. Il a vu augmenter sa taille et sa capacité, à l'époque du déclin d'ARPANET, jusqu'à devenir le principal réseau fédérateur d'Internet. La première version fut réalisée à la hâte, et constituait une mesure provisoire. L'une des premières justifications du réseau fédérateur était de permettre l'accès des chercheurs aux super-ordinateurs de la NSF. Le premier réseau fédérateur comportait six micro-ordinateurs LSI-11 de Digital Equipment Corporation (DEC) situés dans les centres de calcul de la NSF. Géographiquement, le réseau fédérateur couvrait les États-Unis de Princeton à San Diego, comme le montre la figure 2.12 et utilisait des lignes à 56 kbit/s.

Figure 2.12 — Le réseau NSFNET fédérateur initial avec des sites à San Diego (1), Boulder (2), Champaign (3), Pittsburgh (4), Ithaca (5) et Princeton (6).

Sur chaque site, les LSI-11 exécutaient des logiciels connus sous le diminutif de *fuzzball*[1]. Développés par Dave Mills, les *fuzzballs* accédaient au super-ordinateur du centre de calcul local au moyen d'un coupleur Ethernet classique. Les LSI-11 accédaient aux *fuzzballs* des autres centres de calcul par des liaisons spécialisées. Les *fuzzballs* utilisaient, sur des lignes de communication série, des protocoles conventionnels de liaison de données. Ils comportaient des tables contenant les adresses de toutes les destinations possibles et utilisaient ces dernières pour router vers sa destination chaque paquet entrant.

Les connexions initiales entre le réseau NSFNET fédérateur et le reste du réseau Internet se situaient à l'université Carnegie Mellon (CMU) qui disposait à la fois d'un nœud relié au réseau fédérateur et d'un PSN ARPANET. Lorsqu'un utilisateur connecté à NSFNET envoyait du trafic vers un site ARPANET, les paquets transitaient dans NSFNET, jusqu'à l'université Carnegie Mellon où un *fuzzball* les routait vers ARPANET, via un réseau Ethernet local. De façon analogue, les *fuzzballs* comprenaient que les paquets destinés à NSFNET devaient être acceptés sur Ethernet et envoyés sur le réseau NSFNET fédérateur vers le site approprié.

1. L'origine du terme *fuzzball* n'est pas très clairement établie.

2.8.2 Le second réseau NSFNET fédérateur (1988-1989)

Bien que les utilisateurs aient été enthousiasmés par les potentialités des communications entre ordinateurs, les capacités de transmission et de commutation du réseau fédérateur initial étaient trop faibles pour pouvoir assurer un service correct. Quelques mois après sa mise en œuvre, le réseau NSFNET fédérateur était saturé et ses concepteurs travaillèrent d'arrache-pied pour trouver rapidement des solutions aux problèmes les plus aigus, tandis que la NSF entamait le difficile processus de planification d'un second réseau fédérateur.

En 1987, La NSF émit un appel d'offres destiné aux groupes qui souhaitaient mettre en place et exploiter un nouveau réseau fédérateur à haut débit. Les propositions furent soumises en août 1987 et évaluées l'automne suivant. Le 24 novembre 1987, La NSF annonçait qu'elle choisissait une proposition soumise par un groupe de partenaires constitué de : MERIT Inc., une émanation l'université du Michigan à Ann Arbor, IBM et MCI Inc. Les partenaires proposèrent de construire un second réseau fédérateur, d'implanter un centre opérationnel d'exploitation et de contrôle à Ann Arbor et de mettre les ordinateurs en service l'été suivant. Comme la NSF avait subventionné la création de plusieurs réseaux régionaux, le réseau proposé fut conçu pour desservir un nombre de sites plus important que le précédent, chaque site supplémentaire devant assurer la connexion entre le réseau fédérateur et l'un des réseaux NSFNET régionaux.

La répartition des tâches entre les trois partenaires était la suivante : MERIT était responsable de la conception, de la création et de l'exploitation du centre opérationnel du réseau ; IBM apportait sa contribution sous forme d'ordinateurs et de personnel détaché de ses laboratoires, pour aider MERIT à réaliser, configurer et tester les matériels et les logiciels ; et MCI, un opérateur de réseaux à grande distance, fournissait la capacité de transmission nécessaire au travers des liaisons en fibre optique déjà en place pour son réseau téléphonique. Il y avait, bien entendu, en réalité, une coopération étroite entre tous les partenaires, y compris pour les projets d'études communs et la participation d'IBM et de MCI à la gestion du projet.

Au milieu de l'été 1988, le matériel fut opérationnel et NSFNET commença à utiliser le second réseau fédérateur. Peu de temps après, le réseau fédérateur initial fut fermé puis déconnecté. La figure 2.13 indique l'organisation logique (appelée aussi la *topologie*) du second réseau NSFNET fédérateur après sa mise en service, en 1988.

La technique choisie pour ce second réseau fédérateur était intéressante. C'était un réseau à grande distance constitué, au niveau de chaque site, de commutateurs de paquets interconnectés par des lignes de communication. Au niveau de chaque site, le commutateur de paquet était relié au réseau Ethernet du site local ainsi qu'à des lignes de communication permettant d'atteindre d'autres sites.

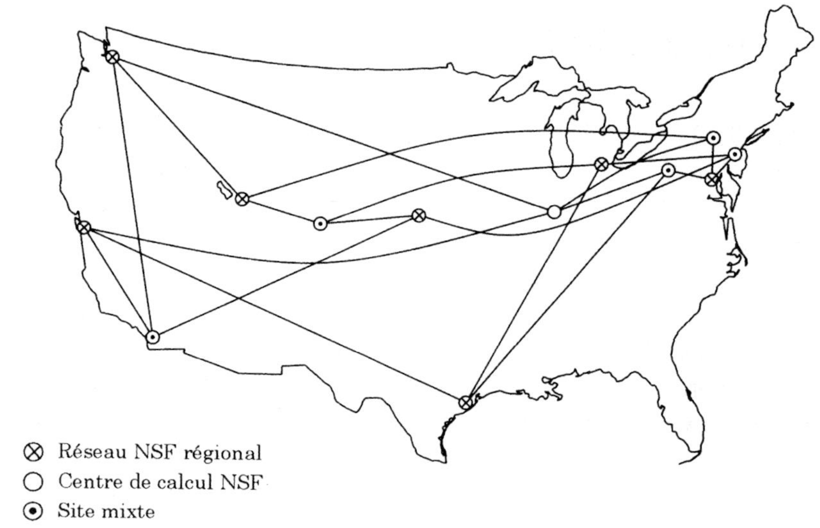

Figure 2.13 — Organisation des liaisons de communication du second réseau NSFNET fédérateur, entre l'été 1988 et l'été 1989.

2.8.3 *Le réseau NSFNET fédérateur de 1989 à 1990*

Après avoir mesuré, pendant un an, le trafic sur le second réseau NSFNET fédérateur, le centre opérationnel reconfigura le réseau en ajoutant de nouvelles lignes et en supprimant d'autres. En outre, ils firent passer la capacité de transmission des lignes à 1,544 Mbit/s (selon la norme DS-1). La figure 2.14 montre cette nouvelle topologie ; tous les sites disposent de liaisons redondantes vers les autres sites (pour des raisons de sécurité).

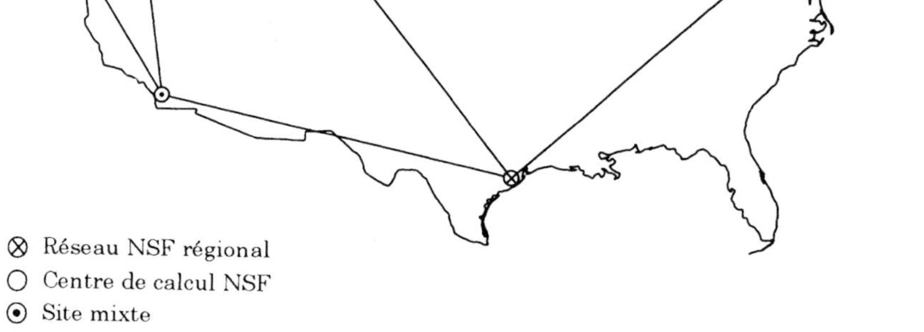

Figure 2.14 — Organisation des liaisons de communication du second réseau NSFNET fédérateur, entre l'été 1989 et l'été 1990.

2.9 LE RÉSEAU ANSNET

Dès 1991, la NSF et d'autres agences gouvernementales des États-Unis commencèrent à prendre conscience que le réseau Internet grandissait au-delà de ses domaines de prédilection universitaires et scientifiques. De nombreuses entreprises dans le monde commençaient à se raccorder à Internet et des activités autres que celles associées à la recherche apparurent inopinément. Sur NSFNET, le trafic évolua jusqu'à près d'un milliard de datagrammes par jour, aussi le débit de 1,5 Mbit/s s'avéra-t-il insuffisant sur la plupart des lignes de communication. Le besoin d'un réseau fédérateur à haut débit se fit ressentir fortement. C'est alors que le gouvernement des États-Unis décida d'engager une politique de privatisation et de commercialisation des réseaux. La NSF décida de vendre le réseau fédérateur à une entreprise commerciale et engagea une politique de taxation des connexions.

En réponse à la nouvelle politique gouvernementale, en décembre 1991, IBM, MERIT et MCI constituèrent une entreprise sans but lucratif appelée ANS (*Advanced Networks and Services*). La société ANS proposa de construire un nouveau réseau fédérateur à haut débit pour Internet. Contrairement aux réseaux WAN utilisés dans Internet antérieurement qui appartenaient au gouvernement américain et étaient gérés par ses soins, ce réseau serait privé. À partir de 1993, ANS installa son réseau, en remplacement de NSFNET ; elle l'appela ANSNET. Ce réseau fonctionne à 45 Mbit/s et offre des performances environ 30 fois supérieures à celles de l'ex-réseau NSFNET. La figure 2.15 montre les principales liaisons du réseau ANSNET et quelques-uns des principaux sites raccordés en 1994. Chaque point de la carte représente un point d'accès réseau vers lequel convergent plusieurs sites.

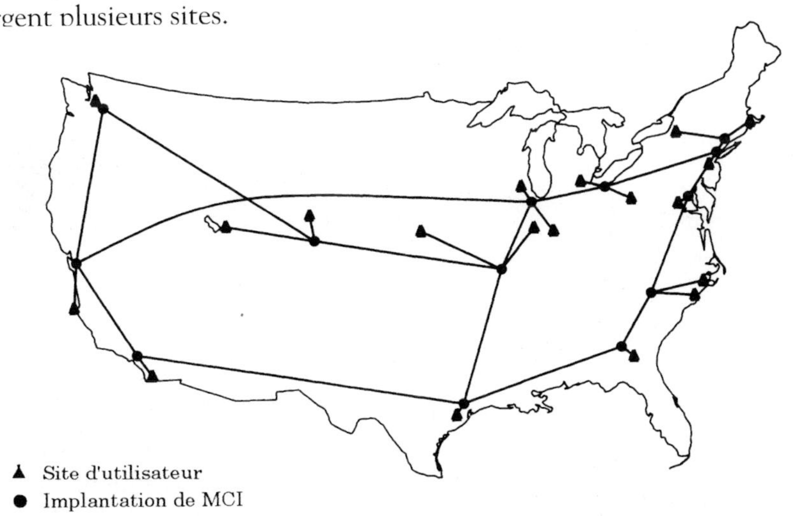

Figure 2.15 — Organisation des liaisons de communication du réseau ANSNET, fédérateur du réseau Internet sur les États-Unis, qui vit le jour en 1993. Chaque liaison fonctionne à 45 Mbit/s.

2.10 VERS UN GRAND RÉSEAU FÉDÉRATEUR (vBNS)

En 1995, la NSF a passé un contrat avec MCI pour construire un réseau fédérateur à 155 Mbit/s pour remplacer ANSNET. Ce nouveau réseau, qui s'appela vBNS (*very high speed Backbone Network Service*), offrait une substantielle augmentation de la capacité de transmission mais exigeait des processeurs très rapides pour assurer le routage des datagrammes.

2.10.1 Réseaux fédérateurs commerciaux dans Internet

Depuis 1995, Internet est devenu de plus en plus commercial. Si vBNS existe encore, il est maintenant réservé à la recherche tandis que des entreprises privées ont construit leurs propres réseaux pour transporter le trafic Internet. C'est ainsi que des opérateurs comme AT&T ou France Télécom disposent d'énormes capacités de transport de trafic Internet pour leurs clients. Nous le verrons plus loin, ces réseaux fédérateurs commerciaux s'interconnectent grâce à des *accords de réciprocité* (*peering arrangements*) qui permettent au client d'une entreprise de communiquer avec le client d'une autre.

2.11 AUTRES RÉSEAUX SUSCEPTIBLES D'OFFRIR UN SUPPORT À TCP/IP

L'une des forces principales de TCP/IP tient à la diversité des réseaux sur lesquels il peut s'appuyer. Nous avons présenté ci-dessus les réseaux les plus utilisés notamment parmi les réseaux LAN et WAN. Cette section en passe rapidement d'autres en revue pour illustrer un principe important :

> TCP/IP tire l'essentiel de son succès de la diversité des réseaux sur lesquels il peut s'appuyer.

2.11.1 Le réseau X25NET

En 1980, la NSF constitua l'organisation CSNET pour faciliter la mise à disposition des services Internet au niveau des petites universités et de l'industrie. CSNET utilise diverses techniques pour connecter ses clients, notamment celle appelée X25NET. Développé initialement à l'université de Purdue, X25NET utilise les protocoles TCP/IP sur des réseaux publics de transmission de données. L'objectif de X25NET fut purement économique. Comme les liaisons spécialisées étaient (et sont encore) relativement coûteuses pour les petites entreprises, les opérateurs réseau proposèrent en complément à leur offre habituelle des réseaux publics à commutation par paquets beaucoup moins coûteux. X25NET a été conçu pour permettre à un site raccordé à un tel réseau à commutation par paquets d'accéder aux services du réseau Internet et ainsi d'émettre et de recevoir des informations comme tout site connecté directement à Internet.

Les lecteurs qui connaissent des réseaux publics de transmission de données à commutation par paquets (comme par exemple TRANSPAC) trouveront X25NET plutôt étrange car les réseaux publics en question utilisent surtout le protocole X.25 du CCITT alors que le réseau Internet utilise les protocoles TCP/IP. Toutefois, lorsqu'ils sont utilisés pour acheminer du trafic TCP/IP, les réseaux X.25 constituent simplement un moyen de passage ou *tunnel* sur lequel le trafic TCP/IP peut être acheminé. Nous avons déjà dit que de nombreux réseaux, différents techniquement, pouvaient être utilisés pour acheminer le trafic du réseau Internet. Une technique que l'on peut appeler *effet tunnel* (*tunneling*), fait en sorte que TCP/IP considère tout réseau quel qu'il soit, avec ses propres protocoles, comme un banal équipement de transmission de données transparent. Pour émettre du trafic TCP/IP dans un *tunnel X.25*, il faut tout d'abord établir un *circuit virtuel X.25* (c'est ainsi que l'on appelle un circuit de données dans un réseau X.25, par analogie avec la commutation de circuit), puis placer les datagrammes TCP/IP dans le champ données des paquets X.25 — c'est la technique d'*encapsulation*. Le réseau X.25 achemine ses paquets sur le circuit virtuel établi et les remet à l'extrémité X.25 où les datagrammes TCP/IP sont extraits pour être acheminés vers leur destination finale. Le *tunnel X.25* traite les datagrammes TCP/IP comme de simples données, il n'assure donc pas leur auto-identification.

La particularité de cette utilisation de X.25 est due à la potentialité du protocole. Contrairement à la plupart des réseaux, le protocole X.25 procure un lien de transfert de données fiable, le circuit virtuel, entre l'émetteur et le récepteur, tandis que les protocoles Internet n'ont été conçus que pour assurer un service de remise de datagrammes, ce qui rend les deux protocoles (apparemment) incompatibles.

Envisager les liaisons X.25 comme de simples artères de transmission de données produit une étrange distorsion. Il s'avère que les réseaux X.25 assurent une meilleure garantie au débit d'une liaison même lorsque plusieurs liaisons logiques simultanées sont établies entre deux points. Ainsi, au lieu d'ouvrir une liaison unique vers une destination, un émetteur X25NET ouvre souvent plusieurs liaisons logiques simultanées et distribue tous les paquets à transmettre sur ces multiples liaisons X.25, pour améliorer les performances. Le récepteur accepte les paquets arrivant sur toutes les liaisons logiques X.25 puis les recombine.

Le schéma d'adressage utilisé par les réseaux X.25 est conforme à la norme *X.121*. Les adresses physiques X.121 sont constituées de nombres de 14 chiffres où 10 chiffres sont choisis par le prestataire qui assure le service réseau X.25. Comme dans le cas d'un réseau téléphonique, une adresse X.25 peut comporter un code de zone qui dépend de la localisation géographique. Le schéma d'adressage n'est pas surprenant car il émane de l'UIT qui définit les normes de télécommunication internationales. Ceci est toutefois malheureux car il complique l'affectation des adresses Internet. Les utilisateurs qui utilisent X25NET doivent chacun gérer une table de correspondance entre les adresses Internet et les adresses X.25. Le chapitre 5 traite en détail du problème de l'association des adresses et présente une alternative utilisant des tables fixes. Le chapitre 18 montre comment le même problème apparaît dans les réseaux ATM, qui utilisent, eux, une autre alternative.

Comme les réseaux publics X.25 fonctionnent indépendamment du réseau Internet, une interconnexion de réseaux doit être prévue pour permettre leur coopération. L'ARPA et la CSNET exploitèrent toutes deux des ordinateurs spécialisés pour assurer l'interconnexion entre les réseaux X.25 et ARPANET. La première machine opérationnelle fut nommée *VAN gateway*. Cette machine acceptait des connexions X.25 et routait chaque datagramme TCP/IP sur un circuit X.25 vers sa destination.

X25NET est important parce qu'il illustre la souplesse et l'évolutivité des protocoles TCP/IP. En particulier, il montre comment l'encapsulation rend possible l'utilisation d'une large gamme de réseaux dans une interconnexion.

2.11.2 Réseaux point à point

Nous avons déjà indiqué que les réseaux WAN étaient le plus souvent formés de commutateurs de paquets interconnectés par des liaisons louées à des opérateurs. Ces derniers ont, au départ, constitué leurs réseaux pour acheminer de la voix et non des données. Du coup, les débits disponibles ne sont pas des multiples de 10 mais plutôt de 64 kbit/s, débit utilisé par le codage MIC (modulation par impulsion et codage ou PCM pour *Pulse Code Modulation*) qui produit 8 000 échantillons de 8 bits par seconde.

La table de la figure 2.16 donne quelques valeurs de débit courantes en Amérique du Nord et en Europe.

Nom	Débit	Circuits de voix	Continent
—	0,064 Mbit/s	1	
E1	2,048 Mbit/s	30	Europe
E2	8,448 Mbit/s	120	Europe
E3	34,368 Mbit/s	480	Europe
T1	1,544 Mbit/s	24	Amérique du Nord
T2	6,312 Mbit/s	96	Amérique du Nord
T3	44,736 Mbit/s	672	Amérique du Nord

Figure 2.16 — Exemples de débits disponibles chez les opérateurs de téléphone. Ils correspondent au regroupement de plusieurs communications téléphoniques.

Il existe des circuits numériques de débit encore plus élevé qui correspondent à des déploiements en fibre optique. La table de la figure 2.17 en donne quelques exemples. Bien entendu, le coût de ces liaisons est bien supérieur à celui des circuits de moindre débit.

Nom de la norme	Nom en optique	Débit	Nombre de circuits voix
STM-1	OC-3	155,52 Mbit/s	2 430
STM-4	OC-12	622,08 Mbit/s	9 720
STM-8	OC-24	1 244,16 Mbit/s	19 440
STM-16	OC-48	2 488,32	38 880

Figure 2.17 — Exemples de circuits à très haut débit chez les opérateurs de téléphone. Les liaisons sont en fibre optique.

Du point de vue de TCP/IP, toute communication entre deux ordinateurs et deux seulement correspond à un *réseau point à point*. Une liaison louée entre deux stations est donc un exemple de réseau point à point. Même s'il paraît un peu étonnant d'utiliser le terme *réseau* dans ce cas, nous verrons que cela a un sens puisqu'on peut retrouver la plupart des caractéristiques des réseaux. Une chose cependant : dans un réseau point à point, il n'est nul besoin d'adresses au niveau matériel puisque les deux entités sont directement reliées. Ce sera quelque chose d'important lorsque nous verrons la façon dont on fait le lien entre une machine et une adresse internet.

2.11.3 Le réseau téléphonique et le protocole dial-up IP

Une autre utilisation intéressante de TCP/IP, mise au point par la CSNET, concerne l'utilisation de TCP/IP sur un réseau téléphonique. Les sites membres de CSNET qui n'utilisent pas souvent Internet ne peuvent pas justifier économiquement l'utilisation d'une liaison louée. La CSNET a développé, pour ces sites, un protocole de communication spécifique qui fonctionne sur le réseau téléphonique, le protocole *dial-up IP* : chaque fois qu'une connexion est nécessaire, le protocole du site de l'utilisateur membre de CSNET établit au moyen d'un modem approprié une connexion avec la CSNET, à travers le réseau téléphonique. Un ordinateur, au niveau du centre CSNET, répond à l'appel téléphonique et, après authentification de l'utilisateur, achemine le trafic de cet utilisateur vers d'autres sites du réseau Internet. Cette façon de faire introduit un délai de propagation supplémentaire lors de la transmission du premier datagramme TCP/IP. Ceci n'est pas trop gênant dans le cas de service automatique comme par exemple le courrier électronique.

C'est un autre exemple de réseau point à point. Vu de TCP/IP, l'appel d'un numéro de téléphone est équivalent à la mise en place d'une liaison louée. Dès que le demandé a décroché, il existe une connexion directe entre demandeur et demandé, connexion qui restera établie jusqu'à la fin des échanges de données.

2.11.4 Les réseaux IBM Token Ring et proNET

Le réseau FDDI n'est pas le premier réseau élaboré autour de la technique de l'anneau à jeton ; cette technique existe depuis plus de dix ans. C'est IBM qui produisit sur le marché l'un des premiers réseaux LAN de ce type, l'*IBM Token Ring*, pour interconnecter des micro-ordinateurs IBM. Ce réseau fonctionne à 16 Mbit/s ; la première version fonctionnait à 4 Mbit/s. Comme d'autres LAN en anneau à jeton, celui d'IBM se présente sous forme d'une boucle qui raccorde tous les ordinateurs du réseau en cascade. Avant d'émettre, une station doit attendre de recevoir le jeton qui l'y autorise. Après l'émission d'une trame, la station fait suivre le jeton à la station suivante et ainsi de suite.

Un autre réseau en anneau à jeton, le réseau *proNET*, plus ancien que celui d'IBM, fut développé par la société Proteon. Ce réseau utilise une technique d'adressage physique intéressante que nous analysons dans un chapitre ultérieur pour illustrer l'une des méthodes d'adressage physique utilisée par TCP/IP. Le réseau proNET permet à l'utilisateur de choisir lui-même une adresse physique pour chaque ordinateur du réseau. Contrairement au réseau Ethernet pour lequel chaque coupleur Ethernet se voit affecter une adresse unique lors de sa fabrication. Un coupleur proNET comprend huit interrupteurs qui peuvent être positionnés par l'utilisateur avant son installation dans une station du réseau. Ces interrupteurs forment un nombre codé en binaire compris entre 0 et 255. Un réseau proNET peut disposer de 254 stations ; l'adresse 0 n'est pas utilisée et l'adresse 255 correspond à une diffusion générale. Lors de la première installation d'un réseau proNET, l'administrateur du réseau doit choisir et définir les adresses de chaque coupleur. Pour des raisons de simplicité, la numérotation des coupleurs est séquentielle en partant de 1.

Un système qui permet à l'utilisateur de choisir lui-même les adresses de ses stations présente certes des avantages, mais aussi des inconvénients. L'inconvénient majeur provient de la possibilité qu'une même adresse soit affectée à deux stations par inadvertance. Quant à l'avantage le plus important, il concerne la maintenance du réseau. En effet, si un coupleur tombe en panne, il peut être remplacé sans difficulté et sans avoir à modifier d'adresse dans les logiciels internes à la station.

2.11.5 Les technologies de réseaux sans fil

L'une des expérimentations les plus intéressantes de l'ARPA en matière de commutation par paquets a abouti à une technique qui utilise la diffusion d'ondes radio pour acheminer les paquets. Conçue pour un environnement militaire, dans lequel les stations devaient être mobiles, la technique des paquets radio comporte du matériel et des logiciels qui permettent à des sites quelconques d'entrer en relation avec d'autres sites, d'établir des connexions point à point puis d'utiliser ces connexions pour échanger des paquets. Comme les sites se déplacent géographiquement et peuvent dépasser les limites des zones admissibles de communication, le système doit gérer en permanence la connectivité et recalculer les routes pour prendre en compte les modifications de la topologie du réseau. Un réseau radio opérationnel a été réalisé pour prouver la faisabilité des communications TCP/IP entre un site radio et les autres sites d'Internet.

Plus récemment, des équipements de radiocommunication par paquets sont apparus sur le marché. Ils utilisent des techniques fréquentielles à étalement de spectre comme par exemple la technique à saut de fréquence pour établir des connexions sans fil avec les réseaux radio par paquets. Ces équipements sont peu encombrants et de faible poids. Ils peuvent aisément être raccordés par exemple à un ordinateur portable et ainsi lui permettre une liaison radio ; ce qui lui autorise une certaine mobilité tout en lui garantissant la continuité des communications établies.

La technologie sans fil à large bande, d'abord développée pour concurrencer la télévision par câble, est aujourd'hui utilisée pour transmettre des données. MMDS (*Multichannel Multipoint Distribution System*, système de distribution multipoint multicanal), un des systèmes de télévision numérique terrestre, et les techniques DSL (*Digital Subscriber Line*, liaison numérique d'abonné) sont des alternatives viables à la boucle locale filaire classiquement développée.

Quant à la technologie cellulaire, conçue au départ pour les réseaux de voix, elle a, elle aussi, été adaptée au transport de données. Son intérêt principal tient en ce que les usagers peuvent se déplacer très rapidement (ils peuvent être, par exemple, dans un TGV) sans perdre de données.

2.12 RÉSUMÉ

Nous avons passé en revue plusieurs techniques de réseaux utilisés par les protocoles TCP/IP. Elles vont des réseaux locaux peu coûteux tels qu'Ethernet aux réseaux à grande distance, plus coûteux, qui utilisent des réseaux fédérateurs constitués de liaisons louées à très haut débit. Nous avons également vu qu'il est possible d'utiliser les protocoles TCP/IP en s'appuyant sur d'autres protocoles d'usage général au moyen d'une technique dite d'encapsulation (*tunneling*). Si les détails des réseaux sous-jacents ne sont pas importants, une idée générale est apparue :

> Les protocoles TCP/IP sont extrêmement souples : presque toutes les techniques réseau sous-jacentes peuvent être utilisées pour acheminer du trafic TCP/IP.

2.13 POUR EN SAVOIR PLUS

Les premiers systèmes de communication ont utilisé des connexions point à point, sur des lignes série d'usage général, telles que celles décrites par McNamara (1982). Metcalf et Boggs (1976) ont introduit Ethernet avec un prototype à 3 Mbit/s. Digital (1980) spécifie un standard à 10 Mbit/s adopté par tous les constructeurs : le standard IEEE 802.3 qui est présenté dans Nelson (1983). Shoch Dalal et Redell (1982) présentent une perspective historique de l'évolution d'Ethernet. Les travaux relatifs au réseau ALOHA sont résumés dans Abramson (1970), avec une synthèse des diverses techniques utilisées dans Cotton (1979).

Les techniques de l'anneau à jeton ont été proposées par Farmer et Newhall (1969). Miller et Thompson (1982) ainsi que Andrew et Schultz (1982) en donnent un résumé plus récent. Une autre solution, l'anneau synchronisé (*slotted ring*), a été proposée par Pierce (1972). Pour une comparaison des techniques réseau, voir Rosenthal (1982).

Les détails des propositions concernant le second réseau NSFNET fédérateur peuvent être trouvés dans MERIT (novembre 1987).

Pour plus d'informations sur ARPANET, voir Cerf (1989) et BBN (1987). Les concepts sous-jacents de X25NET sont résumés dans Comer et Korb (1983). Lanzillo et Partridge (janvier 1989) décrivent le protocole dial-up IP. De Prycker (1993) décrit la technique ATM et son utilisation dans le cadre des réseaux à grande distance. Partridge (1994) propose une synthèse générale des réseaux à haut débit, incluant la technique ATM, et présente la structure interne d'un commutateur à haut débit.

Quarterman (1990) propose une synthèse détaillée des principaux réseaux WAN. LaQuey (1990) contient un annuaire des principaux réseaux d'ordinateurs.

2.14 EXERCICES

2.1 Déterminez quels sont les réseaux et les techniques de réseau mis en œuvre sur votre site.

2.2 Quelle est la taille maximale de paquet qu'il est possible d'envoyer sur un réseau à haut débit tel que l'Hyperchannel de NSC ?

2.3 Si votre site dispose d'un hub Ethernet déterminer combien de connexions on peut établir avec ce hub. Dans le cas où vous disposez de plusieurs hubs (par exemple un par étage de votre immeuble) déterminer comment ces hubs communiquent.

2.4 Quels sont les avantages et les inconvénients de l'encapsulation ?

2.5 Lisez la norme Ethernet pour trouver les détails concernant l'intervalle inter-paquets et la taille du préambule. Quel est le débit maximum possible sur Ethernet ?

2.6 Quelles sont les caractéristiques les plus intéressantes d'un canal de communication par satellite ? Quelles sont celles qui posent problème ?

2.7 Trouvez une limite minimale au temps nécessaire pour transférer un fichier de 5 Mbit à travers un réseau qui fonctionne à 28,8 kbit/s, 1,54 Mbit/s, 10 Mbit/s, 100 Mbit/s et 2,4 Gbit/s.

2.8 Est-ce que le processeur, le disque et le bus interne de votre ordinateur ont des performances suffisantes pour transmettre les données d'un fichier du disque à 2 Gbit/s ?

3

Concepts de base et modèle d'un internet

3.1 INTRODUCTION

Jusqu'ici, nous avons parlé des détails de plus bas niveau de quelques réseaux de transmission de données pris isolément. Ces réseaux sont à la base des communications entre ordinateurs. Ce chapitre fait une avancée conceptuelle ; il décrit un modèle qui permet de réunir en un tout coordonné la diversité des techniques réseau. L'objectif principal de ce modèle est de masquer les détails matériels des divers réseaux en spécifiant des services de communication homogènes et universels. Il en résulte essentiellement une abstraction de haut niveau qui définit un cadre pour tous les choix de conception. Les chapitres suivants montrent comment utiliser cette abstraction pour construire les couches de logiciels de communication indispensables à un internet et comment le logiciel masque les mécanismes de transmission de niveau matériel. Les derniers chapitres montrent aussi comment les applications utilisent les systèmes de communication qui en résultent.

3.2 INTERCONNEXION DE NIVEAU APPLICATION

Les concepteurs ont souvent adopté deux approches différentes pour masquer les détails physiques des réseaux : utiliser des programmes d'application appelés *passerelles applicatives* pour gérer l'hétérogénéité ou cacher les détails dans les systèmes d'exploitation. Les premiers systèmes d'interconnexion de réseaux hétérogènes ont apporté l'uniformité au moyen de programmes de niveau application. Dans ces systèmes, un programme d'application s'exécute sur chaque ordinateur, il interprète les détails propres à la connexion de son ordinateur au réseau et interopère avec les autres programmes d'application au travers sa connexion au réseau.

Par exemple, un système de courrier électronique qui comprend un programme de diffusion automatique de courrier et qui expédie ses messages un à un vers divers ordinateurs. Le chemin entre la source et le destinataire peut bien emprunter plusieurs réseaux différents, cela est sans importance dans la mesure où les systèmes de courrier électronique sur chaque ordinateur interopèrent à l'expédition des messages.

L'utilisation de programmes d'application pour masquer les détails physiques des réseaux peut sembler naturelle au premier abord, mais cette approche conduit à des communications limitées et peu efficaces. L'ajout d'une fonctionnalité nouvelle impose de créer un nouveau programme d'application sur chaque ordinateur du système. En effet, sur chaque ordinateur tout programme d'application doit interpréter les détails des connexions réseau, ce qui conduit à une redondance d'une partie plus ou moins importante des instructions du programme.

Les utilisateurs qui ont l'expérience des réseaux savent que si une interconnexion de réseaux compte des centaines ou des milliers de réseaux interconnectés, nul n'est capable de concevoir les programmes d'application nécessaires à son fonctionnement. De plus, l'aboutissement d'une communication basée sur le modèle de la transmission de proche en proche requiert que tous les programmes d'application intermédiaires fonctionnent correctement. En cas de défaillance d'un programme intermédiaire, la source ou la destination sont incapables de détecter l'incident. Les systèmes qui utilisent l'acheminement de proche en proche ne peuvent donc pas garantir la fiabilité des communications.

3.3 INTERCONNEXION DE NIVEAU RÉSEAU

L'alternative à la réalisation d'un système d'interconnexion basé sur des programmes d'application est un autre système qui est basé sur une interconnexion qui opère au niveau réseau. Cette interconnexion consiste à offrir un mécanisme qui assure et contrôle, en temps réel, l'acheminement des paquets ou des datagrammes de la source vers la destination finale. Commuter de petits blocs de données au lieu de fichiers ou de messages longs présente plusieurs avantages. Le premier est d'être en correspondance directe avec le matériel réseau sous-jacent, ce qui le rend particulièrement efficace. Le second est de séparer les activités de communication des programmes d'application, ce qui permet aux machines intermédiaires (commutateurs, routeurs...) de gérer le trafic sur le réseau sans avoir besoin de comprendre les informations utilisées par les programmes d'applications. Le troisième est de conserver une certaine souplesse au système, ce qui rend possible la conception de protocoles de communication généraux. Le quatrième est de permettre aux administrateurs réseau d'ajouter de nouveaux types de réseaux, de modifier ou d'ajouter un module au logiciel de niveau réseau. Les programmes d'application n'ont alors pas à être modifiés.

Le fondement de la conception d'une interconnexion de niveau réseau universelle réside dans le concept d'un *système de communication abstrait* que nous avons appelé internet et qui repose sur la technique d'interconnexion de réseaux (*internetworking*). Le concept d'internet tel que nous l'avons présenté (*cf.* chapitre 1) est extrêmement puissant. Il dissocie la notion de communication des détails techniques des réseaux et masque ces détails de bas niveau à l'utilisateur. Plus encore, il guide tous les choix de conception de logiciels et explique comment gérer les adresses physiques et les routes (ou chemins de communication). Après avoir étudié les motivations de base pour l'interconnexion des réseaux, nous considérons les propriétés d'un internet plus en détail.

Précédemment nous avons évoqué deux observations fondamentales relatives à la conception des systèmes de communication :

- Un seul réseau ne peut satisfaire tous les besoins des utilisateurs.
- Les utilisateurs souhaitent un moyen d'interconnexion de réseaux qui soit universel.

La première observation est d'ordre technique autant qu'économique. Les réseaux LAN, peu coûteux, offrent des capacités de transmission élevées mais ont une zone de couverture géographique limitée ; quant aux réseaux WAN ils offrent une très large zone de couverture géographique, mais ne sont pas bon marché. Aucune technique réseau n'est en mesure de satisfaire tous les besoins. Il est donc nécessaire de prendre en compte la diversité technique des réseaux d'un système de communication.

La deuxième observation est quasi évidente. Il serait bon de pouvoir communiquer aisément entre des points de connexion quelconques d'un système de communication. En particulier le système ne devrait pas être limité aux simples bornes physiques des réseaux.

L'objectif global de conception d'un système de communication est de réaliser une interconnexion de réseaux unifiés et coopérants, assurant un service de communication universel. Les diverses machines de ce système utilisent des primitives de communication dépendantes des réseaux qui les desservent telles que celles décrites au chapitre 2. Des logiciels spécifiques, assurant le lien entre les logiciels gérant les mécanismes dépendants de la technique et les programmes d'application, masquent les détails de bas niveau et font apparaître l'ensemble des réseaux comme un seul grand réseau. Cette façon de faire correspond à la technique et à l'objectif d'un internet.

Le principe de conception d'un internet est semblable à celui d'un système informatique : la mise en œuvre d'une fonction de traitement performante sur un système informatique peut être effectuée par ajout de couches de logiciel au système jusqu'à obtenir la performance attendue. La section suivante présente les premières étapes du processus de conception d'un internet.

3.4 PROPRIÉTÉS D'UN INTERNET

La notion de service universel est importante, mais elle ne recouvre pas à elle seule l'idée que l'on se fait d'un internet unificateur car il peut y avoir diverses implémentations des services universels. Lors de la conception globale du système de communication, il est demandé de cacher à l'utilisateur l'architecture sous-jacente à l'internet. Les utilisateurs ou les programmes d'application ne doivent pas connaître les détails des connexions physiques utilisées pour accéder à l'internet. Il ne faut pas non plus qu'une topologie de réseau particulière soit imposée. En particulier, l'introduction d'un nouveau réseau dans l'internet ne doit pas impliquer sa connexion à un ordinateur central ou sa connexion à tous les réseaux existants. Il doit être également possible d'envoyer des informations au travers des réseaux intermédiaires, même si ces derniers ne sont pas directement connectés aux ordinateurs source ou destination. Tous les ordinateurs de l'internet doivent partager un ensemble d'identificateurs qui soit universel (pouvant être vu comme un ensemble de *noms* ou d'*adresses*).

Le concept d'un internet unificateur, tel que nous venons de le présenter, inclut aussi l'idée d'indépendance de l'interface utilisateur vis-à-vis du réseau. C'est-à-dire que l'ensemble des actions utilisées pour établir une communication reste indépendant du type de réseaux sous-jacents et du type d'ordinateur destinataire. Un utilisateur ne doit pas avoir à comprendre l'infrastructure de l'internet lorsqu'il écrit des programmes d'application qui s'en servent pour communiquer.

3.5 ARCHITECTURE D'UN INTERNET

Nous avons vu comment les ordinateurs pouvaient se raccorder aux réseaux. Une question se pose : « Comment les réseaux sont-ils interconnectés pour former un internet ? » La réponse comporte deux parties. Physiquement, deux réseaux différents ne peuvent être reliés l'un à l'autre que par l'intermédiaire d'un équipement spécialisé raccordé à chacun d'eux. Cet équipement d'interconnexion de réseaux ne réalise pas forcément le service d'interconnexion dont l'utilisateur a besoin. Par exemple, il n'est pas garanti que cet équipement puisse coopérer facilement avec les ordinateurs raccordés aux réseaux et qui ont besoin de communiquer. Un internet viable nécessite des équipements d'interconnexion — véritables ordinateurs spécialisés —, qui sont capables de faire transiter les blocs de données (paquets, datagrammes ou trames) d'un réseau à un autre au travers de l'internet. Ces équipements sont appelés des *passerelles IP* ou des *routeurs IP* [1] (*Internet gateway* ou *Internet router*).

1. Dans la littérature d'origine de TCP/IP, on utilisait « passerelle IP ». Aujourd'hui on utilise plus généralement « routeur IP » ou simplement *routeur*. C'est le terme que nous emploierons dans la suite de l'ouvrage.

Prenons l'exemple des deux réseaux de la figure 3.1 formant un internet très simple. Le routeur *R* interconnecte les réseaux 1 et 2. Pour que *R* joue le rôle d'un routeur, il doit prendre sur le réseau 1 les blocs de données destinés aux ordinateurs du réseau 2 et les leur transmettre. De façon symétrique *R* doit accepter les blocs de données du réseau 2 destinés aux ordinateurs du réseau 1 et les leur transmettre.

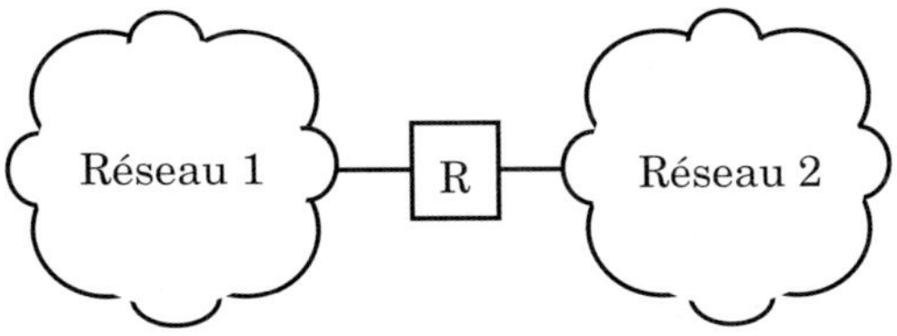

Figure 3.1 — Deux réseaux reliés par un routeur R.

Sur la figure les nuages représentent les réseaux 1 et 2 de façon générale sans s'intéresser à leur organisation ou infrastructure réelle. Chacun d'eux peut-être un LAN ou un WAN reliant quelques-uns ou de nombreux ordinateurs.

3.6 INTERCONNEXION AU MOYEN DE ROUTEURS

Lorsqu'un internet est plus complexe que celui de la figure 3.1 — et donc qu'il comporte de nombreux routeurs et réseaux —, les routeurs doivent connaître des informations relatives à la topologie globale de l'internet bien au-delà des réseaux qu'ils raccordent. Par exemple, la figure 3.2 montre un internet constitué de trois réseaux interconnectés par deux routeurs.

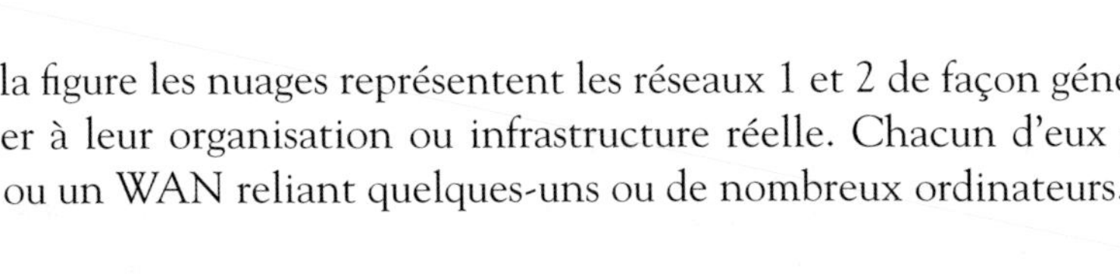

Figure 3.2 — Trois réseaux interconnectés par deux routeurs, R_1 et R_2.

Dans cet exemple, le routeur R_1 doit acheminer vers le réseau 2 tous les blocs de données émis sur le réseau 1 destinés aux réseaux 2 et 3. Au fur et à mesure que la dimension de l'internet s'accroît, la tâche du routeur qui consiste à faire un choix de route où transmettre les blocs de données pour qu'ils atteignent leur destination, devient plus complexe.

Même si le concept de routeur peut sembler simple, il est important car il permet de relier non seulement des ordinateurs mais également divers types de réseaux. Les principes de base de l'interconnexion des réseaux associée à un internet peuvent se résumer ainsi :

Dans un internet TCP/IP, des ordinateurs spécialisés appelés routeurs IP ou passerelles IP assurent les interconnexions nécessaires entre les divers réseaux qui le composent.

Vous pouvez penser que les routeurs, puisqu'ils doivent savoir comment router les blocs de données qu'ils reçoivent vers leur destination finale, sont des ordinateurs complexes avec suffisamment de mémoire centrale et secondaire pour stocker des renseignements sur chacun des ordinateurs appartenant à l'internet. En réalité, les routeurs IP sont le plus souvent des mini-ordinateurs avec un disque de faible capacité et une mémoire centrale de taille limitée. L'astuce qui permet de construire des routeurs IP techniquement modestes est la suivante :

Les routeurs acheminent les blocs de données en fonction du réseau de destination et non en fonction de l'ordinateur de destination.

Si le routage est basé sur les réseaux, la quantité d'information qu'un routeur doit conserver est alors proportionnelle au nombre de réseaux de l'internet et non au nombre de ses ordinateurs.

Comme les routeurs jouent un rôle majeur dans les communications au sein d'un internet, nous étudierons en détail, dans d'autres chapitres, leur mode de fonctionnement et leur façon d'apprendre ou de connaître les routes dans l'internet. Dans ce chapitre, nous supposons qu'il est possible que chaque routeur de l'internet ait la connaissance de toutes les routes pour tous les réseaux. Nous supposons également que tous les réseaux sous-jacents à l'internet ne sont interconnectés que par des routeurs.

3.7 LE POINT DE VUE DE L'UTILISATEUR

Nous avons vu que les protocoles TCP/IP ont été conçus pour assurer une connectivité universelle entre ordinateurs, indépendamment des types de réseaux sur lesquels ils s'appuient. L'objectif des protocoles TCP/IP est qu'un utilisateur voit un internet comme un unique réseau virtuel sur lequel viennent se connecter divers ordinateurs, simplement, sans qu'il ait à se soucier de leur raccordement réel. La figure 3.3a montre comment on peut se représenter un internet en faisant abstraction des réseaux sous-jacents qui le constituent ; cela permet à l'utilisateur de conceptualiser beaucoup plus simplement le système de communication entre les divers ordinateurs de l'internet. Hormis les routeurs qui interconnectent les réseaux sous-jacents, il est nécessaire de disposer de logiciels appropriés sur chaque ordinateur pour permettre aux programmes d'application d'utiliser l'internet comme s'il s'agissait d'un réseau unique.

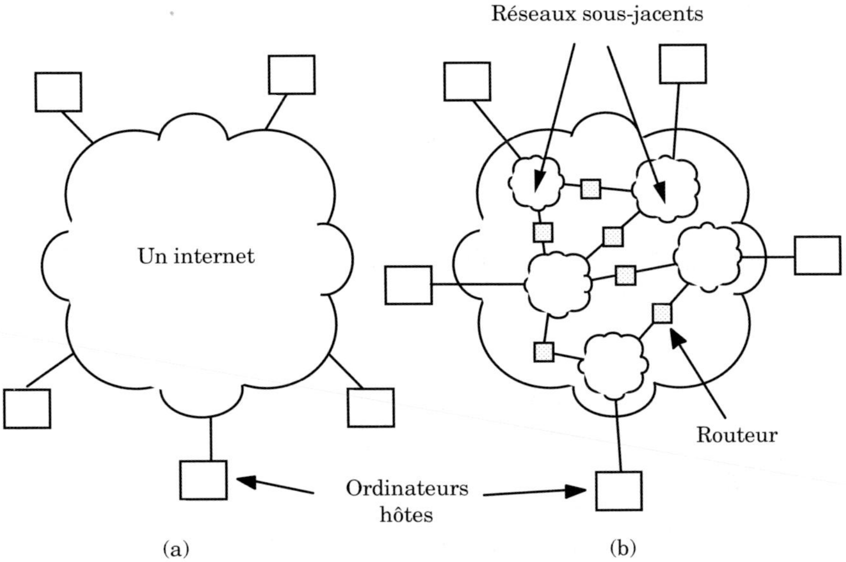

Figure 3.3 — (a) Un internet TCP/IP vu par l'utilisateur : chaque ordinateur semble être raccordé à un réseau unique ; (b) les divers réseaux et routeurs qui constituent l'internet et assurent l'interconnexion des divers hôtes.

L'intérêt de réaliser une interconnexion au niveau réseau devient maintenant évident. Comme les programmes d'application qui communiquent sur l'internet ignorent les détails techniques de raccordement et de fonctionnement des réseaux qui le composent, ils sont exécutables, sans modification, sur tout ordinateur. Les détails de la connexion d'un ordinateur avec un réseau donné sont intégrés dans son logiciel IP. C'est ainsi que seul ce logiciel IP doit être modifié en cas d'ajout ou de suppression d'une connexion. En fait, il est possible d'optimiser la structure interne d'un internet en modifiant les connexions physiques aux réseaux sans avoir besoin de recompiler les programmes d'application.

Il y a un autre intérêt de l'interconnexion au niveau réseau, plus subtil celui-là : les utilisateurs n'ont pas à se préoccuper de la façon de se connecter aux réseaux, ni même de savoir quel type de bloc de données ils manipulent. Les programmes d'application sont écrits indépendamment du mode de connexion physique au réseau. Les administrateurs de réseaux sont ainsi libres de modifier des éléments d'un internet sans devoir modifier les logiciels d'application des ordinateurs qu'il relie. (Bien entendu, les logiciels de communication doivent être reconfigurés lorsqu'un ordinateur est déplacé d'un réseau à un autre.)

Comme le montre la figure 3.3b, dans un internet les routeurs n'assurent pas une connectivité directe entre deux réseaux quelconques. Il peut être nécessaire que du trafic emprunte plusieurs réseaux intermédiaires avant de pouvoir atteindre l'ordinateur destinataire. Les réseaux qui participent à un internet sont analogues au système autoroutier français qui relie les grandes villes entre elles. Chaque réseau doit accepter d'acheminer un trafic supplémentaire au sien propre et qui correspond à un trafic de transit. En contrepartie, il a le droit d'écouler du trafic sur l'intégralité de l'internet. En général, les utilisateurs sur un internet ignorent totalement l'existence de trafic supplémentaire en transit sur leur réseau.

3.8 TOUS LES RÉSEAUX SONT ÉQUIVALENTS

Le chapitre 2 donnait des exemples de réseaux utilisés dans la réalisation d'un internet TCP/IP et présentait leur diversité technique. Nous avons décrit un internet comme un ensemble de réseaux interconnectés coopérants. Il est maintenant important de comprendre un concept fondamental : du point de vue d'un internet, tout système de communication capable de transférer des blocs de données se comporte comme un réseau unique, indépendamment de ses caractéristiques de débit, de taille de blocs ou d'échelle géographique. En particulier, la figure 3.3b utilise le même petit nuage pour représenter les divers réseaux car TCP/IP les traite tous de façon équivalente, en dépit de leurs différences. Autrement dit :

> Les protocoles TCP/IP traitent tous les réseaux de façon équivalente. Un LAN de type Ethernet, un WAN fédérateur et une liaison point à point reliant deux ordinateurs sont considérés, chacun, comme un seul réseau.

Les lecteurs qui ne sont pas habitués aux architectures réseau, et qui plus est à un internet, peuvent avoir quelques difficultés à accepter une vision aussi simpliste des réseaux. Pour les rassurer, il faut qu'ils sachent que TCP/IP définit un concept de réseau qui masque les détails techniques spécifiques aux divers réseaux. Vous verrez qu'un tel concept contribue à rendre TCP/IP extrêmement puissant.

3.9 LES QUESTIONS SANS RÉPONSE

Notre discours sur les internets et l'interconnexion des réseaux en général, laisse de nombreuses questions sans réponse. Vous pouvez ainsi vous interroger sur la forme des adresses internet (les adresses IP) des ordinateurs raccordés à un internet ou sur la façon dont ces adresses IP sont associées aux adresses physiques des réseaux comme Ethernet, FDDI ou ATM décrits au chapitre 2. Les trois chapitres qui suivent traitent ce problème. Ils décrivent la structure des adresses IP et montrent comment les ordinateurs mettent en correspondance les adresses physiques et les adresses IP. Vous souhaitez probablement connaître la structure exacte d'un datagramme acheminé au sein d'un internet ou ce qui se passe lorsqu'un datagramme arrive plus rapidement qu'un ordinateur ou qu'un routeur ne peut l'accepter. Le chapitre 7 répond à ces questions. Enfin, vous pouvez vous demander comment plusieurs applications qui s'exécutent simultanément sur un ordinateur peuvent émettre ou recevoir des datagrammes de différentes provenances sans perdre le fil des transmissions en cours, ou encore comment les routeurs apprennent les routes. Nous apportons dans la suite des réponses à toutes ces questions.

Bien que cela puisse paraître vague pour le moment, le plan que nous suivons vous permettra de découvrir à la fois la structure et l'utilisation des protocoles TCP/IP. Nous étudions chaque protocole en abordant ses concepts, ses principes et ses détails techniques. Nous avons commencé par présenter les bases physiques des systèmes de communication sur lesquels sont construits les internets. Chacun des chapitres qui suit présente un élément des logiciels TCP/IP, ce qui permet de comprendre comment l'ensemble des composants de TCP/IP sont organisés.

3.10 RÉSUMÉ

Un internet est plus qu'un ensemble de réseaux reliés par des ordinateurs. La technique d'interconnexion des réseaux implique que les systèmes mis en relation respectent la convention qui veut que tout ordinateur puisse communiquer avec tout autre ordinateur. En particulier, un internet doit permettre à deux ordinateurs de communiquer même si le chemin emprunté par les données qu'ils échangent transite par divers réseaux intermédiaires. Une telle coopération n'est possible que si les ordinateurs s'accordent sur un ensemble universel d'identificateurs et de procédures d'acheminement des données vers leur destination.

Dans un internet, les connexions entre réseaux sont réalisées par des ordinateurs spécialisés, appelés routeurs, qui interconnectent au moins deux réseaux. Les routeurs acheminent les blocs de données (paquets, datagrammes ou trames) d'un réseau à l'autre en émettant sur l'un les blocs issus de l'autre.

3.11 POUR EN SAVOIR PLUS

Le modèle d'internet que nous avons présenté émane de Cerf et Cain (1983) ; Cerf et Kahn (1974) décrivent un internet comme un ensemble de réseaux interconnectés par des routeurs et présentent un protocole d'interconnexion similaire à celui développé pour la famille des protocoles TCP/IP. Des informations complémentaires, relatives à l'architecture du réseau Internet, peuvent être trouvées dans Postel [1980] ; Postel, Sunshine et Chen (1981) et Hinden, Haverty et Sheltzer (1983). Shoch (1978) présente des solutions de nommage et d'adressage. Boggs *et al.* (1980) décrivent un internet développé par Xerox PARC, une alternative à l'internet TCP/IP que nous étudions dans cet ouvrage. Cheriton (1983) décrit l'interconnexion de réseaux et sa relation au système V d'Unix.

3.12 EXERCICES

3.1 Quels processeurs ont été utilisés dans les routeurs du réseau Internet ? Est-ce que la taille et la vitesse des premiers routeurs vous surprennent ? Pourquoi ?

3.2 Combien y a-t-il de réseaux dans votre entreprise ? Et de routeurs ?

3.3 Considérez la structure interne de l'internet de la figure 3.3b. Quels sont les routeurs les plus fondamentaux ? Pourquoi ?

3.4 Modifier l'information dans un routeur peut s'avérer délicat parce qu'il est impossible de modifier tous les routeurs simultanément. Concevez un algorithme qui garantisse l'application des modifications sur tous les ordinateurs ou sur aucun.

3.5 Dans un internet, un routeur échange périodiquement des informations de routage, ce qui permet d'introduire et d'utiliser un nouveau routeur. Étudiez les algorithmes qui permettent d'échanger les informations de routage.

3.6 Comparez l'organisation d'un internet TCP/IP au style de l'internet conçu par Xerox.

4

Les classes d'adresses Internet

4.1 INTRODUCTION

Le chapitre précédent a défini un internet TCP/IP comme un réseau virtuel constitué d'un ensemble de réseaux interconnectés par des routeurs. Ce chapitre traite de l'adressage, un élément essentiel qui permet aux protocoles TCP/IP de masquer les détails physiques des réseaux et de faire apparaître un internet comme un réseau unique et uniforme.

4.2 IDENTIFICATEURS UNIVERSELS

On dit qu'un système de communication fournit un *service de communication universel* s'il permet à n'importe quel type d'ordinateur de communiquer avec n'importe quel autre ordinateur. Pour rendre un système de communication universel, il est nécessaire de constituer une base commune d'identification des ordinateurs qui soit reconnue et acceptée par tous ceux qui en font partie.

Les *identificateurs* d'ordinateurs sont souvent répertoriés comme *noms*, *adresses* ou *routes*. Shoch [1978] suggère que le nom identifie *quel est* l'objet concerné (un ordinateur ou plus généralement une machine), que l'adresse indique *où est* localisé l'objet et que la route définisse *comment atteindre* l'objet. Bien que ces suggestions soient intuitives, elles peuvent être trompeuses. À vrai dire, les noms, adresses et routes se rapportent à des éléments d'identification de bas niveau des ordinateurs — niveau proche du matériel. Les utilisateurs désignent le plus souvent leurs ordinateurs avec des noms qui leur plaisent, faciles à retenir (comme par exemple des divinités grecques). Quant aux logiciels, ils utilisent des représentations concises des identificateurs, comme des adresses codées en binaire, afin de réaliser plus efficacement leurs traitements. L'une ou l'autre façon de faire pourrait convenir aux protocoles TCP/IP pour l'identification universelle des ordinateurs. Le choix s'est porté sur l'identification par une adresse, codée sous forme binaire, afin d'assurer une efficacité maximale aux traitements, comme par exemple le calcul des routes. Nous étudions ces adresses binaires dans ce chapitre ; nous verrons plus loin dans l'ouvrage comment se fait la correspondance entre les noms affectés aux ordinateurs par les utilisateurs et leurs adresses binaires et comment on utilise ces adresses pour effectuer le routage.

4.3 LE PRINCIPE D'ADRESSAGE D'ORIGINE

Imaginons un internet comme un grand réseau analogue à tout autre réseau. La différence, bien entendu, est que cet internet n'est qu'une structure virtuelle, pensée par ses concepteurs et entièrement réalisée sous forme logicielle. Les concepteurs sont libres de choisir la structure et la taille des datagrammes, des adresses, de même que les techniques de routage, etc. — rien n'est dicté par le matériel. En ce qui concerne les adresses, les concepteurs des protocoles TCP/IP ont choisi une méthode analogue à celle de l'adressage physique, dans laquelle chaque ordinateur de l'internet reçoit une adresse binaire — un nombre codé sur 32 bits — appelée *adresse internet* ou *adresse IP*. L'ingéniosité de l'adressage IP est que les adresses sont soigneusement choisies pour assurer l'efficacité du routage. Une adresse IP contient l'identification du réseau sur lequel est connecté un ordinateur (que l'on appelle souvent l'*adresse réseau*) et l'identification de cet ordinateur sur ce réseau. En résumé :

> Chaque ordinateur d'un internet TCP/IP dispose d'une adresse IP unique codée sur 32 bits ; elle est utilisée par cet ordinateur pour toutes ses communications.

L'analyse détaillée des adresses IP clarifie les propos tenus ci-dessus. Dans un premier temps, nous présentons une vision simplifiée des adresses IP qui sera enrichie ultérieurement. Dans le cas le plus simple, chaque ordinateur raccordé à un internet dispose d'un identificateur universel unique, codé en binaire sur 32 bits, qui lui sert d'adresse. Les adresses IP de tous les ordinateurs d'un même réseau ont un préfixe commun.

Conceptuellement, chaque adresse IP est constituée d'une paire d'identificateurs (*id_res*, *id_ord*), où *id_res* identifie un réseau et *id_ord* identifie un ordinateur sur ce réseau. Dans le système d'adressage d'origine, à base de *classes*, les adresses IP devaient avoir l'une des trois premières formes indiquées à la figure 4.1[1].

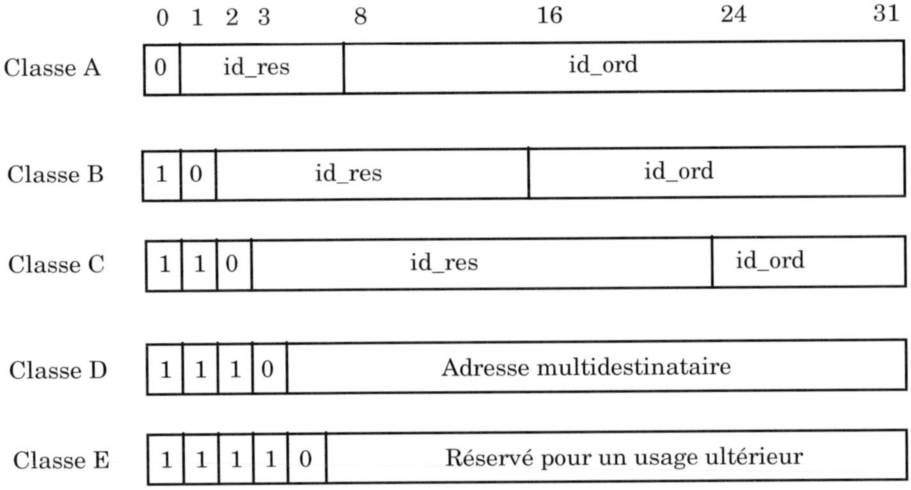

Figure 4.1 — Les cinq formes d'adresse IP avec le principe des classes qu'il y avait à l'origine. Les trois premières classes A, B et C, se distinguent avec les trois bits de poids fort ; *id_res* est l'identificateur de réseau, *id_ord* l'identificateur d'ordinateur.

Dans ce système, chaque adresse est *auto-identificatrice* dans la mesure où la frontière entre préfixe et suffixe peut être calculée à partir de l'adresse elle-même, sans qu'il soit nécessaire de disposer d'une autre information. En particulier, la classe d'une adresse peut être déterminée à partir des trois bits de poids fort, bien que les deux bits de poids fort suffisent à distinguer les trois classes principales. Les adresses de classe A sont utilisées pour les quelques réseaux qui comportent plus de 2^{16} ordinateurs (c'est-à-dire plus de 65 536). Elles attribuent 7 bits à *id_res* et 24 bits à *id_ord*. Les adresses de classe B sont utilisées pour les réseaux intermédiaires qui ont entre 2^{8} (soit 256) et 2^{16} ordinateurs. Elles affectent 14 bits à *id_res* et 16 bits à *id_ord*. Enfin, les adresses de classe C, correspondant aux réseaux ayant moins de 256 ordinateurs, attribuent 21 bits à *id_res* et 8 bits à *id_ord*. Les adresses IP ont été définies de façon à faciliter une extraction rapide des identificateurs de réseau, *id_res*, et d'ordinateur, *id_ord*. Les routeurs s'appuient sur les identificateurs *id_res* pour prendre les décisions de routage des datagrammes ; leur efficacité dépend de la rapidité d'extraction de *id_res*. Nous reviendrons à l'étude de la recherche d'une route après avoir vu les changements récents qui ont affecté ce schéma d'adressage.

1. La quatrième classe (classe D) est réservée à la diffusion multidestinataire (*multicast*) ; elle fait l'objet d'une analyse détaillée dans un autre chapitre. Pour le moment nous limitons nos propos à l'étude des classes d'adresses qui identifient un objet particulier de l'internet.

4.4 ADRESSES ET POINTS D'ACCÈS AUX RÉSEAUX

Pour simplifier la discussion, nous avons dit que les adresses IP identifient des ordinateurs, mais ceci n'est pas tout à fait exact. Prenons le cas d'un routeur connecté à deux réseaux. Comment lui affecter une adresse IP unique si l'adresse contient à la fois l'identificateur de réseau et l'identificateur d'ordinateur ? En fait cela est impossible. Lorsqu'un ordinateur (ou un routeur) dispose de deux points d'accès, ou plus, à des réseaux, on l'appelle *ordinateur multi-connecté* (*multi-homed host*). Les ordinateurs multi-connectés comme les routeurs ont besoin de plusieurs adresses IP. Chaque adresse IP correspond à l'un des points d'accès de ces machines. Penser aux ordinateurs multi-connectés conduit à énoncer l'idée suivante :

> Une adresse IP inclut de façon codée à la fois un réseau et un ordinateur sur ce réseau ; elle ne spécifie pas réellement un ordinateur mais le point d'accès de cet ordinateur au réseau.

Un ordinateur ou un routeur connecté à *n* réseaux dispose de *n* adresses IP distinctes, une par point d'accès réseau.

4.5 ADRESSE RÉSEAU ET ADRESSE DE DIFFUSION DIRIGÉE

Nous avons énoncé plus haut le principal avantage d'insérer dans les adresses IP un identificateur de réseau : permettre un routage efficace. Un autre intérêt est de permettre de référencer aussi bien des réseaux que des ordinateurs. Par convention, la valeur 0 de *id_ord* n'est jamais affectée à un quelconque ordinateur. Ainsi, on peut utiliser une adresse IP qui comprend *id_ord* = 0 pour faire référence au réseau lui-même. En résumé :

> Les adresses IP peuvent être utilisées pour référencer aussi bien des réseaux que des ordinateurs. Par convention, une adresse IP dont tous les bits de id_ord sont égaux à 0 est utilisée pour référencer le réseau lui-même.

Un autre avantage significatif à l'adressage IP est d'inclure une *adresse de diffusion dirigée* (*directed broadcast address*) qui référence tous les ordinateurs d'un réseau. Conformément aux définitions des standards, tout identificateur d'ordinateur, *id_ord*, ne comportant que des 1 est réservé à ce type de diffusion[1]. Lorsqu'on envoie un paquet à cette adresse, il n'y a qu'un exemplaire de ce paquet qui

1. Malheureusement, une des premières versions du code TCP/IP qui accompagnait la version Unix BSD utilisait, à tort, un identificateur de machine ne comportant que des 0 pour signifier la diffusion. Si l'erreur a été réparée dans l'Unix de Berkeley, elle a subsisté dans certaines versions commerciales dérivées de ce code.

transite sur le réseau ; les routeurs utilisent tout au long du chemin l'*id_res* sans examiner l'*id_ord*. Lorsque le paquet arrive au dernier routeur, celui-ci analyse la partie *id_ord* pour savoir à qui remettre le paquet et s'il ne trouve que des 1, il diffuse le paquet à tous les hôtes du réseau.

Sur de nombreux réseaux (Ethernet, par exemple), la diffusion peut être aussi efficace que la transmission normale ; sur d'autres la diffusion est assurée par le logiciel réseau, ce qui nécessite une durée nettement plus importante qu'une transmission normale. Certains réseaux ne supportent pas du tout la diffusion. Ainsi, disposer d'une adresse IP de diffusion ne garantit ni la possibilité ni l'efficacité de la diffusion. En résumé :

> Une adresse IP peut spécifier une diffusion dirigée par laquelle un paquet est envoyé à tous les ordinateurs d'un réseau ; cette adresse peut correspondre à une diffusion effectuée par le matériel. Par convention une adresse de diffusion dirigée dispose d'un identificateur d'ordinateur, id_ord, dont tous les bits sont à 1.

4.6 ADRESSE DE DIFFUSION LIMITÉE

L'adresse de diffusion que nous avons décrite ci-dessus est appelée *adresse de diffusion dirigée* (*directed broadcast address*) parce qu'elle comporte un identificateur de réseau, *id_res*, associé à un identificateur d'ordinateur, *id_ord*, indiquant par sa valeur (tous les bits à 1) la diffusion. Une adresse de diffusion dirigée peut être interprétée sans ambiguïté en tout point d'un internet parce qu'elle identifie le réseau cible sur lequel s'applique la diffusion mentionnée. La diffusion dirigée constitue un mécanisme puissant (et quelque peu dangereux) qui permet à un ordinateur d'envoyer un seul datagramme qui sera diffusé à tous les ordinateurs du réseau distant spécifié.

Du point de vue de l'adressage, l'inconvénient majeur de la diffusion dirigée est qu'il est nécessaire de connaître les adresses IP des réseaux. Une autre forme d'adresse de diffusion, appelée *adresse de diffusion limitée* ou *adresse de diffusion locale*, permet d'indiquer une diffusion locale, sur le réseau où l'ordinateur se trouve, indépendamment de l'adresse IP. Cette adresse de diffusion locale comprend 32 bits à 1 (elle est parfois appelée *adresse de diffusion « plein 1 »* (*«all 1s» broadcast address*)). Un ordinateur peut utiliser l'adresse de diffusion locale lors de son démarrage, lorsqu'il ignore son adresse IP. Une fois l'adresse IP connue, il doit utiliser l'adresse de diffusion dirigée en cas de nécessité.

En règle générale, les protocoles TCP/IP restreignent la diffusion au plus petit ensemble possible d'ordinateurs. Nous verrons comment ces règles affectent les multiples réseaux qui partagent une même adresse IP au chapitre sur l'adressage des sous-réseaux.

4.7 IDENTIFICATEUR « 0 » SIGNIFIANT « CET OBJET »

Nous avons vu qu'un champ d'adresses ne comportant que des 1 était interprété comme signifiant *tous* (comme « tous les ordinateurs d'un réseau »). En général, les logiciels d'interconnexion interprètent les champs ne comportant que des 0 comme signifiant *cet objet* (un réseau, un ordinateur, une machine en général). Une adresse IP où l'identificateur d'ordinateur, *id_ord*, vaut 0 fait référence à l'ordinateur local (« cet » ordinateur) et une adresse IP où l'identificateur de réseau, *id_res*, vaut 0 fait référence au réseau du site (« ce » réseau). Bien entendu, l'utilisation de ces adresses n'est significative que lorsque leur compréhension est possible sans ambiguïté. Par exemple, lorsqu'un ordinateur reçoit un datagramme dans lequel l'adresse de destination a un champ *res__id* = 0 et un champ *id_ord* qui correspond à son adresse propre, alors le champ *id_res* indique à cet ordinateur qu'il s'agit de « ce » réseau (c'est-à-dire celui sur lequel est arrivé le datagramme).

Utiliser *id_res* = 0 est particulièrement intéressant dans les cas où un ordinateur souhaite communiquer sur le réseau qui le dessert mais qu'il n'en connaît pas encore le numéro d'identification. Cet ordinateur utilise alors temporairement *id_res* = 0 ; les autres ordinateurs sur ce réseau comprennent le champ *id_res* de l'adresse source comme signifiant « ce réseau ». Et, dans la plupart des cas, les réponses fournies comportent le numéro d'identification du réseau, ce qui permet à l'ordinateur d'enregistrer cet identificateur pour ses communications ultérieures. Les chapitres 9 et 23 traitent en détail la façon dont un ordinateur détermine l'identificateur *id_res* de son réseau.

4.8 SOUS-ADRESSAGE ET SUR-ADRESSAGE

Le principe d'adressage que nous avons présenté assez rapidement plus haut nécessite un unique identificateur de réseau, *id_res*, pour chaque réseau. Ce principe n'a pu être conservé en raison du nombre croissant de réseaux, et particulièrement de réseaux LAN. Il a donc fallu inventer un nouveau schéma qu'on a appelé *sous-adressage (subnet addressing)* permettant à plusieurs réseaux de partager le même préfixe.

Dans les années 1990, une nouvelle extension a permis de placer arbitrairement la frontière entre préfixe et suffixe. C'est ce qu'on appelle l'*adressage sans classe* (*classless addressing*) ou *sur-adressage* (*supernetting*), technique qui permet une meilleure utilisation de l'espace d'adressage.

Le chapitre 10 détaille ces techniques de sous-adressage et de sur-adressage. Ce qui nous importe ici, c'est de savoir que le schéma d'adressage originel a été étendu et qu'il n'est pas désormais le plus utilisé.

4.9 ADRESSES IP DE MULTIDISTRIBUTION

En plus de la remise à un destinataire unique (*unicast delivery*), dans laquelle un paquet atteint un unique ordinateur, et de la remise en diffusion (*broadcast delivery*) où il s'agit de remettre un paquet à tous les ordinateurs d'un certain réseau, il est possible avec le schéma d'adressage IP d'avoir une *remise multidestinataire* (*multicasting*) dans laquelle un paquet est remis à un sous-ensemble spécifique d'ordinateurs. Bien entendu, ce mode d'adressage est particulièrement bien adapté dans les cas où le matériel permet de faire de la multidistribution. Le chapitre 17 présente une analyse détaillée de cette technique. Pour l'instant, il nous suffit de savoir que les adresses de classe D sont précisément réservées à cet usage.

4.10 FAIBLESSES DE L'ADRESSAGE INTERNET

Le fait de coder l'information relative au réseau dans l'adresse IP présente certains inconvénients. Le plus évident est que l'adressage IP fait référence non pas à des ordinateurs mais à des points d'accès réseau. D'où la remarque importante :

> Si un ordinateur est déplacé d'un réseau à un autre, son adresse IP doit être modifiée.

Pour comprendre les conséquences de la remarque ci-dessus, considérons le cas d'un voyageur qui souhaite débrancher son micro-ordinateur, l'emmener en voyage et le connecter à nouveau, une fois arrivé à destination. Ce micro-ordinateur ne peut pas avoir une adresse IP permanente, car l'adresse IP identifie, outre l'ordinateur, le réseau auquel est connecté l'ordinateur. Le chapitre 19 montre comment le schéma d'adressage d'IP rend la *mobilité* complexe.

Une autre faiblesse de l'adressage IP est que, lorsqu'un réseau de classe C croît jusqu'à comporter plus de 255 ordinateurs, il doit obtenir une adresse de classe B. Ceci peut paraître mineur, mais modifier les adresses réseau peut occasionner des pertes de temps et des difficultés de mise au point importantes. Comme la plupart des logiciels ne sont pas conçus pour gérer des adresses réseau multiples pour un même réseau, les administrateurs de systèmes ne peuvent planifier une migration progressive d'une adresse vers l'autre. Au contraire, ils doivent brutalement cesser d'utiliser une adresse réseau, modifier les adresses de tous les ordinateurs et reprendre les communications en utilisant ces nouvelles adresses.

Le défaut le plus important de l'adressage IP n'est pas évident à percevoir tant que l'on n'a pas étudié d'assez près le routage. Son importance mérite toutefois, une brève introduction. Nous avons suggéré que le routage s'appuyait sur les adresses IP, l'identificateur *id_res* étant utilisé pour les décisions de routage. Prenons le cas d'un ordinateur doté de deux points d'accès à un internet. Nous savons qu'un tel ordinateur dispose de plus d'une adresse IP. La proposition suivante est vérifiée :

Comme le routage utilise la partie réseau de l'adresse IP, la route empruntée par les datagrammes transitant par un ordinateur à plusieurs adresses IP dépend de l'adresse qui est utilisée.

Les conséquences de cette affirmation sont surprenantes. Les utilisateurs voient un ordinateur comme une seule et même entité, à laquelle ils associent un nom unique. Ils sont parfois surpris de découvrir qu'ils doivent lui associer plus d'un nom et encore plus surpris de découvrir que les datagrammes transmis ne se comportent pas de la même façon selon le nom utilisé.

Une autre conséquence surprenante de l'adressage IP est que la connaissance d'une adresse de destination peut être insuffisante ; il se peut qu'il soit impossible d'atteindre la destination à l'aide de cette adresse. Considérons l'exemple du réseau de la figure 4.2.

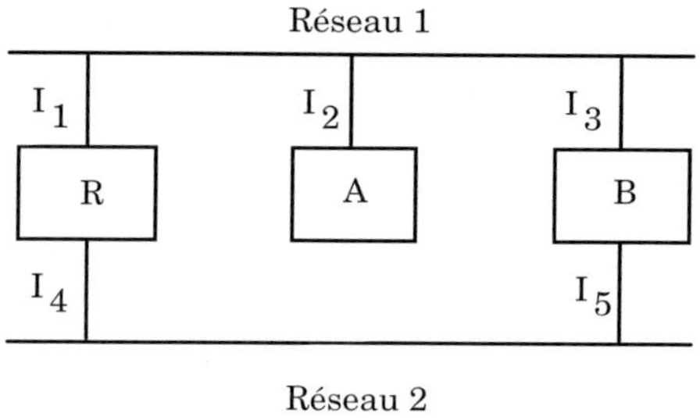

Figure 4.2 — Un exemple d'internet comprenant un ordinateur multi-connecté, *B*, qui met en évidence les problèmes posés par l'adressage IP. Si l'accès d'adresse I_3 tombe en panne, l'ordinateur *A* doit utiliser l'adresse I_5 pour atteindre l'ordinateur *B* et router les datagrammes à travers le routeur *R*.

Sur la figure 4.2, deux ordinateurs *A* et *B* sont connectés au réseau 1 et communiquent habituellement en utilisant ce réseau. Les utilisateurs de l'ordinateur *A* doivent normalement référencer l'ordinateur *B* à l'aide de l'adresse IP du point d'accès I_3. Une autre voie possible qui relie *A* à *B* consiste à traverser le routeur *R*. Cette voie est utilisée à chaque fois que l'ordinateur *A* envoie des données à l'adresse I_5 — l'adresse IP de *B* sur le réseau 2. Supposez maintenant que la connexion de *B* avec le réseau 1 tombe en panne, mais que l'ordinateur *B* reste actif (une rupture de la connexion entre *B* et le réseau 1 se produit, par exemple). Les utilisateurs de l'ordinateur *A* qui envoient des données en indiquant l'adresse I_3 ne peuvent atteindre *B* alors que ceux qui mentionnent l'adresse I_5 le peuvent.

Ces problèmes de nom et d'adresse réapparaîtront dans les chapitres suivants, lorsque nous étudierons le routage et la mise en correspondance des noms et des adresses (*binding*).

4.11 NOTATION DÉCIMALE POINTÉE

Lorsqu'elles sont destinées aux utilisateurs, soit dans les documents techniques, soit dans les programmes d'application, les adresses IP sont représentées par quatre entiers décimaux[1] séparés par un point décimal. Une adresse IP sur 32 bits se présente donc sous la forme :

```
10000000 00001010 00000010 00011110
```

ce qui est transcrit par :

```
128.10.2.30
```

C'est cette *notation décimale pointée* que nous utilisons dans le reste de cet ouvrage pour exprimer les adresses IP. C'est parce que la plupart des logiciels TCP/IP nécessitent un opérateur humain pour saisir les adresses IP que la notation décimale pointée est utilisée quasi généralement. Par exemple, la commande Unix *netstat* qui affiche à l'écran la route courante, de même que les applications *telnet* ou *ftp*, utilisent la notation décimale pointée pour référencer ou afficher une adresse IP. De ce fait, il est important de bien comprendre les relations qui existent entre les classes d'adresses IP et les nombres représentés en notation décimale pointée. Le tableau de la figure 4.3 montre les plages possibles de définitions des adresses pour chacune des cinq classes d'adresses IP.

Classes	Adresses les plus basses	Adresses les plus hautes
A	1.0.0.0	126.0.0.0
B	128.1.0.0	191.255.0.0
C	192.0.1.0	233.255.255.0
D	224.0.0.0	239.255.255.255
E	240.0.0.0	255.255.255.254

Figure 4.3 — Les plages possibles des adresses IP pour chacune des classes d'adresses. Certaines valeurs n'apparaissent pas car elles sont réservées à des usages particuliers.

1. La notation est quelquefois appelée notation ou représentation décimale pointée (*dotted quad notation*).

4.12 ADRESSE DE REBOUCLAGE

Le tableau de la figure 4.3 fait apparaître que certaines adresses sont absentes des plages d'adresses IP possibles. C'est le cas de l'adresse de classe A, 127.0.0.0, qui est réservée à ce que l'on appelle un *rebouclage* (*loopback address*). Cette adresse est destinée à permettre les communications interprocessus sur un même ordinateur ou à réaliser des tests de logiciels TCP/IP. Lorsqu'un programme d'application utilise l'adresse de rebouclage comme adresse de destination, le logiciel de communication de l'ordinateur retourne les données, sans émettre de trafic sur le réseau. Dans les documents techniques, il est dit explicitement qu'un datagramme émis vers un réseau d'adresse 127 n'apparaît jamais sur aucun réseau. De plus, un ordinateur ou un routeur ne doivent jamais propager d'informations de routage ou d'accessibilité relatives à l'identificateur de réseau 127. Ce n'est pas une adresse réseau.

4.13 RÉSUMÉ DES ADRESSES PARTICULIÈRES

En pratique, les adresses IP n'utilisent que peu de combinaisons de champ adresses « tout à 0 » ou « tout à 1 ». La figure 4.4 présente ces possibilités. Comme le précise la figure, l'utilisation d'un champ nul pour l'identificateur de réseau (*id_res* = 0) n'est autorisée que lors du processus de démarrage d'un ordinateur ; ce qui permet à un ordinateur de communiquer temporairement. Une fois que l'ordinateur connaît son identificateur de réseau et sa propre adresse, il ne doit plus utiliser *id_res* = 0.

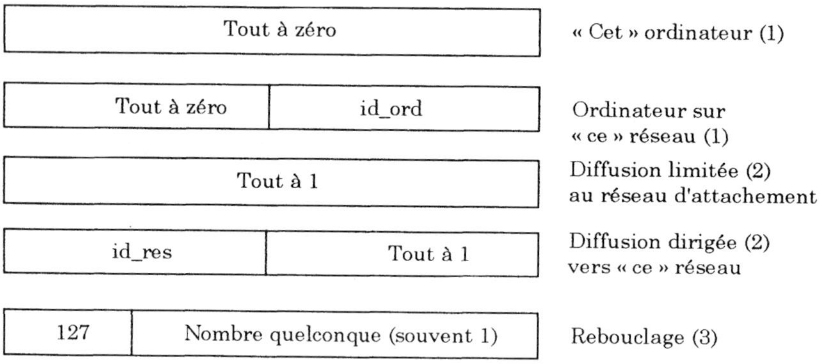

Notes : (1) Autorisé uniquement au démarrage du système ; ne constitue jamais une adresse valide.
(2) N'est jamais une adresse valide.
(3) Ne doit jamais apparaître sur un réseau.

Figure 4.4 — Adresses IP particulières comportant des combinaisons « tout à 0 » et « tout à 1 ». La longueur de la partie réseau pour une diffusion dirigée dépend de la classe de l'adresse.

4.14 AUTORITÉ GÉRANT L'ADRESSAGE INTERNET

Un préfixe d'adresse réseau utilisé dans un internet TCP/IP doit être unique. Une entreprise qui construit son intranet peut fort bien choisir les préfixes qu'elle veut, mais si elle décide de se connecter à Internet, elle ne doit pas utiliser de préfixes qui seraient attribués à une autre organisation. Pour garantir l'unicité de la partie réseau de l'adresse IP, tous les identificateurs de réseau sont donnés par une autorité centrale. À l'origine, l'IANA (*Internet Assigned Number Authority*) gérait les identificateurs et fixait la politique d'affectation. De l'origine d'Internet à l'automne 1998, c'est Jon Postel qui a eu la responsabilité de l'IANA et donc de l'adressage dans Internet. Après sa mort, toutefois, une nouvelle organisation a été créée : l'ICANN (*Internet Corporation for Assigned Names and Numbers*).

Dans le schéma d'adressage d'origine, l'autorité responsable d'Internet choisissait une adresse convenant à la taille du réseau. Elle affectait une adresse de classe C aux organisations ne disposant que d'un petit nombre d'ordinateurs (moins de 255) raccordés à Internet et réservait les adresses de classe B aux organisations ayant un réseau plus important en nombre d'ordinateurs raccordés. Enfin, une organisation devait avoir plus de 65 536 ordinateurs sur son réseau pour espérer recevoir une adresse de classe A. L'espace des adresses IP n'est pas homogène car de très nombreuses organisations ont plutôt des petits réseaux, assez peu ont des réseaux de taille moyenne et très peu ont de très grands réseaux.

Aujourd'hui, la plupart des organisations n'interagissent pas directement avec l'autorité centrale, elles passent plutôt par un fournisseur d'accès à Internet (FAI). C'est lui qui, en plus de la fourniture de bande passante, se charge d'obtenir une adresse, parfois d'ailleurs auprès d'un FAI de taille plus importante. Seuls les très gros FAI contactent l'ICANN.

Notons que l'autorité centrale ne donne que la partie réseau de l'adresse. C'est l'entreprise qui choisit le suffixe. Rappelons que l'autorité centrale n'affecte des adresses IP qu'aux organisations qui souhaitent être reliées à Internet.

4.15 PRÉFIXES D'ADRESSES RÉSERVÉS

L'autorité Internet n'affecte les identificateurs de réseau qu'aux réseaux connectés à Internet. Une organisation quelconque peut décider d'affecter et de gérer elle-même ses propres identificateurs de réseau tant que son internet TCP/IP privé n'est pas raccordé au monde extérieur. C'est ainsi que certaines organisations utilisent les protocoles TCP/IP et choisissent elles-mêmes leurs propres identificateurs. Par exemple, l'adresse 9.0.0.0 est celle retenue par IBM pour ses réseaux. L'adresse 12.0.0.0 est utilisée par AT&T. Si une entreprise décide d'utiliser les protocoles TCP/IP sur deux de ses réseaux privés, sans raccordement au réseau

Internet, elle peut très bien affecter les adresses IP 9.0.0.0 et 12.0.0.0 à ces réseaux.

L'expérience montre qu'il est aventureux de créer un internet TCP/IP privé utilisant le schéma d'adressage d'Internet car cela rend difficile (voire impossible) toute tentative d'interopérabilité future avec d'autres réseaux et peut entraîner des problèmes lors des échanges d'informations avec des sites externes à l'internet privé. Pour éviter des conflits d'adresses, l'IETF a réservé plusieurs préfixes et recommande de les utiliser pour les internets privés. Ces préfixes sont décrits au chapitre 10.

4.16 UN EXEMPLE

Pour clarifier le schéma d'adressage IP, considérons l'exemple des deux réseaux du département informatique de l'université de Purdue, raccordés à Internet vers le milieu des années 1980. La figure 4.5 précise les adresses réseaux et les routeurs qui interconnectent ces réseaux.

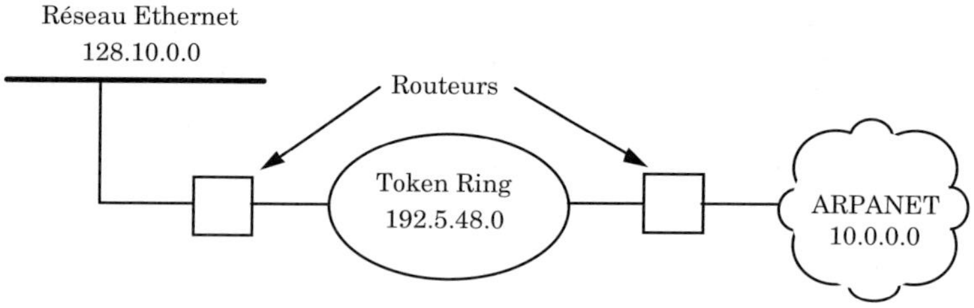

Figure 4.5 — La connexion logique de deux réseaux LAN d'une université au réseau Internet. Chaque réseau LAN a reçu de l'autorité Internet une adresse IP.

L'exemple montre trois réseaux et leur numéro d'identification : ARPANET (10.0.0.0), un réseau Ethernet (128.10.0.0) et un réseau Token Ring (192.5.48.0). L'examen du tableau de la figure 4.3 révèle que ces adresses sont respectivement de classes A, B et C.

La figure 4.6 montre les mêmes réseaux que ceux de la figure 4.5, mais elle fait apparaître les ordinateurs (ou stations de travail) qui sont raccordés à chaque réseau et leurs adresses IP respectives.

Sur la figure 4.6, quatre stations de travail, *Arthur*, *Merlin*, *Guenevere* et *Lancelot*, sont reliées aux réseaux LAN Ethernet et Token Ring. *Taliesyn* est un routeur raccordant le réseau ARPANET et le réseau Token Ring. *Glatisant* est un routeur raccordant les LAN Ethernet et Token Ring. Quant à la station Merlin elle est connectée à la fois au réseau Ethernet et au réseau Token Ring. Elle peut donc atteindre directement les ordinateurs reliés à ces deux réseaux. Bien

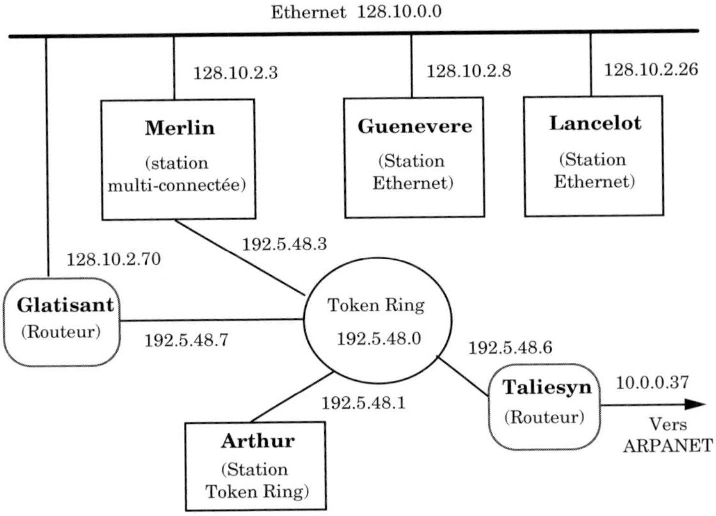

Figure 4.6 — Exemple d'affectation d'adresses IP aux routeurs raccordés aux réseaux de la figure 4.5.

qu'une station multi-connectée comme Merlin puisse être configurée pour router les blocs de données (datagrammes et trames) entre les réseaux auxquels elle est raccordée, la plupart des sites préfèrent utiliser des routeurs spécialisés pour réaliser cette tâche. Ceci afin d'éviter des surcharges inutiles sur la station informatique traditionnelle si elle devait servir en plus de routeur, surcharges qui réduiraient les performances informatiques offertes à ses utilisateurs. Le routeur Glatisant a donc été mis en place entre les LAN Ethernet et Token Ring pour soulager la station Merlin de la charge correspondante. Le trafic échangé entre ces deux réseaux LAN est plus important que ne le suggère cette configuration, seule une petite partie des stations existantes étant représentée sur la figure.

Comme le montre la figure 4.6 une adresse IP est affectée à chaque point d'accès réseau. La station Lancelot n'est connectée qu'à Ethernet, elle n'a qu'une adresse IP, 128.10.2.26. La station Merlin a l'adresse 128.10.2.3 pour son accès Ethernet et 192.5.48.3 pour son accès Token Ring. Pour des raisons de facilité, les deux adresses de la station Merlin présentent la même valeur (3) pour l'octet de poids faible. Les adresses affectées aux routeurs Glatisant et Taliesyn ne suivent pas la même convention. Par exemple, les adresses IP du routeur Taliesyn sont 10.0.0.37 et 192.5.48.6 ; elles ne présentent aucune similitude entre groupes de nombres. Le protocole IP ne regarde pas si l'une ou l'autre des adresses IP d'un même ordinateur présentent ou non des similitudes dans leur représentation en notation décimale pointée. Toutefois, pour faciliter les opérations de maintenance, de tests ou de dépannage, les techniciens ou administrateurs réseaux préfèrent, eux, des adresses IP qui présentent des similitudes quand il s'agit d'un même ordinateur. Définir les adresses IP d'un ordinateur pour qu'elles aient un même octet de poids faible aide singulièrement les techniciens et les programmeurs à se souvenir de ces adresses.

4.17 L'ORDONNANCEMENT DES DONNÉES SUR INTERNET

Pour garantir son indépendance par rapport à toute architecture d'ordinateur, ou à tout matériel réseau, un internet doit définir un standard homogène de représentation des données. Prenons, par exemple, le cas d'un ordinateur qui doit transmettre un nombre entier codé sur 32 bits à un autre ordinateur. Le système de transmission achemine la séquence de bits, d'un ordinateur à l'autre, sans en modifier l'ordre. Il faut savoir que tous les ordinateurs n'enregistrent pas les nombres entiers en mémoire de la même façon. L'unité d'enregistrement des données dans un mot mémoire d'ordinateur est l'octet (8 bits). Un mot mémoire contient un certain nombre d'octets : 2 ou 4 le plus souvent (soit 16 ou 32 bits). Sur certains ordinateurs, appelés *petit-boutistes* (*little endian*), les octets sont enregistrés de droite à gauche, c'est-à-dire que les octets de poids faible d'un mot mémoire contiennent les octets de poids faible du nombre. Sur d'autres, appelés *gros-boutistes (big endian)* les octets sont enregistrés de gauche à droite ; les octets de poids faible d'un mot mémoire contiennent les octets de poids fort du nombre. D'autres encore, enregistrent les nombres de 32 bits sur deux mots mémoire consécutifs de 16 bits dont le mot mémoire d'adresse basse contient les deux octets de poids faible du nombre mais l'ordre des octets est permuté dans le mot mémoire. Bref, tout ceci pour dire que la recopie directe des données transmises d'un ordinateur à un autre peut aboutir à une différence d'interprétation et entraîner de ce fait des erreurs.

Choisir un ordonnancement à la transmission des octets constituant le datagramme sur un internet est très important car les datagrammes véhiculent des données fondamentales, telles que les adresses IP et la dimension du datagramme. De telles informations doivent être comprises sans ambiguïté tant par l'émetteur que par le récepteur du datagramme. Les protocoles TCP/IP ont défini une représentation standard appelée *standard d'ordonnancement des données* (*Network standard byte order*) que tous les ordinateurs d'un internet TCP/IP doivent obligatoirement utiliser pour la transmission des champs d'en-tête des datagrammes IP. Chaque ordinateur convertit les *items* binaires de l'en-tête d'un datagramme d'une représentation locale dans la représentation standard Internet avant d'envoyer le datagramme sur le réseau. L'ordinateur qui reçoit un datagramme convertit les champs d'en-tête de la représentation standard Internet dans sa forme locale de représentation avant d'analyser le datagramme. Le champ données d'un datagramme n'est pas soumis à cette règle ; les utilisateurs sont libres de choisir une représentation spécifique de leurs données. Un grand nombre d'utilisateurs s'appuient sur des programmes d'application eux aussi standardisés et ne sont donc pas confrontés directement à ce genre de problème.

Le standard d'ordonnancement des données (ou des octets) choisi par TCP/IP est de type gros-boutiste ; les octets de poids fort sont émis les premiers. Considérons les octets successifs d'un datagramme transitant d'un ordinateur à l'autre : ce sont les octets de poids forts de l'en-tête qui sont transmis au début du datagramme et les octets de poids faible à la fin. De nombreux arguments ont été fournis pour décider quelle devait être la représentation standard Internet à adopter. Le choix fait par la communauté Internet n'a pas fait l'unanimité et fait toujours l'objet de critiques sporadiques. Malgré ces critiques, toute la communauté reconnaît l'intérêt d'avoir et d'utiliser un standard commun, dont la forme est de peu d'importance.

4.18 RÉSUMÉ

TCP/IP utilise des adresses codées sur 32 bits comme identificateurs universels d'ordinateurs. Ces identificateurs, appelés adresses IP ou adresses Internet, sont divisés en deux parties : un préfixe identifie le réseau et un suffixe l'ordinateur sur le réseau. Le schéma d'adressage d'origine est un schéma à classes, les trois premières classes étant les plus importantes. Chaque classe d'adresses exige plusieurs champs dont la longueur en nombre de bits diffère d'une classe à l'autre. Ainsi, pour chaque classe l'adresse a un format et une taille différents. Le schéma d'adressage IP définit 127 réseaux comportant chacun plus d'un million d'utilisateurs, des milliers de réseaux comportant des milliers d'ordinateurs et plus d'un million de réseaux comportant au plus 254 ordinateurs. Pour rendre les adresses IP accessibles et compréhensibles par les utilisateurs, elles sont écrites en représentation décimale pointée. La valeur de chacun des quatre octets de l'adresse est écrite en décimal ; deux valeurs consécutives sont séparées par un point.

Une adresse IP contenant l'identification du réseau et l'identification de l'ordinateur, le routage est très efficace. Une propriété importante de l'adresse IP est de référencer le point d'accès au réseau et non l'ordinateur. Un ordinateur doté de plusieurs points d'accès dispose de plusieurs adresses IP. L'un des avantages du schéma d'adressage IP est que le même formalisme d'adressage peut être utilisé pour référencer un ordinateur, un réseau ou tous les ordinateurs d'un réseau (en cas de diffusion). L'inconvénient majeur est qu'un ordinateur peut avoir plusieurs adresses, ce qui peut être source de problème. Par exemple, connaître une seule des adresses d'un ordinateur peut être insuffisant pour l'atteindre en cas de panne de certains réseaux sur la route d'accès.

Les protocoles TCP/IP ont standardisé l'ordre d'émission des bits des champs de l'en-tête d'un datagramme. En général, avant d'émettre un datagramme, un ordinateur doit convertir ses données d'une forme de représentation locale à celle de la représentation standard Internet. Il doit effectuer la conversion inverse lorsqu'il reçoit un datagramme du réseau. Cette façon de faire permet d'échanger des données entre divers ordinateurs sans ambiguïté d'interprétation.

4.19 POUR EN SAVOIR PLUS

Le schéma d'adressage IP présenté dans ce chapitre est décrit dans Reynolds et Postel [RFC 1700], des informations complémentaires peuvent être obtenues dans le RFC 1117 de Stahl, Romano et Recker.

Des améliorations ont été apportées au fil des ans dans le schéma d'adressage Internet ; les derniers chapitres de l'ouvrage les analysent en détail. Le chapitre 10 présente une évolution de l'adressage IP, l'*adressage sans classe* (*classless addressing*), qui permet de placer arbitrairement la frontière entre préfixe et suffixe. Le chapitre 10 analyse également un élément important et actuel de l'adressage Internet, l'*adressage de sous-réseaux* (*subnet addressing*). Cela consiste à affecter une adresse réseau unique à un ensemble de réseaux (les sous-réseaux). Le chapitre 17 montre comment les adresses de classe D sont affectées pour réaliser l'adressage multidestination. Cohen (1981) explique l'ordonnancement des octets et des bits et définit les termes gros-boutiste (*big endian*) et petit-boutiste (*little endian*).

4.20 EXERCICES

4.1 Combien peut-il exister d'adresses de classe A, B et C, exactement ? Combien d'ordinateurs peut-on avoir, au maximum, sur chaque réseau, dans chaque classe ? Faites attention à l'allocation des adresses des classe D et E.

4.2 Une liste des adresses attribuées, lisible par l'ordinateur, est parfois appelée *table des ordinateurs* (*host table*). Si votre site dispose d'une telle table, déterminez combien de réseaux de classe A, B et C ont été spécifiés.

4.3 Combien d'ordinateurs de votre site sont-ils reliés à chacun de vos réseaux ? Est-ce que votre site comporte des réseaux pour lesquels une adresse de classe C ne suffirait pas ?

4.4 Quelle est la différence majeure entre le schéma d'adressage IP et le schéma d'adressage téléphonique ?

4.5 Une seule autorité centrale ne peut assumer la gestion de toutes les demandes d'affectation d'adresses IP. Pouvez-vous concevoir un mécanisme qui permette à l'autorité centrale de répartir cette tâche entre plusieurs groupes tout en assurant l'unicité de chaque adresse allouée ?

4.6 Est-ce que le standard Internet d'ordonnancement des données diffère de celui de votre ordinateur ?

4.7 Combien faudrait-il d'adresses IP pour affecter un identifiant unique à chacun des foyers français ? du monde ? Est-ce que l'espace d'adressage IP est suffisant ?

5

Mappage des adresses IP et des adresses physiques (ARP)

5.1 INTRODUCTION

Nous avons décrit précédemment le schéma d'adressage IP ; une adresse IP, codée sur 32 bits, est affectée à tout ordinateur faisant partie d'un internet TCP/IP. Nous avons dit qu'un internet achemine des datagrammes, qu'il se comporte comme un réseau virtuel et que les adresses internes aux datagrammes sont des adresses IP. Nous avons passé en revue plusieurs types de réseaux et remarqué que deux ordinateurs, sur un réseau donné, ne peuvent communiquer que s'ils connaissent leurs adresses physiques mutuelles. Ce que nous n'avons pas encore évoqué, c'est comment un ordinateur, ou un routeur, fait correspondre une adresse IP à une adresse physique. C'est la technique de *mappage* ou de *résolution des adresses* que nous allons étudier dans ce chapitre. Nous verrons comment cette technique est implémentée sur deux schémas d'adressage physique parmi les plus courants.

5.2 LA RÉSOLUTION DES ADRESSES

Considérons deux ordinateurs, A et B, partageant un même réseau. Chaque ordinateur a une adresse IP, I_A et I_B, et une adresse physique, P_A et P_B— comme nous l'avons dit, l'adresse physique correspond à l'adresse réelle du point de raccordement de chaque ordinateur au réseau. L'objectif de ces multiples adresses consiste à disposer d'un logiciel réseau, de bas niveau (proche du matériel), qui masque les adresses physiques et permette aux programmes d'application de communiquer en utilisant uniquement les adresses IP. Toutefois, à leur terme, les communications sont réalisées sur le réseau où l'ordinateur concerné est raccordé, selon un schéma d'adressage physique propre à ce réseau. D'où la nécessité de connaître les adresses physiques. Supposez que l'ordinateur A veuille envoyer un datagramme à l'ordinateur B sur leur réseau commun, mais que A ne connaisse que l'adresse I_B. La question qui se pose est : comment A fait-il la relation entre l'adresse I_B et l'adresse physique P_B ?

La mise en relation des adresses (opération appelée *mappage*) doit être effectuée à chaque étape, tout au long de la route, entre l'ordinateur source et l'ordinateur destinataire final d'un datagramme. En particulier, deux cas se présentent. Premièrement, lors de la dernière étape avant sa remise à l'ordinateur destinataire, le datagramme est transmis sur le réseau spécifique qui raccorde le destinataire final. La machine (le plus souvent un routeur) chargée de faire suivre le datagramme sur le réseau final doit réaliser la mise en relation de l'adresse IP avec l'adresse physique de l'ordinateur destinataire. Deuxièmement, à chaque étape de la route entre la source et le destinataire, hormis la dernière étape, le datagramme est livré à un routeur intermédiaire. De ce fait, avant l'émission d'un datagramme, il est nécessaire de faire correspondre l'adresse IP du routeur intermédiaire avec une adresse physique donnée.

Le problème technique consistant à effectuer la correspondance des adresses de haut niveau avec les adresses physiques est appelé *résolution d'adresses*. Diverses solutions ont été proposées. Certains protocoles disposent, dans chaque ordinateur, de tables qui contiennent des paires d'adresses associées, comme par exemple la paire « adresse IP/adresse physique ». D'autres résolvent le problème en incluant les adresses physiques dans les adresses de haut niveau. Utiliser exclusivement l'une ou l'autre façon de faire conduit vers un adressage de haut niveau au mieux peu commode. Ce chapitre présente deux techniques de résolution d'adresses utilisées par les protocoles TCP/IP et montre quand chacune des techniques est la mieux appropriée.

5.3 LES TYPES D'ADRESSES PHYSIQUES

On distingue deux types principaux de représentation des adresses physiques. L'un d'eux est illustré par Ethernet qui dispose d'un vaste espace d'adresses physiques fixes ; l'autre par proNET qui a un faible espace d'adresses physiques aisément configurables. La résolution d'adresses est difficile dans les réseaux de type Ethernet, mais simple dans les réseaux de type proNET. Nous commençons notre étude par le cas simple.

5.4 RÉSOLUTION D'ADRESSES PAR MAPPAGE DIRECT

Considérons un réseau en anneau à jeton tel que proNET. Nous avons vu au chapitre 2 qu'il utilise des nombres entiers de faibles valeurs comme adresses physiques et qu'il permet à l'utilisateur de choisir lui même l'adresse physique du coupleur réseau de son ordinateur. La solution de simplicité pour la résolution d'adresses dans le cas d'un réseau de type proNET est liée au fait que, si on a la liberté de choix des adresses IP et physiques, elles peuvent être définies de façon à disposer d'une partie identique. Il suffit, par exemple, d'affecter des adresses IP dans lesquelles la partie identification de l'ordinateur, *id_ord*, prend les valeurs 1, 2, 3... puis, à l'installation des coupleurs réseau, de définir des adresses physiques correspondant aux adresses IP. Par exemple, l'administrateur réseau choisira l'adresse physique 3 pour l'ordinateur dont l'adresse IP est 192.5.48.3 car cette adresse IP est de classe C et l'identificateur d'ordinateur correspondant est *id_ord* = 3.

Pour des réseaux tels que proNET, le calcul d'une adresse physique à partir d'une adresse IP est évident. Le calcul consiste à extraire la valeur du champ *id_ord* de l'adresse IP. Ce calcul est efficace car il nécessite peu d'instructions de base du processeur. La mise en relation des adresses est simple et facile à maintenir car elle peut être effectuée sans référence à des données extérieures. Enfin, de nouveaux ordinateurs peuvent être ajoutés au réseau sans avoir à modifier des données dans une table, ni à recompiler des programmes.

Conceptuellement, choisir un système de numérotation des adresses qui puisse rendre la résolution d'adresses efficace signifie choisir une fonction f qui mette en relation les adresses IP avec les adresses physiques. Le concepteur peut être en mesure de choisir le système de numérotation des adresses physiques selon le type de matériel utilisé. Effectuer la résolution d'adresses, de l'adresse I_A vers une adresse physique P_A, signifie calculer :

$$P_A = f(I_A)$$

Nous voulons que le calcul de f soit efficace. Si l'ensemble des adresses physiques est figé, il est possible de trouver une correspondance efficace autre que celle de l'exemple ci-dessus. C'est notamment le cas lorsqu'on utilise le protocole IP sur un réseau en mode connecté comme par exemple un réseau ATM ; il n'est pas possible dans ce cas de choisir les adresses physiques. Habituellement, sur de tels réseaux, un (ou plusieurs) ordinateur(s) interne(s) dispose(nt) en mémoire d'une table d'adresses où chaque paire d'adresses contient une adresse IP et l'adresse physique correspondante. Ces couples de valeurs sont aisément accessibles. Pour améliorer l'efficacité de la résolution d'adresses dans ce cas, les logiciels peuvent utiliser une fonction classique de hachage qui accélère l'exploration de la table d'adresses. L'exercice 5.1 propose une alternative.

5.5 RÉSOLUTION D'ADRESSES PAR MISE EN RELATION DYNAMIQUE (ARP)

Afin de comprendre pourquoi la résolution d'adresses est difficile pour certains réseaux, considérons le cas du réseau Ethernet. Vous avez vu au chapitre 2 que les adresses physiques d'un réseau Ethernet sont codées sur un entier de 48 bits, fixé lors la fabrication des coupleurs Ethernet. En conséquence, lorsqu'un coupleur tombe en panne au point qu'il est nécessaire de le changer, l'adresse physique de la station concernée change. De plus, comme l'adresse physique Ethernet comporte 48 bits, il n'y a aucun espoir de l'enregistrer dans une adresse IP de 32 bits[1].

Les concepteurs des protocoles TCP/IP ont élaboré une solution ingénieuse pour traiter la résolution d'adresses dans le cas de réseaux de type Ethernet mettant en œuvre des mécanismes de diffusion. Cette solution autorise l'ajout de nouveaux ordinateurs au réseau sans recompilation de code et sans nécessité d'action de maintenance sur une base de données centralisée (ou une table d'adresses). Pour éviter d'avoir à maintenir une table de correspondances d'adresses, les concepteurs choisirent d'utiliser un protocole de bas niveau effectuant dynamiquement cette mise en relation des adresses. C'est le *protocole de résolution dynamique d'adresses* appelé ARP (*Address Resolution Protocol*) qui fournit un mécanisme à la fois efficace et simple à entretenir.

Comme le montre la figure 5.1, le principe de la résolution dynamique d'adresses est assez simple : lorsqu'un ordinateur A veut résoudre l'adresse IP, I_B, en adresse physique, P_B, il diffuse un datagramme spécial demandant à l'ordinateur d'adresse I_B, de répondre en indiquant son adresse physique P_B — c'est que l'on appelle une *demande ARP*. Tous les ordinateurs, y compris *B*, reçoivent cette demande, mais seul l'ordinateur *B* reconnaît son adresse I_B et renvoie alors une réponse contenant son adresse physique P_B — c'est que l'on appelle une *réponse ARP*. Lorsqu'A reçoit la réponse de *B*, il utilise alors l'adresse physique de *B* pour lui envoyer directement le datagramme IP.

En résumé :

> Le protocole de résolution dynamique d'adresses, ARP, permet à un ordinateur de trouver l'adresse physique d'un ordinateur cible situé sur le même réseau en connaissant uniquement son adresse IP.

---

1. Comme le mappage direct est plus simple et plus efficace que la mise en relation dynamique, la nouvelle génération des protocoles IP permet d'encoder des adresses physiques de 48 bits au sein des adresses IP.

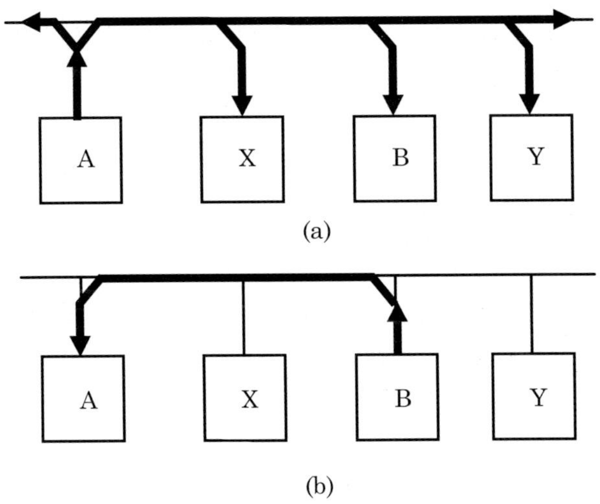

Figure 5.1 — Le protocole ARP. Pour connaître l'adresse physique de B, P_B, à partir de son adresse IP, I_B, l'ordinateur *A* diffuse (a) une demande ARP qui contient l'adresse I_Bà tous les ordinateurs sur le réseau. L'ordinateur *B* répond (b) en utilisant une réponse ARP qui contient la paire d'adresses (I_B, P_B).

5.6 CACHE DE RÉSOLUTION D'ADRESSES (CACHE ARP)

Il peut paraître curieux que *A*, pour envoyer un datagramme à *B*, commence par émettre un datagramme de diffusion qui atteindra *B*. Cela peut paraître encore plus curieux que *A* diffuse la question « Comment puis-je vous atteindre ? » au lieu de diffuser directement le datagramme qu'il doit envoyer à *B*. Il y a une raison importante à cette action. La diffusion est beaucoup trop coûteuse pour être utilisée à chaque fois qu'un ordinateur veut s'adresser à un autre, car il oblige tous les ordinateurs d'un réseau à traiter le datagramme diffusé sur le réseau.

5.7 DÉLAI D'EXPIRATION DU CACHE ARP

Pour réduire les coûts de communication, les ordinateurs qui utilisent le protocole ARP entretiennent un cache spécifique, le *cache ARP*, qui contient les paires d'adresses *adresse IP/adresse physique*, ayant fait récemment l'objet d'une mise en relation. Ainsi, grâce au cache, l'ordinateur n'a pas besoin de générer systématiquement une demande ARP s'il dispose déjà de la paire d'adresses dont il a besoin. En cas de méconnaissance, une demande ARP est générée. Lorsque l'ordinateur reçoit la réponse ARP attendue, il associe l'adresse physique à l'adresse IP correspondante et enregistre cette nouvelle paire d'adresses dans son cache ARP pour l'utiliser ultérieurement. Ainsi, préalablement à la transmission d'un datagramme, un ordinateur examine d'abord son cache ARP pour voir s'il contient la paire d'adresses concernée avant d'émettre une demande ARP. Si la paire s'y trouve il n'a pas besoin de diffuser une demande ARP sur le réseau. L'expérience montre que, comme la plupart des communications impliquent le transfert de plus d'un datagramme, un cache ARP, même de taille réduite, est fort utile.

Le cache ARP est un exemple type de la technique « *faute de mieux* » (appelée *soft state* par l'auteur) qu'on utilise assez fréquemment dans les protocoles de communication. Cette technique s'appuie sur le fait qu'une information, même si elle est quelque peu défraîchie, n'entraîne aucun dommage si on l'utilise. Au contraire, elle peut être source d'amélioration de performances. Revenons à ARP. Considérons deux ordinateurs, *A* et *B*, connectés à un réseau Ethernet. Supposons que *A* ait généré une demande ARP à *B* et que *B* ait répondu en envoyant une réponse ARP. Supposons en outre qu'après la transmission de cette réponse, *B* tombe en panne. *A* n'est pas informé de cette situation nouvelle, il connaît la paire d'adresses (I_B, P_B) et peut, si nécessaire, continuer à transmettre des datagrammes à *B*. Le coupleur Ethernet ne donnant aucune indication de panne, étant donné que le protocole Ethernet est sans garantie de remise, *A* n'a aucun moyen de savoir si l'information contenue dans son cache ARP (relative à *B*) est valide ou non.

Pour résoudre le problème ci-dessus, on considère qu'il est de la responsabilité de celui qui détient l'information de s'assurer de sa validité. Typiquement, un protocole confronté à cette situation utilise une temporisation pour lever l'incertitude. Tant que la temporisation est maintenue, le protocole considère que l'information contenue dans le cache est valide. Lorsque la temporisation expire, il considère que cette information n'est plus valide. Elle est alors effacée. C'est le principe du *faute de mieux*.

Lors d'une résolution d'adresses, une paire d'adresses est enregistrée dans le cache ARP ; le protocole déclenche alors, aussitôt, une temporisation définissant la durée de vie de cette information. La valeur typique de cette temporisation est de 20 minutes Lorsque la temporisation expire, l'information correspondante est effacée du cache. Deux possibilités se présentent suite à cet effacement. Si aucun autre datagramme ne doit être envoyé vers la destination associée, rien ne se passe. En revanche si un datagramme doit être envoyé vers cette destination (celle dont la paire d'adresses a été effacée du cache), la procédure de résolution d'adresse est alors renouvelée pour ce destinataire considéré comme nouveau. Si le destinataire est accessible, la résolution d'adresses est effective et la paire d'adresses correspondante est inscrite dans le cache ARP. *A contrario* si le destinataire est inaccessible (par exemple pour cause de panne ou de mise hors tension), il est déclaré hors-ligne ou inexistant.

L'utilisation de la technique « faute de mieux » présente des avantages et des inconvénients. L'avantage majeur est l'autonomie. En effet, un ordinateur peut déterminer lui seul, si une information dans son cache est valide ou non, indépendamment des autres ordinateurs. Il n'a pas non plus besoin d'entretenir de communications régulières avec un destinataire pour décider de la pérennité de l'information qu'il détient à son égard. De même, si un destinataire ne répond pas à une demande ARP il est déclaré hors-ligne ou inexistant. En outre, cette technique ne s'appuie pas sur du matériel particulier pour garantir des transferts fiables. Le principal inconvénient de cette technique est le délai ou temps de réaction – si la temporisation est de n secondes, un émetteur ne peut détecter la défaillance d'un destinataire qu'au-delà de n secondes.

5.8 LES AMÉLIORATIONS DU PROTOCOLE ARP

Plusieurs améliorations du protocole ARP sont possibles. En premier lieu, observons que si l'ordinateur A s'apprête à générer une demande ARP parce qu'il a besoin d'envoyer des informations à *B*, il y a une forte probabilité pour que *B* ait, à son tour dans un avenir proche, des informations à envoyer à A. Pour anticiper la future demande de *B* et éviter de générer du trafic supplémentaire sur le réseau, A inclut ses adresses IP et physique dans sa demande ARP.

Deuxième amélioration : notons que, comme A diffuse initialement sa demande vers tous les ordinateurs du réseau, ceux-ci la reçoivent et peuvent alors extraire les adresses IP et physique de A et les enregistrer.

Troisième amélioration : lorsqu'un ordinateur change son coupleur réseau (lors d'une panne par exemple), son adresse physique est modifiée ; les autres ordinateurs du réseau qui avaient enregistré dans leur cache l'association d'adresses IP et physique de l'ordinateur défaillant doivent être tenus informés et modifier alors l'adresse physique dans leur cache ; l'ordinateur modifié peut notifier aux autres sa nouvelle adresse en émettant une demande ARP lors de son redémarrage.

Les règles suivantes résument les améliorations d'ARP :

> L'association adresse IP/adresse physique d'un émetteur est incluse dans chaque demande ARP qu'il diffuse ; à l'arrivée les récepteurs mettent à jour leur cache avec les informations relatives aux adresses IP et physique avant de traiter le datagramme ARP.

5.9 ARP ET LES AUTRES PROTOCOLES

Le protocole ARP offre un mécanisme de mise en relation entre les adresses IP et physique des ordinateurs d'un réseau ; certains réseaux n'en ont pas besoin. En effet, ARP serait complètement inutile si tous les coupleurs réseaux pouvaient reconnaître et interpréter leur propre adresse IP. Le protocole ARP impose un schéma d'adressage au-dessus d'un quelconque mécanisme d'adressage de bas niveau utilisé par le matériel. L'idée peut se résumer ainsi :

> ARP est un protocole de bas niveau qui masque les détails des adresses physiques du réseau. Il autorise l'affectation d'une adresse IP arbitraire à n'importe quel ordinateur. ARP doit être perçu comme faisant partie des mécanismes des réseaux et non des protocoles TCP/IP.

5.10 IMPLÉMENTATION DU LOGICIEL ARP

Du point de vue fonctionnel, le logiciel ARP comprend deux parties. La première concerne la mise en relation des adresses IP et physique lors de l'émission d'un datagramme. La seconde s'occupe de répondre aux demandes formulées par les autres ordinateurs. La résolution d'adresse sur les datagrammes sortants peut sembler évidente ; cependant certains détails compliquent son implémentation. Étant donnée une adresse IP de destination, le logiciel ARP consulte son cache pour voir s'il connaît la relation entre l'adresse IP et l'adresse physique. Si c'est le cas, le logiciel extrait l'adresse physique du cache, forme une trame utilisant cette adresse, y insère les données à transmettre puis envoie la trame sur le réseau. En revanche, si le logiciel ignore la relation entre les adresses, il doit préalablement diffuser une demande ARP et attendre la réponse avant de poursuivre avec la transmission du datagramme.

La diffusion d'une demande ARP pour déterminer la relation d'adresses peut devenir complexe. L'ordinateur cible peut être en panne ou trop occupé pour accepter la demande. Dans ce cas, l'émetteur peut ne pas recevoir de réponse ou celle-ci peut être retardée. Sur un réseau comme Ethernet qui transmet une trame sans garantie de remise, une demande ARP peut être perdue. L'ordinateur émetteur retransmettra la demande au moins une fois. En attendant, il conserve le datagramme original jusqu'à ce qu'il ait réalisé la mise en correspondance des adresses IP et physique[1]. En fait, un ordinateur doit décider s'il autorise d'autres programmes d'application à s'exécuter pendant le traitement d'une demande ARP (la plupart le font). Dans l'affirmative, il doit gérer le cas où une application génère des demandes ARP supplémentaires relatives à la même adresse ; il ne doit pas diffuser ces nouvelles demandes afin d'éviter d'émettre du trafic redondant sur le réseau.

1. Si le délai est trop important, l'ordinateur peut décider de détruire le (ou les) datagrammes(s) en attente.

Enfin, considérons le cas où l'ordinateur A a obtenu la correspondance d'adresses de l'ordinateur B, mais où B tombant en panne est remplacé. Bien que l'adresse physique de B ait changé, le cache ARP, lui, n'a pas changé. L'ordinateur A utilise alors une adresse physique de B inexistante, ce qui rend toute réception impossible. Ce cas montre combien il est important d'avoir un logiciel ARP qui traite les entrées dans sa table d'adresses comme celles d'une mémoire cache, c'est-à-dire qu'il supprime autoritairement des entrées au bout d'un temps fixé. Un temporisateur associé à chaque entrée du cache est remis à zéro à chaque fois qu'une demande ARP contenant la correspondance d'adresses en question survient (il n'est pas remis à zéro lorsque l'entrée est utilisée pour émettre un datagramme).

La seconde partie du logiciel ARP gère tout datagramme ARP en provenance du réseau. Lorsqu'un tel datagramme survient, le logiciel ARP commence par extraire les adresses IP et physique de l'émetteur. Il examine son cache pour vérifier s'il existe déjà une entrée associée à cet émetteur. Si elle existe, le logiciel met à jour cette entrée en récrivant dans le cache l'adresse physique extraite du datagramme ; puis le récepteur traite la suite du datagramme.

Le récepteur doit gérer deux types de datagrammes ARP entrants. Lorsqu'une demande ARP survient, le récepteur doit vérifier s'il est destinataire de cette demande (en diffusion, tous les ordinateurs reçoivent une demande portant sur l'adresse physique d'un récepteur particulier). Dans l'affirmative, le logiciel ARP fabrique une réponse ARP et l'envoie directement au demandeur. Le récepteur en profite pour enregistrer ou mettre à jour dans son cache ARP les adresses IP et physique de l'ordinateur demandeur. Si l'adresse IP mentionnée dans la demande ARP ne correspond pas à l'adresse IP du récepteur, alors celui-ci ignore la demande.

Un autre cas intéressant survient à l'arrivée d'une réponse ARP. Selon les cas, le logiciel peut avoir besoin de créer une entrée dans le cache si cette dernière n'y est pas déjà présente. Dans tous les cas, une fois le cache mis à jour, le récepteur tente de mettre la réponse en correspondance avec une demande formulée antérieurement. Normalement, une réponse arrive à la suite d'une demande formulée par un ordinateur ayant un datagramme à transmettre. Entre le moment où l'ordinateur diffuse sa demande ARP et celui où il reçoit la réponse correspondante, les programmes d'application ou les protocoles de haut niveau peuvent générer des demandes ARP supplémentaires vers la même adresse. Le logiciel doit donc se rappeler qu'il a déjà émis une demande ARP vers cette adresse et ne pas recommencer l'opération. Généralement, les datagrammes associés à ces demandes supplémentaires sont placés dans une file d'attente. Dès qu'une réponse à une demande ARP arrive, si l'adresse IP associée est connue, le logiciel ARP extrait les datagrammes de la file d'attente à transmettre vers cette adresse, place chacun d'eux dans une trame, y ajoute l'adresse physique de destination et commence l'envoi des trames ainsi formées. Si la réponse qui arrive ne correspond pas à une demande ARP formulée précédemment vers l'adresse IP se trouvant dans la réponse, l'ordinateur met à jour sa mémoire cache et suspend temporairement le processus d'émission des datagrammes.

5.11 ENCAPSULATION ET IDENTIFICATION DES DATAGRAMMES ARP

Lorsque les datagrammes ARP transitent d'un ordinateur à un autre, sur les liaisons de données des réseaux, ils sont acheminés à l'intérieur de *trames*. La figure 5.2 montre comment un datagramme ARP est inséré dans le champ de données d'une trame. On nomme cette action l'*encapsulation*.

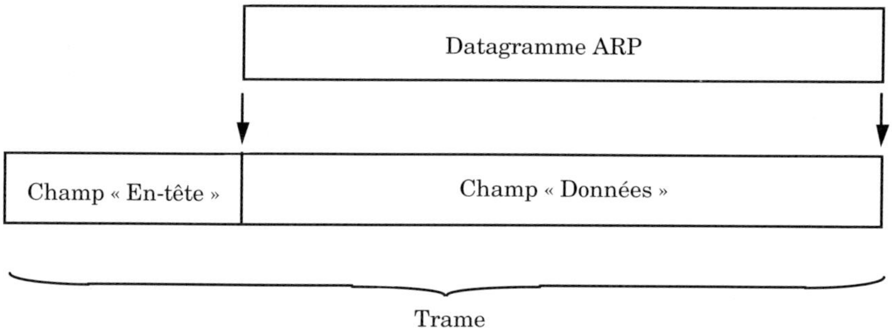

Figure 5.2 — Un datagramme ARP encapsulé dans une trame.

Pour indiquer qu'une trame transporte un datagramme ARP (une demande ou une réponse), l'émetteur affecte une valeur particulière au sous-champ type dans l'en-tête de la trame et place le datagramme dans le champ de données. Lorsqu'une trame parvient à un ordinateur, son logiciel réseau examine le champ type de trame pour déterminer quelle est la nature de l'information qu'elle contient. Sur la plupart des réseaux un identificateur unique, dans un champ type de trame, est utilisé pour définir toutes les trames contenant un datagramme ARP — c'est au logiciel réseau du récepteur d'examiner le datagramme pour distinguer s'il s'agit d'une demande ou d'une réponse ARP. Par exemple, sur le réseau Ethernet les trames transportant des datagrammes ARP ont comme valeur de champ type 0806_{16} (cette valeur est représentée en base 16 ; chaque chiffre est codé sur 4 bits). Cette valeur standard a été définie par les concepteurs du protocole Ethernet. Les autres réseaux utilisent d'autres valeurs spécifiques.

5.12 FORMAT DES DATAGRAMMES ARP

Contrairement à ce qui se passe pour la plupart des protocoles, les datagrammes manipulés par le protocole ARP n'ont pas un format fixe. Au lieu de cela, pour rendre le protocole ARP facilement adaptable à un nombre important de réseaux, la longueur des divers champs d'adresses des datagrammes dépend étroitement du réseau utilisé. Ainsi, pour permettre l'interprétation d'un datagramme ARP quelconque, son en-tête contient, au début, quelques champs de taille fixe indiquant la longueur des champs d'adresses internes au datagramme. Le format d'un datagramme ARP peut donc s'adapter aisément à diverses adresses physiques ou à des adresses de haut niveau de protocoles quelconques.

La figure 5.3 montre le format d'un datagramme ARP (ou d'un datagramme RARP comme nous le verrons au chapitre suivant) utilisé par le réseau Ethernet. Il comprend 28 octets. Les champs adresse physique de l'émetteur et du récepteur (*Adr_phy_émetteur* et *Adr_phy_récepteur*) ont, suite à la résolution d'adresses, une longueur de 6 octets (48 bits), les champs adresse IP de l'émetteur et du récepteur (*Adr_IP_émetteur* et *Adr_IP_récepteur*) ont chacun une longueur de 4 octets. Sur la figure, le schéma du datagramme ARP est représenté à raison de 4 octets par ligne ; ce n'est qu'une facilité de représentation courante que nous utilisons dans ce livre. Malheureusement, contrairement à la plupart des autres protocoles, les champs de longueur variable de ARP ne s'alignent pas toujours sur des mots de 32 bits et cela rend la figure difficile à lire. C'est le cas du champ *Adr_phy_émetteur* qui occupe 6 octets contigus et s'étend sur plus d'une ligne.

<table>
<tr><td>0</td><td>8</td><td>16</td><td>24 — 31</td></tr>
<tr><td colspan="2">Type de réseau</td><td colspan="2">Type d'adresse de protocole</td></tr>
<tr><td>Lg_adr_phy</td><td>Lg_adr_prot</td><td colspan="2">Opération</td></tr>
<tr><td colspan="4">Adr_phy_émetteur (octets 0 à 3)</td></tr>
<tr><td colspan="2">Adr_phy_émetteur (octets 4 et 5)</td><td colspan="2">Adr_IP_émetteur (octets 0 et 1)</td></tr>
<tr><td colspan="2">Adr_IP_émetteur (octets 2 et 3)</td><td colspan="2">Adr_phy_récepteur (octets 0 et 1)</td></tr>
<tr><td colspan="4">Adr_phy_récepteur (octets 2 à 5)</td></tr>
<tr><td colspan="4">Adr_IP_récepteur (octets 0 à 3)</td></tr>
</table>

Figure 5.3 — Exemple de datagramme ARP (ou RARP) utilisé par les réseaux Ethernet pour la résolution d'adresses. La longueur de chaque champ adresse dépend du réseau et de la longueur des adresses manipulées par les protocoles. Dans le cas d'Ethernet, les champs adresse physique valent 6 octets et les champs adresse IP 4 octets.

Le champ *Type de réseau* (appelé aussi *Hardware type*) indique le type de réseau sur lequel le datagramme ARP est transmis. Il contient la valeur *1* pour les réseaux Ethernet. De façon analogue, le champ *Type d'adresse de protocole* précise le type d'adresse de haut-niveau utilisé par les protocoles de communication ; il contient la valeur 0800_{16} pour les adresses IP. Le champ *Opération* indique qu'il s'agit d'une demande ARP (1) ou d'une réponse ARP (2) (d'une demande RARP

(3) ou d'une réponse RARP (4)). Les champs *Lg_adr_phy* et *Lg_adr_prot* permettent d'adapter ARP au type de réseau. Ils indiquent la longueur des champs adresse physique () et adresse de protocole () L'émetteur indique ces adresses, lorsqu'il les connaît, dans les champs appropriés tels que *Adr_phy_émetteur* et *Adr_IP_émetteur*.

Lors d'une demande ARP, l'émetteur indique également l'adresse IP de l'ordinateur destinataire (l'adresse physique de l'ordinateur destinataire dans le cas d'une demande RARP) au moyen des champs *Adr_phy_récepteur* et *Adr_IP_récepteur*. Avant que l'ordinateur destinataire ne réponde, il indique les adresses manquantes, permute les adresses physique et IP de l'émetteur et transforme la demande en réponse. Une réponse transporte alors les adresses physique et IP de l'ordinateur qui est à l'origine de la demande ainsi que celles de l'ordinateur pour lequel la mise en correspondance d'adresses était requise.

5.13 RÉSUMÉ

Les adresses IP sont affectées indépendamment des adresses physiques des machines concernées (ordinateurs, routeurs). Pour émettre un datagramme IP sur un réseau quelconque entre deux ordinateurs, le logiciel réseau de l'ordinateur émetteur doit effectuer une mise en relation de l'adresse IP du destinataire avec son adresse physique, puis utiliser cette adresse physique pour transmettre la trame qu'il a confectionnée. Si l'adresse physique est de taille inférieure à l'adresse IP, une mise en relation directe peut être effectuée pourvu que l'on dispose d'adresses physiques codées directement au sein des adresses IP. Dans le cas contraire, la mise en relation doit être réalisée dynamiquement. Le protocole ARP effectue la résolution dynamique d'adresses, en utilisant exclusivement des mécanismes de bas niveau du système de communication. ARP autorise les ordinateurs à résoudre les adresses sans enregistrer d'associations d'adresses de façon permanente.

Un ordinateur utilise le protocole ARP pour déterminer l'adresse physique d'un autre ordinateur en diffusant une demande ARP. La demande contient l'adresse IP de l'ordinateur dont l'adresse physique est requise. Tous les ordinateurs d'un réseau reçoivent les demandes ARP ; elles sont transmises en mode diffusé. Un ordinateur sollicité répond aux requêtes qui mentionnent son adresse IP en envoyant une réponse qui contient son adresse physique ; les réponses ARP sont directes, elles ne sont pas en mode diffusé.

Pour que ARP soit efficace, chaque ordinateur enregistre les associations adresse physique/adresse IP dans une mémoire cache. Comme le trafic sur un internet tend à n'être qu'une suite d'interactions entre des paires d'ordinateurs, la mémoire cache permet d'éviter la plupart des diffusions de demande ARP.

5.14 POUR EN SAVOIR PLUS

Le protocole de résolution d'adresse utilisé ici est celui décrit dans Plummer [RFC 826]. Il est devenu un standard TCP/IP. Dalal et Printis (1981) décrivent les relations entre les adresses Ethernet et IP. Clark [RFC 814] traite de l'adressage et des associations d'adresses en général. Parr [RFC 1029] traite de la résolution d'adresse tolérante aux pannes. Kirkpatrick et Recker [RFC 1166] définissent les valeurs types permettant l'identification des trames circulant sur Internet.

5.15 EXERCICES

5.1 Étant donné un petit ensemble d'adresses physiques (des entiers positifs), pouvez-vous trouver une fonction *f* et une façon d'affecter les adresses IP telles que *f* mette en correspondance univoque les adresses physiques et IP et que le traitement soit efficace ? (Pour vous aider, consulter la littérature relative aux techniques de hachage parfait.)

5.2 Dans quels cas particuliers un ordinateur connecté à un réseau Ethernet n'a-t-il pas à utiliser le protocole ARP ou un cache ARP avant de transmettre un datagramme IP ?

5.3 Un algorithme de gestion des caches ARP d'utilisation fréquente remplace l'entrée la moins récente par une entrée nouvelle. Dans quelles circonstances cet algorithme peut-il générer un trafic inutile sur le réseau ?

5.4 Lisez soigneusement le standard. Est-ce que ARP met à jour son cache si une entrée ancienne existe pour une adresse IP donnée ?

5.5 Est-ce que le logiciel ARP modifie son cache même lorsqu'il reçoit des demandes ARP qui ne lui sont pas destinées ?

5.6 Toute mise en œuvre de ARP qui utilise une mémoire cache de taille fixe peut faillir lorsqu'elle est utilisée sur un réseau comprenant un grand nombre d'ordinateurs et beaucoup de trafic ARP. Expliquez pourquoi.

5.7 ARP est souvent considéré comme un point faible du point de vue de la sécurité. Expliquez pourquoi.

5.8 Expliquez ce qui peut se produire lorsque le champ adresse physique est altéré pendant la transmission. (Indication : les implémentations de ARP ne suppriment généralement pas les entrées de la mémoire cache si elles sont fréquemment utilisées.)

5.9 Supposez que l'ordinateur C reçoive une demande ARP émise par A et destinée à B et supposez que C ait, dans sa mémoire cache, la correspondance IB vers PB. L'ordinateur C doit-il répondre à la demande ? Expliquez.

5.10 Comment une station peut-elle utiliser ARP, lors de son démarrage, pour déterminer si un autre ordinateur se fait passer pour elle sur le réseau ? Quels sont les avantages et les inconvénients de cette stratégie ?

5.11 Expliquer comment l'envoi des datagrammes IP vers une adresse inexistante sur un réseau Ethernet distant peut générer un surplus de trafic de diffusion sur ce réseau ?

6

Détermination d'une adresse IP au démarrage (RARP)

6.1 INTRODUCTION

Nous savons maintenant que les adresses physiques sont des adresses de bas niveau et qu'elles sont dépendantes du matériel. Nous savons aussi que chaque ordinateur utilisant TCP/IP possède une ou plusieurs adresses IP codées sur 32 bits qui sont indépendantes des adresses physiques. Les programmes d'application utilisent toujours les adresses IP pour indiquer une destination. Les ordinateurs et les routeurs utilisent des adresses physiques pour transmettre des datagrammes sur les liaisons de données des réseaux sous-jacents. Ils utilisent un mécanisme de résolution d'adresses tel que ARP pour effectuer l'association entre les adresses de haut niveau et les adresses physiques.

L'adresse IP d'un ordinateur est souvent enregistrée sur son disque dur ; le système d'exploitation, au démarrage, y lit l'adresse IP. Comment un ordinateur sans disque, dépourvu d'accès à une mémoire secondaire, détermine-t-il son adresse IP ? Le problème est crucial pour les stations de travail qui stockent leur fichier d'initialisation sur un serveur distant. En effet, ces stations ont besoin d'une adresse IP pour pouvoir utiliser le protocole de transfert de fichier TCP/IP qui leur sert au démarrage pour obtenir du serveur le programme d'initialisation nécessaire. Ce chapitre montre comment il est possible d'obtenir cette adresse IP et décrit un protocole, RARP, que nombre d'ordinateurs utilisent au démarrage pour s'initialiser à partir d'un serveur distant. Le chapitre 23 prolonge cette discussion et présente les protocoles de démarrage (ou d'amorçage) BOOTP et DHCP ; ils constituent une alternative au protocole RARP.

Un système d'exploitation intégrant dans son code une adresse IP spécifique ne peut être utilisé par plusieurs ordinateurs. C'est pour cette raison que les concepteurs de logiciels évitent, le plus souvent possible, de compiler une adresse IP dans le code des systèmes d'exploitation ou des logiciels support qu'ils développent. C'est d'autant plus vrai pour le code de l'amorce (*bootstrap*) — suite d'instructions de base pour le démarrage d'un système d'exploitation —, qui est habituellement écrit en mémoire ROM (mémoire morte) et qui est le même quel que soit l'ordinateur qui l'utilise. Au démarrage, lors de l'exécution du système d'exploitation, un ordinateur sans disque utilise le réseau pour contacter le serveur disposant de son adresse IP. La procédure semble paradoxale : un ordinateur communique avec un serveur distant pour obtenir une adresse dont il a besoin pour communiquer.

Ce paradoxe n'est qu'imaginaire car l'ordinateur sait comment communiquer. Il peut (et doit) utiliser son adresse physique pour communiquer sur le réseau auquel il est raccordé. Il peut (et doit) y recourir temporairement ; de façon analogue aux systèmes d'exploitation qui utilisent temporairement l'adressage physique de la mémoire pour configurer les tables de pages mémoire de l'adressage virtuel. Une fois que l'ordinateur connaît son adresse IP, il peut communiquer plus globalement sur un internet, au-delà de la frontière de son propre réseau.

Le principe qui permet de déterminer une adresse IP est simple : l'ordinateur sans disque qui souhaite connaître son adresse IP envoie une demande à un ordinateur particulier, appelé *serveur*[1], puis attend qu'il réponde. Nous supposons que le serveur a un disque où est conservée la base de données des adresses IP. Dans sa demande, l'ordinateur qui souhaite connaître son adresse IP n'a qu'à s'identifier. Ceci permet au serveur de chercher l'adresse IP correspondante et de l'envoyer en réponse. L'ordinateur sans disque et le serveur utilisent tous deux leur adresse physique pendant leur courte période de communication sur leur réseau commun. Comment l'ordinateur connaît-il l'adresse physique du serveur ? Généralement, il l'ignore. En réalité, il diffuse simplement une demande à tous les ordinateurs raccordés à son réseau. Un ou plusieurs serveurs peuvent ainsi répondre.

Lorsqu'un ordinateur sans disque diffuse une demande d'adresse IP, il a uniquement à s'identifier. Quelles sont les informations à inclure dans sa demande et qui permettent d'identifier de façon unique un ordinateur ? Toute information unique d'ordre matérielle peut convenir, comme par exemple un numéro de série d'UC. Cependant, il est préférable de choisir une information qui puisse être obtenue automatiquement par exécution d'un programme. L'objectif consiste à créer une image logicielle unique du système d'exploitation qui puisse s'exécuter sur un processeur quelconque. De plus, la longueur ou le format des données, spécifiques des UC, pouvant varier d'un type de processeur à l'autre, il vaudrait mieux concevoir des serveurs capables, en utilisant un format de données unique, d'accepter des demandes de tous les ordinateurs du réseau quels qu'ils soient.

1. Le chapitre 21 traite en détail des serveurs.

6.2 LE PROTOCOLE DE RÉSOLUTION INVERSE D'ADRESSE (RARP)

Les concepteurs des protocoles TCP/IP ont constaté qu'un élément d'information identifiant les ordinateurs de façon unique était déjà disponible : l'adresse physique de l'ordinateur. Utiliser l'adresse physique comme moyen d'identification unique présente deux avantages. Comme les ordinateurs obtiennent leur adresse physique des coupleurs réseau, de telles adresses sont toujours disponibles et n'ont pas à être intégrées au code de l'amorce. Comme les adresses physiques dépendent du réseau et non du fournisseur ou du type d'UC, tous les ordinateurs d'un réseau donné disposent d'un identificateur unique et uniforme. Le problème posé est donc l'inverse de celui du protocole ARP, c'est-à-dire : étant donné une adresse physique sur un réseau, il faut disposer d'un mécanisme qui permette à un serveur de l'associer à une adresse IP.

Un ordinateur sans disque utilise un protocole TCP/IP appelé *protocole de résolution inverse d'adresse*, RARP (*Reverse Address Resolution Protocol*), pour obtenir son adresse IP en s'adressant à un serveur. RARP est dérivé du protocole ARP présenté au chapitre précédent et utilise le même format de datagramme que celui indiqué à la figure 5.3. En pratique, le datagramme RARP utilisé pour demander une adresse IP est un peu plus général que ce que nous avons indiqué précédemment ; il permet à un ordinateur de demander l'adresse IP d'un ordinateur tierce, aussi facilement que sa propre adresse IP. Ce protocole peut également s'adapter à divers types de réseaux.

Comme dans le cas d'un message ARP, un message RARP est acheminé d'un ordinateur à un autre encapsulé dans le champ de données d'une trame. Par exemple une trame Ethernet qui transporte une demande RARP possède le préambule habituel : les adresses source et destination le champ type de trame. Le type de trame contient la valeur 8035_{16}, pour indiquer que le contenu de la trame est un message RARP. Le champ de données de la trame contient un message RARP de 28 octets.

La figure 6.1 indique comment utiliser RARP. L'émetteur diffuse une demande RARP dans laquelle il indique son adresse physique et se désigne comme émetteur et destinataire. Tous les ordinateurs du réseau reçoivent la demande, mais seuls ceux qui sont habilités à assurer le service RARP traitent la demande et envoient une réponse RARP. De tels ordinateurs sont appelés *serveurs RARP*. Pour qu'une demande RARP aboutisse, il doit y avoir au moins un serveur RARP sur le réseau. Les serveurs répondent aux demandes RARP en remplissant le champ *type d'adresse de protocole* et en transformant la demande en réponse. Ils émettent la réponse RARP directement au demandeur. L'ordinateur demandeur reçoit une réponse de tous les serveurs RARP, même si seule la première réponse est indispensable.

Rappelez-vous que toutes les communications entre les ordinateurs qui souhaitent connaître leur adresse IP et les serveurs qui envoient les réponses utilisent

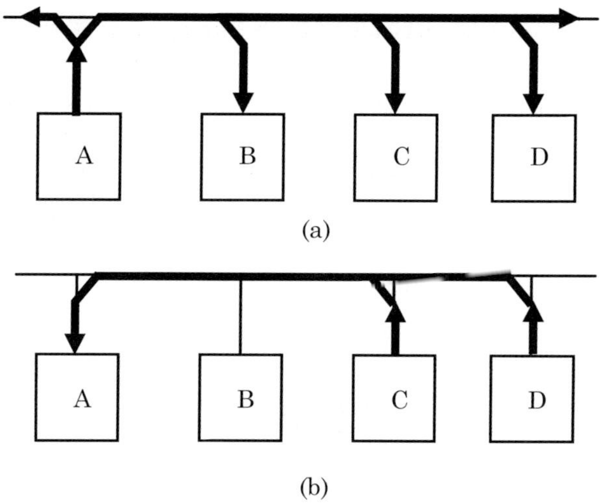

Figure 6.1 — Exemple d'échange illustrant le protocole RARP. (a) L'ordinateur *A* diffuse une demande RARP en se désignant lui-même comme destinataire ; (b) les ordinateurs autorisés à assurer le service RARP (*C* et *D*) répondent directement à *A*.

les adresses physiques. De plus, le protocole RARP permet à un ordinateur de demander l'adresse d'un ordinateur quelconque. Pour cela, l'émetteur envoie une demande RARP dans laquelle l'adresse physique est différente de l'adresse de destination. (Il ne se désigne pas dans ce cas comme émetteur et destinataire.) Le serveur veille alors à renvoyer la réponse à l'adresse physique du demandeur. Sur un réseau Ethernet, avoir un champ destiné à l'adresse physique du demandeur peut paraître redondant parce que l'information est déjà contenue dans l'en-tête de la trame. Il faut savoir que tous les matériels Ethernet ne permettent pas l'accès du système d'exploitation à l'en-tête de la trame Ethernet.

6.3 DÉROULEMENT DES TRANSACTIONS RARP

De même que toute communication réalisée sur un réseau à remise d'information sans garantie (comme le réseau Ethernet), les demandes RARP sont susceptibles d'être perdues ou altérées. Parce que le protocole RARP travaille directement sur le réseau, aucun autre protocole ne peut dater une réponse, ni retransmettre une demande. Le logiciel RARP doit effectuer lui-même ces tâches. En général, RARP n'est utilisé que sur des réseaux LAN tels qu'Ethernet, où la probabilité de panne est faible. Si le réseau ne dispose que d'un serveur RARP, ce dernier peut se trouver dans l'impossibilité d'assumer la charge de travail à fournir et, de ce fait, des datagrammes peuvent être ignorés.

Certains ordinateurs sans disque utilisant RARP au démarrage, choisissent de réémettre leur demande RARP tant qu'ils n'ont pas obtenu de réponse.

D'autres préfèrent signaler une panne après quelques tentatives infructueuses de retransmission afin de ne pas saturer le réseau (en cas de panne du serveur, par exemple). Une panne de réseau Ethernet est moins probable qu'une défaillance du serveur. Configurer le logiciel RARP pour qu'il effectue rapidement la retransmission des demandes provoquerait l'effet indésirable de surcharger de trafic un serveur déjà saturé. Utiliser un délai d'attente raisonnable garantit au serveur de disposer du temps nécessaire pour satisfaire une demande en renvoyant une réponse.

6.4 FONCTIONS DES SERVEURS RARP

L'intérêt majeur d'avoir plusieurs serveurs RARP sur un réseau est de rendre le système plus fiable. Si un serveur tombe en panne ou est trop chargé pour traiter une demande, un autre répond à sa place. Ainsi, il est fort vraisemblable que le service sera toujours disponible. L'inconvénient majeur de l'utilisation de plusieurs serveurs RARP est de saturer le réseau, lorsque tous les serveurs tentent de répondre. Sur un réseau Ethernet, par exemple, utiliser plusieurs serveurs RARP augmente sensiblement les risques de collisions.

Comment un service RARP peut-il rester disponible et fiable, sans courir le risque de saturer le réseau par des réponses multiples ? Il y a au moins deux solutions, qui impliquent toutes deux de retarder les réponses. Dans la première solution, un *serveur principal* est assigné à chaque ordinateur susceptible d'effectuer une demande RARP ; les autres serveurs sont considérés comme des serveurs de secours. En temps normal, seul le serveur principal associé à l'ordinateur répond à sa demande RARP. Tous les serveurs de secours reçoivent la demande, mais se contentent d'en enregistrer l'heure d'arrivée. Si le serveur principal est indisponible, le temporisateur d'attente de réponse de l'ordinateur d'origine expire et il renouvelle sa demande. Lorsqu'un serveur de secours reçoit une seconde demande d'un même demandeur, peu de temps après avoir reçu la première, il répond.

La deuxième solution utilise un mécanisme analogue, mais tente d'éviter que tous les serveurs de secours retransmettent simultanément. Chaque serveur de secours qui reçoit une demande calcule un délai aléatoire avant d'envoyer une réponse. En temps normal, le serveur principal répond immédiatement et les réponses des serveurs de secours sont retardées. Il n'y a donc qu'une faible probabilité pour qu'elles arrivent toutes en même temps. L'ordinateur émetteur d'une demande attend un certain temps avant de recevoir la réponse attendue, passé ce temps il reformule sa demande. En choisissant soigneusement les délais d'attente, il est possible de garantir que les ordinateurs demandeurs ne retransmettront pas de nouvelles demandes avant de recevoir les réponses attendues.

6.5 RÉSUMÉ

Lors de sa mise sous tension, avant de pouvoir utiliser les protocoles TCP/IP, un ordinateur sans disque doit contacter un serveur pour connaître son adresse IP. Nous avons étudié le protocole de résolution inverse d'adresse, RARP, qui utilise l'adresse physique pour obtenir l'adresse IP d'un ordinateur raccordé à un réseau. Le mécanisme RARP utilise l'adresse physique pour identifier de façon unique l'ordinateur demandeur. Les serveurs sur le réseau reçoivent la demande RARP, recherchent l'adresse correspondante dans une table (initialement enregistrée en mémoire secondaire) et répondent au demandeur une fois l'adresse IP obtenue. Celle ci est enregistrée en mémoire centrale du demandeur et le protocole RARP n'est plus utilisé jusqu'à la prochaine mise sous tension.

6.6 POUR EN SAVOIR PLUS

Les détails du protocole RARP sont indiqués dans Finlayson *et al.* [RFC 903]. Finlayson [RFC 906] décrit le mécanisme de démarrage des ordinateurs sans disque à l'aide du protocole TFTP. Bradley et Brown [RFC 1293] définissent un protocole *ARP inverse* qui autorise un ordinateur à interroger un ordinateur distant à l'extrémité d'une liaison spécialisée numérique pour obtenir son adresse IP ; cela a été réalisé notamment pour les ordinateurs raccordés par des réseaux fonctionnant en mode connecté comme les réseaux ATM ou à relais de trame (*Frame Relay*).

Le chapitre 23 étudie des alternatives au protocole RARP, notamment BOOTP et DHCP. Contrairement à RARP qui utilise un mécanisme d'adressage de bas niveau, BOOT et DHCP sont construits au-dessus de protocoles de haut niveau tels que IP et UDP ; le chapitre 23 compare les deux approches, étudiant les forces et faiblesses de chacune.

6.7 EXERCICES

6.1 Un serveur RARP peut diffuser des réponses à tous les ordinateurs ou transmettre chaque réponse directement à l'ordinateur d'où émane la demande. Pouvez-vous caractériser un système dans lequel la diffusion des réponses à tous les ordinateurs est bénéfique ?

6.2 RARP est un protocole spécialisé dans le sens où les réponses ne contiennent qu'une partie de l'information (l'adresse IP demandée). Lorsque des ordinateurs sans disque démarrent, ils souhaitent connaître au moins l'heure et leur nom, en plus de leur adresse IP. Étendez RARP pour qu'il fournisse ces informations.

6.3 Quel sera l'accroissement de la taille des trames Ethernet lorsque les informations de l'exercice précédent seront ajoutées à RARP ?

6.4 L'ajout d'un second serveur RARP améliore la fiabilité. Cela a-t-il toujours un sens d'en ajouter un troisième ? Et un quatrième ?

6.5 Les ordinateurs sans disque d'un fournisseur utilisent RARP pour obtenir leurs adresses IP. Ils supposent toujours que la réponse provient du serveur de fichiers. Ils tentent donc d'obtenir une image du système d'exploitation à partir de ce serveur. En cas de non-réponse, ils entrent dans une boucle infinie d'émission de demandes de démarrage. Expliquez comment l'ajout d'un serveur de secours peut provoquer la congestion du réseau par des diffusions. (Indication : songez aux coupures de courant.)

6.6 Observez un réseau local pendant que vous redémarrez des ordinateurs variés. Qui utilise RARP ?

6.7 Le serveur RARP de secours présenté dans le texte utilise l'arrivée d'une seconde demande RARP au bout d'un temps relativement court pour formuler une réponse. Considérez un schéma dans lequel chaque serveur RARP répond dès la première demande mais où, pour éviter la congestion du réseau, chacun d'eux attend, pendant un temps aléatoire, avant de répondre. Dans quelle mesure ce schéma offre-t-il de meilleurs résultats que celui présenté dans le texte ?

7

Protocole IP : la remise des datagrammes en mode non connecté

7.1 INTRODUCTION

Dans les chapitres précédents nous avons analysé les divers éléments matériels et logiciels nécessaires aux communications sur un internet, nous avons également examiné les principaux réseaux qui composent un internet et les mécanismes de résolution d'adresses. Ce chapitre présente les concepts fondamentaux de la remise des datagrammes en mode non connecté et étudie la façon dont ce service est assuré par le protocole IP (*Internet Protocol*), l'un des deux protocoles les plus importants du monde Internet (l'autre étant le protocole TCP). De même nous analysons en détail le format des datagrammes IP et voyons comment ils constituent la base des communications sur un internet. Les deux chapitres suivants complètent l'étude du protocole IP, en présentant le routage des datagrammes et la gestion des erreurs.

7.2 INTERNET : UN RÉSEAU VIRTUEL

Le chapitre 3 a montré l'architecture d'un internet constitué de divers réseaux interconnectés par des routeurs. Étudier l'architecture d'un internet serait fort intéressant mais risquerait de nous détourner quelque peu de l'objectif de cet ouvrage où l'attention doit se porter sur l'interface qu'un internet offre aux utilisateurs plutôt que sur la technique d'interconnexion.

Un utilisateur perçoit un internet comme un réseau virtuel unique et homogène qui interconnecte de nombreux ordinateurs et sur lequel ceux-ci peuvent communiquer. L'architecture réelle d'un internet est cachée ; de plus elle est non pertinente.

D'un certain point de vue, un internet est une abstraction des réseaux car il offre des fonctions de bas niveau similaires, à savoir la transmission de données structurées en blocs (les datagrammes). Les services de haut niveau d'un logiciel internet ajoutent l'essentiel de la richesse des fonctions perçues par les utilisateurs.

7.3 ARCHITECTURE ET PHILOSOPHIE D'UN INTERNET

Conceptuellement, un internet assure trois types de services, comme l'indique la figure 7.1. La façon de les représenter suggère leurs dépendances mutuelles. Au niveau le plus bas, la remise des datagrammes en mode non connecté constitue la base sur laquelle repose tout l'ensemble. Au niveau suivant, un service de transport fiable assure une plate-forme plus élaborée, utilisée par les services d'applications du niveau supérieur. Nous analysons dans l'ouvrage chacun de ces services et leurs protocoles associés.

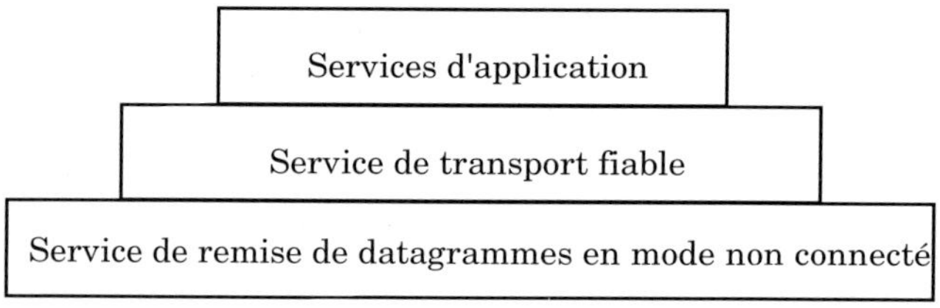

Figure 7.1 — Les trois couches conceptuelles de services d'un internet.

7.4 ORGANISATION CONCEPTUELLE DES SERVICES D'UN INTERNET

Bien que l'on puisse associer un protocole logiciel à chacun des services de la figure 7.1, la raison d'identifier chaque service comme partie conceptuelle d'un internet est que chacun met en évidence la philosophie qui en sous-tend la conception. C'est-à-dire :

Le logiciel d'un internet est conçu autour de trois couches hiérarchiques de services réseau ; une grande part du succès d'un internet provient de l'extraordinaire robustesse et de la remarquable capacité d'adaptation de son architecture.

Un des intérêts principaux de cette séparation conceptuelle en couches est qu'il est possible de remplacer ou modifier un service sans perturber les autres. Ainsi, la recherche et le développement peuvent s'effectuer simultanément sur chacune des trois couches de services.

7.5 LA REMISE DES DATAGRAMMES EN MODE NON CONNECTÉ

Le service fondamental d'un internet consiste à délivrer (ou remettre) des datagrammes. Techniquement, ce *service de remise des datagrammes* est défini comme non fiable, sans garantie de remise et fonctionnant en mode non connecté ; il est semblable à celui des réseaux comme Ethernet qui utilisent le paradigme de la *remise au mieux* (*best effort delivery*). Le service est dit *non fiable* car la remise des datagrammes n'est pas garantie. Certains peuvent être perdus, dupliqués, retardés, altérés ou remis dans le désordre. Le service ne détecte pas ces conditions et n'en informe ni l'émetteur ni le destinataire. Le service est dit en *mode non connecté* car chaque datagramme est traité indépendamment de tous les autres. Un ensemble de datagrammes émis d'un ordinateur vers un autre ordinateur peuvent emprunter des chemins différents et certains peuvent être perdus ; bien entendu, la quasi-totalité d'entre eux sont correctement délivrés au destinataire. Enfin, le service assure une remise sans garantie, dite « au mieux », étant donné que le logiciel IP fait de son mieux pour délivrer les datagrammes. C'est-à-dire que l'internet ne détruit pas de datagramme de sa propre initiative. Leur remise n'est pas garantie uniquement parce que les ressources de l'internet peuvent être saturées ou parce que le réseau peut tomber en panne.

7.6 À PROPOS DU PROTOCOLE IP

Le protocole qui réalise le service de remise des datagrammes en mode non connecté dans un internet TCP/IP est appelé *protocole internet* ou *protocole IP* (*Internet Protocol*) ; la plupart des services d'un internet sont le plus souvent associés aux initiales IP[1]. Trois définitions importantes sont attachées à ce protocole. La première définit le *datagramme* comme l'unité de données de base circulant sur un internet TCP/IP et spécifie le format des datagrammes. La seconde correspond à la fonction de *routage* qui consiste à déterminer le chemin le long duquel les datagrammes seront acheminés. La troisième définition, complémentaire des deux précédentes, spécifie un ensemble de règles concrétisant le concept de la *remise*

1. L'abréviation IP donne naissance à divers termes, tels que adresse IP, logiciel IP, datagramme IP, etc.

non fiable des datagrammes. Ces règles précisent comment les ordinateurs et les routeurs doivent traiter les datagrammes, comment et quand les messages d'erreur doivent être générés et dans quelles conditions les datagrammes doivent être détruits. Le protocole IP est une partie fondamentale de la conception d'un internet TCP/IP ; à tel point qu'on parle de *technique fondée sur IP* (*IP-based Technology*).

Dans ce chapitre nous abordons l'étude du protocole IP en commençant, ci-dessous, par l'analyse détaillée d'un datagramme IP. Le routage et la gestion des erreurs seront abordés dans les deux chapitres suivants.

7.7 LE DATAGRAMME IP

L'analogie entre un réseau quelconque et un internet TCP/IP est forte. Sur un réseau, l'unité de données de base manipulée par les protocoles est une entité spécifique qui peut être un paquet (cas des réseaux à commutation par paquets) ou une trame(cas de la plupart des réseaux de type LAN) ; dans tous les cas, cette entité est structurée en plusieurs champs dont un champ En-tête et un champ Données. Par exemple, l'en-tête d'une trame contient des informations telles que : adresses physiques source et destination, type de la trame ; quant à la zone des données elle contient les données acheminées par la trame.

Comme nous l'avons dit plus haut, sur un internet TCP/IP l'unité de données de base manipulée par le protocole IP est appelée *datagramme IP* ou plus simplement *datagramme*. Tout comme la trame, le datagramme est structuré en divers champs d'information, dont un champ *En-tête* et un champ *Données*. L'en-tête du datagramme, comme dans le cas d'une trame, contient les adresses source et destination ainsi qu'un sous-champ *Type* qui identifie la nature des données contenues dans le datagramme. La différence majeure est que l'en-tête du datagramme contient des adresses IP alors que celui d'une trame contient des adresses physiques. La figure 7.2 indique le format général d'un datagramme IP.

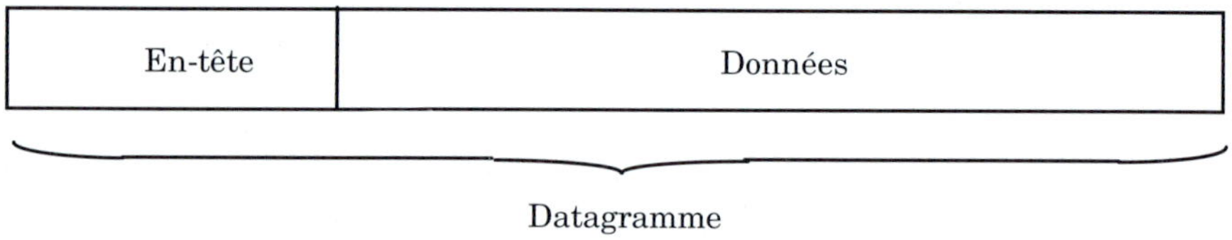

Figure 7.2 — Structure générale d'un datagramme IP par analogie avec une trame. Le datagramme IP définit un champ En-tête contenant les adresses IP source et destination. Il ne spécifie pas le format du champ Données ; le datagramme peut acheminer tout type de données.

7.7.1 Format d'un datagramme

Nous avons décrit ci-dessus la structure générale d'un datagramme IP ; nous pouvons à présent en étudier plus précisément le contenu. La figure 7.3 indique l'organisation détaillée des champs d'un datagramme.

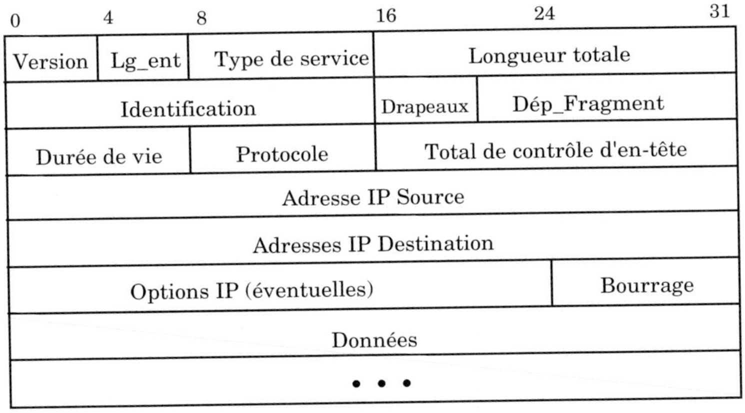

Figure 7.3 — Structure d'un datagramme IP, l'unité de données de base sur un internet TCP/IP.

Le traitement des datagrammes IP est réalisé par logiciel — le *logiciel IP* inclut le *protocole IP*. Le contenu et le format des datagrammes ne sont pas imposés par le matériel. Le premier champ d'un datagramme IP, *Version*, contient, sur 4 bits, le numéro de version du protocole IP utilisé pour créer le datagramme. Ce champ permet de vérifier que l'émetteur, le destinataire et tout routeur intermédiaire les reliant sont en accord sur le format du datagramme qu'ils manipulent. Tout logiciel IP est tenu, avant de traiter un datagramme, d'examiner le champ Version afin de s'assurer que son format correspond bien à celui auquel s'attend le logiciel. Les diverses machines rejettent les datagrammes dont le numéro de version est différent du leur — dans le cas d'une modification de version, notamment. Cela permet d'éviter une interprétation erronée du contenu des datagrammes correspondant à une organisation périmée. La version actuelle du protocole IP est 4. C'est ainsi que le terme *IPv4* est fréquemment utilisé en référence à cette version 4.

Le champ *Lg_ent* (appelé aussi *HLEN* pour *Header LENgth*) comprend 4 bits ; il indique la longueur de l'en-tête du datagramme en mots de 32 bits. Tous les champs de l'en-tête sont de taille fixe, à l'exception des champs *Options IP* et *Bourrage* (*Padding*). L'en-tête le plus courant, qui ne contient ni champ Options IP, ni champ Bourrage, a une longueur de 20 octets ; la valeur du champ *Lg_ent* y est égale à 5 (soit 5 mots de 32 bits).

Le champ *Longueur totale* précise la longueur, exprimée en octets, du datagramme IP (les champs d'en-tête plus le champ de données). La taille du champ de données peut être calculée en retranchant la longueur de l'en-tête (*Lg_ent*) de la longueur totale du datagramme. Comme le champ *Longueur totale* est de 16 bits, la taille maximale d'un datagramme IP est égale à 2^{16}, soit 65 635 octets. Pour la plupart des applications, cela ne constitue pas une contrainte sévère, mais cela le deviendra, le jour où les réseaux à haut débit transporteront des datagrammes de plus de 65 635 octets.

7.7.2 Type de service et services différenciés d'un datagramme

Le champ *Type de service* (noté aussi TOS pour *Type Of Service*) est codé sur 8 bits, il indique comment le datagramme doit être géré. Il fut organisé à l'origine en cinq sous-champs comme l'indique la figure 7.4.

0	1	2	3	4	5	6	7
Priorité			D	T	R	Inutilisé	

Figure 7.4 — Structure du champ *Type de service*, codé sur 8 bits.

Les trois bits du sous-champ *Priorité* indiquent le degré de priorité du datagramme. Des valeurs comprises entre 0 (priorité normale) et 7 (supervision réseau) permettent aux utilisateurs d'indiquer l'importance de chaque datagramme. Même si la plupart des logiciels IP, des ordinateurs et des routeurs ignorent le champ TOS, celui-ci correspond à un important concept car il constitue un mécanisme permettant, le cas échéant, d'assurer la priorité des informations de contrôle par rapport aux données. C'est ainsi que nombre de routeurs utilisent les degrés de priorité 6 et 7 pour s'échanger des informations de trafic bien que le réseau puisse se trouver en période de congestion.

Les bits *D*, *T* et *R* indiquent le *type d'acheminement* désiré pour le datagramme. Lorsqu'il est positionné à 1, le bit *D* requiert un délai d'acheminement court. Le bit *T* demande un débit de transmission élevé et le bit *R* une grande fiabilité. Il se peut qu'un internet ne soit pas en mesure de garantir le service d'acheminement requis (il se peut qu'aucun chemin conduisant à la destination ne possède les propriétés demandées). Ces demandes de service d'acheminement sont des éléments d'information destinés aux algorithmes de routage et ne sont pas perçues comme des exigences. Si un routeur connaît plus d'une route permettant d'atteindre une destination donnée, il peut utiliser les bits précisant le type d'acheminement pour choisir une route dont les caractéristiques sont les plus proches possible de celles désirées. Supposons par exemple, qu'un routeur ait le choix entre une liaison louée à bas débit et une liaison satellite à haut débit mais présentant des délais d'acheminement importants. Les datagrammes contenant les caractères frappés au clavier d'un utilisateur destinés à un ordinateur distant, auront leur bit *D* positionné à 1 pour demander que les datagrammes soient transmis aussi vite que possible — et donc sur la liaison louée —, en revanche, des datagrammes transportant les blocs d'un fichier auront leur bit *T* positionné à 1, pour demander qu'ils soient transmis à grande vitesse sur une liaison à haut débit — et donc sur la liaison satellite.

À la fin des années 1990, l'IETF a redéfini l'appellation du champ TOS de même que la signification de ses 8 bits afin de fournir un ensemble de *services différenciés* (*Differentiated Services*) appelés aussi *DiffServ* ; le champ TOS est dorénavant fréquemment intitulé *champ DS*. La figure 7.5 illustre ce qu'il est advenu du champ TOS.

0	1	2	3	4	5	6	7
Code du service (DSCP)						Inutilisé	

Figure 7.5 — Interprétation nouvelle du champ TOS du datagramme qui est devenu champ DS pour les besoins des services différenciés.

La différenciation des services se fait selon la valeur portée par les six bits qui composent le sous-champ *Code du service*. On appelle aussi ce sous-champ *Code Point* ou DSCP (*Differentiated Services Code Point*). Les deux derniers bits du champ DS ne sont pas utilisés. Le principe de la différenciation consiste à associer une valeur à un service. La correspondance entre valeur et service est effectuée *via* une table de pointeurs (d'où le nom *Code Point* du sous-champ). Les 6 bits de DSCP permettent de différencier 64 services. Toutefois, les concepteurs de ces services ont suggéré que, pour un routeur donné, seuls quelques services soient implémentés et que diverses valeurs de DSCP puissent mapper vers un même type de service. En outre, pour assurer une compatibilité antérieure avec la définition du champ TOS d'origine, le nouveau standard DSCP fait la distinction entre ses trois premiers bits (utilisés à l'origine pour définir la priorité du datagramme) et ses trois derniers bits. Lorsque les trois derniers bits sont à zéro, les trois premiers bits définissent huit classes de services de façon similaire à celles des niveaux de priorité de la version TOS d'origine. Le datagramme qui dispose d'un degré de priorité élevé (forte valeur) est traité en priorité à un autre qui dispose d'une priorité plus faible (faible valeur). Les huit classes de services ainsi définies par le Code du service (DSCP) ont la forme :

```
xxx000
```

où x peut être à 0 ou à 1.

À nouveau, pour offrir une compatibilité antérieure le mécanisme de différenciation des services satisfait à une pratique courante : l'utilisation des niveaux de priorité 6 et 7 par les mécanismes de routage. Un cas particulier est prévu dans le nouveau standard pour gérer ces niveaux de priorité. En fait, un routeur a besoin d'implémenter au moins deux mécanismes de priorité : l'un pour gérer le trafic normal, l'autre pour gérer le trafic à haute priorité. Lorsque les trois derniers bits de DSCP sont à zéro, le routeur peut, par exemple, aiguiller les datagrammes de priorité 6 et 7 vers la classe de trafic à haute priorité et les autres vers la classe de trafic à basse priorité. Ainsi, lorsqu'un datagramme utilisant le champ TOS original arrive dans un routeur, s'il est de priorité 6 ou 7 il sera traité comme le demande l'émetteur ; que le routeur pratique ou non la différenciation des services.

Les 64 valeurs de Code du service (DSCP) sont réparties en trois groupes comme le montre la figure 7.6. Les valeurs du groupe 1, soit 32 valeurs, ont été assignées sous la responsabilité exclusive de l'IETF. Celles des groupes 2 et 3, soit 2 fois 16 valeurs, sont disponibles pour des utilisations locales ou expérimentales. Toutefois, si les 32 valeurs du groupe 1 sont utilisées, l'IETF s'est laissé la possibilité d'assigner des valeurs au groupe 3. La division des groupes n'est pas habituelle car elle se fait sur les bits de poids faible des valeurs de DSCP. Ainsi, plutôt que de disposer d'un ensemble de valeurs contiguës, le groupe 1 ne contient que les valeurs paires, de 2 à 64. Cette division a été choisie afin de maintenir les huit valeurs correspondant à `xxx000` au sein du même groupe et de permettre ainsi la compatibilité antérieure avec le champ TOS.

Groupe	DSCP	Assignation des valeurs
1	`xxxxx0`	Responsabilité exclusive de l'IETF
2	`xxxx11`	Locale ou expérimentale
3	`xxxx01`	Locale ou expérimentale

Figure 7.6 — Répartition des valeurs de DSCP en trois groupes administratifs.

Qu'on utilise l'interprétation TOS originale ou la nouvelle interprétation DiffServ, il est important de réaliser que le logiciel de routage doit s'adapter à la technologie du réseau physique sous-jacent de même qu'à la politique locale de différenciation des services.

Il faut pondérer quelque peu les propos généraux que nous avons tenus ci-dessus. En effet, définir un niveau de service dans un datagramme quant à son acheminement ne garantit absolument pas que tous les routeurs situés sur le chemin emprunté par le datagramme satisferont aux exigences de service. En résumé :

Il faut voir l'indication du type de service comme une suggestion faite aux algorithmes de routage. Cela doit les aider à choisir entre plusieurs chemins possibles vers une destination donnée. Sachant qu'ils doivent respecter des politiques et des contraintes locales, de même que les caractéristiques techniques de chacun des réseaux le long des chemins possibles. Il faut également toujours savoir qu'un internet (fonctionnant selon le protocole IPv4) ne garantit pas forcément d'offrir le type de service requis, même si on lui demande.

7.7.3 Encapsulation du datagramme

Avant d'analyser et de comprendre tous les champs d'un datagramme, il faut considérer comment les datagrammes IP sont en relation avec les réseaux pour leur acheminement. Commençons par une question : « Quelle taille peut avoir un datagramme ? » Contrairement, par exemple, aux trames qui sont traitées par des matériels réseau de bas niveau, les datagrammes sont traités par logiciel ; leur taille est quelconque, elle est choisie par les concepteurs. Nous avons vu que les datagrammes IPv4 ont une longueur variable — codée sur 16 bits —, pouvant aller jusqu'à 65 535 octets au plus.

En pratique, des limites plus fondamentales apparaissent. Nous savons que les datagrammes sont acheminés, d'un ordinateur à l'autre, en transitant sur un ou plusieurs réseaux intermédiaires en étant insérés dans l'unité de données spécifique de ces réseaux (une trame, un paquet, une cellule). Pour effectuer l'acheminement des datagrammes avec une efficacité maximale, il est souhaitable que chacun d'eux soit contenu complètement dans la trame le paquet ou la cellule du réseau correspondant. Ce n'est pas toujours possible.

Le mécanisme consistant à insérer un datagramme dans une trame ou un paquet est appelé *encapsulation*. Du point de vue du réseau intermédiaire, le datagramme ressemble à tout autre message envoyé d'un ordinateur à un autre. Le matériel réseau ignore le format du datagramme et n'interprète pas son adresse IP de destination. La figure 7.7 montre un exemple de datagramme IP encapsulé dans le champ de données d'une trame[1].

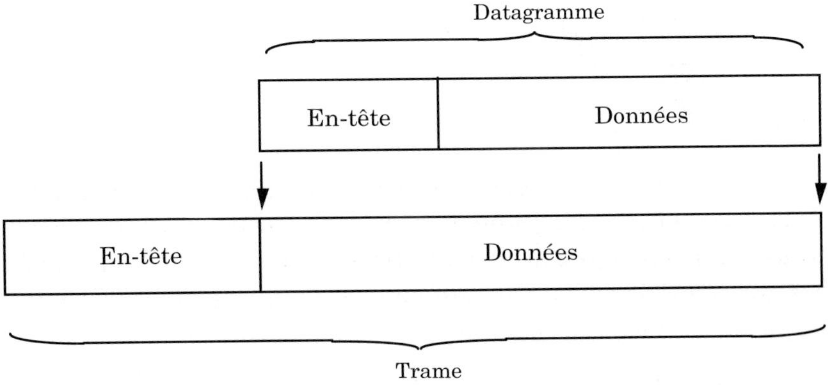

Figure 7.7 — Encapsulation d'un datagramme IP dans une trame. Le réseau sous-jacent traite l'intégralité du datagramme, en-tête compris, comme de simples données.

1. Fréquemment, dans une trame, un champ particulier de l'en-tête identifie le type de données transportées. Dans le cas d'une trame Ethernet, la valeur 0800_{16} portée dans le champ Type, indique que le champ Données contient un datagramme IP.

7.7.4 Taille du datagramme, MTU réseau et fragmentation

Dans le cas idéal, l'intégralité du datagramme tient dans le champ de données d'une trame (d'un paquet ou d'une cellule), ce qui rend sa transmission sur le réseau efficace. Pour atteindre une telle efficacité, les concepteurs du protocole IP auraient dû définir une taille maximale au datagramme IP afin qu'il puisse toujours tenir dans une trame (un paquet ou une cellule). Mais quelle taille choisir ? Après tout, un datagramme peut transiter par de nombreux réseaux dans un internet, lorsqu'il est acheminé vers sa destination finale. Il est peu probable que chaque réseau traversé utilise un même format de trame, de paquet ou de cellule.

Pour comprendre le problème, il est nécessaire de revenir sur un concept des réseaux : chaque réseau, qu'il soit à commutation par paquets ou non, définit une quantité fixe (ou variable jusqu'à une borne maximale) d'informations pouvant être insérées dans le paquet, la trame ou la cellule. Le réseau Ethernet, par exemple, limite cette quantité à 1 500 octets[1] tandis que le réseau FDDI autorise quelque 4 470 octets. On nomme cette limite *unité de transfert d'information maximale* d'un réseau ou MTU (*Maximum Transfer Unit*). La taille des MTU peut être relativement faible, certains réseaux ont des MTU de 128 octets, voire moins. Calquer la taille du datagramme sur la plus petite valeur de MTU des réseaux d'un internet rend le transfert inefficace. Surtout lorsque les datagrammes traversent des réseaux dont la MTU est plus importante. Cependant, permettre à un datagramme d'avoir une taille supérieure à celle de la plus petite MTU d'un internet signifie qu'un datagramme peut être trop grand pour tenir dans une seule trame (cellule ou paquet).

Le choix devrait être évident : l'objectif de conception d'un internet est de masquer les caractéristiques des divers réseaux sous-jacents afin d'offrir une certaine transparence à l'utilisateur. Ainsi, au lieu de choisir des tailles de datagrammes compatibles avec les contraintes techniques des réseaux, les concepteurs du logiciel IP ont choisi une taille initiale de datagramme pratique et ils ont mis au point un mécanisme permettant de découper les grands datagrammes en plusieurs morceaux, lorsqu'ils doivent traverser un réseau ayant une petite MTU. Les divers morceaux qui résultent du morcellement d'un datagramme sont appelés *fragments* et le processus de division d'un datagramme est appelé *fragmentation*.

Comme l'indique la figure 7.8, la fragmentation se produit au niveau d'un routeur quelconque, sur le chemin reliant la source au destinataire. Le routeur reçoit un datagramme émis d'un réseau à grande MTU et doit le router vers un réseau où la MTU est inférieure à la taille du datagramme.

1. La limite de 1 500 provient des spécifications d'Ethernet ; lorsqu'on utilise un en-tête SNAP, le standard IEEE 802.3 limite la taille du champ Données à 1 492 octets. Certains équipements autorisent des tailles légèrement supérieures.

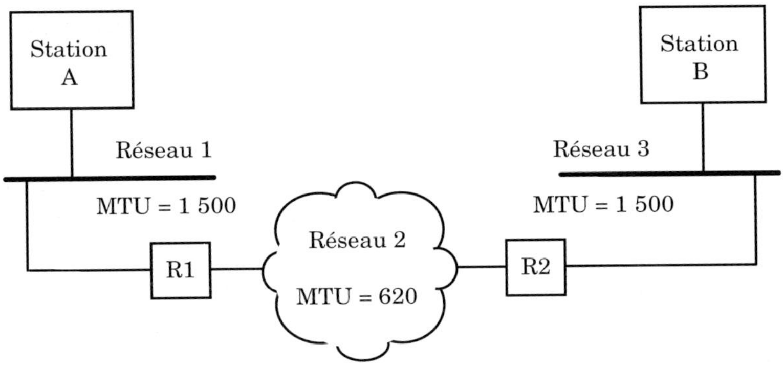

Figure 7.8 — Mise en œuvre de la fragmentation. Le routeur *R1* fragmente les grands datagrammes émis de *A* vers *B*. Le routeur *R2* fragmente les grands datagrammes émis de *B* vers *A*.

Sur la figure 7.8, les deux stations *A* et *B* sont raccordées à des réseaux Ethernet ayant des MTU de 1 500 octets. Ces deux stations peuvent donc générer des datagrammes d'une taille maximale de 1 500 octets. Le chemin qui les relie traverse un réseau où la MTU est de 620 octets. Si la station A envoie un datagramme de plus de 620 octets, le routeur *R1* le fragmente. De façon analogue, si la station *B* envoie un datagramme de plus de 620 octets, le routeur *R2* le fragmente.

La taille d'un fragment est choisie de façon à permettre son encapsulation dans une seule trame (cellule ou paquet) du réseau utilisé pour son acheminement. Le champ *Dép_Fragment* du datagramme précise la localisation ou le déplacement du fragment — on utilise souvent le terme *offset* — dans le bloc de données initial du datagramme. Ce déplacement est exprimé sous forme d'un multiple de 8 octets, la taille des fragments doit être un multiple de huit. Bien entendu, choisir le multiple de huit le plus proche du MTU du réseau ne permet généralement pas de diviser le datagramme en parties égales ; la dernière partie est souvent plus courte que les autres. Les fragments doivent être réassemblés pour reconstituer une copie conforme du datagramme initial avant qu'il puisse être traité au niveau du destinataire.

Le protocole IP n'exige pas que les datagrammes soient de petite taille. Il ne garantit pas non plus, que les grands datagrammes seront remis sans avoir été fragmentés. L'ordinateur source peut choisir la taille de datagramme qu'il juge la mieux appropriée ; la fragmentation et le réassemblage sont réalisés automatiquement, sans intervention particulière de la source. Les spécifications du protocole IP indiquent que les routeurs doivent pouvoir accepter des datagrammes dont la taille maximale correspond à celle du MTU le plus grand de ceux des réseaux qu'ils interconnectent. En outre, les routeurs doivent être en mesure de gérer sans les fragmenter des datagrammes dont la taille atteint 576 octets (les ordinateurs sont également supposés gérer et réassembler, si nécessaire, des datagrammes d'au moins 576 octets).

Fragmenter un datagramme signifie le morceler. Savoir que chaque morceau a une structure identique à celle du datagramme initial peut surprendre. La figure 7.9 montre le résultat de la fragmentation d'un datagramme contenant 1 400 octets de données. Chaque fragment est à lui seul considéré comme un datagramme, il contient un en-tête qui reproduit la majeure partie de l'en-tête initial du datagramme (à l'exception d'un bit dans le champ *Drapeaux*, qui indique qu'il s'agit d'un fragment). L'en-tête est suivi d'autant de données qu'il est possible d'en transporter dans le fragment sans excéder la taille maximale du MTU du réseau sur lequel il doit transiter.

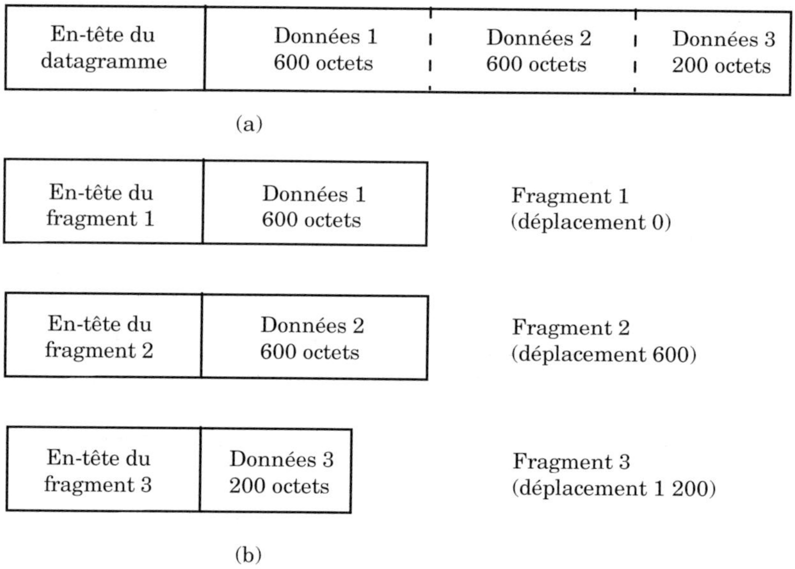

Figure 7.9 — (a) Un datagramme initial transportant 1 400 octets de données et (b) les trois fragments correspondant à un réseau de MTU de 620 octets. Les en-têtes des fragments 1 et 2 ont leur bit « fragments à suivre » positionné. Les longueurs indiquées sont décimales ; elles doivent être divisées par 8 pour obtenir la valeur enregistrée dans les en-têtes de fragments.

7.7.5 Réassemblage des fragments

Un datagramme doit-il être réassemblé après avoir traversé un réseau ou doit-il être acheminé jusqu'à sa destination finale avant d'être réassemblé ? Dans un internet TCP/IP, une fois que le datagramme a été morcelé, les fragments sont acheminés comme autant de datagrammes indépendants jusqu'à leur destination finale où ils seront réassemblés. Conserver les fragments tout au long du chemin entre la source et le destinataire final, présente deux inconvénients. En premier lieu, ne réassembler les datagrammes qu'à leur destination finale peut engendrer des pertes d'efficacité ; surtout si un réseau emprunté après le point de fragmentation a une MTU supérieure à celle du précédent réseau. Dans ce cas ce sont des petits fragments qui traverseront ce nouveau réseau. Le second inconvénient est que si des fragments sont perdus, les datagrammes ne peuvent pas être réassemblés. L'ordinateur destinataire arme un *temporisateur de réassemblage* lorsqu'il reçoit un premier fragment. Si ce temporisateur expire avant l'arrivée de tous les fragments, le destinataire détruit les fragments reçus, sans traiter le datagramme. La probabilité de perte d'un datagramme augmente donc lorsqu'il y a fragmentation parce que la perte d'un seul fragment provoque la perte de tout le datagramme.

En dépit de ces inconvénients mineurs, effectuer le réassemblage au niveau du destinataire final fonctionne bien. Cela permet le routage des fragments indépendamment les uns des autres et n'oblige pas les routeurs intermédiaires à stocker ou à réassembler les fragments.

7.7.6 Contrôle de la fragmentation

Trois champs de l'en-tête des datagrammes : *Identification*, *Drapeaux* et *Dép_Fragment* contrôlent la fragmentation et le réassemblage des datagrammes. Le champ *Identification* contient un entier qui identifie le datagramme. Souvenez-vous que lorsqu'un routeur fragmente un datagramme, il recopie la majeure partie de l'en-tête du datagramme dans l'en-tête de chaque fragment, dont le champ Identification. Le rôle essentiel de ce champ consiste à permettre à l'ordinateur destinataire de savoir à quel datagramme appartiennent les fragments qui arrivent. Lorsqu'un fragment arrive, le destinataire utilise le champ Identification associé à l'adresse IP de l'émetteur, pour identifier et recomposer le datagramme. Un ordinateur qui émet des datagrammes doit générer une valeur d'identification propre à chaque datagramme[1]. Une technique utilisée par les logiciels IP consiste à gérer un compteur en mémoire centrale et à l'incrémenter à chaque fois qu'un nouveau datagramme est transmis. La valeur courante du compteur est affectée au champ Identification du datagramme.

Nous avons vu que chaque fragment a exactement le même format que le datagramme initial. Dans un fragment, le champ *Dép_Fragment* est une unité de mesure de déplacement exprimée en multiples de 8 octets[2], commençant à la valeur 0. Il indique le déplacement (la localisation) des données transportées dans le fragment courant, par rapport au datagramme initial. Afin de pouvoir réassembler un datagramme il est nécessaire d'avoir reçu tous ses fragments, de celui ayant le

1. En théorie, toute retransmission d'un datagramme contient la même valeur d'identification que le datagramme initial ; en pratique, c'est un protocole de haut niveau qui effectue la retransmission, ce qui aboutit à la transmission d'un nouveau datagramme doté de sa propre identification.

2. Les déplacements sont exprimés en multiples de 8 octets pour gagner de la place dans les en-têtes.

numéro 0 à celui de numéro le plus élevé. Les fragments n'arrivent pas nécessairement dans le bon ordre et il n'y a aucune concertation entre le routeur qui a réalisé la fragmentation et l'ordinateur qui effectue le réassemblage.

Le champ *Drapeaux* comprend trois bits dont deux qui contrôlent la fragmentation. Habituellement les logiciels d'application utilisant TCP/IP ne tiennent pas compte de la fragmentation, ni du réassemblage des fragments. En effet, ces deux processus sont entièrement automatiques et sont réalisés à un niveau très bas dans les systèmes d'exploitation. Ces actions sont invisibles aux utilisateurs. Cependant, pour tester ou mettre au point les logiciels d'un internet ou pour résoudre des problèmes de fonctionnement, il peut être important de tester la taille d'un datagramme à partir de laquelle la fragmentation est mise en œuvre. Le premier des deux bits de contrôle facilite cette mise au point, en indiquant si le datagramme peut être fragmenté. Ce bit est appelé *bit de non-fragmentation* ; lorsqu'il est positionné à 1, il indique que le datagramme ne doit pas être fragmenté. Une application peut choisir d'interdire la fragmentation selon ses besoins. Considérons, par exemple, le cas de la séquence de démarrage (*bootstrap*) d'un ordinateur commençant par exécuter un petit programme en mémoire ROM pour demander, au travers l'internet à un serveur distant, son programme d'initialisation. Si le petit programme en question a été conçu pour avoir besoin instantanément de la totalité du programme d'initialisation il aura, dans le datagramme qu'il génère, le bit de non-fragmentation positionné à 1. Lorsqu'un routeur reçoit un datagramme dont le bit de non-fragmentation est positionné à 1 et qu'il a besoin d'appliquer la fragmentation, il détruit le datagramme arrivant et retourne un message d'erreur à l'émetteur.

Un autre bit du champ Drapeaux indique si le fragment contient des données situées dans le milieu ou à la fin du datagramme initial. Il est appelé *fragments à suivre*. Pour comprendre la nécessité d'un tel bit, considérons un logiciel IP qui entreprend de recomposer un datagramme au niveau du destinataire final. Il reçoit les divers fragments (éventuellement dans le désordre) et il a besoin de savoir s'il a reçu tous les fragments correspondant à un datagramme. Lorsqu'un fragment arrive, le champ *Longueur totale* de son en-tête fait référence à la longueur du fragment et non à la longueur du datagramme initial. Le destinataire ne peut pas utiliser ce champ pour déterminer s'il a reçu tous les fragments. Le bit *fragments à suivre* résout le problème ; lorsque le destinataire reçoit un fragment dont le bit *fragments à suivre* est à 0, il sait que ce fragment transporte les données de fin du datagramme. À partir des champs *Dép_Fragment* et *Longueur totale*, il peut calculer la longueur du datagramme initial. L'examen des champs *Dép_Fragment* et *Longueur totale* de chaque fragment reçu permet au destinataire de déterminer si les fragments disponibles contiennent les données nécessaires au réassemblage du datagramme initial.

7.7.7 Durée de vie d'un datagramme (TTL)

Le champ *Durée de vie* (appelé aussi *Time to live* ou *TTL*) indique, en secondes, la durée maximale de transit du datagramme dans l'internet. Le principe est à la fois simple et important : à chaque fois qu'un ordinateur émet un datagramme sur l'internet, il définit sa durée de vie maximale. Les routeurs et les ordinateurs qui traitent le datagramme doivent décrémenter la valeur de son champ *Durée de vie* au fur et à mesure que le temps s'écoule. Le datagramme est détruit dès que la durée de vie expire.

L'estimation de la durée de vie exacte d'un datagramme est difficile : les routeurs ne connaissent généralement pas le temps de transit dans chaque réseau intermédiaire. Quelques règles simplifient le traitement et facilitent la gestion des datagrammes sans utiliser d'horloges synchronisées. Premièrement, chaque routeur intermédiaire sur la route reliant la source au destinataire décrémente d'une unité la durée de vie lorsqu'il traite l'en-tête du datagramme. Puis, pour tenir compte des routeurs surchargés qui peuvent introduire un délai d'acheminement supplémentaire, à l'arrivée d'un datagramme chaque routeur enregistre l'heure courante. Il décrémente la durée de vie du nombre de secondes pendant lesquelles le datagramme a séjourné dans le routeur avant d'être traité[1].

Lorsque la durée de vie atteint la valeur 0, le routeur détruit le datagramme et envoie un message d'erreur à l'ordinateur qui l'a émis. L'idée consistant à associer un temporisateur à chaque datagramme garantit qu'aucun d'entre eux ne pourra boucler indéfiniment dans l'internet, même si les tables de routage viennent à être corrompues et que les routeurs viennent à router les datagrammes en boucle.

À nouveau, le fait qu'un routeur puisse ralentir l'acheminement d'un datagramme pendant plusieurs secondes est aujourd'hui un principe désuet. En effet, la technologie actuelle des routeurs et des réseaux leur permet de traiter les datagrammes (et autres trames, paquets ou cellules) en transit, le plus rapidement possible, en leur faisant subir des temps d'attente « raisonnables ». Si le délai de transit dans un routeur devient trop important, le routeur détruit tout simplement le datagramme. En pratique aujourd'hui, la durée de vie est considérée plutôt comme une limite maximale que comme une estimation du délai d'acheminement. Chaque routeur ne fait que décrémenter la durée de vie d'une unité.

7.7.8 Les champs complémentaires de l'en-tête du datagramme

Le champ *Protocole* est analogue au champ *Type* d'une trame. Il indique quel protocole de haut niveau a été utilisé pour créer le message transporté dans le champ

1. En pratique les routeurs ne bloquent pas les datagrammes outre mesure, pendant de longues secondes, tout simplement pour ne pas pénaliser les performances du réseau.

Données du datagramme. La valeur du champ Protocole définit le format du message dans la zone de données. La correspondance entre un protocole et la valeur dans le champ Protocole est gérée par une autorité centrale afin de garantir l'agrément au sein d'Internet.

Le champ *Total de contrôle d'en-tête* (appelé aussi *Header checksum*) assure l'intégrité du contenu de l'en-tête. Le total de contrôle est obtenu en considérant l'en-tête comme une suite d'entiers de 16 bits (dans l'ordre standard réseau), dont on fait la somme selon l'arithmétique en complément à un et dont on prend le complément à un du résultat. Pour les besoins du calcul, le champ *Total de contrôle d'en-tête* est supposé contenir la valeur 0.

Il est important de noter que le calcul du total de contrôle ne porte que sur l'en-tête et non sur l'intégralité du datagramme. Ne faire porter le contrôle que sur l'en-tête présente des avantages et des inconvénients. En général, l'en-tête comprend un nombre d'octets moins important que le champ Données et n'effectuer le contrôle que sur l'en-tête permet de réduire le temps de traitement dans chaque routeur. Cette façon de faire permet aux protocoles de haut niveau de choisir leur propre mode de vérification de l'intégrité de leurs données. Mais, l'inconvénient majeur consiste à obliger les protocoles de haut niveau à vérifier les données ou à prendre le risque de manipuler des données erronées sans le savoir.

Les champs *Adresse IP Source* et *Adresse IP Destination* contiennent les adresses IP, sur 32 bits, de l'émetteur du datagramme et de son destinataire. Bien que les datagrammes puissent traverser de nombreux routeurs, les adresses *IP Source* et *Destination* ne sont jamais modifiées. Elles indiquent les adresses de la source et du destinataire final du datagramme[1].

Le champ *Données* est la zone de données du datagramme. Sa longueur dépend, bien entendu, de ce qui est transmis dans le datagramme.

Le champ *Options IP* que nous analysons ci-dessous est de longueur variable. Le champ *Bourrage* dépend des options choisies. Il contient un certain nombre de bits à 0, nécessaires pour garantir que l'en-tête du datagramme est un multiple entier de 32 bits (c'est dans cette unité qu'est exprimée la longueur de l'en-tête d'un datagramme).

7.8 OPTIONS D'UN DATAGRAMME IP

Le champ *Options IP* qui suit l'adresse IP de destination n'est pas obligatoire dans tous les datagrammes. Les options sont incluses essentiellement à des fins de test

1. À une exception près qui se présente lorsque le datagramme inclut les options de routage de source (voir ci-après).

ou de mise au point. Le traitement des options fait partie intégrante du protocole IP et, par conséquent, toutes les mises en œuvre normales doivent l'inclure.

La longueur du champ *Options IP* varie en fonction des options choisies. Certaines options sont sur un octet ; elles ne comportent que le *Code option*. D'autres options ont des longueurs variables. Lorsque des options sont présentes dans un datagramme, elles apparaissent à la suite les unes des autres, sans séparateur particulier. Chaque type d'option est codé sur un octet : le *Code option*. Ce Code option peut être suivi d'un octet précisant la longueur de l'option et d'un ensemble d'octets de données associés à cette option. Le Code option est divisé en trois sous-champs, comme l'indique la figure 7.10 : *Copie*, un drapeau d'un bit ; 2 bits pour la *Classe d'option* ; 5 bits pour le *Numéro d'option*. Le bit *Copie* indique comment le routeur traite les options pendant la fragmentation. Lorsqu'il est à 1, Copie indique que l'option doit être recopiée dans tous les fragments. Lorsqu'il est à 0, il signifie que l'option ne doit être recopiée que dans le premier fragment.

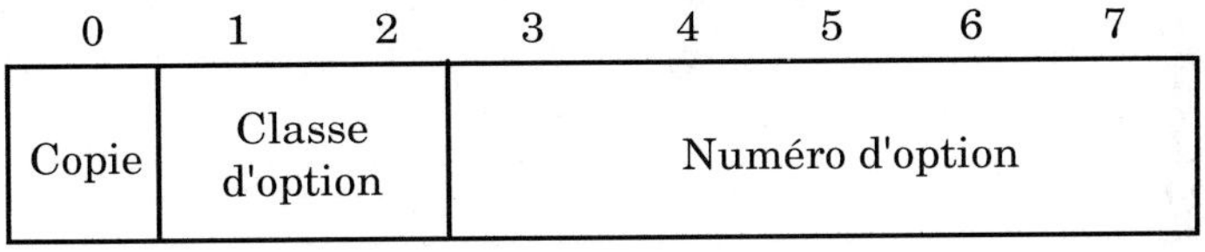

Figure 7.10 — Format de l'octet Code option : trois sous-champs de longueurs 1, 2 et 5 bits.

Les sous-champs *Classe d'option* et *Numéro d'option* spécifient la classe générale de l'option et précisent une option spécifique dans la classe. Le tableau de la figure 7.11 indique comment les classes sont définies.

Classe d'option	Signification
0	Datagramme ou supervision de réseau
1	Réservé pour une utilisation future
2	Mise au point et mesures
3	Réservé pour une utilisation future

Figure 7.11 — Classes d'option IP telles qu'elles sont codées dans le sous-champ Classe d'option.

Le tableau de la figure 7.12 présente les options permises avec les datagrammes IP, il indique les classes d'option ainsi que les numéros d'option. On utilise la plupart des options à des fins de contrôle.

Classe d'option	Numéro d'option	Longueur	Signification
0	0	–	Fin de liste d'option. Utilisé si les options ne se terminent pas à la fin de l'en-tête (voir champ Bourrage).
0	1	–	Pas d'opération. Utilisé pour aligner les octets dans une liste d'options.
0	2	11	Restriction de sécurité et de gestion. Destiné aux applications militaires .
0	3	var	Routage lâche défini par la source. Utilisé pour router un datagramme selon un chemin particulier.
0	7	var	Enregistrement de route. Utilisé pour enregistrer un itinéraire.
0	8	4	Identificateur de connexion. Transporte un id. de connexion SATNET (obsolète).
0	9	var	Routage strict défini par la source. Utilisé pour router un datagramme sur un chemin spécifique.
0	11	4	Détermination du MTU. Utilisé pour connaître les MTU sur un chemin donné.
0	12	4	Réponse à demande du MTU. Utilisé pour connaître les MTU sur un chemin donné.
0	20	4	Alarme routeur. Le routeur doit examiner ce datagramme même s'il ne lui est pas adressé.
2	4	var	Horodatage dans l'internet. Pour enregistrer l'horodatage le long d'une route.
2	18	var	Traceroute. Utilisé par le programme *traceroute* pour découvrir les routeurs le long d'un chemin.

Figure 7.12 — Exemples d'options IP associées de leur numéro de classe et de leur numéro d'option. La valeur *var* dans la colonne Longueur signifie *variable*.

7.8.1 Option enregistrement de route

Les options de routage et d'horodatage sont les plus intéressantes car elles constituent un moyen de surveiller ou de contrôler comment les routeurs de l'internet routent les datagrammes IP. L'option *enregistrement de route* (*record route*) permet à la source de créer une liste vide d'adresses IP et de demander à chaque routeur qui gère un datagramme d'ajouter sa propre adresse IP à la liste. La figure 7.13 indique le format d'une telle liste de routage.

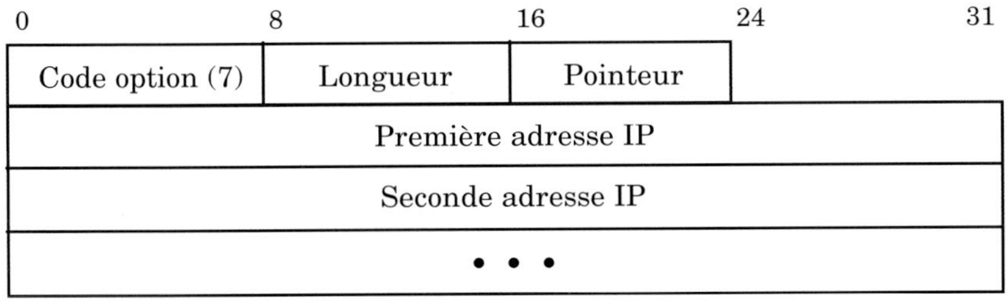

Figure 7.13 — Structure d'une liste de routage associée à l'option enregistrement de route d'un datagramme IP.

Le champ *Code option* d'un enregistrement de route contient le numéro d'option et la classe d'option (0 et 7 pour l'option *enregistrement de route*). Le champ *Longueur* indique la longueur totale de l'option, telle qu'elle apparaît dans le datagramme IP, les trois premiers octets inclus. Les divers champs *Première adresse IP*, *Seconde adresse IP*, etc., comprennent la liste des adresses IP des divers routeurs sur la route empruntée par le datagramme. Le champ *Pointeur* contient la valeur du déplacement qui permet d'accéder au prochain emplacement libre de l'option.

À chaque fois qu'un routeur manipule un datagramme dont l'option enregistrement de route est activée, il ajoute son adresse IP à la liste d'enregistrement de la route (une zone mémoire de taille suffisante pour contenir l'ensemble des adresses doit être allouée à l'option par l'ordinateur source). Pour ajouter sa propre adresse, un routeur examine les champs *Pointeur* et *Longueur*. Si le pointeur a une valeur supérieure à la longueur du champ, c'est que la liste d'adresses est pleine, dans ce cas le routeur achemine le datagramme sans y ajouter son adresse. Si la liste n'est pas pleine, le routeur y insère les 4 octets de son adresse IP, à partir de la position repérée par le pointeur et incrémente la valeur de ce dernier de quatre.

Habituellement, un ordinateur qui reçoit un datagramme le traite normalement, il ignore l'option enregistrement de route. L'utilisation de cette option nécessite que les deux ordinateurs (la source et le destinataire) se soient concertés pour coopérer à cette action ; un ordinateur ne recevra pas systématiquement d'informations relatives aux routes uniquement parce qu'il a activé cette option. Mais, lorsque c'est le cas, quand un datagramme arrive, l'ordinateur destinataire extrait et traite la liste des adresses IP pour disposer d'informations relatives à la route.

7.8.2 Option routage défini par la source

Un autre principe jugé important par les concepteurs de réseaux est l'option *routage défini par la source* (ou *source routing*) L'idée sur laquelle s'appuie le routage défini par la source est de permettre à la source d'imposer un chemin au sein de l'internet. Par exemple, pour tester le débit d'un réseau particulier, *N*, l'administrateur réseaux peut utiliser le routage défini par la source pour forcer les datagrammes à emprunter un chemin qui inclut le réseau *N*, même si en temps normal ils n'avaient pas à transiter sur ce réseau. La possibilité d'effectuer ce test de route est particulièrement importante dans un environnement de production : cela permet à l'administrateur réseaux de faire router les datagrammes par des réseaux dont il sait qu'ils fonctionnent correctement et ainsi, d'effectuer pendant ce temps des tests sur d'autres réseaux. Bien entendu, ces tests ne sont utiles qu'aux administrateurs réseaux. L'utilisateur de base n'a pas à les utiliser, ni même à en connaître l'existence.

Le protocole IP supporte deux formes de routage défini par la source. Le premier, appelé *routage strict défini par la source* (*strict source routing*) définit une route sous forme d'une suite d'adresses IP dans l'option, comme l'indique la figure 7.14.

Le routage strict défini par la source indique le chemin précis que doit emprunter un datagramme pour atteindre sa destination. Le chemin reliant deux points d'adresses successives de la liste doit correspondre à un même réseau ; une erreur se produit si un routeur ne peut appliquer le routage strict. L'autre forme, le *routage lâche défini par la source* (*loose source routing*) comporte également une suite d'adresses IP. Elle indique que le datagramme doit transiter par les adresses IP de la liste mais autorise, pour deux adresses consécutives de la liste, le transit par plusieurs intermédiaires d'un réseau donné.

0	8	16	24	31
Code option (137)	Longueur	Pointeur		
Adresse IP du premier tronçon				
Adresse IP du second tronçon				
• • •				

Figure 7.14 — Format du message de l'option *routage strict défini par la source.*

Les deux options de routage défini par la source imposent aux routeurs intermédiaires sur un chemin donné, d'inscrire leur adresse dans la liste d'adresses IP. Ainsi, lorsque le datagramme parvient au destinataire, il contient la liste de tous les points d'adresses IP par lesquels il a transité, comme dans le cas de l'option enregistrement de route.

La structure du message de l'option routage défini par la source ressemble à celle de l'option enregistrement de route. Chaque routeur examine les champs Pointeur et Longueur pour voir si l'espace alloué à la liste est saturé. Si c'est le cas, le routeur fait suivre le datagramme normalement. Si ce n'est pas le cas, le routeur consulte le pointeur, prélève l'adresse IP, la remplace par sa propre adresse[1] et route le datagramme en utilisant l'adresse prélevée dans la liste.

1. Un routeur a plusieurs adresses IP (une adresse pour chacune de ses interfaces) ; il enregistre l'adresse qui correspond au réseau sur lequel il route le datagramme.

7.8.3 Option horodatage

L'option *horodatage* (*timestamp*) fonctionne de façon analogue à l'option enregistrement de route : elle contient une liste initialement vide et chaque routeur du chemin reliant la source au destinataire remplit un item dans la liste. Chaque entrée contient deux items de 32 bits : l'adresse IP du routeur associé à l'entrée et un horodatage (date et heure). La figure 7.15 indique le format du message de l'option horodatage.

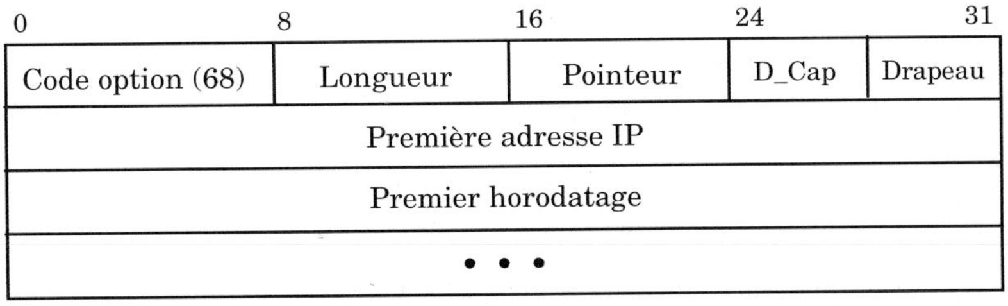

Figure 7.15 — Structure du message de l'option horodatage. Les bits du champ Drapeau contrôlent le format et les règles utilisées par les routeurs pour traiter cette option.

Les champs *Longueur* et *Pointeur* indiquent la longueur de la zone réservée à l'option et l'emplacement du prochain emplacement libre (exactement comme dans le cas des autres options de route). Le champ *D_Cap* (dépassement de capacité) de 4 bits, indique le nombre de routeurs qui n'ont pas pu fournir d'informations d'horodatage parce que la zone réservée à l'option était trop petite.

Le champ *Drapeau* (qui comprend 4 bits) contrôle le format de l'option et indique comment le routeur doit fournir les informations d'horodatage. Les indicateurs du champ *Drapeau* sont présentés à la figure 7.16.

Valeurs	Signification
0	Enregistrement d'horodatage seul. Omission des adresses IP.
1	Faire précéder chaque horodatage d'une adresse IP. (correspond à ce qui est présenté à la figure 7.13).
3	Les adresses IP sont définies par l'émetteur. Le routeur n'enregistre un horodatgae que s'il figure sur la liste d'adresses.

Figure 7.16 — Valeurs des bits du champ *Drapeau* de l'option horodatage.

L'horodatage indique la date et l'heure à laquelle un routeur a traité un datagramme. Celles-ci sont exprimées en nombre de secondes écoulées depuis minuit heure universelle[1]. Si la représentation normale du temps n'est pas disponible, le routeur utilise la représentation locale et positionne le bit de poids fort du champ d'horodatage. Bien entendu, les informations d'horodatage mentionnées par les différents routeurs ne sont pas toujours cohérentes, même lorsqu'elles sont exprimées sous forme de date universelle ; chaque ordinateur indique la date de son horloge locale et les différentes horloges peuvent présenter des variations. Les entrées d'horodatage doivent donc être considérées comme des estimations, indépendantes de la représentation.

Il peut paraître bizarre que l'option horodatage comporte un mécanisme qui permet à un routeur d'enregistrer son adresse IP en plus de l'horodatage, car l'option enregistrement de route procure déjà cette fonction. L'enregistrement des adresses IP associées aux informations d'horodatage élimine toute ambiguïté. L'enregistrement des routes est également utile car il permet au récepteur de connaître précisément le chemin suivi par le datagramme.

7.8.4 Traitement des options lors de la fragmentation

La justification du bit *Copie* du champ *Code option* devrait maintenant être claire. Lors de la fragmentation d'un datagramme, un routeur recopie certaines options dans tous les fragments et certaines autres options uniquement dans un seul fragment. Considérons, par exemple, l'option enregistrement de route. Nous avons dit que chaque fragment était géré comme un datagramme indépendant ; il n'y a donc aucune raison que les différents fragments empruntent le même chemin. Si tous les fragments contiennent l'option enregistrement de route, le destinataire peut obtenir une liste différente pour chaque fragment. Il ne peut pas produire une liste unique et significative de routes lors du réassemblage du datagramme. Le protocole TCP/IP spécifie pour éviter cela que l'option enregistrement de route ne peut être mentionnée que dans un seul des fragments.

Toutes les options IP ne peuvent être limitées à un seul fragment. Considérons, par exemple, l'option routage défini par la source qui indique le cheminement d'un datagramme dans l'internet. Les informations de routage définies par la source doivent être recopiées dans les en-têtes de chaque fragment, sinon les fragments ne suivent pas la route indiquée. Le champ Code correspondant au routage défini par la source doit donc être recopié dans chacun des fragments.

7.9 RÉSUMÉ

Le service de base assuré par le logiciel TCP/IP est un service de transfert non fiable de datagrammes, sans garantie de remise et en mode non connecté. Le

1. L'heure universelle, longtemps appelée heure du méridien de Greenwich ou GMT (Greenwich Mean Time), est l'heure correspondant au premier méridien.

protocole IP définit le format des datagrammes IP et comporte intrinsèquement la notion de remise en mode non connecté. Ce chapitre était essentiellement consacré au format des datagrammes ; les chapitres suivants traiteront du routage et de la gestion des erreurs.

De façon analogue à une trame, un datagramme IP comprend un en-tête suivi d'une zone de données. Entre autres informations, l'en-tête du datagramme contient les adresses IP de la source et du destinataire, des informations de contrôle de fragmentation et de priorité et un total de contrôle permettant de détecter d'éventuelles erreurs de transmission. À côté des champs de taille fixe, chaque en-tête de datagramme peut contenir des champs d'option. La taille de ces champs est variable selon le nombre et la nature des options utilisées ainsi qu'en fonction de l'espace qui leur est alloué. Destinées à faciliter la surveillance et le contrôle du fonctionnement d'un internet, les options permettent de définir ou d'enregistrer des informations de routage, ou de collecter des informations d'horodatage, au fur et à mesure que les datagrammes traversent l'internet.

7.10 POUR EN SAVOIR PLUS

Postel (1980) traite des différentes façons d'aborder les protocoles d'un internet, l'adressage et le routage. Dans des publications ultérieures, Postel [RFC 791] définit le standard du protocole IP tandis que Braden [RFC 1122] affine d'avantage ce standard. Hornig [RFC 894] définit un standard de transmission des datagrammes IP sur les réseaux Ethernet. Clark [RFC 815] définit une méthode de réassemblage efficace des datagrammes. En complément au format des datagrammes, l'autorité Internet définit un certain nombre de constantes nécessaires aux protocoles réseau. Ces dernières peuvent être trouvées dans Reynolds et Postel [RFC 1700]. Kent et Mogul (1987) étudient les inconvénients de la fragmentation.

Nichols *et al.* [RFC 2474] définissent les services différenciés de même que l'interprétation des bits du champ Code du service (DSCP) de l'en-tête du datagramme. Blake *et al.* [RFC 2475] propose une architecture pour la mise en œuvre de la différenciation des services. Hormis le format des datagrammes, d'autres constantes de réseau sont également normalisées ; des informations et les valeurs associées à ces constantes sont régulièrement annoncées dans les diverses publications des RFC.

Une alternative au protocole IP connue sous le nom XNS est décrite dans Xerox (1981). Boggs *et al.* (1980) décrivent les datagramme PUP du protocole PARC (*PARC Universal Packet protocol*), un concept d'XNS apparenté à celui des datagramme IP.

7.11 EXERCICES

7.1 Quel sont l'intérêt majeur et les inconvénients d'avoir un total de contrôle calculé sur l'en-tête des datagrammes et non sur les données ?

7.2 Est-il toujours nécessaire d'utiliser un total de contrôle lorsqu'on émet des datagrammes sur un réseau Ethernet ?

7.3 Quelle est la taille des MTU des réseaux ASNET ? Hyperchannel ? et pour un commutateur ATM ?

7.4 Vous attendez-vous à ce que les réseaux à haut débit aient une MTU plus grande ou plus petite que les réseaux WAN ?

7.5 Justifiez le fait que les fragments doivent avoir de petits en-têtes non standard.

7.6 Trouvez la dernière date de modification du protocole IP. Est-ce que l'indication du numéro de version est réellement très utile ?

7.7 Pouvez-vous imaginer pourquoi le complément à 1 a été choisi plutôt qu'un contrôle de redondance cyclique pour vérifier un datagramme IP ?

7.8 Quels sont les avantages du réassemblage des datagrammes au niveau de la destination finale plutôt qu'à la sortie du réseau traversé ?

7.9 Quelle est la taille de MTU minimale qui permet d'acheminer un datagramme IP ne contenant qu'un octet de données ?

7.10 Supposez que vous devez réaliser un matériel de traitement des datagrammes IP. Y a-t-il des réorganisations de l'en-tête du datagramme qui amélioreraient l'efficacité de votre matériel et ou qui en faciliteraient la conception ?

7.11 Si vous avez accès à une implémentation d'IP, étudiez-la et testez les réalisations d'IP disponibles sur votre site pour voir si elles rejettent les datagrammes qui contiennent un numéro de version périmé.

7.12 Lorsqu'un datagramme IP de taille minimale traverse un réseau Ethernet, quelle est la taille de la trame Ethernet ?

7.13 Lorsqu'un datagramme IP de taille minimale traverse un réseau Ethernet, quelle est la taille de la trame Ethernet ?

7.14 La nouvelle interprétation du champ *Type de service* (TOS) pour les services différenciés autorise jusqu'à 64 services différents. Argumentez le fait qu'un nombre plus faible de services soit amplement suffisant (faites une liste de tous les services dont vous pourriez avoir besoin).

7.15 La définition des services différenciés a été réalisée de façon à permettre une compatibilité antérieure avec les bits de niveau de priorité du champ TOS d'origine. Est-ce que cette compatibilité impose forcément des contraintes aux implémentations de telle façon à réduire leurs performances ? Expliquez.

8

Protocole IP : le routage des datagrammes

8.1 INTRODUCTION

Nous avons vu que les services de niveau application d'un internet sont construits au-dessus d'un service non fiable de remise de datagramme IP en mode non connecté. Ce chapitre complète la présentation du protocole IP en décrivant comment les routeurs routent les datagrammes et comment ils les acheminent jusqu'à leur destination finale. Le format des datagrammes vu au chapitre 7 caractérise les aspects statiques du protocole IP. La description du routage, dans ce chapitre, caractérise ses aspects opérationnels. Le chapitre 9 termine la présentation du protocole IP en expliquant le mode de gestion des erreurs. Le chapitre 10 décrit les extensions relatives à l'adressage (dont le sous-adressage et l'adressage sans classe). Quant aux autres chapitres ils expliquent comment les protocoles de niveau élevé utilisent le protocole IP pour fournir des services de communication de haut niveau.

8.2 ROUTAGE DES DATAGRAMMES DANS UN INTERNET

Dans un réseau à commutation par paquets, par exemple, le *routage* fait référence au processus de choix d'un chemin sur lequel les paquets seront acheminés. Le *routeur* (comme le commutateur) est un ordinateur spécialisé effectuant le routage. Le routage s'effectue à plusieurs niveaux. Par exemple, dans un réseau WAN on trouve plusieurs liens de communication entre les divers commutateurs internes au réseau. Le WAN a lui-même la responsabilité du routage des paquets (ou des datagrammes), de leur entrée dans le réseau jusqu'à leur sortie. La technique de routage mise en œuvre est propre au WAN. Les ordinateurs externes au WAN ne participent pas au routage. Au contraire, ils voient le réseau comme une entité logique acceptant de recevoir des paquets, de les acheminer et de les remettre à un destinataire.

Nous avons dit que l'objectif des protocoles TCP/IP est de constituer un réseau virtuel qui assure un service de remise de datagrammes en mode non connecté. Dans ce chapitre, nous portons l'attention sur le *routage internet* appelé souvent *routage IP*[1]. De façon analogue au routage dans un réseau à commutation par paquets, le routage IP détermine le chemin dans l'internet sur lequel les datagrammes seront transmis. L'algorithme de routage IP doit choisir la façon de transmettre un datagramme à travers les divers réseaux de l'internet.

Le routage dans un internet peut s'avérer complexe, particulièrement entre des ordinateurs connectés à plusieurs réseaux. Idéalement, le logiciel de routage doit prendre en compte diverses informations comme la charge du réseau, la taille des datagrammes ou le type de service mentionné dans l'en-tête du datagramme pour choisir le meilleur chemin dans l'internet. En réalité, la plupart des logiciels de routage sont beaucoup moins élaborés et choisissent les routes sur la base d'hypothèses statistiques, comme par exemple le plus court chemin.

Pour comprendre au mieux le routage IP, revenons à l'architecture d'un internet TCP/IP. Nous avons vu qu'un internet est constitué d'un ensemble de réseaux interconnectés par des ordinateurs spécialisés appelés *routeurs*. Chaque routeur est directement relié à deux réseaux ou plus. Contrairement à un routeur, un ordinateur n'est souvent relié qu'à un seul réseau. Toutefois, nous savons que certains *ordinateurs multi-domiciliés* (*multi-homed host*) sont raccordés à plusieurs réseaux.

Les ordinateurs et les routeurs participent au routage des datagrammes IP. Lorsqu'un programme d'application d'un ordinateur entreprend de communiquer, cela conduit les protocoles TCP/IP à générer un ou plusieurs datagrammes IP. L'ordinateur prend une décision de routage lorsqu'il doit choisir où envoyer les datagrammes qu'il produit. C'est le cas sur la figure 8.1 où un ordinateur doit prendre une décision de routage bien qu'il ne soit relié qu'à un seul réseau.

Bien entendu, les routeurs prennent eux aussi des décisions de routage (c'est leur rôle principal et cela justifie leur appellation de routeur). Qu'en est-il des ordinateurs multi-domiciliés ? Tout ordinateur disposant de plusieurs points d'accès à divers réseaux peut se comporter comme un routeur. Comme nous le verrons, les ordinateurs multi-domiciliés qui utilisent TCP/IP disposent de tous les logiciels nécessaires au routage. Certains sites qui ne sont pas équipés de routeurs utilisent souvent un ordinateur classique pour remplir le double rôle d'ordinateur et de routeur (cette pratique est largement répandue parmi les sites universitaires,

1. On rencontre quelquefois dans la littérature l'expression *IP forwarding* au sujet du routage IP. Techniquement cette expression signifie que le routage se fait par sauts successifs, c'est-à-dire par progression de proche en proche dans le réseau IP. Le chapitre 18 décrit un problème sous-jacent intéressant : la *commutation IP* ou *IP switching*, appelée aussi *layer 3 switching*.

le plus souvent pour des raisons économiques). Les protocoles TCP/IP, eux, établissent une distinction nette entre les fonctions d'un ordinateur et celles d'un routeur. Aussi, les sites qui mêlent ces doubles fonctions dans un même ordinateur constatent parfois que celui-ci s'engage dans des interactions tout à fait inattendues. Pour le moment, nous distinguerons les ordinateurs des routeurs et nous supposerons qu'un ordinateur n'assure pas les fonctions de routeur relatives au transfert des datagrammes entre deux réseaux.

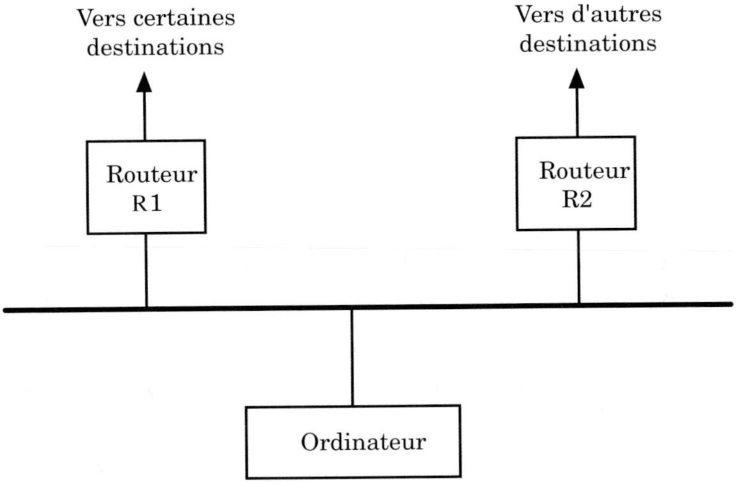

Figure 8.1 — Exemple d'un ordinateur qui doit prendre une décision de routage. Il doit choisir d'envoyer ses datagrammes soit au routeur R_1 soit au routeur R_2 car aucun d'eux ne propose le meilleur chemin pour aller vers toutes les destinations possibles.

8.3 REMISE DIRECTE ET INDIRECTE

En première approche, on peut distinguer deux formes de routage : celui par remise directe et celui par remise indirecte des datagrammes. La *remise directe* (*direct delivery*) – qui correspond au transfert direct d'un datagramme entre deux ordinateurs – est le fondement sur lequel s'appuient les communications dans un internet. Deux ordinateurs peuvent pratiquer la remise directe s'ils sont reliés tous deux au même moyen de transmission, comme par exemple un même câble Ethernet. La *remise indirecte* (*indirect delivery*) est mise en œuvre chaque fois que ce n'est pas le cas et que les données échangées entre les ordinateurs doivent transiter par au moins un routeur, ce qui nécessite un calcul de routage.

8.3.1 Remise directe des datagrammes

Nous savons qu'un ordinateur raccordé à un réseau simple (comme par exemple Ethernet) peut envoyer une trame directement à un autre ordinateur relié sur ce même réseau. Pour transmettre un datagramme IP, l'ordinateur expéditeur encapsule le datagramme dans une trame, met en correspondance l'adresse IP et l'adresse physique de l'ordinateur destinataire puis transmet la trame ainsi créée sur le réseau. Nous avons vu au chapitre 5 deux mécanismes possibles de résolution d'adresses ; l'un d'eux, le protocole ARP, est mis en œuvre dans les réseaux de type Ethernet. Le chapitre 7 a expliqué comment pouvait être effectuée l'encapsulation des datagrammes. Nous disposons à présent de tous les éléments permettant une meilleure appréhension de la remise directe des datagrammes. En résumé :

Transmettre un datagramme IP entre deux ordinateurs reliés à un même réseau ne met pas en jeu de routeur. L'expéditeur encapsule le datagramme dans une trame, effectue la correspondance adresse IP/adresse physique du destinataire et lui envoie la trame directement.

Comment l'expéditeur sait-il que le destinataire est relié au même réseau ? Le test est immédiat. Nous savons que les adresses IP se décomposent en un préfixe spécifique du réseau, *id_res*, et un suffixe spécifique de l'ordinateur, *id_ord*. Pour savoir si un destinataire se trouve sur un réseau directement accessible l'émetteur extrait l'identificateur *id_res* de l'adresse IP et le compare à son (ou à ses) propre(s) identificateur(s) réseau. En cas de correspondance le datagramme peut être envoyé directement. Nous venons d'évoquer l'un des avantages du schéma d'adressage Internet :

Comme les adresses IP de toutes les machines d'un réseau donné comportent un identificateur commun et que l'extraction de cet identificateur peut être effectuée simplement et rapidement, la vérification de l'accès direct à un ordinateur est extrêmement efficace.

Du point de vue d'un internet, il est plus simple d'envisager la remise directe comme le mécanisme de remise de tout datagramme sur le tronçon final où se trouve le destinataire ; même si, avant cette étape, le datagramme a traversé une suite de réseaux et de routeurs intermédiaires. Sur le chemin entre un ordinateur expéditeur et un destinataire, le dernier routeur et le destinataire se trouvent sur le même réseau. C'est ce routeur qui délivrera le datagramme au destinataire en effectuant une remise directe. On peut voir la remise directe entre un ordinateur source et un destinataire comme un cas particulier du routage général : dans une route directe, le datagramme ne traverse aucun routeur intermédiaire.

8.3.2 Remise indirecte des datagrammes

La remise indirecte est plus complexe que la remise directe car l'expéditeur doit identifier un routeur vers lequel envoyer le datagramme. Le routeur doit alors faire suivre le datagramme vers le réseau correspondant à sa destination finale.

Pour voir comment fonctionne le routage en remise indirecte, considérons un vaste internet constitué d'un grand nombre de réseaux interconnectés par des routeurs et ne comportant que deux ordinateurs à ses extrémités. Lorsqu'un ordinateur souhaite émettre un datagramme vers l'autre ordinateur, il encapsule le datagramme – dans une trame ou un paquet selon le réseau d'accès – et l'envoie au routeur le plus proche. Nous savons que l'ordinateur expéditeur peut atteindre directement un routeur car tous les réseaux de l'internet sont interconnectés par des routeurs. Une fois que la trame ou le paquet émis atteint le routeur, son logiciel réseau extrait le datagramme puis identifie le prochain routeur sur la route conduisant à l'ordinateur destinataire. Le datagramme est à nouveau encapsulé dans une trame ou un paquet puis il est émis sur le nouveau réseau vers le routeur suivant et ainsi de suite jusqu'à ce que le datagramme puisse être remis directement au destinataire. Ces idées se résument ainsi :

> Les routeurs d'un internet TCP/IP forment une structure coopérative. Un datagramme transite de routeur en routeur jusqu'à ce que l'un d'entre eux puisse le remettre directement à son destinataire.

Comment les routeurs déterminent-ils où envoyer un datagramme ? Comment un ordinateur peut-il connaître le routeur à choisir pour atteindre un destinataire donné ? Ces deux questions sont liées car elles mettent toutes deux le routage IP en jeu. Nous y répondons en deux temps, en considérant, dans ce chapitre, l'algorithme de routage de base géré par une table de routage et, dans un chapitre ultérieur, la façon dont les routeurs apprennent de nouvelles routes dans l'internet.

8.4 ROUTAGE GÉRÉ PAR DES TABLES DE ROUTAGE

Les algorithmes de routage IP utilisent habituellement une *table de routage*, parfois appelée *table de routage IP*, qui contient les informations relatives aux différentes destinations possibles de l'internet et à la façon de les atteindre. Chaque routeur dispose d'une table de routage spécifique. À chaque fois que le logiciel IP d'un routeur doit transmettre un datagramme, il consulte sa table de routage pour déterminer où envoyer le datagramme.

Quelles informations doit contenir une table de routage ? Si chaque table de routage contenait les informations relatives à toutes les destinations possibles de l'internet, elle serait difficile à tenir à jour. De plus, comme le nombre de destinations possibles est très grand, les routeurs devraient disposer de capacités de mémoire considérables pour stocker des tables gigantesques. Pour que le routage puisse être effectué malgré ce handicap, un mécanisme de masquage d'informations est mis en œuvre pour permettre aux routeurs de prendre les décisions de routage en n'ayant qu'un minimum d'informations. Par exemple, il est souhaitable que les informations de routage spécifiques à un ensemble d'ordinateurs soient confinées dans leur environnement local. Il est également souhaitable que des ordinateurs éloignés, externes à cet environnement local, puissent leur transmettre des datagrammes sans avoir à connaître toutes les informations de routage locales. Heureusement le schéma d'adressage IP permet d'offrir un tel mécanisme. Souvenez-vous que les adresses IP sont attribuées de façon que les ordinateurs raccordés à un même réseau partagent un préfixe commun(la partie réseau, *id_res*, de l'adresse IP). Nous avons vu qu'un tel choix donne une certaine efficacité à la remise directe. Cela signifie aussi que les tables de routage ne doivent contenir que des adresses réseaux et non la totalité des adresses IP.

8.5 ROUTAGE PAR SAUTS SUCCESSIFS

L'utilisation de la partie réseau, *id_res*, des adresses IP au lieu des adresses complètes assure l'efficacité du routage et réduit la taille des tables de routage. Ceci permet en plus de masquer des informations locales relatives à des ordinateurs spécifiques situés sur un même site. En général, les tables de routage contiennent des paires d'adresses (*N*, *R*) où *N* est l'adresse IP du réseau de destination et *R* l'adresse du routeur suivant sur le chemin qui mène au réseau *N*. Le routeur *R* est appelé un *saut suivant* (*next hop*). La solution qui consiste à utiliser une table de routage indiquant un saut suivant pour chaque destination est appelée *technique de routage par sauts successifs* (*next-hop routing*). Ainsi, chaque table de routage n'indique qu'une seule étape du chemin menant du routeur *R* au réseau *N* : un routeur ignore le chemin complet qui mène au destinataire final.

Les tables de routage, il est important de le comprendre, ne mentionnent que les routeurs directement accessibles sur un réseau donné. Tous les routeurs référencés dans les tables de routage d'un ordinateur M doivent, en effet, appartenir à des réseaux auxquels cet ordinateur est directement relié. Lorsqu'un datagramme est prêt à quitter l'ordinateur M, le logiciel IP localise l'adresse IP du destinataire et en extrait la partie réseau, *id_res*. M utilise ensuite l'identificateur *id_res* pour prendre une décision de routage, en choisissant un routeur directement accessible.

En réalité, le principe de masquage des informations s'applique également aux ordinateurs. Nous insistons sur le fait que si les ordinateurs disposent de tables de routage, ils ne doivent y conserver qu'un minimum d'informations. L'idée consiste à obliger les ordinateurs à recourir aux routeurs pour réaliser l'essentiel du routage.

La figure 8.2 donne un exemple concret expliquant le mécanisme des tables de routage. L'internet pris en exemple comprend quatre réseaux reliés par trois routeurs, *Q*, *R* et *S*. Sur la figure, la table de routage indique les routes utilisées par *R* qui raccorde directement les réseaux 20.0.0.0 et 30.0.0.0 ; *R* peut remettre directement des datagrammes aux ordinateurs connectés à ces réseaux (en utilisant éventuellement le protocole ARP pour déterminer leurs adresses physiques). Supposons un datagramme destiné à un ordinateur du réseau 40.0.0.0. *R* route ce datagramme vers l'adresse 30.0.0.7 correspondant à celle du routeur S. C'est S qui remettra directement le datagramme à l'ordinateur destinataire. *R* peut atteindre l'adresse 30.0.0.7 car *R* et S sont tous deux reliés au même réseau 30.0.0.0.

Comme l'indique la figure 8.2, la taille de la table de routage dépend du nombre de réseaux de l'internet ; elle augmente uniquement lorsque de nouveaux réseaux y sont ajoutés. Cependant, la taille de la table et son contenu sont indépendants du nombre d'ordinateurs connectés à chaque réseau. Nous pouvons résumer le principe qui en découle :

> Pour masquer les informations, conserver des tables de routage de petite taille et assurer l'efficacité des choix de routage, le logiciel IP ne conserve que les informations relatives aux adresses réseaux et non aux adresses IP de chaque ordinateur.

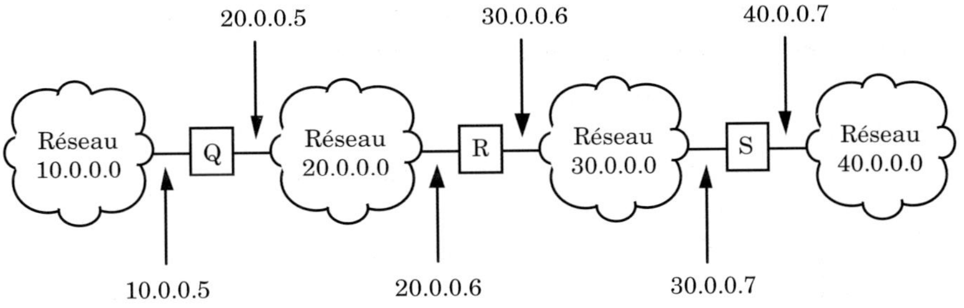

(a)

Pour atteindre les ordinateurs situés sur le réseau	Router vers cette adresse
20.0.0.0	Remise directe
30.0.0.0	Remise directe
10.0.0.0	20.0.0.5
40.0.0.0	30.0.0.7

(b)

Figure 8.2 — (a) Un exemple d'internet comprenant quatre réseaux et trois routeurs et, (b), la table de routage du routeur *R*.

Le choix des routes sur la base de l'identificateur de réseau (*id_res*) a plusieurs conséquences. D'abord, dans la plupart des implémentations, cela signifie que tout le trafic relayé vers un réseau particulier emprunte le même chemin. Par conséquent, même si plusieurs chemins existent, ils ne peuvent être utilisés simultanément. De plus, tous les types de trafic empruntent le même chemin, sans considération de débit ou de délai de transmission des réseaux empruntés. Ensuite, comme seul le dernier routeur du chemin tente de communiquer avec l'ordinateur destinataire, il est seul en mesure de déterminer si l'ordinateur existe effectivement et s'il est opérationnel. Il est donc nécessaire de prévoir un mécanisme qui permette aux routeurs, en cas de problème, de faire parvenir des comptes rendus à l'ordinateur source, émetteur des datagrammes. Enfin, comme chaque routeur route le trafic de façon indépendante, les datagrammes transitant de l'ordinateur *A* vers l'ordinateur *B* peuvent suivre des chemins complètement différents des datagrammes transitant de l'ordinateur *B* vers l'ordinateur A. Il faut donc vérifier que les routeurs coopèrent pour garantir que les communications soient toujours possibles dans les deux sens.

8.6 ROUTAGE PAR DÉFAUT

Une autre technique utilisée pour masquer les informations et conserver des tables de routage de petite taille consiste à associer plusieurs entrées à un cas par défaut. L'idée consiste à faire en sorte que le logiciel IP recherche d'abord l'identificateur du réseau dans la table de routage. Si aucune route n'apparaît dans la table, les procédures de routage envoient le datagramme à un *routeur par défaut*.

Le routage par défaut est particulièrement utile lorsqu'un site ne dispose que d'un petit ensemble d'adresses locales et d'un seul point d'accès à l'internet. Ainsi, le routage par défaut fonctionne bien dans le cas d'ordinateurs reliés à un même réseau qui accèdent à l'internet par un unique routeur. La mise en œuvre du routage consiste à effectuer deux opérations : la première consiste à vérifier si les datagrammes sont destinés à un ordinateur relié au réseau local (routage direct), la seconde, à effectuer un routage par défaut vers le seul routeur possible, lorsque les datagrammes ne concernent pas le réseau local. Si le site comporte plusieurs réseaux locaux, le routage reste simple : il faut, dans ce cas, vérifier que les datagrammes concernent l'un des réseaux locaux du site et, si ce n'est pas le cas, utiliser le routage par défaut. Cela revient à tester l'appartenance du site à chaque réseau local et à utiliser le routage par défaut pour toute autre destination.

8.7 ROUTAGE D'ORDINATEUR À ORDINATEUR

Bien que nous ayons dit que le routage était basé sur les adresses réseaux et non sur les adresses d'ordinateurs, la plupart des logiciels IP permettent aux administrateurs de réseaux de définir des routes d'ordinateur à ordinateur. Ceci leur permet de mieux contrôler le réseau à utiliser et également d'en sécuriser les accès. Lors de la mise au point de raccordements réseaux ou de tables de routage, la possibilité de définir une route vers un ordinateur particulier s'avère fort utile.

8.8 ALGORITHME DE ROUTAGE IP

En prenant en compte tout ce qui vient d'être dit, l'algorithme de routage IP correspond à celui présenté à la figure 8.3[1].

```
                    Algorithme

Route_Datagramme_IP (datagramme, table_de_routage)

Extraire l'adresse IP de destination, D, du datagramme et calculer
  l'identificateur du réseau de destination, N.
Si N correspond à une adresse de réseau directement accessible,
alors
  envoyer le datagramme vers la destination D, sur ce réseau (ceci
  consiste à faire la résolution de l'adresse D en une adresse
  physique, l'encapsulation du datagramme et la transmission de la
  trame ou du paquet).
sinon
  Si la table de routage indique que D correspond à un routage
  d'ordinateur à ordinateur
  alors
    transmettre le datagramme vers le saut suivant précisé
    dans la table de routage.
  sinon
      Si la table de routage contient une route pour le réseau N
      alors
          transmettre le datagramme vers le saut suivant précisé
          dans la table de routage.
      sinon
          S'il existe une route par défaut
          alors
             transmettre le datagramme vers le routeur par défaut
             précisé dans la table de routage
          sinon
             déclarer une erreur de routage.
```

Figure 8.3 — L'algorithme de routage IP. Étant donné un datagramme et une table de routage, cet algorithme sélectionne l'ordinateur vers lequel le datagramme reçu doit être envoyé. Les tables de routage référencent toujours un ordinateur ou un routeur relié à un réseau directement accessible.

1. Vous verrez au chapitre 10 un algorithme similaire qui est utilisé notamment avec les adresses IP sans classes.

8.9 ROUTAGE PAR LES ADRESSES IP

Il est important de comprendre que, hormis le calcul de la durée de vie et du total de contrôle, le routage IP n'altère en rien un datagramme en transit. En particulier, ses adresses source et destination demeurent inchangées ; elles indiquent toujours l'adresse IP de l'émetteur initial et l'adresse IP du destinataire final[1]. L'exécution de l'algorithme de routage par le logiciel IP permet de calculer une nouvelle adresse IP, celle de la machine suivante vers laquelle le datagramme sera transmis. Cette adresse est, le plus souvent, celle d'un routeur. Cependant, lorsque le datagramme peut être remis en direct au destinataire final, l'adresse calculée sera identique à l'adresse IP de destination finale.

L'adresse IP calculée par l'algorithme de routage IP est appelée *adresse de saut suivant* (*next-hop address*) car elle indique la prochaine destination du datagramme en transit. Où le protocole IP conserve-t-il les adresses de sauts suivants ? Pas dans le datagramme ; aucune place n'y est réservée. L'adresse de saut suivant n'est pas conservée du tout par le protocole IP. Celui-ci, après avoir exécuté l'algorithme de routage, transmet le datagramme et l'adresse de saut suivant à l'interface réseau par laquelle le datagramme doit être émis. Cette interface fait correspondre l'adresse de saut suivant à une adresse physique, élabore une trame ou un paquet, y encapsule le datagramme puis transmet le tout sur le réseau. L'adresse de saut suivant est détruite par l'interface réseau après avoir été utilisée pour la résolution de l'adresse physique correspondante.

Il peut paraître curieux que les tables de routage contiennent une adresse de saut suivant associée à chaque destination, alors que ces adresses doivent être traduites en adresses physiques avant que le datagramme puisse être émis. Imaginons un ordinateur qui envoie une suite de datagrammes vers une même destination. L'utilisation des adresses IP paraît incroyablement inefficace. Le logiciel IP extrait scrupuleusement l'adresse de chaque datagramme avant d'utiliser les tables de routage pour calculer l'adresse de saut suivant. Puis il transmet le datagramme, accompagné de l'adresse de saut suivant, à l'interface réseau qui calcule ensuite une adresse physique. Si la table de routage utilisait des adresses physiques, la résolution d'une adresse de saut suivant en une adresse physique pourrait être effectuée une fois pour toutes, afin d'éviter des calculs inutiles.

Pourquoi le logiciel IP évite-t-il d'utiliser des adresses physiques lors de l'enregistrement et du calcul des routes ? Il y a, comme l'indique la figure 8.4, deux raisons importantes à cela.

D'abord, les tables de routage permettent de réaliser une interface particulièrement nette entre le logiciel IP qui route les datagrammes et les logiciels de haut

1. Il y a une seule exception, lorsque le datagramme contient l'option de routage par la source.

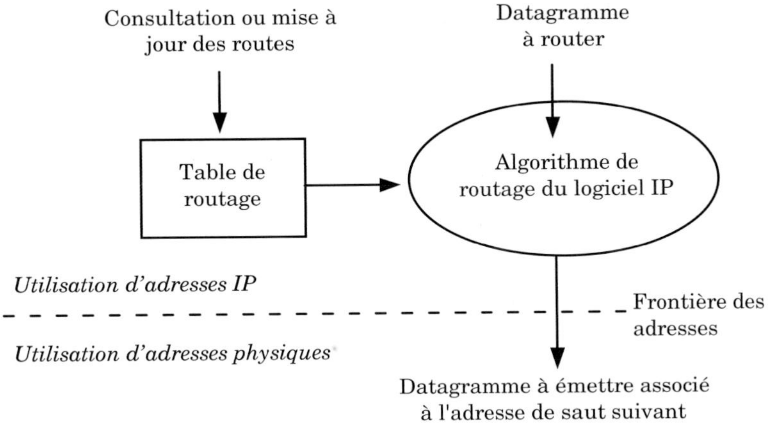

Figure 8.4 — Le logiciel IP et sa table de routage se trouvent au-dessus de la frontière des adresses physiques. N'utiliser que les adresses IP facilite la consultation ou la modification des routes et masque, au niveau le plus bas, le détail des adresses physiques.

niveau qui manipulent les routes. Pour résoudre des problèmes de routage, les administrateurs de réseaux examinent souvent les tables de routage. Ces dernières, lorsqu'elles ne contiennent que des adresses IP, sont plus faciles à comprendre ; il est donc plus simple de vérifier si le logiciel a correctement effectué la mise à jour des routes. Deuxièmement, l'objet du protocole IP est de construire un système abstrait qui masque le détail des réseaux sous-jacents.

La figure 8.4 indique la *frontière des adresses*, une importante division conceptuelle entre le logiciel de bas niveau qui comprend et utilise les adresses physiques et les logiciels de haut niveau qui n'emploient que les adresses de haut niveau. Au-dessus de cette frontière, tous les logiciels ne communiquent qu'au moyen des adresses IP. La connaissance des adresses physiques est reléguée à un petit nombre de procédures de communication de bas niveau. Nous verrons que le respect de cette frontière permet aussi de faire en sorte que les protocoles TCP/IP restent faciles à comprendre, à tester et à modifier.

8.10 GESTION DES DATAGRAMMES ENTRANT

Nous avons décrit jusqu'à présent le protocole IP en indiquant comment les décisions relatives aux datagrammes sortants étaient prises. Il est clair cependant que le logiciel IP doit également gérer les datagrammes entrants.

Lorsqu'un datagramme arrive dans un ordinateur, le logiciel de l'interface réseau le transmet au logiciel IP chargé de le traiter. Si l'adresse de destination du datagramme coïncide avec l'adresse IP de l'ordinateur, le logiciel IP accepte le datagramme et le transmet au protocole de haut niveau approprié pour complément de traitement. Dans le cas contraire, le datagramme est ignoré et détruit (en effet, les ordinateurs n'ont pas le droit de tenter de corriger les erreurs de routage).

Contrairement aux ordinateurs, les routeurs ont pour rôle de faire suivre les datagrammes. Lorsqu'un routeur reçoit un datagramme, il est remis au logiciel IP. Là encore deux cas se produisent : le datagramme peut avoir atteint sa destination ou alors il doit être acheminé ailleurs. Comme dans le cas des ordinateurs, si l'adresse IP de destination du datagramme correspond à celle du routeur, le logiciel IP transmet le datagramme aux protocoles de haut niveau pour complément de traitement[1]. Si le datagramme n'a pas atteint sa destination finale, le logiciel IP doit le router en utilisant l'algorithme de routage IP et les informations de sa table de routage locale.

Déterminer si un datagramme IP a atteint sa destination finale n'est pas aussi évident qu'il y paraît. Souvenez-vous qu'un ordinateur peut avoir plusieurs points d'accès à plusieurs réseaux, chacun repéré par une adresse physique. Lorsqu'un datagramme arrive, l'ordinateur doit comparer l'adresse IP du datagramme avec celle de chacun de ses accès réseau. S'il y a correspondance avec l'une d'entre elles, l'ordinateur conserve le datagramme et le traite. Un ordinateur doit également accepter les datagrammes qui doivent être diffusés sur un réseau accessible, si leur adresse de destination est l'adresse de diffusion limitée ou l'adresse de diffusion dirigée de ce réseau. Comme nous le verrons dans les chapitres 10 et 17, les adresses sans classes, les adresses de sous-réseau et les adresses multidestinataire viennent ajouter de la complexité à la reconnaissance des adresses. Dans tous les cas, si l'adresse ne correspond à aucune des adresses locales de l'ordinateur, le logiciel IP décrémente la valeur du champ *Durée de vie* du datagramme, détruit le datagramme si la durée de vie atteint une valeur nulle ou calcule un nouveau total de contrôle et route le datagramme si la durée de vie reste positive.

Toutes les machines doivent-elles router les datagrammes qu'elles reçoivent ? De toute évidence, les routeurs doivent router les datagrammes entrants car ceci relève de leur fonction principale. Nous avons dit que certains ordinateurs multi-domiciliés se comportent comme des routeurs bien que ce soient des ordinateurs à vocation générale. Utiliser un ordinateur comme routeur n'est généralement pas une bonne idée. Si cette solution est retenue, l'ordinateur doit alors être configuré pour router si nécessaire les datagrammes entrants de façon analogue aux routeurs. Que dire des ordinateurs qui ne sont pas utilisés comme routeurs ? Ils ne doivent pas router les datagrammes qu'ils reçoivent ; ils doivent les détruire.

Il y a quatre raisons pour qu'un ordinateur qui n'est pas utilisé comme routeur ne route pas les datagrammes. Premièrement, lorsqu'un ordinateur reçoit un datagramme destiné à un autre ordinateur, c'est que quelque chose n'a pas fonctionné correctement au niveau de l'adressage IP, du routage ou de la remise du

1. Habituellement les datagrammes destinés aux routeurs sont ceux utilisés pour tester la connectivité ou ceux qui transportent des commandes d'administration des routeurs.

datagramme. Le problème peut rester ignoré si des mesures correctives de routage du datagramme sont prises par l'ordinateur. Deuxièmement, la redirection du datagramme générera du trafic inutile sur le réseau (et peut engendrer une consommation de temps de traitement de l'ordinateur non légitime). Troisièmement, des erreurs simples peuvent provoquer le chaos. Supposez qu'un ordinateur diffuse accidentellement un datagramme destiné à un ordinateur O. Parce qu'il s'agit d'une diffusion, tous les ordinateurs du réseau reçoivent une copie du datagramme et chaque ordinateur route sa copie vers O, qui sera alors submergé par les copies du datagramme. Quatrièmement, comme le montrent les chapitres suivants, les routeurs font plus que le simple routage des datagrammes. Ils utilisent un protocole spécial pour propager des comptes rendus d'erreurs, ce que ne font pas les ordinateurs (ici encore pour ne pas submerger un ordinateur source sous les comptes rendus d'erreurs). Les routeurs s'échangent également des informations de routage, pour s'assurer que leurs tables de routage sont cohérentes. Si les ordinateurs routent les datagrammes sans participer pleinement à toutes les fonctions des routeurs, des anomalies imprévisibles sont susceptibles de se produire.

8.11 ÉLABORATION DES TABLES DE ROUTAGE

Nous avons expliqué comment le logiciel IP route les datagrammes selon le contenu de tables de routage, sans dire comment les systèmes initialisent leurs tables de routage ou les mettent à jour pour prendre en compte les modifications du réseau. Des chapitres ultérieurs traitent cette question et étudient les protocoles qui permettent de maintenir des routes cohérentes. Pour le moment, l'important est de comprendre que le logiciel IP base toutes ses décisions de routage sur des tables de routage ; ainsi, la modification des tables entraîne celle des routes empruntées par les datagrammes.

8.12 RÉSUMÉ

Le routage IP consiste à décider où seront envoyés les datagrammes sur la base de leur adresse IP de destination. La remise des datagrammes est directe si l'ordinateur destinataire et l'ordinateur émetteur se trouvent sur le même réseau ; cela est tout à fait le cas dans la phase finale de remise d'un datagramme. En revanche, si l'expéditeur ne peut pas atteindre directement le destinataire, il doit passer le datagramme à un routeur qui le fera suivre sur l'internet. Le principe général du routage repose sur le fait que l'ordinateur source transmet indirectement un datagramme à un destinataire en l'envoyant préalablement au routeur le plus proche ; les datagrammes transitent dans l'internet de routeur en routeur jusqu'à ce qu'ils soient routés directement sur un ultime réseau.

Lorsque le logiciel IP calcule une route, l'algorithme produit l'adresse IP du prochain routeur (l'adresse de saut suivant) vers lequel le datagramme doit être transmis. Puis il transmet le datagramme et l'adresse de saut suivant au logiciel de l'interface réseau suivante. La transmission d'un datagramme d'un ordinateur à un autre suppose toujours son encapsulation dans une trame ou un paquet, la mise en correspondance de l'adresse de saut suivant avec l'adresse physique correspondante et l'émission, par l'interface réseau, de la trame ou du paquet sur le réseau.

L'algorithme de routage IP est géré par une table de routage et n'utilise que les adresses IP. Bien qu'il soit possible pour une table de routage de pointer vers une adresse de destination qui soit un ordinateur, la plupart du temps une table de routage contient exclusivement des adresses réseaux afin que sa taille reste faible. L'utilisation du routage par défaut peut aussi favoriser la réduction de la taille des tables de routage et ce, plus particulièrement dans le cas d'un ensemble d'ordinateurs ayant accès à un unique routeur.

8.13 POUR EN SAVOIR PLUS

Le routage est un sujet important. Frank et Chou (1971), Schwartz et Stern (1980) traitent du routage en général ; Postel (1980) traite du routage IP. Braden et Postel [RFC 1009] présentent une synthèse de la mise en œuvre du routage IP, au niveau des routeurs IP. Narten (1989) donne une synthèse du routage IP. Fultz et Kleinrock (1971) analysent les stratégies de routage adaptatif. McQuillan, Richer et Rosen (1980) décrivent l'algorithme de routage adaptatif d'ARPANET.

L'idée d'utiliser des recommandations relatives aux stratégies de routage a souvent été évoquée. Leiner [RFC 1124] traite des stratégies de routage dans un internet, Braun [RFC 1104] traite des modèles de stratégie de routage des internets, Rekhter [RFC 1092] rend compte des stratégies de routage pour le second réseau fédérateur NSFNET et Clark [RFC 1102] décrit l'utilisation des stratégies de routage avec IP.

8.14 EXERCICES

8.1 Complétez les tables de routage pour tous les ordinateurs de la figure 8.2. Qui profite le plus du routage par défaut ?

8.2 Étudiez l'algorithme de routage utilisé dans votre système d'exploitation réseau. Est-ce que tous les cas mentionnés dans l'ouvrage sont traités ? Est-ce que l'algorithme permet quelque chose qui n'est pas mentionné ?

8.3 Que fait un routeur de la valeur du champ durée de vie dans un en-tête IP ?

8.4 Considérez un ordinateur relié à deux réseaux et disposant de deux adresses IP, I_1 et I_2. Est-il possible que cet ordinateur reçoive un datagramme destiné à I_2, sur le réseau associé à l'adresse I_1 ? Expliquez.

8.5 Considérez deux ordinateurs, A et B, tous deux reliés à un même réseau, N. Est-il toujours possible, lors de l'utilisation de notre algorithme de routage, qu'A reçoive un message destiné à B ? Expliquez.

8.6 Modifiez l'algorithme de routage pour prendre en compte l'option de routage défini par la source présentée au chapitre 7.

8.7 Un routeur IP doit effectuer un calcul qui prend un temps proportionnel à la longueur de l'en-tête du datagramme IP chaque fois qu'il traite un datagramme. Expliquez.

8.8 Un administrateur de réseaux prétend réécrire l'algorithme de routage en testant les routes d'ordinateur à ordinateur avant de tester le routage direct, afin d'effectuer la surveillance et le test de son réseau local. Pouvez-vous concevoir une utilisation de l'algorithme modifié pour construire un superviseur de réseau ?

8.9 Est-il possible d'adresser un datagramme IP à un routeur ? Procéder de la sorte a-t-il un sens ?

8.10 Considérez un algorithme de routage modifié qui scrute les routes d'ordinateur à ordinateur pour un routage direct sur les réseaux accessibles. Dans quelles circonstances un tel algorithme est-il souhaitable ? Et dans quelles circonstances est-il indésirable ?

8.11 Jouez au détective : après avoir surveillé le trafic IP d'un réseau local pendant 10 minutes, un soir, quelqu'un a remarqué que toutes les trames destinées à l'ordinateur A transportent des datagrammes IP qui ont une destination correspondant à l'adresse IP de A tandis que toutes les trames destinées à l'ordinateur *B* transportent des datagrammes qui n'ont pas une destination correspondant à l'adresse IP de *B*. Les utilisateurs prétendent que les ordinateurs A et *B* communiquent entre eux. Expliquez.

8.12 Comment pourriez-vous modifier, au niveau des routeurs, la syntaxe des datagrammes IP pour qu'ils supportent la commutation à haute vitesse ? (Indice : un routeur doit recalculer le total de contrôle après avoir décrémenté la valeur du champ durée de vie.)

8.13 Comparez le protocole ISO de remise en mode non connecté (norme ISO 8473) au protocole IP. Comment le protocole ISO supportera-t-il la commutation à haute vitesse ? (Indice : les champs de longueur variable sont coûteux.)

9

Protocole IP : les messages d'erreur et de supervision (ICMP)

9.1 INTRODUCTION

Les chapitres précédents ont montré comment le protocole IP assure un service de remise non fiable de datagrammes en mode non connecté et comment un datagramme transite de routeur en routeur jusqu'à atteindre le destinataire final. Si un routeur ne peut router ou délivrer un datagramme, ou s'il détecte une condition inhabituelle affectant sa capacité à acheminer un datagramme (comme par exemple un problème de congestion du réseau), il doit informer l'expéditeur afin que celui-ci prenne des mesures permettant d'éviter ou de corriger le problème. Ce chapitre traite d'un mécanisme utilisé par les routeurs et les ordinateurs pour s'échanger des informations de supervision relatives aux erreurs. Nous verrons notamment comment les routeurs utilisent ce mécanisme pour rendre compte des problèmes fonctionnels et comment les ordinateurs l'utilisent pour s'assurer de l'accessibilité des ordinateurs destinataires potentiels.

9.2 PROTOCOLE ICMP

Nous avons vu que dans un réseau fonctionnant en mode non connecté, un routeur travaille de façon autonome, routant ou remettant les datagrammes qu'il reçoit, sans qu'il y ait de concertation avec l'expéditeur initial. Tout va bien si l'ensemble des machines de l'internet (ordinateurs et routeurs) fonctionnent correctement et sont d'accord sur le routage ; ce n'est pas toujours le cas. Outre dans les cas de panne de ligne de communication ou de processeur, le logiciel IP est incapable de remettre des datagrammes lorsque l'ordinateur destinataire est déconnecté du réseau, de façon permanente ou temporaire, lorsque la durée de vie d'un datagramme expire ou lorsque les routeurs intermédiaires sont dans un état de congestion qui les rend incapables de traiter le trafic entrant. La différence importante entre un réseau particulier et un internet est que, dans le premier cas, le concepteur peut ajouter au réseau du matériel approprié permettant d'informer les ordinateurs du réseau dès qu'un problème apparaît. Dans un internet qui ne dispose pas de matériel ou de mécanisme spécifiques, un expéditeur ne peut dire si un échec de transmission résulte d'un dysfonctionnement local ou d'un problème distant. La mise au point de l'internet en est rendue d'autant plus difficile. Le protocole IP ne contient rien qui permette d'aider un expéditeur à tester l'accessibilité d'un ordinateur destinataire ou à s'informer sur d'éventuelles pannes.

Pour permettre aux routeurs d'un internet de rendre compte des erreurs ou de fournir des informations relatives à des circonstances exceptionnelles, les concepteurs des protocoles TCP/IP ont mis au point un mécanisme d'échange de messages d'erreur et de supervision : le protocole *ICMP* (*Internet Control and Error Message Protocol*), qui est considéré comme un module obligatoire du logiciel IP et doit être présent dans toute mise en œuvre du protocole IP.

Comme toute information transitant dans un internet, les messages ICMP sont inscrits dans la zone de données des datagrammes IP. Les messages ICMP ne sont pas destinés à un programme d'application, ni à un utilisateur d'un ordinateur distant, mais au logiciel IP de l'ordinateur concerné. Ainsi, lorsqu'un message ICMP se présente, il est effectivement pris en charge par le module ICMP du logiciel IP. Bien entendu, si ICMP détermine qu'un programme d'application particulier ou qu'un protocole de haut niveau est à l'origine du problème, il en informera le module approprié. En résumé :

> Le protocole ICMP permet aux routeurs d'envoyer des messages d'erreur ou de supervision à d'autres routeurs ou ordinateurs ; il offre un mécanisme de communication entre le logiciel IP d'un ordinateur et celui d'un autre ordinateur.

Initialement conçu pour permettre aux routeurs de rendre compte aux ordinateurs des causes d'erreurs de remise de datagrammes, le protocole ICMP n'est pas exclusivement limité aux routeurs. Bien que des recommandations limitent l'utilisation de certains messages ICMP, tout ordinateur peut envoyer un message ICMP à tout autre ordinateur. Ainsi, un ordinateur peut utiliser le protocole ICMP pour communiquer avec un ordinateur ou un routeur. L'intérêt majeur de permettre à un ordinateur d'utiliser le protocole ICMP est qu'il offre un mécanisme d'échange de messages d'information et de supervision.

9.3 COMPTE RENDU D'ERREUR *VS* CORRECTION D'ERREUR

D'un point de vue technique, le protocole ICMP est un mécanisme de compte rendu d'erreur. Il permet aux routeurs qui constatent une erreur d'en rendre compte à l'expéditeur concerné. Bien que les spécifications du protocole ICMP ébauchent des utilisations éventuelles et suggèrent des possibilités d'actions à prendre en réponse aux comptes rendus d'erreur, elles ne définissent pas complètement les actions à entreprendre pour chaque cas d'erreur. En résumé :

> Lorsqu'un datagramme est la cause d'une erreur, le protocole ICMP ne fait que rendre compte des conditions d'erreur à l'expéditeur source du datagramme ; celui-ci doit en aviser le programme d'application concerné ou entreprendre lui-même les actions correctrices nécessaires.

La plupart des erreurs sont issues de l'expéditeur source ; mais pas toutes. Comme le protocole ICMP rend compte des problèmes à l'expéditeur source, il ne peut servir à informer les routeurs intermédiaires des problèmes rencontrés. Ainsi, supposez qu'un datagramme suive un chemin passant par une suite de routeurs R_1, R_2, R_3... R_k. Si R_k dispose d'informations de routage erronées et que, par erreur, il route le datagramme vers un routeur R_e, R_e ne peut pas utiliser le protocole ICMP pour informer le routeur R_k de l'erreur survenue. Il ne peut informer que l'expéditeur initial du datagramme. Malheureusement, l'expéditeur n'y peut rien. Il n'a aucune responsabilité dans le problème et aucun moyen d'action sur le routeur défaillant. En réalité, l'expéditeur peut même être dans l'incapacité de déterminer le routeur à l'origine du problème.

Pourquoi restreindre le protocole ICMP aux communications avec l'expéditeur source ? On devrait pouvoir déduire la réponse à cette question des propos tenus aux chapitres précédents sur le format des datagrammes et le routage. Un datagramme ne contient que des champs spécifiant l'adresse IP de l'expéditeur et celle du destinataire ; il ne contient aucun enregistrement du chemin parcouru dans l'internet (sauf si l'option d'enregistrement des routes a été demandée). De plus, comme les routeurs peuvent définir et modifier leurs tables de routage, il n'y a pas de connaissance globale des routes. Donc, lorsqu'un datagramme est reçu par un routeur, il est impossible que ce dernier ait connaissance de la route empruntée par ce datagramme pour y parvenir. Si le routeur détecte un problème, il ne peut connaître l'ensemble des routeurs intermédiaires qui ont traité le datagramme et ne peut donc les informer du problème. Au lieu de détruire le datagramme sans rien dire, le routeur utilise le protocole ICMP pour informer l'expéditeur source qu'un problème a été rencontré ; cela suppose que les administrateurs de réseaux coopèrent pour localiser puis corriger le problème.

9.4 REMISE DES MESSAGES ICMP

Les messages ICMP, comme l'indique la figure 9.1, nécessitent deux niveaux d'encapsulation. Chaque message ICMP traverse l'internet dans le champ de données d'un datagramme qui est, lui-même, placé dans le champ de données d'un paquet ou d'une trame selon le réseau emprunté. Les datagrammes contenant des messages ICMP sont routés exactement comme de simples datagrammes ; il ne leur est pas accordé de sécurité ou de priorité particulière. Ainsi, comme les datagrammes, les messages ICMP peuvent être perdus ou détruits. Qui plus est, dans un réseau fortement chargé ou congestionné, les messages ICMP ne feront qu'augmenter la congestion. Il y a une exception au niveau de la gestion des erreurs, pour le cas où un datagramme contenant un message d'erreur causerait lui même une erreur. Pour éviter d'avoir des messages d'erreur relatifs à d'autres messages d'erreur, l'exception consiste à préciser qu'aucun message ICMP ne doit être généré à propos de datagrammes contenant déjà des messages ICMP.

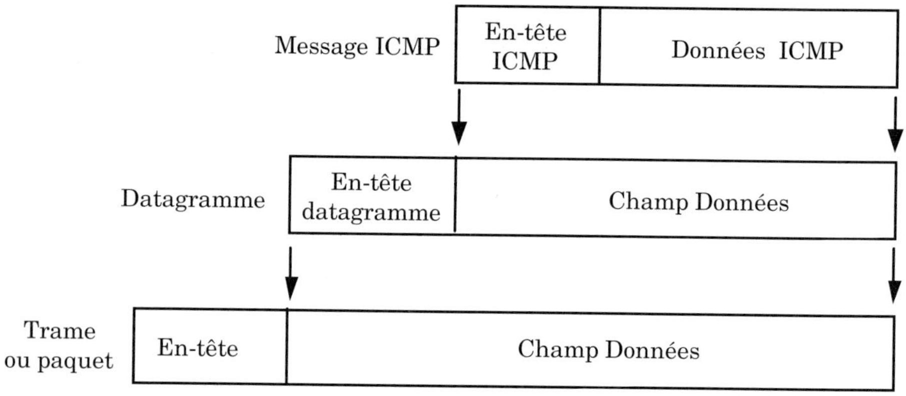

Figure 9.1 — Les deux niveaux d'encapsulation des messages ICMP. Un message ICMP est encapsulé dans un datagramme, lui-même encapsulé dans une trame ou un paquet pour être transmis. Pour permettre l'identification d'un message ICMP, le champ Type de protocole du datagramme contient la valeur 1.

Il est important de garder à l'esprit que, même si les messages ICMP sont encapsulés et envoyés en utilisant le protocole IP, le protocole ICMP n'est pas considéré comme un protocole de haut niveau – c'est en effet un module à part entière du logiciel IP. Les messages ICMP peuvent avoir besoin de transiter à travers plusieurs réseaux variés pour atteindre leur destination finale, ce qui justifie l'utilisation du protocole IP pour les acheminer. C'est pourquoi ils ne peuvent pas être acheminés simplement par le protocole propre au réseau de transfert.

9.5 FORMAT DES MESSAGES ICMP

Bien que chaque message ICMP ait un format propre, chacun d'eux commence par trois champs identiques : un champ *Type* sur 8 bits, un champ *Code* sur 8 bits, qui fournit des informations supplémentaires sur le type de message, et un champ *Total de contrôle* sur 16 bits (ICMP utilise le même algorithme de calcul que le protocole IP, mais dans ce cas le contrôle ne porte que sur le message ICMP). En complément, les messages ICMP rendant compte d'erreurs incluent toujours les 64 premiers bits de données du datagramme à l'origine du problème.

Le fait de renvoyer avec le message ICMP une partie plus importante que l'en-tête du datagramme ayant provoqué une erreur permet à l'expéditeur de mieux cerner le(s) protocole(s) et le programme d'application qui sont responsables du datagramme en cause. Comme nous le verrons plus tard, les protocoles de haut niveau de la famille TCP/IP sont conçus de façon que l'information essentielle soit contenue dans les 64 premiers bits du datagramme. Le champ *Type* donne la signification du message ainsi que son format, soit :

Champ type	Signification du message ICMP
0	Réponse à une demande d'écho
3	Destination inaccessible
4	Limitation de production de la source
5	Redirection (changement de route)
8	Demande d'écho
9	Annonce de routeur
10	Sollicitation de routeur
11	Expiration de délai pour un datagramme
12	Problème de paramètre d'un datagramme
13	Demande d'horodatage
14	Réponse à une demande d'horodatage
15	Demande d'informations (périmé)
16	Réponse à une demande d'informations (périmé)
17	Demande de masque d'adresse
18	Réponse à une demande de masque d'adresse

Les sections suivantes présentent en détail chacun des messages ci-dessus, en donnant notamment le format et la signification de chacun d'eux.

9.6 TEST D'ACCESSIBILITÉ ET D'ÉTAT (PING)

Les protocoles TCP/IP disposent de fonctions aidant les administrateurs ou les utilisateurs à identifier les problèmes réseau. L'un des outils de mise au point le plus fréquemment utilisé invoque les messages ICMP *demande d'écho* et *réponse à une demande d'écho*. Un ordinateur ou routeur peut envoyer un message de demande d'écho vers une destination particulière. Toute machine qui reçoit une demande d'écho formule une réponse à cette demande d'écho et la transmet à l'expéditeur. La demande contient un champ de données facultatif ; la réponse contient une copie des données contenues dans la demande. La demande d'écho et la réponse associée peuvent servir à tester si un destinataire est accessible et s'il est dans un état fonctionnel correct. Comme la demande et la réponse sont acheminées dans des datagrammes, la réception d'une réponse d'écho correcte permet de vérifier le bon fonctionnement de l'ensemble du système de communication entre deux machines. Premièrement, le logiciel IP de l'ordinateur source est en état d'expédier correctement le datagramme. Deuxièmement, les routeurs intermédiaires entre la source et le destinataire sont opérationnels et routent correctement le datagramme. Troisièmement, l'ordinateur destinataire est en état de communication correct (il répond au minimum aux demandes d'interruptions externes) et ses logiciels ICMP et IP sont en état fonctionnel correct. Enfin, tous les routeurs sur le chemin de retour effectuent un routage correct.

Sur de nombreux systèmes, la commande invoquée par les utilisateurs pour émettre un message de demande d'écho porte le nom de *ping*. Des versions évoluées de *ping* transmettent une suite de demandes d'écho ICMP, captent les réponses correspondantes et fournissent des statistiques relatives aux pertes de datagrammes. Ces versions permettent à l'utilisateur de définir la taille des données qui seront émises ainsi que l'intervalle de temps qui doit séparer deux émissions successives. Des versions moins élaborées permettent simplement l'envoi d'une demande d'écho ICMP et l'attente de la réponse correspondante.

9.7 MESSAGES DE DEMANDE ET DE RÉPONSE D'ÉCHO

La figure 9.2 indique le format des messages ICMP de demande d'écho et de réponse associée.

0	8	16	24 31
Type (8 ou 0)	Code (0)	Total de contrôle	
Identificateur		Numéro de séquence	
Données optionnelles			
• • •			

Figure 9.2 — Format des messages ICMP de demande et de réponse d'écho.

Le champ *Données optionnelles* est de longueur variable, il contient les données qui doivent être retournées à l'expéditeur. La réponse à une demande d'écho retourne à l'expéditeur l'intégralité des données reçues dans la demande. Les champs *Identificateur* et *Numéro de séquence* permettent à l'expéditeur d'associer les réponses reçues avec ses propres demandes. La valeur du champ *Type* indique s'il s'agit d'une demande (8) ou d'une réponse (0).

9.8 COMPTE RENDU DE DESTINATION INACCESSIBLE

Lorsqu'un routeur ne peut délivrer un datagramme, il envoie à l'expéditeur source un message de *destination inaccessible* selon le format présenté à la figure 9.3.

0	8	16 24 31
Type (3)	Code (0 -12)	Total de contrôle
Inutilisé (doit contenir des zéros)		
En tête + les 64 premiers bits du datagramme IP		
• • •		

Figure 9.3 — Format du message ICMP de destination inaccessible.

La valeur du champ *Code* du message de destination inaccessible précise la nature du problème. Les valeurs possibles sont :

Valeur de code	Signification
0	Réseau inaccessible
1	Ordinateur inaccessible
2	Protocole inaccessible
3	Port inaccessible
4	Fragmentation nécessaire et bit DF positionné
5	Échec de routage de source
6	Réseau de destination inconnu
7	Ordinateur destinataire inconnu
8	Ordinateur source isolé
9	Communication avec le réseau de destination interdite par l'administrateur réseau
10	Communication avec l'ordinateur destinataire interdite par l'administrateur réseau
11	Réseau inaccessible pour le service demandé
12	Ordinateur inaccessible pour le service demandé

Bien que le protocole IP s'appuie sur un mécanisme de remise au mieux, la décision de détruire un datagramme ne doit pas être prise à la légère. À chaque fois qu'une erreur empêche un routeur de faire suivre ou de délivrer un datagramme au destinataire, il envoie un message ICMP de destination inaccessible à l'expéditeur source puis il détruit le datagramme. Les erreurs de type *réseau inaccessible* supposent le plus souvent des erreurs de routage ; les erreurs de type *ordinateur inaccessible* indiquent des échecs de remise de datagramme[1]. Comme les messages ICMP contiennent une partie du datagramme à l'origine du problème ou de l'erreur, l'ordinateur source connaît précisément l'adresse inaccessible.

Un destinataire peut être inaccessible parce qu'un matériel est temporairement en panne, parce que l'expéditeur a indiqué une adresse de destination qui n'existe pas, ou (dans de rares cas) parce que le routeur ne connaît pas de route permettant d'atteindre le réseau de destination. Bien que les routeurs rendent compte des incidents, ils ne sont pas censés connaître tous les pourquoi des incidents de remise ou de routage. Par exemple, si l'ordinateur destinataire est relié à un réseau Ethernet, son coupleur réseau ne fournit pas d'accusé de réception. C'est ainsi qu'un routeur peut, par exemple, continuer d'envoyer des datagrammes à une station Ethernet même si celle ci vient d'être mise hors tension ; le routeur ne reçoit dans ce cas aucune indication de non-réception des datagrammes transmis. Pour résumer :

Bien qu'un routeur émette un message ICMP de destination inaccessible lorsqu'il ne peut pas router ou remettre un datagramme, il ne détecte pas tous les types d'erreurs possibles.

La signification des messages de type *protocole inaccessible* et *port inaccessible* sera claire lorsque nous aurons vu comment les protocoles de haut niveau utilisent les points de destination abstraits appelés *ports*. La signification des messages suivants est évidente. Si un datagramme contenant l'option de routage définie par la source, emprunte une route incorrecte, cela déclenche l'envoi d'un message *échec de routage de source*. Si un routeur a besoin de fragmenter un datagramme mais que le bit de non-fragmentation est positionné, alors il envoie un message *fragmentation nécessaire* à l'expéditeur source.

9.9 CONGESTION ET CONTRÔLE DU FLUX DES DATAGRAMMES

Comme le protocole IP est en mode non connecté, les routeurs ne peuvent réserver de l'espace mémoire ou des ressources de communications avant de recevoir des datagrammes. En conséquence, un routeur peut se trouver submergé de trafic sans qu'il puisse le prévoir. Ce phénomène est appelé *congestion*. Il est important de comprendre que la congestion peut se produire pour deux raisons différentes. La première tient au fait qu'un ordinateur peut générer du trafic plus rapidement

1. Une exception s'applique aux routeurs qui utilisent le schéma d'adressage de sous-réseau présenté au chapitre 10. Ils rendent compte dans ce cas d'une erreur de routage de sous-réseau au moyen du message ordinateur inaccessible.

que le réseau ne peut l'écouler. Imaginez, par exemple, un super-ordinateur générant du trafic sur un internet. Les datagrammes émis peuvent avoir à traverser un WAN à faible débit, même si le super-ordinateur est relié à un LAN à haut débit. La congestion se produira dans le routeur interconnectant le LAN et le WAN, parce que les datagrammes arrivent plus vite sur le LAN qu'ils ne peuvent être acheminés sur le WAN. La seconde raison se présente lorsque plusieurs ordinateurs ayant besoin d'envoyer simultanément des datagrammes vers un même routeur, ce dernier subit alors une congestion, même si aucun ordinateur source n'est, à lui seul, responsable du phénomène.

Lorsque des datagrammes arrivent dans une machine (un ordinateur ou un routeur) trop rapidement pour qu'elle puisse les traiter, ils sont provisoirement placés dans une *file d'attente en mémoire* appelée souvent *mémoire tampon*. Si les flots de datagrammes ne sont pas très importants en volume, la mise en mémoire tampon résout le problème. En revanche, si le trafic persiste et reste intense, la machine voit sa mémoire tampon passer en saturation et doit alors détruire les datagrammes supplémentaires qui arrivent. Une machine génère le message *limitation de production de la source* (*source quench*) pour rapporter la congestion à la source. Ce message ICMP est une demande adressée à la source, qui lui enjoint de réduire son débit d'émission de datagrammes. Habituellement, les routeurs congestionnés envoient un message de limitation de production de la source pour chaque datagramme détruit. Les routeurs peuvent aussi utiliser des techniques de contrôle de flux plus élaborées. Certains surveillent le trafic entrant et demandent aux sources qui ont des débits de transmission de datagrammes trop élevés de les réduire. D'autres tentent d'éviter la congestion en commençant à émettre des messages ICMP de limitation de la production de la source lorsque leur file d'attente atteint une certaine longueur, mais avant qu'elle ne soit saturée.

Il n'existe pas de message ICMP qui annule l'effet d'une demande de limitation de production de la source. Par exemple, si un ordinateur reçoit une demande de limitation de production d'un ordinateur destinataire *D*, il diminue le débit d'émission de datagrammes vers *D* jusqu'à ce que l'ordinateur *D* cesse de lui envoyer des demandes de limitation de production. Il augmente ensuite progressivement la production de datagrammes vers *D* tant qu'il ne reçoit pas d'autre demande de limitation.

9.10 FORMAT D'UNE DEMANDE DE LIMITATION DE PRODUCTION DE LA SOURCE

Hormis les champs *Type*, *Code*, *Total de contrôle* et un mot vide de 32 bits, les messages de *demande de limitation de production de la source* comportent un champ contenant un fragment de datagramme. La figure 9.4 montre le format d'un tel message. Comme dans le cas d'autres messages rendant compte d'une erreur, le fragment de datagramme inclus dans le message contient l'adresse de la machine à l'origine de la demande de limitation.

0	8	16	24	31
Type (4)	Code (0)	Total de contrôle		
Inutilisé (doit contenir des zéros)				
En tête + les 64 premiers bits du datagramme IP				
• • •				

Figure 9.4 — Format d'un message de demande de limitation de production de la source. Un routeur congestionné envoie un tel message chaque fois qu'il doit détruire un datagramme ; le fragment de datagramme porté dans le message permet à la source d'identifier le datagramme détruit.

9.11 DEMANDE DE MODIFICATION DE ROUTE PAR LES ROUTEURS

Les tables de routage restent généralement stables sur de longues périodes de temps. Les ordinateurs les initialisent à partir d'un fichier de configuration, lu au démarrage du système, et les administrateurs réseaux ne les modifient que rarement en période de fonctionnement normal. Lorsque la topologie du réseau change, la table de routage d'un ordinateur ou d'un routeur peut devenir incorrecte. Une modification temporaire (nécessité de réparer du matériel par exemple) ou permanente (ajout d'un ordinateur ou d'un routeur à l'internet par exemple) doit alors être effectuée. Comme nous le verrons dans les chapitres suivants, les routeurs échangent périodiquement des informations de routage pour prendre en compte les modifications du réseau et conserver des routes à jour. Donc, en règle générale :

> Les routeurs sont supposés connaître les routes correctes. Les ordinateurs démarrent avec un minimum d'informations de routage puis apprennent progressivement les routes grâce aux routeurs qui les renseignent.

Pour faciliter le respect de cette règle et éviter la duplication d'informations de routage dans le fichier de configuration d'un ordinateur, celui-ci ne contient que le strict nécessaire pour communiquer (l'adresse d'un seul routeur, par exemple). Ainsi, un ordinateur démarre avec une table de routage minimale et laisse le soin aux routeurs de mettre à jour sa table de routage. Dans un cas particulier, lorsqu'un routeur détecte qu'un ordinateur utilise une route non optimale, il lui envoie un message ICMP appelé *redirection*. Ce message demande à l'ordinateur en cause de modifier sa table de routage. Le routeur fait cependant suivre le datagramme vers sa destination finale.

L'intérêt du mécanisme de redirection de ICMP est simple : il permet à un ordinateur de démarrer en ne connaissant que l'adresse d'un seul routeur sur son réseau local. Le routeur envoie un message ICMP de redirection à tout ordinateur qui lui transmet un datagramme à faire suivre s'il connaît une meilleure route. La table de routage d'un ordinateur est généralement de faible dimension, elle ne contient que des routes optimales vers les destinations utilisées.

Les messages de redirection ne résolvent pas le problème de la diffusion des routes de façon générale, car ils ne sont que des interactions limitées entre un routeur et un ordinateur relié à un même réseau. La figure 9.5 illustre le problème. Supposez qu'un ordinateur source *S* émette un datagramme vers un destinataire *D*. Supposez que le routeur R_1 route par erreur le datagramme vers le routeur R_2 au lieu de R_4 (c'est-à-dire que R_1 choisit par erreur un chemin plus long que nécessaire). Lorsque le routeur R_5 reçoit le datagramme, il ne peut envoyer de message ICMP de redirection à R_1 dont il ignore l'adresse IP. Des chapitres ultérieurs étudient le problème de la diffusion des routes à travers un ensemble de réseaux.

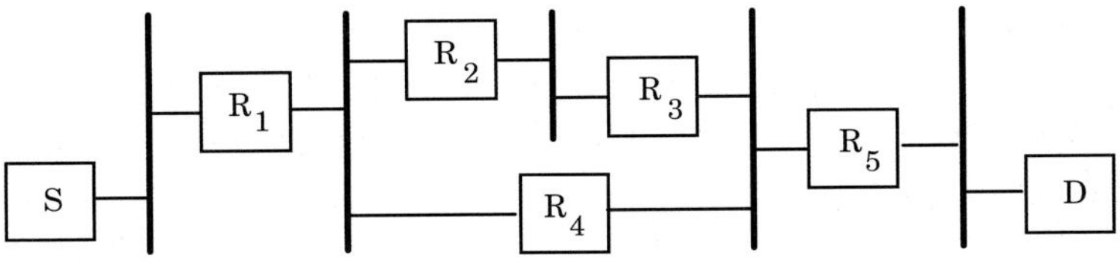

Figure 9.5 — Les messages ICMP de redirection n'assurent pas le routage entre routeurs. Dans cet exemple, le routeur R_5 ne peut pas effectuer une redirection vers le routeur R_1 pour qu'il utilise le plus court chemin lorsqu'il envoie vers la destination *D* les datagrammes reçus de la source *S*.

Hormis les classiques champs *Type*, *Code* et *Total de contrôle*, les messages ICMP de demande de redirection (cf. figure 9.6) ont un champ de 32 bits contenant l'adresse IP d'un routeur et un champ contenant un fragment de datagramme.

0	8	16	24	31
Type (5)	Code (0 à 3)	Total de contrôle		
Adresse IP d'un routeur				
En tête + les 64 premiers bits du datagramme IP				
• • •				

Figure 9.6 — Format d'un message ICMP de redirection.

Le champ *Adresse IP d'un routeur* contient l'adresse du routeur utilisé par l'ordinateur source pour atteindre la destination mentionnée dans l'en-tête du datagramme. Le champ suivant contient l'en-tête et les 64 premiers bits du datagramme qui a déclenché l'émission du message ICMP. Ainsi, un ordinateur qui reçoit un message de redirection examine le fragment de datagramme qu'il contient pour déterminer l'adresse de sa destination. Le champ *Code* d'un message de redirection précise aussi comment interpréter l'adresse de destination, sur la base des valeurs de la table ci-dessous :

Valeur de code	Signification
0	Redirection de datagrammes pour le réseau (périmé)
1	Redirection de datagrammes pour l'ordinateur
2	Redirection de datagrammes pour le type de service et le réseau
3	Redirection de datagrammes pour le type de service et l'ordinateur

Dans la table ci-dessus, le type de service correspond au service de routage mentionné dans l'en-tête du datagramme IP. Les routeurs, en règle générale, n'émettent des messages de redirection que vers des ordinateurs et non vers d'autres routeurs. Comme nous le verrons dans les chapitres suivants, les routeurs utilisent d'autres protocoles pour s'échanger des informations de routage.

9.12 DÉTECTION DE ROUTES CIRCULAIRES OU EXCESSIVEMENT LONGUES

Les routeurs déterminent l'adresse du saut suivant à partir de leur table de routage locale. Une erreur de routage vers une destination *D* peut, sous certaines conditions, conduire à une *route circulaire* (une boucle). Celle-ci apparaît lorsque, par exemple, deux routeurs routent les datagrammes destinés à *D* l'un vers l'autre, éventuellement au travers d'autres routeurs. Lorsque plusieurs routeurs forment une route circulaire, chacun route les datagrammes destinés à *D* vers le routeur suivant dans la boucle. Lorsqu'un datagramme entre dans une boucle de routage, il y tourne indéfiniment. Comme nous l'avons indiqué précédemment, pour empêcher les datagrammes de boucler indéfiniment dans un internet, chaque datagramme contient un compteur de durée de vie, parfois appelé *compteur de saut*. Un routeur diminue de *1* la durée de vie à chaque fois qu'il traite un datagramme. Il détruit le datagramme lorsque sa durée de vie atteint zéro.

À chaque fois qu'un routeur détruit un datagramme parce que son compteur de durée de vie est nul ou que le temporisateur de réassemblage des fragments de datagramme a expiré, il envoie un *message de délai excessif* à l'expéditeur du datagramme ; le format de ce message est présenté à la figure 9.7.

0 — 8	8 — 16	16 — 24 — 31
Type (11)	Code (0 ou 1)	Total de contrôle
Inutilisé (doit contenir des zéros)		
En tête + les 64 premiers bits du datagramme IP		
. . .		

Figure 9.7 — Format d'un message ICMP de délai excessif. Un routeur émet ce message à chaque fois qu'un datagramme est détruit parce que sa durée de vie expire ou parce que le temporisateur de réassemblage de fragments de datagramme a expiré avant que tous les fragments soient reçus.

ICMP utilise le champ *Code* du message de délai excessif pour expliquer la cause du délai excessif :

Valeur de code	Signification
0	Durée de vie
1	Durée de réassemblage expiré

Le réassemblage des fragments correspond à la collecte de tous les fragments qui constituent un datagramme. Lorsque le premier fragment arrive, l'ordinateur destinataire active un temporisateur et considère qu'une erreur s'est produite si le temporisateur expire avant que tous les fragments du datagramme ne soient reçus. La valeur de code *1* est utilisée pour communiquer de telles erreurs à l'expéditeur source ; un message de délai excessif est émis pour chaque erreur de ce type.

9.13 COMPTE RENDU DE PROBLÈME DE PARAMÈTRE

Lorsqu'un routeur ou un ordinateur rencontre un problème avec un datagramme qui n'est pas pris en compte par les messages ICMP précédents (une erreur d'en-tête, par exemple), il envoie un message *problème de paramètre* à l'expéditeur source. L'une des causes de problème possibles apparaît lorsque les paramètres d'une option sont incorrects. Les messages dont le format est indiqué à la figure 9.8 ne sont envoyés que lorsque les problèmes rencontrés sont suffisamment importants pour que le datagramme doive être détruit.

Pour rendre les messages non ambigus, le routeur utilise le champ *Pointeur* de l'en-tête pour identifier l'octet du datagramme qui est la cause du problème. La valeur de code *1* est utilisée pour indiquer qu'une option obligatoire est absente (une option de sécurité, par exemple, dans la communauté militaire) ; le champ Pointeur n'est pas utilisé pour la valeur de code *1*.

0	8	16	24	31
Type (12)	Code (0 ou 1)	Total de contrôle		
Pointeur	Inutilisé (doit contenir des zéros)			
En tête + les 64 premiers bits du datagramme IP				
. . .				

Figure 9.8 — Format d'un message ICMP de problème de paramètre. De tels messages ne sont émis que lorsque les problèmes sont suffisamment graves pour que le datagramme soit détruit.

9.14 SYNCHRONISATION DES HORLOGES ET ESTIMATION DU TEMPS DE TRANSIT

Bien que les ordinateurs d'un internet communiquent entre eux, ils fonctionnent généralement indépendamment les uns des autres ; chaque ordinateur a sa propre horloge. Si les horloges des machines diffèrent de façon importante, cela peut être source de confusion entre les logiciels systèmes. Certains protocoles de la suite TCP/IP permettent de synchroniser les horloges des différentes machines d'un internet. C'est le cas notamment du message ICMP de *demande d'horodatage* qui permet de solliciter un ordinateur distant pour lui demander l'heure et la date courante. L'ordinateur sollicité qui reçoit une demande d'horodatage répond en transmettant au demandeur le message : *réponse à une demande d'horodatage*. La figure 9.9 indique la structure des messages ICMP de demande et de réponse d'horodatage.

0	8	16	24	31
Type (13 ou 14)	Code (0)	Total de contrôle		
Identificateur		Numéro de séquence		
Horodatage de l'émission				
Horodatage de la réception				
Horodatage de la transmission				

Figure 9.9 — Format d'un message ICMP de demande ou de réponse à une demande d'horodatage.

Le champ *Type* identifie le message en tant que *demande d'horodatage* (13) ou *réponse à une demande* (14) *d'horodatage*. Les champs *Identificateur* et *Numéro de séquence* sont utilisés par la source pour associer les demandes aux réponses. Les champs d'horodatage précisent la date, exprimée en millisecondes, écoulée depuis 00 h 00 à la date universelle de référence. Le champ *Horodatage de l'émission* est écrit par l'expéditeur dans le message ICMP, juste avant que le datagramme ne soit transmis. Le champ *Horodatage de la réception* est écrit dans le message de réponse, immédiatement à la réception d'une demande d'horodatage et le champ *Horodatage de la transmission* est écrit dans le message juste avant que la réponse ne soit émise.

Les ordinateurs utilisent les trois informations d'horodatage ci-dessus pour estimer l'écart de temps qui les sépare et pour synchroniser leurs horloges. Comme une réponse d'horodatage comprend l'horodatage de l'émission par la source, l'ordinateur source peut calculer le temps total nécessaire pour que sa demande parvienne au destinataire, soit transformée en réponse et qu'elle lui revienne. Comme la réponse d'horodatage contient à la fois l'heure d'arrivée de la demande au destinataire et l'heure de départ de la réponse, l'ordinateur source peut calculer le temps de transit dans le réseau et estimer alors les différences entre les horloges locales et distantes.

L'estimation précise du temps de transit aller-retour peut être difficile à obtenir et restreint sérieusement l'utilisation des messages ICMP de demande d'horodatage. Bien entendu, pour obtenir une estimation précise, il faut effectuer plusieurs mesures et calculer une moyenne. Toutefois, les temps de transit aller-retour des messages ICMP entre paires d'ordinateurs reliés à un vaste internet peuvent varier de façon significative, même sur de courtes périodes de temps. Plus encore, puisque le protocole IP est une technique de remise au mieux, les datagrammes peuvent être détruits, retardés ou remis hors séquence. En conséquence, le fait d'effectuer plusieurs mesures ne garantit pas la cohérence ; une analyse statistique sophistiquée est nécessaire pour produire des estimations précises.

9.15 DEMANDE D'INFORMATION ET RÉPONSE

Les messages ICMP de *demande d'information* et de *réponse à une demande d'information* (types 15 et 16) sont aujourd'hui considérés comme périmés et ne devraient plus être utilisés. Ils étaient initialement destinés à permettre aux ordinateurs de connaître leur adresse IP au démarrage. Des protocoles spécifiques ont été développés depuis, qui permettent d'effectuer cette demande ; il s'agit de RARP, décrit au chapitre 6 et de BOOTP, décrit au chapitre 23.

9.16 OBTENTION D'UN MASQUE DE SOUS-RÉSEAU

Le chapitre 10 présente l'adressage de sous-réseau, pourquoi on l'utilise et comment il est mis en œuvre. Dans ce chapitre, nous nous contenterons de signaler que les ordinateurs utilisant l'adressage de sous-réseau voient certains bits de l'identificateur d'ordinateur de leur adresse IP, *id_ord*, faire référence à un réseau. Pour participer à l'adressage de sous-réseau, les ordinateurs ont besoin de connaître quels sont les bits d'une adresse IP de 32 bits qui identifient les réseaux et quels sont ceux qui identifient les ordinateurs. L'information nécessaire à l'interprétation des adresses de sous-réseau est représentée par un mot de 32 bits appelé *masque de sous-réseau*.

Pour connaître quel masque de sous-réseau est utilisé sur son réseau local, un ordinateur peut envoyer un message ICMP de *demande de masque d'adresse* à un routeur et recevoir en retour un message de *réponse de demande de masque d'adresse*. L'ordinateur qui effectue la demande peut soit émettre directement le message ICMP, s'il connaît l'adresse du routeur, soit diffuser le message, dans le cas contraire. La figure 9.10 indique la structure des messages ICMP de demande ou de réponse de masque d'adresse.

0	8	16	24	31
Type (17 ou 18)	Code (0)	Total de contrôle		
Identificateur		Numéro de séquence		
Masque d'adresse				

Figure 9.10 — Format d'un message ICMP de demande ou de réponse de masque d'adresse. Les ordinateurs diffusent habituellement une demande en ignorant quel routeur répondra.

Le champ *Type* dans un masque d'adresse indique si la requête est une demande (17) ou une réponse (18). La réponse contient le masque d'adresse de sous-réseau du réseau local dans le champ *Masque d'adresse*. Les champs *Identificateur* et *Numéro de séquence* permettent à un ordinateur d'associer les réponses aux demandes correspondantes.

9.17 DÉCOUVERTE D'UN ROUTEUR

Une fois son initialisation terminée, un ordinateur a besoin de connaître l'adresse IP d'un routeur sur son réseau local afin de pouvoir transmettre des datagrammes vers des destinataires externes au réseau. ICMP offre un mécanisme qui permet à un ordinateur d'obtenir aisément l'adresse du (ou des) routeur(s) relié(s) à son réseau local, c'est le mécanisme de *découverte d'un routeur*.

Le mécanisme ICMP de découverte d'un routeur n'est pas le seul du genre. Les protocoles d'amorçage BOOTP et DHCP décrits au chapitre 23 disposent eux aussi d'un tel mécanisme – chaque protocole fournit, au moment de l'amorçage, entre autres informations, l'adresse IP d'un routeur par défaut. L'adresse IP du routeur est inscrite dans le fichier d'amorçage qui a été configuré manuellement par l'administrateur du réseau. Cette adresse est relativement statique, elle ne peut pas changer rapidement.

La configuration statique de l'adresse IP d'un routeur par défaut donne de bons résultats, surtout dans un réseau qui dispose d'un seul routeur connecté à Internet. L'ordinateur n'a pas besoin dans ce cas de mettre en œuvre de mécanisme de découverte d'un routeur, il obtient l'adresse IP du routeur directement au démarrage. Ce mécanisme fonctionne également lorsqu'un réseau compte plusieurs routeurs connectés à Internet. Dans ce cas, l'ordinateur reçoit au démarrage l'adresse IP d'un routeur par défaut (l'un des routeurs reliés à Internet). En revanche, si ce routeur par défaut tombe en panne, l'ordinateur perd toute connectivité à Internet. Pire encore, il ne s'aperçoit même pas de la panne du routeur.

Le mécanisme de découverte d'un routeur d'ICMP pare à cette difficulté de deux manières. Tout d'abord, il permet à un ordinateur de s'adresser directement à un routeur plutôt que d'attendre de recevoir l'adresse IP du routeur *via* un protocole d'amorçage. Ensuite, le mécanisme ICMP utilise la technique du « faute de mieux » basée sur des temporisations qui évitent ainsi qu'un ordinateur ne mémorise une route bien que le routeur sous-jacent puisse être en panne. Quant aux routeurs, ils transmettent périodiquement et systématiquement leurs annonces ICMP. Tout ordinateur efface une route qu'il a mémorisée lorsque le temporisateur associé à cette route expire.

La figure 9.11 donne le format du message d'annonce ICMP transmis par un routeur. Outre les champs *Type*, *Code* et *Total de contrôle* le message compte trois autres champs : le champ *Nbre d'adresses* qui indique le nombre d'adresses de routeurs portées dans le message (le plus souvent il n'y a qu'une adresse), le champ *Taille adresse* qui définit la taille d'une adresse en mots de 32 bits (1 mot pour les adresses IPv4) et le champ *Durée de vie* (*Lifetime*) – à ne pas confondre avec le champ *Durée de vie* (TTL) du datagramme – qui indique le temps en secondes pendant lequel l'ordinateur peut utiliser les adresses annoncées dans le message. La valeur par défaut de la durée de vie est de 30 minutes, celle de la périodicité des annonces ICMP par les routeurs est de 10 minutes. Cela signifie qu'un ordinateur n'efface pas une route connue si par hasard le routeur associé rate un message d'annonce. Viennent ensuite dans le message d'annonce les suites de couples « *Adresse IP d'un routeur, Niveau de priorité du routeur* ». Il y a autant de couples que le précise le champ *Nbre d'adresses*. Le niveau de priorité est un entier représenté en complément à 2 ; un ordinateur choisit en général la route de plus haut niveau de priorité.

Si le routeur et le réseau pratiquent la technique du *multicast* décrite au chapitre 17, alors le routeur utilise cette technique pour diffuser ses messages d'annonce ICMP dans tout le système au moyen de l'adresse multicast 224.0.0.1. Dans

0	8	16	24	31
Type (9)	Code (0)	Total de contrôle		
Nbre d'adresses	Taille adresse	Durée de vie		
Adresse IP du routeur 1				
Niveau de priorité du routeur 1				
Adresse IP du routeur 2				
Niveau de priorité du routeur 2				
• • •				

Figure 9.11 — Message d'annonce ICMP d'un routeur utilisé avec le protocole IPv4. Les routeurs envoient ces messages périodiquement.

le cas contraire, le routeur transmet ses annonces au moyen de la diffusion limitée, c'est-à-dire à l'adresse de diffusion « tout à 1 ». Il est clair qu'un ordinateur ne doit jamais transmettre de messages d'annonce ICMP.

9.18 SOLLICITATION D'UN ROUTEUR

Bien que les concepteurs du protocole ICMP aient prévu un ensemble de valeurs de temporisation utilisables par les routeurs pour transmettre périodiquement leurs messages d'annonce ICMP, la quasi-totalité des routeurs utilisent par défaut la valeur de 10 minutes. Cette valeur résulte d'un compromis entre la rapidité de détection d'une panne et une faible surcharge de trafic (*overhead*) sur le réseau. Une faible valeur permet en effet une détection rapide d'une panne mais augmente le trafic sur le réseau ; au contraire, une valeur importante réduit la surcharge de trafic mais augmente le temps de détection d'une défaillance. Les diverses solutions définies par les concepteurs tiennent compte du fait qu'il y a souvent plusieurs routeurs raccordés à un même réseau.

Du point de vue d'un ordinateur, utiliser la valeur de temporisation par défaut (10 minutes) présente un sérieux inconvénient : un ordinateur doit attendre plusieurs minutes le message d'annonce du routeur lors du démarrage. Pour éviter cette attente inacceptable, les concepteurs du protocole ICMP ont prévu un message de *sollicitation d'un routeur* qui autorise un ordinateur à demander qu'un routeur lui transmette immédiatement un message d'annonce ICMP. Le format du message de sollicitation d'un routeur est illustré à la figure 9.12.

Si l'ordinateur pratique la technique du multicast, il transmet une sollicitation aux routeurs à l'adresse multicast 224.00.0.2. Sinon il transmet la sollicitation à l'adresse de diffusion limitée (adresse de diffusion « tout à 1 »). L'arrivée

0	8	16	24	31
Type (10)	Code (0)	Total de contrôle		
Réservé				

Figure 9.12 — Message ICMP de sollicitation d'un routeur. Un ordinateur transmet ce message dès qu'il a terminé sa phase de démarrage afin qu'un routeur lui réponde immédiatement par un message d'annonce ICMP.

d'un message de sollicitation dans un routeur oblige ce dernier à transmettre immédiatement un message d'annonce ICMP. Comme le montre la figure 9.12 le message de sollicitation est court, il ne comprend que les trois champs *Type*, *Code* et *Total de contrôle*.

9.19 RÉSUMÉ

Au sein d'un internet, les communications normales impliquent l'échange de messages entre des processus utilisateur s'exécutant sur deux ordinateurs distincts. Les routeurs peuvent avoir besoin de communiquer directement avec le logiciel réseau d'un ordinateur particulier pour rendre compte de conditions anormales ou pour envoyer de nouvelles informations de routage.

Le protocole ICMP permet aux routeurs et aux ordinateurs d'échanger des informations relatives aux conditions de fonctionnement anormales ; il fait partie intégrante des logiciels IP. ICMP comporte des demandes de limitation de production de la source, qui permettent de réduire le débit de production et d'émission de datagrammes par la source, des messages de redirection, qui demandent à un ordinateur de modifier sa table de routage, et des demandes et réponses d'écho, que les ordinateurs peuvent utiliser pour savoir si un ordinateur est accessible. Un message ICMP est inscrit dans la zone de données d'un datagramme IP et commence par trois champs de longueur fixe : un champ *Type*, un champ *Code* et un champ *Total de contrôle*. Le champ *Type* détermine le format du reste du message ainsi que sa signification.

9.20 POUR EN SAVOIR PLUS

Tanenbaum (1981) et Stallings (1985) étudient tous deux les messages ICMP en général et les associent à divers protocoles réseau. Le sujet principal n'est pas comment émettre des messages de contrôle, mais à quel moment. Grange et Gien (1979), ainsi que Driver, Hopewell et Iaquinto (1979) se concentrent sur un problème pour lequel les messages ICMP sont fondamentaux : le contrôle de flux.

Gerla et Kleinrock (1980) comparent analytiquement les différentes stratégies de contrôle de flux. Pour des informations complémentaires sur la synchronisation des horloges consultez les RFC définis par Mills [RFC 956, 957 et 1305].

Le protocole ICMP décrit ici est un standard de la famille TCP/IP défini par Postel dans le [RFC 792] mis à jour par Braden [RFC 1122]. Nagle [RFC 896] étudie les messages ICMP de limitation de production de datagramme par la source et montre comment les routeurs devraient les utiliser pour maîtriser les phénomènes de congestion. Prue et Postel [RFC 1016] étudient une nouvelle technique utilisée en réponse aux demandes de diminution de débit. Nagle (1987) discute le fait que la congestion est toujours une préoccupation dans les réseaux à commutation par paquets. Mogul et Postel [RFC 950] traitent des demandes et réponses de masque de sous-réseau. Enfin Jain, Ramakrishnan et Chiu (1987) étudient la façon dont les routeurs et les protocoles de transport peuvent coopérer pour éviter les phénomènes de congestion.

9.21 EXERCICES

9.1 Concevez une expérience qui vous permette d'enregistrer le nombre de messages ICMP de chaque type échangés sur votre site pendant une journée.

9.2 Essayez de voir si vous pouvez envoyer des datagrammes suffisamment vite au travers un routeur pour déclencher l'émission d'un message ICMP de demande de limitation de production de la source.

9.3 Concevez un algorithme qui permette de synchroniser les horloges en utilisant les messages d'horodatage.

9.4 Voyez si la commande *ping* est disponible sur votre ordinateur. Comment le programme associé à cette commande s'interface-t-il avec les protocoles du système d'exploitation ? En particulier, est-ce que le mécanisme autorise un utilisateur à créer un programme *ping*, ou alors est-ce qu'un tel programme nécessite un privilège particulier ?

9.5 Supposez que tous les routeurs d'un internet émettent des messages ICMP de délai excessif et que votre logiciel IP local transmette ces messages à un programme d'application. Utilisez cette facilité pour construire une commande *traceroute* qui dresse la liste des routeurs séparant une source d'une destination donnée.

9.6 Si vous êtes connecté au réseau Internet, essayez la commande *ping* sur l'ordinateur d'adresse IP 128.10.2.1 (un ordinateur à l'université de Purdue).

9.7 Les routeurs doivent-ils donner la priorité aux messages ICMP par rapport au trafic normal ? Pourquoi ou pourquoi pas ?

9.8 Considérez un réseau Ethernet sur lequel se trouvent un ordinateur, M, et 12 routeurs. Trouvez une seule trame (légèrement illégale) transportant un datagramme IP qui, lorsqu'il est envoyé par l'ordinateur M, provoque la réception d'exactement 24 datagrammes.

9.9 Comparez les messages ICMP de limitation de production de la source à la stratégie mono-bit de Jain. Quelle est la stratégie la plus efficace pour affronter la congestion ? Pourquoi ?

9.10 Il n'y a pas de message ICMP qui permette à un ordinateur d'informer la source que les erreurs de transmission provoquent l'altération des datagrammes. Expliquez pourquoi ?

9.11 Dans la précédente question, dans quelles conditions un tel message pourrait-il être utile ?

9.12 Est-ce que les messages d'erreur ICMP devraient contenir un horodatage indiquant à quel moment ils ont été émis ? Pourquoi ou pourquoi pas ?

9.13 Si le (ou les) routeur(s) de votre site participe à la découverte des routes par ICMP, trouvez combien d'adresses chaque routeur annonce sur chacune de ses interfaces.

9.14 Essayez d'atteindre un serveur ou un ordinateur inexistant sur votre réseau local. Essayez également de communiquer avec un ordinateur inexistant d'un réseau distant. Dans quel cas allez vous recevoir un message d'erreur ? Pourquoi ?

9.15 Essayez d'utiliser la commande *ping* sur un réseau à diffusion. Combien d'ordinateurs vont-ils répondre ? Lisez les documents relatifs aux protocoles pour déterminer si l'émission d'une réponse en mode diffusé est nécessaire, recommandée, non recommandée ou interdite.

10
L'agrégation d'adresses (CIDR) et le sous-adressage

10.1 INTRODUCTION

Nous avons présenté au chapitre 4 les principes de l'adressage dans le réseau Internet et, en particulier, les trois principales formes d'adresses IP. Nous présentons dans ce chapitre cinq extensions de l'adressage IP qui permettent chacune de conserver les préfixes de réseau. Nous verrons le pourquoi de ces extensions, comment les utiliser et comment elles sont réalisées. En particulier, nous présenterons en détail le principe du sous-adressage qui fait maintenant partie du standard TCP/IP de même que celui du mécanisme propre à l'agrégation d'adresses (le CIDR).

10.2 RAPPEL DE QUELQUES FAITS

Le chapitre 4 a traité de l'adressage et a présenté les principes de l'adressage IP. Nous avons dit que les adresses IP sur 32 bits sont allouées méthodiquement, afin que tous les ordinateurs d'un réseau donné partagent un identificateur commun (appelé souvent *préfixe*). Dans le schéma d'adressage initial, les concepteurs ont élaboré ce préfixe comme définissant la partie réseau de l'adresse IP. Le reste de l'adresse IP constitue la partie qui identifie l'ordinateur (appelée souvent *suffixe*).

La conséquence importante pour nous est la suivante :

Dans la structure d'adressage IP initiale, chaque réseau se voit affecter une adresse réseau unique ; chaque machine de ce réseau a une adresse réseau qui est le préfixe de sa propre adresse.

Décomposer l'adresse IP en deux parties a pour avantage principal de réduire la taille des tables de routage internes des routeurs. Au lieu de gérer, dans les tables de routage, une entrée par machine destinataire, un routeur ne gère qu'une entrée par réseau et n'examine que la partie réseau de l'adresse de destination pour effectuer le routage.

TCP/IP, on s'en souvient, peut s'adapter à des réseaux de tailles très variées grâce à ses trois classes d'adresses. Les réseaux de classe *A* décomposent les 32 bits de l'adresse IP en une partie réseau (l'identificateur de réseau, *id_res*) sur 8 bits et une partie ordinateur (l'identificateur de l'ordinateur, *id_ord*) sur 24 bits. Les réseaux de classe *B* décomposent les 32 bits de l'adresse en une partie réseau sur 16 bits et une partie ordinateur sur 16 bits tandis que les réseaux de classe C les décomposent en une partie réseau sur 24 bits et une partie ordinateur sur 8 bits.

Pour comprendre les extensions présentées dans ce chapitre, il est important d'avoir à l'esprit que chaque site peut modifier aisément adresses et routes tant qu'il veut, pour autant que ces modifications restent invisibles des autres sites. En d'autres termes, tout site peut assigner, découper et utiliser à sa façon les adresses IP pourvu que :

- tous les ordinateurs et les routeurs du site soient en accord avec le schéma d'adressage du site ;
- les autres sites d'Internet puissent continuer à traiter les adresses avec le schéma d'adressage IP original, c'est-à-dire un préfixe « réseau » et un suffixe « ordinateur ».

10.3 RÉDUIRE LE NOMBRE DE RÉSEAUX

Le schéma d'adressage Internet semble permettre de gérer tous les cas mais il a une faiblesse. Comment s'est-elle révélée ? Qu'est-ce que les concepteurs d'Internet ont oublié de prendre en considération ? La réponse est simple : la multiplication des réseaux. Travaillant dans un monde de gros systèmes coûteux, les concepteurs avaient pensé à un internet constitué de quelques dizaines de réseaux et de quelques centaines de machines. Ils n'avaient pas prévu les dizaines de milliers de petits réseaux d'ordinateurs individuels qui, une décennie plus tard, ont fait une apparition brutale.

La croissance a été évidente dans Internet où l'on a eu un doublement de taille tous les neuf mois. Le grand nombre de réseaux élémentaires a fini par poser problème parce que (1) la tâche administrative engendrée pour gérer les seules adresses réseau est énorme, (2) les tables de routage deviennent gigantesques et (3) le schéma d'adressage peut être saturé[1]. Le second point est important : il signifie que lorsque des routeurs échangent des informations de routage, la charge du réseau est plus importante, tout comme l'est la complexité des calculs. Le troisième problème est crucial car le schéma d'adressage original ne peut prendre en compte tous les réseaux qui existent aujourd'hui dans Internet. C'est, en particulier, le cas de la classe *B* qui est notoirement insuffisante au regard des besoins. D'où le désir de minimiser le nombre d'adresses de réseau affectées, en particulier pour la classe *B*, sans détruire le schéma d'adressage initial de 32 bits.

Pour minimiser le nombre d'adresses réseau, le même préfixe de réseau doit être partagé par plusieurs réseaux. Pour minimiser les adresses de classe *B*, il faut utiliser à leur place des adresses de classe C. Bien entendu, les procédures de routage doivent être modifiées et toutes les machines qui se connectent à ces réseaux doivent comprendre les nouvelles conventions utilisées.

L'idée de partager une même adresse réseau entre plusieurs réseaux distincts n'est pas nouvelle. Elle a pris plusieurs formes. Nous en étudierons trois : les routeurs transparents, le « proxy ARP » et les sous-réseaux IP standard. Nous verrons également le cas des liaisons point-à-point pour lesquelles il n'est pas nécessaire d'assigner un préfixe réseau. Enfin nous étudierons l'agrégation d'adresses ou adressage sans classe, qui consiste à abandonner le système rigide des classes d'adresses au profit de la possibilité de diviser l'espace des adresses de façon arbitraire.

10.4 LES ROUTEURS TRANSPARENTS

Le principe des routeurs transparents utilise le fait que des réseaux dotés d'adresses IP de classe A, peuvent être étendus à l'aide d'une petite astuce présentée à la figure 10.1.

Cette astuce consiste à multiplexer plusieurs connexions vers différents ordinateurs sur un unique port. Comme le montre la figure 10.1, un routeur spécifique *T* relie le port d'un certain ordinateur du réseau grande distance (WAN) à un réseau local. *T* est appelé *routeur transparent* parce que les autres ordinateurs et les autres routeurs du réseau WAN ne connaissent pas son existence.

---

1. Bien qu'il y ait eu des prédictions alarmistes au sujet des adresses IPv4 qui devaient être taries bien avant l'an 2000, il apparaît aujourd'hui qu'une allocation attentive des adresses et l'utilisation des techniques présentées dans ce chapitre permettent de dire que les adresses IPv4 peuvent encore durer au moins jusqu'en 2019.

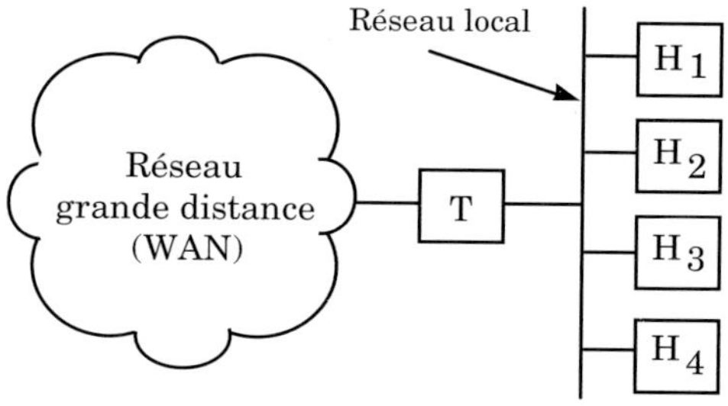

Figure 10.1 — Un routeur transparent *T* relie un réseau grande distance à plusieurs ordinateurs, *H*, d'un même site. Chaque machine paraît avoir une adresse IP sur le réseau longue distance (WAN).

Le réseau local n'a pas de préfixe IP spécifique ; on affecte une adresse IP aux ordinateurs qui lui appartiennent, comme s'ils étaient directement reliés au WAN. Le routeur transparent démultiplexe les datagrammes en provenance du WAN et les envoie au bon ordinateur destinataire, soit en utilisant une table d'adresses, soit en décodant une partie de l'adresse IP. Les routeurs transparents acceptent aussi les datagrammes émis par les ordinateurs du réseau local pour les router vers le WAN.

Pour accroître l'efficacité du démultiplexage, les routeurs transparents divisent souvent les adresses IP en plusieurs parties et codent l'information dans les parties inutilisées de l'adresse. Supposez, par exemple, que le réseau ARPANET soit un réseau de classe A dont l'adresse IP est 10.0.0.0. Chaque nœud de commutation de paquets (PSN) du réseau ARPANET a une adresse IP entière et unique. En interne, le réseau ARPANET traite les 4 octets IP de la forme 10.*p*.*u*.*i* comme quatre octets séparés qui indiquent respectivement le réseau (10), un port spécifique (*p*) sur le PSN de destination, et un PSN destination (*i*). L'octet *u* n'est pas interprété. Donc les adresses 10.2.5.37 et 10.2.9.37 référencent le même ordinateur (l'ordinateur *2* du port *37*). Un routeur transparent relié au PSN 37 port 2 peut examiner le contenu de l'octet *u* pour déterminer quel est l'ordinateur destinataire réel du datagramme qui se trouve derrière. Le réseau ARPANET n'a pas besoin de savoir que plusieurs ordinateurs se trouvent derrière le PSN.

Les routeurs transparents, comparés aux routeurs classiques, présentent des avantages et des inconvénients. Leur principal avantage est de nécessiter moins d'adresses réseau. Un second avantage est de permettre de faire de l'équilibrage de charge. En effet, si deux routeurs transparents relient un même réseau local au réseau ARPANET, le trafic destiné aux ordinateurs de ce réseau peut être réparti entre eux. Par opposition, les routeurs classiques ne permettent d'avoir qu'une seule route vers un réseau donné.

Un premier inconvénient des routeurs transparents est qu'ils ne fonctionnent qu'avec des réseaux disposant d'un grand espace d'adressage dans lequel sont choisies les adresses des ordinateurs. Ils sont donc mieux adaptés à des réseaux de classe A qu'à des réseaux de classe C. Un second inconvénient est que, n'étant pas des routeurs classiques, ils n'en assurent pas tous les services. En particulier, les routeurs transparents ne peuvent pas participer pleinement aux protocoles ICMP ou SNMP. C'est ainsi qu'il n'est, par exemple, pas possible d'interroger (*ping*) facilement un routeur transparent pour savoir s'il fonctionne.

10.5 LES PROXY ARP

Les termes *proxy ARP* ou *ARP aléatoire* (*promiscuous ARP*) ou encore *ARP haché* (*ARP hack*) font référence à une deuxième technique utilisée pour faire correspondre une adresse IP à deux adresses physiques. Cette technique, qui ne s'applique qu'aux réseaux qui utilisent ARP pour relier les adresses IP aux adresses physiques, s'explique plus simplement à l'aide d'un exemple. La figure 10.2 illustre cette situation.

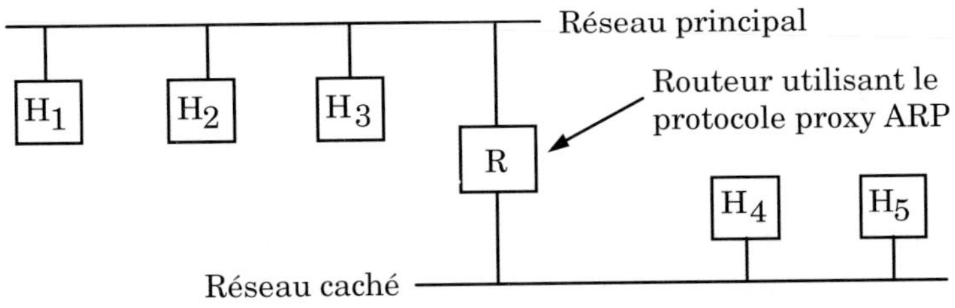

Figure 10.2 — Technique *proxy ARP* (ou *ARP haché*) utilisée pour permettre le partage d'une adresse réseau entre deux sous-réseaux. Le routeur *R* répond, sur chaque sous-réseau, aux requêtes destinées à des ordinateurs situés sur l'autre sous-réseau, en indiquant sa propre adresse physique. *R* route ensuite correctement les paquets qu'il reçoit. En substance, *R* ment au sujet de l'association entre les adresses physique et IP.

Sur la figure, deux réseaux (que nous appelons sous-réseaux) partagent une même adresse réseau IP. Imaginons, par exemple, que le réseau principal soit le réseau d'origine et que le réseau caché ait été ajouté plus tard. Le routeur *R*, qui relie les deux sous-réseaux, sait quels ordinateurs mentent et sur quel sous-réseau ils se trouvent. Il utilise le protocole ARP pour faire croire à l'existence d'un réseau unique. Afin d'entretenir cette illusion, *R* garde la localisation des ordinateurs complètement secrète, autorisant tous les autres ordinateurs sur le réseau à communiquer comme s'ils lui étaient directement connectés. Dans notre exemple, lorsque l'ordinateur H_1 a besoin de communiquer avec l'ordinateur H_4, il le fait en invoquant ARP pour mettre en correspondance l'adresse IP de H_4 avec une adresse physique. Une fois l'adresse physique obtenue, H_1 peut directement émettre un datagramme vers cette adresse physique.

Comme *R* utilise le protocole proxy ARP, il intercepte la requête diffusée par H_1 et détermine que l'ordinateur destinataire réside sur le réseau caché. Il répond alors à la requête ARP en émettant sa propre adresse physique. H_1 reçoit la réponse ARP, inscrit la correspondance dans sa table ARP et utilise ensuite cette adresse physique pour envoyer à R les datagrammes destinés à H_4 sur le réseau caché. R doit donc acheminer vers le réseau caché les datagrammes reçus qui sont destinés à H_4. Pour permettre aux ordinateurs du réseau caché d'atteindre les ordinateurs du réseau principal, R doit également assurer le service proxy ARP sur le réseau caché.

Les routeurs qui utilisent la technique proxy ARP exploitent une caractéristique importante du protocole ARP : la confiance. Le protocole ARP suppose que tous les ordinateurs coopèrent et que toute réponse est légitime. La plupart des ordinateurs prennent en considération les liens obtenus par ARP sans en vérifier ni la validité ni le bien-fondé. Il est ainsi possible qu'une table ARP mette en correspondance plusieurs adresses IP avec une même adresse physique sans que cela soit en contradiction avec les spécifications du protocole.

Certaines implémentations du protocole ARP ne sont pas aussi tolérantes, en particulier celles qui ont été spécialement conçues pour prévenir les administrateurs de l'éventualité d'un viol de sécurité lorsque deux adresses IP correspondent à une même adresse physique. Alerter l'administrateur a pour but de signaler une éventuelle « mystification » (*spoofing*), situation dans laquelle un ordinateur prétend en être un autre pour intercepter des paquets. Les ordinateurs utilisant une version de ARP donnant ce type d'alerte ne sont pas utilisables sur des réseaux qui comportent des routeurs proxy ARP en raison du grand nombre de messages d'alarme risquant d'être émis.

L'intérêt majeur de proxy ARP est de pouvoir être mis en œuvre au niveau d'un routeur donné sans avoir à modifier les tables de routage des autres ordinateurs ou routeurs de ce réseau. Ainsi proxy ARP masque complètement les détails des connexions physiques.

Son principal inconvénient est qu'il ne fonctionne qu'avec des réseaux utilisant ARP pour la résolution des adresses. De plus, cette technique n'est pas généralisable à des topologies plus complexes (par exemple, plusieurs routeurs reliant deux sous-réseaux) et ne supporte pas non plus de forme raisonnable de routage. En fait la plupart des versions de proxy ARP laissent aux administrateurs le soin de gérer manuellement les tables d'ordinateurs et d'adresses ce qui implique des pertes de temps et constitue une source d'erreurs.

10.6 LE SOUS-ADRESSAGE

Troisième technique employée pour permettre d'utiliser une seule adresse réseau avec plusieurs réseaux : l'*adressage de sous-réseaux* (*subnet addressing*) ou *routage à sous-réseaux* (*subnet routing*) ou encore *sous-adressage* (*subnetting*). Le sous-adressage est la technique la plus utilisée parce que c'est la plus générale et qu'elle a été standardisée. En fait, elle fait maintenant partie de l'adressage IP.

Le moyen le plus simple de comprendre le sous-adressage est de considérer un site ayant une adresse réseau de classe *B* et qui comporte au moins deux réseaux (ou sous-réseaux). Seuls les routeurs locaux savent qu'il existe plusieurs sous-réseaux et savent router le trafic entre ces sous-réseaux. Les routeurs des autres systèmes autonomes routent le trafic comme s'il n'y avait qu'un seul réseau. La figure 10.3 illustre cette situation.

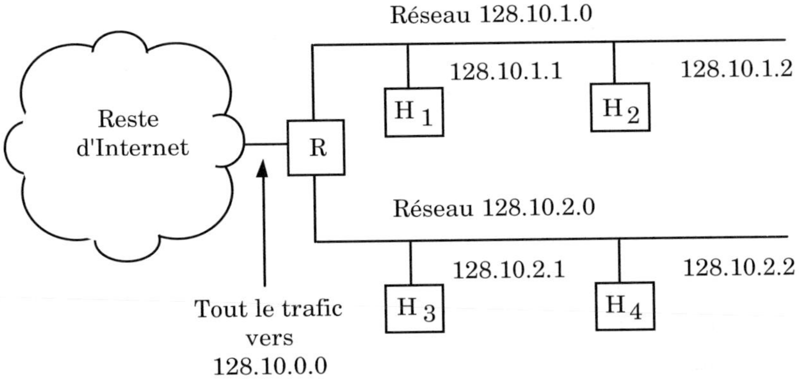

Figure 10.3 — Un site utilise le sous-adressage pour que ses deux sous-réseaux soient couverts par une seule adresse IP de classe *B*. Le routeur *R* accepte tout le trafic destiné au réseau 128.10.0.0 et sélectionne le sous-réseau à partir du troisième octet de l'adresse.

Dans notre exemple, le site utilise une seule adresse IP de classe *B*, 128.10.0.0, pour deux sous-réseaux. Tous les routeurs IP, sauf *R*, traitent les destinations vers ce réseau de façon identique. Lorsqu'un datagramme atteint *R*, il doit être routé vers le réseau correspondant à sa destination. Pour rendre la sélection du sous-réseau plus efficace, le site local a choisi d'utiliser le troisième octet de l'adresse pour distinguer les deux sous-réseaux. L'administrateur du réseau affecte une adresse de la forme 128.10.1.*X* aux ordinateurs du premier sous-réseau et une adresse de la forme 128.10.2.*X* à celles du second. *X* représente un petit entier utilisé pour identifier un ordinateur particulier sur l'un des deux sous-réseaux. Pour sélectionner le sous-réseau, *R* examine le troisième octet de l'adresse de destination et route les datagrammes contenant la valeur 1 vers le réseau 128.10.1.0 et ceux contenant la valeur 2 vers le réseau 128.10.2.0.

Du point de vue conceptuel, l'addition d'un sous-réseau ne modifie que légèrement l'interprétation des adresses IP. Au lieu de diviser une adresse IP de 32 bits en un préfixe correspondant au réseau et un suffixe correspondant à l'ordinateur dans le réseau, le sous-adressage décompose cette adresse en une *partie réseau* et une *partie locale*. L'interprétation de la partie réseau demeure identique à celle des réseaux n'utilisant pas le sous-adressage. Comme précédemment, l'existence du sous-réseau doit être signalée aux systèmes autonomes externes et tout trafic destiné à ce réseau suivra la route indiquée. L'interprétation de la partie locale est laissée à l'initiative du site (dans les limites imposées par le standard d'adressage de sous-réseau). En résumé :

> Une adresse IP de 32 bits peut être vue comme constituée d'une partie internet et d'une partie locale. La partie internet identifie un site, éventuellement constitué de plusieurs sous-réseaux. La partie locale identifie un réseau et un ordinateur de ce site.

L'exemple de la figure 10.3 proposait un cas de sous-adressage avec une adresse de classe *B* comprenant 2 octets pour la partie internet et 2 octets pour la partie locale. Pour rendre le routage vers les sous-réseaux plus efficace, le site pris en exemple a choisi d'utiliser un octet de la partie locale pour identifier le sous-réseau et l'autre pour identifier une machine sur ce réseau, comme le montre la figure 10.4.

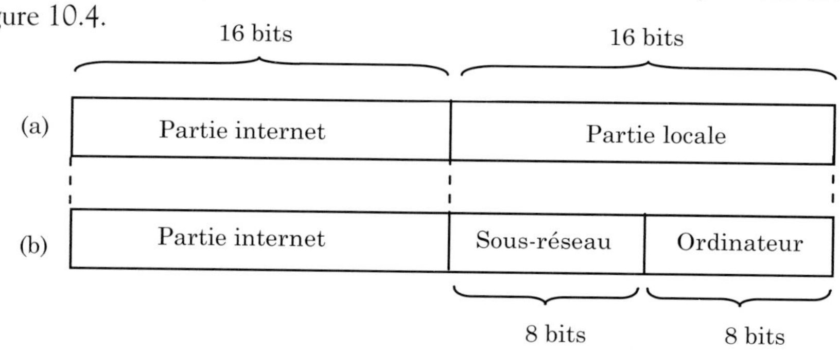

Figure 10.4 — (a) Interprétation conceptuelle des adresses IP sur 32 bits dans le cas d'un adressage IP d'origine et (b) exemple d'interprétation dans le cas du sous-adressage de la figure 10.3. La partie locale de l'adresse IP est divisée en deux parties (par exemple de 8 bits chacune) qui identifient un sous-réseau et un ordinateur sur ce sous-réseau.

Ceci aboutit à un *adressage hiérarchique* auquel correspond un *routage hiérarchique*. Le niveau supérieur de la hiérarchie de routage (par exemple, les autres systèmes autonomes de l'internet) utilise les deux premiers octets pour effectuer le routage. Le niveau suivant (le site local) utilise un octet supplémentaire. Enfin, le dernier niveau (distribution sur un réseau) utilise la totalité de l'adresse.

L'adressage hiérarchique n'est pas nouveau ; bien des systèmes l'ont utilisé auparavant. Le meilleur exemple est le système téléphonique français, dans lequel un numéro à 10 chiffres est divisé en 1 chiffre codant l'opérateur, 1 chiffre codant la zone, 4 chiffres codant l'autocommutateur et 4 chiffres identifiant la ligne sur l'autocommutateur. L'avantage de l'adressage hiérarchique est de permettre une forte croissance du réseau : un commutateur particulier a, pour les destinations éloignées, moins d'informations à connaître que pour les destinations locales. Les inconvénients du routage hiérarchique sont liés aux difficultés qu'on peut avoir à élaborer un adressage hiérarchique et à modifier cette hiérarchie une fois qu'elle a été choisie.

10.7 SOUPLESSE DU SOUS-ADRESSAGE

Le standard TCP/IP relatif au *sous-adressage* (*subnet adressing*) admet que tous les sites n'aient pas les mêmes besoins en termes d'adresses ; cela permet donc à chaque site une certaine souplesse dans le choix des hiérarchies d'adresses. Pour comprendre la nécessité d'une telle souplesse, prenons le cas d'un site qui comporterait cinq réseaux interconnectés (figure 10.5). Supposons que ce site ne dispose que d'une seule adresse IP de classe *B* et qu'il souhaite l'utiliser pour tous ses réseaux. Comment subdiviser l'adresse pour obtenir un routage efficace ?

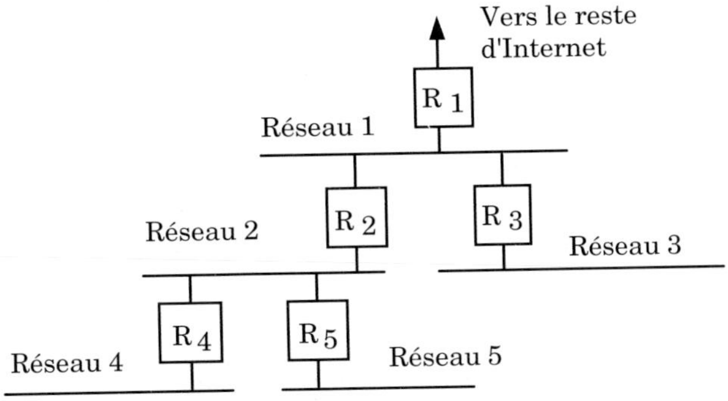

Figure 10.5 — Un site comportant cinq réseaux répartis en trois niveaux. La division rudimentaire des adresses en parties adresse réseau et adresse d'ordinateur peut, dans un tel cas, ne pas être optimale.

Dans notre exemple, le site choisira une partition de l'adresse IP en fonction de ses perspectives d'évolution. Diviser la partie locale de 16 bits en un identificateur de réseau de 8 bits et un identificateur d'ordinateur de 8 bits (comme sur la figure 10.4) permet d'adresser jusqu'à 256 réseaux comportant chacun jusqu'à 256 ordinateurs[1]. La figure 10.6 illustre les choix de partitions possibles lorsqu'un site utilise le *sous-adressage fixe* (*fixed-length subnetting*) tel qu'il est décrit ci-dessus, en évitant les adresses « tout à 0 » et « tout à 1 ».

Comme le montre la figure 10.6, si une entreprise adopte le sous-adressage fixe, elle doit faire un compromis. Soit l'entreprise compte un nombre important de réseaux (ou sous-réseaux) alors le nombre d'ordinateurs par réseau sera limité ; soit le nombre d'ordinateurs sur un réseau est important et, de ce fait, elle ne peut pas avoir beaucoup de réseaux différents. Par exemple, utiliser 3 bits pour coder un sous-réseau et 13 bits pour coder un ordinateur permet d'identifier 6 sous-réseaux comportant chacun au plus 8 190 ordinateurs. Utiliser 12 bits de

1. En pratique, la limite réelle est de 254 sous-réseaux de 254 ordinateurs parce que les adresses « tout à 0 » et « tout à 1 » sont réservées à la diffusion et que les sous-réseaux tout à 0 et tout à 1 ne sont pas recommandés.

Nombre de bits du sous-réseau	Nombre de sous-réseaux	Nombre d'ordinateurs par sous-réseau
0	1	65 534
2	2	16 382
3	6	8 190
4	14	4 094
5	30	2 046
6	62	1 022
7	126	510
8	254	254
9	510	126
10	1 022	62
11	2 046	30
12	4 094	14
13	8 190	6
14	16 382	2

Figure 10.6 — Les divers choix possibles du sous-adressage fixe pour une adresse IP de classe *B*. Le choix de 8 bits pour coder les sous-réseaux est le plus fréquent. Une mise en œuvre particulière consiste à choisir une ligne du tableau.

sous-réseau permet jusqu'à 4 094 sous-réseaux mais limite le nombre d'ordinateurs à 14 par sous-réseau.

10.8 LE SOUS-ADRESSAGE VARIABLE

Nous avons sous-entendu à la section précédente que le choix d'un schéma de sous-adressage était synonyme de la division de la partie locale d'une adresse IP en deux parties : l'une pour le sous-réseau, l'autre pour l'ordinateur. Il faut savoir que la plupart des sites implémentent le sous-adressage fixe. Nous avons montré à la figure 10.6 les diverses partitions possibles permettant d'adapter le sous-adressage aux besoins des entreprises : certaines entreprises ont beaucoup de réseaux avec peu d'ordinateurs sur chaque réseau, d'autres, peu de réseaux mais avec un nombre important d'ordinateurs par réseau. Comment faire si dans une même entreprise se présentent les deux cas précédents ? En réalité, le standard du sous-adressage de TCP/IP est moins contraignant qu'on pourrait le croire, au contraire il laisse au concepteur un maximum d'autonomie et une grande flexibilité. C'est ainsi qu'une entreprise peut choisir un partitionnement sur la base d'une partition par réseau. C'est la technique du *sous-adressage variable* (*variable-length subnetting*). La notion de « variable » est quelque peu abusive car, lorsque le sous-adressage variable est défini, la partition de l'adresse d'un réseau particulier ne change plus. Tous les ordinateurs et les routeurs attachés à ce réseau doivent en tenir compte, faute de quoi des datagrammes peuvent être perdus ou mal routés. En résumé :

> Pour laisser un maximum de souplesse dans le choix du mode de décomposition de l'adresse en sous-réseaux, le standard TCP/IP de sous-adressage permet de choisir l'interprétation des sous-réseaux pour chaque réseau. Une fois qu'une décomposition en sous-réseaux a été choisie, elle ne change plus et tous les ordinateurs doivent s'y conformer.

L'avantage majeur du sous-adressage variable c'est sa flexibilité ; une entreprise peut avoir à la fois des petits réseaux et des grands réseaux, elle peut aménager à sa guise l'espace d'adressage disponible. Cette technique de sous-adressage variable présente néanmoins un certain nombre d'inconvénients. Le plus important d'entre eux concerne les valeurs affectées aux sous réseaux qu'il faut assigner avec soin pour éviter les adresses ambiguës : une adresse peut être interprétée différemment selon le sous-réseau. Par exemple, une même adresse peut correspondre à deux sous-réseaux différents. Cela rendrait impossible toute communication avec les machines concernées. Les routeurs ne pouvant pas résoudre ce type d'ambiguïtés, la seule parade à ce problème consiste à détecter et à renuméroter les adresses invalides. C'est ce qui décourage les administrateurs de réseaux d'utiliser la technique du sous-adressage variable.

10.9 IMPLÉMENTATION DU SOUS-ADRESSAGE AVEC DES MASQUES

Nous avons laissé entendre que le choix d'un schéma d'adressage avec des sous-réseaux revient à choisir la partition de la partie locale de l'adresse IP en une partie réseau et une partie ordinateur. De fait, la plupart des sites qui utilisent le sous-adressage font exactement cela, mais le sous-adressage permet également des combinaisons plus complexes. Le standard indique qu'un site qui utilise le sous-adressage doit choisir un *masque de sous-réseau* pour chaque réseau. Les bits du masque de sous-réseau sont à 1 si le réseau traite les bits correspondants de l'adresse IP comme faisant partie de l'adresse réseau. Ils sont à zéro si le réseau les traite comme un identificateur d'ordinateur sur le réseau. Ainsi, le masque de sous-réseau constitué des 32 bits suivants :

```
11111111  11111111  11111111  00000000
```

indique que les trois premiers octets identifient le réseau et que le quatrième identifie un ordinateur sur ce réseau. On fait l'hypothèse que le masque de sous-réseau contient des 1 à la place de tous les bits correspondant à la partie réseau de l'adresse IP (ainsi, le masque de sous-réseau d'un réseau de classe *B* aura à 1 les deux premiers octets ainsi qu'au moins un bit dans les deux derniers octets).

Une distorsion intéressante du sous-adressage apparaît car le standard n'impose pas que les bits du masquage soient contigus. On peut donc très bien affecter à un réseau le masque suivant :

```
11111111  11111111  00011000  01000000
```

Ce masque sélectionne les deux premiers octets, deux bits du troisième octet et un bit du quatrième octet. Bien qu'une telle souplesse permette des possibilités intéressantes d'affectation des adresses aux ordinateurs, cela complique la compréhension des tables de routage. Il est donc recommandé d'utiliser des masques constitués de bits de même valeur contigus et le même masque de sous-réseau pour l'ensemble des réseaux partageant une même adresse IP.

10.10 REPRÉSENTATION DES MASQUES DE SOUS-RÉSEAUX

La spécification des masques de sous-réseaux est à la fois fastidieuse et source d'erreurs. En conséquence de nombreux logiciels permettent d'utiliser d'autres modes de représentation, par exemple la représentation hexadécimale.

La notation décimale pointée est également utilisée pour les masques. Elle est particulièrement adaptée lorsque les sites choisissent d'aligner les champs de sous-réseaux sur des limites d'octets. Ainsi, nombre de sites choisissent le sous-adressage dans les réseaux de classe *B* en utilisant le troisième octet pour identifier le réseau et le quatrième pour identifier les ordinateurs. Dans ce cas, en représentation décimale, le masque de sous-réseau devient 255.255.255.0, ce qui simplifie l'écriture et facilite la compréhension.

La littérature contient aussi des exemples de masques de sous-réseaux représentés sous forme de triplets :

```
{<numéro réseau>, <numéro sous-réseau>, <numéro ordinateur>}
```

Dans cette représentation, la valeur −1 signifie « tout à 1 ». Ainsi, si le masque d'un sous-réseau de classe *B* est 255.255.255.0, on peut l'écrire :

```
{-1,-1,0}
```

Le principal inconvénient de cette représentation est qu'elle ne spécifie pas précisément combien de bits sont utilisés pour chaque partie de l'adresse ; l'intérêt est ici de faire abstraction du détail des champs et de mettre en évidence la valeur des trois champs de l'adresse. Afin de voir pourquoi les valeurs sont parfois plus importantes que les champs de l'adresse, considérons le triplet suivant :

```
{128.10, -1, 0}
```

Il indique que le numéro du réseau est 128.10, qu'il n'y a que des 1 dans le champ associé au sous-réseau et que tous les bits du champ ordinateur sont à 0. Exprimer la même valeur d'adresse en utilisant une autre représentation demande d'utiliser une adresse sur 32 bits, un masque de sous-réseau sur 32 bits et oblige le lecteur à décoder les bits du champ avant de connaître la valeur de chaque champ. De plus, la représentation sous forme de triplet est indépendante de la classe d'adresse IP et de la taille du champ associé au sous-réseau. Elle peut donc être utilisée pour représenter des ensembles d'adresses ou des idées abstraites. Ainsi, le triplet

```
{<numéro du réseau>, -1, -1}
```

indique une adresse avec un numéro de réseau valide, un champ sous-réseau ne contenant que des 1 et un champ ordinateur ne contenant également que des 1. Nous verrons d'autres exemples dans la suite de ce chapitre.

10.11 LE ROUTAGE EN PRÉSENCE DE SOUS-RÉSEAUX

Pour prendre en compte des adresses de sous-réseaux, il faut modifier l'algorithme de routage IP standard. De toute évidence, tous les ordinateurs qui ont une adresse de sous-réseau doivent utiliser cet algorithme modifié qu'on appelle *routage à sous-réseaux* (*subnet routing*). Que les autres ordinateurs et routeurs de ce site doivent également utiliser le routage à sous-réseaux n'est peut-être pas aussi évident. L'ensemble de réseaux de la figure 10.7 nous permet d'en comprendre la nécessité.

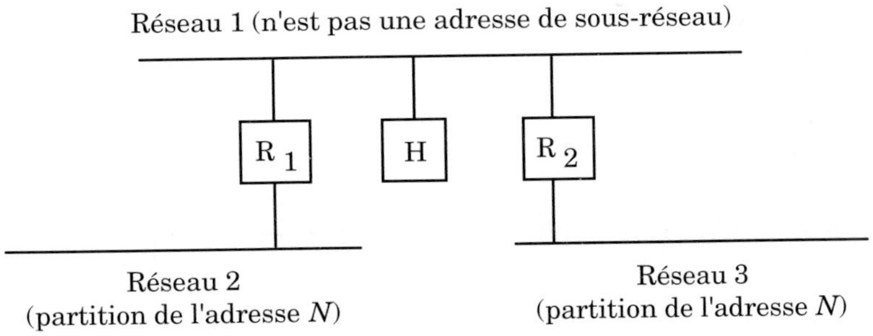

Figure 10.7 — Exemple d'une topologie (illégale) comportant trois réseaux, les réseaux 2 et 3 étant des sous-réseaux partageant la même adresse IP, *N*. Si de telles topologies étaient autorisées, l'ordinateur *H* devrait utiliser le routage à sous-réseaux bien que le réseau 1 n'utilise pas de sous-adressage.

Sur la figure, les réseaux 2 et 3 se sont vus affecter des sous-adresses d'une même adresse *N*. Bien que l'ordinateur *H* ne soit pas directement connecté à un réseau utilisant le sous-adressage, il doit utiliser le routage à sous-réseaux pour décider si les datagrammes destinés au réseau d'adresse *N* doivent être routés vers le routeur R_1 ou R_2. Il serait possible d'imaginer que *H* émette vers R_1 ou R_2 en les laissant gérer eux-mêmes le problème, mais cela signifierait que le trafic n'emprunterait pas systématiquement le plus court chemin. Dans de plus grands réseaux, la différence entre chemin optimal et chemin non optimal pourrait être importante.

En théorie, on peut déterminer très simplement si un ordinateur doit mettre en œuvre le routage à sous-réseaux en appliquant la règle suivante :

Pour obtenir un routage optimal, un ordinateur H doit, pour une adresse IP N, utiliser le routage à sous-réseaux sauf s'il existe un plus court chemin unique P entre H et tous les sous-réseaux associés à N.

Malheureusement, la compréhension des limitations théoriques ne nous aide pas beaucoup dans le choix des sous-réseaux. D'abord, parce que l'on sait que les plus courts chemins changent en cas de panne matérielle ou si, en cas de congestion, les algorithmes de routage détournent le trafic. De telles modifications dynamiques rendent la règle de sous-adressage difficile à appliquer, sauf dans des cas simples. Deuxièmement, la règle de sous-adressage ne peut prendre en compte la limite architecturale que constituent les systèmes autonomes ni les difficultés induites par la diffusion des masques de sous-réseau. Il est impossible de propager des routes vers des sous-réseaux au-delà de la limite d'un système autonome parce que les protocoles de routage que nous verrons plus loin ne le permettent pas. En pratique, il est extrêmement difficile de propager des informations de routage relatives aux sous-réseaux au-delà d'un réseau donné. En conséquence, les concepteurs recommandent qu'en cas d'utilisation du sous-adressage, les sous-réseaux soient choisis aussi simplement que possible. En particulier, les administrateurs de réseaux devraient appliquer les règles suivantes :

Tous les sous-réseaux correspondant à une certaine adresse réseau IP doivent être contigus, les masques de sous-réseaux doivent être uniformes et tous les ordinateurs doivent appliquer le routage à sous-réseaux.

Ces règles posent problème lorsqu'une grande entreprise dispose de plusieurs sites tous connectés à Internet mais non directement reliés les uns aux autres. Une telle entreprise ne peut utiliser des sous-réseaux d'une seule adresse pour tous ses sites, parce que les différents réseaux ne sont pas contigus.

10.12 L'ALGORITHME DE ROUTAGE À SOUS-RÉSEAUX

Tout comme l'algorithme de routage IP standard, le routage à sous-réseaux consulte ses tables de routage pour prendre des décisions. On sait que, dans l'algorithme standard, les routes de machine à machine et les routes par défaut sont des cas particuliers qui doivent être explicitement indiqués, les tables étant utilisées dans tous les autres cas. Une table de routage classique contient des entrées de la forme :

```
(adresse réseau, adresse routeur suivant)
```

où le champ *adresse réseau* indique l'adresse IP du réseau destination *N* et où le champ *adresse routeur suivant* (*next hop router*) indique l'adresse IP du routeur auquel seront envoyés les datagrammes destinés à ce réseau d'adresse N. L'algorithme de routage standard compare la partie *adresse réseau* de l'adresse IP au champ adresse réseau de chaque entrée de sa table de routage jusqu'à correspondance. Comme le champ *adresse routeur suivant* doit spécifier un ordinateur directement accessible sur le réseau, cette opération ne nécessite qu'un seul balayage de la table de routage.

L'algorithme de routage IP standard sait comment l'adresse IP est divisée en adresse réseau et en adresse locale car les trois premiers bits de l'adresse en codent le type (classe A, B, C ou D). Avec les sous-réseaux, il n'est pas possible de connaître, à partir de la seule adresse, les bits qui correspondent au sous-réseau et ceux qui identifient un ordinateur au sein du sous-réseau. En fait, ce sont les tables de routage modifiées utilisées avec les sous-réseaux qui contiennent cette information. Chaque entrée a un champ supplémentaire qui indique le masque de sous-réseau utilisé avec le réseau correspondant à cette entrée :

```
(masque de sous-réseau, adresse réseau, adresse routeur suivant)
```

Lors du choix des routes, l'algorithme modifié utilise le masque de sous-réseau des entrées de la table de routage pour extraire les bits correspondant à l'adresse de destination. Cette dernière est comparée à celles de la table de routage par une comparaison (*ET logique*) bit à bit de l'intégralité de l'adresse IP sur 32 bits et du champ masque de sous-réseau de l'entrée courante. Le résultat de la comparaison est testé, pour voir s'il correspond à l'adresse réseau de l'entrée courante. Dans l'affirmative, le datagramme est routé vers l'adresse correspondant au champ adresse routeur suivant[1] de cette entrée.

10.13 UN ALGORITHME DE ROUTAGE UNIFIÉ

Le lecteur attentif aura compris que si l'usage de masques arbitraires est autorisé, l'algorithme de routage à sous-réseaux peut se substituer à tous les cas particuliers de l'algorithme de routage standard. Il peut gérer des routes vers des machines particulières, des routes par défaut et des routes vers des réseaux directement accessibles en utilisant la même technique de masquage que celle employée pour

1. Comme dans l'algorithme de routage IP standard, le routeur suivant doit être accessible par un réseau directement connecté.

les sous-réseaux. De plus, les masques permettent de gérer l'accès à des réseaux classiques (c'est-à-dire n'utilisant pas la technique de sous-adressage). Cette souplesse provient de la possibilité d'associer une valeur quelconque d'un masque de sous-réseau sur 32 bits à une valeur quelconque d'adresse réseau sur 32 bits. C'est ainsi que, pour définir une route d'ordinateur à ordinateur, il suffit d'utiliser un masque de sous-réseau ne contenant que des bits à *1* et une adresse réseau égale à l'adresse IP de l'ordinateur. Et pour définir une route par défaut, on utilise un masque de sous-réseau ne contenant que des bits à *0* et une adresse réseau dont tous les bits valent *0* (parce que tous les réseaux conviennent et que zéro égale zéro). Pour définir une route vers un réseau de classe B normal, sans sous-réseaux, il suffit de spécifier un masque contenant deux octets de bits à *1* et deux octets de bits à *0*. Du fait que la table contient plus d'information, l'algorithme de routage comporte quelques cas particuliers explicités à la figure 10.8.

En pratique, des implémentations astucieuses peuvent permettre d'éliminer le test explicite des destinations sur des réseaux directement reliés en ajoutant des entrées contenant les valeurs correctes de masques et d'adresses de réseau.

```
                    Algorithme de routage unifié

          Route_Datagramme_IP (datagramme, table_de_routage)

Extraire l'adresse IP destination, ID, du datagramme
Calculer l'adresse du réseau destination IN;
Si IN correspond à une adresse réseau directement accessible,
    envoyer le datagramme vers sa destination sur ce réseau (ceci
    suppose que l'on associe cette adresse IN à une adresse
    physique, que l'on encapsule le datagramme et que la trame
    soit envoyée)
sinon
    Pour chaque entrée de la table de routage faire
    Soit N le résultat du ET logique de la comparaison de ID
    et du masque de sous-réseau.
    Si N est égal au champ adresse réseau de l'entrée alors
      router le datagramme vers le routeur correspondant
fin_pour
si aucune correspondance n'est trouvée, signaler une erreur de
routage
```

Figure 10.8 — L'algorithme de routage unifié. Étant donné un datagramme et une table de routage comprenant des masques, cet algorithme sélectionne le routeur vers lequel le datagramme doit être envoyé. Le routeur suivant doit être directement accessible.

10.14 LA GESTION DES MASQUES DE SOUS-RÉSEAUX

Comment les masques de sous-réseau sont-ils affectés et diffusés ? Le chapitre 9 a répondu à la seconde partie de la question en montrant qu'un ordinateur obtient le masque d'un réseau en envoyant une requête ICMP de demande de masque de sous-réseau à un routeur de ce réseau. La requête peut être diffusée si l'ordinateur ne connaît pas d'adresse de routeur, mais il n'existe pas de protocole standard de propagation de ces informations d'un routeur à l'autre.

Il est un petit peu plus difficile de répondre à la première partie de la question. Chaque site est libre de choisir son masque de sous-réseaux. Lors de ce choix, les administrateurs tentent de prendre en compte la taille des sous-réseaux, leur nombre, leur croissance prévisible et leur facilité de maintenance. Les difficultés apparaissent dès lors qu'on affecte des masques non uniformes à différents sous-réseaux. Ceci procure plus de souplesse mais peut conduire à un routage ambigu. Pire encore, il est possible de réaliser une affectation correcte qui soit invalidée par l'ajout d'ordinateurs supplémentaires au réseau. Il n'y a pas de règles simples et les sites ont donc tendance à faire des choix prudents. Le plus souvent, ils choisissent des bits voisins de la partie locale d'une adresse pour identifier un réseau et utilisent alors la même partition (et donc le même masque) pour tous les sous-réseaux du site. C'est ainsi, par exemple, que de nombreux sites utilisent un unique octet pour définir les sous-réseaux d'une adresse de classe B.

10.15 LA DIFFUSION SUR LES SOUS-RÉSEAUX

La diffusion est difficile à réaliser dans une architecture à sous-réseaux. Dans le plan d'adressage IP originel, une adresse d'ordinateur ne contenant que des *1* implique une diffusion à tous les ordinateurs de ce réseau. Du point de vue d'un observateur extérieur à un site doté de sous-réseaux, la diffusion implique que l'adresse ait un sens[1]. C'est ainsi que l'adresse :

`{réseau, -1,-1}`

signifie : « envoyer une copie à tous les ordinateurs qui ont *réseau* comme adresse réseau, même s'ils sont sur des réseaux différents ». En pratique, la diffusion n'a de sens que si les routeurs qui relient les sous-réseaux propagent le datagramme à tous les réseaux. Bien entendu, il convient d'éviter les boucles. En particulier, un routeur ne peut pas se contenter de propager un datagramme vers toutes les interfaces qui partagent le préfixe de sous-réseau. Pour éviter de telles boucles, le routeur utilise un *algorithme de propagation inverse* (appelé *reverse path forwarding*) : après avoir extrait la source du datagramme à diffuser, le routeur la cherche dans ses tables de routage et élimine tout datagramme qui n'est pas arrivé sur l'interface utilisée pour faire le routage vers la source (c'est-à-dire qu'il élimine tout datagramme qui n'est pas sur le plus court chemin).

1. L'agrégation d'adresses que nous analysons plus loin dans ce chapitre rend obsolète ce mécanisme de diffusion d'adresses.

Dans un ensemble de réseaux à sous-réseaux, il devient possible de diffuser de l'information vers un sous-réseau spécifique (c'est-à-dire à tous les ordinateurs d'un réseau qui partagent une même adresse de sous-réseau). Le standard de sous-adressage utilise un champ ordinateur ne comprenant que des bits à 1 pour indiquer la diffusion sur le sous-réseau. Une adresse de diffusion sur un sous-réseau devient donc :

```
{réseau, sous-réseau, -1}
```

L'utilisation d'une adresse de diffusion sur un sous-réseau, et la diffusion sur l'ensemble des sous-réseaux, justifient la recommandation faite d'utiliser des masques de sous-réseaux cohérents sur l'ensemble des réseaux partageant une même adresse IP. Un découpage en sous-réseaux plus complexe peut, en effet, interdire la diffusion d'informations vers des sous-réseaux particuliers.

10.16 RÉSEAUX ANONYMES OU NON NUMÉROTÉS

Dans le schéma originel de l'adressage IP, un *numéro* ou *préfixe* unique est associé à chacun des réseaux de l'Internet. En particulier, comme le protocole IP perçoit une liaison point-à-point entre deux machines comme un réseau, la liaison se voit attribuer un *préfixe réseau* et chacune des machines un *suffixe ordinateur*. Lorsque les adresses IP se raréfient, l'utilisation d'un préfixe pour toute liaison point-à-point relève d'une véritable absurdité. Le problème est d'autant plus sévère pour les entreprises qui disposent de nombreuses *liaisons point-à-point* ou *liaisons louées* (*leased lines*). C'est le cas d'une entreprise comportant plusieurs sites dispersés interconnectés par des liaisons point-à-point, par exemple des liaisons louées de type E1 ou T1, et qui permettent de constituer l'ossature d'un réseau fédérateur ou *backbone*. Ce *backbone* interconnecte un routeur d'un site aux routeurs de tous les autres sites.

Pour éviter d'assigner un préfixe à chaque liaison point-à-point (et ainsi de gaspiller des adresses IP), une technique simple a été élaborée : la technique du *réseau anonyme* (*anonymous network*), appelé encore *réseau non numéroté* (*unnumbered network*). Cette technique est très souvent mise en œuvre lorsque deux routeurs sont reliés *via* une liaison point-à-point. Le principe de cette technique consiste à ne pas affecter de préfixe à la liaison point-à-point, ni même de suffixe à chaque routeur (ou ordinateur) de part et d'autre de la liaison. Il n'y a pas besoin d'adresse physique de réseau pour envoyer des datagrammes sur cette liaison, l'interface logicielle des routeurs est configurée de telle façon à ignorer son existence. En conséquence, une valeur arbitraire peut être assignée à l'adresse de saut suivant, dans la table de routage (celle qui correspond à la liaison point-à-point). La figure 10.9 donne un exemple d'une table de routage de routeur lorsque la technique du réseau anonyme est mise en œuvre sur une liaison point-à-point.

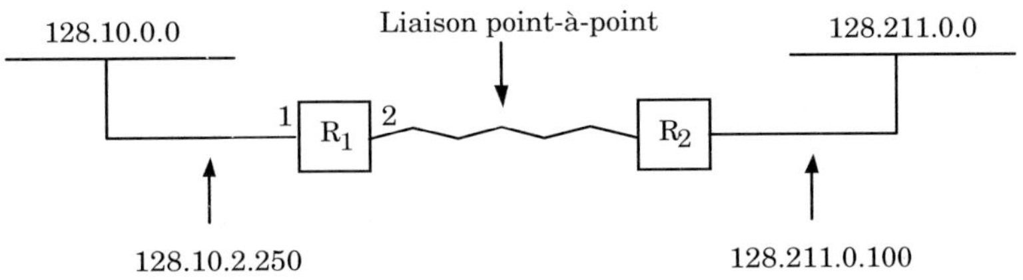

(a)

Pour atteindre un ordinateur du réseau	Routage (vers)	Utilisation de l'interface
128.10.0.0	Remise directe	1
Par défaut	128.211.0.100	2

(b)

Figure 10.9 — (a) Une liaison point-à-point non numérotée entre deux routeurs et (b) la table de routage associée au routeur R_1.

Afin de mieux comprendre pourquoi il est possible de pratiquer la technique du réseau anonyme sur une liaison point-à-point, souvenez-vous qu'une liaison point-à-point n'est pas une liaison partagée et qu'il n'y a aucune ambiguïté quant aux machines (routeurs ou ordinateurs) qui sont reliées à ses extrémités. Tout datagramme sortant sur l'interface de la liaison point-à-point d'une des deux machines est forcément destiné à l'autre machine. C'est pourquoi au niveau des interfaces matérielles des deux machines on ignore totalement le préfixe réseau du datagramme ; ce dernier est envoyé par défaut sur la liaison point-à-point, quel que soit le numéro du préfixe réseau du datagramme. D'ailleurs, ce préfixe peut être égal à zéro.

La table de routage de la figure 10.9b ne fait pas apparaître la valeur zéro pour déterminer le saut suivant mais une adresse IP, celle du routeur suivant (bien que cette valeur soit sans importance pour le routage). C'est cette façon de faire qui est la plus souvent utilisée avec la technique du réseau anonyme. Plutôt que de laisser le champ *Saut suivant* vide, il est préférable d'y inscrire le préfixe du routeur suivant. Dans l'exemple de la figure 10.9b, c'est l'adresse de la connexion Ethernet du routeur R_2 qui est utilisée.

Nous avons dit que l'interface matérielle ignore l'adresse du saut suivant, il est donc curieux qu'une adresse lui soit malgré tout assignée. Il est encore plus curieux que cette adresse ne soit pas directement accessible au routeur R_1 (dans notre cas). En fait, ni le logiciel IP ni l'interface matérielle n'utilisent cette adresse. La seule raison de sa présence dans la table de routage est de faciliter la compréhension du routage aux utilisateurs et de se souvenir de l'adresse du routeur à l'extrémité de la liaison. Dans l'exemple de la figure 10.9b, nous avons choisi l'adresse de l'interface Ethernet de R_2 car celui-ci n'a pas d'adresse propre assignée à l'interface de la liaison point-à-point.

10.17 ADRESSAGE AGRÉGÉ OU SUR-ADRESSAGE

Le *sous-adressage* a été conçu au début des années 1980 pour permettre de mieux gérer l'espace d'adressage IP. Toutefois, en 1993 il devint évident que la croissance d'Internet allait conduire à l'épuisement des adresses de classe B. On commença alors à envisager une nouvelle version d'IP comportant des adresses de taille plus importante. En attendant l'arrivée de cette nouvelle version, il fallait bien trouver une solution.

Appelé *adressage hors classe* (*classless addressing*), *adressage agrégé* ou *sur-adressage* (*supernet addressing*), voire *adressage de sur-réseau* cette technique est à l'opposé de celle que nous venons de voir avec les sous-réseaux. Au lieu, en effet, d'utiliser une seule adresse réseau IP pour plusieurs réseaux appartenant à une certaine organisation, le sur-adressage consiste à disposer d'un grand nombre d'adresses réseau IP pour une unique organisation. Trois raisons justifient cette approche. D'abord, IP ne divise pas les adresses réseau en classes égales : il y a moins de dix-sept mille numéros de classe B et plus de deux millions de numéros de classe C. De plus, les numéros de classe C n'étaient pas très demandés, seul un faible pourcentage d'entre eux étaient affectés. Enfin, toutes les études ont montré qu'au rythme où l'on donnait des numéros de classe B, il ne faudrait que quelques années pour qu'ils s'épuisent. C'est ce qu'on a appelé la *raréfaction oppressante des adresses distribuées* ou ROADS (*Running Out of ADdress Space*).

Pour comprendre comment fonctionne le sur-adressage, imaginons qu'une entreprise de taille moyenne veuille se connecter à Internet. Elle peut préférer avoir une adresse de classe B pour deux raisons : une adresse de classe C ne permet d'avoir que 254 ordinateurs et une adresse de classe B a suffisamment de bits pour faire du sous-adressage. Pour permettre d'avoir l'équivalent d'un numéro de classe B, le mécanisme de sur-adressage affecte à cette entreprise un bloc d'adresses de classe C, bloc suffisamment grand pour permettre la numérotation de tous les réseaux que l'entreprise voudra relier à Internet. À titre d'exemple, supposons qu'une entreprise veuille une adresse de classe B pour faire du sous-adressage en utilisant le troisième octet comme champ de sous-réseau. Au lieu d'avoir un numéro de classe B, on lui donne un bloc de 256 numéros de classe C qu'elle pourra affecter à des réseaux.

Le sur-adressage se comprend très bien lorsqu'on l'envisage du point de vue d'un site unique, mais on peut également l'envisager dans un contexte plus large. Ses concepteurs, en effet, ont pensé à un Internet hiérarchisé dans lequel des FAI (*fournisseurs d'accès à Internet*) ou ISP (*Internet Service Provider*) peuvent offrir la « connectabilité ». Pour relier son réseau à Internet, une entreprise peut ainsi signer un contrat avec un FAI qui s'occupe aussi bien de l'affectation des adresses IP que de l'installation des liaisons physiques. Les concepteurs du sur-adressage proposent qu'un fournisseur puisse disposer d'un grand espace d'adressage (c'est-à-dire d'un ensemble d'adresses qui couvrent un grand nombre de réseaux de classe C) dans lequel ils peuvent prélever une ou plusieurs adresses pour les affecter à leurs clients.

10.18 EFFET DU SUR-ADRESSAGE SUR LE ROUTAGE

L'allocation d'un grand nombre d'adresses de classe C en lieu et place d'une adresse de classe *B* permet d'économiser des numéros de classe *B* et donc de résoudre au moins temporairement le problème de l'épuisement de ces numéros. Mais il apparaît alors un autre problème : l'information que doivent stocker et échanger les routeurs croît, en effet, de façon dramatique. En particulier, au lieu d'avoir une seule entrée par entreprise, une table de routage en comporte alors un grand nombre.

La technique dite CIDR *(Classless Inter-Domain Routing* ou *routage inter-domaine hors classe*[1]) permet de résoudre ce problème. De façon conceptuelle, CIDR fusionne ou agrège un ensemble contigu d'adresses de classe C (c'est l'*agrégation d'adresse*) en une seule entrée représentée par le doublet :

```
(adresse réseau, compteur)
```

dans lequel *adresse réseau* est la plus petite adresse réseau du bloc et *compteur* spécifie le nombre total d'adresses réseau du bloc. C'est ainsi que

```
(192.5.48.0, 3)
```

permet de spécifier les trois adresses réseau 192.5.48.0, 192.5.49.0 et 192.5.50.0.

Si quelques FAI situés au cœur d'Internet, de même que chaque FAI, disposent d'un grand bloc de numéros réseau IP contigus, l'intérêt du sur-adressage devient clair. Considérons, en effet, les entrées de tables de routage dans les routeurs d'un FAI *P*. Bien entendu, la table doit comporter une route vers chacun des clients de *P* ; mais elle n'a pas besoin de contenir une entrée vers les clients d'autres FAI. Il lui suffit, en effet, qu'elle dispose d'une entrée pour chaque autre FAI, entrée identifiant le bloc d'adresses alloué à ce fournisseur d'accès.

10.19 BLOCS D'ADRESSES CIDR ET BITS DE MASQUES

En pratique, CIDR ne restreint pas les numéros de réseau aux adresses de classe C et n'a même pas besoin de spécifier la taille du bloc sous forme d'un nombre

1. Ce nom n'est pas très judicieux puisque cette technique concerne aussi bien l'adressage que le routage.

entier. CIDR exige que chaque bloc d'adresses soit une puissance de deux et utilise un masque binaire pour identifier la taille du bloc. Supposons, par exemple, qu'une organisation dispose d'un bloc de 2 048 adresses contiguës qui démarrent à l'adresse 128.211.168.0. La table de la figure 10.10 donne les valeurs binaires des adresses dans l'intervalle considéré.

Adresse	Notation décimale pointée	Équivalent binaire sur 32 bits
la plus basse	128.211.168.0	10000000 11010011 10101000 00000000
la plus haute	128.211.175.255	10000000 11010011 10101111 11111111

Figure 10.10 — Un exemple de bloc CIDR de 2 048 adresses. La table donne l'adresse la plus basse et la plus haute de l'intervalle, sous forme décimale pointée et sous forme binaire.

CIDR a donc besoin de deux items pour spécifier l'intervalle des valeurs de la figure 10.10 : l'adresse la plus basse et un masque binaire de 32 bits. Ce masque fonctionne comme un masque de sous-adressage standard en détachant clairement la fin du préfixe[1]. Pour notre intervalle, le masque CIDR comprend 21 bits qui signifient que la séparation entre préfixe et suffixe se trouve après le 21e bit :

```
11111111    11111111    11111000    00000000
```

10.20 BLOCS D'ADRESSES ET NOTATION CIDR

Étant donné qu'identifier un bloc CIDR nécessite de définir deux items, une adresse et un masque, une notation abrégée a été définie pour simplifier les choses : la *notation CIDR* appelée aussi *notation slash*. Cette notation indique la longueur du masque en décimal et utilise le signe *slash* (/) pour séparer cette valeur de l'adresse. Ainsi la notation CIDR du bloc d'adresses de la figure 10.10 correspond à :

128.211.168.0/21

où */21* exprime un masque de 21 bits. La figure 10.11 liste les valeurs possibles en notation décimale pointée des masques CIDR. Les valeurs des notations CIDR /8, /16 et /24 représentent les masques traditionnels associés aux préfixes des classes d'adresses A, B et C.

1. Contrairement au masque de sous-réseau, un masque CIDR doit utiliser des bits contigus.

Notation CIDR	Notation décimale pointée	Notation CIDR	Notation décimale pointée
/1	128.0.0.0	/17	255.255.128.0
/2	192.0.0.0	/18	255.255.192.0
/3	224.0.0.0	/19	255.255.224.0
/4	240.0.0.0	/20	255.255.240.0
/5	248.0.0.0	/21	255.255.248.0
/6	252.0.0.0	/22	255.255.252.0
/7	254.0.0.0	/23	255.255.254.0
/8	255.0.0.0	/24	255.255.255.0
/9	255.128.0.0	/25	255.255.255.128
/10	255.192.0.0	/26	255.255.255.192
/11	255.224.0.0	/27	255.255.255.224
/12	255.240.0.0	/28	255.255.255.240
/13	255.248.0.0	/29	255.255.255.248
/14	255.252.0.0	/30	255.255.255.252
/15	255.254.0.0	/31	255.255.255.254
/16	255.255.0.0	/32	255.255.255.255

Figure 10.11 — Notation décimale pointée de la valeur des masques CIDR et notation CIDR abrégée correspondante.

10.21 EXEMPLE D'ADRESSAGE CIDR

Le tableau de la figure 10.11 illustre un des avantages majeurs du sur-adressage ou adressage hors classe : une totale flexibilité d'allocation de blocs d'adresses de taille variable. Avec la technique CIDR, un FAI peut choisir d'assigner à chacun de ses clients un bloc d'adresses de taille appropriée. S'il possède un bloc CIDR de *n* adresses, le FAI peut donner à l'un de ses clients une partie de ces *n* adresses. Par exemple, si le FAI dispose des adresses 128.211.0.0/16, il peut donner à un client les 2 048 adresses de l'intervalle */21* défini à la figure 10.10. De même, il peut attribuer à un autre client ne disposant que de deux ordinateurs, le bloc 128.211.176.212/29 qui couvre les adresses spécifiées à la figure 10.12.

Une façon d'appréhender le sur-adressage consiste à imaginer que chaque client d'un FAI peut obtenir un sous-ensemble (variable selon ses besoins) du bloc d'adresses CIDR dont dispose le FAI. Ainsi, un bloc d'adresses donné peut être subdivisé de façon arbitraire ; de même une route différente peut être associée à chaque subdivision. Il en résulte que, bien qu'un groupe d'ordinateurs appartenant à un réseau donné ait des adresses affectées dans un intervalle continu fixé,

Adresse	Notation décimale pointée	Équivalent binaire sur 32 bits
la plus basse	128.211.176.212	10000000 11010011 10110000 11010100
la plus haute	128.211.176.215	10000000 11010011 10110000 11010111

Figure 10.12 — Un exemple de bloc CIDR : 128.211.176.212/29. L'utilisation d'un masque CIDR offre plus de flexibilité pour l'assignation des blocs d'adresses que le schéma d'adressage classique d'IP.

cet intervalle n'a pas besoin de correspondre à une classe d'adresse prédéfinie. Au contraire, ce schéma est plus flexible, il alloue à un site le nombre d'adresses dont il a besoin, ce qui correspond à un nombre de bits dans le champ adresse, et donc à une sorte de préfixe. En résumé :

Le sur-adressage ou adressage hors classe, qui est largement utilisé aujourd'hui par les ISP, traite les adresses IP comme des entiers arbitraires et permet à l'administrateur d'affecter les adresses sous forme d'un bloc de numéros contigus, où le nombre d'adresses d'un bloc est une puissance entière de 2.

10.22 ALGORITHMES DE RECHERCHE DE ROUTE EN ADRESSAGE CIDR

La rapidité est le critère d'évaluation fondamental des algorithmes de routage. On distingue deux formes de rapidité : celle avec laquelle l'algorithme trouve le saut suivant pour une destination donnée, celle relative à la mise à jour des données dans la table de routage.

L'adressage CIDR a une forte influence sur l'algorithme de routage. Il entraîne un changement de l'hypothèse fondamentale du routage qui est basée sur l'auto-identification du destinataire à partir de son adresse IP. En effet, contrairement à l'adressage traditionnel basé sur les classes d'adresses, l'adressage CIDR ne permet pas cette auto-identification étant donné qu'il est hors classe. C'est ainsi qu'un routeur ne peut pas déterminer simplement en examinant l'adresse IP la séparation entre préfixe et suffixe. C'est très important car cela signifie que la structure des données du routage et l'algorithme de recherche du saut suivant sont différents en adressage traditionnel et en adressage CIDR.

Après un bref rappel du mécanisme de recherche du saut suivant en adressage traditionnel, nous verrons ci-dessous comment cela se passe pour le routage CIDR.

10.22.1 Le hachage en adressage traditionnel

Comme nous l'avons vu plus haut, la rapidité a toujours été le critère d'optimisation essentiel des algorithmes de recherche ou de calcul de route. En adressage IP traditionnel (relatif aux classes A, B et C), on utilise une technique d'optimisation simple appelée *hachage* (*hashing*). Lorsqu'une adresse IP est entrée dans une table de routage, le routeur extrait son préfixe réseau, *N*, et l'utilise comme *clé de hachage*. Il calcule avec cette clé une fonction de hachage, $h(N)$, et utilise le résultat du calcul comme index dans une table pour obtenir l'adresse du saut suivant. La technique de hachage donne de bons résultats en adressage traditionnel car les adresses sont auto-identifiables. Même si certaines entrées de la table de routage utilisent le sous-adressage, le hachage est efficace car c'est toujours le même préfixe *N* qui est utilisé comme clé de hachage.

En adressage CIDR, la technique de hachage ne fonctionne pas bien car les adresses n'étant pas auto-identifiables, il est impossible de trouver une clé de hachage qui convienne bien à toutes les adresses. Il faut donc utiliser une autre technique.

10.22.2 Recherche de route par identification de préfixe en adressage CIDR

L'algorithme de recherche de route qui convient bien à l'adressage CIDR utilise une technique itérative qui consiste à analyser tous les préfixes possibles d'une adresse. Étant donné une adresse de destination, *D*, l'algorithme essaie d'abord avec les 32 bits de l'adresse *D*, puis avec les 31 bits, et ainsi de suite jusqu'au dernier bit. Pour chaque groupe de bits, M, le routeur extrait M de *D*, considère qu'il s'agit d'un préfixe réseau possible et cherche l'occurrence de ce préfixe dans la table de routage. L'algorithme de recherche s'interrompt dès qu'un préfixe a été identifié.

L'inconvénient d'essayer tous les groupes de bits est évident : cela prend du temps. Cet algorithme est bien plus lent que le hachage en adressage traditionnel. En effet, il doit chercher dans la table de routage tout préfixe possible, jusqu'à ce qu'une correspondance apparaisse. Le pire c'est lorsqu'il n'y a aucune occurrence dans la table. Dans ce cas, l'algorithme aura consulté trente-deux fois la table de routage. Même lorsque l'algorithme trouve un préfixe dans la table de routage, il aura fallu consulter la table plusieurs fois inutilement. Par exemple, seize recherches sont nécessaires avant qu'un routeur trouve la route du destinataire dans le cas d'une adresse de classe *B*. Plus important, l'algorithme effectue trente-et-une recherches inutiles dans la table de routage avant de s'apercevoir qu'il doit se diriger vers la route par défaut (cette route est très souvent utilisée en pratique).

10.22.3 Structure d'arbre binaire

Pour améliorer l'efficacité de l'algorithme de recherche de route en adressage CIDR, il faut éviter une démarche itérative comme celle présentée ci-dessus. Pour cela, les données de la table de routage CIDR sont organisées sous forme d'une structure hiérarchique arborescente, le mécanisme de recherche consiste alors à parcourir cette hiérarchie. La structure de données arborescente la plus courante est un *arbre binaire* dans lequel la valeur successive des bits de l'adresse définit le chemin à parcourir pour descendre l'arbre depuis sa racine.

Un arbre binaire est un arbre où le parcours est déterminé par la donnée elle-même. Pour visualiser un tel arbre, imaginons un ensemble d'adresses de 32 bits écrites sous forme de chaînes binaires dans lesquelles les suffixes redondants sont éliminés. Ce qui reste constitue un ensemble de préfixes qui identifient de façon unique chaque item. Par exemple, la figure 10.13 présente un ensemble de sept adresses écrites en binaire et qui correspondent à sept préfixes uniques.

Comme le montre la figure 10.13, le nombre de bits nécessaires à identifier chaque adresse dépend des valeurs binaires des adresses. Par exemple, la première adresse peut être identifiée avec 3 bits seulement car aucune autre adresse ne commence par *001*. Il faut jusqu'à 5 bits pour identifier les deux dernières adresses car les 4 bits *1011* sont partagés par plus d'une adresse.

Adresses binaires sur 32 bits	Préfixes uniques
00110101 00000000 00000000 00000000	001
01000110 00000000 00000000 00000000	0100
01010110 00000000 00000000 00000000	0101
01100001 00000000 00000000 00000000	011
10101010 11110000 00000000 00000000	1010
10110000 00000010 00000000 00000000	10110
10111011 00001010 00000000 00000000	10111

Figure 10.13 — Un ensemble d'adresses binaires et l'ensemble des préfixes uniques qui identifient chacune d'elles.

Une fois que les préfixes ont été identifiés, ils peuvent être utilisés pour élaborer un arbre binaire. La figure 10.14 illustre l'arbre binaire pour les sept préfixes de la figure 10.13.

Sur la figure 10.14, chaque *nœud* de l'arbre (un cercle) correspond à deux préfixes ou plus, chaque nœud extérieur (un carré) correspond à un préfixe unique. L'algorithme de recherche s'interrompt lorsqu'il atteint un nœud extérieur ou lorsque aucun chemin n'existe pour un préfixe donné. Par exemple, une recherche de préfixe pour l'adresse

```
10010010 11110000 00000000 00000001
```

échoue car il n'y a pas de branche avec le label *0* au nœud correspondant à *10*.

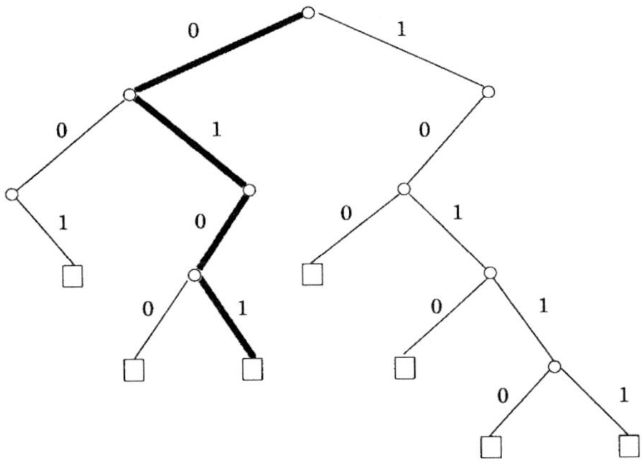

Figure 10.14 — L'arbre binaire des sept préfixes de la figure 10.13. Le chemin grisé de l'arbre correspond au préfixe *0101*.

En résumé :

Pour rendre efficace l'algorithme de recherche de préfixe, le logiciel de routage CIDR doit utiliser un algorithme et une structure de données différents de ceux du routage traditionnel (relatif aux classes d'adresses A, B et C). Nombre de systèmes utilisent un arbre binaire pour la recherche de préfixe en adressage CIDR.

10.23 ROUTAGE PAR CORRESPONDANCE DE ROUTE

La description d'un arbre binaire faite à la section précédente n'est qu'une esquisse de la réalité. Nous avons dit qu'un arbre binaire associe un préfixe unique à chaque route de la table de routage, sans préciser toutefois que ce préfixe recouvrait une route complète du réseau. Pour garantir qu'un routeur n'expédie pas les datagrammes sans que le préfixe réseau de la destination ne corresponde à la route, chaque nœud extérieur de l'arbre représente une adresse de 32 bits, A, et un masque de 32 bits, M, couvrant totalement la partie réseau de A. Lorsque la recherche dans l'arbre conduit à un nœud extérieur, l'algorithme effectue un *calcul de correspondance* : un ET logique entre M et l'adresse de destination puis une comparaison entre le résultat obtenu et A, de la même façon que l'algorithme de routage conventionnel. Si la comparaison est mauvaise, le datagramme est détruit (comme dans le cas du routage conventionnel). En d'autres termes, on peut voir l'arbre binaire comme un mécanisme d'identification rapide des items potentiellement candidats dans une table de routage, plutôt qu'un mécanisme qui trouve immédiatement la correspondance exacte.

Bien que l'on ait considéré l'arbre binaire comme un mécanisme rapide d'identification de route potentielle, nous avons oublié un détail important dans notre présentation. On a supposé que chaque entrée de la table de routage correspondait à un préfixe binaire unique. En réalité, la table peut avoir plusieurs entrées qui n'ont pas le même préfixe et qui correspondent à une même destination. C'est le cas par exemple d'une table qui contient une route vers un réseau et une route différente vers un sous-réseau de ce réseau ; ou encore, une route vers un réseau et une autre route vers un ordinateur de ce réseau. Le préfixe binaire du saut suivant (de la route) vers le réseau est le même que celui du sous-réseau ou de l'ordinateur spécifique, bien que les entrées dans la table soient différentes. La figure 10.15 illustre cet exemple.

Préfixe	Saut suivant
128.10.0.0/16	10.0.0.2
128.10.2.0/24	10.0.0.4
128.10.3.0/24	10.1.0.5
128.10.4.0/24	10.0.0.6
128.10.4.3/32	10.0.0.3
128.10.5.0/24	10.0.0.6
128.10.5.1/32	10.0.0.3

Figure 10.15 — Un ensemble de routes sans préfixes uniques. Cette situation est fréquente car la plupart des tables de routage contiennent à la fois des routes générales et des routes spécifiques vers un même réseau.

Pour permettre le recouvrement de préfixes dans la détermination de la route, la structure de l'arbre décrite plus haut doit être modifiée selon le *paradigme de la plus longue correspondance* (*longest match paradigm*). Chaque nœud intérieur de l'arbre doit être associé à une paire « adresse/masque ». L'algorithme de recherche de route doit également être modifié afin de calculer la correspondance à chaque nœud de l'arbre. Toute correspondance qui apparaît dans le parcours de l'arbre doit outrepasser toute autre correspondance apparue plus avant dans le parcours, car cela correspond à un préfixe plus long.

10.23.1 Arbre Patricia et arbre à compression de niveaux

Dans les algorithmes de parcours d'arbre décrits précédemment, nous n'avons pas parlé de l'optimisation de la recherche de route. Une façon de faire consiste à *sauter des niveaux* dans l'arbre (technique de *skipping*), à savoir tous ceux qui ne font pas de distinction entre diverses routes. Considérons, par exemple, l'arbre binaire de l'ensemble des routes de la figure 10.15. Étant donné que chaque route de la liste commence par les mêmes 16 premiers bits (128.10 ou 10000000 00001010), l'arbre binaire relatif à toutes les routes ne compte qu'un seul nœud interne sous la racine. Il est équivalent aux 16 premiers bits de toute adresse.

Dans le cas présent, il serait plus rapide d'examiner les 16 bits d'une adresse de destination en une seule fois plutôt que d'extraire et d'analyser l'adresse bit à bit en parcourant l'arbre. Au moins deux versions d'arbre modifié utilisent ce mécanisme d'optimisation basique. L'un d'eux, appelé *arbre Patricia*, permet à chaque nœud de spécifier une valeur pour indiquer le nombre de bits à sauter. L'autre, appelé *arbre à compression de niveaux*, offre un degré d'optimisation supplémentaire. Il permet à ce qu'un ou plusieurs niveaux de l'arbre soient éliminés (ou sautés) le long d'un chemin.

Évidemment, optimiser un arbre est toujours un compromis. En effet, bien que l'optimisation améliore les performances de la recherche de route elle entraîne des calculs supplémentaires au sein des routeurs dès lors qu'ils doivent modifier leur table de routage. Mais dans tous les cas, l'optimisation est justifiée car la table de routage est modifiée beaucoup moins fréquemment que dans le cas d'une recherche conventionnelle.

10.24 BLOCS CIDR RÉSERVÉS POUR LES RÉSEAUX PRIVÉS

Nous avons dit au chapitre 4 que l'IETF avait défini un ensemble de préfixes spéciaux dont l'usage était réservé aux réseaux privés. Ces préfixes réservés ne peuvent pas être assignés à des réseaux au sein de l'Internet global. Ces préfixes sont appelés *adresses privées* ou *adresses non routables*. Cette dernière expression signifie que les routeurs de l'Internet global savent que ces adresses sont réservées ; si un datagramme destiné à l'une de ces adresses est accidentellement routé dans le réseau Internet, n'importe quel routeur de l'Internet est capable de traiter le problème et signale une erreur.

Préfixe	Adresse basse	Adresse haute
10/8	10.0.0.0	10.255.255.255
172.16/12	172.16.0.0	172.31.255.255
192.168/16	192.168.0.0	192.168.255.255
169.254/16	169.254..0.0	169.254..255.255

Figure 10.16 — Les préfixes réservés aux internets privés non raccordés au réseau Internet global. Si un datagramme transmis à l'une de ces adresses arrive accidentellement dans l'Internet, une erreur apparaît.

La figure 10.16 donne la liste des blocs d'adresses en notation CIDR, de même que les valeurs correspondantes en notation décimale pointée de l'adresse la plus haute et la plus basse de chaque bloc. La dernière adresse de cette liste, 169.254./16, est peu fréquente car elle est utilisée par les systèmes qui autoconfigurent les adresses IP.

10.25 RÉSUMÉ

Le schéma d'adressage IP initial affecte un préfixe unique à chaque réseau physique. Ce chapitre a analysé cinq façons d'étendre le schéma d'adressage IP initial pour permettre de mieux gérer les adresses IP. La première technique fait appel aux routeurs transparents pour étendre l'espace d'adressage d'un réseau, le plus souvent un WAN, à plusieurs ordinateurs situés sur un réseau local qui lui est connecté. La seconde, appelée proxy ARP, s'arrange pour qu'un routeur local banalise les ordinateurs d'un réseau, en répondant à la place de ces ordinateurs aux messages ARP qui leur sont adressés. Cette technique ne fonctionne que sur les réseaux utilisant un algorithme de résolution d'adresse ARP et uniquement si l'implémentation ARP accepte que plusieurs adresses d'un internet correspondent à une même adresse physique. La troisième technique, un standard TCP/IP qu'on appelle le sous-adressage, permet de partager une adresse IP donnée entre différents réseaux d'un même site, à condition que les ordinateurs et les routeurs de ces réseaux sachent coopérer. L'utilisation du sous-adressage nécessite de modifier l'algorithme de routage de façon que les entrées des tables de routage contiennent un masque de sous-réseau. Ce nouvel algorithme peut être vu comme une généralisation de l'algorithme de routage parce qu'il prend en compte des cas particuliers tels que les routes par défaut ou les routes d'ordinateur à ordinateur. La quatrième technique permet d'utiliser des liaisons point-à-point non numérotées (c'est-à-dire qu'elles n'ont pas de préfixe réseau).

La cinquième technique, appelée adressage hors classe ou sur-adressage (CIDR), représente une évolution majeure de la technologie IP. Plutôt que d'adhérer aux classes d'adresse originelles, l'adressage CIDR définit une division arbitraire entre préfixes et suffixe d'une adresse IP. L'espace d'adressage CIDR est organisé en blocs d'adresses contiguës. La taille d'un bloc d'adresses est toujours une puissance entière de 2. L'une des motivations essentielles qui conduisit à l'adressage CIDR fut de combiner plusieurs préfixes de classes C pour constituer un sur-réseau. Les adresses hors classes n'étant pas auto-identifiables comme les adresses conventionnelles, l'adressage CIDR exige des changements significatifs des algorithmes et des structures de données utilisés par les logiciels IP. Ceux-ci permettant aux routeurs et aux ordinateurs hôtes de mener à bien leurs calculs de routes. Certaines implémentations utilisent des arbres binaires pour traiter ce problème.

10.26 POUR EN SAVOIR PLUS

Le standard d'adressage de sous-réseaux dû à Mogul [RFC 950] a été mis à jour par Braden [RFC 1122]. Clark [RFC 932], Karels [RFC 936], Gads [RFC 940] et Mogul [RFC 917] contiennent les premières propositions de plans d'adressage de sous-réseaux. Mogul [RFC 922] étudie la diffusion en présence de sous-réseaux. Postel [RFC 925] aborde l'utilisation du protocole proxy ARP sur les sous-réseaux. Carl-Mitchell et Quarterman [RFC 1027] traitent de l'utilisation du protocole proxy ARP pour concevoir des routeurs transparents. Rekhter et Li [RFC 1518] définissent les principes du sur-adressage IP (ou adressage hors classe). Fuller, Li, Yu et Varadhan [RFC 1519] ont spécifié les extensions de sur-adressage et le routage inter-domaine sans classe. Rekhter *et al.* [RFC 1918] ont défini les préfixes d'adresses réservés pour les réseaux internets privés. Knuth [1973] a décrit l'arbre Patricia.

10.27 EXERCICES

10.1 Les tables de routage doivent être modifiées chaque fois qu'un ordinateur est ajouté à l'un des réseaux si des routeurs qui utilisent un proxy ARP ont recours à une table d'adresses pour décider s'il faut répondre aux requêtes ARP. Expliquez comment affecter les adresses IP aux ordinateurs pour que des ordinateurs puissent être ajoutés sans que l'on ait à modifier les tables. Indication : pensez aux sous-réseaux.

10.2 Bien que le standard autorise qu'un numéro de sous-réseau soit « tout à 0 », il arrive que le logiciel ne fonctionne pas correctement dans ce cas-là. Essayez de donner un numéro tout à 0 à un sous-réseau de votre site et voyez si la route est propagée correctement.

10.3 Les routeurs transparents peuvent-ils être utilisés avec des réseaux tels qu'Ethernet ?

10.4 Montrez comment le protocole proxy ARP permet d'utiliser deux routeurs pour relier trois réseaux.

10.5 Soit une adresse IP de classe B décomposée en sous-réseaux de façon à disposer d'au moins 76 sous-réseaux. Combien d'ordinateurs peut-il y avoir par réseau ?

10.6 Décomposer une adresse de classe C a-t-il toujours un sens ? Pourquoi ?

10.7 Un site qui a choisi de partager une adresse de classe B en utilisant le troisième octet pour adresser les réseaux est déçu de ne pas pouvoir disposer de 255 ou 256 réseaux. Expliquez cela.

10.8 Concevez un plan d'adressage pour votre entreprise, en supposant que vous disposez d'une adresse de classe B.

10.9 Est-il possible pour un même routeur d'utiliser à la fois un proxy ARP et le sous-adressage ? Si oui, expliquez comment, sinon, expliquez pourquoi.

10.10 Justifiez le fait que tout réseau utilisant un proxy ARP est vulnérable par rapport à la mystification (le fait qu'un ordinateur se fasse passer pour un autre).

10.11 Pouvez-vous concevoir une implémentation (non standard) qui permette l'utilisation normale du protocole ARP, mais qui interdise un proxy ARP ?

10.12 Un fournisseur de logiciel décide d'ajouter le sous-adressage à l'un de ses logiciels en allouant un masque de sous-réseau unique pour toutes les adresses IP. Il a modifié son logiciel de routage IP normalisé pour que le sous-réseau teste un cas particulier. Trouvez un cas simple où cette implémentation ne fonctionne pas correctement.

10.13 Explicitez les (rares) cas où l'implémentation précédente fonctionne correctement.

10.14 Lisez le standard pour en savoir plus au sujet de la diffusion sur les sous-réseaux. Pouvez-vous caractériser les choix d'adresses de sous-réseaux qui permettent à quelqu'un de définir une adresse de diffusion pour tous les sous-réseaux possibles ?

10.15 Le standard permet de choisir librement les masques de sous-réseaux associés à une adresse IP donnée. Devrait-il imposer que les bits du masque d'adresse soient contigus ?

10.16 Considérez avec attention le routage en présence de sous-réseaux. Que peut-il se produire si un datagramme est destiné à un sous-réseau qui n'existe pas ?

10.17 Comparez les architectures utilisant des sous-réseaux et des routeurs pour relier plusieurs réseaux Ethernet à une architecture utilisant les ponts du type de ceux décrits dans le chapitre 2. Dans quels cas une architecture est-elle préférable à l'autre ?

10.18 Soit un site qui a décidé de décomposer une adresse de classe B mais qui souhaite que certaines adresses de sous-réseaux soient codées sur 6 bits et que d'autres le soient sur 8 bits. Trouvez une affectation des adresses d'ordinateur qui rende les adresses de destination ambiguës.

10.19 L'algorithme de routage de la figure 10.7 utilise un balayage séquentiel des entrées de la table de routage qui permet à l'administrateur de placer une route vers un ordinateur donné avant une route vers un réseau ou un sous-réseau particulier. Imaginez une structure de données spécifique qui permette la même souplesse mais qui utilise le hachage pour améliorer l'efficacité de la recherche. (Cet exercice a été suggéré par David Mills.)

10.20 Malgré les efforts entrepris pour permettre aux routeurs de faire les calculs de routes le plus rapidement possible, les algorithmes de recherche de route en sur-adressage sont moins rapides que ceux traditionnels basés sur le hachage. Essayez de trouver d'autres types d'algorithmes de recherche de route que ceux à arbre binaire qui soient plus performants.

10.21 Un arbre binaire utilise un bit pour choisir entre deux descendants possibles à chaque nœud. Sous quelles conditions peut-on rendre la recherche dans l'arbre plus rapide ? ou plus lente ?

10.22 Si tous les fournisseurs de services Internet utilisent le sur-adressage et affectent des numéros de clients pris dans leurs blocs d'adresses, que se passe-t-il lorsqu'un client change de fournisseur ?

11

Structuration en couches de protocoles

11.1 INTRODUCTION

Dans les chapitres précédents nous avons analysé les fondements de l'interconnexion de réseaux, décrit la façon dont les routeurs envoient les datagrammes IP vers d'autres routeurs ou d'autres ordinateurs et présenté les mécanismes utilisés pour faire correspondre adresses IP et adresses physiques. Ce chapitre traite de la structure des logiciels qui, dans les routeurs et les ordinateurs, mettent en œuvre les communications. Nous présentons les principes généraux de la structuration en couches, avant de montrer comment elle simplifie la compréhension et la réalisation des protocoles TCP/IP. Nous décrivons également le chemin qu'empruntent les datagrammes à travers les logiciels de protocoles lorsqu'ils traversent un internet TCP/IP.

11.2 NÉCESSITÉ D'AVOIR PLUSIEURS PROTOCOLES

Nous avons dit que les protocoles permettent de spécifier ou de comprendre les communications sans avoir à maîtriser les détails du matériel d'un constructeur particulier. Ils sont à la communication entre ordinateurs ce que les langages de programmation sont aux applications informatiques. Cette similitude doit maintenant être claire. Certains protocoles, tout comme les langages d'assemblage, décrivent les communications sur les supports de transmission des réseaux. C'est ainsi que le détail des trames Ethernet, la méthode d'accès au support physique, la gestion des trames erronées font partie d'un protocole qui décrit les communications sur un réseau Ethernet. De façon analogue, le détail des adresses IP, le format des datagrammes et les concepts de remise non fiable en mode non connecté font partie du protocole IP.

Les systèmes complexes de transmission de données n'utilisent pas un protocole unique. Bien au contraire, ils font appel à un ensemble coopératif de protocoles parfois appelé *famille de protocoles* ou *pile de protocoles*. Pour comprendre pourquoi, examinons les incidents qui peuvent survenir lorsque des ordinateurs communiquent à travers un réseau.

Pannes matérielles. Un ordinateur ou un routeur peut tomber en panne à cause du matériel ou du système d'exploitation. Une connexion réseau peut tomber en panne ou être libérée par erreur. Les logiciels des protocoles ont besoin de savoir détecter ce genre de situation et éventuellement y remédier.

Congestion du réseau. Même lorsque tous les matériels et logiciels de communication fonctionnent correctement, les réseaux peuvent être saturés. Les protocoles doivent permettre de supprimer le trafic excédentaire.

Retard ou perte d'unité de données. Les unités de données : paquets, datagrammes ou trames, sont parfois soumises à des retards importants ou même parfois perdues. Les protocoles doivent être informés de tels incidents et s'adapter à de grands retards.

Altération de données. Les interférences électriques ou magnétiques ou les pannes matérielles peuvent provoquer des erreurs de transmission qui altèrent les données transmises. Les protocoles doivent pouvoir détecter et traiter ces cas d'erreurs.

Duplication ou déséquencement d'unité de données. Les réseaux qui disposent de plusieurs chemins peuvent déséquencer ou dupliquer des unités de données : paquets, datagrammes ou trames. Les protocoles doivent savoir par exemple réordonner les paquets et éliminer les doublons.

Toutes ces difficultés, envisagées dans leur ensemble, peuvent sembler insurmontables. Il est en effet difficile d'imaginer un protocole qui les prendrait toutes simultanément en compte. En développant notre analogie avec les langages de programmation, nous allons voir comment on peut résoudre ce problème. La traduction des programmes est, on le sait, décomposée en quatre sous-problèmes bien distincts gérés par des logiciels spécifiques : le compilateur, l'assembleur, l'éditeur de liens et le chargeur. La décomposition permet au concepteur de se concentrer sur un seul problème à la fois et au réalisateur de construire et de tester chaque composant logiciel séparément.

Deux remarques relatives à notre analogie avec les langages de programmation nous aideront à clarifier la structuration des protocoles. Premièrement, les composants du système de traduction d'un programme doivent s'entendre sur la structure exacte des données qu'ils échangent. Ainsi, les données transmises à l'assembleur par le compilateur sont un programme défini en langage d'assemblage. Nous voyons ainsi que le processus de traduction implique plusieurs langages de programmation. Cette analogie vaut pour les logiciels de communication où plusieurs protocoles définissent les interfaces entre les logiciels des modules de communication. Deuxièmement, les quatre parties du système de traduction forment une séquence linéaire dans laquelle la sortie du compilateur devient l'entrée dans l'assembleur et ainsi de suite. Les protocoles utilisent également une séquence linéaire.

11.3 LES COUCHES CONCEPTUELLES DE LOGICIELS DE COMMUNICATION

On peut voir les modules logiciels de communication de chaque machine comme un empilement vertical de *couches* analogue à celui de la figure 11.1. Chaque couche est responsable de la gestion d'une partie du problème. On utilise souvent le terme *niveau* comme synonyme à couche.

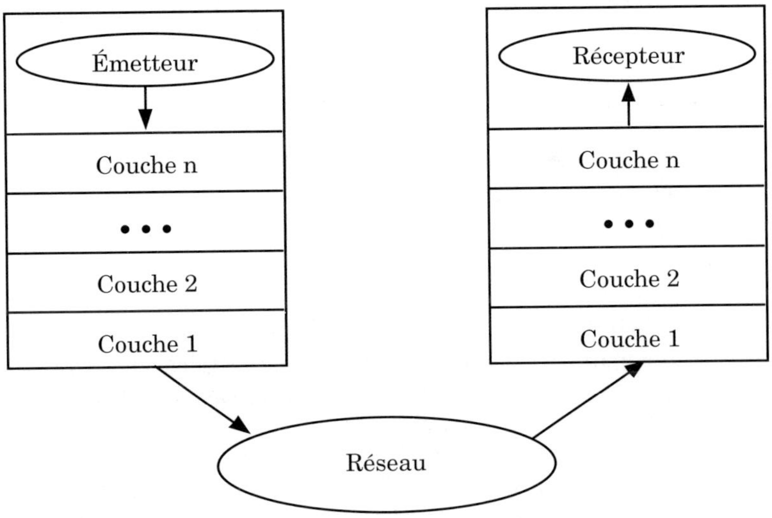

Figure 11.1 — Organisation conceptuelle en couches des logiciels de communication.

Du point de vue conceptuel, émettre un message depuis un programme d'application d'un ordinateur vers un autre programme situé sur un autre ordinateur signifie transférer un message, de haut en bas, à travers les couches de logiciels de communication de l'ordinateur émetteur, transférer les données à travers le réseau, et les transférer, de bas en haut, à travers les couches de logiciels de communication de l'ordinateur récepteur.

En réalité, les logiciels de communication sont plus complexes que ne l'indique le modèle de la figure 11.1. Chaque couche décide de la validité du message et de son traitement, d'après son type ou son adresse de destination. Ainsi, sur un ordinateur, une couche peut décider de conserver le message ou de l'acheminer, s'il est destiné à un autre ordinateur. Une autre couche peut identifier le programme d'application destinataire du message.

Pour comprendre la différence entre l'organisation conceptuelle des logiciels de communication et les détails d'implémentation, considérons la comparaison présentée à la figure 11.2. Le diagramme conceptuel de la figure 11.2a montre une couche IP située entre la couche des protocoles de haut niveau et la couche d'interface réseau. Le diagramme réaliste de la figure 11.2b montre que le logiciel IP peut communiquer avec plusieurs protocoles de communication de haut niveau et avec plusieurs interfaces réseau.

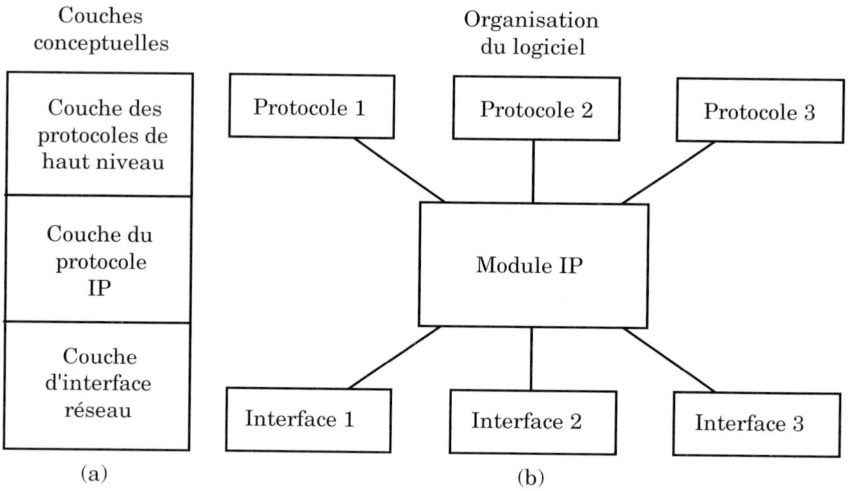

Figure 11.2 — Comparaison entre (a) l'organisation conceptuelle en couches et (b) une vision réaliste de l'organisation des logiciels de communication qui montre plusieurs interfaces réseau au-dessous d'IP et plusieurs protocoles de haut niveau au-dessus de lui.

Si le diagramme de l'organisation conceptuelle en couches ne mentionne pas tous les détails, il aide à comprendre les concepts généraux. Ainsi, la figure 11.3 montre les couches de logiciels de communication dans lesquelles passe un message qui traverse trois réseaux. Le diagramme n'indique, dans les routeurs, que l'interface réseau et la couche correspondant au protocole IP, parce que seules ces couches sont nécessaires pour accepter, router et émettre des datagrammes. Nous comprenons que toute machine reliée à deux réseaux doit disposer de deux modules d'interface, même si le schéma d'organisation conceptuelle n'en mentionne qu'un dans chaque machine.

Comme le montre la figure 11.3, un émetteur, sur l'ordinateur source, émet un message. Celui-ci est encapsulé dans un datagramme par le logiciel IP, puis est émis sur le réseau 1. Sur un routeur intermédiaire, le datagramme transite par la couche IP qui le route et le réémet sur le réseau suivant (différent du précédent).

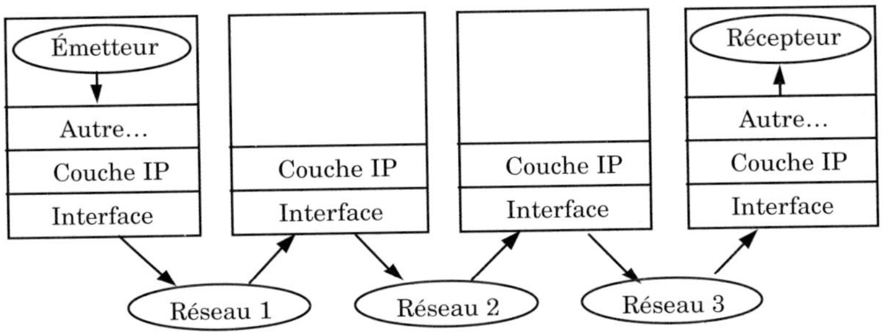

Figure 11.3 — Chemin emprunté par un message traversant un internet, de l'ordinateur émetteur à l'ordinateur destinataire en passant par deux routeurs intermédiaires. Les routeurs intermédiaires ne font remonter le message que jusqu'à la couche IP.

Ce n'est que lorsque le message a atteint l'ordinateur destinataire final que le logiciel IP l'extrait du datagramme et le remet aux logiciels des couches supérieures.

11.4 FONCTIONNALITÉS DES COUCHES

Une fois la décision prise de décomposer le problème de communication en sous-problèmes et de structurer les logiciels de communication en modules chargés chacun de gérer un sous-problème, une question se pose : « Dans quelle couche implanter les fonctionnalités ? » La réponse à cette question n'est pas simple, pour plusieurs raisons. Premièrement, parce qu'étant donné un ensemble d'objectifs et de contraintes relatives à un problème de communication précis, il est certainement possible de choisir une découpe qui optimise les logiciels de communication pour ce problème. Deuxièmement, même lorsque l'on considère des services généraux tels que le transport fiable, on peut choisir des approches très différentes. Enfin, la conception de l'architecture d'un réseau ou d'un internet et l'organisation des logiciels de communication sont interdépendantes ; l'une ne peut être conçue sans l'autre.

11.4.1 Le modèle de référence à sept couches de l'ISO

Il existe deux points de vue relatifs à la structuration en couches. Le premier, issu des travaux de l'organisation internationale de normalisation (ISO) est connu sous le nom de *modèle de référence pour l'interconnexion des systèmes ouverts*, souvent appelé *modèle OSI* (*Open Systems Interconnection*). Le modèle OSI comporte sept couches organisées comme indiqué à la figure 11.4.

Le modèle OSI est conçu pour décrire les protocoles d'un réseau unique. Il ne contient pas de couche spécifique permettant de réaliser le routage dans un internet à la façon des protocoles TCP/IP.

Couche	Fonctionnalité
7	Application
6	Présentation
5	Session
4	Transport
3	Réseau
2	Liaison de données (Interface avec le matériel)
1	Matériel (Connexion physique)

Figure 11.4 — Le modèle d'architecture en couches de l'ISO.

11.5 X.25 ET MODÈLE OSI

Le modèle de référence à sept couches de l'ISO, bien qu'il soit conçu comme un modèle conceptuel et non comme un guide d'implémentation, a servi de base à plusieurs mises en œuvre de protocoles. Parmi les protocoles couramment associés au modèle OSI, le plus connu et le plus utilisé est certainement un ensemble de protocoles référencés sous le nom de X.25 et normalisé par l'UIT-T. Le protocole X.25 est adopté par de nombreux réseaux publics de transmission de données par paquets, particulièrement en Europe, comme par exemple le réseau TRANSPAC en France. L'analyse de ce protocole nous aidera à mieux comprendre le modèle OSI.

Du point de vue d'X.25, un réseau de transmission de données par paquets fonctionne de façon analogue à un réseau téléphonique. Un réseau X.25 est constitué de commutateurs de paquets complexes qui possèdent l'intelligence nécessaire pour router les paquets. Les ordinateurs hôtes ne sont pas directement connectés aux lignes du réseau, mais à un commutateur de paquets par une liaison série. En un sens, la connexion entre un ordinateur et un commutateur X.25 de paquets est un réseau élémentaire constitué d'une seule ligne de communication. L'ordinateur hôte doit respecter une procédure complexe pour transférer des paquets sur le réseau.

La couche *Physique*. X.25 définit une norme de connexion physique entre les ordinateurs et les commutateurs de paquets ainsi que des procédures à utiliser pour transférer des paquets d'un ordinateur à l'autre. Dans le modèle OSI, c'est la couche 1 qui définit les caractéristiques physiques (mécaniques, électriques et fonctionnelles) de la connexion. L'unité de données manipulée par la couche Physique est le bit. Le protocole X.21 donne ces caractéristiques dans le cas des réseaux publics de données.

La couche *Liaison de données*. La couche 2 d'X.25 (appelée aussi X.25.2) définit l'échange des données sur la liaison de données entre un ordinateur et le commutateur de paquets auquel il est relié. X.25 utilise le terme de trame pour référencer l'unité de données élémentaire transférée sur la liaison de données (il est important de noter que la notion de trame X.25 est conceptuellement assez proche de celle que nous avons utilisée). Comme la couche physique ne délivre que des suites de bits, le protocole de couche 2 doit définir la structure des trames et indiquer comment les ordinateurs en identifient le début et la fin. Puisque des erreurs de transmission peuvent provoquer la perte ou l'altération de trames, la couche 2 doit comporter des mécanismes de détection et de correction d'erreurs (information de contrôle de validité ou total de contrôle). Enfin, comme la transmission des bits n'est pas exempte d'erreurs, la couche 2 doit définir un mécanisme d'échanges d'accusés de réception qui permet aux deux ordinateurs de savoir qu'une trame a été correctement échangée.

Le protocole de couche 2 le plus utilisé est HDLC (*High Level Data Link Control*). Il en existe plusieurs versions, dont la plus récente : HDLC/LAPB.Il est important de réaliser qu'une transmission de données réussie dans la couche 2 signifie que la trame a correctement atteint le commutateur de paquets mais ne garantit pas que ce commutateur ait accepté le paquet encapsulé dans la trame ni qu'il soit capable de le router.

La couche *Réseau*. Dans le modèle OSI, la troisième couche comporte les fonctionnalités qui complètent la définition de l'interaction ordinateur-réseau. Cette couche, la couche réseau ou encore *couche de communications de sous-réseaux*, définit l'unité de données de base transférée sur le réseau (le paquet) et comporte les concepts d'adressage et de routage. Dans le monde X.25, la communication entre machine et commutateur de paquets est conceptuellement indépendante du trafic à échanger. Le réseau pourrait ainsi définir des paquets dans la couche 3 dont la taille serait supérieure à celle des trames qu'il est possible de transférer dans la couche 2. Le protocole de couche 3 doit donc mettre en forme les paquets et utiliser la couche 2 pour les transférer (éventuellement après les avoir fragmentés) jusqu'au commutateur de paquets. La couche 3 doit aussi traiter les phénomènes de congestion.

La couche *Transport*. La couche 4 assure un contrôle de bout en bout, en permettant à l'ordinateur destinataire de communiquer avec l'ordinateur source. Le principe consiste à effectuer un contrôle qui, en plus des contrôles effectués à chaque retransmission des données, permet de s'assurer qu'aucune machine (ordinateur ou commutateur) intermédiaire n'a été défaillante.

La couche *Session*. Les couches hautes du modèle OSI définissent la façon dont les protocoles peuvent être organisés pour fournir toutes les fonctionnalités nécessaires aux programmes d'application. L'ISO a considéré que le problème de la connexion à distance était si important qu'il a conçu la couche 5 pour le gérer. En fait, le principal service offert par les premiers réseaux publics de transmission de données par paquets était l'interconnexion entre terminaux et site centraux. L'opérateur de réseau propose à cet effet des ordinateurs dédiés, les *assembleurs-désassembleurs de paquets*, PAD(*Packet Assembler and Disassembler*), sur un réseau à accès commuté. Cette architecture est bien connue en France ou un type de PAD particulier, le PAVI (*point d'accès vidéotex*) sert de passerelle entre le réseau téléphonique commuté et TRANSPAC. D'où que l'on soit, par le réseau téléphonique, on peut appeler un PAVI (3613, 3614, 3615... 3629) et rejoindre ainsi TRANSPAC, réseau qui du point de vue économique est le mieux adapté au trafic vidéotex.

La couche *Présentation*. La couche 6 comporte des fonctions dont beaucoup de programmes d'application ont besoin pour utiliser ensuite le réseau comme, par exemple, la compression de textes ou d'images. La norme ISO ASN.1 (*Abstract Syntax Notation 1*) permet une représentation des données utilisable par les programmes d'application.

La couche *Application*. La couche 7 comprend les programmes d'application qui font appel au réseau comme, par exemple, la messagerie électronique ou le transfert de fichiers. L'UIT-T avait spécifié un protocole pour la messagerie électronique, X.400. En fait, l'UIT-T et l'ISO ont joint leurs efforts : la version ISO de ce protocole s'appelle MOTIS.

11.5.1 Le modèle TCP/IP de structuration en couches

Le deuxième modèle important n'émane pas des organismes de normalisation internationaux mais de la recherche qui a conduit à la famille des protocoles TCP/IP. Le modèle OSI, moyennant de petites modifications, pourrait être déformé jusqu'à rejoindre le modèle TCP/IP, mais les hypothèses sous-jacentes sont suffisamment différentes pour justifier la distinction des deux.

En première approximation, les logiciels TCP/IP sont structurés en quatre couches conceptuelles distinctes, construites au-dessus d'une cinquième, la couche matérielle. La figure 11.5 montre les couches conceptuelles ainsi que la structure des données échangées par chaque couche.

La couche *Application*. Au plus haut niveau, les utilisateurs appellent des programmes d'application qui accèdent aux services disponibles sur l'internet TCP/IP. Une application interagit avec les protocoles de couche transport pour émettre et recevoir des données. Chaque programme d'application choisit le type de transport qu'il souhaite (soit une suite de messages isolés soit un flux continu d'octets). Les programmes d'application remettent les données à la couche transport dans la forme requise pour leur acheminement.

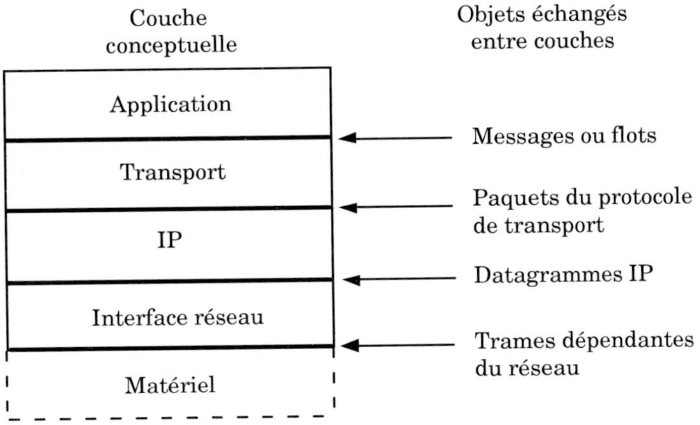

Figure 11.5 — Les quatre couches conceptuelles des protocoles TCP/IP et les structures de données échangées entre couches. La couche nommée interface réseau est parfois appelée couche liaison de données.

La couche *Transport*. Le premier devoir d'une couche transport est de permettre les communications de programme à programme (on dit aussi *de bout en bout*). La couche transport peut réguler le flux des informations. Elle peut aussi assurer un transport fiable, en garantissant alors que les données arrivent sans erreur et dans l'ordre de leur émission. Pour ce faire, elle demande à l'extrémité réceptrice de renvoyer des accusés de réception et elle fait retransmettre les paquets perdus. Les logiciels de transport découpent les flux de données en paquets (dans la terminologie ISO) et transmettent chaque paquet avec son adresse de destination à la couche suivante.

Bien que la figure 11.5 n'utilise qu'un seul bloc pour représenter la couche application, un ordinateur classique peut avoir plusieurs programmes d'application qui accèdent simultanément à l'internet. La couche transport doit donc accepter des données de plusieurs processus utilisateur et les remettre à la couche sous-jacente. Pour ce faire, elle ajoute à chaque paquet l'identification du programme émetteur, celle du programme récepteur ainsi qu'un total de contrôle. L'ordinateur récepteur utilise le total de contrôle pour vérifier que le paquet est intact et le code de destination pour identifier le programme auquel les données sont destinées.

La couche *IP*. Comme nous l'avons déjà vu, la couche IP gère les communications de machine à machine. Elle accepte la demande de transmission de paquet provenant de la couche transport accompagnée de l'identification de l'ordinateur destinataire, encapsule le paquet dans un datagramme IP dont elle remplit l'en-tête, utilise l'algorithme de routage pour déterminer si elle remet le datagramme directement ou si elle l'envoie à un routeur et remet le datagramme à l'interface réseau appropriée pour qu'il soit transmis. Dans le cas de datagrammes destinés à un ordinateur local, le logiciel de la couche IP détruit l'en-tête du datagramme et sélectionne le protocole de transport qui prend en charge le paquet. Enfin, la couche IP émet des messages ICMP d'erreur et de supervision, chaque fois que nécessaire, et gère les messages ICMP entrants.

La couche *Interface réseau*. Il s'agit de la couche de plus bas niveau des logiciels TCP/IP. C'est la couche d'interface avec le réseau, elle est chargée d'accepter des datagrammes IP et de les transmettre sur des réseaux spécifiques. Une *interface réseau* peut être constituée d'un pilote de périphérique (lorsque le réseau est un réseau local auquel l'ordinateur est directement relié) ou d'un sous-système complexe qui utilise son propre protocole de liaison de données (lorsque le réseau est constitué de commutateurs de paquets qui communiquent avec les ordinateurs, par exemple avec le protocole HDLC).

11.6 DIFFÉRENCES ENTRE STRUCTURATIONS X.25 ET TCP/IP

Il y a deux différences subtiles entre les structurations TCP/IP et X.25. La première différence concerne la fiabilité tandis que la seconde concerne la localisation de l'intelligence dans le système.

11.6.1 *Fiabilité de la couche liaison* vs *fiabilité de bout en bout*

Une des différences majeures entre les structurations TCP/IP et X.25 tient à leur façon d'assurer les services de transfert fiable. Dans le modèle X.25, les logiciels de communication détectent et corrigent les erreurs dans toutes les couches. Au sein de la couche liaison de données, des protocoles complexes garantissent que le transfert entre un ordinateur et le commutateur de paquets auquel il est rattaché est correct. Un total de contrôle accompagne chaque unité de données transférée (une trame) et le récepteur acquitte chaque trame reçue. Le protocole de couche liaison de données comporte des mécanismes de temporisation et de retransmission qui évitent les pertes de trames et fournissent reprise ou redémarrage automatique en cas de panne matérielle.

Les trois couches d'X.25 assurent la fiabilité pour leur propre compte. Dans la couche 3, X.25 permet la détection de certaines erreurs et fournit des mécanismes de reprise pour les paquets transférés sur le réseau en utilisant des temporisations et des retransmissions. Enfin, la couche Transport doit assurer une fiabilité de bout en bout en permettant à la source de communiquer directement avec le destinataire pour s'assurer de la bonne remise des données.

Contrairement à une telle approche, TCP/IP base sa structuration en couches en partant du principe que la fiabilité est un problème à traiter aux extrémités. La philosophie de l'architecture TCP/IP est simple : construire un internet de telle façon qu'il puisse supporter le trafic prévu, mais en tolérant des liaisons de données ou des ordinateurs qu'ils puissent perdre ou altérer des données, sans tenter sans cesse d'y remédier.

La liberté qui en résulte, du point de vue des contrôles effectués par la couche Interface réseau, rend les protocoles TCP/IP beaucoup plus simples à comprendre et à implémenter. Les routeurs intermédiaires peuvent détruire les datagrammes altérés par des erreurs de transmission. Ils peuvent détruire un datagramme qui ne peut être remis ou ne pas prendre en compte des datagrammes si leur taux d'arrivée est trop élevé pour leur capacité de traitement. Ils peuvent également rediriger les datagrammes sur des chemins pour lesquels les délais sont plus courts ou plus longs, sans en informer la source ni la destination.

Puisque les liaisons de données ne sont pas fiables, certains datagrammes n'arrivent pas. La détection et la retransmission des datagrammes perdus sont reportées au sein des ordinateurs source et destination d'où l'expression *contrôle de bout en bout*. Les logiciels de bout en bout situés dans la couche transport utilisent les totaux de contrôle, les temporisations et les accusés de réception pour contrôler la transmission. Donc, contrairement à la structuration en couches des protocoles en mode connecté X.25, les logiciels TCP/IP concentrent l'essentiel du contrôle de la fiabilité dans une seule couche.

11.6.2 Localisation de l'intelligence et des prises de décision

L'autre différence entre les modèles X.25 et TCP/IP apparaît lorsque l'on considère le lieu de l'implantation de la responsabilité et du contrôle. En règle générale, pour les réseaux X.25, un réseau est un outil qui assure un service de transport. Les opérateurs qui en proposent le service contrôlent également l'accès à ce service, surveillent le trafic et se chargent tant de la facturation que du recouvrement des paiements. Ils gèrent des problèmes tels que le routage, le contrôle de flux et les accusés de réception en interne, ce qui rend les transferts fiables. Ce point de vue laisse peu d'initiative (ou peu de nécessité d'en avoir) aux ordinateurs. Bref, le réseau constitue un système complexe, indépendant, auquel peuvent se raccorder des ordinateurs hôtes relativement simples ; les ordinateurs ne participent que peu au fonctionnement du réseau.

Au contraire, le modèle TCP/IP exige des ordinateurs hôtes qu'ils participent à presque tous les protocoles. Nous avons déjà dit que les ordinateurs prenaient une part active à la détection et à la correction des erreurs de bout en bout. Ils participent également au routage parce qu'ils doivent choisir un routeur lorsqu'ils émettent des datagrammes et aussi à la supervision du réseau car ils doivent gérer les messages ICMP. Donc, comparé à un réseau X.25, un internet TCP/IP peut être vu comme un système de remise de paquets auquel des ordinateurs intelligents sont raccordés.

11.7 LES PRINCIPES DE LA STRUCTURATION EN COUCHES

Indépendamment du type de structuration utilisé, ou des fonctions réalisées par les couches, le fonctionnement d'une pile de protocoles repose sur une idée très simple. Cette idée, le principe de structuration en couches, peut se résumer ainsi :

> Les protocoles en couches sont conçus de façon que la couche n du destinataire reçoive exactement le même objet que celui qui est émis par la couche n de l'émetteur.

Le principe de structuration en couches explique la puissance de ce concept. Il permet au concepteur de concentrer son attention sur une seule couche à la fois, sans avoir à se préoccuper de ce que font les couches sous-jacentes. Lors de la réalisation d'une application de transfert de fichiers, le concepteur ne pense qu'aux deux exemplaires du programme d'application qui s'exécutent sur les deux ordinateurs et focalise son attention sur les messages qu'ils doivent échanger pour réaliser le transfert. Le concepteur suppose que l'application sur un ordinateur reçoit exactement ce que l'application qui se trouve sur l'autre ordinateur a émis. La figure 11.6 illustre ce fonctionnement.

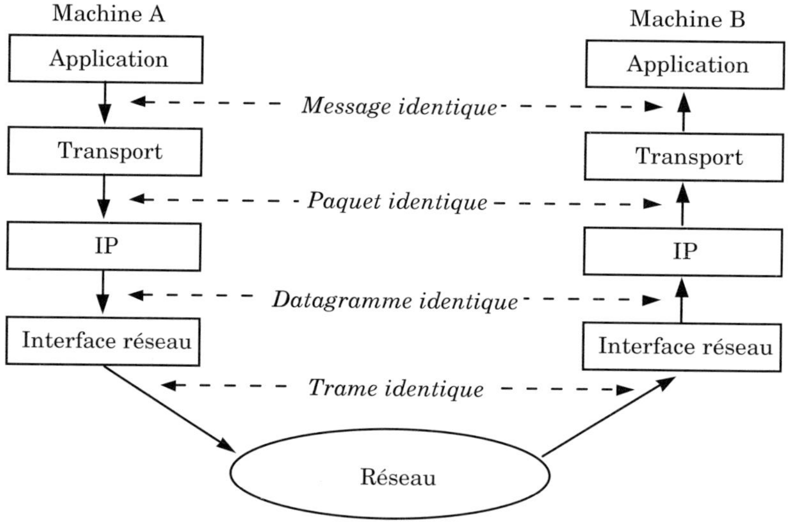

Figure 11.6 — Chemin emprunté par un message lors de son passage d'un programme d'application à un autre. La couche *n* sur l'ordinateur *B* reçoit un objet identique à celui émis par la couche *n* sur l'ordinateur *A*.

11.7.1 Structuration en couches dans un environnement TCP/IP

Notre définition du principe de structuration en couches est encore un peu vague et la figure 11.6 élude un aspect important : elle ne fait pas de distinction entre un transfert direct de la source vers une destination et un transfert via plusieurs réseaux. La figure 11.7 met en évidence cette distinction. Elle indique le chemin suivi par un message émis, via un routeur, par le programme d'application d'un ordinateur vers celui d'un autre ordinateur.

Comme l'indique la figure 11.7, la remise du datagramme utilise deux trames : l'une entre l'ordinateur A et le routeur *R*, l'autre entre le routeur et l'ordinateur *B*. Le principe de structuration en couches indique que la trame remise à *R* est identique à celle émise par A. Par opposition, les couches application et transport traitent les problèmes de bout en bout et sont conçues pour que les logiciels sur la source communiquent avec leur pair sur l'ordinateur destinataire. Le principe de structuration en couches indique donc que le paquet reçu par la couche transport au niveau de la destination est identique au paquet émis par la couche transport de l'ordinateur source.

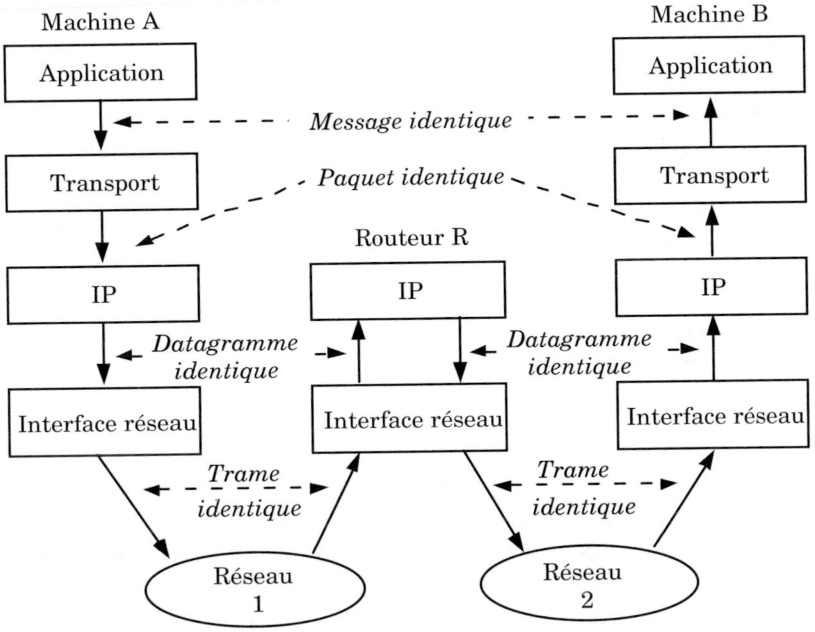

Figure 11.7 — La structuration en couches, lorsqu'on utilise un routeur. La trame remise au routeur *R* est identique à celle émise par *A*, mais diffère de celle qui transite entre *R* et *B*.

Il est facile de comprendre que dans les couches hautes, le principe de structuration en couches s'applique aux transferts de bout en bout et qu'au niveau des couches basses, il s'applique aux transferts de point à point. Il n'est pas aussi facile de voir comment le principe de structuration en couches s'applique à la couche IP. D'une part, nous avons dit que les ordinateurs reliés à un internet le voyaient comme un grand réseau virtuel où les datagrammes IP jouent le rôle des trames. De ce point de vue, les datagrammes transitent de la source vers la destination finale et le principe de structuration en couches garantit que la destination finale reçoit un datagramme rigoureusement identique à celui qui a été émis par la source. D'autre part, nous savons que le datagramme contient des champs tels que le champ *durée de vie* (*time to live*) et que ce dernier change à chaque traversée de routeur. Ainsi, la destination finale ne reçoit pas une copie rigoureusement identique du datagramme émis par la source. Nous en déduirons que si l'essentiel du datagramme reste intact lors du transit dans un internet, le principe de structuration en couches ne s'applique qu'au transit de point à point. Si l'on est pointilleux, on ne doit pas considérer que la couche IP assure un service de bout en bout.

11.8 STRUCTURATION EN COUCHES EN PRÉSENCE DE SOUS-RÉSEAUX

Au chapitre 2 nous avons vu qu'un réseau longue distance pouvait avoir différents commutateurs de paquets. Ainsi, un WAN peut avoir certains routeurs qui le relient à un réseau local sur chaque site mais aussi d'autres routeurs qui utilisent des liaisons louées. Lorsqu'un routeur reçoit un datagramme, il peut le remettre à son destinataire si celui-ci est sur un réseau local ou le transmettre à un autre routeur par le biais d'une liaison louée (voire d'un lien physique direct). Une question se pose alors : « Comment les protocoles utilisés sur les liaisons louées s'intègrent-ils dans le modèle TCP/IP ? » La réponse dépend de l'idée que l'on se fait de l'interconnexion par liaisons louées.

Du point de vue d'IP, l'ensemble des liaisons louées point à point qui relient les routeurs peut fonctionner, soit comme autant de réseaux spécifiques indépendants, soit comme un seul réseau. Dans le premier cas, chaque liaison est traitée exactement comme tout autre réseau de l'internet. On lui affecte un identificateur unique de réseau et les deux ordinateurs qui partagent la liaison disposent d'une adresse IP unique pour leur point de raccordement[1]. On ajoute les routes aux tables comme pour tout autre réseau et un nouveau module à la couche d'interface avec le réseau pour gérer la nouvelle connexion physique mais on ne fait aucune modification significative à la structuration en couches. L'inconvénient majeur de cette approche par réseaux indépendants est de multiplier les adresses réseau (il en faut une par connexion entre deux ordinateurs), ce qui génère des tables de routage plus grandes que nécessaire. C'est ainsi que fonctionnent les protocoles SLIP (*Serial Line IP*) et PPP (*Point to Point Protocol*) qui traitent chacun la liaison série comme un réseau indépendant.

La seconde approche permettant de prendre en compte les connexions point à point évite d'affecter plusieurs adresses réseau aux liaisons louées (voire aux

1. Il y a cependant une exception lorsqu'on utilise le schéma de réseau anonyme présenté au chapitre 10 ; le fait d'utiliser une liaison non numérotée (sans adresse) ne change rien quant à la logique des couches.

liens physiques directs). Elle traite globalement toutes les connexions comme un seul et unique réseau IP indépendant avec ses propres structures de trame, schéma d'adressage physique et protocoles de liaison de données. Les routeurs qui utilisent cette approche n'ont besoin que d'un seul numéro de réseau IP pour toutes leurs connexions point à point.

Utiliser l'approche réseau unique signifie étendre le principe de structuration en couches pour ajouter une couche supplémentaire de routage interne entre la couche d'interface avec le réseau et les coupleurs. Il ne paraît peut-être pas nécessaire d'avoir une couche supplémentaire lorsque les ordinateurs n'ont qu'un accès à une connexion point à point. Pour en comprendre le besoin, considérons un ordinateur qui a plusieurs points d'accès physiques et revenons à la figure 11.2 et à la façon dont la couche Interface réseau est divisée en modules qui, chacun, gèrent l'accès à un réseau. Nous devons ajouter une interface pour chaque réseau point à point, mais la nouvelle interface doit contrôler plusieurs coupleurs. De plus, étant donné un datagramme à émettre, la nouvelle interface devra choisir la liaison sur laquelle émettre le datagramme. La figure 11.8 présente cette organisation.

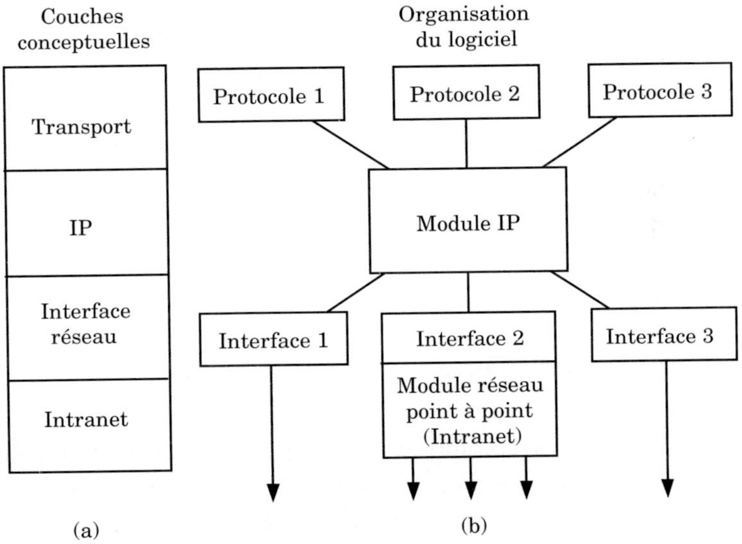

Figure 11.8 — (a) Localisation conceptuelle d'un protocole de communication point à point lorsque IP traite les connexions comme un seul réseau et (b) diagramme détaillé des modules logiciels correspondants. Chaque flèche correspond à un coupleur.

La couche IP transmet à la couche Interface réseau tous les datagrammes qui doivent être émis sur une connexion point à point. L'interface les passe à la couche de routage interne qui doit alors sélectionner une des connexions physiques existantes et y router le datagramme.

Le programmeur qui réalise le logiciel de routage interne doit déterminer précisément la façon dont le logiciel choisit une connexion physique. Habituellement, l'algorithme de routage s'appuie sur une table de routage interne analogue à la table de routage IP : elle définit une correspondance entre une adresse de destination et une route. Les tables contiennent des entrées constituées de paires (*D*, *L*) où *D* indique l'adresse de l'ordinateur destination et *L* une liaison physique qui permet d'atteindre cette destination.

La différence entre les tables de routage d'un intranet et les tables de routage d'un internet TCP/IP est que les tables de routage de l'intranet sont plus petites. Elles ne contiennent que les informations relatives aux ordinateurs directement reliés aux réseaux point à point. La raison en est simple : la couche IP met en correspondance une adresse IP avec une adresse de routeur spécifique avant de remettre un datagramme à une interface réseau particulière. La couche Intranet (de routage interne) n'a donc qu'à faire la distinction entre les seuls ordinateurs du réseau point à point.

11.9 DEUX FRONTIÈRES IMPORTANTES DU MODÈLE TCP/IP

La structuration conceptuelle en couches comporte deux frontières qui peuvent ne pas être évidentes : une au niveau des adresses des protocoles qui sépare les adresses de haut niveau des adresses de bas niveau et une au niveau du système d'exploitation qui sépare ce système d'exploitation des programmes ou logiciels d'application.

11.9.1 La limitation d'adressage de haut niveau

Après avoir vu la structuration en couches des logiciels TCP/IP, nous pouvons préciser un concept présenté au chapitre 8 : une frontière conceptuelle sépare les logiciels de bas niveau, qui utilisent les adresses physiques, des logiciels de haut niveau, qui utilisent les adresses IP. Comme le montre la figure 11.9, la limite se situe entre la couche Interface réseau et la couche IP. Autrement dit :

> Les programmes d'application tout comme les logiciels de communication, à partir de la couche IP, n'utilisent que les adresses IP. La couche Interface réseau ne manipule que des adresses physiques.

Des protocoles tels que ARP appartiennent donc à la couche Interface réseau et ne font donc pas partie d'IP.

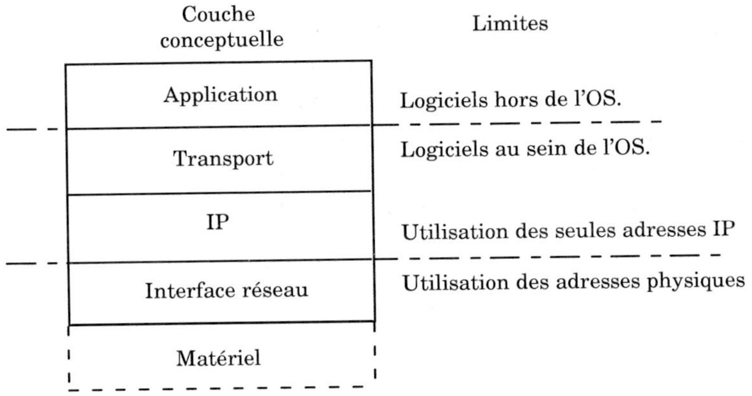

Figure 11.9 — Relations entre la structuration conceptuelle en couches et les limites du système d'exploitation (OS ou *Operating System*) et des adresses de haut niveau.

11.9.2 Limites du système d'exploitation

La figure 11.9 montre une autre frontière importante, la séparation entre les logiciels considérés comme faisant partie du système d'exploitation (l'OS) et les autres. Si chaque implémentation de TCP/IP choisit la façon de les différencier, un grand nombre d'entre elles choisissent de se conformer au modèle présenté. Comme les couches de bas niveau font partie du système d'exploitation, les transferts de données entre couches de bas niveau sont beaucoup moins coûteux que ceux entre programmes d'application et système d'exploitation. Le chapitre 20 traite plus en détail de ce problème et décrit un exemple d'interface que pourrait fournir un système d'exploitation.

11.10 LES INCONVÉNIENTS DE LA STRUCTURATION EN COUCHES

Nous avons dit que la structuration en couches est un concept fondamental qui est à la base de la conception des protocoles. Elle permet aux concepteurs de décomposer un problème complexe en sous-problèmes et de résoudre chacun d'eux indépendamment des autres. Malheureusement, les logiciels qui résultent de l'application stricte du principe de structuration en couches peuvent se révéler particulièrement inefficaces. À titre d'exemple, prenons le cas du travail effectué par la couche transport. Celle-ci doit accepter des flots d'octets émis par des programmes d'application et émettre chaque octet à travers l'internet. Pour optimiser le transfert, la couche transport doit choisir la plus grande taille possible de paquet que l'on peut mettre dans une trame. Cas particulier : si l'ordinateur destination appartient au même réseau que l'ordinateur source, le transfert n'implique qu'un seul réseau. L'émetteur peut ainsi optimiser la taille des paquets pour ce réseau. Si le logiciel applique strictement le principe de structuration en couches, la couche transport ne sait pas comment le module IP route le trafic, ni quels réseaux sont directement accessibles. De plus, la couche transport ne comprendra pas la structure des datagrammes ou des trames et ne pourra donc pas savoir combien d'octets d'en-tête sont ajoutés à un paquet. L'application stricte du principe de structuration en couches empêchera donc la couche transport d'optimiser le transfert.

Souvent, lorsqu'ils réalisent les logiciels de communication, les programmeurs n'appliquent pas strictement le principe de structuration en couches. Ils autorisent la propagation vers les couches hautes d'informations telles que le choix des routes ou le MTU (*Maximum Transfert Unit*). Lors de l'allocation de tampons mémoire, ils réservent généralement de la mémoire pour les en-têtes qui seront ajoutés par les couches sous-jacentes et peuvent enregistrer les en-têtes des trames entrantes lorsqu'elles sont transmises aux couches hautes. De telles optimisations permettent des améliorations considérables d'efficacité tout en respectant l'essentiel de la structuration en couches.

11.11 LE PRINCIPE DE BASE DU MULTIPLEXAGE ET DU DÉMULTIPLEXAGE

Les protocoles de communication utilisent souvent dans l'empilement de couches le *multiplexage* et le *démultiplexage*. Un ordinateur qui émet un message y inclut des bits supplémentaires qui indiquent le type de message, le programme d'origine et les protocoles utilisés. Puis les messages sont mis dans des datagrammes pour être transférés et placés dans une suite de trames. Côté récepteur, l'ordinateur destinataire utilise ces informations annexes pour orienter les données vers le bon module de traitement.

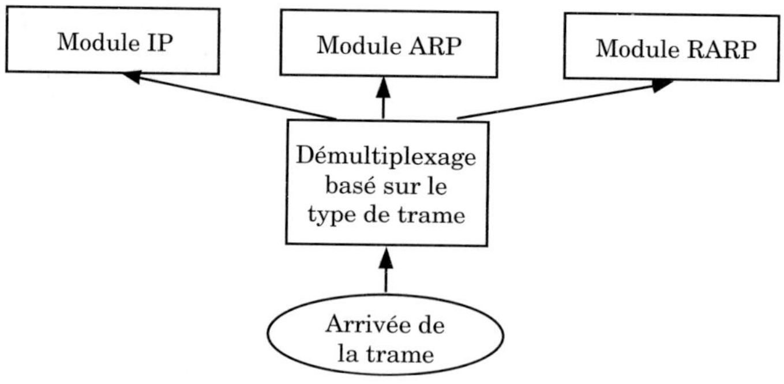

Figure 11.10 — Démultiplexage de trames entrantes d'après le type de protocole trouvé dans leur en-tête.

Considérons l'exemple de la figure 11.10 qui montre comment les logiciels de la couche Interface réseau utilisent le type de trame pour choisir la procédure qui gérera la trame entrante. Nous disons que l'interface réseau démultiplexe les trames en fonction de leur type. Un tel choix n'est possible que si le logiciel de l'ordinateur source a défini à l'émission le type de trame. Tout module logiciel émettant des trames utilise le champ type de trame pour en spécifier le contenu.

Multiplexage et démultiplexage sont mis en œuvre à presque tous les niveaux. Ainsi, lorsque l'interface réseau a démultiplexé les trames et a transmis au module IP celles qui contiennent des datagrammes IP, le logiciel IP extrait les datagrammes et effectue de nouveau un démultiplexage basé sur le type du protocole de transport. La figure 11.11 illustre le démultiplexage au niveau de la couche IP.

Le logiciel IP examine le champ type de l'en-tête du datagramme pour savoir comment le gérer. Dans l'exemple, les types de datagrammes possibles sont : ICMP, que nous avons déjà vu, UDP et TCP que nous verrons dans les chapitres suivants.

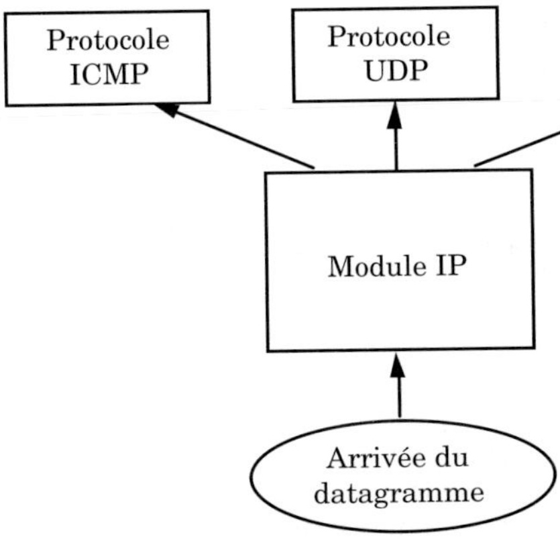

Figure 11.11 — Démultiplexage au niveau de la couche IP. Le logiciel IP sélectionne la procédure appropriée pour gérer les données d'un datagramme à partir du champ type de son en-tête.

11.12 RÉSUMÉ

Les protocoles sont des standards qui spécifient la représentation des données transférées d'un ordinateur à un autre. Ils définissent la façon dont la transmission se déroule, dont les erreurs sont détectées et dont les accusés de réception sont transmis. Pour simplifier la conception et la réalisation des protocoles, les problèmes de communication sont décomposés en sous-problèmes qui peuvent être traités séparément. Chaque protocole est dédié à la résolution d'un sous-problème particulier.

Le principe de structuration en couches est fondamental parce qu'il constitue une méthodologie de conception de protocoles de communication. Dans un modèle d'architecture en couches, chaque couche gère une partie du problème de communication et correspond généralement à un protocole. Les protocoles respectent le principe de structuration en couches qui stipule que les logiciels de la couche *n* sur l'ordinateur destinataire reçoivent des informations identiques à celles émises par les logiciels de la couche *n* de l'ordinateur source.

Nous avons étudié le modèle TCP/IP à quatre couches ainsi que le modèle de référence à sept couches de l'ISO. Dans les deux cas, la structuration en couches constitue un cadre méthodologique pour les protocoles de communication. Le protocole X.25 de l'UIT-T est conforme au modèle de référence à sept couches de l'ISO et représente un exemple de service de communication fiable proposé par un opérateur de réseau tandis que les protocoles TCP/IP constituent un exemple différent de structuration en couches.

En réalité, les logiciels de communication utilisent le multiplexage et le démultiplexage pour distinguer les différents protocoles d'un niveau donné, ce qui complique, plus que le modèle de référence ne le suggère, les logiciels de communication.

11.13 POUR EN SAVOIR PLUS

Postel [RFC 791] définit un scénario pour la structuration en couches TCP/IP et Clark [RFC 817] étudie les effets de la structuration en couches sur la réalisation des protocoles. Saltzer, Reed et Clark (1984) discutent de l'importance du contrôle de bout en bout. Chesson (1987) défend la position controversée suivant laquelle la structuration en couches génère de piètres performances. Comer (1994) présente un exemple de mise en œuvre efficace qui remet en cause les principes stricts de structuration en couches et de transmission de pointeurs entre les couches.

Les documents ISO (1987a) et (1987b) présentent ASN.1 en détail. Sun [RFC 1014] décrit le protocole XDR, un exemple de ce qui peut être appelé un protocole de présentation TCP/IP. Clark traite du passage des informations vers les couches supérieures (1985).

11.14 EXERCICES

11.1 Étudiez plus en détail le modèle de référence à sept couches de l'ISO. Comment des réseaux locaux tels que Ethernet s'y intègrent-ils ?

11.2 Construisez un cas où TCP/IP évolue vers une architecture à cinq niveaux qui inclut une couche présentation. (Indication : divers programmes utilisent le protocole XDR, la messagerie électronique et ASN.1.)

11.3 Pensez-vous qu'il émergera un protocole de présentation unique qui remplacera tous les autres ?

11.4 Comparez et mettez en évidence les différences entre les structures de données condensées utilisées par ASN.1 et les représentations non condensées utilisées par XDR. Caractérisez les situations où l'une est meilleure que l'autre.

11.5 Déterminez comment les systèmes UNIX utilisent la structure *mbuf* pour améliorer l'efficacité des protocoles réalisés.

11.6 Étudiez le mécanisme de flots (*streams*) d'UNIX System V. Comment facilite-t-il la réalisation des protocoles ? Quel est son principal inconvénient ?

12

Protocole de datagramme utilisateur (UDP)

12.1 INTRODUCTION

Les chapitres précédents nous ont décrit un internet TCP/IP capable de transférer des datagrammes IP d'ordinateur à ordinateur et dans lequel chaque datagramme est routé en fonction de son adresse IP de destination. Au niveau de la couche IP, une adresse de destination permet d'identifier un ordinateur ; aucune autre distinction n'est faite quant à l'utilisateur ou au programme d'application qui doit recevoir le datagramme. Ce chapitre complète la suite des protocoles TCP/IP en ajoutant un mécanisme qui permet de distinguer plusieurs destinations au niveau d'un ordinateur hôte donné. Ceci permet à des programmes d'application qui s'exécutent sur un même ordinateur d'émettre et de recevoir des données de façon indépendante.

12.2 IDENTIFIER LA DESTINATION FINALE

Les systèmes d'exploitation de la plupart des ordinateurs permettent la multiprogrammation, ce qui signifie que plusieurs programmes d'application peuvent s'exécuter simultanément. Dans le jargon système, chaque programme qui s'exécute est référencé sous le nom de tâche, processus, programme d'application ou service de niveau utilisateur, et les systèmes sont dits multitâches. Il pourrait sembler naturel d'indiquer que tel processus est la destination finale d'un message. En fait, cela pourrait créer bien des problèmes. Tout d'abord parce que les processus étant créés et détruits dynamiquement, les émetteurs en savent rarement assez pour identifier un processus sur une machine distante. Ensuite, nous aimerions pouvoir remplacer un processus par un autre sans que l'utilisateur s'en aperçoive (par exemple, le redémarrage d'un ordinateur peut provoquer le remplacement de tous les processus, mais il n'est pas nécessaire que les émetteurs soient informés de l'existence des nouveaux processus). Troisièmement, nous devons identifier les destinations d'après les fonctions qu'elles assurent sans connaître les processus qui les réalisent (par exemple, permettre à un émetteur d'entrer en contact avec un serveur de fichiers, sans connaître le processus qui, sur l'ordinateur destinataire, assure cette fonction). Plus important encore, dans les systèmes qui permettent à un même processus d'assurer deux fonctions ou plus, il est essentiel de trouver un moyen qui permette à un processus de déterminer précisément la fonction que désire l'utilisateur.

Au lieu de penser aux processus comme destinations finales, imaginons que chaque ordinateur comporte un ensemble de destinations abstraites, les *ports de protocole*, chacun de ces ports étant identifié par un entier positif. Le système d'exploitation local fournit un mécanisme d'interface que les processus utilisent pour spécifier un port ou y accéder.

La plupart des systèmes d'exploitation assurent un accès synchrone aux ports. Du point de vue d'un processus particulier, l'accès synchrone signifie que le traitement est interrompu pendant l'accès à un port. Par exemple, si un processus tente d'extraire des données d'un port avant que celles-ci y soient arrivées, le système d'exploitation bloque le processus jusqu'à ce que des données arrivent. Une fois les données arrivées, le système d'exploitation passe les données au processus et le réactive. En général, les opérations sur les ports sont tamponnées pour que les informations ne soient pas perdues si, lorsqu'elles arrivent, le processus n'est pas prêt à les lire. Pour réaliser le tamponnage (mise en mémoire tampon), le logiciel de communication situé dans le système d'exploitation place par exemple les paquets destinés à un port spécifique dans une file d'attente (finie) jusqu'à ce que le processus les en sorte.

Pour communiquer avec un port distant, l'émetteur a besoin de connaître à la fois l'adresse IP de l'ordinateur destinataire et le numéro de port associé au protocole sur cet ordinateur. Chaque message émis contient à la fois le numéro de *port destination* sur l'ordinateur destinataire et le numéro de *port source* sur l'ordinateur source à qui les réponses seront adressées. Tout processus qui reçoit un message peut ainsi répondre à l'émetteur.

12.3 LE PROTOCOLE DE DATAGRAMME UTILISATEUR (UDP)

Dans la suite des protocoles TCP/IP, le protocole de datagramme utilisateur, UDP (*User Datagram Protocol*), fournit le mécanisme de base permettant à des programmes d'application d'envoyer des datagrammes à d'autres programmes. UDP fournit des ports de protocole qui sont utilisés pour distinguer les différents programmes d'application qui s'exécutent sur un même ordinateur. C'est-à-dire qu'en plus des données émises, les messages UDP contiennent à la fois le numéro de port destination et le numéro de port source, ce qui permet au logiciel UDP de la destination de remettre les données au bon destinataire et au récepteur de répondre à l'émetteur.

Le protocole UDP utilise le protocole IP pour acheminer un message d'un ordinateur à un autre et pour assurer le même type de service de remise non fiable en mode non connecté qu'IP. UDP n'utilise pas les accusés de réception pour garantir que les données émises ont été correctement reçues, il ne reséquence pas les messages reçus et n'assure pas de mécanisme de contrôle de flux pour permettre au récepteur de maîtriser le flot des données reçues. Les messages UDP peuvent donc être perdus, dupliqués, ou déséquencés. De plus, ils peuvent arriver plus rapidement que les destinataires ne peuvent les traiter. Pour résumer :

Le protocole de datagramme utilisateur UDP assure un service de remise non fiable en mode non connecté qui utilise IP pour acheminer les messages entre les machines. Il apporte la possibilité de distinguer plusieurs destinations sur un même ordinateur.

Un programme d'application qui utilise UDP doit gérer les problèmes de fiabilité, pertes de messages, duplications, retards, déséquencement et perte de connectabilité. Souvent, malheureusement, lors de la conception des logiciels, les programmeurs ne gèrent pas ces problèmes. De plus, comme souvent leurs programmes sont testés sur des réseaux locaux très fiables où les délais sont courts, ces tests n'en révèlent pas toujours les lacunes éventuelles. De nombreux programmes d'application utilisant UDP fonctionnent donc bien sûr des réseaux locaux, mais échouent lamentablement lorsqu'ils sont utilisés dans de grands internets.

12.4 FORMAT DES MESSAGES UDP

Chaque message UDP est appelé *datagramme utilisateur* ou *datagramme UDP*. Du point de vue conceptuel, le datagramme comporte deux parties : un en-tête UDP et une zone de données. Comme l'indique la figure 12.1, l'en-tête est composé de quatre champs de 16 bits qui contiennent les ports source et destination du message, la longueur du message UDP et un total de contrôle UDP.

Les champs *Port UDP source* et *Port UDP destination* contiennent les numéros de port source et destination utilisés pour le démultiplexage des datagrammes entre les processus qui les attendent. Le port source est facultatif. Lorsqu'il est utilisé, il indique le numéro de port où la réponse doit être envoyée. Il doit être à zéro lorsqu'il n'est pas utilisé.

0	16 31
Port UDP source	Port UDP destination
Longueur du message UDP	Total de contrôle UDP
Données	
• • •	

Figure 12.1 — Format d'un datagramme UDP.

Le champ *Longueur du message UDP* contient le nombre d'octets du datagramme UDP, en-tête et zone de données compris. La longueur minimale contenue dans le champ Longueur du message UDP est donc de huit octets : la longueur de l'en-tête seul. Le total de contrôle UDP est facultatif et peut ne pas être utilisé du tout ; une valeur zéro dans le champ *Total de contrôle UDP* signifie que le total de contrôle n'a pas été calculé. Les concepteurs ont décidé de rendre le calcul du total de contrôle facultatif afin de permettre à certaines implémentations de s'exécuter en ne demandant que très peu de calculs, en particulier lorsque UDP est utilisé sur des réseaux très fiables. Mais il faut bien avoir à l'esprit que le total de contrôle UDP constitue le seul moyen de vérifier que les données n'ont pas été altérées pendant le transfert et qu'elles peuvent donc être utilisées sans risque.

Les débutants se demandent toujours ce qui se passe lorsqu'on a un message UDP dont le total de contrôle après calcul est nul. Un total de contrôle de valeur nulle est possible car UDP utilise le même algorithme de total de contrôle qu'IP ; il décompose les données en portions de 16 bits et calcule le complément à un de leur complément à un. Aussi surprenant que cela puisse paraître, la valeur zéro n'est pas un problème car le complément à un présente deux représentations : tous les bits à zéro ou tous les bits à un. Lorsque le total de contrôle vaut zéro, UDP utilise la représentation dans laquelle tous les bits sont à un.

12.5 PSEUDO-EN-TÊTE UDP

Le total de contrôle UDP représente plus d'informations qu'il n'en apparaît sur le datagramme seul. Pour calculer le total de contrôle, UDP concatène un *pseudo-en-tête* au datagramme UDP, ajoute un octet d'éléments binaires zéro pour obtenir une longueur de datagramme UDP qui soit un multiple de 16 bits et calcule le total de contrôle sur la totalité de cet objet. L'octet de bourrage et le pseudo-en-tête ne sont pas transmis avec le datagramme UDP. Ils ne sont pas non plus inclus dans sa longueur. Pour calculer le total de contrôle, le logiciel initialise le champ Total de contrôle UDP avec des zéros puis y enregistre les 16 bits de complément à un obtenus par traitement de la totalité de l'objet : pseudo-en-tête, en-tête et zone de données.

L'intérêt de l'utilisation d'un pseudo-en-tête est de permettre de vérifier que les messages UDP ont atteint la bonne destination. On comprend la fonction du pseudo-en-tête lorsqu'on réalise que la bonne destination correspond à un ordinateur donné et à un numéro de port sur cet ordinateur. L'en-tête UDP ne définit qu'un numéro de port particulier sur cet ordinateur. Pour vérifier la destination, le logiciel UDP de l'ordinateur émetteur calcule un total de contrôle qui porte à la fois sur l'adresse IP et sur le datagramme UDP. Au niveau du destinataire final, le logiciel UDP vérifie le total de contrôle en utilisant l'adresse IP obtenue à partir de l'en-tête du datagramme qui a transporté le message UDP. Si le total de contrôle est bon, cela signifie que le datagramme a atteint le destinataire désigné ainsi que le bon numéro de port sur l'ordinateur destinataire.

Le pseudo-en-tête utilisé dans le total de contrôle UDP comprend 12 octets disposés comme indiqué à la figure 12.2. Les champs du pseudo-en-tête *Adresse IP source* et *Adresse IP destination* contiennent les adresses IP source et destination qui seront utilisées pour émettre le message UDP. Le champ *Proto* contient le code (17 pour UDP) et le champ *Longueur UDP* contient la longueur du datagramme (longueur du pseudo-en-tête non incluse). Pour vérifier le total de contrôle, le récepteur doit extraire ces champs de l'en-tête du datagramme IP, les assembler pour constituer le pseudo-en-tête et recalculer le total de contrôle.

0	8	16	31
Adresse IP source			
Adresse IP destination			
Zéro	Proto	Longueur UDP	

Figure 12.2 — Les 12 octets du pseudo-en-tête utilisé lors du calcul du total de contrôle UDP.

12.6 ENCAPSULATION UDP ET COUCHES DE PROTOCOLES

UDP est notre premier exemple de protocole de transport. Dans le modèle en couches exposé au chapitre 11, UDP se situe au-dessus de la couche IP correspondant au protocole IP. Du point de vue conceptuel, les programmes d'application accèdent à UDP qui utilise IP pour émettre et recevoir des datagrammes, comme l'indique la figure 12.3.

Placer UDP dans une couche au-dessus de IP signifie qu'un message UDP complet (en-tête UDP et données UDP inclus) est encapsulé dans un datagramme IP pour transiter dans l'internet, comme l'indique la figure 12.4.

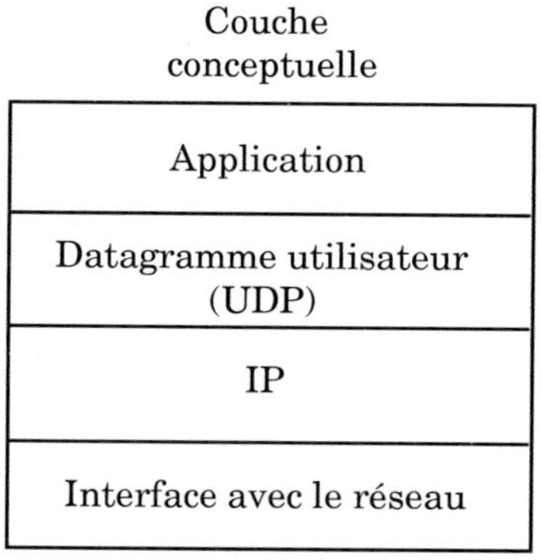

Figure 12.3 — La couche conceptuelle correspondant à UDP se situe entre les programmes d'application et IP.

Pour les protocoles que nous avons étudiés, l'encapsulation signifie qu'UDP ajoute un en-tête aux données remises par l'utilisateur et que le tout est fourni à IP. La couche IP ajoute un en-tête aux données reçues d'UDP. Enfin, le réseau place le datagramme dans une trame avant de la faire progresser de machine en machine. La structure des trames dépend des réseaux utilisés. Habituellement, les trames comportent également un en-tête.

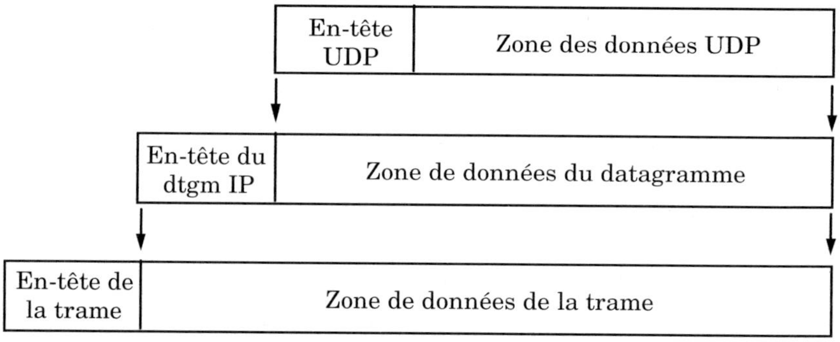

Figure 12.4 — Un datagramme UDP encapsulé dans un datagramme IP pour transiter dans un internet. Le datagramme IP est lui-même encapsulé dans une trame chaque fois qu'il traverse un réseau.

Une trame est reçue au niveau de la couche la plus basse des couches conceptuelles et commence son ascension à travers les couches successives. Chaque couche supprime l'en-tête correspondant avant de remettre les données à la couche supérieure. Ainsi, lorsque les données sont remises aux processus, tous les en-têtes ont été ôtés. Les en-têtes les plus externes correspondent aux couches les plus basses tandis que ceux les plus internes correspondent aux couches les plus hautes. Si nous nous intéressons à la façon dont les en-têtes sont ajoutés et supprimés, il est important de nous remémorer le principe de structuration en couches. Celui-ci s'applique en particulier à UDP ; ainsi le datagramme UDP remis par la couche IP du destinataire est identique à celui qui l'a été à la couche IP de la machine source. Les données véhiculées par le datagramme UDP seront également identiques à celles que le processus utilisateur a remises à la couche UDP de la machine source.

La division du travail entre les divers protocoles est à la fois claire et rigide :

La couche IP est responsable du seul transfert des données d'une machine à une autre dans un internet, alors que la couche UDP est responsable de la distinction des différentes sources ou destinations au niveau d'un ordinateur donné.

L'en-tête IP identifie seulement les ordinateurs hôtes source et destination ; seule la couche UDP identifie les ports source ou destination sur un même ordinateur.

12.7 LA STRUCTURATION EN COUCHES ET LE CALCUL DU TOTAL DE CONTRÔLE UDP

Le lecteur attentif aura remarqué une contradiction apparente entre les règles de structuration en couches et le calcul du total de contrôle. Souvenez-vous que le total de contrôle UDP inclut un pseudo-en-tête qui comporte des champs réservés aux adresses IP source et destination. Or, l'adresse IP de destination doit être connue de l'utilisateur pour lui permettre d'envoyer un datagramme UDP et l'utilisateur doit communiquer cette adresse à la couche UDP. Ainsi, la couche UDP peut obtenir l'adresse IP sans interagir avec la couche IP. Cependant, l'adresse IP source dépend de la route choisie pour émettre le datagramme car l'adresse IP source identifie l'accès réseau utilisé pour la transmission des datagrammes. UDP ne peut donc connaître l'adresse IP source sauf à entrer en relation avec la couche IP.

Nous supposons donc que le logiciel UDP demande à la couche IP de déterminer les adresses IP source et éventuellement destination, les utilise pour fabriquer un pseudo-en-tête, calculer le total de contrôle, détruire le pseudo-en-tête et remettre le datagramme UDP à la couche IP pour que celle-ci le transmette. Une autre approche possible, plus efficace, consiste à encapsuler le datagramme UDP dans un datagramme IP, remplir les champs correspondant aux adresses IP source et destination de l'en-tête, calculer le total de contrôle UDP puis remettre le datagramme IP à la couche IP qui sert alors les autres champs de l'en-tête IP.

Est-ce que des interactions fortes entre UDP et IP contredisent nos précédents propos indiquant que la structuration en couches reflète la séparation des fonctionnalités ? Oui. UDP a été étroitement imbriqué au protocole IP. C'est, de toute évidence, un aménagement de la notion de séparation pure qui ne vise que l'amélioration de l'efficacité. Nous voulons contrôler la violation du principe de structuration en couches car il est impossible d'identifier de façon précise un programme d'application sans identifier la machine cible, et nous voulons que la correspondance entre les adresses utilisées par UDP et celles utilisées par IP soit efficace. Un des exercices proposés étudie cette question en adoptant un point de vue différent où l'on demande à l'utilisateur de s'interroger sur la nécessité de séparer UDP d'IP.

12.8 MULTIPLEXAGE, DÉMULTIPLEXAGE ET PORTS UDP

Nous avons vu au chapitre 11 que les logiciels doivent, pour l'ensemble des couches, multiplexer et démultiplexer les différents objets échangés avec la couche supérieure. Les logiciels UDP constituent un nouvel exemple de multiplexage et de démultiplexage. Ils acceptent des datagrammes UDP de différents programmes d'application et les passent à IP pour qu'ils soient transmis. Ils reçoivent d'IP des datagrammes UDP qu'ils transmettent aux programmes d'application appropriés.

Du point de vue conceptuel, toutes les opérations de multiplexage et de démultiplexage entre UDP et les programmes d'application utilisent les numéros de ports de protocole UDP. En pratique, chaque programme d'application doit obtenir du système d'exploitation local un numéro de port local et un numéro de port distant associé avant de pouvoir envoyer un datagramme UDP[1]. Une fois que le port est alloué, tout datagramme UDP que le programme d'application émet sur ce port mentionnera le numéro de port source dans le champ port source UDP.

Lors du traitement d'une entrée, UDP accepte les datagrammes provenant du logiciel IP et les démultiplexe sur la base du numéro de port UDP comme l'indique la figure 12.5.

Le moyen le plus simple de se représenter un port est de penser à une file d'attente. Dans la plupart des implémentations, au moment où un programme d'application négocie avec le système d'exploitation l'utilisation d'un port, le système d'exploitation crée une file d'attente interne qui enregistrera les messages entrants. Le plus souvent, le programme d'application peut spécifier ou modifier la taille de la file d'attente. Lorsque UDP reçoit un datagramme, il vérifie que le numéro de port destination correspond bien à celui qui est actuellement utilisé. Si ce n'est pas le cas, un message ICMP de *port inaccessible* est émis et le datagramme est détruit. S'il y a correspondance, le datagramme UDP est placé dans

1. Pour le moment nous décrirons les ports de façon abstraite ; au chapitre 22, nous donnons un exemple de primitives d'un système d'exploitation permettant de créer et d'utiliser des ports.

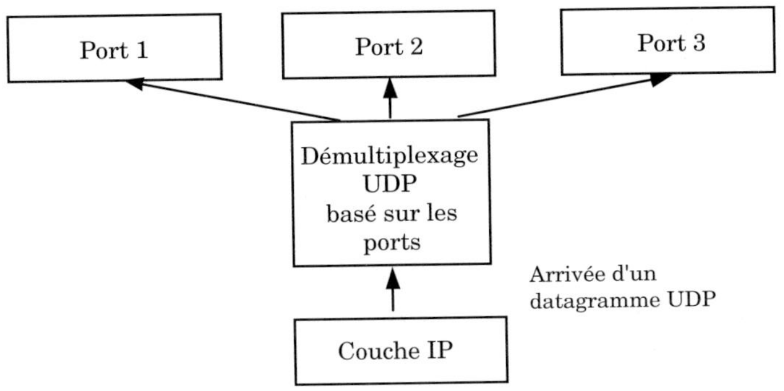

Figure 12.5 — Exemple de démultiplexage dans la couche au-dessus d'IP. UDP utilise le numéro de port UDP pour sélectionner la destination des datagrammes entrants.

la file d'attente associée au port UDP ; un programme d'application pourra alors y accéder. Bien entendu, si la file d'attente est pleine, on est en situation d'erreur et UDP détruit le datagramme.

12.9 NUMÉROS DE PORT RÉSERVÉS ET NON RÉSERVÉS

Comment affecter les numéros de port ? Le problème est important car deux machines doivent convenir des numéros de port utilisés avant de pouvoir interopérer. Ainsi, lorsqu'une machine A souhaite obtenir un fichier d'une machine B, elle doit connaître le port utilisé par le programme de transfert de fichiers. Il existe deux approches bien différentes pour réaliser l'affectation de ces ports. La première approche consiste à faire appel à une autorité centrale. Tout le monde s'accorde à reconnaître le droit de cette autorité centrale d'affecter, selon les besoins, les numéros de port et d'assurer la diffusion de la liste des numéros de port affectés. Ensuite, tous les logiciels sont réalisés conformément aux indications de la liste. Cette approche est parfois appelée *affectation universelle* (*universal assignment*) et l'affectation de numéros de port définis par l'autorité centrale *affectation de ports réservés* (*well-known port assignment*).

La seconde approche utilise l'association dynamique. Dans ce cas, les ports ne sont pas universellement connus. Bien au contraire, chaque fois qu'un programme d'application a besoin d'un port, les logiciels de communication lui en affectent un. Pour pouvoir connaître l'affectation des ports en cours sur un ordinateur distant, il est nécessaire d'émettre une demande du genre : « Quel est le port du service de transfert de fichiers ? » L'ordinateur distant répond en indiquant le numéro de port que l'on doit utiliser pour communiquer.

Les concepteurs de TCP/IP ont adopté une approche mixte qui réserve certains ports *a priori*, mais en laisse la plus grande partie à la disposition des sites ou des programmes d'application locaux. Les numéros de port réservés sont affectés en croissant à partir des valeurs les plus faibles. Les valeurs entières les plus grandes peuvent être allouées dynamiquement. La table de la figure 12.6 indique quelques valeurs de port UDP d'utilisation très courante. La deuxième colonne contient les mots clés standardisés dans Internet tandis que la troisième contient les mots clés utilisés sur les systèmes UNIX.

Décimal	Mots clés Internet	Mots clés Unix	Description
0	—	—	Réservé
7	ECHO	echo	Écho
9	DISCARD	discard	Détruire
11	USERS	systat	Utilisateurs actifs
13	DAYTIME	daytime	Horodate
15	—	netstat	Qui est actif ou *Netstat*
17	QUOTE	qotd	Fuseau horaire
19	CHARGEN	chargen	Générateur de caractères
37	TIME	time	Heure
42	NAMESERVER	name	Machine serveur de noms
43	NICNAME	whois	Qui est-ce ?
53	DOMAIN	nameserver	Serveur de noms de domaine
67	BOOTPS	bootps	Serveur de protocole d'amorce
68	BOOTPC	bootpc	Client de protocole d'amorce
69	TFTP	tftp	Transfert de fichiers simple
111	SUNRPC	sunrpc	RPC de SUN Microsystems
123	NTP	ntp	Protocole d'horloge réseau
161	—	snmp	Moniteur d'administration de réseau SNMP
162	—	snmp-trap	Trappes SNMP
512	—	biff	Communications satellite Unix
513	—	who	Démon Unix *who*
514	—	syslog	Journalisation système
525	—	timed	Démon d'horodate

Figure 12.6 — Un exemple de ports UDP réservés qui présente les mots clés Internet standard et les équivalents Unix les plus courants. La liste n'est pas exhaustive. Les protocoles qui offrent des services identiques utilisent le même numéro de port UDP, ce qui permet des extensions.

12.10 RÉSUMÉ

La plupart des systèmes informatiques permettent l'exécution simultanée de plusieurs programmes d'application. Si l'on utilise le jargon des systèmes d'exploitation, chaque programme qui s'exécute constitue un processus. Le protocole de datagramme utilisateur UDP distingue les différents processus d'un ordinateur donné en permettant aux utilisateurs d'ajouter des entiers sur 16 bits appelés numéros de port à chaque message UDP. Les numéros de port UDP identifient la source et la destination. Certains numéros de port UDP sont appelés numéros de port réservés et sont affectés de façon permanente à des programmes d'application particuliers (le port 69, par exemple, est réservé au protocole simple de transfert de fichiers TFTP qui est décrit au chapitre 26). Les autres numéros de port sont laissés à la disposition des programmes d'application.

UDP est un protocole « mince », c'est-à-dire qu'il n'apporte que peu de sémantique à IP. Il permet essentiellement aux programmes d'application de communiquer au moyen d'un service de remise de paquets non fiable en mode non connecté. Les messages UDP peuvent donc être perdus, dupliqués, déséquencés, ou retardés ; les programmes d'application qui utilisent UDP doivent gérer ces problèmes. Un grand nombre de programmes qui utilisent UDP ne fonctionnent pas bien sûr un internet parce qu'ils ne prennent pas en compte ces problèmes.

Dans le modèle d'architecture en couches, UDP se situe au niveau de la couche transport, entre la couche IP et la couche application. Conceptuellement, la couche transport est indépendante de la couche IP, mais en réalité elles interagissent de façon étroite. Le total de contrôle UDP inclut les adresses source et destination, ce qui signifie que le logiciel UDP doit interagir avec le logiciel IP pour connaître ces adresses avant d'envoyer des datagrammes.

12.11 POUR EN SAVOIR PLUS

Tanenbaum (1990) développe une bonne comparaison entre les modèles de communication qui utilisent les datagrammes et les circuits virtuels. Ball *et al.* (1979) décrivent les systèmes d'échange de messages, sans aborder les protocoles de transfert de messages. Le protocole UDP décrit ici est un standard TCP/IP défini par Postel [RFC 768].

12.12 EXERCICES

12.1 Évaluez UDP dans votre environnement. Mesurez la vitesse moyenne de transfert de messages de 128, 256, 512, 1 024, 2 048 et 4 096 octets. Pouvez-vous expliquer les résultats ? (Indication : quel est le MTU de votre réseau ?)

12.2 Pourquoi le total de contrôle UDP est-il séparé du total de contrôle IP ? Pourriez-vous justifier l'existence d'un protocole qui utiliserait un total de contrôle unique pour la totalité du datagramme IP, message UDP inclus ?

12.3 Ne pas utiliser les totaux de contrôle peut être dangereux. Expliquez pourquoi un seul paquet ARP altéré diffusé par une machine *P* peut interdire d'atteindre une machine Q.

12.4 Est-ce que le concept de destinations multiples identifiées par des ports de protocoles est réalisé dans IP ?

12.5 *Répertoire de noms* (*name registry*) : supposez que vous souhaitiez permettre à des paires de programmes d'application quelconques d'établir des communications en utilisant UDP, mais que vous ne souhaitiez pas leur affecter de numéros de port définis. Au contraire, vous aimeriez que les correspondants soient identifiés par une chaîne d'au plus 64 caractères. Un programme tournant sur l'ordinateur A peut vouloir communiquer avec le programme de nom *drôle_de_grand_identificateur_spécifique* sur l'ordinateur *B* (vous pouvez supposer qu'un processus connaît toujours l'adresse IP de l'ordinateur avec lequel il souhaite communiquer). Pendant ce temps, un processus, sur l'ordinateur C veut communiquer avec le programme de *nom_défini_par_l'auteur* sur l'ordinateur A. Montrez que pour permettre de telles communications vous n'avez besoin d'affecter qu'un seul port UDP. Vous réaliserez, sur chaque ordinateur, un logiciel qui communiquera avec (a) un processus local qui alloue un numéro de port libre qui sera utilisé pour communiquer, (b) un processus local qui enregistre le nom de 64 caractères utilisé pour répondre et (c) un processus distant pour établir une communication UDP qui n'utilise que le nom codé sur 64 caractères et l'adresse IP de l'ordinateur destination.

12.6 Réalisez le logiciel du serveur de noms de l'exercice précédent.

12.7 Quel est l'avantage principal de l'utilisation des numéros de port UDP ? Quel en est le principal inconvénient ?

12.8 Quel est l'avantage principal de l'utilisation des ports de protocole par rapport à celle des identificateurs de processus, pour identifier une destination sur un ordinateur ?

12.9 UDP assure un service de remise non fiable en mode non connecté car il ne garantit pas la remise des messages. Concevez un protocole de remise fiable qui utilise les temporisations et les retransmissions pour garantir la remise. Quel est le coût de cette fiabilité ?

12.10 Envoyez des datagrammes UDP sur un réseau WAN et mesurez le pourcentage de perte et de déséquencement. Les résultats dépendent-ils du jour et de l'heure de l'expérience ? De la charge du réseau ?

13

Transport fiable en mode connecté (TCP)

13.1 INTRODUCTION

Nous avons vu dans les chapitres précédents le service de remise non fiable de datagrammes en mode non connecté qui constitue la base des communications au sein de tous les internets et le protocole IP qui le définit. Ce chapitre présente le second service important et connu : le service de remise fiable en mode connecté et le *protocole de contrôle de transmission*, TCP (*Transmission Control Protocol*) qui le définit. Nous verrons que TCP ajoute des fonctions importantes aux protocoles déjà étudiés, mais que sa mise en œuvre est également nettement plus complexe.

Si TCP est présenté ici dans le cadre de la famille des protocoles TCP/IP, il constitue toutefois un protocole indépendant, d'usage général, qui peut être adapté pour communiquer avec d'autres systèmes de remise. Ainsi, comme TCP ne fait que peu d'hypothèses sur le réseau sous-jacent, il est possible de l'utiliser sur des réseaux de type Ethernet comme sur des réseaux complexes. En fait, TCP est tellement important que l'organisation internationale de normalisation (l'ISO) s'en est inspirée pour définir TP-4, un de ses protocoles de transport.

13.2 NÉCESSITÉ D'UN SERVICE DE REMISE FIABLE EN MODE CONNECTÉ

Au niveau le plus bas, les réseaux assurent un service de transmission de données non systématiquement fiable. À divers niveaux des réseaux, des unités de données peuvent être perdues ou détruites lorsque des erreurs de transmission altèrent les données, lorsque les ordinateurs tombent en panne ou que les réseaux sont trop chargés pour pouvoir écouler le trafic qui se présente. Les réseaux à routage dynamique peuvent dupliquer des paquets ou datagrammes, ou les remettre dans le désordre, avec des retards importants. Plus encore, dans un internet les réseaux sous-jacents peuvent imposer une taille maximale aux unités de données (paquet, datagramme ou trame) ou d'autres contraintes dans le but d'améliorer les débits.

Au plus haut niveau, les programmes d'application ont souvent besoin de transmettre de gros volumes de données d'un ordinateur à un autre. Utiliser un service de remise non fiable en mode non connecté pour transférer de gros volumes de données devient très rapidement fastidieux et exaspérant, en particulier parce que cela exige des programmeurs qu'ils mettent en œuvre des mécanismes de détection et de correction d'erreurs dans chaque programme. Comme les logiciels qui traitent correctement les problèmes de fiabilité sont complexes, peu de programmeurs d'application ont une culture technique suffisante pour les concevoir, les réaliser ou les maintenir. Par conséquent, un des objectifs de la recherche en matière de protocoles a consisté très vite à trouver le moyen d'assurer un service de remise fiable en mode connecté ; ceci a permis aux experts de réaliser un protocole de remise fiable en mode connecté qui soit utilisable par tous les programmes d'application. Disposer d'un seul protocole d'usage général permet de cacher aux programmes d'application les détails de la communication sur les réseaux sous-jacents. Ceci contribue également à faciliter la définition d'une interface unique pour l'accès à ce service de remise fiable en mode connecté.

13.3 PROPRIÉTÉS DES SERVICES DE REMISE FIABLE

L'interface entre les programmes d'application et le service de remise fiable TCP/IP possède cinq propriétés :

- *Orientation connexion.* Lorsque deux programmes d'application (processus utilisateur) transfèrent de gros volumes de données, nous imaginons des flots de bits structurés en caractères ou octets (8 bits). Le service de remise fiable en mode connecté transmet à l'ordinateur destinataire une suite d'octets identique à celle que l'ordinateur source a émis.
- *Circuits virtuels.* Effectuer un transfert en mode connecté équivaut à effectuer un appel téléphonique. Avant que le transfert ne puisse commencer, les programmes d'application expéditeur et destinataire interagissent avec leurs systèmes d'exploitation respectifs. Ils informent ces derniers qu'ils désirent un transfert en mode connecté. Du point de vue conceptuel, les ordinateurs émettent un appel qui doit être accepté par le correspondant. Les modules du logiciel de communication des deux systèmes d'exploitation communiquent en échangeant des messages à travers l'internet. Ils vérifient que le transfert est autorisé et que les deux extrémités sont prêtes. Une fois que tous les détails ont été précisés, les modules du protocole informent les programmes

d'application qu'une connexion est établie et le transfert d'informations commence. Pendant le transfert, les logiciels des deux ordinateurs continuent à communiquer pour vérifier que les données sont correctement reçues. Si, pour une raison quelconque, la communication s'interrompt (parce qu'un réseau intermédiaire tombe en panne, par exemple), les deux ordinateurs détectent l'incident et en rendent compte aux programmes d'application concernés. Nous utilisons le terme de circuit virtuel pour décrire une telle connexion car bien que les programmes d'application la voient comme un circuit physique dédié, sa fiabilité est en réalité assurée par le service de remise fiable.

- *Transferts tamponnés*. Les programmes d'application émettent des flots de données sur le circuit virtuel en transmettant des octets au logiciel de communication. Lors du transfert des données, les applications utilisent toute taille de blocs qui leur paraît adaptée. Celle-ci peut descendre jusqu'au simple octet. À l'extrémité réceptrice, le logiciel de communication remet aux programmes d'application les octets, dans l'ordre exact dans lequel il les a reçus sur la connexion. Ils sont ainsi mis à la disposition des programmes d'application dès qu'ils ont été reçus et vérifiés. Le logiciel de communication est libre de décomposer le flot de données en paquets indépendants des blocs de données transmis par les programmes d'application. Pour améliorer l'efficacité du transfert et minimiser le trafic généré sur le réseau, on regroupe en général les données pour pouvoir constituer un datagramme de taille suffisante avant de le transférer. Donc, même si les applications engendrent les octets un à un, les transferts sur l'internet peuvent rester assez efficaces. De façon analogue, si les programmes d'application engendrent de très grands blocs de données, les logiciels de communication peuvent choisir de fragmenter chaque bloc en morceaux plus petits avant de le transmettre. Dans le cas d'applications où les données doivent être absolument remises même si le tampon n'est pas plein, les applications utilisent la commande *pousser* (*push*) pour forcer le transfert. Côté émetteur, cette commande oblige le logiciel de communication à émettre toutes les données qui ont été générées sans attendre que le tampon d'émission soit plein. Côté récepteur, elle provoque la remise immédiate des données au programme d'application. Le lecteur aura remarqué que cette fonction implique uniquement le transfert immédiat des données. Elle n'indique rien sur la taille des enregistrements. Ainsi, même lorsque la transmission des données est forcée, les logiciels de communication peuvent choisir de subdiviser les flots de façon inattendue.
- *Connexions non structurées*. Il est important de comprendre que le service de TCP/IP ne traite pas des flots structurés. Par exemple, il n'y a aucun moyen pour un programme de paye de séparer par une marque quelconque les différents enregistrements relatifs aux employés ou d'identifier le contenu d'un flot comme étant des données variables de paye. Les programmes d'application utilisant le service de flot doivent connaître la structure des données

échangées et se mettre d'accord sur la structure du flot avant d'établir la connexion.

- *Connexions bidirectionnelles simultanées*. Les connexions assurées par le service TCP/IP permettent les échanges simultanés d'informations dans les deux sens, en *mode bidirectionnel simultané* (*full duplex*). Du point de vue d'un processus d'application, toute connexion bidirectionnelle simultanée est composée de deux flots indépendants, de sens contraire, sans interaction apparente. Le service de flot TCP/IP permet qu'un processus d'application libère un sens de transmission alors même que des données continuent d'être transférées en sens inverse. La connexion devient alors *bidirectionnelle à l'alternat* (*half duplex*). L'avantage d'une connexion bidirectionnelle simultanée est que le protocole sous-jacent peut envoyer des informations de contrôle relatives à un sens de transfert dans l'en-tête TCP des segments émis en sens inverse. Une telle pratique, qu'on appelle parfois *superposition* (*piggybacking*), réduit le trafic sur le réseau.

13.4 ASSURER LA FIABILITÉ

Nous avons dit que le service de remise fiable garantit la remise à un ordinateur d'un flot de données émis par un autre ordinateur, sans perte ni duplication. Une question se pose alors : « Comment un protocole peut-il assurer un service de remise fiable si les protocoles sous-jacents n'assurent qu'un service de remise non fiable ? » La réponse est compliquée, mais la plupart des protocoles fiables utilisent une technique de base appelée *accusé de bonne réception et retransmission* (*positive acknowledgement with retransmission*). Cette technique suppose que le récepteur envoie à l'émetteur un *accusé de bonne réception*, ACK, chaque fois qu'il reçoit des données. L'émetteur, quant à lui, conserve une copie du paquet émis et attend un accusé de bonne réception de ce paquet avant d'émettre le paquet suivant. Par ailleurs, il arme une temporisation à l'émission et retransmet le paquet si la temporisation expire avant l'arrivée de l'accusé de bonne réception.

La figure 13.1 indique comment le protocole le plus simple utilisant la technique d'accusé de bonne réception réalise le transfert de données.

Sur la figure, les événements qui se produisent au niveau de l'émetteur et du récepteur sont indiqués à droite et à gauche. Chaque ligne oblique qui relie un côté à l'autre représente un transfert dans le réseau.

La figure 13.2 utilise une convention identique à celle de la figure 13.1 pour montrer ce qui se passe en cas de perte ou d'altération d'un paquet. L'émetteur arme une temporisation après avoir émis un paquet. Lorsque la temporisation expire, l'émetteur suppose que le paquet est perdu et il le retransmet.

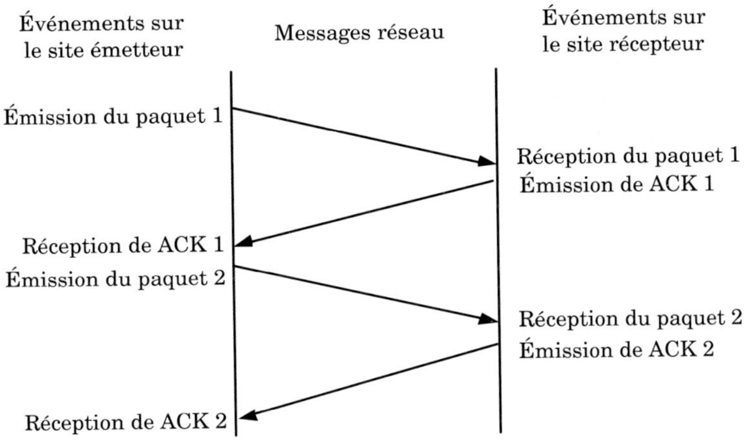

Figure 13.1 — Protocole utilisant la technique d'accusé de bonne réception (ACK) et retransmission. L'émetteur attend un accusé de bonne réception pour chaque paquet émis. Le temps s'écoule de haut en bas et chaque ligne oblique représente une transmission dans le réseau.

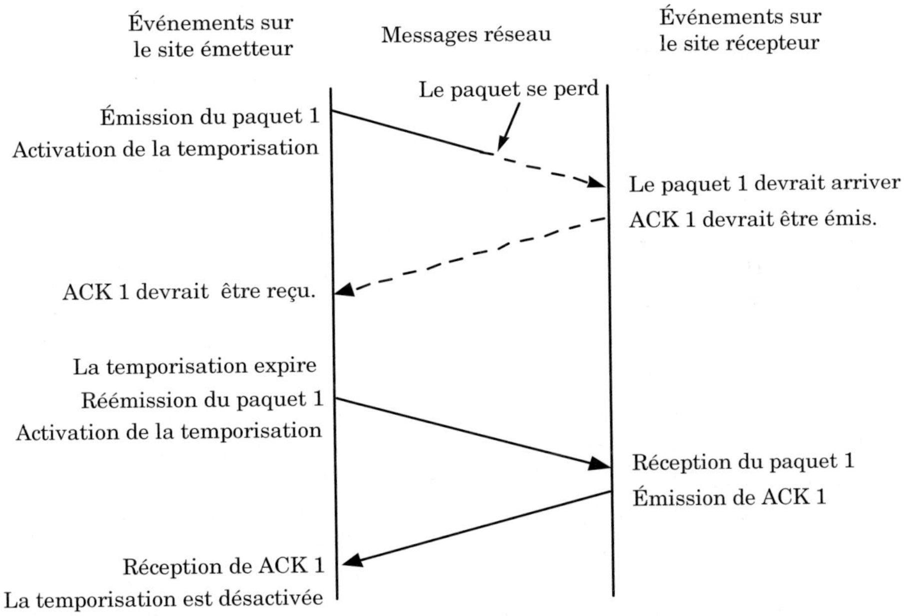

Figure 13.2 — Cas de la perte d'un paquet. Les lignes en pointillé indiquent le temps qui aurait été nécessaire à la transmission du paquet et de son accusé de réception si le paquet ne s'était pas perdu.

Le dernier problème de fiabilité que nous examinerons est celui qui se pose lorsque le système de remise de paquet sous-jacent duplique un paquet. Les duplications peuvent également se produire dans les réseaux dont le délai de transmission est élevé, ce qui peut provoquer des retransmissions prématurées. Le traitement des doublons est délicat car les données tout comme les accusés de réception peuvent être dupliqués. En général, les protocoles fiables détectent les paquets dupliqués en affectant à chaque paquet un numéro séquentiel et en exigeant du récepteur qu'il garde trace des numéros de paquets reçus. Pour éviter les problèmes dus aux accusés de réception retardés ou dupliqués, les protocoles utilisant la technique d'accusé de bonne réception et de retransmission font figurer les numéros des paquets dans les accusés de réception. Le récepteur peut ainsi associer correctement un accusé de réception et le paquet correspondant.

13.5 LE CONCEPT DE FENÊTRE GLISSANTE

Avant d'analyser le service de flot TCP/IP, nous devons nous pencher sur un concept très utilisé dans la transmission des flots, la *fenêtre glissante* ou *fenêtre d'anticipation* (*sliding window*). Son but est d'améliorer l'efficacité de la transmission des flots. Nous comprendrons mieux l'intérêt des fenêtres glissantes en revenant à la séquence d'événements de la figure 13.1. Pour assurer la fiabilité du transfert, l'émetteur transmet un paquet et attend de recevoir un accusé de réception avant de transmettre le paquet suivant. Comme le montre la figure 13.1, les données, à tout instant, ne sont transmises que dans un seul sens à la fois, même si le réseau est capable d'effectuer des transferts d'informations simultanément dans les deux sens. Le réseau sera donc inutilisé pendant que les ordinateurs calculent les routes ou les totaux de contrôle, par exemple. Si nous prenons le cas d'un réseau à haut débit, le problème devient évident :

> Un protocole simple utilisant un accusé de bonne réception gaspille une quantité significative de capacité car la transmission d'un nouveau paquet est retardée jusqu'à ce que l'accusé de réception correspondant au paquet précédent ait été reçu par l'émetteur.

La gestion d'une fenêtre glissante est une forme plus élaborée d'accusé de bonne réception et retransmission. Les protocoles qui utilisent une fenêtre glissante améliorent le taux d'utilisation des réseaux en permettant à l'émetteur d'envoyer plusieurs paquets avant de devoir attendre un accusé de réception. La meilleure façon de comprendre le fonctionnement d'un tel protocole est d'observer la suite de paquets de la figure 13.3. Le protocole positionne une petite fenêtre de taille fixe sur cette suite de paquets et transmet tous les paquets qui se trouvent à l'intérieur de cette fenêtre.

Un paquet est dit non acquitté s'il a été transmis mais qu'aucun accusé de réception le concernant n'a été reçu. D'un point de vue technique, le nombre de paquets non acquittés est un petit nombre entier, limité par la taille de la fenêtre. Ainsi, dans un protocole à fenêtre glissante avec une taille de fenêtre de 8, l'émetteur a le droit d'émettre 8 paquets avant de devoir attendre un accusé de réception.

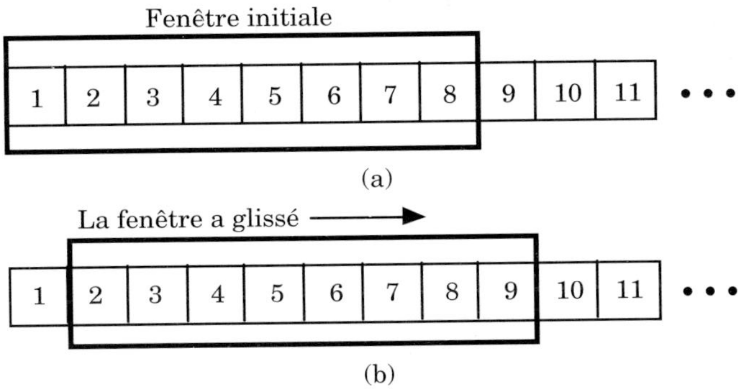

Figure 13.3 — (a) Protocole à fenêtre glissante avec lequel 8 paquets se trouvent dans la fenêtre. (b) Lorsqu'on reçoit l'accusé de réception relatif au paquet numéro 1, la fenêtre glisse pour permettre l'émission du paquet numéro 9. Seuls les paquets non acquittés sont retransmis.

Comme le montre la figure 13.3 (b), dès que l'émetteur reçoit l'accusé de réception du premier paquet de la fenêtre, la fenêtre glisse vers la droite, ce qui permet l'envoi du paquet suivant. La fenêtre continue ainsi de glisser au fur et à mesure de la réception des accusés.

L'efficacité des protocoles à fenêtre glissante dépend de la taille de la fenêtre et de la vitesse à laquelle le réseau accepte les paquets. La figure 13.4 montre un exemple de fonctionnement d'un protocole à fenêtre glissante avec une taille de fenêtre de 3. On remarquera que l'émetteur envoie les trois paquets avant d'avoir reçu un accusé de réception.

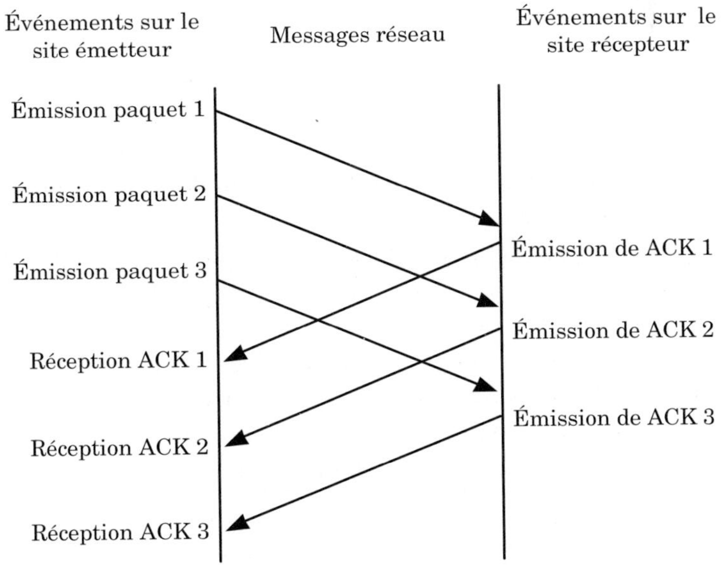

Figure 13.4 — Exemple de transmission de trois paquets avec un protocole à fenêtre glissante. L'émetteur peut transmettre tous les paquets qui sont dans la fenêtre sans attendre d'accusé de réception.

Avec une taille de fenêtre de 1, le protocole à fenêtre glissante est identique à notre protocole simple d'accusé de bonne réception. Si on augmente la taille de la fenêtre, on peut éliminer totalement la période d'inactivité du réseau. Autrement dit, à l'état stationnaire, l'émetteur peut émettre des paquets aussi rapidement que le réseau les transmet. Le point essentiel est le suivant :

Puisqu'un protocole à fenêtre glissante bien configuré conduit à saturer le réseau de paquets, il permet d'obtenir un débit sensiblement plus élevé qu'un protocole simple d'accusé de bonne réception.

Du point de vue conceptuel, un protocole à fenêtre glissante sait toujours quels paquets ont été acquittés et gère un temporisateur spécial pour chaque paquet émis et non acquitté. Si un paquet est perdu, le temporisateur expire et le paquet est retransmis. Côté récepteur, le logiciel de communication gère une fenêtre analogue. Il accepte et acquitte les paquets, au fur et à mesure de leur arrivée. La fenêtre partitionne donc l'ensemble des paquets en trois groupes : à gauche de la fenêtre se trouvent les paquets qui ont été transmis, reçus et acquittés, et à droite ceux qui n'ont pas encore été émis ; dans la fenêtre elle-même se trouvent les paquets en cours d'émission, celui de plus petit numéro étant le premier à n'avoir pas été acquitté.

13.6 LE PROTOCOLE DE CONTRÔLE DE TRANSMISSION (TCP)

Maintenant que nous avons vu le principe de la fenêtre glissante, nous pouvons étudier le service de transmission fiable assuré par la famille des protocoles TCP/IP. Ce service de transmission fiable en mode connecté, défini par le *protocole de contrôle de transmission TCP*, est si important qu'on appelle souvent TCP/IP l'ensemble des protocoles de la famille. Mais on doit bien comprendre que :

TCP est un protocole de communication et non un logiciel.

La différence entre un protocole et le logiciel qui le met en œuvre est analogue à celle qui existe entre un langage de programmation et son compilateur. Tout comme dans le monde des langages de programmation, la distinction entre définition et implémentation est parfois ténue. On rencontre, en effet, plus souvent des logiciels TCP que des spécifications de protocole. Il est donc naturel de considérer qu'une mise en œuvre particulière est le standard. Néanmoins, le lecteur devra s'efforcer de faire la distinction entre ces deux notions.

Que fait au juste TCP ? TCP est complexe ; il n'y a, par conséquent, pas de réponse simple. Le protocole définit la structure des données et des accusés de réception que deux ordinateurs utilisent pour avoir un transfert fiable, ainsi que les procédures qui permettent de garantir une bonne réception des données. Il définit la façon dont le logiciel TCP distingue les différentes destinations sur un ordinateur donné et dont se fait la correction des erreurs telles qu'une perte ou une duplication de segments. Le protocole spécifie aussi comment les deux ordinateurs doivent s'entendre pour établir une connexion et la libérer.

Il est tout aussi important de comprendre ce que le protocole ne fait pas. Si la spécification du protocole TCP indique en termes généraux comment les programmes d'application utilisent TCP, elle ne donne pas de détails sur l'interface entre TCP et le programme d'application. Autrement dit, la documentation du protocole ne définit que les fonctions qu'il réalise et non la façon précise avec laquelle les programmes d'application accèdent à ces fonctions. La raison en est que cela permet plus de souplesse, en particulier pour les programmeurs qui implémentent TCP dans le noyau d'un système d'exploitation et qui doivent utiliser l'interface système mise à leur disposition, quelle qu'elle soit. Cette souplesse de programmation permet également d'avoir une définition unique de TCP utilisable pour réaliser des logiciels sur un grand nombre d'ordinateurs très différents.

Puisque TCP ne suppose que peu de chose sur le système de communication sous-jacent, on peut l'utiliser avec un grand nombre de systèmes de remise de paquets, parmi lesquels le service de remise de datagrammes IP. TCP peut aussi être implémenté sur des lignes téléphoniques, des liaisons louées, un réseau local, un réseau optique à haut débit ou un réseau à grande distance. C'est l'une de ses plus grandes forces.

13.7 PORTS, CONNEXIONS ET EXTRÉMITÉS DE CONNEXIONS

Comme le protocole UDP présenté au chapitre 12, TCP se trouve, dans le modèle de structuration en couches de protocoles, au-dessus d'IP. La figure 13.5 en présente l'organisation conceptuelle. TCP permet à plusieurs programmes d'application s'exécutant sur un ordinateur donné de communiquer simultanément. Comme UDP, il démultiplexe les informations reçues vers les différents programmes d'application, en utilisant les numéros de port de protocoles[1].

Lorsque nous avons étudié les ports UDP, nous avons vu qu'un port pouvait être représenté par une file d'attente dans laquelle le logiciel de communication mettait les datagrammes. Les ports TCP sont plus complexes car à un numéro de port donné ne correspond pas un objet unique. TCP s'appuie, en effet, sur la

1. Un petit nombre entier identifie chaque port. TCP et UDP démarrent tous deux les identificateurs de port à partir de *1*. Il n'y a cependant pas de confusion possible car un datagramme IP entrant indique le protocole utilisé tout comme le numéro de port.

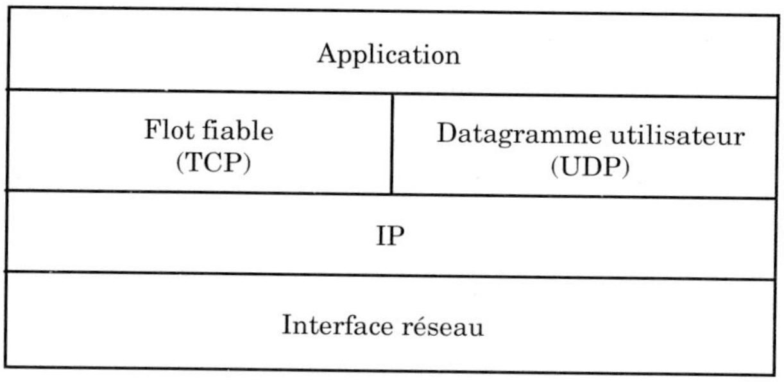

Figure 13.5 — Dans le modèle d'architecture en couches, TCP et UDP sont situés au-dessus d'IP. TCP assure un service de transfert fiable en mode connecté tandis que UDP assure un service de remise non fiable en mode non connecté. Les programmes d'application peuvent utiliser l'un ou l'autre de ces deux protocoles.

notion de connexion, dans laquelle les objets sont des circuits virtuels et non des ports individuels. Il est important de comprendre que TCP utilise cette notion de connexion car cela permet de comprendre la signification et l'utilisation des numéros de port TCP :

> TCP utilise la connexion et non le port de protocole comme concept principal : les connexions sont identifiées par leurs deux extrémités.

Que sont exactement les extrémités de connexions ? Nous avons dit qu'une connexion était un circuit virtuel reliant deux programmes d'application ; aussi pourrait-on imaginer qu'une application soit une extrémité de connexion. Il n'en est rien. Pour TCP, une extrémité de connexion est une paire de nombres entiers (*ordinateur*, *port*), où *ordinateur* représente l'adresse IP de l'ordinateur et où *port* représente un port TCP de cet ordinateur. C'est ainsi que l'extrémité de connexion (128.10.2.3, 25) désigne le port 25 de l'ordinateur dont l'adresse IP est 128.10.2.3.

Maintenant que nous avons défini les extrémités de connexions, on comprend mieux le concept de connexion. Une connexion, nous l'avons dit, est définie par ses deux extrémités. Si donc il existe une connexion entre l'ordinateur (18.26.0.36) au MIT et l'ordinateur (128.10.2.3) à l'université de Purdue, elle doit être définie par ses extrémités :

```
(18.26.0.36, 1069) et (128.10.2.3, 25)
```

Il se peut qu'une autre connexion soit simultanément en cours d'établissement entre l'ordinateur (128.9.0.32) et le même ordinateur que précédemment à l'université de Purdue. Elle est alors identifiée par :

```
(128.9.0.32, 1184) et (128.10.2.3, 53)
```

Jusqu'à présent, nos exemples de connexion sont évidents car les ports utilisés dans ces extrémités sont uniques. Mais le concept de connexion permet le partage d'une même extrémité par plusieurs connexions. Nous pouvons ainsi ajouter aux deux précédentes une connexion entre l'ordinateur (128.2.254.139) de l'université Carnegie Mellon et celui de Purdue :

```
(128.2.254.139, 1184) et (128.10.2.3, 53)
```

Il peut paraître étrange que deux connexions utilisent simultanément le même port 53 de l'ordinateur 128.10.2.3, mais il n'y a aucune ambiguïté. Puisque TCP associe un message entrant à une connexion et non à un port de protocole, il utilise les deux extrémités pour identifier la connexion. D'où le principe qu'il est important de retenir :

> Puisque TCP identifie une connexion par une paire d'extrémités de connexion, il est possible, sur un même ordinateur, que plusieurs connexions partagent un même numéro de port.

Du point de vue du programmeur, le concept de connexion est important. Il signifie qu'un programmeur peut concevoir un programme qui assure le service simultané de plusieurs connexions, sans avoir besoin de numéros de port locaux spécifiques à chaque connexion. Par exemple, la plupart des systèmes assurent des accès simultanés au système de messagerie électronique, ce qui permet à plusieurs ordinateurs d'envoyer des messages simultanément. Si les programmes qui acceptent le courrier entrant utilisent TCP pour communiquer, ils peuvent n'utiliser qu'un seul port TCP local, même s'il peut y avoir plusieurs connexions entrantes simultanées.

13.8 OUVERTURES ACTIVES ET PASSIVES

Contrairement à UDP, TCP est un protocole orienté connexion, ce qui suppose un accord préalable des deux extrémités. Autrement dit, avant qu'on puisse émettre sur une connexion établie à travers un internet, les programmes d'application situés à chaque extrémité doivent accepter de participer à l'échange. Pour ce faire, un des programmes d'application, à l'une des extrémités, exécute une fonction d'ouverture passive. Il prend contact avec son système d'exploitation et lui indique qu'il acceptera une demande de connexion entrante. Le système d'exploitation affecte alors un numéro de port TCP à cette extrémité de connexion. À l'autre extrémité, le programme d'application doit prendre contact avec son système d'exploitation local et exécuter une demande d'ouverture active pour demander l'établissement d'une connexion. Les deux modules de communication TCP, à chaque extrémité, communiquent pour établir et tester la connexion.

Une fois qu'elle est établie, les deux programmes d'application peuvent échanger des données ; les modules TCP de chaque extrémité échangent des messages qui garantissent la fiabilité de la remise. Nous reviendrons sur l'établissement d'une connexion TCP après avoir présenté la structure des messages.

13.9 SEGMENTS, FLOTS ET NUMÉROS DE SÉQUENCE

TCP considère les flots comme des suites d'octets divisées en segments à transmettre. En général, chaque segment est acheminé à travers un internet dans un seul datagramme.

TCP utilise un mécanisme spécifique de fenêtre pour résoudre deux problèmes importants : l'efficacité de la transmission et le contrôle de flux. Tout comme le mécanisme de fenêtre glissante évoqué plus haut, le mécanisme de fenêtre de TCP permet d'envoyer plusieurs segments avant qu'un accusé de réception soit reçu. Procéder de la sorte permet d'obtenir un débit important en maintenant le réseau actif. Le protocole à fenêtre glissante de TCP résout également le problème du contrôle de flux de bout en bout, en permettant au récepteur de limiter la transmission jusqu'à ce qu'il ait suffisamment de mémoire libre pour recevoir des données supplémentaires.

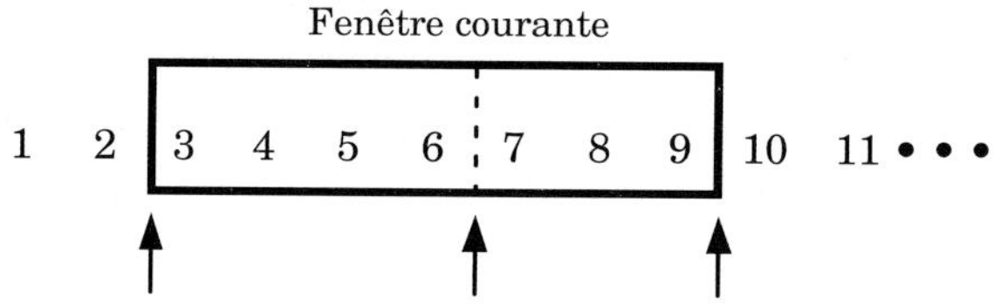

Figure 13.6 — Exemple de fenêtre glissante TCP : les octets 1 et 2 ont été émis et acquittés. Les octets 3 à 6 ont été émis, mais ne sont pas encore acquittés, les octets 7 à 9 n'ont pas encore été émis, mais le seront sans délai. Les octets 10 et au-dessus ne seront pas émis avant que la fenêtre ne se déplace.

Le mécanisme TCP de fenêtre glissante opère au niveau de l'octet et non au niveau du *segment*[1] ou du *paquet*. Les octets de données sont numérotés séquentiellement et l'émetteur gère pour chaque connexion trois pointeurs. Ces derniers définissent une fenêtre glissante, comme indiqué à la figure 13.6. Le premier pointeur définit la limite gauche de la fenêtre. Il sépare les octets émis et acquittés de ceux qui sont en cours d'émission. Le deuxième pointeur définit la limite droite de la fenêtre. Il définit le numéro le plus élevé de l'octet qu'il est possible d'émettre avant de recevoir un accusé de réception. Le troisième pointeur, enfin, marque dans la fenêtre la frontière entre les octets déjà émis et ceux qui attendent de

1. Le *segment* (appelé plus souvent *paquet* dans la littérature technique) est l'unité de données échangée par le protocole TCP.

l'être. Les logiciels de communication émettent sans délai tous les octets situés dans la fenêtre de sorte que cette limite se déplace généralement très vite de la gauche vers la droite.

Nous avons décrit la façon dont la fenêtre TCP de l'émetteur se déplace et nous avons dit que le récepteur devait gérer une fenêtre analogue pour reconstituer le flot. Toutefois, il faut bien comprendre qu'étant donné que les connexions TCP sont bidirectionnelles, il y a deux transferts simultanés. Nous considérerons que ces deux transferts sont indépendants car, à tout moment, les transferts de données peuvent s'effectuer dans un seul sens ou dans les deux. Les logiciels TCP, à chaque extrémité, gèrent donc deux fenêtres par connexion (soit quatre au total). L'une glisse le long des données au fur et à mesure qu'elles sont émises, l'autre au fur et à mesure qu'elles sont reçues.

13.10 TAILLE DE FENÊTRE VARIABLE ET CONTRÔLE DE FLUX

Une des différences entre le protocole à fenêtre glissante de TCP et celui qui a été présenté plus haut est que la taille de la fenêtre TCP peut varier dans le temps. En effet, chaque accusé de réception indique le nombre d'octets correctement reçus et contient une indication de taille de fenêtre (*window advertisement*) qui donne le nombre d'octets supplémentaires que le récepteur est prêt à accepter. Cette taille de fenêtre donne donc une indication de la taille du tampon d'arrivée du récepteur. L'émetteur, en réponse à une indication d'accroissement de la fenêtre, augmente la taille de sa fenêtre et émet immédiatement les octets qui viennent de rentrer dans la nouvelle fenêtre. Si la demande exprime une diminution de la fenêtre, l'émetteur agit en conséquence et suspend l'émission des octets qui se trouvent maintenant à droite de la nouvelle fenêtre. Mais le logiciel TCP ne doit pas agir en contradiction avec des indications fournies précédemment : la diminution de la taille d'une fenêtre ne peut se faire qu'à l'occasion de son glissement, et jamais en modifiant une borne à droite qui était et qui reste acquise.

L'intérêt du recours à une taille de fenêtre variable est de permettre le contrôle de flux ainsi qu'un transfert fiable. Lorsque son tampon mémoire commence à se remplir, le récepteur décide de ne plus accepter de paquets et envoie une indication de taille de fenêtre plus petite. Dans les cas extrêmes, il peut même donner une indication de taille de fenêtre nulle ce qui arrête la transmission des données. Lorsque, par la suite, il se libère de la place, il lui suffit d'émettre une indication de taille de fenêtre non nulle pour réactiver la transmission[1].

1. Il existe cependant deux cas dans lesquels la transmission est possible bien que la taille de la fenêtre soit nulle. Premier cas : l'émetteur peut émettre un segment dont le bit de données urgentes est à *1* pour informer le récepteur qu'il y a des données urgentes. Le second, qui permet d'éviter une *étreinte fatale* (*deadlock*) dans le cas où l'indication de taille de fenêtre non nulle est perdue après que la taille de la fenêtre a atteint la valeur zéro, consiste à permettre à l'émetteur d'interroger périodiquement le récepteur.

Il est primordial, dans un internet, de disposer d'un mécanisme de contrôle de flux. Les ordinateurs, en effet, communiquent à des vitesses différentes à travers des routeurs et des réseaux de vitesse et de capacité différentes. Il y a, en fait, deux problèmes de contrôle de flux bien différents. D'abord, les protocoles ont besoin de disposer d'un contrôle de flux de bout en bout entre source et destination. Ainsi, lorsqu'un micro-ordinateur dialogue avec un gros ordinateur, le micro-ordinateur doit réguler l'arrivée des données, faute de quoi son tampon d'entrée risque d'être rapidement saturé. TCP implémente un contrôle de flux de bout en bout qui garantit une remise fiable. Mais les protocoles ont également besoin d'un mécanisme de contrôle de flux qui permette aux systèmes intermédiaires (les routeurs) de réguler une source qui émettrait plus de trafic qu'ils ne peuvent en accepter.

Lorsque des ordinateurs intermédiaires sont saturés, il se produit ce qu'on appelle un encombrement (on dit aussi une congestion) dans le réseau. TCP utilise le mécanisme de fenêtre glissante pour réaliser le contrôle de flux de bout en bout et éviter l'apparition de ce phénomène. Il ne dispose pas de mécanisme de contrôle de congestion spécifique. Nous verrons par la suite qu'une bonne implémentation de TCP peut permettre de détecter une congestion et d'y remédier tandis qu'une mauvaise peut, au contraire, l'accentuer. En particulier, une stratégie de retransmission soigneusement choisie peut aider à éviter la congestion tandis qu'une stratégie simpliste l'aggrave.

13.11 FORMAT DES SEGMENTS TCP

L'unité de données échangées entre les logiciels TCP de deux ordinateurs est le *segment* (ou *paquet*). On échange des segments pour établir des connexions, transférer des données et libérer des connexions. Comme TCP/IP utilise la superposition (*piggybacking*), un accusé de réception qui transite d'un ordinateur A vers un ordinateur B peut être acheminé par un segment transportant des données de A vers B, même si l'accusé de réception fait référence à des données qui transitent de B vers A[1]. La figure 13.7 donne le format des segments.

Chaque segment est divisé en deux parties, un en-tête et des données. L'en-tête TCP comporte des informations d'identification et de contrôle. Les champs *Port source* et *Port destination* contiennent les numéros de port TCP qui identifient les programmes d'application des extrémités de la connexion. Le *Numéro de séquence* donne la position du segment dans le flux de l'émetteur, et le *Numéro d'accusé de réception* indique le numéro du prochain octet attendu par le récepteur. Notez que le numéro de séquence fait référence au flot qui s'écoule dans le même

1. En pratique, la superposition est rare car peu d'applications envoient des données simultanément dans les deux directions.

sens que le segment, tandis que le numéro d'accusé de réception fait référence au flot de sens contraire.

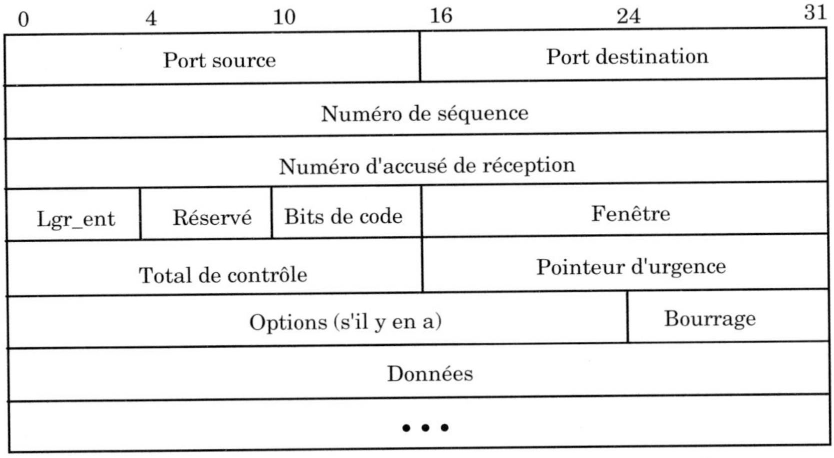

Figure 13.7 — Format général d'un segment TCP : un en-tête suivi de données. Les segments sont utilisés pour établir des connexions et transférer des données et des accusés de réception.

Le champ *Lgr_ent*[1] contient un entier qui indique la longueur de l'en-tête du segment, exprimée en multiple de 32 bits. Ce champ est nécessaire car la longueur du champ *Options* est variable suivant les options choisies. La taille de l'en-tête TCP varie donc en fonction des options. Le champ *Réservé* de 6 bits est réservé pour un usage ultérieur.

Certains segments ne transportent qu'un accusé de réception tandis que d'autres transportent des données. D'autres encore transportent des demandes d'établissement ou de libération de connexion. Les logiciels TCP utilisent le champ *Bits de code* pour déterminer le rôle et le contenu du segment. Ses 6 bits permettent en effet de savoir comment interpréter certains champs de l'en-tête, ce qu'indique la table de la figure 13.8.

Les logiciels TCP indiquent la quantité de données qu'ils sont en mesure d'accepter à chaque émission de segment en indiquant la taille de leur tampon de réception dans le champ *Fenêtre*. Ce champ contient un entier non signé sur 16 bits, en représentation normalisée réseau. Les indications de taille de fenêtre constituent un autre exemple de superposition car elles accompagnent tous les segments, y compris les segments de données et ceux qui ne comportent qu'un accusé de réception.

1. Le standard indique que ce champ contient le déplacement (*offset*) de la zone des données dans le segment.

Bit (de gauche à droite)	Description (si le bit est à 1)
URG	Le pointeur de données urgentes est valide.
ACK	Le champ d'accusé de réception est valide.
PSH	Ce segment requiert un *push*.
RST	Réinitialiser la connexion.
SYN	Synchroniser les numéros de séquence.
FIN	L'émetteur a atteint la fin de son flot de données.

Figure 13.8 — Bits du champ *Bits de code* de l'en-tête TCP.

13.12 LES DONNÉES HORS BANDE

Si TCP est un protocole orienté connexion, il est parfois important pour le programme qui se trouve à l'autre extrémité de pouvoir émettre ce qu'on appelle des *données hors bande*, sans avoir à attendre que le programme distant consomme la totalité des octets déjà présents dans le flot. Ainsi, lorsqu'il utilise TCP pour établir une connexion à distance, l'utilisateur peut décider d'émettre une séquence de caractères afin de « tuer » ou d'interrompre un programme en cours d'exécution à l'autre extrémité. De telles commandes sont souvent nécessaires si un programme ne fonctionne pas correctement. Elles doivent être transmises sans attendre que le programme lise les données du flot TCP (sinon, il serait impossible de tuer des programmes qui ne lisent pas de données).

Pour permettre cette signalisation hors bande, TCP autorise l'émetteur à indiquer que certaines données sont urgentes, ce qui signifie que le programme récepteur doit se voir notifier l'arrivée de ces données aussi rapidement que possible, indépendamment de leur position dans le flot. Le protocole indique que lorsqu'il trouve des données urgentes, le logiciel TCP récepteur doit demander au programme d'application associé à la connexion de passer en mode urgent. Une fois toutes les données urgentes traitées, TCP demande au programme d'application de revenir au mode normal.

La façon précise dont TCP informe les programmes d'application de l'existence de données urgentes dépend, bien entendu, du système d'exploitation. Le mécanisme utilisé pour marquer les données urgentes lors de leur transmission dans un segment est constitué du bit *URG* et du champ *Pointeur d'urgence*. Lorsque le bit URG est positionné, ce champ repère, dans la fenêtre, la position où les données urgentes se terminent.

13.13 OPTION DE TAILLE MAXIMALE DE SEGMENT

Tous les segments émis sur une connexion ne sont pas de la même taille. Toutefois, les deux extrémités ont besoin de se mettre d'accord sur une taille maximale de segment. Le logiciel TCP utilise le champ Options pour négocier avec le logiciel TCP à l'autre extrémité de la connexion. La norme indique que ce champ contient le déplacement de la zone des données dans le segment. Une des options permet au logiciel TCP d'indiquer la *taille maximale des segments*, MSS (*Maximum Segment Size*) qu'il souhaite recevoir. Ainsi, lorsqu'un petit ordinateur personnel qui ne dispose que d'un tampon de réception de quelques centaines d'octets souhaite établir une connexion avec un gros calculateur, il peut négocier une MSS qui permette aux segments d'être contenus dans le tampon de réception. Il est particulièrement important, pour les calculateurs reliés à des réseaux à haut débit, de choisir une MSS qui permette de remplir les paquets, sinon la largeur de bande est sous-utilisée. Par conséquent, si les deux extrémités de connexion sont situées sur le même réseau, TCP calcule généralement une taille maximale de segment de façon que le datagramme IP résultant corresponde au MTU du réseau. Si les deux extrémités de connexion ne se trouvent pas sur le même réseau, la spécification actuelle suggère un MTU de 536 (576 diminué de la taille standard des en-têtes IP et TCP).

Dans un environnement quelconque, le choix d'une taille maximale de segment judicieuse peut s'avérer délicat car les performances peuvent être faibles tant pour les très grandes que pour les petites tailles maximales de segments. D'une part, lorsque la taille maximale de segment est petite, l'utilisation du réseau est médiocre. En effet, souvenez-vous que les segments TCP sont acheminés dans des datagrammes IP eux-mêmes encapsulés dans des trames physiques. Ainsi, chaque segment comporte, en plus des données, au minimum 40 octets d'en-têtes IP et TCP. Ainsi, un datagramme qui véhicule un octet de données utilise au mieux 1/41 de la bande passante du réseau sous-jacent. En pratique, les intervalles minima séparant l'émission de deux paquets consécutifs diminuent encore ce taux.

D'autre part, les segments extrêmement grands peuvent également conduire à de faibles performances. Les grands segments génèrent de grands datagrammes IP. Lorsque ces datagrammes sont transmis sur des réseaux où le MTU est petit, IP doit les fragmenter. Á la différence des datagrammes, les fragments ne constituent pas des messages indépendants. Tous les fragments d'un datagramme doivent parvenir à destination, faute de quoi la totalité du datagramme doit être retransmise. Comme la probabilité de perte d'un fragment est non nulle, augmenter la taille du segment au-delà du seuil de fragmentation diminue la probabilité de transmission correcte et donc le débit.

En théorie, la taille maximale de segment, *S*, doit correspondre au cas où le datagramme IP qui transporte les segments est aussi grand que possible et n'a pas, en tout point du chemin reliant la source au destinataire, à être fragmenté. Pratiquement, il est difficile de connaître S pour plusieurs raisons. Premièrement, TCP ne comporte pas de mécanisme qui permette de le faire[1]. Deuxièmement, comme les passerelles peuvent modifier le routage au sein des réseaux, le chemin suivi par les datagrammes qui transitent entre deux ordinateurs qui communiquent peut changer dynamiquement. Un datagramme IP peut alors devoir être fragmenté. Troisièmement, la taille de datagramme optimale dépend de la taille des en-têtes des protocoles sous-jacents (la taille des segments doit être réduite pour prendre en compte les options IP, par exemple). Plusieurs projets de recherche explorent des voies permettant de déterminer une taille maximale de segment idéal. Aucune norme n'existe pour le moment.

13.14 CALCUL DU TOTAL DE CONTRÔLE TCP

Le champ *Total de contrôle* de l'en-tête TCP contient un total de contrôle sur 16 bits. Il est utilisé pour vérifier la validité des données et de l'en-tête. Pour calculer le total de contrôle, le logiciel TCP de l'émetteur exécute une procédure du genre de celle décrite au chapitre 11 dans le cas d'UDP. Il ajoute un pseudo-en-tête et suffisamment d'octets à zéro pour faire coïncider la taille du segment avec un multiple de 16 bits et calcule le total de contrôle sur la totalité du segment obtenu. TCP ne prend pas en compte les zéros ajoutés pour rendre la taille multiple de 16 bits. Il ne les transmet pas non plus. Ainsi, il suppose que le champ total de contrôle vaut zéro au moment du calcul du total de contrôle. Comme avec les autres totaux de contrôle, TCP utilise une arithmétique sur 16 bits et prend le complément à un de la somme des compléments à un. Sur le site de réception, TCP effectue le même calcul pour vérifier que les données n'ont pas été altérées.

Utiliser un pseudo-en-tête présente exactement le même intérêt que dans le cas d'UDP. Cela permet au récepteur de vérifier qu'un segment est arrivé à bon port. Ce dernier est défini par une adresse IP et un numéro de port de protocole. Les adresses source et destination sont importantes pour TCP. TCP les utilise pour déterminer l'appartenance d'un segment à une connexion. Ainsi, lorsqu'un datagramme transportant un segment TCP arrive, IP doit transmettre à TCP le segment accompagné des adresses IP source et destination. La figure 13.9 indique la structure du pseudo-en-tête utilisé dans le calcul du total de contrôle.

Le logiciel TCP émetteur définit la valeur du champ *Protocole* que le système de remise sous-jacent utilisera dans son champ *Type de protocole*. Dans le cas des datagrammes IP qui transportent des segments TCP, la valeur est 6. Le champ

1. Pour découvrir le MTU d'un chemin, un émetteur teste le chemin en envoyant des datagrammes dont le bit *Ne pas fragmenter* est activé. Il décrémente la taille du datagramme lorsqu'un message d'erreur ICMP revient en indiquant que la fragmentation du datagramme est nécessaire.

0	8	16	31
Adresse IP source			
Adresse IP destination			
Zéro	Protocole	Longueur TCP	

Figure 13.9 — Structure du pseudo-en-tête utilisé pour le calcul du total de contrôle TCP. Au niveau du site récepteur, cette information est extraite du datagramme IP qui transporte le segment.

Longueur TCP indique la longueur totale du segment TCP, en-tête TCP inclus. Au niveau du destinataire, les informations utilisées dans le pseudo-en-tête sont extraites du datagramme IP qui transporte le segment TCP. Elles sont prises en compte dans le calcul du total de contrôle pour vérifier que le segment est arrivé sans altération jusqu'à sa destination finale.

13.15 ACCUSÉS DE RÉCEPTION ET RETRANSMISSIONS

Comme TCP émet les données dans des segments de taille variable, et qu'un segment retransmis peut contenir plus d'informations que n'en contenait le segment TCP initial, les accusés de réception ne peuvent pas, de façon simple, référencer les segments TCP ou les datagrammes IP. C'est pourquoi ils se contentent de repérer une position dans le flot au moyen de numéros de séquence. Le récepteur extrait les octets et reconstitue une copie conforme des données émises. Comme les segments sont acheminés dans des datagrammes IP, ils peuvent être perdus, dupliqués ou remis hors séquence ; le récepteur utilise donc les numéros de séquence pour réordonner les segments. À un moment quelconque, le récepteur a reconstitué zéro octets contigus ou plus depuis le début du segment TCP, mais peut disposer de parties supplémentaires du flot arrivées hors séquence. Le récepteur accuse toujours réception du début de flot continu le plus long qu'il a correctement reçu. Chaque accusé de réception définit une valeur de numéro de séquence supérieure de 1 par rapport au numéro du dernier octet du préfixe le plus long correctement reçu. L'émetteur reçoit donc, en permanence, des informations relatives au transfert, au fur et à mesure que ce dernier progresse. Nous pouvons résumer ainsi ce point important :

> Les accusés de réception indiquent toujours le numéro du prochain octet attendu par le récepteur.

Le mécanisme d'accusé de réception de TCP est dit *cumulatif* parce qu'il indique combien d'octets du flot ont été accumulés. Les accusés de réception cumulatifs présentent à la fois des avantages et des inconvénients. Un des avantages est qu'ils sont faciles à générer et non ambigus. Un autre est que leur perte n'implique pas nécessairement de retransmission. Un des inconvénients majeurs est que l'émetteur ne reçoit pas d'accusé de réception relatif à la bonne transmission d'un segment mais une indication d'emplacement dans le flot.

Pour comprendre pourquoi ce manque d'informations relatives aux bonnes transmissions peut diminuer l'efficacité du protocole, prenez le cas d'une fenêtre qui couvre, dans le flot, 5 000 octets, à partir de l'octet 101, et supposez que l'émetteur ait transmis toutes les données de la fenêtre à l'aide de 5 segments TCP. Supposez que le premier segment ait été perdu, mais que tous les autres soient arrivés intacts. Le récepteur envoie des accusés de réception qui référencent tous l'octet 101, le prochain octet attendu de numéro le plus élevé. Il n'y a aucun moyen à la disposition du récepteur pour indiquer que la plus grande partie des données de la fenêtre courante a été correctement reçue.

Lorsqu'une temporisation se déclenche au niveau de l'émetteur, celui-ci doit choisir entre deux mécanismes potentiellement inefficaces. Il peut choisir de retransmettre les 5 segments. Bien entendu, lorsque le premier segment retransmis parvient à destination, le récepteur a correctement reçu toutes les données de la fenêtre. Il accuse réception en indiquant qu'il attend l'octet 5 001. Cet accusé de réception peut toutefois ne pas atteindre la source suffisamment rapidement pour éviter la retransmission, inutile, des autres segments de la fenêtre. Si, en revanche, l'émetteur respecte l'implémentation couramment adoptée et ne retransmet que le premier segment non acquitté, il doit attendre l'accusé de réception pour décider de ce qu'il doit envoyer et de la quantité concernée. Ceci revient donc à utiliser le mécanisme simple d'accusé de réception et peut entraîner la perte des avantages d'une grande fenêtre d'anticipation.

13.16 TEMPORISATION ET RETRANSMISSION

Un des concepts les plus importants et les plus complexes de TCP est lié à sa façon de gérer les temporisations et les retransmissions. Comme d'autres protocoles fiables, TCP suppose que le destinataire émet des accusés de réception chaque fois qu'il reçoit de nouveaux octets. TCP arme une temporisation à chaque fois qu'il émet un segment puis attend de recevoir un accusé de réception. Si la temporisation expire avant que les données du segment soient acquittées, TCP suppose que ce segment a été détruit ou perdu et le retransmet.

Pour comprendre en quoi l'algorithme de retransmission de TCP est différent de celui utilisé dans de nombreux réseaux, nous devons nous rappeler que TCP est destiné à être utilisé dans un internet. Un segment qui transite d'un ordinateur à un autre peut, dans ce cas, traverser un seul réseau à faible temps de transit (un réseau local, par exemple) ou traverser un ensemble de réseaux et de routeurs intermédiaires. Il est donc impossible, *a priori*, de connaître la rapidité avec laquelle les accusés de réception seront reçus par la source. De plus, le délai introduit par chaque routeur dépend du trafic qu'il supporte. Le délai de transmission d'un accusé de réception peut subir des variations considérables d'un moment à l'autre. La figure 13.10 donne un exemple de variation du temps de traversée aller et retour du réseau Internet – appelé *temps d'aller-retour* ou RTT (*Round Trip Time*) – dans le cas d'une transmission d'une centaine de datagrammes consécutifs. Constatez l'importance de ces variations. Le logiciel TCP doit prendre en compte à la fois les variations de délais de transmission pour les différentes destinations et la grande dispersion des délais pour une destination donnée.

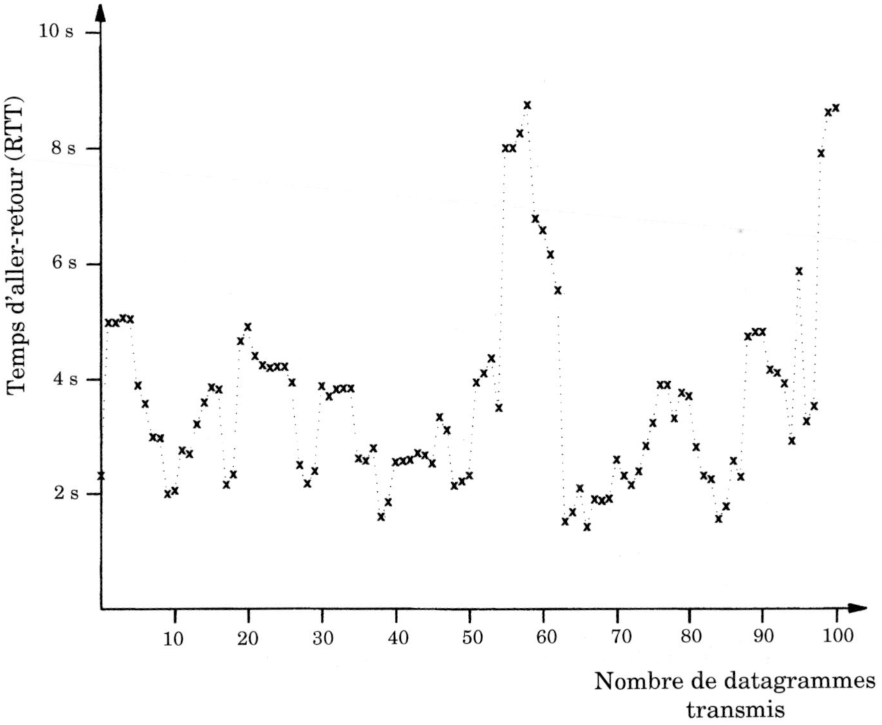

Figure 13.10 — Exemple de variations de RTT lors d'une transmission d'une centaine de datagrammes consécutifs. Bien qu'aujourd'hui dans Internet les délais de transmission soient plus faibles, les variations de RTT sont similaires.

TCP prend en compte les variations de délai de transmission au sein d'un internet en utilisant un *algorithme de retransmission adaptatif*. En un mot, TCP surveille le comportement de chaque connexion et en déduit des valeurs de temporisation raisonnables. Au fur et à mesure des changements de comportement d'une connexion, TCP modifie les valeurs de temporisation pour chacune des destinations (il s'adapte ainsi aux variations de délais).

Pour obtenir les informations nécessaires à l'algorithme de retransmission adaptatif, TCP enregistre la date à laquelle un segment TCP est émis et celle à laquelle l'accusé de réception correspondant lui parvient. Ces deux dates permettent à TCP de mesurer par le calcul le temps d'aller-retour, RTT, de la connexion correspondante. Á chaque transmission d'un segment, TCP mesure RTT afin de l'ajuster. Pour lisser des variations trop importantes de RTT, la valeur que le logiciel TCP retient est une *estimation pondérée de RTT* qui tient compte à la fois du présent (nouvelle valeur mesurée de RTT : *Nouv_RTT*) et du passé (ancienne valeur estimée de RTT : *Anc_RTT*). Le calcul de la *valeur estimée de RTT* utilise donc un facteur de pondération, α, constant ($0 \leqslant \alpha < 1$), pour protéger l'ancienne valeur contre une influence trop forte de la nouvelle :

$$RTT_{estimée} = (\alpha^{*}\text{Anc\_RTT}) + ((1 - \alpha)^{*}\text{Nouv\_RTT})$$

Le choix d'une valeur d'α proche de 1 rend la valeur estimée de RTT insensible aux variations brèves (dans le cas d'un seul segment soumis à un délai important, par exemple). Le choix d'une valeur d'α proche de 0 rend cette valeur très sensible aux variations.

Lorsqu'il émet un segment, TCP calcule une valeur de temporisation à partir de la valeur estimée de RTT. Ici encore, les premières estimations ont utilisé un coefficient de pondération constant, β ($\beta > 1$), et ont choisi une valeur de temporisation supérieure à la valeur estimée de RTT :

$$\text{Temporisation} = \beta^{*}RTT_{estimée}$$

Le choix d'une valeur de temporisation peut être difficile. D'une part, la valeur de temporisation doit être proche de la valeur estimée de RTT (β doit être voisin de 1, par exemple) pour détecter les pertes de segments aussi vite que possible, ce qui améliore l'efficacité de TCP et évite une attente inutile avant la retransmission des données. D'autre part, si β vaut 1, TCP est particulièrement sensible : tout retard, même minime, provoque des retransmissions inutiles, ce qui engendre un gaspillage de la largeur de bande. La recommandation initiale préconisait une valeur de temporisation où $\beta = 2$; des travaux plus récents ont amélioré les techniques d'adaptation des temporisations. Nous pouvons résumer ainsi les idées présentées jusqu'à présent :

> Pour prendre en compte les variations de délais rencontrées dans un internet, TCP utilise un algorithme adaptatif qui gère les délais correspondants à chaque connexion et ajuste les valeurs de temporisation en conséquence.

13.17 MESURE DU TEMPS D'ALLER-RETOUR RTT

En théorie, la mesure de RTT est simple : elle consiste à calculer la différence entre la date d'émission du segment et celle de réception de l'accusé. Mais les choses se compliquent car TCP utilise une technique d'acquittement cumulatif dans laquelle l'accusé de réception concerne les données reçues plutôt que le segment qui a servi à les acheminer. Prenons le cas d'une retransmission. TCP fabrique un segment, le place dans un datagramme et envoie le tout. La temporisation expire. TCP retransmet le segment, dans un autre datagramme. Comme les deux segments transportent exactement les mêmes données, l'émetteur n'a aucun moyen de savoir si l'accusé de réception correspond au datagramme initial ou au datagramme retransmis. Ce phénomène se nomme *ambiguïté des accusés de réception*. Les accusés de réception de TCP sont dits *ambigus*.

TCP doit-il supposer que l'accusé de réception correspond au segment le plus ancien (initial) ou au plus récent (le dernier retransmis) ? Aussi surprenant que cela puisse paraître, aucune des deux hypothèses n'est correcte. Associer l'accusé de réception à la transmission initiale peut provoquer une augmentation infinie de RTT, en cas de perte de datagrammes IP[1]. Si un accusé de réception arrive après une ou plusieurs retransmissions, TCP mesure le RTT à partir du datagramme initial et calcule un nouveau RTT à partir d'un échantillon particulièrement grand. Donc le RTT sera sensiblement augmenté. Lorsque TCP émet le segment suivant, le RTT augmenté engendre des temporisations plus longues et, si un accusé de réception arrive après une ou plusieurs retransmissions, le RTT suivant sera encore plus grand et ainsi de suite.

Associer les accusés de réception aux transmissions les plus récentes peut également être incorrect. Considérez ce qui se produit lorsque le délai de bout en bout augmente subitement. Lorsque TCP émet un segment, il utilise l'estimation précédente de RTT pour calculer une valeur de temporisation, laquelle est maintenant trop petite. Le segment arrive et un accusé de réception est émis, mais l'accroissement du délai provoque l'expiration de la temporisation avant que l'accusé de réception ne parvienne à la source et TCP retransmet le segment. Peu de temps après la retransmission, le premier accusé de réception arrive et il est associé à la retransmission. La valeur ainsi mesurée de RTT est bien trop petite, ce qui entraîne une forte diminution de la valeur estimée de RTT. Malheureusement, sous-estimer cette mesure conduit TCP à sous-dimensionner la temporisation qui sera insuffisante pour le segment suivant. Le RTT finit par se stabiliser à une valeur T telle que le RTT correct est légèrement supérieur à un multiple de T. Les implémentations de TCP qui associent les accusés de réception à la retransmission la plus récente ont été observées dans un état stable, avec un RTT légèrement inférieur à la moitié de la valeur correcte (TCP émet chaque segment exactement deux fois même si aucune perte ne se produit).

1. Le temps d'aller-retour, RTT, peut augmenter de façon arbitraire si chaque segment est perdu au moins une fois.

13.18 ALGORITHME DE KARN ET AUGMENTATION DES TEMPORISATIONS

Si la transmission initiale et la plus récente ne peuvent ni l'une ni l'autre fournir une estimation précise de RTT, que doit faire TCP ? La réponse est simple : TCP ne doit pas mettre RTT à jour quand il s'agit de segments retransmis. Cette idée, connue sous le nom d'*algorithme de Karn*, évite le problème des accusés de réception ambigus en n'ajustant RTT que pour les accusés de réception non ambigus (les accusés de réception qui correspondent aux segments transmis une seule fois). Bien entendu, une implémentation simpliste de l'algorithme de Karn qui ignore les délais associés aux segments retransmis, peut également conduire à un échec. Considérez ce qui se passe lorsque TCP émet un segment après une augmentation brutale du temps de transit. TCP calcule une valeur de temporisation à l'aide de la valeur estimée de RTT courante. Cette valeur sera trop faible, ce qui entraînera des retransmissions. Si TCP ignore les accusés de réception relatifs aux segments retransmis, il ne mettra jamais à jour la valeur estimée de RTT et le cycle se poursuivra.

Pour prendre en compte de telles pannes, l'algorithme de Karn demande à l'émetteur de combiner les temporisations de retransmission avec une *stratégie d'augmentation des temporisations* (*timer backoff strategy*). Cette stratégie consiste à calculer une valeur de temporisation initiale à l'aide d'une formule du type de celle que nous avons vue plus haut (à la section 13.16). Toutefois, si la temporisation expire et provoque une retransmission, TCP augmente la temporisation. En fait, à chaque fois qu'il doit retransmettre un segment, TCP augmente la valeur de temporisation (pour éviter que les temporisations ne deviennent ridiculement longues, la plupart des logiciels bornent les augmentations par une limite supérieure. Celle-ci est supérieure au délai de transmission que présente tout chemin dans l'internet).

Les implémentations utilisent diverses techniques pour calculer l'augmentation des temporisations. La plupart choisissent un facteur multiplicatif et fixent la nouvelle valeur d'une temporisation à :

$$\text{Nouv\_Temporisation} = \gamma^{*}\ \text{Temporisation}$$

Très souvent, γ vaut 2. (Il a été dit que des valeurs inférieures à 2 conduisaient à des instabilités.) Certaines implémentations utilisent une table de facteurs multiplicatifs, ce qui permet d'avoir à chaque étape une augmentation différente[1].

L'algorithme de Karn combine la technique d'augmentation des temporisations et celle de la valeur estimée de RTT pour résoudre le problème de la non-augmentation de RTT :

1. Unix Berkeley est le plus célèbre des systèmes utilisant une table de facteurs, mais les valeurs actuelles de la table sont équivalentes à l'utilisation de $\gamma = 2$.

Algorithme de Karn : lors du calcul de la valeur estimée de RTT, ignorer les mesures qui correspondent à des segments retransmis, mais utiliser une stratégie d'augmentation des temporisations. Conserver la valeur de temporisation obtenue tant qu'une nouvelle mesure n'a pas été faite.

En général, lorsqu'un internet fonctionne mal, l'algorithme de Karn dissocie le calcul de la mesure de RTT de celui de son estimation. Le calcul de la valeur estimée de RTT permet de déterminer une valeur initiale de temporisation, mais ensuite la technique d'augmentation des temporisations est appliquée à chaque retransmission, jusqu'à ce que le transfert correct d'un segment soit possible. Enfin, lorsqu'un accusé de réception correspondant à un segment qui n'a pas nécessité de retransmission arrive, TCP recalcule une nouvelle estimation de RTT et réinitialise la temporisation en conséquence. L'expérience montre que l'algorithme de Karn fonctionne bien dans les réseaux qui perdent des paquets[1].

13.19 ADAPTATION À DE GRANDES VARIATIONS DE DÉLAI

Des études récentes portant sur l'estimation de RTT ont montré que le calcul présenté précédemment ne permettait pas de s'adapter à de grandes variations de délais. La théorie des files d'attente indique que la variation de RTT, σ, varie proportionnellement à $1/(1-L)$, où L est la charge courante du réseau, $0 \leqslant L \leqslant 1$. Si un internet utilise 50 % de sa capacité, le RTT est supposé varier d'un facteur $\pm 2\sigma$, ou 4. Lorsque la charge atteint 80 %, il est supposé avoir une variation de 16. La norme TCP initiale préconisait la technique d'estimation de RTT présentée précédemment. Utiliser cette technique et limiter les valeurs de β à 2 signifie que l'estimation de RTT peut s'adapter à des charges d'au plus 30 %.

La spécification de TCP de 1989 exige des implémentations qu'elles calculent les estimations de RTT et de la variance à la place de la variable β. En conséquence, elles peuvent s'adapter à une plage sensiblement plus grande de délais et assurent des débits nettement plus importants. Heureusement, l'approximation ne demande que peu de calculs ; des programmes extrêmement efficaces peuvent être dérivés de ces équations particulièrement simples :

$$\begin{aligned}
&\text{Diff} = \text{Mesure_RTT} - \text{Anc_RTT}\\
&\text{RTT_Estimée} = \text{Anc_RTT} - \delta^{*}\ \text{Diff}\\
&\text{Dev} = \text{Anc_Dev} + \rho\ (\,|\text{Diff}|\, - \text{Anc_Dev})\\
&\text{Temporisation} = \text{RTT_Estimée} + \eta^{*}\ \text{Dev}
\end{aligned}$$

1. Phil Karn est un radioamateur enthousiaste qui a mis au point cet algorithme pour permettre des communications TCP sur des connexions radio à fort taux de perte de paquets.

où *Dev* est l'estimation de la déviation moyenne, δ un coefficient compris entre 0 et 1 qui définit la vitesse avec laquelle les nouvelles mesures affectent la moyenne, ρ un coefficient compris entre 0 et 1 qui définit la vitesse avec laquelle les nouvelles mesures affectent la déviation moyenne et η un facteur qui contrôle de combien RTT est affecté par la déviation. Pour l'efficacité du calcul, TCP demande que δ et ρ soit exprimés en puissance inverse de 2 (soit $1/2^n$), ajuste le calcul en 2^n pour un n donné et utilise l'arithmétique entière. Les résultats des travaux de recherche suggèrent que $\delta = 1/2^3$, $\rho = 1/2^2$ et $n = 3$ fonctionne bien. À l'origine, dans le système Unix 4.3 BSD, η valait 2 ; il a pris la valeur $\eta = 4$ dans Unix 4.4 BSD.

La figure 13.11 illustre, à partir d'un ensemble de valeurs de RTT générées de façon aléatoire, l'évolution des valeurs de temporisation de retransmission. Bien que les valeurs de RTT soient artificielles, elles correspondent à une observation réelle : on voit que la transmission de segments successifs subit de faibles variations de RTT, ce qui entraîne une augmentation (ou une diminution) de la valeur de temporisation. Remarquez que des changements de RTT, aussi bien des cycles d'augmentation que de diminution, se traduisent dans un premier temps par des augmentations de temporisation. En outre, bien que la temporisation tende à augmenter rapidement lorsque RTT augmente, elle ne décroît pas aussi rapidement lorsque RTT diminue.

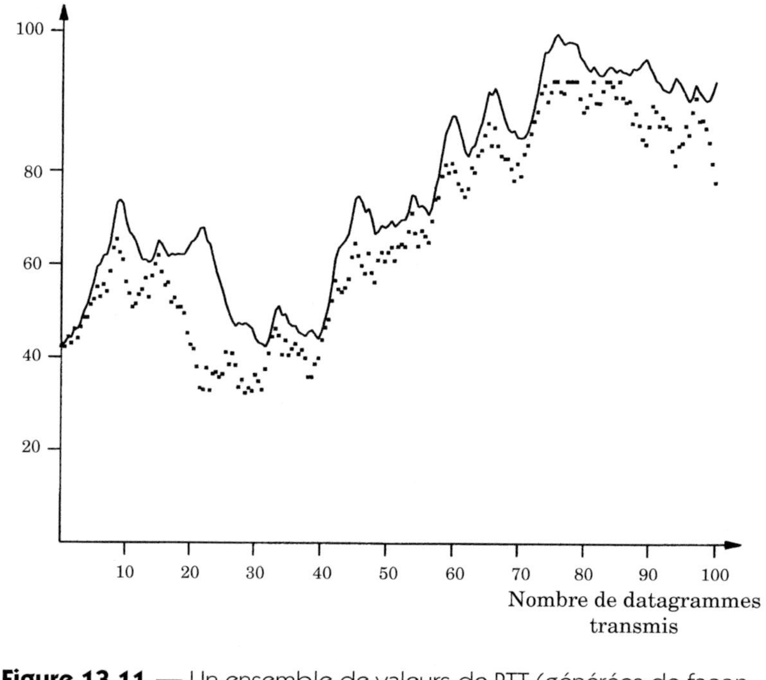

Figure 13.11 — Un ensemble de valeurs de RTT (générées de façon aléatoire) représentées par la courbe en pointillé, et les temporisations de retransmission correspondantes représentées en trait plein. La temporisation à tendance à augmenter lorsque RTT varie.

Sur la figure 13.12 on utilise la transmission des datagrammes de la figure 13.10 et les RTT associés, pour montrer comment TCP répond en cas de variations extrêmes du délai de transmission. Souvenez-vous, l'objectif est que la temporisation de retransmission de TCP reflète le plus possible la valeur de RTT. La figure fait apparaître que, bien que la temporisation s'adapte rapidement aux évolutions de RTT, sa valeur peut être sous-estimée. Par exemple, entre deux datagrammes successifs repérés par des flèches sur la figure, on voit RTT passer d'une valeur inférieure à 4 secondes à plus de 8 secondes. Ce brusque changement est suivi d'une période de relative stabilité où la variation de RTT est faible. Il est difficile pour un algorithme adaptatif d'anticiper de tels changements. Dans le cas de TCP, comme l'algorithme de calcul de la temporisation a une légère tendance à sous-estimer un brusque changement il apparaît des retransmissions inopportunes. Toutefois, le temps de réponse s'ajuste malgré tout assez rapidement pour ne pas entraîner trop de retransmissions.

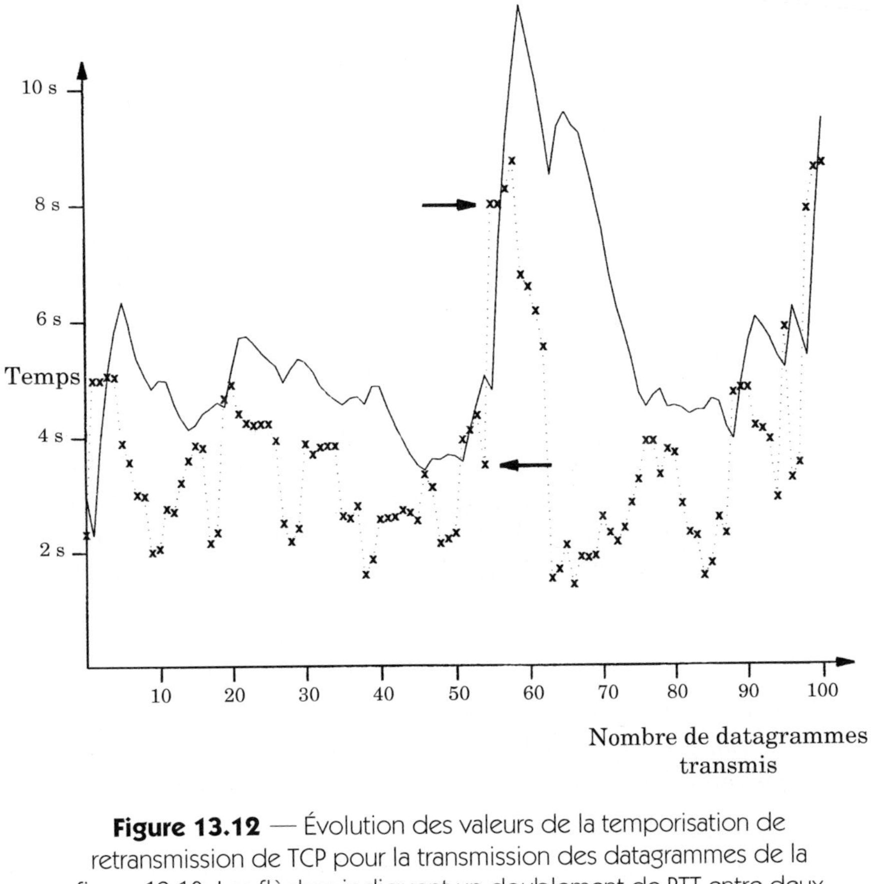

Figure 13.12 — Évolution des valeurs de la temporisation de retransmission de TCP pour la transmission des datagrammes de la figure 13.10. Les flèches indiquent un doublement de RTT entre deux datagrammes successifs.

13.20 GÉRER LA CONGESTION

On pourrait penser que le logiciel TCP a été conçu en considérant les interactions entre deux extrémités d'une connexion et les délais de communication entre ces points. En pratique, toutefois, TCP doit également réagir aux phénomènes de *congestion* dans l'internet. La congestion est un phénomène grave causé par la saturation d'un ou plusieurs nœuds du réseau (des routeurs, notamment). Lorsque la congestion se produit, les délais augmentent et les routeurs commencent à accumuler des datagrammes dans des files d'attente jusqu'à ce qu'ils puissent les router. Nous devons nous souvenir que la capacité de stockage d'une file d'attente est finie et que les datagrammes se partagent cette capacité (dans un internet utilisant des datagrammes, il n'y a pas de pré-allocation des ressources à des connexions TCP individuelles). Dans le pire des cas, le nombre total de datagrammes arrivant sur le routeur saturé augmente jusqu'à atteindre sa capacité maximale ; des datagrammes doivent alors être détruits.

Les extrémités de connexion ignorent généralement les détails relatifs à la localisation des phénomènes de congestion ou à leurs causes. Pour eux, la congestion se traduit simplement par une augmentation des délais de transmission. Malheureusement, la plupart des protocoles de transport utilisent des techniques de temporisation et de retransmission. Ils réagissent donc aux augmentations de délais en réémettant des datagrammes. Ces retransmissions aggravent la congestion au lieu de la résorber. Si le phénomène n'est pas maîtrisé, l'augmentation de trafic engendre l'augmentation des délais qui, à son tour, génère des retransmissions et ainsi de suite, jusqu'à ce que le réseau devienne inutilisable. Ce phénomène porte le nom d'*effondrement congestif*.

Pour éviter cet effrondrement congestif, TCP doit réduire son débit de transmission en cas de congestion. Les routeurs surveillent la longueur de leurs files d'attente et utilisent des techniques telles que la réduction du débit de la source pour informer les ordinateurs de l'apparition probable d'un phénomène de congestion. Ils utilisent des techniques comme ICMP pour informer les ordinateurs que la congestion est apparue[1] mais les protocoles de transport tels que TCP peuvent contribuer à diminuer la congestion en réduisant automatiquement le débit de transmission lorsque des augmentations de délais sont constatées. Bien entendu, les algorithmes de contrôle de congestion doivent être soigneusement réalisés car, dans des conditions normales d'utilisation, un internet présente de grandes variations de RTT.

1. Dans un réseau congestionné la longueur des files d'attente croît de façon exponentielle pendant un temps significatif.

Pour éviter la congestion, le standard TCP recommande l'utilisation de deux techniques : le *démarrage lent*[1] (*slow-start*) et la *diminution dichotomique* (*multiplicative decrease*). Ces deux techniques sont liées et sont facilement réalisables. Nous avons dit que pour chaque connexion TCP doit mémoriser la taille de la fenêtre du récepteur (la taille de la mémoire de réception indiquée dans les accusés de réception). Pour contrôler la congestion, TCP gère une seconde fenêtre appelée *fenêtre de congestion* ou *limite de la fenêtre de congestion* qui lui permet de limiter le flux des segments à une valeur inférieure à celle de la taille de la mémoire de réception au moment où la congestion est apparue. Á tout moment, TCP se comporte comme si la taille de la fenêtre était :

Fenêtre_autorisée = min (Indication_récepteur, Fenêtre_congestion)

À l'état stationnaire sur une connexion sans congestion, la taille de la fenêtre de congestion est identique à celle de la fenêtre de réception. Réduire la fenêtre de congestion revient à diminuer le trafic que TCP peut injecter sur la connexion. Pour estimer la taille de la fenêtre de congestion, TCP suppose que la plupart des pertes de datagrammes sont dues à la congestion. TCP utilise la stratégie suivante pour éviter la congestion :

> Diminution dichotomique : en cas de perte d'un segment, réduire la fenêtre de congestion de moitié (jusqu'à un minimum d'au moins un segment). Pour les segments qui restent dans la fenêtre d'émission, augmenter la temporisation de retransmission de façon exponentielle.

Comme TCP réduit la fenêtre de congestion de moitié pour chaque perte de segment, il fait décroître exponentiellement la fenêtre si les pertes subsistent. Autrement dit, si une congestion est probable, TCP réduit le volume de trafic de façon exponentielle. Si les pertes continuent, TCP limite éventuellement les transmissions à un seul datagramme et continue de doubler la valeur de temporisation avant de retransmettre. L'idée consiste à obtenir une réduction rapide et significative du trafic pour permettre aux routeurs de traiter les datagrammes qui se trouvent déjà dans leurs files d'attente.

Comment TCP peut-il reprendre un fonctionnement normal lorsque la congestion est passée ? On pourrait supposer que TCP devrait inverser le mécanisme de diminution dichotomique et doubler la fenêtre de congestion lorsque le trafic recommence à s'écouler. Procéder de la sorte aboutirait à un système instable qui oscillerait dangereusement entre « pas de trafic » ou « congestion ». TCP utilise la technique du démarrage lent pour graduer ses transmissions :

1. Le terme *démarrage lent* est dû à John Nagle ; la technique initiale était appelée *démarrage en douceur*.

Démarrage lent : lorsque le trafic des segments commence sur une nouvelle connexion ou reprend après une période de congestion, commencer par une fenêtre de congestion limitée à un seul segment et incrémenter la taille de la fenêtre de congestion d'un segment à la fois, chaque fois qu'un accusé de réception est reçu.

Le démarrage lent évite de submerger l'internet de trafic supplémentaire immédiatement après une diminution de débit due à une congestion ou lorsque, brusquement, de nouvelles connexions sont activées.

Le terme démarrage lent peut prêter à confusion car, dans des conditions idéales, le démarrage n'est pas très lent. TCP initialise la fenêtre de congestion à 1, émet le premier segment et attend. Lorsque l'accusé de réception arrive, TCP fixe la fenêtre de congestion à 2, émet 2 segments et attend. Lorsque les deux accusés de réception arrivent, ils augmentent chacun la fenêtre de congestion de 1. TCP peut alors émettre 4 segments. Les accusés de réception correspondants font passer la taille de la fenêtre de congestion à 8. En quatre temps d'aller-retour, TCP peut donc émettre 16 segments, ce qui est généralement suffisant pour atteindre la limite de la fenêtre de réception. Même pour des tailles de fenêtre très grandes, il faut $\log_2 N$ temps d'aller-retour pour que TCP puisse envoyer N segments.

Pour éviter d'augmenter trop rapidement la taille de la fenêtre et de provoquer une nouvelle congestion, lorsque la fenêtre a atteint une fois et demie sa taille initiale TCP entre dans la phase d'*évitement de congestion* (*congestion avoidance*) et ralentit le rythme d'augmentation du débit. Pendant l'évitement de la congestion, la fenêtre de congestion est augmentée de 1 si tous les segments de la fenêtre ont été acquittés.

Le démarrage lent, la diminution dichotomique, l'évitement de congestion, la mesure de la variation et la stratégie d'augmentation exponentielle de la temporisation, pris ensemble, augmentent de façon significative les performances de TCP sans coûter de temps de calcul aux logiciels de communication. Les versions de TCP qui utilisent ces techniques ont amélioré les performances des versions précédentes d'un facteur variant de 2 à 10.

13.21 CONGESTION ET ÉLIMINATION DES DATAGRAMMES

Nous avons dit que les architectures de réseaux (et les protocoles de communication) sont organisées en couches imbriquées afin de permettre aux concepteurs de se focaliser sur la résolution d'un seul problème à la fois. La répartition des fonctions de communication dans différentes couches est nécessaire et utile. Elle permet des changements ou des modifications dans une couche sans que les autres couches (supérieures ou inférieures) en soient affectées. Cela signifie aussi qu'une couche fonctionne de façon isolée, sans se préoccuper des autres couches et sans les informer de ce qu'elle fait. Prenons par exemple le protocole TCP. C'est un protocole de bout en bout sur une connexion TCP établie qui n'est pas affecté par un quelconque changement de route entre les deux extrémités de la connexion (par exemple lorsqu'un nouveau réseau ou un nouveau routeur est inséré sur cette route). L'isolation fonctionnelle des couches interdit toute communication intercouches. En particulier, bien que le logiciel TCP de la machine source à l'extrémité d'une connexion interagisse avec le logiciel TCP d'une machine destinataire à l'autre extrémité, ni l'un ni l'autre ne peuvent interagir avec les équipements ou protocoles des couches inférieures sur la route qui les sépare. Aucun des deux logiciels TCP ne reçoit d'informations sur ce qui se passe dans le réseau qui les relie. Ils ne sont pas non plus informés de la transmission des datagrammes dans lesquels sont insérés leurs segments respectifs.

Des chercheurs ont observé que l'absence de communication intercouches avait des conséquences sur les performances des protocoles des couches supérieures selon des choix techniques d'implémentation qui étaient faits dans les protocoles des couches inférieures, sans concertation préalable. Dans le cas de TCP, la politique de routage mise en œuvre dans les routeurs, de même que la gestion des datagrammes, peuvent avoir une fâcheuse répercussion sur ses performances. Par exemple, si un routeur retarde (plus ou moins malgré lui) quelques datagrammes plus que d'autres, TCP modifie en conséquence sa temporisation de retransmission. Si ce retard dépasse la valeur de la temporisation alors TCP suppose qu'une congestion est apparue dans le réseau et réagit en conséquence.

Pour essayer d'améliorer les choses, comme chaque couche est conçue et définie de façon indépendante, les chercheurs ont essayé d'identifier et de séparer des mécanismes fonctionnels et des choix d'implémentations qui avaient des influences sur les autres couches et qui nécessitaient des interactions intercouches. Ils ont ainsi identifié qu'une interaction était nécessaire entre IP et TCP dès lors qu'un routeur était surchargé (ou engorgé) et commençait à éliminer des datagrammes.

Nous avons vu plus haut qu'un datagramme qui arrive dans un routeur est inséré dans une file d'attente jusqu'à ce qu'il puisse être routé (retransmis en sortie du routeur vers sa destination). La politique de gestion des datagrammes entrants tient de la théorie des files d'attente : lorsque les datagrammes arrivent plus rapidement qu'ils ne peuvent être routés, la file d'attente se remplit ; lorsque les datagrammes arrivent plus lentement, ils sont immédiatement routés et la file d'attente se vide. Comme la capacité de stockage en file d'attente est limitée, la file ne peut pas se remplir au-delà de cette limite. C'est alors qu'elle déborde. Au début d'Internet, les routeurs utilisaient une technique particulière d'élimination des datagrammes pour gérer efficacement ces débordements, technique appelée *tail-drop* qui consiste à éliminer tout datagramme qui arrive lorsque la file est pleine.

Ce terme *tail-drop* que l'on peut définir comme technique d'*élimination des derniers arrivés* provient du fait que lorsqu'une séquence ordonnée de datagrammes arrive dans le routeur, ils sont mis en file d'attente dans l'ordre d'arrivée en commençant par le premier et, une fois que la file est pleine, ce sont les datagrammes les plus proches de la fin de la séquence qui sont éliminés ; ceux qui sont en *queue* (*tail*). Cette technique a un effet intéressant sur TCP. Dans le cas simple, lorsque les datagrammes véhiculent des segments sur une connexion TCP unique, la perte de segments dans un routeur fait entrer TCP en phase de démarrage lent (ou de ralentissement) qui a pour effet de réduire le débit de transmission des segments (par réduction de la taille de la fenêtre de congestion) jusqu'à ce que TCP commence à recevoir à nouveau des accusés de réception qui lui permettent de réaugmenter la taille de la fenêtre de congestion. Un problème plus sérieux apparaît lorsque les segments sont acheminés dans un routeur *via* des connexions TCP multiples. En effet, l'élimination des datagrammes peut poser un *problème de synchronisation globale*. Pourquoi ? Parce que les datagrammes sont multiplexés. Cela signifie que, dans une séquence de datagrammes arrivant à l'entrée d'un routeur, tous ne proviennent pas de la même source. Ainsi la politique de l'élimination des derniers arrivés fait que le routeur a des chances d'éliminer un seul segment sur N connexions plutôt que N segments d'une même connexion. La perte simultanée de segments sur N connexions fait entrer simultanément N instances de TCP en phase de démarrage lent.

13.22 PRÉVENTION DE CONGESTION PAR L'ALGORITHME RED

Comment un routeur peut-il éviter le problème de synchronisation globale ? La réponse est simple : éviter autant que possible l'élimination des datagrammes. C'est l'objectif de l'algorithme RED (*Random Early Discard* ou *Random Early Drop* ou encore *Random Early Detection*) qui consiste à prévoir ou à détecter le plus tôt possible l'apparition d'une congestion afin de réagir vite. Un routeur qui implémente RED utilise deux *seuils* de contrôle de congestion qui se réfèrent au nombre de datagrammes en file d'attente : T_{min} et T_{max}. Trois règles régissent le fonctionnement de RED qui déterminent le comportement du routeur lorsqu'un datagramme se présente :

- si la file d'attente contient un nombre de datagrammes inférieur à T_{min} le nouvel arrivant est inséré dans la file ;
- si la file d'attente contient un nombre de datagrammes supérieur à T_{max} le nouvel arrivant est éliminé ;
- si la file d'attente contient un nombre de datagrammes compris entre T_{min} et T_{max} l'élimination des datagrammes se fait de façon aléatoire selon la probabilité p.

Le caractère aléatoire de RED signifie que, au lieu d'attendre que la file d'attente déborde pour commencer à éliminer des datagrammes et faire passer TCP en mode démarrage lent, le routeur commence doucement et aléatoirement à éliminer des datagrammes dès qu'un signe avant-coureur de congestion apparaît. Pour résumer :

> Algorithme RED : si la file d'attente en entrée d'un routeur est pleine lorsqu'un nouveau datagramme se présente, il est éliminé ; en revanche si la file d'attente n'est pas pleine mais qu'elle atteint un seuil maximal, pour éviter la synchronisation globale le nouvel arrivant est éliminé aléatoirement avec une probabilité de p.

Pour que l'algorithme RED fonctionne bien, il faut choisir avec efficacité les seuils T_{min} et T_{max} et la probabilité d'élimination p. T_{min} doit être suffisant pour assurer que le débit de segments sur la liaison de sortie du routeur soit le plus élevé possible. D'autre part, étant donné que RED fonctionne selon le principe de l'élimination du dernier datagramme arrivé lorsque la taille de la file d'attente dépasse T_{max}, cette valeur doit être suffisante est supérieure à T_{min}, afin que la file puisse se remplir pendant un temps d'aller-retour RTT sur une connexion TCP (par exemple, T_{max} peut être choisi à une valeur au moins égale à $2T_{min}$). Sinon, RED pourrait provoquer les mêmes problèmes d'oscillations que ceux de l'algorithme d'élimination du dernier arrivé.

Le calcul de l'élimination des datagrammes selon la probabilité p, est l'aspect le plus complexe de RED. Plutôt que d'utiliser une constante, une nouvelle valeur de p est calculée pour chaque datagramme. Cette valeur dépend de la taille courante de la file d'attente et des valeurs des seuils. Pour comprendre ce mécanisme souvenez-vous que RED est un algorithme fondé sur un processus probabiliste aléatoire. Lorsque la taille de la file d'attente est inférieure à T_{min}, RED ne doit pas éliminer de datagrammes ce qui se traduit par une probabilité d'élimination égale à zéro ($p = 0$). De façon symétrique lorsque la taille de la file d'attente est supérieure à T_{max}, RED élimine tous les datagrammes qui se présentent, ce qui traduit une probabilité d'élimination égale à un ($p = 1$). Entre ces deux extrêmes (taille de la file comprise entre T_{min} et T_{max}) la probabilité d'élimination varie entre 0 et 1.

Bien que le mécanisme de calcul probabiliste d'élimination des datagrammes soit le fondement de RED, un aménagement doit lui être apporté afin d'éviter des réactions trop vives. En effet, dans la réalité le trafic sur une liaison est discontinu, en outre les datagrammes arrivent en rafales (de taille plus ou moins longue). Cela se traduit par des fluctuations importantes de la taille des files d'attente dans les routeurs. Si RED fonctionnait selon un simple mécanisme linéaire, il apparaîtrait que les derniers datagrammes de toute rafale auraient une forte probabilité d'être éliminés. Au contraire, pour éviter un trop grand impact sur les performances de

TCP il ne faut pas systématiquement les détruire. Si la rafale est courte, il n'est pas très judicieux d'éliminer des datagrammes car la file d'attente risque de ne pas déborder. Bien entendu RED ne peut pas différer outre mesure l'élimination des datagrammes car une longue rafale pourrait entraîner un débordement de file.

Comment RED peut-il affecter une forte probabilité d'élimination des datagrammes dès qu'une file d'attente dépasse un seuil de remplissage en réagissant autrement lorsqu'une rafale de datagrammes se présente ? Réponse : en utilisant une technique empruntée au protocole TCP. Plutôt que d'utiliser à tout instant la taille réelle de la file d'attente pour éliminer les datagrammes, RED utilise une valeur moyenne de taille de file, $V_{moyenne}$, pour calculer la probabilité d'élimination, p. La valeur de $V_{moyenne}$ est une moyenne exponentielle, qui est mise à jour à chaque fois qu'un datagramme arrive, selon la formule :

$$V_{moyenne} = (1 - \gamma)^{*}Anc\_V_{moyenne} + \gamma^{*}\ Taille\_courante\_file$$

γ correspond à une valeur comprise entre 0 et 1. Si γ est suffisamment faible, la valeur moyenne aura tendance à favoriser les variations à long terme et restera insensible aux courtes rafales. Une valeur suggérée est $\gamma = 0,002$.

Hormis l'équation qui permet de calculer γ, RED a un certain nombre d'autres point que nous n'avons volontairement pas présentés. Par exemple, les calculs effectués par RED sont d'autant plus efficaces si les constantes utilisées sont des puissances entières de 2 et les calculs sont fondés sur une arithmétique entière. Un autre détail concerne l'unité de mesure de taille de la file d'attente qui affecte aussi bien RED que TCP. En particulier, étant donné que le délai de transmission d'un datagramme est proportionnel à sa taille, il est plus sage de mesurer la longueur de la file en nombre d'octets plutôt qu'en datagrammes. Cela n'impose que des changements mineurs dans les calculs de p et de γ. Mesurer la taille de la file d'attente en octets affecte le type de trafic éliminé car cela rend la probabilité d'élimination proportionnelle au nombre de données que l'émetteur transmet dans un flot plutôt qu'au nombre de segments. Les petits datagrammes (ceux qui contiennent par exemple des commandes *login* ou des requêtes) ont une plus faible probabilité d'élimination que les gros datagrammes (ceux qui véhiculent par exemple des données d'un fichier). En conséquence, lorsque des accusés de réception (correspondant à des petits datagrammes) transitent dans l'internet ils ont peu de chance d'être éliminés. C'est ainsi que, lorsqu'un gros segment arrive à destination, le logiciel TCP côté émetteur recevra l'accusé de réception correspondant, ce qui évite une inutile retransmission.

Des analyses et des simulations ont montré que RED fonctionnait bien. Il gère efficacement la congestion dans un internet et évite d'inutiles resynchronisation qui résultent d'une élimination intempestive de datagrammes. Il facilite en outre la transmission de courtes rafales de datagrammes sans générer trop d'éliminations inutiles. L'IETF recommande que les routeurs utilisent RED pour gérer leurs problèmes de congestion.

13.23 ÉTABLISSEMENT D'UNE CONNEXION TCP

Pour établir une connexion, TCP utilise un *processus en trois temps*. Dans le cas le plus simple, l'établissement se déroule comme le montre la figure 13.13.

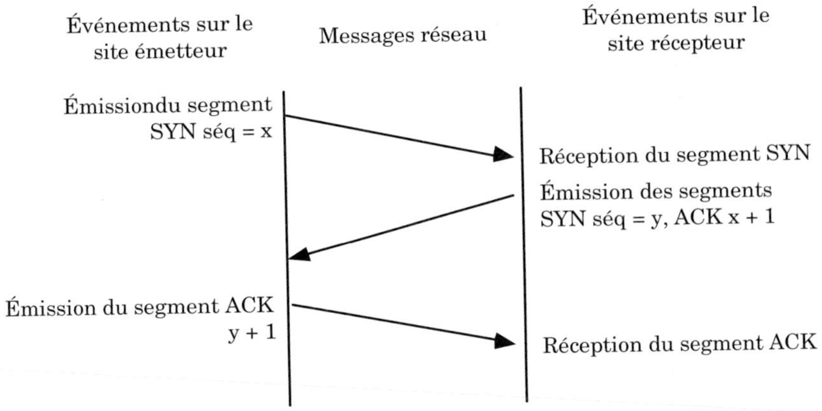

Figure 13.13 — Séquence des messages échangés dans le processus en trois temps. Le temps s'écoule du haut vers le bas ; les obliques représentent les segments échangés entre les sites. Les segments *SYN* transportent des informations relatives aux numéros de séquence initiaux.

Le premier segment est identifiable car le bit *SYN* est positionné dans le champ Code. Dans le second message, les bits *SYN* et *ACK* sont positionnés, ce qui correspond à l'acquittement du premier segment *SYN*. Le dernier segment correspond à un accusé de réception. Il est essentiellement utilisé pour informer la destination que les deux parties sont d'accord pour l'établissement de la connexion.

Habituellement, le logiciel TCP d'un ordinateur attend passivement la demande de connexion et celui de l'autre machine effectue la demande. En tout cas, la demande d'établissement est soigneusement conçue pour fonctionner même lorsque les deux ordinateurs initialisent la connexion simultanément. Une connexion peut donc être établie par l'une ou l'autre extrémité ou par les deux. Une fois la connexion établie, les données peuvent être transférées dans les deux sens. Il n'y a ni maître ni esclave dans le processus de communication.

Le processus en trois temps est à la fois nécessaire et suffisant pour établir une synchronisation correcte entre les deux extrémités de la connexion. Pour comprendre pourquoi, souvenez-vous que TCP est construit au-dessus d'un service de remise non fiable en mode non connecté. Les messages peuvent être perdus, retardés, remis dans le désordre ou dupliqués. Le protocole TCP doit donc utiliser un mécanisme de temporisation et de retransmission des demandes perdues. Les problèmes surgissent si une demande initiale est retransmise et qu'elle arrive alors que la connexion est en cours d'établissement ou si les demandes retransmises sont retardées jusqu'après que la connexion a été établie, utilisée et libérée. Le processus d'établissement en trois temps (complété par la règle qui veut que TCP ignore les demandes de connexion supplémentaires reçues après l'établissement de la connexion) résout ce problème.

13.24 NUMÉROS DE SÉQUENCE INITIAUX

Le processus en trois temps réalise deux fonctions importantes. Il garantit que les deux extrémités sont prêtes à transférer des données (et qu'elles le savent) et il leur permet de s'accorder sur les numéros de séquence initiaux. Ces derniers sont échangés et validés pendant le processus en trois temps. Chaque machine doit choisir un numéro de séquence initial qu'elle utilisera pour identifier les octets du flot qu'elle émet. Les numéros de séquence peuvent ne pas toujours commencer à partir de la même valeur. En particulier, TCP ne peut pas choisir la valeur 1 à chaque fois qu'une connexion est créée (un des exercices étudie ce qui se passe alors). Bien entendu, il est important que les deux côtés se mettent d'accord sur un numéro de séquence initial. Les numéros d'octet utilisés dans les accusés de réception correspondent ainsi à ceux utilisés dans les segments de données.

Pour comprendre comment les ordinateurs peuvent se mettre d'accord sur les numéros de séquence après trois échanges de messages, souvenez-vous que chaque segment contient à la fois un champ numéro de séquence et un champ accusé de réception. L'ordinateur qui initialise le processus, *A* par exemple, transmet un numéro de séquence initial, x, dans le champ numéro de séquence (*séq*) du premier segment *SYN* du processus en trois temps. La seconde machine, *B*, reçoit *SYN*, enregistre le numéro de séquence et répond en émettant un numéro de séquence initial dans le champ numéro de séquence, ainsi qu'un accusé de réception qui signifie que *B* attend l'octet $x + 1$. Dans le message final du processus en trois temps, *A* accuse réception des octets à partir de y. Dans tous les cas, les accusés de réception respectent la convention imposant d'utiliser le numéro de séquence du prochain octet attendu.

Nous avons décrit comment TCP réalise le processus en trois temps en échangeant des segments contenant un minimum d'informations. Du fait de la conception du protocole, il est possible d'émettre des données avec le numéro de séquence initial dans les segments du processus en trois temps. Dans de tels cas, le logiciel TCP doit conserver les données jusqu'à ce que le processus soit achevé. Une fois la connexion établie, le logiciel peut libérer les données retenues et transmettre rapidement les informations aux programmes d'application. Pour de plus amples détails, le lecteur est renvoyé à la norme qui spécifie le protocole.

13.25 LIBÉRATION D'UNE CONNEXION TCP

Les deux programmes qui utilisent TCP pour communiquer peuvent terminer normalement leur conversation en utilisant la primitive *close*. Du point de vue interne, TCP utilise un processus en trois temps modifié pour libérer les connexions. Souvenez-vous que les liaisons sont bidirectionnelles simultanées et que nous avons considéré qu'elles sont constituées de deux voies de transfert indépendantes, une dans chaque sens. Lorsqu'un programme dit à TCP qu'il n'y a plus de données à envoyer, TCP libère la connexion dans un seul sens. Pour libérer sa moitié de connexion, le logiciel TCP émetteur achève la transmission des données restantes, attend que le récepteur en accuse réception, puis envoie un segment où le bit *FIN* est positionné. Le logiciel TCP récepteur acquitte le segment FIN et informe les programmes d'application de l'extrémité locale qu'il n'y a plus de données disponibles (en utilisant le mécanisme de fin de fichier du système d'exploitation, par exemple). Une fois la connexion libérée dans une direction donnée, TCP refuse d'accepter des données pour ce sens de transmission. Pendant ce temps, les données continuent à parvenir à l'émetteur même après que la connexion a été fermée. Lorsque les deux voies sont libérées, les logiciels TCP de chaque machine détruisent les enregistrements relatifs à la connexion.

Les détails de la libération d'une connexion sont toutefois plus subtils que ne le laisse penser notre propos : TCP utilise un processus en trois temps modifié pour libérer une connexion. La figure 13.14 présente le processus.

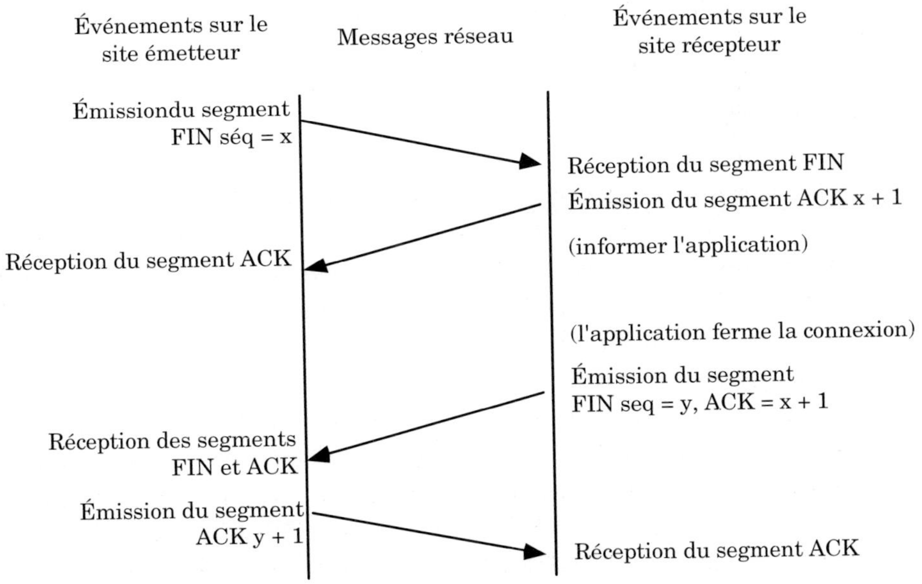

Figure 13.14 — Le processus en trois temps modifié utilisé pour libérer les connexions. Le site qui reçoit le premier segment *FIN* l'acquitte immédiatement et attend avant d'émettre le second segment *FIN*.

La différence entre les processus en trois temps utilisés pour établir et libérer les connexions se situe après l'émission du premier segment *FIN*. Au lieu de générer immédiatement un second segment *FIN*, TCP envoie d'abord un accusé de réception puis avertit les applications de la demande de fermeture de connexion. Informer les programmes d'application de l'arrivée d'une demande ou obtenir une réponse peut nécessiter un temps considérable (une éventuelle intervention humaine, par exemple). L'accusé de réception empêche la retransmission du premier segment *FIN* pendant la durée de l'attente. Enfin, lorsque le programme d'application ordonne à TCP de libérer complètement la connexion, TCP émet le second segment *FIN* et le troisième segment, émis par le site source, est un accusé de réception.

13.26 RÉINITIALISATION D'UNE CONNEXION TCP

Normalement, un programme d'application invoque la primitive *close* pour libérer une connexion qu'il a fini d'utiliser. La libération d'une connexion fait donc partie de l'utilisation normale. Elle est analogue à la fermeture des fichiers. Des conditions anormales se produisent parfois qui conduisent un programme d'application ou le réseau à rompre une connexion. TCP fournit une procédure de réinitialisation pour de tels cas.

Une des extrémités réinitialise la connexion en émettant un segment dans lequel le bit *RST* est positionné dans le champ *Code*. L'autre extrémité répond immédiatement à une demande de réinitialisation en libérant la connexion. TCP informe également les programmes d'application qu'une réinitialisation a eu lieu. Une réinitialisation est un abandon immédiat qui indique la cessation immédiate du trafic, dans les deux sens. Toutes les ressources telles que les tampons mémoire sont libérées.

13.27 AUTOMATE À NOMBRE D'ÉTATS FINI DE TCP

Le fonctionnement de TCP, comme de la plupart des protocoles, s'explique mieux à l'aide d'un *automate à nombre d'états fini*, comme illustré à la figure 13.15. Les cercles représentent les états et les flèches, les transitions entre états. Les étiquettes ou noms associés à chaque flèche indiquent la cause de transition et l'action TCP correspondante. Ainsi, le logiciel TCP démarre, à chaque extrémité, dans l'état *Fermé*. Les programmes d'application doivent émettre soit *une commande d'ouverture passive* (pour attendre une demande de connexion de la part d'une autre machine), soit une *commande d'ouverture active* (pour initialiser l'établissement d'une connexion). Une commande d'ouverture active provoque une transition de l'état *Fermé* à l'état *SYN Émis*. Lorsque TCP effectue la transition, il émet un segment *syn*. Lorsque l'autre extrémité renvoie un segment contenant *syn* et *ack*, TCP passe dans l'état *Connexion établie* et le transfert de données commence.

L'état *Temporisation expirée* montre comment TCP gère certains problèmes induits par la remise non fiable. Il gère la notion de *durée de vie maximale d'un segment* au sein d'un internet. Pour éviter que les segments d'une connexion précédente n'interfèrent avec ceux de la connexion en cours, TCP passe dans l'état Temporisation expirée après avoir libéré une connexion. Il reste dans cet état pendant une durée égale à deux fois la durée de vie maximale d'un segment avant de détruire l'enregistrement correspondant à la connexion. TCP, grâce à la temporisation, peut faire la distinction entre les anciennes connexions et la connexion en cours, ce qui lui permet d'éviter de répondre par une réinitialisation si l'autre extrémité transmet une demande de terminaison, *fin*.

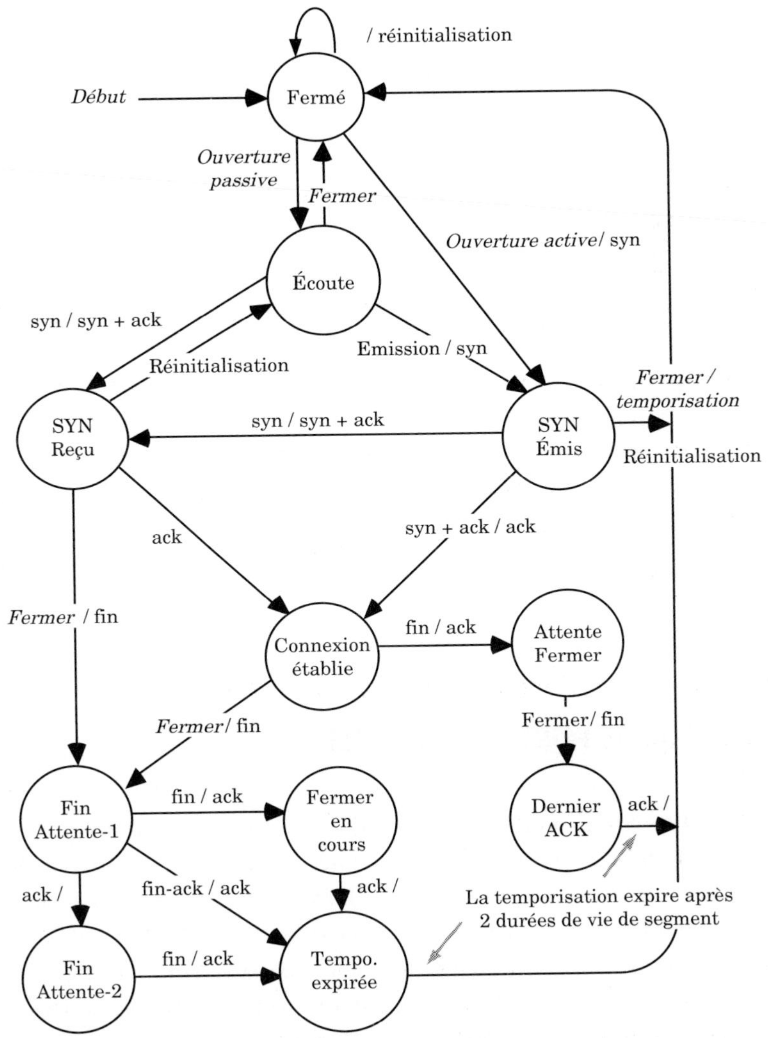

Figure 13.15 — Automate à nombre d'états fini de TCP. Chaque extrémité de connexion commence dans l'état Fermé. Les noms associés aux transitions indiquent l'événement cause de la transition et la réponse correspondante éventuelle.

13.28 REMISE FORCÉE DE DONNÉES

Nous avons dit que TCP est libre de décomposer le flot de données en segments de transmission, sans considération de taille de l'unité de transfert utilisée par les programmes d'application. L'avantage majeur de ce choix est l'efficacité. Il est possible d'accumuler suffisamment d'octets pour constituer des segments raisonnablement longs, ce qui réduit le coût relatif des *frais de gestion* (*overhead*)

Si la mise en mémoire tampon améliore le débit réseau, il peut interférer avec certaines applications. Prenons le cas d'une connexion TCP qui achemine des caractères entre un terminal et un ordinateur distant. L'utilisateur s'attend à une réponse immédiate aux caractères frappés. Si le logiciel TCP émetteur enregistre les données en mémoire, la réponse peut être retardée, par exemple pendant une durée correspondant à la frappe d'une centaine de caractères.

De façon analogue, le logiciel TCP du récepteur peut enregistrer les données en mémoire avant de les remettre aux programmes d'application locaux. Obliger l'émetteur à transmettre peut ne pas suffire à garantir la remise.

Pour prendre en compte les besoins des utilisateurs interactifs, TCP permet à un programme d'application de faire un *push* pour forcer la remise des octets présents dans le flot sans devoir attendre qu'un tampon se remplisse. L'opération *push* fait plus que contraindre TCP à émettre un segment. Elle demande également à TCP de positionner le bit *PSH* dans le champ de code du segment. Ainsi les données seront remises, sans délai, au programme d'application de l'autre extrémité. Ainsi, lorsque des caractères sont émis depuis un terminal interactif, l'application utilise la commande pousser après chaque caractère frappé. De façon analogue, les programmes d'application peuvent forcer la remise immédiate des données en utilisant la commande pousser après avoir écrit un caractère ou une ligne de caractères.

13.29 NUMÉROS DE PORT TCP RÉSERVÉS

TCP, comme UDP, combine l'association statique et dynamique des ports. Il utilise un *ensemble de ports réservés* pour des programmes d'utilisation courante (la messagerie électronique, par exemple), mais laisse la majeure partie des numéros de port à la disposition des systèmes d'exploitation pour que ceux-ci les allouent aux programmes qui en ont besoin. Bien que la norme originelle indique que les ports réservés doivent avoir un numéro inférieur à 256, on en trouve maintenant qui ont un numéro supérieur à 1024. La figure 13.16 liste quelques ports réservés actuels. Il est à noter que si les numéros de port UDP et TCP sont indépendants, les concepteurs ont choisi d'utiliser les mêmes numéros de port pour tout service accessible à la fois depuis TCP et UDP. Dans chaque protocole, le port 53 est réservé au système de noms de domaine.

Déci.	Mot clé Internet	Mot clé Unix	Description
0	—	—	Réservé
1	TCPMUX	—	Multiplexeur TCP
7	ECHO	echo	Écho
9	DISCARD	discard	Détruire
11	USERS	systat	Utilisateurs actifs
13	DAYTIME	daytime	Horodate
15	—	netstat	Programme d'état du réseau
17	QUOTE	qotd	Fuseau horaires
19	CHARGEN	chargen	Générateur de caractères
20	FTP-DAT	Aftp-data	Protocole FTP (données)
21	FTP	ftp	Protocole FTP
22	SSH	ssh	Sécurité Shell
23	TELNET	telnet	Connexion en mode terminal
25	SMTP	smtp	Protocole SMTP
37	TIME	time	Heure
43	NICNAME	whois	Qui est-ce ?
53	DOMAIN	nameserver	Serveur de noms de domaine
67	BOOTPS	bootps	Serveur BOOTP ou DHCP
77	—	rje	Service RJE privé
79	FINGER	finger	De qui s'agit-il ?
80	WWW	www	Serveur Web
88	KERBEROS	kerberos	Service de sécurité Kerberos
95	SUPDUP	supdup	Protocole SUPDUP
101	HOSTNAME	hostnames	Serveur de noms NIC
102	ISO_TSA	Piso-tsap	ISO_TSAP
103	X.400	X.400	Service de courrier X.400
104	X.400-SND	X.400-snd	Émission de courrier X.400
110	POP3	pop3	Version 3 du protocole POP
111	SUNRPC	sunrpc	RPC de SUN Microsystems
113	AUTH	auth	Service d'authentification
117	UUCP_PATH	uucp-path	Service de chemin UUCP
119	NNTP	nntp	Protocole de transf. de news USENET
123	NTP	ntp	Protocole NTP
139	NETBIOS-SSN	—	Service de session NETBIOS
161	SNMP	snmp	Protocole SNMP

Figure 13.16 — Exemples de valeurs de numéros de port TCP réservés. Pour permettre les extensions futures, des protocoles comme UDP utilisent les mêmes numéros de port.

13.30 PERFORMANCES DE TCP

Comme nous l'avons vu, TCP est un protocole complexe qui gère des connexions au-dessus d'une grande variété de technologies de réseaux. Beaucoup de personnes pensent que, comme TCP effectue une tâche plus compliquée que les autres protocoles de transport, le code doit être plus compliqué et moins efficace. Aussi surprenant que cela puisse paraître, la généralité dont nous avons parlé ne semble pas affecter les performances de TCP. Des expériences menées à Berkeley ont montré que le logiciel TCP qui fonctionne sur Internet peut assurer un débit soutenu de 8 Mbit/s entre deux stations reliées par un réseau Ethernet à 10 Mbit/s. Les chercheurs de Cray Research Inc., eux, ont obtenu des débits de près de 1 Gbit/s.

13.31 SYNDROME DE LA FENÊTRE STUPIDE ET PETITS PAQUETS

En essayant d'améliorer TCP, les chercheurs se sont aperçus qu'il y avait un sérieux problème de performances dans le cas où l'émetteur et le récepteur travaillaient à des vitesses très différentes. Pour bien comprendre ce problème, il faut se souvenir que TCP met les données entrantes dans un tampon et imaginer ce qui peut se produire si l'application de réception choisit de lire les données octet par octet. À l'établissement de la connexion, le logiciel TCP du récepteur alloue un tampon de *K* octets et utilise le champ *Fenêtre* du segment d'accusé de réception pour annoncer la taille de tampon disponible. Si l'application émettrice envoie rapidement des données, le logiciel TCP côté émetteur transmettra des segments de données dont la taille remplira la fenêtre. À un moment ou à un autre, le récepteur enverra donc un accusé de réception indiquant qu'il n'y a plus d'espace disponible dans le tampon d'arrivée.

En lisant un octet dans ce tampon plein, l'application réceptrice libère une place d'un octet. Or nous avons dit que lorsque de la place devient disponible, le logiciel TCP récepteur engendre un accusé de réception qui utilise le champ Fenêtre pour en avertir l'émetteur. Dans notre exemple, le récepteur va annoncer qu'il y a un octet de disponible et l'émetteur, apprenant cela, va transmettre un segment contenant un octet de données.

Bien entendu, ce schéma fonctionne correctement, tout au moins il permet de conserver le tampon plein. Mais il a l'inconvénient de provoquer l'envoi d'un grand nombre de petits segments d'un octet de données qui sont chacun placés par l'émetteur dans un datagramme IP. Chaque fois que le récepteur lit un octet, il envoie un accusé de réception et l'émetteur renvoie un octet. On atteint vite un état d'équilibre dans lequel TCP envoie un segment par octet de données.

Le transfert d'un grand nombre de tout petits segments est dispendieux car il consomme énormément de capacité réseau uniquement pour la gestion interne.

Le rapport « taille en-tête/taille des données » est grand et les temps de traitement de chaque segment dans le réseau ne sont pas négligeables. L'émetteur doit allouer un tampon, fabriquer un en-tête et calculer un total de contrôle pour chaque segment. De même, le logiciel IP de l'émetteur doit encapsuler le segment dans un datagramme, calculer le total de contrôle de l'en-tête, router le datagramme et le passer à la bonne interface réseau. Côté récepteur, IP doit vérifier le total de contrôle de l'en-tête et passer le segment à TCP qui vérifie le total de contrôle du segment et le numéro de séquence, extrait les données et les place dans le tampon.

Nous avons vu qu'on avait des petits segments dès lors un récepteur annonçait une petite taille de fenêtre ; mais il est également possible que l'émetteur, de sa propre autorité, envoie de petits segments. Imaginons, par exemple, une implémentation TCP qui envoie systématiquement les données prêtes et voyons ce qui se passe lorsqu'une application engendre des données octet par octet : après que l'application a créé un octet, TCP crée et transmet un segment. TCP peut également envoyer un petit segment si une application engendre des données sous forme de blocs d'une taille fixe de B octets et que l'émetteur TCP extraie les données du tampon avec une taille de bloc maximum de M. Si $M \neq B$, le dernier bloc du tampon est petit.

Bref, ce *syndrome de la fenêtre stupide*, SWS (*silly window syndrome*) a causé bien des problèmes dans les premières implémentations de TCP. En résumé :

> Les premières implémentations de TCP ont permis de mettre en évidence le syndrome de la fenêtre stupide dans lequel chaque accusé de réception annonce un petit espace disponible et chaque segment ne transporte qu'une petite quantité de données.

13.32 ÉVITER LE SYNDROME DE LA FENÊTRE STUPIDE

Les spécifications de TCP comportent maintenant des règles qui permettent d'éviter ce syndrome. Il s'agit essentiellement pour l'émetteur d'éviter de transmettre de faibles quantités de données ou, pour le destinataire, d'éviter d'annoncer des fenêtres trop petites. Bien que l'une ou l'autre de ces approches prise isolément fonctionne correctement, le mieux est sans doute de les mettre en œuvre simultanément.

En pratique, le logiciel TCP doit comporter du code au niveau de l'émetteur comme du récepteur pour éviter ce syndrome de la fenêtre stupide. Souvenons-nous, en effet, qu'une connexion TCP est bidirectionnelle : les données peuvent voyager dans les deux directions et toute implémentation TCP comporte donc à la fois du code d'émission et du code de réception de données.

13.32.1 Éviter le syndrome du côté récepteur

Il est très facile de comprendre comment on peut éviter le syndrome de la fenêtre stupide côté récepteur. En général, le récepteur garde une trace de la fenêtre mais retarde l'envoi à l'émetteur jusqu'à ce que la fenêtre ait atteint une taille raisonnable, taille qui dépend de celle du tampon du récepteur et de la taille maximum de segment : TCP la définit comme la plus petite valeur entre la moitié de la taille du tampon du récepteur et la taille maximum d'un segment.

Le récepteur évite ainsi d'envoyer une indication de fenêtre lorsque l'application réceptrice extrait lentement les octets un à un. Par exemple, lorsque son tampon de réception est plein, le récepteur envoie un accusé de réception avec une indication de fenêtre à zéro. Au fur et à mesure de l'extraction octet par octet des données de ce tampon, TCP calcule la place qui devient disponible. Au lieu d'envoyer immédiatement une indication de fenêtre non nulle, le récepteur attend jusqu'à ce que l'espace disponible soit d'au moins la moitié de la taille du tampon ou corresponde à la taille maximum de segment. L'émetteur reçoit alors une valeur importante de fenêtre ce qui lui permet de transférer de longs segments. Cette règle peut se résumer comme suit :

> Éviter le syndrome de fenêtre stupide côté récepteur : si on a envoyé une indication de fenêtre nulle, attendre que l'espace disponible soit au moins égal à 50 % de la taille du tampon ou à la taille maximum de segment pour envoyer une nouvelle indication de fenêtre.

13.32.2 Accusés de réception retardés

Il existe deux façons d'implémenter cette règle au niveau du récepteur. Dans la première, TCP envoie un accusé de réception chaque fois qu'un segment arrive mais sans mettre de nouvelle indication de fenêtre jusqu'à ce que la fenêtre ait atteint une taille raisonnable. Dans la seconde, TCP attend que la fenêtre soit suffisamment grande pour envoyer un accusé de réception. La norme recommande d'utiliser cette dernière.

Il y a à la fois des avantages et des inconvénients à retarder ainsi l'envoi des accusés de réception. L'avantage principal est que cela diminue le trafic et donc augmente le débit. Par exemple, si d'autres données arrivent durant la période d'attente, l'accusé validera toutes les données reçues. Si l'application réceptrice engendre une réponse immédiatement (c'est le cas de l'écho de la frappe d'un caractère, par exemple), un petit retard peut permettre d'envoyer l'accusé de réception en superposition des données (*piggyback*). De plus, TCP ne peut déplacer sa fenêtre tant que l'application de réception n'a pas extrait de données du tampon. Si l'application réceptrice lit les données dès qu'elles arrivent, un petit retard permet à TCP d'envoyer un seul segment pour accuser la bonne réception des données et mettre à jour la fenêtre. Si TCP accusait l'arrivée des données immédiatement, et renvoie après un segment pour mettre à jour la fenêtre.

Les inconvénients de cette méthode sont simples à comprendre. D'abord et avant tout, si le récepteur retarde trop l'envoi d'un accusé de réception, l'émetteur risque de retransmettre le segment. Ces retransmissions bien inutiles gaspillent des ressources réseau et des ressources de calcul sur les ordinateurs hôtes. Autre inconvénient : TCP utilise l'arrivée des accusés de réception pour estimer les RTT ; en retarder l'émission fausse un peu ces estimations et tend à allonger le temps d'attente avant retransmission.

C'est pour éviter cela que la norme TCP donne une limite de 500 ms au retard que l'on peut prendre dans l'envoi des accusés de réception. De plus, pour être sûr que TCP reçoive suffisamment d'informations pour estimer correctement le RTT, la norme recommande qu'un récepteur envoie un accusé au moins après chaque segment de données.

13.32.3 Éviter le syndrome côté émetteur

La façon dont TCP évite le syndrome de la fenêtre stupide côté émetteur est tout à la fois surprenante et très élégante. Le but est, on s'en souvient, d'éviter d'envoyer de tout petits segments. Or, une application peut engendrer des données sous forme de blocs arbitrairement petits (il peut même s'agir de blocs d'un octet). Côté émetteur, TCP doit donc autoriser l'application à faire plusieurs appels *write* et rassembler ensuite les données provenant de chaque appel dans un seul segment. TCP émetteur doit donc retarder l'envoi d'un segment jusqu'à ce qu'il ait atteint une taille raisonnable. Cette technique s'appelle le *groupage* (*clumping*).

Mais combien de temps TCP peut-il ainsi attendre avant d'envoyer les données ? D'un côté, si TCP attend trop longtemps, le temps d'exécution de l'application va s'allonger. De plus, TCP ne sait pas s'il doit encore attendre parce qu'il ne sait pas si l'application va encore produire des données. D'un autre côté, si TCP n'attend pas assez, les segments seront petits avec les inconvénients qu'on connaît.

Les protocoles conçus avant TCP se sont heurtés au même problème et ont en général utilisé des techniques de groupage des données en paquets. Par exemple, pour avoir de bonnes performances dans un réseau, les premiers protocoles de gestion de terminaux déportés retardaient la transmission de chaque frappe de touche de quelques centaines de millisecondes au cas où l'utilisateur aurait continué à pianoter sur le clavier. Mais comme TCP a été conçu pour être le plus général possible, il est difficile d'imaginer un retard fixe et indépendant des applications : il se peut qu'un caractère traverse un internet parce qu'un utilisateur a frappé une touche sur un clavier mais aussi parce qu'un programme est en train de faire un transfert de fichier.

Tout comme l'algorithme TCP de retransmission et l'algorithme de démarrage lent utilisé pour éviter la congestion, la technique qu'utilise TCP émetteur pour éviter d'envoyer de tout petits paquets est adaptative – le retard dépend du fonctionnement de l'internet. Tout comme le démarrage lent, cette technique est autosynchronisée puisqu'elle ne calcule pas de retards. En effet, TCP utilise l'arrivée d'un accusé de réception pour déclencher l'émission des paquets supplémentaires. En d'autres termes :

> Éviter le syndrome de fenêtre stupide côté émetteur : lorsque l'application émettrice engendre de nouvelles données à transmettre sur une connexion sur laquelle on a émis des données qui n'ont pas encore été acquittées, on place ces nouvelles données dans un tampon mais on ne les envoie pas tant qu'il n'y en a pas suffisamment pour remplir un segment de taille maximale. Si on est encore en attente lorsqu'arrive l'accusé de réception, alors on envoie toutes les données dont on dispose dans le tampon. Cette règle est appliquée même si l'utilisateur a fait un push.

Si une application produit des données octet par octet, TCP enverra le premier octet immédiatement. Mais il accumulera dans le tampon tous les octets suivants jusqu'à ce que l'accusé de réception revienne. Si l'application est assez rapide comparée au réseau (par exemple si c'est un transfert de fichier), les segments suivants seront très grands. Si l'application est lente (si c'est un utilisateur qui frappe des caractères sur un clavier), on enverra de petits segments sans les retarder trop.

Cette technique, l'*algorithme de Nagle*, du nom de son inventeur, est très élégante car elle n'exige que très peu de traitement supplémentaire. L'ordinateur n'a pas besoin d'avoir des temporisations spécifiques à chaque application, ni d'utiliser une horloge quelconque. Plus encore, cette technique s'adapte à toute combinaison de retard dans les réseaux, de taille de segment et de vitesse d'application aussi compliquée soient-elles, sans diminuer pour autant le débit dans les cas les plus courants.

Pour comprendre pourquoi le débit reste élevé dans les cas les plus courants, remarquons que les applications optimisées pour les hauts débits n'engendrent pas les données octet par octet (parce que cela coûte cher en termes de performance au niveau du système d'exploitation) mais écrivent de grands blocs de données à chaque appel de *write*. Le tampon TCP d'émission a donc tout de suite de quoi remplir un segment de longueur maximum. De plus, puisque l'application produit des données plus vite que TCP peut les transporter, le tampon d'émission est toujours plein et TCP ne retarde aucune transmission. Il en résulte qu'il envoie bien les segments à la vitesse la plus élevée possible compte tenu des capacités du réseau.

En résumé :

TCP exige maintenant qu'émetteur et récepteur implémentent des algorithmes pour éviter le syndrome de la fenêtre stupide. Le récepteur doit éviter d'annoncer une petite fenêtre de remplissage et l'émetteur doit utiliser un schéma adaptatif de retard de transmission de telle sorte qu'il puisse regrouper les données en grands segments.

13.33 RÉSUMÉ

Le protocole de contrôle de transmission, TCP, assure un service d'importance majeure : le service de remise fiable en mode connecté. TCP établit une connexion bidirectionnelle simultanée entre deux ordinateurs. Ceci permet à ces derniers d'échanger d'importants volumes de données de façon efficace.

Grâce au protocole à fenêtre glissante, TCP utilise efficacement le réseau sous-jacent sur lequel il ne fait que peu d'hypothèses. Il est donc suffisamment souple pour s'adapter à une grande variété de systèmes de remise. Il assure un contrôle de flux qui permet à des systèmes très différents de communiquer.

Les unités de transfert utilisées par TCP sont les segments (appelés souvent des paquets). Ceux-ci permettent d'acheminer des informations de contrôle (afin de permettre aux logiciels TCP de deux ordinateurs d'établir une connexion ou de la libérer, par exemple) ou des données. Leur structure permet à un ordinateur de joindre les accusés de réception de données d'un flot aux données du flot de sens contraire (*piggybacking*).

TCP réalise le contrôle de flux en permettant au récepteur d'indiquer la quantité de données qu'il peut encore accepter. TCP supporte également des messages hors bande en utilisant une fonction de remise de données urgentes et la remise forcée à l'aide du mécanisme *push*.

La norme TCP actuelle définit un mécanisme d'augmentation exponentielle des valeurs de temporisation et des algorithmes d'évitement de congestion tels que le démarrage lent, la diminution dichotomique et l'augmentation progressive. De plus TCP utilise des règles pour éviter de transférer de trop petits segments. L'IETF recommande que les routeurs utilisent l'algorithme RED pour gérer les problèmes de congestion dans un internet. Cet algorithme améliore les performances globales de TCP.

13.34 POUR EN SAVOIR PLUS

Le standard TCP est défini dans Postel [RFC 793] ; Braden [RFC 1122] contient une mise à jour qui éclaire plusieurs points. Clark [RFC 813] décrit la gestion des fenêtres TCP. Clark [RFC 813] décrit le mécanisme de gestion des fenêtres dans TCP, et décrit dans [RFC 816] le mécanisme de gestion des erreurs et leur correction. Postel [RFC 879] traite de la taille maximale des segments. Nagle [RFC 896] fait des commentaires sur la congestion dans les réseaux TCP/IP et explique l'effet de l'autosynchronisation pour éviter le syndrome de la fenêtre stupide côté émetteur. Karn et Partridge (1987) étudient l'estimation des RTT et présentent l'algorithme de Karn. Jacobson (1988) présente l'algorithme de contrôle de congestion qui constitue maintenant une partie obligatoire de la norme. Floyd et Jacobson (1993) présentent l'algorithme RED, tandis que Clark et Fang (1998) analyse le cadre fonctionnel général de cet algorithme. Tomlinson (1975) considère le processus en trois temps plus en détail. Mills [RFC 889] rend compte des mesures de RTT dans Internet. Jain (1986) décrit un contrôle de congestion basé sur les temporisations, dans un environnement de fenêtre glissante. Borman (avril 1989) résume les expériences relatives au protocole TCP à haut débit sur des ordinateurs Cray.

13.35 EXERCICES

13.1 TCP utilise un champ fini pour véhiculer les numéros de séquence des flots. Étudiez la spécification de la norme pour déterminer comment TCP permet la transmission d'un flot de longueur arbitraire d'un ordinateur à un autre.

13.2 Le texte indique qu'une des options de TCP permet au récepteur d'indiquer la taille maximale des segments qu'il accepte de recevoir. Pourquoi TCP dispose-t-il d'une option qui permet d'indiquer la taille maximale du segment alors qu'il dispose également d'un mécanisme d'indication de taille de la fenêtre ?

13.3 Dans quelles conditions de délai, de largeur de bande, de charge et de perte de paquets TCP retransmet-il inutilement une partie des informations ?

13.4 Les accusés de réception perdus ne provoquent pas nécessairement de retransmissions. Expliquez pourquoi.

13.5 Déterminez, à l'aide de votre machine, comment TCP gère une réinitialisation. Établissez une connexion (une connexion à distance Rlogin, par exemple) et laissez-la inutilisée. Attendez que l'ordinateur destination tombe en panne et redémarre puis forcez l'ordinateur local à émettre un segment TCP (en envoyant des caractères, par exemple).

13.6 Imaginez une mise en œuvre de TCP qui détruise les segments TCP reçus hors séquence même s'ils se trouvent dans la fenêtre. Cette nouvelle version n'accepte que des segments qui complètent le flot des octets déjà reçus. Fonctionne-t-elle ? Comparez-la à une mise en œuvre classique de TCP.

13.7 Considérez le calcul d'un total de contrôle. Supposez que si le champ total de contrôle n'a pas été mis à zéro, le résultat du calcul est zéro. Que pouvez-vous en conclure ?

13.8 Quels sont les arguments pour et contre une libération automatique des connexions inutilisées ?

13.9 Si deux programmes d'application utilisent TCP pour émettre des données, mais n'envoient qu'un caractère par segment (en utilisant la commande *push*, par exemple), quel est le pourcentage maximum d'utilisation de la bande passante du réseau par les données ?

13.10 Considérez une implémentation de TCP qui utilise le numéro de séquence initial 1 lorsqu'on établit une connexion. Expliquez comment, en cas de panne et redémarrage, un ordinateur peut induire un ordinateur distant en erreur et lui faire croire que les anciennes connexions sont demeurées actives.

13.11 Étudiez l'algorithme d'estimation de RTT suggéré dans la spécification du protocole ISO TP-4 et comparez-le à l'algorithme présenté dans ce chapitre. Lequel des deux préféreriez-vous utiliser ?

13.12 Déterminez comment les implémentations de TCP doivent résoudre le *problème du recouvrement des segments*. Le problème résulte du fait que le récepteur doit recevoir une copie de tous les octets du flot, même si l'émetteur émet deux segments qui se recouvrent partiellement (le premier segment transporte les octets 100 à 200 et le second les octets 150 à 250).

13.13 Dessinez l'automate à nombre d'états fini de TCP pour deux sites qui exécutent une ouverture passive et une ouverture active et exécutent le processus en trois temps.

13.14 Lisez la norme de TCP pour déterminer les conditions exactes dans lesquelles TCP peut effectuer une transition de l'état *Fin-Attente-1* à l'état *Attente-Temporisation*.

13.15 Dessinez l'automate d'états finis pour deux ordinateurs qui acceptent de libérer normalement une connexion.

13.16 Supposez que TCP émette des segments en utilisant une largeur maximale de fenêtre de 64 Ko sur un canal de largeur de bande infinie et de RTT moyen de 20 millisecondes. Quel est le débit maximum ? Comment varie le débit si le RTT moyen passe à 40 ms (la bande passante reste infinie) ?

13.17 Comme le montre l'exercice précédent, un débit important peut être obtenu sur une connexion TCP avec une largeur de fenêtre importante. L'un des inconvénients du format d'un segment TCP c'est la taille du champ définissant la largeur de la fenêtre. Comment TCP peut-il être aménagé pour définir une largeur de fenêtre plus importante que celle permise par le champ Fenêtre sans modifier le format du segment ?.

13.18 Trouvez une équation qui exprime le débit TCP maximum comme fonction de la largeur de bande, du RTT moyen et des temps de traitement d'un segment et de génération d'un accusé de réception. Indication : reportez-vous à l'exercice précédent.

13.19 Décrivez les circonstances (anormales) qui peuvent laisser indéfiniment une connexion dans l'état *Fin-Attente-2* (indication : pensez à une perte de datagramme et aux « plantages » de machine).

13.20 Montrer que, quand un routeur implémente RED, la probabilité qu'un datagramme soit éliminé sur une connexion TCP est proportionnelle au pourcentage de trafic généré sur cette connexion.

14

Routage : système central, pairs et algorithmes

14.1 INTRODUCTION

Les chapitres précédents se sont focalisés sur les services de niveau réseau offerts par TCP/IP et sur le détail des protocoles qui, dans les ordinateurs hôtes et les routeurs, assurent ces services. Nous avons supposé que les routeurs contenaient les routes correctes et dit qu'ils peuvent demander aux ordinateurs hôtes directement accessibles de modifier leurs routes à l'aide du mécanisme de redirection ICMP.

Ce chapitre étudie deux grands problèmes : « Quelles informations doivent contenir les tables de routage ? » et « Comment ces informations peuvent-elles être obtenues ? » Pour répondre à la première question, nous considérerons les relations qui existent entre l'architecture de l'internet et le routage. En particulier, nous étudierons les internets organisés autour d'une *épine dorsale* (*backbone*) et ceux qui sont constitués de plusieurs réseaux de même importance. Nous étudierons également leur incidence sur le routage. Si, un grand nombre d'exemples présentés ici sont extraits du réseau Internet, leurs concepts sont néanmoins applicables aux réseaux d'entreprise plus petits. Pour répondre à la deuxième question, nous considérerons les deux types d'algorithmes de *propagation de routes* et nous verrons comment ces derniers effectuent la diffusion automatique des informations de routage.

Nous commencerons par traiter du routage en général. Les paragraphes ultérieurs traiteront de l'architecture des internets et présenteront les types de protocoles utilisés par les routeurs pour échanger des informations de routage. Les chapitres 15 et 16 approfondiront notre étude du routage. Ils aborderont les protocoles que les routeurs appartenant à deux groupes administratifs indépendants utilisent pour échanger des informations de routage et ceux que les routeurs d'un groupe donné mettent en œuvre pour échanger en interne les informations de routage.

14.2 L'ORIGINE DES TABLES DE ROUTAGE

Nous avons vu au chapitre 3 que les routeurs assurent effectivement l'interconnexion entre les réseaux. Chaque routeur est relié à deux réseaux physiques ou plus, et route des datagrammes IP. Il reçoit des datagrammes sur une interface réseau et les réémet sur une autre interface. À l'exception du trafic qui concerne des destinations situées sur des réseaux directement accessibles, les ordinateurs hôtes transmettent l'intégralité du trafic IP à des routeurs qui se chargent de le router et de l'acheminer jusqu'à sa destination finale. Un datagramme transite de routeur en routeur, jusqu'à atteindre un routeur directement relié au réseau du destinataire final. Le système des routeurs constitue la structure de base qui, dans un internet, gère tout le trafic à l'exception de celui qui passe directement de l'ordinateur émetteur à l'ordinateur récepteur.

Le chapitre 8 a décrit l'algorithme de routage IP employé par les ordinateurs hôtes et les routeurs. Il a aussi montré comment cet algorithme utilisait les informations contenues dans les tables de routage pour prendre des décisions. Chaque *entrée d'une table de routage* contient la partie réseau d'une adresse destination et l'adresse de la machine suivante sur le chemin qui conduit au destinataire final. Comme les ordinateurs, les routeurs remettent directement les datagrammes aux destinataires reliés au même réseau que le leur.

Si nous avons présenté les bases du routage, nous n'avons pas dit comment les routeurs obtenaient les informations enregistrées dans leurs tables de routage. Ce problème comporte deux aspects : *quelles* valeurs doivent être placées dans les tables et *comment* les routeurs obtiennent-ils ces valeurs ? Ces deux aspects dépendent de la complexité de l'architecture, de la taille ainsi que de la stratégie d'administration de l'internet.

En général, la définition des routes suppose leur initialisation et leur *mise à jour*. Chaque routeur doit, au démarrage, définir un ensemble initial de routes et le mettre à jour au fur et à mesure qu'il varie (lorsque des interfaces réseau tombent en panne, par exemple). Leur mode d'initialisation dépend du système d'exploitation. Dans certains systèmes, les routeurs qui démarrent lisent les tables de routage initiales sur la mémoire secondaire. Ces tables résident ensuite en mémoire centrale. Dans d'autres cas, le système d'exploitation démarre avec des tables de routage vides et ces dernières sont initialisées à l'aide de commandes explicites (celles d'un programme écrit en langage de commande *script shell* par exemple).

Enfin, certains systèmes construisent au démarrage un ensemble initial de routes à partir de l'ensemble des adresses IP de leurs interfaces réseau, puis contactent les machines voisines pour acquérir des routes supplémentaires.

Une fois que les tables de routage initiales sont construites, un routeur doit prendre en compte les modifications du routage. Dans les petits réseaux évoluant lentement, les administrateurs peuvent définir et modifier manuellement les routes. Dans les réseaux qui évoluent très vite, leur mise à jour manuelle est d'une lenteur inacceptable. Des méthodes automatiques sont alors nécessaires.

Avant de pouvoir comprendre les protocoles de mise à jour automatique des tables de routage utilisés dans les routeurs IP, nous devons passer en revue quelques concepts de base du routage. Les paragraphes qui suivent nous les présentent. Ils traitent de l'architecture de l'internet et des protocoles utilisés par les routeurs pour échanger des informations de routage.

14.3 ROUTAGE À PARTIR D'INFORMATIONS PARTIELLES

La principale différence entre les routeurs et les ordinateurs hôtes est que ces derniers disposent de peu d'informations sur la structure de l'internet auquel ils appartiennent. Les ordinateurs n'ont pas connaissance de la totalité des adresses destination ni même de la totalité des adresses réseau. En fait, la plupart d'entre eux n'ont que deux routes possibles dans leur table de routage : une route pour leur réseau local et une *route par défaut*. En résumé :

> Un ordinateur hôte peut router des datagrammes, même lorsqu'il ne dispose que d'informations de routage partielles, parce qu'il peut s'appuyer sur un routeur.

Les routeurs peuvent-ils eux aussi router les datagrammes sur la base d'informations partielles ? Oui, mais dans certaines conditions seulement. Pour les comprendre, imaginons un internet comme un pays étranger sillonné de mauvaises routes dont les intersections comportent des panneaux indicateurs. Imaginez que vous ne disposiez pas de carte, que vous ne puissiez pas demander votre chemin parce que vous ne parlez pas la langue locale, qu'aucun point de repère ne soit visible mais que vous deviez traverser un village nommé *Gournay*. Vous commencez votre voyage en suivant l'unique route qui permet de sortir de la ville et vous commencez à lire les panneaux indicateurs. Les premières informations indiquent :

Paris à gauche, Toulouse à droite, autres directions, tout droit[1].

1. Heureusement, les panneaux indicateurs sont rédigés en français.

Comme la direction que vous recherchez n'est pas explicitement mentionnée, vous poursuivez tout droit. Dans le jargon du routage, vous empruntez la *route par défaut*. Après avoir suivi plusieurs indications, vous parvenez enfin à un panneau qui indique :

Forges à gauche, Gournay à droite, autres directions tout droit.

Vous tournez à droite, suivez plusieurs indications et débouchez finalement sur une route conduisant à *Gournay*.

Notre voyage imaginaire est analogue à celui d'un datagramme qui traverse un internet et les panneaux indicateurs sont analogues aux tables de routage des routeurs. En l'absence de carte ou repère navigationnel quelconque, le voyage dépend complètement des panneaux indicateurs tout comme le routage des datagrammes dépend des informations contenues dans les tables de routage. On voit ainsi qu'il est possible de voyager même si les panneaux indicateurs ne mentionnent qu'une partie des informations.

Une question fondamentale concerne l'exactitude des indications. Tout comme le voyageur, vous pouvez vous demander : « Comment être sûr que suivre les indications données me permettra d'arriver à destination ? » Vous pouvez également vous demander : « Comment être sûr que les indications me permettent d'atteindre la destination finale par le plus court chemin ? » Ces questions peuvent vous paraître troublantes, particulièrement si vous passez plusieurs panneaux sans qu'aucune référence explicite à votre destination finale apparaisse. Bien entendu, les réponses dépendent de la topologie du réseau routier et des informations affichées, mais l'idée fondamentale est que, considérées globalement, les informations des panneaux sont à la fois cohérentes et complètes. D'autre part, nous verrons qu'il n'est pas nécessaire de mentionner toutes les destinations à chaque intersection. Les panneaux indicateurs peuvent, en effet, mentionner des routes par défaut tant que les indications explicites repèrent les plus courts chemins et que les changements de direction correspondant aux plus courts chemins vers toutes les destinations sont indiqués. Quelques exemples vont nous permettre de voir comment on peut obtenir cette cohérence.

Considérons, tout d'abord, le cas extrême d'un réseau routier en étoile dans lequel il n'y a qu'une route pour atteindre chaque village et où toutes les routes se coupent en un point central. Pour garantir la cohérence, le panneau du carrefour central doit indiquer toutes les destinations possibles. Dans le cas extrême opposé, imaginez un ensemble arbitraire de routes dans lequel les panneaux indicateurs des intersections listent toutes les destinations possibles. Pour garantir la cohérence, on doit faire en sorte que si à une intersection un panneau indique une destination D par la route R, c'est qu'il n'existe aucune route plus courte que R pour atteindre D.

Aucune de ces architectures extrêmes ne convient pour le système des routeurs d'un internet. L'approche centralisée ne convient pas parce qu'il n'existe aucune machine assez puissante pour écouler la totalité du trafic au point central. Mais la seconde approche exige de disposer des informations sur la totalité des destinations possibles, ce qui est irréalisable car cela nécessite la propagation d'énormes quantités d'informations chaque fois qu'il y a des modifications ou que les administrateurs souhaitent vérifier la cohérence des indications. Il nous faut une solution qui permette à des groupes de gérer les routeurs locaux de façon autonome et d'ajouter des connexions à de nouveaux réseaux ou de nouvelles routes sans avoir à modifier les routeurs distants.

Pour aider à expliquer quelques-unes des architectures présentées par la suite, considérons une troisième topologie dans laquelle la moitié des villes se trouve à l'Est d'un pays alors que l'autre moitié se trouve à l'Ouest et qu'un seul pont traverse le fleuve qui sépare l'Est de l'Ouest. Supposez de plus que les gens de l'Est n'aiment pas ceux de l'Ouest et qu'ils n'autorisent que les panneaux indicateurs qui mentionnent des destinations de l'Est et ne comportent aucune mention de ville de l'Ouest. Bien entendu, les habitants de l'Ouest font exactement la même chose mais de leur point de vue. Le routage sera cohérent si les panneaux indicateurs de l'Est référencent toutes les villes de l'Est et indiquent le pont comme destination par défaut et que les panneaux indicateurs de l'Ouest référencent toutes les villes de l'Ouest et désignent le pont comme destination par défaut.

14.4 ARCHITECTURE INITIALE ET SYSTÈME CENTRAL D'INTERNET

L'essentiel des connaissances sur le routage et les protocoles de diffusion d'informations de routage résulte de l'expérience acquise dans le cadre d'Internet. Au début de la mise en œuvre de TCP/IP, les sites participant à la recherche étaient connectés au réseau ARPANET et l'utilisaient comme épine dorsale. Pendant les premières expériences, chaque site gérait ses tables de routage et définissait manuellement les nouvelles routes. Mais bientôt, il est devenu évident que la gestion manuelle des routes était impossible ; des mécanismes automatiques se sont avérés nécessaires.

Les concepteurs d'Internet ont donc défini une architecture à base de routeurs constituée d'un ensemble réduit de routeurs centraux gérant l'intégralité des informations relatives à toutes les destinations possibles et d'un ensemble plus vaste de routeurs ne gérant qu'une partie de ces informations. Pour reprendre notre analogie, ceci correspond au fait de concevoir un petit nombre de carrefours centraux comportant des panneaux indicateurs référençant la totalité des destinations. Tant que la route par défaut référence un de ces carrefours centraux, les voyageurs pourront atteindre leur destination. L'intérêt de l'utilisation d'une information partielle dans les routeurs périphériques est de permettre aux administrateurs de chaque site de prendre en compte des modifications locales sans que le reste de l'internet soit affecté. L'inconvénient est l'introduction de risques potentiels d'incohérence. Dans le pire des cas, une erreur au niveau d'un routeur périphérique peut rendre des routes distantes inaccessibles.

Nous pouvons résumer ces idées ainsi :

Les tables de routage d'un routeur donné contiennent des informations partielles relatives à l'ensemble des destinations possibles. Le routage utilisant les informations partielles autorise l'autonomie des sites puisqu'il permet des modifications locales, mais il introduit des possibilités d'incohérences susceptibles de rendre certaines destinations inaccessibles pour certaines sources.

Dans les routeurs, les incohérences de routage sont généralement dues à des erreurs de calcul des algorithmes de routage, à la réception par ces algorithmes de données erronées ou à des erreurs lors de la transmission des résultats aux autres routeurs. Les concepteurs de protocoles cherchent des moyens de limiter l'impact des erreurs et se sont fixés pour objectif de maintenir la cohérence de toutes les routes, à tout moment. Si pour une raison quelconque les routes deviennent incohérentes, les protocoles de routage des routeurs doivent être suffisamment robustes pour détecter et corriger rapidement ces erreurs. Le plus important est que les protocoles soient conçus pour limiter les effets des erreurs.

14.5 LES ROUTEURS DU SYSTÈME CENTRAL

Les premiers routeurs Internet pouvaient grossièrement se répartir en deux groupes : un ensemble réduit de *routeurs du système central* ou *routeurs centraux* (*core routers*) gérés par l'INOC (*Internet Network Operations Center*), véritable centre opérationnel réseau d'Internet, et un ensemble plus grand de *routeurs périphériques* (*noncore routers*) gérés par de petits groupes indépendants. Le système central était conçu pour fournir des routes fiables, cohérentes et validées permettant d'atteindre toutes les destinations possibles ; c'était le liant qui assurait la cohésion du réseau Internet et permettait la réalisation des connexions à l'échelle planétaire. En fait, tout site disposant d'une adresse Internet devait s'arranger pour communiquer cette adresse à un routeur central. Les routeurs centraux communiquaient entre eux. Ils pouvaient ainsi garantir la cohérence des informations qu'ils partageaient. Comme une autorité centrale les surveillait et les gérait, ils étaient très fiables.

Pour bien comprendre ce système de routeurs centraux, il faut se rappeler qu'Internet s'est développé à partir d'un réseau déjà en place : ARPANET. Ses concepteurs ont en effet pensé qu'ils pourraient le construire en s'appuyant sur ARPANET, qui deviendrait la véritable *épine dorsale* ou *backbone* d'Internet. On l'appelle aussi un *réseau fédérateur*. La principale raison d'être de ce système de routeurs centraux est donc la volonté de pouvoir connecter des réseaux locaux à ARPANET. C'est ce qu'illustre la figure 14.1.

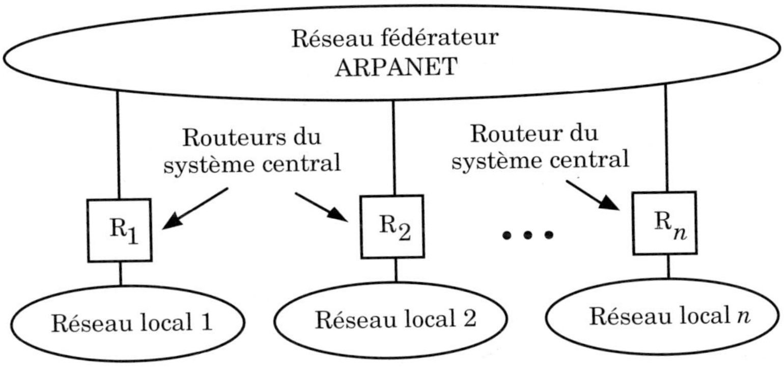

Figure 14.1 — Les routeurs centraux d'Internet sont vus comme un ensemble de routeurs qui gèrent des réseaux locaux reliés au réseau ARPANET. Les ordinateurs qui appartiennent aux réseaux locaux transmettent tout le trafic non local au routeur central le plus proche.

Pour comprendre pourquoi une telle architecture se prête mal au routage à partir d'informations partielles, supposez qu'un grand internet soit constitué de réseaux locaux reliés à un réseau fédérateur par l'intermédiaire de routeurs. Supposez qu'un routeur, au niveau de chaque site, relie le réseau local au réseau fédérateur et que les routeurs utilisent les routes par défaut. Maintenant, considérez le chemin emprunté par un datagramme. Au niveau de la source locale, le routeur local consulte sa table de routage pour voir s'il connaît une route explicite permettant d'atteindre la destination et, dans la négative, émet le datagramme sur la route par défaut. Tous les datagrammes pour lesquels le routeur ne connaît pas de route empruntent la même route par défaut, quelle que soit leur destination finale. Le routeur suivant, sur le chemin, aiguille les datagrammes reçus vers des routes spécifiques, lorsqu'il en connaît, et dans la négative, les émet sur la route par défaut. Pour assurer la cohérence globale, la chaîne des routes par défaut doit traverser tous les routeurs centraux en formant un gigantesque cycle comme indiqué à la figure 14.2.

Cette architecture nécessite donc que tous les sites locaux se coordonnent pour définir leur route par défaut. De plus, le routage, même cohérent, peut s'avérer inefficace en fonction de la définition des routes par défaut. Dans le pire des cas, comme on le voit à la figure 14.2, un datagramme devra traverser l'intégralité des n routeurs pour aller de sa source à la destination finale au lieu de traverser directement le réseau fédérateur.

Pour éviter l'inefficacité engendrée par les routes par défaut, les concepteurs d'Internet se sont arrangés pour que tous les routeurs centraux connaissent l'intégralité des informations relatives à toutes les destinations possibles. Comme les routeurs centraux mettent en œuvre le routage pour toutes les destinations, ils

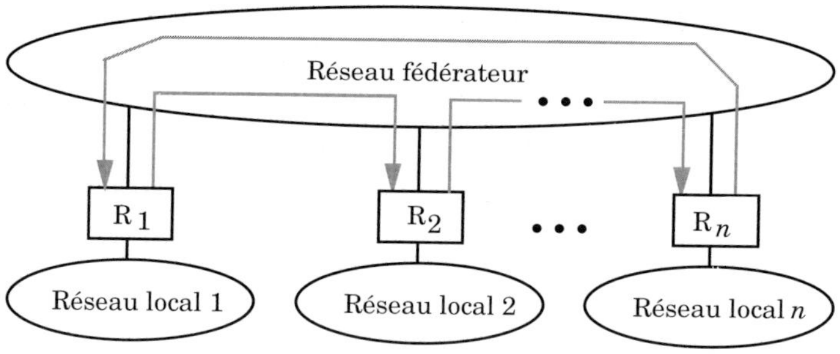

Figure 14.2 — Un ensemble de routeurs connectés à un réseau fédérateur ; les routes par défaut sont indiquées. Le routage peut être inefficace, même s'il est cohérent.

n'ont pas besoin de routes par défaut. Si l'adresse de destination d'un datagramme n'apparaît pas dans la table de routage d'un routeur central, celui-ci le détruit et envoie un message ICMP de destination inaccessible. En un mot, la conception du système central évite les incohérences en éliminant les routes par défaut.

La figure 14.3 décrit les concepts de base d'une architecture de routage à système central. Elle représente un système central constitué d'un ou plusieurs routeurs et un ensemble de routeurs périphériques situés sur des sites locaux. Les routeurs périphériques gèrent les informations relatives aux destinations locales et utilisent une route par défaut pour émettre les datagrammes destinés à d'autres sites vers le système central de routeurs.

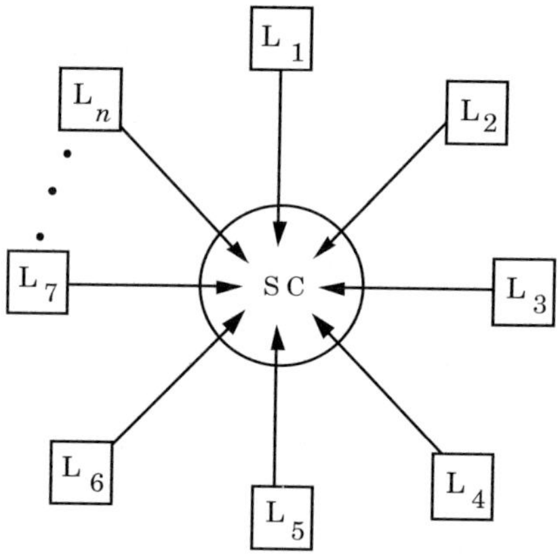

Figure 14.3 — Architecture du routage d'un système simplifié de routeurs centraux, indiquant les routes par défaut. Les routeurs du système central (*SC*) n'utilisent pas les routes par défaut ; les routeurs périphériques, étiquetés L_i, ont chacun une route par défaut qui pointe vers le système de routeurs centraux.

L'architecture à système central présentée à la figure 14.3 est facile à comprendre, mais ce système n'est pas réaliste et ce pour trois raisons. Premièrement, Internet a dépassé le stade de réseau fédérateur grande distance géré manuellement. Sa topologie est devenue complexe et les protocoles nécessaires pour maintenir la cohérence entre les routeurs centraux sont devenus très délicats. Deuxièmement, tous les sites ne peuvent disposer d'un routeur relié au système central. Des structures de routage et des protocoles complémentaires sont donc nécessaires. Troisièmement, comme les routeurs centraux interagissent pour garantir la cohérence des informations de routage, le système central doit conserver une taille maîtrisable. Nous reviendrons sur cette question au chapitre 15, après avoir étudié les protocoles utilisés par les routeurs centraux pour échanger des informations de routage.

14.6 DE L'ARCHITECTURE DU SYSTÈME CENTRAL AUX RÉSEAUX FÉDÉRATEURS PAIRS

L'introduction du réseau fédérateur NSFNET dans Internet a augmenté la complexité des structures de routage. Du point de vue du système central de routeurs, la connexion initiale de NSFNET est identique à celle de tout autre site. NSFNET est relié au réseau fédérateur ARPANET par un seul nœud, à Pittsburgh. Le système central gère des routes explicites pour toutes les destinations du réseau NSFNET. Les routeurs du réseau NSFNET connaissent les routes correspondant à toutes les destinations internes à NSFNET et utilisent une route par défaut pour transmettre tout le trafic non NSFNET au système central par l'intermédiaire du routeur de Pittsburgh.

Au fur et à mesure de sa croissance, NSFNET est devenu le composant principal d'Internet. L'architecture du système central ne pouvait plus, à l'évidence, suffire. La modification conceptuelle la plus importante s'est produite lorsque plusieurs connexions ont été ajoutées pour relier les réseaux fédérateurs d'ARPANET et de NSFNET. Les deux réseaux fédérateurs sont devenus des *réseaux fédérateurs pairs* (*peer backbone networks*) ou simplement des *pairs*. La figure 14.4 indique la topologie paire correspondante.

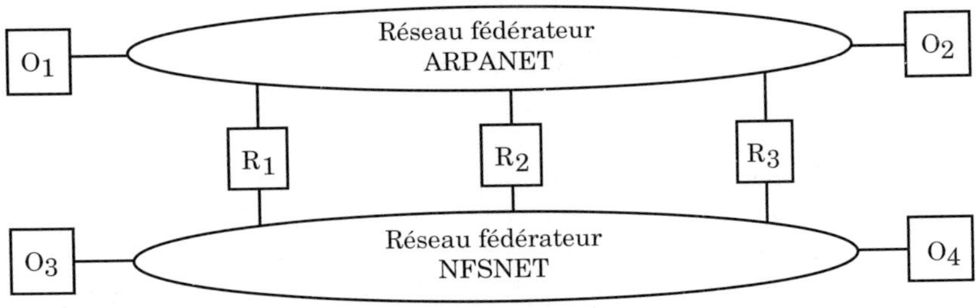

Figure 14.4 — Un exemple de topologie à réseaux fédérateurs pairs reliés par plusieurs routeurs. Le schéma représente l'architecture d'Internet en 1989. Lors des générations ultérieures, des réseaux fédérateurs parallèles ont été mis en place par les fournisseurs d'accès au réseau Internet.

Pour saisir les difficultés du routage entre réseaux fédérateurs pairs, considérez, dans la figure 14.4, les routes reliant les ordinateurs O_3 et O_2. Supposez, pour le moment, que la figure soit représentative de la localisation géographique des ordinateurs. Ainsi O_3 se trouve sur la côte Ouest, relié au réseau fédérateur NSFNET, tandis que O_2 se trouve sur la côte Est, relié au réseau fédérateur ARPANET. Lors de la définition des routes reliant les ordinateurs 2 et 3, les administrateurs de réseaux doivent choisir (a) s'ils routent le trafic émis par O_3 vers la côte Est via le routeur R_1, puis ensuite au sein du réseau ARPANET, (b) s'ils routent le trafic émis par O_3 vers la côte Est, au sein du réseau fédérateur NSFNET, jusqu'au routeur R_2, puis ensuite au sein du réseau ARPANET jusqu'à O_2 ou (c) s'ils routent le trafic au sein du réseau NSFNET, jusqu'au routeur de la côte Est R_3 et enfin jusqu'à O_2, au sein du réseau ARPANET. Un tel itinéraire peut être ou ne pas être raisonnable, ceci dépend des stratégies mises en œuvre au sein des réseaux et de la capacité des différents routeurs et réseaux fédérateurs.

Pour la majeure partie des configurations de réseaux fédérateurs pairs, le trafic échangé par des ordinateurs hôtes géographiquement proches devrait emprunter le plus court chemin, indépendamment des routes choisies pour le trafic interrégional. Ainsi, le trafic échangé entre O_1 et O_3 devrait emprunter le routeur de la côte Ouest parce que celle-ci optimise la distance parcourue dans chaque réseau fédérateur.

Toutes ces affirmations semblent suffisamment simples, mais elles sont délicates à mettre en œuvre, pour deux raisons. D'abord, comme l'algorithme de routage normalisé utilise la partie réseau de l'adresse IP, optimiser le routage dans une architecture à base de réseaux fédérateurs pairs nécessite de définir des routes d'ordinateur à ordinateur. Dans l'exemple précédent, les tables de routage de l'ordinateur 3 doivent comporter deux routes différentes pour les ordinateurs 1 et 2, même s'ils appartiennent au même réseau fédérateur. Ensuite, les administrateurs des deux réseaux doivent se mettre d'accord pour maintenir la cohérence des routes pour tous les routeurs, faute de quoi des *boucles de routage* peuvent apparaître (on a une boucle de routage lorsque les routes d'un ensemble de routeurs forment un cycle fermé).

Il est important de faire la distinction entre la topologie du réseau et l'architecture de son routage. Il est ainsi possible qu'un système central de routeurs recouvre plusieurs réseaux fédérateurs distincts. Les routeurs centraux peuvent être configurés pour masquer les détails architecturaux des réseaux sous-jacents et pour calculer le plus court chemin qui les sépare les uns des autres. Il n'est toutefois pas possible de décomposer un système central en sous-ensembles gérant chacun une partie des informations sans réduction des fonctionnalités. La figure 14.5 illustre ce problème.

Comme l'indique la figure 14.5, les routeurs périphériques ont des routes par défaut pour atteindre une des parties du système central. Chaque partie du système central connaît les informations relatives aux destinations possibles de

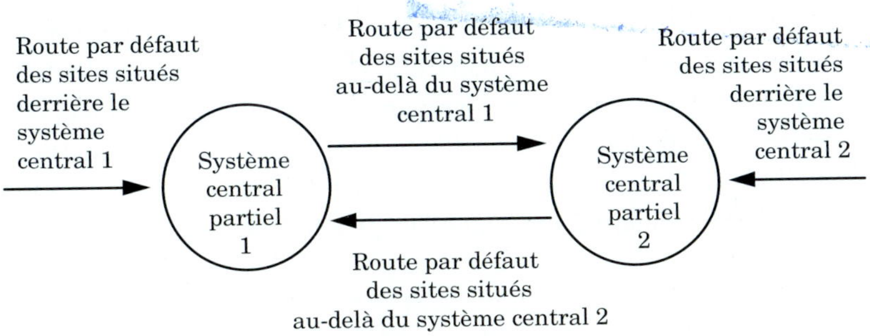

Figure 14.5 — Tentative de division d'un système central en deux ensembles de routeurs qui gèrent chacun des informations partielles et utilisent les routes par défaut. Une telle architecture génère des boucles de routage pour les datagrammes qui correspondent à des destinations inconnues.

son côté et dispose d'une route par défaut pour les informations qui concernent le reste du monde. Dans une telle architecture, tout datagramme émis vers une adresse inconnue oscillera entre les deux parties jusqu'à ce que la valeur de son compteur de durée de vie atteigne zéro. En résumé :

> Une architecture à système central suppose qu'elle soit dépositaire des informations relatives à toutes les destinations possibles d'un internet. Le système central est mieux adapté à des internets dotés d'un réseau fédérateur unique et géré de façon centralisée. L'extension de cette topologie à plusieurs réseaux fédérateurs complique le routage ; tenter de décomposer l'architecture à système central de façon que les routeurs utilisent des routes par défaut introduit des risques d'apparition de boucles de routage.

14.7 PROPAGATION AUTOMATIQUE DES INFORMATIONS DE ROUTAGE

Nous avons dit que le système central initial d'Internet évitait les routes par défaut parce qu'il communiquait les informations relatives à la totalité des destinations à chaque routeur. Les sections suivantes analysent deux types d'algorithmes de routage distribués qui calculent et propagent les informations de routage. L'un d'entre eux, présenté à titre d'exemple, utilise les protocoles de routage du système central initial.

Il peut sembler que les mécanismes de propagation automatique des informations de routage ne sont pas nécessaires, particulièrement dans le cas des petits internets. Les internets ne sont toutefois pas statiques. Des connexions tombent en panne, qui sont remplacées ultérieurement. Les réseaux peuvent être momentanément saturés et sous-utilisés ensuite. L'objet des protocoles de propagation automatique des informations de routage n'est pas simplement de déterminer un ensemble de routes, mais de mettre à jour en permanence les informations de routage. Les êtres humains ne peuvent pas réagir suffisamment vite aux modifications ; on doit donc utiliser des ordinateurs. Ainsi, lorsque nous étudions la propagation automatique des informations de routage, il est important de considérer le comportement dynamique des protocoles et des algorithmes.

14.8 ROUTAGE À VECTEUR DE DISTANCE (BELLMAN-FORD)

Le terme de *vecteur de distance*[1] désigne une famille d'algorithmes que les routeurs utilisent pour propager les informations de routage. L'idée sous-jacente est très simple. Nous supposons que chaque routeur démarre avec un ensemble initial de routes correspondant aux réseaux auxquels il est relié. Le routeur gère la liste des routes dans sa table de routage. Chaque entrée identifie un réseau destination et indique la *distance*, exprimée en *nombre de sauts* ou *bonds* (*hops*), qui sépare le routeur de ce réseau (figure 14.6).

Destination	Distance	Route
Réseau 1	0	directe
Réseau 2	0	directe

Figure 14.6 — Une table de routage à vecteur de distance contenant une entrée pour chaque réseau directement accessible. Les entrées contiennent l'adresse d'un réseau et un entier représentant la distance qui sépare le routeur de ce réseau.

Chaque routeur diffuse périodiquement une copie de ses tables de routage à tout routeur qu'il est capable d'atteindre directement. Lorsque le routeur *K* reçoit un compte rendu du routeur *J*, il examine l'ensemble des destinations mentionnées et les distances correspondantes. Si *J* connaît un chemin plus court permettant d'atteindre une destination, si *J* mentionne une destination inconnue de *K*, ou si *K* route les datagrammes via *J* pour atteindre une destination et que la distance a changé, *K* remplace l'entrée correspondante de sa table de routage. Ainsi, la figure 14.7 présente la table de routage d'un routeur, *K*, et un *message de mise à jour* émis par un autre routeur.

Remarquez que si *J* indique une distance *N*, une entrée mise à jour dans la table de *K* contiendra la distance $N + 1$ (la distance permettant d'atteindre la destination depuis *J* augmentée de la distance qui permet d'atteindre *J*). Bien entendu, les entrées des tables de routage contiennent une troisième colonne

1. Les noms Ford, Fulkerson, Bellman-Ford et Bellman sont liés au terme de vecteur de distance ; ce sont ceux des chercheurs qui, les premiers, ont publié cette idée.

qui définit le saut suivant (ou l'étape suivante sur la route). Les entrées « saut suivant » de chaque route sont toutes marquées *remise directe* (*direct delivery*). Lorsque le routeur *K* ajoute ou met à jour une entrée en réponse à la réception d'un message en provenance de *J*, il définit *J* comme saut suivant sur la route associée à cette entrée.

Destination	Distance	Route
Réseau 1	0	directe
Réseau 2	0	directe
Réseau 4	8	routeur L
Réseau 17	5	routeur M
Réseau 24	6	routeur J
Réseau 30	2	routeur Q
Réseau 42	2	routeur J

(a)

Destination	Distance
Réseau 1	2
Réseau 4*	3
Réseau 17	6
Réseau 21*	4
Réseau 24	5
Réseau 30	10
Réseau 42*	3

(b)

Figure 14.7 — (a) La table de routage d'un routeur, *K*, et (b), un message de mise à jour des informations de routage émis par le routeur *J*. Les entrées marquées d'un astérisque sont utilisées pour mettre à jour les entrées existantes ou pour créer de nouvelles entrées dans la table de routage du routeur *K*.

L'expression *vecteur de distance* provient des informations contenues dans les messages émis périodiquement. Un message contient une liste de paires (*V*, *D*) où *V* (appelé vecteur) identifie une destination et *D* la distance correspondant à cette destination. Remarquez que l'algorithme de routage à vecteur de distance rend compte des routes à la première personne (Il faut imaginer un routeur indiquant « Je sais atteindre la destination *V* à la distance *D* »). Dans un tel schéma, tous les routeurs doivent participer aux échanges de vecteurs de distance pour que le routage soit efficace et cohérent.

Bien que les algorithmes de routage à vecteur de distance soient simples à mettre en œuvre, ils présentent des inconvénients. Dans un environnement complètement statique, ils propagent des routes vers toutes les destinations. Lorsque les routes changent rapidement, les calculs peuvent ne pas comporter d'état stable. Lorsqu'une route est modifiée (par exemple, quand une liaison tombe en panne ou lorsqu'une nouvelle liaison apparaît), les informations se propagent lentement d'une machine à une autre et pendant ce temps certains routeurs disposent d'informations de routage qui ne sont pas correctes.

Pour le moment, nous étudierons un protocole qui utilise un algorithme de routage à vecteur de distance sans en analyser les défauts. Le chapitre 16 complète cette étude en présentant un autre protocole de routage à vecteur de distance, de même que les problèmes qui peuvent se poser et les heuristiques qui permettent de remédier aux plus sérieux d'entre eux.

14.9 LE PROTOCOLE DE PASSERELLE À PASSERELLE (GGP)

Le système central initial a utilisé un protocole de routage à vecteur de distance nommé *protocole de passerelle à passerelle*[1], GGP (*Gateway-to-Gateway Protocol*) pour échanger des informations de routage. GGP n'est plus, aujourd'hui, un élément majeur de la famille TCP/IP[2] ; il constitue cependant un exemple concret de protocole à vecteur de distance. GGP a été conçu pour être transporté dans des datagrammes IP, au même titre que les datagrammes UDP ou les segments TCP. Chaque message GGP a un en-tête de taille fixe qui identifie le type du message et la structure du reste des champs. Seuls les routeurs centraux administrés par l'INOC participaient à GGP ; les routeurs périphériques ne pouvaient participer à l'échange.

Le système central initial a été conçu pour permettre l'ajout de nouveaux routeurs sans avoir à modifier les routeurs existants. Lorsqu'un nouveau routeur était ajouté au système central, un ou plusieurs *voisins* lui étaient désignés avec qui il pouvait communiquer. Les voisins, déjà membres du système central, propageaient déjà des informations de routage entre eux. Ainsi, les nouveaux routeurs n'avaient qu'à informer leurs voisins des réseaux qu'ils pouvaient atteindre ; ceux-ci mettaient leurs tables à jour puis propageaient à leur tour ces informations.

GGP est un véritable protocole à vecteur de distance. Les informations de routage échangées par les routeurs à l'aide de GGP sont des ensembles de paires (N, D), où N est une adresse réseau et où D est la distance correspondante, exprimée en nombre de sauts. Les routeurs utilisant GGP *informent* les autres routeurs des réseaux qu'ils peuvent atteindre et des coûts correspondants.

GGP mesure les distances en nombre de sauts. Un routeur se trouve à une distance zéro d'un réseau s'il peut y accéder directement ; il se trouve à une distance *1* des réseaux accessibles *via* un routeur et ainsi de suite. Ainsi, le *nombre de sauts* (*number of hops* ou *hop count*) sur un chemin reliant une source à une destination représente le nombre de routeurs traversés par un datagramme lors de son acheminement. Il doit être clair qu'utiliser le nombre de sauts pour calculer le plus court chemin ne donne pas toujours le bon résultat. Ainsi, un chemin correspondant à une distance 3 qui traverse trois réseaux Ethernet peut s'avérer nettement plus rapide qu'un chemin correspondant à une distance 2 qui emprunte deux liaisons à basse vitesse. De nombreux routeurs associent donc des nombres de sauts artificiellement élevés aux routes qui empruntent des liaisons à bas débit.

---

1. Rappelons que si l'on utilise maintenant uniquement le terme de *routeur*, les chercheurs utilisaient autrefois le terme *passerelle*.
2. L'IETF a déclaré « historique » le protocole GGP, ce qui signifie qu'il n'est plus recommandé de l'utiliser dans les environnements TCP/IP.

14.10 FACTORISATION DES DISTANCES

Comme la plupart des protocoles de routage, GGP comprend divers types de message, chacun ayant une structure et une signification propres. Un champ de l'en-tête du message comprend un code qui identifie le type du message. Tout récepteur analyse ce code afin de savoir comment traiter un message reçu. Avant que deux routeurs ne s'échangent des informations de routage ils doivent se mettre en relation (*via* une communication) ; certains messages sont définis spécifiquement pour cela. Le message fondamental de GGP – qui est aussi celui des autres protocoles à vecteur de distance – c'est le message de *mise à jour de routage* (*update routing*) qui est utilisé par les routeurs pour s'échanger leurs informations de routage.

Conceptuellement une mise à jour de routage contient une liste de couples de valeurs associées à chaque entrée : l'adresse IP d'un réseau et la distance à ce réseau. En pratique, cependant, les protocoles de routage réarrangent les informations de mise à jour afin de faire en sorte que les messages correspondant restent de petite taille. En particulier il a été observé que nombre d'architectures consistaient en un arrangement linéaire de réseaux et de routeurs. La plupart d'entre elles étant par ailleurs des architectures hiérarchiques, c'est-à-dire que plusieurs routeurs sont reliés à chaque réseau. C'est ainsi qu'il n'y a pas beaucoup de valeurs de distances différentes dans une mise à jour de routage, et qu'une même valeur est souvent répétée. Pour réduire la taille des messages de mise à jour, les protocoles de routage mettent en œuvre une technique de regroupement dont l'origine remonte à GGP et qui consiste à regrouper les réseaux par distance. Cette technique appelée *factorisation des distances* (*distance factoring*) évite de transmettre plusieurs fois une même valeur de distance. C'est ainsi que la liste des couples de valeurs associées à chaque entrée est triée par distance ; chaque valeur de distance n'est représentée qu'une seule fois dans la liste et tous les réseaux associés à une distance donnée suivent dans la liste. Nous verrons au chapitre suivant comment les autres protocoles factorisent les informations de routage.

14.11 FIABILITÉ DES PROTOCOLES DE ROUTAGE

La plupart des protocoles de routage utilisent un protocole de transport sans connexion. Par exemple, GGP encapsule ses messages directement dans les datagrammes IP ; les protocoles de routage modernes utilisent plutôt UDP[1]. IP et UDP offrent tous deux une même sémantique : les messages peuvent être perdus, retardés, dupliqués, corrompus ou livrés dans le désordre. Les protocoles de routage qui les utilisent doivent compenser ces défaillances pour assurer la fiabilité des messages transmis.

1. Il y a des exceptions. Le chapitre suivant présente un protocole de routage qui utilise TCP.

Les protocoles de routage utilisent diverses techniques pour gérer les problèmes inhérents à la remise des messages. Des mécanismes de total de contrôle (*checksum*) sont mis en œuvre pour traiter les problèmes de corruption. La perte des messages est gérée par un mécanisme *faute de mieux*[1] (*soft state*) ou au moyen d'accusés de réception (ou acquittements) et demandes de retransmission. GGP utilise, par exemple, un mécanisme d'accusé de réception étendu qui permet à un récepteur de renvoyer un acquittement positif ou négatif.

Pour gérer la remise des messages dans le désordre et l'arrivée de messages trop anciens, les protocoles de routage utilisent des numéros de séquence. Avec GGP, chaque routeur choisit à l'initialisation un numéro de séquence pour gérer le séquencement de ses messages. Le routeur destinataire prend connaissance de ce numéro et gère les acquittements en conséquence. Suite au message initial, les numéros des messages suivant évoluent séquentiellement, cela permet au récepteur de contrôler l'ordre des messages reçus. Au chapitre suivant nous verrons un protocole qui utilise le mécanisme *faute de mieux*.

14.12 LE ROUTAGE À ÉTAT DE LIEN (SPF)

Le principal inconvénient des algorithmes de routage à vecteur de distance c'est qu'ils ne s'ajustent pas bien. Outre les mauvais temps de réponses aux changements mentionnés précédemment, ces algorithmes nécessitent l'échange de messages relativement longs. Ces messages contiennent en effet une entrée pour chaque réseau accessible, et donc la taille des messages est proportionnelle au nombre total de réseaux de l'internet. Plus encore, comme les protocoles à vecteur de distance requièrent la participation de tous les routeurs, le volume d'information échangée peut être énorme.

Les premières alternatives aux algorithmes de routage à vecteur de distance forment une classe d'algorithmes nommée *état du lien* (ou *liaison*) ou *plus court chemin d'abord* ou SPF[2] (*Shortest Path First*). Les algorithmes SPF exigent que chaque routeur y participant ait une connaissance complète de la topologie du réseau. Le moyen le plus simple de visualiser les informations relatives à la topologie est d'imaginer que chaque routeur dispose d'une carte qui indique tous les autres routeurs et les réseaux auxquels ils sont reliés. En termes abstraits, les routeurs correspondent aux nœuds d'un graphe et les réseaux qui les relient correspondent

1. Comme on l'a dit, ce mécanisme est basé sur des temporisations. Ils maintiennent les informations connues en l'absence de nouveau message jusqu'à l'expirations des temporisations associées.

2. Le terme *plus court chemin d'abord* est une appellation malheureuse car la plupart des calculs de routes utilisent les plus courts chemins. Il semble toutefois que cette appellation soit largement acceptée.

aux arêtes. Il existe une arête entre deux nœuds si les routeurs correspondants peuvent communiquer directement.

Au lieu d'émettre des messages contenant une liste de destinations, un routeur qui participe à un algorithme SPF réalise deux tâches. Premièrement, il teste activement l'état de tous les routeurs voisins. En termes de graphes, deux routeurs sont voisins s'ils sont connectés à un lien commun ; en terme de réseau deux voisins sont connectés à un réseau commun. Deuxièmement, il propage périodiquement l'état de la liaison à tous les autres routeurs.

Pour tester l'état d'un voisin directement accessible, un routeur échange périodiquement des messages courts qui demandent si le voisin est *vivant* et *accessible*. Si le voisin répond, le lien qui les relie est dit *actif* (*up*). Dans le cas contraire, le lien est dit *tombé*[1] (*down*). Pour informer les autres routeurs, chaque routeur diffuse périodiquement un message qui liste l'état de chacun de ses liens. Un message d'état de lien ne spécifie pas de routes – il rend compte si une communication est possible entre deux routeurs. Les protocoles internes aux routeurs s'arrangent pour distribuer à chacun des routeurs en relation directe, une copie de chaque message d'états de lien reçus. Si les réseaux sous-jacents ne supportent pas la diffusion, la distribution des messages est faite de façon individuelle en point à point.

Chaque fois qu'un message d'état arrive, un routeur utilise les informations pour mettre à jour sa carte des liens de l'internet en les marquant actifs ou tombés. Chaque fois que l'état d'une ligne change, le routeur recalcule les routes en appliquant le célèbre *algorithme du plus court chemin de Dijkstra* au graphe correspondant. L'algorithme de Dijkstra calcule les plus courts chemins reliant une source à toutes les destinations possibles.

Un des avantages principaux de l'algorithme SPF c'est que chaque routeur recalcule les informations de routage de façon indépendante, à partir des mêmes informations d'état ; elles ne dépendent pas du résultat du calcul de machines intermédiaires. Comme les messages d'état de liens se propagent sans être modifiés, il est facile de traiter les éventuels problèmes. Comme les calculs sont effectués localement par les routeurs, leur convergence est sûre. Enfin, comme les messages d'état ne transportent que des informations relatives à des liens directement accessibles, leur taille ne dépend pas du nombre de réseaux de l'internet. L'algorithme SPF fonctionne donc à une échelle plus réduite que les algorithmes de routage à vecteur de distance.

1. En pratique, pour éviter les oscillations entre les états actif et tombé, la plupart des protocoles utilisent une règle des k parmi n pour tester l'activité, ce qui signifie que le lien reste actif jusqu'à ce qu'un pourcentage significatif de demandes n'ait pas reçu de réponse et reste tombé jusqu'à ce qu'un pourcentage significatif de demandes ait reçu une réponse.

14.13 RÉSUMÉ

Pour garantir avec une bonne probabilité que tous les réseaux restent accessibles, un internet doit assurer un routage globalement cohérent. Les ordinateurs et la plupart des routeurs ne contiennent que des informations de routage partielles ; ils dépendent de routes par défaut pour émettre des datagrammes vers des destinations éloignées. Internet résout le problème du routage en utilisant une architecture à système central où un ensemble réduit de routeurs connaît l'intégralité des informations de routage relatives à tous les réseaux. Les routeurs centraux échangent périodiquement des informations ; ainsi, si un seul routeur central prend connaissance d'une nouvelle route, tous les autres sont avertis. Pour éviter l'apparition de boucles de routage, les routeurs centraux n'ont pas le droit d'utiliser les routes par défaut.

Un système central unique, géré de façon centralisée, fonctionne bien sur une architecture construite au-dessus d'un seul réseau fédérateur. Toutefois, lorsqu'un internet comporte plusieurs réseaux fédérateurs pairs, gérés de façon indépendante et interconnectés en plusieurs points, l'architecture à système central ne suffit plus.

Lorsque les routeurs échangent des informations de routage, ils utilisent généralement un des deux algorithmes de base : vecteur de distance ou état de liens (SPF). Un protocole à vecteur de distance, GGP, fut utilisé à l'origine d'Internet pour propager les informations de routage au sein du système central.

L'inconvénient majeur des algorithmes de routage à vecteur de distance est de constituer un algorithme distribué de calcul de plus court chemin qui peut ne pas converger si l'état des connexions au réseau change continuellement. Un autre inconvénient est que les messages de mise à jour du routage croissent proportionnellement au nombre de réseaux.

On a utilisé un algorithme à état de lien ou SPF bien avant l'apparition du réseau Internet. L'une des premières utilisations de ce protocole date du réseau ARPANET. L'algorithme d'ARPANET a été utilisé pendant une bonne dizaine d'années.

14.14 POUR EN SAVOIR PLUS

La définition du système central de routeurs et du protocole GGP provient de Hinden et Sheltzer [RFC 823]. Braden et Postel [RFC 1009] donnent des spécifications supplémentaires pour les routeurs IP. Almquist [RFC 1716] synthétise de récentes discussions. Braun [RFC 1093] et Rekhter [RFC 1092] traitent du routage dans le réseau fédérateur NSFNET. Clark [RFC 1102] et Braun [RFC

1104] traitent tous deux des stratégies de routage. Les deux chapitres suivants présentent les protocoles utilisés pour propager les informations de routage entre des sites distincts et au sein d'un site donné.

14.15 EXERCICES

14.1 Supposez qu'un routeur doive router un datagramme sur le réseau sur lequel il l'a reçu. Que doit-il faire ? Pourquoi ?

14.2 Après avoir lu les RFC 823 et 1812, expliquez ce que fait le système central de routeurs d'Internet dans les conditions de la question précédente.

14.3 Comment les routeurs centraux pourraient-ils utiliser les routes par défaut pour router tous les datagrammes invalides vers un ordinateur spécifique ?

14.4 Imaginez des étudiants faisant des expériences avec un routeur reliant un réseau local à Internet. Ils souhaitent envoyer des indications au système central de routeurs, mais si, accidentellement, ils mentionnent des longueurs nulles pour des réseaux arbitraires (ARPANET, par exemple), le trafic réel d'Internet sera dévié vers leur routeur. Comment le système central peut-il se protéger de ces données illégales tout en acceptant les données de mise à jour de tels routeurs réputés non fiables ?

14.5 Quels sont les messages ICMP générés par les routeurs ?

14.6 Comment font les routeurs Internet du système central pour déterminer si leurs voisins sont actifs ou non ? Indication : consultez le RFC 823.

14.7 Supposez que deux routeurs centraux indiquent tous deux le même coût k pour atteindre un réseau N. Décrivez les circonstances dans lesquelles le routage *via* l'un d'entre eux peut demander moins de sauts que le routage *via* l'autre.

14.8 Comment les routeurs déterminent-ils si un datagramme entrant transporte un message GGP ? ou un message OSPF ?

14.9 Considérez attentivement le message de mise à jour de vecteur de distance présenté sur la figure 14.7. Donnez trois raisons pour lesquelles le routeur mettra ses tables à jour avec les trois éléments indiqués.

14.10 Imaginez un mécanisme de numéros de séquence qui permet aux routeurs de vérifier s'ils reçoivent des datagrammes dupliqués, retardés ou remis dans le désordre. Comment choisir le numéro de séquence initial ? Pourquoi ?

15

Routage : protocole de routage externe (BGP) et systèmes autonomes

15.1 INTRODUCTION

Nous avons présenté au chapitre précédent la notion de propagation de routes et étudié un protocole utilisé par les routeurs pour s'échanger des informations de routage. Ce chapitre approfondit l'étude de l'architecture de routage. Nous y étudions le concept de systèmes autonomes et un protocole qu'un groupe de réseaux et de routeurs, placés sous une autorité administrative, utilise pour propager à d'autres groupes les informations de routage relatives à ses réseaux.

15.2 LIMITATIONS DE L'ARCHITECTURE À ROUTEURS CENTRAUX

L'architecture à routeurs centraux, comme nous l'avons dit au chapitre précédent, a fonctionné à une époque où Internet ne comportait qu'un seul réseau fédérateur (ARPANET). L'un des objectifs de cette architecture fut d'assurer l'interconnexion des réseaux locaux au réseau fédérateur (voir la figure 14.1). Si un internet comprend un réseau fédérateur et un ensemble de réseaux locaux qui lui sont directement raccordés, l'architecture de routage est simple. Comme tous les routeurs sont reliés au réseau fédérateur, ils s'échangent directement leurs informations de routage. Chaque routeur prend ainsi connaissance des réseaux de l'internet par les autres routeurs.

Il est tentant d'étendre le principe du système central ci-dessus à tout réseau internet, quelle que soit sa taille. Cela consiste à raccorder chaque nouveau site au réseau fédérateur *via* un routeur. Malheureusement, ce principe n'est pas facilement extensible, il n'est adapté qu'à un internet de taille relativement réduite. Il y a trois raisons à cela.

Premièrement, même si chaque nouveau site ne dispose que d'un seul réseau local, une architecture à système central ne convient pas. Elle ne peut pas croître pour s'adapter à un nombre arbitrairement grand de sites. En effet chaque nouveau routeur génère du trafic de routage supplémentaire qui impose une augmentation de la bande passante nécessaire. Deuxièmement, l'architecture n'est pas adaptée aux sites qui disposent de plusieurs routeurs et donc, de plusieurs réseaux locaux. En effet, seuls les routeurs directement reliés au système central peuvent communiquer entre eux. Les autres routeurs sont invisibles, donc inaccessibles. Troisièmement, dans un grand internet les routeurs et les réseaux ne sont pas tous gérés par une même entité. Au contraire, chaque groupe de réseaux est géré par une autorité propre qui choisit librement sa politique de routage.

Une architecture de routage pour un grand internet doit donc fournir à chaque groupe (ensemble de réseaux et de routeurs) les moyens lui permettant de contrôler le routage et les accès de façon indépendante. Cela revient, au niveau global, à limiter les interactions entre routeurs. Nous verrons dans la suite l'importance que revêt cette limitation. Pour résumer :

> Il est souhaitable que tous les routeurs d'un internet s'échangent des informations de routage. Toutefois, dans un grand internet il est irréaliste que tous participent à la mise à jour des informations de routage.

15.3 TAILLE LIMITE D'UN GROUPE

Les conclusions formulées précédemment laissent la place à un certain nombre d'interrogations : quelle est la taille d'un grand internet ? si un nombre limité de routeurs s'échangent des informations de routage, qu'en est-il des routeurs exclus du groupe ? fonctionnent-ils correctement ? un routeur qui ne reçoit pas d'informations de routage peut-il envoyer des datagrammes à un autre qui en reçoit ? et inversement ?

La réponse concernant la taille de l'internet implique à la fois le protocole de routage utilisé et le débit du réseau interconnectant les routeurs. Deux paramètres sont particulièrement importants : le délai et la surcharge (*overhead*). Le délai est simple à comprendre. Supposons un routeur qui utilise, par exemple, un protocole à vecteur de distance ; pour lui le délai est le temps au bout duquel il est informé d'un changement dans le réseau. Chaque routeur reçoit la notification d'un changement dans le réseau, met à jour sa table de routage et fait suivre l'information à ses voisins. Dans un internet comportant *N* routeurs organisés en topologie linéaire, cela demande *N* étapes pour que tous les routeurs soient informés. C'est ainsi que *N* doit être limité afin de garantir une diffusion rapide des informations de routage aux différents routeurs.

En ce qui concerne la surcharge, cela est aussi simple à comprendre. Chaque routeur qui participe au routage envoie régulièrement des messages de mise à jour à ses voisins. Plus le nombre de routeurs est important, plus le trafic propre au routage augmente. En outre, si les messages de mise à jour contiennent la liste de toutes les destinations possibles, la taille des messages augmente proportionnellement au nombre de routeurs et de réseaux. Pour assurer que le trafic de routage soit faible vis-à-vis du trafic total dans le réseau, la taille des messages de routage doit être limitée.

En réalité, la plupart des administrateurs de réseau ne disposent pas d'informations suffisantes pour ajuster au mieux le délai et la surcharge de leur réseau. Ils suivent le plus souvent une règle empirique :

> Il est préférable de mettre en œuvre jusqu'à une douzaine de routeurs pour réaliser le routage dans un internet s'appuyant sur un réseau WAN ; approximativement cinq fois plus que dans le cas d'un internet constitué d'un ensemble de LAN.

Bien sûr, cette règle ne donne que des indications approximatives. Il y a beaucoup d'exceptions. Par exemple, si le réseau sous-jacent présente un faible délai de propagation et un débit élevé, le nombre de routeurs participant au routage peut être plus important. En revanche, si le débit du réseau est faible ou que le trafic est important, le nombre de routeurs participant au routage devra être réduit afin d'éviter de surcharger le trafic avec les échanges d'informations de routage.

Étant donné qu'un internet a un comportement dynamique, il est difficile d'estimer son trafic, donc de connaître le taux de surcharge occasionné par la diffusion des informations de routage. Par exemple, comme le nombre d'ordinateurs en ligne (connectés) évolue sans cesse, le trafic peut se mettre à augmenter ou à diminuer. L'administrateur du réseau ne peut pas s'appuyer uniquement sur la règle empirique ci-dessus pour définir l'architecture de routage de son réseau. Le plus souvent, les administrateurs de réseaux mettent en œuvre un mécanisme de contrôle de trafic qui consiste à mesurer le trafic et à l'enregistrer pour en tirer des statistiques, comme par exemple le pourcentage d'utilisation du réseau ou le pourcentage de datagrammes de routage. De l'observation du trafic l'administrateur peut déduire des tendances et ainsi décider, par exemple, si le nombre de routeurs actifs (participant au routage) doit être revu à la baisse ou à la hausse.

15.4 LE PROBLÈME DES SAUTS SUPPLÉMENTAIRES

Nous avons dit que le nombre de routeurs centraux participant au routage était limité. Cela signifie que dans un internet tous les routeurs ne participent pas au routage : sont-ils alors considérés comme étant à l'extérieur du groupe ? À l'origine d'Internet le système central utilisait un mécanisme de routage centralisé dans lequel les routeurs ne participant pas au routage, que nous avons appelés *routeurs périphériques* (*noncore routers*), pouvaient néanmoins transmettre et recevoir des datagrammes. À ce sujet les concepteurs d'Internet ont tiré une leçon importante : si un routeur périphérique utilise un routeur central comme route par défaut, le routage n'est pas optimal. Cela se généralise dans n'importe quel internet où les routeurs qui ne participent pas au routage utilisent des routeurs qui y participent pour faire suivre leurs datagrammes. Voyons l'exemple de la figure 15.1 afin de mieux comprendre le problème.

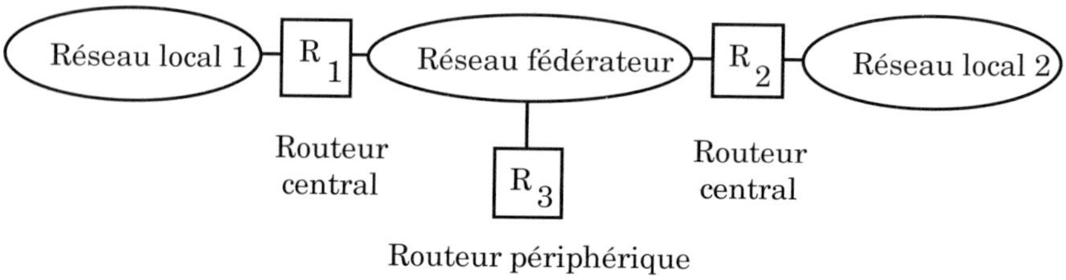

Figure 15.1 — Le problème du saut supplémentaire. Bien qu'étant relié au réseau fédérateur un routeur périphérique ne participe pas au routage, il doit s'adresser à un routeur central pour faire suivre ses datagrammes.

Sur la figure, les routeurs R_1 et R_2 sont respectivement reliés aux réseaux locaux 1 et 2. Comme ils s'échangent des informations de routage, ils savent tous deux comment atteindre les deux réseaux. Supposez qu'un routeur périphérique R_3, qui ne participe pas au routage, choisisse par exemple R_1 comme route par défaut. C'est ainsi qu'il envoie à R_1 par exemple des datagrammes destinés au réseau 2, R_1devant ensuite les faire suivre à travers le réseau fédérateur vers le routeur R_2. Le routage optimal serait, bien entendu, que R_3 envoie directement au routeur R_2 les datagrammes destinés au réseau 2. Remarquez que le choix de R_1 comme routeur par défaut n'a pas d'importance. Seules les destinations qui sont en relation directe avec le routeur par défaut ont un routage optimal. Toutes les autres destinations imposent un passage obligé par le routeur R_1, ce qui introduit un *saut supplémentaire* (*extra hop*). Remarquez que les routeurs centraux ne peuvent pas utiliser de messages ICMP de redirection pour informer le routeur R_3 qu'il utilise un routage non optimal étant donné que ces messages ICMP ne peuvent être envoyés qu'à la source initiale du message et non aux routeurs périphériques. Cette anomalie du routage est appelée *problème du saut supplémentaire*. Ce problème est insidieux car tout semble normal *a priori* – on ne voit pas pourquoi les datagrammes n'atteindraient pas directement leur destination. En outre, comme le routage n'est pas optimal, il en découle une grande perte d'efficacité. En effet, tout datagramme qui nécessite un saut supplémentaire entraîne une consommation inutile de ressource (le routeur intermédiaire par défaut), de même qu'un double passage dans le réseau fédérateur. La résolution de ce problème suppose de modifier la vision de l'architecture :

> Utiliser les routeurs participant au routage comme système par défaut de remise des datagrammes, introduit un saut supplémentaire pour la majeure partie du trafic. Il est nécessaire de prévoir un mécanisme permettant aux routeurs ne participant pas au routage de prendre connaissance des informations de routage afin qu'ils puissent choisir des routes optimales.

15.5 LE CONCEPT DE RÉSEAU CACHÉ

Avant d'examiner des mécanismes qui permettent à un routeur hors d'un groupe de prendre connaissance des routes optimales, voyons un autre aspect du routage : le principe des *réseaux cachés* (l'ensemble des réseaux faisant partie d'un groupe mais qui ne sont pas visibles des routeurs participant au routage). La figure 15.2 montre un exemple qui va nous permettre d'illustrer ce principe.

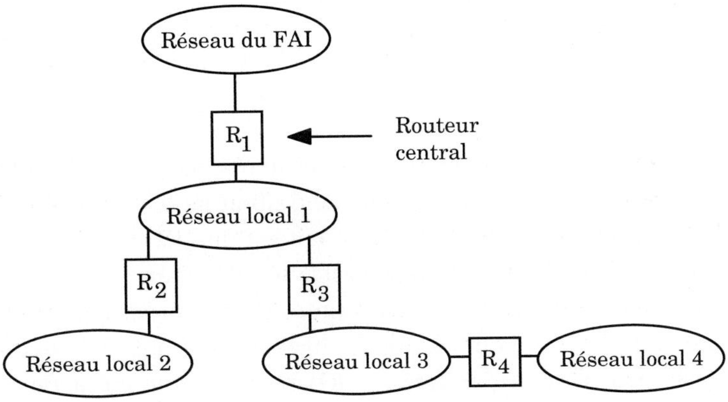

Figure 15.2 — Un site doté de plusieurs réseaux et de plusieurs routeurs et qui dispose d'un accès unique au réseau d'un FAI. Il est nécessaire de mettre en œuvre un mécanisme pour transmettre au réseau du FAI (le système central) les informations d'accessibilité relatives aux réseaux locaux additionnels.

La figure 15.2 présente un site comprenant plusieurs réseaux locaux interconnectés par plusieurs routeurs et un accès *via* un routeur, R_1, vers le réseau d'un FAI. Supposez qu'on vienne juste d'installer sur le site le réseau local 4 et que ce dernier ait obtenu une adresse IP spécifique. Imaginez pour le moment qu'il ait obtenu cette adresse auprès d'un autre FAI. Supposez aussi que les routeurs R_2, R_3 et R_4 aient connaissance des routes leur permettant d'accéder à chacun des quatre réseaux locaux du site, de même que de la route par défaut conduisant le trafic vers le routeur R_1. Les ordinateurs reliés au réseau local 4 peuvent communiquer les uns avec les autres et peuvent transmettre leurs datagrammes vers d'autres sites reliés au réseau Internet. Toutefois, comme le routeur R_1 n'est relié qu'au réseau local 1, il ignore l'existence du réseau local 4. Du point de vue du système de routage du FAI, le réseau local 4 est *caché* derrière le réseau local 1. Le point important est que :

Comme une entreprise peut avoir une structure plus ou moins complexe de réseaux interconnectés par des routeurs, aucun routeur d'une autre entreprise ne peut être relié à tous ses réseaux. Il faut donc disposer d'un mécanisme qui permette aux routeurs ne participant pas au routage d'informer les autres routeurs du groupe de l'existence de réseaux cachés.

Nous avons mis l'accent sur un point important du routage : la circulation des informations de routage dans deux directions. Ces informations circulent dans le groupe de routeurs participant au routage, elles sont aussi fournies aux routeurs qui n'y participent pas. En outre, ces derniers font suivre les informations qu'ils reçoivent des réseaux cachés vers les routeurs du groupe. L'idéal serait qu'un mécanisme simple et unique puisse résoudre ce problème. Construire un tel mécanisme peut s'avérer délicat. Deux points sont à analyser : la responsabilité et la faisabilité. Où doit précisément se situer la responsabilité d'informer les membres du groupe des réseaux cachés ? Si on décide qu'un des routeurs ne participant pas au routage doit le faire, lequel est capable de le faire ? Revenons à l'exemple. Le routeur R_4est le plus étroitement associé au réseau 4, mais il se trouve à deux sauts du routeur central R_1le plus proche. Le routeur R_4 dépend donc de R_3 pour router ses datagrammes vers le réseau 4. Le fait est que R_4, bien que connaissant le réseau 4, ne peut pas, seul, lui transmettre ses datagrammes, il doit obligatoirement les faire passer par R_1. R_3 qui est à un saut du routeur central R_1 garantit la retransmission des datagrammes de R_4 bien que n'étant pas directement connecté au réseau 4. Il est curieux que R_4 dépende si étroitement de R_3 pour atteindre le réseau 4. Résoudre ce dilemme oblige à introduire un nouveau concept. Les paragraphes suivants traitent de ce concept et d'un protocole qui l'implémente.

15.6 LE CONCEPT DE SYSTÈME AUTONOME

Les problèmes que doivent surmonter les routeurs pour communiquer les informations de routage au groupe apparaissent parce que nous n'avons considéré que le mécanisme du routage d'un internet sans aborder les problèmes de responsabilité administrative. Les structures de réseaux complexes comme celle de la figure 15.2 ne doivent pas être vues comme un ensemble de réseaux indépendants interconnectés. Au contraire, elles doivent être perçues comme ceux d'une même entreprise disposant de plusieurs réseaux locaux sous son contrôle. Comme les réseaux et les routeurs dépendent d'une unique autorité administrative, cette dernière peut garantir que les routes internes à l'organisation sont cohérentes et viables. De plus, le responsable administratif peut désigner la machine qui sera chargée d'informer le monde extérieur sur l'accessibilité des réseaux de l'entreprise. Dans l'exemple de la figure 15.2, les routeurs R_2, R_3 et R_4 relèvent d'une même autorité administrative. Celle-ci peut charger par exemple le routeur R_3 de diffuser les informations d'accessibilité relatives aux réseaux 2, 3 et 4 (nous supposons que R_1 connaît l'existence du réseau local 1 puisqu'il y est directement relié).

Un groupe de réseaux et de routeurs relevant d'une même autorité administrative pour des considérations de routage est appelé *système autonome*. Les routeurs d'un système autonome sont libres de choisir leurs propres mécanismes pour découvrir, diffuser, valider et vérifier la cohérence des routes internes au système. Remarquez que, dans ces conditions, le système central d'Internet constituait à l'origine un système autonome. Chaque changement du protocole de routage au sein du système autonome n'a aucune influence sur les routeurs d'un autre système autonome.

Au chapitre précédent nous avons dit que les routeurs centraux d'Internet utilisaient à l'origine GGP pour communiquer entre eux et qu'aujourd'hui Internet utilise SPREAD. Les FAI, quant à eux, déploient le plus souvent leur propre réseau fédérateur et utilisent de ce fait les protocoles de routage qui leur conviennent. Aux chapitres suivants nous verrons des protocoles utilisés par les systèmes autonomes pour propager les informations de routage.

15.7 DU SYSTÈME CENTRAL AU SYSTÈME AUTONOME INDÉPENDANT

Du point de vue conceptuel, la notion de système autonome est une généralisation immédiate et naturelle de l'architecture présentée sur la figure 15.2. Les systèmes autonomes y remplacent les réseaux locaux. La figure 15.3 illustre cette idée.

Pour permettre l'accès *via* Internet aux réseaux cachés internes aux systèmes autonomes, tout système autonome doit propager ses informations d'accessibilité aux autres systèmes autonomes. Cependant, il est crucial que, dans un système central, ces informations soient transmises à un routeur central.

Notre définition des systèmes autonomes peut paraître vague, mais en pratique les frontières entre les systèmes autonomes doivent être clairement définies pour permettre aux algorithmes automatiques de prendre les décisions de routage. Ainsi, le système autonome d'une entreprise peut choisir de ne pas router

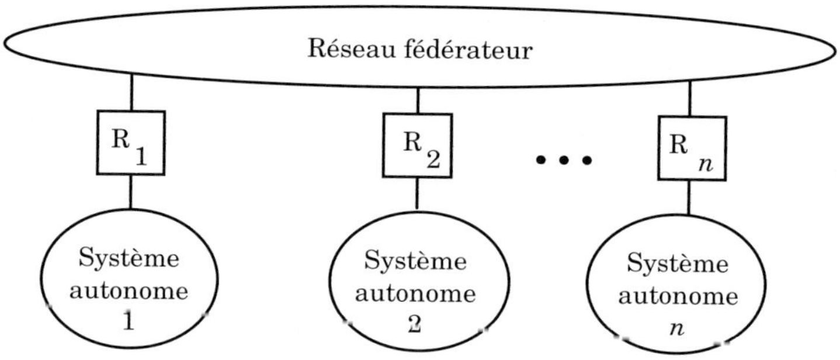

Figure 15.3 — Architecture d'un internet comportant des systèmes autonomes reliés au réseau fédérateur. Chaque système autonome comprend plusieurs réseaux et routeurs placés sous une même responsabilité administrative.

les datagrammes à travers le système autonome d'une autre entreprise, même si ces deux systèmes sont directement reliés. Pour permettre aux algorithmes de routage automatiques de distinguer les différents systèmes autonomes, un *numéro de système autonome* est attribué à chacun d'eux par l'autorité centrale responsable de l'attribution des adresses IP. Lorsque les routeurs de deux systèmes autonomes s'échangent des informations de routage, ils émettent des messages qui contiennent le numéro de système autonome auquel ils appartiennent. Nous pouvons résumer ainsi ces idées :

> Un grand internet TCP/IP est doté d'une structure supplémentaire qui prend en compte les limites de responsabilité administrative : chaque ensemble de réseaux et de routeurs relevant d'une même autorité administrative est considéré comme un système autonome unique. Un système autonome est libre de choisir son architecture de routage interne et les protocoles appropriés.

Nous avons dit qu'un système autonome avait besoin de collecter des informations propres aux réseaux de son environnement et qu'un ou plusieurs de ses routeurs avaient la responsabilité de fournir ces informations aux autres systèmes autonomes. Les sections suivantes présentent en détail un protocole utilisé par les routeurs pour propager les informations d'accessibilité. Les sections ultérieures reviennent sur les aspects architecturaux pour traiter une restriction importante que le protocole impose au routage.

15.8 BGP : LE PROTOCOLE DE ROUTAGE EXTERNE

Les systèmes autonomes s'échangent des informations de routage et d'accessibilité au moyen d'un protocole spécifique appelé *protocole de routage externe*. Ce protocole, BGP[1] (*Border Gateway Protocol*), en est à sa quatrième version que l'on nomme BGP-4.

Lorsque deux systèmes autonomes s'échangent des informations de routage, chacun désigne le routeur[2] qui en est responsable et qui parle BGP en son nom. Ces routeurs sont appelés *BGP pairs*. Comme un routeur parlant BGP doit dialoguer avec ses pairs des autres systèmes autonomes, il est important de choisir un routeur qui se trouve à la frontière du système autonome. La terminologie BGP appelle ce routeur : *routeur frontière* (*border router* ou *border gateway*). La figure 15.4 illustre cette idée. C'est ainsi que le routeur R_1 collecte les informations relatives au système autonome 1 et les propage au routeur R_2 (du système autonome 2) au moyen de BGP. De même, le routeur R_2 rend compte au routeur R_1 des informations relatives au système autonome 2 en utilisant lui aussi le protocole BGP.

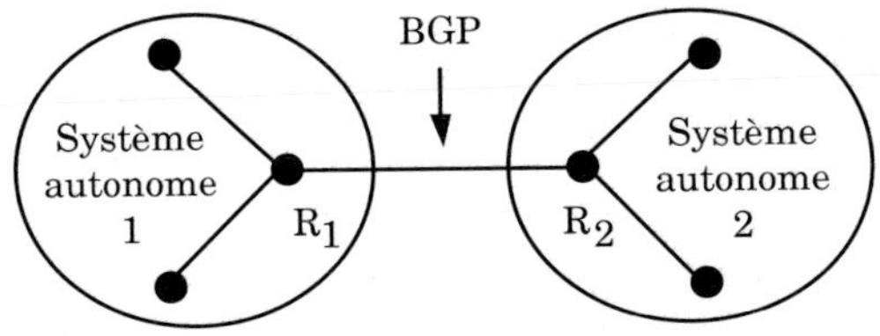

Figure 15.4 — Schéma conceptuel de deux routeurs frontières, R_1 et R_2, qui utilisent BGP pour propager les informations de routage relatives à leur système autonome après les avoir collectées auprès de leurs routeurs internes. Comme leur nom l'indique, les routeurs frontières se trouvent à la frontière d'un système autonome.

15.9 CARACTÉRISTIQUES DU PROTOCOLE BGP

BGP est un protocole peu ordinaire. Ce n'est, ni un vrai protocole à vecteur de distance, ni un vrai protocole à état de lien. Ses principales caractéristiques sont :

- *La communication intersystèmes autonomes*. Étant donné que BGP est un protocole de routage externe, son rôle majeur est de permettre à des systèmes autonomes de communiquer entre eux.
- *La coordination entre plusieurs routeurs pairs BGP*. Si un système autonome dispose de plusieurs routeurs BGP, chacun peut dialoguer avec un routeur

1. Le nom de ce protocole a changé, auparavant on l'appelait EGP (*Exterior Gateway Protocol*). C'était le protocole utilisé à l'origine pour le routage dans le système central d'Internet. Ce nom a été choisi à une époque où les équipements de routage étaient appelés *passerelles* (*gateway*) et non *routeurs*.

2. Bien que le protocole BGP permette à un ordinateur quelconque de le pratiquer, la plupart des systèmes autonomes utilisent des routeurs pour exécuter BGP.

BGP pair externe au système. Le protocole BGP assure la coordination entre ces routeurs BGP afin que chacun distribue des informations d'accessibilité homogènes et cohérentes.

- *La propagation d'information d'accessibilité.* BGP avertit ses pairs des routes qu'il connaît et des réseaux qu'il peut atteindre, aussi bien les réseaux internes au système autonome que des réseaux externes accessibles *via* d'autres systèmes autonomes.
- *Le paradigme du saut suivant.* Comme tout protocole de routage à vecteur de distance, BGP donne les informations d'accessibilité des destinations selon la technique du saut suivant.
- *Une politique de routage personnalisée.* Contrairement à la plupart des protocoles de routage à vecteur de distance qui annoncent les routes précises inscrites dans les tables de routage locales, BGP laisse à l'administrateur du système autonome de choisir la politique de routage qui lui convient. En particulier, un routeur parlant BGP peut faire une distinction entre la façon d'accéder aux destinations internes et l'annonce d'accessibilité de ces destinations qu'il communique aux autres systèmes autonomes.
- *Un transport fiable.* Contrairement aux autres protocoles de routage, BGP utilise TCP comme protocole de transport. Il garantit ainsi un transport fiable à la distribution des informations de routage entre systèmes autonomes.
- *Une information de parcours.* Hormis la diffusion d'informations d'accessibilité de destinations *via* un saut suivant, BGP fournit en outre des *informations de parcours* (*path information*) qui permettent à celui qui les reçoit de prendre connaissance des divers systèmes autonomes empruntés tout au long du chemin vers une destination donnée.
- *Une mise à jour incrémentale.* Afin d'optimiser la bande passante du réseau, BGP ne transmet pas toutes les informations de routes à chaque mise à jour. L'ensemble des informations sont fournies lors de la première diffusion d'informations de routage, ensuite seules les modifications (ou incrémentations) sont transmises à chaque nouvelle mise à jour.
- *La prise en compte de l'adressage hors classe.* Pour satisfaire à l'adressage CIDR (*classless addressing*) et pour une destination donnée, BGP fournit, outre son adresse IP, le masque binaire associé à cette adresse.
- *L'agrégation de route.* BGP optimise la bande passante du réseau en permettant à un routeur d'agréger les informations de routes : faire en sorte qu'une seule entrée représente plusieurs destinations.
- *L'authentification.* BGP permet à un récepteur d'authentifier les messages qu'il reçoit (c'est-à-dire de vérifier l'identité de l'émetteur).

15.10 FONCTIONS DE BASE ET MESSAGES TYPES DE BGP

Les routeurs BGP pairs réalisent trois fonctions de base. La première concerne l'authentification des routeurs et l'acceptation de communiquer. À l'établissement d'une connexion TCP les deux routeurs pairs s'échangent un message leur permettant de garantir que chacun est d'accord pour communiquer avec l'autre. La deuxième fonction constitue le point majeur de BGP : chaque routeur transmet une information d'accessibilité positive ou négative. Cela signifie que chacun informe l'autre d'une ou de plusieurs destinations qu'il peut atteindre *via* un saut suivant, et d'une ou de plusieurs destinations qu'il ne sait pas atteindre si facilement. La troisième fonction permet à chaque routeur de vérifier si son homologue, et la connexion réseau qui les réunit pour dialoguer, sont fonctionnellement corrects.

BGP définit quatre types de messages pour gérer ces trois fonctions de base, ceux-ci sont résumés à la figure 15.5.

Code du message	Type de message	Signification
1	Ouverture	Initialisation d'une communication BGP
2	Mise à jour	Information de mise à jour de route
3	Notification	Réponse à un message incorrect
4	Activité	Test de l'activité du routeur pair distant

Figure 15.5 — Les quatre types de messages de base de BGP-4.

15.11 EN-TÊTE DES MESSAGES BGP

Tous les messages BGP commencent par un en-tête de taille fixe qui identifie le type du message. La figure 15.6 indique le format de l'en-tête. Le champ *Marqueur* contient une valeur sur *16* octets, qui indique le début d'un message. Chaque routeur pair doit agréer cette valeur. Les *2* octets du champ *Longueur* indiquent la longueur totale, en octets, du message. La taille minimale d'un message est de *19* octets. C'est un message sans données. Les données qui constituent le corps du message sont attachées à l'en-tête. Quant au plus grand message il est de *4 096* octets. Enfin, le champ *Type* contient le code d'identification du message, l'un des quatre codes des messages listés à la figure 15.5.

Tous les bits du champ *Marqueur* d'un message BGP initial sont à *1*. Si les routeurs pairs mettent en œuvre un mécanisme d'authentification, le champ *Marqueur* contient l'information d'authentification. Dans tous les cas, l'information de ce champ est utilisée pour la *synchronisation*. Cette opération de synchronisation est nécessaire car les messages BGP sont transportés dans des paquets TCP

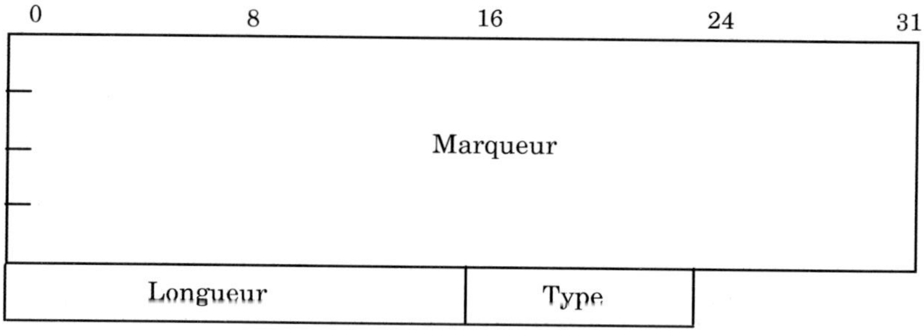

Figure 15.6 — L'en-tête de taille fixe qui précède chaque message BGP.

qui ne font pas de distinction particulière entre un message qui arrive et les messages qui suivent. Une erreur, même simple, à une extrémité de la connexion TCP peut avoir des conséquences dramatiques. En particulier, si le récepteur ou l'émetteur se trompe sur le nombre d'octets d'un message, une *erreur de synchronisation* apparaît. Ainsi pour s'assurer que les deux routeurs sont parfaitement synchronisés, BGP insère une séquence connue au début de chaque message, le marqueur, et impose à chaque routeur de vérifier ce marqueur avant de traiter le message.

15.12 MESSAGE BGP D'OUVERTURE

Dès que deux routeurs pairs établissent une connexion TCP, ils s'envoient mutuellement un *message d'ouverture* (*Open message*). Cela leur permet de s'échanger le numéro de leur système autonome et certains paramètres fonctionnels. En plus de l'en-tête standard, le message d'ouverture comporte une *temporisation* qui détermine la durée maximale en secondes qui peut s'écouler entre deux messages successifs. La figure 15.7 donne le format de ce message.

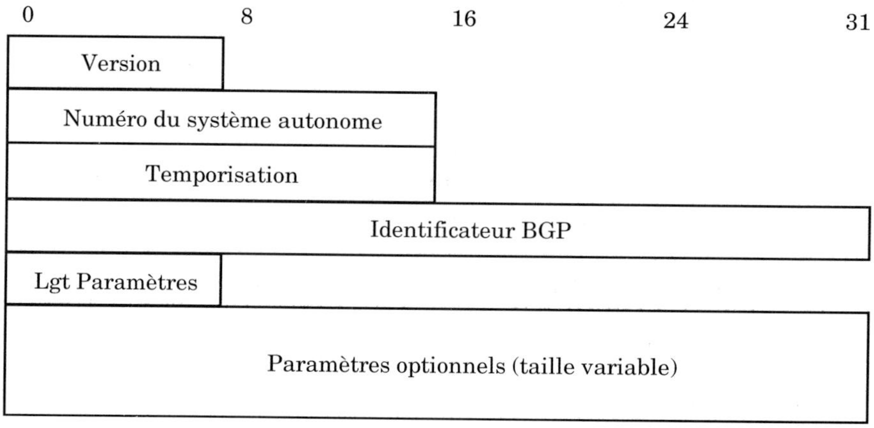

Figure 15.7 — Format du message BGP d'ouverture qui est généré au démarrage. Ce message suit l'en-tête BGP standard.

Les champs du message d'ouverture sont suffisamment explicites pour qu'on ne les détaille pas outre mesure. Le champ *Version* indique la version du protocole BGP. Le numéro du système autonome et celui de l'émetteur du message. Nous avons présenté ci-dessus le champ *Temporisation* qui impose à chaque routeur de déclencher un chronomètre à l'arrivée d'un message BGP pour contrôler le flux des messages. Ce chronomètre est réinitialisé à la valeur de temporisation dès qu'un nouveau message survient. Si aucun message n'est arrivé lorsque le chronomètre passe à zéro, le récepteur en déduit que l'émetteur est indisponible (ou qu'il a un problème). Il cesse alors de faire suivre des datagrammes sur cette route considérée comme indisponible. Le champ *Identificateur BGP* contient une valeur, sur 32 bits, qui identifie de façon unique l'émetteur du message. Le plus souvent il s'agit d'une adresse IP, celle que le routeur utilise pour dialoguer avec les routeurs pairs.

Le dernier champ du message d'ouverture est optionnel, il contient une liste de paramètres. Si le champ est présent, le champ *Lgt Paramètres* définit la longueur, en octets, de ce champ. Elle est de taille variable. Elle varie d'un message à l'autre. Dans la liste, chaque paramètre est précédé d'un en-tête propre de 2 octets : le premier donne le type du paramètre, le second la longueur du paramètre. Lorsqu'il n'y a pas de paramètres dans le message d'ouverture, le champ *Lgt Paramètres* est à zéro.

À l'origine un seul type de paramètre a été défini : le *type 1* qui est réservé pour l'authentification. Ce paramètre commence par un en-tête qui identifie le type authentification (*1*) puis les données qui permettent de réaliser le mécanisme d'authentification. Le fait que l'authentification apparaisse comme un paramètre permet plus de souplesse aux routeurs pairs pour choisir le mécanisme qui leur convient le mieux.

Lorsqu'il accepte un message d'ouverture, un routeur parlant BGP envoie en réponse un message d'activité (que nous analysons plus loin). Chaque routeur envoie un message d'ouverture et reçoit un message d'activité qui confirme ainsi l'ouverture demandée. Ce n'est qu'ensuite que les routeurs s'échangent des informations de routage.

15.13 MESSAGE BGP DE MISE À JOUR

Dès que deux routeurs BGP pairs ont établi une connexion TCP, puis se sont échangé et confirmé des messages d'ouverture, ils peuvent alors entreprendre de s'échanger des *messages de mise à jour* (*update messages*). La figure 15.8 donne le format de ces messages.

Un message de mise à jour comprend deux parties : la première indique les destinations précédemment annoncées et qui ont été supprimées, la seconde annonce de nouvelles destinations. Certains champs sont de taille variable. Si les informations portées par ces champs ne sont pas nécessaires lors d'une mise à jour, elles sont tout simplement omises. Le champ *Lgt Suppressions* spécifie, sur 2 octets, la taille du champ suivant : *Destinations Supprimées* (*withdrawn destinations*). Si aucune destination n'a été supprimée, ce champ est omis, sa longueur est nulle. Il en est de même du champ *Lgt Attributs* qui définit la longueur, sur 2 octets, du champ *Attributs de Parcours* associé aux nouvelles destinations annoncées. S'il n'y a aucune nouvelle destination à annoncer, ce champ est lui aussi occulté, sa longueur est nulle.

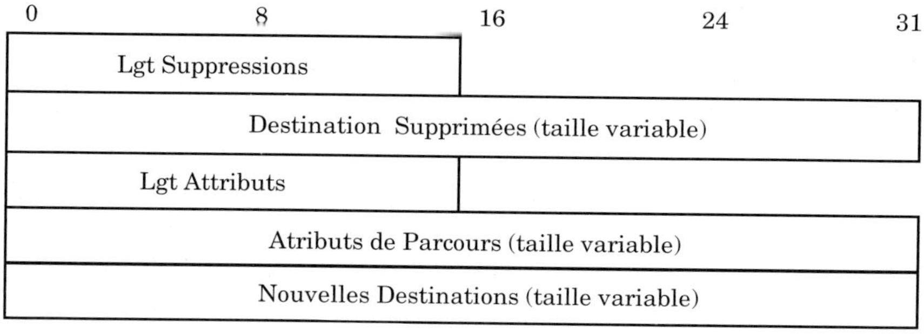

Figure 15.8 — Format du message BGP de mise à jour dans lequel les zones de taille variable peuvent être occultées si elles sont de longueur nulle. Ce message suit l'en-tête BGP standard.

15.14 REPRÉSENTATION CONDENSÉE : ADRESSE-MASQUE DES PAIRS

Les deux champs *Destinations Supprimées* et *Nouvelles Destinations* d'un message de mise à jour contiennent une liste d'adresses IP. Pour satisfaire à l'adressage CIDR (hors classe), BGP transmet un masque associé à chacune des adresses IP de destination. Plutôt que de représenter ces deux informations par deux mots de 32 bits, BGP utilise une représentation condensée afin de réduire la taille du message de mise à jour. La figure 15.9 illustre cette façon de faire. On voit que BGP ne fournit pas les bits du masque. En fait le champ *Longueur* qui précède chaque adresse, fournit sur un octet la représentation condensée du masque de l'adresse qui suit. Cet octet représente un nombre entier qui spécifie le nombre de bits du masque (par hypothèse les bits du masque sont contigus). L'adresse IP qui suit le champ *Longueur* est elle aussi condensée. Seuls les octets couverts par le masque y sont représentés. Ainsi, un seul octet de l'adresse suit une valeur de masque inférieure ou égale à 8, deux octets de l'adresse suivent une valeur de masque comprise entre 9 et 16, trois octets suivent une valeur de masque comprise entre 17 et 24, et quatre octets suivent une valeur de masque comprise entre 25 et 32. Le standard BGP prévoit une valeur de masque égale à zéro. Dans ce cas, aucune adresse ne suit le champ *Longueur*. Cette représentation est très utile car elle correspond à la route par défaut.

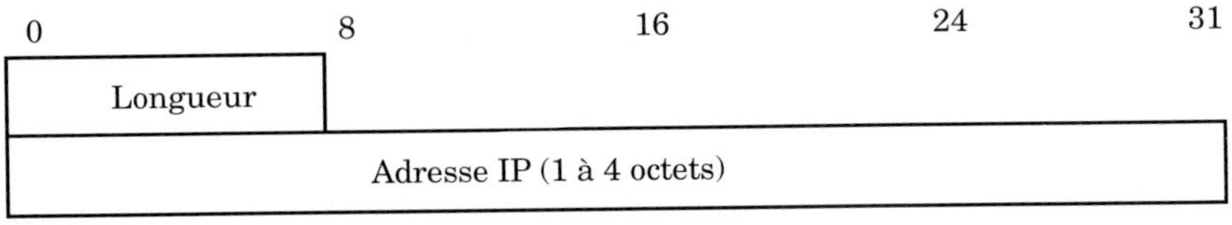

Figure 15.9 — Représentation BGP condensée utilisée pour transmettre une adresse IP de destination et le masque associé.

15.15 LES ATTRIBUTS DE PARCOURS

Nous avons dit que BGP n'était pas un vrai protocole de routage à vecteur de distance, pas plus qu'un vrai protocole à état de lien car il annonce des routes à plus d'un saut de distance. Une information supplémentaire est en effet fournie dans le message de mise à jour : les *attributs de parcours* (*path attributes*). Ces attributs indiquent le saut suivant pour une destination donnée et la liste des systèmes autonomes empruntés le long du parcours vers la destination. De même, ils précisent si ces informations ont été obtenues d'un autre système autonome ou si elles ont été acquises par le système lui-même, en interne.

Il est important de noter que les attributs de parcours sont factorisés afin de réduire la taille des messages de mise à jour. Cela signifie que les attributs indiqués sont applicables à toutes les destinations annoncées dans le message. Si certaines destinations font l'objet d'attributs différents, elles devront être annoncées dans un autre message de mise à jour.

Les attributs de parcours sont importants. Il y a trois raisons à cela. Premièrement, ces attributs permettent au récepteur de prévenir d'éventuelles boucles de routage. L'émetteur peut en effet indiquer un parcours précis *via* certains systèmes autonomes pour atteindre une destination donnée. Si un système autonome apparaît plus d'une fois dans la liste des systèmes empruntés, cela indique une boucle. Deuxièmement, les attributs permettent à un récepteur d'implémenter une politique de routage avec contraintes. Par exemple, le récepteur peut examiner le parcours pour vérifier s'il ne passe pas par un système autonome non sûr (comme par exemple, pour une entreprise, le système autonome d'un important concurrent). Troisièmement, les informations de parcours permettent au récepteur de connaître la source de toutes les routes annoncées. Outre le fait qu'un émetteur indique si l'information qu'il envoie provient de son système autonome ou d'un autre système, les attributs de parcours lui permettent de dire si les informations fournies ont été collectées au moyen d'un protocole de routage externe (tel que BGP) ou d'un protocole de routage interne[1]. Chaque récepteur a le choix d'accepter ou de rejeter les routes qui sont originaires d'un système autonome au-delà de celui du routeur pair.

1. Nous étudions les protocoles de routage interne au chapitre suivant.

Conceptuellement, le champ *Attributs de Parcours*, du message de mise à jour, contient un ensemble d'éléments ; chacun se présente sous la forme d'un triplet :

(*Type*, *Longueur*, *Valeur*)

Les concepteurs de BGP ont choisi de coder chaque élément afin de minimiser la taille de ce triplet. (Pour éviter les confusions, nous appelons *sous-champ* chaque élément du triplet.) Le sous-champ *Type* comporte deux octets : un *Drapeau* et un *Code Type*. La figure 15.10 donne le format du sous-champ *Type* et la signification des bits de *Drapeau*. Comme l'indique le bit 3 de *Drapeau*, le sous-champ *Longueur* peut avoir un ou deux octets. Un récepteur analyse le sous-champ *Type* pour connaître la taille du sous-champ *Longueur*. Le contenu de ce sous-champ indique par ailleurs la taille du sous-champ *Valeur*. Les valeurs et la signification de chaque *Code Type* sont données à la figure 15.11.

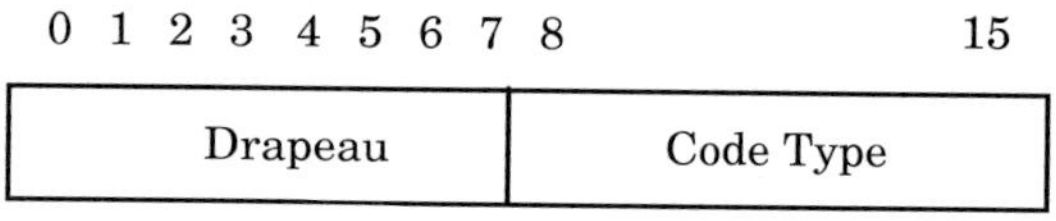

Bits de *Drapeau*	Signification
0	0 = demande d'un attribut, 1 = optionnel
1	0 = intransitif, 1 = transitif
2	0 = intégral, 1 = partiel
3	0 = Longueur vaut un octet, 1 = Longueur vaut deux octets
5 - 7	inutilisés (doivent être à 0)

Figure 15.10 — Codage du sous-champ *Type* d'un élément d'attribut de parcours.

Valeur *Code_Type*	Signification
1	Donne l'origine des informations de parcours
2	Liste des systèmes autonomes sur un parcours vers une destination
3	Saut suivant vers une destination
4	Discriminateur utilisé par les divers points de sortie d'un système autonome
5	Préférence interne à un système autonome
6	Indication d'agrégation de routes
7	Identification du système autonome qui a agrégé les routes

Figure 15.11 — Valeurs et signification du *Code Type* du sous-champ *Type* d'un attribut de parcours.

15.16 MESSAGE BGP DE TEST D'ACTIVITÉ

Deux routeurs pairs s'échangent régulièrement des *messages d'activité* (*keepalive messages*) afin de vérifier leur fonctionnement mutuel et de tester la connectivité du réseau. Un message d'activité est un message simple qui comprend uniquement l'en-tête standard sans données additionnelles. Sa taille est de 19 octets (c'est le plus petit message BGP).

Deux raisons conduisent à l'utilisation des messages d'activité. Premièrement, un échange périodique de messages d'activité est nécessaire étant donné que BGP utilise TCP comme protocole de transport et que celui-ci n'effectue pas de test périodique de l'accessibilité de l'extrémité d'une connexion. TCP déclare néanmoins une erreur lorsqu'il ne peut pas délivrer les données que les applications lui fournissent. Les échanges réguliers de messages d'activité permettent à BGP de tester la connexion TCP (c'est ce qu'on appelle communément la *connectivité du réseau*). Deuxièmement, les messages d'activité maintiennent la disponibilité d'une bande passante de façon permanente. Nombre de protocoles de routage envoient de fréquents messages de mise à jour, ce qui leur permet de tester la connectivité du réseau. La quantité d'information échangée lors d'une mise à jour est souvent importante. De plus comme les informations de routage ne changent pas très souvent, le contenu des mises à jour ne change pas non plus ; d'où un gaspillage important de bande passante. Pour résoudre de façon plus efficace ce problème, le protocole BGP distingue les messages de mise à jour des messages d'activité (ou de test de connectivité du réseau). BGP envoie ainsi très fréquemment des petits messages d'activité, et envoie des messages de mise à jour (plus important en taille) uniquement lorsque des changements d'accessibilités apparaissent.

Souvenez-vous qu'un routeur parlant BGP définit une valeur de temporisation à l'ouverture d'une connexion BGP qui permet de contrôler l'échange des messages BGP. Dès qu'un routeur transmet un message il déclenche un chronomètre (à la valeur de temporisation) qui indique le temps maximal séparant deux messages. Si le chronomètre passe à zéro avant qu'un nouveau message apparaisse, cela entraîne une erreur. Il faut donc envoyer régulièrement des messages d'activité avant que le chronomètre ne repasse à zéro pour éviter l'apparition d'une erreur. Le standard recommande de régler l'intervalle de transmission des messages d'activité à un tiers de la valeur de temporisation.

15.17 INFORMATION DE ROUTAGE DU POINT DE VUE DU RÉCEPTEUR

Contrairement à la plupart des protocoles qui propagent des informations de routage, un protocole de routage externe ne mentionne pas l'ensemble des destinations qu'il sait atteindre. Au contraire, il ne transmet que les informations qui ont un sens d'un point de vue de l'extérieur du système autonome. Il y a deux problèmes sous-jacents : la politique de routage et les routes à annoncer. La politique de routage concerne l'accès aux ressources internes : un routeur interne à un système autonome peut accéder à une destination donnée alors qu'un routeur externe ne pourra peut-être pas y accéder, cela lui est interdit. Quant à l'annonce des routes, le routeur parlant BGP doit annoncer des sauts suivants qui sont optimums du point de vue externe. La figure 15.12 illustre cette idée.

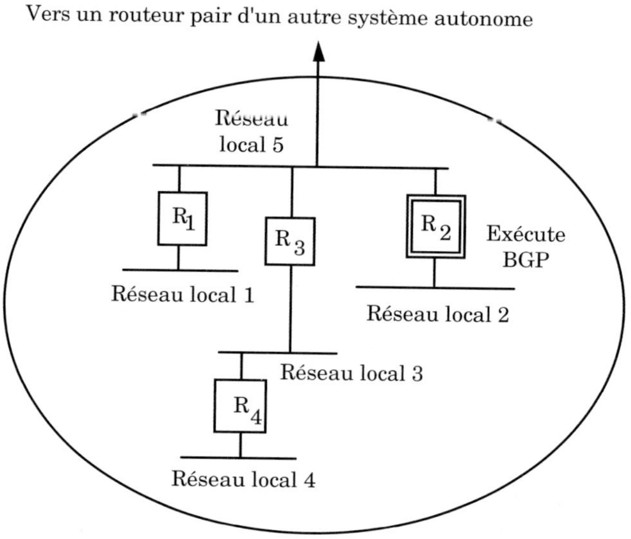

Figure 15.12 — Exemple de système autonome. Le routeur R_2 exécute le protocole BGP et rend compte des informations de routage d'un point de vue externe, et non de celles de sa table de routage interne.

Dans l'exemple de la figure 15.11, le routeur *R2* est celui qui a été désigné pour parler BGP et représenter le système autonome. Il doit faire part à l'extérieur de l'accessibilité des réseaux 1 à 4. Dans ses annonces, il indique que le réseau 1 est accessible à travers le routeur R_1, que les réseaux 3 et 4 le sont à travers le routeur R_3 et que le réseau 2 l'est à travers le routeur R_2.

15.18 PRINCIPALES RESTRICTIONS DES PROTOCOLES DE ROUTAGE EXTERNE

Nous avons vu qu'un protocole de routage externe impose aux routeurs une politique de routage restrictive : les destinations réseaux qu'un routeur annonce ne constituent qu'un sous-ensemble des réseaux qu'il peut atteindre. Il y a une limitation fondamentale supplémentaire imposée au protocole de routage externe :

> Un protocole de routage externe ne communique, ou n'interprète, aucune métrique de distance dans ses messages de mise à jour, même si de telles métriques existent.

Des protocoles tels que BGP permettent à un routeur de déclarer qu'une destination est devenue inaccessible, ou de donner la liste des systèmes autonomes empruntés le long d'un parcours vers une destination donnée. En aucun cas il ne peut fournir des indications de coût (comparatives ou non) entre deux ou plusieurs routes possibles vers une destination donnée ; à moins qu'il s'agisse de routes internes à un système autonome. Par nature, BGP indique seulement s'il existe un chemin (une route) vers une destination donnée. S'il existe plusieurs chemins il ne peut pas transmettre, ni calculer, le plus court chemin pour gagner cette destination.

Voyons à présent pourquoi BGP veille à indiquer l'origine des informations qu'il envoie. Lorsqu'un routeur reçoit des informations de routage vers une destination donnée de la part de routeurs pairs de divers systèmes autonomes, il ne peut pas y extraire des informations comparatives de coûts. Les informations de routage transmises par BGP sont de la forme : « Mon système autonome vous indique une route vers «cette» destination (en fait, vers «ce» réseau) ». BGP ne dispose d'aucun moyen qui lui permettrait de dire : « Mon système autonome vous indique un meilleur chemin pour atteindre cette destination que celui indiqué par un autre système autonome ».

Du point de vue de l'interprétation des distances il faut savoir que BGP n'est pas un algorithme de routage à proprement parlé. Même si un routeur BGP connaît plusieurs chemins pour atteindre une destination, il n'est pas capable de savoir lequel est le meilleur. En particulier, il ne connaît pas le coût de chaque route à travers les systèmes autonomes intermédiaires. Supposons par exemple, un routeur qui utilise BGP pour dialoguer avec les routeurs pairs des systèmes autonomes *p* et *f*. Si le routeur pair du système *p* annonce une route vers une destination donnée, *via* les systèmes *p*, *q* et *r*, alors que le routeur pair du système *f* annonce une route vers la même destination *via* les systèmes *f* et *g*, le récepteur n'a aucun moyen de comparer ces deux routes. La route passant par les trois systèmes autonomes peut invoquer par exemple un simple réseau local à traverser dans chaque système. Tandis que celle qui passe par deux systèmes autonomes peut se traduire par plusieurs sauts dans chaque système. Comme le récepteur ne reçoit que des informations de routage partielles (sans aucune métrique), il ne peut pas faire de comparaison.

Étant donné qu'un protocole de routage externe n'inclut aucune métrique de distance, un système autonome doit déterminer avec une attention particulière les informations de routage qu'il transmet à l'extérieur *via* son routeur pair. Techniquement on doit dire qu'un protocole de routage externe n'est qu'un *protocole d'accessibilité* plutôt qu'un protocole de routage *strictosensu*. Et, pour résumer :

Puisqu'un protocole de routage externe, tel que BGP, ne propage que des informations d'accessibilité, un récepteur peut implémenter la politique de routage qui lui convient, mais il ne peut pas s'appuyer sur les informations reçues par BGP pour prendre des décisions de moindre coût.

Le point essentiel est que tout internet qui utilise BGP pour faire du routage entre systèmes autonomes doit compter sur sa propre politique de routage. Il doit supposer, en outre, que tout système autonome traversé vers une destination donnée présente un coût équivalent. Bien que cela puisse paraître anodin, cette restriction a quelques conséquences surprenantes :

- Bien qu'un routeur BGP puisse connaître plusieurs chemins vers une destination donnée, il ne peut pas les utiliser tous simultanément. Autrement dit, à tout instant, tout le trafic acheminé d'un système autonome vers un autre système autonome emprunte un chemin unique, même si plusieurs connexions physiques existent. Remarquez également qu'un système autonome n'utilise qu'un seul chemin de retour, même si le système source répartit le trafic sortant entre deux chemins ou plus. En conséquence, les délais et débits entre deux routeurs pairs peuvent être asymétriques, ce qui rend un internet difficile à gérer ou à mettre au point.
- BGP ne permet pas, entre des systèmes autonomes quelconques, l'équilibrage de la charge sur plusieurs routeurs. Si deux systèmes autonomes sont reliés par l'intermédiaire de plusieurs routeurs, il est intéressant de pouvoir répartir équitablement le trafic entre les différents routeurs. Mais, si BGP permet aux systèmes autonomes de répartir la charge par réseau (un système autonome peut être décomposé en sous-ensembles dotés chacun d'un routeur chargé de la propagation des informations d'accessibilité, par exemple), il ne supporte pas d'équilibrage de charge plus général.
- Comme cas particulier du deuxième point, notons que BGP n'est pas adapté au routage optimal dans une architecture comportant plusieurs réseaux WAN reliés en plusieurs points. Au contraire, l'administrateur du système doit configurer manuellement chaque routeur externe (ou frontière) afin de définir à quels réseaux chacun devra envoyer ses informations de routage.
- Afin de disposer d'un routage rationalisé, tous les systèmes autonomes d'un internet doivent être en accord sur un mécanisme cohérent de diffusion et de représentation des informations d'accessibilité. Ceci étant, BGP ne garantit pas une cohérence globale.

15.19 SYSTÈME D'ARBITRAGE DE ROUTE D'UN INTERNET

Pour qu'un internet fonctionne correctement, les informations de routage doivent toutes être cohérentes. Les protocoles de routage externe, comme BGP, qui gèrent les échanges entre routeurs pairs de systèmes autonomes, ne garantissent pas cette cohérence globale. Il est donc nécessaire de disposer dans un internet d'un mécanisme rationalisant les informations de routage. À l'origine, l'architecture de routage du réseau Internet garantissait, *via* le système central, la nécessaire cohérence des informations de routage étant donné qu'à chaque instant le système central disposait d'un chemin vers chacune des destinations possibles. Lorsque le système central d'Internet fut supprimé, un nouveau mécanisme fut créé pour rationaliser les informations de routage d'Internet.

Ce nouveau mécanisme, appelé système d'*arbitrage de route* ou RA (*Routing Arbiter system*), s'appuie sur une base de données d'informations de routage. Cette base est plusieurs fois dupliquée. Les mises à jour de cette base d'informations sont réalisées *via* un mécanisme d'authentification afin d'empêcher qu'un routeur quelconque puisse modifier, ou ajouter, une information de routage. Seul un système autorisé peut le faire.

Pour comprendre comment les routeurs accèdent au système d'arbitrage gérant la base de données de routage, considérons l'architecture actuelle du réseau Internet. Nous avons dit que les plus importants fournisseurs d'accès (FAI) sont interconnectés en des points d'accès Internet particuliers, les NAP (*Network Access Point*). En terme de routage un NAP représente la frontière entre plusieurs systèmes autonomes. Bien qu'il soit possible d'utiliser le protocole BGP entre les routeurs pairs des FAI reliés aux NAP, ce n'est pas une solution efficace. Elle risque en outre d'entraîner des incohérences d'informations. Au lieu de cela, chaque NAP comprend un ordinateur spécialisé appelé *serveur de route*, qui entretient une copie de la base de données de routage et qui parle BGP. Chaque FAI désigne l'un de ses routeurs comme routeur BGP ; en général celui qui est le plus proche d'un NAP. Ce routeur entretient la connexion, *via* le protocole BGP, avec le serveur de route du NAP. Par ce biais, le FAI informe le serveur de route de l'accessibilité de ses réseaux et des réseaux de ses clients, et prend connaissance des réseaux des autres FAI.

L'un des avantages majeurs d'utiliser BGP pour dialoguer avec le serveur de route du NAP, c'est que BGP fournit aussi bien des informations positives que négatives. Lorsqu'une destination devient inaccessible, le FAI en informe le serveur de route (c'est une information négative). Celui-ci diffuse cette information auprès des autres FAI. Propager une information négative a pour conséquence de réduire le trafic inutile dans les réseaux car tous les datagrammes routés vers cette destination devenue inaccessible peuvent être détruits avant qu'ils ne transitent d'un FAI à un autre FAI[1].

1. Comme dans le cas du système central qu'il a remplacé, le système d'arbitrage de route n'inclut pas de route par défaut. En conséquence, il est quelquefois appelé *zone sans défaut* (*default-free zone*).

15.20 MESSAGE BGP DE NOTIFICATION

En plus des messages d'ouverture, de mise à jour et de test d'activité, BGP dispose d'un quatrième type de message : le message de *notification*, qui est un message d'erreur (ou de contrôle). Les erreurs sont considérées comme étant permanentes – dès qu'il détecte un problème, BGP transmet un message de notification qui rend compte du problème, puis il ferme la connexion TCP. La figure 15.3 donne le format de ce message.

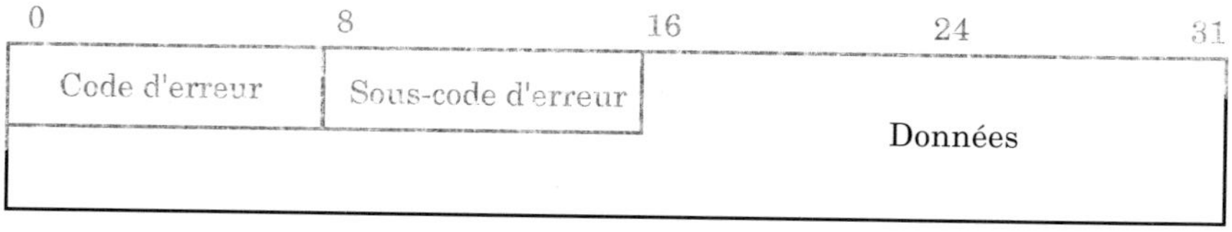

Figure 15.13 — Format d'un message de notification. Ce message suit l'en-tête BGP standard.

Les 8 bits du champ *Code d'erreur* indiquant la raison possible de l'erreur (ou du problème) sont listés à la figure 15.14. Pour chaque erreur possible, le champ *Sous-code d'erreur* donne une explication complémentaire. La figure 15.15 donne la liste des sous-codes d'erreur.

Code d'erreur	Signification
1	Erreur dans un message d'en-tête
2	Erreur dans un message d'ouverture
3	Erreur dans un message de mise à jour
4	Expiration de la temporisation
5	Erreur dans l'automate fonctionnel de BGP
6	Fermeture de la connexion TCP

Figure 15.14 — Valeurs possibles du code d'erreur d'un message BGP de notification.

15.21 DÉCENTRALISATION DE L'ARCHITECTURE INTERNET

Au terme de ce chapitre il reste deux importantes questions d'architecture auxquelles nous n'avons pas répondu. La première concerne la centralisation : comment l'architecture d'un internet peut-elle être modifiée pour supprimer sa dépendance à un système de routeurs centraux ? La seconde concerne le niveau de confiance : est-ce que l'architecture d'un internet peut être étendue afin de permettre une coopération étroite (confiante) entre certains systèmes autonomes plutôt que d'autres ?

Sous-codes associés aux erreurs d'en-tête	
1	Connexion non synchronisée
2	Longueur du message incorrecte
3	Type du message incorrect
Sous-codes associés aux erreurs des messages d'ouverture	
1	Numéro de version erroné
2	Routeur pair invalide
3	Identificateur BGP invalide
4	Paramètre optionnel non supporté
5	Erreur d'authentification
6	Valeur de temporisation inacceptable
Sous-codes associés aux erreurs des messages de mise à jour	
1	Liste d'attributs mal établie
2	Attribut non reconnu
3	Attribut absent
4	Erreur de drapeau d'un attribut
5	Erreur de longueur d'un attribut
6	Attribut d'origine invalide
7	Boucle de routage
8	Saut suivant invalide
9	Erreur d'un attribut optionnel
10	Champ réseau invalide
11	Chemin mal établi

Figure 15.15 — Valeurs possibles et signification des sous-codes d'erreur d'un message BGP de notification.

Supprimer toute dépendance à un système central et augmenter le degré de confiance ne sont pas des choses simples à implémenter. Bien que les architectures TCP/IP soient en évolution constante, la présence du système central apparaît toujours dans la philosophie de nombreux protocoles. En l'absence de centralisation, chaque FAI devrait échanger ses informations d'accessibilité avec tous les FAI avec lesquels il est en relation. En conséquence, le volume du trafic de routage serait bien plus important qu'avec un système d'arbitrage de route centralisé. Enfin, la centralisation joue un rôle important dans la rationalisation des routes et la garantie de confiance. En plus de conserver les informations de routage dans une base de données, le système d'arbitrage des routes garantit la cohérence globale des informations et la confiance quant à la source des informations.

15.22 RÉSUMÉ

Les routeurs d'un internet sont partagés en groupes afin de réduire le volume du trafic de routage. Un internet est organisé en systèmes autonomes. Chaque système comprend un ensemble de routeurs et de réseaux sous la responsabilité d'une autorité administrative. Un système autonome utilise un protocole de routage externe pour transmettre ses informations de routage à d'autres systèmes autonomes. Ces informations expriment l'accessibilité des réseaux internes du système autonome aux autres systèmes.

Le protocole BGP est le protocole de routage externe le plus utilisé aujourd'hui. BGP dispose de trois types de messages pour initialiser une communication (message d'ouverture), pour diffuser des informations de routage (message de mise à jour) ou pour rapporter des erreurs (message de notification). Chaque message commence par un en-tête commun qui inclut un champ optionnel d'authentification des correspondants. BGP utilise une connexion TCP pour acheminer ses messages et met en œuvre un mécanisme de test d'activité des routeurs pairs correspondants.

Au sein du réseau Internet chaque FAI apparaît comme un système autonome. La limite de chaque FAI se situe en un point d'accès particulier, le NAP : c'est le lieu d'interconnexion des FAI à Internet. Plutôt que d'imposer aux routeurs BGP pairs des FAI de s'échanger des informations de routage, chaque NAP utilise un serveur de route. Le routeur BGP du FAI dialogue avec le serveur de route du NAP pour échanger des informations de routage : chaque FAI transmet des informations d'accessibilité sur ses réseaux et ceux de ses clients, et reçoit les informations d'accessibilité des autres FAI.

15.23 POUR EN SAVOIR PLUS

Des informations générales sur le routage dans le réseau Internet sont consignées dans [RFC 827, 888, 904 et 975]. Rekhter et Li [RFC 1771] décrivent la version 4 du protocole BGP. BGP a subi trois substantielles modifications : les différentes versions de BGP sont décrites dans [RFC 1163, RFC 1267 et RFC 1654]. Traina [RFC 1773] donne des exemples de mise en œuvre de BGP-4, de même dans [RFC 1774] il analyse le trafic de routage généré par ce protocole. Enfin, Villamizar *et al.* [RFC 2439] considère un problème particulier du routage, la technique de *route flapping*.

15.24 EXERCICES

15.1 Si votre système utilise un protocole de routage externe, tel que BGP, combien de routes annonce-t-il à l'extérieur ?

15.2 Les mises en œuvre de BGP utilisent souvent un mécanisme d'interruption ou de gel (*hold down*) qui retarde l'acceptation d'une demande d'ouverture par un routeur pair jusqu'à ce qu'un message de demande de rupture de connexion TCP soit reçu. Lisez la norme et voyez quel type de problème ce mécanisme peut résoudre.

15.3 Quel(s) routeur(s) de la figure 15.2 doit (doivent) utiliser BGP ? Pourquoi ?

15.4 La spécification formelle de BGP comporte un automate à nombre d'états fini qui en explique le fonctionnement. Établissez un schéma synoptique de cet automate montrant ses différents états et les différentes transitions entre états.

15.5 Que se passe-t-il si un routeur d'un système autonome envoie à un routeur d'un autre système autonome un message BGP de mise à jour indiquant qu'il assure l'accessibilité à tous les autres réseaux de l'internet ?

15.6 Deux routeurs peuvent-ils établir une boucle de routage en s'envoyant des messages BGP de mise à jour ? Expliquez.

15.7 Un routeur parlant BGP doit-il annoncer des routes différemment de celles de sa table de routage interne ? Par exemple, un routeur doit-il propager les informations d'accessibilité d'un réseau s'il n'a pas mis en place de route permettant d'y accéder ? Pourquoi ? Examinez le RFC pour répondre à cette question.

15.8 Eu égard à la question précédente, lisez le standard BGP-4. Est-il légal de transmettre une information d'accessibilité pour une destination donnée qui n'apparaît pas dans la table de routage locale ?

15.9 Si vous travaillez dans une grande entreprise, trouvez si elle dispose de plusieurs systèmes autonomes. Si oui, comment s'échangent-ils des informations de routage ?

15.10 Quel est le principal avantage de diviser une grande entreprise multinationale, en plusieurs systèmes autonomes ? Quel est l'inconvénient majeur ?

15.11 Les entreprises *A* et *B* utilisent BGP pour s'échanger des informations de routage. Pour préserver un de ses réseaux, *N*, des machines de *B*, l'administrateur de *A* configure BGP de telle sorte que *N* ne figure pas dans les annonces envoyées à *B*. Le réseau *N* est-il sûr ? Pourquoi ?

15.12 Étant donné que BGP utilise TCP comme protocole de transport de ses messages, les messages d'activité ne peuvent pas être perdus. Est-il censé de définir un intervalle de transmission des messages d'activité d'un tiers de la valeur de temporisation ? Pourquoi, ou pas ?

15.13 Consultez les RFC et analyser en détail les attributs de parcours. Quelle est la taille minimale d'un message BGP de mise à jour ?

16

Routage dans un système autonome (RIP, OSPF, HELLO)

16.1 INTRODUCTION

Le chapitre précédent a introduit le concept de système autonome et étudié le protocole BGP qui est un protocole de routage externe utilisé pour propager les informations d'accessibilité des réseaux d'un système autonome vers d'autres systèmes autonomes. Ce chapitre complète la présentation d'ensemble du routage dans un internet en détaillant comment un routeur d'un système autonome acquiert des informations relatives aux réseaux au sein de son propre système.

16.2 ROUTES INTÉRIEURES STATIQUES ET DYNAMIQUES

Deux routeurs situés dans un même système autonome sont dits *routeurs internes* au système autonome. Comme nous l'avons dit au chapitre précédent on appelle *routeurs externes* ou *routeurs frontières*, les routeurs BGP qui sont à la frontière d'un système autonome. Les routeurs du système central Internet sont des routeurs internes car ils sont situés dans le système central qui constitue un système autonome. Deux routeurs d'un campus universitaire sont considérés également comme internes si les ordinateurs du campus sont regroupés en un même système autonome.

Comment les routeurs acquièrent-ils des informations sur les réseaux de leur système autonome ? Dans les petits internets évoluant lentement, les administrateurs de réseaux peuvent gérer manuellement une table des réseaux. Ils la mettent à jour chaque fois que, dans le système autonome, on ajoute ou on supprime un réseau. Considérez, par exemple, le petit réseau d'entreprise de la figure 16.1.

Le routage dans l'internet de la figure 16.1 est évident parce qu'il n'existe qu'un seul chemin entre deux points quelconques. L'administrateur de cet internet modifie manuellement les routes dans tous les ordinateurs et tous les routeurs. Si l'internet évolue (il ajoute par exemple un réseau), l'administrateur doit reconfigurer les routes dans toutes les machines.

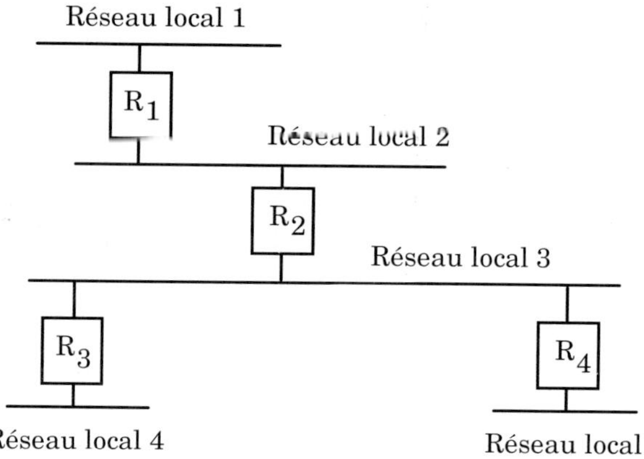

Figure 16.1 — Exemple d'un petit internet composé de cinq réseaux Ethernet et de quatre routeurs situés sur un même site. Une seule route, dans cet internet, relie une machine à une autre.

Les inconvénients d'une gestion manuelle sont évidents : il n'est pas possible de prendre en compte les systèmes qui croissent ou évoluent rapidement. Dans les grands environnements qui changent sans cesse, comme Internet, les interventions humaines ne sont pas suffisamment rapides ; des méthodes automatiques doivent être utilisées. Celles-ci peuvent également contribuer à améliorer la fiabilité et la résistance aux pannes dans les petits internets qui comportent plusieurs chemins ou routes possibles entre deux points. Pour voir comment fonctionnent ces méthodes, analysons ce qui se passe lorsqu'on ajoute un routeur dans l'internet de la figure 16.1. On obtient alors l'internet de la figure 16.2.

Dans les architectures d'internet comportant plusieurs chemins physiques, les administrateurs de réseaux choisissent généralement un des chemins comme chemin primaire. Si les routeurs du chemin primaire tombent en panne, les routes doivent être modifiées pour que le trafic passe par l'itinéraire de secours. La modification manuelle des routes est à la fois consommatrice de temps et source d'erreurs. Ainsi, même dans les petits internets, un système automatisé doit être utilisé pour modifier les routes rapidement et de façon fiable.

Pour effectuer automatiquement la maintenance des informations d'accessibilité, les routeurs internes à un système autonome communiquent les uns avec les autres. Ils s'échangent des informations d'accessibilité ou des informations de routage desquelles ils déduisent les informations d'accessibilité de l'intégralité du système autonome. Une fois ces informations rassemblées, l'un des routeurs du

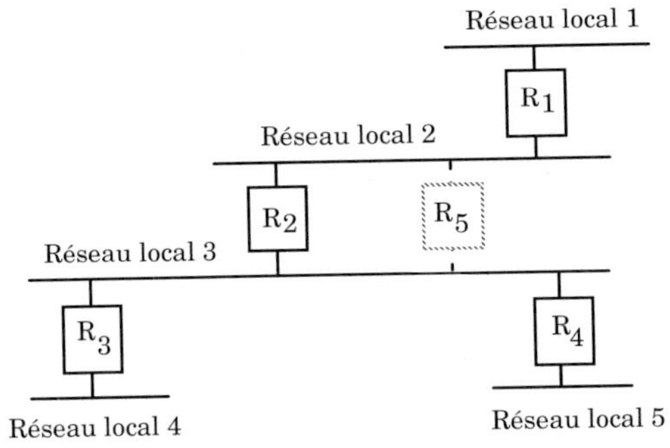

Figure 16.2 — L'ajout du routeur *R5* entraîne l'apparition d'une seconde route reliant les réseaux 2 et 3. Les logiciels de routage peuvent rapidement prendre en compte la panne d'un routeur et rediriger automatiquement le trafic sur l'itinéraire de secours.

système peut, à l'aide d'un protocole de routage externe, les propager vers d'autres systèmes autonomes. Ce routeur joue alors un rôle à la fois de routeur interne et de routeur externe.

Contrairement aux communications entre routeurs externes, pour lesquelles BGP constitue un standard largement accepté, il n'y a pas de protocole dont l'utilisation soit prépondérante dans les systèmes autonomes. Cette absence de protocole standard résulte d'une part de la diversité des topologies et technologies mises en œuvre dans les systèmes autonomes et d'autre part d'un compromis à trouver entre simplicité et fonctionnalité – les protocoles simples à installer et à configurer n'offrent pas souvent les meilleures fonctionnalités. En conséquence, quelques protocoles sont devenus d'usage courant. La plupart des petits systèmes autonomes choisissent un seul protocole qu'ils utilisent exclusivement pour propager les informations de routage interne. Au contraire, les grands systèmes autonomes utilisent le plus souvent plusieurs protocoles de routage.

Comme il n'y a pas de standard unique nous utilisons l'expression *protocole de routage interne* ou IGP (*Interior Gateway Protocol*), comme qualificatif générique référençant tout algorithme utilisé par des routeurs internes pour échanger des informations de routage ou d'accessibilité de réseaux. Par exemple les routeurs du système central d'Internet utilisent un protocole particulier appelé *SPREAD* comme protocole de type IGP. Certains systèmes autonomes utilisent BGP comme protocole IGP, bien que cela n'ait que peu de sens pour des petits systèmes autonomes qui comportent des réseaux locaux proposant une fonction de diffusion.

La figure 16.3 présente un système autonome utilisant un protocole IGP pour propager les informations d'accessibilité entre les routeurs internes. Sur la figure, IGP1 fait référence au protocole de routage interne utilisé au sein du système autonome 1 et IGP2 au protocole utilisé dans le système autonome 2. La figure illustre également un concept important :

Un routeur donné peut utiliser simultanément deux protocoles de routage différents, l'un pour les communications hors du système autonome auquel il appartient et l'autre pour communiquer au sein de son système autonome.

En particulier, les routeurs externes qui utilisent BGP pour propager les informations d'accessibilité ont généralement besoin d'utiliser un IGP pour obtenir des informations relatives à leur système autonome. Ils sont à la fois routeur externe et interne.

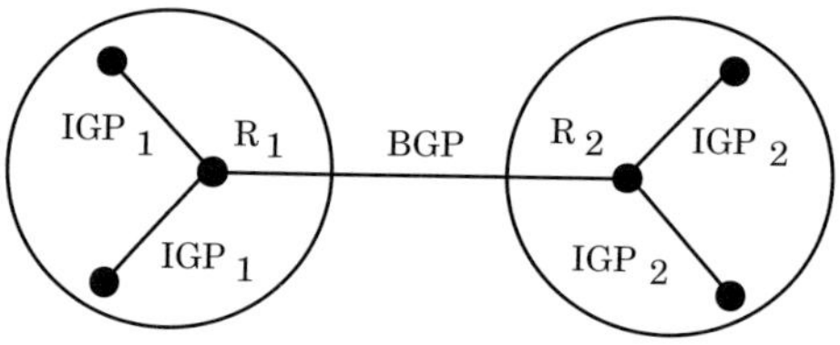

Figure 16.3 — Vue conceptuelle de deux systèmes autonomes utilisant chacun leur propre protocole IGP en interne, mais ils utilisent BGP pour communiquer entre le routeur externe et l'autre système autonome.

16.3 LE PROTOCOLE D'INFORMATIONS DE ROUTAGE (RIP)

16.3.1 Historique de RIP

Un des protocoles de routage parmi les plus connus est le *protocole d'informations de routage*, *RIP* (*Routing Information Protocol*), également connu sous le nom d'un programme qui le met en œuvre : *routed*[1]. Le logiciel *routed* a été réalisé à l'université de Californie, à Berkeley. Il assure un routage cohérent et permet l'échange d'informations d'accessibilité entre machines sur les réseaux locaux de cette université. Il utilise la diffusion sur le réseau physique pour propager rapidement les informations de routage. Il n'a pas été initialement conçu pour être utilisé sur les grands réseaux WAN (bien qu'il le soit aujourd'hui).

Routed s'appuie sur des travaux de recherche antérieurs menés par le centre de recherche de la société Xerox au PARC (*Palo Alto Research Center*). Il met en œuvre un protocole dérivé du protocole d'informations de routage de Xerox (*Xerox NS RIP*) qui a été généralisé à un ensemble de familles de réseaux.

1. Le nom provient de la convention qui veut que, dans UNIX, le nom des *daemons* soit suffixé par un *d* ; ce nom se prononce *route « d »*.

Le succès de RIP, en dépit de légères améliorations par rapport à ses prédécesseurs, ne tient pas à ses mérites techniques. En fait, il résulte de la distribution de ce protocole avec les logiciels du célèbre système d'exploitation Unix 4 BSD. Ainsi, de nombreux sites TCP/IP ont adopté *routed* et commencé à utiliser RIP sans en avoir étudié ses caractéristiques techniques ni ses limitations. Une fois installé et opérationnel, RIP a constitué la base du routage local et les groupes de recherche l'ont adopté pour des réseaux plus grands.

Le fait le plus surprenant concernant RIP est peut-être d'avoir été réalisé et mis en œuvre bien avant que la norme correspondante ne soit spécifiée. La plupart des mises en œuvre sont dérivées du code de Berkeley et l'interfonctionnement de ces protocoles est limité par la compréhension des détails et des subtilités non commentés qu'en avaient les programmeurs. Avec l'apparition de nouvelles versions, de nouveaux problèmes se sont posés. Un standard RFC est enfin apparu en juin 1988 qui a permis d'assurer l'interopérabilité de ces versions.

16.3.2 Fonctionnement de RIP

Le protocole RIP est une application directe du routage à vecteur de distance utilisé dans les réseaux locaux. Il classe les machines participant au routage en *machines actives* et *passives* (ou *silencieuses*). Une machine active propage les routes qu'elle connaît vers les autres machines. Les machines passives ne font qu'écouter les messages RIP transmis par les machines actives et mettent à jour leurs routes en fonction des informations reçues, mais elles n'en diffusent pas elles-mêmes. Seul un routeur utilise RIP en mode actif ; un ordinateur n'utilise RIP qu'en mode passif.

Un routeur utilisant RIP en mode actif diffuse un *message de mise à jour* (*update message*) toutes les 30 secondes. Ce message RIP contient des informations extraites des tables de routage courantes du routeur. Chaque message est constitué d'un ensemble de paires d'informations, chaque *paire* contient l'adresse IP d'un réseau et un entier mesurant la *distance* du routeur à ce réseau. RIP utilise une *métrique à nombre de sauts* pour mesurer ces distances. Ainsi selon la métrique RIP un routeur est situé à une distance d'un saut d'un réseau directement accessible[1], à une distance de deux sauts des réseaux accessibles par l'intermédiaire d'un routeur et ainsi de suite. Le *nombre de sauts* (qu'on appelle souvent le *coût*) mesure donc le nombre de routeurs rencontrés par un datagramme pour atteindre sa destination sur un chemin reliant une source à une destination. Il doit être clair que l'utilisation du nombre de sauts pour déterminer les plus courts chemins ne conduit pas toujours à une solution optimale. Par exemple, un chemin qui traverse trois réseaux Ethernet et comporte trois sauts peut être nettement plus rapide qu'un chemin qui ne compte que deux sauts, mais emprunte deux liaisons

1. De nombreux autres protocoles définissent les connexions directes comme ayant un coût nul.

série basse vitesse. Pour compenser les différences inhérentes à la technologie, de nombreuses implémentations de RIP utilisent des nombres de sauts artificiellement élevés lorsqu'ils concernent des réseaux à bas débit.

Les machines RIP actives et passives participant au routage écoutent tous les messages de mise à jour et mettent à jour leurs tables de routage en conséquence, conformément à l'algorithme de routage à vecteur de distance décrit précédemment. Dans l'internet de la figure 16.2, le routeur R_1 diffuse sur le réseau 2 un message de mise à jour qui contient la paire (1, 1), ce qui signifie que R_1 est à une distance 1 du réseau 1. On dit aussi qu'il peut atteindre le réseau 1 pour un coût de 1. Les routeurs R_2 et R_5 reçoivent ces informations et mettent leurs tables de routage à jour en créant une route qui passe par le routeur R_1 pour atteindre le réseau 1 (pour une distance ou un coût de 2). Ultérieurement, les routeurs R_2 et R_5 propagent la paire (1, 2) lorsqu'ils diffusent leurs messages RIP sur le réseau 3. Le cas échéant, tous les routeurs et toutes les machines créeront une route vers le réseau 1.

RIP définit quelques règles d'amélioration des performances et de la fiabilité. Ainsi, lorsqu'un routeur apprend d'un autre routeur l'existence d'une route il applique le *principe de l'hystérésis*, c'est-à-dire qu'il conserve cette route tant qu'il n'en connaît pas une meilleure. Dans notre exemple, si les routeurs R_2 et R_5 propagent des informations de routage indiquant que le réseau 1 a un coût de 2, les routeurs R_3 et R_4 créeront une route passant par le premier routeur dont ils auront reçu le message. En résumé :

> Pour empêcher l'oscillation entre deux ou plusieurs routes de même coût, RIP indique que les routes créées doivent être conservées jusqu'à ce qu'une route de coût strictement inférieur apparaisse.

Que se passe-t-il lorsque le routeur qui a propagé les informations de routage tombe en panne ? RIP indique que tous les récepteurs doivent associer une temporisation aux routes acquises. Lorsqu'un routeur définit une route dans ses tables, il lui associe une temporisation et l'active. La temporisation doit être réarmée chaque fois que le routeur reçoit un message RIP référençant cette route. La route est invalidée s'il s'écoule 180 secondes sans qu'elle soit de nouveau référencée.

RIP doit prendre en compte trois types d'erreurs causées par l'algorithme sous-jacent. D'abord, l'algorithme ne détecte pas les boucles de façon explicite ; RIP doit donc supposer que ses partenaires sont fiables ou prendre des précautions pour détecter les boucles. RIP doit ensuite utiliser une petite valeur comme distance maximale possible (RIP utilise la valeur 16) pour éviter les instabilités. Les administrateurs de réseaux doivent utiliser un autre protocole pour les internets dans lesquels le nombre de sauts avoisine normalement la valeur 16. (De toute évidence, la petitesse de la valeur limite du nombre de sauts de RIP, le rend inutilisable dans les grands réseaux d'entreprises). Troisièmement, l'algorithme de routage à vecteur de distance utilisé par RIP entraîne une *convergence lente* ou *problème de valeur infinie* qui produit des incohérences parce que les messages de mise à jour se propagent lentement à travers le réseau. Le choix d'une faible valeur infinie (16) limite le phénomène de convergence lente, sans pour autant le supprimer.

L'incohérence des tables de routage n'est pas spécifique à RIP. C'est un problème fondamental inhérent à tout protocole à vecteur de distance où les messages de mise à jour ne véhiculent que des paires (réseau destination, distance). Considérons, pour comprendre ce problème, l'ensemble des routeurs de la figure 16.4.

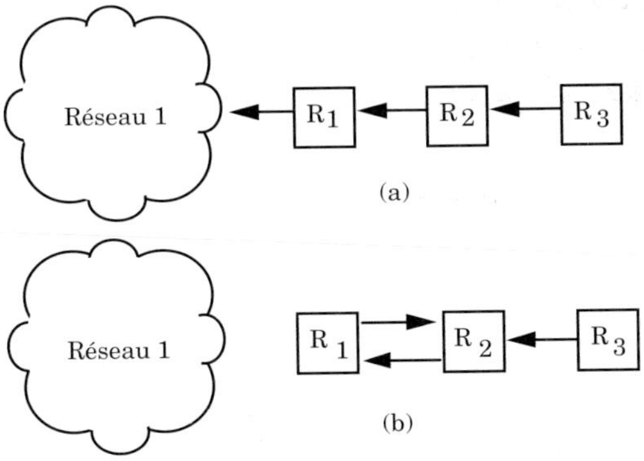

Figure 16.4 — Le problème de la convergence lente. Dans (a) trois routeurs ont chacun une route vers le réseau 1. Dans (b) la connexion vers le réseau 1 a disparu mais R_2 crée une boucle en diffusant les informations relatives à la route conduisant vers le réseau 1 via R_1.

La figure 16.4 représente les routes vers le réseau 1 pour l'internet de la figure 16.2. Le routeur R_1 accède directement au réseau 1. Sa table de routage comporte une route à laquelle est associée une distance 1. Cette route fait partie des informations de routage diffusées périodiquement. Le routeur R_2 apprend la route de R_1, l'inscrit dans sa table de routage et propage les informations relatives à cette route, en indiquant une distance 2. Enfin, R_3 apprend la route de $R2$ et propage les informations relatives à cette route en indiquant une distance 3.

Supposez maintenant que l'accès de R_1 au réseau 1 tombe en panne. R_1 met immédiatement à jour sa table de routage et affecte une distance infinie (16) à la route correspondante. Dans la diffusion d'informations suivante, R_1 diffuse le coût élevé associé à cette route. À moins toutefois que le protocole ne comporte des mécanismes supplémentaires pour éviter l'apparition de ce phénomène, un autre routeur peut, avant R_1, propager des informations relatives à cette route. Supposez, en particulier, que R_2 diffuse ses informations de routage juste après que l'accès de R_1 au réseau 1 est tombé en panne. Dans ce cas, R_1 reçoit le message de R_2 et applique l'algorithme de routage à vecteur de distance : il constate que R_1 l'informe de l'existence d'une route vers le réseau 1 dont le coût est inférieur au sien et en déduit que le coût d'accès au réseau 1 est de 3 sauts (2 sauts pour atteindre le réseau 1 depuis R_2 plus un pour atteindre R_2). R_1 inscrit donc dans sa table de routage la route qui passe par R_2 pour atteindre le réseau 1. La figure 16.4b présente le résultat. À ce stade, si R_1 ou R_2 reçoivent un datagramme destiné au réseau 1 ils le routent l'un vers l'autre, jusqu'à expiration de la durée de vie du datagramme.

Les diffusions RIP ultérieures de ces deux routeurs ne résolvent pas rapidement le problème. Au cycle de diffusion d'informations de routage suivant, R_1 diffuse le contenu de l'entrée de sa table. Lorsque R_2 apprend que la route vers le réseau 1 a un coût de 3, il recalcule le coût associé à cette route : celui-ci prend la valeur 4. Au troisième tour, R_1 reçoit de R_2 des informations qui signalent une augmentation du coût associé à la route vers le réseau 1. Il augmente donc la valeur de la distance dans sa table de routage. Celle-ci vaut maintenant 5. Et ils poursuivent ce processus jusqu'à atteindre la valeur infinie de RIP.

16.3.3 Résolution du problème de la convergence lente

Dans le cas de l'exemple de la figure 16.4, il est possible de résoudre le problème de la convergence lente en utilisant une technique dite de *mise à jour de l'horizon éclaté* (*split horizon update*). Lorsqu'il utilise la mise à jour de l'horizon éclaté, un routeur mémorise sur quelle interface réseau il a reçu les informations de routage et ne diffuse pas les informations sur cette interface. Dans notre exemple, R_2 ne rediffuse pas les informations relatives à la route vers le réseau 1 avec une distance 2 vers R_1. Ainsi, lorsque R_1 perd l'accès au réseau 1, il cesse de diffuser des informations relatives à cette route. Après quelques cycles de propagation d'informations de routage, toutes les machines sont d'accord pour considérer que le réseau 1 est inaccessible. Toutefois, comme l'un des exercices le montre, cet algorithme de l'horizon éclaté ne couvre pas toutes les topologies de réseaux.

Une autre approche du problème de la convergence lente se fait en termes de flux d'informations. Si un routeur propage des informations relatives à un chemin court qui permet d'atteindre un réseau, tous les routeurs récepteurs répondent rapidement pour mettre en place la route correspondante. Si le routeur cesse de propager des informations au sujet de cette route, le protocole doit s'appuyer sur un mécanisme de temporisation avant de considérer la route comme inaccessible. Une fois la temporisation expirée, le routeur trouve une route alternative et commence à propager les informations correspondantes. Malheureusement, un routeur ne dispose d'aucun moyen de savoir si la route alternative dépend de la route qui vient de disparaître. Les informations négatives ne se propagent donc pas toujours très vite. Une courte épigramme résume cette idée et explique le phénomène :

> Les bonnes nouvelles voyagent vite ; les mauvaises nouvelles voyagent lentement.

Une autre technique utilisée pour résoudre le problème de la convergence lente utilise un *mécanisme de gel* (*hold down*). Ce mécanisme oblige les routeurs qui participent au routage à ignorer, pendant un certain laps de temps, les informations issues d'un réseau qui indiquent que le réseau est inaccessible. Habituellement, la période de gel est fixée à 60 secondes. Le principe consiste à attendre suffisamment longtemps pour garantir que les machines qui participent à l'échange RIP reçoivent la mauvaise nouvelle et pour éviter qu'elles n'acceptent, par erreur, un message périmé. Il est à noter que toutes les machines participant aux échanges RIP doivent avoir la même conception du gel, faute de quoi des boucles de routage peuvent apparaître. La technique du gel a pour inconvénient que lorsque des boucles de routage apparaissent elles subsistent pendant le gel. Pire encore, les techniques de gel maintiennent des routes erronées pendant toute la durée du gel, même lorsqu'il existe des alternatives.

La dernière technique de résolution du problème de la convergence lente est l'*antidote* (*poison reverse*). Le routeur qui propage des informations concernant une route qui vient de disparaître la conserve dans ses tables pendant plusieurs cycles de mise à jour. Il lui associe un coût infini. Pour accroître l'efficacité de l'antidote, celui-ci est combiné à une *mise à jour déclenchée* (*triggered update*). Les mises à jour déclenchées obligent un routeur, en cas de réception d'une mauvaise nouvelle, à propager immédiatement des informations de routage au lieu d'attendre le cycle de diffusion suivant. L'émission immédiate des informations de routage permet aux routeurs de minimiser la période de vulnérabilité pendant laquelle ils croient aux bonnes nouvelles.

Malheureusement, si les techniques d'antidote, de mise à jour déclenchée, de gel ou d'éclatement de l'horizon résolvent toutes des problèmes, elles en introduisent d'autres. Ainsi, considérons ce qui se passe lorsque, dans le cas des mises à jour déclenchées, de nombreux routeurs partagent un même réseau. Une simple diffusion peut provoquer la modification de toutes leurs tables de routage, ce qui déclenche un nouveau cycle de mises à jour. Si la seconde vague provoque à son tour la modification des tables, elle déclenchera encore plus de diffusions. Une avalanche de diffusions peut en résulter[1].

Le recours à la diffusion, qui introduit un risque potentiel d'apparition de boucles de routage, et l'utilisation des techniques de gel pour résoudre le problème de la convergence lente peuvent rendre RIP particulièrement inefficace dans un réseau grande distance. La diffusion périodique d'informations par tous les routeurs consomme toujours une partie significative de la bande passante. Ceci signifie que même en l'absence de phénomènes d'avalanche, le trafic augmente avec le nombre de routeurs. Les boucles de routage potentielles peuvent également s'avérer fatales lorsque la capacité des lignes est limitée. Une fois les lignes

1. Pour éviter les collisions, RIP exige que chaque routeur attende un laps de temps aléatoire avant d'envoyer une mise à jour déclenchée.

saturées par des paquets qui bouclent, l'échange des messages qui permettraient aux routeurs de supprimer ces boucles peut s'avérer difficile voire impossible. Dans les réseaux grande distance, les périodes de gel sont tellement longues que les temporisations utilisées par les protocoles de haut niveau peuvent expirer et provoquer la libération de connexions. En dépit de ces inconvénients bien connus, de nombreux groupes continuent à utiliser RIP comme IGP dans les réseaux grande distance.

16.3.4 Format des messages RIP1

Les messages RIP peuvent approximativement se classer en deux catégories : les messages d'informations de routage et les messages de demandes d'informations. Ces deux types utilisent la même structure constituée d'un en-tête de taille fixe et d'une liste optionnelle de paires (adresse de réseau, distance). La figure 16.5 montre la structure des messages utilisés dans la version 1 du protocole RIP que l'on appelle *RIP1*.

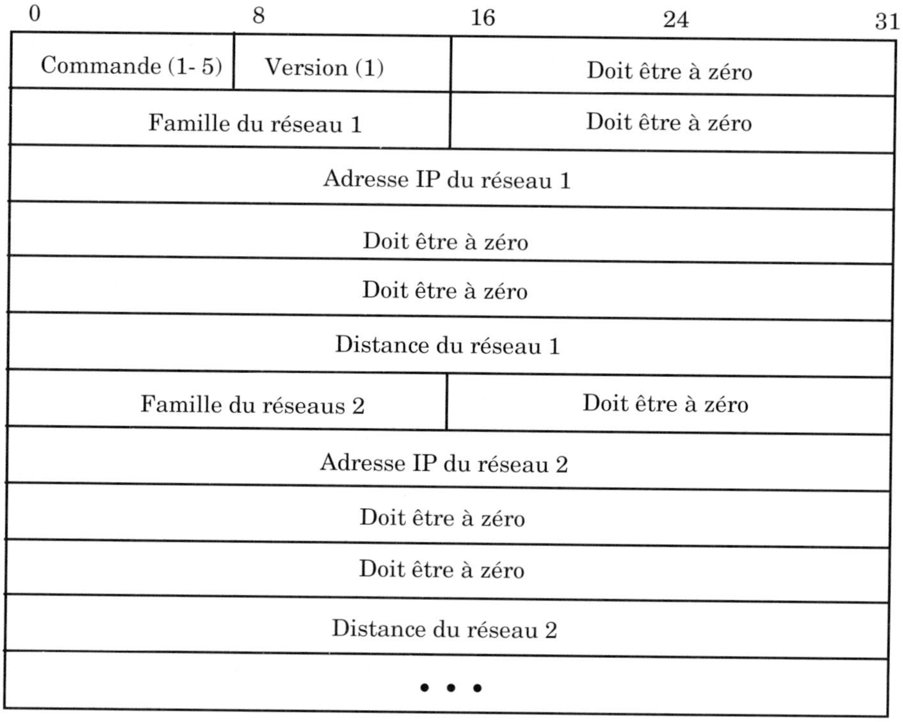

Figure 16.5 — Structure d'un message RIP1. Après l'en-tête de 32 bits, le message contient une suite de paires. Chaque paire contient l'adresse d'un réseau et une distance (entière) d'accès à ce réseau.

Le champ *Commande* du message RIP définit le type de l'opération, conformément à la table suivante :

Commande	Signification
1	Demande de routage sur informations partielles ou complètes
2	Réponse contenant les paires (réseau, distance) des tables de l'émetteur
3	Activation du mode trace (périmé)
4	Désactivation du mode trace (périmé)
5	Réservé à SUN Microsystems, pour usage interne
9	Demande de mise à jour (utilisé avec les circuits de demande)
10	Réponse de mise à jour (utilisé avec les circuits de demande)
11	Acquittement de mise à jour (utilisé dans les circuits de demande)

Un routeur (ou un ordinateur) peut interroger un autre routeur (ou un ordinateur) en émettant un *message de demande* (*request command*). Les routeurs (ou ordinateurs) répondent à ces demandes par des *messages de réponse* (*response command*). Dans la plupart des cas, toutefois, les routeurs diffusent périodiquement des messages de réponse sans avoir été sollicités.

Le champ *Version* contient le numéro de version du protocole (1 actuellement). Le récepteur l'utilise pour s'assurer qu'il interprète correctement le message.

16.3.5 Les conventions d'adressage RIP1

La généralité de RIP transparaît également dans la façon dont les adresses réseau sont transmises. La structure des adresses n'est pas limitée aux adresses IP. Elle prend en compte celles d'autres familles de protocoles. Comme l'indique la figure 16.5, les adresses mentionnées par RIP peuvent comporter jusqu'à 14 octets. Bien entendu, comme les adresses IP n'en utilisent que 4, les octets restants sont à zéro[1]. Le champ *Famille du réseau* identifie la famille de protocoles pour laquelle les adresses doivent être interprétées. RIP utilise les valeurs affectées aux familles d'adresses dans le système d'exploitation Unix 4 BSD (la valeur 2 est affectée aux adresses IP).

Le protocole RIP utilise, en complément des adresses IP normales, la convention suivant laquelle l'*adresse* 0.0.0.0 désigne une *route par défaut*. Il associe une mesure de distance à chaque route pour laquelle des informations sont diffusées, y compris aux routes par défaut. Il est donc possible que deux routeurs diffusent

1. Les concepteurs ont choisi de positionner l'adresse IP du troisième au sixième octet du champ adresse pour garantir un alignement sur une frontière de 32 bits.

des informations relatives à une route par défaut (une route vers le reste de l'internet) avec des mesures différentes. L'une est la route principale alors que l'autre constitue une route de secours.

Le dernier champ de chaque entrée d'un message RIP, *Distance du réseau i*, contient un entier représentant la distance de ce réseau.

Les distances sont mesurées en nombre de routeurs traversés, mais les valeurs sont limitées à l'intervalle [1-16] ; la distance 16 est utilisée pour représenter l'infini. (C'est-à-dire l'absence totale de routes.)

16.3.6 Interprétation et agrégation de route RIP1

Comme à l'origine RIP a été conçu pour utiliser l'adressage IP conventionnel, la version 1 du protocole ne stipulait aucune disposition particulière pour les masques de sous-réseaux. Lorsque IP mit en œuvre le sous-adressage une extension fut aménagée à RIP1 afin de permettre aux routeurs de s'échanger des adresses de sous-réseaux. Cela se traduisit par un aménagement des messages de mise à jour de RIP1 qui pouvaient contenir aussi bien des adresses d'ordinateurs hôtes que des adresses de sous-réseaux, pourvu que les récepteurs puissent les interpréter sans ambiguïté. En particulier les routes propres aux sous-réseaux sont incluses uniquement dans les mises à jour transmises sur un réseau qui fait partie du préfixe de sous-réseau, et seulement si le masque de sous-réseaux utilisé avec le réseau est le même que celui utilisé avec l'adresse. Tout cela signifie que RIP1 ne peut pas utiliser de sous-adresses de taille variable, ni des adresses hors classe. En résumé :

> Étant donné qu'il ne comporte pas d'information spécifique pour les sous-réseaux, RIP1 permet malgré tout à un routeur de transmettre des routes de sous-réseaux uniquement si les récepteurs peuvent les interpréter sans ambiguïté au moyen du masque de sous-réseau dont ils disposent. En conséquence RIP1 ne peut être utilisé qu'avec l'adressage IP conventionnel ou avec des sous-adresses de taille fixe.

Que se passe-t-il lorsqu'un routeur utilisant RIP1 est connecté à un ou plusieurs sous-réseaux ayant un préfixe réseau commun *N*, aussi bien qu'à un ou plusieurs réseaux qui font partie de *N* ? Le routeur doit disposer de messages de mise à jour différents, un pour chaque type d'interface réseaux. Les messages de mise à jour destinés à l'interface vers les sous-réseaux de *N* incluent des routes de sous-réseaux, tandis que ceux destinés aux autres interfaces n'en ont pas. Au contraire, le routeur envoie dans ce cas les informations propres aux sous-réseaux sous une forme agrégée en indiquant une route unique vers le réseau N.

16.3.7 Extension de RIP2

Comme nous l'avons vu, la restriction d'interprétation des adresses de la version 1 de RIP empêche le protocole de propager des sous-adresses de taille variable ou des adresses hors classes propres à CIDR. La version 2 de RIP, appelée RIP2, annule cette restriction et permet la définition d'un masque explicite de sous-réseau associé à chaque adresse. En plus, les messages de mise à jour RIP2 incluent, de façon explicite également, l'information de saut suivant qui prévient l'apparition de boucle de routage et de convergence lente. Cette nouvelle version du protocole offre une amélioration significative des fonctionnalités et une nette augmentation de performance face aux erreurs.

16.3.8 Format du message RIP2

Le format d'un message RIP2 est une extension du message RIP1. Des informations additionnelles ont été insérées aux places vides du message RIP1. Comme le montre la figure 16.6 chaque adresse du message RIP2 inclut un masque de sous-réseau et un saut suivant.

0	8	16 24 31
Commande (1- 5)	Version (1)	Doit être à zéro
Famille du réseau 1		Étiquette de route pour le réseau 1
Adresse IP du réseau 1		
Masque de sous-réseau pour le réseau 1		
Saut suivant pour le réseau 1		
Distance du réseau 1		
Famille du réseaus 2		Étiquette de route pour le réseau 2
Adresse IP du réseau 2		
Masque de sous-réseau pour le réseau 2		
Saut suivant pour le réseau 2		
Distance du réseau 2		
• • •		

Figure 16.6 — Format d'un message RIP2. En plus des paires : adresse IP réseau et distance à ce réseau, le message contient un masque de sous-réseau pour chaque adresse et une information explicite de saut suivant

RIP2 associe à chaque entrée un champ *étiquette de route* (*route tag*). Un routeur doit renvoyer l'étiquette de route qu'il a reçue lorsqu'il retransmet la route associée. Cette étiquette offre un moyen de propager des informations additionnelles comme par exemple l'origine de la route. En particulier si RIP2 prend connaissance d'une route par un autre système autonome, il peut utiliser une étiquette de route pour propager le numéro de ce système autonome en même temps que cette route.

Étant donné que le numéro de version de RIP2 occupe le même octet que celui de RIP1, un routeur peut très bien utiliser simultanément les deux versions du protocole RIP sans aucun risque ni interférence.

16.3.9 La transmission des messages RIP1

Les messages RIP ne contiennent pas de champ Longueur explicite : le protocole RIP suppose en effet que le système de remise sous-jacent indique au récepteur la taille du message reçu. Dans le cas particulier de TCP/IP, les messages RIP s'appuient sur UDP pour dire au récepteur la longueur des messages. RIP fonctionne sur le port UDP 520. Bien qu'un message de demande RIP puisse être émis depuis n'importe quel port UDP, il est toujours destiné au port UDP 520. Ce dernier est également le port source à l'origine de tout message de diffusion RIP.

16.3.10 Inconvénients du nombre de sauts dans RIP

L'utilisation de RIP comme protocole de routage interne présente deux limitations pour le routage. La première c'est que le protocole RIP ne réduit le routage qu'à la métrique nombre de sauts. Cela constitue souvent une évaluation grossière du temps de réponse ou de la capacité du réseau et ne conduit généralement pas à des routes optimales. La seconde provient du fait qu'il utilise une faible valeur (16) comme nombre maximum (ou infini) de sauts. RIP réduit ainsi à 16 l'envergure (*span*) potentielle d'un internet (cela correspond à la distance maximale possible). Cela signifie qu'un internet utilisant RIP peut avoir jusqu'à 15 routeurs au maximum entre deux ordinateurs.

Notez que l'envergure d'un réseau n'est pas strictement liée au nombre de routeurs. En fait la plupart des réseaux d'entreprises n'ont qu'une faible envergure bien qu'ils disposent de nombreux routeurs. Ceci est dû au fait que leur réseau a une structure hiérarchique. Cette structure comprend par exemple un réseau fédérateur à haut débit sur lequel sont raccordés plusieurs routeurs chacun étant connecté à un LAN ; celui d'un service de l'entreprise et qui raccorde de nombreux ordinateurs. Bien qu'il y ait plusieurs routeurs et, par exemple, une douzaine de services différents l'envergure de ce réseau d'entreprise est égale à 2. Si sur le LAN de chaque service il y a un routeur qui raccorde d'autres LAN internes aux services, alors dans ce cas l'envergure est de 4. Ainsi, la limite que RIP impose n'affecte guère que les vastes systèmes autonomes qui n'ont pas de structure hiérarchique ou qui ont une structure hiérarchique très profonde.

Même si le nombre de sauts fournit une mesure approximative de la capacité ou de la rapidité de réaction d'un réseau, il ne donne pas toujours le plus court délai d'acheminement ou la route la plus rapide. En outre, le calcul des routes sur la base du nombre de sauts minimum présente l'inconvénient d'être beaucoup trop statique. En effet, il ne s'adapte pas aux variations de charge du réseau. Nous verrons aux sections suivantes d'autres algorithmes de routage basés sur d'autres métriques. Nous verrons également pourquoi, malgré ses limitations, la métrique du nombre de sauts est largement utilisée aujourd'hui.

16.4 LE PROTOCOLE HELLO

Le *protocole Hello* constitue un exemple de protocole IGP qui utilise une métrique de routage autre que celle relative au nombre de sauts. Bien que Hello soit aujourd'hui obsolète, c'est un protocole important de l'histoire d'Internet : c'est en effet le premier protocole IGP qui fut utilisé au sein des routeurs *fuzzball*[1] du réseau fédérateur NSFNET. Cela constitue un exemple type d'algorithme de routage à vecteur de distance n'utilisant pas le nombre de sauts comme métrique mais un délai.

Le protocole Hello assure deux fonctions : synchroniser les horloges d'un ensemble de machines et permettre à chaque machine de calculer le plus court délai pour atteindre une destination. Les messages Hello transportent des *estampilles de temps* (*timestamp*) ainsi que des informations de routage. Le principe de base de Hello est simple : chaque machine qui participe aux échanges Hello gère une table des meilleures estimations de l'horloge de ses voisins. Avant de transmettre un paquet, la machine ajoute son estampille de temps en copiant la valeur actuelle de son horloge dans le paquet. Lorsque le paquet arrive, le récepteur calcule le délai courant de la ligne. Pour ce faire, il retranche l'estampille de temps du paquet reçu de la valeur estimée de l'horloge du voisin. Les machines s'interrogent périodiquement pour estimer leurs horloges.

Les messages Hello permettent également aux machines qui participent aux échanges de calculer de nouvelles routes. L'algorithme fonctionne de façon analogue à RIP, mais utilise les délais au lieu des nombres de sauts. Chaque machine envoie périodiquement à ses voisines une table des délais estimés pour atteindre toutes les autres machines. Lorsqu'un message Hello provenant d'une machine X arrive, le récepteur examine chaque entrée du message et change le saut suivant

1. Le terme *fuzzball* n'est pas le nom d'un routeur commercial mais celui d'un logiciel ou protocole spécifique de routage implémenté sur l'ordinateur PDP-11 de DEC.

vers X pour une destination donnée si la route *via* X est moins coûteuse que la route courante vers cette destination. C'est-à-dire si le délai vers X plus le délai depuis X vers la destination concernée est inférieur au délai courant connu.

16.5 MÉTRIQUE DE DÉLAI ET OSCILLATIONS

On peut penser qu'utiliser le délai comme métrique de routage plutôt que le nombre de sauts produit de meilleures routes. Ce fut le cas pour Hello qui convenait très bien au début du réseau Internet. Toutefois, aujourd'hui la raison majeure qui explique que Hello n'est plus utilisé, et donc que le délai n'est plus guère utilisé comme métrique par la plupart des protocoles de routage : c'est l'instabilité.

Bien que deux routes aient les mêmes caractéristiques techniques, tout protocole qui passe fréquemment d'une route à l'autre peut conduire à une instabilité. Cette instabilité apparaît car le délai, contrairement au nombre de sauts, n'est pas constant sur chacune des routes. C'est ce qui contraint le protocole à changer de route. De faibles variations de délai apparaissent car sur chaque route les horloges des divers équipements peuvent dériver, de même leurs processeurs peuvent être source de ralentissement – un processeur peut, par exemple, être en cours de traitement lorsqu'un datagramme se présente, ce qui le ralenti. Cette différence de délai peut aussi, tout simplement, provenir de l'absence de synchronisation entre les liaisons de données des deux routes. Si un protocole de routage réagit rapidement à la moindre différence de délai, il se produit un effet d'oscillation à deux états qui se traduit par une permutation incessante du trafic entre une route et une autre route. Dans le premier état le routeur trouve que le délai sur la route *2* est bien meilleur, il commute alors rapidement son trafic vers cette route. Dans le second état, c'est l'inverse : le routeur trouve que le délai est bien meilleur sur la route 1, il commute alors rapidement son trafic vers cette route. Et ainsi de suite.

Pour éviter l'apparition d'oscillations, un protocole qui fonde son calcul de route sur une métrique de délai doit implémenter plusieurs règles. Tout d'abord il doit mettre en œuvre une *technique de gel*, comme celle que nous avons vue précédemment, ce qui lui permet d'éviter de changer de route trop fréquemment. Ensuite, plutôt que de mesurer le délai aussi précisément que possible, de comparer les valeurs obtenues et d'agir immédiatement, le protocole prend des mesures plus lâches en plaçant un *seuil* (*threshold*) et en ignorant toute différence de délai qui est inférieure au seuil. Enfin, plutôt que de comparer chaque mesure de délai individuellement, le protocole prend une valeur moyenne sur plusieurs mesures récentes pour effectuer la comparaison. Ou encore, il applique la règle des *K au-delà de N* qui impose au protocole qu'il y ait au moins *K* mesures récentes au-delà du délai *N* avant de changer de route.

Même avec les règles précédentes, les protocoles qui utilisent des métriques de délai peuvent être générateurs d'instabilité. Pour en être convaincu sachez que le trafic a une forte influence sur le délai. Lorsque le trafic est très fluide, voire inexistant, le délai correspond tout simplement au temps de propagation d'un bit d'un point à un autre de la route. Dès que le trafic augmente le délai commence lui aussi à augmenter car les routeurs voient progressivement leur file d'attente se remplir de datagrammes en attente de transmission. Si la charge du réseau est légèrement supérieure au trafic qu'il peut écouler, les files d'attente s'engorgent doucement jusqu'à ce que le réseau soit saturé et se bloque ; le délai devient alors infini. Pour résumé :

Le délai de traversée effectif d'un réseau dépend très étroitement du trafic ; dès que le trafic dépasse légèrement la capacité maximale du réseau le délai augmente jusqu'à devenir infini.

Étant donné que le délai est très sensible aux variations de charge dans le réseau, les protocoles qui l'utilise comme métrique de routage peuvent entrer rapidement dans un cycle infernal de réactions positives. Ce cycle peut être déclenché par un changement même mineur de la charge du réseau. Il suffit par exemple qu'un ordinateur envoie une rafale de datagrammes correspondant à la transmission d'un volumineux fichier pour que ce cycle apparaisse. L'augmentation du trafic force le protocole a changé de route. Étant donné que la route change, le trafic change lui aussi mais dans des proportions souvent plus importantes, ce qui contraint à nouveau le protocole à changer de route, et ainsi de suite. Il faut donc, absolument, que le protocole dispose de mécanismes qui réduisent l'apparition d'oscillations. Les règles que nous avons décrites précédemment résolvent les cas les plus simples d'oscillations, notamment lorsque les routes ont strictement les mêmes caractéristiques et que la charge dans le réseau n'est pas très importante. Supposons par exemple deux routes : l'une empruntant une liaison satellite, l'autre une liaison téléphonique à faible débit (par exemple à 9 600 bit/s). Au départ, lorsque les deux routes sont inactives, le protocole choisit la route *via* la liaison téléphonique qui offre un délai plus faible que la liaison satellite. Comme le débit de la liaison téléphonique est faible et que le trafic augmente, elle se trouve rapidement en saturation ce qui entraîne une nette augmentation du délai. C'est alors que le délai de la liaison satellite devient subitement plus faible que celui de la liaison téléphonique. Le protocole réagit et permute le trafic vers la liaison satellite. Comme cette liaison est à haute capacité, elle peut supporter une charge plus importante que la liaison téléphonique. Le délai de la liaison satellite reste donc quasiment stable quelque soit le trafic envoyé par le protocole. C'est alors que le trafic diminue sur la liaison téléphonique et que le délai redevient plus faible que sur la liaison satellite. Le protocole réagit à nouveau et il rebascule le trafic sur la liaison téléphonique, et le cycle continue ainsi. Dans la réalité, de telles oscillations sont tout à fait plausibles. Comme le montre cet exemple, cette situation est difficile à gérer car le trafic qui surcharge une route n'a que peu d'influence sur la charge de l'autre route.

16.6 COMBINAISON DE RIP, HELLO ET BGP

Nous avons dit qu'un routeur pouvait à la fois utilisé un protocole de routage interne (type IGP) pour recueillir les informations de routage interne au système autonome dont il dépend et un protocole de routage externe (type EGP) pour annoncer aux autres systèmes autonomes des routes connues (des destinations accessibles) *via* (ou interne à) son système autonome. En principe il est relativement simple de concevoir un unique logiciel qui combine les deux protocoles. Il recueille les informations de routage interne et annonce à son entourage les routes connues sans intervention humaine. Toutefois, en pratique, des obstacles techniques et politiques rendent ce logiciel complexe.

D'un point de vue technique, seuls les protocoles IGP, tels que RIP ou Hello, sont des protocoles de routage. Un routeur utilise ces protocoles pour mettre à jour sa table de routage en fonction des informations qu'il a obtenues de la part des autres routeurs du même système autonome. Ainsi, le programme Unix, *routed*, qui implémente RIP, transmet les informations de la table de routage du routeur et modifie (si nécessaire) les informations de cette table à chaque fois qu'il reçoit une mise à jour. Le protocole RIP fait confiance aux routeurs d'un même système autonome, il suppose qu'ils s'échangent des informations de routage correctes.

Au contraire les protocoles EGP, tel que BGP, ne font pas confiance aux routeurs des autres systèmes autonomes. En conséquence, ces protocoles font que les routeurs ne communiquent pas à ceux d'autres systèmes autonomes toutes les routes contenues dans leur table de routage. Au lieu de cela, ces protocoles entretiennent une base de données de réseaux accessibles et appliquent une politique de diffusion d'informations connues et d'enregistrement d'informations reçues sous contraintes. Ignorer ces contraintes peut avoir de lourdes conséquences sur le routage ; une partie importante d'un internet peut être totalement inaccessible. Prenons le cas par exemple d'un routeur d'un système autonome utilisant RIP qui se met par hasard à propager une route à faible coût pour atteindre une entreprise A, alors que cette route n'existe pas. Les autres routeurs qui utilisent eux aussi RIP acceptent l'annonce de cette route et l'enregistrent dans leur table (selon le principe de la confiance entre routeurs internes). Dès que des datagrammes se présentent à destination de l'entreprise A, les routeurs les font suivre sur la route de plus faible coût (celle dont ils viennent de prendre connaissance). En conséquence ces datagrammes n'atteindront jamais leur destination. L'entreprise A est devenue inaccessible par tous les ordinateurs internes au système autonome. Le problème est encore pire lorsque cette route erronée est transmise à l'extérieur du système autonome par un protocole EGP sans aucune contrainte. L'entreprise A risque d'être totalement inaccessible de l'ensemble de l'internet dont elle fait partie.

16.7 ROUTAGE INTERSYSTÈMES AUTONOMES

Nous avons vu que les protocoles EGP, tel que BGP, permettent à un système autonome de communiquer des informations d'accessibilité à d'autres systèmes autonomes. Il pourrait être utile, cependant, qu'ils fournissent des informations de *routage intersystèmes autonomes* afin que les routeurs puissent calculer des routes intersystèmes de plus faible coût. Cela nécessite un élargissement du principe de la confiance mutuelle entre routeurs ; contrairement aux principes des protocoles EGP, il faut que les routeurs externes se fassent confiance. Cet élargissement de la notion de confiance entre routeurs d'un même système autonomes aux routeurs de plusieurs systèmes autonomes est un processus complexe. La façon de faire la plus simple consiste à organiser les systèmes autonomes en groupes hiérarchiques. Imaginez par exemple trois systèmes autonomes représentant trois services ou divisions d'une entreprise. Il est naturel de regrouper ces trois systèmes autonomes étant donné qu'ils ont des liens administratifs communs. La motivation qui conduit à les organiser de façon hiérarchique est essentiellement la notion de confiance. Les routeurs d'un groupe s'accordent une confiance bien supérieure à celle des routeurs de groupes séparés.

Regrouper des systèmes autonomes exige d'étendre le degré d'intervention des protocoles de routage. Lorsqu'ils rapportent des distances, les valeurs indiquées doivent être supérieures aux limites maximales autorisées dans un système afin d'indiquer le franchissement d'une frontière entre deux groupes. Cette technique appelée *transformation de métrique* partitionne les valeurs de distances en catégories. Supposons par exemple que les routeurs internes à un système autonome utilisent des distances inférieures à 128. On peut élaborer une règle qui spécifie que si une information de distance relate le passage d'une frontière entre deux systèmes autonomes, la distance doit être transformée dans l'intervalle 128 à 191. Enfin, de façon similaire si une information de distance relate le passage de deux frontières, il faut qu'elle soit transformée[1] dans l'intervalle 191 à 254. L'effet d'une telle transformation est évident : pour une destination donnée, toute route qui se trouve en totalité dans le système autonome a la garantie d'un chemin à moindre coût ; contrairement à une autre route qui passerait par l'extérieur du système autonome. De plus, entre plusieurs chemins possibles dans un système autonome, ceux qui sont confinés au sein d'un même groupe ont un moindre coût vis-à-vis de ceux qui franchiraient une frontière entre deux groupes. L'intérêt des transformations de métrique est qu'elles autorisent un système autonome de choisir le protocole IGP qui lui convient le mieux, tout en lui permettant de comparer des routes entre systèmes autonomes.

1. On parle quelquefois de *confédération de système autonomes* pour décrire un groupe de systèmes autonomes ; les frontières entre confédérations de systèmes autonomes correspondent aux transformations au-delà de 191.

16.8 COMMUNICATION INTERSYSTÈMES AUTONOMES : GATED

Un mécanisme de communication a été créé pour offrir une interface de communication entre deux systèmes autonomes, il s'agit de *gated*[1]. Ce mécanisme connaît et comprend divers types de protocoles, aussi bien de type IGP que de type EGP. En outre il respecte les contraintes politiques de routage propres à chaque système autonome. Par exemple *gated* accepte les messages RIP et, tout comme *routed*, modifie si nécessaire les tables de routage locales des routeurs. Il annonce également les routes internes aux systèmes autonomes en utilisant BGP. En outre *gated* permet aux administrateurs de chaque système autonome de définir exactement quels réseaux *gated* il doit ou ne doit pas indiquer dans ses informations de routes et comment dire les distances pour atteindre ces réseaux. Bien que *gated* ne soit pas un protocole de type IGP il joue un rôle important dans le routage car il démontre qu'il est possible de construire un mécanisme automatique associant les protocoles IGP et EGP sans pour autant renoncer aux protections nécessaires à chaque système autonome.

Gated offre une certaine facilité : il réalise lui même les transformations de métrique qui conviennent. Il peut être utilisé aussi bien entre deux systèmes autonomes qu'entre deux groupes de routeurs qui participent au routage selon un protocole IGP.

16.9 LE PROTOCOLE SPF OUVERT (OSPF)

Nous avons dit au chapitre 14 que l'algorithme à état de lien, utilisé notamment par SPF pour effectuer ses calculs de route les plus courtes, assure une meilleure graduation qu'un algorithme de routage à vecteur de distance. Pour encourager l'adoption de la technologie du routage à état de lien, un groupe de travail de l'IETF a proposé un nouveau protocole IGP utilisant l'algorithme SPF, le *protocole SPF ouvert*, ou *OSPF* (*Open SPF*) qui cherche à atteindre plusieurs objectifs ambitieux.

- Comme son nom l'indique, OSPF est une norme ouverte qui est disponible dans la documentation technique d'Internet. Ainsi quiconque peut mettre en œuvre OSPF sans avoir à payer de droits d'utilisation. Cela a encouragé de nombreux équipementiers à utiliser OSPF. En conséquence OSPF est devenu un produit phare se substituant communément aux protocoles propriétaires.
- OSPF offre le *routage par type de service*. Les administrateurs de réseaux peuvent définir plusieurs routes vers une destination donnée : une en fonction de chaque type de service (haut débit ou faible délai, par exemple). Les

1. Selon la même convention que *routed*, *gated* se prononce *gate « d »*.

routeurs qui utilisent OSPF, lorsqu'ils routent un datagramme, utilisent à la fois les champs Adresse de destination et Type de service de l'en-tête des datagrammes pour choisir la route. OSPF est l'un des premiers protocoles TCP/IP à utiliser le routage par type de service.

- OSPF assure l'*équilibrage de charge*. Si un administrateur de réseaux définit plusieurs routes de même coût vers une destination donnée, OSPF répartit équitablement le trafic sur toutes les routes. Ici encore, OSPF fait partie des premiers protocoles IGP à offrir l'équilibrage de charge ; des protocoles tels que RIP ne calculent qu'une route vers chaque destination.
- Pour permettre la croissance et faciliter la gestion des réseaux d'un site, OSPF permet à un site de décomposer ses réseaux et routeurs en sous-ensembles appelés *zones* (*area*). Chaque zone est autonome. La topologie d'une zone reste invisible pour les autres zones. Plusieurs groupes d'un site donné peuvent donc coopérer en utilisant OSPF pour le routage tout en conservant leur indépendance pour modifier leur topologie interne.
- Le protocole OSPF indique que tous les échanges entre routeurs sont *authentifiés*. OSPF autorise divers modes d'authentification et permet même à plusieurs zones de choisir des modes différents. L'objectif de l'authentification est de garantir que seuls des routeurs sûrs propageront des informations de routage. Pour comprendre le problème susceptible de se poser, considérons le cas de RIP1, dépourvu de mécanisme d'authentification. Si une personne malveillante utilise un ordinateur personnel pour propager des messages RIP relatifs à des routes peu coûteuses y aboutissant, les autres machines et routeurs qui utilisent RIP modifieront leurs routes et commenceront à envoyer leurs datagrammes à l'ordinateur en question.
- OSPF gère les routes de machine à machine (*host-specific routes*) et les routes vers des réseaux (*network-specific routes*) aussi bien que les routes vers des sous-réseaux (*subnet-specific routes*). Dans un grand internet, ces trois types de routage peuvent être nécessaires. De même il gère l'adressage classique (*classful network-specific routes*) et l'adressage hors classe (*classless routes*).
- Pour prendre en compte les réseaux à accès multiples tels qu'Ethernet, OSPF étend l'algorithme SPF décrit au chapitre 14. Nous avons décrit un algorithme utilisant un graphe point à point et dit que chaque routeur utilisant SPF diffusait périodiquement des messages relatifs à l'état des liaisons d'accès à chacun de ses voisins. Si K routeurs sont reliés à un réseau Ethernet, ils échangent $K*K$ messages d'accessibilité. OSPF réduit les diffusions en admettant un graphe plus complexe dans lequel chaque nœud représente soit un routeur, soit un ordinateur. Ainsi, OSPF permet à tout réseau à accès multiple d'avoir un *routeur désigné* (appelé *designated gateway* dans les documents standards) qui diffuse des messages d'état de lien destiné à tous les routeurs du réseau ; les messages rendent compte de l'état de tous les liens entre le réseau et les routeurs qui lui sont attachés. OSPF utilise aussi, lorsqu'elles

existent, les possibilités de diffusion du matériel sous-jacent pour remettre les messages d'état de lien.

- OSPF, pour permettre un maximum de souplesse, permet aux administrateurs de réseaux de décrire une topologie de réseau virtuelle qui fait abstraction du détail des connexions physiques. Un administrateur peut ainsi configurer un lien virtuel entre deux routeurs du graphe de routage, même si la connexion physique entre ces deux routeurs nécessite de transiter par un réseau de communication intermédiaire.
- OSPF permet aux routeurs d'échanger des informations de routage acquises depuis des sites extérieurs. Un ou plusieurs routeurs dotés de connexions vers d'autres sites reçoivent des informations de ces sites. Celles-ci sont incluses dans les messages de mise à jour. La structure des messages distingue les informations acquises auprès de sources externes de celles qui le sont auprès de sources internes. Il n'y a donc aucune ambiguïté sur les origines des routes ni sur la confiance à leur accorder.

16.9.1 Format des messages OSPF

Chaque message OSPF commence par un en-tête de taille fixe, codé sur 24 octets, comme l'indique la figure 16.7.

0	8	16 31
Version (1)	Type	Longueur du message
Adresse IP du routeur source		
Identificateur de la zone		
Total de contrôle		Type d'authentification
Authentification (octets 0 à 3)		
Authentification (octets 4 à 7)		

Figure 16.7 — L'en-tête de taille fixe des messages OSPF, codé sur 24 octets.

Le champ *Version* indique la version du protocole. Le champ *Type* identifie un type de message parmi les types du tableau ci-dessous.

Type	Signification
1	Hello (utilisé pour tester l'accessibilité)
2	Base de données de description (de topologie)
3	Demande d'état de lien
4	Mise à jour d'état de lien
5	Accusé de réception de mise à jour d'état de lien

Le champ *Adresse IP du routeur source* donne l'adresse de l'émetteur et le champ *Identificateur de la zone* donne le numéro de la zone, codé sur 32 bits.

Comme chaque message OSPF peut comporter une authentification, un champ *Type d'authentification* définit le mode d'authentification utilisé (par exemple la valeur 0 indique qu'il n'y a pas d'authentification et la valeur 1 signifie un simple mot de passe).

16.9.2 Format des messages Hello d'OSPF

OSPF envoie périodiquement sur chaque lien des messages *Hello OSPF* qui testent l'accessibilité du voisin. La figure 16.8 en indique la structure.

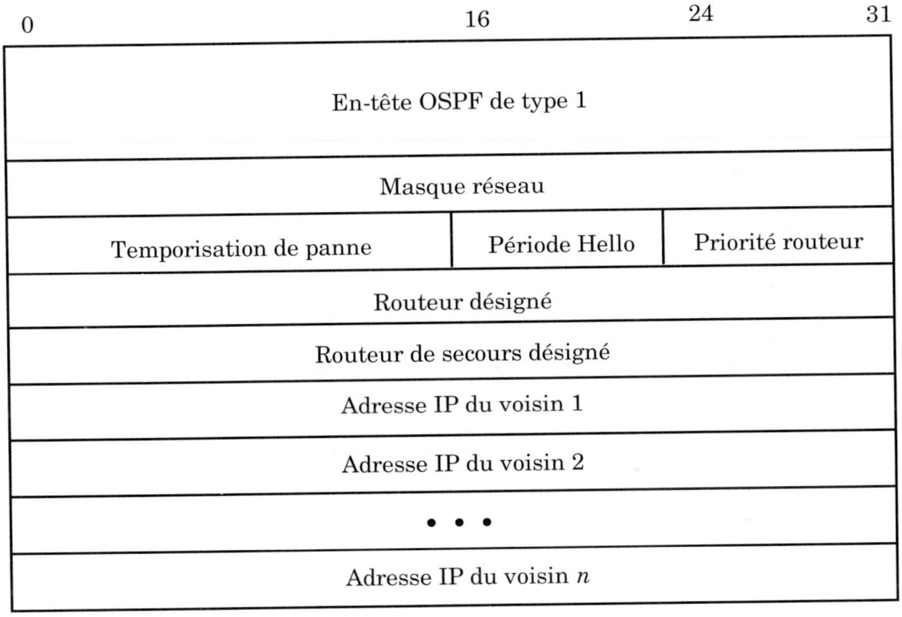

Figure 16.8 — Structure des messages Hello OSPF. Une paire de routeurs voisins échange périodiquement ces messages pour vérifier l'accessibilité.

Le champ *Masque réseau* contient le masque du réseau sur lequel le message a été émis (voir le chapitre 10 pour de plus amples détails sur les masques). Le champ *Temporisation de panne* indique une durée, exprimée en secondes, au bout de laquelle un routeur qui ne répond pas est considéré comme en panne. Le champ *Période Hello* indique, en secondes, l'intervalle de temps qui sépare normalement deux messages Hello consécutifs. Le champ *Priorité routeur* indique la priorité de ce routeur. Cette priorité est utilisée lors du choix d'un routeur désigné de secours. Les champs *Routeur désigné* et *Routeur de secours désigné* contiennent les adresses IP qui permettent à l'émetteur de voir les routeurs désigné et désigné de secours sur le réseau pour lequel le message est émis. Enfin, les champs *Adresse*

IP du voisin i donnent les adresses IP de tous les voisins dont le routeur a reçu des messages Hello.

16.9.3 Format des messages OSPF de description de base de données

Les routeurs échangent des *messages de description de base de données* OSPF pour initialiser la base de données de topologie de réseaux. Lors de l'échange, un routeur joue le rôle de maître (ou primaire) pendant que l'autre se comporte en esclave (ou secondaire). L'esclave acquitte chaque message de description de base de données par une réponse. La figure 16.9 en indique la structure.

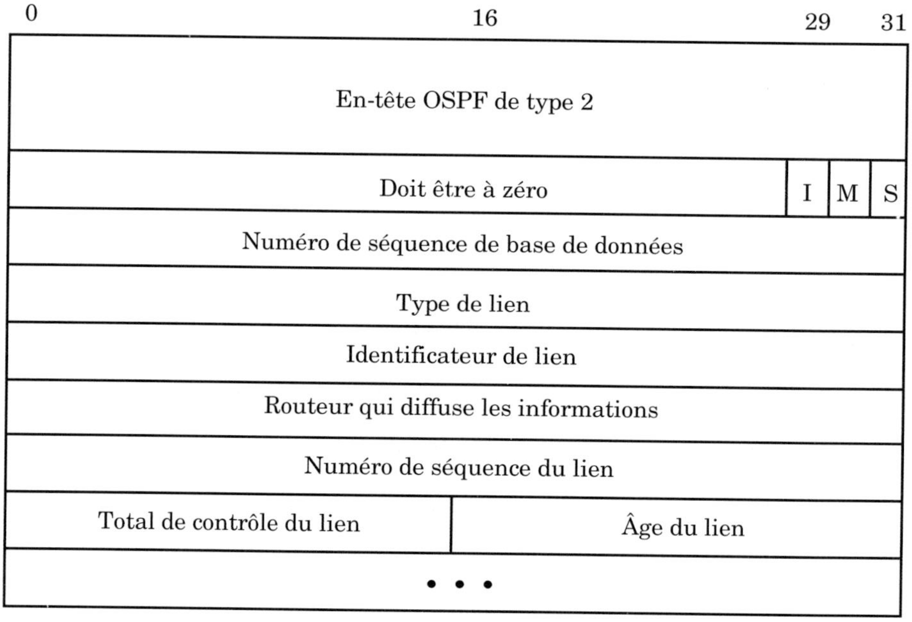

Figure 16.9 — Structure des messages de description de la base de données de topologie. Les champs à partir de *Type de lien* sont répétés pour chaque type de lien.

Comme la base de données de topologie peut être volumineuse, la description peut être fractionnée en plusieurs messages qui utilisent les bits *I* et M. Le bit *I* est positionné à 1 dans le premier message ; le bit M est positionné à 1 si des messages supplémentaires suivent. Le bit *S* indique si le message est émis par un maître (1) ou par un esclave (0). Le champ *Numéro de séquence de bases de données* numérote séquentiellement les messages de façon que le récepteur puisse détecter la perte d'un message. Le message initial contient un nombre aléatoire entier, *R* ; les messages suivants sont numérotés séquentiellement à partir de *R*.

Les champs *Type de lien* à *Âge du lien* décrivent un lien de la topologie du réseau ; ils sont répétés pour chaque lien. Le champ Type de lien décrit un type de lien, conformément à la table suivante :

Type de lien	Signification
1	Lien de routeur
2	Lien de réseau
3	Résumé des liens (réseaux IP)
4	Résumé des liens (lien vers un routeur frontière)
5	Lien externe (lien vers un autre site)

Le champ *Identificateur de lien* donne l'identification du lien (qui peut, selon le type de lien, être l'adresse IP d'un réseau ou d'un routeur).

Le champ *Routeur qui diffuse les informations* indique l'adresse du routeur qui propage les informations de routage pour ce lien et le champ *Numéro de séquence du lien* contient un entier généré par ce routeur pour garantir que les messages ne soient ni perdus, ni reçus hors séquence. Le champ *Total de contrôle du lien* apporte une garantie supplémentaire que les informations relatives au lien n'ont pas été altérées. Enfin le champ *Âge du lien* aide également à ordonner les messages. Il indique le nombre de secondes écoulées depuis l'établissement du lien.

16.9.4 Format des messages OSPF de demande d'état de lien

Après avoir échangé des messages de description de messages avec un voisin, un routeur peut découvrir que certaines parties de sa base de données sont périmées. Pour demander des informations à son voisin, le routeur émet un *message de demande d'état*. Ce message liste des liens particuliers. Le voisin, conformément aux indications de la figure 16.10, renvoie les informations les plus récentes dont il dispose pour ces liens. Les trois champs indiqués sont répétés pour chaque lien pour lequel des informations sont requises. Plusieurs messages de demande peuvent être nécessaires lorsque le message est long.

16.9.5 Messages OSPF de mise à jour d'état de lien

Les routeurs diffusent l'état des liens en utilisant un *message de mise à jour d'état de lien*. Chaque message de mise à jour contient une liste d'informations, comme le montre la figure 16.11.

Chaque information d'état de lien comporte un en-tête dont la structure est indiquée sur la figure 16.12. Les valeurs utilisées dans chaque champ sont les mêmes que dans les messages de description de base de données.

À la suite de l'en-tête d'état de lien, nous trouvons l'une des quatre structures possibles pour décrire les liens d'un routeur vers une zone particulière, un réseau particulier, un réseau correspondant à un seul réseau IP (voir le chapitre 10) ou

0	31
En-tête OSPF de type 3	
Type de lien	
Identificateur de lien	
Routeur qui diffuse les informations	
• • •	

Figure 16.10 — Structure du message OSPF de demande d'état de lien. Un routeur émet ce message vers un voisin pour lui demander les informations courantes disponibles pour un ensemble donné de liens.

0	31
En-tête OSPF de type 4	
Nombre d'information d'état de lien	
Information d'état du lien 1	
• • •	
Information d'état du lien n	

Figure 16.11 — Structure du message OSPF de mise à jour d'état de lien. Un routeur émet un tel message pour diffuser des informations relatives aux liens directement accessibles à tous les autres routeurs.

0	16 31
Âge du lien	Type de lien
Identificateur du lien	
Routeur qui diffuse les informations	
Numéro de séquence du lien	
Total de contrôle du lien	Longueur du lien

Figure 16.12 — Structure de l'en-tête utilisé pour toutes les informations d'état de lien.

des réseaux situés sur d'autres sites. Dans tous les cas, le champ *Type de lien* de l'en-tête d'état de lien précise quelle est la structure utilisée. Un routeur qui reçoit un message de mise à jour d'état de lien connaît le nombre exact de destinations qui se trouvent dans le site local et sait lesquelles se trouvent à l'extérieur de ce site.

16.10 ROUTAGE À PARTIR D'INFORMATIONS PARTIELLES

Nous avons commencé notre étude de l'architecture des routeurs IP et du routage en présentant le concept de routage à partir d'informations partielles. Les ordinateurs peuvent router sur la base d'informations partielles car ils s'appuient sur les routeurs. Cela doit être clair à présent que tous les routeurs ne disposent pas d'informations complètes. De nombreux systèmes autonomes ne disposent que d'un routeur unique pour réaliser l'interconnexion du système autonome local à un autre système autonome. Par exemple, si le site est relié au réseau Internet, au moins un routeur du site doit disposer d'une connexion reliant le site à un FAI. Les routeurs internes au système autonome connaissent les informations relatives au système autonome, mais routent tout le trafic restant vers la route par défaut, c'est-à-dire le routeur relié au FAI.

La mise en œuvre du routage à partir d'informations partielles devient évidente si nous examinons les tables de routage d'un routeur. Celles du système central d'Internet disposent de la totalité des informations de routage qui permettent d'atteindre toutes les destinations ; elles n'utilisent pas de routes par défaut. En fait, lorsque l'adresse d'un réseau ne figure pas dans les tables de routage centrales, deux cas peuvent se présenter : soit l'adresse n'est pas une adresse IP valide, soit elle est valide mais momentanément inaccessible (parce que, par exemple, le seul routeur permettant d'y accéder est tombé en panne). Les routeurs externes, au-delà de ceux du FAI, ne connaissent généralement pas l'intégralité des routes possibles ; ils utilisent une route par défaut pour les adresses qu'ils ne connaissent pas.

L'utilisation de routes par défaut par la plupart des routeurs a deux conséquences. D'abord, les erreurs locales de routage peuvent ne pas être détectées. Ainsi, dans le cas où une machine d'un système autonome route par erreur des paquets vers un système autonome externe plutôt que vers un routeur local, ce système externe renverra le paquet vers le système autonome source. (Il renverra peut-être le message vers un autre point d'entrée du système source.) La connectivité peut ainsi paraître préservée même si le routage est incorrect. Le problème peut ne pas paraître important pour les petits systèmes autonomes qui disposent de liens à haut débit, mais dans les grands réseaux WAN comportant des liaisons à relativement basse vitesse, les routes incorrectes peuvent provoquer de véritables désastres. Enfin, disposer de routes par défaut chaque fois que c'est possible signifie que les messages de mise à jour de routage échangés par les routeurs seront bien plus petits qu'ils ne le seraient s'ils devaient contenir toutes les informations.

16.11 RÉSUMÉ

Les administrateurs de réseaux doivent choisir comment échanger les informations de routage entre les routeurs locaux d'un système autonome. Si la gestion manuelle des informations de routage suffit généralement pour les petits internets qui varient peu et disposent d'un minimum d'interconnexions, un grand nombre d'entre eux nécessite des procédures automatisées pour découvrir et mettre à jour les tables de routage. Deux routeurs relevant d'un même administrateur utilisent un protocole de routage interne (IGP) pour échanger des informations de routage.

Un protocole IGP met habituellement en œuvre soit un algorithme de routage à vecteur de distance, soit un algorithme de plus court chemin (SPF). Nous avons étudié trois protocoles IGP : RIP, Hello et OSPF. RIP est un protocole à vecteur de distance mis en œuvre par le programme Unix *routed*. C'est le plus connu. Il utilise les techniques de l'horizon éclaté, d'antidote et de gel pour faciliter l'élimination des boucles de routage et résoudre le problème du comptage jusqu'à l'infini. Bien qu'il soit obsolète, Hello est un protocole intéressant à vecteur de distance qui utilise les délais plutôt que les nombres de sauts comme mesure de distances. Nous avons vu les inconvénients d'utiliser le délai comme métrique de distance, de même que les règles pouvant prévenir l'apparition d'instabilités survenant lorsque des routes ont des caractéristiques identiques. Certaines fois ces instabilités peuvent se transformer en oscillations lorsque les routes ont des caractéristiques différentes.

Enfin nous avons étudié OSPF qui est un protocole mettant en œuvre l'algorithme à état de lien.

Nous avons également étudié le programme *gated* qui assure l'interface entre un protocole IGP tel que RIP, et le protocole de routage externe BGP qui automatise l'acquisition des routes à l'intérieur du système autonome et leur diffusion vers d'autres systèmes autonomes.

16.12 POUR EN SAVOIR PLUS

Hedrick [RFC 1058] traite des algorithmes d'échange d'informations de routage en général, et donne le standard correspondant à RIP1. Malkins [RFC 2453] définit le standard de RIP2. Le protocole Hello est présenté dans Mills [RFC 891]. Mills et Braun (1987) traitent le problème de la conversion entre les métriques à sauts et à délai. Moy [RFC 1583] contient l'interminable spécification d'OSPF ainsi que la présentation des fondements de ce protocole. Fedor (juin 1988) décrit *gated*.

16.13 EXERCICES

16.1 Quelles sont les familles de réseaux supportées par RIP ? Indication : lisez le chapitre relatif au réseau du manuel de programmation Unix 4.3 BSD.

16.2 Considérez un grand système autonome qui utilise un protocole IGP tel que Hello qui base son routage sur les délais. Quelles difficultés ce système autonome peut-il rencontrer si un sous-groupe décide d'utiliser RIP sur ses routeurs ?

16.3 Dans un message RIP, chaque adresse IP est alignée sur une frontière de 32 bits. Ces adresses resteront-elles alignées sur une frontière de 32 bits si le datagramme IP qui transporte le message démarre lui-même sur une frontière de 32 bits ?

16.4 Un système autonome peut être constitué d'un petit réseau local unique ou d'un internet grande distance. Pourquoi la grande diversité des tailles empêche-t-elle de trouver un IGP standard ?

16.5 Caractérisez les circonstances dans lesquelles la technique de l'horizon éclaté permettra d'éviter le problème de la convergence lente.

16.6 Considérez un internet constitué d'un grand nombre de réseaux locaux utilisant RIP comme protocole IGP. Trouvez un exemple qui montre comment des boucles de routage peuvent apparaître, même si le code du logiciel utilise la technique de gel après avoir reçu des informations indiquant qu'un réseau est inaccessible.

16.7 Un ordinateur hôte doit-il utiliser RIP en mode actif ? Pourquoi ?

16.8 Dans quelles circonstances une métrique à nombre de sauts conduira-t-elle à une meilleure évaluation qu'une métrique à base de délais ?

16.9 Pouvez-vous imaginer une situation dans laquelle un système autonome choisit de ne pas propager des informations de routage sur tous ses réseaux ? Indication : pensez à une grande école.

16.10 En première approximation, nous pouvons dire que RIP diffuse ses propres tables de routage tandis que BGP diffuse une table des réseaux connus et des routeurs permettant d'y accéder (un routeur peut diffuser un message BGP d'accessibilité pour un réseau sans installer de route en permettant l'accès dans ses tables de routage). Quels sont les avantages de chaque approche ?

16.11 Considérez une fonction qui permette d'effectuer la conversion entre les métriques basées sur les délais et celles basées sur le nombre de sauts. Pouvez-vous trouver les propriétés de ces fonctions qui suffisent à éviter les boucles de routage ? Ces propriétés sont-elles suffisantes ? (Indication : voyez l'article de Mills et Braun.)

16.12 Y a-t-il des circonstances dans lesquelles un protocole SPF peut produire des boucles de routage ? Indication : pensez à la remise au mieux.

16.13 Construisez un programme d'application qui émette une demande à un routeur utilisant RIP et affiche les routes utilisées par le routeur.

16.14 Lisez attentivement la spécification relative à RIP. Est-ce que les routes renvoyées lors d'une réponse à une demande diffèrent de celles d'un message de mise à jour de routes ? Si oui, en quoi ?

16.15 Lisez attentivement la spécification OSPF. Comment un administrateur peut-il utiliser la fonction de lien virtuel ?

16.16 OSPF permet aux administrateurs de réseaux de choisir la plus grande partie de leurs identificateurs, ce qui conduit éventuellement à des duplications de valeurs sur des sites distincts. Quel(s) identificateur(s) faut-il éventuellement modifier pour fusionner deux sites qui utilisent OSPF ?

16.17 Comparez la version d'OSPF disponible sous Unix 4 BSD à la version du protocole RIP sous le même système. Quelles sont les différences au niveau de la taille des codes source ? des codes objet ? de la zone des données ? Que pouvez-vous en conclure ?

16.18 Pouvez-vous utiliser les messages de redirection ICMP pour transmettre des informations de routage entre des routeurs internes ? Pourquoi ou pourquoi pas ?

16.19 Écrivez un programme qui prenne en entrée la description de l'internet de votre organisation, utilise des demandes RIP pour acquérir des routes auprès des routeurs voisins et rende compte de toute incohérence.

16.20 Si votre entreprise utilise *gated*, procurez-vous une copie du fichier de configuration associé et expliquez la signification de chaque élément.

17

Diffusion sélective (multicast)

17.1 INTRODUCTION

Les chapitres précédents ont présenté le plan d'adressage internet initial qui intègre les classes d'adresses et des extensions comme le sous-adressage. Ce chapitre aborde une caractéristique de l'adressage IP qui permet une remise multipoint de datagrammes très efficace. Nous commencerons par une brève revue des technologies physiques sous-jacentes. Les sections suivantes décrivent l'adressage IP pour cette remise multipoint ainsi que les protocoles de routages concernés.

17.2 DIFFUSION AU NIVEAU PHYSIQUE

De nombreuses technologies matérielles incluent des mécanismes qui expédient simultanément (ou en quasi-simultanéité) des paquets à plusieurs destinataires. Le chapitre 2 étudie plusieurs technologies et analyse la forme la plus courante de remise multipoint : la *diffusion*. Diffuser c'est, pour un réseau, remettre la copie d'un paquet à chaque destination. Une technologie sur bus comme Ethernet permet la diffusion par l'envoi d'un seul paquet. Pour les réseaux composés des commutateurs reliés par des liaisons point à point, le logiciel doit réaliser la diffusion en recopiant le paquet sur chaque liaison, jusqu'à ce que chaque commutateur en reçoive une copie.

Dans la plupart des cas, un calculateur demande la remise multipoint à l'aide d'une adresse de destination spéciale appelée *adresse de diffusion* (*broadcast address*). L'adresse de diffusion d'Ethernet, par exemple, comporte 48 bits tous à 1.

Le matériel de chaque hôte reconnaît son adresse physique ainsi que l'adresse physique de diffusion. Il accepte les paquets expédiés à l'une ou l'autre de ces deux adresses.

L'inconvénient majeur de la diffusion provient des ressources nécessaires — en plus de la bande passante consommée, la diffusion mobilise des ressources de calcul au niveau de chacun des hôtes du réseau. On aurait, par exemple, pu imaginer une famille de protocoles utilisant la diffusion pour envoyer les datagrammes sur un réseau local et confiant au logiciel IP le soin de détruire les datagrammes non destinés à l'hôte local. Un tel procédé se serait avéré particulièrement inefficace car tous les hôtes du réseau auraient reçu et traité chacun des datagrammes reçus, même s'ils devaient en détruire la majeure partie. Les concepteurs de TCP/IP ont donc eu recours au routage IP classique (unicast) et à des mécanismes de résolution d'adresses tels que ARP pour éliminer la remise basée sur la diffusion.

17.3 ORIGINES PHYSIQUES DU MULTICAST

Certaines technologies physiques supportent une seconde forme de remise multipoint appelée *diffusion sélective* (*multicasting*). Contrairement à la diffusion, la diffusion sélective (ou *multicast*, les deux termes seront utilisés indifféremment) permet à chaque ordinateur de décider s'il participe ou non à une communication multipoint particulière. Certaines technologies physiques ont pour caractéristique de réserver une grande plage d'adresses pour les communications multicast. Un groupe d'hôtes qui veut communiquer choisit une *adresse multicast* particulière. Après avoir configuré son interface matérielle pour reconnaître cette adresse, chaque hôte qui utilise la diffusion sélective reçoit une copie de tout paquet envoyé au groupe.

D'un point de vue conceptuel, la diffusion sélective peut être considérée comme une généralisation de toutes les autres formes d'adressage. On peut ainsi considérer une *adresse individuelle* comme un cas particulier de diffusion sélective dans lequel le groupe se réduit à un seul membre. De même, on peut considérer la diffusion comme un autre cas particulier de diffusion sélective dans laquelle tous les hôtes d'un certain réseau sont membres du groupe. D'autres adresses de diffusion sélective peuvent correspondre à des ensembles quelconques d'hôtes.

Malgré cette généralité apparente, la diffusion sélective ne peut pas remplacer les formes conventionnelles d'adressage du fait d'une différence fondamentale au niveau des mécanismes d'acheminement et de remise sous-jacents : les adresses physiques et l'adresse physique de diffusion identifient un calculateur ou un ensemble d'hôtes reliés à un même réseau physique. L'acheminement dépend donc de la topologie du réseau. Une adresse logique de multicast identifie un ensemble quelconque de destinataires. L'acheminement doit donc propager le paquet sur tous les réseaux physiques qui comprennent des membres du groupe. Ainsi, dans le cas d'un pont à auto-apprentissage qui relie deux segments et connaît les adresses des hôtes, si un ordinateur du segment 1 envoie une trame individuelle à un autre ordinateur de ce segment, le pont n'achemine pas le paquet sur le segment 2. Si l'ordinateur utilise une adresse multicast, le pont achemine cependant la trame vers l'autre segment. Nous pouvons donc en conclure que :

On peut considérer l'adressage multicast comme une généralisation de l'adressage individuel et de la diffusion mais les mécanismes de remise et d'acheminement sous-jacents limitent l'intérêt de cette vision.

17.4 MULTICAST ETHERNET

Ethernet est un bon exemple de la façon dont on fait du multicast au niveau physique. La moitié des adresses Ethernet est réservée pour le multicast — le bit de poids faible de l'octet de poids fort distinguant les adresses individuelles *(0)* des adresses multicast *(1)*. En notation hexadécimale pointée[1] le bit de diffusion sélective est le suivant :

$$01.00.00.00.00.00_{16}$$

Une carte d'interface Ethernet initialisée commence par accepter les paquets destinés à la station ou les paquets diffusés. Cependant, le logiciel du pilote peut reconfigurer l'interface pour qu'elle reconnaisse une ou plusieurs adresses de diffusion sélective. Supposez par exemple, que le pilote configure l'adresse de diffusion sélective :

$$01.5E.00.00.00.00_{16}$$

Une fois reconfigurée, l'interface accepte tout paquet envoyé à l'adresse individuelle, à l'adresse de diffusion ou à cette adresse de diffusion sélective (le matériel continue d'ignorer les paquets expédiés vers d'autres adresses de diffusion sélective). Les sections suivantes expliquent à la fois comment IP utilise les adresses physiques de diffusion sélective et la signification particulière de ces adresses.

17.5 LA DIFFUSION SÉLECTIVE AU NIVEAU IP

La diffusion sélective au niveau IP est une abstraction de la diffusion sélective au niveau physique. Elle se conforme au modèle de remise à un sous-ensemble

1. La notation hexadécimale pointée représente chaque octet sous la forme de deux chiffres hexadécimaux et sépare chaque octet par un point. L'indice 16 est omis si le contexte n'est pas ambigu.

d'hôtes, mais généralise ce concept pour permettre au sous-ensemble de recouvrir plusieurs réseaux physiques de l'internet. Dans la terminologie IP, un sous-ensemble donné est appelé *groupe de diffusion (multicast group)*. La diffusion sélective au niveau IP présente les caractéristiques suivantes :

- *Adresse de groupe.* Chaque groupe utilise une adresse unique de classe D. L'autorité responsable de l'affectation des adresses réserve en permanence un petit nombre d'adresses multicast qui correspondent à des groupes existant en permanence, même dépourvus de tout membre. D'autres adresses sont temporaires et utilisables à titre privé.
- *Nombre de groupes.* IP autorise au plus 2^{28} groupes de diffusion simultanés. Néanmoins le nombre de groupes est, en pratique, plutôt limité par la taille des tables de routage que par la capacité d'adressage.
- *Appartenance dynamique aux groupes.* Un calculateur peut rejoindre ou quitter un groupe à tout moment. De plus, un calculateur peut appartenir à un nombre quelconque de groupes de diffusion.
- *Utilisation du matériel.* Si le réseau physique sous-jacent supporte la diffusion sélective au niveau physique, IP l'utilise pour réaliser la diffusion sélective au niveau IP. Lorsque le matériel ne supporte pas la diffusion sélective, la diffusion sélective au niveau IP utilise la diffusion générale ou la remise individuelle.
- *Acheminement interréseaux.* Comme les membres d'un groupe de diffusion peuvent appartenir à des réseaux physiques différents, l'acheminement ne peut être assuré que par des routeurs multicast spécifiques. Cette fonctionnalité est souvent ajoutée à des routeurs IP classiques.
- *Signification de la remise.* La diffusion sélective au niveau IP adopte la même sémantique de remise au mieux qu'IP, c'est-à-dire que les datagrammes multicast peuvent être perdus, dupliqués ou remis dans le désordre.
- *Appartenance et transmission.* Tout ordinateur peut envoyer des datagrammes aux membres de n'importe quel groupe. L'appartenance aux groupes définit seulement si l'ordinateur reçoit ou non les datagrammes destinés au groupe.

17.6 COMPOSANTS CONCEPTUELS

Trois composants conceptuels sont nécessaires pour constituer un système général de multicast :

- un plan d'adressage multicast ;
- une notification efficace et un mécanisme de remise ;
- une fonctionnalité d'acheminement efficace.

Nombreux sont les problèmes à résoudre pour aboutir à une implémentation efficace. Ainsi, en plus de fournir une quantité suffisante d'adresses multicast, le *plan d'adressage multicast* doit prendre en compte deux objectifs divergents : permettre une autonomie locale d'affectation des adresses tout en autorisant la définition d'adresses ayant une signification globale. De même, les hôtes doivent disposer d'un *mécanisme pour notifier* aux routeurs leur appartenance à des groupes et les routeurs doivent disposer d'un mécanisme de remise des paquets aux hôtes. Ici encore, nous avons deux possibilités : nous souhaitons un système qui utilise efficacement la diffusion sélective au niveau physique lorsqu'elle existe, mais qui permette également la remise multicast lorsque le matériel sous-jacent ne la supporte pas. La *fonctionnalité d'acheminement*, enfin, représente l'enjeu majeur : notre objectif est qu'elle soit à la fois efficace et dynamique — on doit router les paquets de diffusion sélective selon les plus courts chemins, mais aussi exclure tout chemin ne conduisant pas à des membres du groupe. On doit enfin permettre aux hôtes de rejoindre et de quitter les groupes à tout moment.

Le multicast au niveau IP inclut ces trois aspects. Il définit l'adressage multicast, spécifie comment les hôtes émettent et reçoivent des datagrammes multicast, et décrit les protocoles d'échange d'informations d'appartenance aux groupes entre routeurs du réseau. La suite de ce chapitre traite chacun de ces aspects en détail, en commençant par l'adressage multicast.

17.7 LES ADRESSES IP DE MULTICAST

Nous avons dit que les adresses IP étaient de deux types : celles qui sont affectées de façon permanente et celles qui sont utilisables temporairement. Les adresses permanentes sont appelées *adresses réservées (well-known)*. Les principaux services de l'Internet ainsi que les services de maintenance des infrastructures les utilisent (les protocoles de routage multicast, par exemple). Les autres adresses de multicast correspondent à des *groupes de multicast temporaires* créés à la demande et détruits lorsqu'ils ne comportent plus de membre.

La diffusion sélective au niveau IP, comme celle du niveau physique, utilise le champ d'adresse destination des datagrammes. IP réserve pour le multicast des adresses de classe D. La figure 17.1 présente leur structure.

0	1	2	3	4 … 31
1	1	1	0	**Identification de groupe**

Figure 17.1 — Structure des adresses IP de classe D utilisées pour la diffusion sélective. Les bits *4* à *31* identifient un groupe de diffusion particulier.

Les quatre premiers bits ont la valeur *1110*. Ils indiquent que l'adresse correspondante est une adresse de multicast. Les 28 bits suivants identifient un groupe et n'ont aucune structure. En particulier, ce champ n'est pas subdivisé en groupes de bits qui identifieraient l'origine ou le propriétaire d'un groupe. Il ne contient également aucune information indiquant si les membres du groupe appartiennent à un même réseau physique.

La plage des adresses IP de diffusion sélective exprimées en notation décimale pointée s'étend de :

239.255.255.255

Cependant de nombreuses parties de cet espace d'adressage ont une signification particulière. Ainsi, l'adresse la plus basse 224.0.0.0 est réservée et ne peut donc être affectée à aucun groupe. De plus, le reste des adresses jusqu'à 224.0.0.255 est dédié au routage multicast et aux protocoles de gestion de groupes. Un routeur ne doit propager aucun des datagrammes destinés à toute adresse appartenant à cet intervalle. La figure 17.2 présente quelques exemples d'adresses de diffusion sélective permanentes.

Nous verrons que deux des adresses de cette figure ont une importance particulière pour le mécanisme de diffusion sélective : l'adresse 244.0.0.1, affectée en permanence au *groupe de tous les systèmes*, et l'adresse 224.0.0.2, affectée en permanence au *groupe de tous les routeurs*. L'adresse de diffusion à tous les systèmes concerne tous les hôtes et les routeurs d'un réseau qui participent au multicast, tandis que l'adresse de diffusion à tous les routeurs ne concerne que les routeurs. En général ces deux adresses ne sont utilisées que par des protocoles de commande et non pour la remise des données normales. De plus, les datagrammes expédiés vers ces adresses n'atteignent que des hôtes situés sur le même réseau local que l'émetteur. Aucune adresse de diffusion sélective ne permet d'atteindre tous les routeurs de l'Internet ou tous les hôtes de l'Internet.

17.8 SÉMANTIQUE DES ADRESSES DE MULTICAST

IP ne traite pas les adresses de multicast comme les adresses individuelles (unicast). Une adresse multicast n'est utilisable que comme adresse de destination. Elle ne peut par conséquent jamais apparaître comme adresse source d'un datagramme, ni dans les options de routage défini par la source ou d'enregistrement de route. De plus, ICMP ne peut générer aucun message d'erreur relatif à un datagramme multicast (par exemple, destination inaccessible, demande de réduction du débit de la source, réponse d'écho ou durée de vie excessive). C'est ainsi qu'une demande d'écho expédiée à une adresse de multicast reste sans réponse.

La règle qui interdit les messages d'erreur ICMP est quelque peu surprenante car les routeurs gèrent le champ durée de vie de l'en-tête des datagrammes multicast. Comme toujours, chaque routeur diminue la valeur du champ durée de vie et

Adresse	Signification
224.0.0.0	Adresse de base (réservée)
224.0.0.1	Tous les systèmes de ce sous-réseau
224.0.0.2	Tous les routeurs de ce sous-réseau
224.0.0.3	Inutilisée
224.0.0.4	Routeurs DVMRP
224.0.0.5	Tous les routeurs OSPFIGP
224.0.0.6	Routeurs OSPFIGP désignés
224.0.0.7	Routeurs ST
224.0.0.8	Hôtes ST
224.0.0.9	Routeurs RIP2
224.0.0.10	Routeurs IGRP
224.0.0.11	Agents de mobilité
224.0.0.12	Serveurs ou relais DHCP
224.0.0.13	Tous les routeurs PIM
224.0.0.14	Encapsulation RSVP
224.0.0.15	Tous les routeurs CBT
224.0.0.16	Sbm désigné
224.0.0.17	Tous les Sbm
224.0.0.18	VRRP
224.0.0.19	IPAllL1ISs
224.0.0.20	IPAllL2ISs
224.0.0.21	Tous les systèmes intermédiaires IP
224.0.0.22	IGMP
224.0.0.23	GLOBECAST-ID
224.0.0.24	Inutilisé
224.0.0.25	Routeur commutateur
224.0.0.26	Inutilisé
224.0.0.27	Hello Al MPP
224.0.0.28	Contrôle ETC
224.0.0.29	GE-FANUC
224.0.0.30	vhdp indigo
224.0.0.31	shinbroadband
224.0.0.32	digistar
224.0.0.33	Système de gestion ff
224.0.0.34	Découverte pt2
224.0.0.35	DXCLUSTER
224.0.0.36 à 224.0.0.250	Inutilisé
224.0.0.251	DNS multicast
224.0.0.252 à 224.0.0.255	Inutilisé
224.0.1.21	DVMRP sur MOSPF
224.0.1.84	Annonce jini
224.0.1.85	Demande jini
239.192.000.000 à 239.251.255.255	Portée locale à l'organisation
239.252.000.000 à 239.252.255.255	Portée locale à un site (réservé)

Figure 17.2 — Exemples d'adresses IP de diffusion sélective permanentes. De nombreuses autres adresses ont une signification particulière.

détruit le datagramme (sans émettre de message ICMP) si cette valeur s'annule. Nous verrons que certains protocoles utilisent ce champ pour limiter la portée des datagrammes.

17.9 MISE EN CORRESPONDANCE DES ADRESSES DE MULTICAST IP ET D'ETHERNET

Bien que le standard de multicast IP ne couvre pas tous les types de réseaux physiques, il spécifie comment associer les adresses de diffusion sélective IP et Ethernet, ce réseau étant l'un des plus utilisés. Cette correspondance est efficace et simple à comprendre.

> Pour faire correspondre une adresse de multicast IP à une adresse Ethernet, placer les 23 bits de poids faible de l'adresse de multicast IP dans les 23 bits de poids faible de l'adresse Ethernet de multicast spéciale $01.00.5E.00.00.00_{16}$.

Ainsi, l'adresse IP 224.0.0.2 devient l'adresse de multicast Ethernet $01.00.5E.00.00.02_{16}$.

Curieusement cette correspondance n'est pas univoque. Comme les adresses IP de diffusion sélective utilisent 28 bits pour identifier le groupe, à un moment donné, plusieurs adresses de multicast pourraient correspondre à une adresse Ethernet. Les concepteurs ont choisi cette solution comme compromis. D'une part, utiliser 23 des 28 bits pour l'adresse physique signifie prendre en compte la plupart des adresses de multicast et avoir un ensemble d'adresses suffisamment grand pour que la probabilité que deux groupes choisissent des adresses comportant les mêmes 23 bits de poids faible soit très réduite. D'autre part, l'utilisation par l'adresse IP d'une partie fixe de l'adresse Ethernet de diffusion sélective simplifie grandement la mise au point et élimine les interférences entre IP et les autres protocoles partageant un même Ethernet. Le logiciel IP doit donc vérifier soigneusement l'adresse des datagrammes reçus et supprimer tout datagramme multicast dont l'adresse est inacceptable.

17.10 HÔTES ET REMISE MULTICAST

Nous avons indiqué que la diffusion sélective était utilisable sur un réseau physique unique ou dans un internet. Dans le premier cas, un hôte peut envoyer directement un datagramme à un hôte destination, en plaçant celui-ci dans une trame et en utilisant l'adresse Ethernet de diffusion sélective du destinataire comme adresse de destination. Dans le second cas, des *routeurs multicast* spéciaux acheminent les datagrammes multicast d'un réseau à un autre. Un hôte doit donc envoyer un datagramme multicast à un routeur multicast. Un hôte, c'est étonnant, n'a pas à mettre en place de route vers un routeur multicast, ni à en spécifier au niveau de la route par défaut. En fait, la technique qu'utilise un hôte pour acheminer un datagramme multicast jusqu'à un routeur diffère de la technique de recherche de route utilisée pour le routage IP classique et la diffusion générale : l'hôte utilise simplement la fonctionnalité de diffusion sélective du réseau physique pour transmettre le datagramme. Les routeurs multicast surveillent chaque émission en diffusion sélective. Lorsqu'un routeur multicast est présent sur le réseau, il reçoit le datagramme et, si nécessaire, l'achemine vers un autre réseau. La principale différence entre la diffusion sélective locale et non locale concerne les routeurs, pas les hôtes.

17.11 PORTÉE DE LA DIFFUSION SÉLECTIVE

La *portée* (*scope*) d'un groupe de diffusion est relative à la dispersion des membres du groupe. Lorsque tous les membres du groupe appartiennent au même réseau physique, on dit que la portée du groupe est limitée à un seul réseau. De même, si tous les membres d'un groupe appartiennent à une même organisation, on dit que le groupe a une portée limitée à une seule organisation.

En plus de la portée de chaque groupe, chaque datagramme multicast a une portée qui est définie comme étant l'ensemble des réseaux sur lesquels ce datagramme est propagé. La portée du datagramme est, de façon informelle, appelée son *champ* (*range*).

IP utilise deux techniques pour contrôler le champ de la diffusion sélective. La première est la *durée de vie* du datagramme (TTL : *Time To Live*) : en définissant un petit TTL, un hôte limite la portée du datagramme. Le standard indique, par exemple, que les messages échangés entre un hôte et un routeur appartenant au même réseau doivent avoir une durée de vie égale à 1. En conséquence un routeur n'achemine jamais de datagramme contenant des informations de commande car l'expiration de la durée de vie entraîne la destruction du message. De même, si deux applications s'exécutant sur un même hôte veulent utiliser la diffusion sélective comme mécanisme de communication interprocessus (pour tester un logiciel, par exemple), elles peuvent choisir une durée de vie nulle, ce qui empêche le datagramme de quitter l'hôte. Il est ensuite possible d'utiliser des valeurs plus grandes pour étendre la portée. Certains constructeurs de routeurs préconisent d'ailleurs de configurer les routeurs pour qu'ils interdisent aux datagrammes de quitter le site à moins que leur TTL soit supérieur à 15. On peut ainsi jouer sur le TTL pour limiter approximativement la portée d'un datagramme.

La seconde technique utilisée pour contrôler la portée d'un datagramme multicast, la *portée administrative*, consiste à réserver des parties de l'espace d'adressage pour les adresses locales à un site ou à une organisation. Selon le standard, les routeurs de l'Internet ne doivent pas acheminer de datagramme dont l'adresse appartient à l'espace d'adressage restreint. Ainsi, pour éviter que les échanges en diffusion sélective entre les membres d'un groupe atteignent accidentellement des personnes extérieures au groupe, une organisation peut affecter au groupe une adresse ayant une portée locale. La figure 17.2 présente des exemples de plages d'adresses correspondant à une limitation de la portée administrative.

17.12 EXTENSION DU LOGICIEL DES HÔTES POUR SUPPORTER LA DIFFUSION SÉLECTIVE

Un hôte participe à la diffusion sélective à l'un des trois niveaux présentés à la figure 17.3.

Niveau	Signification
0	Hôte ne pouvant ni émettre ni recevoir en diffusion sélective au niveau IP
1	Hôte pouvant émettre mais pas recevoir en diffusion sélective au niveau IP
2	Hôte pouvant émettre et recevoir en diffusion sélective au niveau IP

Figure 17.3 — Les trois niveaux de participation à la diffusion sélective.

Les modifications qui permettent d'émettre en diffusion sélective sont simples. Le logiciel IP doit permettre à un programme d'application d'utiliser une adresse de diffusion sélective comme adresse de destination et l'interface de réseau doit pouvoir mettre cette adresse en correspondance avec une adresse de diffusion sélective (ou utiliser la diffusion générale si le matériel ne supporte pas la diffusion sélective).

L'adaptation du logiciel des hôtes pour permettre la réception des datagrammes multicast est plus compliquée. Le logiciel IP de l'hôte doit comporter une API permettant aux programmes d'application d'indiquer leur souhait de rejoindre ou de quitter un groupe de diffusion sélective donné. Si plusieurs programmes d'application rejoignent le même groupe, le logiciel IP doit se rappeler qu'il faut remettre à chacun d'eux une copie des datagrammes reçus pour ce groupe. Si tous les programmes d'application quittent le groupe, l'hôte doit enregistrer le fait qu'il n'appartient plus au groupe. De plus, comme nous le verrons à la section suivante, l'hôte doit exécuter un protocole qui informe les routeurs multicast de son état d'appartenance à des groupes. L'essentiel de la complexité résulte de l'idée de base suivante :

> Les hôtes rejoignent des groupes de multicast spécifiques sur des réseaux particuliers.

Un hôte multidomicilié peut, en effet, rejoindre un groupe de diffusion sélective sur un réseau et pas sur un autre. Pour comprendre la raison pour laquelle l'appartenance aux groupes est liée aux réseaux, souvenez-vous qu'il est possible d'utiliser la diffusion sélective au sein d'un ensemble local d'hôtes. L'hôte peut souhaiter utiliser une application de diffusion sélective avec les hôtes d'un réseau physique et pas avec ceux d'un autre réseau.

Comme l'appartenance aux groupes est associée à des réseaux spécifiques, le logiciel doit gérer des listes d'adresses de diffusion sélective séparées pour chacun des réseaux auquel l'hôte est relié. De plus, un programme d'application doit indiquer le réseau sur lequel il souhaite rejoindre ou quitter un groupe de diffusion sélective.

17.13 LE PROTOCOLE DE GESTION DE GROUPES DE L'INTERNET

Pour participer à une diffusion sélective sur un réseau local, un hôte doit disposer d'un logiciel lui permettant d'émettre et de recevoir des datagrammes multicast. Pour participer à une diffusion sélective recouvrant plusieurs réseaux, l'hôte doit informer les routeurs multicast locaux. Les routeurs multicast doivent contacter les autres routeurs multicast, leur transmettre les informations d'appartenance aux groupes et définir le routage. Nous verrons ultérieurement que ce concept est similaire à celui de la propagation des routes conventionnelles entre routeurs de l'Internet.

Avant que les routeurs multicast puissent propager les informations d'appartenance aux groupes, ils doivent s'assurer qu'un ou plusieurs hôtes du réseau local ont décidé de rejoindre un groupe de diffusion sélective. Pour ce faire, les hôtes et les routeurs qui mettent en œuvre la diffusion sélective doivent utiliser le *protocole de gestion de groupes de l'Internet* (IGMP : *Internet Group Management Protocol*). Comme la version actuelle de ce protocole est 2, le protocole décrit ici est officiellement appelé IGMPv2.

IGMP est analogue à ICMP[1]. Comme ICMP, IGMP utilise les datagrammes IP pour transporter ses messages, et comme ICMP il fournit un service utilisé par IP. En conséquence :

> Bien qu'IGMP utilise les datagrammes IP pour transporter ses messages, nous considérons qu'il fait partie intégrante d'IP et que ce n'est donc pas un protocole séparé.

---

1. Le chapitre 9 présente le protocole ICMP, le protocole de messages de contrôle d'erreurs de l'Internet.

De plus, IGMP est un standard TCP/IP. Il est requis sur chaque hôte qui reçoit des datagrammes multicast (tous les hôtes et routeurs qui participent au niveau 2).

D'un point de vue conceptuel, IGMP comprend deux phases. En phase 1, lorsqu'un hôte rejoint un nouveau groupe de diffusion sélective, il envoie un message IGMP d'appartenance au groupe à l'adresse de diffusion sélective du nouveau groupe. Le routeur multicast local reçoit le message correspondant, établit le routage nécessaire en propageant les informations d'appartenance aux groupes aux autres routeurs multicast de l'Internet. En phase 2, comme l'appartenance aux groupes est dynamique, les routeurs multicast interrogent périodiquement les hôtes du réseau local pour déterminer s'il reste au moins un membre dans chaque groupe. Si un hôte répond pour un groupe donné, le routeur maintient le groupe actif. Si aucun hôte ne répond après plusieurs interrogations, le routeur suppose qu'aucun des hôtes du réseau local n'appartient au groupe et il cesse alors d'annoncer l'appartenance à ce groupe aux autres routeurs multicast.

17.14 MISE EN ŒUVRE D'IGMP

IGMP est soigneusement conçu pour éviter de provoquer un fort trafic de commandes qui pourrait saturer les réseaux. En particulier, comme un réseau donné peut comprendre plusieurs routeurs et hôtes participant à la diffusion sélective, IGMP doit éviter que tous les participants engendrent du trafic de commande. IGMP minimise son impact sur le réseau de plusieurs façons.

Premièrement, toutes les communications entre hôtes et routeurs utilisent la diffusion sélective : lorsque les messages IGMP sont inclus dans un datagramme IP, l'adresse IP de destination est l'adresse de diffusion sélective. Les routeurs émettent des demandes générales en utilisant l'adresse de diffusion sélective *tous les systèmes*, les hôtes envoient leurs messages IGMP en utilisant l'adresse de diffusion sélective *tous les routeurs*, et hôtes et routeurs envoient des messages IGMP spécifiques d'un groupe à l'adresse de diffusion sélective de ce groupe. Les datagrammes qui transportent les messages IGMP sont transmis par diffusion sélective au niveau physique lorsqu'elle est disponible, et les hôtes qui ne participent pas à la diffusion sélective ne reçoivent jamais les messages IGMP.

Deuxièmement, lorsque les routeurs interrogent les hôtes du réseau local pour déterminer l'appartenance aux groupes, ils n'envoient qu'une seule demande qui concerne tous les groupes plutôt que d'en envoyer une par groupe[1]. La période d'interrogation par défaut est de 125 secondes, ce qui signifie qu'IGMP génère peu de trafic.

1. Le protocole inclut un type de message qui permet à un routeur d'interroger un groupe spécifique lorsque c'est nécessaire.

Troisièmement, lorsque plusieurs routeurs multicast appartiennent au même réseau local ils choisissent rapidement et efficacement un seul routeur qui assurera l'interrogation. La quantité de trafic IGMP n'augmente donc pas avec le nombre de routeurs multicast reliés au réseau.

Quatrièmement, les hôtes du réseau local ne répondent pas tous simultanément à la demande du routeur. Chaque demande contient une valeur, n, qui définit un délai de réponse maximal (la valeur par défaut est de 10 secondes). Lorsqu'une demande arrive, un hôte tire un temps d'attente aléatoire compris entre 0 et n avant d'émettre sa réponse. En fait si l'hôte appartient à plusieurs groupes, il tire un délai aléatoire différent pour chaque groupe. Les réponses d'un hôte s'étalent donc sur une durée de 10 secondes.

Cinquièmement, chaque hôte écoute les réponses des autres hôtes du groupe et n'émet pas de réponses inutiles.

Pour comprendre pourquoi on peut supprimer des réponses inutiles, il faut se rappeler que les routeurs multicast ne conservent pas la trace exacte de l'appartenance aux groupes. Les transmissions destinées au groupe sont réalisées par un multicast au niveau physique. Il suffit donc à un routeur de savoir si au moins un hôte du réseau local reste membre du groupe. Comme une demande envoyée à l'adresse *tous les systèmes* atteint tous les membres du groupe, chaque hôte calcule son propre délai de réponse et attend avant de répondre. L'hôte dont le délai est le plus court répond le premier. Cette réponse, envoyée à l'adresse de diffusion sélective du groupe, est donc reçue par tous les hôtes du groupe et par les routeurs. Tous les autres hôtes du groupe peuvent donc désarmer leur temporisateur et supprimer leur réponse. En pratique, dans chaque groupe, il suffit qu'un seul hôte réponde à un message d'interrogation.

17.15 TRANSITIONS D'ÉTAT D'APPARTENANCE AUX GROUPES

IGMP, sur un hôte, doit se souvenir de l'état d'appartenance à chaque groupe de diffusion sélective (un groupe dont l'hôte accepte les messages)[1]. Imaginons un hôte gérant une table d'enregistrement des informations d'appartenance aux groupes. Initialement, la table est vide. À chaque fois qu'un programme d'application rejoint un nouveau groupe, le logiciel IGMP alloue une entrée et enregistre les informations relatives au groupe. IGMP gère, entre autres informations, un compteur de référence pour le groupe et l'initialise à 1. Chaque fois qu'une autre application rejoint un groupe, IGMP augmente la valeur du compteur de référence de ce groupe. Si un programme d'application se termine (ou quitte explicitement le groupe), IGMP diminue de 1 la valeur du compteur de référence

1. L'adresse de diffusion sélective 224.0.0.1 fait exception : un hôte ne rend jamais compte de l'appartenance à ce groupe.

du groupe correspondant. Lorsque le compteur arrive à zéro, l'hôte informe le routeur multicast qu'il quitte le groupe de diffusion sélective.

Les actions que réalise le logiciel IGMP s'expliquent mieux à l'aide du diagramme de transition d'états de la figure 17.4.

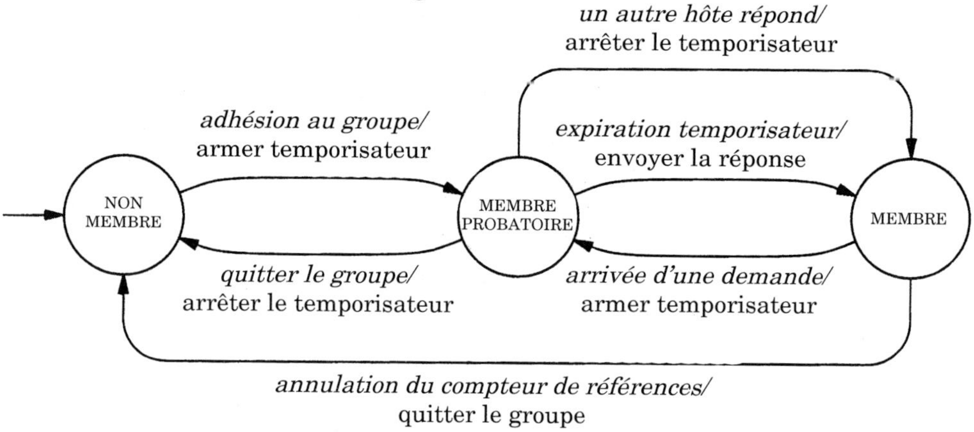

Figure 17.4 — Les trois états possibles d'une entrée de la table de groupe de diffusion sélective et les transitions qui les relient. Chaque transition est étiquetée par un événement et une action. Le diagramme d'état ne représente pas les messages émis pour rejoindre ou quitter un groupe.

Un hôte gère une entrée de table par groupe auquel il appartient. Comme la figure le montre, un hôte qui rejoint un groupe pour la première fois ou qui reçoit une demande issue d'un routeur multicast, place l'entrée dans l'état *MEMBRE PROBATOIRE* et tire un temps d'attente aléatoire. Si un autre hôte de ce groupe répond avant l'expiration du temporisateur, l'hôte désarme son temporisateur et place l'entrée dans l'état *MEMBRE*. Comme un routeur ne génère une demande que toutes les 125 secondes, on s'attend à ce que l'hôte reste dans l'état *MEMBRE* la majeure partie du temps.

Le diagramme de la figure 17.4 omet quelques détails. Si, par exemple, une demande arrive alors qu'un hôte se trouve dans l'état *MEMBRE PROBATOIRE*, le protocole impose que l'hôte réinitialise son temporisateur. Qui plus est, pour garantir la compatibilité avec IGMPv1, la version 2 gère également les messages en version v1, ce qui permet l'utilisation simultanée d'IGMPv1 et v2 sur un même réseau.

17.16 STRUCTURE DES MESSAGES IGMP

Les messages IGMP, comme le montre la figure 17.5, ont une structure simple.

Chaque message contient exactement 8 octets. Le champ *TYPE* identifie le type du message. La figure 17.6 présente les différents types possibles. Lorsqu'un

0	8	16 31
TYPE	Temps de réponse	CONTRÔLE DE VALIDITÉ
Identification du groupe à zéro dans les demandes		

Figure 17.5 — Structure à 8 octets des messages IGMP utilisés pour les communications entre hôtes et routeurs.

routeur interroge les hôtes sur leur appartenance à des groupes, le champ *DÉLAI MAXIMUM* transporte la valeur maximale du délai de réponse aléatoire, exprimée en dixièmes de seconde. Chaque hôte du groupe attend un délai aléatoire compris entre 0 et cette valeur maximale (10 secondes par défaut) avant de répondre. IGMP admet que les routeurs donnent une valeur maximale dans chaque message IGMP, ce qui permet aux administrateurs de réseaux de contrôler la quantité de trafic IGMP. Si un réseau comporte plusieurs hôtes, un délai plus élevé améliore la distribution des réponses et diminue donc d'autant la probabilité que deux hôtes répondent simultanément à la demande du routeur. Le champ *CONTRÔLE DE VALIDITÉ* contient une information de contrôle de validité (l'information de contrôle d'IGMP ne concerne que le message IGMP et utilise les mêmes mécanismes que ceux d'IP et TCP). Enfin, le champ *IDENTIFICATION DU GROUPE* de diffusion sélective soit indique l'adresse d'un groupe spécifique, soit vaut 0 pour indiquer la référence à tous les groupes. Lorsqu'il référence un groupe particulier, un routeur y inscrit l'adresse du groupe de diffusion sélective. Les hôtes remplissent ce champ lorsqu'ils émettent des comptes rendus d'appartenance aux groupes.

Type	Adresse du groupe	Signification
0x11	Inutilisé (zéro)	Demande d'appartenance générale
0x11	Utilisé	Demande d'appartenance spécifique d'un groupe
0x16	Utilisé	Compte rendu d'appartenance
0x17	Utilisé	Départ d'un groupe
0x12	Utilisé	Compte rendu d'appartenance (version 1)

Figure 17.6 — Les messages de la version 2 d'IGMP. Le message de compte rendu d'appartenance (version 1) permet une compatibilité ascendante avec la version 1.

Notez qu'IGMP ne propose pas de mécanisme permettant à un hôte de découvrir l'adresse IP d'un groupe — l'application doit connaître l'adresse du groupe avant de pouvoir utiliser IGMP pour rejoindre ce groupe. Certaines applications utilisent des adresses réservées, d'autres permettent que l'administrateur du réseau configure l'adresse à l'installation du logiciel, d'autres encore obtiennent leur adresse dynamiquement (sur un serveur, par exemple).

17.17 ACHEMINEMENT EN DIFFUSION SÉLECTIVE ET INFORMATIONS DE ROUTAGE MULTICAST

Si IGMP et le plan d'adressage décrits précédemment définissent les interactions des hôtes avec un routeur local et la façon dont les datagrammes multicast sont acheminés sur un même réseau physique, ils ne définissent pas la façon dont les routeurs échangent des informations d'appartenance aux groupes, ni comment les datagrammes atteignent chaque membre du groupe. De plus, bien que de nombreux protocoles aient été proposés, aucun standard de propagation des informations d'appartenance aux groupes n'a émergé. En fait, en dépit d'importants efforts, il n'existe pas de consensus sur un plan global — les protocoles existants diffèrent par leurs objectifs et par leur principe de base.

Pourquoi le routage multicast est-il aussi difficile ? Pourquoi ne pas étendre le routage IP classique pour prendre en compte la diffusion sélective ? En fait, parce que le routage multicast diffère fondamentalement du routage IP classique. Pour se rendre compte des différences, considérons l'acheminement en diffusion sélective sur l'architecture que présente la figure 17.7.

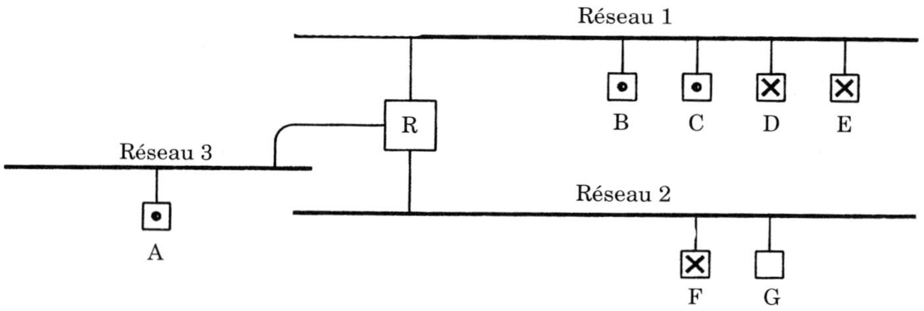

Figure 17.7 — Un petit internet composé de trois réseaux reliés par un routeur. Les hôtes marqués d'un point appartiennent à un groupe de multicast tandis que ceux marqués d'une croix appartiennent à un autre.

17.17.1 Nécessité d'un routage dynamique

Même pour une topologie toute simple comme celle de la figure 17.7, l'acheminement multicast diffère de l'acheminement point à point (*unicast*). Ainsi, la figure montre deux groupes de diffusion sélective ; le groupe identifié par un point comporte les hôtes A, B et C, et le groupe identifié par la croix D, E et F. Le premier groupe n'a pas de membre appartenant au réseau 2. Pour éviter de gaspiller de la bande passante, le routeur ne devrait jamais expédier de paquet destiné à ce groupe sur le réseau 2. Cependant, un hôte de ce réseau peut rejoindre ce groupe à tout moment — s'il est le premier de son réseau à rejoindre ce groupe, le routage multicast doit être modifié pour inclure ce réseau. Nous arrivons donc à une différence importante entre les routages conventionnel et multicast :

Contrairement au routage IP classique, dans lequel les routes ne changent que lorsque la topologie change ou qu'un équipement tombe en panne, les routes multicast peuvent changer simplement parce qu'un programme d'application rejoint ou quitte un groupe de multicast.

17.17.2 Insuffisances du routage selon la destination

L'exemple de la figure 17.7 illustre un autre aspect du routage multicast. Si les hôtes E et F envoient chacun un datagramme à l'autre groupe, le routeur R reçoit et achemine ces datagrammes. Comme ces deux datagrammes sont destinés au même groupe, ils contiennent la même adresse de destination. Néanmoins les actions produisant un acheminement correct diffèrent : R achemine un datagramme émis par E sur le réseau 2 et achemine un datagramme de F sur le réseau 1. Mais le routeur effectue une troisième action lorsqu'il reçoit un datagramme émis par A et destiné au groupe D, E, F : il envoie deux copies, une sur le réseau 1, l'autre sur le réseau 2. Nous constatons donc une seconde différence entre le routage IP classique et le routage multicast :

L'acheminement multicast exige qu'un routeur utilise autre chose que l'adresse de destination.

17.17.3 Émetteurs quelconques

La dernière caractéristique du routage multicast présenté à la figure 17.7 résulte de ce qu'un hôte quelconque, n'appartenant pas nécessairement au groupe, peut lui envoyer un datagramme. Sur la figure, par exemple, l'hôte G peut envoyer un datagramme au groupe identifié par un point même si G n'appartient pas à ce groupe et qu'aucun membre de ce groupe ne se trouve sur le même réseau que G. De plus, le datagramme, lorsqu'il transite dans l'internet, peut traverser des réseaux ne contenant aucun membre du groupe. Nous pouvons donc résumer :

Un datagramme peut émaner d'un hôte ne faisant pas partie du groupe de diffusion sélective. Il peut être routé via des réseaux qui n'incluent aucun membre de ce groupe.

17.18 MODÈLES DE ROUTAGE MULTICAST DE BASE

L'exemple précédent nous a appris que les routeurs multicast utilisent plus que l'adresse de destination pour acheminer les datagrammes, ce qui amène la question suivante : « De quelles informations précises un routeur multicast a-t-il besoin pour acheminer un datagramme ? » La réponse est liée au fait qu'une adresse de multicast représente un ensemble d'hôtes. Un système d'acheminement optimal doit atteindre chaque membre sans jamais expédier deux fois le même datagramme sur un même réseau. Si un routeur unique comme celui de la figure 17.7 peut se contenter de ne pas réexpédier un datagramme sur l'interface dont il est issu, il est beaucoup plus difficile de traiter le problème du routage en boucle lorsqu'on a plusieurs routeurs. Pour éviter les boucles, les routeurs doivent aussi prendre en compte l'adresse source.

L'une des premières idées qui a émergé concernant le routage multicast a été une forme de diffusion décrite précédemment. Ce mécanisme, appelé *acheminement selon les chemins inverses* (RPF : *Reverse Path Forwarding*)[1], utilise l'adresse source pour empêcher le datagramme de circuler sur une boucle. Les routeurs multicast doivent alors disposer d'une table de routage classique contenant les plus courts chemins vers toutes les destinations. Lorsqu'un datagramme multicast arrive, le routeur en extrait l'adresse source et recherche cette dernière dans sa table de routage, puis détermine l'interface I qui permet d'atteindre la source. Si le datagramme est issu de cette interface I, le routeur achemine une copie du datagramme sur chacune des autres interfaces ; sinon il le détruit.

Puisqu'il garantit l'expédition de chaque datagramme multicast sur chaque réseau de l'internet, ce mécanisme de routage selon les plus courts chemins (RPF) garantit que chaque hôte d'un groupe de diffusion sélective reçoit les datagrammes multicast qui lui sont destinés. Néanmoins, RPF seul n'est pas utilisé pour le routage multicast car il gaspille de la bande passante. Il achemine des datagrammes sur des réseaux ne comportant pas de membres du groupe ou ne conduisant pas à des membres du groupe.

Pour éviter d'acheminer des datagrammes là où c'est inutile, on a mis au point l'*acheminement tronqué selon les chemins inverses* (TRPF : *Truncated Reverse Path Forwarding* ou TRPB : *Truncated Reverse Path Broadcasting*) qui suit l'algorithme RPF, mais interdit l'acheminement des datagrammes sur les réseaux ne conduisant pas à des membres du groupe. Pour utiliser TRPF, un routeur multicast a besoin de deux éléments d'information : une table de routage classique et une liste des groupes de multicast accessibles *via* chaque interface de réseau. Lorsqu'un datagramme multicast arrive, le routeur applique l'algorithme RPF. Si l'algorithme indique que le datagramme doit être supprimé, le routeur le supprime. Si l'algorithme indique que le datagramme doit être acheminé sur une interface donnée, le routeur vérifie d'abord qu'un ou plusieurs membres du groupe correspondant à l'adresse de destination sont accessibles *via* cette interface. Si aucun membre du groupe n'est accessible *via* cette interface, le routeur omet cette interface et passe à l'interface suivante. En fait, nous comprenons maintenant l'origine

1. L'acheminement selon les chemins inverses est parfois appelée *diffusion selon les chemins inverses* (RPB : *Reverse Path Broadcasting*).

du terme *tronqué* — un routeur tronque l'acheminement lorsqu'aucun membre du groupe ne se trouve sur le chemin correspondant.

En résumé :

> Un routeur multicast qui prend une décision d'acheminement utilise à la fois les adresses source et destination du datagramme multicast. Le mécanisme d'acheminement de base s'appelle l'acheminement tronqué selon les chemins inverses (TRPF).

17.19 CONSÉQUENCES DE L'ACHEMINEMENT TRONQUÉ SELON LES CHEMINS INVERSES

Si l'algorithme TRPF garantit que chaque membre du groupe de diffusion sélective reçoit bien une copie de chacun des datagrammes envoyés au groupe, il a deux conséquences surprenantes. Premièrement, parce qu'il s'appuie sur RPF pour éviter l'apparition des boucles, TRPF, tout comme RPF, délivre une copie parasite des datagrammes à certains réseaux. La figure 17.8 montre comment cette duplication se produit.

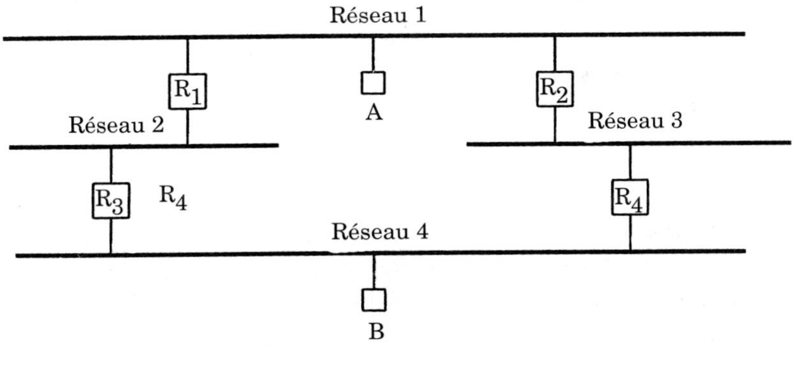

Figure 17.8 — Exemple de topologie avec laquelle l'algorithme RPF classique remet plusieurs copies d'un même datagramme à certaines destinations.

Sur la figure, lorsque l'hôte A envoie un datagramme, les routeurs R_1 et R_2 en reçoivent chacun une copie. Comme le datagramme arrive par les interfaces qui sont sur les plus courts chemins vers A, R_1 achemine une copie vers le réseau 2 et R_2 achemine une copie vers le réseau 3. R_3, lorsqu'il reçoit une copie du réseau 2 achemine une copie vers le réseau 4. Malheureusement, R_4 achemine aussi une copie vers le réseau 4. Ainsi, bien que l'algorithme RPF permette que R_3 et R_4 évitent l'apparition d'une boucle en détruisant la copie qui leur parvient depuis le réseau 4, l'hôte B reçoit deux copies du datagramme.

La seconde conséquence surprenante tient à ce que l'algorithme TRPF utilise à la fois les adresses source et destination pour acheminer les datagrammes ; la remise dépend de l'adresse source du datagramme. Ainsi la figure 17.9 montre comment les routeurs multicast acheminent les datagrammes de deux sources différentes sur une topologie donnée.

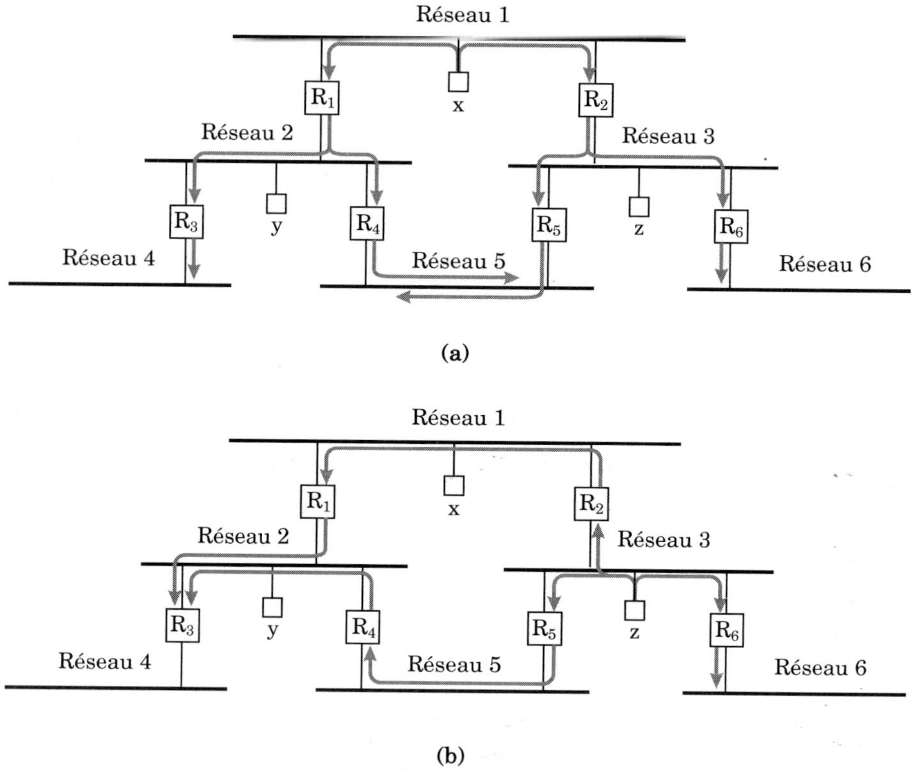

Figure 17.9 — Exemples de chemins empruntés par les datagrammes multicast avec l'algorithme TRPF, en supposant que la source est (a) l'hôte X et (b) l'hôte Z et qu'un membre du groupe se trouve sur chaque réseau. Le nombre de copies reçues dépend de la source.

Comme le montre cette figure, la source influence à la fois le chemin qu'emprunte un datagramme pour atteindre un réseau donné et les détails de cette remise. Dans la partie (a) de cette figure, par exemple, une transmission de l'hôte X fait que l'algorithme TRPF remet deux copies du datagramme multicast au réseau 5. Dans la partie (b), une seule copie des datagrammes émis par Z atteint le réseau 5, mais deux copies atteignent les réseaux 2 et 4.

17.20 ARBRES DE MULTICAST

Les chercheurs utilisent la terminologie de la théorie des graphes pour décrire l'ensemble des chemins reliant une source donnée à chacun des membres du groupe. Ils disent que ces chemins définissent un *arbre*[1] encore appelé *arbre d'acheminement* ou *arbre de remise* (*forwarding tree* ou *delivery tree*). Chaque routeur multicast correspond à un *nœud* de l'arbre et un réseau qui relie deux routeurs correspond à un *arc* de l'arbre. L'origine d'un datagramme est la *racine* ou le *nœud racine* (*root* ou *root node*) de l'arbre. Enfin, le dernier routeur de chaque chemin est appelé *routeur feuille*. Cette terminologie s'applique parfois aussi aux réseaux — les chercheurs baptisent *réseau feuille* un réseau situé derrière un routeur feuille.

Pour illustrer cette terminologie, considérons la figure 17.9. La partie (a) présente un arbre de racine X qui a pour routeurs feuilles R_3, R_4, R_5 et R_6. D'un point de vue technique, la partie (b) n'est pas un arbre car le routeur R_3 appartient à deux chemins, mais les chercheurs ont l'habitude de considérer de tels graphes comme des arbres.

La terminologie des graphes nous permet d'énoncer un principe important :

> Un arbre de multicast est défini comme un ensemble de chemins reliant une source à chacun des membres d'un groupe de multicast, via des routeurs multicast. Pour un groupe de multicast donné, chaque source de datagrammes est susceptible de définir un arbre différent.

Une des conséquences immédiates de ce principe concerne la taille des tables utilisées pour acheminer les datagrammes multicast. Contrairement aux tables de routage classiques, chaque entrée d'une table de routage multicast est identifiée par une paire :

```
(groupe de multicast, source)
```

Conceptuellement, *source* identifie un hôte susceptible d'envoyer des datagrammes multicast au groupe (par exemple, tout hôte de l'internet). En pratique, gérer une entrée par hôte est dangereux parce que les arbres définis par tous les hôtes d'un même réseau sont identiques. Ainsi, pour économiser de la place, les protocoles de routage utilisent des identificateurs de réseau comme source, c'est-à-dire que chaque routeur ne définit qu'une entrée pour tous les hôtes d'un même réseau.

Agréger les entrées par identificateur de réseau réduit considérablement la taille des tables. Cependant, les tables de routage multicast peuvent devenir nettement plus volumineuses que les tables de routage IP classiques. Contrairement aux tables de routage IP classiques dont la taille est proportionnelle au nombre de réseaux de l'internet, celle des tables de routage multicast est proportionnelle au produit du nombre de réseaux par le nombre de groupes de multicast.

1. Un arbre est un graphe qui ne contient pas de cycle (c'est-à-dire qu'un routeur n'apparaît que sur un seul chemin).

17.21 NATURE DU ROUTAGE MULTICAST

Les lecteurs attentifs auront remarqué une incohérence entre les propriétés de la diffusion sélective d'IP et celles de TRPF. Nous avons dit que TRPF remplaçait RPF classique pour éviter le trafic inutile : TRPF n'achemine pas les datagrammes vers un réseau à moins que ce réseau ne conduise à un membre du groupe. Un routeur multicast doit avoir connaissance de l'appartenance aux groupes. Nous avons également dit qu'IP permettait à tout hôte de rejoindre ou quitter un groupe de diffusion à tout moment, ce qui entraîne des modifications rapides de l'appartenance aux groupes. Plus important, l'appartenance aux groupes ne dépend pas de la proximité — un hôte qui rejoint le groupe peut se trouver loin du routeur qui achemine les datagrammes vers ce groupe. Les informations d'appartenance aux groupes doivent donc être acheminées dans l'internet.

La question de l'appartenance est centrale au routage ; tous les mécanismes de routage multicast fournissent un mécanisme de propagation des informations d'appartenance ainsi qu'un moyen d'utiliser ces informations lors de l'acheminement des datagrammes. En général, comme les informations d'appartenance changent rapidement, les informations disponibles sur un routeur sont imparfaites, ce qui peut altérer le routage. Toute implémentation de la diffusion sélective doit donc trouver un compromis entre le trafic des commandes de routage et l'inefficacité de la transmission des données. Si, d'une part, les informations d'appartenance aux groupes ne sont pas acheminées rapidement, les routeurs multicast ne prennent pas de décisions de routage optimales (par exemple, ils achemineront inutilement des datagrammes sur certains réseaux ou ne pourront pas envoyer des datagrammes à tous les membres du groupe). D'autre part, un mécanisme de routage multicast qui communique chaque changement à chaque routeur est voué à l'échec car le trafic correspondant peut saturer un internet. Chaque réalisation est un compromis entre ces deux extrêmes.

17.22 L'ACHEMINEMENT SELON LES CHEMINS INVERSES

Une des premières formes de routage multicast dérive de TRPF. Appelée *diffusion sélective selon les chemins inverses* (RPM : *Reverse Path Multicast*), cet algorithme étend TRPF pour le rendre plus souple. Trois hypothèses sous-tendent cette conception. Premièrement, il est préférable de garantir qu'un datagramme atteindra tous les membres d'un groupe auquel il est destiné plutôt que d'éliminer les transmissions inutiles. Deuxièmement, chaque routeur multicast contient une table de routage IP classique à jour. Troisièmement, le routage multicast doit, si possible, contribuer à une bonne efficacité (c'est-à-dire éliminer les transmissions inutiles).

RPM utilise un processus en deux temps. Pour commencer, RPM utilise RPF pour envoyer une copie de chaque datagramme sur chaque réseau de l'internet.

Il garantit ainsi que chaque membre du groupe recevra bien le datagramme. Simultanément, RPM fait en sorte que les routeurs multicast s'échangent mutuellement des informations concernant les routes qui n'aboutissent pas à des membres du groupe. Dès qu'ils ont pris connaissance de ces routes, les routeurs multicast cessent d'acheminer les informations sur ces chemins.

Comment les routeurs apprennent-ils la localisation des membres du groupe ? Comme dans la plupart des modèles de routage multicast, RPM propage les informations de façon ascendante. Les hôtes qui décident de rejoindre ou de quitter les groupes de diffusion sélective génèrent des informations d'appartenance aux groupes qu'ils échangent avec leurs routeurs locaux à l'aide d'IGMP. Ainsi, si un routeur multicast ignore les informations concernant les membres du groupe qui sont distants, il a des informations sur les membres locaux (ceux qui sont situés sur chacun des réseaux directement accessibles). En conséquence, les routeurs reliés à des réseaux feuilles savent décider s'il faut ou non acheminer les informations sur les réseaux feuilles — si un réseau feuille ne contient pas de membre d'un groupe donné, le routeur qui relie ce réseau au reste de l'internet n'achemine pas les informations destinées à ce groupe vers ce réseau et informe son voisin en direction de la source (routeur amont suivant). Lorsque le routeur amont suivant a appris qu'aucun membre d'un groupe ne se trouvait plus derrière une de ses interfaces, il cesse d'acheminer sur cette interface les messages destinés à ce groupe. Et lorsque ce routeur a appris qu'aucun membre du groupe ne se trouvait plus derrière lui, il en informe le routeur amont suivant.

En théorie des graphes, on dirait que lorsqu'un routeur apprend qu'un groupe ne comporte plus de membre sur un chemin et qu'il cesse l'acheminement, il supprime le chemin de l'arbre d'acheminement. En fait, RPF est une *stratégie de diffusion et de suppression* car les routeurs diffusent les informations aux groupes jusqu'à ce qu'ils reçoivent des informations qui leur permettent d'éliminer un chemin. Les chercheurs donnent un autre nom à l'algorithme RPM ; ils disent que le système est *guidé par les données* car un routeur n'envoie pas d'informations d'appartenance aux groupes à ses voisins, tant qu'il n'en a pas reçu de datagrammes destinés à ce groupe.

Dans le modèle guidé par les données, un routeur doit aussi gérer le cas où un hôte décide de rejoindre le groupe après que le routeur a supprimé le chemin correspondant à ce groupe. RPM gère les adhésions à un groupe de façon ascendante : lorsqu'un hôte informe le routeur local qu'il veut rejoindre un groupe, le routeur consulte l'enregistrement correspondant au groupe et obtient l'adresse du routeur auquel il a précédemment envoyé le message de suppression. Le routeur envoie un nouveau message qui annule le précédent et rétablit l'acheminement des messages destinés au groupe. De tels messages sont nommés *demandes de greffe* (*graft request*), et on dit que l'algorithme *greffe* la branche précédemment coupée.

17.23 PROTOCOLE DE ROUTAGE MULTICAST À VECTEUR DE DISTANCE

L'un des premiers protocoles de routage, toujours utilisé dans l'Internet, le *protocole de routage multicast à vecteur de distance* (DVRMP : *Distance Vector Multicast Routing Protocol*) permet aux routeurs multicast d'échanger des informations d'appartenance aux groupes. DVRMP ressemble au protocole RIP décrit au chapitre 16, mais a été étendu au multicast. En substance, le protocole transmet des informations relatives aux groupes actifs et aux coûts d'acheminement des datagrammes entre les routeurs. Pour chaque paire *(groupe, source)* possible, les routeurs imposent un arbre de recouvrement de l'interconnexion physique. Lorsqu'un routeur reçoit un datagramme destiné à un groupe de diffusion sélective, il en envoie une copie sur chacun des liens correspondant à l'arbre de diffusion[1].

DVRMP utilise une forme étendue d'IGMP pour les communications entre paires de routeurs multicast. Il définit des types de messages supplémentaires qui permettent à un routeur de déclarer l'appartenance à un groupe ou l'abandon d'un groupe et d'interroger d'autres routeurs. Ces extensions comprennent aussi des messages qui transportent des informations de routage incluant une métrique de coûts.

17.24 LE PROGRAMME MROUTED

mrouted est un programme bien connu qui implémente DVRMP sur les systèmes Unix. Comme *routed*, *mrouted* coopère étroitement avec le noyau du système d'exploitation pour implanter les informations de routage multicast. Contrairement à *routed*, cependant, *mrouted* n'utilise pas de table de routage standard : il n'est donc utilisable qu'avec une version d'Unix comportant un *noyau de diffusion sélective* (*multicast kernel*). Un tel noyau comporte une table de routage multicast particulière ainsi que le code nécessaire pour acheminer les datagrammes multicast. Un hôte utilise habituellement *mrouted* parallèlement aux logiciels classiques de mise à jour du routage.

- *La propagation des routes. mrouted* utilise DVRMP pour propager les informations de routage d'un routeur à l'autre. Un calculateur exécutant *mrouted* interprète les informations de routage multicast et construit une table de routage multicast dans laquelle chaque entrée correspond à une paire *(groupe, source)* et à l'ensemble associé d'interfaces sur lesquelles acheminer les datagrammes correspondant à cette entrée. *mrouted* ne se substitue pas aux protocoles de routages classiques ; un hôte utilise habituellement *mrouted* en parallèle avec les logiciels de routage classiques.

1. DVRMP a changé significativement lors du passage de la version 2 à la version 3 qui inclut l'algorithme RPM décrit ci-dessus.

- *La création de tunnels de multicast*. L'un des principaux problèmes de la diffusion sélective dans l'Internet tient à ce que tous les routeurs de l'Internet ne savent pas acheminer les datagrammes multicast. *mrouted* peut s'arranger pour acheminer les datagrammes multicast dans des tunnels allant d'un routeur multicast à un autre *via* des routeurs intermédiaires ne participant pas à la diffusion sélective.

Bien qu'un seul programme *mrouted* puisse assurer les deux tâches, un ordinateur donné peut ne pas utiliser ces deux fonctions. Pour permettre aux administrateurs de réseaux de spécifier précisément son mode de fonctionnement, *mrouted* dispose d'un fichier de configuration qui comprend des entrées indiquant quels groupes annoncer sur chaque interface et comment acheminer les datagrammes. De plus, les fichiers de configuration associent une métrique et un seuil à chaque route. La métrique permet à l'administrateur de réseaux d'affecter un coût à chaque chemin (par exemple, pour garantir que le coût associé à un réseau local sera toujours inférieur à celui d'une liaison louée à bas débit). Le seuil donne la valeur minimale de la *durée de vie* (TTL : *Time To Live*) d'un datagramme IP pour qu'il atteigne sa destination. Si le datagramme n'a pas une durée de vie suffisante pour atteindre sa destination, le noyau multicast le détruit.

La création de tunnels est probablement la fonctionnalité la plus intéressante de *mrouted*. Il faut un tunnel lorsque deux hôtes ou plus souhaitent utiliser des applications de diffusion sélective et qu'un routeur du chemin reliant ces hôtes ne supporte pas les logiciels de diffusion sélective. La figure 17.10 illustre ce cas.

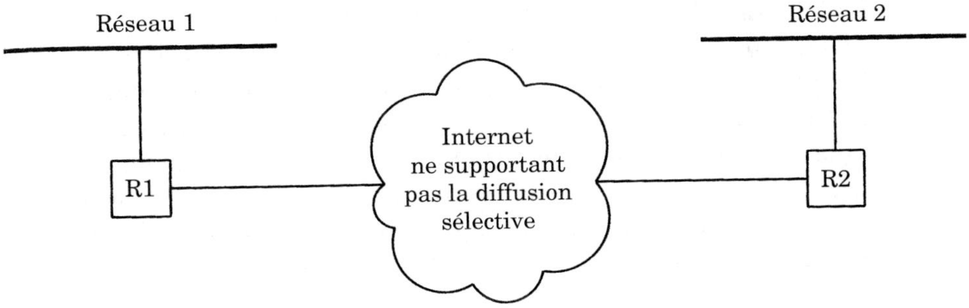

Figure 17.10 — Exemple de configuration d'internet qui requiert un tunnel de diffusion sélective pour que les hôtes des réseaux 1 et 2 participent à des communications multicast. Les routeurs de l'internet situés entre les deux réseaux ne propagent pas les routes multicast, ni les datagrammes envoyés à une adresse de multicast.

Pour permettre aux hôtes des réseaux 1 et 2 d'échanger des datagrammes multicast, les administrateurs des deux réseaux doivent configurer un tunnel *mrouted* sur les deux routeurs. Le tunnel correspond simplement à l'accord passé par les deux programmes *mrouted* s'exécutant sur les deux routeurs pour échanger des datagrammes. Chaque routeur écoute son réseau local dans l'attente de datagrammes multicast destinés à l'adresse de diffusion sélective de destination pour laquelle le tunnel a été configuré. Lorsqu'un tel datagramme arrive, *mrouted* le place dans un datagramme IP classique et l'expédie à l'autre routeur. Lorsqu'il reçoit un datagramme de l'un de ses tunnels, *mrouted* extrait le datagramme multicast, puis l'achemine conformément aux indications de la table de routage multicast.

mrouted utilise la technique d'encapsulation *IP dans IP*. La figure 17.11 présente ce concept.

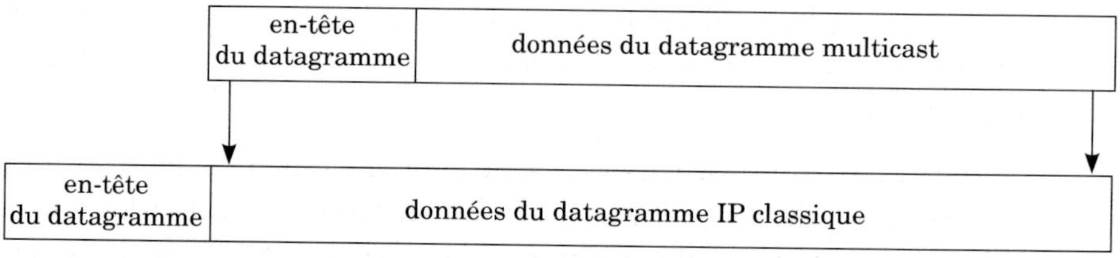

Figure 17.11 — Encapsulation d'IP dans IP. Un datagramme IP est placé dans le champ de données d'un autre datagramme IP. Une paire de routeurs multicast utilise cette encapsulation lorsque les routeurs intermédiaires ne comprennent pas la diffusion sélective.

Comme le montre la figure 17.11, l'encapsulation d'IP dans IP préserve le datagramme multicast initial ainsi que son en-tête en le plaçant dans le champ de données d'un datagramme classique. Sur l'hôte récepteur, le noyau de diffusion sélective extrait et traite le datagramme multicast comme s'il venait d'arriver sur une interface locale. En particulier, l'hôte récepteur diminue le champ durée de vie de l'en-tête du datagramme multicast extrait, avant de l'acheminer. *mrouted*, lorsqu'il crée un tunnel, considère l'internet qui relie deux routeurs multicast comme un seul réseau physique. Notez que le datagramme externe possède son propre compteur de durée de vie et que celui-ci fonctionne indépendamment de celui de l'en-tête du datagramme multicast transporté. Il est ainsi possible de limiter le nombre de sauts physiques à travers un tunnel donné indépendamment du nombre de sauts logiques que le datagramme multicast doit effectuer durant son transit de la source vers la destination.

Les tunnels de diffusion sélective constituent la base du réseau de diffusion sélective de l'Internet, le MBONE. De nombreux sites Internet participent au MBONE. Ce dernier leur permet d'émettre et de recevoir des datagrammes multicast, lesquels sont acheminés vers tous les autres sites participants. Le MBONE sert souvent à propager des flux audio ou vidéo (de télé-enseignement, par exemple).

Un site doit posséder au moins un routeur multicast relié à l'un de ses réseaux locaux pour pouvoir participer au MBONE. Un autre site doit accepter d'acheminer du trafic *via* un tunnel, et un tunnel doit être configuré entre les deux sites. Lorsqu'un hôte d'un site envoie un datagramme multicast, le routeur de ce site en reçoit une copie, consulte ses tables de routage multicast et achemine le datagramme sur le tunnel correspondant en utilisant l'encapsulation d'IP dans IP. Lorsqu'il reçoit un datagramme sur un tunnel, le routeur multicast ôte le datagramme externe et achemine le datagramme multicast conformément aux informations de la table de routage multicast locale.

Le meilleur moyen de comprendre le MBONE est d'imaginer un réseau logique construit au-dessus de l'internet (c'est un réseau virtuel). Conceptuellement le MBONE comprend un ensemble de routeurs multicast reliés par un ensemble de réseaux point à point. Certains réseaux point à point coïncident avec des réseaux physiques, d'autres sont réalisés à l'aide de tunnels. Les logiciels de routage multicast masquent les détails. Ainsi, lorsque *mrouted* détermine un arbre de diffusion sélective pour une paire *(groupe, source)*, il considère un tunnel comme une liaison point à point reliant deux routeurs.

Cette utilisation des tunnels a deux conséquences. Premièrement, comme certains tunnels sont beaucoup plus coûteux que d'autres, ils ne peuvent pas être traités de la même façon. *mrouted* traite ce problème en permettant à l'administrateur d'associer un coût à chaque tunnel et en utilisant cette information pour le routage. En général, un administrateur affecte un coût qui reflète le nombre de sauts dans l'internet sous-jacent. Il est aussi possible d'affecter un coût qui reflète les limites administratives (par exemple, le coût affecté à un tunnel reliant deux sites de la même société a un coût nettement inférieur à celui d'un tunnel conduisant à une autre société). Deuxièmement, comme l'acheminement DVRMP dépend de la connaissance d'un plus court chemin depuis une source, et que les protocoles de routage classiques ignorent complètement les tunnels, DVRMP doit avoir sa propre version du calcul de l'acheminement point à point qui tienne compte des tunnels.

17.25 PROTOCOLES ALTERNATIFS

Bien que DVRMP soit utilisé dans le MBONE depuis plusieurs années, avec la croissance de l'Internet, l'IETF a pris conscience de ses limites. Comme RIP, DVRMP utilise une petite valeur pour représenter l'*infini*. Plus important, DVRMP gère une quantité astronomique d'informations — en plus des informations relatives à chaque paire *(groupe, source)*, il doit aussi gérer une entrée pour chaque groupe devenu inactif, afin de savoir, lorsqu'un hôte rejoint un tel groupe, où envoyer les informations d'adhésion à ce groupe. Enfin, DVRMP fonctionne selon un modèle diffusion-suppression qui génère du trafic sur tous les réseaux, jusqu'à ce que les informations d'appartenance aux groupes soient propagées. Ironie du sort, DVRMP utilise également un algorithme à vecteur de distance pour propager les informations d'appartenance, ce qui entraîne une propagation lente.

Globalement, les limitations de DVRMP signifient qu'il est impossible de gérer un grand nombre de routeurs ou des modifications rapides d'appartenance aux groupes. DVRMP est donc inutilisable comme protocole de routage multicast général de l'Internet.

Pour surmonter les limites de DVRMP, l'IETF a étudié d'autres protocoles de diffusion sélective parmi lesquels Core Based Trees (CBT), Protocol Independant Multicast (PIM) et les extensions multicast d'OSPF (MOSPF). Chacun vise à prendre en compte les problèmes d'échelle, mais de façon légèrement différente. Si tous ces protocoles ont été mis en œuvre et si MOSPF et PIM ont tous deux été utilisés dans certaines parties du MBONE, aucun d'eux n'est un standard obligatoire.

17.26 CORE BASED TREE (CBT)

CBT évite la diffusion et permet à toutes les sources de partager, chaque fois que c'est possible, le même arbre de diffusion. CBT, pour éviter la diffusion, ne propage pas les messages de diffusion sélective sur un chemin, tant qu'un ou plusieurs hôtes de ce chemin n'ont pas rejoint le groupe de diffusion sélective correspondant. CBT inverse donc le modèle de base de DVRMP — au lieu d'acheminer les datagrammes multicast jusqu'à ce qu'une information négative soit diffusée, CBT n'achemine pas les informations sur un chemin tant qu'il n'a pas reçu la demande explicite de le faire. CBT, au lieu d'utiliser le modèle guidé par les données, utilise un modèle *guidé par les demandes*.

Lorsqu'un hôte utilise IGMP pour rejoindre un groupe particulier, le routeur local doit donc informer les autres routeurs avant que les datagrammes multicast soient acheminés. Quels routeurs informer ? Cette question a une importance critique dans tous les modèles de routage guidés par les demandes. Souvenez-vous, dans un modèle guidé par les données, un routeur exploite les données reçues pour déterminer où envoyer des messages de routage (il propage ces informations vers les réseaux dont il a reçu du trafic de diffusion sélective). Cependant, dans un modèle guidé par les demandes, aucun trafic ne parvient au groupe tant que les informations d'appartenance à ce groupe n'ont pas été transmises.

CBT utilise une combinaison d'algorithmes statiques et dynamiques pour construire un arbre de diffusion sélective et décompose l'internet en régions dont les administrateurs fixent la taille. Dans chaque région, un routeur fait fonction de *routeur origine* (*core router*) et les autres routeurs de la région sont configurés pour connaître le routeur origine de leur région ou utilisent un *mécanisme de découverte dynamique* pour le trouver. Dans tous les cas, la découverte du routeur origine ne s'effectue qu'au démarrage du routeur.

La connaissance du routeur origine est importante car elle permet aux routeurs de la région de constituer un arbre *commun* de multicast. Dès qu'un hôte rejoint un groupe de diffusion, le routeur local L qui reçoit la demande, émet une *demande d'adhésion* CBT qu'il envoie au routeur origine en utilisant l'adressage individuel classique. Chaque routeur intermédiaire analyse cette demande. Dès que la demande atteint un routeur R qui appartient à l'arbre commun de multicast, ce dernier renvoie un accusé de réception à L et achemine la demande d'adhésion vers le routeur parent. R commence dès lors à propager les datagrammes multicast vers L. Au fur et à mesure que l'accusé de réception transite vers L, les routeurs intermédiaires analysent le message et mettent à jour leur table de routage multicast pour acheminer les datagrammes vers les membres du groupe. Le routeur L rejoint donc l'arbre de diffusion sélective au niveau du routeur R.

En résumé :

> CBT, qui utilise un modèle basé sur les demandes, décompose l'internet en régions et désigne, pour chacune d'elles, un routeur origine ; les autres routeurs de la région construisent un arbre commun de multicast en expédiant au routeur origine leurs demandes d'adhésion aux groupes.

CBT comporte un service de gestion d'arbre qui détecte la panne d'un lien entre deux routeurs. Pour détecter une panne, chaque routeur émet périodiquement une demande d'écho CBT à son parent dans l'arbre de multicast (par exemple, au routeur suivant du chemin qui mène au routeur origine de la région). Si la demande reste sans réponse, CBT informe tout routeur concerné et entreprend de se relier à l'arbre en un autre point.

17.27 MULTICAST INDÉPENDANT DES PROTOCOLES (PIM)

PIM (*Protocol Independant Multicast*) comprend deux protocoles indépendants qui ont peu de choses en commun excepté la structure de base de l'en-tête des messages : PIM en mode dense (PIM-DM : *PIM dense Mode*) et PIM en mode peu dense (PIM-SM : *PIM Sparse Mode*). Cette distinction résulte de ce qu'aucun protocole ne fonctionne de manière optimale dans tous les cas possibles. PIM en mode dense est conçu pour les environnements de réseaux locaux où tous les réseaux ou presque contiennent des hôtes appartenant à chacun des groupes de multicast alors que PIM en mode peu dense est conçu pour prendre en compte les environnements WAN dans lesquels les membres d'un groupe de multicast n'appartiennent qu'à un petit sous-ensemble de tous les réseaux possibles.

17.27.1 PIM en mode dense

Comme le mode dense de PIM suppose que les réseaux ont un délai de transmission faible et que leur bande passante est importante, le protocole a été optimisé pour garantir la remise plutôt que pour réduire le temps de gestion interne. PIM en mode dense utilise un modèle diffusion-suppression analogue à celui de DVRMP — il commence par utiliser RPF pour diffuser chaque datagramme à chacun des groupes et ne cesse cette diffusion qu'à la réception d'une demande de suppression explicite.

17.27.2 Indépendance vis-à-vis des protocoles

La grande différence entre DVRMP et PIM en mode dense concerne les informations supposées disponibles. En particulier, afin d'utiliser RPF, PIM en mode dense a besoin des informations de routage IP classique, notamment du plus court chemin vers chaque destination. Contrairement à DVRMP, cependant, PIM en mode dense suppose que le routeur utilise aussi un algorithme de routage IP classique qui calcule les plus courts chemins vers chaque destination, crée la route dans la table de routage et gère cette route au fil du temps. En fait, l'indépendance envers les protocoles de PIM en mode dense est liée à sa capacité de coexister avec des protocoles de routage classiques. Un routeur peut donc utiliser un protocole de routage vu précédemment (par exemple, RIP ou OSPF) pour gérer des routes IP classiques que PIM en mode dense utilisera.

En résumé :

> PIM en mode dense suppose correctes les tables de routage en point à point et ne propage pas de routes. Chaque routeur doit donc exécuter aussi un protocole de routage IP classique pour gérer les routes IP point à point.

17.27.3 PIM en mode peu dense

Le mode peu dense de PIM peut être vu comme une extension des concepts de base de CBT. Comme CBT, PIM en mode peu dense est guidé par les demandes et, comme CBT, il implique l'existence d'un point central vers lequel expédier les demandes d'adhésions : le *point de rendez-vous* (RP), équivalent fonctionnel du routeur origine de CBT. Lorsqu'un hôte adhère à un groupe, le routeur local envoie un datagramme IP classique d'adhésion au groupe au routeur point de rendez-vous ; les routeurs intermédiaires du chemin correspondant analysent la demande et, si l'un d'eux appartient déjà à l'arbre de multicast, il intercepte la demande et y répond. PIM en mode peu dense construit donc pour chaque groupe un arbre commun de multicast, et tous les arbres ont pour origine le routeur point de rendez-vous[1].

1. Lorsqu'un hôte quelconque envoie un datagramme à un groupe, le datagramme emprunte un tunnel jusqu'au routeur point de rendez-vous du groupe correspondant. Ce dernier diffuse ensuite le datagramme sur l'arborescence de diffusion sélective partagée.

La principale différence conceptuelle entre CBT et PIM en mode peu dense concerne la possibilité qu'a ce dernier d'optimiser la connectivité. Au lieu d'utiliser un unique routeur point de rendez-vous, RP, chaque routeur fonctionnant en mode peu dense gère un ensemble de routeurs point de rendez-vous potentiels, dont un seul est sélectionné à un instant donné. Si le routeur point de rendez-vous courant devient inaccessible (à cause d'une panne de réseau, par exemple), PIM en mode peu dense en choisit un autre et reconstruit l'arbre de multicast pour chaque groupe. La section suivante étudie les cas les plus significatifs de reconfiguration.

17.27.4 Passer des arbres communs aux arbres des plus courts chemins

PIM en mode peu dense peut aussi passer d'un arbre commun de multicast à un *arbre basé sur les plus courts chemins* (*SP tree*). Pour comprendre la justification, considérons l'interconnexion de réseaux de la figure 17.12.

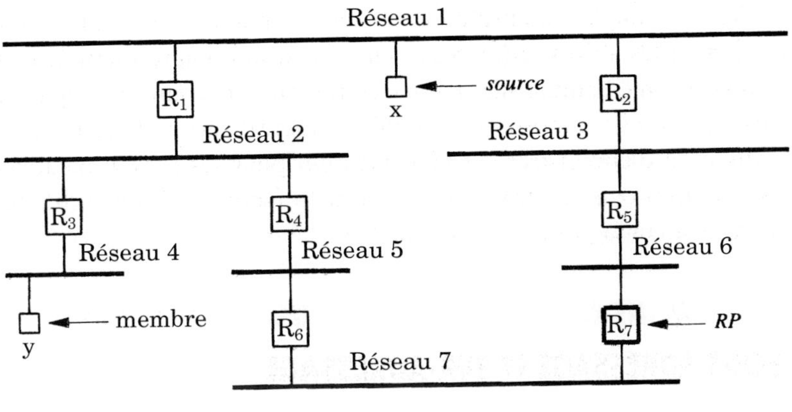

Figure 17.12 — Un ensemble de réseaux comportant un routeur point de rendez-vous et un groupe de multicast de deux membres. La démarche guidée par les demandes de construction de l'arbre commun de multicast depuis le routeur point de rendez-vous aboutit à un routage non optimal.

Sur cette figure, c'est le routeur R_7 qui a été choisi comme routeur point de rendez-vous. Les autres routeurs rejoignent donc l'arbre commun de multicast en émettant leurs demandes sur un chemin conduisant à R_7. En supposant, par exemple, que les hôtes X et Y ont adhéré à un même groupe de multicast, le chemin reliant l'hôte X à l'arbre commun de multicast passe par les routeurs R_2, R_5 et R_7 et le chemin reliant l'hôte Y à cet arbre par les routeurs R_3, R_4, R_6 et R_7.

Si l'approche basée sur l'arbre commun de multicast construit les plus courts chemins de chaque hôte au routeur point de rendez-vous, elle ne permet pas d'optimiser le routage. En particulier, si plusieurs membres du groupe ne se trouvent pas à proximité du routeur point de rendez-vous, la perte d'efficacité peut être importante. Ainsi, la figure montre que lorsque l'hôte X envoie un datagramme au groupe, le datagramme est routé de X vers le routeur point de rendez-vous, puis de ce routeur vers Y. Le datagramme doit donc traverser six routeurs. Cependant, le chemin optimal (c'est-à-dire le plus court chemin reliant X à Y ne contient que deux routeurs R_1 et R_3).

PIM en mode peu dense permet à un routeur de choisir entre l'arbre commun de multicast et celui du plus court chemin vers la source (parfois nommé *arbre de source*). Si la commutation d'un arbre à l'autre est conceptuellement simple, de nombreux détails compliquent le protocole. Ainsi, la plupart des implémentations exploitent la réception de trafic pour déclencher le changement — si le trafic issu d'une source donnée excède un certain seuil, le routeur commence à mettre en place un routage selon le plus court chemin[1]. Malheureusement, le trafic peut varier rapidement, ce qui oblige les routeurs à mettre en œuvre des mécanismes d'hystérésis pour éviter les instabilités. De plus, les modifications supposent que tous les routeurs appartenant au plus court chemin coopèrent ; tous ces routeurs doivent s'entendre pour acheminer les datagrammes vers le groupe. De plus, comme les modifications ne concernent qu'une seule source, un routeur doit maintenir sa connexion à l'arbre commun de multicast pour continuer de recevoir le trafic émis par les autres sources. Il doit aussi conserver suffisamment d'informations de routage pour éviter d'expédier des copies multiples de chacun des datagrammes associés à une paire *(groupe, source)* pour laquelle un arbre de source a été construit.

17.28 EXTENSIONS D'OSPF POUR LA DIFFUSION SÉLECTIVE

Nous avons vu que les protocoles de routage multicast tels que PIM pouvaient exploiter les informations des tables de routage en point à point pour construire des arbres de diffusion. Les chercheurs ont aussi étudié une question plus vaste : « Comment le routage multicast peut-il tirer profit des informations collectées par les protocoles de routage classiques ? » En particulier, un protocole à état de lien comme OSPF fournit à chaque routeur la topologie du réseau, plus précisément de sa zone OSPF.

Les protocoles de routage multicast peuvent, lorsqu'ils sont disponibles, utiliser de telles informations pour construire des arbres d'acheminement. Cette idée a été mise à l'épreuve dans un protocole appelé *Extensions multicast d'OSPF* (MOSPF : *Multicast OSPF*) qui utilise la base de données topologiques d'OSPF pour construire un arbre de diffusion pour chaque source. MOSPF présente

1. Un éditeur de logiciel au moins propose une implémentation qui commence immédiatement la construction d'un arbre de source (c'est-à-dire que le seuil de trafic vaut zéro).

l'avantage d'être *guidé par la demande*, ce qui signifie que le trafic destiné à un groupe particulier n'est pas propagé sauf nécessité (par exemple, parce qu'un hôte quitte ou rejoint le groupe). L'inconvénient de ce modèle tient au coût de propagation des informations de routage — tous les routeurs d'une zone doivent gérer des informations d'appartenance pour chaque groupe. De plus, ces informations doivent être synchronisées pour garantir que chaque routeur dispose exactement de la même base de données. Il en résulte qu'OSPF génère moins de données, mais plus d'informations de routage que les protocoles de routage guidés par les données.

Si le modèle d'expédition des informations d'appartenance aux groupes à tous les routeurs fonctionne bien dans une zone donnée, il se généralise mal à tout un internet. MOSPF définit donc un protocole de routage interzone légèrement différent. Puisque dans OSPF les *routeurs périphériques de zone* (ABR : *Area Border Router*) sont chargés de propager d'une zone à l'autre les informations de routage, des *routeurs multicast périphériques de zone* (MABR : *Multicast Area Border Router*) vont être chargés, dans MOSPF, de propager d'une zone à l'autre les informations d'appartenance aux groupes. Les MABR n'utilisent pas un transfert symétrique mais ont une approche centralisée : ils propagent en direction de la zone centrale (*Backbone Area*) les informations d'appartenance aux groupes de leur zone.

Un MABR peut propager des informations de multicast vers une autre zone sans pour autant se comporter comme un récepteur actif. Chaque zone désigne, en effet, un routeur chargé de réceptionner tout le trafic de multicast. Ce routeur est parfois encore appelé *récepteur joker de diffusion sélective* (*multicast wildcard receiver*).

17.29 MULTICAST FIABLE ET EXPLOSION DES ACCUSÉS DE RÉCEPTION

Le terme *multicast fiable* désigne un système utilisant la remise d'informations par diffusion sélective, mais qui garantit aussi que chaque membre du groupe recevra les données sans désordre, sans altération et sans perte. Théoriquement, le multicast fiable combine les avantages d'un modèle de diffusion plus efficace que la diffusion générale avec celui de l'intégrité des données reçues. Nombreuses sont donc les applications potentielles.

En pratique cependant, la diffusion sélective fiable n'est pas aussi générale et simple qu'il y paraît. D'abord, dans un groupe possédant plusieurs sources, la remise en séquence devient non significative. Deuxièmement, nous avons vu que des modèles de diffusion sélective largement répandus comme RPF pouvaient provoquer des duplications même sur de petits internets. Troisièmement, en plus de la garantie que les informations arriveront effectivement, des applications comme l'audio ou la vidéo attendent des systèmes de remise fiable qu'ils bornent les délais de transmission ou la gigue. Quatrièmement, la fiabilité suppose des accusés de réception et les groupes de diffusion sélective comprenant un nombre quelconque de membres, cela requiert que les protocoles de transfert fiable traditionnels gèrent un nombre quelconque d'accusés de réception. Or aucun calculateur ne dispose de la puissance nécessaire pour cela. C'est le problème de l'*explosion des accusés de réception*, principal sujet de nombreux travaux de recherche.

Pour surmonter ce problème, les protocoles de multicast fiable adoptent une approche hiérarchique où la diffusion sélective est limitée à une seule source[1]. Avant que les données soient expédiées, on construit un arbre d'acheminement qui relie la source à tous les membres du groupe et on définit des *points d'accusé de réception* (*acknowledgement points*).

Un point d'accusé de réception, encore appelé *agrégateur d'accusé de réception* (*ackowledgement aggregator*) ou *routeur désigné* (DR : *designated router*), est un routeur de l'arbre d'acheminement qui accepte de conserver une copie des données et de traiter les accusés de réception issus des routeurs ou des hôtes situés en aval dans l'arbre. Lorsqu'une retransmission s'avère nécessaire, le point d'accusé de réception renvoie une copie à partir de sa mémoire cache.

La plupart des modèles de diffusion sélective fiable utilisent des accusés de réception négatifs plutôt que positifs — l'hôte ne répond pas, sauf en cas de perte d'un datagramme. Pour qu'un hôte puisse détecter la perte d'un datagramme, on doit affecter un numéro de séquence à chaque datagramme. L'hôte qui détecte la perte émet un accusé de réception négatif qui se propage dans l'arbre jusqu'au point d'accusé de réception. Le point d'accusé de réception traite alors l'accusé de réception négatif et ré-émet une copie du datagramme.

Comment le point d'accusé de réception fait-il pour garantir qu'il dispose d'une copie de chacun des datagrammes de la séquence ? Il procède de la même façon qu'un hôte. Lorsqu'il reçoit un datagramme, il en vérifie le numéro de séquence et en place une copie dans la mémoire cache, puis réexpédie le datagramme sur l'arbre d'acheminement. S'il constate qu'un datagramme manque, il émet un accusé de réception négatif en direction de la source. Cet accusé de réception négatif atteint soit un autre point d'accusé de réception qui dispose d'une copie du datagramme manquant (auquel cas le point d'accusé de réception réexpédie le datagramme manquant), soit la source (qui retransmet le datagramme manquant).

Le choix de la technologie de raccordement et des points d'accusé de réception est crucial pour le succès d'une stratégie de diffusion sélective fiable. En l'absence d'une quantité suffisante de points d'accusé de réception, un datagramme manquant peut provoquer la saturation d'un routeur par des demandes de retransmission. Malheureusement la sélection automatique des points d'accusé de

1. Notez que la limitation à une seule source ne réduit pas les fonctionnalités car la source peut accepter d'acheminer tout message reçu classiquement. N'importe quel hôte peut donc envoyer un paquet à la source, à charge pour celle-ci de diffuser sélectivement ce paquet au groupe.

réception n'est pas simple. De nombreux protocoles de multicast fiable requièrent par conséquent une configuration manuelle. La diffusion sélective est donc mieux adaptée à des services qui fonctionnent longtemps, à des topologies qui varient lentement et à des cas où les routeurs intermédiaires acceptent de jouer le rôle de points d'accusé de réception.

Existe-t-il d'autres approches du multicast fiable ? Certains chercheurs expérimentent des protocoles qui utilisent la redondance des informations pour réduire ou éliminer les retransmissions. Une stratégie consiste à expédier des datagrammes redondants. Au lieu d'envoyer une seule copie de chaque datagramme, la source émet *n* copies (2 ou 3, en général). La redondance des datagrammes fonctionne particulièrement bien lorsque les routeurs utilisent une stratégie de *destruction aléatoire précoce* (RED : *Random Early Discard*), car la probabilité que plus d'un exemplaire d'un datagramme donné soit détruit est extrêmement faible.

Une autre approche de la redondance utilise les *codes auto-correcteurs d'erreurs*. Cette stratégie, analogue à celle des codes auto-correcteurs d'erreurs utilisés dans les CD audio, requiert que l'émetteur inclut une séquence d'information de correction d'erreurs dans chaque datagramme. Lorsqu'un datagramme manque, le code de correction d'erreurs contient suffisamment d'informations pour reconstituer le datagramme manquant sans avoir à en demander la retransmission.

17.30 RÉSUMÉ

La diffusion sélective (ou multicast) au niveau IP est une abstraction du multicast au niveau physique. Elle permet la diffusion d'un datagramme vers plusieurs destinations. IP utilise pour ce faire des adresses de classe D tandis que la transmission physique utilise le multicast matériel s'il est disponible.

Les groupes de diffusion sélective sont dynamiques ; les hôtes peuvent adhérer à un groupe ou le quitter à tout moment. Pour la diffusion sélective locale, il suffit que les hôtes puissent émettre et recevoir des datagrammes multicast. Cependant, la diffusion sélective au niveau IP ne se limite pas à un seul réseau physique — les routeurs multicast propagent des informations d'appartenance aux groupes et organisent le routage pour que chaque membre d'un groupe de diffusion sélective reçoive une copie des datagrammes destinés au groupe.

Les hôtes communiquent aux routeurs les informations d'appartenance aux groupes en utilisant IGMP. IGMP a été conçu pour être efficace tout en évitant de mobiliser trop de ressources. Dans la plupart des cas, le trafic IGMP se limite à un seul message périodique émis par un routeur multicast sur chaque réseau et à une seule réponse par groupe représenté sur chaque réseau.

Il existe différents protocoles pour acheminer des informations de routage multicast dans un internet, qu'ils soient guidés par les données ou guidés par les demandes. Dans les deux cas, la taille d'une table d'acheminement multicast est bien supérieure à celle d'une table de routage IP classique, car la diffusion sélective requiert une entrée par paire *(groupe, source)*.

Les routeurs de l'internet ne savent pas tous propager l'information de routage ou de trafic multicast. Pour traverser un internet qui ne supporte pas le multicast, on peut utiliser un tunnel et encapsuler un datagramme multicast dans un datagramme IP classique. Le récepteur doit alors extraire le datagramme multicast avant de le traiter.

La diffusion sélective fiable (multicast fiable) désigne une stratégie qui utilise la diffusion sélective, mais avec une sémantique de type remise fiable. Pour éviter l'explosion des accusés de réception, la diffusion sélective fiable utilise soit une hiérarchie de points d'accusé de réception, soit une émission d'informations redondantes.

17.31 POUR EN SAVOIR PLUS

Deering [RFC 2236] spécifie le standard pour le multicast, avec IGMPv2. Waitzman, Partridge et Deering [RFC 1075] décrivent DVRMP, Estrin *et al.* [RFC 2362] spécifient PIM en mode peu dense, Ballardie [RFC 2189, 2201] décrit CBT et Moy [RFC 1585] décrit MOSPF.

Eriksson [1994] explique le réseau de diffusion sélective (Mbone). Casner et Deering [juillet 1992] rendent compte de la première retransmission en diffusion sélective d'une réunion de l'IETF.

17.32 EXERCICES

17.1 La norme suggère l'utilisation de 23 bits pour former les adresses matérielles de multicast. Dans un tel schéma, combien d'adresses de multicast au niveau IP correspondent à une même adresse matérielle de multicast ?

17.2 Justifiez le fait que les adresses de multicast au niveau IP n'utilisent que 23 des 28 bits possibles. Indication : quelles sont les limites pratiques au nombre de groupes auxquels les ordinateurs sont susceptibles d'appartenir et le nombre maximal d'ordinateurs sur un seul réseau ?

17.3 IP doit toujours vérifier l'adresse de destination des datagrammes entrants et détruire les datagrammes si l'hôte n'appartient pas au groupe de diffusion sélective. Expliquez comment un hôte pourrait recevoir des datagrammes multicast destinés à un groupe dont il n'est pas membre.

17.4 Les routeurs multicast doivent savoir si, sur un réseau donné, un groupe possède des membres. Est-il intéressant pour eux de connaître le nombre exact de membres d'un groupe donné ?

17.5 Trouvez les applications qui, dans votre environnement, pourraient tirer parti de la diffusion sélective au niveau IP.

17.6 Le standard indique que le logiciel IP doit se débrouiller pour remettre une copie de tout datagramme multicast sortant à tout programme d'application de cet hôte qui appartient au groupe de diffusion sélective. Cette façon de faire complique-t-elle ou non la programmation ? Expliquez pourquoi.

17.7 Lorsque le réseau physique sous-jacent ne permet pas le multicast, on utilise la diffusion générale. Pourquoi procéder de la sorte peut-il provoquer des problèmes ? Utiliser le multicast sur de tels réseaux présente-t-il un quelconque avantage ?

17.8 DVRMP dérive de RIP. Lisez le RFC 1075 qui concerne DVRMP et comparez les deux protocoles. En quoi DVRMP est-il nettement plus complexe que RIP ?

17.9 IGMP n'inclut pas de mécanismes d'acquittement ou de retransmission, même lorsqu'il est utilisé sur des réseaux qui utilisent la remise au mieux. Que se passe-t-il si une demande est perdue ? Que peut-il se passer si une réponse est perdue ?

17.10 Expliquez pourquoi il se peut qu'un hôte multidomicilié puisse rejoindre un groupe sur un réseau et pas sur un autre (indice : considérez le cas d'une téléconférence audio).

17.11 Estimez la taille de la table d'acheminement multicast nécessaire pour gérer la diffusion sélective audio de 100 stations radio, si chaque station possède au total dix millions d'auditeurs répartis aléatoirement dans le monde.

17.12 Justifiez pourquoi, en pratique, on utilise dans Internet deux types de diffusion sélective : les services commerciaux statiques qui diffusent des informations à un grand nombre de clients et les services dynamiques comportant un petit nombre de participants (par exemple, des membres de trois familles participant à une réunion téléphonique depuis leur maison).

17.13 Considérez la diffusion sélective fiabilisée par transmission redondante. Si un des liens a une forte probabilité d'erreur vaut-il mieux expédier plusieurs copies de chaque datagramme multicast ou une copie qui utilise les codes auto-correcteurs d'erreurs ? Expliquez pourquoi.

17.14 Le modèle de routage multicast guidé par les données fonctionne mieux sur les réseaux locaux alors que le modèle guidé par les demandes fonctionne mieux dans les réseaux WAN dont le débit est plus faible et les délais de transmission plus longs. Est-il pertinent de concevoir un seul protocole qui combine les deux stratégies ? Pourquoi ? (Indice : étudiez MOSPF.)

17.15 Concevez une métrique quantitative utilisable pour décider quand PIM en mode peu dense devrait abandonner l'arbre commun de multicast au profit de l'arbre du plus court chemin.

17.16 Lisez la spécification du protocole pour trouver la notion de densité utilisée par PIM en mode peu dense. Trouvez un exemple d'internet où la population des groupes soit peu dense, mais pour laquelle DVRMP soit un meilleur protocole de routage multicast.

18

TCP/IP et réseaux ATM

18.1 INTRODUCTION

Les chapitres précédents ont présenté les principaux composants de TCP/IP et ont montré comment ces composants se comportaient sur des réseaux de données classiques (LAN ou WAN). Ce chapitre, quant à lui, est consacré à la façon dont TCP/IP, bien que conçu pour les *réseaux sans connexion* — fonctionnant en mode non connecté —, peut être utilisé sur les *réseaux orientés connexion* — fonctionnant en mode connecté. Nous verrons que TCP/IP est extrêmement souple : même si quelques détails changent au niveau de la correspondance des adresses, l'essentiel du protocole reste intact.

La vraie difficulté est de faire fonctionner TCP/IP sur des réseaux à accès multiple sans diffusion, ce qu'on appelle parfois les réseaux NBMA (*Non-Broadcast Multiple-Access*), c'est-à-dire sur des réseaux qui sont orientés connexion, qui permettent de relier un certain nombre de machines mais qui ne disposent pas du mécanisme de diffusion. Nous verrons qu'un tel environnement NBMA nécessite de modifier certains protocoles IP, comme par exemple ARP, qui s'appuient sur la diffusion.

Pour rendre plus concrète cette analyse et la relier à ce qui est aujourd'hui disponible en termes de matériel, nous utiliserons l'ATM (*Asynchronous Transfer Mode*) dans tous nos exemples. Ce chapitre développe la rapide description que nous en avions faite au chapitre 2 ; les sections suivantes, en particulier, décrivent la topologie physique d'un réseau ATM, la « connectabilité » logique qu'il permet d'avoir, le modèle de connexion ATM ainsi que le protocole ATM de transfert de données.

Nous verrons ensuite la relation entre ATM et TCP/IP et, en particulier, la façon dont on peut faire le lien entre l'adresse ATM d'un ordinateur et son adresse TCP/IP. Nous décrirons notamment les modifications qu'il faut apporter au protocole ARP de résolution d'adresse ainsi que la forme modifiée du protocole ARP inverse que l'on utilise pour gérer les liens entre adresses IP et ATM au niveau des serveurs. Et, plus important que tout, nous verrons comment les datagrammes IP se propagent sur des réseaux ATM sans fragmentation IP.

18.2 LE MATÉRIEL ATM

Le composant de base d'un réseau ATM est un commutateur spécialement conçu pour transférer les données à très haut débit. Un petit commutateur peut relier, en général, de 16 à 32 ordinateurs. Pour que les transferts puissent se faire à très haut débit, on utilise de la fibre optique (le plus souvent une fibre multimode) comme indiqué à la figure 18.1.

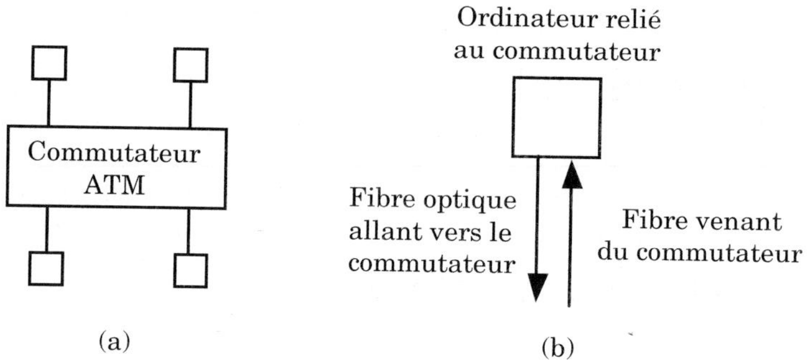

Figure 18.1 — (a) Diagramme schématique d'un commutateur ATM auquel sont reliés quatre ordinateurs et (b) détails d'une connexion. Une paire de fibres optiques permet le transport des données de et vers le commutateur.

D'un point de vue physique, on branche une carte d'interface sur le bus de l'ordinateur. Cette carte comporte une diode électroluminescente, LED (*Light Emitting Diode*), ou une diode laser ainsi que tout ce qui est nécessaire à la conversion des données en impulsions lumineuses transportées par les fibres et réciproquement à la conversion des impulsions lumineuses en bits. Une fibre optique ne transportant la lumière que dans une seule direction, chaque connexion doit disposer de deux fibres (émission et réception).

18.3 LES GRANDS RÉSEAUX ATM

On peut interconnecter des commutateurs ATM et former ainsi de grands réseaux. Plus particulièrement, si l'on veut relier les ordinateurs de deux sites en un réseau, on peut installer un commutateur dans chaque site et relier ensuite les deux commutateurs. La connexion entre deux commutateurs diffère légèrement de celle entre un commutateur et un ordinateur. Les connexions intercommutateurs, par exemple, se font généralement à très haut débit en utilisant des protocoles légèrement modifiés. La figure 18.2 illustre la topologie d'un grand réseau ATM et montre la différence entre une *interface entre réseaux*, NNI (*Network to Network Interface*), et une *interface utilisateur*, UNI (*User to Network Interface*).

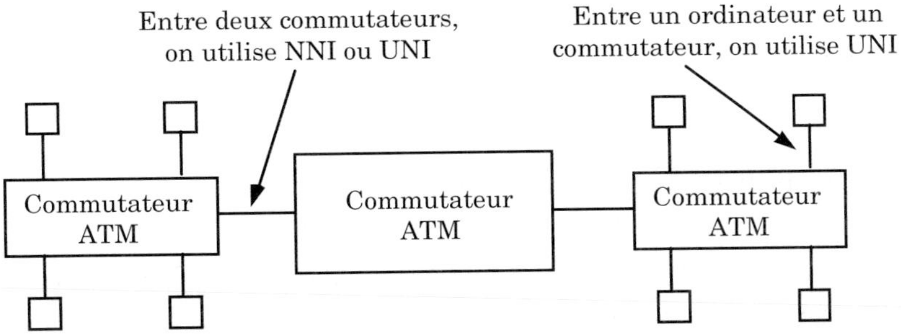

Figure 18.2 — Trois commutateurs ATM combinés en un grand réseau. Bien que l'interface NNI soit conçue pour être utilisée entre les commutateurs, on peut, dans les réseaux privés, utiliser des connexions UNI entre commutateurs ATM.

18.4 VUE LOGIQUE D'UN RÉSEAU ATM

Le rôle d'ATM est de permettre la communication de bout en bout. Lorsqu'un ordinateur est relié à un réseau ATM, l'ensemble des commutateurs ATM lui apparaît comme un réseau homogène. Tout comme avec le réseau téléphonique ou avec Ethernet, l'ATM masque les détails matériels et donne l'illusion d'un unique réseau auquel sont reliés un grand nombre d'ordinateurs. La figure 18.3, par exemple, illustre la façon dont le système de commutation ATM de la figure 18.2 apparaît logiquement aux huit ordinateurs qui lui sont reliés.

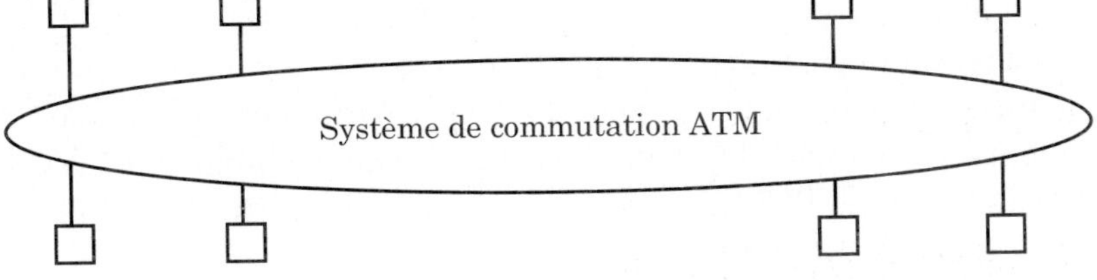

Figure 18.3 — Vue logique des commutateurs ATM de la figure 18.2. L'ATM donne l'illusion d'un réseau uniforme ; tout ordinateur peut communiquer avec n'importe quel autre.

On peut dire qu'ATM fournit la même abstraction pour un réseau ATM homogène que TCP/IP pour un système hétérogène :

> Bien que son architecture permette d'avoir une structure de commutation comportant de nombreux commutateurs, le niveau matériel d'ATM donne aux ordinateurs connectés l'illusion d'un réseau tout simple : tout ordinateur d'un réseau ATM peut communiquer directement avec n'importe quel autre ; les ordinateurs n'ont donc pas conscience de la structure physique sous-jacente.

18.5 LES DEUX MODÈLES DE CONNEXION ATM

ATM fournit aux ordinateurs une interface orientée connexion. Avant d'envoyer des données au destinataire, l'émetteur doit *établir une connexion*, abstraction qui ressemble fort à ce qu'il se passe lors d'un appel téléphonique. L'ATM offre deux formes de connexions : le *circuit virtuel permanent* (CVP ou PVC pour *Permanent Virtual Circuit*)et le *circuit virtuel commuté* (CVC ou SVC pour *Switched Virtual Circuit*)[1].

18.5.1 Circuits virtuels permanents (CVP)

Dans le jargon de la téléphonie, un circuit virtuel permanent est un *circuit provisionné*. Cela signifie simplement qu'il faut qu'un administrateur interagisse avec les commutateurs ATM pour configurer à la main les circuits virtuels. L'administrateur spécifie la source et la destination du circuit, sa qualité de service ainsi que les identificateurs que chaque ordinateur utilisera pour accéder à ce circuit. Ces termes de CVP ou de circuit provisionné peuvent sembler ésotériques, mais ce sont vraiment des opérations élémentaires : les équipements de transmission les plus rudimentaires offrent ce genre de services.

Évidemment, la configuration manuelle a un inconvénient majeur : on n'en change pas facilement. Les CVP sont donc établis pour des durées plutôt longues (des semaines voire des années). En revanche, cette configuration manuelle a bien des avantages. C'est ainsi qu'elle n'exige pas que les commutateurs obéissent à la même signalisation : on peut donc faire participer à un même CVP des équipements de marques différentes qui ne sauraient établir des CVC. De plus, on utilise souvent les PVC pour des opérations d'administration de réseaux, de maintenance ou de déboguage.

1. En ATM, on a plutôt l'habitude de parler de *voie virtuelle*. Néanmoins, par souci de simplicité, nous conserverons ici le terme circuit.

18.5.2 Circuits virtuels commutés (CVC)

À la différence d'un CVP, un circuit virtuel commuté (CVC) est créé automatiquement par logiciel et est détruit lorsqu'on n'en a plus besoin. Un ordinateur hôte communique avec son commutateur local pour que ce dernier établisse un CVC. Il lui indique donc l'adresse du destinataire et la qualité de service exigée et attend que le réseau ATM crée le circuit. Le *système de signalisation*[1] met alors en place un chemin dans le réseau (en traversant le cas échéant plusieurs commutateurs). L'ordinateur appelé doit alors accepter l'établissement du circuit virtuel.

Pendant cette phase d'établissement, chaque commutateur ATM faisant partie du circuit analyse la qualité de service exigée. S'il est d'accord pour faire suivre les données, il enregistre des indications sur ce circuit et fait suivre la demande au commutateur suivant. Cet accord suppose une vérification de la disponibilité de ressources matérielles et logicielles à chaque commutateur. À la fin de la phase d'établissement, le commutateur ATM local indique aux deux extrémités que le circuit est maintenant ouvert.

Bien entendu, les connexions, comme toutes les abstractions doivent être identifiées. L'interface UNI identifie chaque circuit virtuel par un entier codé sur 24 bits. Lorsqu'un administrateur crée un nouveau circuit virtuel permanent, il lui affecte un identificateur et lorsqu'un logiciel crée un nouveau CVC, c'est le commutateur ATM qui lui affecte un identificateur et en informe l'ordinateur hôte. Un paquet transmis sur un réseau ATM ne comporte ni adresse source ni adresse de destination : les ordinateurs étiquettent les paquets sortants et les commutateurs les paquets entrants en leur donnant cet identificateur de circuit virtuel.

18.6 CHEMINS, CIRCUITS ET IDENTIFICATEURS

Nous avons dit que la technologie orientée connexion affectait un identificateur à chaque circuit, identificateur qu'utilisaient ensuite les ordinateurs pour réaliser des opérations d'E/S ou pour fermer le circuit. Un identificateur de circuit est analogue au descripteur qu'un programme utilise pour faire des E/S. Tout comme ce descripteur, l'identificateur est court par rapport à l'information nécessaire à la création du circuit. Tout comme le descripteur également, il reste valable tant que le circuit est ouvert. De plus, il n'a de sens que pour un saut : les identificateurs d'un circuit sont en général différents aux deux extrémités. Par exemple l'émetteur peut utiliser l'identificateur 17 alors que le récepteur utilise le 49 ; chaque commutateur change l'identificateur dans le paquet au fur et à mesure de sa propagation dans le réseau.

1. Le terme *signalisation* vient des réseaux téléphoniques. Il ne fait plus partie de la norme ATM.

Techniquement parlant, un identificateur de circuit utilisé avec l'interface UNI est un entier sur 24 bits composé de deux champs[1]. La figure 18.4 montre comment l'ATM partitionne les 24 bits en 8 bits d'*identificateur de conduit virtuel*, VPI (*Virtual Path Identifier*) et 16 bits d'*identificateur de circuit virtuel*, VCI (*Virtual Channel Identifier*). Très souvent on fait référence à l'identificateur pris globalement en parlant de *paire VPI/VCI*.

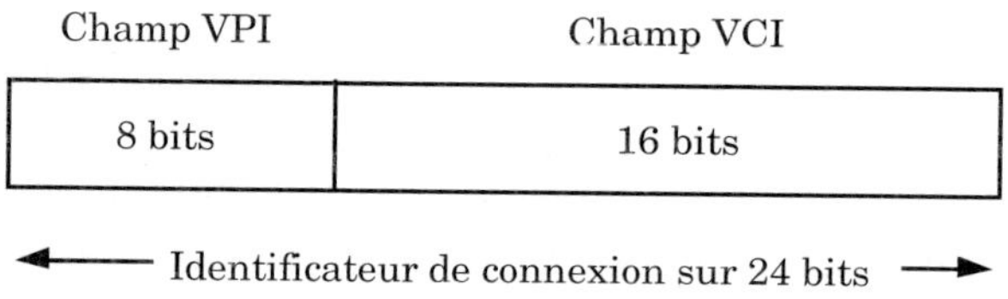

Figure 18.4 — Identificateur de connexion sur 24 bits utilisé avec l'UNI. Cet identificateur comporte une partie conduit virtuel et une partie circuit virtuel.

La raison qui fait diviser cet identificateur en VPI et VCI est similaire à celle qui fait diviser une adresse IP en champ Réseau et champ Ordinateur. Si un ensemble de circuits virtuels empruntent le même chemin, un administrateur peut s'arranger pour que tous ces circuits aient le même VPI. L'ATM, au niveau matériel, pourra utiliser ce VPI pour router le trafic plus efficacement. Les opérateurs commerciaux utilisent également les VPI pour la facturation : un opérateur peut très bien facturer un conduit virtuel à un client et le laisser libre de décider la façon dont il multiplexera les circuits virtuels sur ce conduit.

18.7 LA CELLULE ATM

Au plus bas niveau, un réseau ATM manipule de petites trames de taille fixe qu'on appelle des *cellules*. Si toutes les cellules doivent être de même taille, c'est pour pouvoir fabriquer des commutateurs plus rapides. Chaque cellule ATM comporte donc 53 octets : 5 octets d'en-tête et 48 octets de données. La figure 18.5 donne le format d'un en-tête de cellule.

18.8 COUCHES D'ADAPTATION ATM (AAL)

Si l'ATM commute au plus bas niveau de petites cellules, les programmes d'application, eux, ne lisent pas et n'écrivent pas de cellules. Un ordinateur interagit avec l'ATM à travers une *couche d'adaptation ATM* (AAL : ATM *Adaptation*

1. L'identificateur de circuit d'une NNI a un format légèrement différent et une longueur différente.

<table>
<tr><th>0</th><th>1</th><th>2</th><th>3</th><th>4</th><th>5</th><th>6</th><th>7</th></tr>
<tr><td colspan="4">Contrôle de flux</td><td colspan="4">VPI (4 premiers bits)</td></tr>
<tr><td colspan="4">VPI (4 derniers bits)</td><td colspan="4">VCI (4 premiers bits)</td></tr>
<tr><td colspan="8">VCI (8 bits médians)</td></tr>
<tr><td colspan="4">VCI (4 derniers bits)</td><td colspan="3">Type de capacité utile</td><td>Priorité</td></tr>
<tr><td colspan="8">CRC (code de redondance cyclique)</td></tr>
</table>

Figure 18.5 — Contenu des cinq octets d'un en-tête de cellule ATM (forme UNI). Dans la cellule, les données suivent immédiatement cet en-tête.

Layer), couche qui fait partie de la norme ATM et qui réalise de nombreuses fonctions comme la détection et la correction des erreurs de transmission. En général, les microprogrammes qui correspondent à ces AAL sont dans l'interface ordinateur tout comme ceux qui permettent l'émission et la réception de cellules. La figure 18.6 illustre l'organisation d'une interface ATM et indique la façon dont les données passent, par l'intermédiaire de cette carte d'interface, du système d'exploitation de l'ordinateur au réseau ATM.

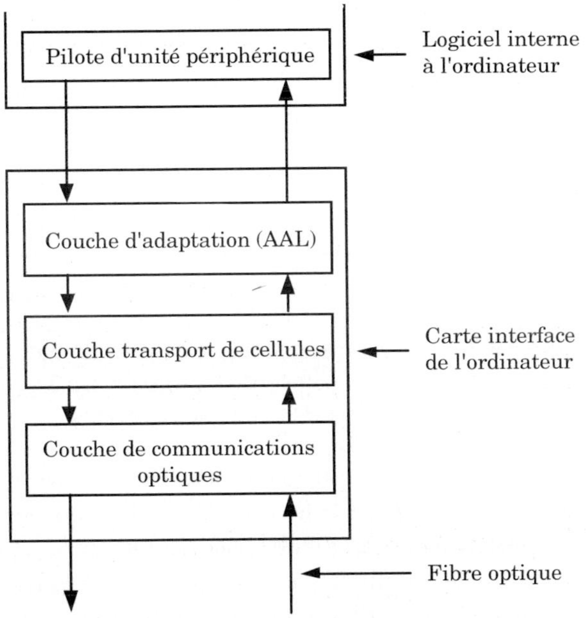

Figure 18.6 — Organisation conceptuelle de l'interface ATM matérielle et flux de données associé. Un ordinateur hôte interagit avec la couche d'adaptation ATM pour envoyer et recevoir des données. La couche d'adaptation convertit les données en cellules sortantes et extrait les données des cellules entrantes. La couche de transport de cellules transfère les cellules au commutateur ATM.

Un ordinateur doit spécifier dès l'établissement de la connexion le protocole de couche d'adaptation qu'il utilise. Les deux extrémités doivent s'accorder sur ce choix qui ne peut plus ensuite être modifié. En résumé :

Bien que le matériel ATM utilise des petites cellules de taille fixe pour transporter les données, un protocole de plus haut niveau, qu'on appelle la couche d'adaptation ATM (AAL : *ATM Adaptation Layer*) fournit des services de transfert de données entre ordinateurs qui utilisent l'ATM. À la création d'un circuit virtuel, les deux extrémités du circuit doivent se mettre d'accord sur le protocole d'adaptation qui sera utilisé.

18.9 AAL5 (ATM ADAPTATION LAYER 5)

Les ordinateurs utilisent l'AAL5 pour envoyer des paquets de données classiques sur un réseau ATM. Bien que l'ATM utilise au plus bas niveau de petites cellules de taille fixe, AAL5 présente une interface qui accepte et remet des paquets de taille très variable puisqu'ils peuvent contenir de 1 à 65 535 octets de données. La figure 18.7 illustre le format de paquet que l'AAL5 utilise.

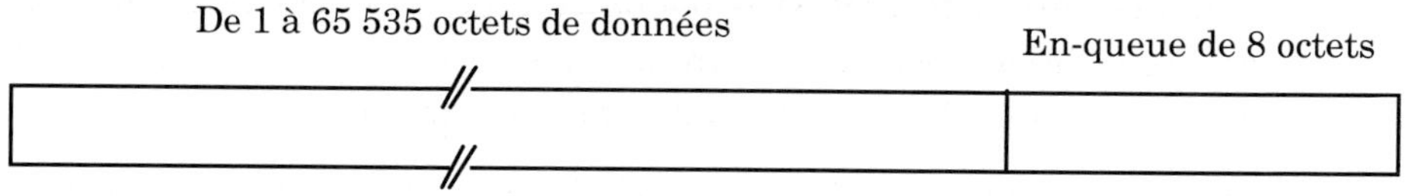

(a)

8 bits UU	8 bits CPI	16 bits Longueur	32 bits Total de contrôle

(b)

Figure 18.7 — (a) Format générique du paquet que l'AAL5 accepte et remet, et (b) les champs de l'en-queue de 8 octets qui suit immédiatement les données.

Si, dans la plupart des trames, l'information de contrôle est placée dans un en-tête, AAL5 la place, elle, à la fin du paquet, dans un en-queue de 8 octets. Cet en-queue comporte un champ longueur de 16 bits, un *code de redondance cyclique* (CRC) de 32 bits utilisé comme total de contrôle sur la trame et deux champs de 8 bits : les champs *UU* et *CPI* aujourd'hui inutilisés[1].

Chaque paquet AAL5 doit être fragmenté en cellules à transporter sur le réseau ATM, cellules qui seront ensuite recombinées pour retrouver le paquet à

1. Le champ UU peut contenir n'importe quelle valeur. CPI doit être à zéro.

remettre au destinataire. Si le paquet, avec son en-queue sur 8 octets, est un multiple exact de 48 octets, cette fragmentation donnera des cellules toutes pleines. Mais si ce n'est pas le cas, la dernière cellule sera en partie vide. C'est pour cela que l'AAL5 permet à la dernière cellule de contenir de 0 à 40 octets de données suivis par des zéros de bourrage suivis encore par l'en-queue de 8 octets. En d'autres termes, l'AAL5 place l'en-queue dans les derniers 8 octets de la dernière cellule, ce qui permet de le retrouver et de l'extraire sans avoir à connaître la longueur du paquet.

18.10 CONVERGENCE, SEGMENTATION ET RÉASSEMBLAGE AVEC L'AAL5

Lorsqu'une application utilise l'AAL5 pour envoyer des données sur une connexion ATM, l'ordinateur hôte remet un bloc de données à l'interface AAL5. L'AAL5 engendre alors un en-queue, fragmente l'information en blocs de 48 octets et transfère chaque bloc sur le réseau ATM sous forme d'une cellule. À l'extrémité réceptrice, l'AAL5 réassemble en paquets les cellules entrantes, vérifie le CRC pour être sûre que le paquet est correct et passe le résultat au logiciel de l'ordinateur. Les processus de fragmentation des paquets en cellules et de regroupement des cellules en paquets s'appellent *segmentation et réassemblage*, SAR (*Segmentation And Reassembly*)[1].

La séparation des fonctions de segmentation et de réassemblage de celles de transport suit bien les règles de l'architecture en couches. La couche de transfert de cellules est applicable *d'une machine à la suivante* (par exemple, d'un ordinateur à un commutateur ou d'un commutateur à un autre). La couche AAL5 est, elle, une couche *de bout en bout* puisque ses principes s'appliquent à la source et à la destination — AAL5 présente ainsi les données au récepteur sous forme de blocs de la même taille que ceux émis.

Comment l'AAL5 réceptrice peut-elle savoir de combien de cellules est constitué un paquet ? L'AAL5 émettrice utilise le bit de poids faible du champ *Type de capacité utile* de l'en-tête de la cellule ATM pour marquer la cellule correspondant à une *fin de paquet*. Nous pouvons donc le voir comme un bit de fin de paquet. L'AAL5 réceptrice collecte donc les cellules entrantes jusqu'à trouver celle dont le bit de fin de paquet est à 1. Les normes ATM utilisent le terme de *convergence* pour décrire les mécanismes qui reconnaissent la fin d'un paquet. AAL5 n'utilise qu'un seul bit de l'en-tête de cellule pour la convergence, mais d'autres protocoles d'AAL utilisent d'autres mécanismes. En résumé :

1. L'utilisation du terme *réassemblage* met en évidence la forte similitude qui existe entre la segmentation AAL5 et la fragmentation IP : les deux mécanismes divisent un grand bloc de données en petites unités à transmettre.

Un ordinateur utilise l'AAL5 pour transférer de grands blocs de données sur un circuit virtuel ATM. Du côté émetteur, l'AAL5 engendre un en-queue, fragmente les blocs de données en cellules et envoie chaque cellule sur le circuit virtuel. Du côté récepteur, AAL5 réassemble les cellules pour reproduire les blocs de données d'origine, supprime les en-queues et remet les données à l'ordinateur. L'AAL5 utilise un bit de l'en-tête de cellule pour marquer la dernière cellule d'un bloc de données.

18.11 ENCAPSULATION DE DATAGRAMMES ET TAILLE MTU IP

On peut comprendre très simplement comment on peut utiliser l'AAL5 pour encapsuler un datagramme IP et le transférer ensuite sur un réseau ATM. Au niveau le plus simple, l'émetteur établit un circuit virtuel en spécifiant que ce circuit utilisera l'AAL5. Il envoie alors à l'AAL5 un datagramme IP complet pour qu'il soit transmis sur le circuit. L'AAL5 engendre un en-queue, fragmente le datagramme en cellules et met les cellules sur le réseau. Côté récepteur, l'AAL5 réassemble le datagramme, utilise l'information de l'en-queue pour vérifier qu'il est correct et passe le résultat à IP.

Nous avons dit qu'AAL5 utilisait un champ *Longueur* de 16 bits, ce qui implique que l'on peut envoyer un paquet comportant 64 Ko. Malgré cela, TCP/IP limite la taille des datagrammes que l'on peut passer sur l'ATM à 9 180 octets[1]. En d'autres termes, IP impose un MTU de 9 180 sur les réseaux ATM. Comme dans toute interface avec un réseau, si un datagramme sortant est supérieur au MTU du réseau, IP fragmente ce datagramme et passe chaque fragment à l'AAL5. L'AAL5 accepte donc, transfère et remet des datagrammes de 9 180 octets au plus. En résumé :

Lorsque TCP/IP envoie des données sur un réseau ATM, il transfère tout le datagramme en utilisant l'AAL5. Bien que l'AAL5 puisse traiter des paquets dont la longueur peut aller jusqu'à 64 Ko, le standard TCP/IP limite le MTU effectif à 9 180 octets. IP doit fragmenter tout datagramme supérieur à 9 180 octets avant de le passer à l'AAL5.

1. Cette taille de 9 180 octets a été choisie par souci de compatibilité avec une technologie un peu plus ancienne : le SMDS (*Switched Multimegabit Data Service*).

18.12 TYPE DE PAQUET ET MULTIPLEXAGE

Le lecteur attentif aura sans doute remarqué que l'en-queue de l'AAL5 ne comporte pas de champ Type. Une trame AAL5 n'est donc pas auto-identifiable. Il en résulte que la technique d'encapsulation que nous venons de décrire au niveau le plus simple ne suffit pas toujours. En fait, il existe deux possibilités :

- les deux ordinateurs d'extrémités s'accordent *a priori* sur le fait qu'ils utilisent le circuit pour un protocole bien précis (par exemple, qu'ils utilisent le circuit pour envoyer des datagrammes IP) ;
- les deux ordinateurs d'extrémités s'accordent *a priori* pour que quelques octets de la zone de données soient réservés pour un champ Type.

Dans le premier cas, celui dans lequel les ordinateurs s'entendent sur l'utilisation d'un protocole de haut niveau pour ce circuit, il n'y a pas besoin d'avoir d'information supplémentaire dans le paquet. Si, par exemple, les ordinateurs sont d'accord pour transférer de l'IP, l'émetteur peut passer chaque datagramme directement à l'AAL5 pour transfert ; il n'y a rien de spécial à mettre entre le datagramme et l'en-queue de l'AAL5. L'inconvénient de ce type de solution est qu'elle conduit à un grand nombre de circuits virtuels : un ordinateur doit créer autant de circuits virtuels qu'il utilise de protocoles de haut niveau. (Puisqu'un opérateur peut facturer chaque circuit virtuel, cette création de plusieurs circuits virtuels entre deux ordinateurs peut s'avérer très coûteuse.)

Dans le second cas, les deux ordinateurs n'utilisent qu'un seul circuit virtuel avec plusieurs protocoles : tous les trafics cohabitent donc sur le même circuit mais chaque paquet doit contenir un octet qui identifie le type de protocole. Cette méthode présente également l'inconvénient d'impliquer le même délai de transmission et la même priorité pour tous les protocoles.

Les standards TCP/IP indiquent que l'on peut choisir entre ces deux méthodes d'utilisation de l'AAL5. Émetteur et récepteur doivent se mettre d'accord sur celle qui sera utilisée ; cet accord peut d'ailleurs se faire pour partie manuellement. Les standards indiquent également que lorsque les ordinateurs décident d'inclure le type d'information dans le paquet, ils doivent le faire en utilisant l'en-tête qu'il y a dans la norme IEEE 802.2 LLC (*Logical Link Control*) suivi d'un en-tête SNAP (*SubNetwork Attachment Point*). La figure 18.8 illustre la façon dont on place l'information LLC/SNAP dans un datagramme IP avant envoi sur un circuit virtuel ATM.

Comme l'indique la figure 18.8, le champ LLC comporte trois octets qui contiennent les valeurs hexadécimales[1] AA.AA.03. L'en-tête SNAP comporte cinq octets : trois pour l'OUI (*Organizationally Unique Identifier*) et deux pour

1. Chaque octet est représenté sous forme hexadécimale et suivi d'un point.

le type[1]. Le champ OUI identifie l'organisation qui administre les valeurs du champ *Type* et ce dernier identifie le type de paquet. Dans un datagramme IP, le champ *OUI* contient 00.00.00 pour identifier l'organisation responsable des normes Ethernet et Type contient 08.00, valeur utilisée lorsqu'on encapsule IP dans une trame Ethernet. Le logiciel d'émission met ainsi en préfixe un en-tête LLC/SNAP sur chaque paquet à envoyer et le logiciel de réception doit examiner l'en-tête pour savoir comment gérer le paquet entrant.

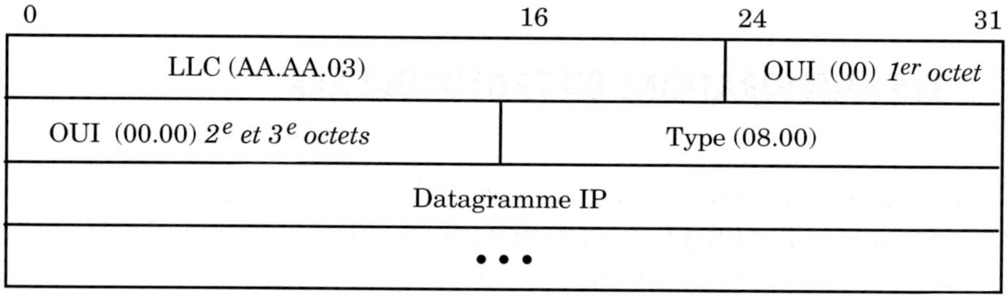

Figure 18.8 — Format du paquet utilisé pour envoyer un datagramme IP à l'AAL5 lorsqu'on multiplexe plusieurs protocoles sur un unique circuit virtuel. L'en-tête LLC/SNAP sur 8 octets permet de savoir que le contenu est un datagramme IP.

18.13 MISE EN RELATION D'ADRESSES IP DANS UN RÉSEAU ATM

Nous avons vu qu'il était très simple d'encapsuler un datagramme pour le transmettre sur un réseau ATM. Mais la résolution des adresses IP peut être assez difficile. Comme d'autres techniques réseau, l'ATM affecte à chaque ordinateur connecté une adresse physique que l'on doit utiliser pour établir un circuit virtuel. Or, on ne peut encoder une adresse ATM sous forme d'une adresse IP tout simplement parce qu'une adresse physique ATM est plus grande qu'une adresse IP et que, de plus, IP n'utilise pas de schéma de lien statique pour les réseaux ATM. D'autre part, le matériel ATM ne permet pas la diffusion : utiliser ARP s'avère donc impossible.

Les circuits virtuels permanents ATM compliquent encore la chose. Puisqu'un administrateur peut configurer manuellement chaque circuit virtuel permanent, un ordinateur hôte ne connaît que les paires VPI/VCI. Le logiciel de l'ordinateur peut donc ne connaître ni l'adresse IP ni l'adresse matérielle de l'extrémité distante. Un mécanisme de résolution d'adresse IP doit donc permettre aussi bien l'identification de l'ordinateur connecté sur un CVP que la création dynamique de CVC vers certaines destinations.

1. Pour tenir compte de ces octets additionnels d'en-tête, le MTU d'une connexion ATM utilisant un en-tête LLC/SNAP est de 9 188 et non de 9 180.

Les techniques des réseaux commutés orientés connexion compliquent encore la résolution d'adresse car elles nécessitent deux niveaux de liens. D'abord, lorsqu'on crée un circuit virtuel sur lequel on va envoyer ensuite des datagrammes, on doit faire correspondre l'adresse IP de destination à l'adresse d'extrémité ATM utilisée pour créer le circuit virtuel. Ensuite, lorsqu'on envoie un datagramme à un ordinateur distant sur un certain circuit virtuel, l'adresse de destination IP doit être mappée sur la paire VPI/VCI correspondante. Cette dernière relation est à mettre en œuvre chaque fois qu'on envoie un datagramme sur un réseau ATM ; la première n'est nécessaire que lorsqu'un ordinateur crée un circuit virtuel commuté.

18.14 CONCEPT DE SOUS-RÉSEAU LOGIQUE IP

Bien qu'il n'y ait pas encore de protocole qui permette de résoudre dans le cas le plus général la résolution d'adresse pour de grands réseaux ATM, on en connaît au moins un qui couvre un cas particulier : un groupe d'ordinateurs qui utilise un réseau ATM en lieu et place d'un réseau local ordinaire. Ce groupe forme un *sous-réseau logique IP*, LIS (*Logical IP Subnet*) On peut définir plusieurs LIS dans un ensemble d'ordinateurs qui tous sont reliés au même réseau ATM. La figure 18.9, par exemple, illustre le cas de huit ordinateurs relié à un réseau ATM divisé en deux LIS.

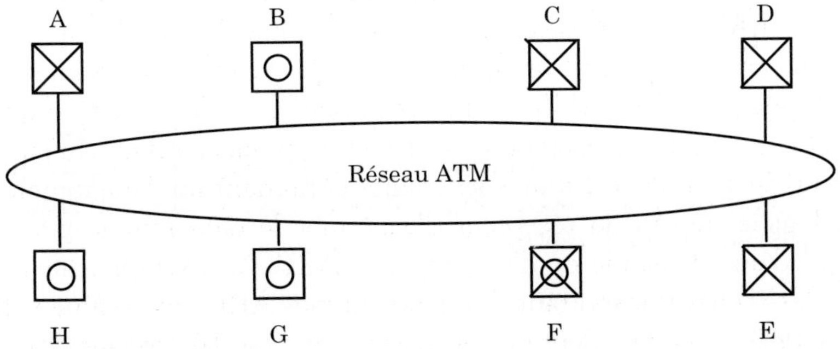

Figure 18.9 — Les huit ordinateurs connectés à un réseau ATM participent à deux sous-réseaux logiques (LIS) : l'un comporte tous les ordinateurs marqués d'une croix, l'autre tous ceux marqués d'un cercle.

Comme l'indique la figure 18.9, les ordinateurs A, C, D, E et F font partie d'un LIS alors que B, F, G, et H font partie de l'autre. Chaque sous-réseau logique IP fonctionne comme s'il s'agissait d'un LAN. Les ordinateurs qui font partie d'un LIS doivent établir des circuits virtuels entre eux pour échanger des datagrammes[1]. Puisque tous les LIS se comportent comme des réseaux indépendants, IP utilise les règles standard s'appliquant aux réseaux. Par exemple, tous les ordinateurs d'un LIS partagent le même préfixe IP et ce préfixe diffère de ceux utilisés dans les autres sous-réseaux logiques. De plus, bien que les ordinateurs d'un LIS puissent choisir un MTU non standard, tous les ordinateurs doivent utiliser le même MTU sur tous les circuits virtuels du LIS. Enfin, bien que le matériel ATM par lui-même le permette, un ordinateur d'un LIS ne communique pas directement avec l'ordinateur d'un autre LIS : toutes les communications entre sous-réseaux logiques doivent passer par un routeur qui appartient aux multiples sous-réseaux logiques. À la figure 18.9, par exemple, F pourrait servir de routeur entre les deux sous-réseaux puisqu'il appartient aux deux. En résumé :

TCP/IP permet à un sous-ensemble d'ordinateurs reliés à un réseau ATM de fonctionner comme s'ils étaient sur un LAN indépendant. Un tel sous-groupe s'appelle un sous-réseau logique IP (LIS : Logical IP Subnet) ; les ordinateurs d'un LIS partagent une adresse réseau IP unique. Un ordinateur d'un LIS peut communiquer directement avec n'importe quel autre ordinateur du même LIS mais doit passer par un routeur pour atteindre un ordinateur appartenant à un autre LIS.

18.15 GESTION DE LA CONNEXION

Les ordinateurs doivent gérer très soigneusement les circuits virtuels car leur création prend du temps et peut, dans le cas des services commerciaux ATM tout au moins, engendrer des coûts importants. On ne peut ainsi imaginer d'ouvrir un circuit virtuel, de transmettre un datagramme puis de fermer le circuit, et ce, pour de simples raisons économiques. Les ordinateurs gèrent donc un ensemble de circuits virtuels ouverts qu'ils réutilisent.

Cette gestion des circuits est faite par le logiciel d'interface réseau situé en dessous d'IP. Lorsqu'un ordinateur a besoin d'envoyer un datagramme, il utilise le routage IP classique pour trouver l'adresse du saut suivant[2], *N*, et la passe avec le datagramme à l'interface réseau qui examine alors la table des circuits virtuels ouverts. S'il en est un qui le relie à *N*, l'ordinateur utilise l'AAL5 pour envoyer le datagramme. Dans le cas contraire, avant d'envoyer son datagramme, l'ordinateur doit trouver un ordinateur d'adresse *N*, créer un circuit virtuel et ajouter ce circuit à sa table.

1. Les circuits qui forment les liens du LIS doivent utiliser une encapsulation LLC/SNAP.
2. En général, une adresse de saut suivant est une adresse IP.

Le concept de sous-réseaux logiques IP apporte une contrainte à ce routage IP. L'adresse du saut suivant, dans une table correctement configurée, est, pour chaque destination, celle d'un ordinateur appartenant au même sous-réseau que l'émetteur. Pour comprendre cette contrainte, on doit se rappeler que chaque LIS est conçu pour fonctionner comme un LAN et qu'on a, pour un LAN, exactement la même contrainte : chaque adresse de saut suivant dans la table de routage doit être un routeur relié au LAN.

Une des raisons de diviser l'ensemble des ordinateurs en sous-réseaux logiques provient de contraintes matérielles et logicielles. Un ordinateur ne peut gérer un nombre quelconque de circuits ouverts au même moment parce que chaque circuit nécessite des ressources matérielles ATM et des ressources logicielles au niveau du système d'exploitation. Si l'on divise les ordinateurs en sous-réseaux logiques, on limite le nombre maximum de circuits simultanément ouverts au nombre d'ordinateurs du LIS.

18.16 MISE EN RELATION DES ADRESSES DANS UN LIS

Lorsqu'un ordinateur crée un circuit virtuel vers un ordinateur de son LIS, il doit spécifier une adresse matérielle ATM de destination. Comment l'ordinateur peut-il mapper l'adresse de saut suivant sur l'adresse matérielle ATM ? Il ne peut pas diffuser une demande à tous les ordinateurs du LIS car l'ATM ne permet pas de diffusion au niveau physique. Il contacte donc un serveur pour obtenir les informations de mappage. Cette communication entre l'ordinateur et le serveur utilise ATMARP, une variante du protocole ARP que nous avons vu au chapitre 5.

Tout comme avec ARP, l'émetteur prépare d'abord une demande qui comporte l'adresse IP émetteur et l'adresse IP destinataire pour laquelle on cherche l'adresse matérielle ATM. Puis il transmet cette demande au serveur ATMARP du sous-réseau logique. Si le serveur connaît l'adresse matérielle ATM, il envoie une *réponse ATMARPpositive* ; dans le cas contraire il envoie une *réponse ATMARP négative*.

18.17 FORMAT D'UN PAQUET ATMARP

La figure 18.10 illustre le format d'un paquet ATMARP. Comme cette figure l'indique, ce format ne diffère que très légèrement de celui du paquet ARP. Le plus gros changement concerne, en effet, l'ajout de champs adresses pour représenter les adresses ATM. On doit se souvenir, en effet, qu'il y a plusieurs formats d'adresses qui ont été proposés pour ATM et qu'il ne paraît pas y avoir un format unique qui émerge des normes en cours d'élaboration. Les opérateurs de télécommunications qui ont des offres de réseaux publics ATM utilisent un format sur 8 octets dans lequel chaque adresse est un numéro de téléphone RNIS défini par la norme E.164 de l'UIT-T. L'ATM forum[1], lui, associe à chaque ordinateur relié à un réseau ATM privé une adresse NSAP (*Network Service Access Point*) sur 20 octets. On peut donc avoir besoin d'une hiérarchie à deux niveaux suivant que l'on veut spécifier l'adresse E.164 d'un site distant ou l'adresse NSAP d'un ordinateur relié à un commutateur local.

Pour disposer de plusieurs formats d'adresses et d'une hiérarchie à deux niveaux, un paquet ATMARP doit contenir deux champs *Longueur* pour chaque adresse ATM ainsi qu'un champ Longueur pour chaque adresse de protocole. Comme l'indique la figure 18.10, un paquet ATMARP commence par des champs de tailles fixes qui spécifient les longueurs des adresses. Les deux premiers champs ont le même format que dans ARP. Le champ *Type matériel* comporte la valeur hexadécimale 0x0013 pour ATM, et le champ *Type protocole* comporte la valeur 0x0800 pour IP.

Comme les formats des adresses source et cible peuvent être différents, chaque adresse ATM nécessite un champ Longueur. Le champ *Long_Émetteur* donne la longueur de l'adresse ATM de l'émetteur tandis que *Long_2_Émetteur* donne celle de sa sous-adresse ATM. *Long_Cible* et *Long_2_Cible* sont les longueurs de l'adresse et de la sous-adresse ATM de la cible. Enfin, *Long_P_Émetteur* et *Long_P_Cible* donnent les longueurs des adresses de protocoles.

Tout de suite après ces champs de longueur situés dans l'en-tête, un paquet ATMARP comporte six adresses. Les trois premières sont les adresses ATM, sous-adresses ATM et adresse de protocole de l'émetteur, les trois suivantes étant celles de la cible. Dans l'exemple de la figure 18.10, les champs de longueur de sous-adresse émetteur et cible sont à zéro et le paquet ne contient donc pas d'octets de sous-adresses.

18.17.1 Format des champs de longueur d'adresse ATM

Puisqu'ATMARP peut utiliser aussi bien des adresses E.164 que des adresses NSAP sur 20 octets, les champs qui contiennent une longueur d'adresse ATM comportent un bit qui spécifie les formats d'adressage. La figure 18.11 illustre la façon dont ATMARP code le type de l'adresse et sa longueur dans un champ de 8 bits.

Il suffit d'un bit pour coder le type d'adresse puisqu'on a deux types possibles. Si le bit 1 est à zéro, c'est que l'adresse est dans le format NSAP préconisé par

1. L'ATM forum est un consortium d'industriels qui comprend des utilisateurs et des constructeurs et qui élabore des standards de réseaux ATM privés.

0	8	16	24 31
Type matériel (0x0013)		Type protocole (0x0800)	
Long_Émetteur (20)	Long_2_Émetteur (0)	Opération	
Long_P_Émetteur (4)	Long_Cible (20)	Long_2_Cible (0)	Long_P_Cible(4)
Adresse ATM Émetteur (octets 0 à 3)			
Adresse ATM Émetteur (octets 4 à 7)			
Adresse ATM Émetteur (octets 8 à 11)			
Adresse ATM Émetteur (octets 12 à 15)			
Adresse ATM Émetteur (octets 16 à 19)			
Adresse protocole Émetteur			
Adresse ATM Cible (octets 0 à 3)			
Adresse ATM Cible (octets 4 à 7)			
Adresse ATM Cible (octets 8 à 11)			
Adresse ATM Cible (octets 12 à 15)			
Adresse ATM Cible (octets 16 à 19)			
Adresse protocole Cible			

Figure 18.10 — Format d'un paquet ATMARP lorsqu'on utilise des adresses ATM sur 20 octets tel que recommandé par l'ATM Forum.

0	1	2 7
0	Type	Longueur d'adresse ATM (en octets)

Figure 18.11 — Codage, dans un champ de 8 bits, du type d'adresse ATM et de sa longueur. Le bit 1 permet de distinguer entre les deux types d'adresses ATM.

l'ATM Forum. Dans le cas contraire, on est en présence d'une adresse dans le format E.164 de l'UIT-T. Puisque chaque champ *Longueur d'adresse* ATM d'un paquet ATMARP a le format donné en figure 18.11, un paquet peut contenir plusieurs types d'adresses ATM.

18.17.2 Codes opération utilisés avec le protocole ATMARP

Le format de paquet qu'illustre la figure 18.10 est celui que l'on utilise pour relier des adresses, pour répondre à une demande ou demander une mise en relation inverse d'adresses. Lorsqu'un ordinateur envoie un paquet ATMARP, il doit positionner le champ *Opération* pour indiquer le type de relation. Le tableau de la figure 18.12 donne les valeurs de ce champ ainsi que leurs significations. La fin de cette section explicite le fonctionnement de ce protocole.

Code	Signification
1	Demande ATMARP
2	Réponse ATMARP
8	Demande ATMARP inverse
9	Réponse ATMARP inverse
10	Accusé de réception ATMARP négatif

Figure 18.12 — Valeurs et significations du champ *Opération* d'un paquet ATMARP. Lorsque c'était possible, ces valeurs ont été choisies pour correspondre à celles utilisées dans ARP classique.

18.18 UTILISATION DE PAQUETS ATMARP POUR TROUVER UNE ADRESSE

La mise en relation d'adresses est un peu plus complexe en mode connecté qu'elle ne l'est en mode non connecté. Puisque l'ATM permet d'avoir deux types de circuits virtuels, il existe deux cas. Nous analyserons d'abord celui des circuits virtuels permanents puis nous passerons aux circuits virtuels commutés.

18.18.1 Circuits virtuels permanents

Pour bien comprendre les problèmes posés par les circuits virtuels permanents (les CVP), il faut revenir au fonctionnement de l'ATM au plus bas niveau. Un administrateur de réseau doit configurer chaque CVP ; les ordinateurs ne participent donc pas par eux-mêmes à cette initialisation. En d'autres termes, un ordinateur commence à travailler avec un CVP déjà existant et ne reçoit donc aucune information provenant du matériel concernant l'adresse de l'extrémité distante. Ainsi, si les informations d'adressage n'ont pas été configurées dans un ordinateur (c'est-à-dire stockées sur disque), ce dernier ne connaît rien de l'adresse IP ou de l'adresse ATM de l'ordinateur auquel un CVP le relie.

C'est précisément ce problème que résout le *protocole ATMARP inverse* (*InATMARP*). Pour l'utiliser, un ordinateur doit connaître chacun des circuits virtuels permanents qui ont été configurés. Pour avoir les adresses IP et ATM d'une extrémité distante, il envoie sur le CVP qui le relie à cette extrémité une demande ATMARP inverse avec un champ Opération à 8. Lorsque cette demande arrive au récepteur, celui-ci engendre une réponse ATMARP inverse avec un champ Opération à 9. Demande et réponse contiennent les adresses IP et ATM de leur émetteur. Un ordinateur peut ainsi apprendre de l'autre la mise en relation de ses adresses. En résumé :

> Deux ordinateurs qui communiquent via un circuit virtuel permanent utilisent chacun ATMARP inverse pour découvrir les adresses IP et ATM de l'autre. Lorsque l'un des deux envoie un ATMARP inverse, l'autre lui envoie une réponse.

18.18.2 Circuits virtuels commutés

À l'intérieur d'un LIS, les ordinateurs créent des circuits virtuels à la demande. Lorsqu'un ordinateur A désire envoyer un datagramme à un ordinateur *B* et qu'il n'existe pas de circuit entre A et *B*, A utilise la signalisation ATM pour en créer un. A doit donc commencer avec l'adresse IP de *B* qu'il doit mapper sur l'adresse ATM équivalente. Nous avons déjà dit que chaque LIS avait son serveur ATMARP et que tous les ordinateurs et tous les LIS devaient être configurés de façon à savoir atteindre ce serveur (par exemple un ordinateur peut avoir un CVP vers le serveur ou avoir l'adresse ATM du serveur stockée sur disque). Un serveur ne met pas en place de connexions avec d'autres ordinateurs, il se contente d'attendre que les ordinateurs du LIS le contactent. Pour mapper l'adresse IP de *B* sur son adresse ATM, l'ordinateur A doit avoir un circuit virtuel ouvert vers le serveur ATMARP du LIS, former un paquet de demande ATMARP et envoyer ensuite le paquet au serveur. Le champ Opération de ce paquet contient 1 et le champ adresse protocole de la cible contient *B*.

Un serveur ATMARP gère une base de données de mappages d'adresses IP sur des adresses ATM. Si le serveur connaît l'adresse ATM de *B*, le protocole ATMARP travaille de façon similaire à Proxy ARP. Le serveur forme une réponse ATMARP en positionnant le code Opération à 2 et en remplissant le champ adresse ATM avec celle qui correspond à l'adresse IP de la cible. Comme dans ARP, le serveur permute émetteur et cible avant de retourner la réponse à l'ordinateur qui avait émis la demande.

Si le serveur ne connaît pas l'adresse ATM qui correspond à l'adresse IP cible, ATMARP ne se comporte plus comme ARP. Au lieu d'ignorer la demande, le serveur retourne en effet un accusé de réception négatif (un paquet ATMARP avec un code Opération à 10). Cela permet de faire la différence entre une adresse pour laquelle le serveur n'a pas de mise en correspondance et un dysfonctionnement du serveur. On voit ainsi que lorsqu'un ordinateur envoie une demande à un serveur ATMARP le résultat n'est jamais ambigu : ou l'on acquiert l'adresse ATM de la cible, ou la cible n'appartient pas au LIS, ou alors le serveur ne répond plus.

18.19 GESTION DE LA BASE DE DONNÉES DU SERVEUR

Un serveur ATMARP construit et gère automatiquement sa base de données de mises en relation. Chaque fois qu'un ordinateur ou un routeur ouvre pour la première fois un circuit virtuel vers un serveur ATMARP, ce dernier envoie immédiatement une demande ATMARP inverse[1]. L'ordinateur ou le routeur répond alors par une réponse ATMARP inverse. À la réception de ce paquet, le serveur en extrait les adresses IP et ATM d'émetteur et stocke la mise en relation de ces adresses dans sa base. C'est ainsi que chaque ordinateur d'un LIS doit établir une connexion avec un serveur ATMARP même si l'ordinateur n'a pas l'intention de rechercher des mises en relation d'adresses.

Chaque ordinateur ou routeur d'un LIS doit faire enregistrer son adresse IP et son adresse ATM correspondante au serveur ATMARP de ce LIS. L'enregistrement se fait automatiquement dès lors qu'un ordinateur établit un circuit virtuel avec le serveur ATMARP parce que ce dernier lui envoie une demande ATMARP inverse à laquelle l'ordinateur doit impérativement répondre.

18.20 EXPIRATION DES INFORMATIONS ATMARP DANS UN SERVEUR

Il en est des mises en relation obtenues via ATMARP comme de celles d'un cache ARP : de temps à autre il faut les supprimer. Combien de temps doit-on conserver une entrée dans un serveur ? Lorsqu'un ordinateur contacte un serveur pour la première fois, celui-ci conserve l'information de mise en relation au moins vingt minutes. Passé ce délai, il examine l'entrée. S'il n'existe aucun circuit vers l'ordinateur en question, le serveur supprime l'entrée[2] mais si l'ordinateur a maintenu un circuit virtuel ouvert, le serveur va tenter de revalider l'entrée. Pour cela il envoie une demande ATMARP inverse et attend une réponse. Si la réponse est conforme à ce qu'il y a dans l'entrée, le serveur réarme le temporisateur et attend à nouveau vingt minutes. Dans le cas contraire, il ferme le circuit et supprime l'entrée.

1. Le circuit doit utiliser l'AAL5 avec l'identification de type LLC/SNAP.

2. Un serveur ne supprime pas automatiquement l'entrée à la fermeture du circuit : il attend la fin de la période d'expiration.

Pour réduire le trafic, le standard ATMARP permet à un ordinateur de n'utiliser qu'un seul circuit virtuel pour toutes ses communications avec un serveur ATMARP. Lorsque l'ordinateur envoie une demande ATMARP, cette demande contient la mise en relation des adresses de l'ordinateur dans le champ de l'émetteur. Le serveur extrait alors cette mise en relation et revalide l'information enregistrée. On voit que si un ordinateur envoie au moins une demande ATMARP toutes les vingt minutes, le serveur n'a jamais besoin de lui faire une demande ATMARP inverse.

18.21 EXPIRATION DES INFORMATIONS DANS UN ORDINATEUR OU UN ROUTEUR

Les ordinateurs et les routeurs doivent également utiliser des temporisations pour invalider les informations fournies par le serveur ATMARP. Le standard spécifie qu'un ordinateur ne doit conserver des informations de mise en relation fournies par un serveur ATMARP que quinze minutes au maximum. À l'expiration de ce délai, l'entrée doit être supprimée ou revalidée. Si une mise en relation expire et que l'ordinateur n'a pas de circuit virtuel ouvert vers la destination, il supprime l'entrée dans son cache ARP. Dans le cas contraire, il tente de revalider cette mise en relation. L'expiration d'une mise en relation d'adresses peut retarder le trafic parce que :

> Tout ordinateur ou routeur doit arrêter d'envoyer des données à toute destination pour laquelle la mise en relation d'adresses a expiré jusqu'à ce qu'elle soit revalidée.

La méthode que les ordinateurs utilisent pour cette revalidation dépend du type de circuit virtuel utilisé. Dans le cas d'un CVP, l'ordinateur envoie une demande ATMARP inverse sur le circuit et attend la réponse. Dans le cas d'un CVC, l'ordinateur envoie une demande ATMARP au serveur ATMARP.

18.22 LES TECHNOLOGIES DE COMMUTATION IP

Nous avons décrit ATM comme une technologie de réseau orientée connexion qu'IP peut utiliser pour transporter des datagrammes. Mais les chercheurs ont tenté de rapprocher encore ces deux technologies en essayant d'utiliser du matériel de commutation pour faire passer les paquets IP à plus haut débit. L'hypothèse sous-jacente à ces recherches était qu'un matériel peut probablement commuter plus de paquets à la seconde qu'il n'en peut router. Si cette hypothèse est avérée, alors l'idée de commuter des paquets IP est intéressante puisque tous les fabricants de routeurs cherchent des solutions pour aller plus vite.

Une des premières entreprises à proposer des produits intégrant IP et des commutateurs a été Ipsilon Corporation. Utilisant l'ATM, ils ont appelé leur technologie *IP commuté* (*IP switching*) et leurs produits *commutateurs IP* (*IP switches*). D'autres industriels ont ensuite proposé des approches un peu différentes qu'ils ont appelées *tag switching*, *commutation niveau 3* ou encore *commutation par étiquette* (*label switching*). Un certain nombre de ces propositions ont ensuite été reprises dans un standard de l'IETF qu'on appelle MPLS (*Multi-Protocol Label Switching*)[1].

18.23 FONCTIONNEMENT D'IP COMMUTÉ

Comment IP commuté fonctionne-t-il ? Il y a deux réponses à cette question. Dans les premiers temps, il était obligatoire d'avoir un réseau NBMA classique (en général, ATM). Il fallait alors optimiser le routage IP pour envoyer les datagrammes plutôt à travers le réseau ATM que par ailleurs. Mais ensuite, au lieu d'optimiser les routes, on a essayé de modifier le matériel de commutation de façon à l'optimiser pour IP. C'est ainsi qu'on a, par exemple, fait en sorte que le matériel sache traiter non plus seulement des cellules de taille fixe mais des paquets de taille variable ou encore qu'il sache extraire automatiquement des informations des en-têtes IP.

La commutation par étiquette (*label switching*) est liée à la réexpédition (*forwarding*) de trois façons. D'abord, au niveau IP, il faut qu'une entité de réexpédition fonctionne comme un routeur IP classique pour transférer les datagrammes IP du réseau local à la structure de commutation. Cette entité doit donc acquérir des informations sur les destinations possibles et faire le mappage avec l'adresse IP correspondant au saut suivant. Deuxièmement, au niveau réseau, il faut qu'une entité de réexpédition puisse créer et gérer des connexions à travers la structure de commutation (le cas échéant en mappant des adresses IP sur des circuits virtuels permanents). Enfin, il faut qu'une entité de réexpédition optimise les chemins dans la structure de commutation.

18.24 OPTIMISATION DE LA RÉEXPÉDITION IP

Pour optimiser la réexpédition IP (*IP forwarding*), il faut savoir gérer des *raccourcis* (*shortcut paths*). Imaginons trois commutateurs, S1, S2 et S3 et supposons que pour atteindre une certaine destination les tables de routage nous indiquent qu'il

1. En dépit de son nom, l'objectif de MPLS est moins d'être multi-protocole que de permettre d'avoir IP au dessus d'une plteforme matérielle de commutation NBMA.

faut d'abord aller en S1 puis de là rejoindre S2 avant de rebondir jusqu'à S3. Si ces trois entités sont reliées à la même structure de commutation et que S1 observe qu'il y a beaucoup de datagrammes qui vont vers cette destination, il peut optimiser le routage en sautant S2 pour établir un chemin direct vers S3 (par exemple, un circuit virtuel). Bien entendu, il y a alors beaucoup de choses à régler. Notre exemple ne comporte que trois entités, mais les réseaux, en général, en impliquent beaucoup plus. Par ailleurs, il n'est pas toujours facile de faire les traductions d'adresses qui correspondent à ces raccourcis. Enfin, la gestion du compteur TTL peut également se trouver affectée par la mise en place de ces raccourcis qui ne doivent, de plus, pas empêcher S2 d'envoyer des mises à jour à S1 de façon à ce que celui-ci puisse, le cas échéant, revenir à l'ancienne route.

18.25 CLASSIFICATION, FLUX ET COMMUTATION À HAUT NIVEAU

Un *schéma de classification* analyse chaque datagramme entrant et choisit une connexion à travers laquelle envoyer ce datagramme. Si ce schéma est réalisé par matériel, on obtient un commutateur travaillant à haute vitesse. La plupart des schémas proposés fonctionnent à deux niveaux. Au premier niveau, le commutateur classe un datagramme dans un des nombreux *flux* (*flows*) possibles, chaque flux étant alors mappé sur une certaine connexion. Mathématiquement parlant, on peut voir ce mappage comme un ensemble de deux fonctions :

$$f = a(datagramme)$$

et

$$cv = b(f)$$

f identifiant un flux particulier et cv une connexion. Nous allons voir que séparer ainsi ces deux fonctions permet d'avoir une grande souplesse dans les mappages.

En pratique, la fonction a n'analyse pas tout le datagramme mais seulement l'en-tête. La *classification niveau 3* implique qu'on n'analyse que les adresses IP source et destination ainsi que le type de service. La *classification niveau 4* y ajoute l'analyse des numéros de port dans les en-têtes TCP et UDP, et la *classification niveau 5* va jusqu'à prendre en compte l'application.

Ce concept de flux est très important en commutation IP parce qu'il permet au commutateur de suivre une activité à la trace. On peut ainsi imaginer que lorsqu'il traite un datagramme, un commutateur gère un compteur associé à chaque doublet (source, destination). Il peut ainsi mesurer l'activité qu'il y a pour chaque couple et optimiser les routes précisément en fonction de cette activité. La classification de niveau 4 aide à cette optimisation parce qu'elle permet au commutateur de connaître la durée approximative d'une connexion mais aussi de savoir si le trafic entre deux points est engendré par une seule connexion TCP ou plusieurs.

Les flux permettent également de mettre en place des schémas de commutation de TCP. Si un commutateur met en place un raccourci sur un chemin utilisé par TCP, il provoque un changement de RTT (temps d'aller-retour) et provoque le déséquencement d'un certain nombre de segments. TCP doit alors réajuster son temporisateur de retransmission. Un commutateur qui dispose d'une classification niveau 4 peut mapper chaque session TCP sur un flux différent puis choisir ensuite de mapper chaque flux sur le chemin d'origine ou sur un raccourci. La plupart des technologies de commutation font usage d'une forte hystérésis pour garder le chemin d'origine des connexions TCP tout en utilisant les raccourcis pour les nouvelles connexions

18.26 APPLICATIONS DE LA COMMUTATION

Bien que de nombreux industriels aient décidé d'offrir la commutation IP, celle-ci ne s'est pas universellement répandue pour plusieurs raisons. D'abord son coût : dans de nombreux cas le surcoût engendré par la commutation n'est pas contrebalancé par un gain suffisant en performances, sans compter que les informaticiens améliorent constamment les algorithmes de routage IP. Ensuite, l'apparition de réseaux LAN peu coûteux à très haut débit, comme Gigabit Ethernet, n'a pas incité les entreprises à acquérir des structures coûteuses orientées connexion. Enfin, si la commutation IP paraît simple, c'est quelque chose de complexe, de difficile à installer, à configurer et à gérer. C'est pour toutes ces raisons qu'IP commuté ne remplace pas les routeurs traditionnels.

18.27 RÉSUMÉ

On peut utiliser IP avec des technologies orientées connexion, par exemple l'ATM, une technologie de réseau à haut débit dans laquelle un réseau comporte un ou plusieurs commutateurs interconnectés en une structure de commutation. D'un point de vue conceptuel, cette structure de commutation se comporte comme un réseau unique qui permet à tout ordinateur de communiquer avec tout autre.

Puisque l'ATM est une technologie orientée connexion, deux ordinateurs doivent, avant d'échanger des données, établir un circuit virtuel dans le réseau. On peut avoir un circuit virtuel commuté (à la demande) ou permanent (par configuration manuelle). Dans tous les cas, l'ATM affecte à chaque circuit virtuel un identificateur entier. Toute trame qu'un ordinateur envoie et toute trame que manipule le réseau comporte un identificateur de circuit et non une adresse source ou destination.

Au plus bas niveau, l'ATM utilise des cellules de 53 octets pour transporter les informations et IP utilise l'AAL5 qui accepte et remet des blocs de données de taille variable, chaque bloc pouvant atteindre 64 Ko. Pour envoyer un datagramme IP sur un réseau ATM, l'émetteur doit créer vers la destination un circuit virtuel qui utilise l'AAL5 et envoyer le datagramme à l'AAL5 en un seul bloc. L'AAL5 y ajoute un en-queue, fragmente le datagramme et l'en-queue en cellules à transmettre sur le réseau et, sur l'ordinateur destination, réassemble le datagramme avant de le passer au système d'exploitation. Lorsqu'il envoie des datagrammes sur un réseau ATM, IP ne crée pas de cellules mais utilise un MTU de 9 180 et laisse AAL5 segmenter le datagramme en cellules.

Un sous-réseau IP logique (LIS) consiste en un ensemble d'ordinateurs utilisant l'ATM en lieu et place d'un réseau local ; les ordinateurs créent entre eux des circuits virtuels sur lesquels ils échangent des datagrammes. Le fait d'avoir simultanément des circuits virtuels commutés et permanents complique un peu la mise en relation des adresses. Un protocole ARP modifié, l'ATMARP, permet de faire cette mise en relation pour les ordinateurs d'un LIS relié par un circuit virtuel commuté. Les ordinateurs d'un LIS s'adressent à un serveur ATMARP pour relier l'adresse IP d'un autre ordinateur du LIS à son adresse ATM. Chaque ordinateur du LIS doit s'enregistrer dans le serveur en lui donnant ses adresses IP et ATM. Tout comme avec ARP, les informations obtenues par le serveur sont périssables. Après péremption, la mise en relation doit être revalidée ou supprimée. Dans le cas d'un circuit virtuel permanent, on utilise un protocole de la même famille : ATMARP inverse.

On peut également utiliser avec IP une technologie de commutation par matériel. Un commutateur IP agit comme un routeur mais classe de plus les datagrammes IP et les envoie, si possible, via le réseau commuté. La classification niveau 3 n'utilise que l'en-tête du datagramme alors qu'en niveau 4 on analyse aussi les en-têtes TCP et UDP. MPLS est un nouveau standard de commutation IP qui devrait permettre à des systèmes hétérogènes de coopérer.

18.28 POUR EN SAVOIR PLUS

Newman *et al.* [avril 1998] décrivent la commutation IP. Laubach et Halpern [RFC 2225] introduisent le concept de sous-réseau logique IP (LIS) et définissent le protocole ATMARP. Grossman et Heinanen [RFC 2684] décrivent l'utilisation des en-têtes LLC/SNAP lorsqu'on encapsule IP dans AAL5.

Partridge (1994) décrit les réseaux gigabit en général et l'importance de la commutation de cellules en particulier. De Prycker (1993) considère nombre de problèmes théoriques sous-jacents dans l'ATM et analyse sa relation avec les réseaux téléphoniques.

18.29 EXERCICES

18.1 Si votre organisation dispose d'un commutateur ATM ou d'un service ATM, trouvez-en les spécifications techniques et économiques et comparez le coût de l'ATM à celui d'une technologie comme Ethernet.

18.2 Une connexion ordinateur-commutateur ATM privé fonctionne souvent à 155 Mbit/s. Considérez la vitesse du bus de votre ordinateur favori. Quel pourcentage d'activité sur le bus devez-vous avoir pour que l'interface ATM soit toujours à saturation ?

18.3 De nombreux systèmes d'exploitation prennent pour les tampons de TCP des multiples de 8 Ko. Si IP fragmente les datagrammes avec un MTU de 9 180 octets, quelles sont les tailles des fragments résultant d'un datagramme qui transporte un segment TCP de 16 Ko ? Et de 24 Ko ?

18.4 Jetez un œil sur la définition d'IPv6 présentée au chapitre 33. Quel nouveau mécanisme est directement relié à l'ATM ?

18.5 L'ATM est un système de remise « au mieux » dans lequel le matériel peut détruire des cellules en cas de congestion du réseau. Quelle est la probabilité de perte d'un datagramme si la probabilité de perte d'une cellule est de 1/P et que le datagramme fait 576 octets ? 1 500 octets ? 4 500 octets ? 9 180 octets ?

18.6 Une session de connexion à un ordinateur distant engendre le plus souvent des datagrammes de 41 octets : 20 octets d'en-tête IP, 20 octets d'en-tête TCP et 1 octet de données. Combien faut-il de cellules ATM pour transporter un tel datagramme en utilisant l'encapsulation IP par défaut avec l'AAL5 ?

18.7 Combien de cellules, d'octets, de bits sont-ils présents sur une fibre optique de 3 mètres de long reliée à un commutateur ATM ? de 100 mètres ? de 3 000 mètres ? Pour le trouver, considérez qu'un commutateur ATM émet ses données à 155 Mbit/s. Chaque bit correspond donc à une impulsion lumineuse qui dure $1/(155 \times 10^6)$ seconde. Supposez que l'impulsion voyage à la vitesse de la lumière, calculez sa longueur et ramenez-la à la longueur de la fibre.

18.8 Lorsqu'il veut un circuit virtuel commuté, un ordinateur doit spécifier une adresse ATM à deux niveaux. Quelles topologies de réseau ATM sont-elles appropriées pour un tel schéma d'adressage ? Caractérisez des situations dans lesquelles il serait utile d'avoir d'autres niveaux de hiérarchie.

18.9 Un réseau ATM garantit l'ordre des cellules mais peut détruire des cellules en cas de congestion. Est-il possible de simplifier TCP en tirant avantage de cet ordonnancement des cellules ? Pourquoi ?

18.10 Consultez les standards LANE et MPOA qui permettent à ATM d'émuler un Ethernet ou tout autre réseau local. Quel est le principal avantage de l'utilisation d'ATM dans l'émulation de LAN ? Et le principal inconvénient ?

18.11 Une grande organisation utilisant l'ATM pour interconnecter ses ordinateurs IP doit les partitionner en sous-réseaux logiques IP. Il existe deux extrêmes : tous les ordinateurs dans un grand LIS ou un très grand nombre de LIS (par exemple toute paire d'ordinateurs formerait un LIS). Expliquez pourquoi ni l'un ni l'autre ne conviennent.

18.12 Combien faut-il de cellules ATM pour transférer un seul paquet ATMARP lorsque chaque adresse ATM fait 20 octets et chaque adresse de protocole 4 octets ?

18.13 L'ATM permet à un ordinateur d'établir plusieurs circuits virtuels vers une seule destination ? Quel en est le principal avantage ?

18.14 Mesurez le débit et le délai d'un commutateur ATM qui utilise TCP. Si votre système d'exploitation le permet, répétez l'expérience en changeant la taille du tampon de transmission TCP (si votre système utilise des *sockets*, consultez le manuel pour savoir comment modifier la taille du tampon). Est-ce que les résultats vous surprennent ?

18.15 IP n'a pas de mécanisme permettant d'associer des datagrammes circulant sur un réseau ATM à tel ou tel circuit virtuel. Dans quel cas serait-il bien pratique de disposer d'un tel mécanisme ?

18.16 Lorsqu'un ordinateur ferme une connexion, le serveur auquel il est relié ne supprime pas immédiatement l'information la concernant dans sa table. Quel est l'avantage principal de cette méthode ? Quel en est l'inconvénient ?

18.17 La commutation IP serait-elle un avantage selon vous ? Pour le savoir, analysez le trafic émanant de votre ordinateur et calculez la durée moyenne d'une connexion TCP, le nombre de connexions simultanées ainsi que le nombre de destinations IP que vous contactez en une semaine.

18.18 Consultez le standard MPLS. Quels types d'offres MPLS pouvez-vous trouver autour de vous ?

19

IP et la mobilité

19.1 INTRODUCTION

Aux chapitres précédents nous avons décrit le principe de l'adressage IP et du routage utilisés par les ordinateurs fixes. Ce chapitre prend en considération une extension récente du protocole IP, spécialement conçue pour permettre aux ordinateurs portables de se déplacer d'un réseau à l'autre.

19.2 MOBILITÉ, ROUTAGE ET ADRESSAGE

Jusqu'à présent quand on parlait d'informatique mobile cela sous-entendait un système qui admettait qu'un ordinateur de bureau puisse se déplacer d'un endroit à l'autre dans un même lieu. Le concept de mobilité dont on parle aujourd'hui est plutôt associé aux technologies sans fil qui permettent le mouvement sur une longue distance, éventuellement à vitesse élevée. Pour le protocole IP la vitesse n'est pas l'enjeu fondamental, la véritable difficulté tient au fait que l'ordinateur change de réseau lors de sa mobilité. Un assistant personnel ou PDA (*Personal Digital Assistant*) relié par exemple à un LAN sans fil, peut se déplacer plus ou moins rapidement dans une zone délimitée par l'influence d'un émetteur radio, sans pour autant que son adresse IP en soit affectée. En revanche, un ordinateur que l'on débranche de son réseau pour le rebrancher à un autre réseau nécessite la reconfiguration de son adresse IP.

Le plan d'adressage IP, qui a été conçu et optimisé pour un ordinateur fixe, rend la mobilité difficile. En effet, une adresse IP comprend un préfixe réseau qui définit le réseau sur lequel l'ordinateur est raccordé. Déplacer cet ordinateur pour le raccorder à un autre réseau suppose :

- soit de changer son adresse IP ;
- soit que les routeurs propagent la route spécifique pour atteindre le nouvel emplacement de cet ordinateur.

Aucun des deux termes de l'alternative ci-dessus n'est totalement satisfaisant. D'une part, tout changement d'adresse IP demande du temps, nécessite le plus souvent de redémarrer l'ordinateur et entraîne l'interruption des connexions établies au sein de la couche transport. En outre, si l'ordinateur contacte un serveur et que celui-ci utilise son adresse IP pour l'authentifier, cela impose un changement supplémentaire au niveau des annuaires de DNS. Quant à l'approche basée sur la diffusion d'une route spécifique, elle est quasi impossible car elle implique que la taille des tables de routage soit proportionnelle au nombre d'ordinateurs du réseau concerné. En plus, la transmission des routes entre les routeurs entraînerait une consommation excessive de bande passante.

19.3 PRISE EN COMPTE DE LA MOBILITÉ PAR LE PROTOCOLE IP

L'IETF a imaginé une solution au problème de la mobilité qui surmonte certaines limitations du plan d'adressage IP d'origine. Cette solution, appelée officiellement « *IP mobility support* » ou « *mobile IP* », consiste à définir un ensemble de propriétés nouvelles du protocole IP pour qu'il réponde au mieux à la mobilité. Nous les présentons succinctement ci-dessous.

19.3.1 La transparence

La mobilité doit être transparente pour les applications. De même elle ne doit entraîner aucun changement au sein des protocoles de transport et des routeurs. En particulier, tant qu'elles restent inactives, les connexions TCP qui ont été ouvertes doivent supporter un changement de réseau et rester prêtes à toute utilisation ultérieure.

19.3.2 L'interopérabilité avec IPv4

Il doit y avoir une totale interopérabilité entre un ordinateur utilisant le protocole IP mobile, et d'autres ordinateurs fonctionnant avec le protocole IPv4. Aucune adresse spéciale ne doit être requise – les adresses assignées aux *ordinateurs mobiles* (les ordinateurs portables des utilisateurs mobiles) ou plus généralement aux *mobiles* ne doivent différer en rien de celles des ordinateurs fixes.

19.3.3 L'extensibilité

La solution proposée par l'IETF s'adapte automatiquement aux grands internets. En particulier, elle permet la mobilité sur la totalité du réseau Internet.

19.3.4 La sécurité

L'IP mobile offre des solutions de sécurité qui peuvent être utilisées pour assurer l'authentification des messages (c'est-à-dire pour empêcher que n'importe quel ordinateur s'identifie à la place d'un ordinateur mobile).

19.3.5 La macro-mobilité

Plutôt que d'essayer de gérer les fréquents changements de réseaux tels qu'on les rencontre dans les réseaux radiocellulaires, l'IP mobile se focalise sur des changements de plus longue durée. C'est ainsi qu'il fonctionne bien lorsque, par exemple, un utilisateur part avec son ordinateur portable et le connecte sur un autre réseau que son réseau habituel, et que cela dure un certain laps de temps (par exemple une semaine).

19.4 PRINCIPE DE FONCTIONNEMENT DE L'IP MOBILE

Le défi de la mobilité c'est de permettre à un ordinateur qui s'est déplacé de conserver son adresse IP sans pour autant imposer aux routeurs de garder en mémoire la route qui permet de l'atteindre là où il se trouve. L'IP mobile résout ce problème en permettant à un ordinateur mobile de disposer simultanément de deux adresses IP. La première est l'*adresse principale* (ou *adresse primaire*) de l'ordinateur, qui est fixe et permanente. Cette adresse est utilisée par les applications et le protocole de transport. La seconde adresse est une *adresse temporaire* (ou *adresse secondaire*). Elle change chaque fois que l'ordinateur se déplace et se raccorde à un réseau différent du réseau habituel.

L'adresse principale d'un ordinateur mobile est son adresse IP sur son *réseau d'origine* (*home network*), son « chez lui » ou son *réseau de domiciliation*. Une fois qu'il s'est déplacé, qu'il est raccordé à un autre réseau – un *réseau d'accueil* ou un *réseau extérieur* (*foreign network*) – et qu'il a obtenu une adresse temporaire, l'ordinateur mobile communique cette adresse à son *agent domestique* (*home agent*) qui est sur son réseau de domiciliation. Cet agent n'est rien d'autre qu'un routeur. Son rôle consiste à intercepter tous les datagrammes destinés à l'ordinateur en déplacement et à lui réexpédier à son adresse temporaire. La réexpédition des datagrammes se fait par encapsulation (*IP dans IP*[1]) selon la technique du *tunnel*.

Si l'ordinateur mobile s'est à nouveau déplacé, il obtient une nouvelle adresse temporaire et informe son agent domestique de sa nouvelle position. Quand il revient sur son réseau de domiciliation, il contacte l'agent domestique pour lui signaler son retour et annuler son transfert d'adresse (ce qui revient à

1. Le principe de l'encapsulation IP dans IP est illustrée au chapitre 17.

lui dire de ne plus réexpédier ses datagrammes). L'ordinateur mobile peut choisir de mettre fin à son transfert d'adresse n'importe quand, et de n'importe où, par exemple lorsqu'il quitte un site distant.

Nous avons dit que le protocole IP mobile était conçu pour une « certaine » mobilité temporelle (que nous avons appelée macro-mobilité) plus que pour des déplacements fréquents et rapides. La raison en est la surcharge de trafic (l'*overhead*) générée par le déplacement. A la suite d'un déplacement, un ordinateur mobile doit être capable de détecter qu'il s'est déplacé, de s'adresser au réseau extérieur d'arrivée (en fait à l'agent extérieur de ce réseau) pour obtenir une adresse temporaire et pour la communiquer automatiquement *via* Internet à son agent domestique afin qu'il assure la réexpédition de ses datagrammes. En résumé :

> Comme il entraîne une surcharge de trafic importante après chaque déplacement, le protocole IP mobile est plutôt destiné à des situations où un ordinateur se déplace peu fréquemment et reste connecté sur un site distant pendant un laps de temps significatif.

19.5 L'ADRESSAGE DU MOBILE

Une adresse IP principale ou *adresse de domiciliation* (*home address*) est affectée à un ordinateur portable par l'administrateur du réseau où il est domicilié ; il n'y a pas de distinction entre l'adresse IP d'un ordinateur fixe et l'adresse IP d'un ordinateur portable. Comme nous l'avons dit, les applications d'un ordinateur portable utilisent toujours son adresse principale.

Chaque fois qu'il se connecte à un réseau autre que celui où il est domicilié, un ordinateur portable doit obtenir une adresse temporaire appelée *adresse de réexpédition* (*care-of address*). Cette adresse est inconnue des applications. Seuls le logiciel IP du portable, l'agent domestique et l'agent extérieur du réseau distant utilisent cette adresse temporaire. Cette adresse de réexpédition est gérée comme n'importe quelle autre adresse sur le réseau extérieur, toute route menant vers cette adresse est propagée en utilisant les protocoles de routage conventionnels.

En pratique, il y a deux formes d'adresses de réexpédition, c'est l'administrateur qui choisit celle qui convient à son réseau. Ces formes diffèrent selon la façon d'obtenir l'adresse temporaire et selon l'entité qui est responsable de la remise des datagrammes au destinataire en mobilité.

La première forme d'adressage, appelée *réexpédition par colocataire* (*co-located care-of address*), impose à l'ordinateur mobile de gérer lui-même l'ensemble du processus de délocalisation. Le mobile dispose dans ce cas de logiciels qui utilisent les deux adresses simultanément (l'adresse principale et l'adresse temporaire) ; les applications utilisent l'adresse principale tandis que les logiciels réseaux utilisent l'adresse temporaire pour assurer directement la remise des datagrammes reçus aux applications. L'avantage majeur du mécanisme de réexpédition par colocataire est dans sa capacité à fonctionner sans modification des infrastructures existantes. Les routeurs du réseau d'accueil ne savent pas si un ordinateur est mobile ou non, les adresses temporaires étant attribuées aux ordinateurs portables par les mêmes mécanismes que celles des ordinateurs fixes (par exemple avec le protocole DHCP que nous examinons au chapitre 23). L'inconvénient majeur de la réexpédition par colocataire est le logiciel supplémentaire dont doit disposer le mobile ; c'est ce logiciel que nous avons appelé *colocataire*. Il doit en effet être à même d'obtenir une adresse IP temporaire et de communiquer (en tant qu'agent extérieur) avec l'agent domestique de son réseau de domiciliation.

La seconde forme d'adressage, appelée *réexpédition par agent extérieur* (*foreign agent care-of address*), nécessite une entité active sur le réseau distant. Comme nous l'avons dit plus haut, cette entité active est appelée *agent extérieur* ou *agent relais* (*foreign agent*) pour le distinguer de l'agent domestique du réseau de domiciliation du mobile. Cet agent est lui aussi une partie intégrante d'un routeur.

Quand on utilise un agent extérieur pour assurer la réexpédition des datagrammes vers le mobile, c'est au mobile de découvrir qui est cet agent, puis de le contacter pour obtenir une adresse temporaire de réexpédition. Bien que cela puisse paraître étonnant, un agent extérieur n'a pas besoin d'affecter une adresse spécifique unique au mobile arrivant : nous verrons au contraire que l'agent est capable de fournir l'une des adresses IP dont il dispose et d'accepter ensuite de faire suivre les datagrammes reçus vers le mobile concerné.

Bien que l'attribution d'une adresse spécifique unique au mobile visiteur rende les communications plus faciles, le fait d'utiliser une adresse existante n'entraîne pas de surconsommation d'adresses IP.

19.6 DÉCOUVERTE DE L'AGENT EXTÉRIEUR

Le processus de *découverte de l'agent extérieur* (*foreign agent discovery*) permet au mobile arrivant sur un réseau de trouver son agent extérieur. Le processus utilise le mécanisme ICMP de *découverte de routeur* dont les messages ont fait l'objet d'extension. Souvenez-vous, au chapitre 9 nous avons dit que le mécanisme de découverte de routeur impose à chaque routeur d'envoyer périodiquement un message ICMP d'annonce de routeur ; de même, un ordinateur envoie un message ICMP de découverte de routeur dès qu'il se connecte sur un réseau. On retrouve ce mécanisme dans le cas d'un mobile. Ce dernier envoie un message de découverte d'agent[1] quand il se connecte sur un réseau extérieur. Ce message permet

1. Un mobile ne connaissant pas l'adresse IP d'un agent émet une diffusion multicast destinée à tous les agents potentiels du réseau local, soit à l'adresse 224.0.0.11.

à l'agent extérieur d'être averti de la présence du mobile. L'agent renvoie le message reçu en y insérant une information additionnelle. Cette information, insérée dans le message de découverte d'agent, est une extension à ICMP propre au protocole IP mobile, on l'appelle *mobility agent extension*[1]. Les extensions de mobilité n'utilisent pas de messages ICMP particuliers : un ordinateur mobile déduit que l'extension est présente lorsque la longueur du message spécifiée dans l'en-tête est plus importante que celle du message ICMP classique de découverte de routeur. La figure 19.1 illustre le format de l'extension de mobilité.

0	8	16	24	31
Type (16)	Longueur	Numéro de séquence		
Durée de vie		Code	Réservé	
Adresse de réexpédition				

Figure 19.1 — Format du message d'extension. L'extension d'adresse est ajoutée au message ICMP d'annonce de routeur.

Chaque message d'annonce de mobilité commence par le champ *Type* suivi du champ *Longueur*. Le champ Longueur définit la longueur en octets du message d'extension, hormis les champs Type et Longueur. Le champ *Durée de vie* spécifie la durée maximale, exprimée en secondes, pendant laquelle l'agent prend en compte l'enregistrement du mobile ; si tous les bits du champ sont à 1, cela correspond à un temps infini. Le champ *Numéro de séquence* permet au destinataire de savoir si un message s'est perdu. Chaque bit du champ *Code* définit une caractéristique fonctionnelle particulière de l'agent, celles-ci sont listées à la figure 19.2.

Bit	Signification
0	L'enregistrement auprès d'un agent est obligatoire ; la réexpédition par colocataire n'est pas permise.
1	L'agent est occupé et n'accepte pas les enregistrements.
2	L'agent fonctionne comme agent domestique.
3	L'agent fonctionne comme agent extérieur.
4	L'agent utilise l'encapsulation minimale.
5	L'agent utilise l'encapsulation GRE[2].
6	L'agent supporte la compression d'en-tête lorsqu'il dialogue avec un mobile.
7	Inutilisé (doit être à 0).

Figure 19.2 — Signification des bits du champ Code d'un message d'extension de mobilité.

1. L'agent extérieur gérant la mobilité insère également une *extension de préfixe* au message spécifiant quel préfixe IP utiliser sur ce réseau ; cette extension de préfixe permet au mobile de savoir s'il s'est déplacé sur un nouveau réseau.

2. L'encapsulation GRE (*Generic Routing Encapsulation*) fait référence à la technique générale d'encapsulation qui permet à tout type de protocole d'être encapsulé dans un datagramme IP ; IP dans IP est un cas particulier d'encapsulation.

19.7 PROCÉDURE D'ENREGISTREMENT D'UN MOBILE

Avant qu'il puisse recevoir des datagrammes à un autre endroit, un ordinateur mobile doit s'enregistrer auprès de l'agent extérieur du réseau d'accueil où il se connecte. La *procédure d'enregistrement* permet à un mobile :

- de s'enregistrer auprès d'un agent extérieur sur le réseau d'accueil ;
- de s'enregistrer auprès de son agent domestique pour lui demander de lui réexpédier (ou rerouter) ses datagrammes ;
- de renouveler un enregistrement qui a expiré ;
- d'annuler la demande de réexpédition.

S'il obtient en réponse à la procédure d'enregistrement une adresse de type *réexpédition par colocataire*, c'est au mobile de procéder directement aux enregistrements nécessaires ; il peut dès lors utiliser l'adresse de réexpédition reçue pour communiquer directement avec son agent domestique et enregistrer sa localisation auprès de lui. S'il obtient une adresse de type *réexpédition par agent extérieur*, le mobile ne peut pas utiliser cette adresse pour communiquer avec son agent domestique. Il doit au contraire envoyer sa demande d'enregistrement à l'agent extérieur du réseau d'accueil où il se trouve, c'est lui qui contacte alors l'agent domestique du mobile en son nom.

De façon similaire, l'agent extérieur réexpédie au mobile les messages qu'il reçoit et qui lui sont destinés.

19.8 FORMAT DU MESSAGE D'ENREGISTREMENT

Tous les messages d'enregistrement sont envoyés *via* le protocole UDP. Les agents sont en permanence à l'écoute sur le port 434 ; les requêtes peuvent être envoyées d'un port source quelconque à destination du port 434.

Un agent fonctionne de façon inverse, il envoie une réponse sur le port 434 à destination du port utilisé par le demandeur.

Un message d'enregistrement commence par une série de champs de taille fixe suivis par des extensions de taille variable. Chaque requête contient une *extension d'authentification du mobile* qui permet à l'agent domestique de vérifier l'identité du mobile. La figure 19.3 illustre le format du message d'enregistrement.

Le champ *Type* spécifie si le message est une *demande d'enregistrement* (1) ou une *réponse d'enregistrement* (3). Le champ *Durée de vie* définit, en secondes, la validité de l'enregistrement (une valeur nulle implique l'annulation immédiate de l'enregistrement, une valeur « tout à 1 » définit une durée de vie infinie). Les champs *Adresse de domiciliation*, *Adresse de l'agent domestique* et *Adresse de réexpédition* définissent les deux adresses IP du mobile (son adresse principale et son

0	8	16	24	31
Type (1 ou 3)	Drapeaux	Durée de vie		
Adresse du réseau de domiciliation				
Adresse de l'agent domestique				
Adresse de réexpédition				
Identification				
Extensions . . .				

Figure 19.3 — Format du message d'enregistrement d'un mobile.

adresse temporaire) et l'adresse de son agent domestique. Le champ *Identification* contient une valeur de 64 bits qui est générée par le mobile et qui est utilisée pour faire correspondre les demandes et les réponses d'enregistrement, et pour empêcher que le mobile accepte d'éventuels messages périmés, parce que trop anciens Les bits du champ *Drapeaux* listés à la figure 19.4 spécifient les particularités de la réexpédition.

Bit	Signification
0	C'est une adresse additionnelle (simultanée) et non pas une adresse de remplacement.
1	Le mobile demande à l'agent domestique de lui transmettre une copie de tout datagramme à diffusion générale.
2	Le mobile utilise la réexpédition par colocataire, il gère et ouvre lui-même les datagrammes qu'il reçoit.
3	Le mobile demande à l'agent d'utiliser l'encapsulation minimale.
4	Le mobile demande à l'agent d'utiliser l'encapsulation GRE.
5	Le mobile demande la compression d'en-tête.
6	Réservé (doit être à 0).
7	Réservé (doit être à 0).

Figure 19.4 — Signification des bits du champ Drapeaux lors d'une demande d'enregistrement de mobile.

Si un mobile possède une adresse de réexpédition par colocataire, il peut envoyer une demande d'enregistrement directement à son agent domestique. Sinon, il doit envoyer sa demande à l'agent extérieur du réseau d'accueil qui la fait suivre à l'agent domestique. Dans ce cas, l'agent extérieur et l'agent domestique traitent et gèrent la demande qu'ils doivent tous deux approuver. Par exemple, l'agent domestique ou l'agent extérieur ont chacun la possibilité de limiter le temps d'enregistrement du mobile.

19.9 COMMUNICATION AVEC UN AGENT EXTÉRIEUR

Nous avons dit qu'un agent extérieur peut affecter l'une de ses adresses IP pour une utilisation temporaire en tant qu'adresse de réexpédition. Procéder de la sorte crée un problème car cela signifie qu'un mobile n'a pas une adresse spécifique réservée sur le réseau d'accueil. Question : comment un agent extérieur peut-il communiquer avec un mobile *via* un réseau, si le mobile n'a pas sa propre adresse IP sur ce réseau ? La communication nécessite un assouplissement des règles d'adressage IP, elle utilise une alternative pour l'association de l'adresse IP à l'ordinateur mobile. En particulier, quand un mobile envoie un datagramme à l'agent extérieur, il est autorisé à utiliser son adresse de domiciliation en tant qu'adresse IP Source. En outre, quand l'agent extérieur envoie un datagramme à un mobile, il est autorisé à utiliser l'adresse de domiciliation du mobile en tant qu'adresse IP de Destination.

Bien que l'adresse de domiciliation du mobile puisse être utilisée par l'agent extérieur, celui-ci n'est pas autorisé à émettre une requête ARP à cette adresse (ARP est limitée aux adresses IP valides sur le réseau concerné). Pour effectuer une association d'adresse sans ARP, il est nécessaire d'utiliser un agent qui doit enregistrer toutes les informations concernant le mobile lorsqu'une demande d'enregistrement arrive, et qui doit conserver ces informations durant toute la communication. En particulier, l'agent doit enregistrer l'adresse physique du mobile sur le réseau. Lorsqu'il envoie un datagramme au mobile, l'agent consulte les informations enregistrées qui s'y rapportent afin de déterminer l'adresse physique appropriée. Ainsi, bien que le protocole ARP ne soit pas utilisé, l'agent peut envoyer des datagrammes vers un mobile en utilisant le mécanisme de diffusion unicast vers l'adresse physique concernée. En résumé :

> Si un mobile ne possède pas d'adresse temporaire réservée, il faut qu'un agent extérieur utilise l'adresse de domiciliation du mobile pour pouvoir communiquer avec lui. Plutôt que de faire appel au protocole ARP pour trouver son adresse physique, l'agent enregistre cette dernière lors de l'enregistrement du mobile auprès de son site d'origine.

19.10 TRANSMISSION ET RÉCEPTION DES DATAGRAMMES AU MOBILE

Une fois enregistré, le mobile qui se trouve sur un réseau d'accueil peut communiquer avec n'importe quel autre ordinateur. Pour cela, le mobile crée un datagramme qui comporte l'adresse de l'ordinateur destinataire dans le champ Destination et l'adresse de domiciliation du mobile dans le champ Source[1]. Le datagramme suit le chemin le plus court du réseau d'accueil au réseau du destinataire. En revanche, un datagramme destiné au mobile ne suit pas forcément le chemin le plus court. En effet, le datagramme ira tout d'abord vers le réseau de domiciliation du mobile. L'agent domestique qui connaît la position du mobile grâce à la procédure d'enregistrement que celui-ci a faite, intercepte le datagramme et utilise alors le mécanisme d'encapsulation IP pour réexpédier le datagramme à l'adresse de réexpédition. Si la réexpédition se fait *via* une adresse de réexpédition par colocataire, le datagramme encapsulé est délivré directement au mobile. Il ouvre le datagramme reçu et peut alors traiter le datagramme encapsulé. Si le mobile utilise un agent extérieur pour communiquer, l'adresse de réexpédition est celle de l'agent extérieur. Lorsqu'il reçoit le datagramme d'un agent domestique, l'agent extérieur ouvre le datagramme, consulte sa table des mobiles enregistrés et transmet alors le datagramme encapsulé sur le réseau local vers le mobile approprié. En résumé :

Étant donné qu'un mobile utilise son adresse de domiciliation comme adresse Source lorsqu'il communique avec un destinataire quelconque, chaque datagramme destiné au mobile est dirigé vers son réseau de domiciliation où l'agent domestique l'intercepte, l'encapsule dans un autre datagramme et le réexpédie soit directement vers le mobile, soit vers l'agent extérieur du réseau d'accueil où se trouve le mobile qui sera chargé de le lui remettre.

19.11 LE PROBLÈME DU CHASSÉ-CROISÉ

La présentation que nous avons faite ci-dessus fait apparaître un sérieux inconvénient du protocole IP mobile : l'inefficacité du routage. Étant donné qu'un mobile utilise son adresse IP d'origine (son adresse principale) pour dialoguer avec divers destinataires, un datagramme destiné au mobile commence d'abord par arriver à son site de domiciliation. L'agent domestique du site l'intercepte puis le réexpédie au mobile, là où il se trouve. Le problème est encore plus grave lorsque l'émetteur du datagramme est situé sur le même réseau (d'accueil) que le mobile en déplacement. En effet, le principe de la *localisation spatiale de référence* montre dans ce cas que le mobile a tendance à dialoguer avec les ordinateurs dans son entourage proche. Considérons la figure 19.5 afin de mieux comprendre pourquoi l'IP mobile gère mal ce problème.

1. Le réseau d'accueil et le FAI auquel il est connecté doivent accepter de transmettre le datagramme avec une adresse Source arbitraire.

Sur la figure 19.5, le mobile M s'est déplacé de sa position habituelle du site de domiciliation vers une autre position, sur un site d'accueil. Supposons que le mobile s'est enregistré auprès de son agent domestique, le routeur R1, et que l'agent extérieur du site d'accueil, le routeur R4, a accepté de remettre au mobile M les datagrammes qui lui sont destinés. Considérons à présent une communication entre le mobile M et la machine *D* située sur le même réseau que M. Les datagrammes échangés entre *D* et M contiennent l'adresse de domiciliation de M (son adresse principale), ils empruntent donc une route *via* le routeur R3, à travers Internet, jusqu'au réseau de domiciliation du mobile. Lorsque les datagrammes parviennent au routeur R1 (à l'agent domestique du mobile), celui-ci les réexpédie à travers un tunnel vers le site d'accueil du mobile (soit à l'agent extérieur, le routeur R4, soit au mobile lui-même s'il pratique la réexpédition par colocataire). Les datagrammes traversent donc deux fois le réseau Internet, ce qui est très coûteux et peu performant. Il aurait été en effet beaucoup plus efficace de remettre directement les datagrammes au destinataire qui se trouve sur le même réseau que le mobile. Cette situation correspond au *problème du chassé-croisé* (*two-crossing problem*) appelé aussi *problème 2X*[1].

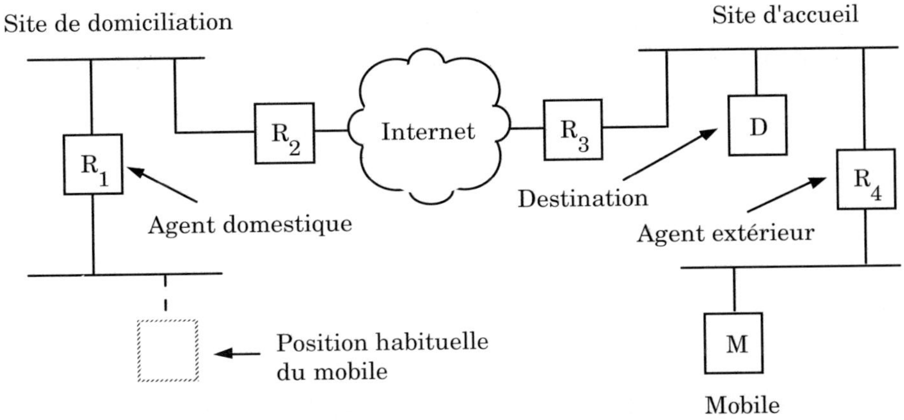

Figure 19.5 — Une organisation dans laquelle le routage IP mobile est particulièrement inefficace. Lorsque le mobile *M* communique avec un destinataire local *D*, les datagrammes émis par *D* traversent le réseau Internet jusqu'à l'agent domestique du mobile qui les réexpédie au mobile *M*.

Bien que le protocole IP mobile ne permette pas de résoudre le problème du chassé-croisé, il est néanmoins possible d'apporter certaines améliorations au routage. En particulier, dès qu'un site accueille un ordinateur mobile il s'attend à

1. Si le destinataire n'est pas à proximité du mobile, le problème est encore plus grave, on parle alors de *problème de réexpédition triangulaire* (*triangle forwarding*).

ce que celui-ci interagisse avec les ordinateurs présents sur le site. Il est alors possible de s'arranger pour mettre en place au sein des tables de routage des routeurs locaux une route spécifique pour atteindre directement le mobile, sans passer par son site de domiciliation. Afin de garantir une efficacité maximale au routage il faut en outre que cette route spécifique soit effacée des tables de routage dès que le mobile quitte le site. Bien sûr le problème est toujours présent dès lors que le mobile communique avec un ordinateur externe au site d'accueil. Supposons par exemple que des ordinateurs mobiles soient très fréquemment déplacés sur les sites A et B d'une même entreprise. Les administrateurs réseaux de chaque site peuvent décider de propager des routes spécifiques pour tous les mobiles visiteurs. Dès qu'un mobile communique avec un ordinateur du site d'accueil, le trafic correspondant reste sur le réseau d'accueil. Mais, étant donné que les routes spécifiques sont limitées aux deux sites A et B de l'entreprise, toute communication entre un mobile et une destination externe à l'entreprise fait réapparaître le problème précédent. On peut résumer ce problème ainsi :

> IP mobile introduit une inefficacité du routage, ce qu'on appelle le problème du chassé-croisé, qui survient lorsque le mobile se trouvant sur un réseau d'accueil communique avec un ordinateur situé sur ce réseau. Chaque datagramme transmis au mobile est d'abord acheminé au travers du réseau Internet jusqu'à l'agent domestique du mobile qui le réexpédie à nouveau vers le réseau d'accueil avant qu'il soit remis au mobile. Pour éliminer ce problème il faut propager au sein du réseau d'accueil une route spécifique pour atteindre directement le mobile depuis le site d'accueil. Le problème subsiste pour toute autre destination qui n'a pas eu connaissance de la route spécifique.

19.12 COMMUNICATION AVEC LES ORDINATEURS DU RÉSEAU DE DOMICILIATION

Nous avons dit que, lorsqu'un mobile est en déplacement sur un réseau extérieur, son agent domestique intercepte les datagrammes qui lui sont destinés et lui réexpédie. Normalement c'est un routeur qui joue le rôle d'agent, précisément celui qui interconnecte le réseau de domiciliation au réseau Internet. Tous les datagrammes qui sont à destination du réseau de domiciliation du mobile transitent par ce routeur, donc l'agent domestique les voit passer. Avant de réexpédier un datagramme, l'agent domestique examine sa table de localisation afin de savoir si le mobile concerné est là ou s'il est en déplacement.

Bien qu'un agent domestique intercepte tous les datagrammes arrivant de l'extérieur et qui sont destinés à un mobile, il doit aussi intercepter ceux qui proviennent d'ordinateurs du site de domiciliation. Voyons ce qui se passe alors.

Étant donné qu'IP spécifie la remise directe d'un datagramme au destinataire lorsque celui-ci est branché sur le même réseau que l'expéditeur, ce dernier ne transmet pas le datagramme au routeur. L'expéditeur émet une demande ARP afin d'obtenir l'adresse physique du mobile. Il encapsule ensuite le datagramme dans la trame propre au réseau local, puis la transmet. Si le mobile n'est pas physiquement présent sur le réseau car il se trouve ailleurs, sur un réseau extérieur, l'agent domestique doit intercepter la trame qui est destinée au mobile.

L'agent domestique doit donc intercepter tous les datagrammes destinés à un mobile en déplacement, qu'ils proviennent de l'extérieur ou de l'intérieur du site de domiciliation. Afin de garantir que l'agent peut intercepter les datagrammes provenant de l'intérieur du site, on lui associe un *proxy ARP*. L'agent peut ainsi écouter plus facilement les demandes ARP désignant le mobile comme destinataire. Il doit répondre à ces demandes ARP en envoyant sa propre adresse physique à la place de celle du mobile. Le proxy ARP est totalement transparent aux ordinateurs locaux. Tout système local qui envoie une demande ARP à destination du mobile reçoit une réponse qu'il considère comme étant l'adresse physique du mobile. Il lui envoie ensuite ses datagrammes tout à fait naturellement.

L'utilisation d'un proxy ARP permet aussi de résoudre le problème des connexions multiples. Si le réseau de domiciliation du mobile comporte plusieurs routeurs reliés au réseau Internet, un seul d'entre eux a besoin de jouer le rôle d'agent domestique pour les mobiles en déplacement. Les autres routeurs ignorent totalement leur mobilité ; ils utilisent les requêtes ARP tout à fait normalement pour résoudre les adresses. Comme l'agent domestique répond à la place d'un mobile en déplacement aux requêtes ARP qui lui sont destinées, les autres routeurs font suivre les datagrammes sans distinguer les ordinateurs, qu'ils soient fixes ou mobiles.

19.13 RÉSUMÉ

Le protocole IP mobile permet à un ordinateur mobile (un portable) de se déplacer d'un réseau à l'autre sans changer d'adresse IP, et sans non plus exiger des routeurs qu'ils propagent une route spécifique pour atteindre ce mobile. Lorsqu'il quitte son réseau d'origine (son réseau de domiciliation) et qu'il se raccorde à un réseau extérieur (un réseau d'accueil), le mobile obtient une adresse IP temporaire appelée adresse de réexpédition. Les applications utilisent l'adresse IP initiale du mobile qui est appelée adresse de domiciliation. L'adresse de réexpédition n'est utilisée que par les logiciels réseaux sous-jacents pour assurer l'acheminement et la remise des datagrammes au mobile.

Dès qu'un mobile a détecté son déplacement, soit il obtient de son lieu d'accueil une adresse de réexpédition par colocataire, soit il entreprend de découvrir où se trouve l'agent extérieur gérant la mobilité auquel il demande de lui fournir une adresse de réexpédition. Lorsqu'il a obtenu cette adresse, il s'enregistre comme « en déplacement » auprès de l'agent domestique de son réseau de domiciliation (soit directement, soit indirectement par l'intermédiaire de l'agent extérieur du site d'accueil où il se trouve). Il indique à l'agent domestique où il se trouve et lui demande de réexpédier tous les datagrammes qui lui sont destinés.

Un fois que l'enregistrement est effectif, le mobile peut communiquer avec n'importe quel ordinateur relié au réseau Internet comme s'il était chez lui, sur son réseau de domiciliation. Les datagrammes transmis par le mobile sont acheminés directement vers leur destination. En revanche, tous les datagrammes destinés au mobile parviennent tout d'abord à l'agent domestique de son réseau de domiciliation qui se charge de lui réexpédier au travers un tunnel IP en les encapsulant dans d'autres datagrammes.

19.14 POUR EN SAVOIR PLUS

Perkins [RFC 2002] décrit le protocole IP mobile ainsi que les détails des messages associés. Perkins [RFC 2003 et 2004], Hanks *et al.* [RFC 1701] décrivent trois systèmes d'encapsulation IP dans IP. Montenegro [RFC 2344] présente un mécanisme de tunnel inversé spécialement adapté au protocole IP mobile. Enfin, Perkins et Johnson ont étudié et proposé un mécanisme de routage optimisé pour IP mobile.

19.15 EXERCICES

19.1 Comparez les mécanismes d'encapsulation présentés dans les RFC 2003 et 2004.

19.2 Lisez attentivement les spécifications du protocole IP mobile [RFC 2002]. Avec quelle périodicité un routeur doit-il envoyer des messages d'annonce d'agent gérant la mobilité ? Pourquoi ?

19.3 Examinez les spécifications IP mobile [RFC 2002]. Lorsqu'un agent extérieur transmet une demande d'enregistrement à l'agent domestique du mobile, quel numéro de port de protocole utilise-t-il ? Pourquoi ?

19.4 Dans les spécifications du protocole IP mobile il est écrit qu'un seul routeur joue sur un réseau le rôle d'agent domestique (pour gérer les mobiles en déplacement) et d'agent extérieur (pour gérer les mobiles visiteurs reliés à ce réseau). Quels sont les avantages et les inconvénients de faire jouer à un seul routeur ce double rôle ?

19.5 Les spécifications d'IP mobile définissent trois sortes d'authentification : celle du mobile envers l'agent domestique, du mobile envers l'agent extérieur et de l'agent extérieur envers l'agent domestique. Quels sont les avantages et les inconvénients de la séparation ces fonctions ?

19.6 Lisez les spécifications IP mobile afin de déterminer comment un mobile se joint à un groupe de diffusion multicast. Comment est réalisé le routage multicast des datagrammes vers le mobile ? Quel est le schéma optimal ?

20

Réseaux privés virtuels (VPN)

20.1 INTRODUCTION

Les chapitres précédents ont décrit un internet comme une architecture logique à un seul niveau assurant l'interconnexion des réseaux au moyen de routeurs. Ce chapitre présente une alternative, à savoir une architecture à deux niveaux d'abstraction dans laquelle, d'une part, chaque entreprise dispose d'un internet privé – un intranet – et, d'autre part, il existe une épine dorsale (un internet central) qui réalise l'interconnexion des intranets. Cet internet central est le plus souvent le réseau Internet.

Nous examinons dans ce chapitre quelques techniques permettant de réaliser cette architecture à deux niveaux. Certaines techniques offrent une solution au problème de la limitation des adresses dans Internet, d'autres ont pour but d'offrir un jeu de fonctionnalités variées dans un environnementprivé et protégé de l'extérieur.

20.2 RÉSEAU PRIVÉ ET RÉSEAU HYBRIDE

L'un des inconvénients majeurs d'une architecture internet à un seul niveau est le manque de confidentialité du réseau. Dans le cas d'une entreprise multisites, le contenu des datagrammes échangés entre les sites peut être vu lors de leur transit *via* Internet, car les datagrammes sont amenés à traverser divers réseaux tiers. Une architecture internet à deux niveaux, quant à elle, distingue les *datagrammes internes* (ceux échangés entre les sites d'une même entreprise) et les *datagrammes externes* (ceux échangés entre des ordinateurs d'entreprises différentes). Le but est d'assurer la confidentialité et l'intégrité des datagrammes internes tout en autorisant les communications externes.

La méthode la plus simple pour garantir le caractère privé des échanges entre les ordinateurs d'une même entreprise est de bâtir un *internet privé*, complètement fermé. On parlera dans ce cas d'*intranet* ou de *réseau privé*. C'est ainsi qu'une entreprise bâtit son propre réseau TCP/IP hors du réseau Internet. Dans un réseau privé, les différents sites disposent de routeurs d'interconnexion qui sont reliés par des liaisons louées numériques. La protection et la confidentialité des données sont assurées dans la mesure où il n'existe aucun accès extérieur à ce réseau. De plus, la séparation totale entre un réseau privé et le réseau Internet autorise l'utilisation d'adresses IP arbitraires. Cependant, il n'est pas toujours souhaitable d'avoir un réseau entièrement isolé. En pratique, les entreprises optent souvent pour une architecture de *réseau hybride* qui combine à la fois les avantages d'un réseau privé et ceux apportés par la connectivité du réseau Internet. L'entreprise utilise dans ce cas des *adresses IP valides* (c'est-à-dire qu'elles font partie de l'espace d'adressage d'Internet) et connecte chacun de ses sites au réseau Internet. L'avantage est donné par la possibilité pour n'importe quelle machine de l'entreprise d'accéder au réseau Internet si besoin est, tout en disposant de moyens de communication privés et protégés pour les communications internes. Considérons par exemple l'architecture hybride décrite à la figure 20.1 dans laquelle chacun des deux sites dispose d'un accès direct à Internet et d'un lien privé vers l'autre site (*via* une liaison louée numérique).

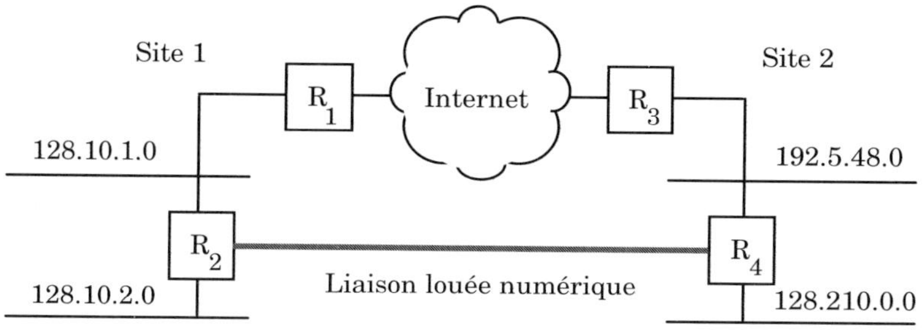

Figure 20.1 — Un exemple de réseau hybride. En plus de la liaison louée numérique qui relie les deux sites 1 et 2 de façon privée, chaque site dispose d'une connexion propre au réseau Internet.

La liaison louée entre les routeurs R_2 et R_4 assure la confidentialité du trafic intersite. Précisons que la politique de routage privilégie, pour ce type de trafic, l'utilisation de la liaison louée plutôt que la traversée du réseau Internet.

20.3 UN RÉSEAU PRIVÉ VIRTUEL (VPN)

Le principal inconvénient d'une architecture de réseau hybride ou d'une architecture totalement privée réside dans le coût des liaisons louées qui est en général relativement élevé (ce sont souvent des lignes numériques à haut débit, par exemple de type E1 ou T1). Par conséquent, les entreprises s'orientent plutôt vers des alternatives moins coûteuses. Une façon de réduire les coûts consiste à utiliser d'autres techniques à la place des liaisons louées, comme par exemple une liaison à relais de trame (*Frame Relay*) ou un circuit virtuel permanent ATM ; à capacité de transport et débit équivalent, le coût est en effet sensiblement plus faible.

Une autre façon de réduire les coûts consiste à réduire le nombre de liaisons louées numériques et à utiliser le réseau Internet. En apparence, cette alternative semble supprimer l'étanchéité requise qu'assure l'utilisation d'un réseau entièrement privé, d'où la question :

Comment une entreprise peut-elle assurer l'étanchéité de son réseau et maintenir la confidentialité de ses données en utilisant le réseau Internet ?

La réponse à cette question est apportée par une technique qui consiste à mettre en œuvre un *réseau privé virtuel*, RPV ou VPN[1] (*Virtual Private Network*). Un VPN est privé au même titre qu'un réseau privé. Cette technique garantit que toute communication entre couples d'ordinateurs, *via* le VPN de l'entreprise, est secrète (ou cachée) pour l'extérieur. Un VPN est *virtuel* parce qu'il n'utilise pas de liaisons louées pour interconnecter les différents sites de l'entreprise : il se sert du réseau Internet pour faire transiter des données d'un site à un autre.

Deux techniques rendent possible la mise en œuvre d'un réseau VPN en s'appuyant sur le réseau Internet : le *tunnel* et le *chiffrement*.

Nous avons évoqué la technique du tunnel aux chapitres 17 et 19. Les VPN mettent eux aussi en œuvre cette technique qui consiste à définir un chemin, appelé tunnel, dans le réseau Internet entre deux routeurs et d'utiliser une encapsulation de type *IP dans IP* pour acheminer des datagrammes dans ce tunnel.

Bien qu'utilisant le même concept, un tunnel VPN diffère notablement des tunnels décrits précédemment. En particulier, pour garantir la confidentialité des données, le VPN chiffre[2] tout datagramme sortant avant de l'encapsuler dans un autre datagramme, que nous appellerons pour l'occasion *datagramme de transport* et qui sert à l'acheminement sur Internet. La figure 20.2 illustre ce concept.

1. Le terme VPN est un terme général, il n'est pas très approprié dans ce cas précis car la technologie sous-jacente étant IP, il conviendrait mieux d'appeler ce réseau un VPN IP ou un VPI (*Virtual Private Internet*).

2. Nous étudions IP et la sécurité au chapitre 32 où nous examinons en particulier l'encapsulation utilisée dans le cas de IPsec.

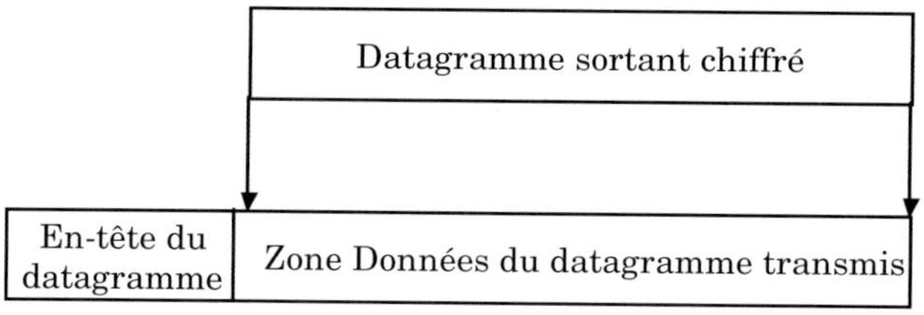

Figure 20.2 — Illustration de l'encapsulation *IP dans IP* dans un VPN. Pour assurer la confidentialité, le datagramme sortant est chiffré avant d'être encapsulé et transmis dans un autre datagramme, le datagramme de transport.

Comme le montre la figure 20.2, le datagramme sortant est totalement chiffré (y compris l'en-tête) avant d'être encapsulé dans le datagramme de transport. Ce dernier est transmis dans le tunnel VPN. Le routeur à l'extrémité du tunnel extrait les données chiffrées du datagramme reçu, les déchiffre afin de reconstituer le datagramme sortant et le fait suivre à son destinataire qui est interne à l'entreprise. Bien que le datagramme de transport ait traversé le réseau Internet lors de son passage dans le tunnel, la confidentialité des données transportées est assurée grâce à l'utilisation d'une clé de chiffrement. Précisons que l'origine et la destination du datagramme transporté sont secrètes car l'en-tête du datagramme sortant (celui à acheminer) est également chiffré. Les seules adresses IP visibles d'un observateur extérieur au VPN sont celles contenues dans l'en-tête du datagramme de transport, à savoir les adresses IP des routeurs d'extrémité du tunnel. En résumé :

Un VPN envoie des datagrammes sur le réseau Internet mais les données qu'ils contiennent, et qui représentent les échanges intersites, sont chiffrées. Ce qui garantit leur confidentialité.

20.4 ADRESSAGE ET ROUTAGE DANS UN VPN

La manière la plus simple d'aborder l'adressage et le routage dans un VPN, c'est de voir chaque tunnel comme remplaçant une liaison louée d'un réseau privé. Tout comme dans un réseau privé, un routeur dispose des routes explicites pour atteindre les différentes destinations à l'intérieur de l'entreprise. Cependant, au lieu de router les datagrammes sur des liaisons louées, le VPN les route dans un tunnel. L'exemple de la figure 20.3 montre un VPN équivalent au réseau privé décrit à la figure 20.1. La table de routage est celle du routeur R_1 d'extrémité qui initie et gère le tunnel.

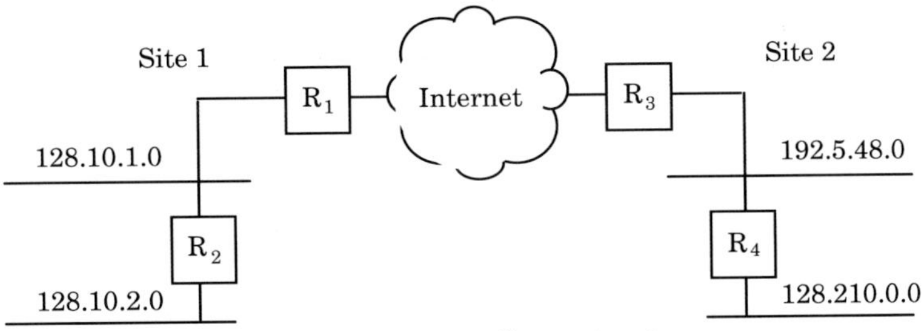

Destination	Saut suivant
128.10.1.0	Direct
128.10.2.0	R_2
195.5.48.0	Tunnel vers R_3
128.210.0.0	Tunnel vers R_3
Internet	Routeur de l'ISP

Table de routage de R_1

Figure 20.3 — Un VPN qui dessert les deux sites 1 et 2, et la table de routage du routeur R_1. Le tunnel établi entre R_1 et R_3 est configuré (et se comporte) comme une liaison louée point à point.

Voyons un exemple de transmission dans un VPN. Considérons un ordinateur du réseau 128.10.2.0 qui envoie un datagramme à un ordinateur situé sur le réseau 128.10.0.0. L'émetteur envoie son datagramme à R_2 qui le fait suivre à R_1. Selon la table de routage de R_1, le datagramme doit être envoyé dans Internet à travers un tunnel entre R_1 et R_3. Avant de transmettre le datagramme à envoyer, R_1 le chiffre, l'encapsule dans la zone Données d'un datagramme de transport avec comme destination R_3. R_1 envoie alors ce datagramme de transport à son FAI qui l'envoie dans le réseau Internet. Le datagramme arrive en R_3 qui le reconnaît comme ayant cheminé dans le tunnel R_1. R_3 extrait les données qu'il contient et les déchiffre pour reconstituer le datagramme original. R_3 examine sa table de routage pour identifier le réseau de destination et envoie ce datagramme à R_4 pour qu'il le livre au destinataire.

20.5 UN VPN AVEC ADRESSAGE PRIVÉ

Un VPN permet à une entreprise de mettre en œuvre le même type d'adressage qu'avec un réseau privé. Si les machines du VPN n'ont pas besoin d'être reliées au réseau Internet, le VPN peut être configuré avec des adresses IP tout à fait arbitraires. En revanche, si certaines machines (voire toutes) ont besoin d'accéder au réseau Internet il est possible de mettre en œuvre un *adressage hybride* (adressage Internet et adressage privé). Mais il y a une petite différence entre un VPN et un réseau privé lorsqu'on utilise un schéma d'adressage entièrement privé : il est malgré tout nécessaire de disposer d'une adresse IP valide par site. Ces adresses correspondent aux adresses des routeurs à chaque extrémité du tunnel. La figure 20.4 illustre ce principe.

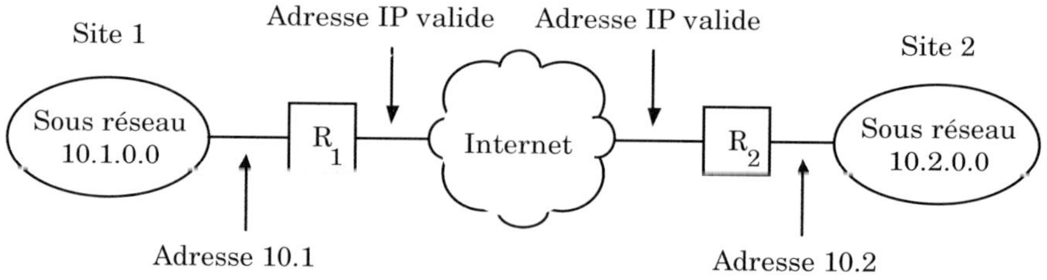

Figure 20.4 — L'adressage dans un VPN qui interconnecte deux sites distants totalement privés au travers du réseau Internet. Les ordinateurs de chaque site disposent d'adresses privées.

Comme le montre la figure 20.4, le site 1 correspond au sous-réseau 10.1.0.0/16 et le site 2, au sous-réseau 10.2.0.0/16. L'un est relié au réseau Internet *via* le routeur R_1, l'autre *via* le routeur R_2. Deux adresses IP valides sont nécessaires, l'une côté R_1, l'autre côté R_2, afin qu'un tunnel puisse être établi dans l'Internet entre R_1 et R_2. Sur chaque site, les tables de routage spécifient des routes vers des adresses privées. Seul le logiciel du VPN en charge de la gestion du tunnel connaît les adresses IP valides, côté Internet. Hormis ce point, l'adressage dans un VPN suit les mêmes règles que celles d'un réseau privé. Dans le cas d'un VPN entièrement isolé de l'Internet, on peut se contenter d'un adressage privé. En revanche, si certaines machines doivent accéder au réseau Internet, il faut alors déployer une architecture hybride avec des adresses IP valides, c'est-à-dire propres au monde Internet.

Une question vient naturellement à l'esprit : comment fournir aux machines d'un site l'accès à Internet sans que soit assignée à toutes les machines une adresse IP déclarée ? Deux solutions générales répondent à ce problème.

La première, de type *passerelle applicative*, permet d'offrir à des machines l'accès aux services Internet sans que chacune ait besoin d'un accès direct à l'Internet. Elle consiste à disposer sur chaque site d'une machine multi-adresses (*multihomed host*) connectée au réseau Internet (*via* une adresse IP valide) et au réseau privé (*via* une adresse privée). Cette machine dispose d'un ensemble de programmes d'application – chaque programme étant une *passerelle applicative* responsable de l'accès au service approprié d'Internet. Ainsi, une machine d'un site n'envoie pas les datagrammes directement sur Internet mais elle les envoie à la passerelle applicative appropriée qui les fait suivre sur Internet. La passerelle sert ainsi de relais aux applications entre Internet et le réseau privé. Nous présentons au chapitre 27 un exemple de *passerelle de courrier électronique* (*e-mail gateway*) qui relaie les courriers électroniques entre les machines internes et externes.

L'avantage de l'approche par passerelle applicative réside dans la possibilité de mettre en œuvre des services sans modification de l'infrastructure réseau ou de l'adressage. En revanche, son principal inconvénient est l'absence de généralisation, qui peut se résumer ainsi :

Une passerelle applicative ne rend le plus souvent qu'un service spécifique. Il faut donc autant de passerelles applicatives que de services à rendre.

En conséquence, bien que les passerelles applicatives soient très pratiques dans certains cas, elles ne résolvent pas le problème en général. C'est pour cette raison qu'une seconde solution a été proposée.

20.6 LA TRANSLATION D'ADRESSES RÉSEAU (NAT)

Nous exposons ici une technique qui résout le problème de l'adressage IP entre des machines d'un environnement privé qui communiquent *via* Internet et qui n'ont pas besoin de posséder, chacune, une adresse IP valide. Cette technique, appelée *translation d'adresses réseau* ou NAT (*Network Address Translation*), permet à un site de n'avoir qu'un seul accès au réseau Internet et donc qu'une seule adresse IP valide. Celle-ci, notée G, est attribuée à l'équipement (routeur ou machine multi-adresse) interconnectant le site au réseau Internet et qui héberge le logiciel réalisant la translation d'adresses. Nous appellerons cet équipement un *translateur d'adresses* ou *NAT box*. (C'est en fait un routeur qui réalise en outre cette fonction.) Tous les datagrammes IP transitent par ce translateur dans les deux sens : sens entrant (d'Internet vers le site) et sens sortant (du site vers Internet).

La NAT consiste, pour un datagramme IP issu du site et à destination de l'Internet, à remplacer son adresse source privée (celle de l'équipement à l'origine du datagramme) par l'adresse G. Vu d'une machine extérieure au site (faisant par exemple partie du monde Internet) le datagramme semble avoir été émis par le routeur d'adresse G (en fait le translateur). Pour un datagramme IP en provenance de l'Internet le translateur doit remplacer l'adresse G de destination par l'adresse locale appropriée. Vu des machines internes au réseau privé, le translateur apparaît comme un routeur pouvant atteindre des machines du réseau Internet.

L'avantage clé de la NAT est la combinaison de deux facteurs : la *généralisation* et la *transparence*. La translation d'adresses est une solution plus générale que celle des passerelles applicatives car elle permet à une machine quelconque d'un site d'accéder à un service quelconque du réseau Internet. La translation d'adresses est transparente car elle permet à une machine interne d'émettre et de recevoir des datagrammes IP tout en utilisant son adresse privée (qui est ni « routable » ni « routée »). En résumé :

La technique de translation d'adresses, ou NAT, procure un mécanisme d'accès transparent au réseau Internet à partir d'un ordinateur possédant une adresse privée.

20.7 CRÉATION DE LA TABLE DE TRANSLATION D'ADRESSES

Lors de la présentation de la technique de translation d'adresses, nous avons omis un détail très important. En effet nous n'avons pas expliqué comment un datagramme IP en provenance d'Internet peut arriver sur la bonne machine (interne au réseau privé). En fait le translateur dispose d'une *table de translation d'adresses* qui réalise le mappage d'adresses. Chaque entrée de la table contient deux éléments : l'adresse IP privée de la machine interne et l'adresse Internet correspondante. À réception d'un datagramme provenant d'Internet, le mécanisme de translation d'adresses examine l'adresse de destination dans l'en-tête du datagramme, extrait de la table de translation l'adresse correspondant à la machine interne et change l'adresse de destination du datagramme par l'adresse de cette machine. Il ne reste plus au translateur qu'à faire suivre ce datagramme sur le réseau local du site vers la machine concernée[1].

La table de translation d'adresses doit être initialisée avant l'arrivée d'un datagramme en provenance d'Internet. Sinon, le mécanisme de translation d'adresses n'a aucun moyen d'identifier la machine à qui doit être renvoyé le datagramme. Quand et comment le translateur doit-il initialiser cette table ? Il existe plusieurs possibilités :

- *Initialisation manuelle*. L'administrateur réseau configure manuellement la table de translation avant que la communication soit établie.
- *Dès l'envoi d'un datagramme sur Internet*. La table est ainsi construite à la volée. Chaque fois qu'un datagramme est émis par une machine interne le translateur crée une nouvelle entrée dans la table comprenant l'adresse de la machine interne et l'adresse de destination correspondante.
- *Sur la base des requêtes DNS entrantes*. La table est construite à partir des requêtes DNS de résolution inverse. Quand une machine de l'Internet fait ce

1. Bien sûr, le fait de changer une adresse dans l'en-tête du datagramme impose au translateur d'adresses de recalculer le total de contrôle d'en-tête.

type de requête pour trouver l'adresse IP[1] d'une machine interne, le translateur crée une nouvelle entrée dans la table de translation et répond à la requête en renvoyant l'adresse G. De l'extérieur, il apparaît que toutes les machines du site mappent sur la même adresse, G.

Chacune des techniques d'initialisation a ses avantages et ses inconvénients. L'initialisation manuelle fournit une correspondance permanente, ce qui permet aux datagrammes d'être envoyés vers toutes les destinations à n'importe quel moment. L'initialisation de la table dès l'envoi d'un datagramme offre l'avantage d'être automatique, cependant cela interdit qu'une machine extérieure au réseau privé puisse prendre l'initiative d'une communication. L'initialisation sur la base des requêtes DNS entrantes oblige à changer le logiciel de nom de domaine (ou de nommage). Ceci permet effectivement à une machine extérieure au réseau privé d'initialiser un échange, mais cela impose à l'émetteur d'effectuer une résolution DNS avant d'envoyer ses datagrammes. La plupart des mécanismes de translation d'adresses construisent leur table à partir des datagrammes sortants. Cette stratégie est très répandue chez les FAI (fournisseurs d'accès Internet). Afin de comprendre pourquoi, considérons le cas d'un FAI qui offre à ses clients l'accès à distance par le réseau téléphonique (*dial-up access*). La figure 20.5 illustre cette situation.

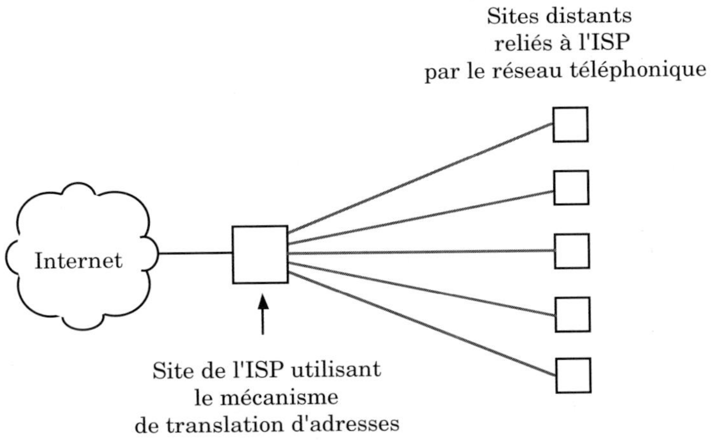

Figure 20.5 — L'utilisation du mécanisme de translation d'adresses par un ISP offrant à ses clients l'accès par le réseau téléphonique. Ce mécanisme permet à l'ISP d'affecter à chaque client une adresse IP privée.

Lorsqu'un client (un utilisateur distant muni par exemple d'un PC et d'un modem) établit une connexion avec son FAI, ce dernier lui attribue une adresse IP. L'utilisation du mécanisme de translation d'adresses permet à ce FAI d'utiliser des adresses privées (par exemple 10.0.0.1 au premier client connecté, 10.0.0.2

1. Au chapitre 24 nous montrons comment fonctionne ce mécanisme DNS.

au second, et ainsi de suite). Lorsqu'un client envoie un datagramme vers un ordinateur situé sur le réseau Internet, le mécanisme de translation d'adresses sur la machine du FAI provoque la mise à jour à la volée de la table de translation lors de l'envoi effectif du datagramme sur l'Internet.

20.8 NAT À MULTI-ADRESSES

Nous avons décrit précédemment une implémentation très simple du mécanisme de translation d'adresses qui effectue un mappage d'adresses de type 1-vers-1, entre une adresse interne et une adresse externe. Ce mappage ne permet à un moment donné qu'à une seule machine du réseau privé d'accéder à Internet. En pratique, on trouve des implémentations de NAT plus complexes qui permettent à plusieurs machines d'un même site d'accéder simultanément à Internet.

Une variante de la NAT autorise cette simultanéité d'accès en s'appuyant toujours sur un mappage d'adresses 1-vers-1, mais en permettant au translateur d'adresses de disposer de plusieurs adresses Internet. Cette variante, appelée *NAT multi-adresses*, affecte au translateur un ensemble de K adresses IP valides : G_1, G_2... G_k. Lorsqu'un premier ordinateur du site veut accéder à Internet, le translateur lui affecte l'adresse G_1, et établit la correspondance dans la table de translation d'adresses. Si un second ordinateur souhaite lui aussi accéder à Internet, l'adresse G_2 lui est affectée, et ainsi de suite jusqu'à G_k.

20.9 NAT À MAPPAGE DE PORT (NAPT)

Une autre variante assez commune de la NAT, et qui autorise elle aussi la simultanéité d'accès, consiste à tenir compte des numéros de ports des protocoles TCP ou UDP dans la translation d'adresses. Cette variante, appelée NAPT (*Network Address Port Translation*), complète la table de translation d'adresses en y incluant des champs additionnels. En plus des deux adresses IP Source et Destination, la table contient les numéros de port des protocoles Source et Destination, et le numéro de port de protocole utilisé par le translateur d'adresses. La figure 20.6 illustre le contenu de cette table de translation.

La table de la figure 20.6 contient les entrées correspondant à quatre ordinateurs internes en cours de communication sur Internet. Chacune des communications utilise le protocole TCP. Notons que deux ordinateurs internes, 10.0.0.5 et 10.0.0.1, accèdent simultanément au port 80 de la machine 128.10.19.20 (c'est le numéro de port de l'application Web). Cela pourrait entraîner des conflits. Pour les éviter, le translateur d'adresses attribue un numéro de port unique à chaque communication vers le réseau Internet. Rappelons que TCP identifie une

Adresse privée	Port privé	Adresse externe	Port externe	Port translateur	Protocole utilisé
10.0.0.5	21023	128.10.19.20	80	14003	TCP
10.0.0.1	386	128.10.19.20	80	14010	TCP
10.0.2.6	26600	207.200.75.200	2114012	TCP	
10.0.0.3	1274	128.210.1.5	8014007	TCP	

Figure 20.6 — Un exemple de table de translation d'adresses utilisée par le mécanisme NAPT. La table inclut à la fois des numéros de port de protocole et des adresses IP.

connexion au moyen d'un quadruplet qui représente l'adresse IP et le numéro de port de protocole de chaque extrémité de la connexion. Les deux premières entrées de la table correspondent aux deux premières connexions TCP. Les deux équipements internes impliqués par cette connexion identifient ces communications par les quadruplets suivants :

```
(10.0.0.5, 21023, 128.10.19.20, 80)

(10.0.0.1, 386, 128.10.19.20, 80)
```

Le serveur Web qui reçoit les datagrammes issus des deux machines après modification par NAPT, identifie ces communications par les quadruplets suivants :

```
(G, 14003, 128.10.19.20, 80)

(G, 14010, 128.10.19.20, 80)
```

où G représente l'adresse Internet utilisée par le translateur d'adresses.

Le principal avantage de la translation NAPT fondée sur le mappage de port, réside dans le caractère général qu'elle procure au moyen d'une seule adresse IP valide. L'inconvénient majeur provient de ce qu'elle restreint les communications uniquement à UDP et TCP. Tant qu'on envisage des communications TCP ou UDP, la translation d'adresses NAPT permet à un ordinateur interne d'accéder aisément à plusieurs ordinateurs du réseau Internet sans interférence. Le codage des ports sur 16 bits permet jusqu'à 2^{16} paires d'applications de communiquer simultanément. En résumé :

> Il existe des variantes au mécanisme de translation d'adresses, NAT, y compris la translation d'adresses par port (NAPT) qui translate aussi bien les numéros de port que les adresses IP.

20.10 INTERACTION ENTRE NAT ET ICMP

Une première remarque porte sur le changement d'une adresse IP dans un datagramme qui peut avoir des effets secondaires inattendus sur les protocoles des couches supérieures. En particulier, si l'on veut que le mécanisme NAT reste transparent, il faut que le translateur d'adresses puisse mettre en œuvre ICMP. Par exemple, supposons qu'un ordinateur interne utilise la commande *ping* pour tester l'accessibilité d'un ordinateur de l'Internet. L'ordinateur s'attend à ce que toute requête ICMP *demande d'écho* lui revienne sous la forme d'une *réponse d'écho*. Le translateur d'adresses doit assurer la retransmission de la réponse d'écho ICMP vers le bon ordinateur quand elle arrive. Toutefois, le translateur d'adresses n'a pas à relayer tous les messages ICMP en provenance d'Internet. Par exemple, si les routes maintenues par le translateur sont incorrectes, il devra traiter en local les demandes ICMP de type redirection. Lorsqu'un message ICMP en provenance d'Internet se présente, le translateur doit d'abord déterminer si le message doit être traité localement ou relayé vers un ordinateur interne. Avant de le faire suivre vers un ordinateur interne, le translateur réalise la translation d'adresses du message ICMP.

Afin de mieux saisir la nécessité (et surtout la difficulté) d'une telle translation, considérons le message ICMP : *ordinateur inaccessible*. Le message contient l'en-tête du datagramme *D* responsable de l'erreur. Il se trouve que l'en-tête de *D* a été transformé avant l'envoi de *D* par le mécanisme de translation d'adresses. De ce fait, l'adresse source de *D* n'est pas celle de l'ordinateur interne (qui est à l'origine du *ping*). Il faut donc reprendre le message ICMP et translater l'adresse contenue dans l'en-tête de *D* afin qu'elle soit conforme à ce qu'elle était lors de son émission par la machine source. Après avoir effectué ce changement d'adresse, il faut aussi recalculer le total de contrôle d'en-tête de *D*, de même que celui de l'en-tête ICMP et de l'en-tête du datagramme IP sortant.

20.11 INTERACTION ENTRE NAT ET LES APPLICATIONS

Bien que ICMP rende la NAT complexe, certains protocoles applicatifs peuvent être encore beaucoup plus difficiles à prendre en compte. En général, le mécanisme de translation d'adresses ne marche pas avec des protocoles qui encapsulent des adresses IP ou des numéros de port de protocole au sein des données du datagramme de transport. Par exemple, lorsque deux programmes utilisent le protocole FTP décrit au chapitre 26, ils sont reliés par une connexion TCP. Un programme obtient un numéro de port de protocole sur sa machine, convertit ce numéro en caractère ASCII et l'envoie à l'autre au travers de la connexion TCP. Si la connexion entre les deux programmes est soumise à une translation d'adresses NAPT (par exemple si l'un des programmes est sur un ordinateur interne et l'autre sur un serveur d'Internet) alors le numéro de port initial apparaissant (en ASCII) dans le flot de données, doit être remplacé par le numéro de port attribué par le mécanisme NAPT. Si le translateur ne sait pas réaliser cette opération, la mise en œuvre de FTP échoue. En pratique, la plupart des implémentations de la NAT reconnaissent les protocoles les plus fréquents, comme FTP, et réalisent les changements nécessaires dans le flot de données. En résumé :

> Le mécanisme de translation d'adresses NAT a des conséquences sur la mise en œuvre d'ICMP et d'autres protocoles des couches supérieures. Hormis certains protocoles très fréquents, comme FTP, les protocoles applicatifs qui encapsulent l'adresse IP et le numéro de port dans les données du datagramme de transport ne fonctionnent pas correctement avec un tel mécanisme.

La nécessité de changer des items au sein du flot de données accroît la difficulté et la complexité du mécanisme NAPT pour deux raisons. Premièrement, le translateur NAPT doit avoir une connaissance précise des applications qui transportent de telles informations. Deuxièmement, si les numéros de port sont représentés en ASCII (comme c'est le cas du protocole FTP), changer la valeur du port peut avoir un impact sur le nombre d'octets à transférer. Dans le cas d'une connexion TCP, rajouter ne serait-ce qu'un seul octet peut être très compliqué car chaque octet dans le flot possède un numéro de séquence. Dans la mesure où l'émetteur ignore qu'il y a eu addition de données, il va continuer à attribuer des numéros de séquence sans tenir compte de cet ajout. Lors de la réception des données ajoutées, le récepteur renvoie un acquittement en conséquence. En conclusion, le translateur doit translater aussi bien les numéros de séquence des datagrammes sortants que les numéros de séquence des acquittements entrants.

20.12 DOMAINES D'ADRESSES CONCEPTUELS

Nous avons décrit le mécanisme de translation d'adresses, NAT, comme pouvant être utilisé pour connecter un réseau privé à Internet. En fait, ce mécanisme sert à interconnecter deux *domaines d'adresses*. Par exemple, NAT permet à deux entreprises ayant un réseau privé dont l'adresse est 10.0.0.0, de communiquer. Plus important encore, ce mécanisme peut être envisagé à deux niveaux : d'une part, entre le domaine d'adresses privées d'un client et le domaine d'adresses privées du FAI, d'autre part, entre le domaine d'adresses du FAI et celui du réseau Internet. Enfin, ce mécanisme peut être combiné avec la technologie VPN pour constituer une architecture hybride dans laquelle les adresses privées concernent les divers sites de l'entreprise. Le mécanisme de translation d'adresses autorise dans ce cas la connectivité de chaque site avec le monde Internet.

Comme autre exemple de translation d'adresses à plusieurs niveaux, considérons un particulier qui dispose d'un réseau local (LAN) comprenant plusieurs ordinateurs. Ce particulier peut avoir un domaine d'adresses privées et utiliser la translation d'adresses pour se connecter au réseau intranet de son entreprise. Cette dernière peut, elle aussi, à son tour, disposer d'un domaine d'adresses privées et mettre en œuvre la translation d'adresses pour accéder au réseau Internet.

20.13 SLIRP ET MASQUERADE

Deux implémentations sous Unix du mécanisme de translation d'adresses sont particulièrement courantes. Le programme SLIRP, dérivé de Unix BSD 4.4, a été conçu pour être utilisé dans une architecture de type accès par le réseau téléphonique comme celle décrite à la figure 20.5. SLIRP combine le protocole PPP et la translation d'adresses NAT en un seul et même programme et fonctionne sur un ordinateur disposant d'une adresse IP valide, d'une connexion permanente au réseau Internet et d'un ou plusieurs modems (configurés en réception). Le principal avantage de SLIRP est qu'il n'a besoin que d'un simple compte utilisateur Unix pour permettre l'accès à Internet. Un ordinateur possédant une adresse privée se connecte à la machine Unix distante et établit une session SLIRP. Une fois le programme SLIRP lancé, l'ordinateur passe du mode terminal (commande ASCII ou mode caractère) au mode PPP. La session PPP étant démarrée, l'ordinateur dispose d'un accès à Internet.

SLIRP implémente également la technique de translation d'adresses par mappage de port, NAPT. Il utilise le numéro de port de protocole pour réaliser le démultiplexage des connexions et peut modifier les numéros de port au même titre que les adresses IP. Il est également possible que plusieurs ordinateurs d'un même site accèdent simultanément à Internet au travers d'une session SLIRP tournant sur un système Unix.

Le système d'exploitation Linux dispose lui aussi d'une implémentation du mécanisme de translation d'adresses. Le programme associé s'appelle Masquerade. Il est lui aussi basé sur le mécanisme NAPT. Contrairement à SLIRP, le programme Masquerade ne nécessite pas la mise en œuvre du service d'accès distant sur les ordinateurs. Par ailleurs, il n'est pas nécessaire qu'un utilisateur ouvre une session Unix avant de démarrer Masquerade. Masquerade offre en outre plusieurs options ; il peut être configuré comme un routeur entre deux réseaux et propose également la plupart des options et variantes de la NAT que nous avons évoquées dans ce chapitre (par exemple l'utilisation de plusieurs adresses IP valides).

20.14 RÉSUMÉ

Un réseau privé assure l'étanchéité du réseau et des machines qui y sont raccordées, cependant son coût reste élevé. La technologie des réseaux privés virtuels,

VPN, est une alternative moins onéreuse qui permet à une entreprise d'utiliser le réseau Internet pour interconnecter ses différents sites en toute sécurité. Un VPN utilise le chiffrement pour garantir la confidentialité du trafic intersite. À la manière des réseaux privés traditionnels, un VPN peut être soit un système totalement isolé (auquel cas, les ordinateurs reçoivent des adresses privées), soit un système hybride qui permet alors des communications entre les ordinateurs internes à l'entreprise et des équipements du réseau Internet.

On distingue deux techniques qui autorisent la communication entre des équipements appartenant à des domaines d'adresses différentes : les passerelles applicatives et la translation d'adresses. Une passerelle applicative travaille à la façon d'un proxy (agent de mandatement) c'est-à-dire qu'elle reçoit une requête de la part d'un équipement situé dans un certain domaine et envoie une requête correspondante à l'attention d'un équipement situé dans un autre domaine. Elle relaye ensuite la réponse (en provenance de la machine questionnée) vers l'équipement ayant émis la requête originale. En général, une passerelle applicative est monoservice, il faut donc autant de passerelles que de services.

La translation d'adresses, NAT, fournit un moyen transparent (au niveau IP) d'accéder à Internet à partir d'un équipement doté d'une adresse privée. La translation d'adresses est particulièrement utilisée par les fournisseurs d'accès à Internet, car cela permet à leurs clients d'accéder à Internet bien que disposant d'adresses privées. Les applications nécessitant l'encapsulation d'adresses ou de numéros de port de protocole (codés ou non) dans les données internes au datagramme, ne fonctionnent pas avec le mécanisme NAT si elles doivent traverser un translateur d'adresses IP. Toutefois, ce dernier peut savoir reconnaître l'application en question et faire les changements d'items nécessaires dans le flot de données. Dans la pratique, la plupart des implémentations du mécanisme de translation d'adresses reconnaissent les protocoles standard, comme FTP.

20.15 POUR EN SAVOIR PLUS

La plupart des distributeurs de routeurs ou de logiciels offrent des solutions de VPN, avec le plus souvent un choix varié de solutions de chiffrement et de mise en œuvre de domaines d'adresses. La presse spécialisée fournit quantité d'informations à ce sujet.

Plusieurs versions de mécanisme de translation d'adresses NAT sont disponibles dans le commerce. La charte du groupe de travail de l'IETF concernant le mécanisme NAT peut être obtenue sur le site Web :

```
http://www.ietf.org/html.charters/nat-charter.html
```

Par ailleurs, Srisuresh et Holdrege [RFC 2263] ont défini la terminologie liée au mécanisme NAT. Le site Web, propre aux *Draft Internet*

`http://www.ietf.org/ID.html`

propose divers documents en cours de réflexion ou d'élaboration sur le sujet.

On peut trouver dans le monde Linux un ensemble d'informations sur le programme Masquerade. Une page de référence se trouve sur le site Web :

`http://ipmasq.cjb.net`

Enfin, des informations sur SLIRP sont fournies dans la documentation du programme. Une page de référence se trouve sur le site Web :

`http://blitzen.canberra.edu.au/slirp`

20.16 EXERCICES

20.1 Dans quelles circonstances un VPN peut-il transférer plus de datagrammes qu'en adressage IP conventionnel sur le réseau Internet ? Pensez au mécanisme d'encapsulation.

20.2 Regardez la documentation relative à SLIRP et analysez le mécanisme de redirection de port. Pourquoi faut-il l'utiliser ?

20.3 Quels problèmes peut-on avoir lorsque trois domaines d'adresses sont reliés à deux translateurs d'adresses *NAT box* ?

20.4 Dans la question précédente combien de fois une adresse de destination est-elle translatée ?

20.5 Considérez le message ICMP *ordinateur inaccessible*, transmis au travers de deux translateurs d'adresses (*NAT box*) qui interconnectent trois domaines d'adresses. Combien de translations d'adresses subit ce message ? Combien cela entraîne-t-il de translation de numéros de port de protocole ?

20.6 Imaginez que vous décidiez de créer un réseau Internet parallèle qui allouerait les adresses dans le même espace d'adresses qu'Internet. Le mécanisme NAT permettrait-il d'interconnecter les deux réseaux Internet disposant d'un espace d'adresses identique ? Si oui, expliquez comment. Dans le cas contraire, dites pourquoi.

20.7 Le mécanisme NAT est-il totalement transparent du point de vue d'un ordinateur ? Pour répondre à cette question essayez de trouver une séquence de datagrammes qu'un ordinateur peut transmettre afin de savoir s'il est ou non relié à un translateur d'adresses.

20.8 Quels sont les avantages et les inconvénients de combiner les technologies NAT et VPN ?

20.9 Procurez-vous le programme SLIRP et voyez comment mesurer ses performances. L'exécution de SLIRP introduit-elle un délai supplémentaire à l'acheminement des datagrammes ? Pourquoi ou pourquoi pas ?

20.10 Procurez-vous le programme NAT et configurez-le sur un système Linux entre un domaine d'adresses privées et le réseau Internet. À votre avis, quels sont les services qui fonctionneront correctement ? Quels sont ceux qui ne fonctionneront pas ?

20.11 Procurez-vous des informations sur la variante de NAT appelée *twice NAT* qui permet d'initialiser, n'importe quand, des communications d'un côté ou de l'autre du translateur d'adresses (*NAT box*). Comment ce nouveau mécanisme assure-t-il une cohérence à la translation d'adresses ? Si deux instances du mécanisme *twice NAT* sont utilisées pour interconnecter trois domaines d'adresses, cela est-il totalement transparent à tous les ordinateurs ?

21

Le modèle d'interaction client-serveur

21.1 INTRODUCTION

Les premiers chapitres ont présenté les détails de la technique TCP/IP, en particulier les protocoles qui assurent les services de base et l'architecture des routeurs qui manipulent les informations de routage nécessaires. Maintenant que nous maîtrisons la technique de base, nous pouvons étudier des exemples de programmes d'application qui tirent parti de la coopération et utilisent un internet TCP/IP. Si les exemples sont à la fois pratiques et intéressants, l'essentiel n'est pourtant pas là. Nous nous concentrerons essentiellement, en effet, sur les modèles d'interaction entre programmes d'application communicants. Le modèle primaire d'interaction entre applications coopérantes est le paradigme du *client-serveur*. Il est à l'origine de la plupart des communications dans les réseaux. Fondamental, il nous aide à comprendre les bases indispensables de la construction des algorithmes répartis. Ce chapitre traite des relations entre client et serveur. Il introduit les derniers chapitres qui illustrent le modèle client-serveur à l'aide d'exemples plus complets.

21.2 LE MODÈLE CLIENT-SERVEUR

Le terme *serveur* s'applique à tout programme qui offre un service que l'on peut atteindre à travers un réseau. Le serveur accepte des demandes issues du réseau, les traite et renvoie le résultat au demandeur. Pour les services les plus simples, les demandes sont véhiculées par un seul datagramme IP et le serveur répond en retournant un seul datagramme IP.

Un programme qui s'exécute devient un *client* lorsqu'il émet une demande vers un serveur et qu'il attend une réponse. Comme le modèle client-serveur est pratique et constitue une extension de la communication interprocessus sur un ordinateur, il est facile de construire des programmes qui se servent de ce mécanisme pour interagir.

Les serveurs peuvent accomplir des tâches simples ou des tâches complexes. Par exemple, un *serveur d'horodate* (*time-of-the-day server*) donne l'heure à tout client qui la lui demande. Un *serveur Web* reçoit d'un navigateur des demandes de chargement de pages Web. Le serveur exécute l'opération et renvoie le résultat au demandeur.

Les serveurs sont habituellement conçus sous forme de programmes d'application[1]. De tels programmes présentent l'avantage de s'exécuter sur tout calculateur supportant les communications TCP/IP. Un serveur particulier peut en effet s'exécuter sur un système en temps partagé concurremment avec d'autres programmes. Il peut aussi s'exécuter sur un système individuel. Plusieurs serveurs peuvent proposer le même service et peuvent s'exécuter sur le même ordinateur ou sur des ordinateurs différents. En fait, il est fréquent d'exécuter différentes copies d'un serveur donné sur des ordinateurs distincts, pour accroître la fiabilité. Si un ordinateur est plus particulièrement chargé de l'exécution d'un serveur particulier, le terme serveur peut s'appliquer à l'ordinateur lui-même comme au programme. Il est donc possible d'entendre des phrases telles que : « Notre serveur de fichiers est l'ordinateur A. »

21.3 EXEMPLE SIMPLE : LE SERVEUR D'ÉCHO UDP

La forme la plus simple d'interaction client-serveur utilise le transport non fiable de datagrammes pour échanger des messages entre client et serveur. Prenons l'exemple d'un *serveur d'écho UDP*. Les mécanismes, comme le montre la figure 21.1, sont évidents. Au niveau du serveur, un *processus serveur d'écho UDP* commence par négocier avec le système local le droit d'utiliser l'identificateur de port réservé au serveur d'écho UDP. Ce port est appelé port d'écho UDP. Une fois l'autorisation obtenue, le serveur entre dans une boucle infinie qui comporte trois étapes : (1) attendre de recevoir un datagramme sur le port d'écho UDP, (2) permuter les adresses source et destination[2], (3) renvoyer le datagramme à son émetteur. Un programme s'exécutant sur un autre site devient un *client d'écho UDP* lorsqu'il demande l'allocation d'un port UDP inutilisé, envoie un datagramme au serveur d'écho UDP et attend la réponse. Le client s'attend à recevoir des données rigoureusement identiques à celles qu'il a émises.

---

1. Beaucoup de systèmes d'exploitation appellent *processus utilisateur* ou *tâches* les programmes d'application.

2. Un des exercices suggère l'étude détaillée de ce point.

Le service d'écho UDP illustre deux points importants qui sont généralement vérifiés dans les interactions client-serveur. Le premier concerne la différence entre la durée de vie des serveurs et des clients :

Un serveur commence à s'exécuter avant le début des interactions et (en général) accepte des demandes et envoie des réponses sans jamais s'arrêter. Un client est un programme qui émet une demande puis attend une réponse. Le client se termine généralement après avoir sollicité un serveur un nombre fini de fois.

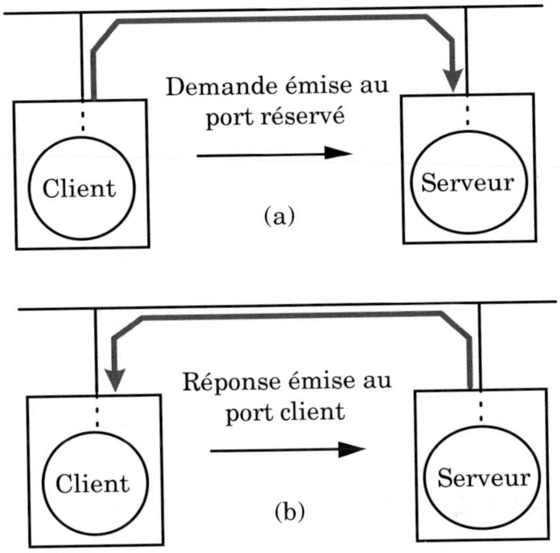

Figure 21.1 — Écho UDP comme exemple d'interaction client-serveur. Dans (a), le client émet une demande à un serveur situé à une adresse IP connue, à destination d'un port UDP réservé. Dans (b), le serveur renvoie une réponse. Les clients utilisent tout port UDP non réservé disponible.

Le second point est plus technique. Il concerne l'utilisation des identificateurs de ports réservés et non réservés :

Un serveur attend l'arrivée d'une demande sur un port réservé affecté à ce service. Un client utilise un port quelconque, inutilisé et non réservé, pour sa communication.

Dans une interaction client-serveur, seul l'un des deux ports doit être un port réservé. Affecter un identificateur de port unique à chaque service facilite la conception des clients comme des serveurs.

Qui utilise un service d'écho ? Ce service n'est pas intéressant pour les utilisateurs courants. Mais les programmeurs système qui conçoivent, réalisent, évaluent ou modifient les logiciels de communication et les administrateurs de réseaux qui testent des routes ou corrigent des problèmes de communication, utilisent souvent ce service d'écho UDP. Les serveurs d'écho peuvent également être utiles pour voir si l'on peut accéder à un ordinateur distant.

21.4 LE SERVICE D'HORODATE

Le serveur d'écho est extrêmement simple ; il ne faut donc que peu de code pour réaliser le serveur ou le client (en supposant que le système d'exploitation offre des moyens raisonnables d'accès aux protocoles UDP/IP sous-jacents). Notre second exemple, le serveur d'horodate, prouve qu'une simple interaction client-serveur peut toutefois rendre des services appréciables. Il résout le problème de la mise à l'heure de l'horloge d'un calculateur, l'horloge étant l'entité qui gère la date et l'heure courante pour les mettre à la disposition des programmes.

De nombreux systèmes résolvent le problème de son initialisation en demandant la date et l'heure au programmeur lors du démarrage du système. Ils incrémentent ensuite périodiquement l'horloge (toutes les secondes, par exemple). Lorsqu'un programme d'application demande la date et l'heure, le système, après avoir consulté l'horloge interne, les lui présente sous forme lisible. Il est possible d'utiliser une interaction client-serveur pour initialiser automatiquement la date et l'heure au démarrage du système. Pour ce faire, un administrateur système configure un ordinateur, celui qui a l'horloge la plus précise, de façon à ce qu'il devienne serveur d'horodate. Les autres ordinateurs, lors de leur démarrage, appellent alors ce serveur pour en obtenir l'heure et la date.

21.4.1 Représentation des date et heure

Comment un système d'exploitation conserve-t-il la date et l'heure ? Une des solutions consiste à manipuler la date et l'heure sous forme de nombre de secondes écoulées depuis une date donnée. Par exemple, le système Unix utilise la seconde 0 du 1er janvier 1970 comme date initiale. Les protocoles TCP/IP définissent aussi une date initiale et mesurent le temps en secondes écoulées depuis cette date. Pour TCP/IP, la date initiale est la seconde 0 du 1er janvier 1900 et la date courante est conservée dans des entiers sur 32 bits. Cette représentation est compatible avec toutes les dates du futur proche.

Conserver la date et l'heure sous forme du nombre de secondes écoulées depuis une date initiale permet une représentation condensée qui facilite les comparaisons. De plus, elle lie la date et l'heure tout en permettant la mesure du temps par simple incrémentation d'un entier binaire.

21.4.2 Dates locale et universelle

Étant donné une date initiale, quel fuseau horaire choisir ? Lorsque deux systèmes communiquent sur des distances géographiques importantes, utiliser l'heure locale de l'un ou de l'autre devient difficile. Ils doivent s'accorder sur une horodate normalisée pour pouvoir disposer de dates comparables. Donc, en plus de la représentation du temps et de la définition d'une date initiale, le serveur TCP/IP d'horodatage spécifie que toutes les dates sont indiquées par rapport à un même fuseau horaire. Le fuseau horaire de référence est ce qu'on appelle le *temps universel coordonné* (TUC) ou *temps universel* (TU).

L'interaction entre client et serveur de date se réalise de façon analogue à ce qu'on a vu avec le serveur d'écho. Côté serveur, l'application serveur demande l'autorisation d'utiliser le port réservé aux serveurs de date. Elle attend l'arrivée d'un message UDP sur ce port et répond en envoyant un message qui contient la date et l'heure courantes sous forme d'un entier sur 32 bits. Pour résumer :

> Envoyer un datagramme à un serveur d'horodatage équivaut à faire une demande pour connaître la date et l'heure courantes. Le serveur répond en retournant un message UDP qui contient les date et heure courantes.

21.5 COMPLEXITÉ DES SERVEURS

Les serveurs de nos exemples sont, jusqu'ici, plutôt simples car ils sont séquentiels, c'est-à-dire qu'un processus serveur traite une seule demande à la fois. Après avoir accepté la demande, le serveur fabrique une réponse qu'il renvoie avant d'aller voir s'il y a une autre demande à traiter. Nous avons supposé implicitement que le système met, en cas d'occupation, les demandes destinées au serveur dans une file d'attente et que la taille de la file reste raisonnable parce que le serveur n'a que peu de travail.

En pratique, les serveurs sont beaucoup plus difficiles à construire que les clients parce qu'ils doivent pouvoir satisfaire plusieurs demandes simultanément et ce, même si une seule demande génère une grosse quantité de travail. Considérons, par exemple, un serveur chargé de copier, à la demande, un fichier sur un autre ordinateur. Lorsque le processus principal du serveur accepte une nouvelle demande il engendre un *processus fils* pour la traiter et attend immédiatement la demande suivante. Le serveur passe généralement par les cinq étapes suivantes :

- *Ouverture d'un port*. Le serveur ouvre un port réservé pour en permettre l'accès.
- *Attente d'un client*. Le serveur attend qu'un nouveau client émette une demande.

- *Choix d'un port.* Si nécessaire, le serveur demande l'allocation d'un nouveau port local pour traiter la demande et en informe le client (nous verrons que cette étape est inutile avec TCP).
- *Génération d'un processus fils.* Le serveur génère un processus fils indépendant (une copie du processus père) pour servir cette demande (dans Unix, par exemple, un *fork* est effectué sur une copie du processus serveur). Le processus fils traite ensuite la demande et se termine — il n'attend pas de demandes d'autres clients.
- *Boucle.* Le serveur revient à l'état *attente* et accepte de nouvelles demandes pendant que des processus indépendants traitent concurremment les demandes précédentes.

Comme le serveur engendre un processus fils pour chaque nouvelle demande, l'exécution des traitements est concurrente. Ainsi les demandes qui nécessitent peu de temps de traitement se terminent avant celles qui sont plus longues à satisfaire. La fin des demandes est donc indépendante de leur ordre d'arrivée. Si, par exemple, un premier client contacte un serveur de fichiers pour demander l'envoi d'un gros fichier dont le transfert dure plusieurs minutes et qu'un second client contacte le serveur pour demander l'envoi d'un fichier dont le transfert ne dure que quelques secondes, le second transfert peut démarrer et s'achever tandis que le premier se poursuit.

À la complexité due à la gestion des demandes simultanées, s'ajoute celle due à la gestion des accès et des protections. Les programmes serveurs s'exécutent souvent avec les privilèges les plus élevés. Ils ont besoin de lire des fichiers système, de conserver des traces et d'accéder à des données protégées. Ils ne peuvent donc pas honorer toutes les demandes aveuglément. Chaque serveur est responsable du contrôle des autorisations d'accès au système et du respect des protections.

Enfin, les serveurs doivent se protéger contre les demandes mal formulées susceptibles de les bloquer. Il est souvent difficile de prévoir les problèmes *a priori*. Il en a été ainsi d'un projet de l'université de Purdue visait à réaliser un serveur de fichiers permettant aux systèmes d'exploitation des étudiants d'accéder à des fichiers se trouvant sur un système Unix en temps partagé. Les étudiants ont découvert qu'une demande d'ouverture d'un fichier appelé */dev/tty* adressée au serveur le bloquait. Unix associe en effet ce nom au terminal auquel est attaché un programme et le serveur, activé au démarrage du système, n'était lié à aucun terminal. Une fois le programme serveur arrêté, les ordinateurs se trouvaient dans l'impossibilité d'accéder aux fichiers tant qu'un programmeur système n'avait pas redémarré le serveur.

On a pu voir un autre exemple, plus grave, de vulnérabilité d'un serveur lorsqu'à l'automne 1988, un étudiant de l'université Cornell a écrit un *ver* qui s'est propagé dans les ordinateurs d'Internet. Quand il s'exécutait sur une machine, le ver cherchait sur Internet les serveurs qu'il savait exploiter et les utilisait pour se dupliquer. Dans une des attaques, le ver utilisait une bogue du serveur *fingerd* d'Unix. Le serveur ne vérifiant pas les entrées, le ver envoyait une chaîne de caractères illégale qui provoquait l'écrasement des tables de données internes du serveur. Ce dernier, qui s'exécutait avec le plus haut niveau de privilèges, était alors trompé et autorisait le ver à se dupliquer.

Nous pouvons résumer ceci de la façon suivante :

> Les serveurs sont généralement plus difficiles à construire que les clients car même s'ils peuvent être implémentés sous forme de programmes d'application, ils doivent assurer le contrôle d'accès, gérer les protections du système sur lequel ils s'exécutent et se protéger eux-mêmes contre toutes les erreurs possibles.

21.6 SERVEUR RARP

Jusqu'à présent, tous nos exemples d'interactions client-serveur supposaient que le client connaissait l'adresse complète du serveur. Le protocole RARP du chapitre 6 présente un exemple d'interaction client-serveur d'un genre légèrement différent. Rappelez-vous qu'une machine peut utiliser le protocole RARP pour connaître son adresse IP. Au lieu d'avoir un dialogue direct entre client et serveur, les clients RARP diffusent leur demande sur le réseau. Un ou plusieurs ordinateurs exécutant les serveurs RARP répondent, chacun renvoyant un datagramme RARP qui contient la réponse.

Il y a deux différences importantes entre un serveur RARP et un serveur d'écho UDP ou un serveur d'horodatage. Premièrement, les datagrammes RARP traversent le réseau dans des trames et non dans des datagramme IP. Donc, contrairement au serveur d'écho UDP qui autorise un client à contacter un serveur où qu'il se trouve dans un internet, le serveur RARP et ses clients doivent se trouver sur le même réseau. Deuxièmement, les serveurs d'écho ou de date peuvent être conçus comme des programmes d'application tant que le système permet l'accès au protocole UDP, alors que le système doit fournir l'accès au niveau trame pour que le serveur RARP soit écrit comme un programme d'application.

21.7 LES ALTERNATIVES AU MODÈLE CLIENT-SERVEUR

Quelles sont les alternatives aux interactions client-serveur et dans quelles conditions peuvent-elles être intéressantes ? Cette section donne au moins une réponse à cette question.

Dans le modèle client-serveur, les processus se comportent généralement comme des clients lorsqu'ils ont besoin d'informations, mais il est parfois important de minimiser ces interactions. Le protocole ARP du chapitre 5 en donne un exemple. Il utilise une version modifiée de l'interaction client-serveur pour obtenir la correspondance avec les adresses physiques. Les ordinateurs mémorisent les réponses dans des caches ARP afin d'améliorer l'efficacité des demandes ultérieures. L'utilisation d'une mémoire cache (ou antémémoire) améliore l'efficacité des interactions client-serveur dans les cas où l'historique récent des demandes est un bon indicateur de l'utilisation future.

Bien que la mémoire cache améliore les performances, elle ne modifie pas la nature des interactions client-serveur. La substance tient, dans notre affirmation, à ce que le traitement doit être piloté par la demande. Nous avons supposé qu'un programme s'exécutait jusqu'à ce qu'il ait besoin d'information et qu'il se comportait ensuite comme un client pour obtenir l'information nécessaire. Cette vision d'un monde piloté par la demande est naturelle et résulte de notre expérience. L'utilisation de mémoire cache contribue à diminuer les coûts d'obtention de l'information en abaissant les coûts de recherche pour tous les processus à l'exception du premier.

Comment peut-on diminuer le coût de recherche de l'information pour la première demande ? Dans un système réparti, il est possible d'avoir des tâches de fond qui collectent et propagent l'information, avant qu'aucun programme particulier n'en ait demandé l'accès. Ceci contribue à maintenir un faible coût de recherche de l'information même pour la première demande. Plus important encore, la collecte anticipée de l'information peut permettre à un système donné de continuer à fonctionner même si certains ordinateurs ou le réseau qui les relie tombent en panne.

La commande *ruptime* d'Unix 4 BSD est basée sur la collecte anticipée. Cette commande, lorsqu'elle est invoquée, renvoie la charge de l'unité centrale et le temps écoulé depuis le dernier démarrage de chacun des ordinateurs d'un réseau local. Des tâches de fond, sur ces ordinateurs, diffusent périodiquement ces informations, d'autres collectent les informations reçues depuis le réseau et les enregistrent dans des fichiers. Comme chaque ordinateur a une copie des dernières informations disponibles, le client n'a jamais besoin d'accéder au réseau. Il lit l'information sur des mémoires secondaires et l'affiche sous forme lisible.

Collecter l'information localement, en anticipant la demande de l'utilisateur, présente l'avantage majeur de la rapidité. La commande *ruptime* répond instantanément, sans devoir attendre que l'information traverse le réseau. Avantage secondaire, le client peut trouver des informations concernant des ordinateurs qui ne fonctionnent plus. En particulier, si un ordinateur cesse de répondre, le client peut connaître la durée écoulée depuis la dernière diffusion (il peut donc déterminer pendant combien de temps l'ordinateur a été déconnecté).

L'inconvénient majeur de la collecte anticipée est qu'elle consomme du temps UC et de la capacité réseau, même lorsque personne ne s'intéresse aux données collectées. Par exemple, la commande ruptime diffuse et collecte des informations toute la nuit, même lorsque personne n'est connecté pour lire cette information. Lorsqu'il n'y a que quelques ordinateurs connectés à un réseau, le coût de la collecte anticipée est insignifiant. Le travail de fond correspondant peut être considéré comme négligeable. Dans le cas de réseaux comportant un grand nombre d'ordinateurs, le coût associé au volume du trafic de diffusion dû à la collecte anticipée est prohibitif. En particulier, les coûts de lecture et de traitement des messages de diffusion sont élevés. La collecte anticipée ne compte donc pas parmi les alternatives les plus utilisées pour remplacer le modèle client-serveur.

21.8 RÉSUMÉ

Les applications réparties ont besoin des réseaux et ont souvent recours à un mode de fonctionnement du type client-serveur. Un serveur attend une demande puis effectue le traitement correspondant à cette demande. Ce traitement comporte en général l'émission d'une réponse. Un client formule une demande, l'envoie au serveur puis attend une réponse.

Nous avons présenté différents exemples d'interactions client-serveur et constaté que dans certains cas les clients émettent directement les demandes au serveur tandis que dans d'autres ils diffusent leurs demandes. La diffusion est particulièrement importante sur les réseaux locaux, lorsqu'un ordinateur ignore l'adresse d'un serveur.

Nous avons également constaté que les serveurs qui utilisent des protocoles tels qu'UDP peuvent accepter et traiter des demandes émises sur un internet. S'ils communiquent en utilisant des trames et des adresses physiques, clients et serveurs doivent appartenir au même réseau.

Enfin, nous avons considéré une alternative au paradigme client-serveur. Celle-ci consiste à collecter l'information par anticipation pour éviter les délais de traitement. Exemple de collecte anticipée : le service d'indication de l'état d'un ordinateur.

21.9 POUR EN SAVOIR PLUS

Le service d'écho UDP est défini dans Postel [RFC 862]. La commande ruptime n'est qu'une partie du mécanisme *rwho* décrite dans les manuels UNIX. Feinler *et al.* (1985) spécifient de nombreux standards de protocoles de serveurs dont on n'a pas parlé ici dont *discard*, la génération de caractères, les utilisateurs actifs et le jour de la semaine (on en a parlé). Les chapitres suivants en présentent d'autres.

21.10 EXERCICES

21.1 Fabriquez un client d'écho UDP qui émette un datagramme vers un serveur d'écho spécifique, qui attende une réponse et la compare au message original.

21.2 Étudiez attentivement la manipulation des adresses IP dans un serveur d'écho UDP. Dans quelles conditions est-il illicite de créer de nouvelles adresses IP en permutant les adresses source et destination ?

21.3 Comme nous l'avons vu, les serveurs peuvent être réalisés au moyen de programmes d'application séparés ou en construisant le code des serveurs dans le logiciel du protocole d'un système d'exploitation. Quels sont les avantages et les inconvénients d'avoir un programme d'application (processus utilisateur) par serveur ?

21.4 Supposez que vous ne connaissiez pas l'adresse IP d'un ordinateur local exécutant un serveur d'écho UDP mais que vous sachiez que ce service correspond au port 7. Existe-t-il une adresse IP que vous puissiez utiliser pour l'atteindre ?

21.5 Construisez un client pour le service d'horodatage UDP.

21.6 Caractérisez les situations dans lesquelles un serveur peut être sur un réseau différent de celui du client. Est-ce possible pour un serveur RARP ? Pourquoi ?

21.7 Quel est l'inconvénient majeur lié au fait d'avoir des ordinateurs qui diffusent périodiquement leur état ?

21.8 Étudiez le format des données diffusées par les serveurs qui réalisent la commande ruptime d'Unix 4 BSD. Quelles informations sont fournies au client, en plus de l'état de l'ordinateur ?

21.9 Quels sont les serveurs qui s'exécutent sur votre site ? Si vous n'avez pas accès aux fichiers de configuration qui listent les serveurs d'un ordinateur donné, voyez si votre système a une commande qui imprime la liste des ports TCP et UDP ouverts (par exemple la commande UNIX *netstat*).

21.10 Certains serveurs disposent d'une possibilité d'arrêt en douceur ou de redémarrage. Quel peut être l'intérêt d'un arrêt en douceur ?

22

L'interface des sockets

22.1 INTRODUCTION

Jusqu'ici, nous nous sommes focalisés sur les principes et concepts de base des protocoles TCP/IP, sans décrire l'interface entre les programmes d'application et les logiciels des protocoles. Ce chapitre étudie un exemple d'API (*Application Program Interface*, interface de programme d'application) entre programmes d'application et protocoles TCP/IP. Deux raisons justifient que l'on ait retardé l'étude des interfaces. La première est que nous devons, en principe, faire la distinction entre les interfaces et les protocoles TCP/IP car les standards ne spécifient pas précisément comment les programmes d'application interagissent avec les interfaces. La structure des interfaces n'est donc pas normalisée et leur conception dépasse le cadre de l'étude de la famille des protocoles TCP/IP. Deuxièmement, il est maladroit de lier un protocole à une interface particulière : une structure d'interface donnée ne fonctionne pas nécessairement sur tous les systèmes. En particulier, puisque les protocoles s'appuient sur les systèmes d'exploitation, les détails de leurs interfaces sont très dépendants de ces systèmes.

En dépit de l'absence de standard, le rappel d'un exemple nous aidera à comprendre comment les programmeurs utilisent TCP/IP. Si l'exemple retenu a été tiré du système d'exploitation Unix BSD, il a néanmoins été largement accepté et utilisé dans de nombreux autres systèmes. C'est le cas en particulier, pour l'interface *Windows Sockets* de Microsoft que les programmeurs appellent souvent *Winsock*, et qui offre les fonctions d'interface sockets au système Microsoft Windows. Le lecteur devra se souvenir qu'ici notre intention est plus de donner un exemple concret que de définir la façon dont les API doivent être conçues. Il devra savoir que les opérations mentionnées dans ce chapitre ne font pas partie d'un quelconque standard TCP/IP.

22.2 LE PARADIGME DES ENTRÉES/SORTIES ET DES ACCÈS RÉSEAU D'UNIX

Le système Unix, développé à la fin des années 1960 et au début des années 1970, a été conçu, à l'origine, comme un système multitâche pour machine monoprocesseur. C'est un système orienté processus dans lequel un programme d'application s'exécute sous forme de processus utilisateur qui interagit avec le système d'exploitation au moyen d'*appels système*. Du point de vue du programmeur, les appels systèmes se comportent comme les autres appels de procédure : ils acceptent des arguments d'entrée et renvoient un ou plusieurs résultats. Les arguments peuvent être des valeurs (un compteur entier, par exemple) ou des pointeurs vers des objets du programme d'application (par exemple, un tampon mémoire qu'il faut remplir de caractères).

Les primitives d'entrées/sorties (E/S) d'Unix sont dérivées de celles du système Multics et de systèmes plus anciens. Elles sont conformes à un modèle parfois référencé sous le nom « *ouvrir-lire-écrire-fermer* » (*open-read-write-close*). Avant qu'un processus utilisateur puisse effectuer des opérations d'entrée/sortie, il invoque *open* (*ouvrir*) pour désigner le périphérique ou le fichier à utiliser et obtenir le droit de l'utiliser. L'appel à *open* renvoie un *descripteur de fichier*[1], petit nombre entier dont se sert le processus pour effectuer des opérations d'E/S sur le périphérique ou le fichier ouvert. Après ouverture, le processus utilisateur effectue un ou plusieurs appels aux primitives *read* (*lire*) et *write* (*écrire*) pour transférer des données : *read* pour passer des données au programme d'application, *write* pour les écrire sur un fichier ou un périphérique. Les primitives *read* et *write* prennent trois arguments qui définissent le descripteur du fichier à manipuler, l'adresse d'un tampon mémoire et le nombre d'octets à transférer. Lorsque toutes les opérations de transfert sont terminées, le processus utilisateur invoque *close* (*fermer*) pour avertir le système d'exploitation qu'il en a fini avec cet objet (le système d'exploitation ferme automatiquement les objets ouverts par un processus utilisateur qui se termine sans avoir invoqué *close*).

22.3 ENRICHIR UNIX AVEC DES E/S RÉSEAU

À l'origine, les concepteurs d'Unix prenaient en compte toutes les opérations du paradigme *ouvrir-lire-écrire-fermer*. Le modèle comportait des opérations d'entrée/sortie pour des appareils en mode caractère comme les terminaux asynchrones et des appareils en mode bloc comme les unités de disque ou les fichiers de données. Les premières mises en œuvre de TCP/IP sous Unix ont appliqué le paradigme *ouvrir-lire-écrire-fermer* à un fichier spécial */dev/tcp*.

1. Le terme « descripteur de fichier » apparaît parce que, dans Unix, tous les périphériques sont enregistrés dans l'espace des noms de fichiers du système. Dans la plupart des cas, les opérations d'entrées/sorties sur les fichiers, les périphériques ou autres ne peuvent se distinguer.

Les protocoles de réseau étant plus complexes que ceux des périphériques classiques, le groupe responsable de l'intégration des protocoles de communication dans Unix BSD a décidé que les interactions entre les processus utilisateur et les protocoles de communication devaient être plus complexes que celles entre les processus utilisateur et les périphériques. En particulier, les interfaces devaient permettre aux programmeurs de créer aussi bien des serveurs capables d'attendre passivement des demandes d'établissement de connexion que des clients qui participent activement à l'établissement des connexions. De plus, les programmes d'application qui émettent des datagrammes peuvent souhaiter indiquer la destination au niveau de chaque datagramme et non figer la destination au moment de l'invocation d'*open*. Pour prendre en compte ces cas, les concepteurs d'Unix ont choisi d'abandonner le paradigme *ouvrir-lire-écrire-fermer* traditionnel et ont ajouté de nouveaux appels système ainsi que de nouvelles bibliothèques de procédures. L'ajout à Unix de protocoles de communication a donc considérablement augmenté la complexité de l'interface d'entrée/sortie.

Les concepteurs ont, de plus, tenté de définir un mécanisme général susceptible de prendre en compte un grand nombre de protocoles. Cette généralité permet au système d'exploitation de comporter des logiciels prévus pour d'autres protocoles que TCP/IP et aux programmes d'application d'utiliser plusieurs familles de protocoles. En conséquence, les programmes d'application ne peuvent se contenter de fournir une adresse sur 32 bits en supposant que le système d'exploitation en fera une interprétation correcte. L'application doit indiquer explicitement que cette adresse de 32 bits est une adresse IP.

22.4 LE CONCEPT DE SOCKET

Les accès réseau d'Unix BSD utilisent un concept baptisé *tube nommé* ou *socket*[1]. Les sockets constituent une généralisation du mécanisme Unix d'accès aux fichiers. Ils permettent de définir une extrémité de connexion. Comme dans le cas des accès aux fichiers, les programmes d'application demandent au système d'exploitation de créer des sockets lorsqu'ils en ont besoin. Le système renvoie un petit nombre entier utilisé par le programme d'application pour référencer le nouveau socket. La différence fondamentale entre les sockets et les descripteurs de fichiers est que, lorsque le programme d'application invoque *open*, le système d'exploitation associe un descripteur de fichier à un fichier ou à un périphérique bien précis, alors qu'il peut créer des sockets sans les associer à une adresse de destination spécifique. L'application peut donc choisir de mentionner à chaque fois

1. Dans cette section nous considérons les sockets comme éléments du système d'exploitation ; c'est en effet comme cela qu'ils apparaissent dans le système Unix BSD. Vous verrez plus loin comment d'autres systèmes d'exploitation utilisent des procédures de bibliothèques pour offrir une interface socket.

la destination ou d'associer le socket à une adresse spécifique pour ne pas avoir à répéter systématiquement une même adresse de destination (pendant l'établissement d'une connexion TCP, par exemple).

Les sockets, à chaque fois que cela a un sens, se comportent de façon identique à des fichiers ou périphériques Unix. Ainsi les opérations classiques *read* ou *write* peuvent être utilisées. Dans le cas d'une connexion TCP, par exemple, une fois que le programme d'application a établi une connexion TCP vers une destination donnée à partir d'un socket, le programme peut utiliser *write* pour émettre un datagramme sur cette connexion (le programme situé à l'autre extrémité de la connexion peut utiliser *read* pour lire le datagramme). Pour rendre sûre l'utilisation des primitives *write* ou *read*, le système d'exploitation alloue des descripteurs de sockets et des descripteurs de fichiers extraits d'un ensemble unique de nombres, afin d'éviter qu'un même numéro ne soit utilisé à la fois comme descripteur de fichier et comme descripteur de socket.

22.5 CRÉATION D'UN SOCKET

La fonction *socket* crée un socket à la demande. Il accepte trois arguments entiers et renvoie un résultat entier :

```
résultat = socket (pf, type, protocole)
```

L'argument *pf* indique la famille de protocoles utilisée par le socket. Cet argument précise l'interprétation qui doit être faite des adresses fournies. Les familles les plus courantes sont la famille TCP/IP (*PF_INET*), celle de Xerox (*PF_PUP*), celle d'Apple (*PF_APPLETALK*) et celle du système de fichiers d'Unix (*PF_UNIX*).

L'argument *type* indique le type de communication souhaité. Les types possibles comprennent le service de remise fiable de données en mode connecté, *SOCK_STREAM*, le service de remise de datagramme en mode non connecté *SOCK_DGRAM* et le service *SOCK_RAW* qui permet à des programmes d'application privilégiés d'accéder aux interfaces réseau ou aux protocoles des couches basses. Deux types supplémentaires ont été prévus, mais ne sont pas mis en œuvre.

Cette approche générale ne permet pas, contrairement aux apparences, de traiter facilement tous les cas, et ce, pour deux raisons. La première tient à ce qu'une famille de protocoles donnée peut ne pas assurer un ou plusieurs services de ce type. Par exemple, la famille Unix dispose d'un mécanisme de communication interprocessus appelé *tube* (*pipe*) qui utilise un service de remise fiable mais n'a pas de mécanisme de remise en séquence. Toutes les combinaisons de familles de protocoles et de types de services ne sont pas significatives. La seconde raison provient de ce que certaines familles de protocoles ont plusieurs protocoles assurant un type de service donné. Une famille de protocoles peut, par exemple, comporter deux protocoles de remise non fiable de datagrammes. Pour prendre en compte les divers protocoles d'une même famille, la fonction *socket* comporte un troisième argument *protocole* qui est utilisé pour sélectionner un protocole particulier. Pour pouvoir utiliser ce troisième argument, le programmeur doit comprendre et connaître suffisamment la famille de protocoles pour en choisir un en fonction du type de service qu'il assure.

Comme les concepteurs ont essayé de mettre nombre d'opérations classiques d'Unix dans la conception des sockets, ils ont cherché à simuler le fonctionnement du mécanisme de tube. La compréhension détaillée du mécanisme des tubes n'est pas nécessaire, seules les caractéristiques essentielles sont importantes. Les tubes diffèrent des opérations d'accès au réseau parce que le processus appelant crée simultanément les deux extrémités de la connexion. Pour prendre les tubes en compte, les concepteurs ont introduit une fonction *socketpair* qui prend la forme suivante :

```
socketpair (pf, type, protocole, stab)
```

Socketpair possède un argument de plus que la fonction *socket, stab*. Cet argument supplémentaire indique l'adresse d'un tableau de deux éléments entiers. *Socketpair* crée simultanément deux sockets et place les descripteurs correspondants dans les deux éléments du tableau *stab*. Le lecteur comprendra que *socketpair* n'est significatif que lorsqu'il s'applique aux protocoles de la famille TCP/IP (il n'est introduit ici qu'à seule fin de donner une description complète de l'interface).

22.6 HÉRITAGE ET TERMINAISON DES SOCKETS

Unix utilise les appels système *fork* (se répliquer) et *exec* (exécuter la copie) pour activer de nouvelles applications. C'est une procédure en deux temps. Dans le premier temps, *fork* crée une copie du processus d'application en cours d'exécution. Dans un second, la nouvelle copie est remplacée par le programme d'application désiré. Lorsqu'un programme appelle *fork*, la nouvelle copie hérite de tous les sockets et fichiers ouverts. Lorsqu'un programme appelle *exec*, la nouvelle application conserve l'accès à tous les sockets ouverts. Nous verrons que les serveurs maîtres utilisent l'héritage des sockets lorsqu'ils créent des serveurs secondaires pour gérer une connexion donnée. Le système d'exploitation, en interne, conserve un compteur de références associé à chaque socket. Il peut ainsi connaître le nombre de programmes d'application (*processus*) qui y accèdent.

Les processus père et fils ont les mêmes droits et possibilités d'accès aux sockets existants. Il est donc de la responsabilité du programmeur de s'assurer que deux processus partagent un même socket de façon pertinente.

Lorsqu'un processus cesse d'utiliser un socket, il utilise *close*. *Close* existe sous la forme :

```
close (socket)
```

où l'argument *socket* indique la référence du socket à fermer. Lorsqu'un processus se termine, quelle qu'en soit la cause, le système ferme tous les sockets qui restent ouverts. En interne, un *close* décrémente le compteur de références associé au socket. Ce dernier est fermé lorsque cette référence atteint une valeur nulle.

22.7 SPÉCIFICATION DES ADRESSES LOCALES

Un socket nouvellement créé n'est associé à aucune adresse locale ou distante. Dans le cas des protocoles TCP/IP, cela signifie qu'aucun numéro de port local ni d'adresse IP ne lui est affecté. En général, les programmes d'application ne s'occupent pas de l'adresse locale qu'ils utilisent et acceptent que le programme de communication leur en alloue une. Les processus serveurs opérant sur un port réservé doivent cependant être en mesure de communiquer ce descripteur au système. Un serveur utilise la fonction *bind* (lier) pour affecter une adresse locale à un socket qui vient d'être créé. La syntaxe de *bind* est la suivante :

```
bind (socket, adr_locale, lgr_adresse)
```

L'argument *socket* est le descripteur du socket qui doit être lié. L'argument *adr_locale* est une structure qui contient l'adresse locale à laquelle le socket doit être lié. L'argument *lgr_adresse* indique la longueur, exprimée en octets, de l'adresse. Au lieu de représenter les adresses sous forme d'une suite d'octets, les concepteurs ont choisi d'utiliser une structure, *sockaddr* ; elle est présentée dans la figure 22.1.

0	16 31
Famille d'adresses	Adresse : octets 0 et 1
Adresse : octets 2 à 5	
Adresse : octets 6 à 9	
Adresse : octets 10 à 13	

Figure 22.1 — La structure *sockaddr* utilisée pour transmettre une adresse TCP/IP à l'interface du socket.

La structure de nom générique *sockaddr* commence par un champ *Famille d'adresses* codé sur 16 bits qui identifie la famille de protocoles à laquelle appartient cette adresse. Ce champ est suivi d'une adresse d'au plus 14 octets. Dans une déclaration en langage C, la structure *sockaddr* est la réunion des structures d'adresses correspondant à toutes les familles d'adresses possibles.

La valeur du champ Famille d'adresses détermine la structure des octets d'adresse qui suivent. Ainsi, la valeur 2 dans le champ Famille d'adresses signifie[1] que les octets qui suivent contiennent une adresse IP. Chaque famille de protocoles définit la façon d'utiliser les octets du champ d'adresse. Pour les adresses TCP/IP, l'adresse de socket est désignée par *sockaddr_in*. Elle comprend à la fois une adresse IP et un numéro de port (l'adresse d'une structure socket internet qui contient une adresse IP et un numéro de port associé à l'adresse). La figure 22.2 indique la structure exacte d'une adresse de socket TCP/IP.

0	16	31
Famille d'adresses (2)	Port de protocole	
Adresse IP		
Inutilisé		
Inutilisé		

Figure 22.2 — Format de la structure d'adresse socket (*sockaddr_in*), dans le cas des adresses IP. La structure comprend une adresse IP et un numéro de port de protocole correspondant à cette adresse.

S'il est possible d'indiquer, lors de l'association, des valeurs quelconques dans la structure d'adresse, toutes les associations ne sont pas valides. L'appelant peut, par exemple, mentionner un numéro de port déjà utilisé par un autre programme ou encore indiquer une adresse invalide. Dans ces cas, l'appel *bind* s'interrompt et retourne un code d'erreur.

22.8 CONNEXION DES SOCKETS AVEC L'ADRESSE DE DESTINATION

Un socket est initialement créé dans l'état non connecté, ce qui signifie qu'il n'est associé à aucune destination éloignée. La fonction *connect* associe de façon permanente un socket à une destination éloignée et le place dans l'état connecté. Un programme d'application doit invoquer *connect* pour établir une connexion avant de pouvoir transférer des données via un socket de transfert fiable en mode connecté. Les sockets utilisés avec les services de transfert en mode datagramme n'ont pas besoin d'établir une connexion avant d'être utilisés, mais procéder de la sorte interdit de transférer des données sans mentionner, à chaque fois, l'adresse de destination. L'appel *connect* a la syntaxe suivante :

```
connect (socket, adr_destination, lgr_adresse)
```

1. Unix utilise le nom symbolique *PF_INET* lorsqu'il s'agit d'une adresse TCP/IP.

L'argument *socket* est le descripteur du socket avec lequel la connexion est établie. L'argument *adr_destination* est l'adresse d'une structure socket qui indique l'adresse de destination avec laquelle le socket doit se connecter. L'argument *lgr_adresse* indique la longueur de l'adresse destination, exprimée en octets.

La signification de l'appel *connect* dépend des protocoles sous-jacents. Choisir le service de remise fiable en mode connecté dans la famille *PF_INET* signifie choisir TCP. Dans ce cas, *connect* établit une connexion TCP avec le destinataire et renvoie un code d'erreur si c'est impossible. Dans le cas du service sans connexion, l'appel *connect* ne fait que stocker localement l'adresse de destination.

22.9 ÉMISSION D'INFORMATIONS SUR UN SOCKET

Une fois que le programme d'application dispose d'un socket, il peut l'utiliser pour transférer des données. Cinq appels système sont utilisables : *send*, *sendto*, *sendmsg*, *write* et *writev*. *Send*, *write* et *writev* ne sont utilisables qu'avec les sockets en mode connecté car ils ne permettent pas d'indiquer d'adresse de destination. Les différences entre les trois appels sont mineures. *Write* accepte trois arguments :

```
write (socket, tampon, longueur)
```

L'argument *socket* contient le descripteur de socket (*write* peut aussi être utilisé avec d'autres types de descripteurs). L'argument *tampon* contient l'adresse des données à émettre et l'argument *longueur* indique le nombre d'octets à émettre. L'appel à *write* est bloquant jusqu'à ce que les données soient transférées (le blocage se produit, par exemple, lorsque les tampons internes du système sont pleins). Comme la plupart des appels système d'Unix, *write* renvoie un code d'erreur à l'application appelante, ce qui permet au programmeur de savoir si l'opération a réussi.

L'appel à *writev* ressemble à *write*, à ceci près qu'il utilise une forme descripteur, ce qui permet au programme d'application d'écrire un message sans avoir à en recopier l'intégralité dans une zone de mémoire contiguë. La syntaxe de *writev* est la suivante :

```
writev (socket, vect_E/S, lgr_vecteur)
```

L'argument *vect_E/S* donne l'adresse d'un tableau de type *iovec* qui contient une suite de pointeurs vers les blocs d'octets qui constituent le message. Comme le montre la figure 22.3, une longueur est associée à chaque pointeur. L'argument *lgr_vecteur* indique le nombre d'entrées du tableau *vect_E/S*.

0 … 31
Pointeur vers le bloc 1 (adresse sur 32 bits)
Longueur du bloc 1 (entier sur 32 bits)
Pointeur vers le bloc 2 (adresse sur 32 bits)
Longueur du bloc 2 (entier sur 32 bits)
• • •

Figure 22.3 — Format d'un tableau *vect_E/S* de type *iovec* utilisée par les appels *writev* et *readv*.

La syntaxe de la fonction *send* est la suivante :

```
send (socket, message, longueur, drapeaux)
```

où l'argument *socket* indique le socket à utiliser, *message* donne l'adresse des données à envoyer, *longueur* indique le nombre d'octets à envoyer et *drapeaux* contrôle la transmission. Une des valeurs de drapeaux permet au programmeur d'indiquer un message qui sera émis hors bande sur des sockets qui supportent cette possibilité. Souvenez-vous, par exemple, que les messages hors bande correspondent au concept de données urgentes de TCP vu au chapitre 13. Une autre valeur de l'argument drapeaux permet à l'appelant de demander l'émission du message sans utiliser les tables de routage locales. Ceci permet à l'appelant de contrôler le routage et d'écrire des programmes de mise au point de logiciels réseau. Bien entendu, tous les sockets n'acceptent pas toutes les demandes émises par un programme quelconque. Certaines demandes requièrent des privilèges particuliers des programmes qui les utilisent, d'autres ne sont pas disponibles sur tous les sockets.

Les appels système *sendto* et *sendmsg* permettent à l'appelant d'émettre un message sur un socket sans connexion : ils imposent tous deux d'indiquer une adresse de destination. *Sendto*, qui accepte l'adresse de destination comme argument, a la syntaxe suivante :

```
sendto (socket, message, longueur, drapeaux,
adr_destination, lgr_adresse)
```

Les quatre premiers arguments sont rigoureusement identiques à ceux de l'appel *send*. Les deux derniers définissent une adresse destination et donnent la longueur de cette adresse. L'argument *adr_destination* définit l'adresse de destination à l'aide de la structure *sockaddr_in* telle qu'elle a été définie à la figure 22.2.

Un programmeur peut choisir d'utiliser la fonction *sendmsg* dans les cas où la longue liste d'arguments requise par *sendto* rend les programmes inefficaces ou

0 31
Pointeur vers l'adresse de socket
Taille de l'adresse de socket
Pointeur vers le *vecteur-E/S*
Longueur du *vecteur-E/S*
Pointeur vers la liste des droits d'accès
Longueur de la liste des droits d'accès

Figure 22.4 — Format du message *struct_message* utilisé par *sendmsg*.

difficilement lisibles. La syntaxe de *sendmsg* est la suivante :

```
sendmsg (socket, struct_message, drapeaux)
```

où l'argument *struct_message* est une structure de la forme illustrée par la figure 22.4. Cette structure contient des informations concernant le message à émettre : sa longueur, l'adresse de destination et la longueur de l'adresse. Cette fonction est particulièrement utile : il existe une opération (décrite ci-dessous) de lecture associée qui utilise exactement la même structure de message.

22.10 RÉCEPTION D'INFORMATIONS SUR UN SOCKET

Les cinq appels système d'Unix BSD de réception d'informations associés aux opérations d'émission sont *read*, *readv*, *recv*, *recvfrom* et *recvmsg*. L'opération d'entrée/sortie habituelle d'Unix, *read*, ne peut être utilisée qu'avec un socket en mode connecté. La syntaxe en est la suivante :

```
read (descripteur, tampon, longueur)
```

où *descripteur* contient le descripteur du socket ou du fichier, sur lequel les données seront lues, *tampon* indique l'adresse de la zone mémoire où seront enregistrées les données et *longueur*, le nombre maximum d'octets qui seront lus.

Une alternative, *readv*, permet à l'appelant d'utiliser les interfaces qui fonctionnent en mode lecture éclatée ; les interfaces placent les données lues dans des zones de mémoire non contiguës. *Readv* a la syntaxe suivante :

```
readv (descripteur, vect_E/S, lgr_vecteur)
```

L'argument *vect_E/S* donne l'adresse d'une structure de type *iovec* (voir figure 22.3) qui contient une suite de pointeurs vers des blocs de mémoire dans lesquels les données lues seront placées. L'argument *lgr_vecteur* indique le nombre d'éléments de la table *vect_E/S*.

En plus de ces primitives classiques, trois appels système permettent la réception de messages provenant du réseau. Les processus appellent *recv* pour recevoir des données sur un socket en mode connecté. La syntaxe est la suivante :

```
recv (socket, tampon, longueur, drapeaux)
```

L'argument *socket* indique le descripteur du socket sur lequel les données seront reçues, *tampon* indique l'adresse d'une zone mémoire dans laquelle les données reçues seront placées, *longueur* indique le nombre maximum d'octets de cette zone mémoire. Enfin, l'argument *drapeaux* permet à l'appelant de contrôler la réception. Une des valeurs possibles de cet argument permet à l'appelant d'effectuer des recherches et de copier un message sans le supprimer du socket.

La fonction *recvfrom* permet à l'appelant de désigner un socket en mode non connecté comme source de données. Il comporte donc des arguments supplémentaires qui permettent à l'appelant d'indiquer où il faut enregistrer l'adresse de l'émetteur. La syntaxe de *recvfrom* est la suivante :

```
recvfrom (socket, tampon, longueur,
drapeaux, adr_source, lgr_adresse)
```

Les deux arguments supplémentaires *adr_source* et *lgr_adresse* sont des pointeurs vers l'adresse d'une structure socket et un entier. Le système d'exploitation utilise adr_source pour enregistrer l'adresse de l'émetteur du message et lgr_adresse pour enregistrer la longueur de l'adresse de l'émetteur. Vous noterez que la fonction d'émission, *sendto*, présentée auparavant, accepte une adresse de format rigoureusement identique à celle générée par la fonction *recvfrom*. L'émission des réponses est donc simplifiée.

La dernière fonction utilisée pour recevoir des données, *recvmsg*, est analogue à l'appel *sendmsg*, mais requiert moins d'arguments. Sa syntaxe est la suivante :

```
recvmsg (socket, struct_message, drapeaux)
```

L'argument *struct_message* donne l'adresse d'une structure qui contient l'adresse à laquelle sera enregistré un message reçu ainsi que les emplacements qui contiennent l'adresse de l'émetteur. La structure utilisée par *recvmsg* est rigoureusement identique à celle utilisée par *sendmsg*. Ces deux appels fonctionnent donc en duo.

22.11 ALLOCATION DES ADRESSES DE SOCKET LOCAL ET DISTANT

Nous avons dit que les processus nouvellement créés héritaient de l'ensemble des sockets ouverts par le processus père. Les processus fils nouvellement créés ont parfois besoin de connaître l'adresse du destinataire auquel un socket les relie. Un processus peut également souhaiter déterminer l'adresse locale d'un socket. Deux appels système fournissent ces informations : *getpeername* et *getsockname* (malgré leurs noms, ces primitives manipulent des adresses).

Un processus appelle *getpeername* pour déterminer l'adresse du pair (c'est-à-dire celle de l'extrémité distante) à laquelle se connecte le socket. La syntaxe est la suivante :

```
getpeername (socket, adr_destination, lgr_adresse)
```

L'argument *socket* indique le socket dont on souhaite connaître l'adresse de destination. L'*adr_destination* est un pointeur vers la structure de type *sockaddr* (voir figure 22.1) qui contiendra l'adresse de socket. Enfin, l'argument *lgr_adresse* est un pointeur vers un entier qui contiendra la longueur de l'adresse. *Getpeername* n'est utilisé qu'avec des sockets en mode connecté.

La fonction *getsockname* est un pointeur vers un entier qui contient l'adresse locale associée au socket. La syntaxe est la suivante :

```
getsockname (socket, adr_locale, lgr_adresse)
```

Comme on peut s'y attendre, l'argument *socket* indique le descripteur de socket sur lequel les informations sont requises, *adr_locale* est un pointeur vers une structure de type *sockaddr* qui contiendra l'adresse et *lgr_adresse* est un pointeur vers un entier qui contiendra la longueur de l'adresse.

22.12 DEMANDER ET DÉFINIR DES OPTIONS DE SOCKET

En plus de l'association d'un socket à une adresse locale ou de sa connexion avec une adresse de destination, apparaît la nécessité d'un mécanisme qui permette aux programmes d'application de piloter les sockets. Ainsi, lors de l'utilisation de protocoles utilisant temporisateurs et retransmission, les programmes d'application peuvent souhaiter connaître ou définir les valeurs de temporisateurs. Ils peuvent aussi vouloir contrôler l'allocation de la mémoire tampon et vérifier si le socket autorise la diffusion ou la gestion des données hors bande. Plutôt que d'ajouter de nouvelles primitives pour chaque opération de contrôle, les concepteurs ont choisi de construire un mécanisme unique. Ce dernier ne comporte que deux opérations : *getsockopt* et *setsockopt*.

La fonction *getsockopt* permet à l'application de demander les informations relatives au socket. L'appelant indique le socket, les options intéressantes et un tampon où enregistrer les informations demandées. Le système d'exploitation analyse ses structures de données internes relatives au socket et transmet l'information à l'appelant. L'appel est le suivant :

```
getsockopt (socket, niveau, id_option, val_option, longueur)
```

L'argument *socket* désigne le socket pour lequel les informations sont requises. *Niveau* indique si l'opération s'applique au socket lui-même ou au protocole sous-jacent. *Id_option* indique l'option unique à laquelle s'applique l'opération. Les deux arguments *val_option* et *longueur* sont deux pointeurs. Le premier donne l'adresse d'un tampon dans lequel le système place les valeurs demandées et le second celle d'un entier dans lequel le système place la longueur de la valeur de l'option.

La fonction *setsockopt* permet à l'application de définir des options de socket en utilisant les ensembles de valeurs obtenus avec *getsockopt*. L'appelant nomme le socket, l'option qui sera modifiée et la valeur de l'option. L'appel à *setockopt* se fait sous la forme :

```
setsockopt (socket, niveau, id_option, val_option, longueur)
```

Les arguments sont identiques à ceux de *getsockopt*, à l'argument *longueur* près. Ce dernier contient la longueur de l'option transmise par le système. L'appelant doit fournir une valeur licite pour l'option ainsi qu'une longueur correcte. Bien entendu, toutes les options ne s'appliquent pas à tous les sockets. La validité et la sémantique de chacune des demandes dépendent de l'état courant du socket et des protocoles sous-jacents.

22.13 DÉFINITION DE LA TAILLE DE LA FILE D'ATTENTE ASSOCIÉE À UN SERVEUR

Une des options qui s'appliquent aux sockets est utilisée de façon tellement fréquente qu'on lui a dédié une fonction. Considérons, pour en comprendre la raison, le cas d'un serveur. Celui-ci crée un socket, l'associe à un port réservé et attend une demande. Si le serveur utilise le service de transfert de données en mode connecté ou si l'évaluation de la réponse demande un délai inhabituel, il est possible qu'une nouvelle demande parvienne au serveur avant que ce dernier ait terminé le traitement d'une demande précédente. Afin d'éviter que les serveurs ne rejettent ou ne détruisent des demandes entrantes, un serveur doit indiquer aux protocoles sous-jacents qu'il souhaite que les demandes soient mises en attente dans des files jusqu'à ce qu'il puisse les traiter.

La fonction *listen* permet à un serveur de préparer un socket pour qu'il accepte des demandes de connexions entrantes. Du point de vue des protocoles sous-jacents, *listen* place le socket dans un état où il est prêt à accepter passivement des demandes. Lorsque le serveur invoque *listen*, il avertit également le système d'exploitation que le logiciel du protocole sous-jacent devra placer les demandes simultanées qui arrivent sur le socket dans des files d'attente. La structure est la suivante :

```
listen (socket, lgr_file)
```

L'argument *socket* indique le descripteur du socket qui sera configuré pour être utilisé par un serveur. *Lgr_file* indique la longueur de la file des demandes de ce socket. Après l'appel, le système enregistrera jusqu'à *lgr_file* demandes de connexion. Si la file est pleine, le système d'exploitation refuse la connexion en détruisant la demande. *Listen* ne s'applique qu'à des sockets qui s'appuient sur des services de remise fiable en mode connecté.

22.14 COMMENT UN SERVEUR ACCEPTE UNE CONNEXION

Comme nous l'avons vu, un processus serveur utilise les fonctions *socket*, *bind* et *listen* pour créer un socket, l'associer à un port réservé et définir la longueur de la file d'attente des demandes de connexion associée. L'appel *bind* associe le socket à un port réservé, mais ce dernier n'est pas connecté à une destination distante particulière. En fait, la destination distante doit mentionner un *métacaractère* qui permet la réception de demandes en provenance de n'importe quel client.

Une fois le socket établi, le serveur doit attendre une demande de connexion. Pour ce faire, il utilise la fonction *accept*. Le serveur qui invoque cette fonction attend jusqu'à ce qu'une demande arrive. La syntaxe de l'appel est la suivante :

```
newsock = accept (socket, adresse, lgr_adresse)
```

L'argument *socket* indique le descripteur du socket sur lequel seront attendues les connexions. *Adresse* est un pointeur vers une structure de type *sockaddr* et *lgr_adresse* est un pointeur vers un entier. Lorsqu'une demande arrive, le système enregistre l'adresse du client dans l'argument adresse. Ce dernier a émis la demande et mémorisé la longueur de l'adresse dans l'argument *lgr_adresse*. Enfin, le système crée un nouveau socket connecté avec la destination indiquée par le client et renvoie un descripteur de socket à l'appelant. Le socket initial dispose encore d'un métacaractère en guise de destination et reste encore ouvert. Le serveur maître peut donc continuer d'accepter des demandes sur le socket initial.

Lorsqu'une demande de connexion arrive, la fonction *accept* se termine. Le serveur peut gérer les demandes itérativement ou simultanément. Dans l'approche itérative, le serveur traite lui-même la demande, ferme le nouveau socket puis invoque de nouveau *accept* pour obtenir la demande suivante. Dans l'approche parallèle, lorsque la fonction *accept* se termine, le serveur crée un serveur secondaire chargé de traiter la demande (dans la terminologie Unix, il se réplique (*fork*) et génère un processus fils chargé de traiter la demande (*exec*)). La réplique hérite d'une copie du nouveau socket et peut ainsi servir la demande. Lorsqu'elle a fini, la réplique ferme le socket et se termine. Le serveur maître ferme sa copie du nouveau socket après avoir activé le serveur secondaire. Il appelle ensuite *accept* pour obtenir la demande suivante.

La conception parallèle peut paraître quelque peu confuse car de nombreux processus utilisent le même numéro de port. La clé de la compréhension de ce mécanisme est liée au mode de gestion des ports par les protocoles sous-jacents. Rappelez-vous : dans TCP, deux extrémités de connexion identifient une connexion. Le nombre de processus utilisant un numéro de port donné importe donc peu, tant que les connexions sont établies avec des destinations différentes. Dans le cas d'un serveur parallèle, un processus est associé à chaque client et un processus supplémentaire permet, sur le serveur maître, d'accepter les demandes de connexion. Un métacaractère est utilisé en guise d'adresse de destination sur le socket du serveur maître. Ce métacaractère permet d'accepter les demandes de connexion émises depuis des clients distants quelconques. Les autres processus sont connectés à une destination particulière. Lors de son arrivée, un segment TCP est aiguillé vers le socket connecté à l'adresse de l'émetteur. De plus, comme les sockets comportant un métacaractère en guise d'adresse de destination n'ont pas de connexion établie, ils n'acceptent que des demandes d'établissement de connexion.

22.15 SERVEURS GÉRANT PLUSIEURS SERVICES

L'API socket autorise une possibilité supplémentaire intéressante pour concevoir des serveurs : elle permet à un même processus d'attendre des demandes de connexions sur plusieurs sockets. L'appel système *select* permet ce mode de fonctionnement. Il ne s'applique pas qu'aux sockets, mais aux entrées/sorties en général[1]. Il a la syntaxe suivante :

```
nready = select (descr_nbre, descr_entr,
descr_sort, descr_except, tempo)
```

L'appel *select* bloque le processus jusqu'à ce qu'un ensemble de descripteurs soient disponibles. *Descr_nbre* indique le nombre de descripteurs à surveiller (les numéros sont toujours compris entre 0 et *descr_nbre*-1). *Descr_ent* est un pointeur vers un masque binaire qui indique les descripteurs de sockets à rechercher

1. Dans Windows Socket, la version de *select* ne s'applique qu'aux descripteurs de sockets.

en entrée. *Descr_sort* est un pointeur vers un masque binaire qui indique les descripteurs de sockets à rechercher en sortie. *Descr_except* est un pointeur vers un masque binaire qui indique les descripteurs de fichiers pour lesquels les conditions d'exception doivent être vérifiées. Enfin, si *tempo* a une valeur non nulle, c'est l'adresse d'un entier qui indique la durée d'établissement de la connexion avant de rendre la main à l'appelant. Une valeur de temporisateur nulle provoque le blocage de l'appel, jusqu'à ce que le descripteur soit disponible. Comme l'argument *tempo* contient l'adresse d'un entier et non l'entier lui-même, un processus peut demander un délai nul en transmettant un entier contenant une valeur nulle (un processus peut de cette manière interroger le système pour voir si l'entrée/sortie est prête).

Un appel à *select* renvoie le nombre de descripteurs de l'ensemble considéré qui sont prêts pour les entrées/sorties. Cet appel met également à jour les masques binaires définis par *descr_ent*, *descr_sort* et *descr_except*. Il permet d'indiquer à l'application quel descripteur est prêt à effectuer une entrée/sortie. Ainsi, avant d'invoquer *select*, l'appelant doit positionner les bits correspondant aux descripteurs de fichiers recherchés. Après l'appel, tous les bits restent à 1, ce qui correspond à un descripteur prêt.

Pour communiquer sur plus d'un socket à la fois, un processus crée d'abord tous les sockets dont il a besoin puis utilise *select* pour déterminer lequel d'entre eux est prêt. Les procédures d'entrées/sorties définies précédemment sont alors utilisées pour communiquer.

22.16 DEMANDER ET DÉFINIR LES NOMS DES ORDINATEURS

Le système d'exploitation Unix BSD gère, en interne, un nom de machine. Pour les ordinateurs reliés à Internet, le nom interne coïncide généralement avec celui du domaine qui correspond à l'interface réseau principale. La fonction Rechercher le nom de machine (*gethostname*) permet aux processus utilisateurs d'accéder au nom de l'ordinateur. La fonction Définir le nom de machine (*sethostname*) permet à des processus privilégiés de définir le nom de l'ordinateur. La fonction *gethostname* a la structure suivante :

```
gethosname (nom, longueur)
```

L'argument *nom* donne l'adresse d'un tableau d'octets où est enregistré le nom. *Longueur* est un entier indiquant la longueur du tableau qui contient le nom. Pour définir le nom, un processus privilégié effectue un appel de la forme suivante :

```
sethosname (nom, longueur)
```

L'argument *nom* donne l'adresse d'un tableau d'octets où sera enregistré le nom. *Longueur* est un entier indiquant la longueur du tableau qui contiendra le nom.

22.17 DEMANDER ET DÉFINIR LE NOM DE DOMAINE INTERNE D'UN ORDINATEUR

Le système d'exploitation gère une chaîne de caractères qui définit le nom de domaine auquel appartient un ordinateur. Lorsqu'un site obtient la responsabilité d'une partie d'un nom de domaine, il choisit une chaîne de caractères qui identifie la portion de l'espace de noms correspondante et utilise cette chaîne comme identificateur de nom de domaine. Ainsi les ordinateurs du domaine

```
cs.purdue.edu
```

ont des noms qui appartiennent à la légende du Roi Arthur. Vous trouverez donc des ordinateurs appelés *merlin*, *arthur*, *guenevere* et *lancelot*. Le domaine lui-même se nomme *camelot*. Les machines doivent être informées qu'elles appartiennent au domaine *camelot*. Pour ce faire, un processus privilégié utilise la fonction *setdomainname* pour définir le nom de domaine. La structure de cet appel est la suivante :

```
setdomainname (nom, longueur)
```

L'argument *nom* donne l'adresse d'un tableau d'octets où sera enregistré le nom de domaine. *Longueur* est un entier indiquant la longueur du tableau qui contiendra le nom.

Les processus utilisateur utilisent l'appel *getdomainname* pour obtenir le nom de domaine. La structure est la suivante :

```
getdomainname (nom, longueur)
```

L'argument *nom* donne l'adresse d'un tableau d'octets où est enregistré le nom de domaine. *Longueur* est un entier indiquant la longueur du tableau qui contient le nom.

22.18 APPELS À LA BIBLIOTHÈQUE DE SOCKETS

En plus des fonctions décrites précédemment, l'API socket dispose d'une bibliothèque de procédures qui réalisent des fonctions utiles pour les réseaux. La figure 22.5 montre la différence entre les appels système et les procédures de bibliothèques. Les appels système passent le contrôle au système d'exploitation de

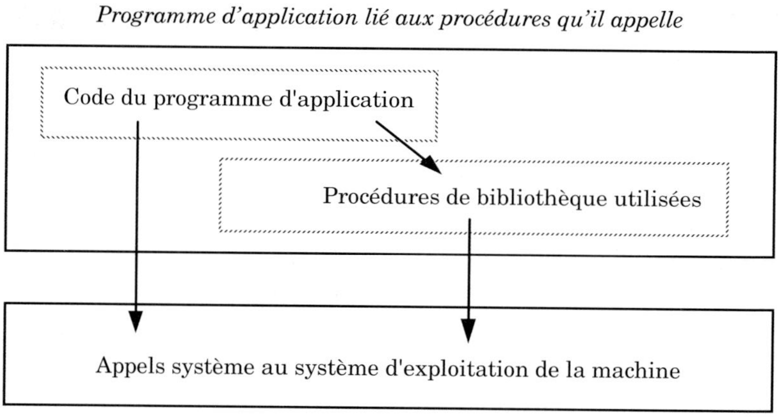

Figure 22.5 — Différence entre les procédures de bibliothèques qui sont liées à un programme d'application et les appels système qui font partie du système d'exploitation. Un programme peut appeler l'un ou l'autre. Les procédures des bibliothèques peuvent invoquer soit d'autres procédures, soit des appels système.

la machine tandis que les procédures se comportent comme les autres procédures que le programmeur relie à un programme.

Un grand nombre d'appels système d'Unix BSD assurent des services de consultation de bases de données pour connaître des noms d'ordinateurs, de services réseau, les numéros de port utilisés par les protocoles ainsi que d'autres informations du même type. Par exemple, un ensemble de procédures peut permettre l'accès à la base de données des services réseau. Les entrées de cette base peuvent être vues comme constituées de triplets contenant chacun le nom d'un service réseau (sous forme lisible par l'utilisateur), le protocole utilisé par le service et le numéro de port associé au service. Il existe des procédures qui permettent d'obtenir des informations relatives à chaque entrée à partir de l'un quelconque de ses éléments.

Les sections suivantes étudient les familles de procédures, en expliquent l'objet et donnent des indications relatives aux utilisations que l'on peut en faire. Comme nous le verrons, les familles de procédures qui permettent l'accès à une base de données séquentielle se conforment à un modèle. Chaque famille permet à une application d'établir une connexion avec la base de données, d'obtenir une à une les entrées de la base de données et de libérer la connexion. Les trois procédures utilisées pour effectuer ces opérations sont appelées *setXent* (définir entrée de type X), *getXent* (obtenir entrée de type X) et *endXent* (terminer entrée de type X) où X est le nom de la base de données. Ainsi, les procédures qui permettent d'accéder à la base de données des noms et adresses des ordinateurs (*hosts*) s'appellent *sethostent* (définir entrée de type *host*), *gethostent* (obtenir entrée de type *host*) et *endhostent* (terminer entrée de type *host*). Les sections qui décrivent ces procédures résument les appels, sans en répéter les détails d'utilisation.

22.19 PROCÉDURES DE CONVERSION EN REPRÉSENTATION RÉSEAU STANDARD

Rappelez-vous, les machines ont des façons différentes d'enregistrer les nombres entiers et les protocoles TCP/IP définissent une *représentation réseau standard de l'ordonnancement des octets* (voir section 4.14) et indépendante des machines. l'API socket propose quatre procédures de bibliothèques qui réalisent les conversions de représentation des octets, de la représentation interne de la machine à la représentation réseau standard. Pour que les programmes soient portables, ils doivent être écrits de façon à appeler les procédures de conversion de représentation chaque fois qu'une valeur entière est copiée de la représentation interne de la machine à la représentation réseau standard ou qu'une valeur en représentation réseau standard est reçue dans un paquet et convertie dans la représentation interne de la machine.

Les autres procédures de conversion sont des fonctions qui acceptent une valeur comme argument et rendent une nouvelle valeur dans laquelle les octets sont réorganisés. Pour convertir un entier court (sur 2 octets) de la représentation réseau standard à la représentation locale de la machine, un programmeur appelle *ntohs* (*network to host short*) qui effectue la conversion de la représentation réseau standard à la représentation locale des entiers courts sur la machine. La syntaxe de l'appel est la suivante :

```
local_court = ntohs (entier_court)
```

L'argument *entier_court* est un entier court (sur 2 octets) en représentation réseau standard ; le résultat est un entier court en représentation locale de la machine.

Unix nomme *entiers longs* les entiers codés sur 4 octets (32 bits). La fonction *ntohl* (*network to host long*) effectue la conversion de la représentation réseau standard au format entier long de la machine. Les programmes invoquent cette fonction en donnant comme argument un entier long en représentation réseau standard. La syntaxe de l'appel est la suivante :

```
local_long = ntohl (entier_long)
```

Deux fonctions analogues permettent au programmeur d'effectuer les conversions de la représentation locale à la représentation réseau standard. La fonction *htons* convertit un entier court (codé sur 2 octets) de la représentation locale à la représentation réseau standard :

```
réseau_court = htons (entier_court)
```

La dernière fonction, *htonl*, convertit les entiers longs du format local de la machine à la représentation réseau standard. Les programmes l'invoquent comme suit :

```
réseau_long = htonl (entier_long)
```

Il est évident que les fonctions de conversion préservent les relations mathématiques suivantes :

```
réseau_court = htons (ntohs (entier_court) )
```

et

```
local_court = ntohs (htons (entier_court) )
```

Des relations analogues existent pour les fonctions de conversion des entiers longs.

22.20 PROCÉDURES DE MANIPULATION D'ADRESSES

Comme de nombreux programmes effectuent des conversions entre les adresses IP sur 32 bits et la notation décimale pointée correspondante, la bibliothèque socket comporte des procédures qui effectuent ces conversions. Les procédures *inet_addr* et *inet_network* effectuent la conversion de la représentation décimale pointée en adresses IP sur 32 bits en représentation réseau standard. La fonction *inet_addr* donne l'adresse IP complète, sur 32 bits, d'un ordinateur. *Inet_network* en donne l'adresse réseau : les bits correspondant au numéro de l'ordinateur sont à zéro. La syntaxe des appels est la suivante :

```
adresse = inet_addr (chaîne_de_caractères)
```

et

```
adresse = inet_network (chaîne_de_caractères)
```

où l'argument *chaîne_de_caractères* indique l'adresse d'une chaîne de caractères ASCII qui contient le nombre exprimé en format décimal pointé. La structure décimale pointée peut comporter de 1 à 4 segments constitués de chiffres séparés par des points. Lorsque les 4 sont présents, chacun correspond à l'un des 4 octets de l'entier sur 32 bits correspondant. S'il y en a moins de quatre, le dernier segment est étendu de façon à occuper les octets restants.

La procédure *inet_ntoa* effectue la conversion inverse de celle réalisée par *inet_addr*. Elle convertit un entier sur 32 bits en une chaîne de caractères ASCII en format décimal pointé. La syntaxe de l'appel est la suivante :

```
chcar = inet_ntoa (adresse_IP)
```

où l'argument *adresse_IP* est une adresse IP sur 32 bits et *chcar* l'adresse de la chaîne ASCII correspondante.

Les programmes qui manipulent les adresses IP doivent souvent combiner les adresses réseau et les adresses locales des ordinateurs appartenant à ces réseaux. La procédure *inet_makeaddr* réalise une telle combinaison. La syntaxe de l'appel est la suivante :

```
adresse_IP = inet_makeaddr (réseau, local)
```

L'argument *réseau* est l'adresse réseau sur 32 bits dans la représentation de l'ordinateur, et l'argument *local* est l'entier qui représente l'adresse locale de l'ordinateur, dans la même représentation.

Les procédures *inet_netof* et *inet_lnaof* effectuent les conversions inverses des appels *inet_makeaddr* en séparant les parties réseau et locale d'une adresse IP. La syntaxe de ces appels est la suivante :

```
réseau = inet_netof (adresse_IP)
```

et

```
local = inet_lnaof (adresse_IP)
```

où l'argument *adresse_IP* est une adresse IP sur 32 bits en représentation réseau standard alors que le résultat est renvoyé en tenant compte de l'ordre des octets utilisé par l'ordinateur.

22.21 ACCÉDER AU SYSTÈME DE NOMS DE DOMAINE

Cinq procédures de bibliothèques assurent l'interface d'Unix BSD avec le système de noms de domaine de TCP/IP. Les programmes d'application qui appellent ces procédures deviennent les clients d'un *système de noms de domaine*[1]. Ils émettent une ou plusieurs demandes vers un serveur et reçoivent des réponses.

L'idée générale est qu'un programme effectue une demande, l'envoie au serveur et attend une réponse. Comme il existe de nombreuses options, les procédures ne comportent qu'un petit nombre d'arguments de base et utilisent une structure globale *res* qui contient toutes les autres. Ainsi, un champ de *res* active les messages de mise au point tandis qu'un autre permet d'indiquer si l'on utilise le protocole TCP ou le protocole UDP pour émettre les demandes. La plupart des champs de *res* sont initialisés avec des valeurs par défaut raisonnables. Les procédures peuvent donc être utilisées sans devoir être modifiées.

1. Le chapitre 24 analyse en détail le système de nom de domaine (DNS).

Un programme appelle *res_init* avant d'utiliser d'autres procédures. L'appel n'accepte aucun argument :

```
res_init ()
```

Res_init lit un fichier qui contient des informations comme le nom de l'ordinateur qui exécute le serveur de noms de domaine et enregistre les résultats dans la structure globale *res*.

La procédure *res_mkquery* fabrique une demande de noms de domaine et la place dans un tampon mémoire. La syntaxe de l'appel est la suivante :

```
res_mkquery (op, dnom, classe, type, données,
lgr_données, nouvrr, tampon, lgr_tampon)
```

Les sept premiers arguments correspondent exactement aux champs d'une demande de noms de domaine. *Op* indique la nature de l'opération requise, *dnom* donne l'adresse d'un tableau de caractères qui contient un nom de domaine, *classe* indique la classe de la demande, *données* donne l'adresse d'un tableau de données qui sera inclus dans la demande et *lgr_données* est un entier qui indique la longueur des données. Unix fournit des programmes d'application qui incluent la définition de constantes symboliques pour les arguments importants. Les programmeurs peuvent donc utiliser le système de noms de domaine sans avoir à comprendre les détails du protocole. Les deux derniers arguments, *tampon* et *lgr_tampon*, indiquent respectivement l'adresse d'une zone de mémoire où seront enregistrées la demande et la longueur de cette zone. L'argument *nouvrr* n'est pas utilisé dans la version actuelle.

Lorsqu'un programme a constitué une demande, il invoque *res_send* pour envoyer cette dernière au serveur de noms et obtenir une réponse. La syntaxe de l'appel est la suivante :

```
res_send (message, lgr_message,
réponse, lgr_réponse)
```

L'argument *message* est un pointeur vers le tampon mémoire qui contient la demande qui doit être émise (nous supposons que l'application a appelé *res_mkquery* pour constituer le message). L'argument *lgr_message* est un entier indiquant la longueur du message. L'argument *réponse* est un pointeur vers le tampon mémoire où sera écrite la réponse. L'argument *lgr_réponse* est un entier indiquant la longueur de la zone contenant la réponse.

Les bibliothèques Unix BSD, en plus des procédures qui fabriquent et émettent les demandes, contiennent deux procédures de conversion des noms de domaine en chaîne de caractères ASCII et en format condensé utilisés dans les demandes. La procédure *dn_expand* développe un nom de domaine compressé en format chaîne de caractères ASCII. La syntaxe est la suivante :

```
dn_expand (message, fin_message,
compressé, expansé, lgr_expansé)
```

L'argument *message* donne l'adresse d'un message de noms de domaine qui contient le nom à développer. *Fin_message* indique la limite au-delà de laquelle l'expansion du nom ne peut se poursuivre. L'argument *compressé* est un pointeur vers le premier octet du nom compressé. L'argument *expansé* est un pointeur vers un tableau dans lequel le nom expansé sera écrit et *lgr_expansé* est un entier indiquant la longueur du tableau.

Générer un nom compressé est plus difficile que la transformation inverse. Cela suppose la suppression des suffixes communs. Lorsque les clients compressent les noms, ils doivent mémoriser les suffixes utilisés précédemment. La procédure *dn_comp* comprime un nom de domaine complet, en comparant les suffixes à une liste de suffixes précédemment utilisés et en éliminant le suffixe le plus long possible. La syntaxe est la suivante :

```
dn_comp (expansé, compressé, lgr_compressé,
ptr_précédent, ptr_final)
```

L'argument *expansé* donne l'adresse expansée d'un nom de domaine complet. *Compressé* pointe sur un tableau d'octets qui contiendra le nom compressé. L'argument *lgr_compressé* indique la longueur du tableau. *Ptr_précédent* est l'adresse d'un tableau de pointeurs vers des suffixes déjà compressés. *Ptr_final* pointe sur la fin du tableau. Normalement, *dn_comp* comprime le nom et met à jour *ptr_précédent* si un nouveau suffixe a été utilisé.

La procédure *dn_comp* peut aussi être utilisée pour convertir des noms de domaine de la représentation ASCII à la représentation interne, sans compression du nom (c'est-à-dire sans supprimer les suffixes). Pour ce faire, la procédure est invoquée avec un argument *ptr_précédent* à *nil* (c'est-à-dire à zéro : ne pointant sur rien).

22.22 OBTENIR DES INFORMATIONS RELATIVES AUX ORDINATEURS

Il existe des procédures qui permettent de retrouver l'information relative à un ordinateur à partir de son nom de domaine ou de son adresse IP. Lorsqu'elles sont utilisées sur des machines qui ont accès à un serveur de noms, les procédures transforment les processus en clients du système de noms de domaine. Elles émettent une demande et attendent la réponse. Lorsqu'elles sont utilisées sur des ordinateurs qui n'ont pas accès au système de noms de domaine (un ordinateur non connecté à Internet, par exemple), les procédures obtiennent les informations à partir d'une base de données stockée sur mémoire secondaire. La fonction *gethostbyname* (rechercher un ordinateur par son nom) accepte un nom de domaine et renvoie un pointeur vers une structure qui contient l'information relative à cet ordinateur. L'appel est le suivant :

```
ptr = gethostbyname (chaîne_nom)
```

L'argument *chaîne_nom* est un pointeur vers une chaîne de caractères qui contient le nom de domaine de la machine. La valeur rendue, *ptr*, donne l'adresse d'une structure qui contient les informations suivantes : nom officiel de la machine, liste des alias (surnoms) enregistrés pour cette machine, type d'adresse de la machine (si l'adresse est une adresse IP, par exemple), longueur de l'adresse et liste des adresses de la machine. De plus amples détails peuvent être trouvés dans le manuel du programmeur Unix.

La fonction *gethostbyaddr* (rechercher un ordinateur par son adresse) produit le même résultat. La différence entre les deux est que cette fonction accepte une adresse de machine comme argument :

```
ptr = gethostbyaddr (adresse, longueur, type)
```

L'argument *adresse* est un pointeur vers une chaîne de caractères qui contient l'adresse de la machine. L'argument *longueur* est un entier qui contient la longueur de l'adresse et l'argument *type* est un entier qui indique le type de l'adresse (une adresse IP, par exemple).

Comme nous l'avons indiqué précédemment, les procédures *sethostent*, *gethostent* et *endhostent* permettent l'accès séquentiel à la base de données des ordinateurs.

22.23 OBTENIR DES INFORMATIONS RELATIVES AUX RÉSEAUX

Les ordinateurs utilisent le système de noms de domaine ou gèrent une base de données des réseaux de leur internet. Cinq procédures permettent à un processus d'accéder aux informations de la base de données des réseaux. La procédure Rechercher nom de réseau par nom (*getnetbyname*) recherche et met en forme le contenu d'une entrée de la base de données à partir du nom de domaine d'un réseau. La syntaxe de l'appel est la suivante :

```
ptr = getnetbyname (nom)
```

où l'argument *nom* est un pointeur vers une chaîne de caractères qui contient le nom du réseau pour lequel les informations sont demandées. La valeur rendue est un pointeur vers une structure qui contient un champ pour le nom officiel du réseau, une liste des alias officiels, un type d'adresse entier et une adresse sur 32 bits (une adresse IP dont le numéro de machine est à zéro, par exemple).

Un processus appelle la procédure *getnetbyaddr* (rechercher nom de réseau par adresse), lorsqu'il a besoin de rechercher des informations relatives à un réseau à partir de son adresse. L'appel est le suivant :

```
ptr = getnetbyaddr (adr_réseau, adr_type)
```

Adr_réseau est une adresse sur 32 bits et l'argument *adr_type* indique le type de l'adresse.

Les procédures *setnetent* (définir entrée réseau), *getnetent* (obtenir entrée réseau) et *endnetent* (terminer entrée réseau) permettent l'accès séquentiel à la base de données des réseaux.

22.24 OBTENIR DES INFORMATIONS RELATIVES AUX PROTOCOLES

Cinq procédures permettent d'accéder à la base de données des protocoles disponibles sur une machine. Chaque protocole a un nom officiel, des alias officiels et un numéro de protocole officiel. La procédure *getprotbyname* permet à l'appelant d'obtenir des informations sur un protocole en donnant son nom :

```
ptr = getprotbyname (nom_protocole)
```

Nom_protocole est un pointeur vers une chaîne de caractères ASCII qui contient le nom du protocole pour lequel l'information est requise. La fonction renvoie un pointeur vers une structure qui comporte un champ pour le nom officiel du protocole, une liste d'alias et un entier unique affecté à ce protocole.

La procédure *getprotbynumber* permet à un processus de rechercher les informations relatives à un protocole en indiquant son numéro. L'appel est le suivant :

```
ptr = getprotbynumber (numéro_protocole)
```

Enfin les procédures *getprotent*, *setprotent* et *endprotent* assurent l'accès séquentiel à la base de données.

22.25 OBTENIR DES INFORMATIONS RELATIVES AUX SERVICES RÉSEAU

Souvenez-vous des chapitres 12 et 13 : certains numéros de port UDP et TCP sont des numéros affectés aux ports réservés. Ainsi, le numéro de port 43 est réservé au service *whois* (qui est-ce). Le client d'une machine peut, grâce à ce service, contacter le serveur d'une autre machine et obtenir des informations relatives à un utilisateur qui y dispose d'un compte. L'entrée de la base de données correspondant au service *whois* donne le nom, *whois*, le protocole TCP et le numéro de port associé à ce service (43). Il existe cinq procédures qui permettent d'obtenir des informations relatives aux protocoles et aux services utilisés.

La procédure *getservbyname* (rechercher un service à partir du nom) associe

```
 * placer le numéro de socket dans la structure.
*/
sa.sin_port = sp->s_port;
/*
 * allouer un socket ouvert
*/
if((s = socket (hp->h_addrtype, SOCK_STREAM, 0)) < 0) {
   perror("socket");
   exit (1);
}
/*
 * établir la connexion avec le serveur distant
*/
if(connect (s, & sa, sizeof sa) < 0) {
   perror("connect");
   exit (1);
}
/*
 * émettre la demande
*/
if(write(s, user strlen(user)) != strlen (user)) {
   fprintf (stderr, "%s: write error\n", myname);
   exit(1);
}
/*
 * lire la réponse et l'afficher sur la sortie de l'utilisateur
*/
while( (len = read(s, buf, BUFSIZ)) >0)
   write(1, buf, len);
close(s);
exit(0);
}
```

22.27 UN EXEMPLE DE SERVEUR

L'exemple de serveur est légèrement plus complexe que celui du client. Il écoute sur le port associé au service whois et répond aux demandes des clients. Les informations sont extraites du fichier *password* (fichier des comptes utilisateurs) Unix de la machine serveur.

```
/* serveurwhois.c - main */

# include <stdio.h>
# include <sys/types.h>
# include <sys/socket.h>
# include <netinet/in.h>
# include <netdb.h>
# include <pwd.h>

/*-----------------------------------------------------------
* Programme :   serveurwhois
*
* Objet :       programme d'application Unix jouant le rôle
*         d'un serveur pour le service Internet « qui est-ce ».
*         Il écoute sur le port réservé 43 et répond aux
*         demandes des clients. Pour s'exécuter, il doit avoir
*         les droits du super-utilisateur.
*
* Utilisation : whois nom_de_machine nom_d'utilisateur
*
* Auteur :      Barry Shein, Université de Boston
*
* Date:         Janvier 1987
*
*-----------------------------------------------------------
*/
# define BACKLOG 5  /* nbre de demandes à mémoriser */
# define MAXHOSTNAME 32  /* longueur maximum */

/* de nom de machine accepté */
main(argc, argv)
int argc;    /*  déclaration d'arguments standard Unix */
char *argv[];
{
  int s, t;   /* descripteurs de socket */
  int i;      /* entier d'usage général */
  struct sockaddr_in sa, isa; /*struct. d'adr. de socket Internet*/
  struct hostent *hp; /*résultat de la recherche du nom*/
  char *myname; /*pointeur vers nom de ce programme*/
  struct servent *sp; /*résultat de recherche du service*/
  char localhost[MAXHOSTNAME+1]; /*pointeur vers le nom de machine*/

 myname = argv[0];
 /*
  * rechercher l'entrée du service « qui est-ce »
 */
 if((sp = getservbyname("whois","tcp")) == NULL) {
   fprintf (stderr, "%s: pas de service whois sur cette machine\n",
                myname);
   exit (1);
 }
 /*
```

```
 * rechercher le nom de notre machine
 */
gethostname (host, MAXHOSTNAME);
if (hp = gethostbyname (localhost)) == NULL) {
  fprintf (stderr, "%s: impossible de trouver l'info relative à la
                machine locale \n", myname);
  exit (1);
}
/*
 * placer l'adresse de la machine et le type de l'adresse
 * dans la structure socket
 */
sa.sin_port = sp->s_port;
bcopy((char *)hp->h_addr, (char *)& sa.sin_addr, hp->h_length);
sa.sin_family = hp->h_addrtype;
/*
 * allouer un numéro de socket aux connexions entrantes
 */
if((s = socket (hp->h_addrtype, SOCK_STREAM, 0)) < 0 {
  perror("socket");
  exit (1);
}
/*
 * associer le socket au port du service de façon que nous
 * attendions des connexions entrantes
 */
if(bind (s, & sa, sizeof sa) < 0) {
  perror("bind");
  exit (1);
}
/*
 * définir le nombre maximum de connexions simultanées
 */
listen(s, BACKLOG);
/*
 * entrer dans une boucle infinie d'attente de connexions entrantes
 */
while(1) {
  i = sizeof isa ;
  /*
   * rester dans accept() en attendant l'arrivée
   * de nouvelles demandes
   */
  if((t=accept(s, & isa,& i)) < 0) {
    perror("accept");
    exit(1);
  }
  whois(t);/* servir la demande whois courante */
  close(t);
}
}
/*
 * accepter la demande whois de la machine distante et
```

```
* mettre une réponse en forme
*/
whois(sock)
int sock;
{
  struct passwd *p;
  char buf[BUFSIZ+1];
  int i;

  /*
  * accepter une demande d'une seule ligne
  */
  if( (i = read(sock, buf, BUFSIZ)) <= 0)
    return;
  buf[i] = '\0'; /* NULL termine le service */
  /*
  * rechercher l'utilisateur demandé et mettre une réponse en forme
  */
  if((p = getpwnam(buf)) =NULL)
    strcpy(buf, "Utilisateur inconnu\n");
  else
    sprintf(buf, "%s: %s\n", p->pw_name, p->pw_gecos);
  /*
  * renvoyer la réponse
  */
  write(sok,buf,strlen(buf));
  return;
}
```

22.28 RÉSUMÉ

Comme les logiciels des protocoles TCP/IP résident dans les systèmes d'exploitation, les détails précis de l'interface entre les programmes d'application et les protocoles TCP/IP dépendent du système d'exploitation. L'interface n'est pas spécifiée par le standard. Nous avons étudié l'interface des sockets utilisée à l'origine par Unix BSD mais qui est devenu un standard de fait utilisé par des industriels comme Microsoft et nous avons vu qu'elle était conforme au paradigme *ouvrir-lire-écrire-fermer*. Pour utiliser TCP, un programme doit créer un socket, y associer une adresse, accepter les demandes d'établissement de connexion et communiquer, à l'aide des primitives *read* et *write*. Enfin, après avoir utilisé un socket, un programme doit le fermer. En plus des concepts de socket et d'appels système opérant sur les sockets, Unix BSD comporte des bibliothèques de procédures qui aident les programmeurs à créer et manipuler des adresses IP, à convertir des entiers du format d'une machine dans la structure réseau normalisé et à rechercher des informations telles que des adresses de réseaux.

L'interface des sockets est devenue célèbre et est largement répandue parmi les constructeurs. Ceux qui ne proposent pas les sockets dans leurs systèmes d'exploitation fournissent souvent des bibliothèques de procédures de manipulation de sockets qui permettent aux programmeurs d'écrire des applications utilisant les sockets, même si le système d'exploitation sous-jacent utilise un jeu d'appels système différent.

22.29 POUR EN SAVOIR PLUS

On peut trouver de plus amples informations sur les sockets dans le manuel du programmeur Unix, dont le chapitre 2 contient une description de chaque appel système Unix. Le chapitre 3 contient une description de chaque bibliothèque de procédures. La commande *man* d'Unix (manuel en ligne) fournit également une documentation « en ligne » (*on line*). Leffer, Karels, McKusick et Quarterman (1989) étudient le système Unix plus en détail. Hall *et al.* [1993] donne le standard d'origine de Windows Sockets tandis que Hall *et al.* [1996] en donne la version 2.

Les fabricants de systèmes d'exploitation fournissent souvent des bibliothèques de procédures pour simuler les sockets sur leurs systèmes. Vous pouvez consulter leur documentation. Gilligan [RFC 2133] analyse les extensions des sockets pour IPv6.

22.30 EXERCICES

22.1 Essayez d'exécuter l'exemple de client et de serveur whois sur votre machine.

22.2 Construisez un serveur simple qui accepte des connexions simultanées (Pour le tester, le processus qui gère la connexion émettra un message court, attendra un délai aléatoire, émettra un autre message et se terminera.)

22.3 À quel moment l'appel *listen* est-il important ?

22.4 Quelles sont les procédures permettant l'accès au système de noms de domaine fournies par votre système ?

22.5 Concevez un serveur qui utilise un seul processus Unix, mais qui gère des connexions TCP simultanées. Suggestion : pensez à *select*. (*poll* dans *system V*).

22.6 Lisez la documentation relative aux bibliothèques de l'interface de transport (TLI) d'AT&T system V et comparez-la à l'interface des sockets. Quelles sont les différences conceptuelles majeures ?

22.7 Chaque système d'exploitation limite le nombre maximum de sockets simultanés qu'un processus peut utiliser. Combien de sockets simultanés votre système autorise-t-il ?

22.8 Le mécanisme des descripteurs de fichiers ou de sockets et les opérations associées *read* et *write* peuvent être considérés comme une forme de conception orientée objet. Expliquez pourquoi.

22.9 Considérez une alternative qui fournirait une interface pour chaque couche de logiciel de protocole. (Le système permet, par exemple, à un programme d'application d'émettre et de recevoir des paquets en mode caractère ou d'émettre ou de recevoir des datagrammes sans utiliser les protocoles TCP ni UDP.) Quels sont les avantages d'une telle interface ? Quels en sont les inconvénients ?

22.10 Un client et un serveur peuvent tous deux s'exécuter sur un même ordinateur et utiliser un socket TCP pour communiquer. Expliquez comment on peut faire un client et un serveur qui communiquent sur un même ordinateur sans en connaître l'adresse IP.

22.11 Essayez l'exemple du serveur de ce chapitre pour voir si vous arrivez à engendrer des connexions TCP suffisamment rapidement pour dépasser le nombre de demandes acceptées en file d'attente. Pensez-vous que cela arrivera plus vite si le serveur fonctionne sur un ordinateur qui n'a qu'un processeur que sur un ordinateur à 5 processeurs ?

23
Amorçage et autoconfiguration (BOOTP, DHCP)

23.1 INTRODUCTION

Ce chapitre contient un exemple d'utilisation du paradigme du client-serveur pour démarrer un ordinateur. Nous avons dit que chaque ordinateur relié à un internet TCP/IP devait connaître son adresse avant de pouvoir recevoir des datagrammes. Le chapitre 6 a montré comment, au démarrage, une station pouvait utiliser le protocole RARP pour déterminer son adresse IP. Ce chapitre étudie une alternative : deux protocoles d'amorce (BOOTP et DHCP) permettant chacun à un ordinateur de déterminer son adresse IP sans avoir à utiliser le protocole RARP.

Client et serveur communiquent à l'aide du protocole UDP, décrit au chapitre 12. Ce qui rend cette façon de faire étonnante c'est que UDP s'appuie sur IP pour transférer des messages et qu'il semble donc impossible à un ordinateur d'utiliser UDP pour déterminer son adresse IP. L'étude des deux protocoles d'amorce nous aidera à comprendre comment un ordinateur peut utiliser les adresses IP spéciales mentionnées au chapitre 4, ainsi que la souplesse du mécanisme de transport UDP/IP. Nous verrons aussi comment un serveur affecte automatiquement à un ordinateur une adresse IP. Ce type d'affectation est spécialement important dans les environnements qui permettent des connexions temporaires dans l'internet ou dans lesquels les ordinateurs passent d'un réseau à l'autre (comme c'est le cas lorsqu'un employé muni d'un ordinateur passe d'un site à un autre de l'entreprise).

23.2 NÉCESSITÉ D'UNE ALTERNATIVE À RARP

Le chapitre 6 a présenté le problème auquel sont confrontées, lors de leur démarrage, les stations sans disque. Ces stations contiennent généralement un programme de démarrage enregistré en mémoire morte (en ROM). Pour limiter les coûts et garantir l'interchangeabilité, le constructeur utilise exactement le même programme sur toutes les machines. Comme les stations sans disque démarrent toutes à partir du même programme, les adresses IP ne peuvent y être enregistrées. Une machine sans disque doit donc se faire indiquer son adresse IP par une autre source. En fait, les stations sans disque doivent connaître bien d'autres choses que leur adresse IP. Habituellement, la ROM ne contient qu'un petit programme de démarrage qui permet à la station sans disque d'obtenir une image mémoire initiale exécutable. Chaque machine sans disque doit encore déterminer l'adresse d'un serveur de fichiers sur lequel elle pourra enregistrer et rechercher des données et l'adresse du routeur IP le plus proche.

Le protocole RARP vu au chapitre 6 présente trois inconvénients. Premièrement, comme RARP opère à un niveau très bas, il requiert un accès direct au matériel du réseau. Il peut donc être difficile voire impossible à un programmeur d'application de réaliser un serveur. Deuxièmement, bien que RARP nécessite l'échange d'un datagramme RARP entre une machine sans disque et un calculateur qui répond à la demande, la réponse ne contient qu'une petite quantité d'informations : l'adresse IP de la machine, sur quatre octets. Cet inconvénient est particulièrement gênant sur des réseaux de type Ethernet qui imposent une taille minimale au datagramme encapsulé dans la trame ; un supplément d'informations pourrait être transmis, sans surcoûts. Troisièmement, comme RARP utilise une adresse physique pour identifier l'ordinateur, il ne peut être utilisé sur des réseaux qui affectent dynamiquement cette adresse physique.

Pour pallier certains des inconvénients du protocole RARP, les chercheurs ont mis au point le *protocole d'amorce BOOTP* (*BOOTstrap Protocol*). Plus récemment, ils ont proposé le *protocole d'autoconfiguration DHCP* (*Dynamic Host Configuration Protocol*) pour lui succéder. Ces deux protocoles étant très proches, l'essentiel de ce chapitre leur est commun. Par souci de simplification, nous décrirons d'abord BOOTP et nous verrons ensuite comment DHCP étend ses fonctionnalités grâce à l'affectation dynamique d'adresses. Comme BOOTP utilise UDP et IP, il peut être réalisé sous forme d'un programme d'application. Comme RARP, BOOTP utilise le paradigme du client-serveur et ne nécessite l'échange que d'un seul datagramme ; mais il est plus efficace parce qu'un seul message BOOTP spécifie plusieurs éléments utilisés pour démarrer : l'adresse IP de l'ordinateur, l'adresse d'un routeur et l'adresse d'un serveur. La réponse BOOTP comporte également un champ réservé aux constructeurs de matériel, ce qui leur permet d'envoyer des informations spécifiques utilisées par leurs propres ordinateurs[1]

23.3 UTILISER IP POUR DÉTERMINER UNE ADRESSE IP

Nous avons dit que BOOTP utilise UDP pour transporter ses messages et que les messages UDP sont encapsulés, pour l'acheminement, dans des datagrammes IP. Pour comprendre comment BOOTP peut utiliser IP avant que l'ordinateur ne connaisse son adresse, souvenez-vous du chapitre 4 dans lequel nous avons vu plusieurs adresses IP spécifiques. En particulier, les adresses IP ne comprenant que des 1 (255.255.255.255) indiquent une diffusion limitée. Le logiciel IP peut accepter et diffuser des datagrammes qui indiquent des adresses de diffusion limitée avant même que le programme d'application ait trouvé les informations relatives à sa propre adresse IP. Le point important est que :

> Un programme d'application peut utiliser les adresses IP de diffusion limitée pour diffuser un datagramme sur son réseau local, même si IP n'a pas connaissance de l'adresse IP du réseau local ou de l'adresse IP de l'ordinateur.

Supposez qu'un ordinateur client A veuille utiliser BOOTP pour trouver les informations de démarrage (et donc son adresse IP) et que *B* soit le serveur situé sur le même réseau qui répond à cette demande. Comme la machine *A* ignore l'adresse IP de *B* ou l'adresse IP du réseau, elle doit diffuser sa requête BOOTP initiale en utilisant l'adresse IP de diffusion restreinte. Comment répondre ? *B* peut-il répondre directement ? En général, non. Bien que cela ne paraisse pas évident, *B* peut avoir besoin d'utiliser l'adresse de diffusion restreinte pour répondre, même si elle connaît l'adresse IP de A. Pour comprendre pourquoi, considérons ce qui se passerait si le programme d'application, sur *B*, tentait d'émettre un datagramme en utilisant l'adresse IP de A. Après avoir routé le datagramme, le logiciel IP de *B* transmet le datagramme au logiciel du contrôleur réseau. Ce logiciel doit mettre l'adresse de la prochaine machine relais en correspondance avec une adresse physique, probablement en utilisant ARP, comme nous l'avons vu au chapitre 5. La machine A n'a pas encore reçu la réponse à la requête BOOTP, elle ne reconnaît donc pas son adresse IP et ne peut donc pas répondre à la requête ARP. Ainsi, *B* n'a que deux solutions : soit diffuser la réponse, soit utiliser l'information de la demande pour ajouter manuellement une entrée dans sa mémoire cache ARP. Sur les systèmes qui ne permettent pas la modification de la mémoire cache ARP par les programmes d'application, la diffusion est la seule solution.

---

1. Comme nous le verrons, le terme de champ réservé au constructeur est impropre car la spécification actuelle du standard recommande l'utilisation de cette zone réservée aux constructeurs pour transmettre des informations d'intérêt général, telles que les masques de sous-réseaux.

23.4 LA STRATÉGIE DE RETRANSMISSION DE BOOTP

BOOTP rend le client totalement responsable de la fiabilité des transmissions. Nous savons que, parce qu'UDP utilise IP pour acheminer les datagrammes, des messages peuvent être retardés, perdus, remis hors séquence ou dupliqués. De plus, IP n'utilisant pas de total de contrôle pour les données, des datagrammes UDP peuvent arriver altérés. Pour prévenir les erreurs de transmission, le standard BOOTP exige qu'UDP utilise le total de contrôle et que *demandes* et *réponses* soient émises avec le *bit de non-fragmentation* à 1 pour ne pas gêner les clients qui disposeraient de trop peu de mémoire pour pouvoir procéder au réassemblage des datagrammes. BOOTP est aussi conçu pour supporter les réponses multiples : il n'accepte et ne traite que la première.

Pour gérer les pertes de datagrammes, BOOTP utilise la *technique* classique *de temporisation et retransmission*. Lorsque le client émet une demande, il arme un temporisateur. Si aucune réponse n'est obtenue avant expiration du temporisateur, le client doit retransmettre la demande. Bien entendu, comme après une panne d'alimentation électrique toutes les machines du réseau redémarrent simultanément, leurs demandes pourront provoquer la saturation du ou des serveurs BOOTP. Si tous les clients utilisent la même valeur de temporisation, ils tenteront tous de redémarrer simultanément. Pour éviter les collisions qui pourraient en résulter, la spécification de BOOTP préconise l'utilisation d'un délai aléatoire. De plus, le standard recommande de commencer avec une valeur de temporisateur aléatoire, comprise entre 0 et 4 secondes, et de doubler cet intervalle après chaque retransmission. Lorsque l'intervalle atteint une valeur élevée, 60 secondes, le client ne l'augmente plus mais continue à y effectuer un tirage aléatoire. Le doublement de la valeur de l'intervalle à chaque retransmission empêche BOOTP d'ajouter un trafic excessif à un réseau déjà congestionné ; le tirage aléatoire aide à éviter les retransmissions simultanées.

23.5 FORMAT DES MESSAGES BOOTP

Pour avoir une implémentation aussi simple que possible, les messages BOOTP comportent des champs de taille fixe et les réponses ont une structure identique à celle des demandes. Bien que nous ayons dit que les clients et les serveurs sont des programmes, le protocole BOOTP n'utilise pas ces termes de façon rigoureuse et désigne par *client* l'ordinateur qui émet une demande BOOTP et par *serveur*, celui qui envoie une réponse. La figure 23.1 présente la structure des messages BOOTP.

Le champ *op* indique si le message est une demande (1) ou une réponse (2). Comme dans le protocole ARP, les champs *Type_Rés* et *Lg_adr_phy* indiquent le type de réseau et la longueur des adresses physiques (Ethernet, par exemple, est

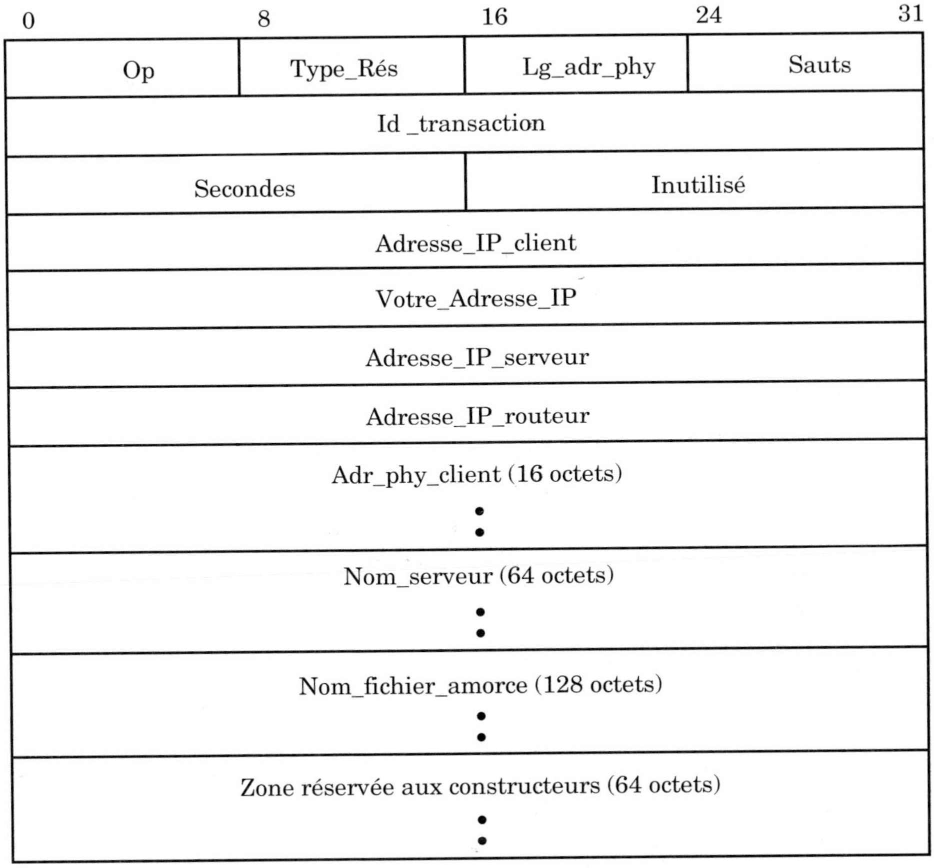

Figure 23.1 — Format d'un message BOOTP. Pour que les programmes soient suffisamment petits pour être enregistrés en ROM, tous les champs sont de longueur fixe.

de type 1 avec des adresses de longueur 6)[1]. Le client place la valeur 0 dans le champ *Sauts* ; si un serveur BOOTP reçoit la demande et décide de la transmettre à une autre machine (pour permettre le démarrage à travers plusieurs routeurs, par exemple), il incrémente la valeur du compteur. Le champ *Id_transaction* contient un entier que les stations sans disque utilisent pour associer les réponses aux demandes. Le champ *Secondes* indique le nombre de secondes écoulées depuis le redémarrage du client.

Les champs *Adresse_IP_client* et les suivants contiennent les informations les plus importantes. Pour permettre un maximum de souplesse, les clients indiquent le maximum d'informations connues et laissent les champs restants à zéro. Par exemple, si un client connaît le nom ou l'adresse d'un serveur particulier duquel

1. Les valeurs du champ *Type_Rés* (*HTYPE* dans l'original) peuvent être trouvées dans le RFC relatif aux derniers numéros RFC affectés.

il souhaite obtenir des informations, il peut remplir les champs *Adresse_IP_serveur* ou *Nom_serveur*. Si ces champs ne sont pas à zéro, seul le serveur correspondant répond. Si les champs sont à zéro, tout serveur qui reçoit cette demande peut répondre.

BOOTP peut être utilisé par un client qui connaît déjà son adresse IP (pour obtenir de l'information d'amorçage, par exemple). Un client qui connaît son adresse IP indique cette dernière dans le champ Adresse_IP_client ; les autres clients y mettent la valeur zéro. Si l'adresse IP du client vaut zéro, le serveur renvoie cette adresse dans le champ *Votre_adresse_IP*.

23.6 LA PROCÉDURE DE DÉMARRAGE EN DEUX TEMPS

BOOTP utilise une procédure de démarrage en deux temps. Il ne fournit pas d'image mémoire exécutable aux clients, mais seulement les informations nécessaires pour obtenir cette image. Les clients utilisent ensuite un second protocole (TFTP, par exemple ; voir chapitre 26) pour obtenir une image mémoire. Si la procédure en deux temps peut paraître inutile, elle permet une séparation claire de la configuration et du stockage. Un serveur BOOTP n'a pas besoin de s'exécuter sur la machine qui gère les images mémoire. En fait, le serveur BOOTP opère à partir d'une base de données qui ne connaît que les noms des images mémoire.

Séparer la configuration et le stockage est important : cela permet aux administrateurs de configurer un ensemble de machines pour qu'elles se comportent de façon identique ou, au contraire, de façon indépendante. Le champ *Nom_fichier_amorce* l'illustre bien. Supposez qu'un administrateur dispose de plusieurs stations de travail dotées d'architectures matérielles différentes, et que lorsque les utilisateurs démarrent leur station, ils choisissent d'utiliser soit Unix, soit un système d'exploitation local. Comme cet ensemble de machines comprend des architectures matérielles différentes, une image mémoire unique ne peut s'exécuter sur toutes les machines. Pour prendre en compte cette diversité, BOOTP permet que le champ *Nom_fichier_amorce* contienne un nom générique tel que « unix ». Ceci signifie : « Je veux démarrer avec le système Unix qui correspond à cette machine. » Le serveur BOOTP consulte sa base de données de configuration pour mettre le nom générique en correspondance avec le fichier spécifique qui contient l'image mémoire appropriée et renvoie le nom spécifique (entièrement défini) du fichier amorce. Bien entendu, la base de données de configuration permet aussi un démarrage entièrement automatique dans lequel le client laisse le champ *Nom_fichier_amorce* à 0. BOOTP choisit alors le fichier amorce correspondant à la machine. L'avantage de cette approche est de permettre aux utilisateurs d'indiquer des noms génériques utilisables sur toutes les machines. Ils n'ont pas besoin de se rappeler des noms de fichiers précis ou du type d'architecture matérielle.

23.7 LA ZONE RÉSERVÉE AUX CONSTRUCTEURS

Le champ *Zone réservée aux constructeurs* contient des informations optionnelles qui doivent être transmises du serveur au client. Bien que la syntaxe soit complexe, elle n'est pas difficile. Les quatre premiers octets de ce champ sont appelés *gâteau magique* (*magic cookie*) ou clé de décodage et définissent la structure des éléments suivants. La structure standard décrite ici utilise la valeur de gâteau magique 99.130.83.99 (en notation décimale pointée). Une liste d'éléments suit le gâteau magique. Chaque élément contient un *type* sur un octet, un octet *longueur* facultatif et une *valeur* sur plusieurs octets. Le standard définit les types à taille de longueur fixe, prédéfinis spécifiés dans la figure 23.2.

Type de l'élément	Code de l'élément	Valeur de la longueur	Contenu de la valeur
Bourrage	0	—	Zéro uniquement pour le bourrage
Masque	1	4	Masque de sous-réseau
Date et heure	2	4	Date courante en représentation universelle
Fin	255	—	Fin de la liste d'éléments

Figure 23.2 — Éléments de la zone réservée au constructeur. Le champ *longueur* doit exister pour les types 1 et 2. Il ne doit pas exister pour les types 0 et 255.

Bien que les machines puissent obtenir les informations relatives aux masques de sous-réseaux à l'aide de requêtes ICMP, le standard recommande maintenant que les serveurs BOOTP mentionnent le masque de sous-réseau dans chaque réponse afin d'éviter les messages ICMP inutiles.

Les éléments supplémentaires de la zone réservée aux constructeurs ont tous des octets *type*, *longueur* et *valeur*, comme le montre la figure 23.3.

Type de l'élément	Code de l'élément	Valeur de la longueur	Contenu de la valeur
Routeurs	3	N	Adresse IP de N/4 routeurs
Serv. d'horodate	4	N	Adresse IP de N/4 serveurs d'horodate
Serveur IEN116	5	N	Adresse IP de N/4 serveurs IEN116
Serv. de domaines	6	N	Adresse IP de N/4 serveurs de domaines
Serveur de traces	7	N	Adresse IP de N/4 serveurs de traces
Serv. de citations	8	N	Adresse IP de N/4 serveurs de citations
Serv. d'imprimante	9	N	Adresse IP de N/4 serveurs d'imprimante
Serv. d'impression	10	N	Adresse IP de N/4 serveurs d'impression
Serveur RLP	11	N	Adresse IP de N/4 serveurs RLP
Nom de machine	12	N	N octets du nom de machine
Taille de l'amorce	13	2	Tail. du fichier amorce (entier sur 2 octets)
Réservé	128-254	—	Réservé pour usage site spécifique

Figure 23.3 — Types et contenu des éléments de la zone réservée aux constructeurs qui ont des longueurs variables, dans une réponse BOOTP.

23.8 NÉCESSITÉ D'UNE CONFIGURATION DYNAMIQUE

Tout comme RARP, BOOTP a été conçu pour un environnement relativement statique dans lequel chaque ordinateur a une connexion réseau permanente. Un administrateur crée un fichier de configuration qui donne les paramètres BOOTP de chaque ordinateur. Ce fichier n'a pas besoin d'être fréquemment modifié parce que cette configuration est généralement stable (elle est inchangée souvent pendant des semaines).

Avec l'arrivée des réseaux sans fil et des ordinateurs portables au format A4, il devient possible de déplacer très facilement d'un endroit à un autre un ordinateur. BOOTP ne s'adapte pas à cette situation parce que l'information de configuration peut changer en permanence. BOOTP ne fournit qu'un lien statique entre un identificateur d'ordinateur et ses paramètres. De plus, un administrateur doit entrer l'ensemble des paramètres pour chaque ordinateur puis stocker l'information dans un fichier de configuration BOOTP puisque BOOTP ne permet pas d'affecter dynamiquement des valeurs à des ordinateurs. En particulier, un administrateur doit affecter à chaque ordinateur une adresse IP unique et doit configurer le serveur de telle sorte qu'il connaisse la relation identificateur ordinateur/adresse IP.

L'affectation statique de paramètres marche bien tant que les ordinateurs sont fixes et que l'administrateur a suffisamment d'adresses IP pour leur en affecter une à chacun. Mais dans le cas où l'on déplace les ordinateurs comme dans celui où il y a plus d'ordinateurs que d'adresses IP disponibles, l'affectation statique se traduit par un surcoût non négligeable.

Pour comprendre comment le nombre d'ordinateurs peut dépasser le nombre d'adresses IP, examinons le cas d'un LAN dans un laboratoire universitaire qui a une adresse de classe C ou un sous-réseau d'une adresse de classe B avec 255 adresses. S'il y a 30 places disponibles pour les étudiants et dix créneaux horaires hebdomadaires, ce laboratoire peut accueillir 300 élèves par semaine. Supposons, de plus, que chaque élève puisse amener en cours son ordinateur portable. À chaque instant, il y a au plus 30 ordinateurs actifs sur le réseau. Mais comme le réseau ne sait gérer que 255 adresses au plus, chaque ordinateur ne peut pas avoir la sienne. On voit ainsi que, même avec des ressources limitées, on peut avoir un très grand nombre d'utilisateurs potentiels d'un service. De toute évidence, tout système qui exige d'un administrateur qu'il change le fichier de configuration chaque fois qu'un nouvel ordinateur se connecte sur le réseau est inacceptable ; nous avons donc besoin d'un mécanisme automatique.

23.9 CONFIGURATION DYNAMIQUE

Pour gérer l'affectation dynamique des adresses, l'IETF a conçu un nouveau protocole, DHCP (*Dynamic Host Configuration Protocol*) — protocole de configuration dynamique d'ordinateur — qui étend les fonctionnalités de BOOTP de deux façons. D'abord, DHCP permet à un ordinateur d'acquérir toute l'information de configuration qui lui est nécessaire en un seul message. Par exemple, en plus d'une adresse IP, un message DHCP peut contenir un masque de sous-réseau. Ensuite, DHCP permet à un ordinateur d'obtenir une adresse IP rapidement et dynamiquement. Pour pouvoir utiliser ce mécanisme d'allocation dynamique d'adresse, un administrateur doit configurer un serveur DHCP en lui fournissant un ensemble d'adresses IP. Chaque fois qu'un ordinateur se connecte au réseau, il contacte le serveur et demande une adresse. Le serveur choisit alors une des adresses que lui a données l'administrateur et alloue cette adresse à l'ordinateur.

Pour pouvoir être universel, DHCP autorise trois types d'allocations d'adresses ; c'est l'administrateur qui choisit la façon dont DHCP répond en fonction du type de réseau ou du type d'ordinateur. Tout comme BOOTP, DHCP permet la *configuration manuelle* par laquelle l'administrateur peut affecter une adresse spécifique à un ordinateur donné. Mais DHCP permet également la *configuration automatique*, par laquelle l'administrateur autorise un serveur DHCP à affecter une adresse permanente à un ordinateur qui se connecte pour la première fois sur le réseau. Enfin, DHCP permet la *configuration dynamique*, dans laquelle le serveur « prête » une adresse à un ordinateur pour une durée limitée.

Comme BOOTP, DHCP utilise l'identité du client pour savoir ce qu'il doit faire. Lorsqu'un client contacte un serveur DHCP, il envoie un identificateur, en général son adresse physique. Le serveur utilise l'identificateur du client et le réseau auquel le client est connecté pour savoir comment affecter au client une adresse IP. L'administrateur a ainsi le contrôle complet de la façon dont les adresses sont affectées. On peut configurer un serveur pour allouer des adresses à certains ordinateurs de façon statique (comme BOOTP) et permettre à d'autres d'obtenir dynamiquement des adresses permanentes ou temporaires.

23.10 AFFECTATION DYNAMIQUE D'ADRESSES IP

L'affectation dynamique d'adresses est la caractéristique la plus novatrice de DHCP. À la différence de l'affectation statique de BOOTP, l'affectation dynamique n'établit pas une correspondance biunivoque et le serveur n'a pas besoin de connaître *a priori* l'identité d'un client. En particulier, un serveur DHCP peut être configuré pour permettre à un ordinateur quelconque d'obtenir une adresse IP et de commencer à communiquer. DHCP permet ainsi de concevoir des systèmes qui s'auto-configurent. Après qu'un tel système s'est connecté à un réseau, il utilise DHCP pour obtenir une adresse IP puis configure son logiciel TCP/IP pour utiliser cette adresse. Naturellement, cette autoconfiguration est sujette à des restrictions d'administration — l'administrateur peut décider pour chaque serveur s'il autorise ou non l'autoconfiguration. En résumé :

Parce qu'il permet à un ordinateur d'obtenir tous les paramètres nécessaires à la communication sans intervention manuelle, DHCP permet l'autoconfiguration. Cette autoconfiguration est, bien entendu, sujette à des restrictions d'administration.

Pour que l'autoconfiguration soit possible, un serveur DHCP commence avec l'ensemble des adresses IP que l'administrateur du réseau lui a donné à gérer. L'administrateur spécifie les règles de fonctionnement du serveur. Un client DHCP négocie l'utilisation d'une adresse en échangeant un message avec un serveur. Le serveur fournit une adresse au client et le client vérifie qu'il peut bien accepter l'adresse après quoi il peut utiliser cette adresse pour communiquer.

À la différence de l'affectation statique des adresses, qui alloue de façon permanente une adresse IP à un ordinateur donné, l'affectation dynamique est temporaire. On dit qu'un serveur DHCP *loue une adresse* à un client pour un temps limité. Le serveur précise la durée de la location au moment de l'affectation de l'adresse. À la fin de cette période, le client doit renouveler le bail ou cesser d'utiliser cette adresse.

De quelle durée ce bail doit-il être ? La durée optimale dépend sans doute du réseau et des besoins de l'ordinateur. C'est ainsi que, pour garantir un recyclage rapide des adresses, on donnerait aux ordinateurs de nos étudiants qui se connectent sur le réseau du laboratoire une adresse pour une période très courte (une heure par exemple). En revanche, un réseau d'entreprise pourrait utiliser une durée d'un jour voire même d'une semaine. DHCP ne spécifie donc pas de valeur précise pour cette durée de location. Le protocole permet en effet au client de demander une durée spécifique et au serveur de préciser la durée accordée. L'administrateur peut ainsi décider du temps qu'un serveur attribuera ; à la limite, on peut utiliser la valeur infini, ce qui revient aux adresses permanentes de BOOTP.

23.11 OBTENIR PLUSIEURS ADRESSES

Il existe des ordinateurs reliés à plusieurs réseaux. Dans ce cas, lors de son démarrage, l'ordinateur peut avoir besoin d'obtenir des informations de configuration pour chacune de ses interfaces de communication. DHCP, comme BOOTP, ne donne de l'information que sur une interface seulement. Un ordinateur multiconnecté doit donc gérer chaque interface séparément. Même si nous décrivons DHCP comme si l'ordinateur n'avait besoin que d'une seule adresse, le lecteur doit se souvenir que chaque interface peut en être à un point différent du protocole.

BOOTP et DHCP utilisent tous deux la notion d'*agent relais* pour permettre à un ordinateur de contacter un serveur sur un réseau non local. Lorsqu'un agent relais reçoit une demande de diffusion de la part d'un client, il fait suivre la demande au serveur et renvoie à l'ordinateur la réponse du serveur. Les agents relais peuvent compliquer la configuration multi-connexion parce qu'un serveur peut recevoir plusieurs demandes pour le même ordinateur. Cependant, bien que DHCP et BOOTP utilisent tous deux le terme *identificateur de client*, nous supposerons qu'un client multiconnecté envoie une valeur qui identifie une interface particulière (c'est-à-dire une adresse physique unique). Ainsi, un serveur sera toujours capable de faire le tri dans les demandes d'un ordinateur multiconnecté même s'il reçoit ces demandes par l'intermédiaire d'un agent relais.

23.12 ÉTATS D'ACQUISITION DES ADRESSES

En utilisant DHCP pour obtenir une adresse IP, un client passe par six états. Le diagramme de la figure 23.4 donne les événements et les messages associés aux changements d'état du client.

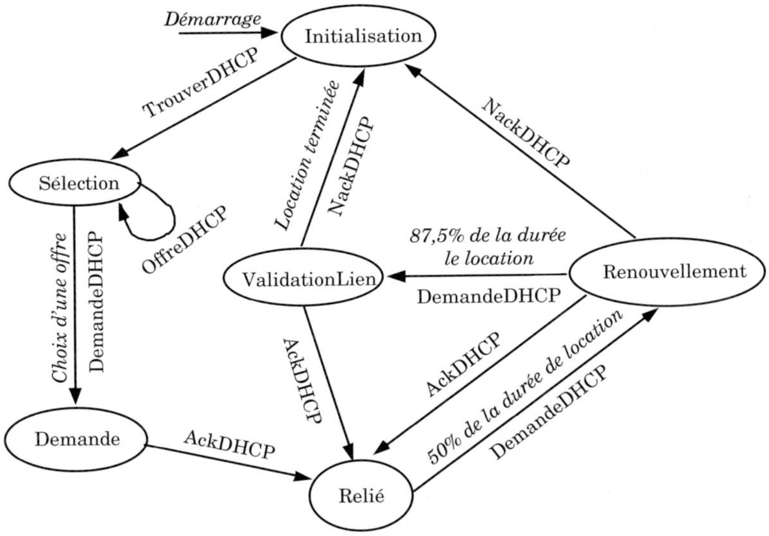

Figure 23.4 — Les six états principaux par lesquels passe un client DHCP ainsi que les événements ou les messages qui provoquent les transitions.

Au démarrage, le client est dans l'état *Initialisation*. Pour commencer l'acquisition d'une adresse IP, le client contacte d'abord tous les serveurs DHCP de son réseau local. Pour ce faire, il diffuse un message *TrouverDHCP* et passe à l'état *Sélection*. Comme ce protocole est une extension de BOOTP, le client envoie le *TrouverDHCP* dans un datagramme UDP avec comme port de destination celui de BOOTP (c'est-à-dire 67). Tous les serveurs DHCP du réseau local reçoivent donc le message et ceux qui ont été configurés pour répondre à ce client particulier envoient un message *OffreDHCP*. Le client peut donc recevoir de 0 à *N* réponses.

Dans l'état *Sélection*, le client collecte les réponses *OffreDHCP*. Chaque offre comporte l'information de configuration du client avec l'adresse IP que le serveur propose de lui louer. Le client doit choisir une des réponses (par exemple la première qui arrive) et négocier la location avec le serveur. Pour ce faire, il lui envoie un message *DemandeDHCP* et passe dans l'état *Demande*. Pour accuser réception de la demande et démarrer la location de l'adresse IP, le serveur répond par le message *AckDHCP*. L'arrivée de l'accusé de réception se traduit par un passage du client à l'état *Relié*, état dans lequel le client peut utiliser l'adresse. En résumé :

> Pour utiliser DHCP un ordinateur doit devenir client en diffusant un message à tous les serveurs du réseau local. Le serveur collecte alors les offres des serveurs, en choisit une et vérifie la bonne prise en compte par le serveur de sa sélection.

23.13 RÉSILIATION ANTICIPÉE

L'état *Relié* est, au fond, l'état de base de cette opération ; un client reste, en effet, dans l'état *Relié* tant qu'il utilise l'adresse IP qu'il a acquise. Si un client a un disque local, il peut stocker l'adresse IP qu'on lui a affectée et redemander la même quand il redémarre. Dans quelques cas, cependant, un client dans l'état *Relié* peut découvrir qu'il n'a plus besoin d'une adresse IP. Supposons par exemple qu'un utilisateur connecte un micro-ordinateur portable à un réseau, utilise DHCP pour obtenir une adresse IP puis TCP/IP pour lire son courrier électronique. L'utilisateur peut ne pas savoir combien de temps il lui faudra pour traiter son courrier, ou le portable peut autoriser le serveur à choisir lui-même la durée de location de l'adresse. En tout cas, DHCP spécifie une durée minimale d'une heure. Si, ayant obtenu une adresse IP, l'utilisateur s'aperçoit qu'il n'a pas de courrier, il peut vouloir éteindre sa machine et aller ailleurs.

DHCP permet à un client, lorsqu'il n'a plus besoin d'adresse IP, de résilier la location avant expiration du bail ; cette fonctionnalité est très utile lorsque ni le client ni le serveur n'ont la moindre idée sur la durée optimum de bail parce que cela permet au serveur de proposer une durée raisonnablement longue. La résiliation anticipée est spécialement importante si le nombre d'adresses IP dont dispose un serveur est plus petit que le nombre d'ordinateurs potentiellement connectables au réseau. Si un client résilie sa location dès qu'il n'a plus besoin d'adresse IP, le serveur peut immédiatement réaffecter cette adresse à un autre client.

Pour résilier son bail de manière anticipée, un client envoie au serveur un message *RésilierDHCP*. Rendre une adresse est une opération qui interdit au client de continuer à utiliser cette adresse. Après transmission d'un message *RésilierDHCP*, le client doit s'abstenir d'émettre tout datagramme qui utiliserait cette adresse. En termes d'états du diagramme de la figure 23.4, un ordinateur qui envoie *RésilierDHCP* quitte l'état *Relié* et doit redémarrer à l'état *Initialisation* pour utiliser IP.

23.14 RENOUVELLEMENT DE BAIL

Nous avons vu qu'en faisant l'acquisition d'une adresse, un client passait à l'état *Relié*. Il arme alors trois temporisateurs qui contrôlent le renouvellement, la validation du lien et l'expiration. Un serveur DHCP peut donner des valeurs explicites à ces temporisateurs lorsqu'il affecte une adresse au client ; s'il n'en donne pas, le client utilise les valeurs par défaut. La valeur par défaut du premier temporisateur est égale à 50% de la durée de location. Lorsque ce temporisateur déclenche, le client doit demander un renouvellement de bail. Pour ce faire, il envoie un message *Demande DHCP* au serveur qui lui a attribué l'adresse et passe dans l'état *Renouvellement* en attendant la réponse. Ce message *DemandeDHCP* comporte son adresse IP actuelle et demande donc au serveur de prolonger la location. Comme dans le cas de la négociation d'origine, le client peut exprimer son souhait en termes de durée mais c'est le serveur qui, sur ce point, a le dernier mot. Un serveur peut ainsi répondre de deux façons : soit il demande au client d'arrêter d'utiliser cette adresse, soit il l'autorise à continuer. Dans ce dernier cas, il lui envoie un *AckDHCP*, ce qui refait passer le client, qui va continuer à utiliser l'adresse, à l'état *Relié*. Ce message peut également contenir aussi de nouvelles valeurs de temporisateurs. Si le client doit arrêter d'utiliser l'adresse, le serveur envoie un *NackDHCP* (accusé de réception négatif) qui implique un arrêt immédiat du client et son passage à l'état *Initialisation*.

Après avoir envoyé un message *DemandeDHCP* pour demander une prolongation de bail, le client, nous l'avons vu, passe dans l'état *Renouvellement* pour attendre la réponse. S'il n'a pas de réponse, c'est que le serveur qui lui avait attribué l'adresse est en panne ou injoignable. Pour gérer correctement ce cas, DHCP utilise le second temporisateur qui est armé lorsque le client passe à l'état *Relié*. Ce temporisateur déclenche lorsqu'on arrive à 87,5% de la durée de location et fait passer le client de l'état *Renouvellement* à l'état *ValidationLien*. Le client suppose alors que l'ancien serveur DHCP est indisponible et il commence à diffuser un message *DemandeDHCP* destiné aux serveurs du réseau. Tout serveur configuré pour fournir ce service au client peut répondre positivement (donc prolonger la location) ou négativement (et donc interdire une utilisation ultérieure de l'adresse). S'il reçoit une réponse positive, le client repasse à l'état *Relié* et réarme les deux temporisateurs. Mais s'il reçoit une réponse négative, il doit immédiatement cesser d'utiliser son adresse IP, passer à l'état *Initialisation* et redemander une adresse avant de continuer à utiliser IP.

Après être passé à l'état *ValidationLien*, un client aura demandé une prolongation de bail à son ancien serveur et à tous les serveurs de son réseau local. Dans le cas (rare) où il ne recevrait aucune réponse avant expiration du troisième temporisateur, la location serait terminée. Le client doit alors cesser d'utiliser son adresse IP, revenir à l'état *Initialisation* et commencer à demander une nouvelle adresse.

23.15 FORMAT DES MESSAGES DHCP

Comme l'indique la figure 23.5, DHCP utilise le format de message de BOOTP mais modifie le contenu et la signification de certains champs. La figure montre que la plupart des champs d'un message DHCP sont identiques à ceux d'un message BOOTP. Les deux protocoles sont, de fait, compatibles : un serveur DHCP peut être programmé pour répondre aux demandes BOOTP. Cependant, DHCP modifie la signification de deux champs. D'abord, DHCP interprète le champ *Inutilisé* de BOOTP en tant que champ *Drapeaux* sur 16 bits (en fait, la figure 23.6 indique que seul le bit de poids fort de ce champ a une signification).

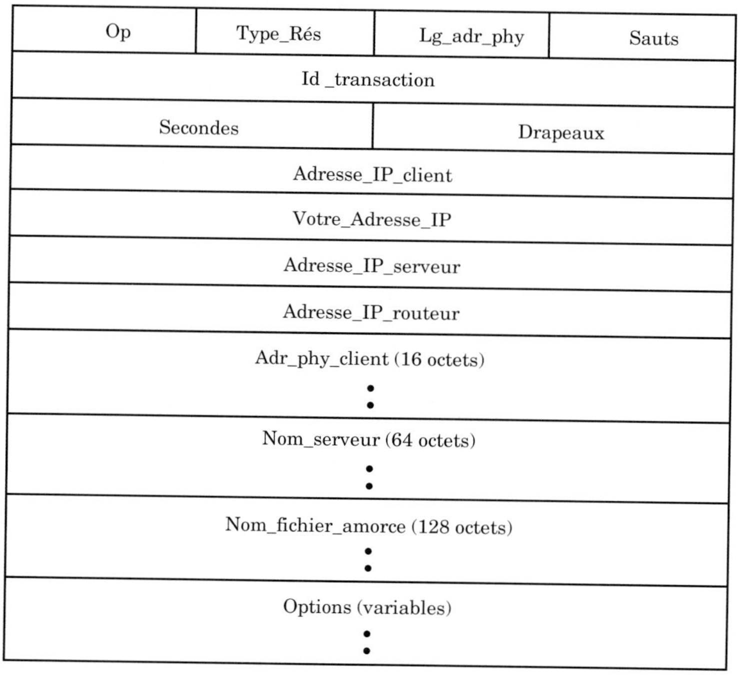

Figure 23.5 — Format d'un message DHCP ; c'est une extension du format de BOOTP. Le champ *Options* a une longueur variable ; un client doit savoir accepter au moins 312 octets d'options.

0	1 … 15
B	Tous les bits sont à zéro.

Figure 23.6 — Format du champ *Drapeaux* sur 16 bits d'un message DHCP. Le bit de poids fort est interprété comme un bit de diffusion ; tous les autres bits doivent être à zéro.

Puisqu'un message de demande DHCP comporte l'adresse physique du client, un serveur DHCP doit normalement envoyer sa réponse à cette adresse. Un client peut cependant mettre à 1 le bit de poids fort de Drapeaux pour indiquer que la réponse doit être diffusée. Il se trouve, en effet, que, tant qu'un client communique avec un serveur DHCP, il n'a pas encore d'adresse IP. Si un datagramme arrive en mode monodestinataire et que l'adresse destination ne correspond pas à l'adresse de l'ordinateur, IP rejettera le datagramme. Mais IP doit accepter et traiter tout datagramme envoyé à l'adresse de diffusion IP. Pour être sûr que le logiciel IP acceptera et remettra les messages DHCP avant que l'adresse IP de l'ordinateur soit configurée, un client DHCP peut ainsi demander que le serveur réponde en utilisant la diffusion IP.

23.16 OPTIONS DHCP ET TYPES DE MESSAGES

De façon surprenante, DHCP n'ajoute aucun nouveau champ de taille fixe à ceux de BOOTP, de même qu'il ne change pratiquement pas la signification des champs. Par exemple, le champ *Op* d'un message DHCP comporte exactement les mêmes valeurs que le champ Op d'un message BOOTP : le message est une demande d'amorce (1) ou une réponse (2). Pour coder l'information du type durée de location, DHCP utilise les options. En particulier, la figure 23.7 illustre l'option type de message DHCP utilisée pour spécifier le type de message envoyé.

0	8	16 … 23
Code (53)	Longueur (1)	Type (1-7)

Champ Type	Type de message DHCP
1	TrouverDHCP
2	OffreDHCP
3	DemandeDHCP
4	DéclineDHCP
5	AckDHCP
6	NackDHCP
7	RésilierDHCP

Figure 23.7 — Format de l'option *Type de message DHCP* utilisée pour spécifier le type de message à envoyer. La table donne les valeurs possibles de l'octet *Type* et leurs significations.

Le champ *Options* a le même format que *Zone réservée au constructeur* et DHCP reconnaît les informations de ce type définies pour BOOTP. Comme dans BOOTP, chaque option comporte un champ *Code* sur un octet et un champ *Longueur* d'un octet suivi des octets de données qui composent l'option. Comme le montre la figure 23.7, l'option utilisée pour spécifier le *Type de messageDHCP* comporte exactement trois octets. Le premier contient le code 53, le second contient la longueur 1 et le dernier une valeur utilisée pour identifier un des messages DHCP.

23.17 SURCHARGE D'OPTION

Les champs *Nom_serveur* et *Nom_fichier_amorce* de l'en-tête d'un message DHCP occupent beaucoup d'octets. Si un message donné ne comporte pas d'information dans l'un de ces champs, cet espace est gâché. Pour permettre au serveur d'utiliser ces champs pour d'autres options, DHCP définit une option *surcharge d'options*. Dans ce cas, la surcharge d'options demande au récepteur d'ignorer la signification habituelle des deux champs en question et de chercher dans ces champs des options.

23.18 DHCP ET LES NOMS DE DOMAINE

Bien qu'il puisse affecter à la demande une adresse IP à un ordinateur, DHCP n'automatise pas complètement la procédure nécessaire à la connexion d'un ordinateur permanent sur un internet. En particulier, DHCP n'interagit pas avec le *système de noms de domaine, DNS*[1] (*Domain Name System*). Le lien entre un nom d'ordinateur et l'adresse IP que DHCP lui affecte doit donc être traité manuellement.

Quel nom devrait donc recevoir un ordinateur avec son adresse IP ? Conceptuellement, trois réponses sont possibles. D'abord, il pourrait ne recevoir aucun nom. Bien qu'il soit possible d'exécuter le logiciel client sur un ordinateur sans nom, cela n'est pas très commode. Deuxième solution : affecter automatiquement un nom avec l'adresse IP. Cette méthode est actuellement très répandue parce que les noms peuvent être pré-alloués et qu'il n'y a donc pas besoin de modifier les DNS. Par exemple, l'administrateur du système peut configurer le serveur de noms pour avoir un nom d'ordinateur pour chaque adresse IP gérée par DHCP. Une fois mise en place dans le DNS, la relation nom-adresse est fixe. L'inconvénient de cette relation statique est qu'un ordinateur change de nom chaque fois

1. Le chapitre 24 présente en détail le système de noms de domaine DNS.

qu'il change d'adresse (par exemple s'il passe d'un réseau à un autre). Troisième solution : on peut affecter à un ordinateur un nom permanent. L'intérêt est alors que l'on peut toujours atteindre cet ordinateur par son nom, indépendamment du réseau auquel il est connecté.

Pour avoir des noms permanents, il est nécessaire de disposer de quelques mécanismes supplémentaires, en particulier pour bien coordonner le DNS et DHCP. Un serveur DNS doit mettre en place une relation *nom-adresse* chaque fois qu'un ordinateur reçoit une nouvelle adresse et la supprimer lorsque l'adresse n'est plus valide. Un groupe de travail de l'IETF examine ce problème de façon à dégager prochainement un standard de mise à jour d'un DNS dynamique. Tant que ce standard ne sera pas publié, on ne disposera pas de protocole qui permette d'avoir des noms permanents tout en autorisant DHCP à changer les adresses IP.

23.19 RÉSUMÉ

Le protocole d'amorce, BOOTP, constitue une alternative au protocole RARP, pour les ordinateurs qui ont besoin de connaître leur adresse IP. BOOTP est plus général que RARP parce qu'il utilise UDP, ce qui permet son emploi à travers des routeurs. BOOTP permet également à un ordinateur de connaître les adresses d'un routeur, d'un serveur de fichiers et le nom d'un programme à exécuter. Enfin, BOOTP permet aux utilisateurs de définir une base de données de configuration qui met en correspondance un nom générique tel que « unix » avec le nom complet du fichier qui contient l'image mémoire utilisable par la machine du client.

BOOTP est conçu pour être peu volumineux et suffisamment simple pour pouvoir tenir en ROM. Les clients utilisent les adresses de diffusion limitée pour communiquer avec le serveur et sont responsables de la retransmission des demandes, en cas de non-réponse du serveur. Pour éviter la congestion du réseau, les retransmissions utilisent une stratégie de retransmission retardée analogue à celle qu'utilise Ethernet.

Conçu pour être le successeur de BOOTP, le protocole DHCP en étend les fonctionnalités de plusieurs façons. D'abord et avant tout, DHCP permet à un serveur d'affecter des adresses IP automatiquement ou dynamiquement. L'affectation dynamique est nécessaire lorsqu'on a, par exemple, des réseaux sans fil auxquels on relie des ordinateurs portables pour très peu de temps. Pour utiliser DHCP, chaque ordinateur devient un client. Il diffuse une demande aux serveurs DHCP, sélectionne une des réponses obtenues, et échange des messages avec le serveur sélectionné pour obtenir la location d'une certaine adresse IP.

À la confirmation de cette adresse, le client arme trois temporisateurs. Lorsque le premier expire, il essaie de renouveler sa location. Si le second expire avant que le renouvellement ait pris effet, le client doit revalider son adresse auprès d'un serveur quelconque. Et si le troisième temporisateur expire avant que cette revalidation soit effective, le client doit immédiatement cesser d'utiliser cette adresse IP et revenir à l'état initial pour en redemander une autre. Un automate à nombre d'états fini permet de représenter l'acquisition et le renouvellement d'une adresse IP.

23.20 POUR EN SAVOIR PLUS

BOOTP est un standard de la famille des protocoles TCP/IP. De plus amples détails peuvent être trouvés dans le RFC de Croft et Gilmore [RFC 951] qui compare BOOTP à RARP et tient lieu de standard officiel. Reynolds [RFC 1084] indique comment interpréter la zone réservée aux constructeurs et Braden [RFC 1123] recommande l'utilisation de la zone réservée aux constructeurs pour transmettre le masque de sous-réseau.

Droms [RFC 1541] donne la spécification la plus récente de DHCP avec une description détaillée des transitions entre états ; il est prévu prochainement une révision de ce RFC. Alexander [RFC 1533] spécifie le codage des options DHCP et des extensions constructeur de BOOTP. Enfin, Droms [RFC 1534] analyse l'interopérabilité de BOOTP et DHCP.

23.21 EXERCICES

23.1 BOOTP ne contient pas de champ spécifique qui permette à un serveur de renvoyer l'heure et la date courantes à un client. La date est placée dans la zone réservée aux constructeurs. L'heure doit-elle être incluse dans les champs obligatoires ? Pourquoi ?

23.2 Justifiez le fait que séparer la configuration du stockage des images mémoire n'est pas une bonne chose. (Indication : reportez-vous au RFC 951.)

23.3 La structure des messages BOOTP n'est pas cohérente parce qu'elle contient deux champs pour l'adresse IP du client et un seul pour le nom de l'image de démarrage. Si le client laisse le champ adresse IP du client vide, le serveur renvoie l'adresse IP du client dans le second champ. Si le client laisse le champ nom du fichier amorce vide, le serveur le remplace par un nom explicite. Pourquoi ?

23.4 Lisez le standard pour trouver comment les clients et les serveurs utilisent le champ Sauts.

23.5 Lorsqu'un client BOOTP reçoit une réponse par diffusion au niveau physique, comment peut-il savoir si la réponse n'est pas destinée à un autre client BOOTP du même réseau.

23.6 Lorsqu'une machine obtient son masque de sous-réseau par BOOTP au lieu de ICMP, la charge générée sur les autres machines du réseau est moins importante. Dites pourquoi.

23.7 Lisez le standard pour trouver comment client et serveur DHCP s'entendent sur une durée de location sans avoir d'horloges synchronisées.

23.8 Considérons un ordinateur disposant d'un disque dur qui utilise DHCP pour avoir une adresse IP. Si l'ordinateur stocke cette adresse sur disque avec sa date de péremption et qu'il redémarre avant péremption, peut-il utiliser l'adresse ? Pourquoi ?

23.9 DHCP affecte une adresse pour au moins une heure. Pouvez-vous imaginer un cas dans lequel cette durée minimale pose problème ?

23.10 Lisez le RFC pour trouver comment DHCP spécifie les temporisateurs de renouvellement et de revalidation. Est-il possible d'armer l'un sans armer l'autre ? Pourquoi ?

23.11 Le diagramme de transitions ne montre pas la retransmission. Lisez le standard pour trouver combien de fois un client peut retransmettre une demande.

23.12 DHCP peut-il garantir qu'un client n'est pas « masqué » (c'est-à-dire garantir qu'il n'envoie pas à *B* les informations de configuration de *A*) ? La réponse est-elle différente avec BOOTP ? Pourquoi ?

23.13 DHCP indique qu'un client doit savoir gérer au moins 312 octets d'options ? Pourquoi ce chiffre de 312 ?

23.14 Un ordinateur qui a utilisé DHCP pour avoir une adresse IP peut-il être un serveur ? Si oui, comment son client peut-il l'atteindre ?

24

Le système de noms de domaine (DNS)

24.1 INTRODUCTION

Les protocoles que nous avons analysés jusqu'à maintenant utilisent des entiers codés sur 32 bits, appelés adresses Internet (adresses IP), pour identifier les machines (ordinateurs et routeurs). Bien que ces adresses IP constituent une représentation simple et concise pour définir les adresses source et destination, à l'intérieur des datagrammes échangés sur un internet les utilisateurs préfèrent affecter à leurs machines des noms simples à prononcer et à retenir.

Ce chapitre présente un schéma qui permet d'affecter des noms symboliques significatifs à de grands ensembles de machines. Ce schéma est fondé sur un mécanisme de mise en correspondance des noms symboliques et des adresses IP. Les conversions des noms symboliques en adresses IP et des adresses IP en noms symboliques y sont abordées. Le schéma de nommage est intéressant pour deux raisons. D'abord, parce qu'il est utilisé dans Internet. Ensuite, parce qu'il utilise un ensemble de serveurs de noms distribués géographiquement pour réaliser la mise en correspondance des noms et des adresses et que l'implémentation du mécanisme de traduction des noms constitue un exemple d'utilisation à grande échelle du paradigme client-serveur vu au chapitre 21.

24.2 DES NOMS DE MACHINES

Les premiers ordinateurs obligeaient les utilisateurs à manipuler les adresses numériques d'objets comme les tables systèmes ou les périphériques. Les systèmes en temps partagé ont fait progresser l'informatique en permettant aux utilisateurs d'inventer des noms symboliques significatifs, tant pour les objets physiques (les périphériques, par exemple) que pour les objets abstraits (les fichiers). La même évolution s'est produite dans les réseaux d'ordinateurs. Les premiers systèmes ont utilisé des connexions point à point entre ordinateurs et des adresses de bas niveau (adresses physiques) pour désigner les machines. L'interconnexion de réseaux a exigé d'introduire un adressage universel et des protocoles de mise en correspondance des adresses universelles avec les adresses physiques : les utilisateurs qui travaillent dans un environnement comportant un grand nombre d'ordinateurs souhaitent, en effet, pouvoir les identifier par des noms symboliques significatifs.

Au début, les noms des ordinateurs reflétaient surtout la petitesse de l'environnement dans lequel ils étaient choisis. Il était en effet assez fréquent qu'on choisisse des noms basés sur l'utilisation même des ordinateurs : *recherche*, *production*, *gestion* et *développement* n'étaient pas rares. Les utilisateurs préféraient ces noms à des adresses physiques rébarbatives.

Bien que la distinction entre *adresse* et *nom* soit intuitivement attrayante, elle est artificielle. Tout nom n'est qu'un identificateur constitué d'une séquence de caractères choisis dans un alphabet fini. Les noms ne sont utiles que s'ils peuvent être efficacement mis en correspondance avec les objets qu'ils désignent. Pour nous, une adresse IP est un *nom de bas niveau* et nous pensons que les utilisateurs préfèrent manipuler des *noms de haut niveau* pour identifier leurs ordinateurs.

La structure des noms de haut niveau est importante car elle détermine la façon de les traduire en noms de bas niveau, de les associer aux objets, ainsi que leurs règles d'affectation. Lorsqu'il n'y a que peu de machines connectées, le choix des noms est simple et toute forme convient. Sur Internet, qui relie des millions de machines, le choix des noms symboliques est plus complexe. Lorsque, par exemple, le département informatique de l'université de Purdue s'est connecté à Internet, en 1980, le nom *purdue* a été choisi pour identifier l'ordinateur connecté. La liste des conflits potentiels se limitait à une douzaine de noms. Vers le milieu de l'année 1986, la liste officielle des ordinateurs d'Internet comportait 3 100 noms officiellement enregistrés et 6 500 alias officiels[1]. Même si la liste s'allongeait rapidement, de nombreux ordinateurs n'étaient pas répertoriés (les PC, par exemple).

24.3 UN ESPACE DE NOMS « À PLAT »

L'ensemble initial des machines utilisées au sein d'Internet constituait un *espace de noms à plat* dans lequel chaque nom était constitué d'une suite de caractères sans autre considération de structure. Dans le schéma initial, un site central, le

1. En 1990, il y avait plus de 137 000 noms d'ordinateurs et en 2000 plus de 60 millions.

NIC (*Network Information Center*) ou *centre d'information réseau*, gère le domaine des noms et déterminait si les noms proposés étaient acceptables (les noms obscènes ou en conflit avec des noms existants sont interdits). Dans la suite, le NIC a été remplacé par *l'INTERNIC* (*centre d'information d'Internet*).

Le principal intérêt des espaces de noms à plat est que les noms sont pratiques et courts. l'inconvénient majeur est qu'ils ne peuvent, pour des raisons tant administratives que techniques, se généraliser à de grands ensembles de machines. Tout d'abord, les noms étant choisis dans un même ensemble d'identificateurs, les risques de conflit croissent avec le nombre de machines. Ensuite, parce que, l'entité responsable de l'acceptation des noms devant être unique, la charge de gestion de cette entité augmente proportionnellement au nombre de sites. Pour comprendre la gravité du problème, imaginez un internet en croissance rapide qui comporterait des milliers de sites comptant chacun des centaines de micro-ordinateurs et de stations de travail. Chaque fois qu'un site acquiert et relie un nouveau micro-ordinateur, le nom de ce dernier doit être validé par l'autorité centrale. Enfin, comme les associations entre noms et adresses changent fréquemment, le coût de gestion de la mise à jour de la liste intégrale des ordinateurs de chaque site est élevé et croît proportionnellement au nombre de sites. D'autre part, si la base de données des noms se trouve sur un site unique, le trafic vers ce site augmente également avec le nombre de sites.

24.4 LES NOMS HIÉRARCHIQUES

Comment un système de noms peut-il prendre en compte un vaste ensemble de noms, en expansion rapide, sans avoir recours à un site central de gestion ? La réponse consiste à décentraliser le mécanisme de nommage en déléguant une partie de l'autorité pour des sous-ensembles de l'espace de nommage et pour la traduction entre noms et adresses. Les internets TCP/IP utilisent maintenant ce mécanisme. Avant d'en aborder les détails, nous allons en étudier les motivations et les idées intuitives sous-jacentes.

La partition d'un espace de nommage doit être définie de façon à permettre une traduction de noms efficace et à garantir l'autonomie du contrôle du choix des noms. L'optimisation visant la seule efficacité de la traduction des noms peut conduire à choisir un espace de noms à plat et à répartir les noms entre plusieurs ordinateurs de traduction de noms. Optimiser le choix des noms du seul point de vue de la simplicité d'administration peut conduire à des solutions qui facilitent la délégation d'autorité mais rendent la *résolution de noms*[1] coûteuse ou complexe.

1. La résolution des adresses est, rappelons-le, l'opération qui permet d'associer une adresse IP à une adresse physique afin d'effectuer les communications sur un réseau sans avoir systématiquement recours à la diffusion. De façon analogue, on parlera de *résolution de noms* lorsque l'on associera un nom symbolique à une adresse IP. Il s'agit, en général, de « résoudre » des références.

Pour comprendre la façon de diviser l'espace de noms, pensez à la structure interne des grandes organisations. Au sommet, le directeur général est responsable de tout. Comme il ne peut tout superviser, l'entreprise peut être divisée en départements dirigés par un chef de département. Le directeur général délègue, dans des limites bien définies, une partie de son autorité. Par exemple, le chef de département peut embaucher ou congédier des employés, leur attribuer des bureaux et déléguer une partie de son autorité sans avoir à solliciter l'approbation directe du directeur général.

En dehors de la souplesse de délégation d'autorité des grandes entreprises, la hiérarchie permet de réaliser un certain nombre d'opérations de façon autonome. Ainsi, lorsque des employés de bureau ont besoin d'informations, les numéros de téléphone de nouveaux employés, par exemple, ils commencent par les demander aux employés locaux (lesquels peuvent contacter les employés d'autres départements). En fait, bien que la délégation d'information s'effectue du haut vers le bas de la hiérarchie, les informations peuvent, au sein de la hiérarchie, circuler de bureau en bureau.

24.5 DÉLÉGATION D'AUTORITÉ POUR LE CHOIX DES NOMS

La gestion d'un schéma de nommage hiérarchique est analogue à celle des grandes entreprises. L'espace de noms est partitionné au niveau le plus haut et la responsabilité du choix des noms de sous-division est déléguée à des agents désignés. Il est, par exemple, possible de choisir une partition de l'espace de noms basée sur les *noms de sites* et de déléguer à chaque site la responsabilité de la gestion des noms à l'intérieur de la partition. Le niveau le plus élevé de la hiérarchie divise l'espace de noms et délègue la responsabilité pour chaque division. Il n'a pas besoin de s'intéresser aux changements internes d'une division. La structure des noms hiérarchiques reflète souvent la façon de déléguer la responsabilité du choix des noms dans la hiérarchie. À titre d'exemple, considérons un espace de noms ayant des noms de la forme :

```
local.site
```

où *site* désigne le nom agréé par l'autorité centrale et où *local* est la partie du nom gérée par le site — le point entre *local* et *site* est utilisé comme séparateur. Lorsque l'autorité la plus haute agrée un nom de site, *X*, elle l'ajoute à la liste des noms de sites valides et délègue au site *X* la responsabilité du choix des noms se terminant par .*X*.

24.6 RESPONSABILITÉ D'UN SOUS-DOMAINE

Dans un espace de noms hiérarchiques, la responsabilité peut encore être subdivisée à chaque niveau. Dans notre exemple de division par sites, le site lui-même peut se subdiviser en plusieurs groupes administratifs. Le responsable du site peut choisir de subdiviser l'espace de noms entre ces groupes. L'idée consiste à diviser l'espace de noms jusqu'à ce que chaque subdivision soit suffisamment petite pour être simple à gérer.

Du point de vue syntaxique, subdiviser l'espace de noms introduit une partition supplémentaire du nom. Ainsi l'ajout d'une subdivision *groupe* aux noms déjà subdivisés en sites aboutit à la syntaxe de nom suivante :

```
local.groupe.site
```

Comme les niveaux supérieurs délèguent leur autorité, les noms de groupes n'ont pas à être agréés entre sites. Un site universitaire peut choisir de subdiviser son espace de noms en noms de groupes tels que : *réseaux*, *informatique*, *électronique* ou *signal* tandis qu'un site commercial pourra choisir des noms tels que *production*, *gestion* et *personnel*.

Le plan de numérotage du téléphone constitue un autre exemple de système de nommage hiérarchique. Les neuf chiffres du numéro de téléphone ont été subdivisés en trois parties : 1 chiffre pour la zone, 4 chiffres pour l'autocommutateur et 4 chiffres pour identifier le numéro d'abonné dans l'autocommutateur. Chaque commutateur est responsable de l'attribution des numéros d'abonnés dans sa propre partie de l'espace de noms. Bien qu'il soit possible de regrouper arbitrairement des abonnés sur un autocommutateur, l'affectation des numéros n'est pas faite au hasard. Elle est réalisée soigneusement, de façon à faciliter le routage des appels dans le réseau téléphonique.

L'exemple du téléphone est important parce qu'il met en évidence une différence majeure entre le schéma de nommage hiérarchique mis en œuvre dans un internet TCP/IP et celui des autres hiérarchies : subdiviser l'ensemble des ordinateurs d'une organisation en domaines hiérarchiques de responsabilité n'implique pas nécessairement une subdivision selon la localisation physique des ordinateurs. Dans une université, par exemple, un même bâtiment peut héberger les départements mathématique et informatique. Il est même possible que les ordinateurs appartenant à ces deux groupes, bien qu'ils soient reliés au même réseau, dépendent de domaines administratifs complètement indépendants. Il est aussi possible que les deux groupes possèdent des ordinateurs reliés à des réseaux différents. C'est pour ces raisons que le schéma de nommage de TCP/IP autorise tous les modes de délégation d'autorité dans l'espace de noms, indépendamment de l'appartenance à un réseau particulier. Cette idée est résumée ci-après :

> Dans un internet TCP/IP, les noms hiérarchiques des machines sont attribués selon la structure des organisations qui obtiennent la responsabilité d'une partie de l'espace de noms, qui ne correspond pas nécessairement à la structure des connexions physiques aux réseaux.

Bien entendu, sur de nombreux sites, l'organisation hiérarchique coïncide avec celle des différents réseaux interconnectés. Dans de grandes universités, par exemple, la plupart des départements qui possèdent des ordinateurs ont également leur propre réseau local. Si les départements sont responsables d'une partie de l'espace de noms, tous les ordinateurs qui ont des noms dans cette partie sont également connectés sur un même réseau.

24.7 NOMS DE DOMAINE DES INTERNETS TCP/IP

Le mécanisme qui implémente le nommage hiérarchique des machines pour les internets TCP/IP est appelé *système de noms de domaine*, *DNS* (*Domain Name System*). Il comporte deux aspects indépendants du point de vue conceptuel. Le premier est abstrait : il spécifie la syntaxe des noms et les règles de délégation d'autorité pour les noms. Le second est concret : il spécifie la réalisation d'un système distribué qui, de façon efficace, met les noms et les adresses en correspondance. Cette section aborde la syntaxe des noms tandis que les suivantes considèrent l'implémentation.

Le système de noms de domaine utilise un schéma de nommage hiérarchique baptisé *noms de domaine*. Comme dans les exemples précédents, un nom de domaine est constitué d'une suite de mots élémentaires séparés par un délimiteur : le point. Dans ces exemples, nous avons dit que les mots élémentaires constitutifs du nom pouvaient représenter des sites ou des groupes, alors que, pour le système de noms de domaine DNS, chaque mot élémentaire est appelé un *label*. C'est ainsi que le nom de domaine

cs.purdue.edu

contient trois labels : *cs*, *purdue* et *edu*. Tout suffixe d'un label d'un nom de domaine est aussi appelé *domaine*. Dans l'exemple précédent, le domaine de niveau le plus bas est *cs.purdue.edu* (le nom du domaine correspondant au département informatique de l'université de purdue). Le domaine de niveau immédiatement supérieur est *purdue.edu* (le nom de domaine de l'université de Purdue) et le niveau le plus élevé est *edu* (le nom de domaine des établissements d'enseignement). Les noms de domaine sont écrits, comme l'indique l'exemple, en commençant par le label local et en terminant par le label du *domaine de niveau supérieur* (*top-level domain*). Comme nous le verrons, écrire les labels dans cet ordre permet de réduire la taille des messages qui contiennent plusieurs noms de domaine.

24.8 NOMS DE DOMAINES OFFICIELS ET OFFICIEUX D'INTERNET

En théorie, le standard relatif aux noms de domaine spécifie un espace hiérarchique de noms de domaine dont les valeurs de labels sont arbitraires. Comme le système de noms de domaine n'impose que la structure des noms et non leur valeur, tout groupe qui met en œuvre un système de noms de domaine peut choisir les labels pour chaque niveau de sa hiérarchie. Ainsi, une entreprise privée peut construire une hiérarchie dans laquelle le niveau supérieur renvoie à l'entreprise elle-même, le niveau suivant aux différents établissements et le dernier niveau aux départements dans chaque établissement.

Toutefois la plupart des utilisateurs du système de noms de domaine emploient les labels hiérarchiques du système de noms de domaine officiel d'Internet. Il y a deux raisons à cela. D'abord, comme nous le verrons, le schéma de nommage d'Internet est à la fois tolérant et souple. Il prend en compte une grande diversité d'organisations et permet à chaque groupe de choisir une organisation hiérarchique selon des critères géographiques ou organisationnels. Ensuite, les entreprises respectent les règles de nommage d'Internet afin de pouvoir un jour connecter leurs environnements TCP/IP à Internet sans devoir modifier leurs noms. Comme le schéma de nommage d'Internet domine pratiquement toutes les utilisations du système de noms de domaine, les exemples de la suite de ce chapitre utilisent des labels extraits de la hiérarchie de nommage officielle d'Internet. Rappelez-vous, bien qu'on ne rencontre pratiquement que ces labels, que le système de noms de domaine DNS vous permet d'utiliser d'autres labels si vous le désirez.

L'administration d'Internet a choisi de partitionner le niveau supérieur des noms de domaine (le premier niveau dans la hiérarchie) selon la liste de la figure 24.1.

Nom de domaine	Signification
com	Entreprises commerciales
edu	Établissements d'enseignement
gov	Établissements gouvernementaux
mil	Groupes militaires
net	Sites réseau d'importance majeure
org	Organisations autres que celles ci-dessus
arpa	Domaines ARPANET temporaires (périmé)
int	Organisations internationales
code-pays	Pays (configuration géographique)

Figure 24.1 — Les noms de domaine de niveau supérieur d'Internet et leur signification. Bien que les noms de domaine apparaissent en minuscule, le système de noms de domaine ne distingue pas les majuscules des minuscules ; ainsi, *edu* est équivalent à *EDU*.

Conceptuellement, les noms de domaine du premier niveau permettent l'utilisation de deux systèmes hiérarchiques différents : géographique et organisationnel. Le système géographique divise l'univers des machines par pays. Les machines des États-Unis appartiennent au domaine de niveau supérieur *us*. Les machines françaises[1] appartiennent au domaine *fr*. Lorsqu'un pays souhaite faire enregistrer des machines dans le système de noms de domaine, l'administration centrale d'Internet lui affecte un nom de domaine de niveau supérieur dont la valeur est celle de la norme ISO 3166 d'identification internationale des pays — un label sur 2 caractères. L'autorité gérant le domaine américain a choisi de le diviser en *sous-domaines*, à raison d'un sous-domaine par État. Ainsi, le domaine correspondant à l'État de Virginie est :

```
va.us
```

Une autre possibilité offerte par les domaines de niveau supérieur, en complément de l'organisation géographique, est le regroupement des entreprises par secteur d'activité. Lorsqu'une entreprise veut participer au système de noms de domaine, elle choisit la forme sous laquelle elle veut être enregistrée et demande un agrément. L'administration centrale d'Internet examine la candidature et affecte un *nom de sous-domaine*[2] à l'entreprise, sous l'un des domaines de niveau supérieur existants. Une université peut ainsi se faire enregistrer au second niveau de la hiérarchie, sous le domaine *edu* (pratique usuelle) ou encore se faire enregistrer sous les domaines pays et état dans lesquels elle est située. Pour l'instant, peu d'organismes ont choisi l'organisation géographique ; la plupart préfèrent apparaître sous les domaines *com*, *edu*, *mil* ou *gov*. Il y deux raisons à cela. Premièrement, les noms géographiques sont souvent plus longs et, par conséquent, plus difficiles à taper. Deuxièmement, ils sont plus difficiles à deviner. Par exemple, l'université de Purdue est à Lafayette, dans l'Indiana. Alors que *purdue.edu*, forme organisationnelle, est assez compréhensible, *laf.in.us*, forme géographique n'évoque pas grand-chose.

Un autre exemple peut permettre de préciser les relations entre l'arborescence des noms et l'administration des domaines. Un ordinateur du département informatique de l'université de Purdue nommée *xinu* s'appelle officiellement :

```
xinu.cs.purdue.edu
```

Le nom de l'ordinateur a été approuvé et enregistré par l'administrateur du réseau du département informatique. L'administrateur a, au préalable, obtenu

1. Pour la France, c'est le critère géographique qui a été choisi et le nom de domaine correspondant est *fr*. Le responsable administratif de ce domaine est le *NIC France*, situé à l'INRIA (email : *nic@nic.fr* et web : *http://www.nic.fr*).

2. Bien que le standard ne définisse pas le terme *sous-domaine*, nous avons choisi de l'utiliser en raison d'une certaine analogie avec les sous-ensembles, pour clarifier les relations entre les domaines.

la responsabilité du sous-domaine *cs.purdue.edu* de l'administrateur du réseau de l'université, lequel a lui-même obtenu la permission d'administrer le sous-domaine *purdue.edu* de l'administrateur d'Internet. L'administrateur d'Internet conserve la responsabilité du domaine *edu*. Ainsi, les nouvelles universités ne peuvent être enregistrées qu'avec son accord. De façon analogue, l'administrateur du réseau de l'université conserve la responsabilité du sous-domaine *purdue.edu*. Ainsi, les domaines de troisième niveau ne peuvent être ajoutés qu'avec son accord.

La figure 24.2 montre une petite partie de l'arborescence du système de noms de domaines d'Internet. Comme l'indique cette figure, Digital Equipment Corporation, une organisation commerciale, est enregistrée en tant que *dec.com* et l'université de Purdue est enregistrée en tant que *purdue.edu*. La Maison Blanche est enregistrée en tant que *whitehouse.gov*. À l'opposé, la CNRI (*Corporation for National Research Initiatives*)a choisi l'enregistrement dans la hiérarchie géographique, en tant que *cnri.reston.va.us*. Il en est de même en France, où, par exemple, le Nic France est enregistré en tant que *nic.fr* et l'École Nationale Supérieure des Télécommunications (ENST) est enregistrée en tant que *enst.fr*.

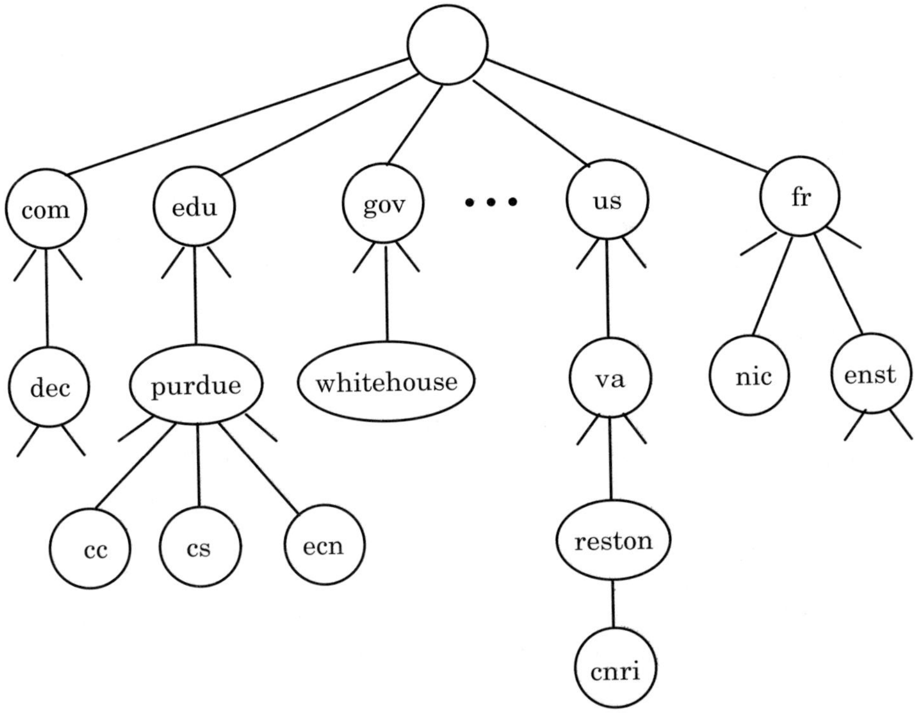

Figure 24.2 — Un exemple d'une partie de la hiérarchie des noms de domaine d'Internet (formant un arbre inversé ; la racine se trouvant au sommet). En pratique, l'arborescence est large et plate. La plupart des noms de machines apparaissent au cinquième niveau.

24.9 ÉLÉMENTS NOMMÉS ET SYNTAXE DES NOMS

Le système de noms de domaines est assez général car il permet d'imbriquer plusieurs arborescences de nommage au sein d'un même système. Un *type* est associé à chaque élément enregistré dans le système pour permettre aux clients de distinguer les différents types d'entrée : indiquer, par exemple, s'il s'agit de l'adresse d'un ordinateur, d'une boîte aux lettres, d'un utilisateur et ainsi de suite. Lorsqu'un client demande la résolution d'un nom par le système, il doit indiquer le type de réponse attendu. Si, par exemple, une application de courrier électronique utilise un système de noms de domaine pour la résolution d'un nom, elle doit indiquer que la réponse doit être l'adresse d'un serveur de courrier. Une application de connexion à distance indiquera qu'elle attend l'adresse IP d'un ordinateur. Il importe de comprendre ce qui suit :

> Un nom donné peut correspondre à plus d'un élément du système de noms de domaine. Le client indique le type d'objet désiré lors de la résolution d'un nom et le serveur renvoie un objet de ce type

En plus de l'indication du type de réponse souhaité, le système de noms permet au client d'indiquer la famille de protocoles à utiliser. Le système de noms subdivise l'ensemble des noms en *classes*, ce qui permet à une base de données unique de stocker ces correspondances pour différentes familles de protocoles[1].

La syntaxe d'un nom n'indique pas le type de l'objet nommé ni la classe de la famille de protocoles. En particulier, le nombre de labels d'un nom n'indique pas si le nom fait référence à un objet isolé (une machine) ou à un domaine. Il est donc possible, dans notre exemple, d'avoir une machine nommée :

`gwen.purdue.edu`

même si

`cs.purdue.edu`

désigne un sous-domaine. Ce point important peut être résumé comme suit :

> Il n'est pas possible de distinguer les noms de sous-domaines des noms d'objets individuels d'après la seule syntaxe des noms.

1. En pratique, peu de serveurs de noms utilisent plusieurs suites de protocoles.

24.10 RÉSOLUTION DES NOMS EN ADRESSES

Le système de noms, en plus des règles de syntaxe de nom et de la délégation de responsabilité administrative, inclut un système distribué efficace et fiable, d'usage général, qui met en correspondance des noms avec des adresses. Le système est distribué, au sens technique du terme : c'est un ensemble de serveurs répartis sur différents sites qui coopèrent pour la résolution des correspondances nom-adresse. Il est efficace car la plupart des noms peuvent être résolus localement ; seuls quelques-uns génèrent du trafic Internet pour leur résolution. Il est d'usage général car il ne se limite pas aux noms de machines (bien que nous utilisions cet exemple pour le moment). Finalement, il est fiable car la panne d'une machine n'empêche pas le système de fonctionner correctement.

Le mécanisme du système de noms de domaine qui permet la traduction des noms en adresses est constitué d'un ensemble de systèmes coopérants appelés *serveurs de noms*. Un serveur de noms est un programme qui assure la traduction des noms en adresses IP. Le programme serveur s'exécute souvent sur un processeur dédié et l'ordinateur est lui-même appelé serveur de noms. Le programme client est appelé *solveur de noms* ou *client*. Le solveur sollicite un ou plusieurs serveurs pour traduire un nom.

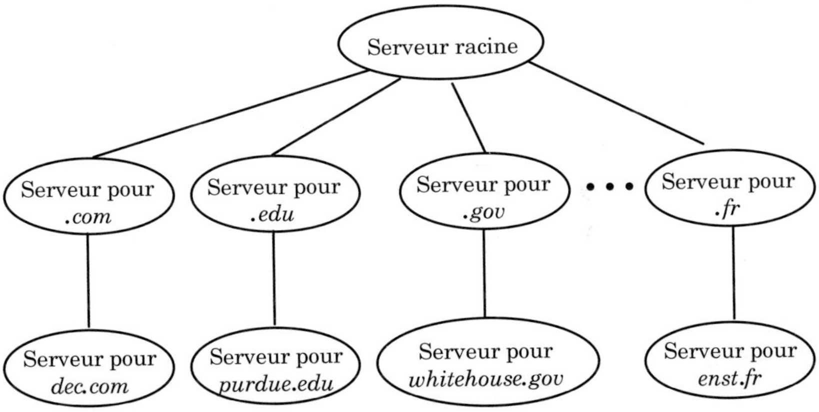

Figure 24.3 — Organisation conceptuelle des serveurs de noms dans une arborescence conceptuelle associée à l'arborescence des noms. En théorie, chaque serveur connaît, dans le domaine qu'il gère, les adresses de tous les serveurs de niveau inférieur.

Le moyen le plus simple de comprendre le fonctionnement des serveurs de noms est de les imaginer organisés selon une arborescence du type de celle de la figure 24.3. Un serveur, à la racine de l'arborescence, connaît les domaines racine et les serveurs qui en sont responsables. Il sait choisir le serveur capable de résoudre un nom donné. Au niveau suivant, un ensemble de serveurs fournissent chacun des réponses relatives à un domaine racine donné (*edu*, par exemple). Un serveur connaît, à ce niveau, les serveurs qui fournissent les réponses pour chacun des sous-domaines dont il est responsable. Au troisième niveau, les serveurs fournissent les réponses pour chaque sous-domaine (*purdue* sous *edu*, par exemple). L'arborescence conceptuelle se poursuit, avec un serveur associé à chaque niveau pour lequel un sous-domaine a été défini.

Les relations entre les serveurs de l'arborescence conceptuelle ne correspondent pas aux connexions physiques. Au contraire, elles représentent les serveurs de noms qu'un serveur connaît et sollicite. Les serveurs eux-mêmes peuvent être situés en tout point d'Internet. L'arborescence des serveurs de noms est donc une abstraction qui utilise Internet pour les communications.

Si les serveurs de noms du système de noms fonctionnaient exactement comme l'indique notre modèle simpliste, les relations entre la connectivité et la responsabilité administrative seraient plutôt simples. Lorsque la responsabilité administrative pour un sous-domaine serait accordée à une entreprise, celle-ci devrait définir un serveur de noms pour ce sous-domaine et l'insérer dans l'arborescence des serveurs de noms.

En réalité, les relations entre les arborescences de noms et de serveurs de noms ne sont pas aussi simples que le modèle le laisse supposer. L'arborescence des serveurs ne comporte que peu de niveaux car un seul serveur physique peut contenir la totalité de l'information relative à une part importante de l'arborescence des noms. En particulier, les organisations regroupent souvent dans un seul serveur l'ensemble des informations relatives à tous leurs sous-domaines. La figure 24.4 indique, pour l'arborescence de noms de la figure 24.2, une organisation de serveurs plus réaliste.

Un serveur racine contient des informations sur la racine et les domaines supérieurs et chaque entreprise utilise un seul serveur de noms. Comme l'arborescence des serveurs est peu profonde, deux serveurs au plus doivent être connectés pour résoudre un nom tel que *xinu.cs.purdue.edu* (le serveur racine sait quel est le serveur qui gère le domaine *purdue.edu* et l'intégralité de l'information relative à ce domaine y réside).

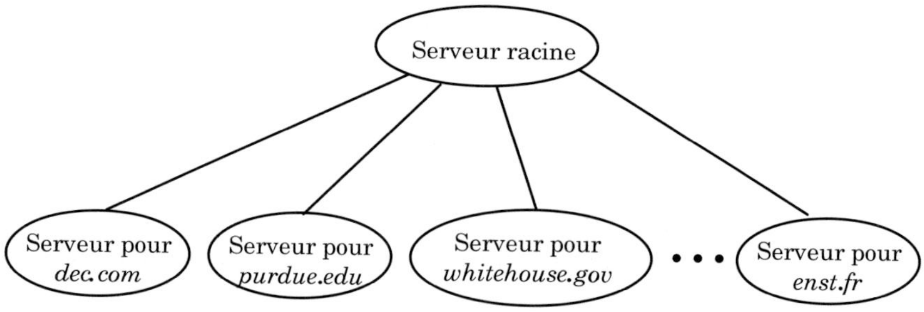

Figure 24.4 — Une organisation réaliste des serveurs de noms pour l'arborescence de noms de la figure 24.2. Comme l'arborescence est large et plate, peu de serveurs ont à se contacter pour résoudre un nom.

24.11 RÉSOLUTION DES NOMS DE DOMAINE

Bien que l'arborescence conceptuelle facilite la compréhension des relations entre serveurs, elle masque plusieurs détails subtils. L'étude de l'algorithme de résolution des noms va permettre leur explication. La résolution des noms, conceptuellement, opère de façon descendante. Elle démarre au niveau du serveur racine et progresse vers les serveurs situés dans les feuilles de l'arborescence. Il y a deux façons d'utiliser un système de noms : contacter les serveurs un par un ou demander au serveur racine d'effectuer l'intégralité de la traduction. Dans chacun des cas, le programme client élabore une demande qui contient le nom à traduire, la classe du nom, le type de réponse souhaité et un code qui indique si le serveur de noms doit traduire intégralement le nom. Il transmet ensuite cette demande de traduction à un serveur.

Lorsqu'un serveur de noms reçoit une demande, il vérifie si le nom appartient à un sous-domaine dont il assure la gestion. Si c'est le cas, il traduit le nom en adresse, conformément aux indications contenues dans sa base de données et joint la réponse à la demande avant de renvoyer le tout au client. S'il ne peut résoudre l'intégralité de la traduction, il vérifie le type d'interaction demandé par le client. Si le client a demandé une traduction complète du nom (*résolution récursive*, dans la terminologie du système de noms), le serveur contacte un serveur de noms capable de résoudre la traduction du nom et transmet la réponse au client. Si le client a demandé une résolution non récursive (*résolution itérative*), le serveur de noms ne peut fournir de réponse. Il élabore une réponse indiquant le nom du serveur à contacter pour résoudre le nom.

Comment un solveur de noms trouve-t-il le premier serveur pour entamer une recherche ? Comment un serveur de noms trouve-t-il d'autres serveurs de noms, capables de répondre alors qu'il ne le peut lui même ? Les réponses sont simples. Un solveur doit savoir, au minimum, comment contacter un serveur de noms. Pour garantir qu'un serveur de noms est en mesure d'en contacter d'autres, le système de noms exige que tout serveur connaisse au moins un serveur racine[1]. De plus, le serveur peut connaître le nom du serveur du niveau immédiatement supérieur (*serveur parent*).

Les serveurs de noms utilisent des numéros de ports de protocole réservés (*well-known protocol ports)* pour toutes les communications. Les clients peuvent donc communiquer avec un serveur de noms dès qu'ils connaissent l'adresse IP de la machine qui exécute le programme serveur. Il n'y a pas de moyen standard, dans l'environnement local d'un ordinateur donné, de localiser un ordinateur qui supporte un serveur de noms. Ce problème est laissé à la charge de tout concepteur du logiciel du solveur de noms[2].

1. Dans un souci de fiabilité, plusieurs serveurs sont associés à chaque nœud de l'arborescence des noms.

2. Voir au chapitre 21 BOOTP et DHCP, qui constituent une des approches possibles.

Dans certains systèmes, les adresses des ordinateurs qui fournissent le service de noms sont liées aux programmes d'application lors de la compilation, tandis que dans d'autres, les adresses sont configurées lors du démarrage du système d'exploitation. Dans d'autres systèmes encore, l'administrateur place les adresses des serveurs dans un fichier, sur une mémoire secondaire (par exemple, un disque).

24.12 TRADUCTION EFFICACE

Bien qu'elle paraisse naturelle, la résolution descendante des adresses peut être source d'inefficacité, pour trois raisons. D'abord, la plupart des demandes de résolution concernent des noms locaux : ceux trouvés au sein du sous-domaine auquel appartient la machine qui effectue la demande. Descendre dans la hiérarchie des serveurs de noms pour finir par contacter l'autorité locale est inefficace. Ensuite, si la résolution d'un nom nécessite de s'adresser au serveur le plus élevé de la hiérarchie, l'ordinateur correspondant risque d'être très vite saturé. Enfin, en cas de panne des ordinateurs de niveau le plus élevé, la traduction des noms devient impossible, même si le serveur local sait résoudre le nom. La hiérarchie des numéros téléphoniques évoquée précédemment facilite l'explication. Bien que les numéros de téléphone soient attribués de façon hiérarchique, ils sont résolus de bas en haut. Les appels téléphoniques, majoritairement locaux, peuvent être résolus par le commutateur local, sans avoir à solliciter la hiérarchie. De plus, dans une zone donnée, certains appels peuvent être résolus sans qu'il y ait besoin de contacter de site à l'extérieur de cette zone. Appliquées au système de noms, ces idées conduisent à un processus de traduction en deux phases qui ménage la hiérarchie administrative mais assure une traduction efficace.

La plupart des demandes transmises aux serveurs de noms, nous l'avons dit, font référence à des noms locaux. Dans le processus de résolution en deux phases, la résolution commence au niveau du serveur local. Si le serveur local ne peut résoudre le nom, la demande est alors transmise à un autre serveur du système de noms.

24.13 UTILISATION DE CACHES : LA CLÉ DE L'EFFICACITÉ

Les coûts de recherche des noms inconnus localement peuvent être extrêmement élevés si le solveur envoie chaque demande au serveur. Même si les demandes pouvaient parvenir directement au serveur gérant le nom considéré, la recherche des noms pourrait représenter une charge non négligeable pour un internet. Améliorer les performances générales du système de serveurs de noms suppose de réduire les coûts de recherche des noms non locaux.

Les serveurs de noms d'Internet enregistrent dans des mémoires cache les noms récemment utilisés, ainsi que les informations relatives à la localisation des serveurs qui en ont permis la résolution. Lorsqu'un client demande à un serveur de résoudre un nom, celui-ci vérifie d'abord, conformément à la procédure standard, s'il est responsable du domaine concerné. Si ce n'est pas le cas, le serveur consulte sa mémoire cache, pour vérifier si ce nom n'a pas été résolu récemment. Les serveurs transmettent aux clients les informations contenues dans leur mémoire cache, mais marquent ces informations pour indiquer qu'elles sont *hors responsabilité administrative*. Ils transmettent alors les coordonnées du serveur de noms, S, qui leur a transmis le résultat. Le serveur local transmet également des informations qui établissent la correspondance entre le nom et l'adresse IP du serveur. Les clients reçoivent donc rapidement les réponses, mais il se peut que les informations soient périmées. Si l'efficacité prime, le client décide d'accepter les informations hors responsabilité administrative. Si l'exactitude prime, le client décide de contacter le serveur responsable et vérifie la validité de la correspondance entre le nom et l'adresse.

L'enregistrement en mémoire cache fonctionne bien pour les serveurs de noms car les associations entre nom et adresse sont assez stables. Cependant, il arrive qu'elles changent. Si les serveurs, lors de la première demande, enregistrent des informations dans leur mémoire cache et ne les réactualisent jamais, celles-ci peuvent devenir obsolètes. Pour conserver des informations valides, les serveurs datent chaque enregistrement et suppriment ceux qui sont conservés au-delà d'une durée raisonnable. Lorsque des informations sont demandées à un serveur et que ce dernier a supprimé l'enregistrement correspondant de sa mémoire cache, le serveur doit redemander la correspondance nom-adresse au serveur responsable de ce nom. Plus important encore, les serveurs n'appliquent pas une seule et même durée de validité à toutes les informations. Les serveurs qui administrent un domaine ont la possibilité de moduler la durée de vie des informations qu'ils gèrent. À chaque fois qu'un serveur satisfait une demande, il inclut une *durée de vie* (*TTL : Time To Live*) dans la réponse. Celle-ci indique la durée pendant laquelle l'association est garantie. Les administrateurs peuvent donc réduire le trafic généré sur le réseau en indiquant de grandes durées de vie pour les associations estimées stables et de plus courtes pour celles susceptibles de changer plus souvent.

L'utilisation de mémoire cache est aussi importante pour les machines que pour les serveurs de noms locaux. De nombreux systèmes à temps partagé exécutent des solveurs dont le code est complexe et tentent d'améliorer encore les performances des serveurs de noms. Ces systèmes, lors de leur démarrage, recopient l'intégralité de la base de données des noms et adresses du serveur. Ils gèrent eux-mêmes une mémoire cache des entrées récemment utilisées et n'ont recours au serveur qu'en cas d'échec de la résolution locale des noms. Évidemment, un ordinateur qui gère une copie locale de la base de données du serveur de noms doit interroger périodiquement le serveur pour obtenir les nouvelles correspondances.

Il doit également éliminer les enregistrements périmés de sa mémoire cache. Cependant, la plupart des sites n'ont pas de mal à maintenir la cohérence des informations car les noms de domaine changent rarement.

Conserver sur tous les ordinateurs une copie de la base de données du serveur local présente certains avantages. De toute évidence, la résolution des noms est réalisée localement, extrêmement rapidement, sans générer d'activité sur le réseau. Cela signifie aussi que le site local dispose d'une sécurité en cas de panne du serveur de noms local. Enfin, cela réduit la charge du serveur de noms, ce qui lui permet de résoudre les noms pour un plus grand nombre d'ordinateurs.

24.14 FORMAT DES MESSAGES DU SERVEUR DE NOMS DE DOMAINE

L'étude des détails du format des messages échangés entre clients et serveur de noms aidera à préciser le mode de fonctionnement du système du point de vue d'un programme d'application. Nous supposons que l'utilisateur invoque un programme d'application et donne le nom d'une machine avec laquelle l'application doit communiquer. Avant de pouvoir utiliser des protocoles tels que TCP ou UDP pour communiquer avec la machine spécifiée, le programme d'application doit trouver l'adresse IP de la machine correspondante. Le programme transmet le nom de domaine à un solveur local et demande une adresse IP. Le solveur local examine sa mémoire cache et renvoie la réponse, si elle s'y trouve. Si le solveur local n'a pas la réponse, il construit un message et l'envoie au serveur (il devient client). Bien que dans notre exemple on ne demande qu'un seul nom, la structure des messages permet à un client de poser plusieurs questions en un seul message. Chaque question comprend un nom de domaine pour lequel le client demande une adresse IP, une indication de la classe de la demande (par exemple, internet) et le type d'objet désiré (par exemple, adresse). Le serveur répond en renvoyant un message semblable qui contient les réponses aux questions pour lesquelles le serveur connaît les correspondances. Si le serveur ne peut répondre à toutes les questions, la réponse contient une information concernant les noms de serveurs à contacter pour obtenir des réponses.

Les réponses contiennent également des informations sur les serveurs responsables ainsi que leurs adresses IP. La figure 24.5 indique le format des messages. Chaque message commence par un en-tête de taille fixe qui contient un champ *Identification* unique utilisé par le client pour associer questions et réponses. Dans l'en-tête, le champ *Paramètres* indique le type d'opération demandé et un code de réponse, comme l'indique la figure 24.6.

Dans les messages du serveur, les champs *Nbre_(Questions*, *Réponses*, *Autorités*, *Infos_additionnelles*) indiquent le nombre d'entrées de chacune des zones correspondantes. Ainsi, le champ *Nbre_Questions* donne le nombre d'entrées qui apparaissent dans le champ *Zone_Questions* du message.

0	16	31
Identification	Paramètres	
Nbre_Questions	Nbre_Réponses	
Nbre_Autorités	Nbre_Infos_additionnelles	
Zone_Questions • • •		
Zone_Réponses • • •		
Zone_Infos_additionnelles • • •		

Figure 24.5 — Format des messages du serveur de nom de domaine. Les tailles des champs *Zone_* (*Questions, Réponses, Responsables, Infos_additionnelles*) sont variables.

Valeur de *Paramètres*	Signification
0	Opération : 0 Demande 1 Réponse
1-4	Type de demande : 0 Normale 1 Inverse 2 Complément à 1 (périmé) 3 Complément à 2 (périmé)
5	À 1 si autorité pour la réponse
6	À 1 si le message est tronqué
7	À 1 si la récursivité est demandée
8	À 1 si la récursivité est disponible
9-11	Réservé
12-15	Type de réponse : 0 Pas d'erreur 1 Erreur de format dans la demande 2 Panne de serveur 3 Nom inexistant

Figure 24.6 — Signification des bits du champ *Paramètres* dans un message du serveur de noms. Les bits sont numérotés de gauche à droite, à partir de 0.

Le champ *Zone_Questions* contient les demandes pour lesquelles des réponses sont attendues. Le client ne remplit que le champ *Zone_Questions* ; le serveur retourne les questions et les réponses aux questions dans son message de réponse.

Chaque question comprend une demande de nom de domaine, un type de demande et une classe de demande, comme l'indique la figure 24.7.

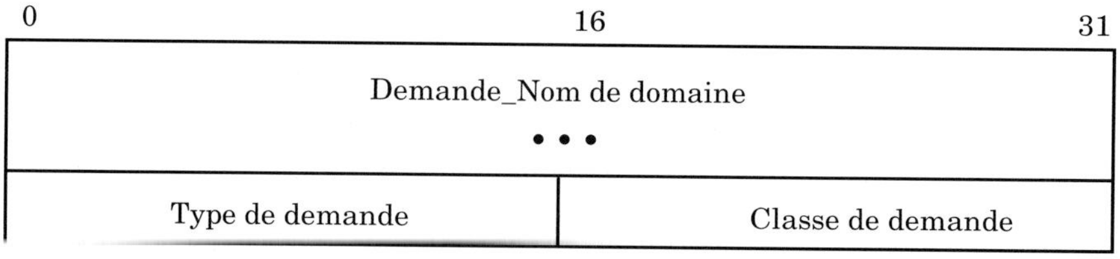

Figure 24.7 — Format des entrées de la *Zone_Questions* d'un message du serveur de noms. Les noms de domaine sont de longueur variable. Les clients remplissent les questions. Les serveurs retournent les messages accompagnés des réponses.

Bien que le champ *Demande_Nom de domaine* soit de longueur variable, nous verrons dans la section suivante que la représentation interne des noms de domaine permet au récepteur d'en connaître la longueur exacte. Le champ *Type de demande* contient le code de la question (si la question se réfère à une adresse électronique ou à un nom de machine). Le champ *Classe de demande* permet l'utilisation de noms de domaine pour tout type d'objet car les noms officiels Internet appartiennent tous à une même classe. Il est à noter que la figure 24.5 suit la convention de représentation des formats que nous avons adoptée pour cet ouvrage, à savoir des zones multiples de 32 bits. Toutefois, la zone *Demande_Nom de domaine* peut contenir un nombre arbitraire d'octets. Aucun bourrage n'est utilisé. Les messages émis vers ou reçus d'un serveur peuvent donc contenir un nombre impair d'octets.

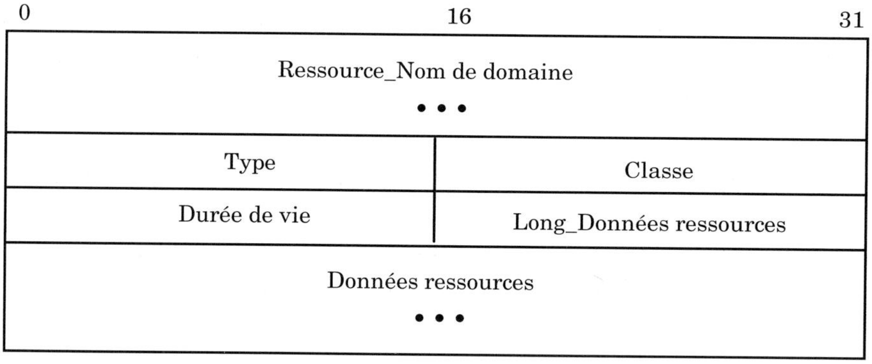

Figure 24.8 — Format des *enregistrements de ressource* utilisés dans les champs *Zones* des messages renvoyés par les serveurs de noms.

Dans un message du serveur de noms, chacune des *Zones* (*Réponses*, *Autorité* et *Infos_additionnelles*) comprend un ensemble d'*enregistrements de ressources* qui décrivent les noms de domaine et leurs correspondances. Chaque enregistrement de ressource décrit un nom. La figure 24.8 en présente le format.

Le champ *Ressource_Nom de domaine* contient le nom du domaine auquel appartient l'enregistrement de ressource. Il peut être de longueur quelconque. Le champ *Type* indique le type des données de l'enregistrement ressource. Le champ *Classe* indique sa classe. Le champ *Durée de vie* contient un entier dont la valeur indique le nombre de secondes pendant lesquelles l'information peut être conservée en mémoire cache. Cette information est utilisée par les clients qui ont demandé la résolution d'une correspondance et qui souhaitent conserver l'information dans un cache mémoire. Les deux derniers champs contiennent le résultat de l'association. Le champ *Long_Données ressources* indique le nombre d'octets du champ *Données ressources*.

24.15 STRUCTURE DES NOMS CONDENSÉS

Les noms de domaine, dans les messages de service de noms, sont enregistrés sous forme d'une suite d'identificateurs. Chaque nom élémentaire est précédé d'un octet qui en indique la longueur. Ainsi, le récepteur reconstitue un nom de domaine en répétant la lecture d'un octet *longueur*, *n*, puis celle d'un identificateur de *n* octets de long. La longueur est exprimée en octets. Un octet longueur contenant une valeur nulle délimite la fin du nom.

Les serveurs de noms renvoient généralement plusieurs réponses à une question et, souvent, les suffixes des noms de domaine se superposent. Pour réduire la taille des messages, les serveurs compriment les noms en n'inscrivant qu'une seule fois le nom de domaine. Lors de la reconstitution du nom de domaine, le programme client doit vérifier chaque segment pour savoir s'il s'agit d'une chaîne littérale (dont la structure est un octet *longueur* suivi des caractères de l'identificateur) ou d'un pointeur vers une chaîne littérale. Lorsque le client rencontre un pointeur, il doit suivre celui-ci et, dans un autre endroit du message, trouver la suite du nom de domaine.

Les pointeurs sont toujours placés au début des segments et sont enregistrés dans des octets *longueur d'identificateur*. Si les deux bits de poids fort sont à 1, le client doit considérer les 14 bits suivants comme un pointeur. Si les deux bits de poids fort sont à 0, les 6 bits suivants de l'octet *longueur* indiquent la taille de l'identificateur qui suit.

24.16 ABRÉVIATION DES NOMS DE DOMAINE

La numérotation hiérarchique téléphonique illustre une autre caractéristique intéressante de la résolution locale des adresses : l'*abréviation des noms*. L'abréviation des noms est une méthode qui permet de raccourcir les noms, lorsque le processus de résolution sait le compléter automatiquement. Dans certains pays, un abonné peut omettre le code de la zone lorsqu'il appelle un numéro de téléphone local. Le numéro correspondant est un numéro abrégé qui est supposé appartenir à la même zone que le numéro de l'appelant. L'abréviation s'applique également aux noms de domaine. Étant donné un nom *xyz*, le processus de résolution des noms suppose que le nom à résoudre se trouve dans le même domaine administratif que l'ordinateur sur lequel s'effectue la résolution. Le solveur peut donc fournir automatiquement les parties manquantes de ce nom. Ainsi, au sein du département informatique de l'université de Purdue, le nom abrégé

```
xinu
```

est équivalent au nom de domaine complet

```
xinu.cs.purdue.edu
```

La plupart des programmes clients effectuent les abréviations à l'aide de *listes de suffixes de domaines*. L'administrateur du réseau local configure une liste des suffixes possibles pour compléter les noms lors des recherches. Ainsi, une liste de suffixes pour le département informatique de l'université de Purdue comprend :

```
.cs.purdue.edu
.cc.purdue.edu
.purdue.edu
null
```

Le solveur local commence par compléter le nom *xinu* avec *.cs.purdue.edu*. Si cette recherche n'aboutit pas, *xinu* est complété avec *.cc.purdue.edu* puis la recherche est renouvelée. Le dernier suffixe de la liste est *null*, ce qui signifie que si toutes les recherches précédentes ont échoué, le solveur va tenter de rechercher le nom, sans suffixe. Les administrateurs peuvent utiliser les listes de suffixes pour disposer d'abréviations pratiques ou pour que les programmes d'application puissent n'utiliser que des noms locaux.

Nous avons dit que les clients sont responsables de l'expansion des noms. Il faut toutefois souligner que ce mécanisme ne fait pas partie intégrante du système de noms de domaine. Ce dernier ne permet que la résolution des noms de domaine complets. Par conséquent, les programmes qui dépendent de ces abréviations peuvent ne pas fonctionner correctement en dehors de l'environnement dans lequel ils ont été construits. En résumé :

> Le système de noms de domaine ne fonctionne qu'avec des noms de domaine complets. Les abréviations ne font pas partie du système de noms de domaine, mais elles sont introduites par les solveurs locaux pour simplifier l'utilisation des noms par les utilisateurs.

24.17 RÉSOLUTION INVERSE

Nous avons dit que le système de noms de domaine permet de résoudre d'autres associations que les correspondances entre nom de machine et adresse IP. Les demandes de résolution inverse permettent au client de demander au serveur d'effectuer une association en sens inverse en acceptant une réponse et en générant la question qui l'aurait produite. Bien entendu, toutes les réponses ne correspondent pas à une question unique. Même dans le cas où la question est unique, un serveur peut se trouver incapable de la générer. Si les résolutions inverses font partie intégrante du système de noms depuis la spécification initiale, elles ne sont généralement pas utilisées parce qu'il n'existe souvent aucun moyen de satisfaire la demande sans avoir à interroger l'ensemble des serveurs.

24.18 DEMANDES DE RÉFÉRENCES

Il existe un type de résolution inverse d'une utilité tellement évidente que le système de noms de domaine lui a consacré un chapitre spécifique appelé *demande de référence (Pointer queries)*. Dans une demande de référence, la question posée au serveur de noms indique une adresse IP représentée sous forme de chaîne de caractères dans la syntaxe des noms de domaine (la représentation décimale pointée en format texte). Une demande de référence indique au serveur de noms qu'il faut renvoyer le nom de domaine qui correspond exactement à l'adresse IP mentionnée dans la question. Les demandes de référence sont particulièrement utiles dans le cas des stations sans disque. Elles permettent au système d'obtenir un nom logique à partir de la seule indication d'une adresse IP. (Nous avons vu au chapitre 6 comment une station sans disque pouvait obtenir une adresse IP.)

Les demandes de références ne sont pas difficiles à fabriquer. Si nous considérons une adresse IP écrite dans la notation décimale pointée, sa structure est la suivante :

```
aaa.bbb.ccc.ddd
```

Pour construire une demande de référence, le client convertit la représentation décimale pointée de l'adresse selon la notation suivante :

```
ddd.ccc.bbb.aaa.in-addr.arpa
```

La nouvelle forme[1] correspond à un nom du domaine spécial *in-addr.arpa*. Comme le serveur de noms local peut ne pas être responsable du domaine *arpa* ou

1. Les octets de l'adresse IP doivent être inversés pour former un nom de domaine car les adresses IP comportent les bits les plus significatifs en tête alors que ce sont les bits les moins significatifs qui sont en tête dans les noms de domaines.

du domaine *in-addr.arpa*, il peut être conduit à contacter un autre serveur de noms pour satisfaire la demande. Pour que la résolution des demandes de références soit efficace, le serveur de noms racine d'Internet gère une base de données des adresses IP valides et des serveurs de noms associés qui résolvent chacune de ces adresses.

24.19 TYPES D'OBJETS ET ENREGISTREMENTS DE RESSOURCES

Nous avons indiqué que le système de noms de domaines peut être utilisé pour la traduction des noms de domaines, des adresses de routeurs de courrier ou pour la conversion des noms de machines en adresses IP. Le système de noms de domaines est très général et peut être utilisé avec tout type de noms hiérarchiques. Il est ainsi possible d'enregistrer les noms des services de calcul disponibles associés aux numéros de téléphone permettant de localiser les services correspondants. Il est également possible de stocker de cette façon le nom et la version des logiciels de communication ainsi que le nom et l'adresse des fournisseurs de ces logiciels.

Souvenez-vous que le système de noms s'adapte à toutes sortes d'associations, en incluant un champ *Type* dans chaque enregistrement de ressource. Lorsqu'il envoie une demande, un client doit mentionner un type dans sa question[1] ; les serveurs spécifient le type de données dans tous les enregistrements de ressources qu'ils renvoient. Le type détermine les contenus de l'enregistrement de ressource comme indiqué à la table de la figure 24.9.

Type	Signification	Contenu
A	Adresse d'ordinateur	Adresse IP sur 32 bits
CNAME	Nom canonique	Nom canonique de domaine pour un alias
HINFO	UC et OS	Noms d'unité centrale (UC) et de système d'exploitation (OS)
MINFO	Informations boîtes aux lettres	Informations relatives aux boîtes aux lettres et aux listes de diffusion
MX	Serveur de courrier	Préférence sur 16 bits et nom du serveur de courrier pour le domaine
NS	Nom du serveur de noms	Nom du serveur responsable du domaine de noms
PTR	Pointeur	Lien symbolique vers le nom de domaine
SOA	*Start Of Authority*	Champs multiples indiquant quelle partie de l'arborescence est gérée par le serveur
TXT	Texte quelconque	Chaîne de caractères ASCII non interprétée

Figure 24.9 — Types de ressources du système de noms de domaine.

1. Les demandes peuvent indiquer un petit nombre de types supplémentaires (il y en a un, par exemple, qui permet d'indiquer tous les types d'enregistrements ressources).

La plupart des données sont de type A : elles correspondent à une association entre un nom d'ordinateur connecté à Internet et une adresse IP. Le second type de domaine intéressant, MX, correspond aux noms utilisés pour le courrier électronique. Ce type permet à un site de désigner plusieurs ordinateurs capables d'accepter du courrier sous la forme *utilisateur@partie-domaine*. Le système de courrier utilise le système de noms de domaine pour résoudre l'identificateur *partie-domaine* des demandes de type MX. Le système de noms de domaine retourne un ensemble d'enregistrements de ressources qui contiennent chacun un champ de préférence et le nom de domaine d'un ordinateur. Le système de courrier explore cet ensemble, de la préférence la plus haute vers la préférence la plus basse (les chiffres les plus petits indiquent la préférence la plus élevée). Pour chaque enregistrement de ressource, le routeur de courrier extrait un nom de domaine et utilise une requête de type A pour résoudre ce nom en adresse IP. Il essaye alors de contacter l'hôte et de lui remettre le courrier. Si l'ordinateur n'est pas disponible, le routeur de courrier continue d'essayer les autres ordinateurs de la liste.

Pour que la recherche soit efficace, un serveur renvoie toujours les liens supplémentaires connus dans le champ Info_additionnelles de la réponse. Dans le cas des enregistrements de type MX, un serveur de noms renvoie un enregistrement ressource de type A relatif aux noms de domaine référencés dans le champ Réponses. Procéder de la sorte réduit significativement le nombre de questions posées par un serveur de courrier électronique (*mailer*) à son serveur de noms.

24.20 OBTENIR LA RESPONSABILITÉ D'UN SOUS-DOMAINE

Avant qu'une institution soit habilitée à gérer officiellement un sous-domaine, elle doit accepter de gérer un serveur de noms conforme aux standards Internet. Bien entendu, un serveur de noms doit se conformer aux protocoles normalisés qui définissent la structure des messages et la façon de répondre aux demandes. Le serveur doit également connaître les adresses des serveurs qui gèrent chaque sous-domaine (s'il en existe) et aussi celle d'au moins un serveur racine.

En pratique, le système de noms de domaine est bien plus complexe que ce que nous avons présenté. Dans la plupart des cas, un seul serveur physique peut gérer plus d'une partie de l'espace des noms. Par exemple, à l'université de Purdue, un seul serveur de noms gère simultanément le domaine de second niveau *purdue.edu* et le domaine géographique *laf.in.us*. La sous-arborescence de noms gérée par un serveur de noms donné constitue une *zone de responsabilité*. Une autre difficulté apparaît, qui est liée au fait que les serveurs doivent être capables de gérer un grand nombre de requêtes, même si le temps de traitement de certaines d'entre elles est important. Généralement, les serveurs savent gérer des demandes concurrentes, ce qui leur permet d'accepter les demandes les plus récentes tout en poursuivant le traitement des précédentes. Gérer des demandes simultanées revêt une importance vitale lorsque le serveur reçoit une requête récursive qui l'oblige à s'adresser à un autre serveur pour la résoudre.

L'implémentation des serveurs est également complexe parce que l'administration Internet impose la duplication des informations relatives à chacun des domaines. Ces dernières doivent apparaître au moins dans deux serveurs s'exécutant sur des machines distinctes. Ces conditions sont en réalité relativement draconiennes : les serveurs doivent ne pas avoir de cause de panne commune. Ceci signifie que deux serveurs de noms ne doivent pas être reliés au même réseau et qu'ils ne peuvent pas être reliés aux mêmes sources d'alimentation électrique. Ainsi, pour satisfaire ces contraintes, tout site doit trouver au moins un autre site qui accepte de jouer le rôle de serveur secondaire. Bien entendu, en tout point de l'arborescence des serveurs, un serveur doit savoir localiser à la fois le serveur de noms principal et le serveur secondaire. Il doit être capable de rediriger les demandes vers le serveur secondaire en cas de panne du serveur principal.

24.21 RÉSUMÉ

Le système hiérarchique de noms permet de déléguer la responsabilité administrative des noms, ce qui permet de prendre en compte un nombre arbitrairement grand d'ensembles de noms, sans submerger un site central sous les tâches administratives. Si la résolution des noms est indépendante de la délégation d'autorité, il est possible de construire un système de noms où la résolution des noms est un processus efficace qui débute au niveau du serveur de noms local même si la délégation d'autorité s'effectue toujours du haut vers le bas.

Nous avons étudié le système de noms de domaine d'Internet (DNS) qui est un exemple de plan de nommage hiérarchique distribué. Les serveurs de noms mettent en correspondance des noms de domaine de haut niveau avec des adresses IP ou des adresses de routeurs de courrier. Les clients tentent de résoudre les adresses localement. Lorsque le serveur local ne peut résoudre le nom, le client doit choisir soit d'explorer la hiérarchie des serveurs de noms de façon itérative soit de demander au serveur de noms local de le faire de façon récursive. Enfin, nous avons vu que le système de noms de domaine gère divers autres types d'associations que les associations nom symbolique-adresse IP.

24.22 POUR EN SAVOIR PLUS

Mockapetris [RFC 1034] étudie le nommage de domaine Internet, dans son ensemble, et en donne la philosophie générale, tandis que Mockapetris [RFC 1035] définit un protocole normalisé de nommage des domaines. Mockapetris [RFC

1101] étudie l'utilisation du système de noms pour coder les noms de réseaux et propose des extensions applicables à d'autres associations. Des versions plus anciennes sont présentées dans Mockapetris [RFC 882, 883 et 973]. Postel et Reynolds [RFC 920] spécifient les conditions qu'un serveur de noms de domaine Internet doit satisfaire. Stahl [RFC 1032] indique les directives que les administrateurs doivent suivre pour déclarer un domaine et Lottor [RFC 1033] donne des règles d'administration d'un serveur de noms. Partridge [RFC 974] applique le nommage de domaines au routage du courrier électronique. Enfin, Lottor [RFC 1296] donne un résumé intéressant de la croissance d'Internet obtenu en parcourant l'arborescence des noms.

24.23 EXERCICES

24.1 Les noms de machines ne doivent pas être liés aux systèmes d'exploitation lors de la compilation. Expliquez pourquoi.

24.2 Préféreriez-vous utiliser une machine qui obtient son nom depuis un fichier distant ou depuis un serveur de noms ? Pourquoi ?

24.3 Pourquoi chaque serveur de noms doit-il connaître l'adresse IP de son parent plutôt que le nom de domaine de son parent ?

24.4 Définissez un plan de nommage qui tolère les changements de nom dans la hiérarchie. Considérez, par exemple, deux grandes sociétés qui, chacune, ont une hiérarchie indépendante et qui fusionnent. Pouvez-vous obtenir un fonctionnement correct de tous les noms précédents ?

24.5 Lisez la norme et trouvez comment le système de noms de domaine utilise les enregistrements SOA.

24.6 Le système de noms de domaine Internet permet de prendre en compte les noms de boîtes aux lettres. Trouvez comment.

24.7 La norme suggère que lorsqu'un programme a besoin de trouver le nom du domaine associé à une adresse IP, il commence par envoyer une demande de référence au serveur local avant d'utiliser, en cas d'échec, le domaine spécial *in-addr.arpa*. Pourquoi ?

24.8 Comment prendriez-vous en compte les abréviations dans le plan de nommage des domaines ? À titre d'exemple, choisissez deux sites enregistrés sous .edu et un serveur au niveau le plus haut. Expliquez comment chaque site pourrait traiter chaque type d'abréviation.

24.9 Procurez-vous la description du système de noms de domaine et réalisez un programme client. Recherchez le nom *dizzy.res.enst.fr*.

24.10 Enrichissez l'exercice précédent avec une demande de référence. Essayez de trouver le nom de domaine correspondant à l'adresse *137.194.43.1*.

24.11 Trouvez une copie du programme *nslookup* et utilisez-la pour chercher les noms référencés dans les deux exercices précédents.

24.12 Si nous étendons la syntaxe des noms de domaine pour inclure un point après le nom de domaine racine, les noms et les abréviations deviennent non ambigus. Quels sont les avantages et les inconvénients de cette extension ?

24.13 Lisez les RFC concernant le DNS. Quelles sont les valeurs minimale et maximale qu'un serveur DNS peut affecter au paramètre *durée de vie* d'un enregistrement de ressource ?

24.14 Le DNS autorise-t-il une correspondance partielle (c'est-à-dire l'utilisation de métacaractères) ? Pourquoi ?

24.15 Le département informatique de Purdue a choisi de placer l'enregistrement de ressource suivant de type A dans son serveur de nom de domaine : *localhost.cs.purdue.edu127.0.0.1*

Expliquez ce qui se produit si un site distant essaie de faire *ping* sur une machine de nom *localhost.cs.purdue.edu*.

25

Applications : la connexion à distance (TELNET, rlogin)

25.1 INTRODUCTION

Ce chapitre et les quatre suivants poursuivent notre étude de l'interconnexion de réseaux en abordant les services de haut niveau disponibles sur un internet et les protocoles qui les supportent. Ces services font partie intégrante de TCP/IP. Ils montrent comment les utilisateurs perçoivent un internet et prouvent la puissance de la technique TCP/IP.

Nous verrons que les services de haut niveau enrichissent les fonctionnalités de communication et permettent aux utilisateurs et aux programmes d'interagir, à distance, avec des services automatiques ou d'autres utilisateurs. Nous verrons également que les protocoles de haut niveau sont réalisés sous forme de programmes d'application et apprendrons la façon dont ils dépendent des services réseau vus aux chapitres précédents. Ce chapitre est consacré à l'étude de la *connexion à distance* (*remote login*).

25.2 TRAITEMENT INFORMATIQUE À DISTANCE

Nous avons vu comment le modèle client-serveur peut fournir des services spécifiques, par exemple donner l'heure à plusieurs machines. Des protocoles en mode connecté, fiables, comme TCP, permettent notamment une utilisation interactive d'ordinateurs distants. Il est possible d'imaginer, par exemple, un serveur distant offrant un service d'édition de textes. Réaliser ce type de service nécessite de disposer d'un serveur qui accepte des demandes d'édition de fichiers et d'un client qui génère de telles demandes. Pour invoquer le service d'édition de textes à distance, un utilisateur doit activer le programme client associé. Ce dernier établit une connexion TCP entre l'ordinateur local et le serveur, puis il commence à transmettre au serveur, les caractères frappés au clavier et à analyser les réponses que le serveur lui renvoie.

Comment peut-on généraliser un service interactif d'édition de texte à distance ? Le problème d'utiliser un serveur pour chaque service informatique spécifique, c'est que l'ordinateur serveur devient surchargé par les processus serveurs. Il est possible d'éliminer la plupart des serveurs trop spécialisés en permettant aux utilisateurs d'établir des sessions avec des ordinateurs distants pour ensuite y exécuter des commandes. Le fait de fournir un *service de connexion à distance* (*remote login facility*) permet aux utilisateurs d'avoir accès à toutes les commandes disponibles sur le système distant. Ainsi, il n'est plus nécessaire de disposer de nombreux serveurs spécialisés.

Bien entendu, offrir un service de connexion à distance n'est pas forcément simple. Les ordinateurs centraux conçus avant l'utilisation massive des réseaux n'acceptaient d'établir des sessions qu'avec des terminaux claviers-écrans avec lesquels ils étaient directement reliés. Ajouter un service de connexion à distance sur de tels systèmes nécessitait le plus souvent une modification de leur système d'exploitation.

Sur les ordinateurs d'aujourd'hui, la réalisation de clients interactifs peut également s'avérer complexe. Considérons, par exemple, le cas de systèmes qui associent une signification particulière à certaines combinaisons de touches, comme l'interprétation des touches *Control-C* pouvant signifier « *interrompre le processus courant* ». Cette action ayant un effet local, la commande *Control-C* ne serait donc pas transmise à l'ordinateur distant. Inversement, la transmission de *Control-C* à l'ordinateur distant interdirait l'interruption du processus courant local.

Les quelques difficultés techniques ayant été surmontées, la plupart des systèmes offrent aujourd'hui des services de connexion à distance et la possibilité aux programmes d'application de se comporter comme clients envers les systèmes distants. Souvent, le client local inhibe l'interprétation locale des touches et combinaison de touches du clavier, à l'exception par exemple de l'une d'entre elles ; cela permet à l'utilisateur de communiquer avec la machine distante exactement comme s'il s'agissait d'un terminal directement connecté. L'exception faite, pour une seule touche ou combinaison de touches, permet à l'utilisateur d'interrompre le programme client et de revenir au traitement local normal. Certains protocoles de connexion à distance autorisent la connexion à partir d'un ensemble d'ordinateurs privilégiés, sans vérification de mot de passe, tandis que d'autres mettent en œuvre la sécurité en effectuant le chiffrement de toutes les communications.

25.3 LE PROTOCOLE TELNET

La famille des protocoles TCP/IP inclut un *protocole de connexion à distance* simple appelé *TELNET*. Ce protocole permet à un utilisateur d'établir, depuis son ordinateur, une connexion TCP avec le serveur d'un ordinateur distant. TELNET assure en outre la transmission des caractères frappés au clavier de l'ordinateur local vers l'ordinateur distant comme s'ils avaient été frappés directement au clavier de l'ordinateur distant. TELNET achemine également les réponses du système distant vers l'écran de l'utilisateur. Le *service* est dit *transparent* car il donne l'illusion que l'utilisateur est directement relié à l'ordinateur distant.

Si TELNET n'est pas aussi perfectionné que d'autres protocoles de connexion à distance, il est, en revanche, très largement utilisé. En principe, le programme client TELNET permet à l'utilisateur de désigner un ordinateur distant soit par son nom, soit par son adresse IP. TELNET acceptant les adresses IP, il peut donc être utilisé avec des ordinateurs pour lesquels la correspondance nom-adresse n'est pas connue (par exemple, lors de la mise au point du programme de noms de domaine).

TELNET propose trois services de base. Il définit d'abord un *terminal virtuel NVT* (*Network Virtual Terminal*) qui offre une interface standard aux systèmes distants. Les programmes clients n'ont pas à comprendre les détails de chaque système distant et sont conçus pour utiliser l'interface standard. TELNET comporte un mécanisme de négociation d'options entre client et serveur, basé sur un ensemble d'options standard (comme par exemple, l'option qui vérifie si les caractères transmis sont codés en ASCII 7 bits ou 8 bits). Enfin, TELNET traite les deux extrémités de la connexion de façon symétrique. En particulier, il n'impose pas au client que ses informations proviennent uniquement du clavier, ni même que les informations transmises au client soient uniquement destinées à l'écran. En effet, TELNET accepte qu'un programme quelconque joue le rôle de client. De plus, chaque extrémité peut négocier des options. La figure 25.1 montre comment les applications réalisent les clients et serveurs TELNET.

Comme le montre la figure 25.1, lorsqu'un utilisateur invoque TELNET, un programme d'application client est activé sur l'ordinateur local. Le client TELNET établit une connexion TCP avec le serveur choisi pour communiquer. Une fois la communication établie, le client accepte les caractères saisis sur le clavier de l'utilisateur, puis les transmet au serveur tandis que les caractères renvoyés par le serveur sont simultanément acceptés et affichés sur l'écran de l'utilisateur. Le serveur TELNET doit accepter la demande d'établissement de connexion TCP du client puis acheminer les informations reçues sur la connexion vers le système d'exploitation local.

Le serveur est, en réalité, plus complexe que la représentation ne le laisse supposer car il doit pouvoir gérer des connexions simultanées. En général, un serveur maître attend les demandes de connexions et crée des serveurs fils chargés de gérer

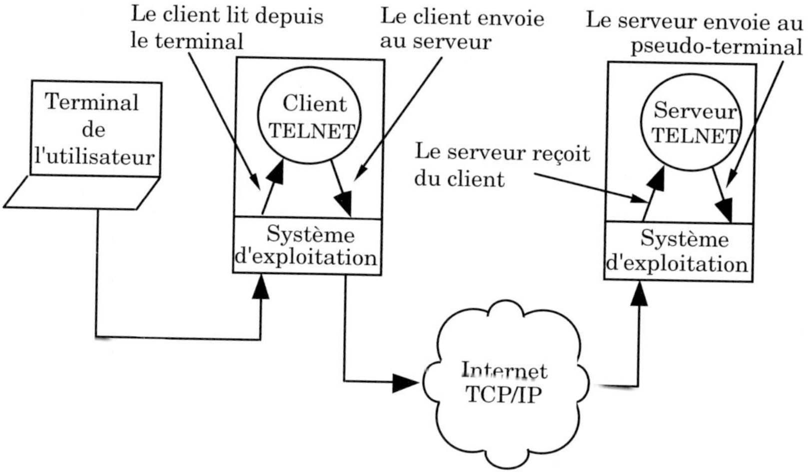

Figure 25.1 — Itinéraire emprunté par les informations, du terminal de l'utilisateur au serveur, dans une session TELNET. Ajouter un serveur TELNET à un système en temps partagé suppose généralement la modification de son système d'exploitation.

chacun une connexion particulière. Le serveur TELNET de la figure 25.1 représente le serveur fils qui gère une connexion particulière. La figure ne montre pas le serveur maître qui attend les nouvelles demandes ni les fils qui gèrent d'autres connexions.

Nous appelons *pseudo-terminal*[1] un point d'accès au système d'exploitation qui permet à un programme en cours d'exécution, tel que le serveur TELNET, de transmettre des caractères au système d'exploitation comme s'ils provenaient d'un clavier. Il est impossible de construire un serveur TELNET si le système d'exploitation ne fournit pas cette fonctionnalité. Si le système supporte le concept de pseudo-terminal, le serveur TELNET peut être implémenté avec des programmes d'application. Chaque serveur secondaire relie alors la connexion TCP d'un client à un pseudo-terminal particulier.

Réaliser un serveur TELNET sous forme d'un programme d'application présente des avantages et des inconvénients. L'un des avantages majeurs est que cela rend les modifications et le contrôle du serveur plus simples que s'ils étaient intégrés au système d'exploitation. L'inconvénient majeur est la perte d'efficacité. Chaque caractère émis sur le terminal de l'utilisateur transite du système d'exploitation au programme client TELNET, puis du client TELNET au système d'exploitation, avant d'emprunter l'internet jusqu'au serveur. Une fois parvenues sur l'ordinateur distant, les données doivent transiter du système d'exploitation au programme serveur TELNET puis, du serveur TELNET au point d'accès d'un

1. Unix appelle ce point d'accès au système un *pseudo-tty* car les terminaux sont appelés *tty*.

pseudo-terminal du système d'exploitation. Finalement, le système d'exploitation distant remet les caractères à tout programme d'application exécuté pour l'utilisateur. Les sorties (y compris les caractères d'écho distants lorsque cette option est choisie) empruntent le même chemin, en sens inverse.

Si vous connaissez le fonctionnement des systèmes d'exploitation, vous constatez que, dans le cas de la figure 25.1, chaque touche frappée au clavier entraîne plusieurs changements de contexte. Dans la plupart des systèmes d'exploitation, une commutation de contexte supplémentaire est nécessaire car le système d'exploitation de l'ordinateur sur lequel est exécuté le serveur TELNET doit transmettre les caractères du pseudo-terminal vers un autre programme d'application (un interpréteur de commandes, par exemple). Même si la commutation de tâche est coûteuse en temps, cette méthode est bien pratique puisque les utilisateurs ne tapent pas très vite.

25.4 PRENDRE EN COMPTE L'HÉTÉROGÉNÉITÉ

Pour obtenir l'interfonctionnement sur le plus grand nombre de systèmes possibles, TELNET doit s'adapter aux particularités des différents ordinateurs et systèmes d'exploitation. Ainsi, certains systèmes exigent que les lignes se terminent par le caractère ASCII *CR*, *retour chariot* (*Carriage Return*). D'autres requièrent le caractère ASCII *LF*, *saut de ligne* (*Line Feed*) ou encore une combinaison des deux : *CR-LF*. La plupart des systèmes proposent à l'utilisateur connecté depuis un simple terminal le moyen d'interrompre un processus en cours d'exécution. Les caractères utilisés à cet effet varient cependant d'un système à l'autre – ce peut être une combinaison des touches *Control* et C (*Control-C*) aussi bien que *ESC* (*Escape*).

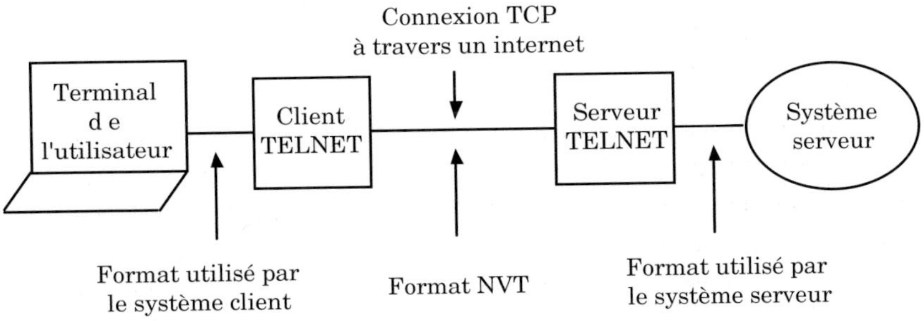

Figure 25.2 — Utilisation du format NVT (*terminal virtuel*) par TELNET.

Pour prendre en compte l'hétérogénéité, TELNET définit comment les caractères et les séquences de commandes sont transmis sur un internet TCP/IP. Il s'agit de la représentation du format de *terminal virtuel NVT*. Le programme client TELNET, comme le montre la figure 25.2, convertit les caractères et les séquences de commande émises du terminal de l'utilisateur au *format NVT* et les envoie au serveur TELNET distant. Ce dernier convertit les données reçues au format NVT à celui utilisé par l'ordinateur distant. Pour les données qui transitent en sens inverse, le serveur convertit les données représentées selon son format local au format NVT ; de même le client convertit les données du format NVT à son format de représentation local.

La définition du format NVT est simple. Toutes les communications utilisent des mots de 8 bits (des octets). Au démarrage, le protocole TELNET utilise le codage ASCII sur 7 bits pour représenter les caractères et réserve les mots de 8 bits dont le bit de poids fort est à un, pour les séquences de commandes. Le code ASCII définit un jeu de 128 caractères qui comprend 95 caractères visualisables (les lettres, les chiffres, les caractères de ponctuation) et 33 caractères de commande. Les caractères visualisables de NVT et du code ASCII sont identiques. En revanche, NVT définit des caractères de commande spécifiques[1], conformément aux indications de la figure 25.3.

Commandes ASCII	Valeur décimale	Signification
NUL	0	Pas d'opération (n'a pas d'effet sur la sortie)
BEL	7	Son audible / signal visible (pas de déplacement)
BS	8	Déplacement à gauche d'un caractère
HT	9	Déplacement à droite jusqu'au prochain taquet de tabulation horizontal
LF	10	Déplacement d'une ligne vers le bas
VT	11	Déplacement jusqu'au prochain taquet de tabulation verticale
FF	12	Déplacement en haut de la page suivante
CR	13	Retour à la marge gauche sur la ligne courante
Autre commande	–	Pas d'opération (sans effet sur la sortie)

Figure 25.3 — Interprétation NVT des caractères de commande du code ASCII par TELNET, qui ne précise pas la position des taquets de tabulation.

En plus de l'interprétation des caractères de commande de la figure 25.3, le format NVT définit en standard la *fin de ligne* par les caractères CR-LF. Lorsque l'utilisateur appuie sur la touche *fin de ligne* au clavier de son ordinateur (soit *RETURN*, soit *ENTER*), le client TELNET la convertit en CR-LF pour la transmettre. Le serveur TELNET convertit comme il faut CR-LF en séquence de fin de ligne propre à l'ordinateur distant.

1. Le standard NVT interprète les caractères de commande de la même façon que dans le code ASCII.

25.5 TRANSMISSION DES FONCTIONS DE CONTRÔLE AU SITE DISTANT

La plupart des systèmes, nous l'avons dit, fournissent un mécanisme de contrôle permettant aux utilisateurs d'interrompre un programme. Ce mécanisme est généralement associé, par le système d'exploitation local, à une touche ou une combinaison de touches particulières. Ainsi, sauf redéfinition explicite par l'utilisateur, Unix BSD réserve la combinaison *Control-C* pour interrompre un programme en cours d'exécution ; *Control-C* oblige ainsi Unix à stopper le programme en cours d'exécution. Le programme ne reçoit pas l'entrée *Control-C*. Un système peut réserver d'autres caractères ou combinaisons de caractères pour définir d'autres fonctions de contrôle.

TELNET NVT adapte les fonctions de contrôle en définissant la façon de les transmettre du client vers le serveur. Conceptuellement, NVT est capable d'accepter des caractères émis d'un clavier de plus de 128 caractères. Nous supposons que les claviers disposent de touches virtuelles (imaginaires) correspondant aux fonctions spécifiques utilisées pour contrôler les travaux. Par exemple, NVT définit une touche virtuelle d'interruption pour interrompre un programme. La figure 25.4 liste les fonctions de contrôle permises par NVT.

Commandes	Signification
IP	Interrompre un programme en cours (*Interrupt Process*)
AO	Supprimer toute sortie tamponnée (*Abort output*)
AYT	Êtes-vous là (*Are You There*) : test de présence du serveur
EC	Effacer le caractère précédent (*Erase Character*)
EL	Effacer la ligne courante (*Erase Line*)
SYNCH	Synchroniser : effacer le chemin d'accès jusqu'à un point de données urgentes TCP, mais interpréter la commande
BRK	Touche interruption ou signal attention

Figure 25.4 — Fonctions de contrôle reconnues par le protocole TELNET NVT. Le client reçoit les fonctions de contrôle, associées aux données normales, qui sont transmises au système d'exploitation du serveur charger de les interpréter.

En pratique, nombre de claviers sont dépourvus de touches de fonctions supplémentaires, mais chaque système d'exploitation ou interpréteur de commandes dispose d'une variété de moyens pour les générer. Nous avons déjà cité la façon la plus fréquente : lier un caractère ASCII à une fonction de contrôle qui, lorsque l'utilisateur frappe ce caractère, force le système d'exploitation à exécuter l'action correspondante au lieu de considérer le caractère comme une simple donnée. Les concepteurs du protocole TELNET NVT ont choisi de séparer les fonctions de contrôle du jeu de caractères ASCII pour deux raisons. D'abord, ce choix procure plus de souplesse à TELNET. Il permet ainsi de transférer entre client et serveur toutes séquences de caractères ASCII et fonctions de contrôle éventuelles.

Ensuite, en séparant les fonctions de contrôle des données normales, TELNET permet au client d'émettre des informations non ambiguës : il n'y a jamais d'incertitude pour savoir si un caractère saisi doit être considéré comme une donnée ou comme une fonction de contrôle.

Pour transmettre les fonctions de contrôle sur une connexion TCP, TELNET les code en utilisant une *séquence d'échappement* (*escape sequence*). Une séquence d'échappement utilise un *octet réservé* pour indiquer qu'une fonction de contrôle suit. Dans TELNET, l'octet réservé qui initialise une séquence d'échappement est appelé *IAC* (*Interpret As Command*) signifiant *interpréter ce qui suit comme une commande*. La figure 25.5 liste les divers octets de commandes possibles ainsi que les codes décimaux correspondants aux fonctions de contrôle.

Les informations générées par les touches de fonction d'un clavier NVT ont chacune un octet de commande spécifique. Par exemple, pour demander à un serveur d'interrompre l'exécution d'un processus, le client doit émettre la séquence des 2 octets *IAC IP* (255 suivi de 244). Des commandes supplémentaires permettent au client et au serveur de négocier les options utilisées et de synchroniser les communications.

Commande	Code décimal	Signification
IAC	255	Interpréter l'octet suivant comme une fonction de contrôle (lorsque l'octet IAC apparaît comme donnée, il est doublé par l'émetteur qui envoie IAC-IAC)
DON'T	254	Dénégation d'une demande d'exécution d'une option donnée
DO	253	Acceptation d'exécuter une option donnée
WON'T	252	Refus d'exécuter une option donnée
WILL	251	Acceptation de mettre en œuvre une option donnée
SB	250	Début de négociation d'option
GA	249	Fonction « continuer » (*Go Ahead*)
EL	248	Fonction « effacer la ligne » (*Erase Line*)
EC	247	Fonction « effacer le caractère » (*Erase Character*)
AYT	246	Fonction « êtes-vous là » (*Are You There*)
AO	245	Fonction « tuer la sortie » (*Abort Output*)
IP	244	Fonction « interruption de processus » (*Interrupt Process*)
BRK	243	Fonction « tuer » (*BReaK*)
DMARK	242	Marque de données d'une synchronisation (toujours accompagnée d'une notification TCP de données urgentes)
NOP	241	Opération nulle (*No OPeration*)
SE	240	Fin de négociation d'option (*End of option Subnegotiation*)
EOR	239	Fin d'enregistrement (*End Of Record*)

Figure 25.5 — Commandes et codes TELNET correspondants aux fonctions de contrôle. Ces codes n'ont de signification que s'ils sont précédés par le caractère *IAC*. Lorsque le caractère *IAC* est transmis en tant que donnée, il est doublé.

25.6 OBLIGER UN SERVEUR À LIRE UNE FONCTION DE CONTRÔLE

Émettre des fonctions de contrôle en association avec le flot des données normales ne suffit pas toujours à garantir les résultats souhaités. Voyons pourquoi, dans le cas où un utilisateur veut envoyer au serveur la fonction de contrôle *interruption de processus*. Le cas se présente habituellement lorsque le processus qui s'exécute sur la machine distante ne fonctionne pas correctement et que l'utilisateur veut l'arrêter. Le processus peut, par exemple, boucler indéfiniment sans jamais lire ni écrire de données. Si, par malchance, sur le site du serveur, l'application s'arrête de lire les données d'entrée, les tampons du système d'exploitation vont se remplir et le serveur ne pourra plus alors envoyer de données vers les pseudo-terminaux. À un moment ou à un autre, sur la machine serveur, TCP envoie une fenêtre de taille nulle, ce qui interdit tout écoulement de données sur la connexion.

Si l'utilisateur génère une séquence d'interruption lorsque les tampons sont pleins, la fonction de contrôle n'atteindra donc jamais le serveur. Le client peut effectivement générer une séquence IAC-IP et l'émettre sur la connexion mais comme TCP a cessé de transmettre les données vers le serveur, ce dernier ne pourra jamais lire la séquence de contrôle. En fait :

> TELNET ne peut s'appuyer sur les seules connexions classiques pour transmettre des séquences de commande entre client et serveur ; le mauvais fonctionnement d'une application peut éventuellement bloquer le transfert de données sur la connexion, rendant toute fonction de contrôle impossible.

Pour résoudre le problème, TELNET utilise un *signal hors bande*. TCP réalise la signalisation hors bande au moyen du mécanisme de *données urgentes*. À chaque fois que TELNET émet une fonction de contrôle dans le flot de données, il émet également une commande de synchronisation : *SYNCH*. Il ajoute un octet réservé appelé *marque de données* (*DMARK*) et force TCP à émettre vers le serveur un segment dans lequel le bit de données urgentes est positionné. Les fragments qui transportent les données urgentes ne sont pas soumis au contrôle de flux et atteignent immédiatement le serveur. En réponse à un signal de données urgentes, le serveur lit et détruit toutes les données jusqu'à ce qu'il rencontre la marque de données DMARK. Il reprend alors son fonctionnement normal.

25.7 LES OPTIONS DE TELNET

Cette description simplifiée du protocole TELNET passe sous silence l'un de ses aspects les plus complexes : les options. TELNET permet de négocier des options : le client et le serveur peuvent reconfigurer leur connexion. Nous avons, par exemple, indiqué que le flot de données transportait des caractères codés sur 7 bits et que les octets dans lesquels le huitième bit était positionné à *1* servaient à transmettre des commandes telles que *interrompre un processus*. TELNET propose toutefois une option permettant au client et au serveur d'échanger des caractères codés sur 8 bits (dans la transmission de caractères sur 8 bits, l'octet correspondant à la configuration IAC doit être doublé lorsqu'il apparaît comme donnée). Client et serveur doivent négocier et accepter l'échange de caractères codés sur 8 bits avant d'en permettre le transfert.

Les options TELNET couvrent un large domaine. Certaines en étendent les fonctions de façon significative alors que d'autres ne traitent que de détails mineurs. Le protocole initial a été conçu pour un environnement fonctionnant en *mode bidirectionnel à l'alternat* (mode *half-duplex*) où il était nécessaire de dire à l'autre « à vous », avant qu'il puisse émettre des données. Une des options de TELNET indique si le fonctionnement est en mode bidirectionnel à l'alternat ou en *mode bidirectionnel simultané* (mode *full-duplex*). Une autre option permet au serveur de déterminer le type du terminal de l'utilisateur. Le type du terminal est important dans le cas de logiciels générant des séquences de positionnement de curseur (un éditeur pleine page s'exécutant sur une machine distante, par exemple).

La figure 25.6 liste quelques-unes des options les plus fréquentes de TELNET.

Nom	Code	RFC	Signification
Transmission	0	856	Passe en transmission binaire 8 bits.
Écho	1	857	Autorise une extrémité à répéter les données reçues.
Supprimer GA	3	858	Supprime le signal « à vous » émis après les signaux de données (n'est plus utilisé).
État	5	859	Demande l'état de l'option TELNET d'un site distant.
Marque	6	860	Demande l'insertion d'une estampille dans de tempsles flots de données retourné, pour synchroniser les deux extrémités de la connexion.
Type	24	884	Échange d'informations relatives aux marques de terminalet aux modèles de terminaux utilisés (pour permettre à des programmes d'effectuer des positionnements de curseur sur les écrans des utilisateurs).
Fin	25	885	Termine les données d'enregistrement de l'utilisateur par une marque EOR (fin d'enregistrement).
Mode ligne	34	1116	Utilise l'édition locale et envoie des lignes complètes au lieu de caractères isolés.

Figure 25.6 — Options TELNET d'usage fréquent

25.8 NÉGOCIATION DES OPTIONS DE TELNET

La façon dont TELNET négocie les options est intéressante. Il se peut que le serveur initialise certaines options ; le protocole est donc conçu pour permettre à chaque extrémité de formuler une requête. Le *protocole* est dit *symétrique* pour le traitement des options. Le destinataire répond à une demande, soit par une acceptation, soit par un refus. Dans la terminologie TELNET, la demande est *WILL X* « *Accepterez-vous que j'utilise l'option X ?* » (*WILL you agree to let me use option X*) et la réponse est soit *DO X*, soit *DON'T X* qui signifient respectivement « *je vous en prie : j'accepte que vous utilisiez l'option X* » ou au contraire, « *je ne suis pas d'accord : n'utilisez pas l'option X* ». La symétrie apparaît parce que les demandes *DO X* requièrent que le destinataire commence à utiliser l'option X et que *WILL X* et *WON'T X* signifient respectivement : « *je vais commencer à utiliser l'option X ou je ne commencerai pas à l'utiliser*[1] ».

Un autre concept de négociation intéressant apparaît lorsque les deux extrémités sont obligées d'utiliser une implémentation non enrichie (c'est-à-dire, n'utilisant aucune option). Si une extrémité cherche à négocier une option que l'autre extrémité ne connaît pas, cette dernière peut simplement décliner la proposition. Il est donc possible, de cette façon, de faire interopérer des versions récentes et sophistiquées avec des versions plus anciennes et plus rudimentaires de clients et de serveurs TELNET. Si serveur et client comprennent les mêmes options nouvelles, ils peuvent enrichir leurs interactions. Dans le cas contraire, ils reviendront à un mode d'interaction moins efficace mais cependant opérationnel. En résumé :

> TELNET utilise un mécanisme de négociation d'option symétrique pour permettre aux clients et serveurs de reconfigurer les paramètres qui contrôlent leurs interactions. Comme tous les logiciels TELNET comprennent un protocole de terminal virtuel de base, clients et serveurs peuvent coopérer même si l'un d'entre eux connaît une option que l'autre ne comprend pas.

25.9 RLOGIN (UNIX BSD)

Les systèmes d'exploitation dérivés d'Unix BSD comportent un service de connexion à distance, *rlogin*, qui intègre la notion d'ordinateur privilégié. Ce service permet aux administrateurs système de définir un ensemble de machines

1. Pour éliminer les risques de boucle de négociation qui résultent du fait que chaque extrémité peut penser que l'acceptation de l'autre constitue une demande, le protocole indique qu'aucun accusé de réception n'est donné lorsqu'une demande concernant une option déjà utilisée est reçue.

sur lesquelles les noms d'utilisateur et les droits d'accès aux fichiers seront partagés, et d'établir des équivalences parmi les noms d'utilisateurs. Les utilisateurs peuvent contrôler les accès à leur compte en autorisant la connexion à distance sur la base du nom d'utilisateur et du nom de machine. Il est donc possible, pour un utilisateur qui dispose d'un nom d'utilisateur *X* sur une machine et *Y* sur une autre, de se connecter à distance sans devoir composer son mot de passe à chaque fois.

Les procédures d'accès automatique de *rlogin* font l'intérêt de ce service de connexion à distance tant pour les programmes généraux que pour les relations interpersonnelles. Une variante de la commande *rlogin*, *rsh*, invoque l'interpréteur de commande de la machine distante et lui transmet la ligne de commande. La phase de connexion est complètement court-circuitée. La syntaxe de la commande utilisant *rsh* est :

```
rsh machine commande
```

Donc, composer la commande

```
rsh merlin ps
```

depuis une machine quelconque du département informatique de l'Université de Purdue provoque l'exécution de la commande *ps* sur la machine *merlin* (les fichiers d'entrée et de sortie standard Unix sont connectés via le réseau au terminal de l'utilisateur). L'utilisateur voit les sorties comme s'il était directement connecté à la machine *merlin*. Comme l'utilisateur peut configurer *rsh* pour invoquer des commandes à distance sans demande de mot de passe, cette commande peut être utilisée depuis le clavier de l'utilisateur comme depuis un programme.

Comme les protocoles tels que *rlogin* comprennent à la fois les environnements local et distant, ils communiquent mieux que les protocoles d'intérêt général tels que TELNET. *Rlogin*, par exemple, comprend les notions de fichiers d'entrée, de sortie et d'erreur standard d'Unix. Il utilise TCP pour les connecter à la machine distante. Il est donc possible de taper :

```
rsh merlin ps > nom_de_fichier
```

et d'obtenir la redirection de la sortie standard de la commande distante vers le fichier *nom_de_fichier*. *Rlogin* comporte également des fonctions de contrôle de terminal (typiquement *Control-S* et *Control-Q*). Elles s'arrangent pour stopper immédiatement la sortie, sans attendre le délai requis pour émettre ces commandes sur le réseau, vers la machine distante. Enfin, *rlogin* exporte sur la machine distante une partie de l'environnement de l'utilisateur : le type de terminal de l'utilisateur, par exemple (la variable *TERM*). En conséquence, les sessions de connexion à distance ont un comportement apparemment identique à celui des sessions locales.

25.10 RÉSUMÉ

La richesse des fonctionnalités de TCP/IP tient, pour l'essentiel, à la diversité des services de haut niveau assurés par les programmes d'application. Les protocoles de connexion à distance de haut niveau utilisés par ces programmes s'appuient sur les services de base que sont le transfert non fiable de datagrammes et le transfert fiable en mode connecté. Ils utilisent généralement le modèle client-serveur dans lequel les serveurs utilisent des numéros de port réservés sur lesquels les clients savent les contacter.

Nous avons détaillé deux systèmes de connexion à distance : le standard TELNET de TCP/IP et *rlogin*, un protocole très courant utilisé sur les systèmes dérivés d'Unix BSD. Le protocole assure un service de base. Il permet de transmettre aux serveurs aussi bien des commandes telles que des *interruptions de processus* que de simples données. Il permet aussi aux clients et serveurs de négocier des options. Contrairement à TELNET, *rlogin* laisse aux administrateurs et aux utilisateurs plus de souplesse dans l'établissement d'équivalences entre les comptes sur différents ordinateurs, mais il n'est pas aussi largement disponible.

25.11 POUR EN SAVOIR PLUS

Si de nombreux protocoles de haut niveau ont été proposés, peu d'entre eux sont couramment utilisés. Edge (1979) compare les protocoles de bout en bout avec les transferts de proche en proche. Saltzer, Reed et Clark (1984) plaident en faveur de protocoles de haut niveau qui sachent acquitter des données de bout en bout et détecter les erreurs.

Postel [RFC 854] spécifie le protocole de connexion à distance. Il fut précédé d'au moins trois douzaines de RFC qui traitaient des options de TELNET, de leurs faiblesses, d'expériences et de propositions de modifications. Postel [RFC 764], qui définit une version antérieure de la norme, fait partie de ces RFC. Postel et Reynolds [RFC 855] donnent une spécification des options et traitent de leur négociation. Une liste interminable d'options peut être trouvée dans les RFC 856, 857, 858, 859, 860, 861, 884, 885, 1091, 1096, 1097, 1184, 1372, 1416 et 1572. Le programme *tn3270* utilise un mécanisme à la TELNET pour permettre l'accès aux calculateurs IBM sous système d'exploitation VM/CMS ; Rekhter [RFC 1041] traite des options de TELNET qui permettent les communications avec les terminaux IBM 3270.

25.12 EXERCICES

25.1 Faites des essais de connexion avec TELNET et *rlogin*. Quelles sont les différences notables ?

25.2 Malgré la quantité de notes écrites à propos de TELNET il est possible d'objecter que le protocole est toujours mal défini. Utilisez TELNET pour vous connecter sur une machine *A* puis invoquez TELNET pour atteindre une seconde machine *B*. La combinaison de deux connexions gère-t-elle correctement les caractères saut de ligne (*LF*) et retour chariot (*RC*) ?

25.3 Qu'est-ce qu'un appel de procédure distante (*RPC : remote procedure call*) ?

25.4 La tradition dit : « Les systèmes d'exploitation passent, les protocoles restent. » Testez cet adage sur votre site informatique local afin de voir si ce sont les protocoles ou les systèmes d'exploitation qui ont changé le plus souvent.

25.5 Construisez un programme client TELNET.

25.6 Utilisez un client TELNET pour connecter votre terminal au port d'écho (*chargen*) de votre ordinateur local et voir ce qui se produit.

25.7 Lisez le standard TELNET afin d'expliquer le fonctionnement de la fonction *SYNCH*.

25.8 Utilisez les données urgentes de TCP pour obliger un système d'exploitation distant à répondre rapidement aux fonctions de contrôle. Lisez le standard pour voir quelles sont les commandes traitées par le système distant, lors de l'examen du flot de données d'entrée.

25.9 Comment les options de négociation symétriques *DO/DON'T* et *WILL/WON'T* peuvent-elles conduire à des boucles sans fin, si l'autre partie acquitte toujours une demande ?

25.10 Le fichier texte du RFC 854 (la spécification de TELNET) contient exactement 854 lignes. Pensez-vous que ce soit par pure coïncidence ?

26

Applications : accès et transfert de fichiers (FTP, TFTP, NFS)

26.1 INTRODUCTION

Ce chapitre poursuit notre étude des protocoles d'application. Il étudie l'accès aux fichiers et les protocoles de transfert de fichiers qui font partie de la famille TCP/IP. Il décrit leur conception et présente un exemple typique d'interface utilisateur. Nous verrons que le protocole de transfert de fichiers le plus courant est basé sur TCP, vu au chapitre 13, et sur TELNET étudié au chapitre précédent.

26.2 ACCÈS ET TRANSFERT DE FICHIERS

De nombreux systèmes informatiques répartis offrent l'accès à des fichiers sur des ordinateurs distants. Les concepteurs de ces systèmes ont élaboré une large variété de modes d'accès aux fichiers à distance, chacun d'eux étant optimisé pour satisfaire à des besoins spécifiques. Par exemple, certains systèmes utilisent l'accès aux fichiers distants pour minimiser les coûts globaux. Dans de telles architectures, un *serveur de fichiers*, unique et central, offre une mémoire de masse importante à un ensemble d'ordinateurs bon marché, n'ayant pas de disque ou ne disposant que d'une mémoire de masse de faible capacité, comme, par exemple, des ordinateurs portables qui communiquent avec le serveur via des réseaux radio à haut débit.

Dans certains cas, on utilise une mémoire de masse à distance pour archiver des données. Les utilisateurs disposent alors, en principe, d'ordinateurs dotés de capacités de stockage locales. Ces ordinateurs envoient périodiquement des copies de leurs fichiers (ou des copies de l'intégralité de leur disque) à travers le réseau, jusqu'à un service d'archivage où les copies sont sauvegardées pour pallier toute perte accidentelle.

Certains systèmes offrent une possibilité de partager des fichiers entre plusieurs programmes, plusieurs utilisateurs ou plusieurs sites. Par exemple, une société peut choisir d'avoir un unique catalogue des produits qu'elle diffuse, partagé et accessible à distance par toutes ses filiales ou succursales.

26.3 ACCÈS PARTAGÉ EN LIGNE

Le partage de fichiers en ligne apparaît sous deux formes : l'*accès en ligne* (*online access*) et la *duplication de fichiers* (*whole-file copying*). L'accès partagé en ligne permet à plusieurs programmes d'accéder concurremment à un même fichier. Les modifications de fichiers sont immédiates et accessibles à tous les programmes. Dans la duplication de fichiers, un programme qui veut accéder à un fichier en reçoit une copie locale. Ce mécanisme est souvent utilisé pour des accès à des données utilisées en lecture seulement, mais si les données doivent être modifiées, les programmes effectuent les modifications sur la copie locale et renvoient le fichier modifié sur le site d'origine qui se charge de la mise à jour, si nécessaire.

De nombreux utilisateurs pensent que le partage de données en ligne ne peut être assuré que par des systèmes de gestion de base de données qui se comportent comme des serveurs et permettent l'accès d'utilisateurs (clients) depuis des sites distants. Mais le partage des fichiers est tout à la fois plus élaboré et plus simple d'utilisation. Par exemple, un système de fichiers qui permet l'accès en ligne depuis des ordinateurs distants ne nécessite pas, comme dans le cas de la base de données, que l'utilisateur invoque un programme client particulier. Le système d'exploitation permet, en effet, l'accès aux fichiers distants exactement comme s'il s'agissait de fichiers locaux. L'utilisateur peut ainsi exécuter tout programme d'application utilisant ce fichier, tant en entrée qu'en sortie. Nous dirons que le *fichier* distant est *intégré* au système de fichiers local et que le système de fichiers assure un *accès transparent* aux fichiers partagés.

Les avantages d'un accès transparent sont évidents : les accès aux fichiers distants s'effectuent sans changements visibles dans les programmes d'application. Les utilisateurs peuvent, à partir d'une même application, accéder aux fichiers locaux et distants, ce qui leur permet d'effectuer toutes sortes d'opérations sur les données partagées. Les inconvénients sont moins évidents. Les utilisateurs peuvent être surpris par les résultats. Considérons, par exemple, un programme d'application qui utilise simultanément des fichiers locaux et distants. Si le réseau ou l'ordinateur distant tombe en panne, l'application peut ne plus être en mesure de fonctionner bien que l'ordinateur de l'utilisateur soit toujours opérationnel. Même si l'ordinateur distant est opérationnel, il peut être surchargé. Il se peut aussi que le réseau soit congestionné, ce qui ralentit l'exécution de l'application ou provoque, de la part des protocoles, des alarmes pour dépassement de délais. Ces phénomènes inattendus peuvent conduire l'utilisateur à penser que le programme est imprévisible ou peu fiable.

En dépit de ses avantages, il est difficile d'implémenter un accès intégré et transparent aux fichiers. Dans un environnement hétérogène, il peut s'avérer fastidieux voire impossible de mettre en correspondance les noms de fichiers d'un système avec ceux d'un autre système. De façon analogue, un système d'accès à des fichiers distants doit gérer les notions de propriété de fichier, d'autorisation et de protection d'accès au-delà des frontières de l'ordinateur local. Enfin, comme la représentation des fichiers et les opérations permises varient d'un système à l'autre, il peut s'avérer difficile voire impossible d'implémenter toutes les opérations sur tous les fichiers.

26.4 LE PARTAGE PAR TRANSFERT DE FICHIERS

L'alternative au partage de fichiers en ligne est le *transfert de fichiers*. Les stratégies de transfert nécessitent un processus en deux temps dans lequel un utilisateur doit d'abord obtenir une copie locale d'un fichier avant de pouvoir le manipuler. La plupart des mécanismes de transfert de fichiers fonctionnent en dehors du système de fichiers local (ils ne sont pas intégrés). L'utilisateur doit invoquer un programme client dédié pour transférer les fichiers. Lorsque le client est invoqué par l'utilisateur, ce dernier indique l'ordinateur distant sur lequel se trouve le fichier et, très souvent, le mot de passe nécessaire pour y accéder. Le client contacte le serveur sur l'ordinateur distant et demande une copie du fichier. Une fois le transfert terminé, l'utilisateur quitte le programme client puis utilise, sur son ordinateur, des programmes d'application qui permettent de lire ou mettre à jour le fichier. Un des avantages de cette technique tient à son efficacité : une fois qu'un programme a obtenu une copie du fichier distant, la manipulation du fichier se fait très efficacement. De nombreux traitements sont effectués plus rapidement après copie d'un fichier distant que directement par accès au fichier distant.

Comme dans le cas du partage de fichiers en ligne, la recopie de fichiers en environnement hétérogène peut s'avérer complexe. Le client et le serveur doivent se mettre d'accord sur les autorisations, les notions liées à la propriété des fichiers, à leurs droits d'accès et à la représentation des données. Ce dernier point est particulièrement important car il peut rendre impossible toute conversion inverse. Voyons pourquoi. Considérons le cas de la copie d'un fichier entre deux ordinateurs *A* et *B* qui utilisent des représentations différentes pour les nombres en virgule flottante et pour les fichiers textes. Comme le savent la plupart des programmeurs, il est impossible de passer de la représentation des nombres en virgule flottante d'un ordinateur à celle d'un autre sans perdre en précision. Il en va de même avec les fichiers textes. Supposez que A enregistre les fichiers sous forme de lignes de longueurs variables et que B les mémorise sous forme de lignes de longueur fixe. Le transfert d'un fichier de A vers B, puis de B vers A, peut conduire à ajouter des caractères de bourrage à chaque ligne, ce qui rend la version finale différente de la version initiale. La suppression automatique des caractères de bourrage, lors du transfert de B vers A, aboutira également à une version terminale différente pour tout fichier qui possède des lignes contenant des caractères de bourrage.

Les détails des différences de représentation et des techniques permettant de les gérer dépendent des ordinateurs utilisés. Plus encore, nous avons vu que toutes les différences de représentation ne peuvent être prises en compte : certaines informations sont perdues lorsque les données sont converties d'une représentation à l'autre. S'il n'est pas fondamental de tout connaître sur les différentes représentations, on doit se souvenir que TCP/IP est conçu pour s'adapter à un environnement hétérogène ce qui explique certaines des caractéristiques des protocoles de transfert de fichiers TCP/IP.

26.5 FTP : PRINCIPAL PROTOCOLE DE TRANSFERT DE FICHIERS DE TCP/IP

Le transfert de fichiers est l'une des applications TCP/IP les plus utilisées. Il représente une part importante de l'activité observée sur les réseaux. Des protocoles de transfert de fichiers existaient sur ARPANET, bien avant que TCP/IP ne devienne opérationnel. Ces versions préliminaires de logiciels de transfert de fichiers ont évolué, pour aboutir au standard actuel du *protocole de transfert de fichiers*, *FTP* (*File Transfert Protocol*).

26.6 CARACTÉRISTIQUES DU PROTOCOLE FTP

Étant donné un protocole de transfert de données de bout en bout, tel que TCP, effectuer un transfert de fichiers peut sembler évident. Mais, comme l'indiquaient les sections précédentes, les détails des droits d'accès et du système de nommage entre ordinateurs hétérogènes rendent le protocole de transfert de fichiers très complexe. Qui plus est, le protocole FTP offre de nombreuses options qui dépassent largement le cadre du simple transfert de fichiers :

- *Accès interactif*. Bien que FTP soit conçu pour pouvoir être utilisé depuis de nombreux programmes, la plupart de ses implémentations proposent une interface interactive qui permet à l'utilisateur d'interagir facilement avec des serveurs distants. Ainsi, un utilisateur peut demander la liste de tous les fichiers d'un répertoire situé sur un ordinateur distant. Généralement, le programme client répond à une entrée du type aide (*help*) en donnant à l'utilisateur des informations sur les commandes utilisables.

- *Spécification du format (ou de la représentation)*. FTP permet aux clients de préciser le type et le format des données stockées. Un utilisateur peut, par exemple, indiquer le type d'un fichier : du texte ou des informations binaires et le type de codage des caractères : ASCII ou EBCDIC.
- *Authentification*. FTP exige des clients qu'ils envoient un nom d'utilisateur et un mot de passe au serveur avant d'être autorisés à transférer des fichiers. Le serveur refuse l'accès à tout client dans l'impossibilité de fournir une identité et un mot de passe valides.

26.7 MODÈLE DE TRAITEMENT DE FTP

Comme pour les autres serveurs, la plupart des implémentations de FTP permettent plusieurs accès clients simultanés. Les clients utilisent TCP pour accéder au serveur. Comme nous l'avons vu au chapitre 21, un serveur maître unique attend les demandes de connexion et crée un processus fils pour gérer chaque demande. Contrairement à la plupart des serveurs, le processus fils n'effectue pas la totalité du traitement nécessaire. Le processus fils, côté serveur, accepte et gère l'établissement d'une *connexion de supervision* à partir du client. Il utilise cependant un processus supplémentaire pour établir et gérer une *connexion de transfert de données* séparée. La connexion de supervision achemine les commandes qui indiquent au serveur quels fichiers transférer et la connexion de transfert de données, qui utilise également TCP comme protocole de transport, achemine l'intégralité des données.

Habituellement, client et serveur créent un processus indépendant pour gérer le transfert de données. Les détails précis de la structure du processus dépendent du système d'exploitation. La figure 26.1 en présente le principe.

Comme le montre la figure 26.1, le processus de supervision du client établit une connexion TCP vers le serveur tandis que les processus de transfert de données associés utilisent leur propre connexion TCP. En général, les processus de supervision et de transfert de données restent actifs tant que les utilisateurs maintiennent leur session. Cependant, FTP établit une nouvelle connexion de transfert de données à chaque fois qu'un fichier est transféré. En fait, de nombreuses implémentations créent une nouvelle paire de processus de transfert de données et une nouvelle connexion TCP chaque fois que le serveur a de l'information à transmettre au client. Cette idée peut se résumer ainsi :

> Les connexions de transfert de données et les processus qui les utilisent peuvent être créés dynamiquement à la demande, mais la connexion de supervision est maintenue pendant toute la durée de la session. Lorsque la

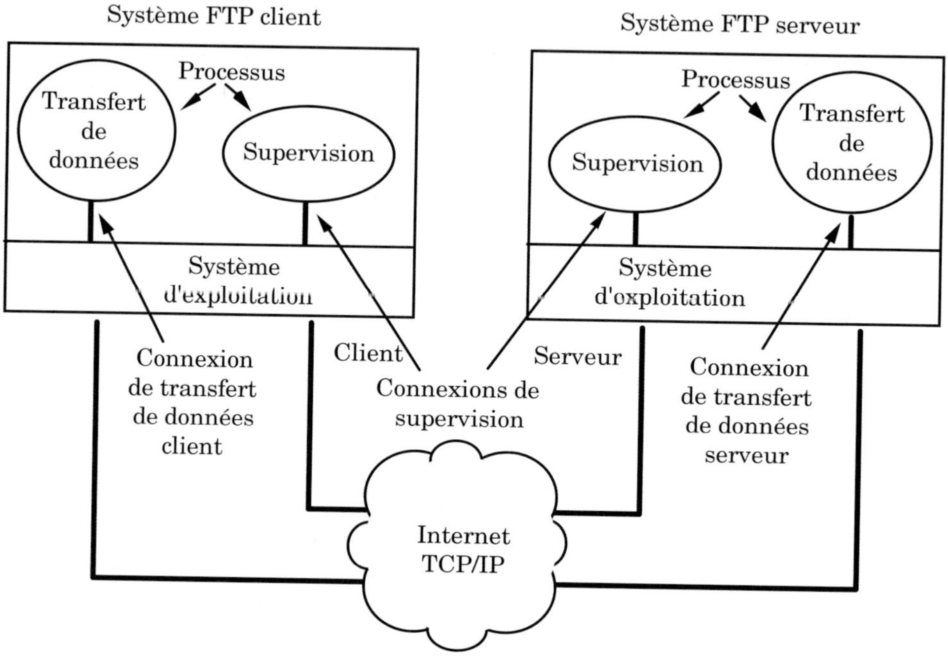

Figure 26.1 — Un client et un serveur FTP reliés par une connexion TCP pour la supervision et une connexion TCP pour le transfert des données entre les processus de transfert de données associés.

connexion de supervision disparaît, la session est terminée. Les programmes clients, à chaque extrémité de la connexion, détruisent alors tous les processus de transfert de données.

Bien entendu, les logiciels clients qui s'exécutent sur des micro-ordinateurs dont le système d'exploitation ne gère pas le multitâche peuvent avoir une structure moins complexe. De telles implémentations sacrifient souvent à la généralité en utilisant un seul programme d'application pour réaliser le transfert des données et les fonctions de supervision (ou de contrôle). Cependant le protocole exige que de tels clients utilisent toujours plusieurs connexions TCP, une pour la supervision et les autres pour le transfert des données.

26.8 ALLOCATION DES NUMÉROS DE PORT TCP

Lors de l'établissement d'une connexion initiale vers un serveur, un client utilise un numéro de port affecté dynamiquement, de façon aléatoire. Le client contacte le serveur sur un port réservé (21). Comme nous l'avons vu au chapitre 19, plusieurs clients peuvent contacter simultanément un même serveur car TCP utilise les numéros de port des deux extrémités de chaque connexion pour identifier ces dernières. Une question se pose alors : « Quel est le numéro de port utilisé lorsque le processus de contrôle crée une nouvelle connexion TCP pour un transfert de fichiers ? » La paire de numéros de port identifiant la connexion de supervision ne peut évidemment pas être réutilisée. Le client sollicite donc, sur l'ordinateur local, l'allocation d'un numéro de port libre qui sera utilisé pour une connexion TCP par le processus de transfert de données de l'ordinateur serveur. Celui-ci peut utiliser le port public (20) réservé au transfert de données FTP. Pour garantir que le processus de transfert de données, côté serveur, établisse une connexion avec le processus de transfert de données sur le bon client, le serveur ne doit pas accepter n'importe quelles demandes de connexions : lorsqu'il effectue la demande d'établissement de connexion passive TCP, il indique le numéro de port qui sera utilisé sur l'ordinateur client et le numéro de port local.

Essayons de comprendre pourquoi le protocole utilise deux connexions : le processus de supervision du client obtient un numéro de port local qui sera utilisé pour le transfert de fichiers. Il crée un processus de transfert sur la machine client qui écoute sur ce port et communique ce numéro de port au serveur en utilisant la connexion de supervision. Il attend alors que le serveur établisse une connexion TCP sur ce numéro de port. En général :

> FTP utilise la connexion de supervision pour transmettre les commandes de l'utilisateur au serveur et pour permettre aux processus de supervision du client et du serveur de s'accorder sur les numéros de port TCP affectés dynamiquement. Ceux-ci seront utilisés pour créer, à chaque extrémité, les processus de transfert de données qui les utilisent.

Quelle représentation FTP doit-il utiliser pour transmettre les données sur la connexion de supervision ? FTP, bien que cela puisse être envisageable, n'invente pas de nouvelle représentation de transmission. Il utilise le protocole de terminal virtuel NVT de TELNET décrit au chapitre 25. Contrairement au protocole TELNET intégral, FTP n'autorise pas la négociation des options : il n'utilise que la définition de base de NVT. La gestion de la connexion de supervision est donc plus simple que celle d'une connexion TELNET classique. Utiliser la définition de base de TELNET plutôt que d'en inventer une nouvelle permet également de simplifier FTP.

26.9 FTP DU POINT DE VUE DE L'UTILISATEUR

L'utilisateur voit FTP comme un système interactif. Une fois invoqués, les clients FTP répètent sans arrêt les opérations suivantes : lire une ligne de commande, analyser la ligne pour en extraire la commande et ses paramètres puis l'exécuter avec ses paramètres. Ainsi, pour activer la version de FTP d'Unix BSD, l'utilisateur invoque la commande *ftp* :

```
%   ftp
```

Le programme client local démarre et affiche une *invite* (*prompt*) destinée à l'utilisateur. Après affichage de l'invite, l'utilisateur peut taper une commande *help*, par exemple :

```
ftp> help

Commands may be abbreviated. Commands are~:

!          cr          macdef     proxy       sendport
$          delete      mdelete    put         status
account    debug       mdir       pwd         struct
append     dir         mget       quit        sunique
ascii      disconnect  mkdir      quote       tenex
bell       form        mls        recv        trace
binary     get         mode       remotehelp  type
bye        glob        mput       rename      user
case       hash        nmap       reset       verbose
cd         help        ntrans     rmdir       ?
cdup       lcd         open       runique
close      ls          prompt     send
```

Pour obtenir plus d'information sur une commande particulière, l'utilisateur tape *help command*, comme dans les exemples qui suivent (la réponse est affichée dans une représentation identique à celle du programme, à la traduction près) :

```
ftp> help ls
ls    liste le contenu du répertoire distant
ftp> help cdup
cdup    le répertoire parent devient le répertoire de travail
ftp> help glob
glob    commute l'expansion des métacaractères dans les noms
de fichiers
ftp> help bell
bell    signal sonore de fin de commande
```

Pour exécuter une commande, l'utilisateur tape le nom de la commande :

```
ftp> bell
mode sonnerie activé
```

26.10 UN EXEMPLE DE SESSION FTP ANONYME

Si les mécanismes de contrôle d'accès rendent FTP fiable, ils peuvent également être causes de problèmes. L'application stricte des règles de contrôle d'accès interdit à quiconque d'accéder à un fichier tant qu'il n'a pas obtenu de compte ni de mot de passe sur l'ordinateur sur lequel se trouve le fichier. Pour permettre l'accès à des fichiers publics, de nombreux sites TCP/IP autorisent les *FTP anonymes*. L'anonymat signifie que l'utilisateur n'a pas besoin de nom de compte ni de mot de passe : il indique *anonymous* (*anonyme*) comme nom de compte et *guest* (*invité*) comme mot de passe. Le serveur autorise l'accès aux fichiers mais celui-ci est limité aux seuls fichiers rendus publics[1].

Habituellement, les utilisateurs n'exécutent que quelques commandes pour établir une connexion et obtenir un fichier. Peu d'utilisateurs ont essayé toutes les commandes.

Supposez, par exemple, qu'on place le fichier texte *tcpbook.tar* dans le répertoire *pub/comer* de l'ordinateur *arthur.cs.purdue.edu*. Un utilisateur connecté depuis un autre site en tant que *usera* pourra obtenir une copie de ce fichier en exécutant le programme ci-après. Dans cet exemple, l'utilisateur indique l'ordinateur *arthur.cs.purdue.edu* comme argument de la commande FTP. Le programme client demande automatiquement l'ouverture d'une connexion et demande à l'utilisateur une identification et une authentification. L'utilisateur donne le nom d'utilisateur *anonymous* (*anonyme*) et *guest* (*invité*)[2] comme mot de passe (si, dans l'exemple, le mot de passe composé par l'utilisateur apparaît, il n'est pas affiché sur l'écran de l'utilisateur par le programme *ftp*).

```
% ftp arthur.cs.purdue.edu
connected to arthur.cs.purdue.edu
220 arthur.cs.purdue.edu FTP server (Version 6.8) ready.
Name (ftp.cs.purdue.edu:usera)~: anonymous
Password: guest
331   Guest login OK, access restrictions apply.
ftp> get pub/comer/tcpbook.tar bookfile
200 PORT command okay.
150   Opening ASCII mode data connection for tcpbook.tar
(9895469 bytes)
226 Transfer complete.
9895469 bytes received in 22.76 seconds (4.3e+02 Kbytes/s)
```

1. Dans la plupart des systèmes Unix, le serveur limite *FTP anonyme* en modifiant la racine du système de fichier. Celle-ci devient, par exemple, */usr/ftp*.

2. Habituellement, le serveur demande à l'utilisateur de fournir son identité sous la forme *utilisateur@machine* mais le serveur considéré a été configuré pour accepter le mot de passe *guest* (invité).

```
ftp> close
221 Goodbye.
ftp> quit
```

Après avoir composé son nom et son mot de passe, l'utilisateur reçoit une copie d'un fichier en utilisant la commande *get* (recevoir). La commande *get* comporte deux paramètres qui indiquent respectivement le nom du fichier distant et le nom de la copie locale. Dans l'exemple, le nom de fichier distant est *pub/comer/tcpbook.tar* et la copie locale est placée dans le fichier *bookfile*. Une fois le transfert terminé, l'utilisateur tape *close* (*fermer*), pour libérer la connexion vers le serveur. Il tape *quit* pour quitter le programme client.

Des messages d'informations issus de FTP sont imbriqués avec les commandes tapées par l'utilisateur. Les messages FTP commencent toujours par un nombre comportant trois chiffres, suivi d'un texte. La plupart proviennent du serveur, les autres messages du programme client. Ainsi, le message qui commence par *220* provient du serveur et contient le nom du domaine auquel appartient l'ordinateur supportant le serveur. Les statistiques indiquant le nombre de bits reçus et le débit de la transmission proviennent du client. En général :

> Les messages de supervision et d'erreurs échangés entre client et serveur débutent par un nombre comportant trois chiffres suivi d'un texte. Le logiciel interprète le nombre ; le texte est destiné à l'utilisateur.

Cet exemple de session met aussi en évidence une propriété de *ftp* évoquée précédemment : la création d'une nouvelle connexion TCP pour transférer les données. Notez que la commande *PORT* indique qu'un nouveau numéro de port a été alloué à la connexion de transfert de données. Le client transmet le numéro de port au serveur sur la connexion de supervision ; les processus de transfert de données, à chaque extrémité, utilisent ce numéro pour établir la connexion, qu'ils libèrent en fin de transfert.

26.11 TFTP : PROTOCOLE SIMPLET DE TRANSFERT DE FICHIERS

Si FTP constitue le protocole de transfert de fichiers le plus utilisé de la famille TCP/IP, il est aussi l'un des plus complexes et des plus difficiles à réaliser. De nombreuses applications n'ont pas besoin de la totalité des fonctionnalités offertes par FTP ou n'en supportent pas la complexité. FTP, par exemple, demande que le client gère des connexions TCP multiples entre serveur et client, ce qui peut s'avérer complexe voire impossible pour des ordinateurs personnels dépourvus de système d'exploitation sophistiqué.

La famille TCP/IP contient un deuxième protocole de transfert de fichiers, très simple, qui assure des services de base. Ce protocole, appelé *protocole simplet de transfert de fichiers*, TFTP (*Trivial File Transfer Protocol*), est destiné aux applications ne nécessitant pas d'interactions complexes entre client et serveur. Il limite le fonctionnement au seul transfert de fichiers et n'effectue pas de contrôle d'accès. Plus limité, le logiciel TFTP est beaucoup moins volumineux que celui de FTP.

Un faible encombrement est vital pour nombre d'implémentations. C'est, par exemple, le cas pour les stations de travail sans disque. Les fabricants y enregistrent TFTP en mémoire morte (ROM) et l'utilisent pour l'initialisation du système, à la mise sous tension de l'ordinateur. Le programme en ROM est appelé *amorce* (*bootstrap*)[1]. L'intérêt du recours à TFPT est de permettre à l'amorce d'utiliser les mêmes protocoles TCP/IP que ceux utilisés lorsque l'ordinateur commence à fonctionner. Un ordinateur peut dans ce cas démarrer à partir d'un serveur se trouvant sur un autre réseau.

Contrairement à FTP, TFTP ne nécessite pas un transfert fiable d'informations. Il s'exécute au-dessus d'UDP ou de tout protocole de remise non fiable de paquets[2] et utilise les retransmissions et les temporisateurs pour s'assurer que les données arrivent bien à destination. L'émetteur envoie les fichiers sous forme de blocs de taille fixe (512 octets) et attend d'avoir un accusé de réception pour le bloc envoyé avant d'envoyer le bloc suivant. Le récepteur acquitte chaque bloc dès sa réception.

Les règles de TFTP sont simples. Le premier paquet envoyé achemine la demande de transfert d'un fichier et initialise l'interaction entre client et serveur : il indique un nom de fichier à transmettre et si ce fichier doit être lu (transmis au client) ou écrit (transmis au serveur). Les blocs du fichier sont numérotés séquentiellement, à partir de 1. Chaque paquet de données contient un en-tête qui indique le numéro du bloc correspondant. Chaque acquittement contient le numéro du bloc correspondant. Un bloc de moins de 512 octets indique une fin de fichier. Un message d'erreur peut remplacer des données ou un accusé de réception. Il provoque la terminaison immédiate du transfert.

La figure 26.2 indique la structure des cinq types de paquets TFTP. Le premier paquet doit utiliser les codes opération 1 ou 2 qui indiquent une demande de lecture ou d'écriture. Le paquet initial contient le nom du fichier ainsi que le mode d'accès (lecture ou écriture) souhaité par le client.

Une fois qu'une demande de lecture ou d'écriture est faite, le serveur utilise l'adresse IP et le numéro de port UDP du client pour identifier les opérations suivantes. Ainsi, ni les messages de données (qui transportent les blocs de données

1. L'amorçage avec DHCP est analysé en détail au chapitre 23.

2. Le paquet doit être vu, dans ce cas, comme un bloc de données (un conteneur).

Code op. (2 octets)	*n* octets	1 octet	*n* octets	1 octet
Demande de lecture (1)	Nom de fichier	0	Mode	0

Code op. (2 octets)	*n* octets	1 octet	*n* octets	1 octet
Demande d'écriture (2)	Nom de fichier	0	Mode	0

Code op. (2 octets)	2 octets	jusqu'à 512 octets
Données (3)	Numéro de bloc	Octets de données

Code op. (2 octets)	2 octets
ACK (4)	Numéro de bloc

Code op. (2 octets)	2 octets	*n* octets	1 octet
Erreurs (5)	Code erreur	Message d'erreur	0

Figure 26.2 — Les cinq types de messages TFTP. Les champs, de taille variable, ne sont pas représentés à l'échelle. Un code opération initial, sur 2 octets, identifie le type du message.

du fichier) ni même les messages d'accusé de réception de blocs de fichier n'ont besoin de mentionner le nom du fichier. Le dernier type de message est utilisé pour signaler des erreurs. Les messages perdus peuvent être retransmis après temporisation, mais la plupart des erreurs provoquent simplement la terminaison de l'échange.

Les retransmissions TFTP sont symétriques, ce qui est inhabituel. Chaque extrémité utilise les retransmissions et des temporisateurs. Si la temporisation de l'émetteur expire, il retransmet le dernier bloc de données. Si la temporisation du récepteur chargé d'émettre les accusés de réception expire, il retransmet le dernier. La participation des deux extrémités à la retransmission garantit que la perte d'un seul paquet ne provoquera pas l'arrêt du transfert.

Si la retransmission symétrique garantit la robustesse, elle peut aussi provoquer un nombre excessif de retransmissions. Ce problème, connu sous le nom d'*erreur de l'apprenti sorcier*, se produit lorsqu'un accusé de réception du paquet de données k est retardé, mais n'est pas perdu. L'émetteur retransmet alors le paquet k, dont le récepteur accuse de nouveau réception. Lorsque les deux accusés de réception sont enfin reçus chacun d'entre eux déclenche l'émission du paquet k+1. Les deux accusés du paquet k+1 provoqueront chacun l'émission du paquet k+2 par l'émetteur. Une fois amorcé ce cycle, dans lequel chaque paquet est transmis exactement deux fois, il se poursuit indéfiniment.

Bien que TFTP, mis à part le minimum nécessaire à la réalisation du transfert, soit simple, il accepte différents types de fichiers. Un aspect intéressant de TFTP est de pouvoir être intégré à la messagerie électronique[1]. Un client peut indiquer à un serveur qu'il va envoyer un fichier à traiter comme du courrier (le nom du fichier est alors considéré comme un nom de boîte aux lettres où déposer le fichier).

26.12 NFS : SYSTÈME DE FICHIERS EN RÉSEAU

Le *système de fichiers en réseau* initialement développé par Sun Microsystems Incorporated, NFS (*Network File System*), permet l'accès à des fichiers partagés de façon transparente et intégrée. De nombreux sites utilisent NFS pour interconnecter les systèmes de fichiers de leurs ordinateurs. Du point de vue de l'utilisateur, NFS est pratiquement invisible. L'utilisateur peut exécuter tout programme d'application et utiliser des fichiers d'entrée et de sortie quelconques. Les noms de fichiers en eux-mêmes ne permettent pas de savoir si les fichiers sont locaux ou distants.

26.13 MISE EN ŒUVRE DE NFS

La figure 26.3 montre la façon dont NFS est inclus dans le système d'exploitation d'un ordinateur. Lors de son exécution, un programme d'application demande au système d'exploitation l'ouverture (*open*) d'un fichier, le stockage (*store*) ou la recherche (*retrieve*) d'informations dans un fichier. Le mécanisme d'accès aux fichiers accepte une demande et la transmet automatiquement soit au système de fichiers local, soit au client NFS selon que le fichier se trouve sur le système de fichiers local ou sur celui d'un ordinateur distant. Lorsque le client reçoit une demande, il contacte le serveur de l'ordinateur distant correspondant et effectue l'opération demandée. Lorsque le serveur distant répond, le client transmet les résultats au programme d'application.

26.14 APPEL DE PROCÉDURE DISTANTE (RPC) ET REPRÉSENTATION DE DONNÉES (XDR)

Au lieu de construire le protocole NFS d'un seul tenant, les développeurs ont choisi de le concevoir en trois modules indépendants : le protocole NFS lui-même, un mécanisme d'*appel de procédure distante*, RPC (*Remote Procedure Call*)

1. En pratique, les sites ne devraient pas utiliser TFTP pour transporter le courrier. Voir au chapitre 27 les détails relatifs au courrier électronique.

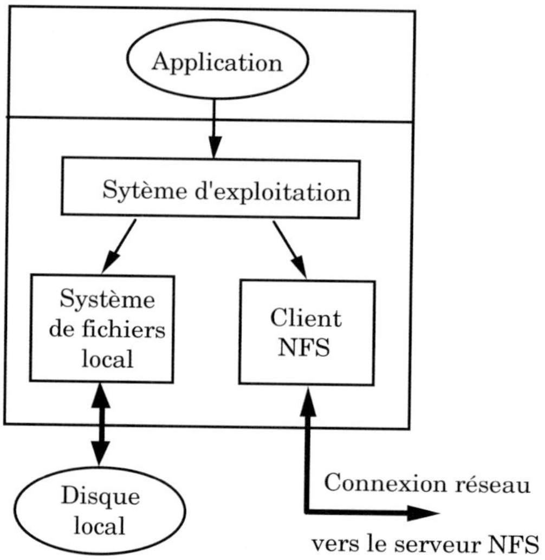

Figure 26.3 — Code NFS dans un système d'exploitation. Lorsque le programme d'application demande une manipulation de fichier, le système d'exploitation doit transmettre la requête soit au système de fichiers local, soit au programme client NFS.

et un mécanisme de *représentation de données*, *XDR* (*eXternal Data Representation*), dans l'intention de permettre l'utilisation de RPC ou de XDR à partir de programmes quelconques (applications ou autres protocoles).

Du point de vue du programmeur, NFS ne fournit en lui-même aucune nouvelle procédure qu'un programme puisse appeler. Au contraire, une fois qu'un administrateur a configuré NFS, les programmes accèdent aux fichiers distants en utilisant exactement les mêmes opérations que pour manipuler les fichiers locaux. Toutefois, RPC et XDR fournissent des mécanismes utilisables par les programmeurs pour construire des applications réparties. Ainsi, un programmeur peut décomposer un programme en une partie client et une partie serveur qui utilisent les RPC comme moyen de communication principal. Du côté client, le programmeur déclare certaines procédures comme distantes et force donc le compilateur à inclure du code RPC. Du côté serveur, le programmeur déclare certaines procédures comme distantes et utilise d'autres caractéristiques des RPC pour déclarer leur appartenance à un serveur. Lorsqu'un programme client appelle une procédure distante, les procédures RPC récupèrent automatiquement les valeurs de paramètres, fabriquent des messages, les envoient au serveur, attendent une réponse et enregistrent les réponses reçues dans les paramètres résultats. En un mot, la communication avec le serveur distant s'effectue automatiquement comme effet secondaire de la procédure RPC. Le mécanisme des RPC masque les détails du protocole et permet donc à un programmeur qui connaît peu le protocole de communication sous-jacent d'écrire des applications distribuées.

XDR, un autre outil associé, assure aux programmeurs le moyen de transférer des données entre ordinateurs hétérogènes sans avoir à écrire des procédures de conversion d'une représentation interne à une autre. Tous les ordinateurs, par exemple, ne représentent pas les entiers sur 32 bits de la même façon. Sur certains, les poids forts des entiers sont enregistrés aux adresses les plus hautes alors que c'est l'inverse sur d'autres. Si les programmeurs utilisent le réseau pour transférer d'un ordinateur à un autre les éléments binaires représentant des entiers sans les remettre en ordre, la valeur de ces nombres sera altérée. XDR résout ce problème en définissant une représentation de données indépendante de tout ordinateur (*représentation XDR*). Un programme, à l'une des extrémités d'un canal de communication, invoque des procédures XDR pour passer de la représentation locale à la représentation XDR. Une fois les données transférées sur l'autre ordinateur, le programme récepteur invoque des procédures XDR pour effectuer la conversion de la représentation XDR à la représentation locale de l'ordinateur distant.

Le principal intérêt de XDR est qu'il automatise l'essentiel des tâches de conversion. Les programmeurs n'ont pas à effectuer manuellement les appels aux procédures XDR : ils donnent en effet au compilateur XDR des instructions, sous forme de déclarations incluses dans le programme pour lequel des données devront être converties. Le compilateur engendre alors automatiquement un programme contenant les appels nécessaires à la bibliothèque XDR.

26.15 RÉSUMÉ

Les accès partagés aux données distantes prennent deux formes : la recopie intégrale de fichiers et l'accès partagé en ligne. FTP est le protocole de transfert de fichiers le plus important de la famille TCP/IP. Il s'appuie sur la recopie intégrale de fichiers et fournit des moyens qui permettent de lister le contenu de répertoires situés sur des ordinateurs distants et d'effectuer des transferts bidirectionnels de fichiers. Un protocole plus simple de transfert de fichiers, TFTP, constitue une alternative moins volumineuse à FTP, pour les applications qui ne nécessitent que le seul transfert de fichiers. TFTP, peu encombrant, peut être implanté en ROM et donc être utilisé pour démarrer des stations sans disque.

Le système de fichiers en réseau (NFS) conçu par Sun Microsystems Incorporated permet le partage de fichiers en ligne. Il utilise UDP pour transporter des messages et s'appuie sur les appels de procédures distantes (RPC) de Sun et sur le mécanisme de représentation externe (XDR). Comme RPC et XDR sont définis indépendamment de NFS, les programmeurs peuvent les utiliser pour construire des applications distribuées.

26.16 POUR EN SAVOIR PLUS

Postel [RFC 959] présente le protocole standard FTP. Horowitz et Lunt [RFC 2228], Allman et Ostermann [RFC 2577], et Housley et Hoffman [RFC 2585] analysent des extensions concernant la sécurité. Plus de trois douzaines de RFC commentent FTP, proposent des modifications ou encore définissent de nouvelles versions du protocole. Lottor [RFC 913] décrit un *protocole simple de transfert de fichiers* (*SFTP*). DeSchon et Braden [RFC 1068] montrent comment utiliser, en tâche de fond, un transfert de fichiers FTP en tierce partie. Allman et Ostermann [RFC 2428] examinent les rapports entre FTP d'une part et IPv6. Le protocole TFTP décrit dans ce chapitre est issu de Sollins [RFC 783] ; Finlayson [RFC 906] en décrit l'utilisation pour l'amorçage, et Malkin et Harkin [RFC 2347 et 2348] en décrivent les diverses options.

Sun Microsystemsa publié trois RFC qui définissent NFS et les protocoles associés. le RFC 1094 contient la norme NFS, le RFC 1057 définit les RPC et le RFC 1014 spécifie XDR.

26.17 EXERCICES

26.1 Pourquoi les protocoles de transfert de fichiers calculent-ils un total de contrôle pour les fichiers de données reçus, même lorsqu'ils utilisent des protocoles de transfert fiable tels que TCP ?

26.2 Déterminez si FTP calcule un total de contrôle pour les fichiers qu'il transfère.

26.3 Que se passe-t-il, dans FTP, si la connexion de transfert de données est rompue, alors que la connexion de supervision ne l'est pas ?

26.4 Quel est l'intérêt majeur de l'utilisation de deux connexions TCP séparées pour la supervision et le transfert de données ? (Indication : pensez aux conditions anormales.)

26.5 Concevez une méthode qui utilise TFTP pour démarrer un ordinateur sans disque. Faites attention. Quelles adresses IP exactement sont utilisées lors de chaque étape ?

26.6 Écrivez un client TFTP.

26.7 Faites des expériences pour déterminer la vitesse à laquelle vous pouvez, sur un réseau local de type Ethernet, transférer un fichier entre deux ordinateurs suffisamment puissants, à l'aide de FTP ou d'un protocole équivalent. Répétez l'expérience lorsque le réseau est chargé et lorsqu'il est libre. Expliquez les résultats.

26.8 Transférez, à l'aide de FTP, un fichier d'un ordinateur vers lui-même, puis vers un autre ordinateur situé sur le même réseau local. Est-ce que les débits vous surprennent ?

26.9 Comparez les vitesses de transfert de FTP et NFS sur un réseau local. Est-ce vous pouvez expliquer les différences observées ?

26.10 Étudiez les spécifications des RPC. Les pertes, duplications, retards et altérations de datagrammes sont-ils pris en compte ?

26.11 Généralisez la question précédente en considérant NFS s'exécutant au-dessus de RPC. Est-ce que NFS fonctionnera mieux sur Internet ? Pourquoi ?

26.12 Dans quelles conditions les mécanismes de XDR sont-ils inefficaces ?

26.13 Étudiez la conversion des nombres en virgule flottante d'une représentation interne à une représentation externe puis à nouveau en la représentation interne. Quels sont les compromis à faire en ce qui concerne le choix de la taille de la mantisse et de l'exposant dans la représentation externe ?

26.14 FTP ne sait pas utiliser le *mode ASCII* (c'est-à-dire le mode texte) pour transférer des fichiers. Est-ce vraiment un problème ? Pourquoi ?

27 Applications : le courrier électronique (SMTP, POP, IMAP, MIME)

27.1 INTRODUCTION

Ce chapitre poursuit notre étude de l'environnement TCP/IP, en abordant les services de courrier électronique et les protocoles qui l'assurent. Nous verrons comment s'organise un système de messagerie, expliquerons l'utilisation des alias et montrerons comment le logiciel de courrier utilise le paradigme client-serveur pour transférer les messages.

27.2 LE COURRIER ÉLECTRONIQUE

La plupart des utilisateurs ont découvert les réseaux en émettant ou en recevant du courrier électronique (*mail* ou *e-mail*). C'est le service de niveau application le plus courant. En fait, de nombreux utilisateurs en ont maintenant un besoin vital dans leur travail quotidien.

Si le courrier électronique est si largement utilisé, c'est qu'il est un moyen rapide et pratique d'échanger des informations. Il permet le transfert de petites notes ou de rapports volumineux par le même mécanisme. Vous ne serez pas surpris d'apprendre que les utilisateurs transfèrent des fichiers beaucoup plus par courrier électronique qu'en utilisant des protocoles de transferts de fichiers.

La distribution ou *remise du courrier* (*mail delivery*) est un concept nouveau, fondamentalement différent des autres utilisations des réseaux évoquées précédemment. Dans les exemples précédents, les protocoles envoient les informations directement vers leur destination en utilisant des techniques de temporisation et de retransmission lorsque des éléments d'information ne sont pas acquittés. Dans le cas du courrier électronique, toutefois, le système doit assurer le service même lorsque, par exemple, l'ordinateur distant ou le réseau sont en panne ou indisponibles. Un utilisateur ne veut pas attendre, en expédiant du courrier, que l'ordinateur distant soit disponible avant de pouvoir continuer son travail. De même, il ne veut pas que le transfert du courrier échoue pour la seule raison que la communication avec l'ordinateur distant est provisoirement impossible.

Pour gérer la *remise différée du courrier*, le *système de messagerie*[1] utilise un mécanisme de mémorisation temporaire ou intermédiaire appelé *spoule* (*spooling*)[2]. Lorsque l'utilisateur envoie un courrier, le système le copie dans une zone privée en *mémoire de spoule*. La copie du courrier est accompagnée des identifications de l'émetteur, du récepteur, de l'ordinateur destinataire et de l'heure de dépôt. Le système de messagerie active ensuite en tâche de fond le transfert du courrier vers le destinataire. Ceci permet à l'utilisateur de poursuivre ses activités. La figure 27.1 illustre ce principe.

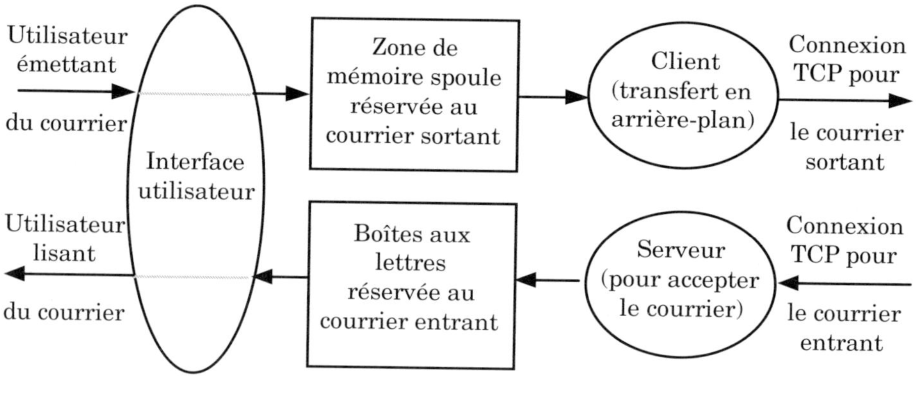

Figure 27.1 — Éléments conceptuels d'un système de messagerie électronique. L'utilisateur invoque une interface pour déposer ou consulter son courrier. Tous les transferts de messages (ou de courrier) sont réalisés en tâche de fond.

Le processus de transfert de courrier, en arrière-plan, devient un client. Il associe le nom de l'ordinateur destinataire à une adresse IP et tente d'établir une connexion TCP avec le serveur de messagerie de cet ordinateur. En cas de succès, le processus de transfert envoie une copie du message au serveur distant qui l'enregistre dans la zone de mémoire de spoule appropriée. Lorsque le serveur et le client sont d'accord pour confirmer la réception et l'enregistrement de la copie

1. Ensemble organisé d'unités fonctionnelles chargées de transporter le courrier (ou les messages) d'un partenaire à un autre.

2. Les zones de la mémoire de spoule sont parfois appelées *files d'attente de courrier* bien que ce terme soit techniquement inadéquat.

du message, le client supprime sa copie locale. Si le processus de transfert n'est pas en mesure d'établir la connexion TCP, ou si la connexion est rompue, il enregistre l'heure de la tentative et s'arrête. Le processus de transfert de courrier scrute périodiquement la mémoire de spoule, par exemple toutes les trente minutes, à la recherche de courrier à envoyer. Lorsqu'il trouve un message, ou à chaque fois qu'un utilisateur dépose un nouveau courrier à transmettre, le processus de transfert tente de l'émettre. Si le système constate qu'un courrier n'a pas pu être remis à l'issue d'un délai important (trois jours, par exemple), il retourne le message à l'expéditeur.

27.3 NOMS DE BOÎTES AUX LETTRES ET ALIAS

Notre modèle simplifié de remise de courrier masque trois concepts importants. D'abord, les utilisateurs désignent les destinataires à l'aide d'une paire d'identificateurs indiquant respectivement le *nom de l'ordinateur destinataire du courrier* (*mail destination machine name*) et une *adresse de boîtes aux lettres* (*mailbox address*) sur cet ordinateur. Ensuite, les noms utilisés dans ce type de spécification sont indépendants des autres noms affectés aux ordinateurs. En général, une adresse de boîte aux lettres est identique au *nom de login* d'un utilisateur (nom d'identification informatique d'un utilisateur) et le nom d'un ordinateur destinataire est souvent identique à son nom de domaine, sans que cela soit obligatoire. Il est possible d'associer une boîte aux lettres à une fonction (par exemple, l'identificateur chef de département permet de désigner toute personne assurant la direction du département). Comme le système de noms de domaine gère une base de données des noms, il reconnaît et distingue des demandes spécifiques au courrier, ce qui permet de décorréler les adresses de destination du courrier des noms de domaine habituellement affectés aux ordinateurs. C'est ainsi qu'un courrier envoyé à un utilisateur à *machine.com* peut aller vers un ordinateur différent de celui accessible avec une connexion TELNET à *machine.com*. Enfin, notre modèle simpliste omet de considérer le *traitement du courrier* et la *réexpédition de courrier* (*mail forwarding*) qui incluent le courrier échangé entre deux utilisateurs situés sur le même ordinateur et le courrier reçu par un ordinateur local et destiné à un autre ordinateur.

27.4 EXPANSION DES ALIAS ET RÉEXPÉDITION DU COURRIER

La plupart des systèmes de messagerie proposent des logiciels de *réexpédition de courrier* qui comportent un *mécanisme d'expansion des alias*. Un réexpéditeur de courrier permet, en local, de faire correspondre aux identificateurs mentionnés dans les adresses électroniques une ou plusieurs nouvelles adresses électroniques. De façon générale, un utilisateur compose un message et désigne un destinataire ;

l'interface utilisateur consulte alors la liste locale des alias associée au destinataire et remplace, dans le message, l'adresse du destinataire par le contenu de la liste. Il remet ensuite le tout au système de messagerie. Les destinataires pour lesquels aucune correspondance n'a été trouvée dans la liste locale des alias ne sont pas modifiés. De façon analogue, le système de messagerie sous-jacent utilise les alias pour mettre à jour les adresses des destinataires dans les courriers entrants.

Les alias améliorent de façon significative les fonctionnalités du système de messagerie et simplifient son emploi. Du point de vue mathématique, les correspondances réalisées par les alias peuvent être de type 1 pour *n* ou *n* pour 1. Le système d'*alias* permet, par exemple, d'associer plusieurs identificateurs à une même personne, comme ses surnoms ou sa fonction. Il permet également d'associer une liste de destinataires à une seule adresse électronique. Avec un alias qui fait correspondre à une adresse électronique toute une liste d'utilisateurs on peut avoir un *diffuseur de courrier* (*mail exploder*) qui reçoit un message et le diffuse vers un grand nombre de destinataires. L'ensemble des destinataires associés à une même adresse électronique forme une *liste de diffusion électronique* ou *liste de diffusion*. Tous les destinataires d'une liste de diffusion ne se trouvent pas nécessairement sur le même site. Bien que cela soit peu fréquent, il est même possible d'avoir, sur le site Q, une liste de diffusion dont aucun des destinataires n'appartient à ce site. La substitution d'une grande liste de destinataires à un alias est une technique largement utilisée. La figure 27.2 présente les composants qui, dans un système de messagerie, participent à la définition et à l'expansion des alias.

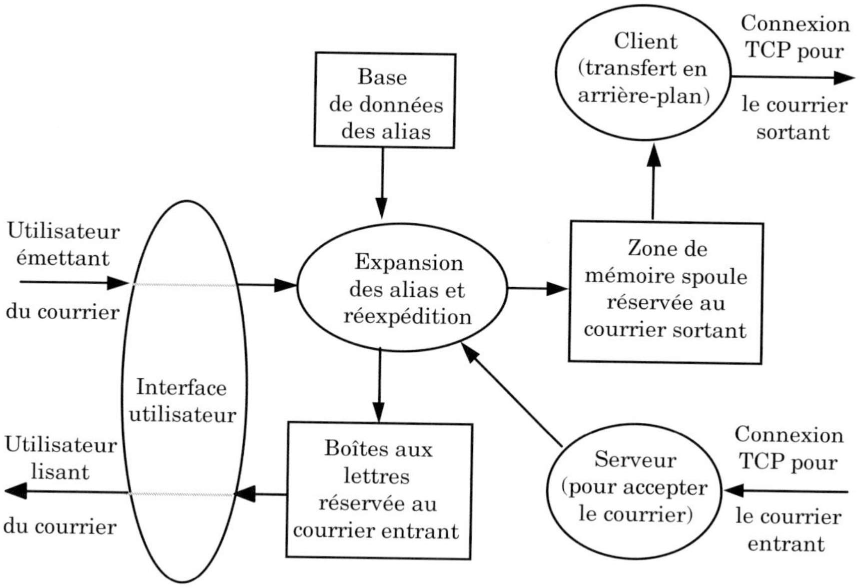

Figure 27.2 — Une extension du système de messagerie de la figure 27.1 qui gère les alias et la réexpédition des messages. Les courriers entrant et sortant sont soumis au mécanisme d'expansion des alias.

Comme l'indique la figure 27.2, les courriers entrant et sortant sont remis au diffuseur de courrier qui réalise l'expansion des alias. Donc, si la base de données des alias indique que l'adresse *y* doit être substituée à l'adresse *x*, l'expansion des alias remplacera l'adresse de destinataire *x* par l'adresse *y*. Le programme d'expansion des alias examine ensuite s'il s'agit d'une adresse locale ou distante, ce qui lui permet de savoir s'il faut placer le message dans la file d'attente du courrier sortant ou dans celle du courrier entrant.

Bien entendu l'expansion des alias comporte des risques. Supposons que deux sites définissent des alias incompatibles : le site A associe l'adresse *x* à une adresse *y* sur le site *B*, tandis que *B* associe cette dernière à l'adresse *x*, sur le site A. Un courrier envoyé à l'adresse *x* sur le site A oscillera à jamais entre les deux sites[1]. De même, si l'administrateur du site A associe accidentellement l'identification d'un utilisateur local avec l'adresse d'un autre site, cet utilisateur sera incapable de recevoir son courrier. Le courrier pourra être remis à un autre utilisateur ou bien l'émetteur recevra un message d'erreur si l'alias définit une adresse incorrecte.

27.5 RELATIONS ENTRE L'INTERCONNEXION DES RÉSEAUX ET LE COURRIER

Il existe des entreprises qui proposent des services de courrier électronique n'utilisant ni TCP/IP ni Internet. Qu'est-ce qui, dans ces systèmes, diffère par rapport au système décrit ici ? Il y a deux différences principales. D'abord, un internet TCP/IP permet un service universel de transfert de messages. Ensuite, le système de messagerie construit sur TCP/IP est intrinsèquement plus fiable que ceux qui sont construits sur des réseaux quelconques. Le premier concept est facile à comprendre. TCP/IP permet un service universel de remise de courrier car il assure une connexion universelle entre ordinateurs. En un mot, tous les ordinateurs reliés à un internet se comportent comme s'ils appartenaient à un seul et même réseau, indépendant de tout constructeur. Une fois les services de base mis en place, la conception d'un service standard de courrier électronique est plus simple.

Le second concept prétend que l'utilisation de TCP/IP rend le service de courrier plus fiable que d'autres mécanismes ; cela appelle une explication. L'idée fondamentale s'appuie sur le fait que TCP assure des connexions de bout en bout. C'est-à-dire que le logiciel de l'ordinateur expéditeur se comporte comme un client qui contacte un serveur sur l'ordinateur distant. La suppression du message sur l'ordinateur local n'est effective que lorsque cet ordinateur a transmis correctement un courrier au serveur. La remise directe de bout en bout renforce donc le principe suivant :

1. En fait, la plupart des réexpéditeurs de courrier détruisent les messages lorsqu'ils ont fait un certain nombre d'allers retours.

Les systèmes de courrier électronique qui utilisent la remise de bout en bout peuvent garantir que chaque message restera dans l'ordinateur expéditeur tant qu'il n'aura pas été copié correctement sur l'ordinateur destinataire.

Avec de tels systèmes, l'expéditeur peut toujours déterminer avec précision l'état d'un message en examinant sa zone mémoire de spoule locale.

L'autre possibilité de transfert de messages utilise une approche de passerelle d'application telle qu'expliquée au chapitre 20. Le message passe par une série de *routeurs de courriers*[1] parfois appelées *relais*. Dans ces systèmes, l'ordinateur expéditeur ne contacte pas directement l'ordinateur destinataire, mais envoie le courrier par l'intermédiaire d'une ou plusieurs machines qui servent de relais : c'est le *système de transfert relayé*.

L'inconvénient majeur des systèmes relais intermédiaires est de réduire la fiabilité. L'expéditeur détruit la copie locale après avoir transmis le courrier à la première machine intermédiaire. Pendant le transit d'un message l'émetteur et le récepteur intermédiaires ne gardent pas de copie du message. Les pannes des machines intermédiaires peuvent donc provoquer des pertes de messages à l'insu de l'expéditeur ou du destinataire. Les messages peuvent également se perdre à la suite d'erreurs de routage. Un autre inconvénient des intermédiaires est d'introduire des délais de transmission importants. Un intermédiaire peut, s'il n'est pas en mesure de transmettre le message à la machine suivante, le retenir pendant plusieurs minutes ou plusieurs heures, voire même plusieurs jours. Là encore, l'expéditeur ne peut savoir où ses messages ont été retardés, pourquoi ils ne sont pas arrivés, ni quelle sera la durée de l'attente. Le point clé est que l'expéditeur comme le destinataire dépendent de machines intermédiaires sur lesquelles ils n'ont aucun contrôle.

Si le transfert relayé est moins fiable que le transfert de bout en bout, pourquoi est-il utilisé ? L'atout principal des passerelles de courrier est l'interopérabilité. Elles permettent d'interconnecter des systèmes de messagerie TCP/IP avec d'autres systèmes de messagerie ; aussi bien sur des internets TCP/IP que sur des réseaux n'utilisant pas TCP/IP. Supposez, par exemple, qu'une société *X* dispose d'un vaste réseau d'entreprise et que ses employés utilisent un service de courrier électronique, mais que le protocole de courrier ne fasse pas appel à ceux de TCP/IP. Bien qu'il soit quasi impossible de raccorder directement le réseau d'entreprise à Internet, il peut être plus simple d'interposer une passerelle de messagerie dont le logiciel interne accepte les messages issus du réseau d'entreprise et les réexpédie vers Internet.

Bien que la notion de relais intermédiaire paraisse quelque peu confuse, le courrier électronique est devenu un outil tellement important que les utilisateurs

1. Les lecteurs ne doivent pas confondre la notion de *routeur de messagerie* avec celle de *routeur IP* abordée au chapitre 3.

dépourvus d'accès à Internet dépendent totalement de tels relais pour y accéder. Même s'il n'est pas aussi fiable que la remise de bout en bout, ce service de courrier relayé reste très utile.

27.6 LES STANDARDS DU SERVICE DE COURRIER ÉLECTRONIQUE DE TCP/IP

Rappelons que l'objectif des protocoles TCP/IP est d'assurer l'interfonctionnement du plus grand nombre de types d'ordinateurs et de réseaux différents. Pour étendre cette interopérabilité au courrier électronique, TCP/IP a divisé la définition du service de courrier électronique en deux parties ou standards. Un premier standard définit le format des messages[1], tandis que le second détaille les échanges de messages entre deux ordinateurs. Séparer en deux standards la définition du service de courrier électronique facilite la conception des passerelles de courrier reliant les internets TCP/IP aux systèmes de transfert de messages propriétaires, tout en continuant d'utiliser, dans les deux cas, le même format de message.

Quiconque a utilisé un système de messagerie électronique sait que chaque message se décompose en deux parties : un en-tête et un corps, séparés par une ligne blanche. Le standard TCP/IP définit le format des messages échangés et l'interprétation qui doit être faite de chacun des champs de l'en-tête. Le format du corps du message est laissé à l'initiative de l'expéditeur. En particulier, le standard indique que l'en-tête contient du texte lisible, décomposé en lignes qui, chacune, contiennent un mot clé suivi du symbole deux-points (:) puis d'une valeur. Certains mots clés sont obligatoires, d'autres facultatifs et d'autres encore ne sont pas interprétés. L'en-tête doit par exemple contenir une ligne qui indique le destinataire. La ligne commence par *To* : et la fin de la ligne contient l'adresse électronique du destinataire. Une ligne qui commence par *From* : contient l'adresse électronique de l'expéditeur. L'expéditeur peut, s'il le désire, indiquer l'adresse à laquelle devra être renvoyée la réponse (ce qui permet d'indiquer que les réponses doivent être envoyées à une autre adresse que celle de l'émetteur). Dans ce cas, c'est la ligne qui commence par *Reply-to* : qui mentionne cette adresse. Si cette ligne n'est pas présente, le destinataire utilise pour répondre l'adresse indiquée sur la ligne *From* :.

Le format des messages est choisi de façon à faciliter leur traitement et leur transport entre ordinateurs hétérogènes. Utiliser un format d'en-tête simple permet l'utilisation sur une large gamme d'ordinateurs (y compris les micro-ordinateurs). Limiter les messages aux textes lisibles évite d'avoir à choisir une représentation binaire standard ou à convertir les messages entre la représentation standard et celle interne aux ordinateurs.

---

1. Les experts en matière de courrier électronique appellent souvent « 822 » le format des messages parce que c'est le *RFC 822* qui en contient la définition.

27.7 ADRESSES ÉLECTRONIQUES

Tout utilisateur familier du courrier électronique sait que le format des adresses électroniques varie d'un système de messagerie à l'autre. Ainsi, il est difficile de déterminer une adresse électronique correcte ou encore de deviner l'intention de l'expéditeur. Par exemple, au sein d'Internet, les adresses ont une forme simple, facile à retenir :

```
partie_locale~@~nom_de_domaine
```

où *nom_de_domaine* est le nom de domaine du lieu de remise du message[1]. *Partie_locale* est l'adresse d'une boîte aux lettres sur l'ordinateur destinataire. Par exemple, dans Internet, la boîte aux lettres de l'auteur de ce livre est :

```
comer~@~purdue.edu
```

Les passerelles de messagerie compliquent quelque peu les adresses électroniques. Une personne située à l'extérieur d'Internet doit soit adresser ses messages à la passerelle la plus proche, soit disposer d'un logiciel qui le fasse automatiquement. Par exemple, lorsque le CSNET disposait d'une passerelle de messagerie qui interconnectait Internet à d'autres réseaux, une personne qui accédait à cette passerelle de messagerie CSNET pouvait s'adresser à l'auteur du livre de la façon suivante :

```
comer%purdue.edu@relay.cs.net
```

Une fois que le message atteignait la machine *relay.cs.net*, le logiciel extrayait la partie locale de l'adresse, changeait le signe % en @ et l'utilisait ensuite comme adresse de destination pour réexpédier le message.

La complexité des adresses qui mentionnent des sites n'appartenant pas à Internet est liée au fait que la fonction de conversion des adresses de courrier électronique est locale à chaque ordinateur. Certains relais de courrier exigent que la partie locale contienne des adresses de la forme :

```
utilisateur%nom_de_domaine
```

tandis que d'autres exigent

```
utilisateur.nom_de_domaine
```

et que d'autres encore exigent un format tout à fait différent. Plus important encore, les systèmes de messagerie ne sont généralement pas d'accord sur les conventions de priorité ou de délimitation, ce qui interdit de garantir à l'utilisateur une façon précise d'interpréter l'adresse. Si, par exemple, nous considérons l'adresse électronique mentionnée précédemment :

1. Techniquement, *nom_de_domaine* désigne une passerelle de messagerie et non le nom d'un ordinateur.

```
comer%purdue.edu@relay.cs.net
```

alors, un site utilisant la norme TCP/IP interpréterait cette adresse de la façon suivante : « Envoyez le message à la passerelle de messagerie *relay.cs.net* et laissez cette passerelle décider comment interpréter *comer%purdue.edu* (la partie locale). » En un mot, tout se passe comme si les adresses étaient parenthésées :

```
(comer%purdue.edu)@(relay.cs.net)
```

Sur un site utilisant % pour séparer les noms d'utilisateurs du nom des ordinateurs destinataires, la même adresse pourrait signifier : « Envoyez le message à l'utilisateur *comer* qui se trouve sur le site indiqué dans le reste de cette adresse ». De tels sites se comportent comme si le parenthésage était le suivant :

```
(comer)%(purdue.edu@relay.cs.net)
```

Nous pouvons résumer ainsi le problème :

> Comme chaque passerelle de messagerie fixe les détails de l'interprétation et de la mise en correspondance des adresses électroniques, il n'y a pas de standard pour les adresses qui correspondent à des réseaux à l'extérieur d'Internet.

27.8 ADRESSES DE PSEUDO-DOMAINES

Pour aider à résoudre le problème de plusieurs systèmes de messageries ayant chacun un format d'adresses propriétaire, un site peut utiliser des noms qui ressemblent à des noms de domaine ; même si le site n'utilise pas lui-même de système DNS. Par exemple, un site qui utilise UUCP peut implémenter un pseudo-domaine, *uucp*, ce qui permet aux utilisateurs de spécifier leur adresse sous la forme :

```
uucp-styleadresse@uucp
```

ou la forme dérivée :

```
utilisateur@site-uucp.uucp
```

Le logiciel de routage de courrier reconnaît les adresses spéciales et les convertit dans la syntaxe particulière utilisée par le logiciel réseau UUCP. Du point de vue de l'utilisateur, l'avantage est évident : toutes les adresses électroniques ont la même structure générale, indépendante du réseau sous-jacent utilisé pour atteindre le destinataire. Bien entendu, de telles adresses ne sont utilisables que si les passerelles locales de messagerie ont été correctement configurées pour mapper ces adresses et que les mécanismes de transport adéquats existent. Plus encore, bien que leur structure soit identique à celle des noms de domaine, ces adresses électroniques ne peuvent être employées que pour le courrier électronique : on ne peut utiliser le système de nom de domaines pour trouver, à partir d'une pseudo-adresse, l'adresse IP à laquelle elle correspond.

27.9 SMTP : PROTOCOLE SIMPLE DE TRANSFERT DE MESSAGES

En complément au format des messages, TCP/IP définit un protocole d'échange de messages entre ordinateurs, il spécifie le type des messages utilisés par un client pour transmettre du courrier à un serveur. Il s'agit du *protocole SMTP* (*Simple Message Transfer Protocol*). SMTP émane de l'ancien protocole de transfert de messages MTP (*Mail Transfer Protocol*). Il a été revu en privilégiant la simplicité. Le protocole SMTP s'intéresse tout particulièrement à la façon dont le système de transfert de message sous-jacent effectue le transfert des messages sur un internet d'un ordinateur à l'autre. Il ne spécifie pas comment le système de messagerie accepte le courrier d'un utilisateur, ni comment l'interface utilisateur présente le courrier à l'utilisateur. SMTP ne définit pas comment les messages sont stockés, ni la fréquence à laquelle le système de transfert de messages tente d'en effectuer la remise.

SMTP est étonnamment simple. Les communications entre client et serveur se font sous forme de texte lisible. Bien que SMTP définisse de façon stricte la structure des commandes, nous pouvons aisément lire la trace d'un échange entre client et serveur. Au départ, le client établit une connexion fiable vers le serveur et attend que le serveur lui envoie le message *220 READY FOR MAIL* (*prêt pour l'échange de message*) — si le serveur est surchargé, il peut retarder temporairement l'émission de ce message. Lorsque le client reçoit ce message, il répond par une commande *HELO*[1]. La fin de la ligne marque la fin de la commande. Le serveur répond en déclinant son identité. Une fois la communication établie, le client peut procéder au transfert d'un ou plusieurs messages, libérer la connexion ou demander au serveur d'inverser les rôles d'émetteur et de récepteur de messages pour procéder au transfert des messages en sens inverse. Le récepteur de message doit acquitter chaque message. Il peut libérer la connexion ou annuler le transfert du message courant.

Les échanges de courrier électronique commencent par une commande *MAIL* qui donne l'identification de l'expéditeur ainsi qu'un champ *FROM* : qui contient l'adresse à laquelle les erreurs devront être signalées. Le récepteur de messages prépare ses structures de données pour recevoir un nouveau message et répond à la commande *MAIL* par une réponse *250*. La réponse *250* signifie que tout va bien. La réponse complète correspond au texte *250 OK*. Comme avec les autres protocoles d'applications, les programmes lisent les commandes abrégées et les numéros à trois chiffres du début de chaque ligne. Le reste des lignes est destiné à faciliter la mise au point des logiciels.

Après émission réussie d'une commande *MAIL*, l'expéditeur émet une série de commandes *RCPT* qui identifient les destinataires du courrier. Chaque récepteur de messages doit accuser réception, pour chaque commande *RCPT*, en

1. HELO est une abréviation pour *hello*.

répondant *250 OK* ou en émettant un message d'erreurs *550 No such user here* (*utilisateur inconnu*).

Après acquittement de toutes les commandes *RCPT*, l'expéditeur envoie une commande *DATA* qui indique au destinataire qu'il est prêt à transférer l'intégralité du message. Le récepteur répond alors par un message *354 Start mail input* (*début de réception de message*) et indique la séquence de caractères utilisée pour signaler la fin des messages. La séquence de fin d'échange comprend cinq caractères : CR (retour chariot), LF (saut de ligne), **.** (point), CR et LF[1].

Un exemple permettra d'expliquer le transfert SMTP. Supposez que l'utilisateur *Dupont*, depuis l'ordinateur *Alpha.EDU*, envoie un message aux utilisateurs *Durand*, *Dubois* et *Dufour*, sur l'ordinateur *Beta*.GOV. Le logiciel client, sur l'ordinateur *Alpha.EDU*, contacte le serveur SMTP de l'ordinateur *Beta*.GOV et commence l'échange de la figure 27.3.

Dans notre exemple, le serveur rejette l'utilisateur *Dubois*, parce que ce nom n'est pas reconnu comme une destination valide pour le service de courrier (ce n'est ni un utilisateur, ni une liste de diffusion). Le protocole SMTP n'indique pas comment le client gère de telles erreurs : c'est au client de décider. Si les clients ont la possibilité d'annuler la totalité de l'échange en cas d'erreur, ils ne le font généralement pas. Ils continuent habituellement la distribution pour les destinataires reconnus et signalent ensuite les problèmes à l'émetteur. Les erreurs sont généralement signalées par le client à l'aide du courrier électronique. Le message d'erreur contient un résumé des erreurs ainsi que l'en-tête des messages à l'origine du problème.

Un client qui a fini l'émission de tous les messages concernant une destination donnée peut émettre une commande TURN[2] pour inverser le sens de transmission des informations sur la connexion. Si c'est le cas, le récepteur renvoie une réponse *250 OK* et prend le contrôle de la connexion. Lorsque les rôles sont inversés, l'extrémité qui était serveur transmet tout message en attente. Chacune des deux extrémités peut décider de terminer la session. Pour cela, elle émet une commande *QUIT*. L'autre extrémité répond par une commande *221* qui signifie qu'elle accepte de terminer la session. Les deux extrémités libèrent alors normalement la connexion TCP.

SMTP est bien plus complexe que ce que nous avons montré ici. Si, par exemple, un utilisateur a déménagé, le serveur peut connaître des informations relatives à la nouvelle adresse électronique de cet utilisateur. SMTP permet au serveur d'informer le client sur la nouvelle adresse de l'utilisateur. Le serveur peut également choisir de rediriger le message ou demander au client de prendre en charge la redirection du message.

---

1. SMTP utilise CR-LF pour terminer une ligne et interdit donc de n'avoir qu'un point sur une ligne du corps du message.
2. En pratique, peu de serveurs utilisent la commande *TURN*.

```
S: 220 Beta.GOV Simple Mail Transfer Service Ready
C: HELO Alpha.EDU
S: 250 Beta.GOV

C: MAIL FROM:<Dupont@Alpha.EDU>
S: 250 OK

C: RCPT TO:<Durand@Beta.GOV>
S: 250 OK

C: RCPT TO:<Dubois@Beta.GOV>
S: 550 No such user here

C: RCPT TO:<Dufour@Beta.GOV>
S: 250 OK

C: DATA
S: 354 Start mail input; end with <CR><LF>.<CR><LF>
C: ... l'émission
du corps du message ...
C: ... se poursuit
sur autant de lignes ...
C: ... qu'en
comporte le message ...
C: <CR><LF>.<CR><LF>
S: 250 OK

C: QUIT
S: 221 Beta.GOV Service closing transmission channel
```

Figure 27.3 — Exemple de transfert SMTP de *Alpha.EDU* vers *Beta.GOV*. Les lignes qui commencent par C : sont émises par le client (*Alpha*), tandis que celles qui commencent par S : sont émises par le serveur (*Beta*). Dans l'exemple, l'ordinateur *Beta.GOV* ne reconnaît pas l'utilisateur *Dubois*.

27.10 PROTOCOLES DE RÉCUPÉRATION DE COURRIER

Le schéma de transfert de SMTP implique que le serveur reste constamment prêt à accepter des courriers électroniques et que le client tente d'envoyer un message dès que l'utilisateur le tape. Ce scénario fonctionne bien dès lors que le serveur s'exécute sur un ordinateur relié de manière permanente à Internet. Mais considérons ce qu'il se passe lorsqu'un utilisateur se connecte à Internet *via* le réseau commuté : le serveur n'est disponible que lorsque l'utilisateur est connecté, toute tentative de contact à un autre moment se soldant par un échec. Du coup, les messages envoyés à cet utilisateur risquent de revenir avec la mention « non-remis ». D'où la question : « comment un utilisateur qui n'est pas constamment relié à Internet peut-il recevoir du courrier ? ».

Pour y répondre, il faut imaginer un processus en deux temps. Dans un premier temps, on affecte à chaque utilisateur une boîte aux lettres située sur un ordinateur constamment relié à Internet. On exécute alors SMTP sur cet ordinateur et, dans un second temps, l'utilisateur se connecte par réseau téléphonique et exécute un protocole qui lui permet de retirer les messages stockés dans sa boîte aux lettres. Le protocole transfère ces messages sur l'ordinateur de l'utilisateur, où ils peuvent être lus.

Il existe deux protocoles qui permettent à un utilisateur d'aller ainsi chercher ses fichiers. Ces deux protocoles ont des fonctionnalités équivalentes ; nous allons les examiner tour à tour.

27.10.1 Post Office Protocol (POP3)

Le protocole le plus répandu s'appelle POP3 (version 3 du *Post Office Protocol*). L'utilisateur appelle un client POP3 qui crée une connexion TCP vers un serveur POP3 situé sur l'ordinateur où sont stockées les boîtes aux lettres. L'utilisateur doit donc communiquer une identité de connexion (*login*) et un mot de passe. Lorsqu'il a été authentifié, le client envoie les commandes correspondant au retrait (par copie) des messages de la boîte aux lettres. Il peut ensuite en demander la suppression. Les messages sont stockés et transférés sous la forme de fichiers texte en format standard 822.

Notez bien que l'ordinateur où sont situées les boîtes aux lettres doit exécuter deux serveurs : un serveur SMTP qui accepte les courriers envoyés à l'utilisateur et les place dans la boîte aux lettres de ce dernier, et un serveur POP3 qui permet à l'utilisateur de prendre (par copie) les courriers dans sa boîte et ensuite de les détruire. Pour que tout fonctionne correctement, il est nécessaire que les serveurs ce coordonnent, en particulier lorsqu'un courrier arrive par SMTP au moment même où un utilisateur fait une extraction par POP3.

27.10.2 Internet Message Access Protocol (IMAP4)

La version 4 du protocole *Internet Message Access Protocol* (IMAP4) est une alternative à POP3 qui utilise le même modèle de fonctionnement. IMAP4 utilise donc le concept de boîte aux lettres, les boîtes étant sur le même ordinateur que le serveur. Comme POP3, IMAP4 permet à un client de contacter le serveur pour retirer ses messages, mais à la différence de POP3, il permet de créer, de renommer ou de détruire dynamiquement des boîtes aux lettres.

IMAP4 est également doté de fonctionnalités plus étendues pour le traitement des messages : on peut ainsi obtenir de l'information sur un message et lire ses champs d'en-tête sans avoir besoin de le recopier complètement. De plus, on peut en donnant une certaine chaîne de caractères, n'obtenir qu'un extrait du message, caractéristique particulièrement utile lorsqu'on ne dispose que d'une liaison à bas débit.

27.11 MIME : EXTENSION AU COURRIER ÉLECTRONIQUE POUR LES DONNÉES NON ASCII

C'est pour permettre la transmission de données non ASCII par courrier électronique, qu'a été définie l'extension *MIME* (*Multipurpose Internet Mail Extensions*). MIME n'a pas pour but de remplacer SMTP ni même de le modifier. En fait, il permet de coder n'importe quelle donnée en ASCII avant de la transmettre dans un message électronique standard. Pour pouvoir traiter des données quelconques, chaque message MIME doit comporter des informations pour indiquer au destinataire le type des données et la méthode d'encodage utilisée. Cette information figure dans l'en-tête du courrier 822 — les lignes d'en-tête MIME spécifient la version de MIME utilisée, le type des données envoyées et le mode de codage utilisé pour convertir ces données en ASCII. La figure 27.4 illustre ainsi un message MIME qui comporte une photographie en *format GIF*[1]. Cette image GIF a été convertie en représentation ASCII 7 bits en utilisant le codage[2] *base64*.

```
From: liegeois@nice.fr
To:   pseudo@nimes.fr
MIME-Version~: 1.0
Content-Type: image/gif
Content-transfer-Encoding: base64

.....   données de l'image ....
```

Figure 27.4 — Exemple de message MIME. Les lignes de l'en-tête donnent aussi bien le type des données que la méthode de codage utilisée.

On voit ici que la ligne d'en-tête *MIME-Version* indique que le message a été composé en utilisant la version 1.0 de MIME. La déclaration *Content-Type* spécifie que les données sont celles d'une image au format GIF et la ligne *Content-Transfer-Encoding* qu'on a utilisé *base64* pour convertir cette image en ASCII. Pour que cette image soit visualisable, le système de messagerie du récepteur devra

1. GIF : *Graphics Interchange Format*.

2. Des informations sur l'encodage *base64* peuvent être obtenues dans le RFC 1521.

d'abord convertir les données ASCII en binaire puis lancer une application qui sait afficher une image GIF à l'écran.

Le standard MIME indique que la déclaration *Content-Type* doit contenir deux identificateurs : un type de contenu et un sous-type séparé par une barre de fraction. Dans notre exemple, *image* est le type de contenu, *gif* est le sous-type.

Le standard définit sept types de contenu de base ainsi que les sous-types et les modes de codage associés. Par exemple, une image peut être de sous-type *jpeg* ou *gif*, mais pas un texte. En plus de ces types standard, MIME autorise émetteur et récepteur à définir leurs propres types de contenu privés[1]. La figure 27.5 donne les sept types de base.

Type de base	Utilisé lorsque les données sont de type
text	Données textuelles (document, par exemple)
image	Photo numérisée, image fixe générée par ordinateur
audio	Son numérisé
vidéo	Images animées numérisées
application	Données pour programme
multipart	Messages multiples ayant chacun un type de contenu et une méthode de codage
message	Message de courrier électronique complet (par exemple *note réexpédiée*) ou référence externe à un message (par exemple, un serveur FTP et un nom de fichier)

Figure 27.5 — Nom et signification des sept types de base qui peuvent apparaître dans une déclaration *Content-Type* de MIME.

27.12 MESSAGES MIME MULTIPLES

Le type de contenu *multipart* est bien utile car il permet beaucoup de souplesse. Le standard définit quatre sous-types possibles pour un message multiple, chacun d'entre eux fournissant une fonctionnalité importante. Le sous-type *mixed* permet à un unique message de contenir plusieurs sous-messages indépendants, chacun d'entre eux ayant son propre type de contenu et sa propre méthode de codage. Il est ainsi possible de mêler texte, graphiques, sons et images animées en un seul message ou d'envoyer une lettre accompagnée de pièces jointes. Le sous-type *alternative* permet de mettre dans un message plusieurs représentations des mêmes données. Ceci permet, par exemple, d'envoyer un même message à des destinataires disposant de matériels et de logiciels très divers. On peut ainsi envoyer un

1. Pour éviter tout conflit avec un nom déjà existant, le standard impose qu'un nom de type privé commence par X-.

document à la fois en ASCII et sous forme graphique. Le sous-type *parallel* permet à un message de contenir des sous-parties qui doivent être appréhendées simultanément (par exemple, de l'image et du son). Enfin, le sous-type *digest* permet de rassembler et d'envoyer tout un ensemble de messages en un seul (par exemple pour préparer une discussion).

La figure 27.6 illustre une des principales utilisations des messages multiples MIME : le courrier électronique décrit contient à la fois un petit texte qui explique le but du message et de l'information non textuelle, en l'occurrence une photo.

```
From:  liegeois@nice.fr
To:  ano@nimes.fr
MIME-Version: 1.0
Content-Type: Multipart/Mixed; Boundary=NouvellePartie

--NouvellePartie
Bonjour,
Ci-joint la photo en couleurs que je t'avais promise.
Tu y retrouveras nombre de nos amis.

A la prochaine,
Jean-Pierre

--NouvellePartie
Content-Type: image/gif
Content-Transfer-Encoding: base64

...  données de la photo ....
```

Figure 27.6 — Un exemple d'utilisation des messages multiples MIME. Chaque partie du message peut avoir un type de contenu différent et indépendant.

La figure 27.6 illustre aussi quelques détails de MIME. Par exemple, chaque ligne d'en-tête peut contenir des paramètres de la forme X=Y à la suite des déclarations de base. Le mot-clé *Boundary*= définit la chaîne de caractères que l'on utilise pour séparer les différentes parties du message. Dans notre exemple, l'émetteur a choisi *NouvellePartie* pour servir de frontière. Les déclarations de type de contenu et de sous-type doivent immédiatement suivre cette ligne frontière. Dans notre exemple, le second sous-message est déclaré être une image *GIF*.

27.13 RÉSUMÉ

Le courrier électronique est l'un des services d'application les plus utilisés. Comme la plupart des services TCP/IP, le service de courrier électronique utilise le paradigme du client-serveur. Le système met en tampon les messages entrants et sortants, ce qui permet de réaliser le transfert des messages entre client et serveur en tâche de fond pendant que les utilisateurs poursuivent d'autres activités.

La famille des protocoles TCP/IP fournit des standards séparés qui définissent la structure et les règles de transfert des messages. La structure des messages appelée « 822 » utilise une ligne blanche pour séparer l'en-tête et le corps du message. Le protocole simple de transfert de messages (SMTP) définit comment l'application de courrier électronique d'un ordinateur transfère les données au serveur situé sur un autre ordinateur. La version 3 du protocole Post Office Protocol (POP3) spécifie la façon dont un utilisateur récupère le contenu de sa boîte aux lettres ; elle lui permet d'avoir une boîte permanente sur un ordinateur relié constamment à Internet et d'y accéder de manière intermittente.

L'extension MIME offre un mécanisme complémentaire au service de courrier électronique en lui permettant de transférer n'importe quel type de données en utilisant SMTP. MIME ajoute des lignes à l'en-tête d'un courrier électronique pour définir le type des données et la méthode de codage utilisée. Un message peut contenir plusieurs types de données différents.

27.14 POUR EN SAVOIR PLUS

Les protocoles décrits dans ce chapitre sont définis dans des RFC Internet. Postel [RFC 821] décrit le protocole simple de transfert de messages SMTP et donne de nombreux exemples. La structure précise des messages est donnée par Crocker [RFC 822]. Freed et Borenstein [RFC 2045, 2046, 2047, 2048 et 2049] spécifient le standard de MIME, avec notamment la syntaxe des déclarations d'en-tête, l'interprétation des types de contenu et la méthode de codage *base64* que nous avons mentionnée. Partridge [RFC 974] traite des relations entre routage de messages et système de noms de domaine. Horton [RFC 976] propose un standard pour le système de messagerie UUCP d'Unix.

27.15 EXERCICES

27.1 Certains systèmes de courrier électronique obligent l'utilisateur à indiquer la suite de machines à travers lesquelles les messages devront transiter pour atteindre leur destination. Le protocole de courrier électronique de chaque machine transmet le message à la machine suivante. Citez trois inconvénients d'une telle méthode.

27.2 Déterminez si votre ordinateur vous permet d'invoquer SMTP directement.

27.3 Construisez un client SMTP et utilisez-le pour transmettre un message.

27.4 Déterminez si vous pouvez vous envoyer, à travers une passerelle de messagerie, un message qui vous revienne ensuite.

27.5 Listez les types d'adresses utilisés sur votre site et écrivez un ensemble de règles permettant de les balayer.

27.6 Trouvez comment le programme *sendmail* d'Unix Berkeley peut être utilisé pour réaliser une passerelle de messagerie.

27.7 Trouvez la fréquence et le nombre de tentatives de transmission avant abandon de votre système de messagerie électronique.

27.8 De nombreux systèmes de courrier permettent aux utilisateurs de rediriger leur courrier vers des programmes plutôt que de les enregistrer dans des boîtes aux lettres. Construisez un programme qui accepte du courrier entrant et qui émette une réponse indiquant que vous êtes en vacances.

27.9 Lisez soigneusement le standard SMTP puis utilisez TELNET pour vous connecter au port SMTP d'un ordinateur distant et demandez au serveur SMTP distant de faire l'expansion d'un alias.

27.10 Un utilisateur reçoit un courrier électronique comportant dans le champ *To* : la mention *gens-importants*. Ce courrier a été envoyé par un ordinateur sur lequel l'alias *gens-importants* ne correspond à aucun identificateur de boîte aux lettres valide. Lisez soigneusement la spécification de SMTP pour voir comment cela est possible.

27.11 POP3 sépare le retrait (par copie) des messages et leur destruction dans la boîte de l'utilisateur. Quels sont les avantages et les inconvénients de cette méthode ?

27.12 Lisez le standard POP3. Comment la commande *TOP* fonctionne-t-elle ? À quoi sert-elle ?

27.13 Lisez soigneusement le standard MIME. Quels serveurs peut-on spécifier dans une référence externe MIME ?

28

Applications : le Web (HTTP)

28.1 INTRODUCTION

Dans ce chapitre nous poursuivons l'étude des applications qui utilisent TCP/IP en présentant celle qui a eu l'impact le plus important : la *Toile* (*Web*, à l'origine *World Wide Web* ou *WWW*). Après un bref tour d'horizon des principaux concepts du Web, nous présenterons le protocole utilisé pour transférer une page Web d'un serveur à un navigateur, ce qui nous conduira à analyser aussi bien l'utilisation de la mémoire cache que les mécanismes de transfert eux-mêmes.

28.2 L'IMPORTANCE DU WEB

Au début de l'histoire de l'Internet, les transferts de données FTP représentaient approximativement un tiers de son trafic, bien plus que n'importe quelle autre application. Dès sa naissance, au début des années 1990, le Web a connu un taux de croissance très important. Dans les années 1995, le trafic Web dépassa celui de FTP pour devenir le plus grand consommateur de bande passante dans Internet. Il est resté le premier et a même fini par complètement distancer le trafic des autres applications.

Certes, le trafic est un indicateur facile à mesurer et à visualiser, mais l'importance du Web ne se traduit pas seulement par là. Nombreux sont les utilisateurs d'Internet pour qui c'est à peu près la seule application qu'ils connaissent vraiment. La plupart des entreprises ont un site Web et des catalogues en lignes, et l'on fait référence au Web même dans les publicités. En fait, pour beaucoup d'utilisateurs, il n'y a aucune différence entre l'Internet et le Web.

28.3 LES COMPOSANTS DE L'ARCHITECTURE

Le Web consiste en un large ensemble de documents, appelés *pages Web*, qui sont accessibles par l'Internet. Chaque page est répertoriée comme un document *hypermedia*, le suffixe média signifiant qu'un document peut contenir des éléments autres que du texte (par exemple des images) ; le préfixe hyper renvoie au fait que le document peut contenir des *liens activables* qui renvoient vers d'autres pages Web.

L'existence même du Web implique celle de serveurs et de navigateurs. Un *navigateur Web* (*Web browser*) est l'application dont disposent les utilisateurs pour accéder à une page Web et l'afficher. C'est un programme client qui contacte le serveur Web approprié pour obtenir une copie de la page Web spécifiée. Puisqu'un serveur peut gérer un grand nombre de pages Web, le navigateur doit donner les références de la page précise qu'il souhaite obtenir.

La représentation standard des données d'une page Web dépend de son contenu. C'est ainsi qu'on peut utiliser certains standards graphiques comme le *Graphics Interchange Format* (*GIF*) ou le *Joint Picture Encoding Group* (*JPEG*) pour les pages ne contenant qu'une seule image. Celles qui contiennent un mélange de texte et d'autres éléments sont représentées en *HTML* (*HyperText Markup Language*). Un document HTML est un fichier contenant du texte et des commandes qui donnent des instructions pour l'affichage, les *balises* (*tags*). Une balise est encadrée par les symboles inférieur à (<) et supérieur à (>). Certaines balises fonctionnent par paires et s'appliquent à tout ce qu'elles encadrent. Par exemple, les deux instructions <CENTER> et </CENTER> imposent à tout le texte qu'elles encadrent d'être centré dans la fenêtre du navigateur.

28.4 LOCALISATEUR UNIVERSEL DE RESSOURCE (URL)

Chaque page Web possède un nom unique permettant de l'identifier. Ce nom, le *localisateur universel de ressource* (*URL : Uniform Resource Locator*)[1], commence par la description de la méthode d'accès utilisée, le protocole de transfert, dont dépend le format du reste de l'URL. Un URL de *type HTTP* est structuré de la façon suivante :

```
http://nom_de_l'hote[~:port]/chemin_d'accès
[~;paramètres][~?requête]
```

les crochets indiquant les paramètres optionnels. Pour l'instant, il nous suffit de savoir que la chaîne de caractères *nom_de_l'hote* peut représenter le nom de

1. Un URL est un cas particulier d'*URI* (identificateur universel de ressource)

domaine ou l'adresse IP de la machine sur laquelle s'exécute le serveur de la ressource demandée ; *:port* est un numéro de port protocolaire optionnel que l'on ne spécifie que dans le cas où le serveur n'utilise pas le port prédéfini (80), la chaîne de caractères *chemin_d'accès* identifie un document particulier sur le serveur, *;paramètres* est une chaîne de caractères optionnelle permettant au client de spécifier des paramètres supplémentaires, enfin *? requête* est également une chaîne de caractères optionnelle que le navigateur utilise pour envoyer une question. Il est très improbable qu'un utilisateur voit ou utilise directement ces éléments optionnels. Les URL qu'un utilisateur manipule le plus souvent ne contiennent que le nom de l'hôte et un chemin d'accès. C'est ainsi que l'URL :

```
http://www.cs.purdue.edu/people/comer/
```

spécifie la page Web de l'auteur de cet ouvrage. Le serveur fonctionne sur la machine *www.cs.purdue.edu*, et le document s'appelle */people/comer*. Le protocole standard fait la différence entre un URL absolu illustré précédemment et un URL relatif. Un URL relatif, rarement vu par un utilisateur, n'a de signification que si le serveur a déjà été déterminé. Par exemple, quand on a établi une connexion avec le serveur *www.cs.purdue.edu*, il suffit de la chaîne de caractères */people/comer/* pour préciser le document spécifié par l'URL absolu précédent.

> Chaque page Web possède un identificateur unique : le localisateur universel de ressource (URL). La forme absolue d'un URL contient toute sa spécification, tandis que sa forme relative ne donne pas l'adresse du serveur, adresse superflue quand celui-ci est déjà connu de façon implicite.

28.5 UN EXEMPLE DE DOCUMENT

En principe, tout accès Web est direct et se traduit par l'envoi d'un URL que l'utilisateur entre au clavier ou qui est transmis au navigateur lors de la sélection d'un composant dans une page. Le navigateur analyse l'URL, extrait les informations, et les utilise pour obtenir une copie de la page demandée. Puisque le format de l'URL dépend de la méthode d'accès, le navigateur commence par extraire la spécification de cette méthode, et l'utilise ensuite pour analyser le reste de l'URL. Un exemple illustrera la façon dont on produit un URL à partir d'un lien activable. En fait, chaque lien activable d'une page Web correspond à deux éléments : un composant affiché à l'écran et un URL qui permet de se déplacer si l'utilisateur sélectionne ce composant. En HTML, les deux balises <A> et </A> constituent ce qu'on appelle une *ancre* (*anchor*). Une ancre définit un lien : on lui associe l'URL des textes ou des images affichés à l'écran. Le navigateur stocke en interne l'URL et l'active lorsque l'utilisateur sélectionne ce lien. Par exemple, voici un document HTML contenant un lien activable :

```
<HTML>
L'auteur de ce texte est
<A HREF = «~http://www.cs.purdue.edu/people/comer~»>
Douglas Comer. </A>
</HTML>
```

Quand ce document est appelé, il s'affiche à l'écran :

```
L'auteur de ce texte est Douglas Comer.
```

Le navigateur souligne les mots *Douglas Comer* pour indiquer qu'ils correspondent à un lien activable. En interne, le navigateur enregistre l'URL associé et l'active lorsque l'utilisateur clique sur le lien.

28.6 LE PROTOCOLE DE TRANSFERT HYPERTEXTE (HTTP)

Le protocole utilisé pour communiquer entre navigateurs et serveurs Web s'appelle HTTP (*Hypertext Transfert Protocol*). Il possède les caractéristiques suivantes :

- *Niveau application*. HTTP fonctionne au niveau application. Il suppose l'existence d'un protocole de transport fiable et orienté connexion comme TCP, mais n'apporte pas de lui-même fiabilité ou capacité de retransmission.
- *Requête/Réponse*. Une fois qu'une session de transport est établie, une extrémité (généralement le navigateur) envoie une requête HTTP à laquelle l'autre extrémité répond.
- *Sans mémoire* (*stateless*). Chaque requête HTTP est indépendante de la précédente. Le serveur ne conserve pas d'historique des requêtes ou des sessions précédentes.
- *Transfert bidirectionnel*. Le plus souvent, c'est le navigateur qui demande une page Web, et le serveur qui envoie une copie de cette page au navigateur. Mais HTTP permet aussi un transfert de données du navigateur au serveur, par exemple quand l'utilisateur envoie ce que l'on appelle un *formulaire* (*form*).
- *Capacité de négociation*. HTTP permet aux navigateurs et aux serveurs de négocier des éléments comme la police de caractère utilisée lors du transfert. L'expéditeur peut préciser les options dont il dispose et le destinataire peut préciser celles qu'il accepte.
- *Possibilité de cache*. Pour améliorer le temps de réponse, un navigateur met en mémoire cache une copie de certaines des pages Web qu'il a obtenues. Si l'utilisateur redemande une de ces pages, HTTP permet au navigateur d'interroger le serveur pour savoir si la page à été modifiée depuis sa mise en mémoire cache.

- *Gestion des intermédiaires*. HTTP permet à une machine se situant entre le navigateur et le serveur de se comporter comme un *serveur mandataire* (*proxy*) qui met en cache des pages Web et répond aux requêtes du navigateur à partir de son cache.

28.7 LA REQUÊTE HTTP GET

Dans le cas le plus simple, un navigateur contacte directement un serveur Web pour obtenir une page. Le navigateur prend un URL, en extrait la partie *nom_de_l'hote* et utilise le DNS pour traduire le nom de l'hôte en une adresse IP qui permet d'établir une connexion TCP avec le serveur. Une fois la connexion TCP établie, le navigateur et le serveur Web communiquent avec le protocole HTTP ; le navigateur émet une requête pour demander une page et le serveur lui répond en lui envoyant une copie de cette page.

Pour demander une page Web à un serveur, un navigateur envoie la commande HTTP *GET*. La requête consiste en une simple ligne de texte qui commence avec le mot clé *GET* suivi d'un URL et d'un numéro de version HTTP[1]. Pour récupérer la page Web de l'exemple précédent sur le serveur www.cs.purdue.edu, un navigateur enverra donc la requête suivante :

```
GET http://www.cs.purdue.edu/people/comer/  HTTP/1.1
```

Mais si la connexion est déjà établie, il n'est pas nécessaire d'envoyer l'URL absolu – l'URL relatif suivant rapatriera la même page :

```
GET /people/comer HTTP/1.1
```

En résumé :

> Le protocole HTTP est utilisé entre un navigateur et un serveur Web. Le navigateur envoie une requête GET à laquelle le serveur répond en envoyant l'élément demandé.

28.8 LES MESSAGES D'ERREUR

Que doit répondre un serveur Web à une requête erronée ? Dans la majorité des cas la requête a été émise par un navigateur bien décidé à afficher ce que lui renverra le serveur, quelle que soit la nature de cette réponse. C'est pour cette raison

1. Le standard utilise le terme *méthode* au lieu de commande.

que les serveurs génèrent les messages d'erreurs en HTML. Voici par exemple un message d'erreur émis par un serveur :

```
<HTML>
<HEAD> <TITLE> 400 Mauvaise commande </TITLE>
</HEAD>
<BODY>
   <H1>Mauvaise commande </H1> La commande de votre
   navigateur n'est pas comprise par le serveur.
</BODY>
</HTML>
```

Le navigateur utilise la partie « en-tête » du document (c'est-à-dire la partie entre <HEAD> et </HEAD>) en interne et ne présente que le corps du message d'erreur à l'utilisateur. Les deux balises <H1> et </H1> permettent d'afficher les mots *Mauvaise commande* comme un titre (et donc en grand et en gras) ce qui apparaît comme suit sur l'écran de l'utilisateur :

```
Mauvaise commande
La commande de votre navigateur n'est pas comprise
par le serveur.
```

28.9 CONNEXIONS PERMANENTES ET TAILLES

Les premières versions de HTTP suivaient la même logique que FTP et utilisaient une connexion pour chaque transfert de données. Un client ouvrait une connexion TCP et envoyait une requête *GET*. Le serveur lui transmettait ensuite une copie de l'élément demandé, et fermait sa connexion TCP. Le client lisait les données sur la connexion TCP, jusqu'à ce qu'il arrive à la fin du fichier puis fermait à son tour sa connexion.

La version 1.1 qui vit le jour sous forme de RFC en juin 1999, a changé fondamentalement la façon de faire d'HTTP. Au lieu d'utiliser une connexion TCP pour chaque transfert, la version 1.1 adopte par défaut une approche par connexion permanente. Une fois qu'un client a ouvert une connexion TCP avec un serveur, il garde cette même connexion pour un certain nombre de requêtes et réponses. Quand le serveur ou le client est prêt à fermer la connexion, il en informe l'autre partie, et la connexion est fermée.

L'atout majeur des connexions permanentes réside dans le fait qu'elles permettent de réduire les surcoûts dûs à la gestion des communications : moins de connexions TCP signifie à la fois des temps de latence plus courts, moins de surcoûts dans la couche réseau immédiatement inférieure, moins de mémoire utilisée dans les tampons et la réduction du temps UC nécessaire. Un navigateur qui utilise des connexions permanentes peut optimiser d'avantage en *pipelinant* les requêtes (en envoyant les requêtes à la suite sans attendre de réponse). Le pipelinage est particulièrement intéressant dans le cas où l'on doit rapatrier plusieurs images pour la même page, et lorsque l'internet de la couche inférieure est surchargé et provoque de longs délais de transmission.

L'inconvénient majeur des connexions permanentes est que l'on doit identifier le début et la fin de chaque objet transporté sur la connexion. Il existe deux techniques possibles : envoyer la taille de l'objet suivit de l'objet en lui-même, ou envoyer une valeur sentinelle qui repère la fin de l'objet. Le protocole HTTP ne peut pas avoir de valeur sentinelle réservée car il est amené à transporter des images pouvant contenir n'importe quelle suite d'octets ; il utilise donc la première solution.

28.10 LONGUEUR DES DONNÉES ET DONNÉES DE SORTIE

Il n'est pas toujours facile ni même possible pour un serveur de connaître la taille d'un objet avant de l'envoyer. Les serveurs, en effet, utilisent le mécanisme de *Common Gateway Interface* (CGI) qui permet de créer des pages Web de façon dynamique à partir du programme qui s'exécute sur le serveur. Lorsqu'une requête correspondant à l'une des pages créée par CGI arrive, le serveur lance le programme CGI approprié, et répond au client en envoyant le résultat de ce programme. La création dynamique de pages Web permet de gérer des informations en temps réel (comme par exemple une liste des résultats d'événements sportifs en cours), mais implique aussi que le serveur ne peut pas connaître à l'avance la taille exacte des données. De plus, on ne peut sauvegarder les données dans un fichier avant de l'envoyer pour deux raisons : cela consommerait des ressources serveur et augmenterait les délais de transmission.

Ainsi pour pouvoir gérer des pages dynamiques, le standard HTTP précise que si le serveur ne connaît pas la taille d'un objet, il doit informer le navigateur qu'il fermera la connexion quand il aura fini de le transmettre. En résumé :

> Pour permettre de conserver une même connexion TCP pendant plusieurs échanges de requêtes et réponses, HTTP envoie avant chaque réponse la taille de cette réponse . S'il ne connaît pas cette taille, il en informe le client, envoie la réponse, et ferme ensuite la connexion.

28.11 ENCODAGE DE LA TAILLE ET EN-TÊTES

Quelle représentation le serveur utilise-t-il pour envoyer la taille des informations ? Curieusement, HTTP emprunte le format de base du courrier électronique tel qu'il est défini dans le RFC 822 et les extensions MIME[1]. Comme dans un message 822 standard, chaque transmission HTTP contient un en-tête suivi d'une ligne blanche puis des informations envoyées. De plus, chaque ligne de l'en-tête contient un mot clé, le symbole « : », puis l'information.

La figure 28.1 présente quelques en-têtes et leur signification.

En-tête	**Signification**
Content-Length	Taille de l'objet en octets
Content-Type	Type de l'objet
Content-Encoding	Code utilisé
Content-Language	Langue(s) utilisée(s)

Figure 28.1 — Exemples de paramètres pouvant apparaître dans l'en-tête envoyé avant un objet. *Content-Type* et *Content-Encoding* proviennent directement de MIME.

La figure 28.2 illustre quelques en-têtes utilisés lorsqu'un document HTML est transmis via une connexion TCP permanente :

```
Content-Length~:      34
Content-Language~:    fr
Content-Encoding~:    ascii

<HTML>Un exemple tout simple.</HTML>
```

Figure 28.2 — Illustration d'un transfert HTTP avec ses lignes d'en-tête utilisées pour spécifier les attributs, une ligne blanche, puis le contenu du document. L'en-tête *Content-Length* est obligatoire si la connexion est permanente.

HTTP comporte également une grande variété d'en-têtes permettant au navigateur et au serveur d'échanger des méta-informations. Par exemple, comme nous l'avons mentionné, si un serveur ne connaît pas la taille d'un objet, il doit fermer la connexion après avoir envoyé cet objet. Comme le serveur n'agit pas sans prévenir – il doit informer le navigateur que la fin est proche. Pour ce faire, il met un en-tête *Connection* à la place de l'en-tête *Content-Length* :

```
Connection: close
```

Quand il reçoit cet en-tête, le navigateur sait que le serveur a l'intention de fermer la connexion après le transfert ; il ne peut donc plus envoyer de nouvelles requêtes. Les sections suivantes décrivent les autres en-têtes.

1. Voir chapitre 27 pour une description de l'e-mail, du format 822 ainsi que de MIME.

28.12 NÉGOCIATIONS

HTTP utilise des en-têtes non seulement pour préciser les détails d'un objet envoyé mais aussi pour permettre au client et au serveur de négocier des options portant sur les caractéristiques de connexion (par exemple si l'accès est authentifié ou non), de représentation (si les images au format jpeg sont acceptées ou non), de contenu (si les fichiers texte doivent être en français ou non), et de commande (combien de temps une page reste valide).

Les négociations peuvent être pilotées par le serveur ou par le client (donc par le navigateur). Une négociation pilotée par le serveur commence par une requête émise par le navigateur qui spécifie une liste de préférences associée à l'URL de l'objet demandé. Le serveur sélectionne parmi celles disponibles, la représentation qui satisfait le mieux aux préférences du navigateur. Par exemple, si un document est enregistré dans plusieurs langues et que la requête spécifie comme préférence le français, le serveur renverra la version française.

Une négociation pilotée par le client signifie simplement que le navigateur utilise un processus à deux étapes pour effectuer la sélection. D'abord, il envoie une requête au serveur pour lui demander ce qui est disponible, et le serveur répond par une liste d'options. Le navigateur sélectionne ensuite une des possibilités, et envoie une seconde requête pour obtenir la page.L'inconvénient d'une telle négociation est qu'elle nécessite deux interactions avec le serveur ; son avantage est que le navigateur contrôle entièrement les choix.

Un navigateur utilise un en-tête HTTP *Accept* pour préciser les médias ou formats acceptables. Par exemple :

```
Accept: text/html,text/plain;q=0.5,text/x-dvi;q=0.8
```

spécifie que le navigateur est plus enclin à accepter le type de média *text/html*, mais que si celui-ci n'existe pas, le navigateur acceptera *text/x-dvi*, et, si celui ci n'existe pas, *text/plain*. La valeur numérique associée avec la seconde et la troisième entrée peut être vue comme un *niveau de préférence*, où aucune valeur n'est équivalente à q=1, et une valeur de q=0 signifie que le type est inacceptable.Pour les types de média où la *qualité* est significative (par exemple l'audio), la valeur de q permet d'accepter un type de média donné si celui-ci est le meilleur disponible après que les autres formes ont vu leur qualité réduite de q%. Il existe une grande variété d'en-têtes *Accept* qui correspondent aux en-têtes *Content* vus précédemment. Par exemple un navigateur peut envoyer chacun des en-têtes suivants :

```
Accept-Encoding
Accept-Charset
Accept-Language
```

pour spécifier quels codages, quels jeux de caractères et quelles langues le navigateur est le plus enclin à accepter.

En résumé :

> HTTP utilise pour transporter les méta-informations des en-têtes similaires à celles de MIME. Les navigateurs et les serveurs envoient tous les deux des en-têtes leur permettant de négocier un accord sur le format et le codage utilisés pour un document.

28.13 LES REQUÊTES CONDITIONNELLES

HTTP permet à un expéditeur de faire des requêtes *conditionnelles*. Lorsque le navigateur envoie une requête, il peut inclure un en-tête définissant la condition à laquelle la requête doit être satisfaite. Si la condition spécifiée n'est pas respectée, le serveur ne renvoie pas l'objet demandé. Les requêtes conditionnelles permettent à un navigateur d'optimiser la récupération en évitant les transferts inutiles. La requête *If-Modified-Since* spécifie une des conditions les plus simples : elle permet au navigateur d'éviter de transférer un objet si celui-ci n'a pas été mis à jour depuis une date donnée. Par exemple un navigateur peut inclure l'en-tête :

```
If-Modifed-Since: Mon, 01 Jan
2001 05:00:01 GMT
```

dans une requête GET pour éviter un transfert si l'objet n'a pas été modifié depuis le 1er janvier 2001.

28.14 GESTION DES SERVEURS PROXY

Les serveurs proxy (serveurs mandataires) sont importants dans l'architecture du Web car ils permettent une optimisation qui diminue les temps de latence et réduit la charge des serveurs. Cependant les proxy ne sont pas transparents – un navigateur doit être configuré pour contacter son proxy local au lieu de contacter la véritable source et le proxy doit être configuré pour mettre en cache des copies des pages Web. Par exemple, une entreprise dans laquelle beaucoup d'employés utilisent Internet peut choisir d'avoir un serveur proxy. Elle configure alors tous ses navigateurs de telle sorte qu'ils envoient leurs requêtes au proxy. La première fois qu'un utilisateur de cette entreprise accède à une page Web donnée, le proxy obtient une copie du serveur qui gère la page, la place dans son cache et la retourne au client en réponse à sa requête. Lorsqu'un autre utilisateur voudra accéder à la même page, le proxy extraira les données de son cache sans envoyer de requête sur l'Internet, ce qui réduira le trafic de ce site sur Internet de manière importante.

Pour garantir l'exactitude des informations, HTTP comprend une gestion explicite des serveurs proxy. Le protocole spécifie précisément comment un proxy gère chaque requête, comment les en-têtes doivent être interprétés par les proxies, comment un navigateur négocie avec un proxy, et comment un proxy négocie avec le serveur. Plusieurs en-têtes HTTP ont donc été conçus spécialement pour être utilisés avec des proxies. C'est ainsi qu'un en-tête permet à un proxy de s'authentifier auprès d'un serveur, qu'un autre permet à chaque proxy qui gère un objet d'enregistrer son identité afin que le dernier destinataire reçoive la liste de tous les proxies intermédiaires. Enfin, HTTP permet à un serveur de contrôler la façon dont les proxies gèrent chaque page Web. Par exemple, un serveur peut inclure l'en-tête *Max-Forwards* dans une réponse pour limiter le nombre de proxies intermédiaires qui gèrent l'objet avant de le remettre au navigateur. Si le serveur exige un nombre maximum de proxy intermédiaire égal à 1 en faisant :

```
Max-Forwards: 1
```

alors il ne peut y avoir au maximum qu'un seul proxy pour gérer cet objet entre le navigateur et le serveur. L'en-tête *Max-Forwards* : 0 interdirait à tout proxy de traiter l'objet.

28.15 LA MISE EN CACHE

Le but de la mise en cache est d'augmenter l'efficacité : un cache réduit à la fois les temps de latence et le trafic sur le réseau en supprimant des transferts inutiles. L'aspect le plus évident de la mise en cache est le stockage : quand on accède à une page Web pour la première fois, on enregistre une copie sur le disque dur, que ce soit par le navigateur, par un proxy intermédiaire ou par les deux. Les requêtes suivantes concernant cette page peuvent court-circuiter le processus de demande et récupérer une copie de la page dans le cache.

La question centrale dans tous les procédés de mise en cache concerne le temps – combien de temps doit-on conserver un objet dans le cache ? D'un côté, une copie conservée trop longtemps en cache se périme, parce que les changements effectués sur l'original n'ont pas été reportés sur la copie en cache. D'un autre côté, si la copie en cache n'est pas gardée assez longtemps, le procédé devient inefficace puisque l'on devra de nouveau aller chercher une copie sur le serveur Web. HTTP permet au serveur de maîtriser la mise en cache de deux façons. D'abord, un serveur peut, en répondant à une requête, préciser les différentes caractéristiques de la mise en cache : possibilité de mettre cette page en cache, possibilité de la faire mettre en cache par un proxy, indications sur qui peut accéder à cette copie et pendant combien de temps, etc. De plus, HTTP permet à un navigateur de forcer la *revalidation* d'une page. Pour ce faire, le navigateur précise dans l'en-tête de la requête que l'« âge » maximal (et donc la durée du stockage de la copie) ne peut pas être supérieur à zéro. Aucune copie de cette page se trouvant dans un cache ne peut satisfaire cette requête puisqu'une copie a forcément un âge supérieur à zéro. Ainsi, seul le serveur d'origine peut répondre. Les proxies intermédiaires tout au long du parcours reçoivent alors une copie réactualisée de même que le navigateur qui a engendré la requête.

En résumé :

La mise en cache est un processus clé pour l'efficacité des opérations sur le Web. HTTP permet aux serveurs de décider si, et comment, une page doit être mise en cache et pendant combien de temps ; un navigateur peut forcer une requête à contourner les caches et à obtenir une copie du serveur qui détient la page.

28.16 RÉSUMÉ

Le *World Wide Web* (la toile) est composé de documents hypermedia enregistrés sur différents serveurs Web auxquels on accède par des navigateurs. À chaque document est attribué un URL ce qui permet de l'identifier de façon unique ; l'URL spécifie le protocole utilisé pour récupérer le document, la localisation du serveur, ainsi que le chemin d'accès à ce document sur le serveur. HTML (*HyperText Markup Language*) permet à un document de contenir du texte ainsi que des commandes imbriquées qui commandent sa mise en pages. HTML permet aussi à un document de contenir des liens vers d'autres documents.

Un navigateur et un serveur utilisent HTTP (*HyperText Transfer Protocol*) pour communiquer. HTTP est un protocole de niveau application comprenant une gestion explicite des négociations, des serveurs proxy, de la mise en cache et des connexions permanentes.

28.17 POUR EN SAVOIR PLUS

Les URL sont définis dans Berners-Lee *et al.* [RFC 1768]. Plusieurs RFC proposent des extensions. Daniel et Mealling [RFC 2168] examinent la façon de stocker des URL dans le DNS (Domain Name System).

Berners-Lee et Conolly [RFC 1866] donnent la description du standard d'HTML version 2. Nebel et Masinter [RFC 1867] étudient le rapatriement des formulaires HTML, et Raggett [RFC 1742] donne le standard des tableaux HTML.

Fielding [2616] spécifie la version 1.1 de HTTP, version qui prend en compte les connexions permanentes et la mise en cache, et Franks [RFC 2617] étudie l'authentification des accès en HTTP.

28.18 EXERCICES

28.1 Lire le standard URL. Que signifie un dièse (#) suivi d'une chaîne de caractères à la fin d'un URL ?

28.2 (Suite de l'exercice précédent.) Le signe dièse peut-il figurer dans la chaîne de caractères qu'on envoie à un serveur Web ? Pourquoi ?

28.3 Comment un navigateur distingue-t-il un document HTML d'un document texte ? Expérimentez-le en utilisant un navigateur. Le navigateur utilise-t-il le nom du fichier ou son contenu pour déterminer la façon d'interpréter le fichier ?

28.4 Quel est le but d'une commande HTTP *TRACE* ?

28.5 Quelle est la différence entre une commande HTTP *PUT* et une commande HTTP *POST* ? Dans quel cas sont-elles utilisées ?

28.6 Dans quel cas utilise-t-on un en-tête HTTP *Keep-Alive* ?

28.7 Un serveur Web peut-il fonctionner comme un proxy ? Pour répondre, choisissez un serveur Web et configurez votre navigateur pour qu'il l'utilise comme un proxy. Les résultats vous surprennent-ils ?

28.8 Étudier la signification de la directive HTTP *must-revalidate* dans la gestion de cache. Donner un exemple d'une page Web qui utiliserait cette directive.

28.9 Si un navigateur n'envoie pas d'en-tête HTTP *Content-Length* avant une requête, comment le serveur répond-il ?

29

Applications : voix et vidéo sur IP

29.1 INTRODUCTION

Ce chapitre traite du transfert des données temps réel, telles que la voix et la vidéo, sur un réseau IP. Nous analyserons les protocoles utilisés pour le transport de ce type de données, mais nous étudierons également deux autres sujets d'une portée plus générale : l'utilisation d'IP dans le cadre d'un service de téléphonie et la façon dont les routeurs d'un réseau IP peuvent garantir un niveau de service suffisant pour traiter les signaux audio et vidéo.

Conçu et optimisé uniquement pour le transport de données, IP permet néanmoins de véhiculer de l'audio et de la vidéo. De fait, les chercheurs ont commencé à faire des expériences de transmission audio sur ARPANET bien avant qu'Internet soit déployé. Dans les années 1990, des stations de radios commerciales ont commencé à émettre des signaux audios sur Internet et l'on dispose aujourd'hui de logiciels permettant à un particulier de transmettre du son sur Internet ou sur le réseau téléphonique standard. Les opérateurs de télécommunications ont d'ailleurs commencé à utiliser les technologies IP en interne pour transporter de la voix.

29.2 CLIPS AUDIOS ET STANDARDS DE CODAGE

La manière la plus simple de transférer des signaux audios sur un réseau IP consiste à *numériser* un signal audio analogique et à créer un fichier de données, puis à utiliser un protocole traditionnel pour transférer le fichier, et à décoder le fichier numérique pour reproduire le signal analogique d'origine. Cette technique ne marche évidemment pas bien pour des échanges interactifs, dans la mesure où mettre des données audios codées dans un fichier et transférer ce fichier introduit un délai important. Le transfert de fichier est donc plutôt utilisé pour envoyer de courts enregistrements (les *clips audios*).

Pour effectuer l'opération de numérisation haute qualité, on utilise un matériel particulier, un *codeur/décodeur* (*codec*), périphérique qui convertit un signal analogique en son équivalent numérique et vice-versa. Le type le plus répandu de codec, le codeur à échantillonnage, mesure l'amplitude du signal d'entrée à intervalles réguliers et convertit chacun des échantillons en une valeur numérique (par exemple un entier)[1]. Pour effectuer le décodage, le codec prend comme entrée la suite d'entiers et recrée le signal analogique continu qui correspond aux valeurs numériques.

Il existe plusieurs standards de codage numérique, dont la principale différence est dans le compromis adopté entre qualité de la reproduction et volume de la représentation numérique. Le système téléphonique conventionnel, par exemple, utilise la Modulation par Impulsions Codées (MIC ou PCM pour *Pulse Code Modulation*) qui spécifie des échantillons de 8 bits toutes les 125μ secondes (c'est-à-dire 8 000 fois par seconde). Une transmission téléphonique numérique génère donc des données à un débit de 64 kbit/s. Le codage MIC produit un volume de données impressionnant : un clip audio de 128 secondes demande 1 Mo de capacité de stockage !

On connaît trois méthodes pour réduire ce volume de données : réduire le nombre d'échantillons par seconde, utiliser moins de bits pour coder chaque échantillon ou utiliser un algorithme de compression numérique pour réduire la taille des données générées. Différents systèmes existent, qui emploient une ou plusieurs de ces techniques : il est possible de trouver des codeurs qui produisent des flux audios à un débit de seulement 2,2 kbit/s. Chaque technique a cependant ses inconvénients. Le défaut principal des techniques consistant à réduire le nombre ou la taille des échantillons est de réduire la qualité audio : le système ne peut reproduire toute la palette sonore. Le principal inconvénient de la compression est le retard qu'elle introduit : le flux de sortie numérisé doit être stocké pendant qu'il est comprimé. De plus, dans la mesure où plus la compression est importante, plus elle demande un traitement complexe, une meilleure compression exige une UC plus rapide ou introduit des délais supplémentaires. Ainsi, la compression est particulièrement utilisée lorsque le retard n'est pas important (par exemple lorsque la sortie du codec est stockée sous forme de fichier).

1. Une solution alternative, dénommée *vocodeur*, reconnaît et code non pas des signaux audio quelconques mais la parole humaine.

29.3 TRANSMISSION ET REPRODUCTION DES SIGNAUX AUDIOS ET VIDÉOS

On classe un grand nombre d'applications audios et vidéos sous l'appellation *temps-réel* parce qu'elles demandent une transmission et une mise à disposition de l'information avec des garanties temporelles[1]. Une conversation téléphonique interactive est un échange temps réel, puisque le signal sonore doit être transmis sans retard significatif, faute de quoi les utilisateurs trouveraient le système inutile. Une transmission à temps garanti ce n'est pas seulement un retard limité : le signal restitué ne sera intelligible que s'il est présenté exactement dans le même ordre et dans les mêmes intervalles de temps que le signal d'origine. Si la source échantillonne le signal toutes les $125\ \mu s$, le récepteur doit convertir les valeurs numériques en leur équivalent analogique exactement au même rythme.

Comment un réseau peut-il garantir que le flux est transmis exactement au même débit que celui d'émission ? Le système téléphonique classique a apporté une réponse : c'est son architecture *isochrone*. Ce type de conception implique que le système tout entier, y compris les circuits numériques, soit construit pour que la sortie soit exactement au même rythme que celui de l'entrée. C'est ainsi qu'un système isochrone qui offre plusieurs chemins entre deux points doit être conçu pour que tous les chemins introduisent exactement le même retard.

Un internet basé sur IP n'est pas isochrone. Nous avons déjà vu que les datagrammes peuvent être dupliqués, retardés, ou arriver dans un ordre incorrect. La variation dans le retard, la *gigue* (*jitter*), est particulièrement répandue dans les réseaux IP. Si l'on veut permettre une transmission et une reproduction effective de signaux numérisés sur un réseau utilisant la sémantique IP il faut donc disposer de protocoles additionnels. Chaque paquet transmis contiendra ainsi un numéro de séquence, pour pouvoir traiter les duplications de datagrammes et les erreurs de séquence mais aussi un *horodatage* (*timestamp*) qui indiquera au récepteur à quel instant il doit présenter la donnée contenue dans le paquet. Séparer les informations de séquence et les informations temporelles permet au récepteur de reconstruire correctement le signal, indépendamment de l'ordre d'arrivée des paquets. L'information temporelle est essentielle lors de la perte d'un datagramme ou lorsque la source arrête le codage pendant les périodes de silence : elle permet au récepteur d'interrompre la reproduction sonore pendant la durée indiquée par les informations d'horodatage.

1. Cette contrainte sur le temps est plus importante que la fiabilité : les données manquantes sont simplement ignorées.

En résumé :

Lorsque l'on veut envoyer en temps réel des informations numérisées, il est nécessaire d'avoir des protocoles supplémentaires, puisqu'un internet basé sur IP n'est pas isochrone. Chaque paquet doit comporter non seulement des informations de séquencement destinées à la détection des paquets dupliqués ou reçus dans un ordre incorrect, mais aussi un horodatage qui indique au récepteur à quel instant exactement il doit présenter le paquet.

29.4 GIGUE ET RETARD À LA REPRODUCTION

Comment un récepteur peut-il recréer un signal, de manière correcte, si le réseau introduit de la gigue ? Le récepteur doit implémenter un mécanisme de *tampon de reproduction*[1] (*playback buffer*), comme décrit dans la figure 29.1.

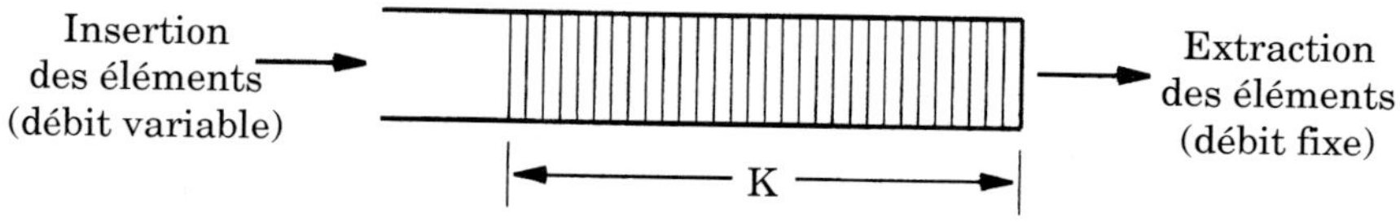

Figure 29.1 — Schéma d'organisation d'un tampon de reproduction, permettant de compenser la gigue. Le tampon stocke *K* unités de données.

Au début d'une session, le récepteur diffère la reproduction et accumule les données reçues dans un tampon. Lorsque le remplissage du tampon atteint un certain seuil, connu sous le nom de *niveau de déclenchement (playback point)*, on commence à générer des signaux en sortie. Ce niveau, nommé *K* dans la figure 29.1, se mesure en unités de temps des données à reproduire. On commence donc la reproduction lorsque le tampon contient l'équivalent de *K* unités de temps de données.

Pendant la reproduction, les datagrammes continuent à arriver. S'il n'y avait pas de gigue, les nouvelles données arriveraient exactement au rythme où se fait l'extraction et la reproduction des données déjà stockées et le tampon contiendrait donc toujours l'équivalent de *K* unités de temps de données stockées. S'il y a un petit retard sur la réception d'un datagramme, la reproduction n'en est pas affectée : la quantité de données dans le tampon décroît au fur et à mesure de la consommation des données et la reproduction reste interrompue pendant *K* unités de temps. Lorsque le datagramme retardé arrive, on remplit à nouveau le tampon.

1. Le tampon de reproduction est aussi appelé *tampon de dégiguage* (*jitter buffer*).

Le mécanisme de tampon de reproduction ne peut pas compenser la perte d'un datagramme. Dans ce dernier cas, lorsque l'on arrive à ce moment de la reproduction où le datagramme manque (ce qui correspond à une position non remplie dans le tampon), on interrompt la reproduction pour une durée correspondant à celle des données manquantes. Le choix de K doit être un compromis entre le taux de pertes et le retard apporté[1]. Si K est trop faible, il suffit d'une petite gigue pour provoquer l'assèchement du tampon de reproduction, et si K est trop important, le système n'est certes plus sensible à la gigue, mais le délai qu'il engendre ajouté à celui induit par le réseau peut devenir gênant pour les utilisateurs. En dépit de ces inconvénients, la plupart des applications qui envoient des données temps-réel sur un internet s'appuient principalement sur des mécanismes de tampon de reproduction pour absorber les effets de la gigue.

29.5 PROTOCOLE DE TRANSPORT RTP

Le protocole utilisé pour transmettre des signaux vidéo ou audio numérisés sur un internet est RTP (*Real-time Transport Protocol*). Il faut bien noter que ce protocole n'implémente pas de mécanisme de garanties temporelles : cette fonction doit être gérée par le réseau de transport. RTP propose cependant deux fonctions essentielles : un numéro de séquence dans chaque paquet, ce qui permet au récepteur de détecter des pertes de paquets ou des erreurs de séquence, et un horodatage, qui donne une bonne maîtrise de la reproduction.

RTP est conçu pour transporter des données temps-réel diverses, en particulier de l'audio et de la vidéo : il n'impose pas que le flux obéisse à une sémantique uniforme. Dans RTP, chaque paquet commence par un en-tête fixe dans lequel les champs permettent de spécifier comment interpréter les autres champs de l'en-tête ainsi que la charge utile du paquet. La figure 29.2 illustre le format fixe de l'en-tête RTP.

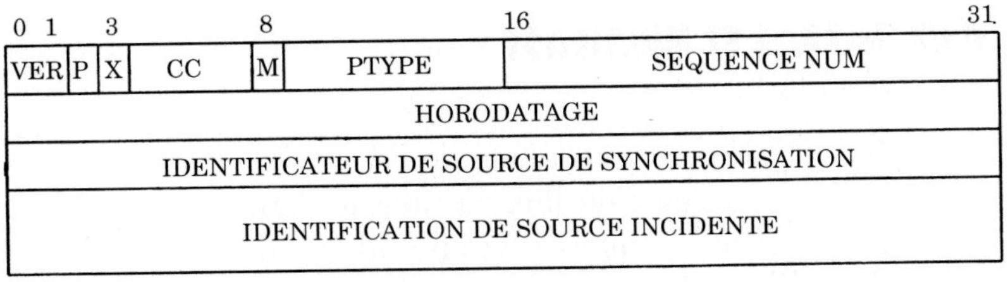

Figure 29.2 — Description de l'en-tête fixe utilisé par RTP. Chaque message commence par cet en-tête. L'interprétation du message et des champs additionnels dépend de l'identificateur de charge utile, PTYPE.

1. Bien qu'on puisse utiliser le retard réseau et la gigue pour déterminer la valeur de K dynamiquement, beaucoup d'algorithmes de tampon utilisent des valeurs constantes.

Comme indiqué à la figure 29.2, chaque paquet commence par le champ *VER*, qui contient le numéro de version RTP sur deux bits. La valeur actuelle est 2. Le champ de seize bits *SEQUENCE NUM* contient le numéro de séquence du paquet. Notons que le premier numéro de séquence d'une session est pris au hasard. Certaines applications nécessitent une extension à cet en-tête, extension placée entre l'en-tête fixe et la charge utile. Dans ce cas, le bit *X* permet d'indiquer si l'extension est présente dans le paquet. L'interprétation de la majorité des autres champs dépend du champ de sept bits *PTYPE*, qui spécifie le type de charge utile du paquet. Le bit *P* indique si des bits de bourrage à la valeur 0 suivent la charge utile ; on l'utilise, par exemple, lorsqu'on fait du chiffrement, puisqu'il faut alors avoir des blocs de données de taille fixe. L'interprétation du bit de marquage M dépend également de l'application : ce bit sert lorsque l'on doit repérer des endroits particuliers dans le flux de données (par exemple le début de chaque trame pour les applications vidéo).

Le type de charge utile *PTYPE* peut également modifier l'interprétation du champ *HORODATAGE (TIMESTAMP)*. Un *horodatage* est une valeur de 32 bits qui indique l'instant où le premier octet de la donnée numérique a été échantillonné (la valeur initiale du compteur d'horodatage ayant été prise au hasard). La norme précise que le compteur d'horodatage est incrémenté de façon continue, même pendant les périodes où aucun signal n'est détecté et donc aucun échantillon envoyé, mais elle ne spécifie pas de granularité particulière. La granularité est, en fait, déterminée selon le type de charge utile, ce qui signifie que chaque application choisit une granularité d'horloge permettant au récepteur de remettre des données avec le niveau de qualité désiré. Si on transmet un flux de données audio, on peut se contenter d'un top d'horloge par échantillon. En revanche, si l'on transmet de la vidéo, on doit choisir une granularité supérieure à un top d'horloge par trame. Dans tous les cas, la norme permet d'avoir le même horodatage dans deux paquets comportant des données échantillonnées au même instant.

29.6 FLUX, MIXAGE ET MULTICAST

Une des principales caractéristiques de RTP est de permettre le *transcodage* (la modification du codage d'un flux au niveau d'une station intermédiaire) et le *mixage* (qui consiste à combiner en un seul flux des flux de données provenant de plusieurs sources). Pour mieux comprendre la nécessité du mixage, imaginons que des personnes, sur différents sites, participent à une conférence téléphonique utilisant IP. Le groupe peut désigner un *site mélangeur* et faire en sorte que chaque site établisse une session RTP avec le mélangeur. Le mélangeur combine alors les flux audios (par exemple en les convertissant en signaux analogiques et en ré-échantillonnant le signal résultant) et envoie le signal sous forme d'un flux unique.

Certains champs de l'en-tête RTP identifient l'émetteur et indiquent que l'on a un mixage. Le champ nommé *IDENTIFICATEUR DE SOURCE DE SYNCHRONISATION (SYNCHRONIZATION SOURCE IDENTIFIER)* donne l'émetteur du flux. Chaque émetteur doit choisir un identificateur 32 bits, unique ; le protocole dispose d'un mécanisme de résolution des conflits éventuels. Un mélangeur, qui combine plusieurs sources, devient la source de synchronisation pour le nouveau flux résultant. On ne perd pas, cependant, l'information sur les sources initiales, puisque le mélangeur utilise le champ de longueur variable *IDENTIFICATEUR DE SOURCE INCIDENTE* (*CONTRIBUTING SOURCE ID*) pour énumérer les identificateurs de source de synchronisation des flux mélangés. Le champ CC, de 4 bits, donne le nombre de sources incidentes, au maximum 15.

Le protocole RTP a été conçu pour travailler avec du multicasting IP, pour lequel la fonction de mixage est particulièrement adaptée. Imaginons, par exemple, qu'une téléconférence regroupe plusieurs participants. Si l'on utilise de la transmission point à point (*unicast*), chaque station doit envoyer une copie de chaque paquet RTP à chacun des participants. En multicast, en revanche, la station n'envoie qu'un seul paquet, qui sera transmis à chaque participant. Si l'on utilise, en plus, une fonction de mixage, chacune des stations peut transmettre, en unicast, au mélangeur, qui combine les différents flux en un seul, avant de retransmettre ce dernier, en multicast, à tous les participants. Combiner le mixage et le multicast se traduit par une réduction substantielle du nombre de datagrammes transmis à chaque participant.

29.7 ENCAPSULATION RTP

Si l'on s'en tient à son nom, RTP est un protocole de niveau transport. De fait, s'il fonctionnait comme un protocole de transport classique, chacun des messages RTP serait encapsulé directement dans un datagramme IP. RTP ne fonctionne pas de cette façon : bien qu'autorisée, l'encapsulation directe dans IP n'est pas employée en pratique. RTP s'appuie en réalité sur UDP, ce qui signifie que chaque message RTP est encapsulé dans un datagramme UDP. L'avantage principal d'UDP est la possibilité de parallélisme – un ordinateur peut avoir plusieurs applications utilisant RTP sans qu'elles interfèrent.

À la différence de beaucoup des protocoles applicatifs que nous avons étudiés, RTP n'emploie pas de numéro de port UDP réservé. On alloue un port par session et on informe l'application distante du numéro de ce port. Par convention, RTP emploie un numéro de port UDP pair, le protocole attaché, RTCP, décrit dans la section suivante, utilisant le numéro de port immédiatement supérieur.

29.8 RTCP, PROTOCOLE DE COMMANDE DE RTP

Notre description de la transmission temps réel s'est focalisée jusqu'ici sur les mécanismes protocolaires qui permettent à un récepteur de reproduire des contenus. Un autre aspect de la transmission temps-réel est au moins aussi important : la surveillance du réseau pendant la session et l'établissement d'une communication *hors bande* entre les équipements d'extrémités. Un mécanisme de ce type est particulièrement important dans le cas où l'on utilise des algorithmes adaptatifs. Ainsi, une application peut-elle choisir de réduire le débit de codage, en cas de congestion réseau, ou un récepteur d'adapter la taille de son tampon de réception lorsque le retard ou la gigue réseau changent. Enfin, un tel mécanisme peut être utilisé pour envoyer de l'information en parallèle avec les données temps réel (par exemple des sous-titres avec un flux vidéo).

RTCP (*RTPControl Protocol*, protocole de commande RTP) est précisément fait pour cela. Il permet aux émetteurs et aux récepteurs d'échanger des messages (*reports*) contenant des informations sur les données transmises et les performances du réseau. Les messages RTCP sont encapsulés dans UDP avant transmission[1] et utilisent un numéro de port égal au numéro de port du flux RTP auquel ils se rattachent plus un.

29.9 UTILISATION DE RTCP

RTCP dispose de cinq types de messages qui permettent à des émetteurs ou des récepteurs d'échanger des informations sur une session en cours. La figure 29.3 en donne la liste.

Type	Signification
200	Message émetteur (*Sender Report*)
201	Message récepteur (*Receiver Report*)
202	Description source (*Source description message*)
203	Au revoir (*Bye message*)
204	Spécifique à l'application (*Application Specific message*)

Figure 29.3 — Les cinq types de messages RTCP. Chaque message commence par un en-tête fixe qui identifie le type.

Les messages *Bye* et *Application Specific* sont les plus évidents. Un émetteur transmet un message d'au revoir lorsqu'il ferme un flux. Le message de type spécifique à l'applicationdonne aux applications la possibilité de définir leurs propres

1. Dans la mesure où certains messages sont courts, la norme permet la transmission dans un seul datagramme UDP de plusieurs messages.

types de message. Par exemple, une application qui envoie un sous-titrage en parallèle d'un flux vidéo peut définir un message RTCP qui gère ce sous-titrage.

Les récepteurs transmettent périodiquement des messages *receiver report* qui informent l'émetteur des conditions de réception. Ces messages sont importants pour deux raisons. D'abord, ils permettent à chacun des récepteurs et à l'émetteur de connaître les conditions de réception de tous les récepteurs. Ensuite, ils permettent aux récepteurs d'adapter leur fréquence de transmission de messages récepteurs, pour éviter d'utiliser trop de bande passante et de saturer l'émetteur. L'algorithme adaptatif garantit que le trafic total utilisé pour le contrôle demeure inférieur à 5 % du trafic temps-réel et que les messages *receiver report* représentent moins de 75 % du débit de contrôle total. Chaque *receiver report* référence une ou plusieurs sources de synchronisation et contient une section séparée pour chacune. Une section contient le plus élevé des numéros de séquence de paquets reçus de l'émetteur, les mesures, en pourcentage et cumulées, du taux de perte de paquets, l'intervalle de temps mesuré depuis la réception du dernier message RTCP reçu de l'émetteur et la gigue à la réception.

Les émetteurs transmettent régulièrement un message *sender report*, qui véhicule une indication d'horodatage absolue. Pour comprendre la nécessité de cette information, rappelons que RTP permet que chaque flux ait une granularité différente et que la valeur initiale est prise au hasard. Le mécanisme d'horodatage en absolu dans le message *sender report* estessentiel puisque c'est l'unique manière pour un récepteur de synchroniser des flux multiples. En particulier, la transmission de la vidéo et de l'audio associée doit se faire sous forme de deux flux, puisque RTP associe un seul type à un flux. L'information d'horodatage permet à un récepteur de reproduire les deux flux simultanément.

Mais les émetteurs envoient également des messages *source description* qui donnent des informations d'ordre général sur l'utilisateur qui possède ou contrôle la source. Chaque message contient une section correspondant à un flux RTP émis ; le contenu est en clair et destiné à être lu. Par exemple, le seul champ obligatoire consiste en un *nom canonique (canonical name)*, c'est-à-dire une chaîne de caractères désignant le propriétaire du flux, sous la forme

```
utilisateur@hote
```

où *hote* est le nom de domaine de l'ordinateur ou son adresse IP en format décimal pointé et *utilisateur* son login. Des champs optionnels dans *source description* contiennent des éléments comme l'adresse de courrier électronique de l'utilisateur (qui peut être différente du nom canonique), le numéro de téléphone, la situation géographique du site, l'application ou l'outil utilisé pour créer le flux ou d'autres indications textuelles sur l'émetteur.

29.10 TÉLÉPHONIE IP ET SIGNALISATION

L'utilisation d'IP pour la téléphonie est la principale des applications temps réel. Plusieurs opérateurs l'utilisent sous les termes de *téléphonie IP* ou de *voix sur IP*. Se pose alors la question : « quelles modifications doit-on faire pour que IP puisse se substituer à l'actuel téléphone isochrone ? » Faute de réponse évidente les chercheurs explorent 3 axes. D'abord, nous avons vu que pour transmettre correctement un signal numérisé sur un réseau IP, il fallait disposer d'un protocole de type RTP. Ensuite, l'établissement d'un circuit téléphonique, comme sa libération, nécessite un mécanisme spécifique. Enfin, les chercheurs examinent dans quelle mesure un réseau IP peut fonctionner comme un réseau isochrone.

En téléphonie, le terme *signalisation* désigne une procédure d'établissement de liaison. Plus précisément, le mécanisme le plus couramment utilisé dans le réseau téléphonique commuté (RTC) est le système de signalisation n° 7 (SS7) qui fournit le routage de l'appel avant toute émission de son. À partir d'un numéro d'appel, il réserve un circuit à travers le réseau, fait sonner chez le correspondant et établit définitivement le circuit lorsque ce dernier décroche. Le système 7 gère aussi des services accessoires comme le renvoi des appels et des situations d'anomalies comme l'apparition du signal d'occupation.

Avant d'utiliser IP pour la téléphonie, il faut disposer de fonctionnalités de signalisation. En outre, pour être accepté par les opérateurs, la téléphonie sur IP doit être compatible avec les standards existants et donc interopérer à tous les niveaux avec les équipements traditionnels. Il faut donc interfacer les signalisations IP et système 7 mais aussi les différents codages de la voix IP avec ceux de la norme MIC. Les deux mécanismes de signalisation doivent donc disposer de fonctionnalités compatibles ou équivalentes.

En général, l'interopérabilité s'appuie sur une passerelle entre le réseau IP et le réseau téléphonique traditionnel. Un appel peut être généré d'un côté ou de l'autre et la passerelle traduit la demande de signalisation qui en résulte. Un peu après, lorsque la communication est établie, c'est elle aussi qui effectue les transcodages de voix nécessaires.

Deux standards ont été proposés : l'UIT a défini un ensemble de protocoles dit *H.323* et l'IETF a conçu le protocole *SIP* (*Session Initiation Protocol*). Les sections suivantes présentent ces deux approches.

29.10.1 Les standards H.323

L'UIT a créé H.323 pour permettre la transmission de la voix sur des réseaux locaux puis l'a étendu à des réseaux internet. Cette norme est en voie d'adoption par les opérateurs de téléphone. H.323 n'est pas un protocole unique mais précise en quoi plusieurs protocoles distincts peuvent être combinés pour constituer un système téléphonique cohérent et fonctionnel. Par exemple, outre les passerelles, H.323 utilise des portiers (*gatekeepers*) chargés de fournir des points d'entrée aux téléphones IP. Pour être autorisé à émettre les appels, et permettre au système d'acheminer correctement les appels entrants, chaque poste IP doit être identifié par le portier.

Outre la voix et la vidéo, le système H.323 fournit aussi un protocole de transmission de données. Les utilisateurs peuvent ainsi, au cours d'une audioconférence ou d'une vidéoconférence, envoyer des images fixes ou une copie de leurs documents de travail.

Quatre protocoles majeurs existent dans H.323 qu'illustre la figure 29.4.

Protocole	Objet
H.225.0	Signalisation d'appel
H.245	Contrôle et retour d'information en cours d'appel
RTP	Transfert de données en temps réel (séquencement et échantillonnage)
T.120	échange de données associées à un appel

Figure 29.4 — Les protocoles utilisés par H.323 pour la téléphonie sur IP

Ces protocoles couvrent tous les aspects de la téléphonie sur IP, en particulier les aspects de reconnaissance de l'appelant, la signalisation, le codage et le transfert de données en temps réel (audio ou vidéo) ainsi que la commande. Les relations entre ces divers protocoles sont décrites à la figure 29.5 qui montre que toute la pile protocolaire dépend d'UDP et de TCP/IP.

<table>
<tr><td colspan="2">Appications audio/vidéo</td><td colspan="3">Signalisation et contrôle</td><td colspan="2">Applications de données</td></tr>
<tr><td>Codec vidéo</td><td>Codec audio</td><td>RTCP</td><td>H.225 Enregistrement</td><td>H.225 Signalisation</td><td>H.245 Commande</td><td>T.120 Données</td></tr>
<tr><td></td><td></td><td></td><td></td><td></td><td></td><td></td></tr>
<tr><td colspan="4">UDP</td><td colspan="3">TCP</td></tr>
<tr><td colspan="7">IP</td></tr>
</table>

Figure 29.5 — Relations entre les protocoles qui constituent le standard H.323 de l'UIT pour la téléphonie sur IP.

29.10.2 Protocole d'établissement de session (SIP)

L'IETF a proposé une alternative à H.323, le protocole SIP (*Session Initiation Protocol*), qui ne traite que de la signalisation. SIP ne suppose pas des codecs spécifiques ni d'utilisation de RTP pour les transferts en temps réel. Il ne fournit donc pas les mêmes fonctionnalités que H.323.

SIP utilise le mode client/serveur avec deux types de serveurs. Le serveur utilisateur tourne sur chaque téléphone SIP. Il dispose d'un identificateur (par exemple *user@site*) et peut recevoir les appels entrants. Le serveur d'intermédiation (entre deux téléphones SIP) est chargé d'établir les appels et de les faire suivre. Ce serveur fonctionne comme un serveur *proxy* qui peut de proche en proche acheminer un appel vers son destinataire ou comme un serveur d'aiguillage qui indique à celui qui appelle comment atteindre sa destination.

Pour fournir les informations concernant une communication, SIP fait appel à un protocole associé, le protocole de description de session *Session Description Protocol* (SDP). SDP est surtout utilisé à l'occasion des audioconférences parce que les participants entrent ou sortent à leur guise. SDP précise les éléments accessoires : codage des médias, numéros de réservation des points d'entrées, adresse multicast.

29.11 RÉSERVATION DES RESSOURCES ET QoS

La Qualité de Service (*Quality of Service – QoS)* précise les performances statistiquement garanties par un réseau en termes de perte, de retard, de débit et de gigue. Un réseau isochrone conçu pour satisfaire strictement un certain ensemble de performances est dit à garantie de service, alors qu'un réseau à commutation de paquets qui fait appel à une remise au mieux (*best effort*) est dit à QoS non garantie. Le transfert temps réel de données audio ou vidéo sur IP nécessite-il une garantie de QoS ? Si oui comment faire ? Ces deux questions sont très controversées. D'un côté les concepteurs du réseau téléphonique affirment qu'une bonne reproduction de la voix, pour une communication payante, ne peut être obtenue que si le système offre une garantie de QoS en termes de pertes et de délais pour chaque appel. De l'autre côté, les défenseurs de l'IP prétendent qu'Internet fonctionne correctement sans garanties de QoS et que l'ajout de contraintes de QoS sur chaque flux n'est pas envisageable, la présence de nouveaux routeurs augmentant les coûts et les temps de réponse.

Les débats autour de la QoS ont suscité nombre de propositions, d'installations et d'expérimentations. Bien qu'il ne mette pas en œuvre la QoS, Internet est déjà utilisé pour transmettre du son. Les technologies du type ATM, issues des modèles de systèmes téléphoniques, assurent à chaque communication les garanties QoS. Nous avons vu au chapitre 7 que l'IETF avait choisi une approche traditionnelle dites de services différenciés (*differentiatedservices*) pour partager le trafic en plusieurs classes de QoS. Cette approche renonce à un dispositif de commande élaboré au bénéfice d'un routage plus simple.

29.12 QoS, EXPLOITATION ET CAPACITÉ RÉSEAU

La Qualité de Service (QoS) suscite des débats qui ne sont pas sans rappeler les vieilles discussions sur le partage des ressources à l'époque où l'on spéculait sur les règles d'affectation de la mémoire dans les systèmes d'exploitation ou sur les politiques d'ordonnancement des processeurs. Le problème essentiel concerne l'exploitation : quand un réseau dispose des ressources suffisantes pour satisfaire toutes les demandes d'accès, les contraintes liées à la qualité de service sont superflues ; mais lorsque les demandes excèdent les possibilités du réseau, aucun système à QoS n'est à même de toutes les satisfaire. En d'autres termes, un réseau qui utilise 1 % de ses possibilités n'a pas besoin de QoS alors qu'un réseau qui tourne à 101 % de ses possibilités mettra en échec n'importe quel système de QoS. C'est pourquoi les partisans de la QoS expliquent que, même si elle est difficile à mettre en place, elle satisfait deux types d'objectifs : d'une part en partageant les ressources disponibles entre plus d'utilisateurs, elle rend le système plus équitable ; d'autre part, en lissant le trafic de chaque utilisateur, elle permet un taux d'exploitation plus élevé sans risque de saturation.

Un des arguments essentiels s'opposant à des mécanismes de QoS sophistiqués est l'amélioration constante des performances des réseaux. Les capacités des réseaux s'accroissent considérablement de jour en jour. Tant que cette expansion sera suffisamment rapide, les mécanismes de QoS ne seront qu'une surcouche inutile. Toutefois, si la demande progresse plus vite que la capacité offerte, la QoS peut devenir un enjeu économique : en proposant différents niveaux de service à des coûts différents, les fournisseurs d'accès pourront mieux répartir la demande.

29.13 RSVP

Si le besoin de QoS se fait sentir, comment un réseau IP peut-il le satisfaire ? Avant de publier les solutions « services différenciés », l'IETF a travaillé sur un projet permettant de fournir de la qualité de service dans un environnement IP. Ces études ont débouché sur deux protocoles : RSVP (*RessourceReservationProtocol*) qui concerne la réservation de ressources et COPS (*Common Open Policy Services*) la politique de services ouverts.

La QoS ne peut être déployée sur IP au niveau de la couche application, ce sont les équipements de base qui doivent être adaptés : les routeurs, par exemple, doivent se charger de réserver les ressources (réserver de la bande passante...) pour chaque flux entre deux équipements d'extrémité. Il faut prendre en compte deux aspects. D'abord, avant la transmission des données, chaque équipement d'extrémité doit évaluer les ressources dont il a besoin et envoyer une requête de réservation ; chaque routeur du chemin doit pouvoir allouer les ressources : il s'agit donc là d'une sorte de signalisation. Ensuite, il appartient aux routeurs de surveiller et de commander le cheminement des paquets de données à travers le réseau. La surveillance, parfois désignée sous le terme de *régulation de trafic* (*trafic policing*) est nécessaire pour garantir que le flux des données n'excède pas les limites spécifiées. Le routeur doit mettre en œuvre un dispositif de gestion des files d'attente qui permette de satisfaire aux garanties données en termes de délai d'acheminement mais aussi de lisser les pointes d'émission. Cette tâche, souvent appelée *lissage du trafic* (*trafic shaping*), est justifiée par la tendance naturelle du trafic à être émis en rafales. Par exemple, il n'est pas rare qu'un flux donné pour un débit moyen de 1 Mbit/s peut avoir pendant une milliseconde un trafic de 2 Mbit/s avant d'avoir un trafic nul la milliseconde suivante. Un routeur peut compenser les effets de rafales en mettant en œuvre un dispositif de files d'attente permettant de mettre en tampon les données excédentaires pour les remettre ensuite dans le circuit au débit de 1 Mbit/s.

RSVP gère les demandes de réservation. Ce n'est pas un protocole de routage, ni de gestion complète des données émises. RSVP intervient avant que toute donnée ne soit émise. Pour établir un flux entre deux routeurs, il faut que l'un deux envoie d'abord un message RSVP *path* pour déterminer le chemin vers sa destination ; le paquet de données comprenant le message fait appel à l'option *router alert* pour être sûr que le routeur analysera bien le message. Une fois reçu l'acquittement de ce message *path*, le terminal envoie un message de requête pour réserver les ressources nécessaires. La demande donne les limites de QoS désirée. Chaque routeur qui achemine le paquet de requête doit réserver les ressources demandées. Si l'un quelconque des routeurs du chemin rejette la requête, il retourne un message RSVP de réponse négative à la source. En cas d'accord de chacun des équipements concernés par le flux, RSVP envoie un message d'accord.

Chaque flux RSVP est *simplex* (unidirectionnel). Si une application nécessite des garanties QoS en duplex, chaque extrémité doit mettre en œuvre cette procédure RSVP. Ce protocole utilisant le routage existant, rien ne permet d'affirmer que les deux flux passeront par le même routeur, ni que l'accord donné à un des flux entraînera de fait l'accord donné à l'autre.

En résumé :

Un terminal utilise RSVP pour une émission en mode simplex en environnement IP et dans un cadre de QoS donné. Si tous les routeurs du chemin peuvent répondre à la demande, elle est acceptée, sinon elle est rejetée. Si une application requiert une QoS en mode duplex, chaque terminal doit utiliser RSVP pour traiter son propre flux.

29.14 COPS

En présence d'une requête RSVP, un routeur doit examiner deux points : la faisabilité (le routeur dispose-t-il des ressources nécessaires pour satisfaire la demande ?) et la politique générale (la demande reste-t-elle compatible avec la politique réseau ?). La faisabilité est évaluée en local : un routeur peut décider de la manière de gérer la bande passante, la mémoire et la puissance de calcul dont il dispose mais l'application de la politique réseau repose sur une coopération d'ensemble, chaque routeur devant accepter un même ensemble de règles.

Pour instaurer une politique globale, l'architecture préconisée par l'IETF fait appel à un modèle à 2 niveaux basé sur une interaction client/serveur. Quand un routeur reçoit une requête RSVP, il est considéré comme le client d'un serveur identifié comme *Arbitre* (PDP, *PolicyDecisonPoint*) qui décide si la requête est conforme à la politique réseau. Le PDP n'agit pas sur le trafic, il se borne à évaluer les requêtes eu égard aux règles globales. Si une requête est acceptée par le PDP, le routeur se comportera comme un *point de contrainte* (PEP, *PolicyEnforcementPoint*) pour s'assurer que le trafic reste dans les bornes de la politique acceptée.

Le protocole COPS (*Common Open Policy Services*) définit la relation client/serveur entre un routeur et un PDP (ou entre le routeur et un PDP local si l'on est en présence d'une organisation à échelons multiples). Bien que COPS définisse ses propres en-têtes de message, son format de base est proche de celui de RSVP, en particulier pour la constitution d'une requête. Par suite, lorsqu'un routeur reçoit une requête RSVP, il est en mesure d'en extraire les données relatives à la politique, de les incorporer à un message COPS et de l'envoyer à un PDP.

29.15 RÉSUMÉ

On peut numériser des données analogiques telles que du son à l'aide de codecs. Les normes téléphoniques pour le codage numérique de la voix (MIC) génèrent des flux binaires à 64 kbit/s.

RTP sert à transmettre des données en temps réel via un réseau IP. Chaque message RTP comporte deux informations fondamentales : le numéro de séquence, pour classer les messages à la réception et identifier les données perdues, et l'horodatage utilisé pour déterminer le moment opportun pour remettre les valeurs codées. RTCP, protocole de commande associé, fournit des informations sur les sources et permet à un mélangeur de combiner plusieurs flux.

La question est maintenant de savoir si une QoS garantie est nécessaire pour le temps réel. Avant de publier son approche à services différenciés, l'IETF a conçu deux protocoles permettant de fournir une qualité de service garantie pour chaque flux. Les équipements d'extrémité utilisent RSVP pour établir un flux comportant des spécifications de QoS, les routeurs intermédiaires approuvant ou rejetant les requêtes. Quand une requête RSVP arrive sur un routeur, celui-ci utilise le protocole COPS pour solliciter un PDP et s'assurer ainsi de la validité de la requête dans le cadre de la politique réseau.

29.16 POUR EN SAVOIR PLUS

Schulzrinne *et al.* [RFC 1889] fournissent le standard de RTP et de RTCP. Perkins *et al.* [RFC 2198] approfondissent la transmission de données audio redondantes via RTP, et Schulzrinne [RFC 1890] précise les conditions d'utilisation de RTP pour l'audioconférence. Schulzrinne, Rao et Lanphier [RFC 2326] décrivent un protocole pour la transmission continue (*streaming*) d'un trafic temps réel.

Dans Zhang *et al.* [RFC 2205], on trouvera les spécifications de RSVP tandis que Boyle *et al.* [draft-rap-cops-06.txt] décrivent le protocole COPS.

29.17 EXERCICES

29.1 Lisez le protocole RTSP (*Real Time Streaming Protocol*). Quelles sont les différences essentielles entre RTSP et RTP ?

29.2 Défendez le point de vue selon lequel, bien que la bande passante soit souvent citée comme un des domaines que les mécanismes QoS peuvent garantir, le temps de transmission est encore plus fondamental. (Un indice : quelle contrainte est la plus facilement levée par des moyens financiers ?).

29.3 Si un message RTP arrive avec un numéro de séquence plus important que prévu, comment réagit le protocole ? Pourquoi ?

29.4 Les numéros de séquence de RTP sont-ils indispensables ou bien peut-on à leur place utiliser l'horodatage ? Pourquoi ?

29.5 Souhaiteriez vous un Internet avec lequel la QoS est présente dans chaque transmission ? Pourquoi ?

29.6 Mesurez l'utilisation de votre liaison vers Internet. Si chaque flux mettait en œuvre la QoS, pensez-vous que le service serait meilleur ou moins bon ? Pourquoi ?

30 Applications : administration d'un internet (SNMP)

30.1 INTRODUCTION

En plus des protocoles qui fournissent des services de niveau réseau et des programmes d'applications qui utilisent ces services, les administrateurs ont besoin de logiciels qui, dans un internet et plus généralement dans un réseau quelconque, permettent de traiter les problèmes de fonctionnement, de contrôler le routage et de signaler les machines qui traitent incorrectement les protocoles standards ou ont des comportements anormaux. L'ensemble de ces activités correspond à l'*administration de réseaux* (*network management*). Ce chapitre présente les concepts de l'administration d'un internet TCP/IP et décrit un protocole d'administration d'un internet.

30.2 NIVEAU D'ACTION DES PROTOCOLES D'ADMINISTRATION DE RÉSEAUX

Depuis longtemps les réseaux WAN intègrent des mécanismes d'administration de réseaux au sein de leurs protocoles de communication de bas niveau. Par exemple, lorsqu'un commutateur de paquets commence à ne plus fonctionner correctement, l'administrateur demande à un commutateur voisin de lui transmettre un paquet spécial dit *paquet de contrôle*. Ce paquet interrompt le fonctionnement normal de celui qui le reçoit et l'oblige à répondre aux commandes émises par l'administrateur. Ce dernier peut alors interroger le commutateur défaillant afin d'identifier le problème, de consulter ou de modifier les routes, de tester ses interfaces ou de le redémarrer. Après avoir remédié au problème, il ordonne au commutateur de reprendre son fonctionnement normal. Comme les outils d'administration font partie des protocoles de bas niveau, les administrateurs sont souvent en mesure de contrôler les commutateurs même en cas de défaillance des protocoles.

Contrairement à un réseau WAN homogène, un internet TCP/IP n'utilise pas qu'un seul et unique protocole de communication de bas niveau puisqu'il est constitué de plusieurs sous-réseaux reliés par des routeurs IP. L'administration d'un internet diffère par conséquent sensiblement de celle d'un réseau homogène. Tout d'abord, parce qu'un administrateur peut avoir à gérer des équipements hétérogènes tels que des ponts, des routeurs, des ordinateurs, des stations de travail, des modems, des imprimantes, etc. Ensuite, parce que les entités gérées peuvent ne pas utiliser un même protocole de bas niveau. Enfin, l'ensemble des machines gérées par un administrateur peuvent être situées n'importe où dans l'internet. Un administrateur peut alors se trouver dans l'impossibilité de communiquer avec des ordinateurs dont il a la responsabilité, à moins que le logiciel d'administration qu'il utilise offre une connectivité de bout en bout à travers l'internet. En conséquence, le protocole d'administration d'un internet TCP/IP doit fonctionner au-dessus du niveau transport :

> Dans un internet TCP/IP, les routeurs IP sont des commutateurs actifs que les administrateurs doivent surveiller et contrôler. Comme les routeurs relient des réseaux hétérogènes, les protocoles d'administration des internets opèrent au niveau application et communiquent en utilisant des protocoles TCP/IP de niveau transport.

Concevoir le logiciel d'administration d'un internet opérant au niveau application présente plusieurs avantages. Sachant que les protocoles peuvent être conçus indépendamment du type de réseau, un même ensemble de protocoles peut être utilisé sur n'importe quel réseau. Il en est de même d'un protocole d'administration qui, pouvant être conçu indépendamment de l'architecture de la machine qu'il doit gérer, peut être utilisé sur n'importe quel ordinateur ou routeur. Du point de vue de l'administrateur, le fait d'utiliser un même ensemble de protocoles garantit l'homogénéité : tous les routeurs ou ordinateurs répondent au même ensemble de commandes. De plus, comme le logiciel d'administration utilise IP pour ses communications, un administrateur peut contrôler des routeurs en tout point d'un internet TCP/IP sans avoir besoin d'un accès direct aux différents réseaux ou routeurs de l'internet.

Réaliser un logiciel d'administration de réseaux au niveau application présente toutefois, bien entendu, quelques inconvénients. Un mauvais fonctionnement des logiciels du système d'exploitation, ou des protocoles IP ou TCP, peut interdire à l'administrateur d'entrer en contact avec un routeur. Par exemple, en cas d'altération d'une table de routage, il se peut qu'il soit impossible de corriger la table ou de réinitialiser le routeur depuis un site distant. Si le système d'exploitation d'un routeur est hors service, il est impossible d'atteindre les programmes d'application qui réalisent l'administration de l'internet, même si le routeur est encore capable de gérer les interruptions matérielles et de router les datagrammes.

30.3 MODÈLE ARCHITECTURAL

En dépit de quelques inconvénients, le logiciel d'administration d'un internet TCP/IP opérant au niveau application fonctionne plutôt bien. L'avantage majeur apparaît clairement lorsqu'on considère un vaste internet où la station de travail de l'administrateur n'a pas besoin d'être reliée directement à tous les réseaux contenant des entités à gérer. La figure 30.1 montre un exemple d'une telle architecture.

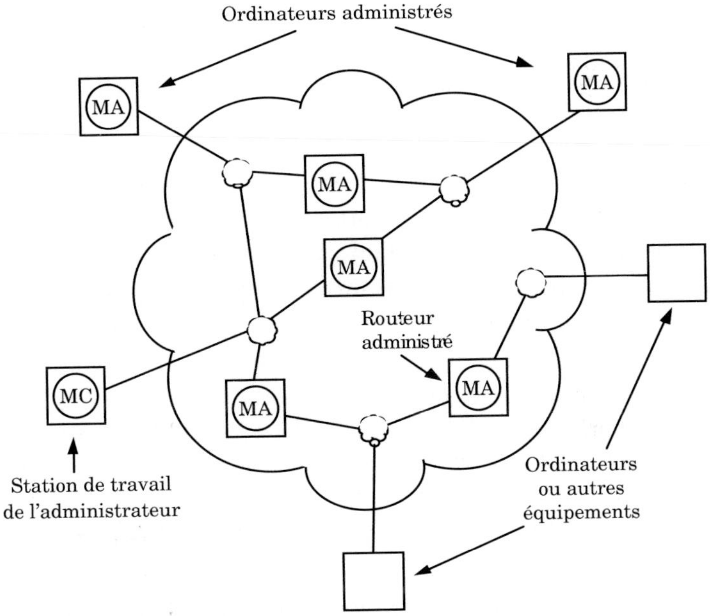

Figure 30.1 — Exemple d'un système d'administration de réseau. L'administrateur invoque un logiciel client d'administration (MC) qui entre en contact avec le logiciel agent d'administration (MA) implanté dans chacun des routeurs de l'internet.

Comme l'indique la figure 30.1, le *logiciel client d'administration* ou MC (*Management Client*) se trouve dans la station de travail de l'administrateur. Chaque ordinateur ou routeur participant à l'administration dispose d'un *logiciel agent d'administration* ou MA (*Management Agent*). D'un point de vue technique, ce *logiciel agent* qu'on appelle tout simplement un *agent* est un logiciel serveur. L'administrateur invoque son logiciel client d'administration et désigne la machine avec laquelle il souhaite communiquer. Lorsque le client est entré en contact avec l'agent, il envoie des demandes d'information ou des commandes de modification de l'état du routeur ou de l'ordinateur distant. Bien entendu, dans le cas d'un très grand internet, tous les routeurs et autres équipements administrés ne sont pas gérés par le même administrateur. Ce dernier ne contrôle que les quelques équipements de son site. Un grand réseau dispose ainsi de plusieurs administrateurs.

Le logiciel d'administration d'un internet utilise un mécanisme d'authentification pour garantir que seuls les administrateurs habilités pourront accéder à un routeur donné ou le contrôler. Nombre de protocoles d'administration gèrent plusieurs niveaux de droits d'accès. Ceux-ci permettent d'attribuer aux administrateurs des droits d'accès spécifiques à chaque routeur. Ainsi, un routeur donné peut être configuré pour permettre à tous les administrateurs d'obtenir des informations tandis que seul un sous-ensemble de ces derniers est autorisé à modifier les informations ou à contrôler le routeur.

30.4 CADRE ARCHITECTURAL DES PROTOCOLES D'ADMINISTRATION

Les protocoles d'administration de TCP/IP[1] décomposent le problème de l'administration de réseaux en deux parties ayant chacune leur standard. La première partie concerne les échanges d'informations. Le standard définit la façon dont le programme client qui s'exécute sur la machine de l'administrateur communique avec un agent. Il définit le format et la signification des messages échangés entre le client et l'agent ainsi que la structure des noms et des adresses. La seconde partie concerne les données prises en compte. Un standard spécifie les éléments de données qu'un routeur doit conserver, leur nom et leur syntaxe de représentation.

30.4.1 Protocole standard d'administration de réseaux

Le standard actuel d'administration de réseaux TCP/IP est le protocole SNMP (*Simple Network Management Protocol*). Ce protocole a évolué, il en est à sa troisième version. Ainsi, c'est la version 3 de ce protocole, SNMPv3, qui est en cours de diffusion. Les versions précédentes étaient SNMPv1 et SNMPv2. Les changements entre ces trois versions sont mineurs, chacune s'appuie sur un même cadre architectural, les versions 2 et 3 assurent une compatibilité antérieure avec la version précédente.

1. Techniquement, un protocole d'administration d'internet diffère d'un protocole classique d'administration de réseau. Toutefois, pour quantité de raisons, un protocole d'administration d'internet TCP/IP est appelé protocole d'administration de réseaux. Nous utiliserons cette terminologie parce que c'est la seule en vigueur.

Hormis les détails spécifiant le format des messages et le protocole de transport utilisé, le standard SNMP définit une ensemble de fonctions d'administration et des opérations associées, ainsi que la signification de chacune d'elles. Vous le constaterez, cette approche est minimaliste ; quelques opérations offrent la quasi-généralité des fonctionnalités requises.

30.4.2 Définition standard des informations d'administration

Tout équipement administré doit tenir à jour des informations d'état accessibles à un administrateur. Par exemple, il doit fournir des statistiques relatives à l'état de ses interfaces réseau, au trafic entrant ou sortant, aux datagrammes détruits et aux messages d'erreur émis ; un modem doit être capable de fournir des statistiques sur le nombre de caractères transmis et reçus, sur la vitesse de transmission et sur les appels acceptés. SNMP permet à un administrateur d'accéder aux statistiques des machines mais il ne donne pas de détails sur les données associées. C'est le rôle de la base de données MIB (*Management Information Base*) de définir les données de chaque équipement en détail. Par exemple, la MIB d'un logiciel IP spécifie d'une part que le logiciel doit disposer d'un compteur d'octets comptabilisant tous les octets qui arrivent sur une interface réseau et, d'autre part, que le logiciel d'administration peut uniquement lire ces compteurs.

La MIB de TCP/IP décompose les informations d'administration de réseaux en plusieurs catégories comme le montre la figure 30.2. Le choix des catégories est important car les identificateurs utilisés pour définir les éléments incluent un code de catégorie.

Catégorie MIB	Comprend les informations sur
système	Le système d'exploitation de la machine ou du routeur
interfaces	Chaque interface réseau
at	La traduction d'adresse (ex. correspondance ARP)
ip	Le logiciel IP
icmp	Le logiciel ICMP
tcp	Le logiciel TCP
udp	Le logiciel UDP
ospf	Le logiciel OSPF
bgp	Le logiciel BGP
rip-2	Le logiciel de routage RIP version 2
rmon	Le logiciel de contrôle du réseau à distance
dns	Le logiciel DNS

Figure 30.2 — Exemple de catégories d'informations de la MIB TCP/IP. La catégorie est codée dans l'identificateur utilisé pour désigner un objet.

L'indépendance de la définition de la MIB par rapport au protocole d'administration de réseaux a deux avantages. D'abord, cela permet à un constructeur de mettre, dans un équipement comme un routeur, un logiciel agent SNMP avec la certitude qu'il fonctionnera correctement lorsque les éléments de la MIB auront été définis. Deuxième avantage, un utilisateur peut se servir du même client d'administration pour gérer des routeurs ayant des MIB différentes. Bien entendu, un routeur qui n'aurait pas certains nouveaux éléments de la MIB ne pourrait pas les renseigner. Mais, puisque tous les routeurs utilisent le même langage de communication, ils peuvent tous prendre connaissance de la demande et y répondre ou envoyer un message d'erreur indiquant qu'ils ne disposent pas de la réponse.

30.5 EXEMPLES DE VARIABLES MIB

Les versions 1 et 2 de SNMP collectaient toutes leurs variables dans une seule et même base MIB. Un unique RFC, volumineux, définissait cette base. Lors de la définition de la deuxième génération de MIB, qui s'appelle *MIB-II*, l'IETF prit une approche différente qui consista à publier plusieurs RFC indépendants détaillant chacun les variables MIB d'un type de périphérique. C'est ainsi qu'il existe aujourd'hui plus de 100 MIB différentes, chacune pour un périphérique particulier, ces RFC définissant au total quelque 10 000 variables. Par exemple, un RFC définit les variables associées à un pont, un autre à une alimentation électrique ininterruptible, un autre à un commutateur ATM, un autre à un modem à appel automatique, etc. En plus, certains constructeurs ont défini des MIB spécifiques pour leurs propres produits, logiciels ou matériels.

Examinons quelques éléments de données de la MIB associée aux protocoles TCP/IP pour en clarifier le contenu. La figure 30.3 donne des exemples de variables MIB de différentes catégories.

La plupart des éléments listés à la figure 30.3 sont numériques ; chacune des variables peut être enregistrée au moyen d'un simple entier. Toutefois, la MIB permet également de définir des valeurs plus complexes, comme par exemple la variable *ipRoutingTable* qui fait référence à la table de routage d'un routeur. Des variables MIB supplémentaires définissent le contenu d'une entrée de la table et permettent aux protocoles d'administration de réseaux de référencer les données correspondantes incluant le préfixe, l'adresse, le masque et le saut suivant. Bien entendu, les variables MIB ne présentent qu'une définition logique de chaque élément – les structures de données qu'un routeur utilise en interne peuvent être différentes de la définition MIB. Lorsqu'arrive une demande, c'est au logiciel de l'agent du routeur de faire la correspondance entre la variable MIB et la structure de données qu'utilise le routeur pour enregistrer l'information.

Variable MIB	Catégorie	Signification
sysUpTime	système	Durée écoulée depuis le dernier redémarrage
ifNumber	interfaces	Nombre d'interfaces réseau
ifMtu	interfaces	MTU d'une interface particulière
ipDefaultTTL	ip	Valeur utilisée dans le champ durée de vie
ipInReceives	ip	Nombre de datagrammes reçus
ipForwDatagrams	ip	Nombre de datagrammes acheminés
ipOutNoRoutes	ip	Nombre d'erreurs de routage
ipReasmOKs	ip	Nombre de datagrammes réassemblés
ipFragOKs	ip	Nombre de datagrammes fragmentés
ipRoutingTable	ip	Table de routage IP
icmpInEchos	icmp	Nombre de demandes d'écho ICMP reçues
tcpRtoMin	tcp	Délai minimum de retransmission autorisé par TCP
tcpMaxConn	tcp	Nombre maximum de connexions TCP autorisées
tcpInSegs	tcp	Nombre de segments reçus par TCP
udpInDatagrams	udp	Nombre de datagrammes UDP reçus

Figure 30.3 — Quelques exemples de variables MIB et de leur catégorie.

30.6 STRUCTURE DES INFORMATIONS D'ADMINISTRATION DE RÉSEAUX

En complément du standard MIB, qui définit les informations spécifiques d'administration de réseaux et leur signification, un standard séparé spécifie l'ensemble des règles utilisées pour définir et identifier les variables MIB. Ce sont les *règles de gestion des informations d'administration, SMI* (*Structure of Management Information*). Pour que le protocole d'administration de réseaux reste simple, SMI pose des restrictions sur les types de variables autorisées dans la MIB, spécifie les règles de nommage de ces variables et crée les règles de définition des types de variables. Par exemple, SMI comprend des définitions de termes comme *IpAddress* (défini comme une chaîne de 4 octets) ou *Counter* (entier appartenant à l'intervalle [0, $2^{32} - 1$] et indique que ce sont les termes utilisés pour définir les variables MIB. De plus, SMI décrit la façon dont la MIB référence les tables de valeurs (les tables de routage IP, par exemple).

30.7 DÉFINITIONS FORMELLES UTILISANT ASN.1

Le standard SMI indique que toutes les variables MIB doivent être définies et référencées à l'aide de la *notation ISO de syntaxe abstraite ASN.1* (*Abstract Syntax Notation 1*). ASN.1 est un langage formel qui présente deux caractéristiques principales : une notation utilisée dans les documents manipulés par les humains et une représentation codée et concise de la même information, utilisée dans les protocoles de communication. Dans les deux cas, la notation formelle élimine toutes les ambiguïtés possibles, tant du point de vue de la représentation que de la signification. Au lieu de dire, par exemple, qu'une variable contient une valeur entière, un concepteur qui utilise ASN.1 doit définir la forme exacte et le domaine des valeurs prises par cet entier. Une telle précision est nécessaire dans le cas d'implémentations qui comportent des machines hétérogènes n'utilisant pas toutes la même représentation des éléments de données.

Parallèlement au fait de rendre les documents non ambigus, ASN.1 contribue également à simplifier la conception des protocoles d'administration de réseaux et à garantir leur interopérabilité. Elle définit avec précision comment coder le nom et la valeur d'un élément de données dans un message. Donc, une fois que la documentation d'une MIB a été exprimée en ASN.1, la forme lisible par l'homme peut être directement et automatiquement traduite dans la *forme codée* utilisée dans les messages. En résumé :

Les protocoles d'administration de réseaux TCP/IP utilisent une notation formelle appelée ASN.1 pour définir le nom et le type des variables de la base de données des informations d'administration (MIB). La précision de cette notation élimine toute ambiguïté de forme ou de contenu au niveau des variables.

30.8 STRUCTURE ET REPRÉSENTATION DES NOMS D'OBJETS MIB

Nous avons dit qu'ASN.1 définit la façon de représenter les noms et les éléments de données. Cependant, comprendre les noms utilisés pour les variables MIB suppose quelques connaissances sur l'espace de noms sous-jacents. Les noms de variables MIB sont extraits d'un espace des noms d'*identificateurs d'objets* géré par l'ISO et l'UIT (ou ITU). L'idée force associée à l'espace des noms d'identificateurs d'objets est de fournir un espace de noms dans lequel tous les objets possibles puissent être nommés. Cet espace de noms n'est pas limité aux données d'administration de réseaux : il peut comporter des noms d'objets arbitraires (par exemple, chaque document officiel définissant une norme internationale a un nom).

L'espace des noms d'identificateurs d'objets est *absolu* (*global*), ce qui signifie que les noms sont structurés de façon à être uniques. Comme la plupart des grands espaces de noms absolus, les espaces de noms d'identificateurs d'objets sont hiérarchiques. La responsabilité des règles de nommage est décomposée, à chaque niveau, en domaines, ce qui permet à chaque groupe d'avoir la responsabilité du choix de certains noms sans avoir à consulter l'autorité supérieure pour chaque décision[1].

1. Le lecteur se rappellera la présentation du système de noms de domaines, DNS, au chapitre 24, pour savoir comment s'effectue la subdivision de l'espace des noms.

La racine de la hiérarchie des identificateurs d'objets n'a pas de nom, mais possède trois descendants gérés respectivement par l'ISO, l'UIT et un groupe commun ISO/UIT (ou ISO/ITU). Une chaîne de caractères courte (nom court) et des entiers sont affectés à ces descendants, pour les identifier (la chaîne de caractères est destinée aux humains, lorsqu'ils ont besoin de comprendre les noms d'objets ; les ordinateurs, eux, utilisent des entiers pour constituer des représentations de noms concises et codées). L'ISO a dédié un sous-arbre aux organismes de normalisation nationaux et internationaux (organismes de normalisation américains inclus), et le NIST[1] américain (*National Institute for Standards and Technology*) a alloué un sous-arbre au ministère de la Défense (*DOD : Department of Defense*). Enfin, l'IAB a demandé au DOD de lui allouer un sous-arbre.

La figure 30.4 illustre cette hiérarchie et montre l'emplacement du nœud utilisé par les protocoles d'administration de réseaux TCP/IP.

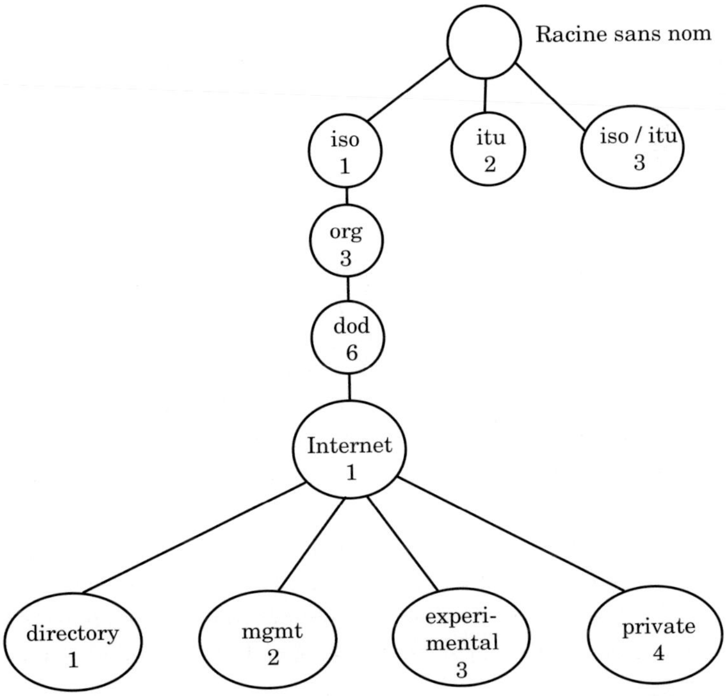

Figure 30.4 — Partie de la hiérarchie des identificateurs d'objets utilisée pour nommer les variables MIB. Un nom d'objet est constitué par la suite des numéros des nœuds, de la racine à l'objet.

Le nom d'un objet de la hiérarchie correspond à la suite des numéros des nœuds qui relient la racine à l'objet. Chaque composant élémentaire de la suite est séparé du précédent par un point. Ainsi, le nombre 1.3.6.1.2 identifie le nœud appelé *mgmt*. La MIB porte le nom *mib*, elle se situe sous le nœud *mgmt* de la

1. Le NIST était connu précédemment sous le nom de *National Bureau of Standards* (*NBS*).

sous-arborescence gérée par le domaine Internet et elle a la valeur numérique 1. Comme toutes les variables MIB se trouvent sous ce nœud, ces dernières ont toutes un identificateur qui commence par le préfixe 1.3.6.1.2.1.

Nous avons dit précédemment que la norme MIB regroupe toutes les variables MIB en catégories. Nous pouvons maintenant préciser la signification précise de chacune d'elles : ce sont les sous-arbres du nœud *mib* de l'espace des identificateurs de noms d'objets. La figure 30.5 présente, pour illustrer ce point, une partie de l'arborescence de nommage située sous le nœud *mib*.

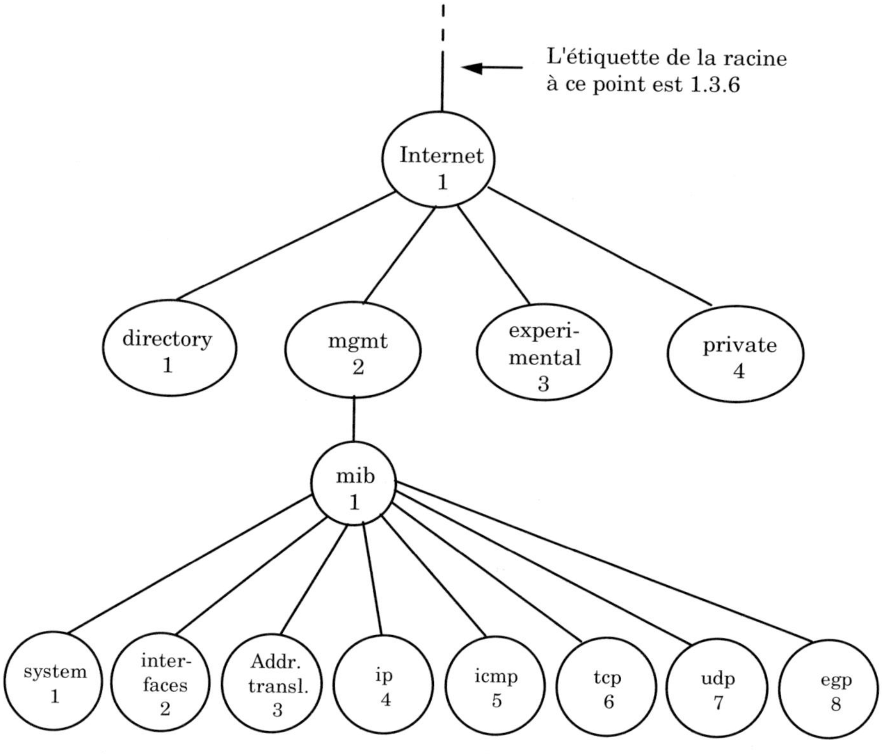

Figure 30.5 — Une partie de l'espace des noms d'identificateurs d'objets sous le nœud IAB *mib*. Chaque sous-arbre correspond à l'une des catégories de variables MIB.

Deux exemples vont permettre d'expliciter la syntaxe. La figure 30.5 montre que la catégorie appelée *ip* correspond à la valeur 4. Donc tous les noms de variables MIB relatives à IP ont un identificateur qui commence par le préfixe 1.3.6.1.2.1.4. Si l'on veut écrire les chaînes de caractères au lieu de la représentation numérique, le nom devient :

```
iso.org.dod.internet.mgmt.mib.ip
```

La variable MIB appelée *ipInReceives* correspond à l'identificateur numérique 3, sous le nœud *ip* dans l'espace des noms d'identificateurs d'objets. Le nom correspondant est donc :

```
iso.org.dod.internet.mgmt.mib.ip.ipInReceives
```

et la notation numérique correspondante :

```
1.3.6.1.2.1.4.3
```

Lorsque les protocoles d'administration de réseaux utilisent des noms de variables MIB dans les messages, chaque nom est doté d'un suffixe. Pour les variables simples, le suffixe 0 désigne l'instance de la variable portant ce nom. Ainsi, lorsqu'elle apparaît dans un message destiné à un routeur, la représentation numérique de *ipInReceives* est :

```
1.3.6.1.2.1.4.3.0
```

Cette valeur désigne la variable *ipInReceives* de ce routeur. Il est à noter qu'il n'y a aucun moyen de deviner la valeur numérique du suffixe affecté à une variable. Il est donc nécessaire de consulter les standards officiels pour connaître les valeurs numériques qui ont été affectées à chaque type d'objet. Les programmes qui assurent la traduction entre la forme textuelle et la forme numérique correspondante utilisent des tables de correspondance ; il n'y a pas de formule qui effectue la traduction.

Comme deuxième exemple, plus complexe, considérons la variable MIB *ipAddrTable* qui contient la liste des adresses IP associées à chacune des interfaces réseau. La variable existe dans l'espace des noms comme sous-arbre sous le nœud *ip* et correspond à la valeur numérique 20. En conséquence, une référence à cette variable commence par le préfixe :

```
iso.org.dod.internet.mgmt.mib.ip.ipAddrTable
```

avec pour équivalent numérique :

```
1.3.6.1.2.1.4.20
```

En termes de langage de programmation, une table d'adresses IP est vue comme un tableau à une dimension dont chaque élément de données contient cinq champs : une adresse IP, un entier indexant l'interface correspondant à l'entrée, un masque de sous-réseau, une adresse de diffusion IP et un entier indiquant la taille maximum des datagrammes que le routeur peut réassembler. Bien entendu, tous les routeurs ne mémorisent pas de tels tableaux. Le routeur peut conserver ces informations dans plusieurs variables ou avoir recours à des pointeurs pour les retrouver. Cependant, le standard MIB donne un nom au tableau comme s'il existait réellement, ce qui permet aux logiciels d'administration de réseaux de chaque routeur de mettre en correspondance les références de la table avec les variables internes appropriées. Ce point est :

Bien qu'ils soient là pour spécifier les détails des structures de données, les standards MIB ne dictent pas leur implémentation. Au contraire, les définitions des MIB offrent une interface virtuelle uniforme qui permet aux administrateurs d'accéder aisément aux données. Un agent doit effectuer les translations nécessaires entre les éléments virtuels de la MIB et les représentations internes propres à l'implémentation.

À l'aide de la notation ASN.1 nous pouvons définir *ipAddrTable* :

```
ipAddrTable ::= SEQUENCE OF IpAddrEntry
```

où *SEQUENCE* et *OF* sont des mots clés qui définissent une table d'adresses IP (*ipAddrTable*) sous forme d'un tableau d'adresses IP à une dimension (*IpAddrEntry*). Chaque entrée comporte cinq champs – la définition suppose que l'adresse IP (*IpAddress*) a déjà été définie.

```
IpAddrEntry ::= SEQUENCE {
    ipAdEntAddr
        IpAddress,
    ipAdEntIfIndex
        INTEGER,
    ipAdEntNetMask
        IpAddress,
    ipAdEntBcastAddr
        IpAddress,
    ipAdEntReasmMaxSize
        INTEGER (0..65535)
}
```

Des définitions complémentaires doivent être données pour affecter des valeurs numériques aux entrées *ipAddrEntry* et à chacun des éléments *IpAddrEntry*. Ainsi, par exemple, la définition

```
ipAddrEntry { ipAddrTable 1 }
```

indique que *ipAddrEntry* se trouve dans la table *ipAddrTable* et a la valeur *1*. De façon analogue, la définition

```
ipAdEntNetMask { ipAddrEntry 3 }
```

affecte la valeur *3* au champ *ipAdEntNetMask* qui se trouve dans le tableau *ipAddrEntry*.

Nous avons dit que *ipAddrTable* ressemblait à un tableau à une dimension. Il y a cependant une différence significative entre la façon dont les programmeurs utilisent les tableaux et celle dont les programmes d'administration de réseaux utilisent les tables de la MIB. Les programmeurs conçoivent les tableaux comme des ensembles d'éléments auxquels est associé un index qui permet la sélection d'un élément particulier. Ainsi, un programmeur peut écrire *xyz[3]* pour sélectionner le troisième élément du tableau *xyz*. La syntaxe ASN.1 n'utilise pas les index numériques entiers. Au lieu de cela, pour choisir un élément dans une table, on ajoute un suffixe au nom de la table. Dans l'exemple de la table d'adresses IP, la norme indique que le suffixe utilisé pour choisir un élément est une adresse IP. Du point de vue syntaxique, l'adresse IP (en notation décimale pointée) est concaténée à la fin de l'objet afin de constituer une référence. Pour désigner le champ masque de sous-réseau de l'entrée de la table d'adresse IP correspondant à l'adresse 128.10.2.3, on utilise le nom :

```
iso.org.dod.internet.mgmt.mib.ip.ipAddrTable.ipAddrEntry.
ipAdEntNetMask.128.10.2.3
```

qui, sous forme numérique, devient :

```
1.3.6.1.2.1.4.20.1.3.128.10.2.3
```

Bien que la concaténation d'un index à la fin du nom puisse surprendre, elle constitue un outil puissant qui permet aux clients d'effectuer des recherches dans des tables sans en connaître le nombre d'éléments ni le type des données utilisées comme index. La section suivante montre comment les programmes d'administration de réseaux utilisent cette caractéristique pour explorer une table, élément par élément.

30.9 PROTOCOLE SIMPLE D'ADMINISTRATION DE RÉSEAUX (SNMP)

Les protocoles d'administration de réseaux définissent le mode de communication entre le client invoqué par l'administrateur et l'agent qui s'exécute sur un ordinateur ou un routeur. En complément de la définition de la structure, de la signification des messages échangés et de la représentation des noms, les protocoles d'administration de réseaux définissent les relations administratives entre les routeurs administrés ; ce qui implique l'authentification des administrateurs.

On pourrait s'attendre à ce que les protocoles d'administration de réseaux comportent un grand nombre de commandes. Parmi les premiers protocoles d'administration de réseaux, certains comportaient des commandes qui permettaient aux administrateurs de *redémarrerunemachine* (*reboot*), d'*ajouter* (*add*) ou de *supprimer (delete) des routes*, d'*activer* (*enable*) ou de *désactiver (disable) une interface réseau* particulière ou encore d'*effacer (remove) les liens* enregistrés en mémoire cache. L'inconvénient majeur des protocoles d'administration de réseaux conçus à partir de commandes tient à la complexité qui en résulte. Le protocole requiert une commande distincte pour manipuler chaque élément de données. Ainsi, celle qui permet d'effacer une entrée dans une table de routage diffère de celle qui permet de désactiver une interface réseau. En conséquence le protocole doit être modifié chaque fois qu'on veut prendre en compte un nouvel élément.

SNMP a choisi une approche originale de l'administration de réseaux. Au lieu de définir un grand nombre de commandes, SNMP conçoit toutes ses opérations conformément au *paradigme aller chercher-enregistrer*[1] (*fetch-store*). Du point de vue conceptuel, SNMP ne contient que deux commandes qui permettent à un administrateur de réseaux d'aller chercher un élément de données ou d'enregistrer une donnée sur une machine distante. Les autres opérations sont toutes définies comme effets secondaires des deux précédentes. SNMP, par exemple, ne dispose pas d'une commande redémarrer explicite. On définit une opération équivalente en déclarant un élément de données qui indique le temps restant avant le prochain redémarrage et en autorisant l'affectation d'une valeur (y compris nulle) par l'administrateur.

Les principaux avantages du paradigme *aller chercher-enregistrer* sont la stabilité, la simplicité et la souplesse. SNMP est particulièrement stable parce que sa définition est figée. Même si de nouveaux éléments de données sont ajoutés à la MIB et, si de nouvelles opérations sont définies comme effets secondaires de l'enregistrement de valeurs dans ces éléments. SNMP est simple à mettre en œuvre, à comprendre et à mettre au point parce qu'il évite la complexité liée à la gestion de cas particuliers pour chaque commande. Enfin, il est particulièrement souple puisqu'il peut prendre en compte, de façon élégante, des commandes quelconques.

Du point de vue de l'administrateur, SNMP reste invisible. L'interface utilisateur du logiciel d'administration de réseaux permet d'exprimer des commandes impératives telles que redémarrer. Il y a donc peu de différences entre la façon dont on utilise SNMP et celle dont on utilise un autre protocole d'administration de réseaux. Les constructeurs vendent aujourd'hui des logiciels affichant des schémas de réseaux sur une partie desquels il suffit de cliquer pour obtenir des informations d'administration.

Comme l'indique la figure 30.6, SNMP propose d'autres opérations en complément des deux que nous avons décrites.

Les opérations *get-request* et *set-request* assurent les opérations de base *aller-chercher* et *enregistrer* ; *response* est la réponse à ces demandes. SNMP indique que ces opérations doivent être *atomiques* (*atomic*), ce qui signifie que si un seul message mentionne des opérations sur plusieurs variables, toutes les opérations correspondantes doivent être effectuées sur toutes les variables ou sur aucune. En particulier, en cas d'erreur d'une des opérations, aucune affectation de valeur ne

1. Le paradigme *aller chercher-enregistrer* vient du protocole d'administration de réseaux *HEMS* (*High-level Entity Management System*). Voir Partridge et Trewitt [RFC 1021, 1022, 1023 et 1024] pour plus de détails.

Commande	Signification
get-request	Recherche de la valeur d'une variable particulière
get-next-request	Recherche de la valeur d'une variable sans connaître son nom exact
get-bulk-request	Recherche d'un bloc de données (ex. un tableau)
response	Réponse à une opération de recherche
set-request	Enregistrement d'une valeur dans une variable particulière
inform-request	Référencement d'une donnée à un tiers (ex. un proxy)
snmpv2-trap	Réponse déclenchée par l'occurrence d'un événement
report	Non défini

Figure 30.6 — Exemple d'opérations SNMP. L'opération *get-next-request* permet à l'administrateur de réseaux de parcourir une table.

sera effectuée. L'opération *trap (déroutement)* permet à un administrateur de programmer un agent pour qu'il émette un certain message lorsqu'un événement se produit. Ainsi, l'agent SNMP peut être programmé pour envoyer un message d'alarme à l'administrateur chaque fois qu'une interface réseau tombe en panne.

30.9.1 Recherche par nom dans les tables

Nous avons dit que ASN.1 ne fournissait pas de mécanisme permettant de déclarer des tableaux ou de les indexer au sens habituel de ces termes. Il est cependant possible de nommer les éléments d'une table en ajoutant un suffixe au nom de l'identificateur d'objet associé à la table. Malheureusement, un utilisateur peut souhaiter consulter une entrée dans une table pour laquelle il ne connaît pas tous les suffixes valides. L'opération *get-next-request* permet de répéter l'opération sur l'élément suivant de la table. Il est donc ainsi possible de parcourir une table sans en connaître le nombre d'éléments. La règle est simple. Lorsqu'il émet une demande *get-request*, le client fournit le préfixe d'un identificateur valide, *P*. L'agent consulte la liste des identificateurs de toutes les variables qu'il gère et répond en émettant un *get-response* correspondant au préfixe immédiatement supérieur au préfixe *P* dans l'ordre lexicographique. Comme la MIB utilise des suffixes pour indexer les tables, un client peut indiquer le préfixe correspondant à une table et recevoir le premier élément de la table. Il peut alors envoyer le nom du premier élément et recevoir le second et ainsi de suite.

Considérons, à titre d'exemple, la consultation d'une table. La table *ipAddrTable* utilise les adresses IP pour identifier les éléments de la table. Un client qui ignore les adresses contenues dans la table du routeur ne peut constituer un identificateur complet. Il peut toutefois utiliser l'opération *get-next-request* en indiquant le préfixe de la table à consulter :

```
iso.org.dod.internet.mgmt.mib.ip.ipAddrTable.ipAddrEntry.
ipAdEntNetMask
```

dont la forme numérique est :

```
1.3.6.1.2.1.4.20.1.3
```

L'agent renvoie le champ *masque de sous-réseau* de la première entrée de la table *ipAddrTable*. Le client utilise alors la totalité de l'identificateur renvoyé par l'agent pour accéder à l'élément suivant de la table.

30.10 FORMAT DES MESSAGES SNMP

Contrairement à la plupart des protocoles TCP/IP, les messages de SNMP n'ont pas une structure fixe mais utilisent la notation ASN.1. Nous rappellerons brièvement le principe du codage ASN.1 avant d'étudier un exemple de message SNMP. La figure 30.7 montre comment un message SNMP peut être défini en notation ASN.1. En général chaque élément de la grammaire SNMP se résume en la description du nom de l'élément suivi de la déclaration de son type. Par exemple, l'élément

```
msgVersion INTEGER (0..2147483647)
```

déclare le nom *msgVersion* comme étant un entier positif inférieur ou égal à 2147483647.

```
SNMPv3Message ::=
   SEQUENCE {
      msgVersion INTEGER (0..2147483647),
         -- note~: la version 3 correspond à SNMPv3
      msgGlobalData HeaderData,
      msgSecurityParameters OCTET STRING,
      msgData ScopedPduData
   }
```

Figure 30.7 — Format d'un message SNMP, en notation ASN.1. Le texte qui suit un double tiret est un commentaire.

Comme le montre la figure 30.7 un message SNMP comprend quatre parties principales : un entier qui identifie la version du protocole, un en-tête additionnel, un ensemble de paramètres de sécurité et une zone de données contenant la charge utile (*payload*) du message. La définition précise de chaque terme utilisé doit être associée au message. Par exemple la figure 30.8 montre comment le terme *HeaderData* doit être défini.

```
HeaderData ::= SEQUENCE {
  msgID INTEGER (0..2147483647),
     -- Utilisé pour associer les réponses et les
        demandes
  msgMaxSize INTEGER (484..2147483647),
     -- Taille maximale du message de réponse accepté
        par l'émetteur
  msgFlags OCTET STRING (SIZE(1)),
     -- Bits indicateurs définissant les
        caractéristiques du message
     -- bit 7~: autorisation exigée
     -- bit 6~: confidentialité exigée
     -- bit 5~: réponse exigée
  msgSecurityModel INTEGER (1..2147483647)
     -- Détermine le format des paramètres de sécurité
        qui suivent
}
```

Figure 30.8 — Définition de la zone *HeaderData* d'un message SNMP

La zone de données d'un message SNMP se décompose en *unités de données de protocole*, *PDU* (*Protocol Data Unit*). Chaque PDU est constitué d'une demande (*request*) émise par le client, ou d'une réponse (*response*) émise par un agent. SNMPv3 permet que chaque PDU soit transmis en clair ou soit chiffré pour des raisons de confidentialité. La grammaire ASN.1 définit ce choix avec *CHOICE*. En théorie de la programmation ce concept est appelé *union discriminante*.

```
ScopedPduData ::= CHOICE {
 plaintext ScopedPDU,
 encryptedPDU OCTET STRING -- valeur chiffrée de ScopedPDU
}
```

Un PDU chiffré commence par l'identificateur du moteur (*engine*) qui l'a produit. L'identifiant *ID* du moteur est suivi du nom du contexte et des octets chiffrés du message.

```
ScopedPDU ::= SEQUENCE {
  contextEngineID OCTET STRING,
  contextName OCTET STRING,
  data ANY -- un PDU est défini ensuite
}
```

L'élément noté *data* dans la définition de *ScopedPDU* est de type *ANY* étant donné que le champ *contextName* définit les détails de l'élément. Le modèle de message SNMPv3, appelé *v3MP* (*v3 Message Processing model*) spécifie que toute donnée doit appartenir à l'un des types de PDU décrits en notation ASN.1 à la figure 30.9.

```
PDU ::=
    CHOICE {
        get-request
            GetRequest PDU,
        get-next-request
            GetNextRequest-PDU,
        get-bulk-request
            GetBulkRequest-PDU,
        response
            Response-PDU,
        set-request
            SetRequest-PDU,
        inform-request
            InformRequest-PDU,
        snmpv2-trap
            SNMPv2-Trap-PDU,
        report
            Report-PDU,
}
```

Figure 30.9 — Définition ASN.1 d'un PDU SNMP. La syntaxe de chaque type de requête doit être définie plus en détail.

La définition précédente indique que chaque PDU doit appartenir à l'un des huit types de base. Pour compléter la définition d'un message SNMP, il faut définir en outre la syntaxe de chacun des huit messages types. La figure 30.10 donne la définition du message *get-request*.

Dans le standard, des indications complémentaires définissent les autres termes. Les messages *error-status* et *error-index* sont des entiers codés sur un octet qui ont la valeur zéro dans une demande. Enfin, *VarBindList* contient une liste d'identificateur d'objets pour lesquels le client souhaite obtenir une réponse. En notation ASN.1, la définition indique que *VarBindList* est une séquence de deux éléments : un nom et une valeur, *null*.

30.11 EXEMPLE DE MESSAGE SNMP SOUS FORME CODÉE

La forme codée d'ASN.1 utilise des champs de longueur variable pour représenter les éléments. En général, chaque champ débute par un en-tête qui indique le type

```
GetRequest-PDU ::= [0]
   IMPLICIT SEQUENCE {
      request-id
         Integer32,
      error-status
         INTEGER (0..18),
      error-index
         INTEGER (0..max-bindings),,
      variable-bindings
         VarBindList
}
```

Figure 30.10 — Définition ASN.1 du message *get-request*. Formellement ce message est défini par *GetRequest-PDU*.

de l'objet et sa longueur exprimée en nombre d'octets. Par exemple, chaque *SÉQUENCE* commence par un octet qui vaut 30 (en hexadécimal) ; l'octet suivant définit le nombre total d'octet y compris celui définissant *SÉQUENCE*.

La figure 30.11 donne un exemple de message SNMP qui illustre les valeurs d'une chaîne d'octets sous forme codée. Il s'agit du message *get-request* relatif à un élément de données *sysDescr* (identificateur numérique d'objet 1.3.6.1.2.1.1.1.). Cet exemple montre un message réel qui inclut un certain nombre de détails. En particulier ce message contient une section *msgSecurityParameters* dont nous n'avons pas encore parlé. Il utilise la forme *UsmSecurityParameters* pour ses paramètres de sécurité.

```
  30          67        02       01        03
SÉQUENCE   len=103   ENTIER   lgr=1    vers=3

  30          0D        02       01        2A
SÉQUENCE    lgr=13   ENTIER   lgr=1   msgID=42

  02          02        08       00
 ENTIER      lgr=2    maxmsgsize=2048

  04          01        04
 CHAÎNE      lgr=1    msgFlags=0x04

  02          01        03
 ENTIER      lgr=1    basé sur la sécurité

  04          25        30       23
 CHAÎNE     lgr=37  SÉQUENCE lgr=35    UsmSecurityParameters

  04          0C        00       00       00       63      00      00      00
 CHAÎNE     lgr=12    msgAuthoritativeEngineID ...
```

```
     A1          C0         93        8E        23
  moteur à l'adresse IP 192.147.142.35, port 161

     02          01         00
   ENTIER      lgr=1    msgAuthoritativeEngineBoots=0

     02          01         00
   ENTIER      lgr=1    msgAuthoritativeEngineTime=0

     04          09         43        6F        6D        65       72      42        6F
   CHAÎNE      lgr=9     ----- valeur de msgUserName : ComerBook -----

     6F          6B
 -------------

     04          00
   CHAÎNE      lgr=0       msgAuthenticationParameters (néant)

     04          00
   CHAÎNE      lgr=0       msgPrivacyParameters (néant)

     30          2C
  SÉQUENCE     lgr=44       ScopedPDU

     04          0C         00        00        00        63       00      00
   CHAÎNE      lgr=12     --------------------contextEngineID-------

     00          A1         c0        93        8E        23
 -----------------------------------------------

     04          00
   CHAÎNE      lgr=0       contextName = "" (défaut)

 CONTEXT [0] IMPLICIT SÉQUENCE

     A0          1A
  getreq.      lgr=26

     02          02         4D        C6
   ENTIER      lgr=2    request-id=19910

     02          01         00
 ENTIER        lgr=1    error-status=noError(0)

     02          01         00
   ENTIER      lgr=1    error-index=0

     30          0E
  SÉQUENCE     lgr=14   VarBindList

     30          0C
  SÉQUENCE     lgr=12   VarBind
```

```
  06          08
OBJECT  IDENTIFIER name

  2B        06       01       02        01       01      01    00
 1.3    .    1   .    2   .    1   .    1   .    1   .    0 (sysDescr.0)

  05        00
 null      lgr=0  (aucune valeur définie)
```

Figure 30.11 — Forme codée d'un message SNMPv3 *get-request* relatif à l'élément de données *sysDescr*. Les octets sont représentés en hexadécimal et leur signification est indiquée en dessous. Les octets relatifs à un même concept ont été regroupés sur une même ligne ; dans le message, ils se suivent.

Le message, comme l'indique la figure 30.11, commence par un code correspondant à *SÉQUENCE* d'une longueur de 103 octets[1]. Le premier élément de la séquence est un entier codé sur 1 octet. Il indique la version du protocole ; la valeur 3 indique qu'il s'agit de SNMPv3. Dans les champs suivants on définit l'identifiant *ID* et la taille maximale des messages que l'émetteur accepte comme réponse. Les informations de sécurité, incluent le nom de l'utilisateur, *ComerBook* suivi du message d'en-tête.

Le PDU *GetRequest* occupe le reste du message. La séquence notée *ScopedPDU* définit un contexte qui permet d'interpréter la suite du message. L'octet *A0* définit l'opération à réaliser comme étant *get-request*. Comme l'élément binaire de poids fort est à 1, l'interprétation est dépendante du contexte. C'est-à-dire que la valeur hexadécimale *A0* indique, dans un message SNMP, qu'il s'agit d'un *GetRequest-PDU* ; ce n'est pas une valeur universellement réservée. Après l'octet *getreq*, l'octet longueur (*lgr*) indique que la demande a une longueur de 26 octets. La demande ID a une longueur de 2 octets, mais les champs *error-status* et *error-index* ont chacun une longueur d'un octet. Vient enfin, la suite des paires [nom d'objet, valeur] qui ici ne contient qu'une association, un seul objet lié à une valeur *null*. L'identificateur est codé comme prévu à ceci près que les deux premières étiquettes numériques sont combinées dans un même octet.

30.12 SPÉCIFICITÉS DU PROTOCOLE SNMPv3

Nous avons dit que la version 3 de SNMP apporte une nouvelle évolution après l'extension du cadre architectural définie dans la version 2. Les points essentiels

1. L'élément SEQUENCE est très fréquent dans les messages SNMP. En effet, SNMP utilise ce terme plutôt que les constructions conventionnelles ARRAY ou STRUCT des langage de programmation classiques.

de cette évolution portent à la fois sur la définition et sur l'administration de la sécurité. Concernant la *définition de la sécurité*, SNMPv3 définit une politique générale suffisamment flexible qui permet à l'administrateur du réseau de l'adapter à celle de l'entreprise. Ainsi les interactions entre l'administrateur et les éléments administrés suivent la politique de sécurité de l'entreprise. De point de vue de l'*administration de la sécurité*, SNMPv3 est conçu de telle façon à la rendre la plus aisée possible.

Pour atteindre ses objectifs de généralité et de flexibilité SNMPv3 définit un ensemble de services couvrant plusieurs aspects de la sécurité. Chaque service pouvant être configuré indépendamment des autres. C'est le cas par exemple de l'*authentification des messages* qui assure que les instructions reçues sont bien celles fournies par l'administrateur du réseau ; de la *confidentialité* qui garantit que tout message échangé entre l'administrateur et un administré ne peut pas être compris, même s'il vient à être lu par quiconque pourrait l'intercepter ; de l'*autorisation* et du *contrôle d'accès* qui ne donnent le droit d'agir sur un service de sécurité qu'à l'administrateur autorisé. Pour rendre aisée la configuration ou le changement d'un service de sécurité, SNMPv3 autorise la *prise de contrôle à distance* par l'administrateur afin qu'il puisse agir sur le système indépendamment du lieu où il se trouve.

30.13 RÉSUMÉ

Les protocoles d'administration de réseaux permettent à un administrateur de surveiller et de piloter les routeurs et les ordinateurs d'une entreprise. Un programme client d'administration de réseau qui s'exécute sur la station de travail de l'administrateur communique avec un ou plusieurs programmes serveurs, appelés agents, s'exécutant sur les ordinateurs à surveiller. Comme un internet est constitué de machines et de réseaux hétérogènes, le logiciel d'administration TCP/IP s'exécute en tant que programme d'application et utilise les protocoles de transport internet (UDP, par exemple) pour les communications entre client et agent.

Le standard des protocoles d'administration de réseaux TCP/IP est SNMP (*Simple Network Management Protocol*). SNMP définit un protocole simple d'administration de réseaux qui assure deux fonctions de base : aller chercher la valeur d'une variable et définir la valeur d'une variable. Dans SNMP, toutes les opérations sont des effets secondaires de l'enregistrement de valeurs dans des variables. SNMP définit le format des messages qui passent entre un administrateur et les entités qu'il gère.

Il existe un standard associé à SNMP qui définit l'ensemble des variables d'une entité administrée. Cet ensemble est connu sous le nom de base de données d'administration de réseaux ou MIB. Les variables MIB sont décrites à l'aide de ASN.1, un langage formel qui fournit une notation condensée ainsi qu'une représentation des noms et des objets sous forme compréhensible pour le lecteur. ASN.1 utilise un espace de noms hiérarchique, afin de garantir l'unicité des noms de MIB tout en permettant à des sous-groupes d'en administrer des sous-ensembles.

30.14 POUR EN SAVOIR PLUS

Case et *al* [RFC 2570] présentent les grandes lignes du protocole SNMPv3, de même que les motivations et le pourquoi de ce nouveau protocole. Ils indiquent également les changements entre les versions de SNMP, un résumé des divers RFC traitant de la version 3 et expliquent quels sont les éléments de la version 2 qui sont toujours d'actualité. De nombreux autres RFC traitent de certaines parties ou de certains aspects du protocole SNMP. Par exemple, Wijnen *et al.* [RFC 2575] qui présentent le contrôle d'accès à distance ou Case *et al.* [RFC 2572] qui discutent de la gestion des messages.

L'ISO (mai 87a) et (mai 87b) définit la norme ASN.1 et ses règles de codage. McCloghrie *et al.* [RFC 2578, 2579, 2580] définissent le langage et les types de données utilisés par la MIB. Case *et al.* [RFC 1907] définissent la version 2 de la MIB, la MIB II.

Une proposition de protocoles d'administration de réseaux plus ancienne appelée HEMS se trouve dans Trewitt et Partridge [RFC 1021, 1022, 1023 et 1024]. Davin, Case, Fedor et Schoffstall [RFC 1028] définissent un précurseur de SNMP connu sous le nom de protocole simple de surveillance de routeur (*SGMP : Simple Gateway Monitoring Protocol*).

30.15 EXERCICES

30.1 Si vous disposez d'un analyseur de protocoles, capturez un message SNMP et décodez-en les champs.

30.2 Lisez le standard pour déterminer comment ASN.1 code, dans un seul octet, les deux premières valeurs numériques d'un identificateur. Pourquoi procède-t-on de la sorte ?

30.3 Lisez les deux standards SNMPv2 et SNMPv3 afin de les comparer. Dans quelles circonstances les caractéristiques de sécurité de la version 2 sont-elles valides ? ou invalides ?

30.4 Supposez que les concepteurs de la MIB aient besoin de définir une variable correspondant à un tableau à deux dimensions. Comment la notation ASN.1 prend-elle en compte les références à une telle variable ?

30.5 Quels sont les avantages et les inconvénients de la définition de noms ASN.1 globaux pour les variables MIB ?

30.6 Consultez les standards et donnez à chaque élément de données de la figure 30.11 la définition correspondante.

30.7 Essayez, si vous en disposez, d'utiliser le code SNMP client pour lire des variables MIB dans un routeur local. Quel est l'intérêt de permettre à des administrateurs quelconques de lire des variables dans tous les routeurs ?

30.8 Lisez la norme relative à la MIB pour trouver la définition de la table *IpRoutingTable* qui correspond à une table de routage IP. Concevez un programme qui utilise SNMP pour contacter des routeurs et qui vérifie que les entrées de la table ne conduisent pas à des boucles de routage. Quels noms ASN.1 avez-vous générés ?

30.9 Considérez l'implémentation d'un agent SNMP. Est-il important d'organiser les variables de la MIB en mémoire de la même façon que SNMP les décrit ? Pourquoi ? ou pas ?

30.10 Argumentez sur le fait que le terme SNMP est mal approprié car le protocole SNMP n'est pas vraiment simple.

30.11 Lisez le standard IPsec décrit au chapitre 32. Si une entreprise utilise IPsec, est-ce qu'elle doit aussi mettre en œuvre la sécurité SNMPv3 ? Pourquoi ? ou pas ?

30.12 Est-il censé d'utiliser SNMP pour gérer tous les équipements d'un système ? Pourquoi ? ou pas ? (Pour vous guider, pensez aux équipements simples tels que les modems.)

31 Synthèse des dépendances entre protocoles

31.1 INTRODUCTION

TCP/IP a donné naissance à bien d'autres protocoles que ceux abordés dans cet ouvrage. En général, chacun de ces systèmes définit son propre protocole d'application et s'appuie sur TCP ou UDP pour le transport de bout en bout. En fait, tout programmeur qui conçoit une application distribuée utilisant TCP/IP définit un nouveau protocole de niveau application.

S'il n'est pas important de comprendre en détail tous les protocoles, il est important de savoir quels sont ceux qui existent et la façon dont on peut les utiliser. Ce chapitre donne une brève synthèse des relations entre les principaux protocoles dont nous avons parlé et indique ceux qui sont utilisables par les programmes d'application.

31.2 DÉPENDANCES ENTRE PROTOCOLES

Le schéma de la figure 31.1 indique les dépendances qui existent entre les principaux protocoles dont nous avons parlé. Chaque boîte correspond à un protocole particulier et réside immédiatement au-dessus de ceux qui représentent les protocoles auxquels il fait appel. Le protocole de courrier électronique SMTP, par exemple, s'appuie sur TCP qui s'appuie lui-même sur IP.

Plusieurs parties du schéma de la figure 31.1 appellent une explication. La couche inférieure représente les protocoles réalisés par le matériel (ou par un réseau spécifique) ; c'est la couche interface réseau. Cette couche inclut tous les

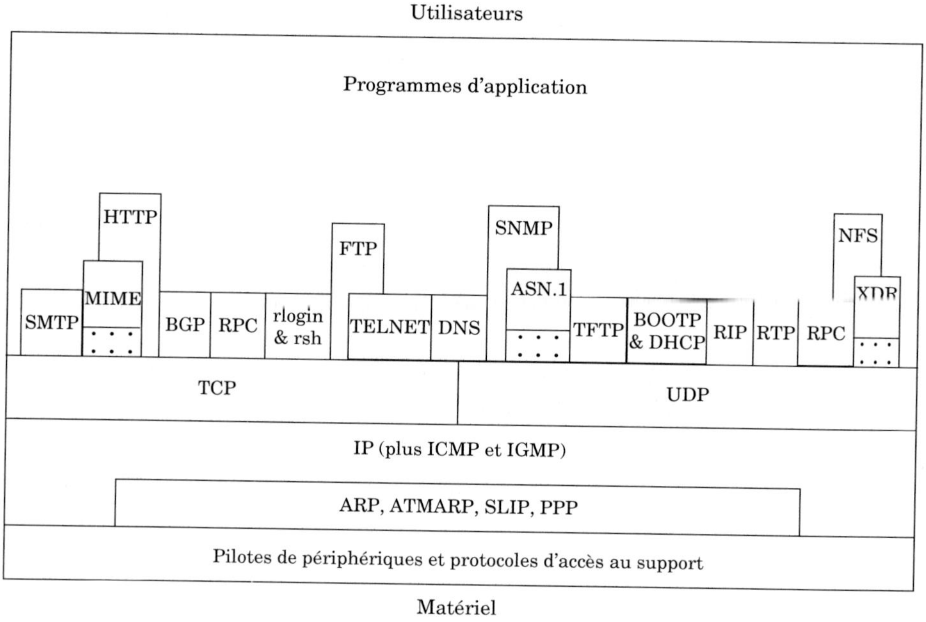

Figure 31.1 — Dépendances entre la plupart des protocoles TCP/IP de couches hautes. Un protocole utilise les protocoles qui se trouvent immédiatement au-dessous de lui. Les programmes d'application peuvent utiliser les protocoles au-dessus d'IP.

protocoles de bas niveau des réseaux. Comme nous l'avons supposé tout au long de ce livre, tout système de transfert de données par blocs (par paquets) peut appartenir à cette couche interface réseau dès lors que le protocole IP peut l'utiliser pour le transfert de ses datagrammes. Par exemple, si un système est configuré pour émettre des datagrammes à travers un tunnel, l'extrémité de ce tunnel est traitée comme une interface matérielle, même si sa réalisation est logicielle.

La seconde couche du schéma contient les protocoles de résolution d'adresses ou de gestion de liaison comme SLIP, PPP, ARP et RARP. Bien entendu, tous les réseaux ou toutes les machines n'utilisent pas ces protocoles. ARP est le plus souvent utilisé sur des réseaux de type Ethernet ; RARP est d'utilisation rare, sauf dans le cas des stations sans disque. D'autres protocoles d'association d'adresses peuvent apparaître à ce niveau, mais aucun d'entre eux ne fait l'objet d'une utilisation importante.

La troisième couche contient le protocole IP. Cette couche IP inclut le protocole de messages de contrôle d'erreurs ICMP obligatoire et le protocole facultatif de gestion de groupe de diffusion multipoint IGMP. Notez qu'IP est le seul protocole qui couvre l'intégralité d'une couche. Tous les protocoles de niveau inférieur fournissent de l'information à IP et tous les protocoles de niveau supérieur doivent utiliser IP pour émettre des datagrammes. Le protocole IP est représenté en dépendance directe avec la couche interface réseau car il a besoin, après avoir utilisé ARP pour établir la correspondance entre les adresses, d'utiliser cette couche interface réseau, ou les protocoles qui permettent d'y accéder, pour transmettre des datagrammes.

TCP et UDP occupent la couche transport. Bien sûr, de nouveaux protocoles de transport ont été suggérés, mais il semble qu'aucun d'entre eux n'ait fait de percée significative jusqu'à aujourd'hui.

La couche application présente des dépendances complexes entre divers protocoles d'application. Souvenez-vous : FTP utilise les définitions du terminal virtuel réseau de TELNET pour définir la communication sur sa connexion de supervision et TCP pour établir les connexions de transfert de données. Ainsi, le schéma indique que FTP dépend à la fois de TELNET et de TCP. Le système de noms de domaines DNS utilise à la fois UDP et TCP pour les communications. C'est la raison pour laquelle le schéma indique ces deux dépendances. NFS de Sun dépend de la représentation externe XDR et des appels de procédure distante RPC. RPC apparaît d'ailleurs deux fois car, comme DNS, il utilise soit TCP soit UDP.

SNMP dépend de la notation syntaxique abstraite ASN.1. Il peut utiliser TCP ou UDP comme protocole de transport et si nous n'avons ici indiqué que UDP c'est que les implémentations faisant usage de TCP sont très rares.. Comme ASN.1 et XDR ne font que décrire une syntaxe et un espace de noms, ils ne dépendent ni de TCP, ni d'UDP. C'est ce qui explique qu'ils soient séparés de la couche transport par une zone en pointillés. Quelques détails ont été omis dans notre diagramme. Par exemple, on pourrait dire que le protocole IP dépend de BOOTP/DHCP ou que beaucoup de protocoles dépendent de DNS parce que le logiciel qui implémente ces protocoles a besoin de la correspondance nom-adresse.

31.3 LE MODÈLE DU SABLIER

On dit souvent qu'Internet suit le modèle *du sablier*. IP étant le point de passage obligé, c'est le cœur de ce modèle, le seul protocole commun à toutes les applications puisque toutes les applications font usage de datagrammes IP. Et d'ailleurs c'est en faisant s'exécuter le protocole IP sur toutes les technologies de réseau disponibles qu'on obtient une interopérabilité universelle. La figure 31.2 illustre ce concept de sablier et les liens entre IP, les applications et les réseaux sous-jacents.

les traduit en demandes TFTP, transmet le résultat à un serveur TFTP pour obtenir un fichier et convertit la réponse en FTP pour la transmettre au client initial. Quels sont les avantages et inconvénients d'une telle conversion ?

31.2 Considérez la conversion de l'exercice précédent. Pour quelles paires de protocoles de la figure 31.1 est-il possible d'effectuer des conversions ?

31.3 Certains programmes d'application invoqués par les utilisateurs peuvent avoir besoin d'un accès direct à IP sans utiliser TCP ou UDP. Trouvez des exemples de tels programmes (indication : pensez à ICMP).

31.4 Où placer les protocoles multicast dans le diagramme de la figure 31.1 ?

31.5 DNS permet l'accès à TCP ou à UDP. Voyez si votre système d'exploitation permet à un processus d'accepter indifféremment des connexions TCP et des demandes UDP.

31.6 Choisissez une application complexe telle que le système de multi-fenêtrage X (*X window system*) et déterminez les protocoles utilisés.

31.7 Où placeriez-vous OSPF dans le schéma de la figure 31.1 ?

31.8 Le diagramme de la figure 31.1 montre que FTP dépend de TELNET. Votre client FTP local invoque-t-il le programme TELNET ou contient-il une réalisation locale du protocole TELNET ?

31.9 Refaites la figure 31.1 pour un navigateur Web. Quels protocoles utilise-t-il ?

32

Sécurité d'un internet et conception de gardes-barrières

32.1 INTRODUCTION

Tout comme on a besoin de verrous pour protéger des biens matériels, on doit disposer, au niveau des ordinateurs et des réseaux, de mécanismes permettant une bonne protection des informations. Les problèmes liés à la sécurité dans un internet sont tout à la fois importants et difficiles à résoudre. Importants parce que l'information a une valeur non négligeable — elle peut être achetée et vendue ou utilisée pour créer des biens et des services à haute valeur ajoutée. Difficiles à résoudre parce que la sécurité dans un internet est liée tout autant à la confiance que l'on peut avoir en un utilisateur, un ordinateur, un service ou un réseau qu'à des considérations techniques sur les matériels ou les protocoles. La sécurité de tout un réseau peut être compromise par un seul ordinateur. Plus encore, TCP/IP supportant un grand nombre d'utilisateurs, de services et de réseaux extrêmement divers, et un internet débordant souvent les frontières politiques ou organisationnelles, il se peut que les participants individuels ou les organisations ne soient pas d'accord entre eux sur le niveau de sécurité à assurer.

Ce chapitre décrit deux techniques souvent utilisées pour garantir une bonne sécurité : la détermination d'un périmètre de sécurité et le chiffrement. La première permet à chaque organisation de déterminer les services et les réseaux qui seront accessibles aux étrangers et l'étendue des droits que ces derniers auront sur les ressources. La seconde permet de résoudre la plupart des problèmes de sécurité. Mais commençons par revoir quelques concepts de base et un peu de terminologie.

32.2 LA PROTECTION DES RESSOURCES

Les termes *sécurité du réseau* et *sécurité du système d'information* traduisent le fait que des utilisateurs non autorisés ne doivent pas pouvoir accéder aussi bien à l'information qu'aux services disponibles sur un réseau. La sécurité implique la sûreté, et donc l'assurance que les données ne seront pas altérées, qu'il n'y aura pas d'accès non autorisés, pas d'espionnage des communications et pas d'interruption intempestive de service. Bien entendu, aucun réseau n'est sûr à 100 %. Les entreprises font un effort pour rendre les réseaux plus sûrs pour la même raison qu'elles renforcent la sécurité d'accès à leurs locaux : même si l'on ne peut pas complètement empêcher les infractions, on peut décourager leurs auteurs potentiels en les rendant plus difficiles.

La sécurité de l'information implique une bonne protection des ressources physiques et des ressources abstraites. Parmi les ressources physiques, on peut citer aussi bien les unités de stockage passives comme les disques ou les cartouches de sauvegarde que les unités actives comme les ordinateurs des utilisateurs. En environnement réseau, la sécurité physique s'étend aux liaisons, aux ponts et aux routeurs qui composent l'architecture du réseau. Même si on la mentionne rarement, la sécurité physique joue un rôle de tout premier ordre dans un plan général de sécurité. De toute évidence, un bon niveau de sécurité physique peut permettre d'éviter les écoutes, mais il peut également supprimer les attaques basées sur des sabotages (par exemple, la mise hors service d'un routeur pour imposer un routage des paquets par un chemin moins fiable).

Il est plus difficile de protéger une ressource abstraite comme l'information que de protéger quelque chose de physique parce que l'information a quelque chose d'insaisissable. La sécurité de l'information passe par des aspects aussi divers que :

- l'*intégrité des données*, qui consiste à empêcher une modification non autorisée ;
- la *disponibilité des données*, c'est-à-dire faire en sorte qu'on ne puisse empêcher des accès légitimes aux données, en saturant le réseau par exemple ;
- le *respect de la confidentialité* puisque l'information peut être copiée lorsqu'elle traverse le réseau ;
- l'*autorisation d'accès* : alors que la sécurité physique se contente souvent de classer les gens et les ressources en grandes catégories (par exemple, seuls les employés peuvent accéder à un certain couloir), la sécurité de l'information a souvent besoin d'être plus restrictive (par exemple, une certaine partie d'un enregistrement du fichier personnel est accessible à un service, tandis que d'autres sont réservées à la hiérarchie et que d'autres encore sont destinées à la comptabilité) ;
- l'*authentification* qui consiste à garantir l'identité de l'interlocuteur distant ;

- l'*évitement du rejeu*, car un étranger peut copier la suite de paquets d'une transaction (connexion suivie d'un mot de passe suivie d'une transaction par exemple) pour la rejouer un peu après.

32.3 NÉCESSITÉ D'UNE POLITIQUE DE L'INFORMATION

Avant de renforcer sa sécurité, une organisation doit évaluer les risques et développer une politique claire en termes d'accès à l'information et de protection. Cette politique doit spécifier qui pourra accéder à chaque élément d'information, les règles que chacun doit observer pour faire circuler cette information et la façon dont l'organisation réagit aux violations.

Il est crucial d'établir une politique de gestion de l'information et de former les employés parce que :

> Les êtres humains sont toujours les points faibles de tout système de sécurité. Une personne mal intentionnée, négligente ou ignorant la politique de gestion de l'information de son organisation peut mettre en danger le meilleur système de sécurité.

32.4 MÉCANISMES DE SÉCURITÉ DANS INTERNET

Internet pose des problèmes de sécurité difficiles à résoudre parce que les datagrammes qui traversent les différents réseaux prennent parfois des chemins qui ne sont contrôlés ni par l'émetteur ni par le destinataire. Ils risquent donc d'être recopiés, analysés voire même modifiés par des nœuds intermédiaires. À titre d'exemple, imaginons qu'un serveur veuille utiliser l'*authentification de la source* pour gérer l'accès à ses ressources. Il va donc examiner l'adresse source IP des datagrammes entrants et n'acceptera que ceux qui proviennent d'une source qu'il connaît. Ce mécanisme est très *faible* parce qu'il peut être cassé très facilement : il suffit qu'un routeur intermédiaire espionne le trafic, enregistre une adresse IP valide pour le serveur et remplace, dans un datagramme qu'il fabrique, son adresse source par une adresse valide.

> Un mécanisme d'autorisation qui ne s'appuierait que sur l'adresse IP source d'une machine distante est très insuffisant dans un internet non sûr. Un imposteur peut, en effet, prendre le contrôle d'un routeur intermédiaire et obtenir un accès en se faisant passer pour un client autorisé.

Pour avoir une véritable authentification, il faut utiliser le *chiffrement* : l'émetteur applique une certaine fonction mathématique à son message, fonction liée à une *clé* qui n'est connue que de lui. Le récepteur utilise alors une autre fonction pour déchiffrer le message. Si l'on choisit soigneusement l'algorithme de chiffrement et la clé qui lui est associée, on peut être à peu près certain qu'il sera impossible à une machine intermédiaire de décoder des messages ou de fabriquer des messages apparemment valides.

32.5 SÉCURITÉ IP (IPsec)

Pour permettre une communication sûre dans Internet, l'IETF a conçu tout un ensemble de protocoles qu'on appelle IPsec (abréviation de *IP security* ou *sécurité IP*). Ces protocoles permettent l'authentification et le respect de la confidentialité des transactions aussi bien sous IPv4 que sous IPv6[1]. Ce qu'il faut en retenir, c'est qu'au lieu de spécifier dans le détail l'algorithme de chiffrement, l'IETF a préféré avoir un système souple et extensible. C'est ainsi qu'une application qui utilise IPsec peut choisir d'authentifier simplement l'émetteur ou d'utiliser aussi un mécanisme de chiffrement pour être sûre que les données transportées le seront de façon confidentielle. Ces choix peuvent d'ailleurs être non symétriques (on peut avoir l'authentification dans un sens et pas dans l'autre, par exemple). De plus, IPsec n'impose pas tel ou tel algorithme de chiffrement ou d'authentification mais fournit un cadre général de sécurité qui permet à deux entités communicantes de choisir les algorithmes et les clés qui leur conviennent le mieux. Avec IPsec, l'interopérabilité est garantie par le fait même que toute implémentation doit reconnaître un ensemble prédéfini d'algorithmes de chiffrement.

IPsec n'est pas un protocole de sécurité mais un ensemble d'algorithmes ainsi qu'un cadre général de sécurité fourni aux applications qui peuvent ainsi choisir l'algorithme qui leur convient le mieux.

32.6 L'EN-TÊTE D'AUTHENTIFICATION IPsec

Plutôt que de changer l'en-tête du datagramme classique ou de créer une option, l'IETF a décidé, pour IPsec, d'avoir un *en-tête d'authentification* (AH pour *Authentification Header*) qui transporte l'information nécessaire. La figure 32.1 en illustre une utilisation très simple sous IPv4.

1. Les exemples de ce chapitre concernent essentiellement IPv4. Au chapitre 33, nous verrons IPv6 et les en-têtes qui permettent de faire de la sécurité.

En-tête IPv4	En-tête TCP	Données TCP

(a)

En-tête IPv4	En-tête d'authentification	En-tête TCP	Données TCP

(b)

Figure 32.1 — (a) Un datagramme IPv4. (b) Le même datagramme IPv4 après qu'on lui a ajouté un en-tête IPsec. Ce nouvel en-tête est inséré immédiatement après l'en-tête IP.

Comme l'indique la figure 32.1, IPsec insère l'en-tête d'authentification immédiatement après l'en-tête IP d'origine et avant l'en-tête de transport. De plus, le champ *Protocole* de l'en-tête IP se voit modifié pour contenir maintenant la valeur *51* qui indique précisément la présence d'un en-tête d'authentification.

Mais si IPsec modifie le champ *Protocole* de l'en-tête IP, comment donc le récepteur peut-il déterminer le type d'information transportée ? En fait, l'en-tête d'authentification a un champ *En-tête suivant* (*next header*) qui spécifie le type et IPsec enregistre la valeur d'origine de *Protocole* dans ce champ. Lorsqu'un datagramme se présente, le récepteur utilise l'information de sécurité en provenance de l'en-tête d'authentification pour s'assurer de l'identité de l'émetteur puis se sert de la valeur *En-tête suivant* pour démultiplexer le datagramme. La figure 32.2 illustre le format de l'en-tête.

0	8	16	31
En-tête suivant	LG charge utile	Réservé	
Index paramètres sécurité			
Num séquence			
Données authentification (variables)			

Figure 32.2 — Format de l'en-tête d'identification IPsec. Le champ *En-tête suivant* contient la valeur qu'il y avait à l'origine dans le champ IP *Protocole*.

Il est intéressant de noter que le champ *LG Charge utile* ne spécifie pas la taille des données du datagramme mais celle de l'en-tête d'authentification. Les champs qui le suivent servent à la sécurité : *Num Sequence* contient un numéro de séquence unique pour tous les paquets émis ; ce nombre est initialisé à zéro lorsqu'on sélectionne un certain algorithme et augmente ensuite régulièrement ; *Index paramètres sécurité* donne le schéma de sécurité utilisé et *Données authentification* comporte les données qui sont associées à ce schéma.

32.7 L'ASSOCIATION DE SÉCURITÉ

Pourquoi faut-il avoir un index des paramètres de sécurité ? Essentiellement parce qu'un schéma de sécurité définit des éléments qui peuvent prendre de nombreuses formes. C'est ainsi qu'il peut comporter un algorithme d'authentification, une (ou des) clé(s) utilisée(s) par cet algorithme, une durée de vie de ces clés, une durée de vie de l'algorithme ou encore une liste des adresses source autorisées à utiliser ce schéma. Il n'est pas possible de placer toutes ces informations dans l'en-tête.

C'est pourquoi IPsec permet à chaque récepteur de rassembler toutes les données relatives à la sécurité en une abstraction : l'*association de sécurité* (SA pour *security association*).

Chaque SA a un numéro, l'*index des paramètres de sécurité*. Avant qu'un émetteur puisse utiliser IPsec pour communiquer avec un récepteur, il doit disposer d'un numéro de SA. La destination peut spécifier une durée de vie de SA et réutiliser le numéro lorsqu'il est devenu invalide. On ne doit donc pas interpréter un index indépendamment de sa destination (l'index *1* peut avoir des significations complètement différentes suivant la destination). En résumé :

> Une destination utilise un index des paramètres de sécurité pour identifier l'association de sécurité d'un paquet. Ses valeurs ne sont pas globales ; pour identifier une association de sécurité, il est nécessaire de disposer simultanément d'une adresse de destination et d'un index de paramètres de sécurité.

32.8 ENCAPSULATION DES INFORMATIONS DE SÉCURITÉ IPsec

Pour gérer tant la confidentialité que l'authentification, IPsec utilise un mécanisme d'*encapsulation de charge utile de sécurité* (ESP pour *Encapsulating Security Payload*) qui est plus complexe qu'un simple en-tête de sécurité. La valeur 50 du champ *Protocole* indique au récepteur que le datagramme transporte des données encapsulées comme l'illustre la figure 32.3.

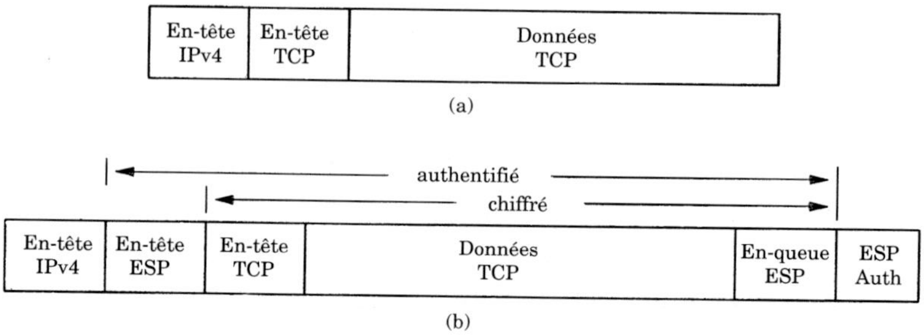

Figure 32.3 — (a) Un datagramme et (b) le même datagramme utilisant l'encapsulation IPsec. En pratique, le chiffrement fait que les champs ne sont pas facilement identifiables.

Comme l'indique la figure, l'ESP ajoute trois composants au datagramme : l'*En-tete esp* qui suit immédiatement l'en-tête IP et précède la charge utile chiffrée, l'*En-queue esp* qui est chiffrée avec la charge utile et le champ *ESP Auth*, de taille variable, qui suit la partie chiffrée.

L'ESP utilise plusieurs composants déjà rencontrés dans l'en-tête d'authentification, mais dans un ordre différent. Par exemple, l'*En-tete ESP* comporte 8 octets qui donnent l'index des paramètres de sécurité et un numéro de séquence.

0 — 16 — 31
INDEX DES PARAMÈTRES DE SÉCURITÉ
NUM SÉQUENCE

L'*En-queue ESP* comporte un bourrage optionnel, un champ *LG Bourrage* (taille du bourrage) et un champ *En-tete suivant* suivi d'un nombre variable de données d'authentification.

0	16	24 — 31
0-255 OCTETS DE BOURRAGE	LG BOURRAGE	EN-TÊTE SUIVANT
DONNÉES D'AUTHENTIFICATION ESP (VARIABLES)		

Le bourrage est optionnel, mais il peut être présent pour au moins trois raisons. D'abord, certains algorithmes de déchiffrement exigent qu'un certain nombre de zéros suivent un message chiffré. Ensuite, il faut noter que le champ *En-tete suivant* est aligné à droite sur une frontière de mot de 4 octets. Cet alignement est important parce qu'IPsec exige que les données d'authentification qui suivent l'en-queue soient alignées à gauche sur une frontière de mot de 4 octets. Il peut donc être nécessaire de placer des bits de bourrage pour respecter cet alignement. Enfin, certains sites peuvent choisir d'ajouter aléatoirement du bourrage pour que les espions ne puissent tirer aucune information pertinente de la taille des datagrammes échangés.

32.9 EN-TÊTES D'AUTHENTIFICATION ET EN-TÊTES MOUVANTS

Le mécanisme d'authentification d'IPsec est destiné à garantir que le datagramme reçu est identique à celui qui a été émis. Mais il est impossible d'en être absolument certain, ne serait-ce que parce que la traversée de chaque routeur décrémente le champ Durée de vie du datagramme !

IPsec utilise le terme *champs mouvants* (*mutables*) pour désigner les champs IP qui sont modifiés pendant la traversée du réseau. Pour éviter que ces changements provoquent des erreurs d'authentification, IPsec omet tous ces champs de son analyse d'authentification. En d'autres termes, lorsqu'un datagramme arrive, IPsec n'authentifie que les champs immuables (c'est-à-dire l'adresse source et le type de protocole).

32.10 TUNNELS IPsec

Nous avons vu au chapitre 20 que la technologie de réseau privé virtuel (VPN) utilisait le chiffrement et les tunnels *IP dans IP* pour conserver un aspect privé aux transferts intersites. IPsec a été spécifiquement conçu pour gérer des tunnels chiffrés. C'est ainsi que le standard définit des versions avec tunnel aussi bien pour l'en-tête d'authentification que pour l'ESP. La figure 32.4 illustre la forme des datagrammes en mode tunnel.

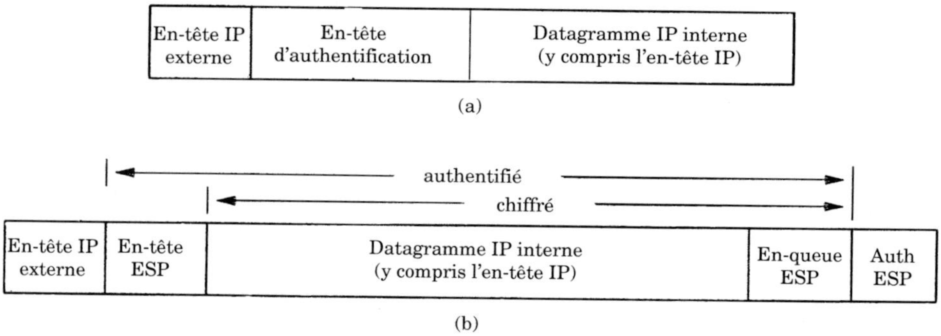

Figure 32.4 — Le mode tunnel IPsec (a) avec l'authentification et (b) avec l'ESP. Tout le datagramme interne est protégé.

32.11 ALGORITHMES DE SÉCURITÉ EXIGÉS

Il existe, avec IPsec, un certain nombre d'algorithmes de sécurité qui doivent être présents dans toutes les implémentations. Pour chacun d'eux, le standard définit des usages bien spécifiques. La figure 32.5 donne la liste des algorithmes en question.

Authentification	
HMAC avec MD5	RFC 2403
HMAC avec SHA-1	RFC 2403
ESP	
DES en mode CBC	RFC 2405
HMAC avec MD5	RFC 2403
HMAC avec SHA-1	RFC 2404
Pas d'authentification	
Pas de chiffrement	

Figure 32.5 — Les algorithmes de sécurité obligatoires avec IPsec.

32.12 SOCKETS SÛRS

Lorsqu'au milieu des années 1990 il est devenu évident que la sécurité serait un des points clés du développement du commerce électronique, plusieurs groupes de travail proposèrent des solutions adaptables au Web. Une de ces solutions, SSL (pour *Secure Sockets Layer*, couche de sockets sûrs), est devenue un standard de fait, même si elle n'a pas été formellement adoptée par l'IETF. Comme son nom l'indique, SSL réside au même niveau qu'un API socket. Lorsqu'un client utilise SSL pour contacter un serveur, le protocole SSL permet à chaque entité de s'authentifier auprès de l'autre et de mettre en place une connexion chiffrée (c'est-à-dire une connexion qui utilise l'algorithme de chiffrement choisi pour garantir la confidentialité).

32.13 GARDE-BARRIÈRE ET ACCÈS À UN INTERNET

Les mécanismes qui commandent l'*accès à un internet* doivent permettre à un réseau particulier ou à une organisation de faire écran aux communications non désirées. Ces mécanismes doivent empêcher les intrus d'obtenir de l'information, de changer l'information ou d'interrompre de manière intempestive les communications sur l'internet. À la différence des mécanismes d'authentification et de confidentialité que l'on peut ajouter aux programmes d'application, le contrôle d'accès à un internet nécessite de changer les composants de base de l'infrastructure de l'internet. En particulier, un bon contrôle d'accès exige une combinaison soignée de restrictions sur la topologie du réseau et de filtres de paquets.

Il est vite apparu une technique fondamentale pour gérer le contrôle d'accès à un internet. Elle consiste à placer, à l'entrée de l'internet à protéger, un *garde-barrière* (*firewall*)[1]. Par exemple, une organisation place un garde-barrière à sa connexion avec le réseau Internet pour éviter les accès indésirables. Le garde-barrière partitionne ainsi un internet en deux *régions* dites *intérieure* et *extérieure*.

32.14 CONNEXIONS MULTIPLES ET MAILLONS LES PLUS FAIBLES

Bien que le concept paraisse simple, un certain nombre de détails viennent compliquer la réalisation d'un garde-barrière. En particulier, l'internet d'une organisation peut avoir plusieurs connexions vers l'extérieur. Ces connexions externes multiples posent des problèmes de sécurité bien spécifiques. L'organisation doit

1. Le terme *firewall* vient de l'architecture : il désigne une cloison pare-feu.

mettre en place un *périmètre de sécurité* en installant un garde-barrière à chaque connexion vers l'extérieur. Plus important encore, pour garantir l'efficacité de ce périmètre de sécurité, elle doit coordonner les gardes-barrières pour qu'ils aient tous les mêmes restrictions d'accès. Dans le cas contraire, il serait possible de contourner les restrictions imposées par un garde-barrière en passant par un autre[1]. En résumé :

> Une organisation qui a plusieurs connexions vers l'extérieur doit installer un garde-barrière à chaque connexion et doit coordonner tous les gardes-barrières. Ne pas avoir les mêmes restrictions d'accès sur tous les gardes-barrières peut rendre l'organisation vulnérable.

32.15 IMPLÉMENTATION D'UN GARDE-BARRIÈRE ET MATÉRIEL HAUTE VITESSE

Comment implémenter un garde-barrière ? En théorie, son rôle consiste seulement à rejeter toutes les communications non autorisées entre les ordinateurs de l'organisation et ceux de l'extérieur. En pratique, les détails de réalisation dépendent de la technologie du réseau, de la capacité de connexion, de la charge et de la politique de l'entreprise. Il n'y a donc pas de solution unique pour toutes les organisations : la construction d'un garde-barrière efficace peut être très difficile.

Pour travailler à la vitesse du réseau, un garde-barrière doit disposer de matériels et de logiciels optimisés. Heureusement, la plupart des routeurs du commerce comportent un mécanisme de filtrage à haute vitesse que l'on peut utiliser pour faire l'essentiel du travail. Un administrateur peut configurer le filtre du routeur pour faire en sorte que le routeur bloque certains datagrammes. En analysant les détails des mécanismes de filtrage, nous verrons pourquoi les filtres sont les briques de base de la construction d'un garde-barrière. Nous verrons ensuite que l'on peut utiliser les filtres en liaison avec d'autres mécanismes pour permettre des communications tout à la fois sûres et souples.

32.16 FILTRES AU NIVEAU PAQUET

De nombreux routeurs offrent un mécanisme qui dépasse le simple routage et permet à un administrateur de mieux contrôler le traitement des paquets. Ce mécanisme, qu'on appelle souvent *filtre de paquets*, requiert de l'administrateur qu'il

1. C'est l'axiome du *maillon le plus faible* suivant lequel la solidité de toute une chaîne est celle de son maillon le plus faible.

spécifie la façon dont le routeur doit traiter chaque datagramme. Par exemple, l'administrateur peut choisir de *filtrer* (c'est-à-dire de retenir) tous les datagrammes qui proviennent d'une certaine source ou tous ceux utilisés par une certaine application, les autres datagrammes étant routés vers leur destination normale.

Le terme filtre de paquets vient du fait que ce mécanisme de filtrage ne garde pas trace des interactions ou de l'historique des datagrammes précédents : le filtre considère chaque datagramme indépendamment des autres. Lorsqu'arrive un datagramme, le routeur le passe à travers le filtre et le détruit immédiatement s'il est rejeté par ce dernier.

TCP/IP ne disposant pas de standard pour les filtres de paquets, chaque fabricant de routeurs est libre de choisir les fonctionnalités de son filtre aussi bien que celles de l'interface que l'administrateur utilise pour la configuration. Certains routeurs permettent à l'administrateur de configurer un filtrage spécifique pour chaque interface, alors que d'autres ne permettent qu'une configuration commune à toutes les interfaces. En principe, pour spécifier les datagrammes à retenir, l'administrateur peut lister toute combinaison d'adresse source IP, d'adresse destination IP, de protocole, de numéro de port de protocole source et de numéro de port de protocole destination. La figure 32.6 illustre un exemple de spécification de filtrage.

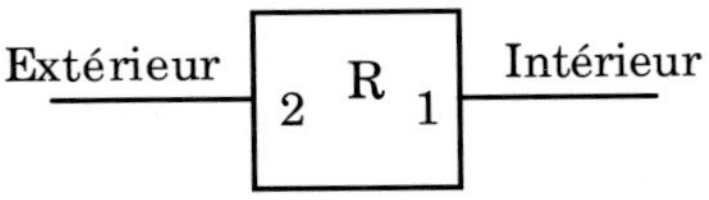

Source d'arrivée	Adresse IP source	Adresse IP destination	Protocole	Numéro de port	Numéro de port
2	*	*	TCP	*	21
2	*	*	TCP	*	23
1	128.5.0.0/16	*	TCP	*	25
2	*	*	UDP	*	43
2	*	*	UDP	*	69
2	*	*	TCP	*	79

Figure 32.6 — Un routeur avec deux interfaces et un exemple de spécification de filtrage de datagrammes. La brique de base d'un garde-barrière est un routeur comportant une spécification de filtrage.

Dans cet exemple, l'administrateur a choisi de retenir les datagrammes entrants destinés à quelques ports réservés et certains datagrammes sortants. Le filtre retient en effet tous les datagrammes sortants qui proviennent d'un ordinateur du réseau de classe B *128.5.0.0* et qui sont destinés au serveur de courrier distant (TCP port 25). Le filtre retient également les datagrammes entrants destinés à FTP (TCP port 21), TELNET (TCP port 23), WHOIS (UDP port 43), TFTP (UDP port 69) ou FINGER (TCP port 79).

32.17 SÉCURITÉ ET SPÉCIFICATION DE FILTRAGE DE PAQUETS

Bien que l'exemple de configuration de filtre de la figure 32.6 spécifie une petite liste de services à filtrer, une telle approche ne serait pas très efficace pour un vrai garde-barrière et ce, pour trois raisons. Première raison, le nombre de ports réservés est grand et augmente sans cesse. L'administrateur aurait donc sans cesse à mettre à jour la liste parce qu'une seule omission risquerait de rendre le garde-barrière vulnérable. Deuxième raison, l'essentiel du trafic sur un internet ne concerne pas un port réservé. En plus, du fait que les programmeurs peuvent choisir des numéros de ports pour leurs applications client-serveur privées, des services comme l'appel de procédures distantes (RPC) affectent les ports dynamiquement. Troisième raison, lister les ports réservés n'empêche pas de laisser les gardes-barrières vulnérables aux tunnels, technique par laquelle on encapsule temporairement un datagramme dans un autre pour lui faire traverser une partie d'un internet. On peut en effet contourner ainsi un dispositif de sécurité en faisant qu'un ordinateur ou un routeur de l'intérieur accepte des datagrammes encapsulés provenant de l'extérieur, enlève une couche d'encapsulation et passe ensuite le datagramme à un service que le garde-barrière aurait autrement interdit d'atteindre.

Comment un garde-barrière peut-il utiliser efficacement le filtrage de paquets ? La réponse tient dans le renversement de l'idée même de filtre : au lieu de spécifier les datagrammes à retenir, un garde-barrière doit être configuré pour retenir tous les datagrammes sauf ceux qui sont destinés à des réseaux particuliers, des ordinateurs particuliers ou des ports réservés pour lesquels les communications externes sont acceptées. L'administrateur démarre ainsi avec l'hypothèse que toute communication est interdite et, en analysant la politique de communication de l'entreprise, rend opérationnel tel ou tel port. De fait, de nombreux filtres de paquets permettent à un administrateur de spécifier l'ensemble des datagrammes à admettre et non l'ensemble des datagrammes à retenir. On peut résumer cela de la façon suivante :

> Pour être efficace, un garde-barrière qui utilise le filtrage de datagrammes doit interdire l'accès de toutes les sources ou destinations IP, quels que soient le protocole et les ports de protocole, excepté pour les ordinateurs, les réseaux et les services explicitement souhaités. Un filtre de paquets qui permet à l'administrateur de spécifier les datagrammes à admettre au lieu des datagrammes à rejeter permet de prendre en compte plus facilement de telles restrictions.

32.18 CONSÉQUENCES DE LA RESTRICTION DES ACCÈS POUR LES CLIENTS

Le rejet des datagrammes arrivant pour un port de protocole inconnu semble résoudre de nombreux problèmes de sécurité en empêchant des intrus d'accéder à un serveur quelconque de l'organisation. Mais un tel garde-barrière présente également l'intérêt suivant : il évite qu'un ordinateur de l'intérieur ne devienne le client d'un service externe. Pour comprendre pourquoi, rappelons-nous que si chaque serveur opère sur un port réservé, ce n'est pas le cas des clients. Lorsqu'un programme client commence son exécution, il demande à son système d'exploitation de sélectionner un numéro de port de protocole qui ne soit ni un numéro de port réservé ni un numéro de port déjà utilisé. Quand il décide de communiquer avec un serveur extérieur à l'organisation, un client engendre un ou plusieurs datagrammes et les envoie au serveur. Chaque datagramme sortant comporte le numéro de port de protocole du client comme port source et celui (réservé) du serveur comme port de destination. Le garde-barrière ne retient pas ce type de datagrammes et, pour répondre, le serveur inverse les numéros de ports : le port du client devient port de destination tandis que celui du serveur est le port source. Lorsque le datagramme de réponse parviendra au garde-barrière, il risquera d'être bloqué tout simplement parce que le port de destination n'est pas approuvé. Nous avons ainsi une idée importante qui apparaît :

> Si un garde-barrière retient tous les datagrammes entrants sauf ceux qui concernent les ports qui correspondent à des services que l'on veut rendre accessibles de l'extérieur, une application située à l'intérieur ne peut devenir cliente d'un serveur situé à l'extérieur.

32.19 ACCÉDER À DES SERVICES À TRAVERS UN GARDE-BARRIÈRE

Bien entendu, les organisations ne configurent pas toutes leurs gardes-barrières de telle sorte qu'ils retiennent les datagrammes destinés à des ports de protocoles inconnus. Dans le cas où l'on désire avoir un garde-barrière pour éviter les accès non autorisés, les utilisateurs de l'intérieur ont besoin d'un mécanisme sûr qui permette de faire accès à des serveurs extérieurs. Ce mécanisme est la seconde partie de toute architecture de garde-barrière.

En général, une organisation ne peut fournir un accès sûr aux services extérieurs qu'à travers un ordinateur lui-même sûr. Au lieu d'essayer de rendre sûrs tous les ordinateurs de l'organisation (tâche herculéenne), une organisation associe en général un ordinateur sûr à chaque garde-barrière. Puisqu'un ordinateur doit être renforcé pour qu'il serve de canal de communication sûr, on a coutume de l'appeler *ordinateur bastion*. La figure 32.7 illustre ce concept.

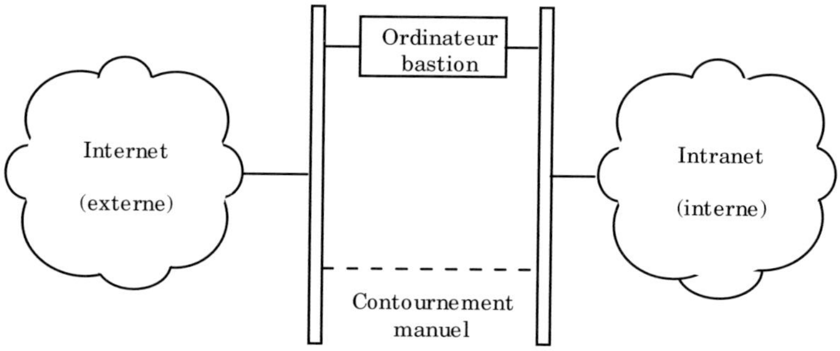

Figure 32.7 — Organisation conceptuelle d'un ordinateur bastion contenu dans un garde-barrière. Cet ordinateur fournit un accès sûr aux services extérieurs sans exiger d'une organisation qu'elle admette des datagrammes aux destinations arbitraires.

Pour permettre des accès sûrs, le garde-barrière a deux barrières conceptuelles. La barrière externe retient tout le trafic entrant excepté (1) les datagrammes destinés à des services de l'ordinateur bastion pour lesquels l'organisation accepte des accès depuis l'extérieur et (2) les datagrammes destinés aux clients s'exécutant sur l'ordinateur bastion. La barrière interne retient le trafic entrant excepté celui qui provient de l'ordinateur bastion. La plupart des gardes-barrières comportent également une possibilité de *contournement manuel* qui permet aux administrateurs de faire passer temporairement tout ou partie du trafic de l'intérieur vers l'extérieur et réciproquement (par exemple en phase de test ou de mise au point).

Pour comprendre comment fonctionne un ordinateur bastion, considérons l'accès au Web. Puisque le garde-barrière empêche l'ordinateur de l'utilisateur de recevoir des datagrammes entrants, ce dernier ne peut utiliser directement son navigateur. En fait, le bastion est équipé d'un serveur proxy et chaque navigateur est configuré pour utiliser le proxy. Si un utilisateur clique sur un lien ou saisit un URL, son navigateur contacte le proxy ; celui-ci contacte alors le serveur, obtient la page et la donne au navigateur de l'utilisateur.

32.20 LES DÉTAILS D'UNE ARCHITECTURE DE GARDE-BARRIÈRE

Maintenant que nous avons acquis les principaux concepts concernant les gardes-barrières, il est possible d'expliquer simplement leur implémentation. Chacune des barrières de la figure 32.7 nécessite un routeur muni d'un filtre de paquets. Des réseaux interconnectent les routeurs et un ordinateur bastion. Une organisation reliée à Internet peut choisir d'implémenter un garde-barrière comme indiqué à la figure 32.8.

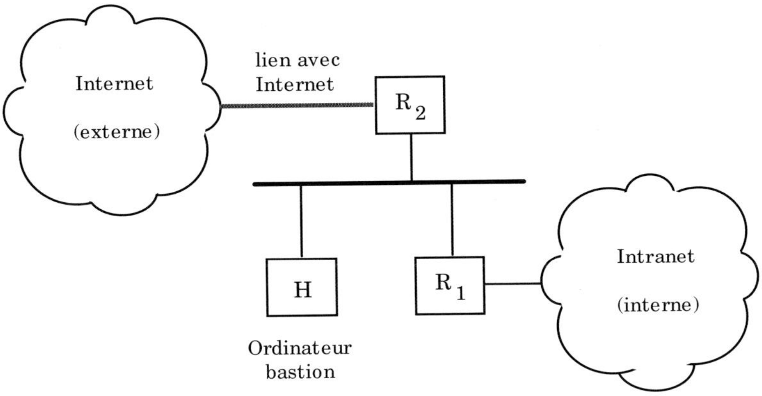

Figure 32.8 — Un garde-barrière implémenté avec deux routeurs et un ordinateur bastion. Un des deux routeurs permet l'accès à Internet.

Comme le montre la figure 32.8, le routeur R_2 forme la barrière externe ; il filtre tout le trafic à l'exception des datagrammes destinés à l'ordinateur bastion *H*. Le routeur R_1 forme la barrière interne qui isole le réseau d'entreprise interne du réseau Internet ; il retient tous les datagrammes entrants à l'exception de ceux qui proviennent de l'ordinateur bastion.

Bien entendu, le niveau de sécurité du garde-barrière tout entier dépend du niveau de sécurité du bastion. Si un intrus arrive à en prendre le contrôle, il pourra accéder à l'intranet tout entier. De plus, un intrus peut exploiter les points faibles du système d'exploitation du bastion ou des applications réseau qu'il exécute. Les administrateurs doivent donc être très vigilants lorsqu'ils choisissent et configurent le logiciel de l'ordinateur bastion. En résumé :

> Bien qu'un ordinateur bastion soit essentiel pour communiquer avec un garde-barrière, il faut se souvenir que la sécurité du garde-barrière dépend de la sécurité du bastion. Un intrus qui exploiterait un point faible du système d'exploitation du bastion pourrait accéder à tous les ordinateurs hôtes du réseau d'entreprise.

32.21 RÉSEAU SOUCHE

On pourrait penser que la figure 32.8 comporte un réseau superflu, celui qui interconnecte les deux routeurs et l'ordinateur bastion. Ce type de réseau est souvent appelé *réseau souche* parce qu'il consiste en une petite liaison qui relie les trois machines. D'où la question : « Ce réseau souche est-il vraiment nécessaire ou pourrait-on placer le bastion sur un des réseaux de production ? » La réponse dépend du trafic entrant attendu puisque le réseau souche isole l'organisation du point de vue des datagrammes entrants. En particulier, dans la mesure où le routeur R_2 admet tous les datagrammes destinés au bastion, un étranger peut envoyer un nombre quelconque de datagrammes sur le réseau souche. Si la liaison vers l'extérieur est de relativement bas débit par rapport à la capacité du réseau souche, il ne sera pas nécessaire d'avoir une liaison physiquement séparée. On peut toutefois remarquer qu'un réseau souche permet à une organisation de se protéger elle-même contre les interruptions de service d'un réseau interne à peu de frais.

32.22 AUTRE IMPLÉMENTATION D'UN GARDE-BARRIÈRE

L'implémentation décrite à la figure 32.8 est correcte pour une organisation qui est reliée à Internet par une seule liaison. Mais certains sites ont une topologie différente. Par exemple, imaginez qu'une entreprise ait trois ou quatre gros clients qui ont chacun besoin de déposer ou d'extraire de grands volumes de données. L'entreprise désire alors avoir un seul garde-barrière mais des liaisons avec plusieurs sites[1]. La figure 32.9 illustre une architecture de garde-barrière qui permet plusieurs liaisons externes.

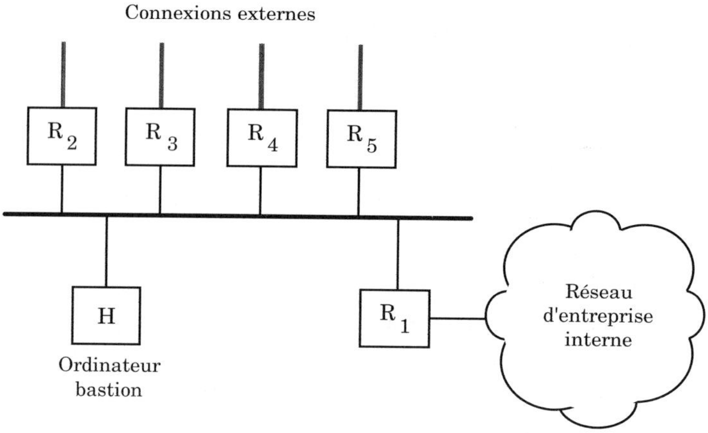

Figure 32.9 — Architecture de garde-barrière qui permet plusieurs liaisons externes à travers un unique garde-barrière. N'utiliser qu'un seul garde-barrière permet de réduire les coûts.

Comme le montre la figure, cette architecture étend le garde-barrière par le biais d'un réseau externe sur lequel arrivent les liaisons externes. Le routeur R_1

1. Il est souvent moins coûteux et plus facile d'avoir un unique garde-barrière à administrer qu'un garde-barrière par connexion.

agit comme à la figure 32.8 pour protéger le site en restreignant les datagrammes entrants à ceux que le bastion envoie. Le rôle de chacun des routeurs R_2 à R_5 est de connecter un site externe au garde-barrière.

Pour comprendre pourquoi les gardes-barrières qui ont plusieurs liaisons utilisent souvent un routeur pour chaque liaison, rappelons-nous que chaque site se méfie de tous les autres. En d'autres termes, l'organisation qui a mis en place le garde-barrière n'a entièrement confiance dans aucune des autres organisations qui, à leur tour, ne se font pas complètement confiance entre elles. Le filtre de paquets d'un routeur relié à une organisation extérieure peut être configuré pour limiter le trafic sur cette liaison. Le possesseur d'un garde-barrière peut ainsi garantir que même si toutes les liaisons vers l'extérieur partagent un réseau commun, on ne passera pas un datagramme d'une liaison vers l'extérieur à une autre. L'organisation qui exploite le garde-barrière peut ainsi assurer à ses clients qu'ils ne prennent pas de risques en se connectant à elle. En résumé :

> Lorsqu'il y a plusieurs sites connectés à travers un unique garde-barrière, une architecture comportant un routeur pour chaque connexion vers l'extérieur peut éviter des flux indésirables d'un site externe vers un autre.

32.23 MONITORAGE ET CONNEXIONS

Le monitorage est un des aspects les plus importants de la conception des gardes-barrières. L'administrateur réseau responsable d'un garde-barrière doit être attentif à toute tentative de contournement des dispositifs de sécurité. Si le garde-barrière ne rapporte pas tous les incidents survenus, l'administrateur n'aura pas connaissance des problèmes.

Le monitorage peut être *actif* ou *passif*. Dans le cas d'un monitorage actif, le garde-barrière notifie à l'administrateur le moindre incident. L'avantage principal de cette méthode est sa rapidité — l'administrateur est immédiatement informé qu'un problème de sécurité est apparu. Son inconvénient principal est qu'elle risque de produire tellement d'information que l'administrateur risque d'être noyé ou de ne pas faire attention à un incident particulier. La plupart des administrateurs préfèrent disposer d'un monitorage passif ou de la combinaison d'un monitorage passif avec un monitorage actif réservé aux incidents les plus graves.

Le monitorage passif, en effet, se traduit par un enregistrement de tous les incidents dans un journal de bord. Le moniteur passif enregistre d'ailleurs aussi bien le trafic normal (par exemple de simples statistiques) que les datagrammes qui sont retenus. L'administrateur peut accéder à chaque instant à ce journal ; la plupart des administrateurs confient d'ailleurs cette tâche à une application.

L'avantage principal du monitorage passif est qu'il garde trace de tous les événements survenus : en cas de problème, on peut remonter à la source et refaire tout l'historique des événements. Plus important encore, un administrateur peut analyser ce journal périodiquement (par exemple tous les jours) pour déterminer si les tentatives d'accès aux ordinateurs de l'organisation augmentent ou diminuent avec le temps.

32.24 RÉSUMÉ

Les problèmes de sécurité sont dûs au fait qu'un internet relie entre elles des entités qui ne se font pas mutuellement confiance. Il existe plusieurs techniques pour aider à ce que l'information reste sûre dans un internet. IPsec permet à un utilisateur de choisir entre deux schémas de base : l'un fournit l'authentification du datagramme et l'autre l'authentification et le respect de la confidentialité. Le datagramme est modifié par IPsec soit par insertion d'un en-tête d'authentification (AH) soit par encapsulation de charge utile de sécurité (EPS) qui insère un en-tête et un en-queue et chiffre les données à envoyer. IPsec fournit un cadre général de sécurité qui permet à deux entités de choisir un algorithme de chiffrement. La sécurité étant souvent liée à l'utilisation de tunnels (cas des VPN, par exemple), IPsec définit un mode tunnel sécurisé.

Pour contrôler les accès à un internet, on utilise un garde-barrière. Une organisation place un garde-barrière à chaque liaison vers l'extérieur pour garantir que le réseau interne de l'organisation n'aura pas de trafic non autorisé. Un garde-barrière est formé de deux barrières et d'un ordinateur sûr appelé *bastion*. Chaque barrière utilise un filtre pour restreindre le trafic des datagrammes. Le bastion permet l'accès à des serveurs visibles de l'extérieur et permet l'exécution de clients qui accèdent à des serveurs situés à l'extérieur. L'organisation se base sur ses politiques d'accès à l'information et à l'internet pour configurer le filtre. En général, un garde-barrière retient tous les datagrammes qui arrivent de sources extérieures sauf ceux qui sont destinés au bastion.

On peut implémenter un garde-barrière de plusieurs façons ; le choix dépend par exemple du nombre de connexions vers l'extérieur. Dans de nombreux cas, chacune des barrières est implémentée par un routeur qui comporte un filtre de paquets. Un garde-barrière peut également utiliser un réseau souche pour isoler les réseaux exploités par une organisation de tout trafic externe.

32.25 POUR EN SAVOIR PLUS

L'IETF a décidé de mettre l'accent sur la sécurité au milieu des années 1990. Du coup, sont apparus un grand nombre de RFC consacrés à la sécurité et qui proposent des politiques, des procédures ou des mécanismes. Kent et Atkinson [RFC

2401] définissent l'architecture IPsec, tandis que Kent et Atkinson [RFC 2402] spécifient l'en-tête d'authentification d'IPsec et que [RFC 2406] décrit l'ESP.

Nombreux sont les RFC qui précisent comment faire de la sécurité avec tel ou tel protocole. C'est ainsi que Wijnen *et al.* [RFC 2575] d'une part et Blumenthal et Wijnen [RFC 2574] d'autre part présentent deux points de vue différents de la sécurité avec SNMPv3.

Cheswick et Bellovin (1994) analysent les gardes-barrières et d'autres sujets liés à une exploitation sûre des internets TCP/IP. Kohl et Neuman [RFC 1510] décrivent le service d'authentification *kerberos* et Borman [RFC 1411] la façon dont *kerberos* peut être utilisé pour l'authentification avec TELNET.

32.26 EXERCICES

32.1 Nombreux sont les sites qui, tout en exigeant que tous les transferts de fichiers passent par un bastion, en profitent pour balayer le contenu du fichier avant de l'admettre dans l'organisation. Quelle peut être la raison de ce comportement ?

32.2 Lisez la description du filtre de paquets d'un routeur du commerce. Quelles fonctionnalités offre-t-il ?

32.3 Trouvez un journal de bord du trafic dans votre site, journal comportant une entrée par datagramme. Quel est le pourcentage de trafic qui arrive d'un port réservé ou qui est destiné à un port réservé ? Ce résultat est-il une surprise pour vous ?

32.4 Si vous disposez sur votre ordinateur d'un logiciel de chiffrement, mesurez le temps nécessaire au chiffrement d'un fichier de 10 Mo, à son transfert sur un autre site et à son déchiffrement. Comparez au temps nécessaire lorsqu'on ne le chiffre pas.

32.5 Les utilisateurs de votre site envoient-ils des informations sensibles par courrier électronique ? Savent-ils bien que SMTP transfère les messages en ASCII et que quiconque situé sur le chemin emprunté peut accéder au contenu d'un message électronique ?

32.6 Les utilisateurs de votre site font-ils usage de modems et d'ordinateurs personnels pour importer ou exporter des données ? Ont-ils connaissance de la politique de votre organisation en matière d'information ?

32.7 Peut-on utiliser un garde-barrière avec les suites de protocoles comme Appletalk ou NetWare ? Pourquoi ?

32.8 Peut-on combiner garde-barrière et NAT ? Quelles sont alors les conséquences ?

32.9 Les militaires ont coutume de ne donner à quelqu'un que l'information qu'il a « besoin de connaître ». Est-ce ainsi que fonctionne votre organisation ? Pourquoi ?

32.10 Donnez deux raisons qui donnent à penser que les gens qui gèrent les politiques de sécurité d'une organisation ne doivent pas être les mêmes que ceux qui en gèrent la sécurité informatique et réseau.

32.11 Quelques organisations utilisent des gardes-barrières pour isoler des groupes d'utilisateurs internes. Trouvez des cas dans lesquels l'introduction de tels gardes-barrières améliore les performances du réseau et des cas dans lesquels elle les dégrade.

32.12 Si votre entreprise utilise IPsec, déterminez les algorithmes choisis. Quelle est la taille de la clé ?

33

L'évolution de TCP/IP (IPv6)

33.1 INTRODUCTION

L'évolution de TCP/IP est intrinsèquement liée à celle d'Internet, et ce, pour plusieurs raisons. En premier lieu, Internet est le plus grand internet TCP/IP de sorte que nombre de problèmes inhérents à l'utilisation de TCP/IP y sont apparus pour la première fois. De plus, les subventions pour la recherche et le développement de TCP/IP proviennent d'organismes tous reliés à Internet et qui ont donc tendance à subventionner plutôt des projets ayant un impact sur Internet. Enfin, pratiquement tous les chercheurs TCP/IP font un usage quotidien d'Internet, ne serait-ce que pour le courrier électronique et ont ainsi de très fortes motivations pour en améliorer les performances.

Avec ses millions d'utilisateurs sur des dizaines de milliers de sites, on pourrait penser qu'Internet est un produit stable. Nous sommes maintenant loin de l'époque héroïque à laquelle tout utilisateur devait également être un expert : aujourd'hui, bien peu d'entre eux connaissent un tant soit peu la technique. Et pourtant, en dépit des apparences, ni Internet ni TCP/IP ne sont statiques. De nouveaux groupes d'utilisateurs se connectent tous les jours et inventent de nouvelles façons d'utiliser TCP/IP et Internet. Les chercheurs résolvent de nouveaux problèmes réseau et les ingénieurs améliorent les mécanismes sous-jacents. Bref, la technique continue à évoluer.

Le but de ce chapitre est d'examiner cette continuelle évolution et d'en analyser une des composantes les plus importantes : l'évolution d'IP. Lorsque la nouvelle version d'IP sera largement diffusée par l'industrie, elle aura un impact très important sur TCP/IP et Internet.

33.2 POURQUOI MODIFIER TCP/IP ET INTERNET ?

La technique TCP/IP classique a fort bien fonctionné pendant plus de dix ans. Pourquoi donc la changer ? Les facteurs qui poussent à l'évolution de TCP/IP sont, pour l'essentiel, liés aux évolutions des technologies.

- *Nouvelles technologies en informatique et en communications*. Les ordinateurs et les routeurs continuent d'évoluer. Au fur et à mesure que de nouvelles technologies apparaissent, elles sont immédiatement incorporées dans Internet.
- *Nouvelles applications*. Les programmes faisant de nouveaux usages de TCP/IP, il faut inventer de nouveaux protocoles. C'est ainsi que la volonté de faire de la téléphonie sur IP a poussé au développement de protocoles temps réel.
- *Augmentation de taille et de trafic*. Pendant des années, Internet a connu des taux de croissance exponentiels en doublant tous les neuf mois, et parfois plus rapidement encore. Le trafic, quant à lui, a connu une augmentation plus importante encore en raison notamment de la prolifération d'applications utilisant du son ou de la vidéo.

33.3 NOUVELLES POLITIQUES

Au fur et à mesure qu'il se répandait dans de nouvelles industries et de nouveaux pays, Internet changeait fondamentalement de nature et changeait de responsables. Ces changements d'entités responsables ont provoqué des changements de politique administrative et impliqué la création de nouveaux mécanismes pour gérer ces politiques. Comme nous l'avons vu, l'architecture d'Internet et ses protocoles proviennent d'un modèle centralisé. L'évolution qui se produit au fur et à mesure que des réseaux fédérateurs nationaux se rattachent à Internet rend nécessaire la gestion d'une interaction de plus en plus complexe. Lorsqu'un grand nombre d'entreprises interconnectent leurs internets privés TCP/IP, elles ont à faire face à des problèmes similaires et doivent aussi définir des politiques d'interaction et des mécanismes de mise en œuvre de ces politiques. De nombreux efforts de recherche et de développement autour de TCP/IP concernent l'art et la manière de gérer administrativement de nouveaux groupes.

33.4 LES RAISONS DE CHANGER IPv4

La version 4 d'IP (qu'on note souvent IPv4) qui fournit le mécanisme de base de la communication avec TCP/IP pour Internet est restée quasiment inchangée depuis la fin des années 1970[1]. Cette exceptionnelle longévité montre tout à la fois

1. Les numéros de versions 1 à 3 n'ont jamais été formellement affectés ; la version 5 concerne le protocole ST (*Stream protocol*, défini dans IEN 119).

la souplesse et la puissance d'IP. Remarquons, en effet, que depuis cette date, la puissance des processeurs a gagné plus de deux ordres de grandeur, les capacités de mémoire centrale ont été souvent multipliées par 100, celle du réseau fédérateur d'Internet a été multipliée par 7 000, tandis qu'apparaissaient les réseaux locaux et que le nombre d'ordinateurs hôtes connectés à Internet passait d'une poignée à plusieurs dizaines de millions. De plus, ces changements ne sont pas apparus simultanément — IP a dû prendre en compte les évolutions d'une technologie avant de devoir s'adapter à celles des autres.

Mais IPv4 a fait son temps et devra bientôt être remplacé. Le chapitre 10 a donné la raison principale de cette nécessité de changement : l'épuisement imminent des adresses IP. Lorsqu'IP a été conçu, une longueur d'adresse de 32 bits paraissait bien suffisante. Il n'y avait que quelques entreprises qui utilisaient des réseaux LAN et très peu disposaient d'un WAN. De nos jours, nombre de PME ont des réseaux LAN et, toutes les grandes entreprises des réseaux WAN. Même en soignant l'affectation des adresses et en utilisant la technologie NAT, les 32 bits ne sont plus suffisants pour prendre en compte cette croissance d'Internet.

Si cette nécessité d'un plus grand espace d'adressage est aujourd'hui criante, d'autres facteurs contribuent aussi à ce besoin de changement. C'est ainsi que, puisque les applications en temps réel ont besoin de délais de transmission garantis, IP doit, dans sa nouvelle version, fournir un mécanisme permettant d'associer un datagramme à une ressource réservée. De plus, puisque le commerce électronique a besoin d'un bon niveau de sécurité, toute nouvelle version d'IP doit comporter, par exemple, la possibilité d'authentifier l'émetteur.

33.5 VERS UNE NOUVELLE VERSION D'IP

Il a fallu plusieurs années aux groupes travaillant au sein de l'IETF pour aboutir à une nouvelle version d'IP. Et puisqu'il s'efforce de produire des standards *ouverts*, l'IETF a invité toute la communauté à s'exprimer sur le sujet. Les chercheurs, les informaticiens, les constructeurs, les développeurs, les gestionnaires, les opérateurs de télécommunications etles câblo-opérateurs ont pu exprimer leurs besoins pour le futur IP et commenter les différentes propositions.

Nombre d'entre elles n'ont été faites que dans un but bien spécifique ou pour servir une communauté bien particulière. L'une voulait rendre IP plus sophistiqué au prix d'une complexité plus grande et de frais de gestion plus importants. Telle autre proposait de partir d'une modification du protocole OSI CNLS. Telle autre encore proposait de retenir la plupart des idées d'IP en faisant quelques extensions très simples pour gérer des adresses plus grandes. Cette dernière, appelée SIP (*Simple IP*) devint la base d'une proposition plus complète qui comportait des idées prises dans d'autres. La version étendue de SIP, SIPP (*Simple IP Plus*) fut alors sélectionnée pour devenir la base du futur IP.

Il n'a pas été facile de choisir une nouvelle version pour IP. Le succès d'Internet fait du marché des produits IP un secteur fort intéressant. De nombreux groupes ont ainsi vu là une occasion d'ouvrir des marchés et ont espéré que la nouvelle version leur fournirait une arme supplémentaire dans la compétition. Et, bien entendu, des problèmes de personnes sont apparus. Certains soutenaient des opinions en fonction d'arguments techniques ; pour d'autres, en revanche, il ne s'agissait que de s'assurer une promotion. Bref, les discussions furent franches et passionnées.

33.6 NOM DU FUTUR IP

L'IETF a décidé d'affecter le numéro 6 à la nouvelle version d'IP, désormais appelée IPv6[1] et qui doit remplacer IPv4. La décision de sauter le numéro 5 provient d'une suite de malentendus et de dysfonctionnements. C'est ainsi que l'IAB a provoqué beaucoup d'incompréhension en publiant, un jour, un document qui évoquait la nouvelle version d'IP en parlant d'IPv7 ! Mais aussi, il faut noter qu'un protocole expérimental, ST (*Stream Protocol*) avait reçu le numéro 5 et que cette affectation semblait indiquer que ST remplacerait un jour IP. Bref, c'est essentiellement pour éviter toute confusion que l'IETF a choisi le numéro 6.

33.7 CARACTÉRISTIQUES D'IPv6

Le protocole IPv6 proposé garde nombre des caractéristiques qui ont fait le succès d'IPv4. En fait, ses concepteurs disent qu'IPv6 a les mêmes bases qu'IPv4 mais avec quelques modifications. Par exemple, IPv6 conserve la remise en mode sans connexion (c'est-à-dire quechaque datagramme est routé individuellement), permet à l'émetteur de choisir la taille d'un datagramme et exige de l'émetteur qu'il spécifie le nombre de sauts maximal qu'un datagramme doit faire. Comme nous le verrons, IPv6 conserve aussi la plupart des concepts apparaissant dans les options IPv4, comme les fonctions de fragmentation ou de routage à partir de la source.

Si l'on trouve de nombreuses similarités du point de vue conceptuel, force est de constater que la plupart des détails diffèrent. C'est ainsi qu'IPv6 utilise de plus grandes adresses et a quelques fonctionnalités supplémentaires. Plus important encore, IPv6 change complètement le format du datagramme en remplaçant les options à longueur variable d'IPv4 par une suite d'en-têtes de format fixe. Nous examinerons ces détails après avoir considéré les changements les plus importants et les raisons qui les ont motivés.

1. Certains documents parlent encore d'IPng (pour *nouvelle génération*).

Les changements introduits par IPv6 peuvent être groupés en sept catégories :

- *Adresses plus grandes*. Le changement le plus visible est sans doute la nouvelle taille des adresses. IPv6 quadruple la taille d'une adresse IPv4 en passant de 32 à 128 bits. On est ainsi certain de ne pas être à court d'adresses, même à long terme.
- *Hiérarchie des adresses étendue*. IPv6 utilise dans son espace d'adressage plus de niveaux hiérarchiques. En particulier, l'adressage IPv6 peut avoir un niveau FAI (fournisseur d'accès à Internet).
- *Format d'en-tête souple*. IPv6 utilise un format de datagramme entièrement nouveau (et donc incompatible avec l'ancien). À la différence d'IPv4 qui utilise un format d'en-tête de datagramme fixe dans lequel tous les champs, sauf ceux des options, utilisent un nombre fixé d'octets à un emplacement bien déterminé, IPv6 dispose d'un ensemble d'en-têtes optionnels.
- *Options améliorées*. Comme IPv4, IPv6 permet à un datagramme de comporter des informations de commande optionnelles. IPv6 dispose de nouvelles options qui fournissent des fonctionnalités non disponibles en IPv4.
- *Prévisions d'extensions de protocole*. Ce qui est peut-être le changement le plus significatif dans IPv6 est que l'on passe d'un protocole où tout est spécifié dans le moindre détail à un protocole qui autorise de futures extensions. Cette capacité permettra à l'IETF d'adapter le protocole aux changements qui surviendront un jour dans le matériel des réseaux sous-jacents ou dans les applications.
- *Gestion de l'autoconfiguration et de la renumérotation*. IPv6 permet à un ordinateur d'un réseau isolé d'affecter lui-même des adresses et de commencer à communiquer sans dépendre d'un routeur ou d'une configuration manuelle. Il comporte également tout ce qui est nécessaire à l'administrateur pour renuméroter les réseaux en cours de fonctionnement.
- *Gestion d'allocation de ressources*. IPv6 dispose de deux façons de faire de la préallocation de ressources réseau : l'abstraction de flux et la spécification de service différencié, une méthode qui a la même approche que les services différenciés d'IPv4.

33.8 FORME GÉNÉRALE D'UN DATAGRAMME IPv6

IPv6 change complètement le format du datagramme. Comme l'indique la figure 33.1, un datagramme IPv6 a un *en-tête de base* de taille fixée, suivi de zéro ou plus *en-têtes d'extension*, suivis par des données.

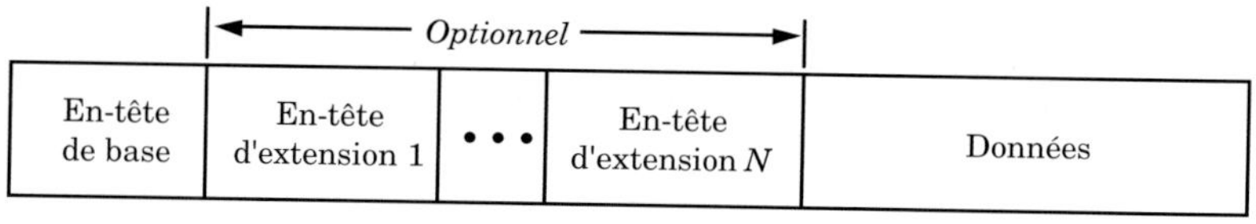

Figure 33.1 — Forme générale d'un datagramme IPv6 qui comporte plusieurs en-têtes. Seul l'en-tête de base est obligatoire ; les en-têtes d'extension sont optionnels.

33.9 FORMAT DE L'EN-TÊTE DE BASE IPv6

De façon surprenante, si IPv6 peut gérer de plus grandes adresses que son prédécesseur, son en-tête de datagramme contient pourtant moins d'informations. Les options et quelques-uns des champs fixes qui apparaissent dans l'en-tête d'un datagramme IPv4 ont en effet été mis dans les en-têtes d'extension IPv6. De façon générale, les changements dans l'en-tête de datagramme reflètent les changements dans le protocole :

- L'alignement n'est plus sur des multiples de 32 bits mais sur des multiples de 64 bits.
- Le champ *Lg_ent* (longueur d'en-tête) a été supprimé et le champ *Longueur totale* (exprimant la longueur totale du datagramme) a été remplacé par un champ *Longueur charge utile*.
- La taille des champs d'adresses source et destination passe à 16 octets (128 bits).
- L'information de fragmentation passe des champs fixes de l'en-tête aux en-têtes d'extension.
- Le champ *Durée de vie* est remplacé par un champ *Limite* (nombre maximal de sauts).
- Le champ *Type de service* est remplacé par un champ *Étiquette de flot*.
- Le champ *Protocole* est remplacé par un champ *En-tête suivant* qui spécifie le type de l'en-tête suivant.

La figure 33.2 illustre le contenu et le format d'un en-tête de base IPv6. Plusieurs de ses champs correspondent directement aux champs d'un en-tête IPv4. Tout comme en IPv4, le champ de 4 bits *Version* spécifie la version du protocole utilisée ; ce champ contient donc toujours 6 si l'on utilise IPv6. De même les champs *Adresse Source* et *Adresse Destination* spécifient les adresses IP de l'émetteur et du destinataire. En IPv6, cependant, chaque adresse nécessite 16 octets. Le champ *Limite* correspond au champ *Durée de vie* d'IPv4. À la différence d'IPv4 qui interprète ce champ comme une combinaison de sauts et de temps maximum, IPv6 ne l'interprète que comme le nombre maximal de sauts qu'un datagramme peut faire avant d'être détruit.

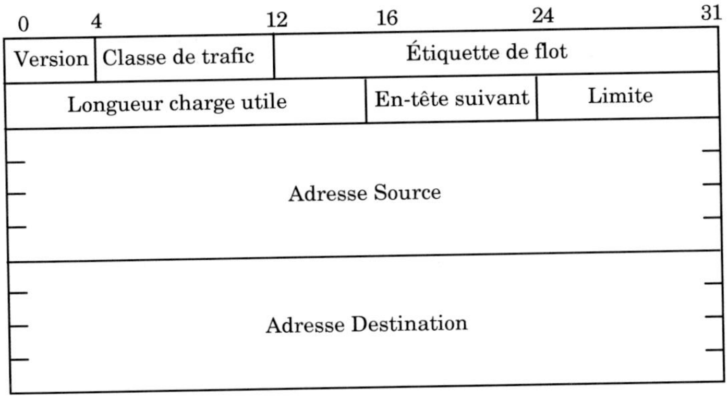

Figure 33.2 — Format de l'en-tête de base d'IPv6 sur 40 octets. Chaque datagramme IPv6 commence avec cet en-tête de base.

IPv6 gère les spécifications de longueur de datagramme de façon toute nouvelle. D'abord parce que la taille de l'en-tête de base est fixe (40 octets) et donc qu'on n'a pas besoin de spécifier de taille d'en-tête. Ensuite, parce qu'IPv6 remplace le champ *Longueur de datagramme* d'IPv4 par un champ *Longueur de charge utile* de 16 bits, champ qui spécifie le nombre d'octets transportés par le datagramme en excluant l'en-tête de ce compte. Un datagramme IPv6 peut ainsi transporter 64 Ko de données.

Deux champs de l'en-tête de base sont utilisés pour prendre des décisions de routage. Le champ IPv4 *Classe de service* a été renommé *Classe de trafic*. De plus, un nouveau mécanisme permet de gérer la réservation de ressources et autorise un routeur à associer à chaque datagramme une certaine allocation de ressource. L'abstraction sous-jacente, le *flot*, consiste en un chemin au travers d'un internet, chemin tout au long duquel des routeurs intermédiaires garantissent une qualité de service spécifique. Le champ *Étiquette de flot* de l'en-tête de base comporte de l'information que les routeurs utilisent pour associer un datagramme à un certain flot et une certaine priorité. Par exemple, deux applications qui ont besoin d'envoyer de la vidéo peuvent établir un flot sur lequel délai et débit sont garantis. De même, un opérateur de réseau peut exiger d'un client qu'il spécifie la qualité de service nécessaire de façon à utiliser un flot pour limiter le trafic qu'un certain ordinateur ou une certaine application envoie. Notez que les flots peuvent également être utilisés dans une organisation donnée pour gérer des ressources réseau et garantir que toutes les applications sont traitées équitablement.

Pour associer un datagramme à un certain flot, un routeur utilise la combinaison de l'adresse source du datagramme et de l'identificateur de flot. En résumé :

> Chaque datagramme IPv6 commence par un en-tête de base de 40 octets qui comporte des champs adresses IPv6 Source et Destination, nombre de sauts maximal, classe de trafic, étiquette de flot et type de l'en-tête suivant. Un datagramme IPv6 comporte donc au moins 40 octets en plus des données.

33.10 EN-TÊTES D'EXTENSION

Si l'on a décidé d'avoir un en-tête de base de taille fixe et, le cas échéant, un ensemble d'en-têtes d'extension, c'est pour avoir un bon compromis entre généralité et efficacité. Pour être complètement général, IPv6 a besoin de mécanismes qui permettent d'avoir de la fragmentation, du routage à partir de la source ou encore de l'authentification. D'un autre côté, réserver des champs fixes dans l'en-tête pour tous ces mécanismes serait terriblement inefficace parce qu'un datagramme ne les utilise pas forcément tous ; la grande taille d'adresses IPv6 est déjà une source d'inefficacité. Par exemple, lorsqu'on envoie un datagramme à travers un réseau local, l'en-tête contient des champs d'adresses vides qui en occupent une partie substantielle. De plus, et c'est tout aussi important, nul ne sait de quelles fonctionnalités on aura besoin demain.

L'idée d'avoir des en-têtes d'extension est analogue à celle des options d'IPv4 — un émetteur peut choisir les extensions qu'il veut mettre dans un datagramme donné et celles qu'il veut omettre. On a ainsi le maximum de souplesse possible. En résumé :

> Les en-têtes d'extension IPv6 sont similaires aux options IPv4. Chaque datagramme ne comporte que les en-têtes d'extension concernant les fonctionnalités qu'il utilise.

33.11 ANALYSE D'UN DATAGRAMME IPv6

Chaque en-tête (qu'il soit de base ou d'extension) contient un champ *En-tête suivant*. Les logiciels des routeurs intermédiaires tout comme ceux de la destination finale qui ont besoin de traiter le datagramme doivent utiliser la valeur de ce champ pour en faire l'analyse. Extraire toute l'information d'en-tête d'un datagramme IPv6 exige une recherche séquentielle dans les en-têtes. Par exemple, la figure 33.3 illustre les champs *En-tête suivant* de trois datagrammes qui comportent respectivement zéro, un et deux en-têtes d'extension.

On aura compris qu'analyser un datagramme IPv6 qui n'a qu'un en-tête de base et des données est aussi efficace qu'analyser un datagramme IPv4. De plus, nous verrons que les routeurs intermédiaires n'ont que rarement besoin de traiter tous les en-têtes d'extension.

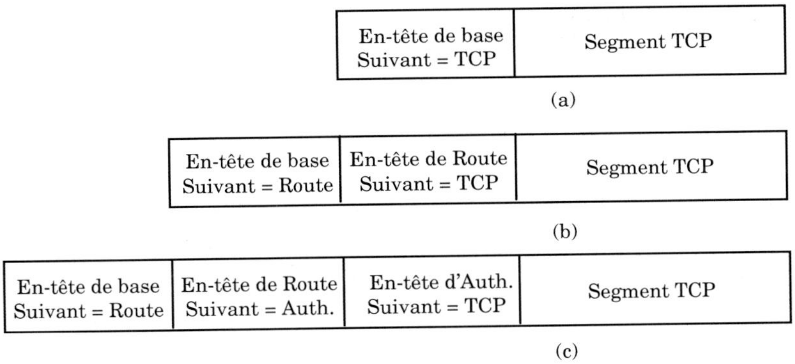

Figure 33.3 — Trois datagrammes avec (a) un en-tête de base uniquement, (b) un en-tête de base et une extension et (c) un en-tête de base et deux extensions. Le champ *En-tête suivant* de chaque en-tête spécifie le type de l'en-tête suivant.

33.12 FRAGMENTATION ET RÉASSEMBLAGE IPv6

Comme IPv4, IPv6 permet au destinataire final de réassembler le datagramme. Cependant, ses concepteurs ont pris pour la fragmentation une décision bien inhabituelle. Rappelons qu'IPv4 exige d'un routeur intermédiaire qu'il fragmente tout datagramme qui est trop grand pour le MTU du réseau qu'il doit traverser. En IPv6, la fragmentation est un mécanisme de bout en bout : il n'y a pas de fragmentation à un niveau intermédiaire. Avant d'envoyer du trafic, la source doit effectuer une *recherche de MTU* (*Path MTU Discovery*) de façon à connaître le MTU minimal tout au long du chemin vers la destination. Avant d'envoyer un datagramme, la source le fragmente de telle sorte que chaque fragment soit d'une taille inférieure au *MTU du chemin* (*Path MTU*). Mais la source peut également décider d'utiliser le *MTU minimal garanti* de *1 280* octets.

L'en-tête de base IPv6 ne contient pas de champs analogues aux champs utilisés pour la fragmentation dans l'en-tête d'IPv4. Lorsqu'il est nécessaire de fragmenter, la source insère un petit en-tête d'extension après l'en-tête de base de chaque fragment. La figure 33.4 donne le contenu d'un *En-tête d'extension de fragment*.

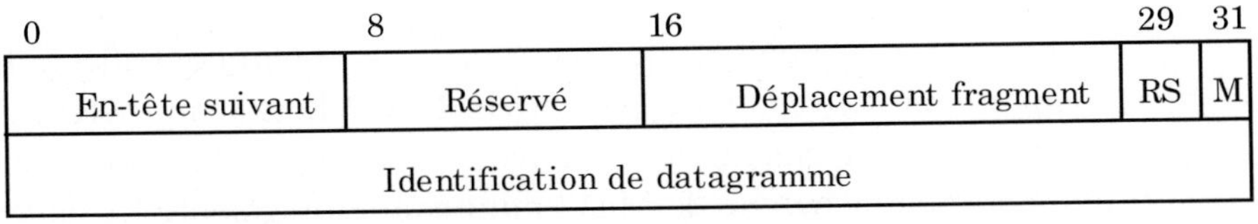

Figure 33.4 — Format d'un en-tête d'extension de fragment.

IPv6 conserve l'essentiel de la fragmentation d'IPv4. Chaque fragment doit être un multiple de 8 octets, l'unique bit du champ M marque le dernier fragment tout comme on avait le bit *Fragment à suivre* d'IPv4 et le champ *Identification de datagramme* transporte un unique identificateur que le récepteur utilise pour regrouper les fragments[1]. Le champ RS est actuellement réservé ; ses deux bits sont mis à zéro par l'émetteur et ignorés par le récepteur.

33.13 CONSÉQUENCE DE LA FRAGMENTATION DE BOUT EN BOUT

Si l'on utilise la fragmentation de bout en bout, c'est pour réduire les frais de gestion de la fragmentation dans les routeurs et permettre ainsi à chaque routeur de traiter plus de datagrammes par unité de temps. En fait, l'utilisation de l'UC pour la fragmentation en IPv4 peut être très importante : on peut même atteindre 100 % d'utilisation si tous les datagrammes que reçoit un routeur sont à fragmenter. Mais la fragmentation de bout en bout a une conséquence importante : elle change une hypothèse de base sur le fonctionnement d'Internet.

Pour bien comprendre la conséquence d'une fragmentation de bout en bout, rappelons que IPv4 est conçu pour permettre un changement de chemin à tout instant. C'est ainsi que, si un routeur ou un réseau tombe en panne, le trafic peut être acheminé par un autre chemin. L'avantage principal de ce système est sa souplesse : le trafic peut être redirigé sur un autre chemin sans rupture de service et sans même devoir en informer la source ou la destination. En IPv6, cependant, les chemins ne peuvent être changés aussi facilement parce que le changement d'un chemin peut modifier le MTU de chemin (*Path MTU*). Si le MTU du nouveau chemin est inférieur à celui du chemin originel, il devient nécessaire soit de fragmenter le datagramme au niveau d'un routeur intermédiaire soit d'informer la source. En résumé :

> Lorsqu'un protocole utilise la fragmentation de bout en bout, la source doit faire une recherche de MTU minimum tout au long du chemin et fragmenter ensuite tout datagramme sortant supérieur à ce MTU. La fragmentation de bout en bout s'accommode mal des modifications de chemin.

Pour résoudre ce problème de changement de chemin qui affecte le MTU, IPv6 comporte un nouveau message d'erreur ICMP. Lorsqu'un routeur découvre qu'il faut faire de la fragmentation, il envoie ce message à la source qui effectue alors une nouvelle recherche de MTU minimum et fragmente les datagrammes en conséquence.

1. IPv6 étend le champ *Identification* de IPv4 à 32 bits pour tenir compte des réseaux à haut débit.

33.14 ROUTAGE DE LA SOURCE IPv6

IPv6 conserve la possibilité pour l'émetteur de spécifier un chemin à suivre. À la différence d'IPv4 dans lequel le routage par la source est fourni sous forme d'options, IPv6 utilise un en-tête d'extension spécifique. Comme l'indique la figure 33.5, les quatre premiers champs de l'*En-tête de routage* sont fixes. Le champ *Type de routage* spécifie le type de l'information de routage ; le seul type qui a été défini, le type 0, correspond au routage par la source. Le champ *Données spécifiques du type* contient la liste des adresses des routeurs que le datagramme doit traverser. Le champ *Seg restants* contient le nombre total d'adresses qui restent dans la liste et le champ *Lg_En-tête d'extension* la taille de l'en-tête de routage.

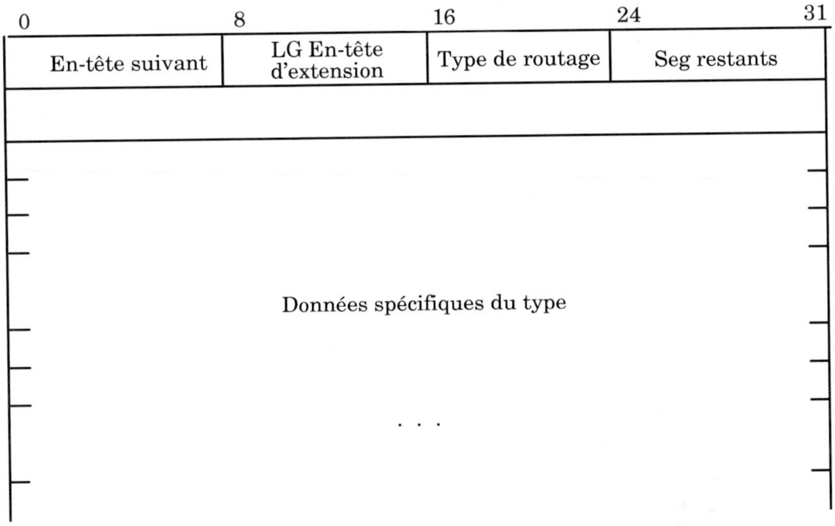

Figure 33.5 — Format d'un *En-tête de routage* IPv6. Le type 0 (routage par la source) est le seul actuellement défini.

33.15 OPTIONS D'IPv6

On pourrait avoir l'impression que les en-têtes d'extension remplacent exactement les options d'IPv4. Mais les concepteurs ont cependant proposé deux en-têtes d'extension supplémentaires qui permettent de traiter toute information non prise en compte par les autres en-têtes. C'est l'*En-tête saut par saut* et l'*En-tête de bout en bout*. Comme leur nom l'indique, ces deux en-têtes séparent l'ensemble des options à examiner à chaque saut de celles à ne traiter qu'à destination.

Bien que chacun de ces deux en-têtes ait un code unique, ils ont tous deux le format illustré à la figure 33.6.

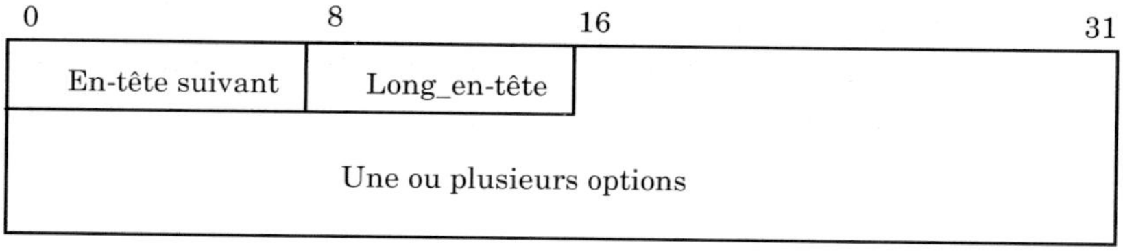

Figure 33.6 — Format d'un *en-tête d'extension d'option* IPv6. Les deux en-têtes, *saut par saut* et *de bout en bout*, ont le même format ; le champ *En-tête suivant* de l'en-tête précédent permet de distinguer entre les deux types.

Comme d'habitude, le champ *En-tête suivant* donne le type de l'en-tête qui suit. Puisqu'un en-tête d'option n'est pas de taille fixe, le champ *Long_en-tête* donne la longueur totale de l'en-tête. La zone appelée ici *Une ou plusieurs options* représente une suite d'options individuelles. La figure 33.7 illustre la façon dont chaque option individuelle est codée avec un type, une longueur et une valeur[1] ; les options ne sont pas alignées et ne comportent pas de bits de bourrage.

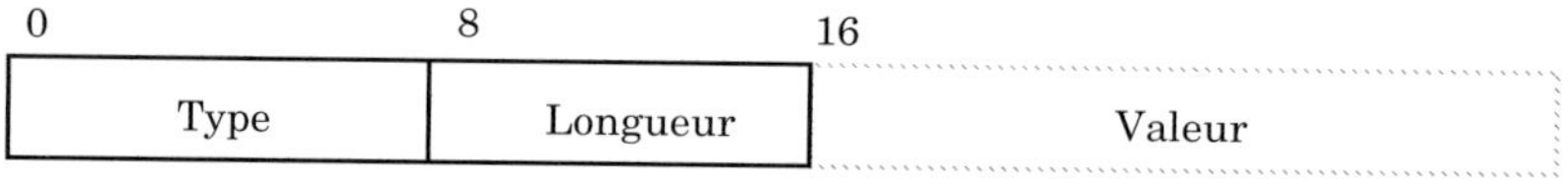

Figure 33.7 — Codage d'une option dans l'en-tête d'extension d'option. Chaque option comporte un type sur un octet et une longueur sur un octet également suivis de zéro, un ou plusieurs octets de données de l'option.

Comme l'indique la figure 33.7, les options IPv6 ont la même forme que les options IPv4. Chaque option comporte un champ *Type* d'un octet suivi d'un champ *Longueur* d'un octet également. Si l'option a besoin de données, leur *Valeur* se trouve immédiatement après.

Les deux bits de poids fort de chaque champ *Type d'option* spécifient la façon dont un ordinateur hôte ou un routeur doit traiter le datagramme s'il ne comprend pas l'option :

Bits dans Type	Signification
00	Sauter l'option
01	Détruire le datagramme ; ne pas envoyer de message ICMP
10	Détruire le datagramme ; envoyer un message ICMP à la source
11	Détruire le datagramme ; envoyer un message ICMP si non multipoint

1. Dans la littérature, ce codage d'un type, d'une longueur et d'une valeur est souvent appelé *codage TLV*.

De plus, le troisième bit du champ *Type* indique si l'option peut changer pendant le transit. Il est important de le savoir pour l'authentification, le contenu d'une option qui peut changer ne devant alors pas être pris en compte.

33.16 TAILLE DE L'ESPACE D'ADRESSAGE D'IPv6

En IPv6, chaque adresse occupe 16 octets, soit quatre fois la taille d'une adresse IPv4. Cet immense espace d'adressage garantit qu'IPv6 peut supporter tout schéma d'adressage raisonnable. En fait, si les concepteurs décident de changer un jour le schéma d'adressage, cet espace sera suffisamment grand pour permettre une réaffectation simple.

Il n'est pas facile d'appréhender la dimension de l'espace d'adressage d'IPv6. Une façon de le faire est de la relier à la taille de la population : cet espace d'adressage est si grand qu'il permettrait à chaque être humain d'avoir suffisamment d'adresses pour disposer d'un internet personnel de la taille actuelle d'Internet. On peut aussi le relier à l'espace physique : la surface de la Terre fait environ $5,1 \times 10^8$ kilomètres carrés, ce qui nous laisse plus de 10^{24} adresses par mètre carré. Autre façon de voir les choses : considérer le temps nécessaire à l'épuisement des adresses. Un entier sur 16 octets peut contenir 2^{128} valeurs. L'espace d'adressage est donc supérieur à $3,4 \times 10^{38}$. Si l'on affecte un million d'adresses toutes les microsecondes, il faudra environ 10^{20}ans pour épuiser toutes les adresses possibles.

33.17 NOTATION HEXADÉCIMALE POINTÉE IPv6

Si elle résout le problème du nombre d'adresses disponibles, cette grande taille des adresses a néanmoins un inconvénient majeur : elle rend difficile la manipulation et même la simple lecture d'une adresse par un être humain. De toute évidence, il est hors de question pour nous de manipuler une telle adresse en binaire. Mais même la notation décimale pointée que l'on utilise avec IPv4 n'est pas assez compacte. Il suffit, pour s'en convaincre, de considérer un nombre de 128 bits exprimé en notation décimale pointée :

```
104.230.140.255.255.255.255.0.0.17.128.150.10.255.255
```

Pour avoir des adresses plus compactes et donc plus faciles à manipuler, les concepteurs d'IPv6 ont proposé d'utiliser une *notation hexadécimale pointée* dans laquelle chaque valeur de 16 bits est représentée en hexadécimal et séparée de la suivante par le symbole « deux points ». La valeur exprimée ci-dessus devient alors :

```
68E6:8C64:FFFF:FFFF:0:1180:96A:FFFF
```

Ce type de notation a l'avantage de nécessiter moins de chiffres et moins de caractères séparateurs que la notation décimale pointée. On y ajoute deux techniques qui l'améliorent encore. D'abord, la *compression des zéros*, avec laquelle une chaîne de plusieurs zéros est remplacée par deux symboles « deux points ». Par exemple, l'adresse

```
FF05:0:0:0:0:0:0:B3
```

peut s'écrire :

```
FF05::B3
```

Pour être sûr que cette compression de zéros n'engendre pas d'ambiguïtés, on ne peut l'appliquer qu'une seule fois par adresse. Elle est extrêmement utile avec le schéma d'adressage proposé parce que celui-ci fait que de nombreuses adresses contiennent de longues chaînes de zéros contigus.

Deuxième technique utilisée : les suffixes en décimal pointé ; nous verrons que ces combinaisons peuvent être utilisées lors de la migration d'IPv4 vers IPv6. La chaîne suivante est donc parfaitement valide :

```
0:0:0:0:0:0:128.10.2.1
```

Remarquez que les nombres séparés par des « deux points » correspondent chacun à une valeur sur 16 bits alors que ceux séparés par un point correspondent à 1 octet. On peut, bien entendu, utiliser la compression des zéros pour produire une adresse IPv6 qui va fortement ressembler à une adresse IPv4 :

```
::128.10.2.1
```

On dispose également sous IPv6 d'une notation analogue à CIDR avec le symbole de barre oblique qui suit une adresse et un entier qui spécifie un nombre de bits. C'est ainsi que :

```
12AB::CD30:0:0:0:0 / 60
```

spécifie les 60 premiers bits de l'adresse, soit 12AB00000000CD3 en hexadécimal.

33.18 TROIS TYPES D'ADRESSES IPv6 DE BASE

IPv6 associe à une adresse une connexion à un certain réseau et non à un ordinateur donné. Les affectations d'adresses sont donc similaires à IPv4 ; un routeur IPv6 a deux adresses ou plus et un ordinateur hôte IPv6 qui n'est relié qu'à un réseau n'a qu'une seule adresse. IPv6 conserve également (et étend) l'adressage hiérarchique d'IPv4 dans lequel le préfixe correspond au réseau. Cependant, pour permettre plus facilement l'affectation des adresses et leur modification, IPv6 permet d'affecter plusieurs préfixes à un réseau donné et autorise un ordinateur à avoir plusieurs adresses simultanément affectées à une même interface.

De plus, IPv6 étend, et dans certains cas unifie, les adresses spéciales d'IPv4. En général, une adresse de destination d'un datagramme est de l'une des trois catégories suivantes :

- *Point à point* (*unicast*) : l'adresse de destination spécifie une machine unique (ordinateur ou routeur) ; le datagramme doit être routé vers la destination par le plus court chemin.
- *Un exactement* (*anycast*) : la destination est un ensemble d'ordinateurs, éventuellement dans des endroits différents, qui partagent une adresse unique ; le datagramme doit être routé par le plus court chemin et remis à exactement un membre du groupe (par exemple le plus proche)[1].
- *Multipoint* (*multicast*) : la destination est un ensemble d'ordinateurs situés à divers endroits. On doit alors remettre une copie du datagramme à chaque membre du groupe en utilisant, le cas échéant, les possibilités de diffusion au niveau du matériel.

33.19 DIFFUSION vs MULTIPOINT

IPv6 n'utilise pas le terme *diffusion* (*broadcast*) ou *diffusion contrôlée* (*directed broadcast*) pour désigner la remise d'un datagramme à tous les ordinateurs d'un réseau ou d'un sous-réseau logique IP. En fait, c'est le terme *multipoint* (*multicast*) ou *distribution sélective* qui est utilisé, la diffusion étant alors un cas particulier de multipoint. Ce choix peut paraître bien étrange à qui connaît un peu les réseaux car il existe beaucoup plus de technologies réseau qui permettent directement la diffusion que de technologies orientées vers le multipoint. Plus précisément, un spécialiste des matériels réseau serait tenté de voir le multipoint comme une forme restreinte de diffusion — le matériel envoie un paquet à tous les ordinateurs du réseau exactement comme si ce paquet devait être diffusé et ce sont les interfaces situées au niveau de chaque ordinateur qui filtrent les paquets de multipoint.

En théorie, le choix entre multipoint et formes limitées de diffusion n'a pas grand sens car l'un peut être simulé à l'aide de l'autre : multipoint et diffusion sont des techniques duales qui fournissent les mêmes fonctionnalités. Pour mieux comprendre pourquoi, voyons comment simuler l'une avec l'autre. Si l'on dispose de la diffusion, on peut remettre un paquet à un groupe en envoyant ce paquet à tous les ordinateurs et en s'arrangeant pour que le logiciel de chaque ordinateur décide s'il accepte le paquet entrant ou s'il le détruit. Si, au contraire, on dispose du multipoint, on peut remettre un paquet à toutes les machines en s'arrangeant pour que toutes les machines appartiennent à un groupe de multipoint du type *Tous les hôtes* (*All Hosts*) vu au chapitre 17.

1. Ce type d'adressage s'appelait autrefois *adressage de grappe* (*cluster*).

33.20 CHOIX D'IMPLÉMENTATION ET DIFFUSION SIMULÉE

Savoir que diffusion et multipoint sont des techniques théoriquement duales ne nous aide guère à choisir l'une ou l'autre. Pour comprendre pourquoi les concepteurs d'IPv6 ont choisi le multipoint, plaçons-nous plutôt au niveau des applications qu'à celui du matériel réseau. Une application a besoin de communiquer soit avec une autre application soit avec un groupe d'applications. La communication monodestinataire est la plus adaptée dans le premier cas ; dans le second, on doit utiliser le multipoint ou la diffusion. Pour avoir le maximum de souplesse, et parce que les membres du groupe peuvent être à des endroits quelconques, l'appartenance à un groupe ne doit pas être liée à une connexion à un réseau et si l'on utilise la diffusion pour toutes les communications de groupe, on ne peut gérer un internet de la taille actuelle d'Internet.

Il n'est pas très étonnant que les concepteurs d'IPv6 aient prédéfini des adresses de multipoint qui correspondent aux adresses de diffusion de sous-réseau et de réseau d'IPv4. Ainsi, en plus des paquets qui concernent sa propre adresse monodestinataire, chaque routeur doit accepter les paquets adressés au groupe de multipoint *Tous les routeurs* (*All Routers*) de son environnement local.

33.21 AFFECTATION DE L'ESPACE D'ADRESSAGE IPv6

Le partitionnement de l'espace d'adressage a fait couler beaucoup d'encre. Cette question comporte deux points fondamentaux : comment gérer l'affectation des adresses et comment faire correspondre une adresse à un chemin. La première question met l'accent sur le problème pratique de gestion d'une hiérarchie. À la différence de l'Internet actuel, qui utilise une hiérarchie à deux niveaux avec des préfixes réseau affectés par l'autorité Internet et des suffixes ordinateur affectés par l'organisation, le très grand espace d'adressage d'IPv6 permet d'avoir une hiérarchie à plusieurs niveaux ou même plusieurs hiérarchies. La seconde question concerne l'efficacité des traitements. Étant indépendant de la hiérarchie qui affecte les adresses, un routeur doit examiner chaque datagramme et choisir un chemin vers la destination. Pour que les routeurs haute vitesse ne soient pas trop coûteux, il faut que le temps de traitement d'un datagramme soit petit.

Comme l'indique la figure 33.8, les concepteurs d'IPv6 ont proposé d'affecter les adresses de la même façon qu'avec IPv4. Cependant, si les huit premiers bits d'une adresse permettent d'identifier son type, l'espace d'adressage n'est pas divisé en parties égales.

Comme l'indique cette figure, il n'y a guère que 15 % des adresses qui aient déjà été affectées. Cette affectation se fait très soigneusement : c'est ainsi que le premier octet permet, à lui seul, de faire la distinction entre multipoint (tous les bits à 1) et point à point (mélange de 0 et de 1).

Préfixe binaire	Type d'adresse	Portion de l'espace d'adressage
0000 0000	Réservé (compatibilité IPv4)	1/256
0000 0001	Non affecté	1/256
0000 001	Adresses NSAP	1/128
0000 010	Adresses IPX	1/128
0000 011	Non affecté	1/128
0000 1	Non affecté	1/32
0001	Non affecté	1/16
001	Point à point global	1/8
010	Non affecté	1/8
011	Non affecté	1/8
100	Non affecté	1/8
101	Non affecté	1/8
110	Non affecté	1/8
1110	Non affecté	1/16
1111 0	Non affecté	1/32
1111 10	Non affecté	1/64
1111 110	Non affecté	1/128
1111 1110 0	Non affecté	1/512
1111 1110 10	Point-à-point local au lien	1/1024
1111 1110 11	Point-à-point local au site	1/1024
1111 1111	Utilisé pour multipoint	1/256

Figure 33.8 — Division proposée des adresses IPv6 en types qui sont analogues aux classes IPv4. Comme dans IPv4, le préfixe d'une adresse détermine son type.

33.22 CODAGE DES ADRESSES IPv4 ET TRANSITION

Bien que le préfixe *0000 0000* soit indiqué *Réservé* sur la figure, les concepteurs d'IPv6 ont pensé utiliser une petite partie des adresses de cette section pour coder les adresses IPv4. En particulier, toute adresse qui commence par 80 bits à 0 suivis par 16 bits à zéro ou 16 bits à 1 contient une adresse IPv4 dans ses 32 bits de poids faible. La valeur du champ de 16 bits indique si le nœud dispose également d'une adresse point à point IPv6 conventionnelle. La figure 33.9 illustre ces deux formes.

← 80 zero bits →	16 bits	← 32 bits →
0000 0000	0000	Adresse IPv4
0000 0000	FFFF	Adresse IPv4

Figure 33.9 — Codage d'une adresse IPv4 en IPv6. Le champ de 16 bits contient *0000* si le nœud dispose également d'une adresse IPv6 conventionnelle et *FFFF* dans le cas contraire.

Ce codage sera nécessaire tant que durera la migration d'IPv4 à IPv6, et ce, pour deux raisons. D'abord on peut vouloir mettre à jour les logiciels d'un ordinateur sans pour autant lui affecter une adresse IPv6 valide. Ensuite, un ordinateur sous IPv6 peut vouloir communiquer avec un ordinateur qui ne connaît encore qu'IPv4.

Savoir coder une adresse IPv4 en une adresse IPv6 ne résout pas le problème de l'interopérabilité des deux versions. Il faut également faire une traduction. L'ordinateur IPv6 engendre un datagramme qui contient le codage IPv6 de l'adresse IPv4 de destination et envoie ce datagramme à un traducteur qui utilise IPv4 pour communiquer avec la destination. Lorsque ce traducteur reçoit la réponse, il traduit le datagramme IPv4 en IPv6 et le renvoie à la source originelle.

On pourrait penser que cette traduction des adresses risque de poser des problèmes en raison du fait que les protocoles de plus haut niveau vérifient l'intégrité des adresses. En particulier, TCP et UDP utilisent un *pseudo en-tête* dans leur calcul de total de contrôle. Le pseudo en-tête comportant les adresses source et destination, toute modification de ces adresses risque de changer le total de contrôle. Et pourtant, les concepteurs d'IPv6 ont prévu que les protocoles TCP et UDP d'une machine IPv4 puissent correspondre avec leurs homologues d'une machine IPv6. Pour éviter d'avoir une erreur au niveau du total de contrôle, le codage IPv6 d'une adresse IPv4 a été choisi de telle sorte que le complément à 1 soit le même, que l'on ait l'adresse IPv4 elle-même ou son codage en IPv6. En résumé :

> Tout autant que de choisir les détails techniques du nouveau protocole IP, le travail de l'IETF sur IPv6 a été de faire en sorte que la transition vers le nouveau protocole soit la plus douce possible. En particulier, la proposition actuelle permet de coder une adresse IPv4 en IPv6 de telle sorte que la traduction d'adresse ne modifie pas le total de contrôle du pseudo en-tête.

33.23 ADRESSE NON SPÉCIFIÉE ET ADRESSE DE REBOUCLAGE

Comme en IPv4, il existe certaines adresses IP qui ont des significations bien particulières. C'est ainsi que l'adresse tout à zéro :

```
0:0:0:0:0:0:0:0
```

est une *adresse non spécifiée* qui ne peut pas être attribuée à un ordinateur ni utilisée comme adresse de destination. Elle n'est utilisée comme adresse source que par un ordinateur en phase d'amorçage qui ne connaît encore pas son adresse.

Comme IPv4, IPv6 dispose d'une *adresse de rebouclage* utilisée lors de la mise au point d'un logiciel. Il s'agit de l'adresse :

```
0:0:0:0:0:0:0:1
```

Tout datagramme envoyé à l'adresse de rebouclage doit être délivré à la machine locale ; on ne doit donc jamais utiliser cette adresse comme adresse de destination d'un datagramme sortant.

33.24 HIÉRARCHIE DES ADRESSES POINT À POINT

Une des différences les plus importantes entre IPv4 et IPv6 concerne la stratégie d'allocation des adresses point à point et la hiérarchie des adresses qui en résulte. Rappelons qu'IPv4 a une hiérarchie à deux niveaux dans laquelle une adresse se compose d'un préfixe globalement unique et d'un suffixe. IPv6 va plus loin puisque sa hiérarchie d'adresses comporte trois niveaux conceptuels comme l'illustre la figure 33.10.

Niveau	Objectif
1	Topologie publique
2	Site individuel
3	Interface réseau individuelle

Figure 33.10 — Les trois niveaux conceptuels d'une hiérarchie d'adresses point à point. En pratique, une adresse a une structure supplémentaire.

Les deux niveaux inférieurs de cette hiérarchie sont faciles à comprendre puisqu'ils correspondent à des entités facilement identifiables. Le plus bas niveau correspond au lien entre un ordinateur et un réseau, alors que le niveau du milieu correspond à un ensemble d'ordinateurs et de réseaux formant un *site*, ce qui implique tout à la fois une connexité physique et le fait qu'un responsable unique exploite réseaux et ordinateurs. Nous verrons que ce schéma d'adressage permet de traiter les petits réseaux comme les grands et qu'il n'empêche pas un site d'avoir une structure interne parfois très complexe.

Pour avoir le maximum de souplesse, on a préféré ne pas définir trop précisément le niveau le plus élevé de la hiérarchie, celui qu'on appelle *topologie publique*. D'une façon générale, on peut voir la topologie publique comme une partie d'Internet accessible à tout le monde. On envisage deux types de topologie publique. Le premier type correspond aux grands fournisseurs d'accès à Internet (FAI) auprès desquels on peut souscrire des abonnements. Le second, appelé *échangeur*, est plus récent. Un échangeur doit fournir deux fonctions : il doit d'abord fonctionner comme un NAP (fournisseur d'accès réseau) pour interconnecter les FAI et leur permettre de s'échanger leurs trafics. Ensuite, à la différence des NAP actuels, les échangeurs devront pouvoir s'adresser aux clients individuels, et donc leur affecter des adresses. Le grand avantage d'avoir une adresse affectée par un échangeur est qu'alors cette adresse est indépendante de tout FAI. Un client peut ainsi passer d'un FAI à un autre sans devoir changer son adresse.

33.25 STRUCTURE D'ADRESSE POINT À POINT GLOBALE AGRÉGEABLE

La décision d'affectation d'une adresse se prend tout au long de la hiérarchie. Chaque organisation de haut niveau (par exemple un FAI ou un échangeur) dispose d'un préfixe unique. Lorsqu'une entreprise devient cliente d'un FAI, elle se voit affecter un numéro unique pour son site et l'administrateur de l'entreprise affecte ensuite un numéro à chaque machine. Pour rendre ce mécanisme le plus efficace possible, on réserve à chaque affectation des ensembles successifs de bits de l'adresse : c'est ce qu'on appelle le format d'*adresse point à point globale agrégeable*, format illustré à la figure 33.11.

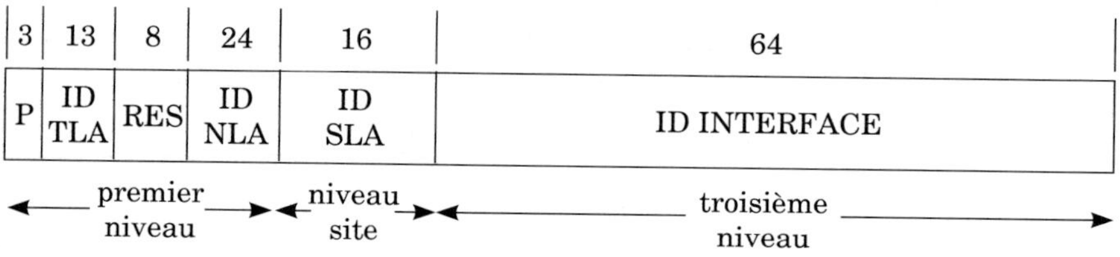

Figure 33.11 — Découpe d'une adresse point à point globale agrégeable en champs et indication de la correspondance de ces champs avec une hiérarchie à trois niveaux.

Le champ *P* de 3 bits correspond au *préfixe de format* c'est-à-dire 001 pour une adresse point à point globale agrégeable. Le champ *RES* (8 bits) est réservé pour un usage ultérieur et contient actuellement des zéros. Les autres champs sont tels que le routage soit le plus efficace possible ; en particulier, les champs qui correspondent au plus haut niveau de la hiérarchie sont regroupés sur les bits de poids forts. *ID TLA* contient un identificateur utilisé pour l'*agrégation de haut niveau* (c'est-à-dire l'identificateur affecté au FAI ou à l'échangeur qui possède l'adresse). Le possesseur de l'adresse utilise le champ NLA pour fournir l'*agrégation de niveau suivant* (c'est-à-dire pour identifier un client particulier).

Le champ de 16 bits *ID SLA* (*Agrégation de niveau site*) est destiné à un site spécifique. Les concepteurs d'IPv6 ont pensé qu'il pourrait être utilisé comme un champ sous-réseau d'IPv4. Un site qui n'a que quelques réseaux peut ainsi choisir de traiter le champ avec un seul identificateur de réseau alors qu'un site qui a de nombreux réseaux peut préférer partitionner ces réseaux en groupes et créer une hiérarchie. Pour ce faire, il suffit d'utiliser un préfixe pour identifier le groupe et un suffixe pour identifier le réseau dans le groupe. Comme on l'a vu avec le sous-adressage d'IPv4, la division en groupes améliore l'efficacité du routage puisqu'une table de routage ne contient les routes que vers les autres groupes et non vers chaque réseau individuel.

33.26 IDENTIFICATEURS D'INTERFACE

Comme l'indique la figure 33.11, les 64 bits de poids faible d'une adresse point à point agrégeable identifient une interface réseau. Cependant, à la différence d'IPv4, le suffixe IPv6 a été choisi suffisamment grand pour permettre une représentation directe de l'adresse matérielle. Cela a deux conséquences importantes. D'abord, IPv6 n'utilise pas ARP pour passer d'une adresse IP à une adresse matérielle mais a recours à un *protocole de découverte de voisin* disponible dans la nouvelle version d'ICMP (ICMPv6) et qui permet à un ordinateur de savoir à quelles autres machines il est directement relié. Ensuite, pour garantir l'interopérabilité, tous les ordinateurs doivent utiliser le même codage des adresses matérielles. C'est pourquoi les standards IPv6 spécifient précisément la façon dont on doit coder les diverses formes d'adresses matérielles. Dans le cas le plus simple, l'adresse matérielle est directement placée dans l'adresse IP, mais il existe aussi des transformations plus ou moins complexes.

Deux exemples vont nous permettre de clarifier ce concept. L'IEEE a défini un format d'adresse standard sur 64 bits qu'on appelle EUI-64. La seule chose qu'il est nécessaire de faire lorsqu'on veut créer une adresse IPv6 à partir d'une adresse EUI-64 c'est d'inverser le bit numéro 6 dans l'octet de poids fort de l'adresse, bit qui indique si l'on sait que l'adresse est globalement unique.

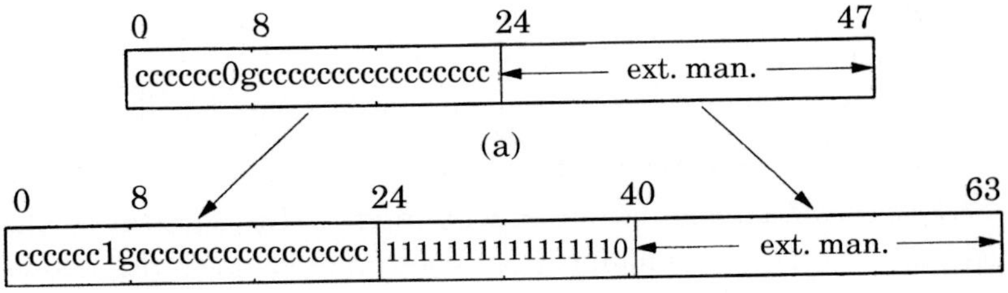

Figure 33.12 — (a) Format d'une adresse Ethernet IEEE 802 sur 48 bits. Les bits *c* indiquent le constructeur de l'interface et les bits *ext. man.* spécifient une extension que le constructeur choisit pour identifier chaque interface de façon unique. (b) Codage de l'adresse dans les 64 bits de poids faible d'une adresse point à point IPv6.

Les modifications sont un petit peu plus complexes si l'on a une adresse Ethernet sur 48 bits. Comme l'indique la figure 33.12, les bits de l'adresse d'origine ne sont pas contigus dans l'adresse obtenue puisque 16 bits de valeur hexadécimale 0xFFFE sont insérés au milieu. De plus, le bit 6 qui indique si l'adresse a une portée globale, doit passer de 0 à 1. En revanche, les bits restants, c'est-à-dire le bit de groupe (*g*), l'identificateur de l'industriel qui a fabriqué l'interface (*c*) et l'extension du fabricant sont recopiés tels quels.

33.27 HIÉRARCHIE SUPPLÉMENTAIRE

Le format point à point de la figure 33.11 implique une stricte hiérarchie mais on peut néanmoins avoir un certain nombre de niveaux supplémentaires. Par exemple, les bits *ID NLA* peuvent être utilisés pour créer une hiérarchie de fournisseurs d'accès. De même, les 16 bits *ID SLA* peuvent être exploités pour créer une hiérarchie dans une organisation. Le fait de disposer d'un grand nombre de bits permet d'avoir beaucoup plus de souplesse qu'avec le sous-adressage d'IPv4. Une organisation peut ainsi choisir d'avoir une hiérarchie de zones à deux niveaux et affecter des sous-réseaux dans chaque zone, mais elle peut tout aussi bien décider d'avoir une hiérarchie à trois niveaux avec des zones, des sous-zones et des sous-réseaux dans chaque sous-zone.

33.28 ADRESSES LOCALES

En plus des adresses point à point globales que nous avons vues, IPv6 permet d'avoir des préfixes d'adresses point à point locales. Comme l'indique la figure 33.8, le standard en définit deux types : une *adresse locale au réseau* (*link-local*) qui est restreinte à un réseau et une *adresse locale au site* (*site-local*) qui est restreinte au site. Les routeurs respectent la règle de portée suivante : ils ne transmettent pas les datagrammes contenant des adresses localisées en dehors de leur champ spécifique.

Disposer d'adresses locales a deux intérêts. Les adresses locales au lien permettent d'avoir des communications dans un réseau sans risquerune diffusion des datagrammes dans tout l'internet. C'est ainsi que pour faire de la découverte de voisin, un nœud IPv6 utilise ce type d'adresse. Les règles de portée indiquent que seuls les ordinateurs situés sur le même réseau physique recevront les messages de découverte de voisin. De même, les ordinateurs connectés à un *réseau isolé* (c'est-à-dire à un réseau qui n'a pas de routeurs) peuvent utiliser pour communiquer ces adresses locales au lien.

Les routeurs peuvent retransmettre des datagrammes contenant des adresses locales au site dans toute l'organisation, mais ils ne doivent pas les retransmettre dans tout Internet. Une adresse locale au site correspond donc à ce qu'on appelait les *adresses privées* ou *non routables* en IPv4. Une organisation peut ainsi affecter et utiliser des adresses locales au site dans son intranet sans avoir besoin de disposer de préfixes globalement uniques.

33.29 AUTOCONFIGURATION ET RENUMÉROTATION

IPv6 est conçu pour permettre l'*autoconfiguration sans serveur* qui permet à un ordinateur de communiquer même s'il n'y a pas d'administrateur pour lui donner une adresse. Deux choses facilitent cette autoconfiguration : l'adressage local au réseau et l'imbrication d'identificateurs d'interface. Pour engendrer une adresse locale au réseau, il suffit, en effet, que l'ordinateur combine le préfixe local au réseau :

```
1111 1110 10
```

à 54 zéros et à son identificateur d'interface sur 64 bits.

Après avoir construit cette adresse, l'ordinateur l'utilise pour envoyer une *demande de routeur* à laquelle, si un routeur est présent sur le réseau, va répondre une *annonce de routeur* qui lui donne les préfixes à utiliser pour les adresses locales au site ou globales. À l'arrivée d'une telle annonce, l'ordinateur fait de l'émetteur son routeur par défaut. L'annonce contient un drapeau indiquant si elle concerne une autoconfiguration ou une configuration de type plus classique (avec DHCP, par exemple).

Pour faciliter la *renumérotation* des réseaux, IPv6 permet à un routeur de limiter la durée de vie d'un préfixe attribué à un ordinateur. Un préfixe transporté par une annonce de routeur est associé à deux valeurs temporelles : une durée de validité et une durée de vie souhaitée. L'hôte doit être à l'écoute d'éventuelles autres annonces. Lorsque la durée de vie souhaitée est atteinte, le préfixe reste valide mais l'hôte doit, chaque fois que c'est possible, en utiliser un autre pour ses communications. En revanche, lorsque la durée de validité est dépassée, l'hôte ne doit plus utiliser le préfixe, même si des communications sont en cours.

33.30 RÉSUMÉ

L'IETF a défini une nouvelle génération du protocole IP, que l'on appelle IPv6 puisqu'il s'agit de la version numéro 6 de ce protocole. Si IPv6 conserve l'essentiel des concepts d'IPv4, il change la plupart des détails de réalisation. Tout comme IPv4, il fournit un service de remise au mieux de datagramme en mode sans connexion, mais son format de datagramme est complètement différent et il offre de nouvelles fonctionnalités comme l'authentification ou un mécanisme de contrôle de flot.

Chaque datagramme IPv6 est formé d'une série d'en-têtes et de données. Il commence obligatoirement par un en-tête de base de 40 octets qui contient les adresses source et destination, une classe de trafic ainsi qu'un identificateur de flot. L'en-tête de base peut être suivi d'un ou de plusieurs en-têtes d'extension, avant que ne viennent les données. Les en-têtes d'extension sont optionnels — IPv6 les utilise pour contenir ce qui se trouve en général sous forme d'options en IPv4.

Une adresse IPv6 faisant 128 bits, on peut considérer qu'on ne risque plus de pénurie des adresses. En plus des traditionnelles adresses point à point (*unicast*) et multipoint (*multicast*), IPv6 connaît également les adresses *anycast* : on affecte une adresse unique à un groupe d'ordinateur et lorsqu'un datagramme est envoyé à cette adresse il n'atteint qu'un et un seul ordinateur (par exemple le plus proche de la source).

IPv6 permet l'autoconfiguration et la renumérotation. Chaque hôte d'un réseau isolé engendre une adresse locale au réseau qu'il utilise pour la communication dans le réseau et pour découvrir les routeurs qui lui donneront une adresse locale au site ou globale. Pour faciliter la renumérotation, on affecte une durée de vie à tous les préfixes ; un ordinateur ne peut pas utiliser un préfixe périmé.

33.31 POUR EN SAVOIR PLUS

Il existe de nombreux RFC sur IPv6. Deering et Hinden [RFC 2460] spécifient le protocole de base. Thomson et Narten [RFC 2462] décrivent l'autoconfiguration sans serveur. Narten, Nordmark et Simpson [RFC 2461] analysent la découverte de voisin. Conta et Deering [RFC 2463] spécifient ICMPv6. Crawford [RFC 2464] décrit l'encapsulation d'IPv6 pour la transmission sur des réseaux Ethernet.

Nombreux sont les RFC qui concernent l'adressage IPv6. Hinden et Deering [RFC 2373] décrivent l'architecture de l'adressage et les préfixes utilisés. Hinden, O'Dell et Deering [RFC 2374] analysent le format des adresses point à point globale agrégeables. Hinden et Deering [RFC 2375] spécifient les affectations d'adresses multicast. Johnson et Deering [RFC 2526] donnent les adresses anycast réservées. Enfin, on peut trouver de l'information sur le format EUI 64 bits sur le site de l'IEEE :

`http://standards.ieee.org/regauth/oui/tutorials/EUI64.html`

33.32 EXERCICES

33.1 Dans IPv6 il n'y a pas de total de contrôle d'en-tête. Quels sont les avantages et les inconvénients de cette approche ?

33.2 Comment doit-on ordonner les en-têtes d'extension pour minimiser le temps de traitement ?

33.3 Bien que les adresses IPv6 soient attribuées de façon hiérarchique, un routeur n'a pas besoin de balayer toute l'adresse pour sélectionner une route. Trouvez un algorithme et une structure de données qui permettent un routage efficace. (Indication : pensez à une approche par plus longue correspondance d'adresses.)

33.4 Argumentez le fait que 128 bits est une trop grande taille et que 96 suffiraient.

33.5 Supposez que votre organisation veuille adopter IPv6. Imaginez le schéma d'adressage qu'elle utilisera pour affecter à chaque ordinateur hôte une adresse. Avez-vous choisi une affectation hiérarchique dans votre organisation ? Pourquoi ?

33.6 Quel est l'avantage principal de pouvoir coder une adresse Ethernet dans une adresse IPv6 ? Quel en est l'inconvénient ?

33.7 Un ordinateur hôte forme une adresse locale au réseau en combinant son adresse Ethernet sur 48 bits au préfixe *local au réseau* standard. Est-ce qu'on obtient alors une adresse dont on est sûr qu'elle est unique sur le réseau ? Pourquoi ?

33.8 Reprenons l'exercice précédent. Le standard spécifie-t-il que l'hôte doit utiliser le protocole de découverte de voisin pour vérifier que l'adresse est unique ? Pourquoi ?

33.9 Si vous aviez à choisir les tailles des champs identificateurs de fournisseur, de client et de site d'une adresse IPv6 point à point, quelles tailles choisiriez-vous ? Pourquoi ?

33.10 Lisez la documentation IPv6 concernant les en-têtes d'authentification et de sécurité. Pourquoi a-t-on proposé deux en-têtes distincts ?

33.11 En quoi le MTU minimum IPv6 de 1 280 affecte-t-il la souplesse du protocole ?

A

Guide thématique des RFC

A.1 INTRODUCTION

On peut trouver pratiquement toute l'information sur TCP/IP et Internet – architecture, protocoles, histoire – dans des notes dites *appels à commentaires*, *RFC* (*Request For Comments*). Ces notes informelles et peu structurées constituent une source d'information riche et souvent haute en couleur. Avant d'aborder leurs aspects les plus sérieux, attardons-nous un peu sur leurs côtés les plus pittoresques. Le poème de Cerf « *'Twas The Night Before Startup* » (RFC 968) constitue un bon début. C'est une parodie humoristique qui illustre les problèmes que l'on rencontre lors du démarrage d'un nouveau réseau. Dès l'origine, les concepteurs d'Internet n'ont pas voulu se prendre au sérieux. Quiconque peut se souvenir des premières réunions Internet, où les échanges se faisaient dans un curieux jargon réseaux à la façon du fameux *Jabberwocky* de Lewis Carroll triturant les mots anglais, saura pourquoi D.L. Covill a écrit ARPAWOCKY (RFC 527).

D'autres RFC paraissent, eux, bien futiles, noyés qu'ils sont au milieu d'idées révolutionnaires sur les réseaux. Le RFC 416, par exemple, rédigé au début du mois de novembre 1972, dit bien ce qu'il veut dire : « *Le système ARC ne sera pas utilisable pendant la semaine de Thanksgiving* ». Ou encore l'humour grinçant de Crispin qui, dans le RFC 748, décrit une option de perte aléatoire de caractères dans TELNET (*Randomly-Lose Option*). En fait tout RFC daté du premier avril doit être considéré comme une farce. Si vous les considérez comme marginaux, que dire des *soixante-quinze RFC* qui ne furent jamais publiés. Un numéro leur a été réservé et ils ont tous un auteur bien déterminé, mais aucun d'entre eux n'a vu le jour. Tout ce qu'il en reste se réduit à des discontinuités dans les numéros de séquence, derniers restes d'idées évanouies ou de travaux inachevés.

Même si on ne tient pas compte des RFC inutiles ou futiles, les documents sont en général peu conformes à l'idée que l'on se fait de la présentation de documents scientifiques. Les RFC témoignent des discussions sur la conception, la construction, l'évaluation et l'utilisation d'Internet. Le lecteur aura compris que les RFC contiennent plutôt des réflexions de chercheurs à la pointe de l'innovation technique que des propos d'universitaires dominant parfaitement leur sujet. Les auteurs de RFC ne mesurent pas toujours les conséquences de leurs contributions, mais ils ont pleinement conscience de ce que les problèmes sont si complexes qu'ils ne peuvent être maîtrisés sans discussion collective. Ainsi, le RFC 1173 « traditions orales » est un oxymore (puisqu'il fit partie de la tradition écrite une fois publié).

En dépit des incohérences qui rendent parfois les RFC difficiles d'accès aux débutants, leur mécanisme a évolué et fonctionne maintenant extrêmement bien. Ils sont disponibles sous forme électronique, ce qui permet leur diffusion rapide au sein de la communauté. Comme ils couvrent un large domaine de préoccupations ils génèrent des contributions de praticiens comme de théoriciens. Ils consignent des conversations informelles en témoignant de leur déroulement et pas seulement des conclusions. Les propositions contradictoires ou les refus sont intéressants parce qu'ils montrent tout ce que les concepteurs doivent prendre en compte pour spécifier ou mettre en œuvre un protocole particulier. (On peut ainsi utiliser les RFC pour reconstituer toute l'évolution d'un protocole, de ses origines à son état actuel.)

A.2 IMPORTANCE DES RFC CARACTÉRISTIQUES DES HÔTES ET DES PASSERELLES

Si la plupart des RFC sont consacrés chacun à une idée ou à un protocole, trois RFC concernent un grand nombre de protocoles. Ce sont ceux qui sont intitulés *Caractéristiques des hôtes et des passerelles* (*Requirements For Internet Gateways* et *Requirements For Internet Hosts*, parties 1 et 2).

Ils ont été publiés à la fin des années 1980, après plusieurs années d'expérimentation des protocoles TCP/IP. Ils sont considérés comme des révisions essentielles des standards des protocoles et passent en revue un ensemble de protocoles. Ces RFC soulignent les faiblesses ou les ambiguïtés connues, présentent les conventions adoptées par les constructeurs, énumèrent les problèmes pratiques de documentation et les remèdes connus à la date de leur parution. Les RFC relatifs à des protocoles spécifiques n'ont pas été mis à jour. Ils ne contiennent donc pas les modifications ou mises à jour contenues dans les RFC *Caractéristiques des hôtes et des passerelles*. Il est donc conseillé de veiller à toujours consulter ces documents lors de l'étude d'un protocole particulier.

A.3 DES RFC ET DES CHIFFRES

Les RFC ont des tailles très variables, la moyenne se situant autour de 47 504,5 octets. Le plus gros, le RFC 1700, contient 566 778 octets alors que le plus petit, jamais abouti, correspond aux 27 octets du fichier texte suivant :

« This RFC was never issued. »

Quelques coïncidences rares se sont produites. Le texte du RFC 41, par exemple, contient exactement 41 caractères et le RFC 854 contient exactement 854 lignes. Le RFC 1996 a été publié en 1996, ce qui n'est le cas pour aucun autre RFC.

La production annuelle de RFC publiés varie énormément. La figure A.1.1 montre son évolution au fil du temps. La forte croissance des années 1970 correspond à une période initiale de construction ; la production intense des années 1990 correspond à l'ouverture commerciale de l'Internet.

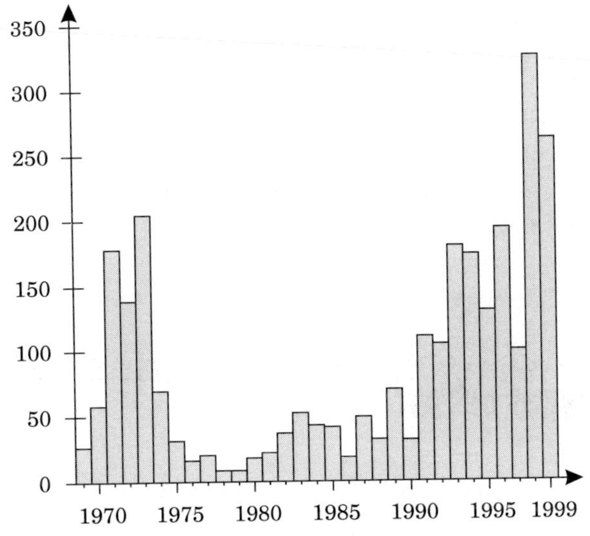

Figure A.1 — Évolution de la publications des RFC au fil des ans.

A.4 COMMENT OBTENIR UN RFC PAR INTERNET ?

On peut se procurer les RFC depuis de nombreux sites Internet répartis dans le monde. Prenez contact avec l'administrateur local de votre réseau pour connaître le site le plus proche de vous ou bien commencez à partir de l'URL suivante :

`http://www.rfc-editor.org`

Vous pouvez également essayer :

`http://sunsite.dk/RFC`

A.5 NAVIGUER PARMI LES RFC

Plusieurs index peuvent aider à naviguer parmi les RFC. L'ISI (*Information Sciences Institut*, `http ://www.isi.edu`) publie un index de tous les RFC par ordre chronologique. Les lecteurs ont souvent besoin de connaître le RFC qui décrit la dernière version d'un protocole officiel de l'Internet ou encore quels sont les protocoles officiels et quels sont ceux qui ne le sont pas. Pour répondre à ce type de demande, l'IAB publie périodiquement un RFC nommé *Internet Official Protocol Standards* qui donne la liste des protocoles qui correspondent à des standards officiels, et qui, pour chacun, indique le numéro du ou des RFC les plus récents décrivant ce protocole. Le RFC 2026, *The Internet Standard Process Revision 3*, décrit le processus de standardisation de l'Internet et définit la signification des termes *proposed standard* (proposition de standard), *draft standard* (projet de standard), *Internet standard* (standard Internet), de même que l'usage des RFC : *required* (obligatoire), *recommended* (recommandé) et *historic* (historique).

Malgré les index disponibles, la navigation dans les RFC peut s'avérer difficile en particulier lorsque le lecteur recherche des informations sur un sujet donné, qui correspond à des RFC publiés sur plusieurs années. La navigation peut être particulièrement difficile parce que les titres ne permettent pas d'identifier précisément leur contenu. Comment peut-on, par exemple, déduire du titre *Leaving Well Enough Alone* que le RFC correspondant concerne FTP ? Enfin, l'existence de plusieurs RFC ayant le même titre peut prêter à confusion (*Assigned Numbers*, par exemple) car le lecteur ne peut pas facilement dire si un document est périmé ou non sans consulter la base des RFC.

A.6 CLASSEMENT DES RFC PAR THÈMES

Nous présentons ci-dessous une aide à la recherche d'informations dans les RFC. Elle comporte les titres des 2 884 premiers RFC classés par thèmes. Les lecteurs peuvent trouver une version antérieure de cet index par sujets ainsi que la liste chronologique des 1 000 premiers RFC dans le RFC 1000. La lecture de ce dernier est fortement recommandée car c'est une source d'analyses sérieuses et fondées. Son introduction est particulièrement intéressante puisqu'elle retrace l'origine des RFC ainsi que celle d'ARPANET et illustre bien l'esprit d'aventure qui caractérise toujours aujourd'hui Internet.

A.6.1 Gestion

Numéros Internet réservés

1700, 1340, 1166, 1117, 1062, 1060, 1020, 1010, 997, 990, 960, 943, 923, 900, 870, 820, 790, 776, 770, 762, 758, 755, 750, 739, 717, 604, 503, 433, 349, 322, 317, 204, 179, 175, 167

Standards Internet officiels et autres listes de protocoles

2500, 2400, 2300, 2200, 2000, 1920, 1880, 1800, 1780, 1720, 1610, 1600, 1540, 1500, 1410, 1360, 1280, 1250, 1200, 1140, 1130, 1100, 1083, 1011, 991, 961, 944, 924, 901, 880, 840, 694, 661, 617, 582, 580, 552 774, 766

Comptes rendus de réunions et diverses notes

2768 – Network Policy and Services : A Report of a Workshop on Middleware.

2316 – Report of the IAB Security Architecture Workshop

2130 – The Report of the IAB Character Set Workshop held 29 February - 1 March, 1996

1862 – Report of the IAB Workshop on Internet Information Infrastructure, October 12-14, 1994

1636 – Report of IAB Workshop on Security in the Internet Architecture - February 8-10, 1994

1588 – White Pages Meeting Report

1210 – Network and infrastructure user requirements for transatlantic research collaboration : Brussels, July 16-18, and Washington July 24-25, 1990

1152 – Workshop report : Internet research steering group workshop on very-high-speed networks

1077 – Critical issues in high bandwidth networking

1019 – Report of the Workshop on Environments for Computational Mathematics

1017 – Network requirements for scientific research : Internet task force on scientific computing

910, 807 – Multimedia mail meeting notes

898 – Gateway special interest group meeting notes

808, 805, 469 – Summary of computer mail services meeting held at BBN on 10 January 1979

585 – ARPANET users interest working group meeting

549, 396, 282, 253 – Minutes of Network Graphics Group meeting, 15-17 July 1973

371 – Demonstration at International Computer Communications Conference

327 – Data and File Transfer workshop notes

316 – ARPA Network Data Management Working Group

164, 131, 108, 101, 82, 77, 63, 37, 21 – Minutes of Network Working Group meeting, 5/16 through 5/19/71

Annonces de congrès et présentation de groupes

1160, 1120 – Internet Activities Board

828 – Data communications : IFIP's international "network" of experts

631 – International meeting on minicomputers and data communication : Call for papers

584 – Charter for ARPANET Users Interest Working Group

537 – Announcement of NGG meeting July 16-17

526 – Technical meeting : Digital image processing software systems

504 – Distributed resources workshop announcement

483 – Cancellation of the resource notebook framework meeting

474, 314, 246, 232, 134 – Announcement of NGWG meeting : Call for papers

471 – Workshop on multi-site executive programs

461 – Telnet Protocol meeting announcement

457 – TIPUG

456 – Memorandum : Date change of mail meeting

454 – File Transfer Protocol - meeting announcement and a new proposed document

453 – Meeting announcement to discuss a network mail system

374 – IMP System Announcement

359 – Status of the Release of the New IMP System (2600)

343, 331 – IMP System change notification

324 – RJE Protocol meeting

323 – Formation of Network Measurement Group (NMG)

320 – Workshop on Hard Copy Line Printers

309 – Data and File Transfer Workshop Announcement

299 – Information Management System

295 – Report of the Protocol Workshop, 12 October 1971

291, 188, 173 – Data Management Meeting Announcement

245, 234, 207, 140, 116, 99, 87, 85, 75, 43, 35 – Reservations for Network Group meeting

222 – Subject : System programmer's workshop

212 – NWG meeting on network usage

157 – Invitation to the Second Symposium on Problems in the Optimization of Data Communications Systems

149 – Best Laid Plans

130 – Response to RFC 111 : Pressure from the chairman

111 – Pressure from the Chairman

48 – Possible protocol plateau

46 – ARPA Network protocol notes

Listes de distribution

402, 363, 329, 303, 300, 211, 168, 155 – ARPA Network Mailing Lists

69 – Distribution List Change for MIT

52 – Updated distribution list

Documents réglementaires

2870 – Root Name Server Operational Requirements.

2860 – Memorandum of Understanding Concerning the Technical Work of the Internet Assigned Numbers Authority.

2850 – Charter of the Internet Architecture Board (IAB). Internet Architecture Board.

2826 – IAB Technical Comment on the Unique DNS Root.

2804 – IETF Policy on Wiretapping.

2780 – IANA Allocation Guidelines For Values In the Internet Protocol and Related Headers.)

2779 – Instant Messaging / Presence Protocol Requirements.

2770 – GLOP Addressing in 233/8.

2769 – Routing Policy System Replication.

2754 – RPS IANA Issues.

2727 – IAB and IESG Selection, Confirmation, and Recall Process : Operation of the Nominating and Recall Committees.

2717 – Registration Procedures for URL Scheme Names

2506 – Media Feature Tag Registration Procedure

2489 – Procedure for Defining New DHCP Options

2418, 1603 – IETF Working Group Guidelines and Procedures

2282, 2027 – IAB and IESG Selection, Confirmation, and Recall Process : Operation of the Nominating and Recall Committees

2278 – IANA Charset Registration Procedures

2277 – IETF Policy on Character Sets and Languages

2146, 1816, 1811 – US Government Internet Domain Names

2135 – Internet Society By-Laws

2050 – Internet Registry IP Allocation Guidelines

2042 – Registering New BGP Attribute Types

2014 – IRTF Research Group Guidelines and Procedures

1956 – Registration in the MIL Domain

1930 – Guidelines for creation, selection, and registration of an Autonomous System (AS)

1875 – UNINETT PCA Policy Statements

1371 – Choosing a Common IGP for the IP Internet

115 – Some Network Information Center policies on handling documents

1124 – Policy issues in interconnecting networks

1087 – Ethics and the Internet

1052 – IAB recommendations for the development of Internet network management standards

1039 – DoD statement on Open Systems Interconnection protocols

980 – Protocol document order information

952, 810, 608 – DoD Internet host table specification

945 – DoD statement on the NRC report

902 – ARPA Internet Protocol policy

849 – Suggestions for improved host table distribution

678 – Standard file formats

602 – "The stockings were hung by the chimney with care"

53 – Official protocol mechanism

RFC administratifs

2648 – A URN Namespace for IETF Documents

2629 – Writing I-Ds and RFCs using XML

2799, 2699, 2599, 2499, 2399, 2299, 2199, 2099, 1999, 1899, 1799, 1699, 1599, 1499, 1399, 1299, 999, 899, 800, 699, 598, 200, 170, 160, 100, 84 – Request for Comments Summary

2434 – Guidelines for Writing an IANA Considerations Section in RFCs

2360 – Guide for Internet Standards Writers

2223, 1543, 1111 – Instructions to RFC Authors

2119 – Key words for use in RFCs to Indicate Requirement Levels

1818 – Best Current Practices

1796 – Not All RFCs are Standards

1311 – Introduction to the STD Notes

1150 – FYI on FYI : Introduction to the FYI Notes

1000 – Request For Comments reference guide

825 – Request for comments on Requests For Comments

629 – Scenario for using the Network Journal

628 – Status of RFC numbers and a note on pre-assigned journal numbers

Divers

2691 – A Memorandum of Understanding for an ICANN Protocol Support Organization

2690 – A Proposal for an MOU-Based ICANN Protocol Support Organization

2436 – Collaboration between ISOC/IETF and ITU-T

2339, 1790 – An Agreement Between the Internet Society, the IETF, and Sun Microsystems, Inc

2134 – Articles of Incorporation of Internet Society

2053 – The AM (Armenia) Domain

2031 – IETF-ISOC relationship

2028 – The Organizations Involved in the IETF Standards Process

2026, 1871, 1602, 1310 – The Internet Standards Process – Revision 3

1988 – Conditional Grant of Rights to Specific Hewlett-Packard Patents In Conjunction With the Internet Engineering Task Force's Internet-Standard Network Management Framework

1984 – IAB and IESG Statement on Cryptographic Technology and the Internet

1917 – An Appeal to the Internet Community to Return Unused IP Networks (Prefixes) to the IANA

1822 – A Grant of Rights to Use a Specific IBM patent with Photuris

1718, 1539, 1391 – The Tao of IETF - A Guide for New Attendees of the Internet Engineering Task Force

1690 – Introducing the Internet Engineering and Planning Group (IEPG)

1689 – A Status Report on Networked Information Retrieval : Tools and Groups

1640 – The Process for Organization of Internet Standards Working Group (POISED)

1601, 1358 – Charter of the Internet Architecture Board (IAB)

1527 – What Should We Plan Given the Dilemma of the Network ?

1481 – IAB Recommendation for an Intermediate Strategy to Address the Issue of Scaling

1401 – Correspondence between the IAB and DISA on the use of DNS

1396 – The Process for Organization of Internet Standards Working Group (POISED)

1380 – IESG Deliberations on Routing and Addressing

1297 – NOC Internal Integrated Trouble Ticket System Functional Specification Wishlist ("NOC TT REQUIREMENTS")

1287 – Towards the Future Internet Architecture

1272 – Internet Accounting : Background

1261 – Transition of Nic Services

1174 – IAB recommended policy on distributing internet identifier assignment and IAB recommended policy change to internet "connected" status

637 – Change of network address for SU-DSL

634 – Change in network address for Haskins Lab

616 – Latest network maps

609 – Statement of upcoming move of NIC/NLS service

590 – MULTICS address change

588 – London node is now up

551 – NYU, ANL, and LBL Joining the Net

544 – Locating on-line documentation at SRI-ARC

543 – Network journal submission and delivery

518 – ARPANET accounts

511 – Enterprise phone service to NIC from ARPANET sites

510 – Request for network mailbox addresses

440 – Scheduled network software maintenance

432 – Network logical map

423, 389 – UCLA Campus Computing Network Liaison Staff for ARPANET

421 – Software Consulting Service for Network Users

419 – To : Network liaisons and station agents

416 – ARC System Will Be Unavailable for Use During Thanksgiving Week

405 – Correction to RFC 404

404 – Host Address Changes Involving Rand and ISI

403 – Desirability of a network 1108 service

386 – Letter to TIP users-2

384 – Official site idents for organizations in the ARPA Network

381 – Three aids to improved network operation

365 – Letter to All TIP Users

356 – ARPA Network Control Center

334 – Network Use on May 8

305 – Unknown Host Numbers

301 – BBN IMP (#5) and NCC Schedule March 4, 1971

289 – What we hope is an official list of host names

276 – NIC course

249 – Coordination of equipment and supplies purchase

223 – Network Information Center schedule for network users

185 – NIC distribution of manuals and handbooks

154 – Exposition Style

136 – Host accounting and administrative procedures

118 – Recommendations for facility documentation

95 – Distribution of NWG/RFC's through the NIC

16 – M.I.T

A.6.2 Documents de spécification et versions majeures

Caractéristiques requises des hôtes

1127 – Perspective on the Host Requirements RFCs

1123 – Requirements for Internet hosts - application and support

1122 – Requirements for Internet hosts - communication layers

Caractéristiques requises des routeurs

2644 – Changing the Default for Directed Broadcasts in Routers

1812, 1009 – Requirements for IP Version 4 Routers

A.6.3 Niveau interface réseau (voir aussi A.6.8)

Résolution d'adresses (ARP, RARP)

2834 – ARP and IP Broadcast over HIPPI-800.

2835 – IP and ARP over HIPPI-6400 (GSN).

2390, 1293 - Inverse Address Resolution Protocol

1931 – Dynamic RARP Extensions for Automatic Network Address Acquisition

1868 – ARP Extension - UNARP

1433 – Directed ARP

1329 – Thoughts on Address Resolution for Dual MAC FDDI Networks

1027 – Using ARP to implement transparent subnet gateways

925 – Multi-LAN address resolution

903 – Reverse Address Resolution Protocol

826 – Ethernet Address Resolution Protocol : Or converting network protocol addresses to 48.bit Ethernet address for transmission on Ethernet hardware

Protocole IP sur technologie de réseau physique (encapsulation)

2734 – IPv4 over IEEE 1394

2728 – The Transmission of IP Over the Vertical Blanking Interval of a Television Signal

2625 – IP and ARP over Fibre Channel

2176 – IPv4 over MAPOS Version 1

2143 – Encapsulating IP with the Small Computer System Interface

2067, 1374 – IP over HIPPI

2004, 2003, 1853 – Minimal Encapsulation within IP

1390, 1188, 1103 – Transmission of IP and ARP over FDDI Networks

1241 – Scheme for an internet encapsulation protocol : Version 1

1226 – Internet protocol encapsulation of AX.25 frames

1221, 907 – Host Access Protocol (HAP) specification : Version 2

1209 – Transmission of IP datagrams over the SMDS Service

1201, 1051 – Transmitting IP traffic over ARCNET networks

1088 – Standard for the transmission of IP datagrams over NetBIOS networks

1055 – Nonstandard for transmission of IP datagrams over serial lines : SLIP

1044 – Internet Protocol on Network System's HYPERchannel : Protocol specification

1042 – Standard for the transmission of IP datagrams over IEEE 802 networks

948 – Two methods for the transmission of IP datagrams over IEEE 802.3 networks

895 – Standard for the transmission of IP datagrams over experimental Ethernet networks

894 – Standard for the transmission of IP datagrams over Ethernet networks

893 – Trailer encapsulations

877 – Standard for the transmission of IP datagrams over public data networks

Réseaux non diffusants à accès multiple (ATM, IP commuté, MPLS)

2702 – Requirements for Traffic Engineering Over MPLS

2684 – Multiprotocol Encapsulation over ATM Adaptation Layer 5

2682 – Performance Issues in VC-Merge Capable ATM LSRs

2643 – Cabletron's SecureFast VLAN Operational Model

2642 – Cabletron's VLS Protocol Specification

2641 – Cabletron's VlanHello Protocol Specification Version 4

2603 – ILMI-Based Server Discovery for NHRP

2602 – ILMI-Based Server Discovery for MARS

2601 – ILMI-Based Server Discovery for ATMARP

2583 – Guidelines for Next Hop Client (NHC) Developers

2520 – NHRP with Mobile NHCs

2443 – A Distributed MARS Service Using SCSP

2383 – ST2+ over ATM Protocol Specification - UNI 3.1 Version

2340 – Nortel's Virtual Network Switching (VNS) Overview

2337 – Intra-LIS IP multicast among routers over ATM using Sparse Mode PIM

2336 – Classical IP to NHRP Transition

2335 – A Distributed NHRP Service Using SCSP

2334 – Server Cache Synchronization Protocol (SCSP)

2333 – NHRP Protocol Applicability Statement

2332 – NBMA Next Hop Resolution Protocol (NHRP)

2331 – ATM Signalling Support for IP over ATM - UNI Signalling 4.0 Update

2297, 1987 – Ipsilon's General Switch Management Protocol Specification Version 2.0

2269 – Using the MARS Model in non-ATM NBMA Networks

2226 – IP Broadcast over ATM Networks

2225, 1577 – Classical IP and ARP over ATM

2191 – VENUS – Very Extensive Non-Unicast Service

2170 – Application REQuested IP over ATM (AREQUIPA)

2149 – Multicast Server Architectures for MARS-based ATM multicasting

2129 – Toshiba's Flow Attribute Notification Protocol (FANP) Specification

2124 – Cabletron's Light-weight Flow Admission Protocol Specification Version 1.0

2121 – Issues affecting MARS Cluster Size

2105 – Cisco Systems' Tag Switching Architecture Overview

2098 – Toshiba's Router Architecture Extensions for ATM : Overview

2022 – Support for Multicast over UNI 3.0/3.1 based ATM Networks

1954 – Transmission of Flow Labelled IPv4 on ATM Data Links Ipsilon Version 1.0

1953 – Ipsilon Flow Management Protocol Specification for IPv4 Version 1.0

1932 – IP over ATM : A Framework Document

1755 – ATM Signaling Support for IP over ATM

1754 – IP over ATM Working Group's Recommendations for the ATM Forum's Multiprotocol BOF Version 1

1735 – NBMA Address Resolution Protocol (NARP)

1626 – Default IP MTU for use over ATM AAL5

1483 – Multiprotocol Encapsulation over ATM Adaptation Layer 5

Divers

2469 – A Caution On The Canonical Ordering Of Link-Layer Addresses

2427, 1490, 1294 – Multiprotocol Interconnect over Frame Relay

2341 – Cisco Layer Two Forwarding (Protocol) "L2F"

2175 – MAPOS 16 – Multiple Access Protocol over SONET/SDH with 16 Bit Addressing

2174 – A MAPOS version 1 Extension - Switch-Switch Protocol

2173 – A MAPOS version 1 Extension - Node Switch Protocol

2172 – MAPOS Version 1 Assigned Numbers

2171 – MAPOS – Multiple Access Protocol over SONET/SDH Version 1

1326 – Mutual Encapsulation Considered Dangerous

A.6.4 Niveau internet

Protocole Internet (IP)

2765 – Stateless IP/ICMP Translation Algorithm (SIIT).

2113 – IP Router Alert Option

1624, 1141 – Computation of the Internet Checksum via Incremental Update

1191, 1063 – Path MTU discovery

1071 – Computing the Internet checksum

1025 – TCP and IP bake off

815 – IP datagram reassembly algorithms

791, 760 – Internet Protocol

781 – Specification of the Internet Protocol (IP) timestamp option

Protocole de message de contrôle de l'Internet (ICMP)

2521 – ICMP Security Failures Messages

1788 – ICMP Domain Name Messages

1256 – ICMP Router Discovery Messages

1018 – Some comments on SQuID

1016 – Something a host could do with source quench : The Source Quench Introduced Delay (SQuID)

792, 777 – Internet Control Message Protocol

Diffusion sélective (IGMP)

2729 – Taxonomy of Communication Requirements for Large-scale Multicast Applications.

2776 – Multicast-Scope Zone Announcement Protocol (MZAP).

2771 – An Abstract API for Multicast Address Allocation.)

2730 – Multicast Address Dynamic Client Allocation Protocol (MADCAP).

2588 – IP Multicast and Firewalls

2502 – Limitations of Internet Protocol Suite for Distributed Simulation the Large Multicast Environment

2365 – Administratively Scoped IP Multicast

2357 – IETF Criteria for Evaluating Reliable Multicast Transport and Application Protocols

2236 – Internet Group Management Protocol, Version 2

1768 – Host Group Extensions for CLNP Multicasting

1469 – IP Multicast over Token-Ring Local Area Networks

1458 – Requirements for Multicast Protocols

1301 – Multicast Transport Protocol

1112, 1054, 988, 966 – Host extensions for IP multicasting 4d. Routing and Gateway Algorithms (BGP, GGP, RIP, OSPF)

Algorithmes de routage et de passerelles (BGP, GGP, RIP, OSPF)

2858 – Multiprotocol Extensions for BGP-4.

2844 – OSPF over ATM and Proxy-PAR.

2842 – Capabilities Advertisement with BGP-4

2796 – BGP Route Reflection - An Alternative to Full Mesh IBGP.

2791 – Scalable Routing Design Principles.

2784 – Generic Routing Encapsulation (GRE).

2715 – Interoperability Rules for Multicast Routing Protocols

2676 – QoS Routing Mechanisms and OSPF Extensions

2650 – Using RPSL in Practice

2622, 2280 – Routing Policy Specification Language (RPSL)

2519 – A Framework for Inter-Domain Route Aggregation

2453, 1723, 1388 – RIP Version 2

2439 – BGP Route Flap Damping

2385 – Protection of BGP Sessions via the TCP MD5 Signature Option

2370 – The OSPF Opaque LSA Option

2362, 2117 – Protocol Independent Multicast-Sparse Mode (PIM-SM) : Protocol Specification

2338 – Virtual Router Redundancy Protocol

2329 – OSPF Standardization Report

2328, 2178, 1583, 1247, 1131 – OSPF Version 2

2283 – Multiprotocol Extensions for BGP-4

2281 – Cisco Hot Standby Router Protocol (HSRP)

2270 – Using a Dedicated AS for Sites Homed to a Single Provider

2260 – Scalable Support for Multi-homed Multi-provider Connectivity

2201, 2189 – Core Based Trees (CBT) Multicast Routing Architecture

2154 – OSPF with Digital Signatures

2103 – Mobility Support for Nimrod : Challenges and Solution Approaches

2102 – Multicast Support for Nimrod : Requirements and Solution Approaches

2092 – Protocol Analysis for Triggered RIP

2091 – Triggered Extensions to RIP to Support Demand Circuits

2082 – RIP-2 MD5 Authentication

2009 – GPS-Based Addressing and Routing

1998 – An Application of the BGP Community Attribute in Multi-home Routing

1997 – BGP Communities Attribute

1992 – The Nimrod Routing Architecture

1966 – BGP Route Reflection An alternative to full mesh IBGP

1965 – Autonomous System Confederations for BGP

1923 – RIPv1 Applicability Statement for Historic Status

1863 – A BGP/IDRP Route Server alternative to a full mesh routing

1817 – CIDR and Classful Routing

1793 – Extending OSPF to Support Demand Circuits

1787 – Routing in a Multi-provider Internet

1786 – Representation of IP Routing Policies in a Routing Registry (ripe-81++)

1774 – BGP-4 Protocol Analysis

1773, 1656 – Experience with the BGP-4 protocol

1772, 1655, 1268, 1164 – Application of the Border Gateway Protocol in the Internet

1771, 1654, 1267, 1163 – A Border Gateway Protocol 4 (BGP-4)

1765 – OSPF Database Overflow

1745 – BGP4/IDRP for IP—OSPF Interaction

1722 – RIP Version 2 Protocol Applicability Statement

1721, 1387 – RIP Version 2 Protocol Analysis

1702, 1701 – Generic Routing Encapsulation over IPv4 networks

1587 – The OSPF NSSA Option

1586 – Guidelines for Running OSPF Over Frame Relay Networks

1585 – MOSPF : Analysis and Experience

1584 – Multicast Extensions to OSPF

1582 – Extensions to RIP to Support Demand Circuits

1581 – Protocol Analysis for Extensions to RIP to Support Demand Circuits

1520 – Exchanging Routing Information Across Provider Boundaries in the CIDR Environment

1519, 1338 – Classless Inter-Domain Routing (CIDR) : an Address Assignment and Aggregation Strategy

1517 – Applicability Statement for the Implementation of Classless Inter-Domain Routing (CIDR)

1504 – Appletalk Update-Based Routing Protocol : Enhanced Appletalk Routing

1482 – Aggregation Support in the NSFNET Policy-Based Routing Database

1479 – Inter-Domain Policy Routing Protocol Specification : Version 1

1478 – An Architecture for Inter-Domain Policy Routing

1477 – IDPR as a Proposed Standard

1465 – Routing Coordination for X.400 MHS Services Within a Multi Protocol / Multi Network Environment Table Format V3 for Static Routing

1403, 1364 – BGP OSPF Interaction

1397 – Default Route Advertisement In BGP2 and BGP3 Version of The Border Gateway Protocol

1383 – An Experiment in DNS Based IP Routing

1370 – Applicability Statement for OSPF

1322 – A Unified Approach to Inter-Domain Routing

1266 – Experience with the BGP Protocol

1265 – BGP Protocol Analysis

1264 – Internet Engineering Task Force Internet Routing Protocol Standardization Criteria

1254 – Gateway Congestion Control Survey

1246 – Experience with the OSPF Protocol

1245 – OSPF Protocol Analysis

1222 – Advancing the NSFNET routing architecture

1195 – Use of OSI IS-IS for routing in TCP/IP and dual environments

1142 – OSI IS-IS Intra-domain Routing Protocol

1136 – Administrative Domains and Routing Domains : A model for routing in the Internet

1133 – Routing between the NSFNET and the DDN

1126 – Goals and functional requirements for inter-autonomous system routing

1125 – Policy requirements for inter Administrative Domain routing

1105 – Border Gateway Protocol (BGP)

1104 – Models of policy based routing

1102 – Policy routing in Internet protocols

1093 – NSFNET routing architecture

1092 – EGP and policy based routing in the new NSFNET backbone

1075 – Distance Vector Multicast Routing Protocol

1074 – NSFNET backbone SPF based Interior Gateway Protocol

1058 – Routing Information Protocol

1046 – Queuing algorithm to provide type-of-service for IP links

985 – Requirements for Internet gateways - draft

975 – Autonomous confederations

970 – On packet switches with infinite storage

911 – EGP Gateway under Berkeley UNIX 4.2

904, 890, 888, 827 – Exterior Gateway Protocol formal specification

875 – Gateways, architectures, and heffalumps

823 – DARPA Internet gateway

IPng et IPv6

2772 – 6Bone Backbone Routing Guidelines.

2740 – OSPF for IPv6.

2732 – Format for Literal IPv6 Addresses in URL's.

2711 – IPv6 Router Alert Option

2710 – Multicast Listener Discovery (MLD) for IPv6

2675, 2147 – IPv6 Jumbograms

2590 – Transmission of IPv6 Packets over Frame Relay

2553, 2133 – Basic Socket Interface Extensions for IPv6

2546 – 6Bone Routing Practice

2545 – Use of BGP-4 Multiprotocol Extensions for IPv6 Inter-Domain Routing

2529 – Transmission of IPv6 over IPv4 Domains without Explicit Tunnels

2526 – Reserved IPv6 Subnet Anycast Addresses

2497 – Transmission of IPv6 Packets over ARCnet Networks

2492 – IPv6 over ATM Networks

2491 – IPv6 over Non-Broadcast Multiple Access (NBMA) networks

2473 – Generic Packet Tunneling in IPv6 Specification

2472, 2023 – IP Version 6 over PPP

2471, 1897 – IPv6 Testing Address Allocation

2470 – Transmission of IPv6 Packets over Token Ring Networks

2467, 2019 – Transmission of IPv6 Packets over FDDI Networks

2466, 2465 – Management Information Base for IP Version 6 : ICMPv6 Group

2464, 1972 – Transmission of IPv6 Packets over Ethernet Networks

2463, 1885 – Internet Control Message Protocol (ICMPv6) for the Internet Protocol Version 6 (IPv6) Specification

2462, 1971 – IPv6 Stateless Address Autoconfiguration

2461, 1970 – Neighbor Discovery for IP Version 6 (IPv6)

2460, 1883 – Internet Protocol, Version 6 (IPv6) Specification

2454 – IP Version 6 Management Information Base for the User Datagram Protocol

2452 – IP Version 6 Management Information Base for the Transmission Control Protocol

2450 – Proposed TLA and NLA Assignment Rule

2375 – IPv6 Multicast Address Assignments

2374, 2073 – An IPv6 Aggregatable Global Unicast Address Format

2373, 1884 – IP Version 6 Addressing Architecture

2292 – Advanced Sockets API for IPv6

2185 – Routing Aspects of IPv6 Transition

2081 – RIPng Protocol Applicability Statement

2080 – RIPng for IPv6

1981 – Path MTU Discovery for IP version 6

1955 – New Scheme for Internet Routing and Addressing (ENCAPS) for IPNG

1933 – Transition Mechanisms for IPv6 Hosts and Routers

1888 – OSI NSAPs and IPv6

1887 – An Architecture for IPv6 Unicast Address Allocation

1886 – DNS Extensions to support IP version 6

1881 – IPv6 Address Allocation Management

1809 – Using the Flow Label Field in IPv6

1753 – IPng Technical Requirements Of the Nimrod Routing and Addressing Architecture

1752 – The Recommendation for the IP Next Generation Protocol

1726 – Technical Criteria for Choosing IP The Next Generation (IPng)

1719 – A Direction for IPng

1710 – Simple Internet Protocol Plus White Paper

1707 – CATNIP : Common Architecture for the Internet

1705 – Six Virtual Inches to the Left : The Problem with IPng

1688 – IPng Mobility Considerations

1687 – A Large Corporate User's View of IPng

1686 – IPng Requirements : A Cable Television Industry Viewpoint

1683 – Multiprotocol Interoperability In IPng

1682 – IPng BSD Host Implementation Analysis

1680 – IPng Support for ATM Services

1679 – HPN Working Group Input to the IPng Requirements Solicitation

1678 – IPng Requirements of Large Corporate Networks

1677 – Tactical Radio Frequency Communication Requirements for IPng

1676 – INFN Requirements for an IPng

1675 – Security Concerns for IPng

1674 – A Cellular Industry View of IPng

1673 – Electric Power Research Institute Comments on IPng

1672 – Accounting Requirements for IPng

1671 – IPng White Paper on Transition and Other Considerations

1670 – Input to IPng Engineering Considerations

1669 – Market Viability as a IPng Criteria

1668 – Unified Routing Requirements for IPng

1667 – Modeling and Simulation Requirements for IPng

1622 – Pip Header Processing

1621 – Pip Near-term Architecture

1550 – IP : Next Generation (IPng) White Paper Solicitation

1526 – Assignment of System Identifiers for TUBA/CLNP Hosts

1475 – TP/IX : The Next Internet

1454 – Comparison of Proposals for Next Version of IP

1385 – EIP : The Extended Internet Protocol

1375 – Suggestion for New Classes of IP Addresses

1365 – An IP Address Extension Proposal

1347 – TCP and UDP with Bigger Addresses (TUBA), A Simple Proposal for Internet Addressing and Routing

1335 – A Two-Tier Address Structure for the Internet : A Solution to the Problem of Address Space Exhaustion

Allocation d'adresses IP et renumérotation des réseaux

2391 – Load Sharing using IP Network Address Translation (LSNAT)

2101 – IPv4 Address Behaviour Today

2072 – Router Renumbering Guide

2071 – Network Renumbering Overview : Why would I want it and what is it anyway ?

2036 – Observations on the use of Components of the Class A Address Space within the Internet

2008 – Implications of Various Address Allocation Policies for Internet Routing

1918, 1597 – Address Allocation for Private Internets

1916 – Enterprise Renumbering : Experience and Information Solicitation

1900 – Renumbering Needs Work

1879, 1797 – Class A Subnet Experiment Results and Recommendations

1878, 1860 – Variable Length Subnet Table For IPv4

1814 – Unique Addresses are Good

1744 – Observations on the Management of the Internet Address Space

1715 – The H Ratio for Address Assignment Efficiency

1681 – On Many Addresses per Host

1627 – Network 10 Considered Harmful (Some Practices Shouldn't be Codified)

1466, 1366 – Guidelines for Management of IP Address Space

1219 – On the assignment of subnet numbers

950 – Internet Standard Subnetting Procedure

940, 936, 932, 917 – Toward an Internet standard scheme for subnetting

Protection des réseaux (VPN, Pare-feux, NAT)

2694 – DNS extensions to Network Address Translators (DNS_ALG)

2685 – Virtual Private Networks Identifier

2766 – Network Address Translation - Protocol Translation (NAT-PT)

2764 – A Framework for IP Based Virtual Private Networks.

2663 – IP Network Address Translator (NAT) Terminology and Considerations

2647 – Benchmarking Terminology for Firewall Performance

2637 – Point-to-Point Tunneling Protocol

2735 – NHRP Support for Virtual Private Networks.

2547 – BGP/MPLS VPNs

1961 – GSS-API Authentication Method for SOCKS Version 5

1929, 1928 – Username/Password Authentication for SOCKS V5

1858 – Security Considerations for IP Fragment Filtering

1631 – The IP Network Address Translator (NAT)

Divers

2698 – A Two Rate Three Color Marker

2697 – A Single Rate Three Color Marker

2638 – A Two-bit Differentiated Services Architecture for the Internet

2598 – An Expedited Forwarding PHB

2597 – Assured Forwarding PHB Group

2508 – Compressing IP/UDP/RTP Headers for Low-Speed Serial Links

2507 – IP Header Compression

2481 – A Proposal to add Explicit Congestion Notification (ECN) to IP

2475 – An Architecture for Differentiated Service

2474, 1349 – Definition of the Differentiated Services Field (DS Field) in the IPv4 and IPv6 Headers

2395 – IP Payload Compression Using LZS

2394 – IP Payload Compression Using DEFLATE

2393 – IP Payload Compression Protocol (IPComp)

2075 – IP Echo Host Service

1946 – Native ATM Support for ST2+

1940 – Source Demand Routing : Packet Format and Forwarding Specification (Version 1)

1937 – "Local/Remote" Forwarding Decision in Switched Data Link Subnetworks

1936 – Implementing the Internet Checksum in Hardware

1919 – Classical versus Transparent IP Proxies

1819, 1190 – Internet Stream Protocol Version 2 (ST2) Protocol Specification – Version ST2+

1770 – IPv4 Option for Sender Directed Multi-Destination Delivery

1716 – Towards Requirements for IP Routers

1620 – Internet Architecture Extensions for Shared Media

1560 – The MultiProtocol Internet

1518 – An Architecture for IP Address Allocation with CIDR

1476 – RAP : Internet Route Access Protocol

1467, 1367 – Status of CIDR Deployment in the Internet

1393 – Traceroute Using an IP Option

1363 – A Proposed Flow Specification

986 – Guidelines for the use of Internet-IP addresses in the ISO Connectionless-Mode Network Protocol

981 – Experimental multiple-path routing algorithm

963 – Some problems with the specification of the Military Standard Internet Protocol

947 – Multi-network broadcasting within the Internet

922, 919 – Broadcasting Internet datagrams in the presence of subnets

871 – Perspective on the ARPANET reference model

831 – Backup access to the European side of SATNET

817 – Modularity and efficiency in protocol implementation

816 – Fault isolation and recovery

814 – Name, addresses, ports, and routes

796 – Address mappings

795 – Service mappings

730 – Extensible field addressing

A.6.5 Niveau hôte

Protocole de datagramme utilisateur (UDP)

768 – User Datagram Protocol

Protocole de contrôle de transmission (TCP)

2883 – An Extension to the Selective Acknowledgement (SACK) Option for TCP.

2582 – The NewReno Modification to TCP's Fast Recovery Algorithm

2581, 2001 – TCP Congestion Control

2873 – TCP Processing of the IPv4 Precedence Field.

2861 – TCP Congestion Window Validation.

2760 – Ongoing TCP Research Related to Satellites.

2757 – Long Thin Networks.

2525 – Known TCP Implementation Problems

2488 – Enhancing TCP Over Satellite Channels using Standard Mechanisms

2416 – When TCP Starts Up With Four Packets Into Only Three Buffers

2415 – Simulation Studies of Increased Initial TCP Window Size

2414 – Increasing TCP's Initial Window

2398 – Some Testing Tools for TCP Implementors

2140 – TCP Control Block Interdependence

2018 – TCP Selective Acknowledgement Options

1693 – An Extension to TCP : Partial Order Service

1644 – T/TCP – TCP Extensions for Transactions Functional Specification

1379 – Extending TCP for Transactions – Concepts

1337 – TIME-WAIT Assassination Hazards in TCP

1323, 1185 – TCP Extensions for High Performance

1263 – TCP Extensions Considered Harmful

1146, 1145 – TCP alternate checksum options

1144 – Compressing TCP/IP headers for low-speed serial links

1110 – Problem with the TCP big window option

1106 – TCP big window and NAK options

1078 – TCP port service Multiplexer (TCPMUX)

1072 – TCP extensions for long-delay paths

964 – Some problems with the specification of the Military Standard Transmission Control Protocol

962 – TCP-4 prime

896 – Congestion control in IP/TCP internetworks

889 – Internet delay experiments

879 – TCP maximum segment size and related topics

872 – TCP-on-a-LAN

813 – Window and Acknowledgement Strategy in TCP

794 – Pre-emption

793, 761, 675 – Transmission Control Protocol

721 – Out-of-Band Control Signals in a Host-to-Host Protocol

700 – Protocol experiment

Protocoles point à point (PPP)

2759, 2433 – Microsoft PPP CHAP Extensions.

2823 – PPP over Simple Data Link (SDL) using SONET/SDH with ATM-like framing.

2878, 1638, 1220 – PPP Bridging Control Protocol (BCP)

2701 – Nortel Networks Multi-link Multi-node PPP Bundle Discovery Protocol

2687 – PPP in a Real-time Oriented HDLC-like Framing

2686 – The Multi-Class Extension to Multi-Link PPP

2615, 1619 – PPP over SONET/SDH

2516 – Method for Transmitting PPP Over Ethernet (PPPoE)

2509 – IP Header Compression over PPP

2484 – PPP LCP Internationalization Configuration Option

2420 – The PPP Triple-DES Encryption Protocol (3DESE)

2419, 1969 – The PPP DES Encryption Protocol, Version 2 (DESE-bis)

2364 – PPP Over AAL5

2363 – PPP Over FUNI

2284 – PPP Extensible Authentication Protocol (EAP)

2153 – PPP Vendor Extensions

2125 – The PPP Bandwidth Allocation Protocol (BAP) / The PPP Bandwidth Allocation Control Protocol (BACP)

2118 – Microsoft Point-To-Point Compression (MPPC) Protocol

2097 – The PPP NetBIOS Frames Control Protocol (NBFCP)

2043 – The PPP SNA Control Protocol (SNACP)

1994, 1334 – PPP Challenge Handshake Authentication Protocol (CHAP)

1993 – PPP Gandalf FZA Compression Protocol

1990, 1717 – The PPP Multilink Protocol (MP)

1989, 1333 – PPP Link Quality Monitoring

1979 – PPP Deflate Protocol

1978 – PPP Predictor Compression Protocol

1977 – PPP BSD Compression Protocol

1976 – PPP for Data Compression in Data Circuit-Terminating Equipment (DCE)

1975 – PPP Magnalink Variable Resource Compression

1974 – PPP Stac LZS Compression Protocol

1973 – PPP in Frame Relay

1968 – The PPP Encryption Control Protocol (ECP)

1967 – PPP LZS-DCP Compression Protocol (LZS-DCP)

1963 – PPP Serial Data Transport Protocol (SDTP)

1962 – The PPP Compression Control Protocol (CCP)

1934 – Ascend's Multilink Protocol Plus (MP+)

1915 – Variance for The PPP Connection Control Protocol and The PPP Encryption Control Protocol

1877 – PPP Internet Protocol Control Protocol Extensions for Name Server Addresses

1841 – PPP Network Control Protocol for LAN Extension

1764 – The PPP XNS IDP Control Protocol (XNSCP)

1763 – The PPP Banyan Vines Control Protocol (BVCP)

1762, 1376 – The PPP DECnet Phase IV Control Protocol (DNCP)

1663 – PPP Reliable Transmission

1662, 1549 – PPP in HDLC-like Framing

1661, 1548 – The Point-to-Point Protocol (PPP)

1618 – PPP over ISDN

1598 – PPP in X.25

1570 – PPP LCP Extensions

1552 – The PPP Internetworking Packet Exchange Control Protocol (IPXCP)

1547 – Requirements for an Internet Standard Point-to-Point Protocol

1378 – The PPP AppleTalk Control Protocol (ATCP)

1377 – The PPP OSI Network Layer Control Protocol (OSINLCP)

1332, 1172 – The PPP Internet Protocol Control Protocol (IPCP)

1331, 1171, 1134 – The Point-to-Point Protocol (PPP) for the Transmission of Multi-protocol Datagrams over Point-to-Point Links

Protocoles transactionnels et systèmes d'exploitation distribués

2372 – Transaction Internet Protocol - Requirements and Supplemental Information

2371 – Transaction Internet Protocol Version 3.0

955 – Towards a transport service for transaction processing applications

938 – Internet Reliable Transaction Protocol functional and interface specification

722 – Thoughts on Interactions in Distributed Services

713 – MSDTP-Message Services Data Transmission Protocol

712 – Distributed Capability Computing System (DCCS)

708 – Elements of a Distributed Programming System

707 – High-level framework for network-based resource sharing

684 – Commentary on procedure calling as a network protocol

677 – Maintenance of duplicate databases

674 – Procedure call documents : Version 2

672 – Multi-site data collection facility

671 – Note on Reconnection Protocol

645 – Network Standard Data Specification syntax

615 – Proposed Network Standard Data Pathname syntax

610 – Further datalanguage design concepts

592 – Some thoughts on system design to facilitate resource sharing

578 – Using MIT-Mathlab MACSYMA from MIT-DMS Muddle

515 – Specifications for datalanguage : Version 0/9

500 – Integration of data management systems on a computer network

441 – Inter-Entity Communication - an experiment

437 – Data Reconfiguration Service at UCSB

203 – Achieving reliable communication

76 – Connection by name : User oriented protocol

62 – Systems for Interprocess Communication in a Resource Sharing Computer Network

61 – Note on Interprocess Communication in a Resource Sharing Computer Network

51 – Proposal for a Network Interchange Language

31 – Binary Message Forms in Computer

Protocoles pour micro-ordinateurs (NETBIOS)

1002 – Protocol standard for a NetBIOS service on a TCP/UDP transport : Detailed specifications

1001 – Protocol standard for a NetBIOS service on a TCP/UDP transport : Concepts and methods

Mobilité IP et localisation

2882 – Network Access Servers Requirements : Extended RADIUS Practices. D. Mitton. July 2000.

2881 – Network Access Server Requirements Next Generation (NASREQNG) NAS Model.

2869 – RADIUS Extensions.

2868 – RADIUS Attributes for Tunnel Protocol Support.

2867 – RADIUS Accounting Modifications for Tunnel Protocol Support.

2866, 2139, 2059 – RADIUS Accounting

2865 – Remote Authentication Dial In User Service (RADIUS). D)Attributes

2794 – Mobile IP Network Access Identifier Extension for IPv4.

2607 – Proxy Chaining and Policy Implementation in Roaming

2548, 2138, 2058 – Microsoft Vendor-specific RADIUS* 2809 Implementation of L2TP Compulsory Tunneling via RADIUS.

2501 – Mobile Ad hoc Networking (MANET) : Routing Protocol Performance Issues and Evaluation Considerations

2486 – The Network Access Identifier

2477 – Criteria for Evaluating Roaming Protocols

2356 – Sun's SKIP Firewall Traversal for Mobile IP

2344 – Reverse Tunneling for Mobile IP

2290 – Mobile-IPv4 Configuration Option for PPP IPCP

2194 – Review of Roaming Implementations

2041 – Mobile Network Tracing

2005 – Applicability Statement for IP Mobility Support

2002 – IP Mobility Support

Divers

1546 – Host Anycasting Service

1312, 1159 – Message Send Protocol 2

1151, 908 – Version 2 of the Reliable Data Protocol (RDP)

1045 – VMTP : Versatile Message Transaction Protocol : Protocol specification

998, 969 – NETBLT : A bulk data transfer protocol

979 – PSN End-to-End functional specification

869 – Host Monitoring Protocol

643 – Network Debugging Protocol

162 – NETBUGGER3

A.6.6 Niveau application

Protocole Telnet (TELNET)

2877 1205 – 5250 Telnet interface

2355, 1647 – TN3270 Enhancements

1921 – TNVIP Protocol

1646 – TN3270 Extensions for LUname and Printer Selection

1576 – TN3270 Current Practices

1184 – Telnet Linemode Option

854, 764 – Telnet Protocol Specification

818 – Remote User Telnet service

782 – Virtual Terminal management model

728 – Minor pitfall in the Telnet Protocol

703, 702, 701, 679, 669 – July, 1975, survey of New-Protocol Telnet Servers

688 – Tentative schedule for the new Telnet implementation for the TIP

681 – Network UNIX

600 – Interfacing an Illinois plasma terminal to the ARPANET

596 – Second thoughts on Telnet Go-Ahead

595 – Second thoughts in defense of the Telnet Go-Ahead

593 – Telnet and FTP implementation schedule change

576 – Proposal for modifying linking

570 – Experimental input mapping between NVT ASCII and UCSB On Line System

562 – Modifications to the Telnet specification

559 – Comments on The New Telnet Protocol and its Implementation

529 – Note on protocol synch sequences

513 – Comments on the new Telnet specifications

495 – Telnet Protocol specifications

466 – Telnet logger/server for host LL-67

452 – TELENET Command at Host LL

435 – Telnet issues

426 – Reconnection Protocol

393 – Comments on Telnet Protocol Changes

377 – Using TSO via ARPA Network Virtual Terminal

357 – Echoing strategy for satellite links

355, 346 – Response to NWG/RFC 346

340 – Proposed Telnet Changes

339 – MLTNET : A "Multi Telnet" Subsystem for Tenex

328 – Suggested Telnet Protocol Changes

318 – Telnet Protocols

216 – Telnet access to UCSB's On-Line System

215 – NCP, ICP, and Telnet : The Terminal IMP implementation

206 – User Telnet - description of an initial implementation

205 – NETCRT - a character display protocol

190 – DEC PDP-10-IMLAC communications system

158 – Telnet Protocol : A Proposed Document

139 – Discussion of Telnet Protocol

137 – Telnet Protocol - a proposed document

135, 110 – Response to NWG/RFC 110

103 – Implementation of Interrupt Keys

97 – First Cut at a Proposed Telnet Protocol

91 – Proposed User-User Protocol

Options Telnet

2840 –TELNET KERMIT OPTION

2217 – Telnet Com Port Control Option

2066 – TELNET CHARSET Option

1572, 1408 – Telnet Environment Option

1571 – Telnet Environment Option Interoperability Issues

1416, 1409 – Telnet Authentication Option

1412 – Telnet Authentication : SPX

1411 – Telnet Authentication : Kerberos Version 4

1372, 1080 – Telnet Remote Flow Control Option

1143 – The Q Method of Implementing TELNET Option Negotiation

1116 – Telnet Linemode option

1096 – Telnet X display location option

1091 – Telnet terminal-type option

1079 – Telnet terminal speed option

1073 – Telnet window size option
1053 – Telnet X.3 PAD option
1043 – Telnet Data Entry Terminal option : DODIIS implementation
1041 – Telnet 3270 regime option
946 – Telnet terminal location number option
933 – Output marking Telnet option
930 – Telnet terminal type option
927 – TACACS user identification Telnet option
885 – Telnet end of record option
884 – Telnet terminal type option
861 – Telnet Extended Options : List Option
860 – Telnet Timing Mark Option
859 – Telnet Status Option
858 – Telnet Suppress Go Ahead Option
857 – Telnet Echo Option
856 – Telnet Binary Transmission
855 – Telnet Option Specifications
779 – Telnet send-location option
749 – Telnet SUPDUP-Output option
747 – Recent extensions to the SUPDUP Protocol
746 – SUPDUP graphics extension
736 – Telnet SUPDUP option
735 – Revised Telnet byte macro option
732 – Telnet Data Entry Terminal option
731 – Telnet Data Entry Terminal option
729 – Telnet byte macro option
727 – Telnet logout option
726 – Remote Controlled Transmission and Echoing Telnet option
719 – Discussion on RCTE
718 – Comments on RCTE from the Tenex Implementation Experience
698 – Telnet extended ASCII option
659 – Announcing additional Telnet options
658 – Telnet output linefeed disposition
657 – Telnet output vertical tab disposition option
656 – Telnet output vertical tabstops option
655 – Telnet output formfeed disposition option
654 – Telnet output horizontal tab disposition option
653 – Telnet output horizontal tabstops option
652 – Telnet output carriage-return disposition option
651 – Revised Telnet status option
587 – Announcing new Telnet options

581 – Corrections to RFC 560 : Remote Controlled Transmission and Echoing Telnet Option

563 – Comments on the RCTE Telnet option

560 – Remote Controlled Transmission and Echoing Telnet option

Protocoles de transfert de fichiers et protocoles d'accès (FTP, TFTP, SFTP, NFS)

2640 – Internationalization of the File Transfer Protocol

2624 – NFS Version 4 Design Considerations

2623 – NFS Version 2 and Version 3 Security Issues and the NFS Protocol's Use of RPCSEC_GSS and Kerberos V5

2577 – FTP Security Considerations

2428 – FTP Extensions for IPv6 and NATs

2389 – Feature negotiation mechanism for the File Transfer Protocol

2349, 1784 – TFTP Timeout Interval and Transfer Size Options

2348, 1783 – TFTP Blocksize Option

2347, 1782 – TFTP Option Extension

2228 – FTP Security Extensions

2224 – NFS URL Scheme

2204 – ODETTE File Transfer Protocol

2090 – TFTP Multicast Option

2055 – WebNFS Server Specification

2054 – WebNFS Client Specification

1986 – Experiments with a Simple File Transfer Protocol for Radio Links using Enhanced Trivial File Transfer Protocol (ETFTP)

1813 – NFS Version 3 Protocol Specification

1785 – TFTP Option Negotiation Analysis

1639, 1545 – FTP Operation Over Big Address Records (FOOBAR)

1635 – How to Use Anonymous FTP

1579 – Firewall-Friendly FTP

1440 – SIFT/UFT : Sender-Initiated/Unsolicited File Transfer

1415 – FTP-FTAM Gateway Specification

1350, 783 – The TFTP Protocol (Revision 2)

1282, 1258 – BSD Rlogin

1235 – Coherent File Distribution Protocol

1094 – NFS : Network File System Protocol specification

1068 – Background File Transfer Program (BFTP)

1037 – NFILE - a file access protocol

959, 765, 542, 354, 265, 172, 114 – File Transfer Protocol

949 – FTP unique-named store command

913 – Simple File Transfer Protocol

906 – Bootstrap loading using TFTP

775 – Directory oriented FTP commands

743 – FTP extension : XRSQ/XRCP

737 – FTP extension : XSEN
697 – CWD command of FTP
691 – One more try on the FTP
686 – Leaving well enough alone
683 – FTPSRV - Tenex extension for paged files
662 – Performance improvement in ARPANET file transfers from Multics
640 – Revised FTP reply codes
630 – FTP error code usage for more reliable mail service
624 – Comments on the File Transfer Protocol
614 – Response to RFC 607 : "Comments on the File Transfer Protocol"
607 – Comments on the File Transfer Protocol
571 – Tenex FTP problem
535 – Comments on File Access Protocol
532 – UCSD-CC Server-FTP facility
520 – Memo to FTP group : Proposal for File Access Protocol
506 – FTP command naming problem
505 – Two solutions to a file transfer access problem
501 – Un-muddling "free file transfer"
487 – Free file transfer
486 – Data transfer revisited
480 – Host-dependent FTP parameters
479 – Use of FTP by the NIC Journal
478 – FTP server-server interaction - II
468 – FTP data compression
463 – FTP comments and response to RFC 430
448 – Print files in FTP
438 – FTP server-server interaction
430 – Comments on File Transfer Protocol
418 – Server file transfer under TSS/360 at NASA Ames
414 – File Transfer Protocol (FTP) status and further comments
412 – User FTP Documentation
385 – Comments on the File Transfer Protocol
310 – Another Look at Data and File Transfer Protocols
294 – The Use of "Set Data Type" Transaction in File Transfer Protocol
281 – Suggested addition to File Transfer Protocol
269 – Some Experience with File Transfer
264, 171 – The Data Transfer Protocol
250 – Some thoughts on file transfer
242 – Data Descriptive Language for Shared Data
238 – Comments on DTP and FTP proposals
163 – Data transfer protocols

141 – Comments on RFC 114 : A File Transfer Protocol

133 – File Transfer and Recovery

Système de noms de domaine (DNS)

2874 – DNS Extensions to Support IPv6 Address Aggregation and Renumbering. TCP

2826 – IAB Technical Comment on the Unique DNS Root.

2782, 2052 – A DNS RR for specifying the location of services (DNS SRV)

2874 – DNS Extensions to Support IPv6 Address Aggregation and Renumbering. TCP

2871 – A Framework for Telephony Routing over IP.

2870, 2010 – Operational Criteria for Root Name Servers

2673 – Binary Labels in the Domain Name System

2672 – Non-Terminal DNS Name Redirection

2671 – Extension Mechanisms for DNS (EDNS0)

2606 – Reserved Top Level DNS Names

2541 – DNS Security Operational Considerations

2540 – Detached Domain Name System (DNS) Information

2539 – Storage of Diffie-Hellman Keys in the Domain Name System (DNS)

2535 – Domain Name System Security Extensions

2517 – Building Directories from DNS : Experiences from WWWSeeker

2352, 2240 – A Convention For Using Legal Names as Domain Names

2317 – Classless IN-ADDR.ARPA delegation

2308 – Negative Caching of DNS Queries (DNS NCACHE)

2230 – Key Exchange Delegation Record for the DNS

2219 – Use of DNS Aliases for Network Services

2182 – Selection and Operation of Secondary DNS Servers

2181 – Clarifications to the DNS Specification

2137 – Secure Domain Name System Dynamic Update

2136 – Dynamic Updates in the Domain Name System (DNS UPDATE)

2065 – Domain Name System Security Extensions

1996 – A Mechanism for Prompt Notification of Zone Changes (DNS NOTIFY)

1995 – Incremental Zone Transfer in DNS

1982 – Serial Number Arithmetic

1912, 1537 – Common DNS Operational and Configuration Errors

1876 – A Means for Expressing Location Information in the Domain Name System

1794 – DNS Support for Load Balancing

1713 – Tools for DNS debugging

1712 – DNS Encoding of Geographical Location

1706, 1637, 1348 – DNS NSAP Resource Records

1591 – Domain Name System Structure and Delegation

1536 – Common DNS Implementation Errors and Suggested Fixes

1535 – A Security Problem and Proposed Correction With Widely Deployed DNS Software

1480, 1386 – The US Domain

1464 – Using the Domain Name System To Store Arbitrary String Attributes

1394 – Relationship of Telex Answerback Codes to Internet Domains

1183 – New DNS RR Definitions

1101 – DNS encoding of network names and other types

1035 – Domain names - implementation and specification

1034 – Domain names - concepts and facilities

1033 – Domain administrators operations guide

1032 – Domain administrators guide

1031 – MILNET name domain transition

973 – Domain system changes and observations

953, 811 – Hostname Server

921, 897 – Domain name system implementation schedule - revised

920 – Domain requirements

883 – Domain names : Implementation specification

882 – Domain names : Concepts and facilities

881 – Domain names plan and schedule

830 – Distributed system for Internet name service

819 – Domain naming convention for Internet user applications

799 – Internet name domains

756 – NIC name server - a datagram-based information utility

752 – Universal host table

Systèmes de messagerie et de transfert de messages (SMTP, MIME, POP, IMAP, X.400)

2852 – Deliver By SMTP Service Extension.

2846 – GSTN Address Element Extensions in E-mail Services.

2683 – IMAP4 Implementation Recommendations

2646 – The Text/Plain Format Parameter

2645 – ON-DEMAND MAIL RELAY (ODMR) SMTP with Dynamic IP Addresses

2634 – Enhanced Security Services for S/MIME

2633 – S/MIME Version 3 Message Specification

2632 – S/MIME Version 3 Certificate Handling

2595 – Using TLS with IMAP, POP3 and ACAP

2586 – The Audio/L16 MIME content type

2557, 2110 – MIME Encapsulation of Aggregate Documents, such as HTML (MHTML)

2554 – SMTP Service Extension for Authentication

2530 – Indicating Supported Media Features Using Extensions to DSN and MDN

2524 – Neda's Efficient Mail Submission and Delivery (EMSD) Protocol Specification Version 1.3

2505 – Anti-Spam Recommendations for SMTP MTAs

2503 – MIME Types for Use with the ISO ILL Protocol

2487 – SMTP Service Extension for Secure SMTP over TLS

2480 – Gateways and MIME Security Multiparts

2476 – Message Submission

2449 – POP3 Extension Mechanism

2442 – The Batch SMTP Media Type

2426 – vCard MIME Directory Profile

2425 – A MIME Content-Type for Directory Information

2424 – Content Duration MIME Header Definition

2387, 2112, 1872 – The MIME Multipart/Related Content-type

2384 – POP URL Scheme

2359 – IMAP4 UIDPLUS extension

2342 – IMAP4 Namespace

2318 – The text/css Media Type

2312 – S/MIME Version 2 Certificate Handling

2311 – S/MIME Version 2 Message Specification

2302 – Tag Image File Format (TIFF) - image/tiff MIME Sub-type Registration

2298 – An Extensible Message Format for Message Disposition Notifications

2231, 2184 – MIME Parameter Value and Encoded Word Extensions : Character Sets, Languages, and Continuations

2221 – IMAP4 Login Referrals

2220 – The Application/MARC Content-type

2197, 1854 – SMTP Service Extension for Command Pipelining

2195, 2095 – IMAP/POP AUTHorize Extension for Simple Challenge/Response

2193 – IMAP4 Mailbox Referrals

2192 – IMAP URL Scheme

2180 – IMAP4 Multi-Accessed Mailbox Practice

2177 – IMAP4 IDLE command

2164, 1838 – Use of an X.500/LDAP directory to support MIXER address mapping

2163, 1664 – Using the Internet DNS to Distribute MIXER Conformant Global Address Mapping (MCGAM)

2162, 1405 – MaXIM-11 - Mapping between X.400 / Internet mail and Mail-11 mail

2161 – A MIME Body Part for ODA

2160 – Carrying PostScript in X.400 and MIME

2158 – X.400 Image Body Parts

2157 – Mapping between X.400 and RFC-822/MIME Message Bodies

2156, 1495, 1327, 1148, 1138 – MIXER (Mime Internet X.400 Enhanced Relay) : Mapping between X.400 and RFC 822/MIME

2152, 1642 – UTF-7 A Mail-Safe Transformation Format of Unicode

2142 – Mailbox Names for Common Services, Roles and Functions

2088 – IMAP4 non-synchronizing literals

2087 – IMAP4 QUOTA extension

2086 – IMAP4 ACL extension

2077 – The Model Primary Content Type for Multipurpose Internet Mail Extensions

2076 – Common Internet Message Headers

2062 – Internet Message Access Protocol - Obsolete Syntax

2061, 2060, 1730 – IMAP4 Compatibility with IMAP2bis

2049 – Multipurpose Internet Mail Extensions (MIME) Part Five : Conformance Criteria and Examples

2048 – Multipurpose Internet Mail Extensions (MIME) Part Four : Registration Procedures

2047, 1522, 1342 – MIME (Multipurpose Internet Mail Extensions) Part Three : Message Header Extensions for Non-ASCII Text

2046 – Multipurpose Internet Mail Extensions (MIME) Part Two : Media Types

2045, 1521, 1341 – Multipurpose Internet Mail Extensions (MIME) Part One : Format of Internet Message Bodies

2034 – SMTP Service Extension for Returning Enhanced Error Codes

2033 – Local Mail Transfer Protocol

2017 – Definition of the URL MIME External-Body Access-Type

2015 – MIME Security with Pretty Good Privacy (PGP)

1985 – SMTP Service Extension for Remote Message Queue Starting

1957 – Some Observations on Implementations of the Post Office Protocol (POP3)

1939, 1725, 1460, 1225, 1082, 1081 – Post Office Protocol - Version 3

1896, 1563, 1523 – The text/enriched MIME Content-type

1895 – The Application/CALS-1840 Content-type

1894 – An Extensible Message Format for Delivery Status Notifications

1893 – Enhanced Mail System Status Codes

1892 – The Multipart/Report Content Type for the Reporting of Mail System Administrative Messages

1891 – SMTP Service Extension for Delivery Status Notifications

1873 – Message/External-Body Content-ID Access Type

1870, 1653, 1427 – SMTP Service Extension for Message Size Declaration

1869, 1651, 1425 – SMTP Service Extensions

1864, 1544 – The Content-MD5 Header Field

1848 – MIME Object Security Services

1847 – Security Multiparts for MIME : Multipart/Signed and Multipart/Encrypted

1846 – SMTP 521 Reply Code

1845 – SMTP Service Extension for Checkpoint/Restart

1844, 1820 – Multimedia E-mail (MIME) User Agent Checklist

1830 – SMTP Service Extensions for Transmission of Large and Binary MIME Messages

1807, 1357 – A Format for Bibliographic Records

1806 – Communicating Presentation Information in Internet Messages : The Content-Disposition Header

1767 – MIME Encapsulation of EDI Objects

1741 – MIME Content Type for BinHex Encoded Files

1740 – MIME Encapsulation of Macintosh Files - MacMIME

1734 – POP3 AUTHentication command

1733 – Distributed Electronic Mail Models in IMAP4

1732 – IMAP4 Compatibility with IMAP2 and IMAP2bis

1731 – IMAP4 Authentication Mechanisms

1711 – Classifications in E-mail Routing

1685 – Writing X.400 O/R Names

1652, 1426 – SMTP Service Extension for 8bit-MIMEtransport

1649 – Operational Requirements for X.400 Management Domains in the GO-MHS Community

1648 – Postmaster Convention for X.400 Operations

1641 – Using Unicode with MIME

1616 – X.400(1988) for the Academic and Research Community in Europe

1615 – Migrating from X.400(84) to X.400(88)

1590 – Media Type Registration Procedure

1556 – Handling of Bi-directional Texts in MIME

1524 – A User Agent Configuration Mechanism For Multimedia Mail Format Information

1506 – A Tutorial on Gatewaying between X.400 and Internet Mail

1505, 1154 – Encoding Header Field for Internet Messages

1502 – X.400 Use of Extended Character Sets

1496 – Rules for downgrading messages from X.400/88 to X.400/84 when MIME content-types are present in the messages

1494 – Equivalences between 1988 X.400 and RFC-822 Message Bodies

1428 – Transition of Internet Mail from Just-Send-8 to 8bit-SMTP/MIME

1344 – Implications of MIME for Internet Mail Gateways

1343 – A User Agent Configuration Mechanism for Multimedia Mail Format Information

1339 – Remote Mail Checking Protocol

1328 – X.400 1988 to 1984 downgrading

1211 – Problems with the maintenance of large mailing lists

1204 – Message Posting Protocol (MPP)

1203, 1176, 1064 – Interactive Mail Access Protocol : Version 3

1168 – Intermail and Commercial Mail Relay services

1153 – Digest message format

1137 – Mapping between full RFC 822 and RFC 822 with restricted encoding

1090 – SMTP on X.25

1056, 993, 984 – PCMAIL : A distributed mail system for personal computers

1049 – Content-type header field for Internet messages

1047 – Duplicate messages and SMTP

1026, 987 – Addendum to RFC 987 : (Mapping between X.400 and RFC-822)

977 – Network News Transfer Protocol

976 – UUCP mail interchange format standard

974 – Mail routing and the domain system

937, 918 – Post Office Protocol : Version 2

934 – Proposed standard for message encapsulation

915 – Network mail path service

886 – Proposed standard for message header munging

841 – Specification for message format for Computer Based Message Systems

822 – Standard for the format of ARPA Internet text messages

821, 788 – Simple Mail Transfer Protocol

806 – Proposed Federal Information Processing Standard : Specification for message format for computer based message systems

786 – Mail Transfer Protocol : ISI TOPS20 MTP-NIMAIL interface

785 – Mail Transfer Protocol : ISI TOPS20 file definitions

784 – Mail Transfer Protocol : ISI TOPS20 implementation

780, 772 – Mail Transfer Protocol

771 – Mail transition plan

763 – Role mailboxes

757 – Suggested solution to the naming, addressing, and delivery problem for ARPANET message systems

754 – Out-of-net host addresses for mail

753 – Internet Message Protocol

751 – Survey of FTP mail and MLFL

744 – MARS - a Message Archiving and Retrieval Service

733 – Standard for the format of ARPA network text messages

724 – Proposed official standard for the format of ARPA Network messages

720 – Address Specification Syntax for Network Mail

706 – On the junk mail problem

680 – Message Transmission Protocol

644 – On the problem of signature authentication for network mail

577 – Mail priority

574 – Announcement of a mail facility at UCSB

561 – Standardizing Network Mail Headers

555 – Responses to critiques of the proposed mail protocol

539, 524 – Thoughts on the mail protocol proposed in RFC 524

498 – On mail service to CCN

491 – What is "Free" ?

475 – FTP and network mail system

458 – Mail retrieval via FTP

333 – Proposed experiment with a Message Switching Protocol

278, 224, 221, 196 – Revision of the Mail Box Protocol

Télécopies et bitmaps

2639 – Internet Printing Protocol/1.0 : Implementer's Guide

2569 – Mapping between LPD and IPP Protocols

2568 – Rationale for the Structure of the Model and Protocol for the Internet Printing Protocol

2567 – Design Goals for an Internet Printing Protocol

2566 – Internet Printing Protocol/1.0 : Model and Semantics

2565 – Internet Printing Protocol/1.0 : Encoding and Transport

2542 – Terminology and Goals for Internet Fax

2534 – Media Features for Display, Print, and Fax

2532 – Extended Facsimile Using Internet Mail

2531 – Content Feature Schema for Internet Fax

2306 – Tag Image File Format (TIFF) - F Profile for Facsimile

2305 – A Simple Mode of Facsimile Using Internet Mail

2304 – Minimal FAX address format in Internet Mail

2303 – Minimal PSTN address format in Internet Mail

2301 – File Format for Internet Fax

2159 – A MIME Body Part for FAX

2083 – PNG (Portable Network Graphics) Specification Version 1.0

1529, 1528, 1486 – Principles of Operation for the TPC.INT Subdomain : Remote Printing - Administrative Policies

1314 – A File Format for the Exchange of Images in the Internet

809 – UCL facsimile system

804 – CCITT draft recommendation T.4

803 – Dacom 450/500 facsimile data transcoding

798 – Decoding facsimile data from the Rapicom 450

797 – Format for Bitmap files

769 – Rapicom 450 facsimile file format

Systèmes graphiques et de multifenêtrage

1198 – FYI on the X window system

1013 – X Window System Protocol, version 11 : Alpha update April 1987

965 – Format for a graphical communication protocol

553 – Draft design for a text/graphics protocol

493 – Graphics Protocol

401 – Conversion of NGP0 Coordinates to Device Specific Coordinates

398 – ICP Sockets

387 – Some experiences in implementing Network Graphics Protocol Level 0

351 – Graphics information form for the ARPANET graphics resources notebook

336 – Level 0 Graphic Input Protocol

296 – DS-1 display system

292 – Graphics Protocol : Level 0 only

285 – Network graphics

268 – Graphics facilities information

199 – Suggestions for a network data-tablet graphics protocol

192 – Some factors which a Network Graphics Protocol must consider

191 – Graphics implementation and conceptualization at Augmentation Research Center

186 – Network graphics loader
184 – Proposed graphic display modes
181, 177 – Modifications to RFC 177
178 – Network graphic attention handling
125, 86 – Response to RFC 86 : Proposal for Network Standard Format for a Graphics Data Stream
94 – Some thoughts on Network Graphics

Gestion de données

304 – Data management system proposal for the ARPA network
195 – Data computers-data descriptions and access language
194 – The Data Reconfiguration Service – Compiler/Interpreter Implementation Notes
166 – Data Reconfiguration Service : An implementation specification
144 – Data sharing on computer networks
138 – Status report on proposed Data Reconfiguration Service
83 – Language-machine for data reconfiguration

Soumission de travaux à distance (NETRJE, NETRJS)

740, 599, 589, 325, 189, 88 – NETRJS Protocol
725 – RJE protocol for a resource sharing network
499 – Harvard's network RJE
490 – Surrogate RJS for UCLA-CCN
477, 436 – Remote Job Service at UCSB
407 – Remote Job Entry Protocol
368 – Comments on "Proposed Remote Job Entry Protocol"
360 – Proposed Remote Job Entry Protocol
338 – EBCDIC/ASCII Mapping for Network RJE
307 – Using network Remote Job Entry
283 – NETRJT : Remote Job Service Protocol for TIPS
105 – Network Specifications for Remote Job Entry and Remote Job Output Retrieval at UCSB

Appels de procédures distantes (RPC)

2695 – Authentication Mechanisms for ONC RPC
2203 – RPCSEC_GSS Protocol Specification
1833 – Binding Protocols for ONC RPC Version 2
1831 – RPC : Remote Procedure Call Protocol Specification Version 2
1057 – RPC : Remote Procedure Call Protocol specification : Version 2
1050 – RPC : Remote Procedure Call Protocol specification

Heure et horodatage (NTP)

2030, 1769, 1361 – Simple Network Time Protocol (SNTP) Version 4 for IPv4, IPv6 and OSI
1708 – NTP PICS PROFORMA - For the Network Time Protocol Version 3

1589 – A Kernel Model for Precision Timekeeping

1305, 1119, 1059 – Network Time Protocol (Version 3) Specification, Implementation

1165 – Network Time Protocol (NTP) over the OSI Remote Operations Service

1129 – Internet time synchronization : The Network Time Protocol

1128 – Measured performance of the Network Time Protocol in the Internet system

958, 957, 956 – Network Time Protocol (NTP)

868 – Time Protocol

867 – Daytime Protocol

778 – DCNET Internet Clock Service

738 – Time server

685 – Response time in cross network debugging

34 – Some Brief Preliminary Notes on the Augmentation Research Center Clock

32 – Connecting M.I.T

28 – Time Standards

Présentation et représentations de données (XDR, codage de caractères, HTML, XML)

2857 – The Use of HMAC-RIPEMD-160-96 within ESP and AH

2854 – The 'text/html' Media Type

2843 – Proxy-PAR. P. Droz, T. Przygienda

2838 – Uniform Resource Identifiers for Television Broadcasts

2825 – A Tangled Web : Issues of I18N, Domain Names, and the Other Internet protocols

2818 – HTTP Over TLS. E. Rescorla

2817 – Upgrading to TLS Within HTTP/1.1

2807 – XML Signature Requirements

2806 – URLs for Telephone Calls

2774 – An HTTP Extension Framework

2756 – Hyper Text Caching Protocol (HTCP/0.0)

2731 – Encoding Dublin Core Metadata in HTML

2706 – ECML v1 : Field Names for E-Commerce

2659 – Security Extensions For HTML

2482 – Language Tagging in Unicode Plain Text

2413 – Dublin Core Metadata for Resource Discovery

2376 – XML Media Types

2346 – Making Postscript and PDF International

2319 – Ukrainian Character Set KOI8-U

2279, 2044 – UTF-8, a transformation format of ISO 10646

2237 – Japanese Character Encoding for Internet Messages

2183 – Communicating Presentation Information in Internet Messages : The Content-Disposition Header Field

2070 – Internationalization of the Hypertext Markup Language

1980 – A Proposed Extension to HTML : Client-Side Image Maps

1952 – GZIP file format specification version 4.3

1951 – DEFLATE Compressed Data Format Specification version 1.3

1950 – ZLIB Compressed Data Format Specification version 3.3

1947 – Greek Character Encoding for Electronic Mail Messages

1942 – HTML Tables

1922 – Chinese Character Encoding for Internet Messages

1874 – SGML Media Types

1867 – Form-based File Upload in HTML

1866 – Hypertext Markup Language - 2.0

1843 – HZ - A Data Format for Exchanging Files of Arbitrarily Mixed Chinese and ASCII characters

1842 – ASCII Printable Characters-Based Chinese Character Encoding for Internet Messages

1832 – XDR : External Data Representation Standard

1815 – Character Sets ISO-10646 and ISO-10646-J-1

1766 – Tags for the Identification of Languages

1557 – Korean Character Encoding for Internet Messages

1555 – Hebrew Character Encoding for Internet Messages

1554 – ISO-2022-JP-2 : Multilingual Extension of ISO-2022-JP

1489 – Registration of a Cyrillic Character Set

1468 – Japanese Character Encoding for Internet Messages

1456 – Conventions for Encoding the Vietnamese Language VISCII : VIetnamese Standard Code for Information Interchange VIQR : VIetnamese Quoted-Readable Specification

1278 – A string encoding of Presentation Address

1197 – Using ODA for translating multimedia information

1014 – XDR : External Data Representation standard

1003 – Issues in defining an equations representation standard 6m. Network Management (SNMP, CMOT, RMON)

Administration de réseaux (SNMP, CMOT, RMON)

2856 – Textual Conventions for Additional High Capacity Data Types.

2851 – Textual Conventions for Internet Network Addresses.

2819 – Remote Network Monitoring Management Information Base

2787 – Definitions of Managed Objects for the Virtual Router Redundancy Protocol.

2758 – Definitions of Managed Objects for Service Level Agreements Performance Monitoring.

2593 – Script MIB Extensibility Protocol Version 1.0

2580, 1904, 1444 – Conformance Statements for SMIv2

2579, 1903, 1443 – Textual Conventions for SMIv2

2578, 1902, 1442 – Structure of Management Information Version 2 (SMIv2)

2575, 2275, 2265 – View-based Access Control Model (VACM) for the Simple Network Management Protocol (SNMP)

2574, 2274, 2264 – User-based Security Model (USM) for version 3 of the Simple Network Management Protocol (SNMPv3)

2573, 2273, 2263 – SNMP Applications

2572, 2272, 2262 – Message Processing and Dispatching for the Simple Network Management Protocol (SNMP)

2571, 2271, 2261 – An Architecture for Describing SNMP Management Frameworks

2570 – Introduction to Version 3 of the Internet-standard Network Management Framework

2493 – Textual Conventions for MIB Modules Using Performance History Based on 15 Minute Intervals

2438 – Advancement of MIB specifications on the IETF Standards Track

2257 – Agent Extensibility (AgentX) Protocol Version 1

2107 – Ascend Tunnel Management Protocol - ATMP

2089 – V2ToV1 Mapping SNMPv2 onto SNMPv1 within a bi-lingual SNMP agent

2039 – Applicability of Standards Track MIBs to Management of World Wide Web Servers

1910 – User-based Security Model for SNMPv2

1909 – An Administrative Infrastructure for SNMPv2

1908, 1452 – Coexistence between Version 1 and Version 2 of the Internet-standard Network Management Framework

1906, 1449 – Transport Mappings for Version 2 of the Simple Network Management Protocol (SNMPv2)

1905, 1448 – Protocol Operations for Version 2 of the Simple Network Management Protocol (SNMPv2)

1901 – Introduction to Community-based SNMPv2

1856 – The Opstat Client-Server Model for Statistics Retrieval

1592, 1228 – Simple Network Management Protocol Distributed Protocol Interface Version 2.0

1503 – Algorithms for Automating Administration in SNMPv2 Managers

1446 – Security Protocols for version 2 of the Simple Network Management Protocol (SNMPv2)

1445 – Administrative Model for version 2 of the Simple Network Management Protocol (SNMPv2)

1441 – Introduction to version 2 of the Internet-standard Network Management Framework

1420, 1298 – SNMP over IPX

1419 – SNMP over AppleTalk

1418, 1283, 1161 – SNMP over OSI

1369 – Implementation Notes and Experience for the Internet Ethernet MIB

1352 – SNMP Security Protocols

1351 – SNMP Administrative Model

1346 – Resource Allocation, Control, and Accounting for the Use of Network Resources

1303 – A Convention for Describing SNMP-based Agents

1270 – SNMP Communications Services

1239 – Reassignment of experimental MIBs to standard MIBs

1224 – Techniques for managing asynchronously generated alerts

1215 – Convention for defining traps for use with the SNMP

1212 – Concise MIB definitions

1189, 1095 – Common Management Information Services and Protocols for the Internet (CMOT and CMIP)

1187 – Bulk Table Retrieval with the SNMP

1157, 1098, 1067 – Simple Network Management Protocol (SNMP)

1155, 1065 – Structure and identification of management information for TCP/IP-based internets

1109 – Report of the second Ad Hoc Network Management Review Group

1089 – SNMP over Ethernet

1076 – HEMS monitoring and control language

1028 – Simple Gateway Monitoring Protocol

1024 – HEMS variable definitions

1023 – HEMS monitoring and control language

1022 – High-level Entity Management Protocol (HEMP)

1021 – High-level Entity Management System (HEMS)

Définition de bases de données administratives (MIB)

2864 – The Inverted Stack Table Extension to the Interfaces Group MIB.

2863, 2233, 1573, 1229 – The Interfaces Group MIB using SMIv2

2790, 1514 – Host Resources MIB

2789, 2249, 1566 – Mail Monitoring MIB

2788, 2248, 1565 – Network Services Monitoring MIB

2786 – Diffie-Helman USM Key Management Information Base and Textual Convention.

2737 – Entity MIB (Version 2).

2720, 2064 – Traffic Flow Measurement : Meter MIB

2677 – Definitions of Managed Objects for the NBMA Next Hop Resolution Protocol (NHRP)

2674 – Definitions of Managed Objects for Bridges with Traffic Classes, Multicast Filtering and Virtual LAN Extensions

2670 – Radio Frequency (RF) Interface Management Information Base for MCNS/DOCSIS compliant RF interfaces

2669 – DOCSIS Cable Device MIB Cable Device Management Information Base for DOCSIS compliant Cable Modems and Cable Modem Termination Systems

2668, 2239 – Definitions of Managed Objects for IEEE 802.3 Medium Attachment Units (MAUs)

2667 – IP Tunnel MIB

2666 – Definitions of Object Identifiers for Identifying Ethernet Chip Sets

2665, 2358, 1650 – Definitions of Managed Objects for the Ethernet-like Interface Types

2662 – Definitions of Managed Objects for the ADSL Lines

2621 – RADIUS Accounting Server MIB

2620 – RADIUS Accounting Client MIB

2619 – RADIUS Authentication Server MIB

2618 – RADIUS Authentication Client MIB

2613 – Remote Network Monitoring MIB Extensions for Switched Networks Version 1.0

2605, 1567 – Directory Server Monitoring MIB

2594 – Definitions of Managed Objects for WWW Services

2592 – Definitions of Managed Objects for the Delegation of Management Script

2591 – Definitions of Managed Objects for Scheduling Management Operations

2584 – Definitions of Managed Objects for APPN/HPR in IP Networks

2564 – Application Management MIB

2562 – Definitions of Protocol and Managed Objects for TN3270E Response Time Collection Using SMIv2 (TN3270E-RT-MIB)

2561 – Base Definitions of Managed Objects for TN3270E Using SMIv2

2558, 1595 – Definitions of Managed Objects for the SONET/SDH Interface Type

2515, 1695 – Definitions of Managed Objects for ATM Management

2514 – Definitions of Textual Conventions and OBJECT-IDENTITIES for ATM Management

2513 – Managed Objects for Controlling the Collection and Storage of Accounting Information for Connection-Oriented Networks

2512 – Accounting Information for ATM Networks

2496, 1407, 1233 – Definitions of Managed Object for the DS3/E3 Interface Type

2495, 1406, 1232 – Definitions of Managed Objects for the DS1, E1, DS2 and E2 Interface Types

2494 – Definitions of Managed Objects for the DS0 and DS0 Bundle Interface Type

2457 – Definitions of Managed Objects for Extended Border Node

2456 – Definitions of Managed Objects for APPN TRAPS

2455, 2155 – Definitions of Managed Objects for APPN

2417, 2366 – Definitions of Managed Objects for Multicast over UNI 3.0/3.1 based ATM Networks

2320 – Definitions of Managed Objects for Classical IP and ARP Over ATM Using SMIv2 (IPOA-MIB)

2287 – Definitions of System-Level Managed Objects for Applications

2266 – Definitions of Managed Objects for IEEE 802.12 Repeater Devices

2238 – Definitions of Managed Objects for HPR using SMIv2

2232 – Definitions of Managed Objects for DLUR using SMIv2

2214 – Integrated Services Management Information Base Guaranteed Service Extensions using SMIv2

2213 – Integrated Services Management Information Base using SMIv2

2128 – Dial Control Management Information Base using SMIv2

2127 – ISDN Management Information Base using SMIv2

2115, 1315 – Management Information Base for Frame Relay DTEs Using SMIv2

2108, 1516, 1368 – Definitions of Managed Objects for IEEE 802.3 Repeater Devices using SMIv2

2096, 1354 – IP Forwarding Table MIB

2074 – Remote Network Monitoring MIB Protocol Identifiers

2063 – Traffic Flow Measurement : Architecture

2051 – Definitions of Managed Objects for APPC using SMIv2

2037 – Entity MIB using SMIv2

2024 – Definitions of Managed Objects for Data Link Switching using SMIv2

2021 – Remote Network Monitoring Management Information Base Version 2 using SMIv2

2020 – IEEE 802.12 Interface MIB

2013 – SNMPv2 Management Information Base for the User Datagram Protocol using SMIv2

2012 – SNMPv2 Management Information Base for the Transmission Control Protocol using SMIv2

2011 – SNMPv2 Management Information Base for the Internet Protocol using SMIv2

2006 – The Definitions of Managed Objects for IP Mobility Support using SMIv2

1907, 1450 – Management Information Base for Version 2 of the Simple Network Management Protocol (SNMPv2)

1850, 1253, 1252, 1248 – OSPF Version 2 Management Information Base

1792 – TCP/IPX Connection Mib Specification

1759 – Printer MIB

1757, 1271 – Remote Network Monitoring Management Information Base

1749 – IEEE 802.5 Station Source Routing MIB using SMIv2

1748, 1743, 1231 – IEEE 802.5 MIB using SMIv2

1747 – Definitions of Managed Objects for SNA Data Link Control (SDLC) using SMIv2

1742, 1243 – AppleTalk Management Information Base II

1724, 1389 – RIP Version 2 MIB Extension

1697 – Relational Database Management System (RDBMS) Management Information Base (MIB) using SMIv2

1696 – Modem Management Information Base (MIB) using SMIv2

1694, 1304 – Definitions of Managed Objects for SMDS Interfaces using SMIv2

1666 – Definitions of Managed Objects for SNA NAUs using SMIv2

1665 – Definitions of Managed Objects for SNA NAUs using SMIv2

1660, 1318 – Definitions of Managed Objects for Parallel-printer-like Hardware Devices using SMIv2

1659, 1317 – Definitions of Managed Objects for RS-232-like Hardware Devices using SMIv2

1658, 1316 – Definitions of Managed Objects for Character Stream Devices using SMIv2

1657 – Definitions of Managed Objects for the Fourth Version of the Border Gateway Protocol (BGP-4) using SMIv2

1643, 1623, 1398, 1284 – Definitions of Managed Objects for the Ethernet-like Interface Types

1628 – UPS Management Information Base

1612 – DNS Resolver MIB Extensions

1611 – DNS Server MIB Extensions

1604, 1596 – Definitions of Managed Objects for Frame Relay Service

1593 – SNA APPN Node MIB

1559, 1289 – DECnet Phase IV MIB Extensions

1525, 1493, 1286 – Definitions of Managed Objects for Source Routing Bridges

1515 – Definitions of Managed Objects for IEEE 802.3 Medium Attachment Units (MAUs)

1513 – Token Ring Extensions to the Remote Network Monitoring MIB

1512, 1285 – FDDI Management Information Base

1474 – The Definitions of Managed Objects for the Bridge Network Control Protocol of the Point-to-Point Protocol

1473 – The Definitions of Managed Objects for the IP Network Control Protocol of the Point-to-Point Protocol

1472 – The Definitions of Managed Objects for the Security Protocols of the Point-to- Point Protocol

1471 – The Definitions of Managed Objects for the Link Control Protocol of the Point-to-Point Protocol

1461 – SNMP MIB extension for Multiprotocol Interconnect over X.25

1451 – Manager-to-Manager Management Information Base

1447 – Party MIB for version 2 of the Simple Network Management Protocol (SNMPv2)

1414 – Identification MIB

1382 – SNMP MIB Extension for the X.25 Packet Layer

1381 – SNMP MIB Extension for X.25 LAPB

1353 – Definitions of Managed Objects for Administration of SNMP Parties

1269 – Definitions of Managed Objects for the Border Gateway Protocol : Version 3

1230 – IEEE 802.4 Token Bus MIB

1227 – SNMP MUX protocol and MIB

1214 – OSI internet management : Management Information Base

1213, 1158, 1156, 1066 – Management Information Base for Network Management of TCP/IP-based internets :MIB-II

Services d'annuaires (X.500, LDAP, pages blanches)

2849 – The LDAP Data Interchange Format (LDIF) - Technical Specification.

2832 – NSI Registry Registrar Protocol (RRP) Version 1.1.0.

2830 – Lightweight Directory Access Protocol (v3) : Extension for Transport Layer Security.)

2829 – Authentication Methods for LDAP.

2820 – Access Control Requirements for LDAP.

2798 – Definition of the inetOrgPerson LDAP Object Class.

2739 – Calendar Attributes for vCard and LDAP.

2714 – Schema for Representing CORBA Object References in an LDAP Directory

2713 – Schema for Representing Java(tm) Objects in an LDAP Directory

2696 – LDAP Control Extension for Simple Paged Results Manipulation

2657 – LDAPv2 Client vs the Index Mesh

2649 – An LDAP Control and Schema for Holding Operation Signatures

2596 – Use of Language Codes in LDAP

2589 – Lightweight Directory Access Protocol (v3) : Extensions for Dynamic Directory Services

2587 – Internet X.509 Public Key Infrastructure LDAPv2 Schema

2585 – Internet X.509 Public Key Infrastructure Operational Protocols : FTP and HTTP

2560 – X.509 Internet Public Key Infrastructure Online Certificate Status Protocol -OCSP

2559 – Internet X.509 Public Key Infrastructure Operational Protocols - LDAPv2

2528 – Internet X.509 Public Key Infrastructure Representation of Key Exchange Algorithm (KEA) Keys in Internet X.509 Public Key Infrastructure Certificates

2527 – Internet X.509 Public Key Infrastructure Certificate Policy and Certification Practices Framework

2511 – Internet X.509 Certificate Request Message Format

2510 – Internet X.509 Public Key Infrastructure Certificate Management Protocols

2459 – Internet X.509 Public Key Infrastructure Certificate and CRL Profile

2377 – Naming Plan for Internet Directory-Enabled Applications

2307 – An Approach for Using LDAP as a Network Information Service

2294, 1836 – Representing the O/R Address hierarchy in the X.500 Directory Information Tree

2293, 1837 – Representing Tables and Subtrees in the X.500 Directory

2256 – A Summary of the X.500(96) User Schema for use with LDAPv3

2255 – The LDAP URL Format

2254, 1960, 1558 – The String Representation of LDAP Search Filters

2253 – Lightweight Directory Access Protocol (v3) : UTF-8 String Representation of Distinguished Names

2252 – Lightweight Directory Access Protocol (v3) : Attribute Syntax Definitions

2251 – Lightweight Directory Access Protocol (v3)

2247 – Using Domains in LDAP/X.500 Distinguished Names

2218 – A Common Schema for the Internet White Pages Service

2148 – Deployment of the Internet White Pages Service

2120 – Managing the X.500 Root Naming Context

2116, 1632, 1292 – X.500 Implementations Catalog-96

2079 – Definition of an X.500 Attribute Type and an Object Class to Hold Uniform Resource Identifiers (URIs)

1959 – An LDAP URL Format

1943 – Building an X.500 Directory Service in the US

1823 – The LDAP Application Program Interface

1804 – Schema Publishing in X.500 Directory

1803 – Recommendations for an X.500 Production Directory Service

1802 – Introducing Project Long Bud : Internet Pilot Project for the Deployment of X.500 Directory Information in Support of X.400 Routing

1801 – MHS use of the X.500 Directory to support MHS Routing

1798 – Connection-less Lightweight X.500 Directory Access Protocol

1781, 1484 – Using the OSI Directory to Achieve User Friendly Naming

1779, 1485 – A String Representation of Distinguished Names

1778, 1488 – The String Representation of Standard Attribute Syntaxes

1777, 1487 – Lightweight Directory Access Protocol

1684 – Introduction to White Pages Services based on X.500

1617, 1384 – Naming and Structuring Guidelines for X.500 Directory Pilots

1609 – Charting Networks in the X.500 Directory

1608 – Representing IP Information in the X.500 Directory

1564 – DSA Metrics (OSI-DS 34 (v3))

1562 – Naming Guidelines for the AARNet X.500 Directory Service

1491 – A Survey of Advanced Usages of X.500

1431 – DUA Metrics (OSI-DS 33 (v2))

1430 – A Strategic Plan for Deploying an Internet X.500 Directory Service

1373 – Portable DUAs

1309 – Technical Overview of Directory Services Using the X.500 Protocol

1308 – Executive Introduction to Directory Services Using the X.500 Protocol

1279 – X.500 and Domains

1277 – Encoding Network Addresses to Support Operation over Non-OSI Lower Layers

1276 – Replication and Distributed Operations extensions to provide an Internet Directory using X.500

1275 – Replication Requirements to provide an Internet Directory using X.500

1274 – The COSINE and Internet X.500 Schema

1255, 1218 – A Naming Scheme for c=US

1249 – DIXIE Protocol Specification

1202 – Directory Assistance service

1107 – Plan for Internet directory services

Services d'informations (HTTP, Gopher, WAIS)

2718 – Guidelines for new URL Schemes

2660 – The Secure HyperText Transfer Protocol

2656 – Registration Procedures for SOIF Template Types

2655 – CIP Index Object Format for SOIF Objects

2654 – A Tagged Index Object for use in the Common Indexing Protocol

2653 – CIP Transport Protocols

2652 – MIME Object Definitions for the Common Indexing Protocol (CIP)

2651 – The Architecture of the Common Indexing Protocol (CIP)

2617, 2069 – HTTP Authentication : Basic and Digest Access Authentication

2616, 2068 – Hypertext Transfer Protocol – HTTP/1.1

2611 – URN Namespace Definition Mechanisms

2518 – HTTP Extensions for Distributed Authoring – WEBDAV

2483 – URI Resolution Services Necessary for URN Resolution

2397 – The "data" URL scheme

2396 – Uniform Resource Identifiers (URI) : Generic Syntax

2392, 2111 – Content-ID and Message-ID Uniform Resource Locators

2388 – Returning Values from Forms : multipart/form-data

2378 – The CCSO Nameserver (Ph) Architecture

2369 – The Use of URLs as Meta-Syntax for Core Mail List Commands and their Transport through Message Header Fields

2368 – The mailto URL scheme

2345 – Domain Names and Company Name Retrieval

2310 – The Safe Response Header Field

2296 – HTTP Remote Variant Selection Algorithm – RVSA/1.0

2295 – Transparent Content Negotiation in HTTP

2291 – Requirements for a Distributed Authoring and Versioning Protocol for the World Wide Web

2288 – Using Existing Bibliographic Identifiers as Uniform Resource Names

2276 – Architectural Principles of Uniform Resource Name Resolution

2259, 2258 – Simple Nomenclator Query Protocol (SNQP)

2227 – Simple Hit-Metering and Usage-Limiting for HTTP

2187, 2186 – Application of Internet Cache Protocol (ICP), version 2

2169 – A Trivial Convention for using HTTP in URN Resolution

2168 – Resolution of Uniform Resource Identifiers using the Domain Name System

2167, 1714 – Referral Whois (RWhois) Protocol V1.5

2145 – Use and Interpretation of HTTP Version Numbers

2141 – URN Syntax

2122 – VEMMI URL Specification

2109 – HTTP State Management Mechanism

2084 – Considerations for Web Transaction Security

2056 – Uniform Resource Locators for Z39.50

1945 – Hypertext Transfer Protocol – HTTP/1.0

1914 – How to Interact with a Whois++ Mesh

1913 – Architecture of the Whois++ Index Service

1835 – Architecture of the WHOIS++ service

1834 – Whois and Network Information Lookup Service, Whois++

1808 – Relative Uniform Resource Locators

1738 – Uniform Resource Locators (URL)

1737 – Functional Requirements for Uniform Resource Names

1736 – Functional Recommendations for Internet Resource Locators

1729 – Using the Z39.50 Information Retrieval Protocol

1728 – Resource Transponders

1727 – A Vision of an Integrated Internet Information Service

1630 – Universal Resource Identifiers in WWW : A Unifying Syntax for the Expression of Names and Addresses of Objects on the Network as used in the World-Wide Web

1625 – WAIS over Z39.50-1988

1614 – Network Access to Multimedia Information

1436 – The Internet Gopher Protocol (a distributed document search and retrieval protocol)

954, 812 – NICNAME/WHOIS

Protocoles d'amorce et de configuration (BOOTP, DHCP)

2855 – DHCP for IEEE 1394

2563 – DHCP Option to Disable Stateless Auto-Configuration in IPv4 Clients

2485 – DHCP Option for The Open Group's User Authentication Protocol

2242 – NetWare/IP Domain Name and Information

2241 – DHCP Options for Novell Directory Services

2132, 1533, 1497, 1395, 1084, 1048 – DHCP Options and BOOTP Vendor Extensions

2131, 1541, 1531 – Dynamic Host Configuration Protocol

1542, 1532 – Clarifications and Extensions for the Bootstrap Protocol

1534 – Interoperation Between DHCP and BOOTP

951 – Bootstrap Protocol

Temps réel, multimédia et qualité de service (RSVP, RTP)

2848 – The PINT Service Protocol : Extensions to SIP and SDP for IP Access to Telephone Call Services.

2824 – Call Processing Language Framework and Requirements.

2816 – A Framework for Integrated Services Over Shared and Switched IEEE 802 LAN Technologies.

2815 – Integrated Service Mappings on IEEE 802 Networks.

2805 – Media Gateway Control Protocol Architecture and Requirements.

2872 – Application and Sub Application Identity Policy Element for Use with RSVP.

2871 – A Framework for Telephony Routing over IP.

2862 – RTP Payload Format for Real-Time Pointers.

2836 – Per Hop Behavior Identification Codes.

2833 – RTP Payload for DTMF Digits, Telephony Tones and Telephony Signals.)

2814 – SBM (Subnet Bandwidth Manager) : A Protocol for RSVP-based Admission Control over IEEE 802-style networks.

2793 – RTP Payload for Text Conversation.)

2762 – Sampling of the Group Membership in RTP.

2753 – A Framework for Policy-based Admission Control.

2752 – Identity Representation for RSVP.

2751 – Signaled Preemption Priority Policy Element.

2750 – RSVP Extensions for Policy Control.

2749 – COPS usage for RSVP.

2748 – The COPS (Common Open Policy Service) Protocol.

2747 – RSVP Cryptographic Authentication.

2746 – RSVP Operation Over IP Tunnels.

2745 – RSVP Diagnostic Messages.

2736 – Guidelines for Writers of RTP Payload Format Specifications.

2733 – An RTP Payload Format for Generic Forward Error Correction.

2719 – Framework Architecture for Signaling Transport

2705 – Media Gateway Control Protocol (MGCP) Version 1.0

2689 – Integrated Services Mappings for Low Speed Networks

2688 – Integrated Services Mappings for Low Speed Networks

2658 – RTP Payload Format for PureVoice(tm) Audio

2543 – SIP : Session Initiation Protocol

2490 – A Simulation Model for IP Multicast with RSVP

2458 – Toward the PSTN/Internet Inter-Networking–Pre-PINT Implementations

2448 – AT&T's Error Resilient Video Transmission Technique

2435, 2035 – RTP Payload Format for JPEG-compressed Video

2431 – RTP Payload Format for BT.656 Video Encoding

2430 – A Provider Architecture for Differentiated Services and Traffic Engineering (PASTE)

2429 – RTP Payload Format for the 1998 Version of ITU-T Rec

2423, 2422, 2421, 1911 – VPIM Voice Message MIME Sub-type Registration

2386 – A Framework for QoS-based Routing in the Internet

2382 – A Framework for Integrated Services and RSVP over ATM

2381 – Interoperation of Controlled-Load Service and Guaranteed Service with ATM

2380 – RSVP over ATM Implementation Requirements

2379 – RSVP over ATM Implementation Guidelines

2361 – WAVE and AVI Codec Registries

2354 – Options for Repair of Streaming Media

2343 – RTP Payload Format for Bundled MPEG

2327 – SDP : Session Description Protocol

2326 – Real Time Streaming Protocol (RTSP)

2250, 2038 – RTP Payload Format for MPEG1/MPEG2 Video

2216 – Network Element Service Specification Template

2215 – General Characterization Parameters for Integrated Service Network Elements

2212 – Specification of Guaranteed Quality of Service

2211 – Specification of the Controlled-Load Network Element Service

2210 – The Use of RSVP with IETF Integrated Services

2209 – Resource ReSerVation Protocol (RSVP) – Version 1 Message Processing Rules

2208 – Resource ReSerVation Protocol (RSVP) – Version 1 Applicability Statement Some Guidelines on Deployment

2207 – RSVP Extensions for IPSEC Data Flows

2206 – RSVP Management Information Base using SMIv2

2205 – Resource ReSerVation Protocol (RSVP) – Version 1 Functional Specification

2198 – RTP Payload for Redundant Audio Data

2190 – RTP Payload Format for H.263 Video Streams

2032 – RTP Payload Format for H.261 Video Streams

2029 – RTP Payload Format of Sun's CellB Video Encoding

1890 – RTP Profile for Audio and Video Conferences with Minimal Control

1889 – RTP : A Transport Protocol for Real-Time Applications

1821 – Integration of Real-time Services in an IP-ATM Network Architecture

1789 – INETPhone : Telephone Services and Servers on Internet

1257 – Isochronous applications do not require jitter-controlled networks

1193 – Client requirements for real-time communication services

741 – Specifications for the Network Voice Protocol (NVP)

Divers

2859 – A Time Sliding Window Three Colour Marker (TSWTCM)

2839 – Internet Kermit Service

2813 – Internet Relay Chat : Server Protocol

2812 – Internet Relay Chat : Client Protocol

2811 – Internet Relay Chat : Channel Management

2810 – Internet Relay Chat : Architecture

2795 – The Infinite Monkey Protocol Suite (IMPS)

2783 – Pulse-Per-Second API for UNIX-like Operating Systems, Version 1.0

2778 – A Model for Presence and Instant Messaging

2777 – Publicly Verifiable Nomcom Random Selection

2738 – Corrections to "A Syntax for Describing Media Feature Sets"

2703 – Protocol-independent Content Negotiation Framework

2614 – An API for Service Location

2610 – DHCP Options for Service Location Protocol

2609 – Service Templates and Service : Schemes

2608, 2165 – Service Location Protocol, Version 2

2552 – Architecture for the Information Brokerage in the ACTS Project GAIA

2533 – A Syntax for Describing Media Feature Sets

2447, 2446, 2445 – iCalendar Message-Based Interoperability Protocol (iMIP)

2244 – ACAP – Application Configuration Access Protocol

2229 – A Dictionary Server Protocol

2188 – AT&T/Neda's Efficient Short Remote Operations (ESRO) Protocol Specification Version 1.2

2016 – Uniform Resource Agents (URAs)

1861, 1645, 1568 – Simple Network Paging Protocol - Version 3 -Two-Way Enhanced

1756 – Remote Write Protocol - Version 1.0

1703, 1569 – Principles of Operation for the TPC.INT Subdomain : Radio Paging – Technical Procedures

1692 – Transport Multiplexing Protocol (TMux)

1530 – Principles of Operation for the TPC.INT Subdomain : General Principles and Policy

1492 – An Access Control Protocol, Sometimes Called TACACS

1459 – Internet Relay Chat Protocol

1429 – Listserv Distribute Protocol

1413, 931, 912 – Identification Protocol

1307 – Dynamically Switched Link Control Protocol

1288, 1196, 1194, 742 – The Finger User Information Protocol

1179 – Line printer daemon protocol

978 – Voice File Interchange Protocol (VFIP)

909 – Loader Debugger Protocol

891 – DCN local-network protocols

887 – Resource Location Protocol

866 – Active users

865 – Quote of the Day Protocol

864 – Character Generator Protocol

863, 348 – Discard Protocol

862, 347 – Echo Protocol

767 – Structured format for transmission of multi-media documents

759 – Internet Message Protocol

734 – SUPDUP Protocol

666 – Specification of the Unified User-Level Protocol

621 – NIC user directories at SRI ARC

569 – NETED : A Common Editor for the ARPA Network

470 – Change in socket for TIP news facility

451 – Tentative proposal for a Unified User Level Protocol

109 – Level III Server Protocol for the Lincoln Laboratory NIC 360/67 Host

98, 79 – Logger Protocol Proposal

29 – Response to RFC 28

A.6.7 Documentation de programmes

1761 – Snoop Version 2 Packet Capture File Format

496 – TNLS quick reference card is available

494 – Availability of MIX and MIXAL in the Network

488 – NLS classes at network sites

485 – MIX and MIXAL at UCSB

431 – Update on SMFS Login and Logout

411 – New MULTICS Network Software Features

409 – Tenex interface to UCSB's Simple-Minded File System

399 – SMFS Login and Logout

390 – TSO Scenario

382 – Mathematical Software on the ARPA Network

379 – Using TSO at CCN

373 – Arbitrary Character Sets

350 – User Accounts for UCSB On-Line System

345 – Interest in Mixed Integer Programming (MPSX on NIC 360/91 at CCN)

321 – CBI Networking Activity at MITRE

311 – New Console Attachments to the USCB Host

251 – Weather data

217 – Specifications changes for OLS, RJE/RJOR, and SMFS

174 – UCLA - Computer Science Graphics Overview

122 – Network specifications for UCSB's Simple-Minded File System

121 – Network on-line operators

120 – Network PL1 subprograms

119 – Network Fortran subprograms

74 – Specifications for network use of the UCSB On-Line System

A.6.8 Réseaux spécifiques (voir aussi A.6.3)

ARPANET

1005, 878, 851, 802 – ARPANET AHIP-E Host Access Protocol (enhanced AHIP)

852 – ARPANET short blocking feature
789 – Vulnerabilities of network control protocols : An example
745 – JANUS interface specifications
716 – Interim Revision to Appendix F of BBN 1822
704 – IMP/Host and Host/IMP Protocol change
696 – Comments on the IMP/Host and Host/IMP Protocol changes
695 – Official change in Host-Host Protocol
692 – Comments on IMP/Host Protocol changes (RFCs 687 and 690)
690 – Comments on the proposed Host/IMP Protocol changes
687 – IMP/Host and Host/IMP Protocol changes
667 – BBN host ports
660 – Some changes to the IMP and the IMP/Host interface
642 – Ready line philosophy and implementation
638, 633 – IMP/TIP preventive maintenance schedule
632 – Throughput degradations for single packet messages
627 – ASCII text file of hostnames
626 – On a possible lockup condition in IMP subnet due to message sequencing
625 – On-line hostnames service
623 – Comments on on-line host name service
622 – Scheduling IMP/TIP down time
620 – Request for monitor host table updates
619 – Mean round-trip times in the ARPANET
613 – Network connectivity : A response to RFC 603
611 – Two changes to the IMP/Host Protocol to improve user/network communications
606 – Host names on-line
594 – Speedup of Host-IMP interface
591 – Addition to the Very Distant Host specifications
568, 567 – Response to RFC 567 - cross country network bandwidth
548 – Hosts using the IMP Going Down message
547 – Change to the Very Distant Host specification
533 – Message-ID numbers
528 – Software checksumming in the IMP and network reliability
521 – Restricted use of IMP DDT
508 – Real-time data transmission on the ARPANET
476, 434 – IMP/TIP memory retrofit schedule (rev 2)
449, 442 – Current flow-control scheme for IMPSYS
447, 445 – IMP/TIP memory retrofit schedule
417 – Link usage violation
410 – Removal of the 30-Second Delay When Hosts Come Up
406 – Scheduled IMP Software Releases
395 – Switch Settings on IMPs and TIPs

394 – Two Proposed Changes to the IMP-Host Protocol

369 – Evaluation of ARPANET services January-March, 1972

335 – New Interface - IMP/360

312 – Proposed Change in IMP-to-Host Protocol

297 – TIP Message Buffers

280 – A Draft of Host Names

274 – Establishing a local guide for network usage

273, 237 – More on standard host names

271 – IMP System change notifications

270 – Correction to BBN Report No

263 – "Very Distant" Host interface

254 – Scenarios for using ARPANET computers

247 – Proffered set of standard host names

241 – Connecting computers to MLC ports

239 – Host mnemonics proposed in RFC 226 (NIC 7625)

236 – Standard host names

233 – Standardization of host call letters

230 – Toward reliable operation of minicomputer-based terminals on a TIP

229 – Standard host names

228 – Clarification

226 – Standardization of host mnemonics

218 – Changing the IMP status reporting facility

213 – IMP System change notification

209 – Host/IMP interface documentation

208 – Address tables

73, 67 – Response to NWG/RFC 67

71 – Reallocation in Case of Input Error

70 – Note on Padding

64 – Getting rid of marking

41 – IMP-IMP Teletype Communication

25 – No High Link Numbers

19 – Two protocol suggestions to reduce congestion at swap bound nodes

17 – Some questions re : Host-IMP Protocol

12 – IMP-Host interface flow diagrams

7 – Host-IMP interface

6 – Conversation with Bob Kahn

Protocoles d'hôtes et de frontaux

929, 928, 705, 647 – Proposed Host-Front End Protocol

ARPANET NCP (prédécesseur périmé de TCP/IP)

801 – NCP/TCP transition plan

773 – Comments on NCP/TCP mail service transition strategy

714 – Host-Host Protocol for an ARPANET-Type Network

689 – Tenex NCP finite state machine for connections

663 – Lost message detection and recovery protocol

636 – TIP/Tenex reliability improvements

635 – Assessment of ARPANET protocols

534, 516, 512 – Lost message detection

492, 467 – Response to RFC 467

489 – Comment on resynchronization of connection status proposal

425 – "But my NCP costs $ 500 a day"

210 – Improvement of Flow Control

176 – Comments on "Byte size for connections"

165 – Proffered official Initial Connection Protocol

147 – Definition of a socket

142 – Time-Out Mechanism in the Host-Host Protocol

132, 124, 107, 102 – Typographical Error in RFC 107

129 – Request for comments on socket name structure

128 – Bytes

117 – Some comments on the official protocol

72 – Proposed Moratorium on Changes to Network Protocol

68 – Comments on Memory Allocation Control Commands : CEASE, ALL, GVB, RET, and RFNM

65 – Comments on Host/Host Protocol document #1

60 – Simplified NCP Protocol

59 – Flow Control - Fixed Versus Demand Allocation

58 – Logical Message Synchronization

57, 54 – Thoughts and Reflections on NWG/RFC 54

56 – Third Level Protocol : Logger Protocol

55 – Prototypical implementation of the NCP

50, 49, 47, 45, 44, 40, 39, 38, 36, 33 – Comments on the Meyer Proposal

42 – Message Data Types

23 – Transmission of Multiple Control Messages

22 – Host-host control message formats

18 – IMP-IMP and HOST-HOST Control Links

15 – Network subsystem for time sharing hosts

11 – Implementation of the Host-Host software procedures in GORDO

9, 1 – Host software

8 – Functional specifications for the ARPA Network

5 – Decode Encode Language (DEL)

2 – Host software

ARPANET : protocoles de connexion initiaux

202 – Possible Deadlock in ICP

197 – Initial Connection Protocol - Reviewed

161 – Solution to the race condition in the ICP

151, 148, 143, 127, 123 – Comments on a proffered official ICP : RFCs 123, 127

150 – Use of IPC Facilities : A Working Paper

145 – Initial Connection Protocol Control Commands

93 – Initial Connection Protocol

80 – Protocols and Data Formats

66 – NIC – third level ideas and other noise

USENET

1036 – Standard for interchange of USENET messages

850 – Standard for interchange of USENET messages

Divers

1553 – Compressing IPX Headers Over WAN Media (CIPX)

1132 – Standard for the transmission of 802.2 packets over IPX networks

935 – Reliable link layer protocols

916 – Reliable Asynchronous Transfer Protocol (RATP)

914 – Thinwire protocol for connecting personal computers to the Internet

824 – CRONUS Virtual Local Network

A.6.9 Mesures

Général

2724 – RTFM : New Attributes for Traffic Flow Measurement

2723 – SRL : A Language for Describing Traffic Flows and Specifying Actions for Flow Groups

2722 – Traffic Flow Measurement : Architecture

2721 – RTFM : Applicability Statement

2681 – A Round-trip Delay Metric for IPPM

2680 – A One-way Packet Loss Metric for IPPM

2679 – A One-way Delay Metric for IPPM

2678, 2498 – IPPM Metrics for Measuring Connectivity

2544, 1944 – Benchmarking Methodology for Network Interconnect Devices

2432 – Terminology for IP Multicast Benchmarking

2330 – Framework for IP Performance Metrics

2285 – Benchmarking Terminology for LAN Switching Devices

1857, 1404 – A Model for Common Operational Statistics

1273 – Measurement Study of Changes in Service-Level Reachability in the Global TCP/IP Internet : Goals, Experimental Design, Implementation, and Policy Considerations

1262 – Guidelines for Internet Measurement Activities

557 – Revelations in network host measurements

546 – Tenex load averages for July 1973

462 – Responding to user needs

415 – Tenex bandwidth

392 – Measurement of host costs for transmitting network data

352 – TIP Site Information Form

308 – ARPANET host availability data

286 – Network Library Information System

214, 193 – Network checkpoint

198 – Site Certification - Lincoln Labs 360/67

182 – Compilation of list of relevant site reports

180 – File system questionnaire

156 – Status of the Illinois site : Response to RFC 116

153 – SRI ARC-NIC status

152 – SRI Artificial Intelligence status report

126 – Graphics Facilities at Ames Research Center

112 – User/Server Site Protocol : Network host questionnaire responses

106 – User/Server Site Protocol Network Host Questionnaire

104 – Link 191

Synthèses

971 – Survey of data representation standards

876 – Survey of SMTP implementations

848 – Who provides the "little" TCP services ?

847 – Summary of Smallberg surveys

846, 845, 843, 842, 839, 838, 837, 836, 835, 834, 833, 832 – Who talks TCP ? -survey of 22 February 1983

844 – Who talks ICMP, too ? - Survey of 18 February 1983

787 – Connectionless data transmission survey/tutorial

565 – Storing network survey data at the datacomputer

545 – Of what quality be the UCSB resources evaluators ?

530 – Report on the Survey project

523 – SURVEY is in operation again

519 – Resource evaluation

514 – Network make-work

464 – Resource notebook framework

460 – NCP survey

459 – Network questionnaires

450 – MULTICS sampling timeout change

446 – Proposal to consider a network program resource notebook

96 – An Interactive Network Experiment to Study Modes of Access the Network Information Center

90 – CCN as a Network Service Center

81 – Request for Reference Information

78 – NCP Status Report : UCSB/Rand

Statistiques

1030 – On testing the NETBLT Protocol over divers networks

996 – Statistics server

618 – Few observations on NCP statistics

612, 601, 586, 579, 566, 556, 538, 522, 509, 497, 482, 455, 443, 422, 413, 400, 391, 378 – Traffic statistics (December 1973)

603, 597, 376, 370, 367, 366, 362, 353, 344, 342, 332, 330, 326, 319, 315, 306, 298, 293, 288, 287, 267, 266 – Response to RFC 597 : Host status

550 – NIC NCP experiment

388 – NCP statistics

255, 252, 240, 235 – Status of network hosts

A.6.10 Confidentialité, sécurité et authentification

Général

2853 – Generic Security Service API Version 2 : Java Bindings

2744 – Generic Security Service API Version 2 : C-bindings

2743 – Generic Security Service Application Program Interface Version 2, Update 1

2726 – PGP Authentication for RIPE Database Updates

2716 – PPP EAP TLS Authentication Protocol

2712 – Addition of Kerberos Cipher Suites to Transport Layer Security (TLS)

2704 – The KeyNote Trust-Management System Version 2

2693 – SPKI Certificate Theory

2692 – SPKI Requirements

2630 – Cryptographic Message Syntax

2628 – Simple Cryptographic Program Interface (Crypto API)

2627 – Key Management for Multicast : Issues and Architectures

2538 – Storing Certificates in the Domain Name System (DNS)

2537 – RSA/MD5 KEYs and SIGs in the Domain Name System (DNS)

2536 – DSA KEYs and SIGs in the Domain Name System (DNS)

2523, 2522 – Photuris : Extended Schemes and Attributes

2504 – Users' Security Handbook

2479 – Independent Data Unit Protection Generic Security Service Application Program Interface (IDUP-GSS-API)

2478, 2078, 1508 – The Simple and Protected GSS-API Negotiation Mechanism

2444 – The One-Time-Password SASL Mechanism

2440 – OpenPGP Message Format

2437, 2313 – PKCS #1 : RSA Cryptography Specifications Version 2.0

2367 – PF_KEY Key Management API, Version 2

2315 – PKCS 7 : Cryptographic Message Syntax Version 1.5

2314 – PKCS 10 : Certification Request Syntax Version 1.5

2289, 2243, 1938 – A One-Time Password System

2267 – Network Ingress Filtering : Defeating Denial of Service Attacks which employ IP Source Address Spoofing

2246 – The TLS Protocol Version 1.0

2245 – Anonymous SASL Mechanism

2222 – Simple Authentication and Security Layer (SASL)

2196, 1244 – Site Security Handbook

2179 – Network Security For Trade Shows

2094 – Group Key Management Protocol (GKMP) Architecture

2093 – Group Key Management Protocol (GKMP) Specification

2025 – The Simple Public-Key GSS-API Mechanism (SPKM)

1991 – PGP Message Exchange Formats

1964 – The Kerberos Version 5 GSS-API Mechanism

1949 – Scalable Multicast Key Distribution

1948 – Defending Against Sequence Number Attacks

1898 – CyberCash Credit Card Protocol Version 0.8

1824 – The Exponential Security System TESS : An Identity-Based Cryptographic Protocol for Authenticated Key-Exchange (E.I.S.S.-Report 1995/4)

1805 – Location-Independent Data/Software Integrity Protocol

1760 – The S/KEY One-Time Password System

1751 – A Convention for Human-Readable 128-bit Keys

1750 – Randomness Recommendations for Security

1704 – On Internet Authentication

1511 – Common Authentication Technology Overview

1510 – The Kerberos Network Authentication Service (V5)

1509 – Generic Security Service API : C-bindings

1507 – DASS - Distributed Authentication Security Service

1457 – Security Label Framework for the Internet

1455 – Physical Link Security Type of Service

1424 – Privacy Enhancement for Internet Electronic Mail : Part IV : Key Certification and Related Services

1423, 1115 – Privacy Enhancement for Internet Electronic Mail : Part III : Algorithms, Modes, and Identifiers

1422, 1114 – Privacy Enhancement for Internet Electronic Mail : Part II : Certificate-Based Key Management

1421, 1113, 989 – Privacy Enhancement for Internet Electronic Mail : Part I : Message Encryption and Authentication Procedures

1355 – Privacy and Accuracy Issues in Network Information Center Databases

1281 – Guidelines for the Secure Operation of the Internet

1170 – Public key standards and licenses

1135 – Helminthiasis of the Internet

1108 – US Department of Defense Security Options for the Internet Protocol

1040 – Privacy enhancement for Internet electronic mail : Part I : Message encipherment and authentication procedures

1038 – Draft revised IP security option

1004 – Distributed-protocol authentication scheme

972 – Password Generator Protocol

Algorithmes de confidentialité, d'authentification et d'échange de clés

2876 – Use of the KEA and SKIPJACK Algorithms in CMS

2875 – Diffie-Hellman Proof-of-Possession Algorithms

2847 – LIPKEY - A Low Infrastructure Public Key Mechanism Using SPKM

2845 – Secret Key Transaction Authentication for DNS (TSIG)

2831 – Using Digest Authentication as a SASL Mechanism

2802 – Digital Signatures for the v1.0 Internet Open Trading Protocol (IOTP)

2797 – Certificate Management Messages over CMS

2792 – DSA and RSA Key and Signature Encoding for the KeyNote Trust Management System

2773 – Encryption using KEA and SKIPJACK

2631 – Diffie-Hellman Key Agreement Method

2612 – The CAST-256 Encryption Algorithm

2286 – Test Cases for HMAC-RIPEMD160 and HMAC-RIPEMD128

2268 – A Description of the RC2(r) Encryption Algorithm

2202 – Test Cases for HMAC-MD5 and HMAC-SHA-1

2144 – The CAST-128 Encryption Algorithm

2040 – The RC5, RC5-CBC, RC5-CBC-Pad, and RC5-CTS Algorithms

1810 – Report on MD5 Performance

1321 – The MD5 Message-Digest Algorithm

1320, 1186 – The MD4 Message-Digest Algorithm

1319 – The MD2 Message-Digest Algorithm

Protocoles de sécurité IP (IPSec)

2827 – Network Ingress Filtering : Defeating Denial of Service Attacks which employ IP Source Address Spoofing.

2808 – The SecurID(r) SASL Mechanism.

2803 – Digest Values for DOM (DOMHASH).

2801 – Internet Open Trading Protocol - IOTP Version 1.0. D.

2785 – Methods for Avoiding the "Small-Subgroup" Attacks on the Diffie-Hellman Key Agreement Method for.

2767 – Dual Stack Hosts using the "Bump-In-the-Stack" Technique (BIS).

2755 – Security Negotiation for WebNFS.

2709 – Security Model with Tunnel-mode IPsec for NAT Domains
2451 – The ESP CBC-Mode Cipher Algorithms
2412 – The OAKLEY Key Determination Protocol
2411 – IP Security Document Roadmap
2410 – The NULL Encryption Algorithm and Its Use With IPsec
2409 – The Internet Key Exchange (IKE)
2408 – Internet Security Association and Key Management Protocol (ISAKMP)
2407 – The Internet IP Security Domain of Interpretation for ISAKMP
2406, 1827 – IP Encapsulating Security Payload (ESP)
2405 – The ESP DES-CBC Cipher Algorithm With Explicit IV
2404 – The Use of HMAC-SHA-1-96 within ESP and AH
2403 – The Use of HMAC-MD5-96 within ESP and AH
2402, 1826 – IP Authentication Header
2401, 1825 – Security Architecture for the Internet Protocol
2104 – HMAC : Keyed-Hashing for Message Authentication
2085 – HMAC-MD5 IP Authentication with Replay Prevention
1852 – IP Authentication using Keyed SHA
1851 – The ESP Triple DES Transform
1829 – The ESP DES-CBC Transform
1828 – IP Authentication using Keyed MD5

A.6.11 Expérimentations et présentations

2123 – Traffic Flow Measurement : Experiences with NeTraMet
1435 – IESG Advice from Experience with Path MTU Discovery
1306 – Experiences Supporting By-Request Circuit-Switched T3 Networks
967 – All victims together
573 – Data and file transfer : Some measurement results
525 – MIT-MATHLAB meets UCSB-OLS -an example of resource sharing
439 – PARRY encounters the DOCTOR
420 – CCA ICCC weather demo
372 – Notes on a Conversation with Bob Kahn on the ICCC
364 – Serving remote users on the ARPANET
302 – Exercising The ARPANET
231 – Service center standards for remote usage : A user's view
227 – Data transfer rates (Rand/UCLA)
113 – Network activity report : UCSB Rand
89 – Some historic moments in networking
4 – Network timetable

A.6.12 Documentation de site

30, 27, 24, 10, 3 – Documentation Conventions

A.6.13 Normes d'autres groupes d'intérêt qu'Internet

ANSI

183 – EBCDIC codes and their mapping to ASCII

20 – ASCII format for network interchange

NRC

942 – Transport protocols for Department of Defense data networks

939 – Executive summary of the NRC report on transport protocols for Department of Defense data networks

ISO

2781 – UTF-16, an encoding of ISO 10646.)

2763 – Dynamic Hostname Exchange Mechanism for IS-IS.

1698 – Octet Sequences for Upper-Layer OSI to Support Basic Communications Applications

1629, 1237 – Guidelines for OSI NSAP Allocation in the Internet

1575, 1139 – An Echo Function for CLNP (ISO 8473)

1574 – Essential Tools for the OSI Internet

1561 – Use of ISO CLNP in TUBA Environments

1330 – Recommendations for the Phase I Deployment of OSI Directory Services (X.500) and OSI Message Handling Services (X.400) within the ESNET Community

1238, 1162 – CLNS MIB for use with Connectionless Network Protocol (ISO 8473) and End System to Intermediate System (ISO 9542)

1223 – OSI CLNS and LLC1 protocols on Network Systems HYPERchannel

1008 – Implementation guide for the ISO Transport Protocol

1007 – Military supplement to the ISO Transport Protocol

995 – End System to Intermediate System Routing Exchange Protocol for use in conjunction with ISO 8473

994 – Final text of DIS 8473, Protocol for Providing the Connectionless-mode Network Service

982 – Guidelines for the specification of the structure of the Domain Specific Part (DSP) of the ISO standard NSAP address

941 – Addendum to the network service definition covering network layer addressing

926 – Protocol for providing the connectionless mode network services

905 – ISO Transport Protocol specification ISO DP 8073

892 – ISO Transport Protocol specification

873 – Illusion of vendor support

A.6.14 Interfonctionnement avec d'autres applications et protocoles

Traduction de protocoles et ponts

1086 – ISO-TP0 bridge between TCP and X.25

1029 – More fault tolerant approach to address resolution for a Multi-LAN system of Ethernets

Structuration en couches et connexions

2661 – Layer Two Tunneling Protocol "L2TP"

2556 – OSI connectionless transport services on top of UDP Applicability Statement for Historic Status

2353 – APPN/HPR in IP Networks APPN Implementers' Workshop Closed Pages Document

2166 – APPN Implementer's Workshop Closed Pages Document DLSw v2.0 Enhancements

2126, 1859, 1006 – ISO Transport Service on top of TCP (ITOT)

2114, 2106 – Data Link Switching Client Access Protocol

1795, 1434 – Data Link Switching : Switch-to-Switch Protocol AIW DLSw RIG : DLSw Closed Pages, DLSw Standard Version 1

1791 – TCP And UDP Over IPX Networks With Fixed Path MTU

1634, 1551, 1362 – Novell IPX Over Various WAN Media (IPXWAN)

1613 – cisco Systems X.25 over TCP (XOT)

1538 – Advanced SNA/IP : A Simple SNA Transport Protocol

1356 – Multiprotocol Interconnect on X.25 and ISDN in the Packet Mode

1240 – OSI connectionless transport services on top of UDP : Version 1

1234 – Tunneling IPX traffic through IP networks

1085 – ISO presentation services on top of TCP/IP based internets

1070 – Use of the Internet as a subnetwork for experimentation with the OSI network layer

983 – ISO transport arrives on top of the TCP

Correspondance des noms, des adresses et des Identificateurs

1439 – The Uniqueness of Unique Identifiers

1236 – IP to X.121 address mapping for DDN

1069 – Guidelines for the use of Internet-IP addresses in the ISO Connectionless-Mode Network Protocol

A.6.15 Divers

Général

2828 – Internet Security Glossary.

2775 – Internet Transparency.

2761 – Terminology for ATM Benchmarking.

2664, 1594, 1325, 1206, 1177 – FYI on Questions and Answers - Answers to Commonly Asked "New Internet User" Questions

2636, 2604 – Wireless Device Configuration (OTASP/OTAPA) via ACAP

2635 – DON'T SPEW A Set of Guidelines for Mass Unsolicited Mailings and Postings (spam*)

2626 – The Internet and the Millennium Problem (Year 2000)

2555 – 30 Years of RFCs

2468 – I REMEMBER IANA

2441 – Working with Jon, Tribute delivered at UCLA, October 30, 1998

2351 – Mapping of Airline Reservation, Ticketing, and Messaging Traffic over IP

2350 – Expectations for Computer Security Incident Response

2309 – Recommendations on Queue Management and Congestion Avoidance in the Internet

2235 – Hobbes' Internet Timeline

2234 – Augmented BNF for Syntax Specifications : ABNF

2151, 1739 – A Primer On Internet and TCP/IP Tools and Utilities

2150 – Humanities and Arts : Sharing Center Stage on the Internet

2057 – Source Directed Access Control on the Internet

1983, 1392 – Internet Users' Glossary

1958 – Architectural Principles of the Internet

1941, 1578 – Frequently Asked Questions for Schools

1935 – What is the Internet, Anyway ?

1865 – EDI Meets the Internet Frequently Asked Questions about Electronic Data Interchange (EDI) on the Internet

1855 – Netiquette Guidelines

1775 – To Be "On" the Internet

1758, 1417, 1295 – NADF Standing Documents : A Brief Overview

1746 – Ways to Define User Expectations

1709 – K-12 Internetworking Guidelines

1691 – The Document Architecture for the Cornell Digital Library

1633 – Integrated Services in the Internet Architecture : an Overview

1580 – Guide to Network Resource Tools

1501 – OS/2 User Group

1498 – On the Naming and Binding of Network Destinations

1470, 1147 – FYI on a Network Management Tool Catalog : Tools for Monitoring and Debugging TCP/IP Internets and Interconnected Devices

1462 – FYI on "What is the Internet ?"

1453 – A Comment on Packet Video Remote Conferencing and the Transport/Network Layers

1432 – Recent Internet Books

1402, 1290 – There's Gold in them thar Networks ! or Searching for Treasure in all the Wrong Places

1400 – Transition and Modernization of the Internet Registration Service

1359 – Connecting to the Internet - What Connecting Institutions Should Anticipate

1345 – Character Mnemonics and Character Sets

1336, 1251 – Who's Who in the Internet : Biographies of IAB, IESG and IRSG Members

1324 – A Discussion on Computer Network Conferencing

1302 – Building a Network Information Services Infrastructure

1300 – Remembrances of Things Past

1296 – Internet Growth (1981-1991)

1291 – Mid-Level Networks Potential Technical Services

1259 – Building the open road : The NREN as test-bed for the national public network

1242 – Benchmarking terminology for network interconnection devices

1208 – Glossary of networking terms

1207 – FYI on Questions and Answers : Answers to commonly asked "experienced Internet user" questions

1199, 1099 – Request for Comments Summary Notes : 1100-1199

1192 – Commercialization of the Internet summary report

1181 – RIPE Terms of Reference

1180 – TCP/IP tutorial

1178 – Choosing a name for your computer

1173 – Responsibilities of host and network managers : A summary of the "oral tradition" of the Internet

1169 – Explaining the role of GOSIP

1167 – Thoughts on the National Research and Education Network

1118 – Hitchhikers guide to the Internet

1015 – Implementation plan for interagency research Internet

992 – On communication support for fault tolerant process groups

874 – Critique of X.25

531 – Feast or famine ? A response to two recent RFC's about network information

473 – MIX and MIXAL ?

472 – Illinois' reply to Maxwell's request for graphics information (NIC 14925)

429 – Character Generator Process

408 – NETBANK

361 – Deamon Processes on Host 106

313 – Computer based instruction

256 – IMPSYS change notification

225 – Rand/UCSB network graphics experiment

219 – User's view of the datacomputer

187 – Network/440 Protocol Concept

169 – Computer networks

146 – Views on issues relevant to data sharing on computer networks

13 – Zero Text Length EOF Message

Bibliographies

2007 – Catalogue of Network Training Materials

1463 – FYI on Introducing the Internet– A Short Bibliography of Introductory Internetworking Readings

1175 – FYI on where to start : A bibliography of internetworking information

1012 – Bibliography of Request For Comments 1 through 999

829 – Packet satellite technology reference sources

290 – Computer networks and data sharing : A bibliography

243 – Network and data sharing bibliography

RFC humoristiques

2551 – The Roman Standards Process – Revision III

2550 – Y10K and Beyond

2549 – IP over Avian Carriers with Quality of Service

2325 – Definitions of Managed Objects for Drip-Type Heated Beverage Hardware Devices using SMIv2

2324 – Hyper Text Coffee Pot Control Protocol (HTCPCP/1.0)

2323 – IETF Identification and Security Guidelines

2322 – Management of IP numbers by peg-dhcp

2321 – RITA – The Reliable Internetwork Troubleshooting Agent

2100 – The Naming of Hosts

1927 – Suggested Additional MIME Types for Associating Documents

1926 – An Experimental Encapsulation of IP Datagrams on Top of ATM

1925 – The Twelve Networking Truths

1924 – A Compact Representation of IPv6 Addresses

1882 – The 12-Days of Technology Before Christmas

1776 – The Address is the Message

1607 – A VIEW FROM THE 21ST CENTURY

1606 – A Historical Perspective On The Usage Of IP Version 9

1605 – SONET to Sonnet Translation

1438 – Internet Engineering Task Force Statements Of Boredom (SOBs)

1437 – The Extension of MIME Content-Types to a New Medium

1313 – Today's Programming for KRFC AM 1313 Internet Talk Radio

1217 – Memo from the Consortium for Slow Commotion Research (CSCR)

1216 – Gigabit network economics and paradigm shifts

1149 – Standard for the transmission of IP datagrams on avian carriers

1121 – Act one - the poems

1097 – Telnet subliminal-message option

968 – Twas the night before start-up

748 – Telnet randomly-lose option

527 – ARPAWOCKY

A.6.16 Abandonnés

2727, 2726, 2725, 2708, 2707, 2700, 2699, 2600, 2599, 2576, 1849, 1840, 1839, 1260, 1182, 1061, 853, 723, 715, 711, 710, 709, 693, 682, 676, 673, 670, 668, 665, 664, 650, 649, 648, 646, 641, 639, 605, 583, 575, 572, 564, 558, 554, 541, 540, 536, 517, 507, 502, 484, 481, 465, 444, 428, 427, 424, 397, 383, 380, 375, 358, 341, 337, 284, 279, 277, 275, 272, 262, 261, 260, 259, 258, 257, 248, 244, 220, 201, 159, 92, 26, 14

B

Glossaire des termes et abréviations

B.1 TERMINOLOGIE TCP/IP

Comme tout grand domaine, TCP/IP a sa propre terminologie. On y trouve pêle-mêle du jargon technique, des noms de protocoles, des noms de projets ou encore des sigles désignant des institutions diverses et variées, toutes choses qui ne sont ni simples à apprendre, ni faciles à retenir. À qui n'est pas de ce monde-là, toute discussion entre des connaisseurs de TCP/IP semble un galimatias d'acronymes et de néologismes. D'ailleurs, même après un certain temps, nombre de lecteurs pourront trouver difficile à comprendre tel ou tel terme bien spécifique. Le problème est encore aggravé par le fait que les définitions que l'on trouve sont parfois assez vagues tout en étant souvent d'une longueur impressionnante.

Ce glossaire a pour but de donner de courtes définitions des principaux termes utilisés dans le cadre d'Internet. Ce n'est surtout pas un guide pour débutant. Bien au contraire, nous avons voulu donner une référence concise et précise au lecteur ayant des connaissances générales sur les réseaux et désirant comprendre rapidement le sens d'un terme ou d'un acronyme particulier. Ce n'est qu'après avoir parcouru l'ensemble de l'ouvrage que l'on tirera le meilleur profit de ce glossaire.

B.2 GLOSSAIRE DES TERMES ET ABRÉVIATIONS PAR ORDRE ALPHABÉTIQUE

10Base-2
Notation technique du réseau Ethernet d'origine sur câble coaxial épais (*thick Ethernet*).

10Base-5
Notation technique du réseau Ethernet sur câble coaxial fin (*thin Ethernet*).

10Base-T
Notation technique d'Ethernet 10 Mbit/s sur paires torsadées.

100Base-T ou 100Base TX
Notation technique d'Ethernet à 100 Mbit/s sur paires torsadées.

1000Base-T
Notation technique d'Ethernet à 1 Gbit/s sur paires torsadées.

576
Taille du plus petit datagramme manipulable par les ordinateurs hôtes et les routeurs.

802.3
Norme IEEE d'Ethernet.

822
Standard de TCP/IP qui décrit le format des messages du courrier électronique. Les fins connaisseurs parlent souvent de « messages 822 », ce qui rappelle que le RFC 822 en donne les spécifications. Ce RFC a remplacé le RFC 733.

AAL
Abréviation de *ATM Adaptation Layer* (couche d'adaptation ATM).

accessibilité (*reachability*)
On dit qu'un réseau est *accessible* par un ordinateur ou un routeur si un datagramme qu'il émet peut atteindre une destination donnée sur ce réseau. Les protocoles de routage externe échangent des informations d'accessibilité.

accusé de réception (*acknowledgment*)
Réponse envoyée par le récepteur pour indiquer qu'il a bien reçu un message. On peut implémenter les accusés de réception à tous les niveaux, du niveau physique (en utilisant différents voltages sur un fil particulier pour coordonner le transfert) au niveau application (en autorisant, par exemple, le programme d'application du récepteur à répondre à celui de l'émetteur).

ACK
Abréviation de *acknowledgment* (voir *accusé de réception*).

adressage de sous-réseau
Voir **sous-adressage**.

adressage hiérarchique
Schéma d'adressage dans lequel une adresse est subdivisée en plusieurs parties, chacune identifiant une fraction de plus en plus fine de l'adresse. Les adresses IP sont établies selon une hiérarchie à deux niveaux : la première partie identifie un réseau, la seconde un ordinateur sur ce réseau. Les routeurs n'utilisent que la partie réseau pour effectuer leur calcul de routage. L'adressage de sous-réseau introduit une nouvelle hiérarchie dans l'adressage IP.

adressage hors classe
Voir **sur-adressage**.

adressage par classe (*classful addressing*)
Schéma d'adressage d'origine d'IPv4. Les adresses des hôtes appartiennent à une des trois classes A, B ou C.

adressage sans classe (*classless addressing*)
Extension du schéma d'adressage de base d'IPv4 dans laquelle on ne tient plus compte des frontières des classes originelles. C'est l'épuisement des adresses IPv4 qui a conduit mettre au point ce type d'adressage.

adresse IP ou adresse Internet
Identificateur de 32 bits attribué à toute machine désirant faire partie d'un internet TCP/IP. Les adresses IP sont aux adresses physiques ce que les internets sont aux réseaux : une abstraction. Une adresse IP est divisée en deux parties réseau et ordinateur, de façon à avoir un routage plus efficace.

adresse de diffusion dirigée
Adresse IP qui référence toutes les machines sur un réseau donné. On envoie un seul exemplaire des données qui est alors diffusé à toutes les machines de ce réseau.

adresse non routable *ou* adresse privée
Adresse qui utilise l'un des préfixes spéciaux définis par l'IETF et dont l'usage est réservé aux réseaux privés (aux intranets). Ces préfixes ne peuvent pas être affectés à des réseaux au sein de l'Internet global. Tout datagramme qui comprend une adresse non routable provoque une erreur au niveau des routeurs.

adresse physique *ou* adresse matérielle (*hardware address*)
Adresse de bas niveau utilisée dans les réseaux. Chaque type de réseau a son propre schéma d'adressage (une adresse Ethernet, par exemple, fait 48 bits).

adresse de rebouclage (*loopback address*)
Adresse utilisée pour tester des logiciels de réseau sans envoyer réellement des données. Le préfixe de rebouclage utilisé par IP est 127.0.0.0.

agent

En gestion de réseaux, logiciel serveur qui s'exécute sur l'ordinateur hôte ou le routeur à gérer.

agrégation de route

Technique utilisée par BGP pour optimiser la bande passante du réseau en permettant à un routeur d'agréger les informations de routes, c'est-à-dire de faire en sorte qu'une seule entrée représente plusieurs destinations.

anneau à jeton (*token ring*)

Au sens générique, c'est une technologie de réseau dans laquelle le contrôle d'accès est réalisé au moyen d'un bloc de données bien spécial : le jeton. Une station ne peut transmettre de données que lorsqu'elle a le jeton ; le jeton passe ensuite à la suivante. *Token Ring* désigne également un réseau en anneau à jeton produit par IBM.

ANSI (American National Standards Institute)

Entité qui définit les normes américaines pour le traitement de l'information. Son rôle correspond à celui de l'AFNOR en France. L'ANSI participe donc à la définition des normes de protocoles.

anycast

Type d'adressage introduit dans IPv6 avec lequel un datagramme doit être remis à l'un quelconque des hôtes d'un certain ensemble.

API (*Application Program Interface*), interface de programme d'application

Spécification de ce que doit appeler un programme d'application pour communiquer sur un réseau. Dans les internets, c'est l'API socket qui est la plus utilisée.

area

Voir **zone**.

ARP (*Address Resolution Protocol*)

Protocole TCP/IP utilisé pour faire le lien entre une adresse de haut niveau IP et une adresse physique. ARP n'opère que sur un même réseau physique et son usage est limité aux réseaux qui permettent la diffusion.

ARPA (*Advanced Research Projects Agency*)

Agence gouvernementale américaine qui a subventionné ARPANET, puis plus tard Internet. Le groupe qui dans l'ARPA était responsable d'ARPANET était l'IPTO (*Information Processing Technology Office*) devenu ensuite ISTO (*Information Systems Technology Office*). L'ARPA s'est appelé DARPA pendant de nombreuses années.

ARPANET

Pionnier des réseaux longue distance subventionné par l'ARPA (ou DARPA) et réalisé par BBN. Il a été, de 1969 à 1990, le support des premiers travaux de recherches sur les réseaux et le réseau fédérateur du développement d'Internet. ARPANET était formé de nœuds (commutateurs de paquets) reliés par des liaisons louées.

ARQ (*Automatic Repeat reQuest*)
Protocole utilisant les accusés de réception positifs ou négatifs et les techniques de retransmission pour garantir la fiabilité des échanges. En cas de non-réponse, l'émetteur refait automatiquement une demande.

ASN.1 (*AbStract Notation1*)
Protocole de présentation normalisé par l'ISO et utilisé, sous forme simplifiée, par SNMP pour représenter les messages.

Assigned Numbers
RFC qui définit les valeurs (numériques le plus souvent) utilisées par les protocoles TCP/IP.

ATMARP
Protocole de résolution d'adresse mis en œuvre par l'ordinateur hôte qui utilise IP sur un réseau ATM.

attente équitable
Technique très connue permettant de contrôler la charge des routeurs. On dit qu'elle est « équitable » car elle revient à accorder à chaque ordinateur hôte une part égale de la capacité du routeur. En réalité, cette technique n'est pas pleinement satisfaisante puisqu'elle ne permet pas de faire la différence entre les petits ordinateurs et les gros, ou entre ceux qui n'ont que quelques connexions actives et ceux qui en ont beaucoup.

AUI (*Attachment Unit Interface*)
Connecteur utilisé pour se brancher sur un câble Ethernet épais.

backbone
Voir **épine dorsale**.

bande de base (*baseband*)
Mode de fonctionnement de tout réseau qui, comme Ethernet, n'utilise qu'une seule fréquence porteuse exigeant ainsi de toutes les stations connectées qu'elles participent à chaque transmission. S'oppose au mode large bande (*broadband*).

base64
Méthode de codage utilisée dans MIME pour permettre l'envoi de données non textuelles (un fichier binaire par exemple) par courrier électronique.

bastion (*firewall*)
Ordinateur, routeur ou passerelle sûr qui fait partie d'un système de sécurité et exécute les applications qui communiquent avec des ordinateurs situés à

l'extérieur de l'organisation. Il est placé entre l'intranet d'une organisation et une connexion à Internet. Il est destiné à garantir la sécurité des échanges.

best-effort delivery
Voir **remise au mieux**.

BGP (*Border Gateway Protocol*)
Voir **protocole de routage externe**.

big endian
Voir **gros-boutiste**.

BOOTP (*BOOTstrap Protocol*)
Voir **protocole d'amorce**.

boucle de routage
On dit qu'il y a boucle de routage dans un internet lorsque les routes d'un ensemble de routeurs forment un cycle fermé.

bout en bout (*end to end*)
Caractéristique d'un protocole ou d'un mécanisme qui ne concerne que les extrémités finales d'une connexion, la source et la destination. Les protocoles d'application et le protocole TCP sont des protocoles de bout en bout.

bridge
Voir **pont**.

broadband
Voir **large bande**.

broadcast
Voir **diffusion**.

***b-routeur* ou pont-routeur (*bridging router*)**
Unité qui se comporte comme un pont avec certains protocoles (par exemple ceux de DECNET) et comme un routeur avec d'autres (par exemple IP).

CBT (*Core Based Trees*)
Protocole de routage de diffusion sélective (multicast) guidé par les demandes. Il permet de construire des arbres d'acheminement communs.

CCIRN (Coordinating Committee for Intercontinental Research Networking)
Commission de coordination de la recherche réseau intercontinentale.

CGI (*Common Gateway Interface*)
Technologie utilisée par les serveur Web pour créer une page dynamiquement (à l'arrivée d'une requête).

checksum
Voir **total de contrôle.**

CIDR (*Classless Inter-Domain Routing*)
Voir **routage interdomaine hors classe.**

circuit virtuel, chemin logique
Principale abstraction fournie par un protocole orienté connexion comme TCP. Une fois qu'on a créé un circuit virtuel, celui-ci reste en service jusqu'à ce qu'on le ferme explicitement.

classe d'adresse
Catégorie d'une adresse IP. Cette classe permet de connaître la décomposition d'une adresse entre un préfixe qui identifie le réseau et un suffixe qui identifie l'ordinateur hôte.

classe de trafic
Référence à un ensemble de services des services différenciés (*DiffServe*).

classless addressing
Voir **suradressage.**

clé publique
Clé de chiffrement à laquelle correspond une clé de déchiffrement gardée secrète.

client-serveur
Modèle d'interaction dans un système distribué où le programme d'un site envoie une demande à un programme situé sur un autre site et attend sa réponse. Le programme demandeur est le client, celui qui traite la demande est le serveur. Les logiciels clients sont, en général, beaucoup plus simples que les logiciels serveurs.

codage TLV
Format dans lequel on représente chaque entité sous la forme d'un champ type suivi d'un champ longueur lui-même suivi d'une valeur. Les options d'IP utilisent souvent un codage TLV, SNMP aussi.

commutation IP (*IP switching*)
À l'origine, une technique de traitement rapide des datagrammes IP développée par Ipsilon Corporation, c'est aujourd'hui un nom générique pour toutes les technologies similaires.

congestion
Situation dans laquelle le trafic excède (de façon temporaire) la capacité maximale de transmission d'un réseau ou d'un routeur. TCP inclut des mécanismes de gestion de la congestion afin d'éviter le plus possible l'apparition de cette situation.

connexion
Abstraction fournie par un protocole pour enregistrer l'existence d'une relation entre deux ordinateurs. TCP, par exemple, permet la connexion d'une application d'un ordinateur à une application d'un autre ordinateur.

contrôle de flux
Permet de limiter le débit auquel les ordinateurs hôtes ou les routeurs injectent des paquets dans un réseau ou un internet, le plus souvent pour éviter une congestion du réseau ou la saturation du récepteur.

convergence lente
Problème apparaissant dans un protocole à vecteur de distance lorsque deux ou plusieurs routeurs forment une boucle de routage. Cette boucle persiste jusqu'à ce que la distance atteigne à la valeur infinie.

COPS (*Common Open Policy Service*)
Protocole que RSVP utilise pour vérifier si une requête respecte bien les contraintes qui lui ont été imposées.

CRC (*Cyclic Redundancy Code*)
Information de redondance calculée à partir d'une suite d'octets et qui sert à détecter les erreurs de transmission qui peuvent se produire lors du passage d'une machine à une autre. En général, un commutateur de paquets calcule le CRC par matériel et le place à la suite du paquet à transmettre. Le destinataire n'a plus alors qu'à recalculer également par matériel cette valeur et à la comparer à celle reçue. Bien que plus complexe à calculer qu'un simple total de contrôle, le CRC est très utilisé car il permet de détecter pratiquement toutes les erreurs de transmission.

DARPA (Defense Advanced Research Projects Agency)
Ancien nom de l'ARPA.

datagramme
Bloc de données émis sur un réseau à commutation par paquets de type ARPANET (mode non connecté).

datagramme IP
Bloc de données échangées dans un internet TCP/IP. Il contient, entre autres, une adresse source, une adresse destination et des données.

date universelle de référence (*epoch date*)
Référence à partir de laquelle on mesure le temps. TCP/IP utilise le 1er janvier 1900 et le Temps Universel Coordonné (qui a remplacé l'Heure moyenne du méridien de Greenwich ou GMT). Lorsque des programmes TCP/IP s'échangent des dates et heures, ils les expriment en secondes écoulées depuis la date universelle de référence.

DDCMP (*Digital Data Communication Message Protocol*)
Protocole de liaison utilisé à l'origine dans la dorsale NSFNET.

DDN (*Defense Data Network*)
Partie d'Internet qui concerne les sites militaires.

démarrage lent
Technique TCP destinée à éviter les encombrements dans le réseau. Elle consiste à augmenter la taille de la fenêtre au fur et à mesure de l'arrivée des acquittements.

délai
C'est l'une des principales informations dont à besoin un routeur. Le délai fait référence à un espace de temps : temps de propagation d'un signal, temps qui sépare la transmission de deux éléments d'information dans le réseau, temps d'une temporisation, etc.

démultiplexer
Extraire plusieurs flux d'information d'un flux unique. On peut démultiplexer à plusieurs niveaux. Au niveau matériel, on démultiplexe le signal émis sur une ligne de transmission en fonction des bandes de fréquences ou des intervalles temporels utilisés. Le logiciel IP démultiplexe les datagrammes entrants pour les envoyer chacun vers le module de protocole de haut niveau approprié ou vers l'application concernée.

DHCP (*Dynamic Host Configuration Protocol*)
Protocole qu'un ordinateur hôte utilise pour obtenir toute l'information de configuration dont il a besoin, par exemple une adresse IP. DHCP est très utilisé par certains fournisseurs d'accès parce qu'il permet à un hôte d'obtenir une adresse IP temporaire.

différentiation de services
Voir **services différentiés**.

DiffServe
Voir **services différentiés**.

diffuseur de courrier (*mail exploder*)
Partie d'un système de courrier électronique qui prend en entrée un message et une liste de diffusion et qui envoie une copie du message à chaque adresse de la liste. La plupart des systèmes de courriers électroniques permettent ainsi aux utilisateurs d'avoir des listes de diffusion locales.

diffusion (*broadcast*)
Système qui permet de remettre un paquet à tous les ordinateurs hôtes auxquels ce paquet est destiné. La diffusion peut être réalisée par matériel (comme dans Ethernet) ou par logiciel (diffusion IP en présence de sous-réseaux).

diffusion Berkeley
Référence à une adresse de diffusion IP non standard qui utilise tous les zéros dans la partie hôte au lieu de tous les uns. Son nom provient du fait que cette technique a été introduite et diffusée par l'Unix BSD de Berkeley.

diffusion sélective IP
Principe d'adressage et d'acheminement qui permet la transmission de datagrammes IP à un sous-ensemble d'hôtes. Synonyme : multicast IP.

diminution dichotomique (*multiplicative decrease*)
Technique utilisée par TCP pour réduire le risque de congestion dans un internet. TCP réduit la taille de sa fenêtre de congestion de moitié à chaque fois qu'un segment transmis est perdu (ou éliminé par un routeur).

DNS (*Domain Name System*)
Voir **système de noms de domaine**.

domaine
Élément de la hiérarchie des noms de domaine. D'un point de vue syntaxique, un nom de domaine est formé d'une suite de noms séparés par des points.

données urgentes ou données hors bande
Méthode utilisée en TCP pour envoyer des données hors bande. Le récepteur doit traiter les données urgentes dès qu'il les reçoit.

DSL (*Digital Subscriber Line*)
Ensemble de technologies utilisées pour fournir des accès Internet à plusieurs centaines de kilobit par seconde, voire plusieurs mégabit par seconde sur une paire téléphonique.

duplex (*full duplex*)
Mode de transmission ou de communication bidirectionnelle simultanée. TCP fonctionne en mode duplex.

DVMRP (*Distance Vector Multicast Routing Protocol*)
Protocole utilisé pour la propagation de routes multipoint.

EACK (*Extended ACKnowledgment*)
Synonyme de SACK.

effondrement d'Ethernet (*Ethernet meltdown*)
Saturation ou quasi-saturation d'un réseau Ethernet. Provient en général de trames mal routées ou de format illégal et ne dure le plus souvent qu'un instant.

EGP (*Exterior Gateway Protocol*)
Voir **protocole de routage externe**.

EIA (*Electronic Industries Association*)
Instance de normalisation pour l'industrie de l'électronique. Bien connue pour ses standards RS-232-C et RS-422 qui spécifient les caractéristiques électriques des interconnexions entre terminaux et ordinateurs ou directement entre ordinateurs.

élimination des derniers arrivés (*tail drop*)
Technique de gestion d'une file d'attente en entrée des routeurs. Lorsque la file est pleine ce sont les datagrammes les plus proches de la fin d'une séquence de datagrammes qui sont éliminés ; ceux qui sont arrivés les derniers ou qui sont le plus près de la *queue* (*tail*) de la séquence.

encapsulation
Technique utilisée par les protocoles en couches dans laquelle un protocole de niveau inférieur accepte un message provenant d'un protocole de niveau supérieur et place ce message dans le champ de données de l'entité qu'il manipule (paquet, trame...). Dans un internet, l'encapsulation signifie que les datagrammes qui transitent sur un réseau physique comportent une succession d'en-têtes dans laquelle le premier en-tête est celui de la trame physique, le deuxième celui du protocole IP, le suivant celui du protocole de transport, et ainsi de suite.

end to end
Voir **bout en bout**.

en-tête de base
Dans IPng, c'est l'en-tête obligatoire que l'on doit trouver au début de chaque datagramme.

en-queue (*trailers*)
Méthode non conventionnelle d'encapsulation de datagrammes IP dans laquelle l'information d'en-tête est placée à la fin du paquet. On a utilisé cette technique avec Ethernet pour faciliter l'alignement des données sur des frontières de pages. L'AAL5 d'ATM utilise également les en-queues.

épine dorsale (*backbone*)
Tout réseau formant l'interconnexion principale d'un internet. Une épine dorsale nationale est un WAN ; une épine dorsale d'entreprise peut être un LAN.

epoch date
Voir **date universelle de référence**.

ESP (*Encapsulating Security Protocol*)
Format de paquet qu'utilise IPsec pour envoyer de l'information chiffrée.

espace des noms « à plat »
Dispositif de nommage dans lequel les noms des objets proviennent d'un simple ensemble de chaînes de caractères (par exemple, les noms de rues d'une

ville). S'oppose à un espace des noms hiérarchique, dans lequel apparaissent des sous-sections qui correspondent à une hiérarchie de contrôle.

état de lien (*link state*)
Nom d'une famille de protocoles de routage fondés sur un algorithme qui diffuse des informations d'états de liaison et qui calcule le plus court chemin selon l'algorithme de Dijkstra, comme par exemple OSPF.

Ethernet
Réseau local très répandu inventé au PARC (Palo Alto Research Center) de Xerox. Le réseau Ethernet en lui-même n'est qu'un câble coaxial passif, les dispositifs de connexion contenant tous les composants actifs. Ethernet est un système de remise au mieux qui utilise la technique d'accès CSMA/CD. Xerox, DEC et Intel ont défini et publié conjointement le standard Ethernet 10 Mbit/s. À l'origine Ethernet n'utilisait que du câble coaxial. Des versions plus récentes permettent d'avoir du câble fin ou de la paire torsadée (10Base-T).

Ethernet épais (*thick Ethernet*)
Qualifie le gros câble coaxial qu'on utilisait à l'origine pour Ethernet. Voir Ethernet fin et 10Base-T.

Ethernet fin (*thin Ethernet*)
Qualifie le petit câble coaxial qu'on a très vite utilisé pour Ethernet. Voir Ethernet épais et 10Base-T.

explosion des accusés de réception
Problème qui surgit lorsque, en mode de diffusion sélective (multicast), de très nombreux accusés de réception (ACK) remontent vers la source.

eXternal Data Representation
Voir **XDR**.

FAI (fournisseur d'accès à Internet)
Organisation qui commercialise des accès à Internet, que ce soit de façon permanente ou par réseau téléphonique commuté.

faute de mieux (*soft state*)
Technique qui est utilisée par certains protocoles de communication et qui s'appuie sur le fait qu'une information, même si elle est quelque peu défraîchie, n'entraîne aucun dommage si on l'utilise. Au contraire, elle peut être source d'amélioration de performances.

FCCSET (Federal Coordinating Council for Science, Engineering, and Technology)
Organisation gouvernementale qui a fait la promotion de la recherche sur le calcul rapide et les réseaux à haut débit.

FDDI (*Fiber Distribution Data Interface*)
Réseau en fibre optique du type anneau à jeton. Il permet d'avoir un débit de 100 Mbit/s sur une boucle de 200 km avec des répéteurs tous les 2 km en utilisant une longueur d'onde de 1 300 nanomètres.

FDM (*Frequency Division Multiplexing*)
Méthode qui permet de transmettre plusieurs signaux indépendants sur un même support en affectant à chacun d'eux une porteuse différente. Le matériel qui combine ces signaux est un multiplexeur, celui qui les sépare est un démultiplexeur. Voir aussi TDM.

fenêtre glissante (*sliding window*)
Caractéristique des protocoles qui permettent à l'émetteur de transmettre *n* paquets de données avant de recevoir un accusé de réception. L'arrivée d'un accusé de réception provoque un « glissement » de la fenêtre dans le flot à émettre. Le nombre *n* est souvent appelé « taille » de la fenêtre. Lorsqu'on fait croître la taille de la fenêtre, le débit augmente.

firewall
Voir **bastion**.

flot
Terme général utilisé pour caractériser une séquence de données (paquets, datagrammes, trames, cellules, etc.), qui s'écoulent entre une source et une destination.

forwarding* ou *store and forwarding
Technique qui consiste à prendre un objet (paquet, datagramme, trame, cellule, etc.) à l'entrée d'un équipement (par exemple un routeur), à en déterminer la destination et à le faire suivre vers cette destination. Les routeurs IP appliquent cette technique aux datagrammes qu'ils reçoivent.

fragmentation
Processus de division en plusieurs fragments d'un datagramme IP trop grand pour être transmis sur un réseau donné. Chaque fragment a le même format qu'un datagramme ; l'en-tête IP comporte, en effet, une indication permettant de savoir si l'on a un datagramme ou un fragment et dans ce cas permet de connaître la position du fragment dans le datagramme d'origine. Le logiciel IP du récepteur doit réassembler les fragments pour reconstituer le datagramme.

frame
Voir **trame**.

FTP (*File Transfer Protocol*)
Protocole standard de haut niveau de la famille TCP/IP pour le transfert de fichiers. FTP utilise TCP.

FTP anonyme
Session FTP dans laquelle on se connecte sur le compte *anonymous* pour accéder à des fichiers publics. Le mot de passe est alors très souvent *guest* ou bien une adresse électronique.

full duplex
Voir **duplex**.

FYI (*For Your Information*)
Sous-ensemble des RFC qui ne contient ni standard technique ni définition de protocole. Les FYI sont des informations générales sur le monde de TCP/IP et d'Internet.

garde-barrière
Voir **bastion**.

gated (GATEway Daemon)
Programme s'exécutant sur un routeur qui utilise IGP pour recueillir des informations de routage d'un système autonome et EGP pour faire connaître cette information à un autre système autonome.

gateway
Voir **passerelle**.

gel (*hold down*)
Court laps de temps pendant lequel il est interdit de modifier les tables de routage. Ce mécanisme permet d'éviter l'apparition de boucles de routage.

gestion de réseau
Voir **MIB** et **SNMP**.

GGP (*Gateway to Gateway Protocol*)
Protocole utilisé à l'origine par les passerelles du système central pour échanger les informations de routage. GGP est devenu caduc.

gopher
Service de recherche d'informations dans Internet.

GOSIP (Government Open Systems Interconnection Profile)
Document du gouvernement américain recommandant l'utilisation des protocoles OSI dans les réseaux développés à partir d'août 1991. Bien que l'idée de départ ait été de supprimer TCP/IP dans les internets gouvernementaux, des documents complémentaires ont indiqué que les agences gouvernementales pouvaient continuer à l'utiliser.

gros-boutiste (*big endian*)
Format de stockage ou de transmission des données binaires dans lequel l'octet le plus significatif vient d'abord, les bits de poids fort d'abord. Le standard TCP/IP est gros-boutiste. S'oppose à petit-boutiste.

groupe *tous les routeurs*
Groupe réservé de diffusion sélective (*multicast*) IP qui comporte tous les routeurs du réseau local.

groupe *tous les systèmes*
Groupe réservé de diffusion sélective (*multicast*) IP qui comporte tous les routeurs et tous les hôtes du réseau local.

H.323
Suite de protocoles de l'UIT utilisée notamment pour la téléphonie sur IP.

half duplex
Voir **semi-duplex**.

HELLO
Protocole utilisé à l'origine sur le réseau fédérateur NSFNET. L'intérêt de ce protocole est qu'il permet de choisir la route la plus courte en termes de temps de réponse.

HELO
Commande du premier échange avec le protocole SMTP.

hold down
Voir **gel**.

hop
Voir **saut**.

horizon éclaté (*split horizon*)
Technique utilisée par les protocoles à vecteur de distance pour éviter l'apparition de boucle de routage. Lorsqu'il utilise cette technique, un routeur mémorise sur quelle interface il a reçu les informations de routage et ne les rediffuse pas sur cette interface.

host specific routing
Voir **routage d'ordinateur à ordinateur**.

hôte (*host*)
Se dit de tout ordinateur auquel un utilisateur peut accéder directement. Les hôtes vont du micro-ordinateur au supercalculateur. S'oppose à routeur.

HTML (*HyperText Markup Language*)
Format standard de document utilisé pour les pages Web.

HTTP (*HyperText Transport Protocol*)
Protocole de transport utilisé entre un serveur Web et un navigateur.

hub
Équipement électronique auquel sont reliés, le plus souvent sur des paires torsadées, plusieurs ordinateurs. Un hub fonctionne au niveau 2 en répétant les signaux. Ce type d'implémentation est très courant avec Ethernet.

IAB (Internet Architecture Board)
Groupe composé de quelques personnes qui définissent les conditions générales du développement d'Internet et de TCP/IP. Voir **IETF**.

IANA (Internet Assigned Number Authority)
Groupe responsable de l'affectation des adresses IP et des constantes utilisées par les protocoles TCP/IP. Remplacé par l'ICANN en 1999.

ICANN (Internet Corporation For Assigned Names and Numbers)
Organisation qui a pris le relais de l'IANA après le décès de Jon Postel.

ICCB (Internet Control and Configuration Board)
Prédécesseur de l'IAB.

ICMP (*Internet Control Message Protocol*)
Partie du protocole IP qui gère les messages d'erreur et de commande. Plus précisément, les routeurs et les ordinateurs hôtes utilisent ICMP pour rendre compte aux émetteurs des problèmes survenus aux datagrammes qu'ils ont envoyés. ICMP comporte également un mécanisme de demande/réponse en écho qui permet à un utilisateur de vérifier si une certaine machine est active et accessible.

ICMPv6 (*Internet Control Message Protocol version* 6)
Version d'ICMP pour IPv6.

IEN (*Internet Engineering Notes*), notes techniques Internet
Séries de notes techniques émises parallèlement aux RFC. Bien que caduques aujourd'hui, elles contiennent parfois des éléments de réflexion intéressants sur les débuts de TCP/IP et d'Internet.

IESG (Internet Engineering Steering Group)
Comité constitué du président de l'IETF et des responsables des différents domaines. L'IESG coordonne l'activité des différents groupes de travail de l'IETF.

IETF (Internet Engineering Task Force)
Groupe très proche de l'IAB et qui travaille sur la conception et l'ingénierie de TCP/IP et d'Internet au niveau mondial. L'IETF est subdivisé en un certain nombre de domaines, chacun d'eux comportant plusieurs groupes de travail.

IGP (*Interior Gateway Protocol*), protocole de routage interne
Terme générique référençant tout protocole utilisé par des routeurs d'un système autonome pour échanger en interne des informations de routage ou d'accessibilité. RIP est le plus connu de ces protocoles.

IGMP (*Internet Group Management Protocol*)

Protocole que les hôtes utilisent pour tenir les routeurs informés de leur appartenance à tel ou tel groupe de diffusion. Lorsque tous les hôtes ont décidé de quitter un groupe, les routeurs ne propagent plus les datagrammes arrivant pour ce groupe.

INOC (Internet Network Operations Center)

À l'origine, il s'agissait des quelques personnes qui au BBN géraient les passerelles du système central. S'applique aujourd'hui à tout groupe de gestion d'un internet.

internet

Ensemble de réseaux reliés par des routeurs, sur lesquels circulent des blocs de données et que les protocoles TCP/IP permettent de voir comme un unique grand réseau virtuel. Avec une majuscule (Internet), c'est le réseau mondial des internets.

Internet

Ensemble des réseaux et des routeurs qui, sur près de 200 pays, utilisent les protocoles TCP/IP pour former un unique réseau virtuel coopératif.

interopérabilité

Capacité d'équipements informatiques hétérogènes à coopérer. Ce terme décrit bien l'objectif principal de l'interconnexion : définir un environnement abstrait, indépendant du niveau matériel et qui permette de développer des applications distribuées sans avoir à se soucier de la technologie sous-jacente.

IP (*Internet Protocol*)

Standard TCP/IP qui définit le datagramme comme unité d'échange de données sur un internet et constitue la base du service de remise de paquets non fiable en mode non connecté. ICMP, protocole de gestion des messages de commande et d'erreur, est indissociable d'IP. On appelle souvent TCP/IP l'ensemble des protocoles de la famille, en faisant ainsi référence aux deux protocoles principaux.

IP dans IP (*IP in IP*)

Mécanisme d'encapsulation qui consiste à insérer un datagramme IP dans un autre datagramme IP. On dit que le datagramme est transmis dans un tunnel IP.

IP mobile (*mobile IP*)

Technique développée par l'IETF qui permet à un ordinateur de se déplacer sur un autre site que son site habituel tout en conservant son adresse IP spécifique. À l'arrivée sur son nouveau site, l'ordinateur contacte un serveur pour obtenir une adresse IP temporaire. Tous les datagrammes qui sont destinés à cet ordinateur et qui portent son adresse IP propre sont ensuite reroutés automatiquement vers son adresse temporaire.

IPng (*Internet Protocol — next generation*)

Terme appliqué à toutes les activités liées à la spécification et à la standardisation de la nouvelle version de IP. Voir aussi **IPv6**.

IPsec (*IP security*)

Standard qui permet à l'utilisateur d'authentifier ou de chiffrer un datagramme. On peut utiliser IPsec aussi bien avec IPv4 qu'avec IPv6.

IP switching

Voir **commutation IP**.

IPv4

Version actuelle d'IP.

IPv6

Nom officiel de la prochaine version d'IP. Voir **IPng**.

IRTF (*Internet Research Task Force*)

Groupe de travail qui mène des activités de recherche (au sens technique) sur TCP/IP et Internet.

ISO

Voir **Organisation internationale de normalisation**.

ISOC (Internet SOCiety)

Association destinée à développer l'intérêt pour Internet. Il existe un chapitre français de l'ISOC (www.isoc.asso.fr).

ISODE (ISO Development Environment)

Logiciel qui fournit une interface de transport ISO au-dessus de TCP/IP. ISODE est conçu pour permettre aux chercheurs d'expérimenter les protocoles OSI de haut niveau sans avoir nécessairement besoin d'un internet disposant des couches basses OSI.

ISP

Voir **FAI**.

Karn

Algorithme qui permet aux protocoles de transport de faire la distinction entre les bons et les mauvais échantillons de temps de boucle et donc d'améliorer les estimations de temps de boucle.

keepalive message

Voir **message d'activité**.

LAN (*Local Area Network*), réseau local

Réseau qui permet d'interconnecter des machines sur de courtes distances (quelques kilomètres au maximum) et sur site privé. Leur débit est compris le plus souvent entre une dizaine de mégabits par seconde et plusieurs gigabits par seconde. Ethernet et FDDI sont des LAN. *Voir aussi* MAN et WAN.

large bande (*broadband*)

Mode de fonctionnement d'un réseau dans lequel on multiplexe plusieurs porteuses indépendantes sur un même support ; on utilise le plus souvent un multiplexage en fréquence. Un réseau large bande à 50 Mbit/s peut ainsi être divisé en cinq réseaux à 10 Mbit/s, chacun d'entre eux pouvant être considéré comme un Ethernet. L'avantage de ce mode est qu'il évite de multiplier le câblage ; son inconvénient tient à son coût dû à une complexité plus élevée. S'oppose à bande de base.

link state

Voir **état de lien**.

LIS (*Logical IP Subnet*)

Groupe d'ordinateurs reliés *via* ATM et qui utilisent ATM comme un réseau local isolé. Un ordinateur d'un LIS donné ne peut envoyer directement un datagramme à un ordinateur d'un autre LIS.

little endian

Voir **petit-boutiste**.

LLC (*Logical Link Control*)

Un des champs de l'en-tête d'un NSAP.

MABR (*Multicast Area Border Router*)

Terme MOSPF qui désigne un routeur de diffusion sélective qui échange des informations de routage avec un routeur d'une autre zone.

MAC (*Medium Access Control*), couche d'accès au support

Référence générale aux protocoles de bas niveau utilisés pour accéder à un réseau donné. Le terme *adresse Mac* est souvent synonyme d'*adresse physique*.

MAN (*Metropolitan Area Network*)

Ce type de réseau, assez récent, fonctionne à plusieurs centaines de mégabits par seconde sur des distances de quelques centaines de kilomètres ce qui correspond à la taille d'une ville. Voir LAN et MAN.

masque d'adresse

Masque binaire qui permet d'extraire certains bits d'une adresse IP pour l'adressage d'un sous-réseau. Le masque a une longueur de 32 bits et permet d'extraire la partie réseau et un ou plusieurs bits de la partie locale d'une adresse IP.

MBONE (*Multicast BackbONE*)

Accord entre sites pour propager les datagrammes multidestinataires dans Internet en utilisant un tunnel IP.

message d'activité (*keepalive message*)
Petit message que s'envoient régulièrement deux unités qui communiquent entre elles afin de tester mutuellement leur état d'activité. Chaque unité est tenue de répondre quand elle reçoit un tel message. BGP utilise ce type de message.

MIB (*Management Information Base*)
Ensemble des variables (base de données) qu'un routeur avec SNMP doit gérer. Les administrateurs peuvent manipuler ces variables. Le standard actuel est MIB-II.

MILNET (MILitary NETwork)
À l'origine partie intégrante d'ARPANET, MILNET s'en est séparé en 1984.

MIME (*Multipurpose Internet Mail Extensions*)
Standard utilisé pour coder en caractères ASCII des données telles que des images de façon à les transmettre par le courrier électronique.

mise à jour déclenchée (*triggered update*)
Mécanisme utilisé par les protocoles à vecteur de distance, tel que RIP, et qui consiste à transmettre une mise à jour aussitôt qu'une panne apparaît sans attendre le cycle de mise à jour suivant.

mobile IP
Voir **IP mobile**.

Mosaic
Ancêtre des navigateurs Web.

MOSPF (*Multicast Open Shortest Path First*)
Extension multicast du protocole de routage OSPF.

MPLS (*Multi-Protocol Label Switching*)
Technologie qui utilise du matériel de commutation à haute vitesse pour traiter les datagrammes IP. MPLS est un des successeurs de la commutation IP et de la commutation d'étiquette.

mrouted (*Multicast ROUTE Daemon*)
Programme utilisé avec un noyau de diffusion sélective (multicast) pour mettre en place un routage multicast.

MSL (*Maximum Segment Lifetime*)
Durée de vie maximale d'un datagramme dans Internet. Les protocoles l'utilisent pour borner la durée de vie des paquets dupliqués.

MSS (*Maximum Segment Size*)
Terme utilisé dans TCP. MSS représente la plus grande quantité d'information que l'on peut transmettre dans un segment. Emetteur et récepteur négocient cette valeur à l'établissement de la connexion.

MTU (*Maximum Transfer Unit*)

Taille maximale des données qui peuvent traverser un réseau. Elle dépend des caractéristiques physiques du réseau.

multicast IP

Principe d'adressage et d'acheminement qui permet la transmission de datagrammes IP à un sous-ensemble d'hôtes. Synonyme : diffusion sélective IP.

multi-connecté (*multi-homed host*)

Se dit d'un hôte utilisant TCP/IP et qui est connecté à plusieurs réseaux sans assurer de routage.

multiplicative decrease

Voir **diminution dichotomique**.

Nagle

Algorithme qui agrège les données sortantes pour améliorer le débit.

NAK (*Negative AcKnowledgment*)

Message envoyé par un récepteur de données pour indiquer à l'émetteur que les données n'ont pas été correctement reçues (par exemple, parce qu'elles ont été altérées au cours de la transmission). Un accusé de réception négatif provoque le plus souvent la retransmission des données.

NAP (*Network Access Provider*), fournisseur d'accès

Entreprise qui propose aux utilisateurs des accès à Internet.

NetBIOS (*Network Basic Input Output System*)

Interface réseau des IBM PC et compatibles. TCP/IP comporte des recommandations qui donnent la correspondance entre des opérations NetBIOS et les opérations TCP/IP équivalentes.

network byte oriented

Voir **ordre normalisé réseau**.

NFS (*Network File System*)

Protocole développé par SUN Microsystems et qui utilise UDP et IP. Il permet, étant donné un ensemble d'ordinateurs interconnectés, de faire en sorte que tout ordinateur puisse accéder à tout fichier de l'ensemble comme s'il lui était local.

NIC (Network Information Center)

Prédécesseur d'INTERNIC.

NIST (National Institute of Standards and Technology)

Autrefois NBS (*National Bureau of Standards*). NIST est un des organismes qui, aux États-Unis, définissent des standards de protocoles de réseaux.

niveau 1

Référence à la couche physique. Ce nom vient du modèle d'architecture en couches de l'ISO. Le niveau 1 spécifie, en particulier, les caractéristiques électriques, mécaniques et fonctionnelles des interfaces de raccordement.

niveau 2

Référence à la couche liaison de données du modèle d'architecture en couches de l'ISO. Dans le cas des réseaux locaux, le niveau 2 concerne le format de la trame et l'adressage. Une adresse de niveau 2 est l'adresse logique d'une station ou d'un équipement (par exemple, l'adresse d'un coupleur Ethernet correspond à l'adresse du point de raccordement d'une station à la liaison de données).

niveau 3

Référence à la couche réseau du modèle d'architecture en couches de l'ISO. Dans le cas d'internets TCP/IP, le niveau 3 concerne IP et le format de datagramme IP. Une adresse de niveau 3 est donc une adresse IP.

NOC (Network Operations Center)

À l'origine, structure qui, chez BBN, surveillait et gérait plusieurs réseaux d'Internet. Aujourd'hui utilisé pour tout groupe qui fait de l'administration de réseau.

notation décimale pointée

Mode de représentation d'un nombre entier de 32 bits sous forme de 4 nombres de 8 bits écrits en base 10 et séparés par des points. Les applications TCP/IP acceptent très souvent la notation décimale pointée en lieu et place des noms de machines.

NSAP (*Network Service Access Point*)

Format d'adressage sur 20 octets. L'ATM Forum recommande d'utiliser des adresses NSAP.

NSF (National Science Foundation)

Agence gouvernementale qui a longtemps subventionné le développement d'Internet.

ordre normalisé réseau (*network byte oriented*)

Le standard TCP/IP de transmission des entiers demande d'envoyer d'abord les octets de poids fort (il est gros-boutiste). Les ordinateurs doivent donc, le cas échéant, faire les conversions appropriées, à l'émission comme à la réception.

Organisation internationale de normalisation (ISO)

L'ISO a la responsabilité d'établir et de diffuser toutes les normes internationales. L'ISO est, en particulier, connue pour le modèle d'architectures en couches des réseaux, le modèle OSI (*Open Systems Interconnection*). Il faut cependant bien reconnaître que tous les protocoles développés ensuite dans le cadre de ce modèle à sept couches n'ont pas connu le succès escompté.

OSI (*Open Systems Interconnection*)
Ensemble des protocoles d'interconnexion de systèmes ouverts.

OSPF (*Open Shortest Path First*)
Protocole de routage conçu par l'IETF qui utilise en priorité les plus courts chemins.

ouverture active
Opération effectuée par un client pour établir une connexion TCP avec un serveur d'adresse connue.

paquet
En général, un paquet est un bloc de données émis sur un réseau à commutation par paquets de type X.25 (fonctionnement en mode connecté). Toutefois, dans les documents techniques relatifs à TCP/IP le terme *paquet* est fréquemment utilisé pour exprimer un conteneur d'information sans référence à une couche particulière de protocole.

passerelle (*gateway*)
À l'origine, les scientifiques utilisaient le terme *passerelle IP* pour désigner les ordinateurs dédiés qui routaient les paquets ; les industriels ont préféré adopter le terme *routeur IP*. Passerelle s'emploie aujourd'hui pour désigner l'interconnexion de deux services au niveau application (par exemple, une passerelle de courrier électronique).

passerelle de courrier électronique (*mail bridge,mail gateway*)
Ordinateur relié à plusieurs systèmes de courrier électronique (systèmes hétérogènes et le plus souvent sur des réseaux différents) et qui permet d'échanger des messages entre ces systèmes. En général une passerelle de courrier prend un message tout entier, change son format en fonction de sa destination et le réexpédie.

PEM (*Privacy Enhanced Mail*)
Protocole de chiffrement du courrier électronique. Il permet de garantir la confidentialité pendant la traversée du réseau.

petit-boutiste (*little endian*)
Format de stockage ou de transmission de données binaires dans lequel les bits de poids faible viennent d'abord. S'oppose à gros-boutiste.

PIM (*Protocole Independant Multicast*)
Protocole de routage multicast. Existe en deux modes : PIM-DM (mode dense) et PIM-SM (mode peu dense).

PING (*Packet InterNet Groper*)
Programme utilisé dans les internets TCP/IP pour tester l'accessibilité d'une certaine destination en lui envoyant une demande d'écho ICMP et en attendant sa réponse.

point à point (*unicast*)

Méthode qui permet d'envoyer un bloc de données à un unique destinataire. La plupart des datagrammes IP sont envoyés en mode point à point. *Voir* diffusion.

pont (*bridge*)

Ordinateur qui relie deux réseaux au moins en passant des trames de l'un à l'autre. Les ponts travaillent au niveau du lien logique. Par exemple, un pont Ethernet relie deux câbles Ethernet et achemine de l'un à l'autre les trames qui ne correspondent pas à du trafic local (émetteur et récepteur sur un même câble). Contrairement aux répéteurs qui régénèrent des signaux physiques, les ponts travaillent sur des trames qui sont mémorisées puis acheminées (*store and forward*). Un pont diffère d'un routeur en ce qu'il utilise des adresses physiques et non des adresses IP.

port de protocole

Abstraction que les protocoles de transport TCP/IP utilisent pour distinguer entre plusieurs destinations. Les protocoles TCP/IP identifient un port par son numéro (un petit entier positif). En général, le système d'exploitation permet à un programme d'application de spécifier le port qu'il veut utiliser. Certains ports sont réservés à un usage particulier (par exemple au courrier électronique).

port réservé (*well known port*)

Numéro de port de protocole préaffecté pour une utilisation bien spécifique par les protocoles de transport (TCP, UDP...). Chaque serveur est à l'écoute sur un port réservé, ce qui permet aux clients de le localiser puisque ce port est enregistré dans les clients.

portée administrative

Méthode de limitation de la propagation des datagrammes de diffusion sélective (multicast).

PPP (*Point to Point Protocol*)

Protocole utilisé sur les liaisons série pour acheminer des datagrames IP. *Voir* aussi SLIP.

protocole

Description formelle des règles et de la structure de messages que les ordinateurs doivent respecter pour pouvoir communiquer. Les protocoles peuvent aussi bien décrire des détails de bas niveau (par exemple l'ordre dans lequel on émet les bits sur une ligne) que des échanges de haut niveau entre programmes d'application (par exemple la façon dont deux programmes vont s'échanger des fichiers à travers un internet). La plupart des protocoles comportent une description intuitive des interactions attendues ainsi qu'une spécification plus formelle utilisant des automates à nombre d'états fini.

protocole à vecteur de distance
Famille de protocoles de mise à jour des tables de routage qui utilisent un algorithme de plus court chemin distribué. Chaque routeur envoie à ses voisins la liste des réseaux qu'il peut atteindre ainsi que la distance qui l'en sépare. À comparer à SPF.

protocole d'amorce (*bootstrap*)
Protocole qu'un ordinateur hôte utilise pour obtenir d'un serveur les informations nécessaires à son démarrage (son adresse IP, par exemple).

protocole de routage externe (EGP ou BGP)
Protocole de routage externe entre deux systèmes autonomes. BGP est le protocole de routage externe standard utilisé par un routeur d'un système autonome pour faire connaître les adresses IP des réseaux de ce système à un routeur d'un autre système autonome.

protocole de routage interne
Voir **IGP**.

proxy
Tout équipement ou système qui agit à la place d'un autre.

proxy ARP, ARP aléatoire, ARP haché
Technique par laquelle une machine, un routeur le plus souvent, répond à la place d'un ordinateur aux demandes ARP en renvoyant sa propre adresse physique. En se faisant ainsi passer pour une autre machine, ce routeur accepte de prendre en charge le routage des paquets. Cette technique a l'avantage de permettre à un site d'utiliser une seule adresse réseau IP même s'il y a physiquement plusieurs réseaux.

pseudo en-tête
Information d'adressage située dans l'en-tête IP mais prise en compte dans le calcul du total de contrôle TCP ou UDP.

PUP (*Parc Universal Packet*)
Dans l'internet développé par Xerox, le PUP est l'unité de transfert de base. C'est donc l'équivalent du datagramme IP dans un internet TCP/IP. Son nom vient de ce qu'il a été défini au Palo Alto Research Center (PARC), laboratoire de recherches de Xerox.

push
Opération qu'effectue une application sur une connexion IP pour obtenir l'envoi immédiat des données. Un bit de l'en-tête de segment indique que les données ont été envoyées en utilisant cette opération.

QoS (*Quality of Service*),qualité de service
Limites imposées dans un réseau au taux de perte, au taux d'erreur, au délai, à la gigue, etc. Très importante, en particulier, pour le trafic temps réel.

RARP (*Reverse Address Resolution Protocol*)
Protocole de résolution d'adresse inverse. Protocole TCP/IP qu'utilise une station sans disque pour obtenir, lorsqu'elle démarre, son adresse IP. La station diffuse une demande contenant son adresse physique et un serveur lui renvoie son adresse IP. Le nom de ce protocole et son format de message viennent du protocole ARP. Ce protocole de bas niveau ne traverse pas les routeurs IP.

RDP (*Reliable Datagram Protocol*)
Protocole qui permet un service de remise fiable de datagramme au-dessus du service fourni en utilisant IP. RDP ne fait pas partie des protocoles TCP/IP les plus utilisés.

reachability
Voir **accessibilité**.

réassemblage
Processus de collecte de tous les fragments d'un datagramme IP et de création d'une copie du datagramme d'origine. C'est au destinataire final d'effectuer le réassemblage.

RED (*Random Early Discard*)
Technique de gestion de débordement de file d'attente utilisée par les routeurs. Plutôt que d'éliminer systématiquement les derniers datagrammes d'un message, ceux qui sont en queue du message, RED élimine les datagrammes de façon aléatoire selon le degré de remplissage de la file entre un seuil maximal et un seuil minimal.

redirection
Message ICMP particulier envoyé par un routeur à un ordinateur pour lui demander de modifier sa table de routage en conséquence.

reliable delivery
Voir **transfert fiable**.

reliable transfer
Voir **transfert fiable**.

remise au mieux (*best-effort delivery*)
Caractéristique des techniques réseau qui n'offrent pas de fiabilité garantie au niveau de la liaison de données. IP fonctionne correctement dans ce cas parce qu'IP ne présuppose pas que le réseau sur lequel il s'appuie est fiable. Le protocole UDP fournit aux programmes d'application un service de remise au mieux.

remise fiable (*reliable delivery*)
Voir **transfert fiable**.

remise non fiable (*unreliable delivery*)
Voir **transfert non fiable**.

répéteur
Élément physique qui permet de prolonger un réseau local. Un répéteur transmet les signaux électriques au niveau physique d'un réseau à un autre.

réseau non numéroté (*unnumbered network*)
Technique qui est très souvent mise en œuvre lorsque deux routeurs sont reliés *via* une liaison point-à-point. Le principe de cette technique consiste à ne pas affecter de préfixe à la liaison point-à-point, ni même de suffixe à chaque routeur (ou ordinateur) de part et d'autre de la liaison.

réseau privé virtuel, RPV ou VPN (*Virtual Private Network*)
Un VPN est un réseau privé qui interconnecte deux ou plusieurs sites d'une entreprise. Toute communication entre couples d'ordinateurs, *via* un VPN, est secrète (ou cachée) pour l'extérieur. Un VPN est *virtuel* parce qu'il n'utilise pas de liaisons louées pour interconnecter les différents sites de l'entreprise : il se sert du réseau Internet pour faire transiter des données d'un site à un autre.

résolution d'adresses
Conversion d'une adresse de protocole en une adresse physique (par exemple, conversion d'une adresse IP en une adresse Ethernet). En fonction du type de réseau sous-jacent, il peut être nécessaire de diffuser de l'information sur le réseau local. Voir aussi **ARP**.

résolution des noms
Processus de mise en relation d'un nom et de l'adresse qui lui correspond. Le système de noms de domaines (DNS) fournit un mécanisme de nommage des ordinateurs grâce auquel les programmes utilisent les serveurs de noms distants pour déterminer l'adresse IP d'un ordinateur à partir de son nom. Il permet aux utilisateurs d'employer des noms mnémoniques tels que enst.fr.

RFC (*Request For Comment*)
Série de notes qui contiennent tout à la fois des exposés généraux, des résultats de mesures, des idées, des techniques, des observations ou encore des standards TCP/IP. Les RFC sont accessibles en ligne (voir annexe A).

RIP (*Routing Information Protocol*)
Protocole utilisé pour échanger des informations dans un système autonome. RIP est dérivé d'un protocole de même nom qu'avait mis au point Xerox.

RJE (*Remote Job Entry*)
Service de soumission de travaux à distance.

rlogin (*remote login*)
Protocole de mise en connexion à distance mis au point pour l'Unix de Berkeley. *rlogin* offre, pour des systèmes Unix, le même type de service que TELNET.

ROADS (*Running Out of ADress Space*)
Référence à l'épuisement imminent des adresses de classe B.

routage défini par la source (*source routing*)
En IP, cela consiste pour la source à donner la liste, exhaustive ou non, des routeurs que le datagramme doit traverser. Cette option est le plus souvent utilisée en phase de test.

routage d'ordinateur à ordinateur (*host specific routing*)
Technique de routage où une entrée de la table de routage fait référence à un ordinateur spécifique plutôt qu'à une route *via* un routeur, un réseau, un sous-réseau ou une route par défaut. Ceci permet de mieux contrôler le réseau à utiliser et également d'en sécuriser les accès. Lors de la mise au point des raccordements de réseaux ou des tables de routage, la possibilité de définir une route vers un ordinateur particulier s'avère fort utile.

routage hiérarchique
Routage basé sur un adressage hiérarchique. La majeure partie du routage TCP/IP repose sur une hiérarchie à deux niveaux. Une adresse est en effet divisée en une partie réseau et une partie machine. Les routeurs n'utilisent que la partie réseau jusqu'à ce que le datagramme arrive à un routeur qui sait en effectuer la remise directe. Le routage à sous-réseaux introduit un niveau intermédiaire de routage.

routage interdomaine hors classe (CIDR)
Plan d'adressage et de routage qui utilise des adresses contiguës de classe C en lieu et place d'une adresse de classe B. CIDR a été adopté pour essayer de pallier la pénurie d'adresses de classe B.

routage selon le plus court chemin (*shortest path routing*)
Technique de routage où les datagrammes sont transmis sur le chemin le plus court pour atteindre une destination donnée. Tous les protocoles de routage effectuent un calcul de plus court chemin.

routage suivant le type de service (*type of service routing*)
Schéma de routage dans lequel le choix du chemin dépend des caractéristiques du réseau sous-jacent tout autant que du plus court chemin vers la destination. En théorie, le protocole IP est de ce type puisque les datagrammes comportent une indication de type de service. Dans la pratique, bien peu de routeurs en tiennent compte.

route
En général, chemin emprunté sur un réseau de la source à la destination. Dans un internet TCP/IP, chaque datagramme IP est routé de manière indépendante ; les routes peuvent donc changer dynamiquement.

route par défaut ou routeur par défaut

Une entrée dans la liste des entrées d'un routeur qui couvre toutes les destinations qui ne sont pas définies de façon explicite. La table de routage des routeurs contient quasi généralement une entrée de route par défaut.

routed (ROUTE Daemon)

Programme conçu pour Unix qui implémente le protocole RIP.

routeur

Ordinateur spécialisé qui relie deux réseaux et permet de faire passer des paquets de l'un à l'autre. Un routeur IP fait suivre les datagrammes IP dans le réseau auquel il est connecté. Un routeur utilise l'adresse de destination du datagramme pour choisir l'entité à laquelle il transmet le datagramme. Les chercheurs ont longtemps utilisé le terme *passerelle IP*.

routeur du système central (*core gateway*)

Routeur qui comporte les routes explicites vers toutes les destinations d'un internet. Dans Internet, tous ces routeurs centraux échangent périodiquement des informations, ce qui permet d'avoir, en permanence, des tables de routage cohérentes.

RPC (*Remote Procedure Call*)

Technique par laquelle un programme fait appel à un service distant en utilisant des appels de procédures modifiés. Le protocole NFS utilise un type de RPC bien spécifique.

RPF (*Reverse Path Forwarding*)

Technique de propagation des paquets en diffusion qui garantit qu'il n'y aura pas de boucle.

RPM (*Reverse Path Multicast*)

Approche générale de la diffusion sélective (multicast) qui utilise l'algorithme TRPB.

RSVP (*Resource ReserVation Protocol*)

Protocole qui permet à une extrémité de demander une certaine qualité de service pour un flux ; tous les routeurs situés le long du chemin doivent accepter ces contraintes.

RTCP (*RTP Control Protocol*)

Protocole de contrôle associé à RTP et utilisé pour commander une session.

RTO (*Round Trip time-Out*)

Délai avant retransmission. TCP calcule le RTO du délai d'aller-retour et de sa variance.

RTP (*Real-time Transport Protocol*)

L'un des plus importants protocoles utilisés pour la transmission de données en temps réel, telles que la voix ou la vidéo sur IP.

RTT (*Round Trip Time*)

Mesure du temps de transmission aller-retour entre deux ordinateurs sur une connexion TCP. Le RTT comprend le temps que met un segment (ou paquet) pour quitter un ordinateur, traverser le réseau, atteindre l'ordinateur destinataire et revenir à l'expéditeur. Dans la plupart des réseaux à commutation par paquets, ce délai varie en fonction des encombrements. Le RTT estimé est donc une moyenne qui peut avoir un écart-type important.

SA (*Security Association*)

Utilisé avec IPsec pour faire le lien entre un ensemble de paramètres de sécurité et un identificateur figurant dans l'en-tête du datagramme.

SACK (*Selective ACKnowledgement*)

Mécanisme d'accusé de réception utilisé avec les protocoles à fenêtre glissante qui autorise le récepteur à acquitter la bonne arrivée de paquets, même s'ils sont dans le désordre, pourvu qu'ils restent dans la fenêtre. On l'appelle aussi l'acquittement étendu. À comparer au principe de l'acquittement cumulatif tel qu'on l'utilise dans TCP/IP.

saut (*hop*)

Unité de mesure de la distance entre deux points d'un internet. Si l'on a *n* sauts, c'est que *n* routeurs séparent la source de la destination.

segment

Unité de données du protocole TCP échangées entre deux ordinateurs. Chaque segment contient une partie du flux d'octets à envoyer ainsi que des informations de service : la position de ce segment dans le flux, le total de contrôle...

semi-duplex ou duplex à l'alternat (*half duplex*)

Mode de transmission ou de communication bidirectionnelle non simultanée. À un instant donné, la transmission ou la communication est dans un sens, elle passe dans l'autre sens à un autre instant. Par opposition, le mode duplex est bidirectionnel simultané.

serveur de courrier (*mail exchanger*)

Ordinateur qui accepte le courrier électronique ; certains d'entre eux peuvent réexpédier le courrier à d'autres ordinateurs. Les autres le gardent. DNS a un type d'adresse spécial pour ces machines.

serveur de fichiers

Processus qui s'exécute sur un ordinateur et qui permet à des programmes s'exécutant sur des machines distantes d'accéder aux fichiers de cet ordinateur. Par extension, ce terme désigne l'ordinateur lui-même.

serveur de route

Serveur spécialisé d'un NAP qui entretient une copie de la base de données de routage et qui parle BGP.

services différentiés (*DiffServe*, différentiation de services)

Mécanisme récent adopté par le protocole IP en remplacement de l'ancien mécanisme Type de service ou TOS du champ du datagramme IP qui n'était pas ou quasiment pas utilisé. Ce nouveau service offre 64 types possibles de services de traitement et d'acheminement des datagrammes (par exemple un service de priorité). Chaque datagramme spécifie dans son en-tête le type de service qu'il désire.

service en mode connecté ou service orienté connexion

Caractéristique d'un service de remise de paquets qui nécessite l'établissement d'une connexion avant toute transmission. TCP fonctionne en mode connecté.

service en mode non connecté ou service sans connexion

Caractéristique d'un service de remise de paquets où chaque paquet est transmis sans qu'il y ait besoin d'établir une connexion préalable. Chaque paquet est traité comme une entité indépendante. Le protocole IP et le protocole UDP fonctionnent en mode non connecté.

SGMP (*Simple Gateway Monitoring Protocol*)

Prédécesseur de SNMP.

signalisation

Terme de téléphonie qui se réfère aux protocoles d'établissement ou de libération d'un circuit. Par extension, tout mécanisme de gestion fonctionnelle d'un réseau.

SLIP (*Serial Line IP*)

Protocole qui permet d'utiliser IP sur une liaison série. SLIP est très utilisé avec les accès par liaison téléphonique. Voir **PPP**.

sliding window

Voir **fenêtre glissante**.

SMTP (*Simple Mail Transfer Protocol*)

Protocole standard TCP/IP pour le transfert du courrier électronique d'une machine à une autre. SMTP spécifie la façon dont deux systèmes de courrier peuvent interagir et le format des messages de commande qu'ils doivent échanger.

SNAP (*SubNetwork Attachment Point*)
Petit en-tête que l'on ajoute aux données que l'on envoie sur les réseaux qui n'ont pas de trames auto-identifiées. Cet en-tête SNAP spécifie le type des donnés.

SNMP (*Simple Network Management Protocol*)
Protocole standard utilisé pour la gestion des hôtes, des routeurs et des réseaux auxquels ils sont connectés. La nouvelle version de ce protocole s'appelle SNMPv2.

SOA (*Start Of Authority*)
Mot clé utilisé par un DNS pour repérer le début de la partie de l'arborescence sous la responsabilité administrative d'un serveur de noms donné.

socket
Abstraction proposée par le système Unix pour permettre aux programmes d'application d'accéder aux protocoles TCP/IP.

soft state
Voir **faute de mieux**.

source quench
Voir **tarissement de la source**.

sous-adressage (*subnet addressing*)
Extension du schéma d'adressage IP qui permet à un site d'utiliser une seule adresse réseau IP pour plusieurs réseaux physiques. À l'extérieur de ce site, le routage est effectué normalement, l'adresse destination étant toujours composée d'une partie réseau et d'une partie locale. Les routeurs et les hôtes du site décomposent alors la partie adresse locale en une partie qui identifie le réseau physique et l'autre qui identifie l'ordinateur hôte.

subnet addressing
Voir **sous-adressage**.

supernet addressing
Voir **suradressage**.

suradressage (*supernet addressing*)
Appelée *adressagehors classe*, *adressage agrégé* ou *sur-adressage*, voire *adressage de sur-réseau*, cette technique, utilisée notamment avec le routage CIDR, est à l'opposé de celle utilisée avec les sous-réseaux. Au lieu, en effet, d'utiliser une seule adresse réseau IP pour plusieurs réseaux appartenant à une certaine organisation, le suradressage consiste à disposer de plusieurs adresses réseau IP pour une unique organisation.

SPF (*Shortest Path First*)
Classe de protocoles de mise à jour de tables de routage qui utilise l'algorithme de Dijkstra pour calculer les plus courts chemins.

split horizon
Voir **horizon éclaté**.

STD (*STanDard*)
Type de RFC qui décrit un protocole standard.

store and forward
Voir **forwarding**.

SYN (*SYNchronizing segment*)
Premier segment envoyé par le protocole TCP. Il est utilisé pour synchroniser les deux extrémités lors de l'ouverture d'une connexion.

système autonome
Ensemble des routeurs et des réseaux sous la responsabilité d'une entité administrative et qui coopèrent étroitement pour faire circuler entre eux les informations de routage et d'accessibilité au réseau. Avant que deux systèmes autonomes puissent communiquer, un des routeurs de chacun des deux systèmes doit envoyer de l'information d'accès à un des routeurs de l'autre.

système de noms de domaine (DNS)
Système de base de données distribuée qui assure la correspondance entre les noms de machines que connaissent les utilisateurs et les adresses IP. Il s'appuie sur un système hiérarchique de nommage des machines d'Internet, ce qui permet aux différents sites de choisir librement leurs noms de machines et les adresses associées. Par ailleurs, ce système permet également d'associer des adresses de courrier électronique à des adresses IP.

système d'arbitrage de route
Mécanisme s'appuyant sur une base de données d'informations de routage dont les mises à jour sont réalisées de façon sécurisée afin d'empêcher qu'un routeur quelconque puisse modifier ou ajouter une information de routage. Seul un système autorisé peut le faire.

tail drop
Voir **élimination des derniers arrivés**.

tarissement de la source (*source quench*)
Technique TCP destinée à éviter les encombrements dans le réseau. Un routeur envoie, lorsque cela devient nécessaire, un message à tous les émetteurs pour qu'ils diminuent leur rythme d'envoi des données. Dans un internet TCP/IP, les routeurs utilisent le tarissement de source ICMP pour réduire ou arrêter la transmission de datagrammes IP en cas de congestion.

TCP (*Transmission Control Protocol*)

Protocole standard du niveau transport. Il permet un transport fiable, en duplex intégral et de bout en bout sur lequel un grand nombre d'applications s'appuient. TCP permet à un processus s'exécutant sur une machine d'envoyer un flux de données à un processus s'exécutant sur une autre machine. TCP est un protocole orienté connexion au sens où avant de commencer à transmettre des données, les participants doivent établir une connexion. Toutes les données transitent sous forme de segments TCP, chacun d'entre eux traversant un internet encapsulé dans un datagramme IP. La famille de ces protocoles est souvent appelée TCP/IP par référence aux deux plus importants d'entre eux.

TDM (*Time Division Multiplexing*), multiplexage temporel

Technique utilisée pour multiplexer plusieurs signaux sur un seul canal de transmission en attribuant tour à tour la totalité du canal à chaque signal pendant une fraction du temps.

TDMA (*Time Division Multiple Access*), accès multiple par répartition dans le temps

Méthode d'accès à un réseau dans laquelle le temps est divisé en tranches, chacune de ces tranches étant affectée à un des nœuds du réseau. Tous les nœuds utilisant cette méthode doivent donc être parfaitement synchronisés (même si le réseau introduit des retards), les technologies TDMA sont difficiles à mettre en œuvre et coûteuses à exploiter.

TELNET

Protocole standard TCP/IP pour la connexion à distance. Il permet à un utilisateur de communiquer avec le système en temps partagé d'une machine distante comme s'il disposait d'un clavier/écran directement attaché à cette machine.

temps universel ou temps universel coordonné (TUC)

Référence internationale de temps qu'on appelait autrefois heure moyenne du méridien de Greenwich (GMT). Voir date universelle.

TFTP (*Trivial File Transfer Protocol*)

Protocole standard TCP/IP de transfert de fichier. C'est un protocole de bas de gamme qui ne demande qu'un service de remise de datagramme sans connexion non fiable (UDP).

TLI (*Transport Layer Interface*)

Interface de type socket, mais définie pour Unix System V.

TLV (Type, Longueur, Valeur)

Voir **codage TLV**.

tn3270

Version de Telnet qui permet d'utiliser des terminaux IBM 3270.

TOS (*Type Of Service*)
Indication du type de service désiré. Cette indication, donnée par l'émetteur, figure dans un champ de l'en-tête IPv4. Aujourd'hui TOS est remplacée par *DiffServe*.

total de contrôle (*checksum*)
Petite valeur entière calculée à partir d'une suite d'octets considérés comme des nombres dont on fait la somme modulo. Ce total de contrôle sert à détecter les erreurs de transmission qui peuvent se produire lors du passage d'une machine à une autre. En général, une machine calcule ce total de contrôle et le place à la suite de l'entité à transmettre. Le destinataire n'a plus alors qu'à recalculer cette valeur et à la comparer au total reçu. De nombreux protocoles TCP/IP utilisent un total de contrôle sur 16 bits calculé avec une arithmétique utilisant le complément à un et une représentation gros-boutiste des entiers.

TP-4
Protocole OSI similaire à TCP.

traceroute
Programme qui affiche ou imprime le chemin vers la destination. Traceroute envoie des datagrammes dont la durée de vie (*Time To Live*) est de 1, 2... et utilise les messages ICMP TIME EXCEEDED qui reviennent pour identifier les routeurs traversés.

trame (*frame*)
Au sens littéral, unité de données transmise sur une liaison de données. Ce terme provient des protocoles orientés caractères qui ajoutaient des caractères spéciaux de début de trame et fin de trame avant transmission.

trame auto-identifiée
Trame (ou paquet) qui comporte un champ permettant d'identifier le type de données transportées. Ethernet a des trames auto-identifiées, mais pas ATM.

transfert fiable (*reliable transfer*)
Technique qui garantit de livrer des données à leur destinataire sans perte, sans corruption, sans duplication et dans l'ordre d'émission. La technique prévoit d'informer le destinataire si ce service n'est pas garanti.

transfert non fiable (*unreliable transfer*)
Technique qui ne garantit pas de livrer des données à leur destinataire dans l'ordre d'émission, sans perte, sans corruption et sans duplication. IP est un protocole non fiable.

triggered update
Voir **mise à jour déclenchée**.

TRPB (*Truncated Reverse Path Broadcast*)

Technique utilisée pour propager des datagrammes en diffusion sélective (multicast) sur les seuls réseaux comportant des membres du groupe de destination.

TRPF (*Truncated Reverse Path Forwarding*)

Synonyme de TRPB.

TTL (*Time To Live*), durée de vie

Technique utilisée par les systèmes de remise non fiable pour éviter que des datagrammes bouclent sans fin dans le réseau. On peut, par exemple, affecter à chaque datagramme un nombre entier lors de sa création. Chaque routeur décrémente alors ce nombre lors du passage du datagramme ou bien détruit le datagramme si ce nombre est à 0.

tunnel (*tunneling*)

Technique d'encapsulation d'un bloc de données dans une entité correspondant à un protocole de plus haut niveau et transport de cette entité dans un réseau. C'est ainsi que le protocole MBONE traite les datagrammes IP multicast.

UDP (*User Datagram Protocol*)

Protocole standard de la famille TCP/IP qui permet à un programme d'application d'une machine d'envoyer à un autre programme d'application un datagramme ou d'en recevoir un. UDP s'appuie sur IP. D'un point de vue théorique, la différence entre un datagramme UDP et un datagramme IP est que dans le cas d'UDP, le datagramme comporte un numéro de port de protocole, ce qui permet à l'émetteur de faire la distinction entre tous les programmes d'application qui s'exécutent sur la machine distante. D'un point de vue pratique, on peut ajouter qu'UDP comporte un total de contrôle des données émises qui est optionnel. UDP est un protocole de transport qui assure un service de remise au mieux analogue à celui fourni par IP.

UIT-T

Secteur de l'Union internationale des télécommunications particulièrement chargé de la normalisation.

unicast

Voir **point à point**.

Union internationale des télécommunications (UIT)

Organisation internationale responsable, en particulier, de la normalisation dans le domaine des réseaux.

Unix BSD (Berkeley Software Distribution)

Version d'Unix mise au point par l'université de Berkeley en Californie, ou un des systèmes commerciaux qui en dérivent. Unix BSD a été le premier à intégrer les protocoles TCP/IP dans son noyau.

unnumbered network
Voir **réseau non numéroté**.

unreliable delivery
Voir **transfert non fiable**.

unreliable transfer
Voir **transfert non fiable**.

URI (*Uniform Resource identifier*)
Terme générique faisant référence aussi bien à URL qu'à URN.

URL (*Uniform Resource Locator*)
Chaîne de caractères qui donne l'emplacement d'une information. Cette chaîne comprend d'abord le type de protocole (ftp, http...), puis une identification de localisation (nom de domaine d'un serveur et chemin d'accès au fichier sur ce serveur...).

UUCP (*Unix to Unix Copy Program*)
Programme d'application conçu au milieu des années 1970 pour Unix Version 7 qui permet de copier des fichiers d'un système Unix à un autre et ce, en utilisant une simple liaison type liaison téléphonique. Comme UUCP est à la base du transfert de courrier électronique d'Unix, on a un peu tendance à confondre les deux.

vecteur de distance
Nom d'une famille de protocoles de routage fondés sur un algorithme de plus court chemin, comme par exemple RIP ou Hello, dans lesquels chaque participant au routage envoie à ses voisins la liste des réseaux qu'il peut atteindre et la distance correspondante.

ver d'Internet (*Internet worm*)
Programme conçu pour se propager dans Internet et s'y dupliquer sans fin. Lorsqu'un étudiant lâcha ce ver dans Internet, des milliers de machines furent touchées pendant plusieurs heures.

VPN (*Virtual Private Network*)
Voir **réseau privé virtuel**.

WAN (*Wide Area Network*)
Réseau déployé sur une longue distance. On les appelle également réseaux étendus. Ils n'autorisent en général que des débits relativement faibles et ont des temps de transmission plus élevés que les réseaux locaux (LAN) ou les réseaux métropolitains (MAN).

well known port
Voir **port réservé**.

Winsock

API qui permet à un programme d'utiliser des appels socket pour Windows de Microsoft.

World Wide Web

Système hypermédia qui combine l'utilisation des techniques d'hypertexte à celle des réseaux longue distance.

XDR (*eXternal Data Representation*)

Standard de représentation des données indépendante de la machine. Lorsqu'il veut utiliser un tel standard, l'émetteur doit convertir ses données vers cette représentation standard et le récepteur doit passer de cette représentation externe à sa propre représentation.

X Window

Logiciel de multifenêtrage distribué conçu au MIT. Chaque fenêtre comporte une zone d'affichage qui contient le résultat (texte ou graphique) de l'exécution d'un certain programme. Un programme spécial, le gestionnaire de fenêtres, permet à l'utilisateur de créer des fenêtres, de les déplacer, de les superposer, de modifier leurs caractéristiques ou de les détruire.

zone (*area*)

Terme utilisé dans OSPF pour désigner un groupe de routeurs qui échangent des informations de routage.

zone de responsabilité (*authority zone*)

Terme utilisé dans le système de noms de domaines (DNS) pour désigner l'ensemble des noms sous la responsabilité d'un certain serveur. Chaque zone doit disposer d'au moins deux serveurs de noms situés dans des sites géographiquement distincts.

Bibliographie

ABRAMSON, N., [1970], The ALOHA System - Another Alternative for Computer Communications, *Proceedings of the Fall Joint Conference.*

ANDREWS, D. W. et SHULTZ, G. D., [1982], A Token-Ring Architecture for Local Area Networks : An Update, *Proceedings of Fall 82 COMPCON*, IEEE.

ATTALLAH, M. et COMER, D., [juin 1998], Algorithms for Variable Lenght Subnet Address Assignment, *IEEE Transactions on Computers*, vol. 47 :6, p. 693-699.

BALL, J. E., BURKE, E. J., GERTNER, I., LANTZ, K. A. et RASHID, R. F., [1979], Perspective on Message Based Distributed Computing, *IEEE Computing Networking Symposium*, p. 46-51.

BBN [1981], A History of the ARPANET : The First Decade, *Technical Report*, Bolt, Beranek and Newman, Inc.

BBN [décembre 1981], Specification for the Interconnection of a Host et an IMP (revised), *Technical Report 1822*, Bolt, Beranek and Newman, Inc.

BERTSEKAS, D. et GALLAGER, R., [1991], *Data Networks*, 2ème édition, Prentice-Hall, Upper Saddle River, New Jersey.

BIAGIONI, E., COOPER, E. et SANSOM, R., [mars 1993], Designing a Practical ATM LAN, *IEEE Network*, p. 32-39.

BIRRELL, A. et NELSON, B., [février 1984], Implementing Remote Procedure Calls, ACM *Transactions on Computer Systems*, 2(1), p. 39-59.

BLACK, U., [1995], *ATM : Foundation for Broadband Networks*, Prentice-Hall, Upper Saddle River, New Jersey.

BOGGS, D., SHOCH, J., TAFT, E. et METCALFE, R., [avril 1980], Pup : An Internetwork Architecture, *IEEE Transactions on Communications*.

BORMAN, D., [avril 1989], Implementing TCP/IP on a Cray Computer, *Computer Communication Review*, 19(2), p. 11-15.

BROWNBRIDGE, D., MARSHALL, L. et RANDELL, B., [décembre 1982], The Newcastle Connections for UNIXes of the World Unite !, *Software – Practice and Experience*, 12 (12), p. 1147-1162.

CASNER, S. et DEERING, S., [juillet 1992], First IETF Internet Audiocast, *Computer Communications Review*, 22(3), p. 92-97.

CERF, V. et CAIN, E., [octobre 1983], The DOD Internet Architecture Model, *Computer Networks*.

CERF, V. et KAHN, R., [mai 1974], A Protocol for Packet Network Interconnection, *IEEE Transactions of communications*, Com-22(5).

CERF, V., [octobre 1989], A History of the ARPANET, *ConneXions, The Interoperability Report*, 480 San Antonio Rd, suite 100, Mountain View Californie.

CHERITON, D. R., [avril 1983], Local Networking and Internetworking in the V System, *Proceedings of the Eighth Data Communications Symposium*.

CHERITON, D. R., [août 1986], VMTP : A Transport Protocol for the Next Generation of Communication Systems, *Proceedings of ACM SIGCOMM'86*, p. 406-415.

CHESSON, G., [juin 1987], Protocol Engine Design, *Proceedings of the 1987 Summer USENIX Conference*, Phénix, Arizona.

CHESWICK, W. et BELLOVIN, S., [1998], *Firewalls And Internet Security : Repelling the Wiley Hacker*, 2ème édition, Addison-Wesley, Reading, Massachusetts.

CLARK, D. et FANG, W., [août 1998], Explicit Allocation of Best-Effort Packet Delivery Service, *IEEE/ACM Transactions on Networking*, 6(4).

CLARK, D., LAMBERT, M. et ZHANG, L., [août 1987], NETBLT : A High Throughput Transport Protocol, *Proceedings of ACM SIGCOMM'87*.

CLARK, D., JACOBSON, V., ROMKEY, J. et SALWEN, H., [juin 1989], An Analysis of TCP Processing Overhaed, *IEEE Communications*, 23-29.

COHEN, D., [1981], On Holy Wars and a Plea for Peace, *IEEE Computer*, p. 48-54.

COMER, D. E., [1999], *Computer Networks and Internets*, 2ème édition, Prentice-Hall, Upper Saddle River, New Jersey.

COMER, D. E. et KORB, J. T., [1983], CSNET Protocol Software : The IP-to-X25 Interface, *Computer Communication Review*, 13(2).

COMER, D. E., NARTEN, T. et YAVATKAR R., [avril 1987], The Cypress Network : A Low Cost Internet Connection Technology, *Technical Report TR-653*, Purdue University, West Lafayette, Indiana.

COMER, D. E., NARTEN, T. et YAVATKAR R., [1987], The Cypress Coaxial Packet Switch, *Computer Networks and ISDN Systems*, vol. 14 : 2-5, p. 383-388.

COMER, D. E. et STEVENS, D. L., [1999], *Internetworking With TCP/IP Volume II – Design, Implementation, and internals*, 3ème édition, Prentice-Hall, Englewood Cliffs, New Jersey.

COMER, D. E. et STEVENS, D. L., [1996], *Internetworking With TCP/IP Volume III – Client-Server Programming And Applications, BSD Socket version*, 2ème édition, Prentice-Hall, Englewood Cliffs, New Jersey.

COMER, D. E. et STEVENS, D. L., [1994], *Internetworking With TCP/IP Volume III – Client-Server Programming And Applications, AT&T TL1 version*, Prentice-Hall, Englewood Cliffs, New Jersey.

COMER, D. E. et STEVENS, D. L., [1997], *Internetworking With TCP/IP Volume III – Client-Server Programming And Applications, Windows Sockets version*, Prentice-Hall, Englewood Cliffs, New Jersey.

COTTON, I., [1979], Technologies for Local Area Computer Networks, *Proceedings of the Local Area Computer Network Symposium.*

CROWLEY, T., FORDSDICK, H., LANDAU, M. et TRAVERS, V., [juin 1987], The Diamond Multimedia Editor, *Proceedings of the 1987 Summer USENIX Conference*, Phénix, Arizona.

DALAL Y. K. et PRINTIS, R. S., [1981], 48-Bit Absolute Internet and Ethernet Host Numbers, *Proceedings of the Seventh Data Communications Symposium.*

DEERING S. E. et CHERITON, D. R., [mai 1990], Multicast Routing in Datagram Internetworks and Extended LANs, ACM *Transactions on Computer Systems*, 8(2).

DEERING S. E., ESTRIN, D., FARINACCI, D., JACOBSON, V., LIU, C. G. et WEI, L., [août 1994], An Architecture for Wide-Area Multicasting Routing, *Proceedings of* ACM SIGCOM'94, p. 126-135.

DENNING P. J., [septembre-octobre 1989], The Science of Computing : Worldnet, in *American Scientist*, p. 432-434.

DENNING P. J., [novembre-décembre 1989], The Science of Computing : The ARPANET After Twenty Years, in *American Scientist*, p. 530-534.

DE PRYCKER, M., [1995], *Asynchronous Transfer Mode Solution for Broadband ISDN*, 3ème édition, Prentice-Hall, Upper Saddle River, New Jersey.

DIGITAL EQUIPMENT CORPORATION, INTEL CORPORATION et XEROX CORPORATION [septembre 1980], *The Ethernet : A Local Area Network Data Link Layer and Physical Layer Specification.*

DION, J., [octobre 1980], The Cambridge File Server, *Operating Systems Review*, 14(4), p. 26-35.

DRIVER, H., HOPEWELL, H. et IAQUINTO, J., [septembre 1979], How the Gateway Regulates Information Control, *Data Communications*.

EDGE S. W., [1979], Comparison of the Hop-by-Hop and Endpoint Approaches to Network Interconnection, in *Flow Control in Computer Networks*, GRANGE, J. L. et GIEN, M., (EDS), North-Holland, Amsterdam, p. 359-373.

EDGE S., [1983], An Adaptive Time-out Algorithm for Retransmission Across a Packet Switching Network, *Proceedings of ACM SIGCOMM'83*.

ERIKSSON, H., [août 1994], MBONE : The Multicast Backbone, *Communications of the ACM*, 37(8), p. 54-60.

FALK, G., [1983], The Structure and Function of Network Protocols, *Computer Communications, Volume I : Principles*, CHOU, W. (ED), Prentice-Hall, Englewood Cliffs, New Jersey.

FARMER, W. D. et NEWHALL, E. E., [1969], An Experimental Distributed Switching System to Handle Bursty Computer Traffic, *Proceedings of the ACM Symposium on Probabilistic Optimization of Data Communications Systems*, p. 1-33.

FEDOR, M., [juin 1988], GATED : A Multi-Routing Protocol Daemon for UNIX, *Proceedings of the 1988 Summer USENIX Conference*, San Francisco, Californie.

FLOYD, S. et JACOBSON, V., [août 1993], Random Early Detection Gateways for Congestion Avoidance, *IEEE/ACM Transaction on Networking*, 1(14).

FRANK, H. et CHOU, W., [1971], Routing in Computer Networks, *Networks*, 1(1), p. 99-112.

FULTZ, G. L. et KLEINROCK, L., [14-16 juin 1971], Adaptive Routing Techniques for Store-and-Forward Computer Communication Networks, *IEEE International Conference on Communications*, Montréal, Canada.

GERLA, M. et KLEINROCK, L., [avril 1980], Flow Control : A Comparative Survey, *IEEE Transactions on Communications*.

HINDEN, R., HAVERTY, J., et SHELTZER, A., [septembre 1983], The DARPA Internet : Interconnecting Heterogeneous Computer Networks with Gateways, *Computer*.

INTERNATIONAL ORGANIZATION FOR STANDARDIZATION [juin 1986a], Information Processing Systems - Open Systems Interconnection - *Transport Service Definition*, Norme internationale n° 8072, ISO, Suisse.

INTERNATIONAL ORGANIZATION FOR STANDARDIZATION [juillet 1986b], Information Processing Systems - Open Systems Interconnection - *Connection Oriented Transport Protocol Specification*, Norme internationale n° 8073, ISO, Suisse.

INTERNATIONAL ORGANIZATION FOR STANDARDIZATION [mai 1987a], Information Processing Systems - Open Systems Interconnection - *Specification of Abstract Syntax Notation One (ASN.1)*,Norme internationale n° 8824, ISO, Suisse.

INTERNATIONAL ORGANIZATION FOR STANDARDIZATION [juin 1987b], Information Processing Systems - Open Systems Interconnection - *Specification of Basic Encoding Rules for Abstract Syntax Notation One (ASN.1)*, Norme internationale n° 8825, ISO, Suisse.

INTERNATIONAL ORGANIZATION FOR STANDARDIZATION [juin 1988a], Information Processing Systems - Open Systems Interconnection - *Management Information Service Definition, Part 2 : Common Management Information Service*, Norme internationale n° 9595-2, ISO, Suisse.

INTERNATIONAL ORGANIZATION FOR STANDARDIZATION [juin 1988b], Information Processing Systems - Open Systems Interconnection - *Management Information Protocol Definition, Part 2 : Common Management Information Protocol*, Norme internationale n° 9596-2, ISO, Suisse.

JACOBSON, V., [août 1988], Congestion Avoidance and Control, *Proceedings ACM SIGCOMM'88*.

JAIN, R., [janvier 1985], On Caching Out-of-Order Packets in Window Flow Controlled Networks, *Technical Reports*, DEC-TR-342, Digital Equipment Corporation.

JAIN, R., [mars 1986], Divergence of Time-Out Algorithms for Packet Retransmissions, *Proceedings Fifth Annual International Ph?nix Conference on Computers and Communications*, Scottsdale, Arizona.

JAIN, R., [octobre 1986], A Time-Out Based Congestion Control Scheme for Window Flow-Controlled Networks, *IEEE Journal on Selected Areas in Communications*, Vol. SAC-4, n° 7.

JAIN, R., [1991], *The Art of Computer Systems Performance Analysis*, John Wiley &Son, New York.

JAIN, R., [mai 1992], Myths About Congestion Management in High Speed Networks, *Internetworking : Research and Experience*, 3(3), p. 101-113.

JAIN, R., [1994], *FDDI Handbook : High Speed Networking using Fiber and other Media*, Addison-Wesley, Reading, Massachusetts.

JAIN, R., RAMAKRISHNAN, K. et CHIU, D. M., [août 1987], Congestion Avoidance in Computer Networks with a Connectionless Network Layer. *Technical Report*, DEC-TR-506, Digital Equipment Corporation.

JENNINGS, D., LANDWEBER, M. L. H. et FUCHS, I. H., [28 février 1986], Computer Networking for Scientists et Engineers, *Science* vol. 231, p. 941-950.

JUBIN, J. et TORNOW, J., [janvier 1987], The DARPA Packet Radio Network Protocols, *IEEE Proceedings*.

KAHN, R., [novembre 1972], Resource Sharing Computer Communications Networks, *Proceedings of the IEEE*, 60(11), p. 1397-1407.

KARN, P., PRICE, H. et DIERSING, R., [mai 1985], Packet Radio in the Amateur Service, *Journal on Selected Areas in Communications*.

KARN, P. et PARTRIDGE, C., [août 1987], Improving Round-Trip Time Estimates in Reliable Transport Protocols, *Proceedings of ACM SIGCOMM'87*.

KENT, C. et MOGUL, J., [août 1987], Fragmentation Considered Harmful, *Proceedings of ACM SIGCOMM'87*.

LAMPSON, B. W., PAUL, M. et SIEGERT, H. J., (EDS), [1981], *Distributed Systems Architectures et Implementation* (*An Advanced Course*), Springer-Verlag, Berlin.

LAMPSON, B. W., SRINIVISAN, V. et VARGHESE, G., [juin 1999], IP Lookups using Multiway and Multicolumn Search, *IEEE/ACM Transactions on Networking*, vol. 7, p. 324-334.

LANZILLO, A. L. et PARTRIDGE, C., [janvier 1989], Implementation of Dial-up IP for UNIX Systems, *Proceedings of 1989 Winter USENIX Technical Conference*, San Diego, Californie.

LEFFLER, S., McKUSICK, M., KARELS, M. et QUARTERMAN, J., [1996], *The Design and Implementation of the 4.4 BSD UNIX Operating System*, Addison Wesley.

McNAMARA, J., [1998], *Technical Aspects of Data Communications*, 2ème édition, Digital Press, Digital Equipment Corporation, Bedford, Massachusetts.

McQUILAN, J. M., RICHER, I. et ROSEN, E., [mai 1980], The New Routing Algorithm for the ARPANET, *IEEE Transactions on Communications* (COM-28), p. 711-719.

METCALFE, R. M. et BOGGS, D. R., [juillet 1976], Ethernet : Distributed Packet Switching for Local Computer Networks, *Communications of the* ACM, 19(7), p. 395-404.

MILLS, D. et BRAUN, H-W., [août 1987], The NSFNET Backbone Network, *Proceedings of ACM SIGCOMM'87*.

MITCHELL, J. et DION, J., [avril 1982], A Comparison of Two Network-Based File Servers, *Communications of the* ACM, 25(4), p. 233-245.

MORRIS, R., [1979], Fixing Time-Out Intervals for Lost Packet Detection in Computer Communication Networks, *Proceedings AFIPS National Computer Conference*, AFIPS Press, Montvale, New Jersey.

NAGLE, J., [avril 1987], On Packet Switches With Infinite Storage, *IEEE Transactions on Communications Networks*, Vol. COM-35 :4.

NARTEN, T., [septembre 1989], Internet Routing, *Proceedings* ACM *SIGCOMM'89*.

NEEDHAM, R. M., [1979], Systems Aspects of the Cambridge Ring, *Proceedings of the ACM Seventh Symposium on Operating Systems Principles*, p. 82-85.

NEWMAN, P., MINSHALL, G. et LYON, T. L., [avril 1998], IP Switching : ATM Under IP, *IEEE/ACM Transactions on Networking*, vol. 6 :2, p. 117-129.

OPPEN, D. et DALAL, Y., [octobre 1981], *The Clearinghouse : A Decentralized Agent For Locating Named Objects*, Office Products Division, XEROX Corporation.

PARTRIDGE, C., [juin 1986], Mail Routing Using Domain Names : An Informal Tour, *Proceedings of the 1986 Summer USENIX Conference*, Atlanta, Géorgie.

PARTRIDGE, C., [juin 1987], Implementing the Reliable Data Protocol (RDP), *Proceedings of the 1987 Summer USENIX Conference*, Ph ?nix, Arizona.

PARTRIDGE, C., [1994], *Gigabit Networking*, Addison-Wesley, Reading, Massachusetts.

PELTON, J., [1995], *Wireless and Satellite Telecommunications*, Prentice-Hall, Upper Saddle River, New Jersey.

PERLMAN, R., [2000], *Interconnections : Bridges and Routers*, 2ème édition, Addison-Wesley, Reading, Massachusetts.

PETERSON, L., [1985], *Defining et Naming the Fundamental Objects in a Distributed Message System*, thèse de doctorat, Purdue University, West Lafayette, Indiana.

PETERSON, L. et DAVIE, B., [1999], *Computer Networks : A Systems Approach*, 2ème édition, Morgan Kaufmann, San Francisco, CA.

PIERCE, J. R., [1972], Networks for Block Switching of Data, *Bell System Technical Journal*, n° 51.

POSTEL, J. B., [avril 1980], Internetworks Protocol Approaches, *IEEE Transaction on Communications*, COM-28, p. 604-611.

POSTEL, J. B., SUNSHINE, C. A. et CHEN, D., [1981], The ARPA Internet Protocol, *Computer Networks*.

QUARTERMAN, J. S. et HOSKINS, J. C., [octobre 1986], Notable Computer Networks, *Communications of the ACM*, 29(10).

RAMAKRISHNAN, K. et JAIN, R., [mai 1990], A Binary Feedback Scheme for Congestion Avoidance in Computer Networks. ACM *Transactions on Computer Systems*, 8(2), p. 158-181.

REYNOLDS, J., POSTEL, J., KATZ, A. R., FINN, G. G. et DESCHON, A. L., [octobre 1985], The DARPA Experimental Multimedia Mail System, *IEEE Computer*.

RITCHIE, D. M., [octobre 1984], A Stream Input Output System, *AT&T Bell Laboratories Technical Journal*, 63(8), p. 1987-1910.

RITCHIE, D. M. et THOMPSON, K., [juillet 1974], The UNIX Time-Sharing System, *Communications of the* ACM, 17(7), p. 365-375 ; révisé et reproduit dans Bell System Technical Journal, 57(6), [juillet-août 1978], p. 1905-1929.

SALTZER, J., [1978], Naming and Binding of Objects, *Operating Systems, An Advanced Course*, Springer-Verlag, p. 99-208.

SALTZER, J., [avril 1982], Naming and Binding of Network Destinations, *International Symposium on Local Computers Networks*, IFIP/T.C.6, p. 311-317.

SALTZER, J., REED, D. et CLARK, D., [novembre 1984], End-to-End Arguments in System Design, ACM *Transactions on Computer Systems*, 2(4), p. 277-288.

SHOCH, J. F., [1978], Internetworking Naming, Addressing et Routing, *Proceedings of* COMPCON.

SHOCH, J. F., DALAL, Y. et REDELL, D., [août 1982], Evolution of the Ethernet Local Computer Network, *Computer*.

SOLOMON, J., [1997], *Mobile IP : The Internet Unplugged*, Prentice-Hall, Upper Saddle River, New Jersey.

SOLOMON, M. LANDWEBER, L. et NEUHEGEN, D., [1982], The CSNET Name Server, *Computer Networks* (6), p. 161-172.

SALTZER, J., REED, D. et CLARK, D., [novembre 1984], End-to-End Arguments in System Design, ACM *Transactions on Computer Systems*, 2(4), p. 277-288.

SRINIVASAN, V. et VARGHESE, G., [février 1999], Fast Address Lookups using Controlled Prefix Expansion, ACM *Transactions on Computer Systems*, vol. 17, p. 1-40.

STALLINGS, W., [1997], *Local and Metropolitan Area Network*, Prentice-Hall, Upper Saddle River, New Jersey.

STALLINGS, W., [1998], *High Speed Networks : TCP/IP and ATM Design Principles*, Prentice-Hall, Upper Saddle River, New Jersey.

STEVENS, W. R., [1998], *Unix Network Programming*, 2ème édition, Prentice-Hall, Upper Saddle River, New Jersey.

TANENBAUM, A., [1989], *Réseaux : Architectures, Protocoles, Applications*, version française, J.-A. HERNANDEZ, R. JOLY et. al., InterEditions [1990].

TICHY, W. et RUAN, Z., [juin 1984], Toward a Distributed File System, *Proceedings of Summer 84 USENIX Conference*, Salt Lake City, Utah, p. 87-97.

TOMLINSON, R. S., [1975], Selecting Sequence Numbers, *Proceedings ACM SIGOPS/SIGCOMM Interprocess Communication Workshop*, p. 11-123.

WARD, A. A., [1980], TRIX : A Network Oriented Operating System, *Proceedings of* COMPCON, p. 344-349.

WATSON, R., [1981], Timer Based Mechanism in Reliable Transport Protocol Connection Management, *Computer Networks*, North-Holland Publishing Company.

WEINBERGER, P. J., [1985], The UNIX Eighth Edition Network File System, *Proceedings 1985 ACM Computer Science Conference*, p. 299-301.

WELCH, B. et OSTERHAUT, J., [mai 1986], Prefix Tables : A Simple Mechanism for Locating Files in a Distributed System, *Proceedings IEEE Sixth Conference on Distributed Computing Systems*, pp. 185-189.

WILKES, M. V. et WHEELER, D. J., [mai 1979], The Cambridge Digital Communication Ring, *Proceedings Local Area Network Symposium*.

XEROX, [1981], Internet Transport Protocols, *Report XSIS 028112*, Xerox Corporation, Office Products Division, Network Systems Administration Office, 3333 Coyote Hill Road, Palo Alto, Californie.

ZHANG, L. [août 1986], Why TCP Timers Don't Work Well, *Proceedings of* ACM SIGCOMM'86.

Index

A

AAL, 408
AAL5, 410
abréviation des noms, 547
accusé de réception, 257
  ambiguïté, 261
acheminement tronqué, 382
administration, 635
adressage
  agrégé, 190
  ARPANET, 47
  CIDR, 193
  de sur-réseau, 190
  hiérarchique, 178, 777
  hors classe, 190
  hybride, 451
  multicast, 369
  sans classe, 76
adresse, 703
  ATM, 404
  classes, 73
  de boîtes aux lettres, 589
  de diffusion, 33, 74, 365
  de domiciliation, 434
  de saut suivant, 142
  de socket, 486
  électronique, 594
  Ethernet, 32
  internet, 72
  IP, 72, 511, 529, 645
  matérielle, 33
  non routable, 199
  NSAP, 418
  physique, 33, 88
  primaire, 433
  principale, 433
  privée, 199
  réseau, 72
  réservée, 81
  secondaire, 433
  temporaire, 433
agent, 433, 637, 778
  domestique, 433
agrégation de route, 318
algorithme
  de Dijkstra, 305
  de Karn, 262
  de Nagle, 284
  de propagation inverse, 187
  RED, 270
alias, 590
ancre, 607
anonymous network, 188
ANSNET, 51
antidote, 343
anycast, 699, 778
API, 475, 673, 778
appel
  de procédure distante, 581
  système, 476
arbitrage de route, 329
arborescence, 537

arbre, 385
- à compression de niveaux, 199
- binaire, 196
- commun, 395
- d'acheminement, 385
- de remise, 385
- de source, 396
- des plus courts chemins, 395
- Patricia, 199
- recouvrant, 37

ARP, 90, 439, 720, 778
ARPA, 2, 8, 43, 778
ARPANET, 8, 43, 297, 778
ASN.1, 641, 779
ATM, 41, 403, 721
- cellule, 42
- forum, 418

ATMARP, 417, 779
authentification, 666, 766
autorisation d'accès, 666

B

backbone, 294
bastion, 677, 779
best-effort delivery, 31, 111, 800
BGP, 317, 723, 780
- messages, 319

big endian, 84
binding, 79
bloc
- CIDR, 192
  - réservé, 199

BOOTP, 509, 756, 780
bootstrap, 102, 122
border router, 317
boucle contrarotative, 38
bourrage, 124
broadcast, 33
- address, 74, 365
- delivery, 77

browser, 606

C

cache, 615
- ARP, 91

capacité de transmission, 20
CBT, 392
CDDI, 37
cellule ATM, 408
CGI, 611, 780
chassé-croisé, 441
chiffrement, 449
CIDR, 191
circuit virtuel, 21, 53, 240, 406, 413, 781
classe
- A, 73
- B, 73
- C, 73
- D, 73
- d'adresse, 79
- d'option, 125

classless addressing, 76, 190
client, 466, 574, 588
client-serveur, 465, 509, 781
CMOT, 748
code
- du service, 115
- option, 125
- point, 115

codec, 620
collision, 32
commutateur, 404
- ATM, 404

commutation IP, 423
confidentialité, 766
congestion, 266, 781
connexion
- à distance, 5
- bidirectionnelle
  - à l'alternat, 242
  - simultanée, 242
- de supervision, 575
- non structurée, 241

contrôle de flux, 782

convergence, 411
COPS, 631, 633
core routers, 294
couche, 207
- application, 212
- d'adaptation ATM, 408
- de bout en bout, 411
- interface réseau, 214
- IP, 213
- liaison de données, 211
- physique, 210
- présentation, 212
- réseau, 211
- session, 211
- TCP/IP, 216
- transport, 211, 213

courrier électronique, 5, 587
CRC, 410, 782
croissance d'Internet, 16
CVC, 406
CVP, 406, 420

D

DARPA, 2
datagramme, 7, 111, 782
- ARP, 96
- IP, 112
- PUP, 131
- UDP, 229
- utilisateur, 229

date et heure, 468
débit de transmission, 20
découverte d'un routeur, 164
démarrage lent, 267
démultiplexage, 222
déplacement, 119
designated gateway, 355
DHCP, 509, 516, 756, 783
dial-up IP, 55
differentiated services, 115
diffusion, 31, 365
- dirigée, 75
- générale, 33
- limitée, 75
- locale, 75
- multidestinataire, 33, 73
- sélective, 366

diminution dichotomique, 267
disponibilité des données, 666
distance factoring, 303
DNS, 524, 529, 534, 739, 807
Domain Name System, 534
domaine d'adresses, 459
données
- hors bande, 254
- urgentes, 563

dotted quad notation, 79
DSCP, 115
duplex, 632
durée de vie, 123
DVRMP, 388

E

e-mail, 587
E.164, 418
effondrement congestif, 266
en-têtes d'extension, 692
encapsulation, 53, 96, 117, 625, 670, 785
- IP dans IP, 390

enregistrement de route, 126
épine dorsale, 294
équilibrage de charge, 355
espace d'adressage, 697
estampilles de temps, 349
état du lien, 304
Ethernet, 24
- 10/100, 30
- Fast, 29
- Gigabit, 30
- Thin, 27
- trame, 34
- Twisted pair, 28

évitement du rejeu, 667

F

factorisation des distances, 303
FAI, 81, 190, 455
faute de mieux, 92, 304
FDDI, 37
    (trame), 40
fenêtre
    de congestion, 267
    glissante, 244
fichiers, 570
filtrage de paquets, 662
filtre de paquets, 674
firewall, 673, 779
flux, 425
foreign network, 433
fournisseur d'accès à Internet, 81
fragmentation, 118, 693
fragments, 120
frontière des adresses, 143
FTP, 569, 572, 737, 787
full-duplex, 242, 564
fuzzball, 48, 349

G

garde-barrière, 665, 673
gated, 354
GET, 609
GGP, 302, 723
GIF, 600, 606
gigue, 621
GMT, 130
gros-boutistes, 84

H

H.323, 628
hachage, 195
half-duplex, 242, 564
hashing, 195
heure universelle, 130
hiérarchie des adresses, 703
hold down, 343
home
    address, 434
    agent, 433
    network, 433
horodatage, 129, 162, 624, 746
host-specific routes, 355
hôte multidomicilié, 375
HTML, 606, 747, 789
HTTP, 608, 755, 789

I

IAB, 11
IANA, 81
ICANN, 81
ICMP, 150, 435, 458, 515, 722
identificateur universel unique, 72
IESG, 13
IETF, 12, 790
IGMP, 375, 660, 723
IGP, 337
IMAP, 599, 740
IMP, 44
information de parcours, 318
intégrité, 666
interconnexion
    au moyen de routeurs, 65
    de niveau réseau, 62
    de réseaux, 61
    universelle, 7
interface, 475
Internet, 3, 4, 10, 64, 110
    gateway, 64
    router, 64
internetworking, 2, 63
INTERNIC, 531
interopérabilité, 4
intranet, 448
IP, 109, 722, 791
    commuté, 424, 721
    forwarding, 134
    mobile, 791
    switching, 424

IPsec, 668, 768
IPv4, 113, 173
IPv6, 685, 726
IRSG, 13
IRTF, 12
ISO, 770
ISOC, 14
isochrone, 621
ISP, 190

J

JPEG, 606

K

keepalive messages, 325

L

label switching, 424
LAN, 22, 426, 516, 792
LDAP, 753
learning bridges, 36
limitation de production, 157
LIS, 415, 421
listen, 488
little endian, 84
localisation spatiale, 440
logiciel
    ARP, 94
    de routage, 220
    IP, 67, 142, 144, 223
long haul network, 22
loopback address, 80

M

mappage, 87
masque
    CIDR, 193
    d'adresse, 793
    de sous-réseau, 164, 181
Masquerade, 460
MBONE, 390
mécanisme de gel, 343
mémoire cache, 472, 543
message
    d'activité, 325
    de mise à jour, 339
    ICMP, 152
    IGMP, 379
    OSPF, 356
    RIP1, 344
    RIP2, 347
métrique, 339, 350
    transformation de, 353
MIB, 639, 750, 794
MIC, 620
MILNET, 43
MIME, 600, 740, 794
mise
    à jour déclenchée, 343
    à jour de l'horizon éclaté, 342
    à jour de routage, 303
    en correspondance, 79
    en relation des adresses, 88
mobile IP, 432
mobilité, 431, 733
mode connecté, 20, 403
modèle
    OSI, 209
    TCP/IP, 220
monitorage, 681
MOSPF, 396
MPLS, 424, 721, 794
mrouted, 388
MSS, 255
MTU, 118, 222, 255, 694, 795
multi-homed host, 74
multicast, 33, 73, 366, 625, 699
    arbres de, 384
    fiable, 397
    IP, 795
multicasting, 77
multiplexage, 222
multiplicative decrease, 267
multipoint, 699

N

NAPT, 456
NAT, 453, 728
navigateur, 606
NBMA, 403
NETBIOS, 733
Network File System, 581
Network standard byte order, 84
network-specific routes, 355
next-hop, 138
  address, 142
  routing, 138
NFS, 569, 581, 737
NIC, 531
niveau, 207
NNI, 405
nom
  de domaine, 534
  de sous-domaine, 536
non connecté, 20
notation
  CIDR, 192
  décimale pointée, 79
  slash, 192
NSF, 47
NSFNET, 9, 47, 297
NTP, 746
NVT, 557, 560

O

offset, 119
options IP, 124
ordinateur
  multi-connecté, 74
  multi-domicilié, 134
ordonnancement
  des données, 84
  des octets, 493
orientation connexion, 240
OSPF, 354, 723
OUI, 413

P

pages Web, 606
pairs, 297
paquet, 21, 250, 797
paradigme
  de la plus longue correspondance, 198
  du saut suivant, 318
passerelle, 797
  applicative, 61
  IP, 64
PDA, 431
PDU, 651
petit-boutistes, 84
piggybacking, 242
PIM, 393
ping, 154, 797
plus court chemin, 304
poison reverse, 343
ponts, 36
  auto-adaptatifs, 36
  filtrants, 36
POP, 599, 740
port
  affectation de numéros, 235
  de protocole, 228, 247
  destination, 228
  numéro de, 228
  réservé, 278, 467, 798
  source, 228
  TCP, 248
    réservés, 279
  UDP, 236
portée, 373
PPP, 460, 731, 798
préfixe, 73, 136, 171
principe de l'hystérésis, 340
problème
  de la convergence lente, 341
  de valeur infinie, 341
proNET, 56

protocole, 798
de résolution d'adresse, 90, 103
de routage multicast, 388
dial-up IP, 55
famille de, 206
internet, 111
IP, 111
pile de, 206
proxy, 609, 614, 799
ARP, 175, 443
pseudo en-tête, 231, 702, 799
pseudo-terminal, 558
PSN, 44
PVC, 406

Q

QoS, 630, 799

R

RARP, 103, 471, 510, 720, 800
(serveurs), 103
réassemblage, 411, 693, 800
rebouclage, 80
record route, 126
RED, 270, 399
remise
au mieux, 31, 111, 800
de bout en bout, 592
directe, 135
en mode non connecté, 6
indirecte, 135, 137
multidestinataire, 77
non fiable, 112
Remote Procedure Call, 581
réseau
à commutation, 20
anonyme, 188
caché, 313
commuté, 20
d'origine, 433
étendu, 22
fédérateur, 294
fédérateur pair, 297
non numéroté, 188
orienté connexion, 403
point à point, 55
privé virtuel, 449
résolution
des adresses, 87, 531, 720
IP, 414
des noms, 539, 541
inverse, 549
respect de la confidentialité, 666
reverse path forwarding, 187
RFC, 14, 711, 801
RFC 822, 593, 612
RIP, 338, 723, 801
RIP1, 344
RIP2, 347
rlogin, 555, 565
RMON, 748
ROADS, 190
Round Trip Time, 259
routage, 111, 127, 133, 695, 802
à état de lien, 304
à sous-réseaux, 183
à vecteur de distance, 300
défini par la source, 127, 128
dans un VPN, 450
externe, 316
hiérarchique, 178
inter-domaine hors classe, 191
interne, 337
intersystèmes, 353
IP, 134, 142
(algorithme), 141
multicast, 381, 388
par défaut, 140
par sauts successifs, 138
par type de service, 354
unifié, 186
route
circulaire, 160
de machine à machine, 355
par défaut, 292, 345
vers des réseaux, 355
vers des sous-réseaux, 355

routeur, 133, 803
- central, 294
- désigné, 355, 398
- frontière, 317
- IP, 64
- multicast, 373
- périphérique, 294, 312
- par défaut, 140
- transparent, 173

RPC, 581, 676, 746
RPF, 382
RPM, 386
RSVP, 631, 757, 803
RTCP, 626
RTP, 623, 757, 804
RTT, 259, 264, 265

S

sablier, 661
sans garantie de remise, 31
SAR, 411
saut
- suivant, 138
- supplémentaire, 312

sécurité, 665, 766
segment, 250
- TCP, 253

segmentation, 411
serveur, 465, 574, 588, 804
- d'horodate, 468
- de noms, 539
- mandataire, 609
- proxy, 614
- Web, 466

service
- de niveau
  - application, 5
  - réseau, 6
- de remise, 248
  - fiable, 240
- de transport fiable, 6
- différencié, 115

SFTP, 737
signalisation, 407, 628
silly window syndrome, 281
simplex, 632
SIP, 629
skipping, 198
sliding window, 244
SLIRP, 460
slow-start, 267
SMI, 641
SMTP, 587, 596, 740, 805
SNAP, 413
SNMP, 635, 638, 648, 748
socket, 477, 673
soft state, 92
souche, 679
source
- quench, 157
- routing, 127, 128, 802

sous-adressage, 76, 176
sous-domaine, 551
sous-réseau, 175, 183
- logique, 415

spanning tree, 37
SPF, 354
split horizon, 342
spoofing, 176
SPREAD, 337
structuration en couches, 771
subnet
- addressing, 76, 176
- routing, 176, 183

subnet-specific routes, 355
subnetting, 176
suffixe, 73, 136, 171
supernet addressing, 190
supernetting, 76
sur-adressage, 76, 190
SVC, 406
syndrome de la fenêtre stupide, 281
système
- autonome, 315
- de noms de domaine, 495, 524, 529, 534, 807

T

table de routage, 137, 139, 220, 290
tag switching, 424
tail-drop, 270
taille des datagrammes, 412
tampon, 622
TCP, 239, 730, 808
technique
    internet, 2
    TCP/IP, 3
téléphonie IP, 628
TELNET, 555, 734, 808
temps d'aller-retour, 259
TFTP, 569, 578, 737, 808
timer backoff strategy, 262
timestamp, 129, 349
toile, 605
Token Ring, 56
topologie, 49
TOS, 114
trames, 34
transfert
    de fichiers, 5, 572
    tamponné, 241
translation d'adresses réseau, 453
triggered update, 343
TRPB, 382
TRPF, 382
TTL, 123, 543, 810
tube, 478
tunnel, 53, 433, 449, 672, 810
    X.25, 53
Type Of Service, 114

U

UDP, 228, 437, 625, 730, 810
UIT-T, 418
UNI, 405
unicast, 33, 625, 699
    delivery, 77
Unix, 476
unnumbered network, 188
URL, 606

V

vBNS, 52
VCI, 408
vecteur de distance, 300
ver informatique, 44
voie virtuelle, 406
voix sur IP, 619
VPI, 408
VPN, 447, 728, 811

W

WAN, 22, 43
Web, 5, 605
worm, 44
WWW, 605

X

X.25, 53, 210
X25NET, 52
XDR, 747
XML, 747

048181 - (II) - (1,5) - CSB 90° - PUB - MMC

Achevé d'imprimer sur les presses de la
SNEL S.A.
rue Saint-Vincent 12 – B-4020 Liège
tél. 32(0)4 344 65 60 - fax 32(0)4 341 48 41
janvier 2004 – 30879

Dépôt légal : février 2004
Dépôt légal de la 1re édition : 4e trimestre 1997

Imprimé en Belgique